Grundzüge der Mikroökonomik

Von
Professor
Hal R. Varian
Universität Michigan

Aus dem Amerikanischen
von
Prof. Dr. Reiner Buchegger

5., überarbeitete Auflage

R. Oldenbourg Verlag München Wien

© 2000, 1997, 1993, 1990, 1987 by Hal R. Varian
Titel der amerikanischen Originalausgabe
„Intermediate Microeconomics – Fifth Edition"
W. W. Norton & Company, Inc., New York, U.S.A.

Die Deutsche Bibliothek – CIP-Einheitsaufnahme

Varian, Hal R.:
Grundzüge der Mikroökonomik / von Hal R. Varian. Aus dem Amerikan. von
Reiner Buchegger. – 5., überarb. Aufl.. – München ; Wien : Oldenbourg,
2001
  (Internationale Standardlehrbücher der Wirtschafts- und
  Sozialwissenschaften)
  Einheitssacht.: Intermediate microeconomics <dt.>
  ISBN 3-486-25543-6

© 2001 Oldenbourg Wissenschaftsverlag GmbH
Rosenheimer Straße 145, D-81671 München
Telefon: (089) 45051-0
www.oldenbourg-verlag.de

Das Werk einschließlich aller Abbildungen ist urheberrechtlich geschützt. Jede Verwertung außerhalb der Grenzen des Urheberrechtsgesetzes ist ohne Zustimmung des Verlages unzulässig und strafbar. Das gilt insbesondere für Vervielfältigungen, Übersetzungen, Mikroverfilmungen und die Einspeicherung und Bearbeitung in elektronischen Systemen.

Gedruckt auf säure- und chlorfreiem Papier
Druck: Hofmann-Druck Augsburg GmbH, Augsburg
Bindung: R. Oldenbourg Graphische Betriebe Binderei GmbH

ISBN 3-486-25543-6

Inhaltsverzeichnis

VORWORT .... **XV**

1. Kaptiel: DER MARKT **1**
1.1 Die Konstruktion eines Modells 1
1.2 Optimierung und Gleichgewicht 2
1.3 Die Nachfragekurve 3
1.4 Die Angebotskurve 5
1.5 Marktgleichgewicht 7
1.6 Komparative Statik 8
1.7 Andere Möglichkeiten der Allokation von Wohnungen 11
1.8 Welche Möglichkeit ist die beste? 13
1.9 Pareto-Effizienz 14
1.10 Vergleich unterschiedlicher Arten der Allokation von Wohnungen 15
1.11 Langfristiges Gleichgewicht 17

2. Kapitel: DIE BUDGETBESCHRÄNKUNG **19**
2.1 Die Budgetbeschränkung 19
2.2 Zwei Güter genügen meistens 20
2.3 Eigenschaften des Budgets 20
2.4 Wie sich die Budgetgerade verändert 22
2.5 Der Numéraire 24
2.6 Steuern, Subventionen und Rationierung 25
2.7 Änderungen der Budgetgeraden 29

3. Kapitel: PRÄFERENZEN **31**
3.1 Präferenzen der Konsumentinnen 32
3.2 Annahmen über Präferenzen 32
3.3 Indifferenzkurven 34
3.4 Beispiele für Präferenzen 36
3.5 Präferenzen im Normalfall 42
3.6 Die Grenzrate der Substitution 45
3.7 Andere Interpretationen der MRS 48
3.8 Der Verlauf der Grenzrate der Substitution 48

4. Kapitel: NUTZEN **50**
4.1 Kardinaler Nutzen 53
4.2 Die Konstruktion einer Nutzenfunktion 54
4.3 Einige Beispiele für Nutzenfunktionen 55
4.4 Grenznutzen 61
4.5 Grenznutzen und MRS 62
4.6 Arbeitsweg und Nutzen 63

5. Kapitel: DIE ENTSCHEIDUNG ... 68
5.1 Optimale Entscheidung ... 68
5.2 Die Nachfrage des Konsumenten ... 72
5.3 Einige Beispiele ... 73
5.4 Die Schätzung von Nutzenfunktionen ... 77
5.5 Implikationen der MRS Bedingung ... 79
5.6 Die Entscheidung über Steuern ... 81

6. Kapitel: NACHFRAGE ... 90
6.1 Normale und inferiore Güter ... 90
6.2 Einkommens-Konsumkurven und Engel-Kurven ... 92
6.3 Einige Beispiele ... 93
6.4 Gewöhnliche Güter und Giffen-Güter ... 98
6.5 Die Preis-Konsumkurve und die Nachfragekurve ... 100
6.6 Einige Beispiele ... 101
6.7 Substitute und Komplemente ... 105
6.8 Die inverse Nachfragefunktion ... 106

7. Kapitel: BEKUNDETE PRÄFERENZEN ... 111
7.1 Der Begriff der bekundeten Präferenzen ... 111
7.2 Von bekundeter Präferenz zur Präferenz ... 113
7.3 Wiedergewinnung der Präferenzen ... 115
7.4 Das schwache Axiom der bekundeten Präferenzen ... 116
*7.5 Überprüfung des WARP ... 119
7.6 Das starke Axiom der bekundeten Präferenzen ... 120
*7.7 Wie man das SARP überprüfen kann ... 122
7.8 Indexzahlen ... 123
7.9 Preisindizes ... 125

8. Kapitel: DIE SLUTSKY-GLEICHUNG ... 129
8.1 Der Substitutionseffekt ... 129
8.2 Der Einkommenseffekt ... 134
8.3 Das Vorzeichen des Substitutionseffekts ... 135
8.4 Die gesamte Änderung der Nachfrage ... 135
8.5 Änderungsraten ... 138
8.6 Das Gesetz der Nachfrage ... 139
8.7 Beispiele für Einkommens- und Substitutionseffekte ... 140
8.8 Ein anderer Substitutionseffekt ... 144
8.9 Kompensierte Nachfragekurven ... 146

9. Kapitel: KAUFEN UND VERKAUFEN ... 150
9.1 Netto- und Bruttonachfrage ... 150
9.2 Die Budgetbeschränkung ... 151
9.3 Veränderung der Anfangsausstattung ... 152
9.5 Preis-Konsumkurven und Nachfragekurven ... 157
9.6 Noch einmal die Slutsky-Gleichung ... 159
9.7 Verwendung der Slutsky-Gleichung ... 161

9.8	Arbeitsangebot	162
9.9	Komparative Statik des Arbeitsangebots	165

10.	Kapitel: INTERTEMPORÄRE ENTSCHEIDUNG	172
10.1	Die Budgetbeschränkung	172
10.2	Konsumpräferenzen	175
10.3	Komparative Statik	175
10.4	Die Slutsky-Gleichung und intertemporäre Entscheidungen	178
10.5	Inflation	179
10.6	Der Gegenwartswert näher betrachtet	181
10.7	Analyse des Gegenwartswertes für mehrere Perioden	182
10.8	Die Verwendung des Gegenwartswertes	183
10.9	Anleihen	186
10.10	Steuern	188
10.11	Die Wahl des Zinssatzes	190

11.	Kapitel: MÄRKTE FÜR VERMÖGENSWERTE	192
11.1	Ertragsraten	192
11.2	Arbitrage und Gegenwartswert	194
11.3	Modifikationen wegen der Unterschiede zwischen den Vermögenswerten	194
11.4	Vermögenswerte mit Konsumerträgen	195
11.5	Besteuerung von Finanzerträgen	196
11.6	Anwendungen	197
11.7	Finanzinstitutionen	201

12.	Kapitel: UNSICHERHEIT	204
12.1	Bedingter Konsum	204
12.2	Nutzenfunktionen und Wahrscheinlichkeiten	207
12.3	Erwarteter Nutzen	209
12.4	Warum der Erwartungswert des Nutzens sinnvoll ist	210
12.5	Risikoaversion	212
12.6	Diversifikation	215
12.7	Risikostreuung	216
12.8	Die Rolle des Aktienmarkts	217

13.	RISKANTE VERMÖGENSWERTE	222
13.1	Mittelwert-Varianz-Nutzen	222
13.2	Die Messung des Risikos	227
13.3	Gleichgewicht auf einem Markt für riskante Vermögenswerte	229
13.4	Wie sich Erträge anpassen	231

14.	Kapitel: KONSUMENTENRENTE	236
14.1	Die Nachfrage nach einem unteilbaren Gut	236
14.2	Herleitung des Nutzens aus der Nachfrage	237
14.3	Weitere Interpretationen der Rente der Konsumentin	239

14.4 Von der Rente des Konsumenten zur Konsumentenrente 239
14.5 Näherungsweise Darstellung bei kontinuierlicher Nachfrage 240
14.6 Quasilinearer Nutzen 240
14.7 Interpretation der Veränderung der Rente der Konsumentin 241
14.8 Kompensatorische und äquivalente Variation 242
14.9 Rente der Produzentin 247
14.10 Die Berechnung von Gewinnen und Verlusten 248

15. Kapitel: MARKTNACHFRAGE 253
15.1 Von der individuellen Nachfrage zur Marktnachfrage 253
15.2 Die inverse Nachfragekurve 254
15.3 Unteilbare Güter 255
15.4 Die extensive und die intensive Grenze 256
15.5 Elastizität 257
15.6 Elastizität und Nachfrage 259
15.7 Elastizität und Erlös 259
15.8 Nachfrage mit konstanter Elastizität 262
15.9 Elastizität und Grenzerlös 263
15.10 Grenzerlöskurven 265
15.11 Einkommenselastizität 266

16. Kapitel: GLEICHGEWICHT 274
16.1 Angebot 274
16.2 Marktgleichgewicht 275
16.3 Zwei Spezialfälle 276
16.4 Inverse Angebots- und Nachfragekurven 276
16.5 Komparative Statik 278
16.6 Steuern 280
16.7 Überwälzung einer Steuer 283
16.8 Der Wohlfahrtsverlust einer Steuer 286
16.9 Pareto-Effizienz 291

17. Kapitel: AUKTIONEN 295
17.1 Einteilung von Auktionen 295
17.2 Konzeption von Auktionen 297
17.3 Probleme bei Auktionen 300
17.4 Der Fluch des Gewinners 300

18. Kapitel: TECHNOLOGIE 303
18.1 Inputs und Outputs 303
18.2 Beschreibung technologischer Beschränkungen 304
18.3 Beispiele für Technologien 305
18.4 Eigenschaften der Technologie 307
18.5 Das Grenzprodukt 308
18.6 Die technische Rate der Substitution 309
18.7 Abnehmendes Grenzprodukt 309
18.8 Abnehmende technische Rate der Substitution 310

18.9	Langfristig und kurzfristig	310
18.10	Skalenerträge	312

19.	**Kapitel: GEWINNMAXIMIERUNG**	**315**
19.1	Gewinne	315
19.2	Organisationformen von Unternehmungen	316
19.3	Gewinne und Bewertung am Aktienmarkt	317
19.4	Fixe und variable Faktoren	319
19.5	Kurzfristige Gewinnmaximierung	319
19.6	Komparative Statik	321
19.7	Langfristige Gewinnmaximierung	323
19.8	Inverse Faktornachfragekurven	323
19.9	Gewinnmaximierung und Skalenerträge	324
19.10	Bekundete Gewinnerzielung	325
19.11	Kostenminimierung	330

20.	**Kapitel: KOSTENMINIMIERUNG**	**333**
20.1	Kostenminimierung	333
20.2	Bekundete Kostenminimierung	337
20.3	Skalenerträge und die Kostenfunktion	338
20.4	Langfristige und kurzfristige Kosten	339
20.5	Fixe und quasi-fixe Kosten	342
20.5	Verlorene Kosten	342

21.	**Kapitel: KOSTENKURVEN**	**347**
21.1	Durchschnittskosten	347
21.2	Grenzkosten	349
21.3	Grenzkosten und variable Kosten	351
21.4	Langfristige Kosten	354
21.5	Diskrete Fabrikgrößen	357
21.6	Langfristige Grenzkosten	358

22.	**Kapitel: DAS ANGEBOT DER UNTERNEHMUNG**	**362**
22.1	Marktverhältnisse	362
22.2	Vollkommene Konkurrenz	363
22.3	Die Angebotsentscheidung eines Unternehmens bei Wettbewerb	365
22.4	Eine Ausnahme	366
22.5	Eine weitere Ausnahme	367
22.6	Die inverse Angebotskurve	368
22.7	Gewinne und Produzentinnenrente	369
22.8	Die langfristige Angebotskurve eines Unternehmens	373
22.9	Langfristig konstante Durchschnittskosten	375

23.	**Kapitel: MARKTANGEBOT EINER BRANCHE**	**378**
23.1	Kurzfristiges Branchenangebot	378
23.3	Langfristiges Branchengleichgewicht	380

23.4	Die langfristige Angebotskurve	382
23.5	Die Bedeutung von Nullgewinnen	386
23.6	Fixe Faktoren und ökonomische Renten	387
23.7	Ökonomische Rente	389
23.8	Rentensätze und Preise	391
23.9	Renten und Politik	392
23.10	Energiepolitik	394

24.	**Kapitel: MONOPOL**	**400**
24.1	Gewinnmaximierung	400
24.2	Lineare Nachfragekurve und Monopol	402
24.3	Preisfestsetzung durch Kostenaufschlag	404
24.4	Ineffizienz des Monopols	406
24.5	Wohlfahrtsverlust durch ein Monopol	408
24.6	Natürliches Monopol	410
24.7	Wie entstehen Monopole?	413

25.	**Kapitel: MONOPOLVERHALTEN**	**419**
25.1	Preisdiskriminierung	419
25.2	Preisdiskriminierung ersten Grades	420
25.3	Preisdiskriminierung zweiten Grades	422
25.4	Preisdiskriminierung dritten Grades	426
25.5	Produktbündel	431
25.6	Zweigeteilte Preise	433
25.7	Monopolistische Konkurrenz	434
25.8	Ein räumliches Modell der Produktdifferenzierung	438
25.9	Produktdifferenzierung	439
25.10	Mehr als zwei Verkäufer	440

26.	**Kapitel: FAKTORMÄRKTE**	**442**
26.1	Monopol am Gütermarkt	442
26.2	Monopson	444
26.3	Vor- und nachgelagerte Monopole	448

27.	**Kapitel: OLIGOPOL**	**453**
27.1	Die Wahl einer Strategie	453
27.2	Mengenführerschaft	454
27.3	Preisführerschaft	459
27.4	Vergleich von Preis- und Mengenführerschaft	462
27.5	Simultane Festlegung der Mengen	462
27.6	Ein Beispiel für ein Cournot-Gleichgewicht	464
27.8	Viele Unternehmungen im Cournot-Gleichgewicht	466
27.9	Simultane Preisfestsetzung	467
27.10	Absprachen	468
27.11	Strategien der Bestrafung	471
27.12	Vergleich der Lösungen	474

28. Kapitel: SPIELTHEORIE 477
28.1 Die Auszahlungsmatrix eines Spiels 477
28.2 Nash-Gleichgewicht 478
28.3 Gemischte Strategien 480
28.4 Das Gefangenendilemma 481
28.5 Wiederholte Spiele 482
28.6 Durchsetzung eines Kartells 484
28.7 Sequenzielle Spiele 486
28.8 Ein Spiel zur Abschreckung des Eintritts 488

29. Kapitel: TAUSCH 491
29.1 Das Edgeworth-Diagramm 492
29.2 Tausch 494
29.3 Pareto-effiziente Allokationen 494
29.4 Tausch am Markt 497
29.5 Die Algebra des Gleichgewichts 500
29.6 Das Walras'sche Gesetz 501
29.7 Relative Preise 502
29.8 Die Existenz eines Gleichgewichts 504
29.9 Gleichgewicht und Effizienz 505
29.10 Die Algebra der Effizienz 506
29.11 Effizienz und Gleichgewicht 509
29.12 Implikationen des Ersten Wohlfahrtstheorems 512
29.13 Implikationen des Zweiten Wohlfahrtstheorems 513

30. Kapitel: PRODUKTION 519
30.1 Die Robinson Crusoe-Wirtschaft 519
30.2 Crusoe AG 520
30.3 Die Unternehmung 521
30.4 Robinsons Problem 522
30.5 Fügen wir beides zusammen 523
30.6 Verschiedene Technologien 525
30.7 Produktion und das Erste Wohlfahrtstheorem 527
30.8 Produktion und das Zweite Wohlfahrtstheorem 527
30.9 Transformationskurve 528
30.10 Komparativer Vorteil 530
30.11 Pareto-Effizienz 531
30.12 Schiffbruch AG 534
30.13 Robinson und Freitag als Konsumenten 536
30.14 Dezentralisierte Allokation der Ressourcen 536

31. Kapitel: WOHLFAHRT 541
31.1 Aggregation von Präferenzen 541
31.2 Soziale Wohlfahrtsfunktion 544
31.3 Wohlfahrtsmaximierung 546
31.4 Individualistische soziale Wohlfahrtsfunktionen 548
31.5 Faire Allokationen 549
31.6 Neid und Gleichheit 550

32. Kapitel: EXTERNE EFFEKTE ... 554
32.1 Raucher und Nichtraucher ... 555
32.2 Quasilineare Präferenzen und das Coase-Theorem ... 558
32.3 Externe Effekte in der Produktion ... 560
32.4 Interpretation der Bedingungen ... 565
32.5 Marktsignale ... 568
32.6 Die Tragödie der Allmende ... 569
32.7 Verschmutzung durch das Auto ... 572

33. Kapitel: RECHT UND ÖKONOMIE ... 575
33.1 Schuld und Sühne ... 575
33.2 Einschränkungen ... 578
33.3 Haftung ... 579
33.4 Bilaterale Schadensfälle ... 581
33.5 Dreifacher Schadensersatz in der Antitrust-Gesetzgebung ... 583
33.6 Welches Modell hat recht? ... 586

34. Kapitel: INFORMATIONSTECHNOLOGIE ... 588
34.1 Systemwettbewerb ... 589
34.2 „Lock-in" ... 589
34.3 Netzwerkexternalitäten ... 592
34.4 Märkte mit Netzwerkexternalitäten ... 592
34.5 Marktdynamik ... 594
34.6 Implikationen von Netzwerkexternalitäten ... 598
34.7 Management der Rechte an Geistigem Eigentum ... 599
34.8 Teilhabe an Geistigem Eigentum ... 600

35. Kapitel: ÖFFENTLICHE GÜTER ... 604
35.1 Wann soll ein öffentliches Gut zur Verfügung gestellt werden? ... 605
35.2 Private Bereitstellung des öffentlichen Gutes ... 609
35.3 Trittbrettfahren ... 609
35.4 Verschiedene Niveaus des öffentlichen Guts ... 611
35.5 Quasilineare Präferenzen und öffentliche Güter ... 613
35.6 Das Problem des Trittbrettfahrens ... 615
35.7 Vergleich zu privaten Gütern ... 617
35.8 Abstimmungen ... 618
35.9 Offenlegung der Nachfrage ... 621
35.10 Probleme einer Clarke-Steuer ... 625

36. Kapitel: ASYMMETRISCHE INFORMATION ... 628
36.1 Der Markt für 'Lemons' ... 628
36.2 Entscheidung über die Qualität ... 630
36.3 Negative Auslese ... 632
36.4 „Moral Hazard" ... 634
36.5 „Moral Hazard" und negative Auslese ... 635
36.6 Signale ... 636
36.7 Anreize ... 641

36.8 Asymmetrische Information 645

MATHEMATISCHER ANHANG **A1**
A.1 Funktionen A1
A.2 Diagramme A1
A.3 Eigenschaften von Funktionen A2
A.4 Inverse Funktionen A2
A.5 Gleichungen und Identitäten A3
A.6 Lineare Funktionen A3
A.7 Veränderungen und Änderungsraten A4
A.8 Steigungen und Achsenabschnitte A5
A.9 Absolutwerte und Logarithmen A6
A.10 Ableitungen A6
A.11 Zweite Ableitungen A7
A.12 Die Produktregel und die Kettenregel A7
A.13 Partielle Ableitungen A8
A.14 Optimierung A8
A.15 Optimierung unter Nebenbedingungen A9

ANTWORTEN **A11**
1 Der Markt A11
2 Die Budgetbeschränkung A11
3 Präferenzen A12
4 Nutzen A12
5 Die Entscheidung A13
6 Nachfrage A13
7 Bekundete Präferenzen A14
8 Die Slutsky-Gleichung A14
9 Kaufen und Verkaufen A15
10 Intertemporäre Entscheidung A15
11 Märkte für Vermögenswerte A16
12 Unsicherheit A16
13 Riskante Vermögenswerte A16
14 Konsumentenrente A17
15 Marktnachfrage A17
16 Gleichgewicht A17
17 Auktionen A18
18 Technologie A19
19 Gewinnmaximierung A19
20 Kostenminimierung A19
21 Kostenkurven A20
22 Das Angebot der Unternehmung A20
23 Marktangebot einer Branche A21
24 Monopol A21
25 Monopolverhalten A22
26 Faktormärkte A23
27 Oligopol A23
28 Spieltheorie A23
29 Tausch A24

30	Produktion	A25
31	Wohlfahrt	A25
32	Externe Effekte	A26
33	Recht und Ökonomie	A26
34	Informationstechnologie	A26
35	Öffentliche Güter	A27
36	Asymmetrische Information	A27

SACHREGISTER **A28**

VORWORT

Der Erfolg der ersten vier Auflagen von *Intermediate Microeconomics* hat mich sehr gefreut. Er bestätigte meine Ansicht, dass der Markt einen analytischen Ansatz auf dem Niveau des Grundstudiums begrüßen würde.

Meine Absicht beim Schreiben der ersten Auflage war, die Methoden der Mikroökonomie in einer Form darzustellen, welche die Studenten in die Lage versetzen würde, diese Werkzeuge selbständig anzuwenden und nicht nur passiv die vorgekauten Fälle des Lehrbuchs zu absorbieren. Ich bin der Meinung, dass der beste Weg dazu eher die Betonung fundamentaler konzeptueller Grundlagen der Mikroökonomie und die Bereitstellung konkreter Beispiele ihrer Anwendung ist als der Versuch einer Enzyklopädie von Begriffen und Anekdoten.

Eine Herausforderung bei diesem Ansatz entsteht aus dem Mangel an mathematischen Voraussetzungen in Lehrveranstaltungen der Ökonomie an den meisten Universitäten. Die mangelnde Kenntnis der Differentialrechnung und der Problemlösungserfahrung im allgemeinen erschwert die Darstellung einiger analytischer Methoden der Volkswirtschaftslehre. Aber es ist nicht unmöglich. Man kann mit nur einigen einfachen Tatsachen über lineare Angebots- und Nachfragefunktionen sowie etwas elementarer Algebra sehr weit kommen. Es ist sehr gut möglich, gleichzeitig analytisch und nicht übertrieben mathematisch zu sein.

Diesen Unterschied zu betonen, ist wichtig. Ein analytischer Ansatz in der Volkswirtschaftslehre verwendet streng logische Argumentation. Das beinhaltet nicht notwendigerweise den Einsatz fortgeschrittener mathematischer Methoden. Sicherlich hilft die Sprache der Mathematik, eine rigorose Analyse zu gewährleisten, und sie ist zweifellos die beste Vorgangsweise, wenn möglich, aber sie ist nicht für alle Studenten geeignet.

Viele Anfänger des Ökonomiestudiums *sollten* die Differentialrechnung beherrschen, aber sie können sie nicht – oder nicht besonders gut. Aus diesem Grund habe ich die Differentialrechnung aus dem Hauptteil des Textes weggelassen. Ich habe jedoch vollständige Anhänge mit Differentialrechnung zu vielen Kapiteln angefügt. Das bedeutet, dass diese Methoden für jene Studenten vorhanden sind, die damit umgehen können, dass sie jedoch kein Hindernis für das Verständnis der anderen darstellen.

Ich denke, dass es durch diesen Ansatz gelingt, die Vorstellung zu vermitteln, dass die Differentialrechnung nicht nur eine Fußnote zur Argumentation des Textes ist, sondern ein gründlicherer Weg, dieselben Fragen zu untersuchen, die man auch verbal und graphisch analysieren kann. Viele Gedankengänge sind mit ein wenig Mathematik viel einfacher darzustellen, und alle Studentinnen der Volkswirtschaftslehre sollten das erkennen. In vielen Fällen habe ich gefunden, dass die Studentinnen mit ein wenig Motivierung und ein paar sorgfältigen ökonomischen Beispielen dafür begeistert werden können, an die Dinge von einer analytischen Warte heranzugehen.

Dieses Lehrbuch bietet einige weitere Neuerungen. Erstens sind die Kapitel im allgemeinen sehr kurz. Ich habe versucht, die meisten ungefähr in "Vorlesungslänge" zu gestalten, so dass sie in einer Sitzung behandelt werden können. Ich folgte der Standardanordnung und präsentiere zuerst die Haushalts- und dann die Produktionstheorie, aber ich widme der Haushaltstheorie etwas mehr Raum als üblich. Das aber nicht, weil ich die Haushaltstheorie als den wichtigsten Teil der Mikroökonomie ansehe, sondern weil ich finde, dass die Studenten diesen Lehrstoff für schwer zugänglich halten; daher wollte ich eine detailliertere Analyse anbieten.

Zweitens habe ich versucht, eine Vielzahl von Beispielen zur Anwendung der dargestellten Theorie einzubringen. In den meisten Lehrbüchern sehen die Studentinnen eine Menge Graphiken mit sich verschiebenden Kurven, aber sie werden wenig mit Algebra oder Berechnungen konfrontiert. Zur Lösung praktischer Probleme wird jedoch Algebra verwendet. Graphiken können Verständnis bewirken, aber der wahre Wert ökonomischer Analyse liegt in der Berechnung quantitativer Antworten zu ökonomischen Fragestellungen. Jede Studentin der Volkswirtschaftslehre sollte fähig sein, eine ökonomische Geschichte in eine Gleichung oder ein Zahlenbeispiel zu übersetzen, allzu oft wird jedoch die Entwicklung dieser Fähigkeit vernachlässigt. Aus diesem Grund habe ich auch ein Arbeitsbuch vorgesehen, das ich für einen integralen Bestandteil dieses Lehrbuchs halte. Das Arbeitsbuch habe ich gemeinsam mit meinem Kollegen Theodore Bergstrom geschrieben, und wir haben uns sehr bemüht, interessante und anschauliche Beispiele zu entwickeln. Wir glauben, dass das Arbeitsbuch eine wichtige Hilfe für eine Studentin der Mikroökonomie darstellt.

Drittens glaube ich, dass die Behandlung der einzelnen Themen in diesem Buch genauer ist als in den üblichen grundlegenden Lehrbüchern der Mikroökonomie. Es ist richtig, dass ich immer dann Spezialfälle heranziehe, wenn der allgemeine Fall zu schwierig erscheint, darauf weise ich aber jedes Mal auch ganz offen hin. Im allgemeinen habe ich versucht, jeden Schritt der Argumentation im einzelnen darzustellen. Ich glaube, dass die Diskussion vollständiger und genauer ist als üblich, und dass dadurch die Beweisführung leichter verständlich wird als durch die etwas lockerere Präsentation in vielen anderen Lehrbüchern.

Viele Wege führen zu ökonomischer Erkenntnis

Dieses Buch enthält zuviel Stoff für ein Semester, was eine sorgfältige Auswahl jener Teile erfordert, die man behandeln möchte. Wenn man auf Seite 1 beginnt und dann einfach in der Reihenfolge der Kapitel vorgeht, wird die verfügbare Zeit lange vor dem Ende des Buchs vorbei sein. Der modulare Aufbau des Buchs gibt der Lehrerin viel Freiheit bei der Auswahl in der Präsentation des Lehrstoffs, und ich hoffe, dass viele davon Gebrauch machen werden. Die folgende Übersicht veranschaulicht die Zusammenhänge zwischen den einzelnen Kapiteln:

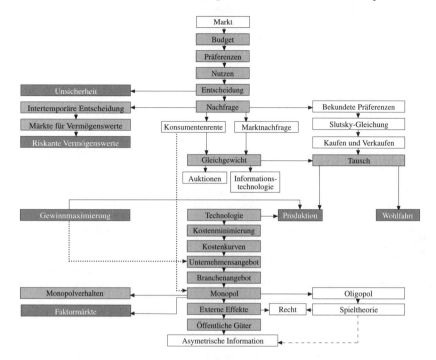

Die dunkel gefärbten Kapitel stellen den "Kern" dar – sie sollten wahrscheinlich in jedem mikroökonomischen Grundkurs abgedeckt werden. Die nicht unterlegten Kapitel sind der freien Wahl überlassen: Ich behandle in jedem Semester einige davon, aber nicht alle. Die schwarz unterlegten Kapitel behandle ich üblicherweise in meiner Vorlesung nicht, aber man könnte sie ohne weiteres in andere einbeziehen. Eine ungebrochene Linie vom Kapitel A zum Kapitel B bedeutet, dass A vor B gelesen werden sollte. Eine strichlierte besagt, dass Kapitel B die Kenntnis eines Teils des Stoffs des Kapitels A erfordert, aber nicht in signifikanter Weise darauf aufbaut.

Im allgemeinen behandle ich zuerst die Konsumtheorie und Märkte und gehe dann unmittelbar auf die Produktionstheorie über. Ein anderer beliebter Weg setzt nach der Konsumtheorie mit dem Tausch fort; viele Lehrende bevorzugen diese Reihenfolge, ich habe mir daher große Mühe gegeben, um auch das zu ermöglichen.

Manche beginnen lieber mit der Darstellung der Produktionstheorie vor der Konsumtheorie. Auch das ist im Rahmen dieses Lehrbuchs möglich, allerdings muss man in diesem Fall die Ausführungen des Buchs ergänzen. So wird z. B. bei den Isoquanten vorausgesetzt, dass die Studenten bereits Indifferenzkurven kennen gelernt haben.

Ein großer Teil des Stoffes über Öffentliche Güter, externe Effekte, Recht und Information können im Rahmen einer Lehrveranstaltung vorgezogen werden. Ich habe diese Kapitel so gestaltet, dass sie je nach Belieben so ziemlich überall eingefügt werden können. So passt z. B. die Darstellung der Kartellgesetzgebung recht gut zur Monopoldiskussion; Schadenersatzrecht kann zur Illustration des Konzepts der Effizienz herangezogen werden; und Strafrecht kann im Rahmen der Konsumentenentscheidung eingeführt werden.

In ähnlicher Weise können die Ausführungen über öffentliche Güter als ein Beispiel für die Edgeworth-Diagramm-Analyse behandelt werden. Externe Effekte passen unmittelbar nach der Diskussion der Kostenkurven und Themen aus dem Informationskapitel können fast überall eingeschoben werden, sobald die Studenten mit dem analytischen Ansatz der Ökonomie vertraut sind.

Änderungen in der fünften Auflage

Neu ist vor allem ist ein Kapitel über Auktionen. Aus dem Interesse an den Versteigerungen der Federal Communications Commission und den zahlreichen Online-Auktionen erschien das ein ganz natürliches Thema. Auch kommt dieses Thema relativ früh im Lehrbuch, so dass es die Studentinnen bereits gegen Ende der ersten Hälfte der Lehrveranstaltung studieren können.

In der vorangehenden Auflage habe ich ein Kapitel über Informationstechnologie hinzugefügt, das ich in dieser Auflage weiterentwickelt habe. Die Zeitungen hören nicht auf uns zu erzählen, dass wir zurzeit in einer „Informationsgesellschaft" leben. Obwohl jeder über die Informationsökonomie redet, haben nur wenige versucht, relevante Fragen ernsthaft zu analysieren. In diesem Kapitel beschreibe ich einige ökonomische Modelle von Informationsnetzwerken, den Kosten des Übergangs von einem System zum anderen und dem Management der Rechte an Geistigem Eigentum. Vor allem soll dabei gezeigt werden, wie man mit Hilfe der in diesem Lehrbuch vermittelten Standardmethoden der Ökonomie bedeutende Einsichten in diese Fragestellungen gewinnen kann.

Testsammlung und Arbeitsbuch

Das Arbeitsbuch, *Trainingsaufgaben zur Mikroökonomik*, ist ein integraler Teil des Lehrbuchs. Es enthält Hunderte von Aufgaben, überwiegend in Form von Ergänzungstexten, welche die Studenten Schritt für Schritt zur Anwendung der im Lehrbuch erlernten Analyseinstrumente führen. Zusätzlich enthalten die *Trainingsaufgaben* auch einen Abschnitt mit Multiple-Choice-Fragen, die auf den längeren Ergänzungstext-Aufgaben des Hauptteils aufbauen. Die Antworten dazu sind ebenfalls im Buch enthalten. Sie stellen für den Studenten eine schnelle Möglichkeit dar, seinen Wissensstand nach Ausarbeitung der längeren Aufgaben zu überprüfen.

Aber es gibt noch mehr ...: Lehrer, welche die *Trainingsaufgaben* in ihren Lehrveranstaltungen empfehlen, können die zum Lehrbuch angebotene Datei mit Testfragen verwenden. Diese Datei enthält unterschiedliche Varianten der *Trainingsaufgaben*. Die Fragen in der Testdatei verwenden unterschiedliche Zahlen, sie folgen aber derselben internen Logik. Sie können zur Erstellung zusätzlicher Übungsfragen oder kurzer Tests im Unterricht verwendet werden. Korrekturen sind schnell und zuverlässig, da es sich um Multiple-Choice-Fragen handelt, die auch elektronisch korrigiert werden können.

In unseren eigenen Lehrveranstaltungen empfehlen wir den Studenten alle Testfragen durchzuarbeiten, entweder allein oder in Gruppen. Während des Semesters geben wir auch etwa jede zweite Woche kurze Tests, für die wir die alternativen Versionen aus der Testdatei verwenden. Diese Tests bestehen im wesentlichen aus den *Trainingsaufgaben* mit anderen Zahlen. Daher schneiden jene Studenten bei den Tests gut ab, die ihre Hausaufgaben regelmäßig machen.

Danksagungen

Viele Leute haben zu diesem Vorhaben beigetragen. Als erstes muss ich meinen Assistenten bei der ersten Auflage, John Miller und Debra Holt, danken. John machte viele Vorschläge und Kommentare und arbeitete die Übungsbeispiele auf der Basis früher Entwürfe aus; er leistete einen wesentlichen Beitrag zur Klarheit des Endprodukts. Debra las die Korrekturfahnen mit besonderer Sorgfalt, überprüfte die Konsistenz in der Endphase und half bei der Erstellung des Stichwortverzeichnisses.

Folgende Personen halfen mir durch nützliche Vorschläge und Kommentare bei der Erstellung der ersten Auflage: Ken Binmore (University of Michigan), Mark Bagnoli (University of Michigan), Larry Chenault (Miami University), Jonathan Hoag (Bowling Green State University), Allen Jacobs (M.I.T.), John McMillan (University of California at San Diego). Hal White (University of California at San Diego) und Gary Yohe (Wesleyan University). Insbesondere möchte ich Reiner Buchegger, der die deutsche Übersetzung besorgte, für die gründliche Durcharbeitung der ersten Auflage und die Bereitstellung einer detaillierten Korrekturliste danken. Andere Benutzer, denen ich für nützliche Vorschläge noch vor der ersten Auflage Dank schulde, sind Theodore Bergstrom, Jan Gerson, Oliver Landmann, Alasdair Smith, Barry Smith und David Winch.

Als Assistenten unterstützten mich bei der zweiten Auflage Sharon Parrott und Angela Bills. Sie waren eine große Hilfe beim Schreiben und Editieren. Robert M. Costrell (University of Massachusetts at Amherst), Ahsley Lyman (University of Idaho), Daniel Schwallie (Case-Western Reserve), A. D. Slivinskie (Western Ontario), and Charles Plourde (York University) machten detaillierte Kommentare und Vorschläge zur Verbesserung der zweiten Auflage.

Bei der Vorbereitung der dritten Auflage erhielt ich von folgenden Personen nützliche Anregungen: Doris Cheng (San Jose), Imre Csekó (Budapest), Gregory Hildebrandt (UCLA), Jamie Brown Kruse (Colorado), Richard Manning (Brigham Young), Janet Mitchell (Cornell), Charles Plourde (York University), Yeung-Nan Shieh (San Jose), John Winder (Toronto). Ganz besonders möchte ich Roger F. Miller (University of Wisconsin) und David Wildasin (Indiana) für ihre ausführlichen Kommentare, Vorschläge und Korrekturen danken.

Die fünfte Auflage profitierte durch Kommentare von Kealoah Widdows (Wabash College), William Sims (Concordia University), Jennifer R. Reinganum (Vanderbilt University) und Paul D. Thistle (Western Michigan University).

Vorwort des Übersetzers

Der Erfolg des Lehrbuchs hält auch im deutschen Sprachraum an; offensichtlich füllt es eine Marktlücke einer einführenden, gleichzeitig klar verständlichen, rigorosen und umfassenden Darstellung der Grundlagen der Mikroökonomie. Ein Vorzug des Texts aus meiner Sicht liegt auch darin, dass weiterführende Analysen und jüngste Anwendungen der Mikroökonomie ebenfalls aufgenommen wurden – wie z. B. die Kapitel über Auktionen und Informationstechnologie, was den Übergang zum fortgeschritteneren Studium sehr erleichtert. Die zahlreichen Beispiele und empirischen Illustrationen sind ein Versuch, den Bezug zu Praxis und Wirtschaftspolitik herzustellen.

Für wertvolle Verbesserungsvorschläge und Korrekturen aufgrund der zweiten Auflage möchte ich Ingrid Kubin (Universität Mainz) und Rudolf Winter-Ebmer (Universität Linz) danken. Ihre Anregungen fanden in der Übersetzung der dritten Auflage ihren Niederschlag. Anhand der dritten Auflage erhielt ich Kommentare und viele brauchbare Hinweise von Ulrike Ludwigs (Freiburg) und Michael Stierle (Universität Trier). Auch ihnen sei herzlich gedankt. Engelbert Theurl (Universität Innsbruck) wies dankenswerterweise auf einige Unschärfen in der graphischen Darstellung hin. Mein besonderer Dank gilt Marlies Dicklberger für die prompte und umsichtige Erstellung des druckfertigen Manuskripts.

1. Kapitel
DER MARKT

Das übliche erste Kapitel eines Mikroökonomielehrbuchs ist eine Diskussion über „Umfang und Methoden" der Volkswirtschaftslehre. Obwohl diese Thematik sehr interessant sein kann, erscheint es eher unangebracht, das Studium der Ökonomie damit zu *beginnen*. Der Wert einer derartigen Diskussion ist als eher gering einzuschätzen, bevor man Beispiele angewandter ökonomischer Analyse kennen gelernt hat.

Statt dessen werden wir daher dieses Buch mit einem *Beispiel* einer ökonomischen Analyse beginnen. In diesem Kapitel wollen wir ein Modell eines bestimmten Marktes untersuchen, nämlich des Wohnungsmarktes. Dabei werden wir einige neue Begriffe und Instrumente der Ökonomie einführen. Es sollte nicht beunruhigen, dass alles eher schnell geht. Dieses Kapitel soll eben nur einen raschen Überblick geben, wie diese Begriffe verwendet werden können. Später werden sie in wesentlich größerem Detail studiert.

1.1 Die Konstruktion eines Modells

In der Volkswirtschaftslehre entwickeln wir **Modelle** sozialer Phänomene. Unter einem Modell verstehen wir eine vereinfachte Darstellung der Wirklichkeit. Die Betonung liegt hier auf dem Wort „vereinfacht". Überlegen Sie einmal, wie nutzlos eine Landkarte im Maßstab 1:1 wäre. Dasselbe gilt für ein ökonomisches Modell, das jeden einzelnen Aspekt der Wirklichkeit zu beschreiben versucht. Die Bedeutung eines Modells liegt im Weglassen irrelevanter Einzelheiten, was der Volkswirtin erlaubt, sich auf das Wesentliche der ökonomischen Wirklichkeit zu konzentrieren, die sie zu verstehen versucht.

Da uns interessiert, was den Preis von Wohnungen bestimmt, brauchen wir eine vereinfachte Beschreibung des Wohnungsmarktes. Die Kunst des Modellbaus besteht darin, die richtigen Vereinfachungen auszuwählen. Im Allgemeinen wollen wir das einfachste Modell heranziehen, das die untersuchte ökonomische Situation beschreiben kann. Wir können dann eine Komplikation nach der anderen hinzufügen, wodurch das Modell komplexer und - wie wir hoffen - auch realistischer wird.

Als spezifisches Beispiel wollen wir den Wohnungsmarkt einer mittelgroßen Universitätsstadt im amerikanischen Mittelwesten betrachten. In dieser Stadt gibt es zwei Arten von Wohnungen. Einige sind in unmittelbarer Nähe der Universität gelegen, die anderen weiter weg. Die an die Universität angrenzenden

Wohnungen werden im Allgemeinen von den Studentinnen bevorzugt, weil die Universität leichter erreichbar ist. Von den weiter entfernten Wohnungen muss man entweder mit dem Bus oder mit dem Rad lange durch die Kälte fahren; daher würden die meisten Studentinnen eine nahe gelegene Wohnung bevorzugen ... wenn sie sich eine leisten können.

Stellen wir uns vor, die Wohnungen lägen in zwei großen Ringen rund um die Universität. Die angrenzenden Wohnungen bilden den inneren Ring, die anderen liegen im äußeren. Wir konzentrieren uns ausschließlich auf den Markt für Wohnungen im inneren Ring. Der äußere Ring ist so zu verstehen, dass jene Leute dorthin ziehen können, die keine der näher gelegenen Wohnungen finden. Wir wollen annehmen, dass es im äußeren Ring viele Wohnungen gibt, und dass ihr Preis auf einem beliebigen, allgemein bekannten Niveau fixiert ist. Wir beschäftigen uns ausschließlich mit der Bestimmung des Preises der Wohnungen im inneren Ring und mit der Frage, wer dort wohnen wird.

Eine Volkswirtin würde den Unterschied zwischen den Preisen der beiden Arten von Wohnungen in diesem Modell so beschreiben, dass sie den Preis der Wohnungen des äußeren Rings als eine **exogene Variable**, den Preis jener des inneren Rings als eine **endogene Variable** bezeichnet. Das bedeutet, dass der Preis der Wohnungen des äußeren Rings als durch Einflüsse vorherbestimmt angesehen wird, die im vorliegenden Modell nicht diskutiert werden, während der Preis der Wohnungen des inneren Rings durch Kräfte bestimmt wird, die im Modell beschrieben werden.

Die erste Vereinfachung unseres Modells ist die Annahme, dass alle Wohnungen in jeder Hinsicht gleich sind, mit Ausnahme der Lage. Erst dann wird es sinnvoll, vom „Preis" der Wohnungen zu sprechen, ohne dass wir berücksichtigen müssen, ob die Wohnungen ein oder zwei Schlafzimmer haben oder eine Ter-rasse oder was auch immer.

Aber was bestimmt diesen Preis? Wovon hängt es ab, wer in den Wohnungen des inneren Rings wohnen wird und wer weiter weg? Was kann man über die Erwünschtheit verschiedener ökonomischer Mechanismen zur Allokation der Wohnungen sagen? Welche Konzepte können wir verwenden, um die Vorteile verschiedener Zuteilungen der Wohnungen an Individuen zu beurteilen? All diese Fragen soll unser Modell ansprechen.

1. 2 Optimierung und Gleichgewicht

Wenn wir das Verhalten von Menschen zu erklären versuchen, brauchen wir einen Rahmen, in den wir die Analyse einordnen können. Im Großteil der Volkswirtschaftslehre verwenden wir einen Rahmen, der aus den beiden folgenden einfachen Grundprinzipien besteht.

Das Optimierungsprinzip: Die Leute versuchen, die besten Konsummuster zu wählen, die sie sich leisten können.

Das Gleichgewichtsprinzip: Die Preise passen sich so lange an, bis die Menge, welche die Leute von irgendetwas nachfragen, gleich der angebotenen Menge ist.

Schauen wir uns diese beiden Prinzipien an. Das erste ist *fast* tautologisch. Wenn die Leute die Freiheit der Wahl haben, so ist es vernünftig anzunehmen, dass sie eher Dinge auswählen, die sie wollen als solche, die sie nicht wollen. Natürlich gibt es Ausnahmen zu diesem allgemeinen Grundsatz, aber sie liegen typischerweise außerhalb des Bereichs ökonomischen Verhaltens.

Der zweite Begriff ist ein wenig problematischer. Es ist zumindest vorstellbar, dass zu bestimmten Zeiten Angebot und Nachfrage der Leute nicht übereinstimmen und sich daher etwas ändern muss. Diese Änderungen können lange dauern und - noch schlimmer - sie können weitere Änderungen mit sich bringen, die möglicherweise das ganze System „destabilisieren".

Das kann alles passieren ... aber üblicherweise geschieht es nicht. Im Fall der Wohnungen können wir typischerweise eine von Monat zu Monat eher stabile Miete beobachten. Und dieser *Gleichgewichts*preis interessiert uns, nicht jedoch wie der Markt zu diesem Gleichgewicht kommt, oder wie es sich über längere Zeiträume hinweg verändert.

Es ist wichtig festzuhalten, dass die Definition des Gleichgewichts in verschiedenen Modellen unterschiedlich sein kann. Im Falle des in diesem Kapitel untersuchten einfachen Marktmodells genügt das Konzept des Angebots-Nachfrage-Gleichgewichts. Aber in allgemeineren Modellen brauchen wir allgemeinere Definitionen des Gleichgewichts. Typischerweise wird ein Gleichgewicht immer erfordern, dass die Handlungen der ökonomischen Akteure miteinander konsistent sind.

Wie verwenden wir diese zwei Grundprinzipien, um die Antworten zu den oben gestellten Fragen zu finden? Es ist nun an der Zeit, einige ökonomische Konzepte einzuführen.

1.3 Die Nachfragekurve

Nehmen wir an, wir fragen alle in Betracht kommenden Mieterinnen, welchen Höchstbetrag sie für die Miete einer Wohnung zu zahlen bereit wäre.

Beginnen wir ganz oben. Irgendjemand muss ja bereit sein, den höchsten Preis zu zahlen. Vielleicht hat diese Person viel Geld, vielleicht ist sie sehr faul und will nicht weit gehen, ... oder was auch immer. Nehmen wir an, diese Person ist bereit, $ 500 pro Monat für eine Wohnung zu bezahlen.

Wenn es nur eine Person gibt, die bereit ist, $ 500 je Monat für die Miete einer Wohnung zu zahlen, und wenn der Preis für Wohnungen $ 500 wäre, dann würde genau eine Wohnung vermietet werden - an die eine Person, die bereit ist, diesen Preis zu zahlen.

Nehmen wir an, der nächsthöhere Preis, den jemand zahlen will, ist $ 490. Wäre der Marktpreis $ 499, so würde noch immer nur eine Wohnung vermietet: Die Person, die *bereit* ist, $ 500 zu zahlen, würde eine Wohnung mieten, nicht jedoch jene, die $ 490 zahlen will. Und so weiter: Nur eine Wohnung würde vermietet, wäre der Preis $ 498, $ 497, $ 496 ... bis wir einen Preis von $ 490 erreichen. Zu diesem Preis würden genau zwei Wohnungen vermietet: Eine an die $ 500-Person und eine an die $ 490-Person.

In ähnlicher Weise würden so lange zwei Wohnungen vermietet, bis wir den Maximalpreis erreichen, den die Person mit dem *dritt*höchsten Preis bezahlen will usw.

Ökonominnen bezeichnen die maximale Zahlungsbereitschaft einer Person häufig als ihren **Vorbehaltspreis**. Der Vorbehaltspreis ist der höchste Preis, den eine Person beim Kauf eines Gutes gerade noch bereit ist zu akzeptieren. Mit anderen Worten, der Vorbehaltspreis einer Person ist jener Preis, bei dem sie zwischen Kauf oder Nichtkauf eines Gutes gerade indifferent ist. Wenn eine Person in unserem Beispiel einen Vorbehaltspreis von p hat, so bedeutet das, dass sie genau indifferent ist, entweder im inneren Ring zu leben und den Preis p zu zahlen oder im äußeren Ring zu wohnen.

Die Zahl der zu einem gegebenen Preis p^* vermieteten Wohnungen wird daher genau gleich der Anzahl jener Personen sein, die einen Vorbehaltspreis größer oder gleich p^* haben. Wenn der Marktpreis nämlich p^* ist, dann wird jeder, der bereit ist zumindest p^* zu zahlen, eine Wohnung im inneren Ring haben wollen, und jeder, der nicht p^* zahlen will, wird den äußeren Ring bevorzugen.

Wir können diese Vorbehaltspreise in ein Diagramm wie Abbildung 1.1 einzeichnen. Der Preis wird dabei auf der vertikalen Achse dargestellt, die Anzahl der Personen, die bereit sind, diesen Preis zu zahlen, auf der horizontalen Achse.

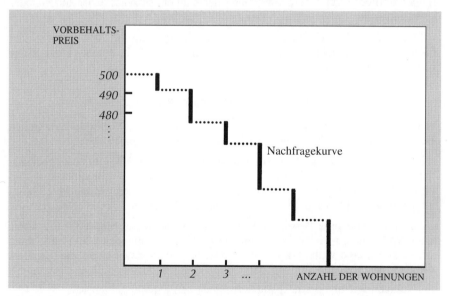

Abbildung 1.1 Die Nachfragekurve nach Wohnungen. Auf der vertikalen Achse wird der Marktpreis gemessen, auf der horizontalen, wie viele Wohnungen zu jedem Preis vermietet werden.

Man kann Abbildung 1.1 auch so sehen, dass sie angibt, wie viele Personen zu einem bestimmten Preis eine Wohnung mieten möchten. So eine Kurve ist ein Beispiel einer **Nachfragekurve** - eine Kurve, welche die nachgefragte Menge zum Preis in Beziehung setzt. Wenn der Marktpreis über $ 500 liegt, werden

Null Wohnungen vermietet. Liegt der Preis zwischen $ 500 und $ 490, so wird eine Wohnung vermietet. Liegt er zwischen $ 490 und dem dritthöchsten Vorbehaltspreis, so werden zwei Wohnungen vermietet usw. Die Nachfragekurve beschreibt die nachgefragte Menge zu jedem beliebigen Preis.

Die Nachfragekurve nach Wohnungen verläuft fallend: Sinkt der Preis der Wohnungen, so werden mehr Leute bereit sein, Wohnungen zu mieten. Wenn die Zahl der Leute groß ist und ihre Vorbehaltspreise sich nur geringfügig voneinander unterscheiden, kann man sich die Nachfragekurve wie in Abbildung 1.2 glatt fallend vorstellen. Die Kurve in Abbildung 1.2 entspräche der Nachfragekurve in Abbildung 1.1, wenn viele Leute Wohnungen mieten möchten. Die „Sprünge" in Abbildung 1.1 wären dann im Vergleich zur Größe des Marktes so klein, dass wir sie bei der Darstellung der Marktnachfragekurve vernachlässigen könnten.

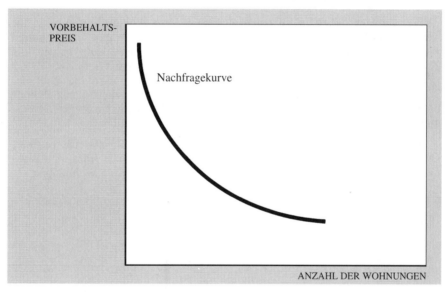

Abbildung 1.2 Nachfragekurve nach Wohnungen bei vielen Nachfragern. Wegen der großen Zahl von Nachfragern werden die Stufen zwischen den Preisen klein sein, und die Nachfragekurve wird die übliche glatte Form aufweisen.

1.4 Die Angebotskurve

Nachdem wir nun eine anschauliche grafische Darstellung des Nachfrageverhaltens haben, wenden wir uns dem Angebotsverhalten zu. Dabei müssen wir uns die Art des untersuchten Marktes überlegen. Wir haben es mit vielen unabhängigen Vermietern zu tun, die alle darauf aus sind, ihre Wohnungen zum höchstmöglichen Preis zu vermieten. Wir werden dies als **Konkurrenzmarkt** bezeichnen. Andere Marktformen sind sicherlich möglich, ein paar von ihnen werden wir später untersuchen.

Vorläufig betrachten wir den Fall zahlreicher und voneinander unabhängig handelnder Vermieter. Wenn alle Vermieter versuchen, das Bestmögliche zu erreichen, und wenn die Mieter voll über die verlangten Preise informiert sind, so ist es offensichtlich, dass der Gleichgewichtspreis aller Wohnungen im inneren Ring einheitlich sein muss. Die Beweisführung ist nicht schwer. Nehmen wir an, es gäbe für Wohnungen einen hohen Preis, p_h, und einen niedrigen Preis, p_n. Die Leute, die ihre Wohnungen zu einem hohen Preis mieten, könnten zu einem Niedrigpreis-Vermieter gehen und seine Wohnung um einen Preis zwischen p_h und p_n mieten. Eine Transaktion zu so einem Preis würde sowohl den Mieter als auch den Vermieter besser stellen. Da alle Marktteilnehmer ihre eigenen Interessen verfolgen und die verschiedenen Preise kennen, kann im Gleichgewicht keine Situation bestehen, in der für das gleiche Gut verschiedene Preise verlangt werden.

Aber wie hoch wird dieser Gleichgewichtspreis sein? Versuchen wir hier dieselbe Methode anzuwenden, die wir zur Konstruktion der Nachfragekurve benützten: Wir nehmen irgendeinen Preis und fragen, wie viele Wohnungen zu diesem Preis angeboten werden.

Die Antwort hängt bis zu einem gewissen Ausmaß vom Zeitraum ab, für welchen wir den Markt untersuchen. Wenn wir einen Zeitraum von mehreren Jahren betrachten, während dessen es zu Neubauten kommen kann, so wird die Zahl der Wohnungen sicherlich auf den verlangten Preis reagieren. Aber in der „kurzen Periode" - sagen wir innerhalb eines Jahres - wird die Zahl der Wohnungen mehr oder weniger feststehen. Wenn wir nur diese kurze Periode untersuchen, wird das Angebot an Wohnungen auf einem gegebenen Niveau konstant sein.

Die **Angebotskurve** dieses Marktes ist in Abbildung 1.3 als eine vertikale Gerade dargestellt. Unabhängig vom Preis wird immer dieselbe Anzahl an Wohnungen vermietet, nämlich alle zu diesem Zeitpunkt verfügbaren Wohnungen.

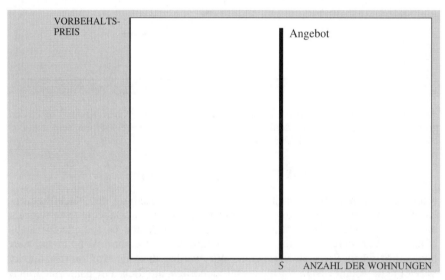

Abbildung 1.3 Kurzfristige Angebotskurve. Das Angebot an Wohnungen ist kurzfristig konstant.

1.5 Marktgleichgewicht

Wir haben nun eine Möglichkeit gefunden, die Angebots- und Nachfrageseite des Wohnungsmarktes darzustellen. Wir fügen die beiden zusammen und fragen nach dem Gleichgewichtsverhalten des Marktes. Dazu zeichnen wir die Angebots- und Nachfragekurven in dieselbe Grafik (Abbildung 1.4).

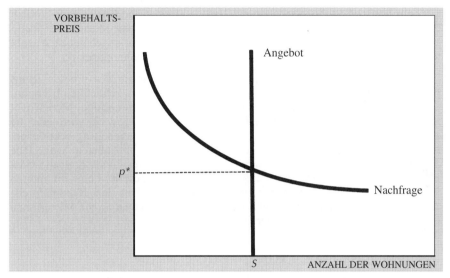

Abbildung 1.4 Gleichgewicht auf dem Wohnungsmarkt. Der Gleichgewichtspreis p^* ist durch den Schnittpunkt der Angebots- und Nachfragekurven bestimmt.

In dieser Grafik haben wir p^* zur Bezeichnung jenes Preises verwendet, bei dem die nachgefragte Menge gleich der angebotenen ist. Das ist der **Gleichgewichtspreis** der Wohnungen. Bei diesem Preis wird jede Konsumentin, die bereit ist, zumindest p^* zu zahlen, eine Wohnung finden, und jede Vermieterin wird ihre Wohnung(en) zum gängigen Marktpreis vermieten können. Weder die Konsumentinnen noch die Vermieterinnen haben irgendeinen Grund, ihr Verhalten zu ändern. Deswegen bezeichnen wir das als *Gleichgewicht*: Man wird keine Verhaltensänderung beobachten können.

Um diese Aussage besser zu verstehen, sehen wir uns an, was bei einem anderen Preis als p^* geschehen würde. Nehmen wir zum Beispiel einen Preis $p < p^*$, bei dem die Nachfrage größer als das Angebot ist. Kann dieser Preis weiter bestehen? Zu diesem Preis werden zumindest einige Vermieterinnen mehr Mieterinnen haben, als sie befriedigen können. Es wird Warteschlangen von Leuten geben, die hoffen, zu diesem Preis eine Wohnung zu bekommen; es gibt eben mehr Leute, die bereit sind, den Preis p zu bezahlen, als es Wohnungen gibt. Einige der Vermieter würden es sicherlich vorteilhaft finden, die Preise der von ihnen angebotenen Wohnungen zu erhöhen.

Nehmen wir hingegen an, der Preis der Wohnungen ist irgendein p größer als p^*. Dann werden einige der Wohnungen leer stehen: Es gibt weniger Leute, die bereit sind, den Preis p zu zahlen, als Wohnungen. Einige der Vermieterinnen laufen nun Gefahr, für ihre Wohnungen überhaupt keine Miete zu bekommen.

Daher haben sie einen Anreiz, ihren Preis zu senken, um mehr Mieterinnen anzuziehen.

Liegt der Preis über p^*, so gibt es zu wenige Mieterinnen; liegt er unter p^*, so gibt es zu viele. Lediglich zu einem Preis von p^* ist die Zahl der Leute, die zu diesem Preis mieten wollen, gleich der Zahl der verfügbaren Wohnungen. Nur zu diesem Preis ist die Nachfrage gleich dem Angebot.

Zum Preis p^* ist das Verhalten der Vermieterinnen und Mieterinnen in dem Sinn vereinbar, dass die Anzahl der zum Preis p^* von den Mieterinnen nachgefragten Wohnungen gleich der von den Vermieterinnen angebotenen Anzahl an Wohnungen ist. Das ist der Gleichgewichtspreis am Wohnungsmarkt.

Wenn wir einmal den Marktpreis für die Wohnungen des inneren Rings bestimmt haben, können wir fragen, wer diese Wohnungen schließlich bekommt und wer in die entfernteren Wohnungen verbannt wird. In unserem Modell gibt es eine einfache Antwort auf diese Frage: Im Marktgleichgewicht wird jede, die bereit ist p^* oder mehr zu zahlen, eine Wohnung im inneren Ring bekommen, und jede, die weniger als p^* zahlen will, kriegt eine im äußeren Ring. Jene Person, die einen Vorbehaltspreis von p^* hat, ist gerade indifferent zwischen einer Wohnung im inneren und im äußeren Ring. Der Rest der Leute im inneren Ring bekommt seine Wohnungen zu einem niedrigeren als dem Maximalpreis, den er zu zahlen bereit wäre. Die Zuteilung der Wohnungen an die Mieterinnen wird somit durch ihre Zahlungsbereitschaft bestimmt.

1.6 Komparative Statik

Da wir nun ein ökonomisches Modell des Wohnungsmarktes haben, können wir beginnen, es zur Analyse des Gleichgewichtspreises heranzuziehen. Wir können zum Beispiel fragen, wie sich der Wohnungspreis ändert, wenn sich verschiedene Aspekte des Marktes verändern. Das wird als **komparative Statik** bezeichnet, da man zwei „statische" Gleichgewichtssituationen miteinander vergleicht, ohne sich darüber Gedanken zu machen, wie der Markt von einem Gleichgewicht zum anderen gelangt.

Der Übergang von einem Gleichgewicht zum anderen kann beträchtliche Zeit in Anspruch nehmen, und Fragen, wie dieser Übergang verläuft, können sehr interessant und wichtig sein. Aber bevor wir laufen können, müssen wir erst gehen lernen und daher vernachlässigen wir solche dynamische Fragen im Moment. Komparativ statische Analyse beschäftigt sich nur mit dem Vergleich von Gleichgewichten, und in diesem Rahmen verbleiben für's erste reichlich Fragen zur Beantwortung.

Beginnen wir mit einem einfachen Fall. Nehmen wir wie in Abbildung 1.5 an, das Angebot an Wohnungen wird erhöht.

Dem Diagramm ist leicht zu entnehmen, dass der Gleichgewichtspreis fallen wird. Ganz ähnlich würde bei einer Senkung des Wohnungsangebots der Gleichgewichtspreis steigen.

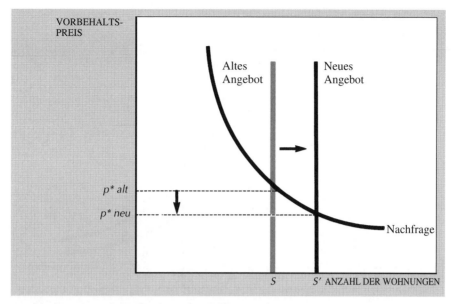

Abbildung 1.5   Erhöhung des Wohnungsangebots. Das Ansteigen des Wohnungsangebots führt zu einem Sinken des Gleichgewichtspreises.

Versuchen wir ein schwierigeres - und interessanteres - Beispiel. Nehmen wir an, ein Vermieter entschließt sich, einige Mietwohnungen in Eigentumswohnungen umzuwandeln. Was geschieht mit dem Preis der verbleibenden Mietwohnungen?

Ihre erste Vermutung ist wahrscheinlich, dass der Preis der Wohnungen steigen wird, da das Angebot reduziert wurde. Aber das muss nicht notwendigerweise stimmen. Zwar ist das Angebot an Mietwohnungen zurückgegangen, aber ebenso die *Nachfrage nach Mietwohnungen*, da einige der Leute, die bisher mieteten, sich nun für den Kauf der neuen Eigentumswohnungen entscheiden könnten.

Es ist nur normal anzunehmen, dass die Käufer von Eigentumswohnungen sich aus den Bewohnern der Wohnungen des inneren Rings rekrutieren - also aus jenen Leute, die bereit sind, mehr als p^* für eine Wohnung zu zahlen. Nehmen wir z. B. an, dass sich die Nachfrager mit den 10 höchsten Vorbehaltspreisen dazu entschließen, anstatt zu mieten, Eigentumswohnungen zu kaufen. Die neue Nachfragekurve entspricht dann genau der alten mit 10 Nachfragern weniger zu jedem Preis. Da es jetzt auch 10 Wohnungen weniger zu vermieten gibt, ist der neue Gleichgewichtspreis dort, wo er bisher war, und genau dieselben Leute wie bisher verbleiben in den Wohnungen des inneren Rings. Diese Situation ist in Abbildung 1.6 dargestellt. Sowohl die Angebots- als auch die Nachfragekurve verschieben sich um 10 Wohnungen nach links, und der Gleichgewichtspreis bleibt unverändert.

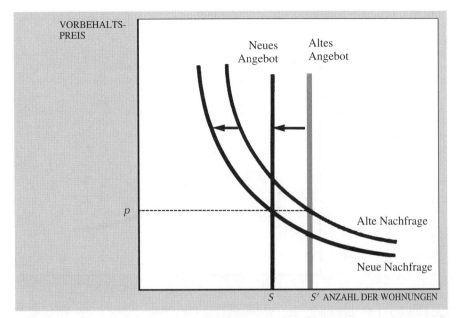

Abbildung 1.6 Die Wirkung der Schaffung von Eigentumswohnungen. Wenn sich Angebot und Nachfrage im gleichen Ausmaß nach links verschieben, bleibt der Gleichgewichtspreis unverändert.

Die meisten Leute finden dieses Ergebnis überraschend. Sie denken nur an die Reduktion des Wohnungsangebots und vergessen den Nachfragerückgang. Wir haben allerdings einen Extremfall untersucht: *Alle* Käufer von Eigentumswohnungen sind frühere Mieter. Aber der andere Fall - keiner der Wohnungskäufer war bisher Mieter - ist sicherlich noch extremer.

So einfach das Modell auch ist, es hat uns doch zu einer wichtigen Einsicht geführt. Wenn wir die Auswirkungen der Umwandlung in Eigentumswohnungen auf den Wohnungsmarkt bestimmen wollen, so müssen wir nicht nur die Wirkung auf das Angebot sondern auch jene auf die Nachfrage nach Wohnungen betrachten.

Sehen wir uns ein weiteres Beispiel einer überraschenden komparativ statischen Analyse an, nämlich die Wirkung einer Wohnungssteuer. Nehmen wir an, der Stadtrat beschließt, Wohnungen sollten mit $ 50 pro Jahr besteuert werden. Jeder Vermieter muss also der Stadt jährlich $ 50 für jede seiner Wohnungen zahlen. Wie wird sich das auf den Preis der Wohnungen auswirken?

Die meisten Leute würden meinen, dass zumindest ein Teil der Steuer auf die Mieter überwälzt würde. Überraschenderweise ist dies jedoch nicht der Fall: Der Gleichgewichtspreis der Wohnungen bleibt unverändert!

Um dies zu beweisen, brauchen wir nur zu fragen, was mit den Angebots- und Nachfragekurven geschieht. Die Angebotskurve ändert sich nicht - es gibt nach der Steuer genau so viele Wohnungen wie vorher. Und die Nachfragekurve ändert sich auch nicht, da die Zahl der zu jedem beliebigen Preis gemieteten Wohnungen ebenfalls gleich bleibt. Wenn sich aber weder die Angebots- noch die Nachfragekurve verschieben, kann sich der Preis auf Grund einer Steuer nicht ändern.

Man könnte sich die Wirkung der Steuer wie folgt überlegen. Vor der Besteuerung wird jeder Vermieter den höchstmöglichen Preis verlangen, bei dem seine Wohnungen gerade noch belegt bleiben. Der Gleichgewichtspreis p^* ist der höchste Preis, der verlangt werden kann, sodass alle Wohnungen gerade noch vermietet werden können. Können die Vemieter nach Einführung der Steuer ihre Preise zur Kompensation der Steuer erhöhen? Die Antwort lautet nein: Wenn sie ihre Preise erhöhen und ihre Wohnungen belegt halten könnten, so hätten sie das bereits getan. Wenn die Vermieter bereits den am Markt maximal möglichen Preis verlangen, können sie ihre Preise nicht mehr erhöhen: Die Steuer wird überhaupt nicht auf die Mieter überwälzt. Die Vermieter müssen die Steuer zur Gänze tragen.

Diese Analyse beruht auf der Annahme, dass das Angebot an Wohnungen konstant bleibt. Wenn sich die Zahl der Wohnungen mit der Besteuerung verändern kann, dann wird sich der von den Mietern zu zahlende Preis typischerweise ändern. Wir werden dieses Verhalten später untersuchen, nachdem wir einige zusätzliche Instrumente für die Analyse solcher Probleme entwickelt haben.

1.7 Andere Möglichkeiten der Allokation von Wohnungen

Im vorangehenden Abschnitt haben wir das Gleichgewicht eines Wohnungsmarktes bei Wettbewerb beschrieben. Aber Konkurrenzmärkte sind nur eine von vielen Möglichkeiten zur Allokation von Ressourcen; in diesem Abschnitt betrachten wir ein paar andere Möglichkeiten. Einige dieser Fälle der Allokation von Wohnungen erscheinen möglicherweise eigenartig, aber jeder wird einen wichtigen ökonomischen Aspekt illustrieren.

Die diskriminierende Monopolistin

Betrachten wir als erstes die Situation einer dominierenden Vermieterin, der alle Wohnungen gehören. Wir könnten auch an eine Anzahl individueller Vermieterinnen denken, die zusammenkommen und ihre Handlungen so koordinieren, dass sie wie eine Person agieren. Eine Situation, in der ein Markt von einer einzigen Verkäuferin eines Produkts beherrscht wird, nennt man **Monopol**.

Die Vermieterin könnte sich entscheiden, die Mietrechte an den Wohnungen einzeln an die jeweiligen Höchstbieterinnen zu versteigern. Da das bedeutet, dass letztlich verschiedene Leute unterschiedliche Preise für Wohnungen zahlen, nennen wir das den Fall der **diskriminierenden Monopolistin**. Nehmen wir der Einfachheit halber an, dass die diskriminierende Monopolistin den Vorbehaltspreis für Wohnungen jeder einzelnen Person kennt. (Das ist zwar nicht besonders realistisch, aber es ermöglicht die Illustration eines wichtigen Aspekts.)

Das bedeutet, er würde die erste Wohnung an die Meistbieterin vermieten, in diesem Fall um $ 500. Die nächste Wohnung würde um $ 490 weggehen und so weiter entlang der Nachfragekurve. Jede Wohnung würde an jene Person vermietet, die bereit ist, das meiste dafür zu bezahlen.

Jetzt kommt der interessante Aspekt der diskriminierenden Monopolistin: *Genau dieselben Leute würden die Wohnungen kriegen wie im Fall der Marktlösung*, nämlich jede, der eine Wohnung mehr als p^* wert ist. Die letzte Person, die eine Wohnung mietet, zahlt den Preis p^* - also den Gleichgewichtspreis des Konkurrenzmarktes. Der Versuch der Monopolistin, ihre eigenen Gewinne zu maximieren, führt zur gleichen Allokation der Wohnungen wie der Angebots- und Nachfragemechanismus des Wettbewerbsmarktes. Der Betrag, den die Leute *zahlen*, ist verschieden, aber dieselben Leute kriegen die Wohnungen. Es zeigt sich, dass das kein Zufall ist, den Grund können wir aber erst später erklären.

Die gewöhnliche Monopolistin

Wir hatten angenommen, dass die diskriminierende Monopolistin jede Wohnung zu einem unterschiedlichen Preis vermieten kann. Was wäre, wenn sie alle Wohnungen zum gleichen Preis vermieten müsste? In diesem Fall sieht sich die Mono-polistin einem Trade-off gegenüber: Verlangt sie einen niedrigen Preis, so wird sie zwar mehr Wohnungen vermieten, aber sie könnte gegebenenfalls weniger Geld verdienen, als wenn sie einen höheren Preis festlegt.

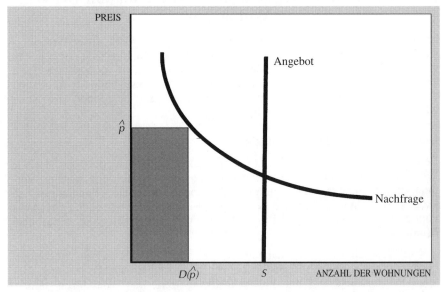

Abbildung 1.7 Erlösrechteck. Der Erlös der Monopolistin ist gleich dem Preis mal der Menge, was als die Fläche des dargestellten Rechtecks interpretiert werden kann.

$D(p)$ möge die Nachfragefunktion darstellen - die Anzahl der Wohnungen, die zum jeweiligen Preis p nachgefragt wird. Wenn nun die Monopolistin einen Preis p festsetzt, so wird sie $D(p)$ Wohnungen vermieten können und daher einen Erlös von $pD(p)$ erzielen. Den Erlös der Monopolistin kann man sich als die

Fläche eines Rechtecks vorstellen: Die Höhe des Rechtecks ist der Preis p, die Breite die Anzahl der Wohnungen, $D(p)$. Daher stellt das Produkt von Höhe und Breite - die Fläche des Rechtecks - den Erlös der Monopolistin dar. In Abbildung 1.7 ist dieses Rechteck dargestellt.

Wenn der Monopolistin aus der Wohnungsvermietung keine Kosten entstehen, so wird sie jenen Preis wählen, der ihr Mieteinkommen maximiert - also den Preis mit dem größten zugehörigen Rechteck. Beim Preis $\hat{p}$ ist das Erlösrechteck in Abbildung 1.7 am größten. In diesem Fall liegt es im Interesse der Monopolistin, *nicht* alle Wohnungen zu vermieten. Das gilt allgemein für eine Monopolistin. Die Monopolistin wird den verfügbaren Output beschränken, um ihren Gewinn zu maximieren. Das bedeutet, dass die Monopolistin im allgemeinen einen höheren Preis als den Gleichgewichtspreis des Konkurrenzmarkts, p^*, verlangen wird. Im Falle der gewöhnlichen Monopolistin werden weniger Wohnungen vermietet, und jede Wohnung wird zu einem höheren Preis als am Konkurrenzmarkt vermietet.

Mietenkontrolle

Als dritten und letzten Fall wollen wir die Kontrolle der Mieten besprechen. Angenommen die Stadtverwaltung beschließt, eine Höchstmiete für Wohnungen p_{max} festzusetzen. Wir nehmen an, dass der Höchstpreis p_{max} unter dem Gleichgewichtspreis des Konkurrenzmarktes p^* liegt. Dann hätten wir eine Situation der **Überschussnachfrage**: Es gibt mehr Leute, die Wohnungen zum Preis von p_{max} mieten möchten, als Wohnungen verfügbar sind. Wer wird die Wohnungen bekommen?

Die bisher dargestellte Theorie hat keine Antwort auf diese Frage. Wir können schildern, was geschieht, wenn das Angebot gleich der Nachfrage ist, aber das Modell enthält nicht genug Einzelheiten, um zu beschreiben, was passiert, wenn das Angebot nicht gleich der Nachfrage ist. Die Antwort, wer die Wohnungen bei Mietenkontrolle bekommt, hängt davon ab, wer die meiste Zeit zur Suche aufwenden kann, wer die derzeitigen Mieterinnen kennt usw. Das alles liegt außerhalb des von uns entwickelten einfachen Modells. Möglicherweise kriegen bei Mietenkontrolle genau dieselben Leute die Wohnungen wie auf einem Konkurrenzmarkt. Aber das wäre ein äußerst unwahrscheinliches Ergebnis. Wahrscheinlicher ist vielmehr, dass einige Personen des äußeren Rings nunmehr in einige Wohnungen des inneren Rings einziehen werden und daher einige der Leute verdrängen, die bei einem Konkurrenzmarkt dort gewohnt hätten. Unter Mietenkontrolle wird somit die gleiche Anzahl an Wohnungen zum kontrollierten Preis vermietet wie beim Wettbewerbspreis, lediglich an andere Personen.

1.8 Welche Möglichkeit ist die beste?

Wir haben nun vier Möglichkeiten der Allokation von Wohnungen beschrieben:

- Den Konkurrenzmarkt.
- Ein gewöhnliches Monopol.
- Einen diskriminierende Monopolist.
- Mietenkontrolle.

Das sind vier verschiedene ökonomische Institutionen zur Allokation von Wohnungen. Bei jeder Methode erhalten andere Leute die Wohnungen und/oder es werden unterschiedliche Preise verlangt. Wir könnten nun fragen, welche ökonomische Institution die beste ist. Dazu müssen wir vorerst definieren, was „die beste" bedeutet. Welche Kriterien könnten wir verwenden, um diese vier Möglichkeiten der Allokation von Wohnungen zu vergleichen?

Ein Ansatz ist die Betrachtung der ökonomischen Situation der beteiligten Personen. Es ist ziemlich offensichtlich, dass die Besitzer der Wohnungen das meiste Geld bekommen, wenn sie als diskriminierende Monopolisten handeln können: Das würde dem (den) Besitzer(n) der Wohnungen den größten Erlös einbringen. Dementsprechend ist die Mietenkontrolle wahrscheinlich die schlechteste Situation für die Wohnungsbesitzer.

Wie sieht es für die Mieter aus? Sie kommen wahrscheinlich am schlechtesten im Falle des diskriminierenden Monopolisten weg - die meisten würden einen höheren Preis als bei den anderen Allokationsmöglichkeiten zahlen. Sind die Konsumenten im Falle der Mietenkontrolle besser dran? Einige von ihnen schon: Jene Konsumenten, *welche die Wohnungen bekommen*, sind besser gestellt als bei der Marktlösung. Aber diejenigen, welche die Wohnungen nicht bekommen, sind im Vergleich zur Marktlösung *schlechter gestellt*.

Wir brauchen eine Vorgangsweise, die ökonomische Position aller Beteiligten zu betrachten - aller Mieter *und* aller Vermieter. Wie können wir die Erwünschtheit verschiedener Arten der Wohnungsallokation bei Berücksichtigung aller Beteiligten untersuchen? Welches Kriterium kann man zur Bestimmung einer „guten" Möglichkeit der Wohnungsallokation unter Berücksichtigung *aller* Beteiligten verwenden?

1.9 Pareto-Effizienz

Ein nützliches Kriterium zum Vergleich der Ergebnisse verschiedener ökonomischer Institutionen ist das Konzept der Pareto-Effizienz oder der ökonomischen Effizienz.[1] Wir beginnen mit der folgenden Difinition: Wenn wir eine Möglichkeit finden, irgendjemanden besser zu stellen ohne jemand anderen zu benachteiligen, dann haben wir eine Pareto-Verbesserung. Wenn in einer bestimmten Situation eine Pareto-Verbesserung möglich ist, dann bezeichnen wir so eine Situation als Pareto-ineffizient; wenn eine Allokation keine Pareto-Verbesserung mehr zulässt, dann nennen wir so eine Allokation Pareto-ineffizient..

Eine Pareto-ineffiziente Allokation hat die unerwünschte Eigenschaft, dass es eine Alternative gibt, die jemand besser stellt, ohne jemand anderen zu benachteiligen. Eine solche Allokation mag andere Vorteile haben, aber die Tatsache der Pareto-Ineffizienz ist sicherlich ein Punkt gegen sie. Wenn es eine Möglichkeit gibt, jemand besser zu stellen, ohne jemand anderen zu benachteiligen - warum sollte man das nicht tun?

---

[1] Pareto-Effizienz ist nach dem Ökonomen und Soziologen Vilfredo Pareto (1848 - 1923) benannt, der als einer der ersten die Implikationen dieser Idee untersuchte.

Das Konzept der Pareto-Effizienz ist für die Ökonomie wichtig, und wir werden es später noch im einzelnen betrachten. Es hat viele subtile Implikationen, die wir etwas eingehender untersuchen müssen, aber wir können bereits jetzt eine Vorstellung davon bekommen, worum es geht.

Im Folgenden soll eine nützliche Art aufgezeigt werden, den Begriff der Pareto-Effizienz zu erfassen: Nehmen wir an, die Mieterinnen werden den Wohnungen des inneren und äußeren Rings nach einem Zufallsprinzip zugewiesen; im Anschluss daran dürfen sie die Wohnungen einander vermieten. Einige Leute, die wirklich zentral wohnen wollen, wohnen nun durch einen unglücklichen Zufall in einer Wohnung im äußeren Ring. Aber sie könnten in Untermiete eine Wohnung des inneren Rings von jemand bekommen, der in so eine Wohnung eingewiesen wurde, sie aber nicht so sehr schätzt wie die andere Person. Wenn den Individuen die Wohnungen rein zufällig zugewiesen werden, so wird es im Allgemeinen immer jemand geben, der bei ausreichender Entschädigung zum Wohnungstausch bereit ist.

Nehmen wir zum Beispiel an, dass Person A eine Wohnung im inneren Ring zugewiesen wird, und dass sie meint, diese Wohnung sei $ 200 wert; Person B erhält eine Wohnung im äußeren Ring. Nehmen wir weiter an, B wäre bereit, $ 300 für A's Wohnung zu zahlen. Dann gibt es ganz bestimmt einen „Tauschgewinn", wenn die beiden Wohnungen tauschen und eine Zahlung der B an die A in der Höhe von irgendwo zwischen $ 200 und $ 300 vereinbaren. Der genaue Betrag des Geschäftes ist nicht entscheidend. Wichtig ist vielmehr, dass jene Leute die Wohnungen bekommen, die bereit sind, am meisten dafür zu zahlen - ansonsten gäbe es einen Anreiz für jemand, der eine Wohnung im inneren Ring niedrig bewertet, mit jemand anderem zu tauschen, der eine solche Wohnung sehr schätzt.

Stellen wir uns vor, alle freiwilligen Tauschgeschäfte sind durchgeführt, sodass alle Tauschgewinne ausgeschöpft sind. Die sich ergebende Allokation muss Pareto-effizient sein. Wenn nicht, so müsste es einen Tausch geben, der zwei Leute besser stellt ohne Benachteiligung eines anderen - aber das widerspräche der Annahme, dass alle freiwilligen Tauschgeschäfte bereits durchgeführt sind. Eine Allokation, bei der alle freiwilligen Tauschgeschäfte durchgeführt sind, ist Pareto-effizient.

1.10 Vergleich unterschiedlicher Arten der Allokation von Wohnungen

Der oben beschriebene Tauschprozess ist so allgemein, dass man nicht meint, man könnte noch mehr über sein Ergebnis aussagen. Ein sehr interessanter Hinweis sei jedoch angebracht. Wir wollen der Frage nachgehen, wer bei einer Allokation nach Ausschöpfung aller Tauschgewinne die Wohnungen bekommen wird.

Zur Beantwortung dieser Frage ist fest zu halten, dass jeder, der eine Wohnung im inneren Ring hat, einen höheren Vorbehaltspreis haben muss als jeder Bewohner des äußeren Rings - ansonsten könnten durch Tausch beide besser gestellt werden. Wenn also S Wohnungen zu vermieten sind, so werden jene S Personen mit den höchsten Vorbehaltspreisen die Wohnungen im inneren Ring erhalten. Diese Allokation ist Pareto-effizient - und keine andere, da bei einer anderen Zuteilung der Wohnungen die Möglichkeit des Tausches bliebe, durch den zumindest zwei Leute bessergestellt würden, ohne jemand anderen zu benachteiligen.

Versuchen wir, das Kriterium der Pareto-Effizienz auf die Ergebnisse der anderen dargestellten Instrumente der Allokation von Ressourcen anzuwenden. Beginnen wir mit dem Marktmechanismus. Es ist offensichtlich, dass der Marktmechanismus die Leute mit den S höchsten Vorbehaltspreisen dem inneren Ring zuteilt - nämlich jene Leute, die bereit sind, für ihre Wohnungen mehr als den Gleichgewichtspreis p^* zu zahlen. Es sind daher nach Vermietung der Wohnungen auf einem Konkurrenzmarkt keine weiteren Tauschgewinne zu erzielen. Das Ergebnis eines Konkurrenzmarktes ist Pareto-effizient.

Wie sieht das bei einem diskriminierenden Monopolisten aus? Ist ein derartiges Arrangement Pareto-effizient? Zur Beantwortung dieser Frage genügt es festzuhalten, dass der diskriminierende Monopolist genau denselben Leuten eine Wohnung im inneren Ring zuweist, welche die Wohnungen auf einem Konkurrenzmarkt erhalten. In beiden Systemen bekommt jeder eine Wohnung, der bereit ist, mindestens p^* dafür zu zahlen. Auch der diskriminierende Monopolist führt zu einem Pareto-effizienten Ergebnis.

Obwohl der Konkurrenzmarkt und der diskriminierende Monopolist zu Pareto-effizienten Ergebnissen im Sinne keiner weiteren Tauschhandlungen führen, können daraus völlig verschiedene Einkommensverteilungen resultieren. Sicherlich sind bei einem diskriminierenden Monopolisten die Konsumenten viel schlechter und der (die) Vermieter viel besser gestellt als auf einem Konkurrenzmarkt. Pareto-Effizienz sagt im Allgemeinen nicht viel über die Verteilung der Tauschgewinne aus. Sie bezieht sich lediglich auf die *Effizienz* des Tausches: Wurden alle möglichen Tauschgeschäfte abgewickelt?

Wie sieht das Ergebnis bei einem einfachen Monopolisten aus, der nur einen einheitlichen Preis verlangen darf? Es zeigt sich, dass diese Situation nicht Pareto-effizient ist. Um das zu überprüfen, brauchen wir nur festzuhalten, dass der Monopolist im Allgemeinen nicht alle Wohnungen vermieten wird; er kann daher seinen Gewinn durch Vermietung einer Wohnung zu *irgendeinem* positiven Preis an jemand, der noch keine Wohnung hat, erhöhen. Es gibt also einen Preis, bei dem sowohl der Monopolist als auch der Mieter besser gestellt sein müssen. Solange der Monopolist den Preis, den alle anderen zahlen müssen, nicht ändert, sind die anderen Mieter genau so gut dran wie vorher. Wir haben daher eine **Pareto-Verbesserung** gefunden - eine Möglichkeit, zwei Marktteilnehmer besser zu stellen, ohne jemand anderen zu benachteiligen.

Der letzte Fall ist die Mietenkontrolle. Auch sie erweist sich als nicht Pareto-effizient. Die Argumentation stützt sich hier auf die Tatsache, dass eine willkürliche Zuweisung von Mietern zu Wohnungen im Allgemeinen dazu führt, dass jemand im inneren Ring wohnen wird (z. B. Herr In), der für eine Wohnung weniger zahlen will als jemand, der im äußeren Ring wohnt (z. B. Frau Out). Nehmen wir an, der Vorbehaltspreis von Herrn In sei $ 300, jener von Frau Out $ 500.

Wir müssen nun eine Pareto-Verbesserung finden - eine Möglichkeit, Herrn In und Frau Out besser zu stellen, ohne jemand anderen zu benachteiligen. Das kann man leicht erreichen: Herr In soll einfach seine Wohnung an Frau Out untervermieten. Frau Out ist es $ 500 wert, in der Nähe der Universität zu wohnen, Herrn In nur $ 300. Wenn Frau Out nun Herrn In z. B. $ 400 zahlt, und sie tauschen Wohnungen, so sind beide besser gestellt: Frau Out kriegt eine Wohnung, die sie höher bewertet als die $ 400, und Herr In erhält $ 400, die er mehr schätzt als eine Wohnung im inneren Ring.

Dieses Beispiel zeigt, dass ein Markt mit kontrollierten Mieten im Allgemeinen zu keiner Pareto-effizienten Allokation führt, da noch immer Tauschgeschäfte nach dem Marktgeschehen abzuwickeln bleiben. Solange Leute Wohnungen im inneren Ring bekommen, die sie geringer schätzen als Leute, die solche Wohn-ungen nicht kriegen, werden Tauschgewinne zu erzielen sein.

1.11 Langfristiges Gleichgewicht

Wir haben die **kurzfristige** Entwicklung des Gleichgewichtspreises für Wohnungen analysiert - bei einem gegebenen Wohnungsangebot. **Langfristig** kann sich aber das Wohnungsangebot ändern. So wie die Nachfragekurve die Anzahl der Wohnungen angibt, die bei verschiedenen Preisen nachgefragt wird, zeigt die Angebotskurve die Anzahl der Wohnungen, die bei verschiedenen Preisen angeboten wird. Die endgültige Bestimmung des Marktpreises für Wohnungen hängt vom Zusammenwirken von Angebot und Nachfrage ab.

Und wodurch wird das Angebotsverhalten bestimmt? Im Allgemeinen wird die Anzahl der auf einem privaten Markt angebotenen Wohnungen davon abhängen, wie Gewinn bringend es ist, Wohnungen bereitzustellen, was wiederum zum Teil vom Preis abhängt, den die Vermieterinnen erzielen können. Um das lang-fristige Verhalten des Wohnungsmarktes zu analysieren, müssen wir sowohl das Anbieter- als auch das Nachfragerverhalten untersuchen, eine Aufgabe, der wir uns später unterziehen werden.

Wenn das Angebot variabel ist, können wir nicht nur die Frage stellen, wer die Wohnungen erhält, sondern auch wie viele bei unterschiedlichen Marktformen bereitgestellt werden. Wird eine Monopolistin mehr oder weniger Wohnungen anbieten als ein Konkurrenzmarkt? Wird Mietenkontrolle die Anzahl der Wohnungen im Gleichgewicht erhöhen oder senken? Welche Marktformen führen zu einer Pareto-effizienten Anzahl von Wohnungen? Um diese und ähnliche Fragen beantworten zu können, müssen wir systematischere und wirkungsvollere Instrumente der ökonomischen Analyse entwickeln.

Zusammenfassung

1. In der Volkswirtschaftslehre werden Modelle sozialer Phänomene erstellt, die vereinfachte Darstellungen der Wirklichkeit sind.
2. Bei dieser Aufgabe werden die Ökonomen vom Optimierungsprinzip geleitet, das feststellt, dass die Leute typischerweise das tun werden, was für sie am best-en ist, und vom Gleichgewichtsprinzip, das besagt, dass sich die Preise solange anpassen werden, bis Angebot und Nachfrage gleich sind.

3. Die Nachfragekurve gibt an, wie viel die Leute zu jedem Preis nachfragen wollen, die Angebotskurve gibt an, wie viel die Leute zu jedem Preis anbieten wollen. Beim Gleichgewichtspreis sind Angebots- und Nachfragemenge gleich groß.
4. Die Analyse der Veränderung von Gleichgewichtspreis und -menge bei Veränderung der zugrundeliegenden Bedingungen nennt man komparative Statik.
5. Eine ökonomische Situation ist Pareto-effizient, wenn es keine Möglichkeit gibt, zumindest eine Person besser zu stellen, ohne jemand anderen schlechter zu stellen. Das Konzept der Pareto-Effizienz kann zur Beurteilung verschiedener Arten der Ressourcenallokation herangezogen werden.

Wiederholungsfragen

1. Angenommen es gäbe 25 Leute mit einem Vorbehaltspreis von € 500, und die 26. Person hätte einen Vorbehaltspreis von E 200. Wie würde die Nachfragekurve aussehen?
2. Wie hoch wäre in obigem Beispiel der Gleichgewichtspreis, wenn es 24 Wohnungen zu vermieten gäbe? Wenn es 26 Wohnungen gäbe? 25 Wohnungen?
3. Warum verläuft die Nachfragekurve fallend, wenn die Menschen unterschiedliche Vorbehaltspreise haben?
4. In diesem Kapitel haben wir unterstellt, dass die Käufer von Eigentumswohnungen sich aus Leuten des inneren Rings rekrutierten - also Leute, die dort bereits Wohnungen mieteten. Was würde mit dem Preis der Mietwohnung-en des inneren Rings geschehen, wenn alle Käufer von Eigentumswohnungen Leute des äußeren Rings wären - also Leute, die derzeit keine Wohnungen im inneren Ring mieten?
5. Es sei nun wiederum angenommen, dass alle Käuferinnen von Eigentumswohnungen Leute des inneren Rings sind, dass aber jede Eigentumswohnung aus zwei Mietwohnungen zusammengelegt wird. Was geschieht mit dem Preis der Mietwohnungen?
6. Wie würde sich nach Ihrer Meinung eine Steuer auf die Anzahl der Wohnungen auswirken, die langfristig gebaut werden?
7. Angenommen die Nachfragekurve nach Wohnungen ist durch $D(p) = 100 - 2p$ gegeben. Welchen Preis würde die Monopolistin festlegen, wenn sie 60 Wohnungen besäße? Wie viele Wohnungen würde sie vermieten? Welchen Preis würde sie festsetzen, wenn sie 40 Wohnungen hätte? Wie viele würde sie dann vermieten?
8. Wer würde die Wohnungen des inneren Rings bekommen, wenn in unserem Modell der Mietenkontrolle uneingeschränktes Untervermieten erlaubt wäre? Wäre das Ergebnis Pareto-effizient?

2. Kapitel
DIE BUDGETBESCHRÄNKUNG

Die ökonomische Theorie des Konsumenten ist sehr einfach: Ökonomen nehmen an, dass die Konsumenten das beste Güterbündel wählen, das sie sich leisten können. Um dieser Theorie Gehalt zu geben, müssen wir etwas genauer beschreiben, was wir unter „das Beste" und „leisten können" verstehen. Im laufenden Kapitel untersuchen wir die Beschreibung dessen, was sich ein Konsument leisten kann; das nächste Kapitel widmet sich dem Konzept, nach dem der Konsument bestimmt, was das Beste ist. Dann werden wir in der Lage sein, die Implikationen dieses einfachen Modells des Konsumentenverhaltens im Einzelnen zu studieren.

2.1 Die Budgetbeschränkung

Wir beginnen mit der Untersuchung des Konzepts der **Budgetbeschränkung**. Nehmen wir an, es gibt irgendeine Gütermenge, aus welcher die Konsumentin auswählen kann. In der Realität gibt es eine Vielzahl an Konsumgütern, wir wollen aber nur den Zwei-Güter-Fall betrachten, da wir dann das Entscheidungsproblem der Konsumentin grafisch darstellen können.

Wir werden das **Güterbündel** der Konsumentin mit (x_1, x_2) bezeichnen. Das ist einfach eine Angabe von zwei Zahlen, die uns sagt, wie viel die Konsumentin von Gut 1, nämlich x_1, und wie viel sie von Gut 2, nämlich x_2, konsumiert. Manchmal ist es zweckmäßig, das Güterbündel durch ein einziges Symbol wie X zu bezeichnen, wobei X einfach eine Abkürzung für die Angabe zweier Zahlen (x_1, x_2) ist.

Nehmen wir an, wir können die Preise der beiden Güter (p_1, p_2) und den Geldbetrag m, den die Konsumentin ausgeben kann, beobachten. Die **Budgetbeschränkung** der Konsumentin kann dann als

$$p_1 x_1 + p_2 x_2 \leq m \qquad (2.1)$$

geschrieben werden. Dabei ist $p_1 x_1$ der für Gut 1 und $p_2 x_2$ der für Gut 2 ausgegebene Betrag. Die Budgetbeschränkung der Konsumentin verlangt, dass der Betrag, der für die beiden Güter ausgegeben wird, nicht größer ist, als der der Konsu-mentin zur Verfügung stehende Gesamtbetrag. Die Güterbündel, die sich die Konsumentin *leisten kann*, sind jene, die nicht mehr als m kosten. Wir nennen jene Menge der Konsumgüter, die sich die Konsumentin zu Preisen (p_1, p_2) und einem Einkommen von m *leisten* kann, das **Budget** der Konsumentin.

2.2 Zwei Güter genügen meistens

Die Annahme von zwei Gütern ist allgemeiner, als man auf den ersten Blick meinen möchte, da man oft eines der Güter so interpretieren kann, dass es alles andere darstellt, was der Konsument verbrauchen möchte.

Wenn wir zum Beispiel die Nachfrage eines Konsumenten nach Milch untersuchen wollen, könnten wir mit x_1 seine Nachfrage nach Milch in Litern je Monat messen. Dann steht x_2 für alles andere, das der Konsument verbrauchen möchte, mit Ausnahme von Milch.

Wenn wir dieser Interpretation folgen, ist es zweckmäßig, sich Gut 2 als jene Euros vorzustellen, die der Konsument für andere Güter ausgeben kann. Bei dieser Interpretation wird der Preis des Gutes 2 automatisch 1 sein, da der Preis eines Euros ein Euro ist. Die Budgetbeschränkung wird dann die Form

$$p_1 x_1 + x_2 \leq m \qquad (2.2)$$

annehmen. Dieser Ausdruck besagt einfach, dass der für Gut 1 ausgegebene Betrag, $p_1 x_1$, plus dem für alle anderen Güter ausgegebenen Betrag, x_2, nicht mehr sein darf als der gesamte Geldbetrag m, den der Konsument zur Verfügung hat.

Wir bezeichnen Gut 2 als ein **zusammengesetztes Gut**, das für alle Güter steht, die der Konsument verbrauchen möchte, mit Ausnahme von Gut 1. So ein zusammengesetztes Gut wird immer in Euros gemessen, die für alle andere Güter ausgegeben werden, ausgenommen Gut 1. Was die algebraische Form der Budgetbeschränkung betrifft, so ist Gleichung (2.2) nur ein Spezialfall der Gleichung (2.1) mit $p_2 = 1$, sodass alles, was wir über die Budgetbeschränkung im Allgemeinen sagen werden, auch bei der Interpretation als zusammengesetztes Gut gilt.

2.3 Eigenschaften des Budgets

Die **Budgetgerade** ist jene Menge der Güterbündel, die genau m kosten:

$$p_1 x_1 + p_2 x_2 = m. \qquad (2.3)$$

Das sind jene Güterbündel, die das Einkommen des Konsumenten zur Gänze ausschöpfen.

Das Budget ist in Abbildung 2.1 dargestellt. Die fett gezeichnete Linie ist die Budgetgerade - jene Güterbündel, die genau m kosten - und die Güterbündel unterhalb dieser Linie kosten strikt weniger als m.

Wir können die Budgetgerade in Gleichung (2.3) umformen und erhalten

$$x_2 = \frac{m}{p_2} - \frac{p_1}{p_2} x_1. \qquad (2.4)$$

Das ist die Formel einer Geraden mit einem (vertikalen) Ordinatenabschnitt m/p_2 und einer Steigung von $-p_1/p_2$. Diese Formel gibt an, wie viele Einheiten des Gutes 2 die Konsumentin braucht, um die Budgetbeschränkung zu erfüllen,

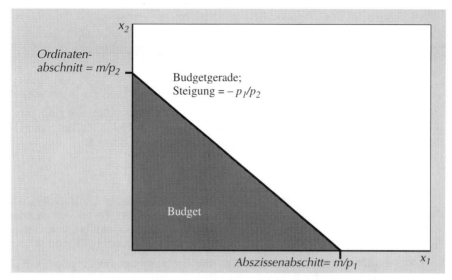

Abbildung 2.1 Das Budget. Das Budget besteht aus allen Güterbündeln, die sich die Konsumentin bei gegebenen Preisen und gegebenem Einkommen leisten kann.

wenn sie x_1 Einheiten des Gutes 1 konsumiert.

Die Budgetgerade kann bei gegebenen Preisen (p_1, p_2) und gegebenem Einkommen m ganz leicht wie folgt gezeichnet werden: Man stellt sich einfach die Frage, wie viel die Konsumentin vom Gut 2 konsumieren könnte, wenn sie ihr ganzes Geld für Gut 2 ausgeben würde. Die Antwort ist natürlich m/p_2. Dann fragt man, wie viel die Konsumentin für Gut 1 ausgeben könnte, wenn sie ihr ganzes Geld für Gut 1 verwendete. Die Antwort ist m/p_2. Der (horizontale) Abszissenabschnitt bzw. der (vertikale) Ordinatenabschnitt messen daher, wie viel die Konsumentin bekommen könnte, wenn sie ihr ganzes Geld für Gut 1 bzw. Gut 2 ausgäbe. Zur Darstellung der Budgetgeraden zeichnet man diese beiden Punkte auf den entsprechenden Achsen ein und verbindet sie durch eine Gerade.

Die Steigung der Budgetgeraden hat eine klare ökonomische Interpretation. Sie misst das Verhältnis, zu dem der Markt bereit ist, Gut 1 für Gut 2 zu „substituieren". Nehmen wir zum Beispiel an, dass die Konsumentin ihren Verbrauch des Gutes 1 um Δx_1 erhöhen will.[1] Wie viel wird sich ihr Verbrauch von Gut 2 ändern müssen, um die Budgetbeschränkung zu erfüllen? Wir wollen Δx_2 zur Bezeichnung der Veränderung ihres Konsums von Gut 2 verwenden.

Beachte, dass die Erfüllung der Budgetbeschränkung vor und nach der Veränderung erfordert, dass

$$p_1 x_1 + p_2 x_2 = m$$

---

[1] Die Notation $\Delta x1$ bedeutet eine Veränderung der Menge des Gutes 1. Für nähere Einzelheiten über Veränderungen und Änderungsraten siehe den Mathematischen Anhang.

und
$$p_1(x_1 + \Delta x_1) + p_2(x_2 + \Delta x_2) = m.$$
gilt. Subtraktion der ersten Gleichung von der zweiten ergibt
$$p_1 \Delta x_1 + p_2 \Delta x_2 = 0.$$

Das bedeutet, dass der Gesamtwert der Veränderung ihres Konsums Null sein muss. Auflösung nach $\Delta x_2/\Delta x_1$, dem Verhältnis, zu dem Gut 2 für Gut 1 unter Beachtung der Budgetbeschränkung substituiert werden kann, ergibt

$$\frac{\Delta x_2}{\Delta x_1} = -\frac{p_1}{p_2}.$$

Das ist einfach die Steigung der Budgetgeraden. Das negative Vorzeichen ist deswegen da, weil Δx_1 und Δx_2 immer entgegengesetzte Vorzeichen haben müssen. Wenn man mehr von Gut 1 konsumiert, muss man weniger von Gut 2 konsumieren und umgekehrt, wenn die Budgetbeschränkung erfüllt bleiben soll.

Ökonominnen sagen manchmal, dass die Steigung der Budgetgeraden die **Opportunitätskosten** des Konsums des Gutes 1 misst. Um mehr von Gut 1 zu konsumieren, muss man den Konsum des Gutes 2 einschränken. Diese Einschränkung des Konsums des Gutes 2 sind die echten ökonomischen Kosten des zusätzlichen Konsums des Gutes 1; und diese Kosten werden durch die Steigung der Budgetgeraden gemessen.

2.4 Wie sich die Budgetgerade verändert

Wenn sich Preise und Einkommen ändern, so verändert sich auch die Gütermenge, die sich ein Konsument leisten kann. Wie verändert sich dadurch das Budget?

Betrachten wir zuerst eine Einkommensänderung. Aus Gleichung (2.4) ist leicht zu ersehen, dass eine Erhöhung des Einkommens den (vertikalen) Ordinatenabschnitt vergrößern wird, sich aber nicht auf die Steigung der Geraden auswirkt. Eine Einkommenserhöhung wird daher eine *Parallelverschiebung* der Budgetgeraden *nach außen* wie in Abbildung 2.2 zur Folge haben. Eine Einkommenssenkung wird dementsprechend eine Parallelverschiebung nach innen verursachen.

Wie sieht das bei Preisänderungen aus? Betrachten wir zuerst eine Erhöhung des Preises 1, bei konstantem Preis 2 und konstantem Einkommen. Nach Gleichung (2.4) wird eine Erhöhung von p_1 den (vertikalen) Ordinatenabschnitt nicht verändern, die Budgetgerade wird jedoch steiler werden, da p_1/p_2 größer wird.

Ein anderer Weg, um die Veränderung der Budgetgeraden zu finden, ist die Verwendung des bei der Darstellung der Budgetgeraden beschriebenen Tricks. Wenn man sein ganzes Geld für Gut 2 ausgibt, so verändert die Erhöhung des Preises von Gut 1 die Maximalmenge des Gutes 2 nicht - der Ordinatenabschnitt der Budgetgeraden bleibt daher unverändert. Wenn man aber sein ganzes Geld für Gut 1 ausgibt, und Gut 1 teurer wird, dann muss der Konsum von Gut 1 zurückgehen. Der Abszissenabschnitt der Budgetgeraden muss sich nach innen verschieben, was zu der in Abbildung 2.3 dargestellten Drehung führt.

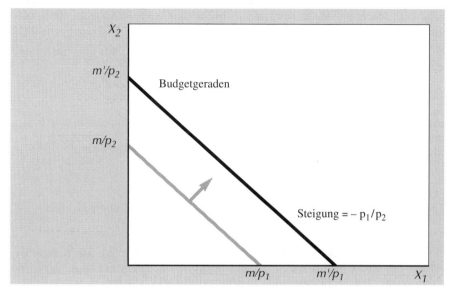

Abbildung 2.2   Einkommenserhöhung. Eine Einkommenserhöhung bewirkt eine Parallelverschiebung der Budgetgeraden nach außen.

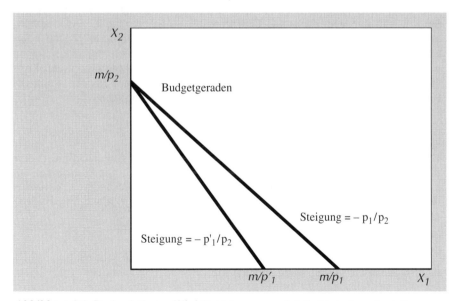

Abbildung 2.3 Preiserhöhung. Wird Gut 1 teurer, so wird die Budgetgerade steiler.

Was geschieht mit der Budgetgeraden, wenn wir die Preise von Gut 1 und 2 gleichzeitig verändern? Nehmen wir an, wir verdoppeln die Preise beider Güter. In diesem Fall verschieben sich sowohl der Abszissen- als auch der Ordinatenabschnitt um den Faktor einhalb nach innen, die Budgetgerade verschiebt sich also ebenfalls um einhalb nach innen. Multiplikation beider Preise mit 2 entspricht einer Division des Einkommens durch 2.

Wir können das auch algebraisch betrachten. Nehmen wir an, unsere ursprüngliche Budgetgerade ist

$$p_1 x_1 + p_2 x_2 = m.$$

Angenommen beide Preise werden t-mal so groß. Multiplikation beider Preise mit t ergibt

$$t p_1 x_1 + t p_2 x_2 = m.$$

Aber das ist das Gleiche wie

$$p_1 x_1 + p_2 x_2 = \frac{m}{t}.$$

Multiplikation beider Preise mit einer Konstanten t ist daher dasselbe wie die Division des Einkommens durch die gleiche Konstante t. Daraus folgt, dass eine Multiplikation beider Preise *und* des Einkommens mit t die Budgetgerade unverändert lassen wird.

Wir können auch Preis- und Einkommensänderungen gemeinsam betrachten. Was geschieht, wenn beide Preise steigen und das Einkommen fällt? Überlegen Sie, was mit den Abszissen- und Ordinatenabschnitten geschieht. Wenn m fällt, und sowohl p_1 als auch p_2 steigen, so müssen beide Abschnitte m/p_1 und m/p_2 kleiner werden. Das bedeutet, dass sich die Budgetgerade nach innen verschieben wird. Was passiert mit der Steigung? Wenn der Preis 2 stärker steigt als der Preis 1, sodass $-p_1/p_2$ (absolut) fällt, dann wird die Budgetgerade flacher; wenn der Preis 2 weniger steigt als der Preis 1, wird die Budgetgerade steiler.

2.5 Der Numéraire

Die Budgetgerade wird durch zwei Preise und ein Einkommen definiert, eine dieser Variablen ist jedoch überflüssig. Wir könnten einen der Preise oder das Einkommen auf einer bestimmten Höhe festlegen und die anderen Variablen dermaßen verändern, dass sie genau dasselbe Budget beschreiben. Die Budgetgerade

$$p_1 x_1 + p_2 x_2 = m$$

ist also genau die gleiche Budgetgerade wie

$$\frac{p_1}{p_2} x_1 + x_2 = \frac{m}{p_2}$$

oder
$$\frac{p_1}{m}x_1 + \frac{p_2}{m}x_2 = 1,$$

da sich die zweite Budgetgerade aus einer Division der ersten durch p_2 ergibt, die dritte aus einer Division der ersten durch m. Im ersten Fall haben wir den Preis $p_2 = 1$ festgelegt, im zweiten das Einkommen $m = 1$. Festlegung eines Preises oder des Einkommens mit 1 bei entsprechender Anpassung des anderen Preises und des Einkommens ändert das Budget überhaupt nicht.

Wenn wir einen Preis - wie oben - gleich 1 setzen, bezeichnen wir diesen Preis oft als den **Numéraire**-Preis. Der andere Preis und das Einkommen werden dann relativ zu diesem Numéraire-Preis gemessen. Es wird bisweilen zweckmäßig sein, ein Gut als das Numéraire-Gut zu betrachten, weil wir uns dann um einen Preis weniger zu kümmern haben.

2.6 Steuern, Subventionen und Rationierung

In der Wirtschaftspolitik werden oft Instrumente verwendet, die sich auf die Budgetbeschränkung des Konsumenten auswirken, wie z. B. Steuern. Wenn zum Beispiel die Regierung eine **Mengensteuer** einführt, so heißt das, dass der Konsument für jede gekaufte Mengeneinheit des Gutes einen bestimmten Betrag an die Finanzbehörde zu zahlen hat. In den USA zahlt man z. B. etwa 15 Cent je Gallone als Bundessteuer auf Benzin.

Wie wirkt sich eine Mengensteuer auf die Budgetgerade eines Konsumenten aus? Vom Standpunkt des Konsumenten ist die Steuer das Gleiche wie ein höherer Preis. Eine Mengensteuer von t Dollar je Einheit ändert einfach den Preis des Gutes 1 von p_1 auf $p_1 + t$. Wie wir oben gesehen haben, bedeutet das eine steilere Budgetgerade.

Eine andere Art der Steuer ist die **Wertsteuer**. Wie schon der Name sagt, ist das eine Steuer auf den Wert - den Preis - eines Gutes und nicht auf die gekaufte Menge. Eine Wertsteuer wird üblicherweise als Prozentsatz ausgedrückt. Die meisten Bundesstaaten der USA (ebenso wie alle europäischen Staaten) haben Umsatzsteuern. Wenn die Umsatzsteuer 6 Prozent beträgt, so wird ein Gut mit einem Preis von $ 1 tatsächlich um $ 1.06 verkauft. (Wertsteuern werden auch **Ad Valorem-Steuern** genannt.)

Wenn Gut 1 einen Preis von p_1 hat, jedoch mit einem Umsatzsteuersatz von τ belastet ist, dann sieht sich der Konsument mit einem Preis von $(1 + \tau)p_1$ konfrontiert. Der Konsument muss dem Lieferanten einen Preis von p_1 und der Finanzbehörde τp_1 Mengeneinheit zahlen, so daß für den Konsumenten die Gesamtkosten des Gutes $(1 + \tau)p_1$ sind.

Eine **Subvention** ist das Gegenteil einer Steuer. Im Falle einer **Mengensubvention** *zahlt* die Finanzbehörde an den Konsumenten einen Betrag, der von der gekauften Menge abhängt. Wenn zum Beispiel der Milchkonsum subventioniert wäre, so würde die Finanzbehörde an jeden Konsumenten einen bestimmten Geldbetrag in Abhängigkeit vom Milchverbrauch zahlen. Wenn die Subvention s

Dollar je Mengeneinheit des Gutes 1 beträgt, dann wäre der Preis diese Gutes aus der Sicht des Konsumenten $p_1 - s$. Die Budgetgerade wäre also flacher.

In ähnlicher Form knüpft eine **Ad Valorem-Subvention** am Preis des subventionierten Gutes an. Wenn Ihnen die Finanzbehörde für jede Spende an wohltätige Organisationen von $ 2 jeweils $ 1 rückerstattet, so werden Ihre Spenden im Ausmaß von 50 Prozent subventioniert. Wenn also der Preis des Gutes 1 p_1 beträgt und Gut 1 mit einem Satz von σ subventioniert wird, so sieht sich der Konsument tatsächlich einem Preis des Gutes 1 von $(1 - \sigma)p_1$ gegenüber.

Sie sehen, dass sich Steuern und Subventionen mit Ausnahme des Vorzeichens auf Preise gleich auswirken: Eine Steuer erhöht den Preis für den Konsument, eine Subvention senkt ihn.

Eine andere Art der Besteuerung oder Subventionierung durch den Staat ist die **Pauschalsteuer** oder **-subvention**. Im Falle einer Steuer bedeutet das, dass der Staat einen fixen Betrag unabhängig vom Verhalten des Individuums einhebt. Eine Pauschalsteuer bedeutet daher, dass sich die Budgetgerade des Konsumenten nach innen verschiebt, da sein Geldeinkommen reduziert wurde. Dementsprechend wird sich bei einer Pauschalsubventionierung die Budgetgerade nach außen verlagern. Mengen- und Wertsteuern drehen die Budgetgerade in die eine oder andere Richtung, je nachdem welches Gut besteuert wird, eine Pauschalsteuer hingegen verschiebt die Budgetgerade parallel nach innen.

Der Staat führt bisweilen auch *Rationierungen* ein. Das heißt, dass der Konsum eines Gutes mit einer bestimmten Menge nach oben begrenzt wird. Während des 2. Weltkriegs hat zum Beispiel die Regierung der USA bestimmte Nahrungsmittel, wie Butter und Fleisch, rationiert. $\bar{x}_1$

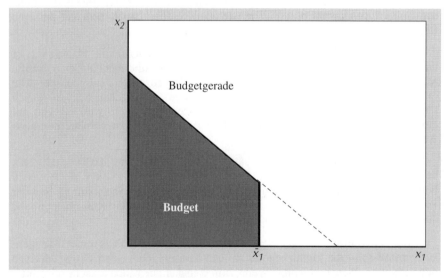

Abbildung 2.4 Budget bei Rationierung. Wenn Gut 1 rationiert ist, so wird der über die rationierte Menge hinausgehende Teil des Budgets gestutzt.

Nehmen wir zum Beispiel an, dass Gut 1 rationiert wird, sodass jeder Konsument nicht mehr als $\bar{x}_1$ konsumieren kann. Das Budget des Konsumenten sieht dann so aus wie in Abbildung 2.4: Es wäre das ursprüngliche Budget, nur um ein Stück gestutzt. Das gestutzte Stück besteht aus allen Konsumbündeln, die sich der Konsument zwar leisten kann, die aber ein $x_1 > \bar{x}_1$ beinhalten.

Manchmal werden Steuern, Subventionen und Rationierung kombiniert. Wir könnten zum Beispiel eine Situation betrachten, in welcher der Verbraucher Gut 1 zu einem Preis von p_1 bis zu einer Menge von $\bar{x}_1$ konsumieren könnte und dann eine Steuer von t auf den darüber hinausgehenden Konsum zu zahlen hätte. Das Budget dieses Konsumenten ist in Abbildung 2.5 dargestellt. Die Budgetgerade hat links von $\bar{x}_1$ eine Steigung von $-p_1/p_2$ und eine Steigung von $-(p_1 + t)/p_2$ rechts von $\bar{x}_1$.

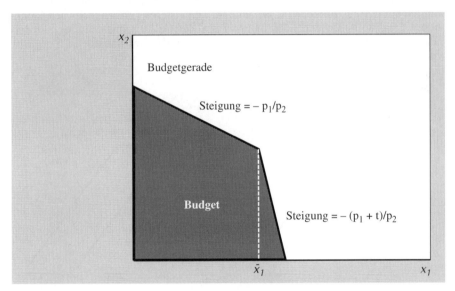

Abbildung 2.5 Besteuerung eines Konsums größer als $\bar{x}_1$. Bei diesem Budget muss der Konsument nur auf Mengen größer als $\bar{x}_1$ Steuern zahlen, die Budgetgerade ist daher rechts von $\bar{x}_1$ steiler.

BEISPIEL: Das Lebensmittelmarken-Programm

Seit dem Gesetz über Lebensmittelmarken (Food Stamp Act) aus dem Jahre 1964 hat die Bundesregierung der USA Nahrungsmittel für die Armen subventioniert. Die Einzelheiten des Programms wurden mehrmals geändert. Wir wollen die ökonomischen Auswirkungen einer solchen Änderung beschreiben.

Vor dem Jahre 1979 durften Haushalte, die bestimmte Kriterien erfüllten, Lebensmittelmarken kaufen, die sie dann zum Kauf von Nahrungsmitteln im Einzelhandel verwenden konnten. So konnte zum Beispiel im Jänner 1975 eine vierköpfige Familie aus dem Programm eine maximale monatliche Zuteilung an Lebensmittelmarken von $ 153 erhalten.

Der Preis dieser Gutscheine hing vom Einkommen des Haushalts ab. Eine vierköpfige Familie mit einem korrigierten monatlichen Einkommen von $ 300 zahlte $ 83 für die volle monatliche Zuteilung an Lebensmittelmarken. Wenn die vierköpfige Familie ein Monatseinkommen von $ 100 gehabt hätte, wären die Kosten der vollen monatlichen Zuteilung $ 25 gewesen.[2]

Das Lebensmittelmarken-Programm vor 1979 war eine Ad Valorem-Subvention für Nahrungsmittel. Der Subventionssatz hing vom Haushaltseinkommen ab. Die vierköpfige Familie, der $ 83 für ihre Zuteilung berechnet wurden, zahlte $ 1 für Nahrungsmittel im Wert von $ 1,84 (1,84 ist gleich 153 dividiert durch 83). Dementsprechend zahlte der Haushalt mit $ 25 nur $ 1, um Nahrungsmittel im Wert von $ 6,12 zu erhalten (6,12 ist gleich 153 dividiert durch 25).

Die Auswirkung des Lebensmittelmarken-Programms auf das Budget eines Haushalts ist in Abbildung 2.6A dargestellt. Die Ausgaben für Nahrungsmittel werden auf der horizontalen Achse, jene für alle anderen Güter auf der vertikalen Achse dargestellt. Da wir jedes Gut in Form der Geldausgaben messen, ist der „Preis" jedes Gutes automatisch 1, die Budgetgerade wird daher eine Steigung von − 1 haben.

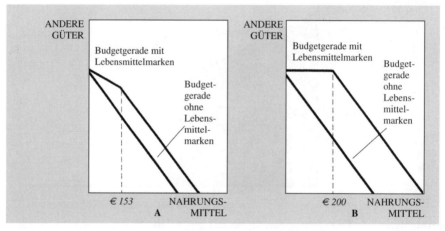

Abbildung 2.6 Lebensmittelmarken. Die Auswirkungen des Lebensmittelmarken-Programms auf die Budgetgerade. Teil A zeigt das Programm vor 1979, Teil B das Programm nach 1979.

Wenn der Haushalt Lebensmittelmarken im Wert von $ 153 um $ 25 kaufen kann, dann stellt das eine Subvention der Käufe von Nahrungsmitteln von ungefähr 84 Prozent dar (= 1 − 25/153), die Budgetgerade wird daher bis zu Nahrungsmittelausgaben von $ 153 eine Steigung von rund − 0,16 (= 25/153) haben. Jeder Dollar, den der Haushalt bis zum Betrag von $ 153 für Nahrungsmittel ausgibt, würde seinen Konsum an anderen Gütern um etwa 16 Cent verringern. Für Nahrungsmittelausgaben über $ 153 würde die Budgetgerade wieder eine Steigung von − 1 haben.

---

[2] Die Zahlen stammen von Kenneth Clarkson, *Food Stamps and Nutrition*, American Enterprise Institute, 1975.

Diese Wirkungen führen zu dem in Abbildung 2.6 dargestellten „Knick". Haushalte mit höherem Einkommen mussten für ihre Zuteilung an Lebensmittelmarken mehr zahlen. Die Steigung der Budgetgeraden würde daher mit steigendem Haushaltseinkommen steiler werden.

Im Jahre 1979 wurde das Lebensmittelmarken-Programm geändert. Anstatt des Kaufs von Lebensmittelmarken wurden sie nun einfach den dafür in Betracht kommenden Haushalten gegeben. Abbildung 2.6B zeigt die Auswirkung auf das Budget des Konsumenten.

Nehmen wir an, der Haushalt erhält nun Lebensmittelmarken im Wert von $ 200 pro Monat. Das bedeutet, dass der Haushalt nun unabhängig von seinen Ausgaben für andere Güter monatlich um $ 200 mehr an Lebensmitteln konsumieren kann, die Budgetgerade verschiebt sich somit um $ 200 nach rechts. Die Steigung ändert sich nicht: Jeder Dollar, der für Nahrungsmittel weniger ausgegeben wird, bedeutet einen Dollar mehr verfügbar für andere Dinge. Da aber der Haushalt Lebensmittelmarken gesetzlich nicht weiterverkaufen darf, bleibt der Maximalbetrag, den er für andere Güter ausgeben kann, unverändert. Das Lebensmittelmarken-Programm wirkt nun wie eine Pauschalsubvention, abgesehen vom Weiterverkaufsverbot.

2.7 Änderungen der Budgetgeraden

Im nächsten Kapitel werden wir analysieren, wie die Konsumentin ein optimales Güterbündel aus ihrem Budget auswählt. Wir können aber schon jetzt einige Ergebnisse festhalten, die aus den Bewegungen der Budgetgeraden folgen.

Erstens stellen wir fest, dass sich die optimale Entscheidung der Konsumentin bei einer Multiplikation aller Preise und des Einkommens mit einer positiven Zahl nicht verändern wird, da sich das Budget dadurch nicht ändert. Ohne Analyse des eigentlichen Entscheidungsprozesses sind wir bereits zu einer wichtigen Schlussfolgerung gekommen: Eine perfekt ausgewogene Inflation - bei der alle Preise und Einkommen mit derselben Rate steigen - ändert niemandes Budget und kann daher auch niemandes optimale Entscheidung verändern.

Zweitens können wir einige Bemerkungen zur Wohlfahrt der Konsumentin bei verschiedenen Preisen und Einkommen machen. Nehmen wir an, das Einkommen der Konsumentin steigt, alle Preise bleiben gleich. Wir wissen, dass dies eine Parallelverschiebung der Budgetgeraden nach außen bedeutet. Jedes Güterbündel, das die Konsumentin beim niedrigeren Einkommen konsumiert hatte, ist auch eine mögliche Wahl beim höheren Einkommen. Daher muss aber die Konsumentin beim höheren Einkommen mindestens so gut gestellt sein wie beim niedrigeren - da sie alle bisherigen Wahlmöglichkeiten und noch einige mehr hat. Dementsprechend muss beim Rückgang eines Preises und Konstanz aller anderen die Konsumentin ebenfalls mindestens so gut gestellt sein wie vorher. Diese einfache Beobachtung wird uns später noch recht nützlich sein.

Zusammenfassung

1. Das Budget besteht aus allen Güterbündeln, die sich die Konsumentin bei gegebenen Preisen und gegebenem Einkommen leisten kann. Wir werden typischerweise annehmen, dass es nur zwei Güter gibt, aber diese Annahme ist allgemein gültiger, als es scheint.
2. Die Budgetgerade wird als $p_1 x_1 + p_2 x_2 = m$ geschrieben. Sie hat eine Steigung von $-p_1/p_2$, einen (vertikalen) Ordinatenabschnitt von m/p_2 und einen (hori-zontalen) Abszissenabschnitt von m/p_1.
3. Erhöhung des Einkommens verschiebt die Budgetgerade parallel nach außen. Erhöhung des Preises des Gutes 1 macht die Budgetgerade steiler. Erhöhung des Preises des Gutes 2 macht die Budgetgerade flacher.
4. Steuern, Subventionen und Rationierung verändern Steigung und Lage der Budgetgeraden durch Veränderung der Preise für die Konsumentin.

Wiederholungsfragen

1. Ursprünglich sieht sich eine Konsumentin der Budgetgeraden $p_1 x_1 + p_2 x_2 = m$ gegenüber. Dann verdoppelt sich der Preis des Gutes 1, der Preis des Gutes 2 wird achtmal und das Einkommen viermal größer. Schreibe die Gleichung für die neue Budgetgerade mit Hilfe von Anfangspreisen und -einkommen an.
2. Was geschieht mit der Budgetgeraden, wenn der Preis des Gutes 2 steigt, der Preis des Gutes 1 und das Einkommen hingegen unverändert bleiben?
3. Wird die Budgetgerade flacher oder steiler, wenn der Preis des Gutes 1 verdoppelt, jener des Gutes 2 verdreifacht wird?
4. Wie lautet die Definition des Numéraire-Guts?
5. Angenommen der Staat führt eine Steuer auf Benzin von 15 Cent je Gallone ein und beschließt später, Benzin mit 7 Cent je Gallone zu subventionieren. Welcher Nettobesteuerung entspricht diese Kombination?
6. Angenommen eine Budgetgleichung ist durch $p_1 x_1 + p_2 x_2 = m$ gegeben. Die Regierung beschließt, eine Pauschalsteuer von u einzuführen, eine Mengensteuer von t auf Gut 1 einzuheben und Gut 2 mit s je Mengeneinheit zu subventionieren. Wie sieht die Gleichung der neuen Budgetgeraden aus?
7. Wenn das Einkommen der Konsumentin steigt und gleichzeitig einer der Preise sinkt, wird die Konsumentin dann notwendigerweise mindestens so gut gestellt sein wie vorher?

3. Kapitel
PRÄFERENZEN

Wir sahen im 2. Kapitel, dass das ökonomische Modell des Konsumentinnenverhaltens sehr einfach ist: Es besagt, dass die Menschen die besten Dinge auswählen, die sie sich leisten können. Das vorige Kapitel widmete sich der Klarstellung der Bedeutung von „leisten können", dieses Kapitel wird sich der Klärung des ökonomischen Konzepts der „besten Dinge" zuwenden.

Wir nennen die Gegenstände der Wahl der Konsumentin **Konsumbündel**. Das ist eine vollständige Liste der Waren und Dienstleistungen, die im untersuchten Entscheidungsproblem in Frage kommen. Das Wort „vollständig" ist zu betonen: Wenn man ein Problem der Konsumentenentscheidung untersucht, so ist sicherzustellen, dass in der Definition des Konsumbündels alle relevanten Güter enthalten sind.

Wenn wir die Konsumentinnenentscheidung auf allgemeinstem Niveau untersuchen, würden wir uns nicht nur eine vollständige Liste aller Güter wünschen, welche die Konsumentin verbrauchen möchte, sondern auch eine Beschreibung, wann, wo und unter welchen Umständen sie verfügbar würden. Schließlich machen sich die Menschen sowohl darüber Gedanken, wie viele Nahrungsmittel sie morgen haben werden, als auch darüber, wie viel sie heute haben. Ein Floß in der Mitte des Atlantischen Ozeans ist etwas ganz anderes als ein Floß mitten in der Wüste Sahara. Und ein Regenschirm ist ein ganz anderes Gut bei Regen als an einem Sonnentag. Es ist oft zweckmäßig, das „gleiche" Gut, das an verschiedenen Orten oder zu verschiedenen Bedingungen verfügbar wird, als ein anderes Gut zu betrachten, da es der Konsument in diesen Situationen ganz unterschiedlich bewerten wird.

Wenn wir uns jedoch auf ein einfaches Entscheidungsproblem beschränken, so sind die relevanten Güter meist recht offensichtlich. Wir werden häufig den schon früher erwähnten Gedanken heranziehen, lediglich zwei Güter zu verwenden und eines davon als „alle anderen Güter" zu bezeichnen, sodass wir uns auf den Trade-off zwischen einem Gut und allen anderen konzentrieren können. Damit können wir Konsumentscheidungen zwischen vielen Gütern untersuchen und dennoch zweidimensionale Abbildungen verwenden.

Nehmen wir also an, dass unser Konsumbündel aus zwei Gütern besteht, wobei mit x_1 die Menge des einen Gutes bezeichnet wird, mit x_2 die Menge des anderen Gutes. Das vollständige Konsumbündel wird daher durch (x_1, x_2) bezeichnet. Wie schon früher werden wir dieses Konsumbündel gelegentlich mit X abkürzen.

3.1 Präferenzen der Konsumentinnen

Wir werden annehmen, dass die Konsumentin zwei gegebene Konsumbündel (x_1, x_2) und (y_1, y_2) nach ihrer Erwünschtheit reihen kann. Das heißt, sie kann entscheiden, ob eines der Konsumbündel strikt besser ist als das andere, oder ob sie zwischen den beiden Bündeln indifferent ist.

Wir werden das Symbol $\succ$ in der Bedeutung verwenden, dass ein Bündel einem anderen **streng vorgezogen** wird, dass also $(x_1, x_2) \succ (y_1, y_2)$ so interpretiert werden sollte, dass die Konsumentin (x_1, x_2) dem Bündel (y_1, y_2) in dem Sinne **streng vorzieht**, dass sie mit Bestimmtheit das x-Bündel lieber möchte als das y-Bündel. Die Präferenzrelation ist als operationaler Begriff zu verstehen. Wenn die Konsument ein Bündel einem anderen vorzieht, so bedeutet das, dass sie bei gegebener Möglichkeit das eine gegenüber dem anderen bevorzugen würde. Das Konzept der Präferenz basiert daher auf dem *Verhalten* der Konsumentin. Um feststellen zu können, ob ein Bündel einem anderen vorgezogen wird, beobachten wir, wie sich die Konsumentin in Situationen verhält, in denen sie zwischen den beiden Bündeln wählt. Wenn sie immer (x_1, x_2) wählt, wenn (y_1, y_2) ebenfalls verfügbar ist, dann ist es ganz selbstverständlich zu sagen, dass diese Konsumentin (x_1, x_2) gegenüber (y_1, y_2) bevorzugt.

Wenn die Konsumentin zwischen zwei Güterbündeln **indifferent** ist, verwenden wir das Symbol $\sim$ und schreiben $(x_1, x_2) \sim (y_1, y_2)$. Indifferenz bedeutet, dass die Konsumentin auf Grund ihrer eigenen Präferenzen mit dem Konsum des Bündels (x_1, x_2) genau so zufrieden wäre wie mit dem Konsum des Bündels (y_1, y_2).

Wenn die Konsumentin von zwei Bündeln eines bevorzugt oder zwischen den beiden indifferent ist, so sagen wir, dass sie (x_1, x_2) gegenüber (y_1, y_2) **schwach bevorzugt** und schreiben $(x_1, x_2) \succeq (y_1, y_2)$.

Diese Relationen der strengen Präferenz, schwachen Präferenz und Indifferenz sind keine voneinander unabhängigen Konzepte; die Relationen selbst haben Beziehungen untereinander! Wenn zum Beispiel $(x_1, x_2) \succeq (y_1, y_2)$ und $(y_1, y_2) \succeq (x_1, x_2)$, so können wir daraus schließen, dass $(x_1, x_2) \sim (y_1, y_2)$. Das heißt, wenn die Konsumentin glaubt, dass (x_1, x_2) mindestens so gut ist wie (y_1, y_2) *und* dass (y_1, y_2) mindestens so gut ist wie (x_1, x_2), dann muss die Konsumentin zwischen den zwei Güterbündeln indifferent sein.

Wenn gilt, dass $(x_1, x_2) \succeq (y_1, y_2)$, wir hingegen wissen, dass $(x_1, x_2) \sim (y_1, y_2)$ *nicht* gilt, so können wir daraus schließen, dass $(x_1, x_2) \succ (y_1, y_2)$ vorliegen muss. Das sagt einfach Folgendes aus: Wenn die Konsumentin glaubt, dass (x_1, x_2) mindestens so gut ist wie (y_1, y_2), sie aber zwischen den beiden Bündeln nicht indifferent ist, so muss sie eigentlich glauben, dass (x_1, x_2) streng besser ist als (y_1, y_2).

3.2 Annahmen über Präferenzen

Ökonomen machen üblicherweise einige Annahmen über die „Konsistenz" der Präferenzen des Konsumenten. So erscheint es zum Beispiel unvernünftig - um nicht zu sagen widersprüchlich -, eine Situation zu haben, in der gleichzeitig

$(x_1, x_2) \succ (y_1, y_2)$ und $(y_1, y_2) \succ (x_1, x_2)$ gilt. Das würde bedeuten, dass der Konsument das x-Bündel dem y-Bündel strikt vorzieht ... und umgekehrt.

Daher treffen wir üblicherweise einige Annahmen über die Funktionsweise der Präferenzrelationen. Einige der Annahmen über die Präferenzen sind so grundlegend, dass wir sie als „Axiome" der Theorie des Konsumenten bezeichnen können. Hier sind drei solcher Axiome über die Präferenzen des Konsumenten.

Vollständig. Wir nehmen an, dass alle beliebigen Bündel miteinander verglichen werden können. Das heißt, für jedes beliebige x-Bündel und jedes beliebige y-Bündel gilt entweder $(x_1, x_2) \succeq (y_1, y_2)$ oder $(y_1, y_2) \succeq (x_1, x_2)$ oder beides; im letzten Fall wäre der Konsument dann zwischen den zwei Bündeln indifferent.

Reflexiv. Wir nehmen an, dass jedes Bündel mindestens so gut ist, wie es selbst: $(x_1, x_2) \succeq (x_1, x_2)$.

Transitiv. Wenn $(x_1, x_2) \succeq (y_1, y_2)$ und $(y_1, y_2) \succeq (z_1, z_2)$, dann nehmen wir an, dass $(x_1, x_2) \succeq (z_1, z_2)$. Mit anderen Worten, wenn der Konsument glaubt, dass X mindestens so gut ist wie Y, und Y wiederum mindestens so gut wie Z, dann glaubt der Konsument, dass X mindestens so gut ist wie Z.

Gegen das erste Axiom, Vollständigkeit, gibt es kaum Einwände, zumindest nicht für die Situationen, welche Ökonomen im Allgemeinen untersuchen. Die Aussage, dass alle beliebigen Bündel verglichen werden können, bedeutet einfach, dass der Konsument zwischen zwei beliebigen Bündeln immer eine Entscheidung treffen kann. Man kann sich Extremsituationen vorstellen, wo die Entscheidung Leben oder Tod beinhaltet, und wo dann die Reihung der Alternativen schwer fällt oder sogar unmöglich wird, aber diese Wahlmöglichkeiten liegen meist außerhalb des Bereichs der ökonomischen Analyse.

Das zweite Axiom, Reflexivität, ist trivial. Jedes Bündel ist sicherlich mindestens so gut wie ein identisches Bündel. Eltern kleiner Kinder können zwar manchmal Verhalten beobachten, das diese Annahme verletzt, aber sie scheint für das Verhalten Erwachsener meistens plausibel.

Das dritte Axiom, Transitivität, ist problematischer. Es ist nicht offensichtlich, dass Transitivität *notwendigerweise* eine Eigenschaft ist, die Präferenzen haben müssten. Die Annahme, dass Präferenzen transitiv sind, erscheint nicht allein auf Grund reiner Logik zwingend. Und tatsächlich ist sie es nicht. Transitivität ist eine Hypothese über das Entscheidungsverhalten der Menschen, nicht eine rein logische Feststellung. Ob wir es mit einer rein logischen Tatsache zu tun haben oder nicht, ist nicht entscheidend: Es kommt lediglich darauf an, ob es sich um eine einigermaßen genaue Beschreibung des Verhaltens der Menschen handelt.

Was würde man von einer Person halten, die sagt, dass sie ein Bündel X einem Bündel Y vorzieht, Y wiederum Z vorzieht, aber dann hinzufügt, dass sie Z dem Bündel X vorzieht? Das würde sicherlich als ein Hinweis auf eigenartiges Verhalten angesehen werden.

Wie würde sich dieser Konsument vor allem verhalten, wenn er mit der Entscheidung zwischen drei Bündeln X, Y und Z konfrontiert wäre? Wenn wir von ihm verlangten, sein bevorzugtes Bündel auszusuchen, hätte er ein ernsthaftes Problem, denn was immer für ein Bündel er wählte, es gäbe stets ein demgegenüber bevorzugtes. Wenn wir eine Theorie haben wollen, nach der Menschen ihre „beste" Wahl treffen, so müssen die Präferenzen dem Transitivitätsaxiom oder etwas ganz ähnlichem genügen. Wenn Präferenzen nicht transitiv wären, könnte sehr wohl eine Bündelmenge existieren, für die es keine beste Wahl gibt.

3.3 Indifferenzkurven

Es zeigt sich, dass die gesamte Theorie des Konsumentinnenverhaltens mit Hilfe von Präferenzen formuliert werden kann, welche den drei soeben beschriebenen Axiomen genügen, zuzüglich ein paar weiterer technischer Annahmen. Wir werden es jedoch praktisch finden, Präferenzen grafisch mit Hilfe so genannter **Indifferenzkurven** darzustellen.

Betrachten wir Abbildung 3.1, in der wir auf den zwei Achsen den Verbrauch der Güter 1 und 2 eines Konsumenten darstellen. Greifen wir ein bestimmtes Konsumbündel (x_1, x_2) heraus und schattieren wir alle jene Konsumbündel, die gegenüber (x_1, x_2) schwach bevorzugt werden. Das wird die **schwach bevorzugte Menge** genannt. Die Bündel an der Grenze dieser Menge - die Bündel, für welche die Konsumentin im Vergleich zu (x_1, x_2) gerade indifferent ist - bilden die **Indifferenzkurve**.

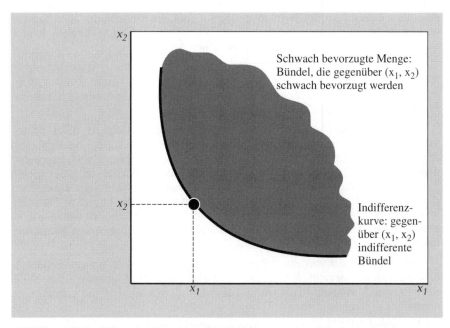

Abbildung 3.1 Schwach bevorzugte Menge. Die schattierte Fläche besteht aus allen Bündeln, die mindestens so gut sind wie das Bündel (x_1, x_2).

Wir können eine Indifferenzkurve durch jedes beliebige Konsumbündel zeichnen. Die Indifferenzkurve durch ein Konsumbündel besteht aus allen Güterbündeln, zwischen denen der Konsument in Bezug auf das gegebene Güterbündel indifferent ist.

Ein Problem bei Verwendung von Indifferenzkurven zur Beschreibung von Präferenzen besteht darin, dass sie nur jene Bündel zeigen, welche die Konsumentin als indifferent zueinander betrachtet - sie zeigen einem nicht, welche Bündel besser und welche schlechter sind. Es ist manchmal nützlich, die Indifferenzkurven mit kleinen Pfeilen zu versehen, um die Richtung der bevorzugten Bündel anzuzeigen. Wir werden das nicht in jedem Fall machen, sondern nur bei jenen Beispielen, wo Verwirrung entstehen könnte.

Wenn wir keine weiteren Annahmen über Präferenzen machen, können die Indifferenzkurven tatsächlich eigenartige Formen annehmen. Aber selbst auf diesem Niveau der Verallgemeinerung können wir eine wichtige Aussage über Indifferenzkurven machen: *Indifferenzkurven, die verschiedene Präferenzniveaus darstellen, können sich nicht schneiden.* Der in Abbildung 3.2 dargestellte Fall kann also nicht eintreten.

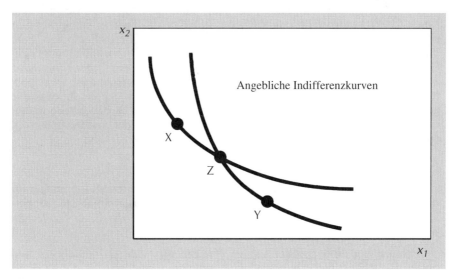

Abbildung 3.2 Indifferenzkurven können sich nicht schneiden. Würden sie das, so wären X, Y und Z indifferent zueinander und könnten daher nicht auf verschiedenen Indifferenzkurven liegen.

Um das zu beweisen, greifen wir drei Güterbündel heraus, X, Y und Z, sodass X auf der einen Indifferenzkurve liegt, Y auf der anderen und Z im Schnittpunkt der beiden Indifferenzkurven. Annahmegemäß stellen Indifferenzkurven unterschiedliche Präferenzniveaus dar, daher wird eines der Bündel, z. B. X, dem anderen Bündel Y strikt vorgezogen. Wir wissen, dass $X \sim Z$ und $Z \sim Y$, das Axiom der Transitivität impliziert daher $X \sim Y$. Aber das widerspricht der Annahme, dass $X \succ Y$. Dieser Widerspruch beweist das Ergebnis einwandfrei - Indifferenzkurven, die verschiedene Präferenzniveaus darstellen, können sich nicht schneiden.

Welche weiteren Eigenschaften haben Indifferenzkurven? Abstrakt gesehen ist die Antwort: nicht viele. Indifferenzkurven sind einfach eine Möglichkeit, Präferenzen darzustellen. Nahezu alle „vernünftigen" vorstellbaren Präferenzen können mittels Indifferenzkurven dargestellt werden. Der Trick ist zu lernen, welche Arten von Präferenzen zu welchen Formen der Indifferenzkurven führen.

3.4 Beispiele für Präferenzen

Versuchen wir einmal, mittels einiger Beispiele Präferenzen zu Indifferenzkurven in Beziehung zu setzen. Wir werden einige Präferenzen beschreiben und dann zeigen, wie die zugehörigen Indifferenzkurven aussehen.

Es gibt eine allgemeine Vorgangsweise bei der Konstruktion von Indifferenzkurven für eine gegebene „verbale" Beschreibung der Präferenzen. Man lässt den Bleistift in der Grafik auf irgendein Konsumbündel (x_1, x_2) plumpsen. Nun überlegt man sich, dem Konsumenten ein bisschen mehr vom Gut 1, Δx_1, zu geben, was ihn zu ($x_1 + \Delta x_1$, x_2) bringt. Nun fragt man sich, wie man den Konsum von x_2 zu *verändern* hätte, um den Konsumenten in Bezug auf den ursprünglichen Konsumpunkt indifferent zu machen. Bezeichnen wir diese Veränderung mit Δx_2. Dann stellt man sich die Frage: „Um wie viel muss man Gut 2 für eine gegebene Veränderung von Gut 1 ändern, damit der Konsument zwischen ($x_1 + \Delta x_1$, $x_2 + \Delta x_2$) und x_1, x_2 indifferent ist?" Sobald diese Bewegung für ein Konsumbündel bestimmt wurde, hat man ein Stück der Indifferenzkurve gezeichnet. Nun versucht man das Gleiche für ein anderes Bündel und so weiter, bis man ein klares Bild über den gesamten Verlauf der Indifferenzkurven entwickelt hat.

Perfekte Substitute

Zwei Güter sind **perfekte Substitute**, wenn der Konsument bereit ist, ein Gut für das andere zu einem *konstanten* Verhältnis zu tauschen. Der einfachste Fall perfekter Substitute liegt vor, wenn der Konsument bereit ist, die Güter im Verhältnis 1:1 zu tauschen.

Nehmen wir zum Beispiel an, wir erwägen die Wahl zwischen roten und blauen Bleistiften, und der betroffene Konsument mag Bleistifte, die Farbe ist ihm jedoch vollkommen gleichgültig. Greifen wir ein Konsumbündel wie (10, 10) heraus. Für diesen Konsumenten wird dann jedes andere Konsumbündel, das aus 20 Bleistiften besteht, genau so gut sein wie (10, 10). Mathematisch gesprochen, wird jedes Konsumbündel (x_1, x_2), für das $x_1 + x_2 = 20$, auf der Indifferenzkurve des Konsumenten durch (10, 10) liegen. Die Indifferenzkurven dieses Konsumenten sind daher parallele Gerade mit einem Anstieg von -1, so wie in Abbildung 3.3. Bündel mit einer größeren Gesamtzahl an Bleistiften werden Bündeln mit einer geringeren Gesamtzahl vorgezogen, die Richtung steigender Präferenzen ist daher nach rechts oben, wie in Abbildung 3.3 eingezeichnet.

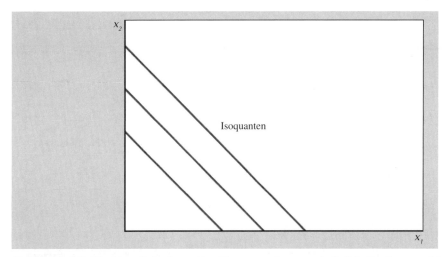

Abbildung 3.3 Perfekte Substitute. Der Konsument bewertet lediglich die Gesamtzahl an Bleistiften, nicht die Farbe. Daher sind die Indifferenzkurven Geraden mit einer Steigung von − 1.

Wie funktioniert das im Sinne einer allgemeinen Vorgangsweise zum Zeichnen von Indifferenzkurven? Angenommen wir sind bei (10, 10) und erhöhen die Menge des ersten Gutes um eine Einheit auf 11; um wie viel müssen wir die Menge des zweiten Gutes ändern, um auf derselben Indifferenzkurve zu bleiben? Die Antwort ist eindeutig eine Senkung des zweiten Gutes um eine Einheit. Daher hat die Indifferenzkurve durch (10, 10) eine Steigung von − 1. Die gleiche Prozedur kann bei jedem beliebigen Güterbündel mit demselben Ergebnis ausgeführt werden - in diesem Fall haben alle Indifferenzkurven eine konstante Steigung von − 1.

Das Wesentliche perfekter Substitute ist, dass die Indifferenzkurven eine *konstante* Steigung haben. Betrachten wir zum Beispiel die Präferenzen eines Konsumenten zwischen roten Bleistiften und *Paaren* blauer Bleistifte. Die Indifferenzkurve für diese zwei Güter hätte eine Steigung von − 1/2, da der Konsument bereit wäre, zwei rote Bleistifte für ein zusätzliches *Paar* blauer Bleistifte aufzugeben.

Im Lehrbuch werden wir uns hauptsächlich mit dem Fall beschäftigen, in dem Güter perfekte Substitute im Tauschverhältnis von 1:1 sind, die Behandlung des allgemeinen Falls bleibt dem Trainingsbuch vorbehalten.

Perfekte Komplemente

Perfekte Komplemente sind Güter, die immer in konstantem Verhältnis miteinander konsumiert werden. In gewissem Sinne „ergänzen" diese Güter einander. Ein gutes Beispiel sind rechte und linke Schuhe. Der Konsument mag Schuhe,

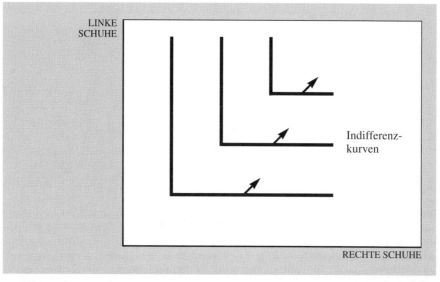

Abbildung 3.4 Perfekte Komplemente. Der Konsument möchte die Güter immer in konstantem Verhältnis zueinander konsumieren. Die Indifferenzkurven sind daher L-förmig.

aber er trägt immer einen rechten und einen linken Schuh. Nur einen Schuh eines Paares zu haben, nützt dem Konsumenten recht wenig.

Zeichnen wir einmal Indifferenzkurven für perfekte Komplemente. Angenommen wir suchen uns das Konsumbündel (10, 10) aus. Nun fügen wir einen rechten Schuh hinzu und erhalten (11, 10). Annahmegemäß bleibt der Konsument hinsichtlich der Ausgangsposition indifferent: Der zusätzliche Schuh nützt ihm nicht. Dasselbe passiert, wenn wir einen linken Schuh dazugeben, der Konsument ist auch zwischen (10, 11) und (10, 10) indifferent.

Die Indifferenzkurven sind daher L-förmig, mit der Ecke des L's dort, wo die Anzahl der linken Schuhe gleich der Anzahl der rechten Schuhe ist, wie in Abbildung 3.4.

Eine gleichzeitige Erhöhung der Anzahl der linken und der rechten Schuhe wird den Konsumenten in eine bevorzugte Position bringen, daher ist, wie in der grafischen Darstellung, die Richtung einer erhöhten Präferenz wiederum nach rechts oben.

Wichtig ist hinsichtlich perfekter Komplemente die Tatsache, dass der Konsument die Güter in konstantem Verhältnis, aber nicht notwendigerweise 1:1, konsumieren möchte. Wenn ein Konsument immer zwei Löffel Zucker für eine Tasse Tee nimmt und ansonsten Zucker nicht verwendet, werden die Indifferenzkurven ebenfalls L-förmig sein. In diesem Fall werden sich die Eckpunkte des L bei (2 Löffel Zucker, 1 Tasse Tee), (4 Löffel Zucker, 2 Tassen Tee) und so weiter ergeben und nicht bei (1 rechten Schuh, 1 linken Schuh), (2 rechte Schuhe, 2 linke Schuhe) etc.

Präferenzen

Im Lehrbuch werden wir uns in erster Linie mit dem Fall beschäftigen, in dem die Güter im Verhältnis 1:1 konsumiert werden, die Darstellung der Verallgemeinerung bleibt dem Trainingsbuch vorbehalten.

„Schlechtes"

Ein **„Schlecht"** ist eine Ware, die der Konsument nicht mag. Nehmen wir zum Beispiel an, die untersuchten Güter seien Wurst und Sardellen - und der Konsument liebt Wurst und verabscheut Sardellen. Wir unterstellen jedoch, dass ein gewisser Trade-off zwischen Wurst und Sardellen möglich ist. Das heißt, es gibt eine bestimmte Menge Wurst auf einer Pizza, die den Konsumenten dafür entschädigt, dass er eine gewisse Menge Sardellen konsumieren muss. Wie könnten wir diese Präferenzen mit Hilfe von Indifferenzkurven darstellen?

Greifen wir wieder eine Bündel (x_1, x_2) heraus, das aus bestimmten Mengen von Wurst und Sardellen besteht. Wenn wir dem Konsument mehr Sardellen geben, was müssen wir hinsichtlich der Wurst machen, um ihn auf derselben Indifferenzkurve zu halten? Ganz klar: Wir müssen ihm mehr Wurst als Entschädigung dafür geben, dass er mehr Sardellen in Kauf nehmen muss. Dieser Konsument muss daher nach rechts oben steigende Indifferenzkurven haben, wie in Abbildung 3.5.

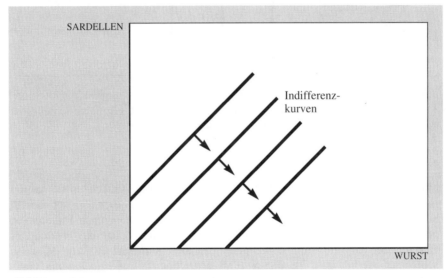

Abbildung 3.5 „Schlechtes". In diesem Fall sind Sardellen ein „Schlecht" und Wurst ein „Gut" für den Konsument. Die Indifferenzkurven haben daher eine positive Steigung.

Die Richtung zunehmender Präferenzen ist nach rechts unten - das heißt in Richtung sinkenden Sardellen- und steigenden Wurstkonsums, wie die Pfeile im Diagramm angeben.

Neutrale Güter

Ein **neutrales Gut** liegt dann vor, wenn der Konsument das Gut weder mag noch verabscheut. Was geschähe, wenn der Konsument hinsichtlich Sardellen „neutral" wäre?[1] In diesem Fall sind die Indifferenzkurven vertikale Geraden wie in Abbildung 3.6. Für den Konsument zählt nur die Menge an Wurst, wie viel Sardellen er hat, kümmert ihn überhaupt nicht. Je mehr Wurst, umso besser, mehr Sardellen berührt ihn weder in die eine noch in die andere Richtung.

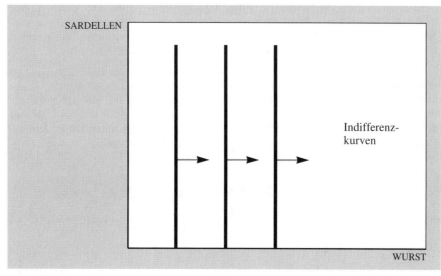

Abbildung 3.6 Ein neutrales Gut. Der Konsument mag Wurst, gegenüber Sardellen ist er neutral; die Indifferenzkurven sind daher vertikale Gerade.

Sättigung

Manchmal wollen wir eine Situation der **Sättigung** untersuchen, in der es ein insgesamt bestes Bündel für den Konsumenten gibt, und je „näher" er diesem besten Bündel kommt, umso besser ist er gemäß seinen eigenen Präferenzen gestellt. Nehmen wir zum Beispiel an, der Konsument hat ein bevorzugtes Güterbündel ($\bar{x}_1$, $\bar{x}_2$) und je weiter er von diesem Bündel entfernt ist, umso schlechter ist er dran. In diesem Fall bezeichnen wir ($\bar{x}_1$, $\bar{x}_2$) als einen **Sättigungs-** oder **Blisspunkt**. Die Indifferenzkurven des Konsumenten sehen aus, wie die in Abbildung 3.7 dargestellten. Der beste Punkt ist ($\bar{x}_1$, $\bar{x}_2$) und davon entfernte Punkte liegen auf „niedrigeren" Indifferenzkurven.

In diesem Fall haben die Indifferenzkurven eine negative Neigung, wenn der Konsument „zu wenig" oder „zu viel" von beiden Gütern hat, eine positive Neigung, wenn er „zu viel" von einem der Güter hat. Wenn er zu viel eines Gutes

---

[1] Gibt es jemand, der bezüglich Sardellen neutral ist?

Präferenzen 41

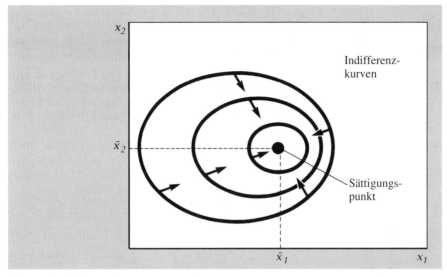

Abbildung 3.7 Präferenzen bei Sättigung. Das Bündel ($\bar{x}_1$, $\bar{x}_2$) ist der Sättigungs- oder Blisspunkt, und die Indifferenzkurven umgeben diesen Punkt.

hat, wird dieses ein „Schlecht" - eine Verringerung dieses „Schlechts" bringt ihn näher zu seinem „Blisspunkt". Wenn er zu viel von beiden Gütern hat, sind sie beide „Schlecht", daher kommt er durch Reduzierung des Konsums von beiden seinem Blisspunkt näher.

Angenommen die zwei Güter seien Schokoladekuchen und Eiscreme. Man könnte sich eine optimale Menge von Schokoladekuchen und Eiscreme vorstellen, die man pro Woche essen möchte. Bei einer geringeren Menge wäre man schlechter gestellt, aber auch bei größeren Mengen.

Wenn man es sich recht überlegt, sind die meisten Güter wie Schokoladekuchen und Eiscreme - man kann von fast allem zu viel haben. Im Allgemeinen würden es sich die Leute aber nicht freiwillig *aussuchen*, zu viel von den konsumierten Gütern zu haben. Warum würde man sich von einem Gut mehr aussuchen als man will? Der interessante Bereich vom Standpunkt einer ökonomischen Entscheidung ist daher jener, bei dem man von den meisten Gütern *weniger* hat, als man möchte. Die Entscheidungen, welche die Menschen bewegen, sind von dieser Art, und das sind auch die Entscheidungen, mit denen wir uns beschäftigen werden.

Unteilbare Güter

Üblicherweise stellen wir uns vor, dass wir Güter in Einheiten messen, für die Bruchteile sinnvoll sind - man könnte sehr wohl durchschnittlich 12,43 Liter Milch pro Monat verbrauchen, obwohl man jeweils einen ganzen Liter kauft. Bisweilen wollen wir jedoch auch die Präferenzen hinsichtlich solcher Güter untersuchen, die nur in unteilbaren Einheiten erhältlich sind.

Nehmen wir zum Beispiel die Nachfrage eines Konsumenten nach Autos. Wir könnten die Nachfrage nach Autos als jene Zeit definieren, die man mit der Benützung eines Autos verbringt, dann hätten wir eine kontinuierliche Variable. Oft ist jedoch die tatsächliche Anzahl nachgefragter Autos von Interesse.

Es gibt keinerlei Schwierigkeiten bei der Verwendung von Präferenzen zur Beschreibung des Entscheidungsverhaltens bezüglich solcher unteilbarer Güter. Angenommen x_2 sei der Geldbetrag, der für andere Güter ausgegeben wird, und x_1 ist ein **unteilbares Gut**, das nur in ganzzahligen Mengen erhältlich ist. Wir haben die Form der „Indifferenzkurven" und eine schwach bevorzugte Menge für diese Art von Gut in Abbildung 3.8 dargestellt. In diesem Fall werden die Bündel, welche in Bezug auf ein gegebenes Bündel indifferent sind, eine Menge diskreter Punkte sein. Jene Menge der Bündel, die zumindest so geschätzt werden wie das spezifische Bündel, wird eine Menge von Geradenabschnitten sein.

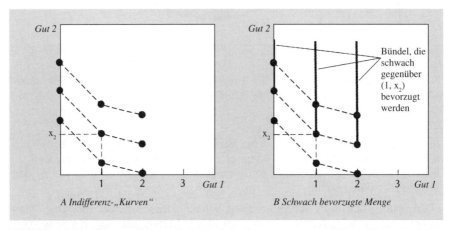

Abbildung 3.8 Ein unteilbares Gut. Gut 1 ist hier nur in ganzzahligen Mengen erhältlich. Im Feld A verbinden die strichlierten Linien indifferente Bündel miteinander, im Feld B stellen die vertikalen Geraden Bündel dar, die mindestens so geschätzt werden wie das angegebene Bündel.

Die Entscheidung darüber, ob die Unteilbarkeit eines Gutes betont werden soll oder nicht, wird von der jeweiligen Anwendung abhängen. Wenn der Konsument während der betrachteten Periode lediglich ein oder zwei Einheiten des Gutes erwirbt, dann kann es wichtig sein, die Unteilbarkeit zu berücksichtigen. Wenn der Konsument hingegen 30 oder 40 Einheiten des Gutes anschafft, wird es wahr-scheinlich zweckmäßig sein, das Gut als kontinuierlich - also teilbar - anzusehen.

3.5 Präferenzen im Normalfall

Wir haben nun einige Beispiele von Indifferenzkurven kennen gelernt. Wie wir gesehen haben, lassen sich viele Arten der Präferenzen, plausible oder unplausible, mit Hilfe dieser einfachen Diagramme darstellen. Wenn wir aber Präferenzen im Allgemeinen beschreiben wollen, erscheint es zweckmäßig, sich auf ein paar allgemein gültige Formen der Indifferenzkurven zu beschränken. In diesem Abschnitt wollen wir einige weitere allgemeine und typische Annahmen über Präferenzen beschreiben und ihre Implikationen für die Formen der zugehörigen Indifferenzkurven herausarbeiten. Das sind aber nicht die einzig möglichen Annahmen; in bestimmten Situationen wird man vielleicht andere Annahmen verwenden wollen. Die hier getroffenen Annahmen sollen die **Indifferenzkurven im Normalfall** beschreiben.

Als Erstes wird typischerweise angenommen, dass mehr immer besser ist, das heißt, dass wir es mit *Gütern* nicht mit „Schlechten" zu tun haben. Genauer: Wenn (x_1, x_2) ein bestimmtes Güterbündel ist und (y_1, y_2) ein anderes Güterbündel darstellt, das mindestens so viel von den beiden Gütern enthält zuzüglich mehr von einem, so gilt $(y_1, y_2) \succ (x_1, x_2)$. Diese Annahme wird manchmal als **Monotonie** der Präferenzen bezeichnet. Wie schon bei der Diskussion der Sättigung erwähnt wurde, würde „mehr ist besser" nur bis zu einem bestimmten Punkt gelten. Die Annahme der Monotonie besagt daher lediglich, dass wir Situationen untersuchen, die *vor* diesem Punkt liegen - also vor der Sättigung -, wo mehr *noch* besser *ist*. Volkswirtschaftslehre wäre kein sehr interessantes Fach in einer Welt, in welcher alle in ihrem Konsum eines jeden Gutes gesättigt wären.

Was heißt Monotonie hinsichtlich der Form der Indifferenzkurven? Sie impliziert ihre *negative* Steigung. Betrachten wir Abbildung 3.9. Wenn wir mit einem Bündel (x_1, x_2) beginnen und uns irgendwie nach rechts oben bewegen, so müssen wir uns zu bevorzugten Positionen bewegen. Wenn wir uns nach links unten begeben, so müssen wir zu schlechteren Positionen gelangen. Wenn wir daher *indifferente* Positionen erreichen wollen, so müssen wir entweder nach links oben oder rechts unten gehen: Die Indifferenzkurven müssen negativ geneigt sein.

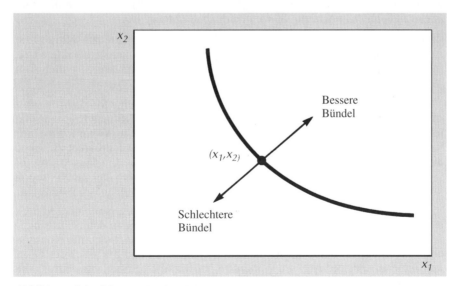

Abbildung 3.9 Monotonie der Präferenzen. Mehr von beiden Gütern ist für diese Konsumentin ein besseres Bündel, weniger ein schlechteres.

Zweitens nehmen wir an, dass Durchschnitte gegenüber Extremen bevorzugt werden. Wenn wir also zwei Güterbündel auf derselben Indifferenzkurve nehmen, (x_1, x_2) und (y_1, y_2), so wird ein daraus mittels gewogenem Durchschnitt gebildetes Bündel wie

$$\left(\frac{1}{2}x_1 + \frac{1}{2}y_1, \frac{1}{2}x_2 + \frac{1}{2}y_2\right),$$

zumindest so gut sein wie jedes der beiden extremen Bündel, oder gegenüber diesen strikt bevorzugt werden. Dieses Durchschnittsbündel hat die durchschnittlichen Mengen des Gutes 1 und des Gutes 2, die in den beiden Bündeln enthalten sind. Es liegt daher in der Mitte der Geraden, die diese beiden Bündel verbindet.

Wir werden diese Annahme für jedes Gewicht t zwischen 0 und 1 treffen, nicht nur für 1/2. Wir nehmen daher an, dass für $(x_1, x_2) \sim (y_1, y_2)$ gilt

$$(tx_1 + (1-t)y_1, tx_2 + (1-t)y_2) \succeq (x_1, x_2)$$

und zwar für $0 \leq t \leq 1$. Dieser gewogene Durchschnitt der zwei Bündel gibt dem x-Bündel Gewicht von ein t und dem y-Bündel ein Gewicht von $(1 - t)$. Die Entfernung vom x-Bündel zum Durchschnittsbündel ist daher gleich dem Bruchteil t der Distanz auf einer geraden Verbindungslinie zwischen den beiden Bündeln.

Was bedeutet diese Annahme über die Präferenzen geometrisch? Sie besagt, dass die gegenüber (x_1, x_2) schwach bevorzugte Menge an Bündeln eine **konvexe Menge** ist. Angenommen (y_1, y_2) und (x_1, x_2) sind indifferente Bündel. Wenn Durchschnitte Extremen vorgezogen werden, dann sind alle gewogenen Durchschnitte von (x_1, x_2) und (y_1, y_2) gegenüber (x_1, x_2) oder (y_1, y_2) schwach bevorzugt. Eine konvexe Menge hat die Eigenschaft, dass die Verbindungslinie zweier *beliebiger* Punkte zur Gänze innerhalb der Menge liegt.

Abbildung 3.10A stellt ein Beispiel für konvexe Präferenzen dar, während die Abbildungen 3.10B und 3.10C zwei Beispiele für nicht-konvexe Präferenzen zeigen. Abbildung 3.10C enthält Präferenzen, die derart nicht-konvex sind, dass wir sie als „konkave" Präferenzen bezeichnen könnten.

Kann man sich nicht-konvexe Präferenzen vorstellen? Eine Möglichkeit wäre so etwas wie meine Präferenzen für Eiscreme und Oliven. Ich mag Eiscreme und ich mag Oliven ... aber ich mag sie nicht miteinander essen! Wenn ich meinen Konsum der nächsten Stunde überlege, so bin ich vielleicht indifferent zwischen 80 Gramm Eiscreme und 20 Gramm Oliven oder 80 Gramm Oliven und 20 Gramm Eiscreme. Aber jedes einzelne dieser Bündel wäre mir lieber als 50 Gramm von jedem! Diese Art der Präferenzen ist in Abbildung 3.10C dargestellt.

Warum wollen wir annehmen, dass Indifferenzkurven im Normalfall konvex sind? Weil Güter meist gemeinsam konsumiert werden. Die in den Abbildungen 3.10B und 3.10C dargestellten Präferenzen implizieren, dass sich die Konsumentin zumindest in bestimmtem Ausmaß spezialisieren und nur eines der Güter konsumieren möchte. Aber im Normalfall möchte die Konsumentin etwas vom einen Gut für das andere tauschen und wird schließlich eher beide Güter konsumieren, als sich nur auf eines der beiden spezialisieren.

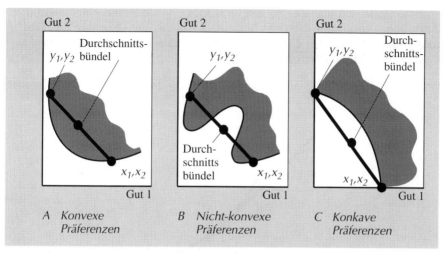

Abbildung 3.10 Verschiedene Arten der Präferenzen. Teil (A) stellt konvexe Präferenzen dar, Teil (B) nicht-konvexe und Teil (C) „konkave" Präferenzen.

Wenn wir uns hingegen meine Präferenzen für den *monatlichen* Konsum an Eiscreme und Oliven im Vergleich zu meinem augenblicklichen Verbrauch ansehen, dann würden diese eher wie Abbildung 3.10A als Abbildung 3.10C aussehen. Jeden Monat hätte ich lieber Eiscreme und Oliven - wenn auch zu verschiedenen Zeiten - als nur das eine oder andere den ganzen Monat.

Schließlich wird die Annahme der Konvexität auf **strenge Konvexität** erweitert. Das heißt, dass der gewogene Durchschnitt zweier indifferenter Bündel den beiden extremen Bündeln *streng* vorgezogen wird. Konvexe Präferenzen können Flachstellen aufweisen, während *streng* konvexe Präferenzen Indifferenzkurven haben müssen, die „rund" sind. Die Präferenzen für zwei Güter, die perfekte Substitute sind, sind konvex, aber nicht streng konvex.

3.6 Die Grenzrate der Substitution

Wir werden es immer wieder brauchbar finden, auf die Steigung einer Indifferenzkurve in einem bestimmten Punkt Bezug zu nehmen. Dieses Konzept ist so nützlich, dass es sogar einen Namen hat: Der Anstieg der Indifferenzkurve ist als die **Grenzrate der Substitution (MRS)**[2] bekannt. Der Name rührt daher, dass die Grenzrate der Substitution die Rate misst, zu der ein Konsument bereit ist, das eine Gut für das andere zu substituieren.

Angenommen wir nehmen dem Konsument ein wenig vom Gut 1, Δx_1, weg. Dann geben wir ihm Δx_2, eine Menge, die gerade ausreicht, um ihn auf seine Indiffesodassrve zurückzubringen, so daß er nach der Substitution von x_1 durch x_2 genau so gut gestellt ist wie vorher. Wir betrachten das Verhältnis $\Delta x_2/\Delta x_1$ als die *Rate*, zu der ein Konsument bereit ist, Gut 2 für Gut 1 zu substituieren.

---

[2] MRS = marginal rate of substitution.

Man stelle sich nun Δx_1 als eine sehr kleine Veränderung - eine marginale Änderung - vor. Dann misst das Verhältnis $\Delta x_2/\Delta x_1$ die *Grenzrate* der Substitution von Gut 2 für Gut 1. Wenn Δx_1 immer kleiner wird, nähert sich $\Delta x_2/\Delta x_1$ dem Anstieg der Indifferenzkurve, wie aus Abbildung 3.11 ersichtlich ist.

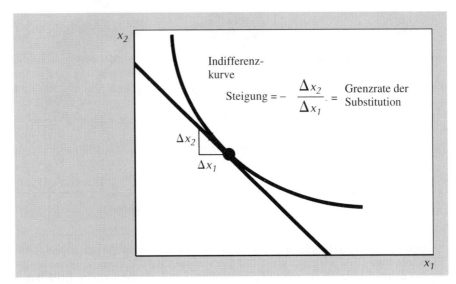

Abbildung 3.11 Die Grenzrate der Substitution (MRS). Die Grenzrate der Substitution misst die Steigung der Indifferenzkurve.

Wenn wir das Verhältnis $\Delta x_2/\Delta x_1$ schreiben, werden wir uns sowohl den Zähler als auch den Nenner immer als kleine Zahlen vorstellen - dass sie also *marginale* Änderungen des ursprünglichen Konsumbündels darstellen. Das Verhältnis, das die Grenzrate der Substitution definiert, wird daher immer die Steigung der Indifferenzkurve beschreiben: Die Rate, zu welcher der Konsument gerade bereit ist, ein wenig Mehrkonsum des Gutes 2 für ein wenig Minderkonsum des Gutes 1 zu substituieren.

Es ist immer etwas verwirrend, dass die Grenzrate der Substitution eine *negative* Zahl ist. Wir haben bereits gesehen, dass monotone Präferenzen negativ geneigte Indifferenzkurven implizieren. Da die MRS der zahlenmäßige Ausdruck der Steigung der Indifferenzkurve ist, muss sie natürlich eine negative Zahl sein.

Die Grenzrate der Substitution misst einen interessanten Aspekt des Konsumentenverhaltens. Angenommen der Konsument hat normale Präferenzen, das heißt Präferenzen, die monoton und konvex sind, und er konsumiert derzeit ein Bündel (x_1, x_2). Wir bieten ihm nun einen Tausch an: Er kann Gut 1 gegen Gut 2 oder Gut 2 gegen Gut 1 in jeder beliebigen Menge zum „Kurs" von E tauschen.

Das heißt, wenn der Konsument Δx_1 Einheiten des Gutes 1 aufgibt, so erhält er dafür $E\Delta x_1$ Einheiten des Gutes 2. Oder umgekehrt, wenn er Δx_2 Einheiten des Gutes 2 aufgibt, so kann er dafür $\Delta x_2/E$ Einheiten des Gutes 1 haben. Geometrisch bieten wir dem Konsument die Möglichkeit, sich zu jedem Punkt entlang einer Geraden mit der Steigung $-E$ zu bewegen, die wie in Abbildung 3.12 durch (x_1, x_2) geht. Eine Bewegung nach links oben bedeutet einen Tausch von Gut 1 gegen Gut 2, eine Bewegung nach rechts unten einen Tausch von Gut 2 gegen Gut 1. In jeder Richtung ist das Tauschverhältnis (= der Kurs) E. Da der Tausch immer das Aufgeben eines Gutes für ein anderes bedeutet, entspricht der *Kurs E* einer *Steigung* von $-E$.

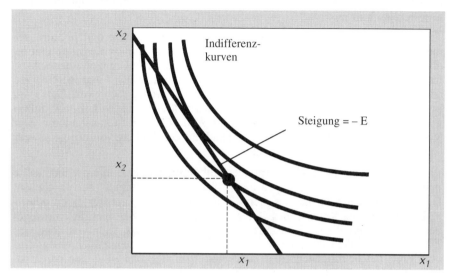

Abbildung 3.12 Tausch zu einem Kurs. Wir gestatten dem Konsument, die Güter zu einem Kurs von E zu tauschen, was bedeutet, dass er sich entlang einer Geraden mit der Steigung $-E$ bewegen kann.

Wir können nun fragen, wie hoch der Kurs sein müsste, damit der Konsument bei (x_1, x_2) bleibt. Um diese Frage zu beantworten, stellen wir einfach fest, dass es in jedem Fall, wo die Tauschlinie eine Indifferenzkurve schneidet, Punkte auf dieser Linie gibt, die gegenüber (x_1, x_2) vorgezogen werden – also oberhalb der Indifferenzkurve liegen. Damit sich der Konsument nicht von (x_1, x_2) wegbewegt, muss die Tauschlinie daher die Indifferenzkurve gerade berühren. Das heißt, die Steigung der Tauschlinie $-E$ muss gleich dem Anstieg der Indifferenzkurve im Punkt (x_1, x_2) sein. Zu jedem anderen Tauschverhältnis würde die Tauschlinie die Indifferenzkurve schneiden und es dem Konsument ermöglichen, einen bevorzugten Punkt zu erreichen.

Der Anstieg der Indifferenzkurve, die Grenzrate der Substitution, misst also das Verhältnis, bei welchem der Konsument gerade an der Grenze zwischen Tausch und Nichttausch ist. Zu jedem anderen Tauschverhältnis (= Kurs) als der Grenzrate der Substitutiton würde er ein Gut für das andere tauschen wollen. Wenn aber das Tauschverhältnis gleich der Grenzrate der Substitution ist, verbleibt der Konsument, wo er ist.

3.7 Andere Interpretationen der MRS

Wir sagten, dass die MRS das Verhältnis misst, bei welchem die Konsumentin gerade an der Grenze ist, bei der sie Gut 1 für Gut 2 substituieren möchte. Wir könnten auch sagen, die Konsumentin ist gerade an der Grenze der Bereitschaft, mit Gut 1 zu "zahlen", um etwas mehr von Gut 2 zu kaufen. Daher spricht man manchmal davon, dass der Anstieg der Indifferenzkurve die **marginale Zahlungsbereitschaft** misst.

Wenn Gut 2 für den Konsum „aller anderen Güter" steht und in Euro gemessen wird, die man für andere Güter ausgeben kann, dann ist die Interpretation als marginale Zahlungsbereitschaft selbstverständlich. Die Grenzrate der Substitution von Gut 2 für Gut 1 gibt dann an, auf wie viele Euros man bereit wäre beim Kauf anderer Güter zu verzichten, um ein wenig mehr von Gut 1 zu konsumieren. Daher misst die MRS die marginale Bereitschaft, Euros aufzugeben, um eine zusätzliche marginale Menge des Gutes 1 zu konsumieren. Der Verzicht auf diese Euros ist gleichbedeutend mit der Zahlung von Euros, um ein wenig mehr vom Gut 1 zu verbrauchen.

Wenn man die MRS als marginale Zahlungsbereitschaft interpretiert, sollte man nicht vergessen, sowohl „marginal" als auch „Bereitschaft" hervorzuheben. Die MRS misst die Menge des Gutes 2, die man *bereit* wäre, für einen *marginalen* zusätzlichen Konsum des Gutes 1 zu zahlen. Wie viel man für eine gegebene Menge zusätzlichen Konsums tatsächlich zahlen *muss*, kann von dem, was man zu zahlen bereit ist, ganz verschieden sein. Wie viel man zahlen muss, wird vom Preis des betreffenden Gutes abhängen. Wie viel man zu zahlen bereit ist, hängt nicht vom Preis ab - es wird durch die Präferenzen bestimmt.

Ebenso kann ein Unterschied zwischen der Zahlungsbereitschaft bei einer großen Konsumänderung und bei einer marginalen bestehen. Wie viel man letztlich von einem Gut kauft, hängt von den Präferenzen für dieses Gut und seinem Preis ab. Wie viel man bereit ist, für eine kleine zusätzliche Menge des Gutes zu zahlen, ist lediglich eine Eigenschaft der Präferenzen.

3.8 Der Verlauf der Grenzrate der Substitution

Es ist manchmal zweckmäßig, die Formen der Indifferenzkurven durch den Verlauf der Grenzrate der Substitution zu beschreiben. So ist zum Beispiel das Charakteristikum der Indifferenzkurven „perfekter Substitute" eine konstante Grenzrate der Substitution von z. B. - 1. Der Fall „neutraler" Güter zeichnet sich durch eine Grenzrate der Substitution aus, die überall unendlich ist. Präferenzen „perfekter Komplemente" sind dadurch charakterisiert, dass die MRS entweder Null oder unendlich ist.

Wir haben bereits darauf hingewiesen, dass die Annahme der Monotonie eine negative Neigung der Indifferenzkurven impliziert, sodass es sich bei der MRS immer um die Reduktion des Konsums eines Gutes handelt, um mehr von einem anderen zu konsumieren.

Die Konvexität der Indifferenzkurven offenbart eine weitere Eigenschaft der MRS. Bei streng konvexen Indifferenzkurven nimmt die Grenzrate der Substitution - die Steigung der Indifferenzkurve - mit zunehmendem x_1 ab (in Absolutwerten). Indifferenzkurven weisen daher eine **abnehmende Grenzrate der Substitution** auf. Das bedeutet, dass das Verhältnis, zu dem jemand x_1 für x_2 auszutauschen bereit ist, mit steigendem x_1 abnimmt. So betrachtet, scheint Konvexität der Indifferenzkurven selbstverständlich: Je mehr man von einem Gut hat, umso eher ist man bereit, etwas davon im Tausch für ein anderes Gut aufzugeben. (Es sei jedoch an das Beispiel mit der Eiscreme und den Oliven erinnert - für einige Güterpaare mag diese Annahme nicht gelten!)

Zusammenfassung

1. Volkswirtinnen nehmen an, dass eine Konsumentin verschiedene Konsummöglichkeiten reihen kann. Die Reihung von Konsumbündeln beschreibt die Präferenzen der Konsumentin.
2. Zur Darstellung verschiedener Präferenzarten kann man Indifferenzkurven verwenden.
3. Normale Präferenzen sind monoton (das bedeutet mehr ist besser) und konvex (das bedeutet, dass Durchschnitte gegenüber Extremen bevorzugt werden).
4. Die Grenzrate der Substitution (MRS) misst die Steigung der Indifferenzkurve. Das kann als die Bereitschaft des Konsumenten interpretiert werden, eine ge-wisse Menge des Gutes 2 aufzugeben, um mehr von Gut 1 zu erwerben.

Wiederholungsfragen

1. Wenn wir beobachten, dass eine Konsumentin (x_1, x_2) wählt, wenn ihr (y_1, y_2) ebenfalls zur Verfügung steht, dürfen wir daraus $(x_1, x_2) \succ (y_1, y_2)$ schließen?
2. Man nehme eine Gruppe von Menschen A, B, C, ... und die Beziehung „mindestens so groß wie", wie z. B. in „A ist mindestens so groß wie B". Ist diese Beziehung transitiv? Ist sie vollständig?
3. Gegeben sei dieselbe Gruppe von Menschen und die Relation „streng größer als". Ist diese Relation transitiv? Ist sie reflexiv? Vollständig?
4. Der Trainer einer Fußballmannschaft stellt fest, dass er von zwei Stürmern A und B immer den bevorzugen wird, der größer und schneller ist. Ist diese Präferenzrelation transitiv? Ist sie vollständig?
5. Kann sich eine Indifferenzkurve selbst schneiden? Könnte zum Beispiel Abbildung 3.2 eine einzelne Indifferenzkurve darstellen?
6. Könnte Abbildung 3.2 eine einzelne Indifferenzkurve sein, wenn die Präferenzen monoton sind?
7. Wird die Indifferenzkurve positiv oder negativ geneigt sein, wenn sowohl Wurst als auch Sardellen ein „Schlecht" sind?
8. Erkläre, warum konvexe Präferenzen bedeuten, dass „Durchschnitte gegenüber Extremen bevorzugt werden".
9. Was ist Ihre Grenzrate der Substitution von 10 Euro-Noten für 50 Euro-Noten?
10. Wenn Gut 1 „neutral" ist, wie lautet dann seine Grenzrate der Substitution für Gut 2?
11. Stellen Sie sich einige Güter vor, für die Ihre Präferenzen konkav wären.

4. Kapitel
NUTZEN

Im viktorianischen Zeitalter sprachen die Philosophen unbekümmert vom „Nutzen" als einem Indikator des gesamten Wohlbefindens einer Person. Man stellte sich Nutzen als ein numerisches Maß des Glücks eines Menschen vor. Unter dieser Voraussetzung war es selbstverständlich, sich die Entscheidung der Konsumenten so zu denken, dass diese ihren Nutzen maximieren, das heißt, dass sie sich so glücklich wie möglich machen.

Die Schwierigkeit liegt darin, dass die klassischen Ökonomen nie so richtig beschrieben, wie Nutzen gemessen werden sollte. Wie ist das „Ausmaß" des Nutzens zu quantifizieren, der verschiedenen Entscheidungen zuzuschreiben ist? Ist der Nutzen einer Person gleich dem einer anderen? Was würde es bedeuten zu sagen, der Nutzen einer weiteren Tafel Schokolade ist zweimal so groß wie der Nutzen einer zusätzlichen Karotte? Hat das Konzept des Nutzens außer dem, was die Menschen maximieren, noch eine selbstständige Bedeutung?

Wegen dieser Begriffsprobleme haben die Ökonomen die altmodische Idee aufgegeben, den Nutzen als ein Maß des Glücks anzusehen. Stattdessen wurde die Theorie des Konsumentenverhaltens zur Gänze mit Hilfe der **Präferenzen der Konsumenten** neu formuliert, und Nutzen wird lediglich als eine *Möglichkeit, die Präferenzen zu beschreiben*, angesehen.

Allmählich erkannten die Ökonomen, dass es beim Nutzen hinsichtlich des Entscheidungsverhaltens nur darauf ankommt, ob ein Bündel einen höheren Nutzen hat als ein anderes - um wie viel höher war dabei bedeutungslos. Ursprünglich waren Präferenzen als Nutzen formuliert: Die Aussage, dass ein Bündel (x_1, x_2) einem Bündel (y_1, y_2) vorgezogen wird, bedeutete, dass das x-Bündel einen größeren Nutzen stiftete als das y-Bündel. Nun sehen wir das Ganze eher anders herum. Die Präferenzen des Konsumenten sind die für die Analyse des Entscheidungsproblems grundlegenden Konzepte, Nutzen ist dann einfach eine Möglichkeit, Präferenzen zu beschreiben.

Eine Nutzenfunktion ist eine Möglichkeit, jedem möglichen Konsumbündel eine Zahl zuzuweisen, und zwar so, dass bevorzugten Bündeln höhere Zahlen zugeordnet werden als weniger erwünschten. Das heißt, ein Bündel (x_1, x_2) wird einem Bündel (y_1, y_2) nur dann vorgezogen, wenn der Nutzen von (x1, x2) größer ist als der Nutzen von (y_1, y_2); symbolisch: $((x_1, x_2) \succ (y_1, y_2)$, wenn und nur wenn $u((x_1, x_2) > u(y_1, y_2)$.

Die einzig wichtige Eigenschaft einer Nutzenzuweisung ist die dadurch gegebene *Ordnung* der Güterbündel. Die Größenordnung der Nutzenfunktion ist nur von Bedeutung hinsichtlich der *Reihung* verschiedener Konsumbündel; das Ausmaß der Nutzendifferenz zwischen zwei Konsumbündeln ist bedeutungslos. Wegen dieser Betonung des Ordnens von Güterbündeln wird diese Art des Nutzens als **ordinaler Nutzen** bezeichnet.

Nehmen wir zum Beispiel Tabelle 4.1, in der verschiedene Möglichkeiten dargestellt sind, drei Güterbündeln Nutzen zuzuweisen, die alle die Bündel auf dieselbe Art reihen. In diesem Beispiel bevorzugt der Konsument A gegenüber B und B gegenüber C. Alle drei Möglichkeiten sind zulässige Nutzenfunktionen, die dieselben Präferenzen beschreiben, denn sie haben die Eigenschaft, A eine höhere Zahl zu geben als B, das wiederum eine höhere Zahl aufweist als C.

Bündel	U_1	U_2	U_3
A	3	17	-1
B	2	10	-2
C	1	.002	-3

Tabelle 4.1 **Verschiedene Möglichkeiten der Nutzenzuweisung.**

Da nur die Reihung der Bündel zählt, gibt es nicht nur eine einzige Möglichkeit, den Güterbündeln Nutzen zuzuweisen. Wenn es eine Möglichkeit gibt, Güterbündeln zahlenmäßigen Nutzen zuzuweisen, dann gibt es eine unendlich große Zahl von Möglichkeiten. Wenn $u(x_1, x_2)$ eine Möglichkeit darstellt, dem Bündel (x_1, x_2) Nutzenwerte zuzuschreiben, dann ist die Multiplikation von $u(x_1, x_2)$ mit 2 (oder jeder anderen positiven Zahl) eine gleichwertige Möglichkeit der Nutzenzuschreibung.

Multiplikation mit 2 ist ein Beispiel einer **monotonen Transformation**. Eine monotone Transformation ist die Umwandlung einer Zahlenmenge in eine andere, sodass die Reihenfolge der Zahlen erhalten bleibt.

Typischerweise stellen wir eine monotone Transformation durch eine Funktion $f(u)$ dar, die jede Zahl u in eine andere Zahl $f(u)$ in der Form umwandelt, dass die Reihenfolge der Zahlen erhalten bleibt, und zwar in dem Sinne, dass $u_1 > u_2$ impliziert, dass $f(u_1) > f(u_2)$. Eine monotone Transformation und eine monotone Funktion sind im Wesentlichen dasselbe.

Beispiele für monotone Transformationen sind die Multiplikation mit einer positiven Zahl (z. B. $f(u) = 3u$), die Addition einer beliebigen Zahl (z. B. $f(u) = u + 17$), das Potenzieren mit einer ungeraden Zahl (z. B. $f(u) = u^3$) usw.[1]

---

[1] Was wir „monotone Transformation" nennen, wird genau genommen als „positiv monotone Transformation" bezeichnet, um sie von einer „negativ monotonen Transformation" zu unterscheiden, welche die Reihenfolge der Zahlen *umkehrt*. Die Bezeichnung „*monotone* Transformationen" erscheint eher unfair, da diese Art der Transformation gar nicht langweilig ist, sondern ziemlich interessant sein kann.

Die Veränderung von $f(u)$ auf Grund einer Änderung von u kann man aus der Änderung von f für zwei Werte von u dividiert durch die Änderung von u ersehen:

$$\frac{\Delta f}{\Delta u} = \frac{f(u_2) - f(u_1)}{u_2 - u_1}.$$

Bei einer monotonen Transformation hat $f(u_2) - f(u_1)$ immer dasselbe Vorzeichen wie $u_2 - u_1$. Daher hat eine monotone Transformation immer eine positive Änderungsrate. Das bedeutet, dass die Grafik einer monotonen Funktion immer eine positive Steigung hat, wie in Abbildung 4.1A dargestellt.

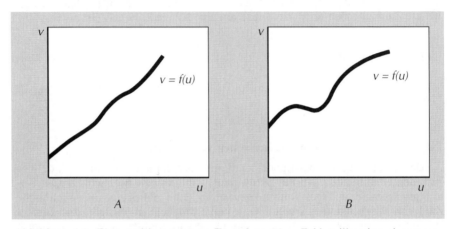

Abbildung 4.1 Eine positiv monotone Transformation. Feld A illustriert eine monotone Funktion - eine, die immer ansteigt. Im Feld B ist eine Funktion dargestellt, die *nicht* monoton ist, da sie manchmal steigt und manchmal fällt.

Wenn $f(u)$ eine *beliebige* monotone Transformation einer Nutzenfunktion ist, die bestimmte Präferenzen darstellt, dann ist auch $f(u(x_1, x_2))$ eine Nutzenfunktion, welche dieselben Präferenzen darstellt.

Warum? Die Begründung liefern die folgenden drei Feststellungen:

1. Zu sagen, dass $u(x_1, x_2)$ bestimmte Präferenzen darstellt, bedeutet, dass $u(x_1, x_2) > u(y_1, y_2)$, wenn und nur wenn $(x_1, x_2) \succ (y_1, y_2)$.
2. Wenn jedoch $f(u)$ eine monotone Transformation ist, dann gilt $u(x_1, x_2) > u(y_1, y_2)$ wenn und nur wenn $f(u(x_1, x_2)) > f(u(y_1, y_2))$.
3. Daher gilt $f(u(x_1, x_2)) > f(u(y_1, y_2))$, wenn und nur wenn $(x_1, x_2) \succ (y_1, y_2)$, sodass die Funktion $f(u)$ die Präferenzen in derselben Art darstellt wie die ursprüngliche Nutzenfunktion $u(x_1, x_2)$.

Wir fassen diese Diskussion in folgendem Grundsatz zusammen: *Eine monotone Transformation einer Nutzenfunktion ist wieder eine Nutzenfunktion, die dieselben Präferenzen darstellt wie die ursprüngliche Nutzenfunktion.*

Geometrisch betrachtet stellt eine Nutzenfunktion die Kennzeichnung von Indifferenzkurven dar. Da jedes Bündel auf einer Indifferenzkurve denselben

Nutzen stiftet, stellt die Nutzenfunktion eine Möglichkeit dar, den verschiedenen Indifferenzkurven Zahlen in der Weise zuzuordnen, dass höhere Indifferenzkurven größere Zahlen bekommen. Aus dieser Sicht ist eine monotone Transformation nur eine Umetikettierung der Indifferenzkurven. Solange Indifferenzkurven mit bevorzugten Bündeln eine größere Kennzahl kriegen als diejenigen mit weniger erwünschten Bündeln, stellt diese Kennzeichnung dieselben Präferenzen dar.

4.1 Kardinaler Nutzen

Es gibt einige Nutzentheorien, die der Größe des Nutzens Bedeutung zumessen; sie sind als **kardinale Nutzentheorien** bekannt. Bei einer kardinalen Nutzentheorie wird angenommen, dass die Nutzendifferenz zwischen zwei Bündeln von Bedeutung ist.

Wir wissen, wie wir feststellen können, ob eine bestimmte Person ein Güterbündel einem anderen vorzieht: Wir bieten ihr die beiden Bündel zur Wahl an und beobachten, welches gewählt wird. Daher wissen wir, wie wir den zwei Bündeln ordinalen Nutzen zuweisen: Dem gewählten Bündel geben wir einfach einen höheren Nutzen als dem zurückgewiesenen. Jede dementsprechende belie-bige Zuweisung ist eine Nutzenfunktion. Wir haben daher ein operationales Kriterium, um festzustellen, welches Bündel gegenüber einem anderen für ein bestimmtes Individuum einen höheren Nutzen aufweist.

Aber wie könnten wir feststellen, ob eine Person das eine Bündel zweimal so gern hat wie das andere? Wer könnte von sich selbst sagen, dass *sie* das eine Bündel zweimal so gern mag wie das andere?

Man könnte verschiedene Definitionen für diese Art der Zuweisung vorschlagen: Ich habe ein Bündel zweimal lieber als das andere, wenn ich bereit bin, zweimal so viel dafür zu zahlen. Oder ich mag es zweimal lieber, wenn ich bereit bin zweimal so weit zu gehen, um es zu bekommen, oder zweimal so lange zu warten, oder mit zweimal so schlechten Chancen darum zu spielen.

Alle diese Definitionen sind nicht falsch; jede einzelne stellt eine Möglichkeit dar, Nutzenniveaus zuzuweisen, bei welchen die Größe der angegebenen Zahlen eine operationale Bedeutung hat. Besonders richtig sind diese Definitionen aber auch nicht. Obwohl jede eine mögliche Interpretation davon ist, was es bedeutet, etwas zweimal so stark zu wollen, scheint keine davon eine besonders zwingende Interpretation dieser Feststellung.

Aber selbst wenn wir eine Möglichkeit fänden, besonders überzeugende Nutzengrößen zuzuweisen, welche Vorteile würde das für die Beschreibung des Entscheidungsverhaltens bringen? Um feststellen zu können, welches Bündel gewählt wird, genügt es zu wissen, welches bevorzugt ist - welches den größeren Nutzen aufweist. Für unsere Beschreibung des Entscheidungsverhaltens ist nichts gewonnen, wenn wir wissen, um wie viel der Nutzen größer ist. Da somit kardinaler Nutzen zur Beschreibung des Entscheidungsverhaltens nicht nötig ist, und es außerdem keinen zwingenden Weg gibt, kardinalen Nutzen zuzuweisen, verbleiben wir im Rahmen eines rein ordinalen Nutzenkonzepts.

4.2 Die Konstruktion einer Nutzenfunktion

Können wir sicher sein, dass es irgendeinen Weg gibt, ordinalen Nutzen zuzuordnen? Können wir für eine gegebene Folge von Präferenzen immer eine Nutzenfunktion finden, welche die Güterbündel in derselben Weise reiht wie die Präferenzen? Gibt es eine Nutzenfunktion, die beliebige sinnvolle Präferenzen beschreibt?

Nicht alle Arten von Präferenzen sind durch eine Nutzenfunktion darstellbar. Nehmen wir zum Beispiel an, jemand habe nicht-transitive Präferenzen, sodass $A \succ B \succ C \succ A$. Eine Nutzenfunktion für diese Präferenzen würde dann aus Zahlen $u(A)$, $u(B)$ und $u(C)$ bestehen müssen, sodass $u(A) > u(B) > u(C) > u(A)$. Das ist jedoch unmöglich.

Wenn wir jedoch perverse Fälle wie nicht-transitive Präferenzen ausschließen, so zeigt sich, dass es in der Regel möglich ist, eine Nutzenfunktion zur Darstellung der Präferenzen zu finden. Wir werden eine mögliche Konstruktion in diesem Kapitel darstellen, eine weitere im 14. Kapitel.

Angenommen wir haben eine Indifferenzkurvenschar wie in Abbildung 4.2. Wir wissen, dass Nutzenfunktionen eine Art der Kennzeichnung der Indifferenzkurven sind, sodass höhere Indifferenzkurven größere Zahlen bekommen. Wie kann das gemacht werden?

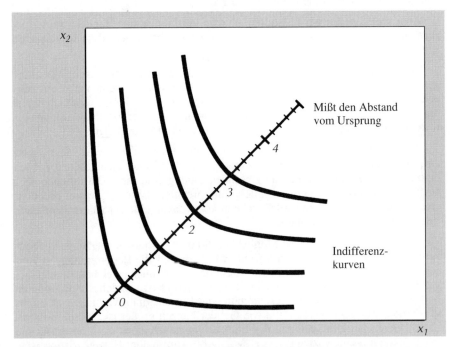

Abbildung 4.2 Konstruktion einer Nutzenfunktion aus Indifferenzkurven. Zeichne eine Diagonale und kennzeichne jede Indifferenzkurve mit ihrer Entfernung vom Ursprung, gemessen entlang der Diagonalen.

Eine einfache Möglichkeit ist das Einzeichnen der dargestellten Diagonalen und der Kennzeichnung jeder Indifferenzkurve durch ihren Abstand vom Ursprung, gemessen entlang der Diagonalen.

Woher wissen wir, dass das eine Nutzenfunktion ist? Es ist unschwer zu erkennen, dass bei monotonen Präferenzen die Gerade durch den Ursprung jede Indifferenzkurve genau einmal schneiden muss. Daher erhält jedes Bündel eine Markierung, und jene Bündel auf höheren Indifferenzkurven kriegen größere Kennzahlen - mehr ist aber für eine Nutzenfunktion nicht erforderlich.

Das ergibt eine Möglichkeit, eine Kennzeichnung für Indifferenzkurven zu finden, zumindest solange die Präferenzen monoton sind. Das wird nicht in jedem Fall der natürlichste Weg sein, aber es zeigt zumindest, dass das Konzept einer ordinalen Nutzenfunktion ziemlich allgemein gültig ist: Nahezu jede Art „vernünftiger" Präferenzen lässt sich durch eine Nutzenfunktion darstellen.

4.3 Einige Beispiele für Nutzenfunktionen

Im 3. Kapitel haben wir einige Beispiele für Präferenzen samt den zugehörigen Indifferenzkurven beschrieben. Wir können diese Präferenzen auch durch Nutzenfunktionen darstellen. Ausgehend von einer gegebenen Nutzenfunktion ist es relativ leicht die Indifferenzkurven zu zeichnen: Man zeichnet einfach alle Punkte (x_1, x_2), sodass $u(x_1, x_2)$ konstant ist. Mathematisch wird die Menge aller (x_1, x_2), sodass $u(x_1, x_2)$ gleich einer Konstanten ist, **Niveaumenge** genannt. Für jeden unterschiedlichen Wert der Konstanten erhält man eine andere Indifferenzkurve.

BEISPIEL: Indifferenzkurven aus einer Nutzenfunktion

Angenommen die Nutzenfunktion ist durch $u(x_1, x_2) = x_1, x_2$ gegeben. Wie sehen die Indifferenzkurven aus?

Wir wissen, dass eine typische Indifferenzkurve die Menge aller x_1 und x_2 ist, sodass $k = x_1 x_2$ für eine beliebige Konstante k. Wenn wir nach x_2 als eine Funktion von x_1 auflösen, sehen wir, dass eine charakteristische Indifferenzkurve die Formel

$$x_2 = \frac{k}{x_1}$$

hat. Diese Kurve ist in Abbildung 4.3 für $k = 1, 2, 3, \ldots$ dargestellt.

Nehmen wir ein anderes Beispiel. Gegeben sei eine Nutzenfunktion $v(x_1, x_2) = x_1^2, x_2^2$. Wie sehen die zugehörigen Indifferenzkurven aus? Mittels einfacher Algebra ergibt sich

$$v(x_1, x_2) = x_1^2 x_2^2 = (x_1 x_2)^2 = u(x_1, x_2)^2.$$

Die Nutzenfunktion $v(x_1, x_2)$ ist also einfach das Quadrat der Nutzenfunktion $u(x_1, x_2)$. Da $u(x_1, x_2)$ nicht negativ sein kann, folgt, dass $v(x_1, x_2)$ eine monotone Transformation der vorangehenden Nutzenfunktion $u(x_1, x_2)$ ist. Das bedeutet,

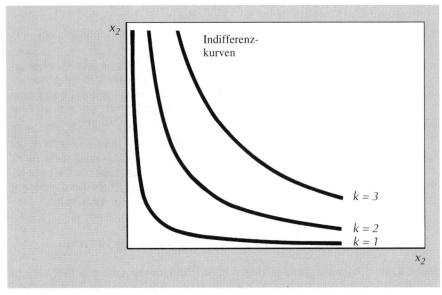

Abbildung 4.3 Indifferenzkurven. Die Indifferenzkurven $k = x_1 x_2$ für verschiedene Werte von k.

dass die Nutzenfunktion $v(x_1, x_2) = x_1^2 x_2^2$ genau dieselben Formen der Indifferenzkurven haben muss wie die in Abbildung 4.3 dargestellten. Die Kennzeichnung der Indifferenzkurven wird verschieden sein – die Etiketten, die bisher 1, 2, 3, ... waren, sind nunmehr 1, 4, 9, ... – aber die Menge der Bündel, für die $v(x_1, x_2) = 9$ ist, ist genau dieselbe wie die Bündelmenge, die $u(x_1, x_2) = 3$ hat. Die Nutzenfunktion $v(x_1, x_2)$ beschreibt daher genau dieselben Präferenzen wie $u(x_1, x_2)$, da sie alle Bündel auf dieselbe Art *ordnet*.

Der umgekehrte Weg – das Auffinden einer Nutzenfunktion, die bestimmte Präferenzen darstellt – ist etwas schwieriger. Es gibt zwei Vorgangsweisen. Der erste Weg ist mathematisch. Für gegebene Indifferenzkurven suchen wir eine Funktion, die entlang jeder Indifferenzkurve konstant ist und höheren Indifferenzkurven größere Werte zuordnet.

Die zweite Möglichkeit ist etwas intuitiver. Für eine gegebene Beschreibung der Präferenzen überlegen wir uns, was die Konsumentin zu maximieren versucht – welche Güterkombination das Entscheidungsverhalten der Konsumentin beschreibt. Das klingt im Moment etwas vage, wird aber nach der Besprechung einiger Beispiele klarer werden.

Perfekte Substitute

Erinnern wir uns an das Beispiel mit den roten und blauen Bleistiften. Für die Konsumentin zählt nur die Gesamtzahl der Bleistifte. Es ist daher ganz selbstverständlich, den Nutzen durch die Gesamtzahl der Bleistifte zu messen. Wir nehmen daher $u(x_1, x_2) = x_1 + x_2$ als vorläufige Nutzenfunktion. Passt das? Man braucht nur zwei Fragen zu stellen: Ist die Funktion entlang der Indifferenzkurven konstant? Ordnet sie bevorzugten Bündeln höhere Werte zu? Die Antwort zu beiden Fragen ist ja, wir haben daher eine Nutzenfunktion.

Natürlich ist es nicht die einzige Nutzenfunktion, die wir heranziehen könnten. Wir könnten ebenso das *Quadrat* der Anzahl der Bleistifte verwenden. Die Nutzenfunktion $v(x_1, x_2) = (x_1 + x_2)^2 = x_1^2 + 2x_1x_2 + x_2^2$ repräsentiert ebenso die Präferenzen perfekter Substitute wie jede andere monotone Transformation von $u(x_1, x_2)$.

Was geschähe, wenn die Konsumentin bereit wäre, Gut 1 gegen Gut 2 zu einem anderen Verhältnis als 1:1 zu substituieren? Angenommen die Konsumentin würde als Entschädigung für jede Einheit des Gutes 1, auf die sie verzichtet, *zwei* Einheiten des Gutes 2 verlangen. Das bedeutet, dass Gut 1 für die Konsumentin *zweimal* so wertvoll ist wie Gut 2. Die Nutzenfunktion hat dann die Form $u(x_1, x_2) = 2x_1 + x_2$. Beachte, dass diese Nutzenfunktion zu Indifferenzkurven mit einer Steigung von -2 führt.

Im Allgemeinen können Präferenzen für perfekte Substitute durch eine Nutzenfunktion der Form

$$u(x_1, x_2) = ax_1 + bx_2$$

dargestellt werden. Dabei sind a und b positive Zahlen, welche den „Wert" der Güter 1 und 2 für die Konsumentin messen. Beachte, dass die Steigung einer typischen Indifferenzkurve in diesem Fall durch $-a/b$ gegeben ist.

Perfekte Komplemente

Das ist der Fall der linken und rechten Schuhe. Bei diesen Präferenzen kommt es der Konsumentin nur auf die *Paare* an Schuhen an, es ist daher ganz natürlich, die Zahl der Schuhpaare als Nutzenfunktion zu nehmen. Die Anzahl vollständiger Schuhpaare ist gleich dem *Minimum* an rechten, x_1, oder an linken, x_2, Schuhen. Die Nutzenfunktion für perfekte Komplemente hat daher die Form $u(x_1, x_2) = \min\{x_1, x_2\}$.

Zur Überprüfung, dass diese Nutzenfunktion tatsächlich passt, greifen wir ein Güterbündel (10, 10) heraus. Wenn wir eine Einheit des Gutes 1 hinzufügen, erhalten wir (11, 10); wir sollten auf derselben Indifferenzkurve bleiben. Ist dies der Fall? Ja, da $\min\{10, 10\} = \min\{11, 10\} = 10$.

Somit ist $u(x_1, x_2) = \min\{x_1, x_2\}$ eine mögliche Nutzenfunktion zur Beschreibung perfekter Komplemente. Wie immer würde auch jede monotone Transformation passen.

Wie sieht das im Fall einer Konsumentin aus, welche die Güter in einem anderen Verhältnis als 1:1 konsumieren möchte, zum Beispiel bei einer Konsumentin, die immer 2 Löffel Zucker zu jeder Tasse Tee verwendet? Wenn x_1 die Anzahl der verfügbaren Tassen Tee ist und x_2 die Anzahl der verfügbaren Löffel Zucker, dann wird die Anzahl der richtig gezuckerten Tassen Tee $\min\{x_1, (½)x_2\}$ sein.

Das ist etwas knifflig, wir sollten daher kurz darüber nachdenken. Wenn die Anzahl der Tassen Tee größer als die Hälfte der Anzahl an Löffeln Zucker ist, wissen wir, dass wir keine 2 Löffel Zucker in jede Tasse Tee geben können. In diesem Fall werden wir schließlich nur ($\frac{1}{2}$)x_2 korrekt gesüßte Tassen Tee haben. (Setze für x_1 und x_2 beliebige Zahlen ein, um Dich selbst zu überzeugen.)

Natürlich wird jede monotone Transformation dieser Nutzenfunktion dieselben Präferenzen beschreiben. Wir könnten zum Beispiel mit zwei multiplizieren, um den Bruch loszuwerden. Damit erhalten wir die Nutzenfunktion $u(x_1, x_2) = \min\{2x_1/2, x_2\}$.

Im Allgemeinen ist eine Nutzenfunktion, die perfekte Komplemente beschreibt, durch

$$u(x_1, x_2) = \min\{ax_1, bx_2\}$$

gegeben, wobei a und b positive Zahlen sind, welche das Verhältnis angeben, in dem die Güter konsumiert werden.

Quasilineare Präferenzen

Nun zu einer Art der Präferenzen, die wir noch nicht kennen gelernt haben. Angenommen eine Konsumentin hat Indifferenzkurven, die zueinander vertikal versetzt sind, wie in Abbildung 4.4. Das bedeutet, dass alle Indifferenzkurven nur vertikal „verschobene" Versionen einer Indifferenzkurve sind. Daraus folgt, dass die Gleichung einer Indifferenzkurve die Form $x_2 = k - v(x_1)$ annimmt, wobei k eine für jede Indifferenzkurve unterschiedliche Konstante ist. Die Gleichung besagt, dass die Höhe jeder Indifferenzkurve irgendeine Funktion von x_1 ist, nämlich $- v(x_1)$, plus einer Konstanten k. Größere Werte von k ergeben höhere Indifferenzkurven. (Das Minuszeichen ist lediglich eine Konvention; weiter unten werden wir sehen, warum es zweckmäßig ist).

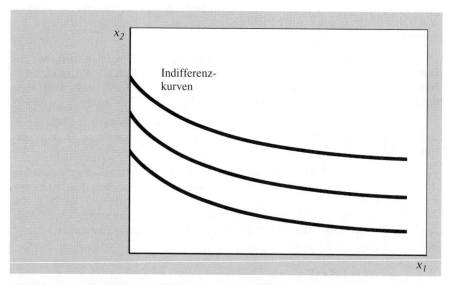

Abbildung 4.4 Quasilineare Präferenzen. Jede Indifferenzkurve ist eine vertikal verschobene Version einer einzigen Indifferenzkurve.

Die natürliche Art der Kennzeichnung der Indifferenzkurven ist hier mittels k – grob gesprochen der Höhe der Indifferenzkurve auf der vertikalen Achse. Auflösung nach k und Gleichsetzung mit dem Nutzen ergibt

$$u(x_1, x_2) = k = v(x_1) + x_2.$$

In diesem Fall ist die Nutzenfunktion linear hinsichtlich des Gutes 2, aber (möglicherweise) nicht-linear in Gut 1; daher der Name **quasilinearer Nutzen**, womit eigentlich „teilweise linearer" Nutzen gemeint ist. Einige Beispiele für quasilineare Nutzenfunktionen wären

$$u(x_1, x_2) = \sqrt{x_1} + x_2 \text{ oder } u(x_1, x_2) = \ln x_1 + x_2.$$

Quasilineare Nutzenfunktionen sind zwar nicht besonders realistisch, aber man kann sie sehr einfach handhaben, wie wir in späteren Beispielen noch sehen werden.

Cobb-Douglas Präferenzen

Eine andere häufig verwendete Funktion ist die **Cobb-Douglas** Nutzenfunktion

$$u(x_1, x_2) = x_1^c x_2^d,$$

wobei c und d positive Zahlen sind, welche die Präferenzen der Konsumentin beschreiben.[2]

Die Cobb-Douglas Nutzenfunktion wird für einige Beispiele ganz brauchbar sein. Die durch die der Cobb-Douglas Nutzenfunktion repräsentierten Präferenzen haben die in Abbildung 4.5 dargestellte allgemeine Form. In Abbildung 4.5A sind die Indifferenzkurven für $c = 1/2$, $d = 1/2$, in Abbildung 4.5B jene für

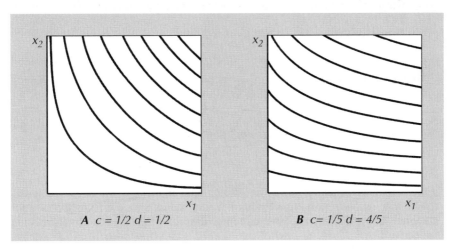

Abbildung 4.5 Cobb-Douglas Indifferenzkurven. Feld A zeigt den Fall $c = 1/2$, $d = 1/2$, Feld B jenen für $c = 1/5$, $d = 4/5$.

---

[2] Paul Douglas war ein Ökonom des 20. Jahrhunderts an der University of Chicago und wurde später U.S. Senator. Charles Cobb war ein Mathematiker am Amherst College. Ursprünglich wurde die Cobb-Douglas Funktion zur Analyse des Produktionsverhaltens verwendet.

$c = 1/5$, $d = 4/5$ illustriert. Beachte, dass unterschiedliche Werte der Parameter c und d zu verschiedenen Formen der Indifferenzkurven führen.

Cobb-Douglas Indifferenzkurven sehen genau so aus wie die gängigen konvexen Indifferenzkurven, die wir im 3. Kapitel als „Indifferenzkurven im Normalfall" bezeichnet haben. Cobb-Douglas Präferenzen sind das Standardbeispiel für normale Indifferenzkurven, tatsächlich ist ihre Formel so ungefähr der einfachste algebraische Ausdruck normaler Präferenzen. Wir werden Cobb-Douglas Präferenzen zur Darstellung algebraischer Beispiele ökonomischer Konzepte, die wir später analysieren werden, noch recht nützlich finden.

Natürlich wird eine monotone Transformation der Cobb-Douglas Nutzenfunktion genau dieselben Präferenzen darstellen, und es erscheint angebracht, sich ein paar Beispiele dieser Transformationen anzusehen.

Nehmen wir zuerst den natürlichen Logarithmus der Nutzenfunktion, dann wird das Produkt zur Summe und wir erhalten

$$v(x_1, x_2) = \ln(x_1^c x_2^d) = c \ln x_1 + d \ln x_2.$$

Die Indifferenzkurven dieser Nutzenfunktion werden genauso aussehen wie jene der ersten Cobb-Douglas Funktion, da der Logarithmus eine monotone Transformation ist. (Zur kurzen Wiederholung der natürlichen Logarithmen siehe den mathematischen Anhang am Ende des Buches.)

Im zweiten Beispiel beginnen wir mit der Cobb-Douglas Form

$$v(x_1, x_2) = x_1^c x_2^d.$$

Wenn wir diese Funktion mit $1/(c + d)$ potenzieren, erhalten wir

$$x_1^{\frac{c}{c+d}} x_2^{\frac{d}{c+d}}.$$

Definieren wir nun neu

$$a = \frac{c}{c+d}.$$

Dann können wir für unsere Nutzenfunktion

$$v(x_1, x_2) = x_1^a x_2^{1-a}$$

schreiben. Das bedeutet, dass wir immer eine monotone Transformation der Cobb-Douglas Nutzenfunktion finden können, sodass sich die Exponenten zu 1 addieren. Es wird sich später herausstellen, dass das eine nützliche Interpretation haben wird.

Die Cobb-Douglas Nutzenfunktion kann auf verschiedene Art ausgedrückt werden; man sollte sie erkennen lernen, da diese Gruppe der Präferenzen für Beispiele sehr brauchbar ist.

4.4 Grenznutzen

Gehen wir von einem Konsumenten aus, der ein beliebiges Güterbündel (x_1, x_2) konsumiert. Wie ändert sich der Nutzen dieses Konsumenten, wenn wir ihm ein wenig mehr von Gut 1 geben? Diese Veränderung wird der **Grenznutzen** des Gutes 1 genannt. Wir bezeichnen das Verhältnis

$$MU_1 = \frac{\Delta U}{\Delta x_1} = \frac{u(x_1 + \Delta x_1, x_2) - u(x_1, x_2)}{\Delta x_1},$$

mit MU_1, der Veränderung des Nutzens (ΔU) auf Grund einer kleinen Änderung der Menge des Gutes 1 (Δx_1). Zu beachten ist, dass dabei die Menge des Gutes 2 konstant gehalten wird.[3]

Diese Definition impliziert, dass zur Berechnung der Nutzenänderung auf Grund einer kleinen Änderung des Konsums von Gut 1 lediglich die Konsumänderung mit dem Grenznutzen dieses Gutes zu multiplizieren ist:

$$\Delta U = MU_1 \Delta x_1.$$

Dementsprechend ist der Grenznutzen des Gutes 2 definiert als

$$MU_2 = \frac{\Delta U}{\Delta x_2} = \frac{u(x_1, x_2 + \Delta x_2) - u(x_1, x_2)}{\Delta x_2}.$$

Bei Berechnung des Grenznutzens des Gutes 2 halten wir die Menge des Gutes 1 konstant. Analog wie oben können wir die Nutzenänderung auf Grund einer Änderung des Konsums des Gutes 2 nach der Formel

$$\Delta U = MU_2 \Delta x_2$$

berechnen.

Es ist wichtig zu erkennen, dass die Größe des Grenznutzens von der Größe des Nutzens abhängt. Sie ist daher durch die ausgewählte Art der Nutzenmessung bedingt. Multiplizierten wir den Nutzen mit 2, so wäre auch der Grenznutzen mit 2 multipliziert. Wir hätten noch immer eine völlig gültige Nutzenfunktion, welche dieselben Präferenzen abbildet, sie wäre nur anders skaliert.

Das heißt aber, dass dem Grenznutzen keine Bedeutung hinsichtlich des Verhaltens zukommt. Wie können wir dann den Grenznutzen aus dem Verhalten eines Konsumenten errechnen? Ganz einfach, wir können es nicht. Entscheidungen informieren uns nur darüber, wie ein Konsument verschiedene Güterbündel *ordnet*. Der Grenznutzen hängt von der zur Wiedergabe der Präferenzen gewählten Nutzenfunktion ab, seine Größe hat keine besondere Bedeutung. Es zeigt sich jedoch, dass der Grenznutzen zur Ermittlung einer anderen Größe herangezogen werden kann, welcher hinsichtlich des Verhaltens Bedeutung zukommt, wie wir im nächsten Abschnitt gleich sehen werden.

---

[3] MU = marginal utility. Für eine Darstellung des Grenznutzens mittels der Differentialrechnung siehe den Anhang zu diesem Kapitel.

4.5 Grenznutzen und MRS

Die Nutzenfunktion $u(x_1, x_2)$ kann dazu verwendet werden, die im 3. Kapitel definierte Grenzrate der Substitution (MRS) zu errechnen. Wie erinnerlich misst die MRS die Steigung der Indifferenzkurve bei einem bestimmten Güterbündel; sie kann als das Verhältnis interpretiert werden, zu dem die Konsumentin bereit ist, eine kleine Menge des Gutes 2 für Gut 1 zu substituieren.

Diese Interpretation führt zu einer einfachen Möglichkeit zur Ermittlung der MRS. Gehen wir von einer Konsumänderung beider Güter ($\Delta x_1, \Delta x_2$) aus, sodass der Nutzen konstant bleibt - das heißt eine Veränderung des Konsums, bei der wir uns entlang einer Indifferenzkurve bewegen. Dann muss

$$MU_1 \Delta x_1 + MU_2 \Delta x_2 = \Delta U = 0$$

gelten. Auflösung nach der Steigung der Indifferenzkurve ergibt

$$\text{MRS} = \frac{\Delta x_2}{\Delta x_1} = -\frac{MU_1}{MU_2}. \qquad (4.1)$$

(Beachte, dass auf der linken Seite der Gleichung 2 durch 1 und auf der rechten Seite 1 durch 2 steht; lass' Dich nicht verwirren!)

Das Vorzeichen der MRS ist negativ, da man – um auf demselben Nutzenniveau zu bleiben – *weniger* vom Gut 2 in Kauf nehmen muss, wenn man mehr vom Gut 1 erhält. Weil es jedoch sehr lästig wird, dieses vertrackte Minuszeichen im Auge zu behalten, beziehen sich Volkswirtinnen typischerweise auf den Absolutwert der MRS - also eine positive Zahl. Wir übernehmen diese Konvention, solange sie nicht zu Verwirrung Anlass gibt.

Eines ist bezüglich der Berechnung der MRS interessant: Die Grenzrate der Substitution kann aus dem tatsächlichen Verhalten einer Person berechnet werden - wir ermitteln jenes Tauschverhältnis, zu dem sie bereit ist dort zu bleiben, wo sie gerade ist; dies wurde im 3. Kapitel beschrieben.

Die Nutzenfunktion und daher auch die Grenznutzenfunktion sind nicht eindeutig bestimmt. Jede monotone Transformation eine Nutzenfunktion führt zu einer anderen ebenso zulässigen Nutzenfunktion. Wenn wir also zum Beispiel die Nutzenfunktion mit 2 multiplizieren, so ist damit der Grenznutzen ebenfalls mit 2 multipliziert. Die Größe der Grenznutzenfunktion hängt damit von der Wahl der Nutzenfunktion ab, die jedoch willkürlich ist. Sie hängt daher nicht nur vom Verhalten ab, sondern auch von der zur Beschreibung des Verhaltens verwendeten Nutzenfunktion.

Aber das *Verhältnis* der Grenznutzen ist eine beobachtbare Größe – nämlich die Grenzrate der Substitution. Das Verhältnis der Grenznutzen ist unabhängig von der speziellen Transformation der verwendeten Nutzenfunktion. Was geschieht durch die Multiplikation des Nutzens mit 2? Die Grenzrate der Substitution wird dann

$$\text{MRS} = -\frac{2MU_1}{2MU_2}.$$

Die beiden Zweier kürzen sich, die MRS bleibt gleich.

Dasselbe passiert bei jeder monotonen Transformation einer Nutzenfunktion. Monotone Transformationen sind lediglich Umetikettierungen der Indifferenzkurven, die Berechnung der Grenzrate der Substitution betrifft hingegen die Bewegung entlang einer gegebenen Indifferenzkurve. Obwohl sich die Grenznutzen durch monotone Transformationen ändern, ist das *Verhältnis* der Grenznutzen von der gewählten Art der Darstellung der Präferenzen unabhängig.

4.6 Arbeitsweg und Nutzen

Nutzenfunktionen sind grundsätzlich Möglichkeiten zur Beschreibung von Entscheidungsverhalten: Wenn ein Güterbündel X gewählt wird und Bündel Y ebenfalls verfügbar ist, so muss X einen höheren Nutzen haben als Y. Durch Analyse der Entscheidungen, die Konsumenten treffen, können wir eine Nutzenfunktion schätzen, die ihr Verhalten beschreibt.

Dieser Gedanke fand umfassende Anwendung in der Transportökonomie zur Untersuchung des Konsumentenverhaltens bei der Wahl der Verkehrsmittel zum Arbeitsweg. In den meisten großen Städten haben die Beschäftigten für den Arbeitsweg die Wahlmöglichkeit zwischen öffentlichen Verkehrsmitteln und dem Auto. Man kann sich jede dieser Alternativen als ein Bündel verschiedener Merkmale vorstellen: Fahrzeit, Wartezeit, Barauslagen, Bequemlichkeit usw. Wir könnten für die Fahrzeit jedes Transportmittels x_1 schreiben, für die jeweilige Wartezeit x_2 usw.

Wenn $(x_1, x_2, ..., x_n)$ die Werte der n verschiedenen Merkmale des Autofahrens darstellen und $(y_1, y_2, ..., y_n)$ jene der Busfahrt, so können wir uns ein Modell überlegen, nach dem der Konsument entscheidet, mit dem Auto zu fahren oder den Bus zu nehmen, je nachdem welches Merkmalsbündel er vorzieht.

Im Besonderen nehmen wir an, dass die Präferenzen des durchschnittlichen Konsumenten für die einzelnen Charakteristika durch eine Nutzenfunktion der Form

$$U(x_1, x_2, \ldots, x_n) = \beta_1 x_1 + \beta_2 x_2 + \cdots + \beta_n x_n$$

dargestellt werden können, wobei die Koeffizienten β_1, β_2 usw. unbekannte Parameter sind. Natürlich würde jede monotone Transformation dieser Nutzenfunktion das Entscheidungsverhalten genau so gut beschreiben, die lineare Form ist jedoch aus statistischer Sicht besonders leicht handzuhaben.

Angenommen wir beobachten nun eine Anzahl ähnlicher Konsumenten bei ihrer Entscheidung zwischen dem Fahren mit dem Auto oder mit dem Bus auf der Grundlage ganz bestimmter Muster der Fahrzeiten, Kosten etc., denen sie sich gegenübersehen. Es gibt nun statistische Verfahren, mit deren Hilfe die Koeffizienten β_i gefunden werden können, die den beobachteten Mustern des Entscheidungsverhaltens am besten angepasst sind. Diese statistischen Verfahren eröffnen eine Möglichkeit der Schätzung der Nutzenfunktion für verschiedene Transportmittel.

Eine Studie findet eine Nutzenfunktion der Form[4]

$$U(TW, TT, C) = -0.147 TW - 0.0411 TT - 2.24 C, \qquad (4.2)$$

wobei

TW = gesamte Gehzeit von und zum Bus oder Auto in Minuten
TT = gesamte Fahrzeit in Minuten
C = Gesamtkosten der Fahrt in Dollars

In der Studie von Domenich & McFadden liefert diese Nutzenfunktion eine korrekte Beschreibung der Entscheidung zwischen Auto und Bus für 93 Prozent der Haushalte ihrer Stichprobe.

Die Koeffizienten der Variablen der Gleichung (4.2) beschreiben die Gewichte, die ein durchschnittlicher Haushalt den verschiedenen Merkmalen seiner Fahrt zur Arbeit gibt; sie sind somit die Grenznutzen eines jeden Merkmals. Das *Verhältnis* der Koeffizienten zueinander ist die Grenzrate der Substitution zwischen zwei Merkmalen. Das Verhältnis des Grenznutzens der Gehzeit zum Grenznutzen der gesamten Fahrzeit, zum Beispiel, gibt an, dass Gehen im Verhältnis zur gesamten Fahrzeit vom durchschnittlichen Konsumenten als rund dreimal so mühsam betrachtet wird. Mit anderen Worten, der Konsument wäre bereit, zusätzlich 3 Minuten Fahrzeit in Kauf zu nehmen, um sich eine Minute Gehzeit zu ersparen.

Ganz ähnlich gibt uns das Verhältnis des Kosten- zum Fahrzeitkoeffizienten den Trade-off zwischen diesen beiden Variablen für den durchschnittlichen Konsumenten an. In der zitierten Studie ist dem durchschnittlichen Konsumenten eine Minute Fahrzeit (- 0,0411)/(- 2,24) = 0,0183 Dollar wert, also etwa $ 1,10 pro Stunde. Zum Vergleich: Der Stundenlohn des durchschnittlichen Beschäftigten betrug im Jahre 1967, auf das sich die Studie bezieht, rund $ 2,85.

Auf diese Art geschätzte Nutzenfunktionen können sehr wertvoll sein, um zu ermitteln, ob es sinnvoll ist, bestimmte Änderungen im öffentlichen Transportwesen vorzunehmen. So ist zum Beispiel in obiger Nutzenfunktion die gesamte Fahrzeit ein signifikanter Erklärungsfaktor bei der Wahl des Transportmittels. Das städtische Verkehrsunternehmen kann, natürlich zu zusätzlichen Kosten, weitere Busse einsetzen, um die Fahrzeit insgesamt zu verkürzen. Wird die zusätzliche Anzahl an Passagieren die Mehrkosten rechtfertigen?

Für eine gegebene Nutzenfunktion und Konsumentenstichprobe können wir prognostizieren, welche Konsumenten mit dem Auto fahren und welche den Bus nehmen werden. Das wird uns eine ungefähre Vorstellung geben, ob die zusätzlichen Einnahmen die Mehrkosten decken werden.

Weiters können wir die Grenzrate der Substitution zur Schätzung der *Bewertung* der Fahrzeit durch den einzelnen Konsumenten heranziehen. Wir sahen in

---

[4] Siehe dazu Thomas Domenich und Daniel McFadden, *Urban Travel Demand* (North Holland, 1975). Die Berechnungen in diesem Buch umfassen zusätzlich zu den hier beschriebenen rein ökonomischen Variablen auch eine Reihe demographischer Merkmale der Haushalte.

der Studie von McFadden, dass im Jahre 1967 der durchschnittliche Konsument die Fahrzeit mit $ 1,10 pro Stunde bewertete. Daher sollte ein Konsument bereit sein, etwa $ 0,37 für eine Verkürzung seiner Fahrzeit um 20 Minuten zu zahlen. Diese Zahl stellt ein Maß des Nutzens in Dollar für die Bereitstellung verbesserter Busverbindungen dar. Um zu bestimmen, ob sich das lohnt, muss dieser Nutzen mit den Kosten eines besseren Busservices verglichen werden. Eine Quantifizierung des Nutzens wird sicherlich bei einer rationalen Entscheidung in der Verkehrspolitik hilfreich sein.

Zusammenfassung

1. Eine Nutzenfunktion ist einfach eine Möglichkeit, eine Präferenzordnung darzustellen oder zusammenzufassen. Die Zahlenwerte der Nutzenniveaus haben keine besondere Bedeutung.
2. Wenn daher irgendeine Nutzenfunktion gegeben ist, so wird jede monotone Transformation dieser Funktion dieselben Präferenzen darstellen.
3. Die Grenzrate der Substitution (MRS) kann aus der Nutzenfunktion mittels der Formel MRS = $\Delta x_2 / \Delta x_1 = - MU_1 / MU_2$ gefunden werden.

Wiederholungsfragen

1. Im Text wurde behauptet, dass das Potenzieren mit einer ungeraden Zahl eine monotone Transformation sei. Ist das Potenzieren mit einer geraden Zahl ebenso eine monotone Transformation? (Hinweis: Untersuche den Fall $f(u) = u^2$.)
2. Welches der folgenden Beispiele sind monotone Transformationen?
3. $u = 2v - 13$; (2) $u = - 1/v^2$; (3) $u = 1/v^2$; (4) $u = \ln v$; (5) $u = - e^{-v}$;
4. (6) $u = v^2$; (7) $u = v^2$ für $v > 0$; (8) $u = v^2$ für $v < 0$.
5. Wir behaupteten im Text, dass bei monotonen Präferenzen eine Diagonale durch den Ursprung jede Indifferenzkurve genau einmal schneiden würde. Können Sie das rigoros beweisen? (Hinweis: Was würde es bedeuten, wenn sie eine Indifferenzkurve zweimal schneiden würde?)
6. Welche Präferenzen werden durch die Nutzenfunktion $u(x_1, x_2) = \sqrt{(x_1 + x_2)}$ dargestellt? Welche durch $u(x_1, x_2) = 13 x_1 + 13 x_2$?
7. Welche Präferenzen stellt die Nutzenfunktion $u(x_1, x_2) = x_1 + \sqrt{x_2}$ dar? Ist die Nutzenfunktion $v(x_1, x_2) = x_1^2 + 2x_1 \sqrt{x_2} + x_2$ eine monotone Transformation von $u(x_1, x_2)$?
8. Gegeben sei die Nutzenfunktion $u(x_1, x_2) = \sqrt{(x_1 x_2)}$. Was für Präferenzen stellt sie dar? Ist die Funktion $v(x_1, x_2) = x_1^2 x_2$ eine monotone Transformation von $u(x_1, x_2)$? Ist $w(x_1, x_2) = x_1^2 x_2^2$ eine monotone Transformation von $u(x_1, x_2)$?
9. Können Sie erklären, warum die monotone Transformation einer Nutzenfunktion die Grenzrate der Substitution nicht verändert?

ANHANG

Als Erstes wollen wir klären, was mit „Grenznutzen" gemeint ist. Wie stets in der Ökonomie bedeutet „marginal" oder „Grenz-" einfach die erste Ableitung. Der Grenznutzen

66 Nutzen

des Gutes 1 ist daher $\quad MU_1 = \lim_{\Delta x_1 \to 0} \dfrac{u(x_1 + \Delta x_1, x_2) - u(x_1, x_2)}{\Delta x_1} = \dfrac{\partial u(x_1, x_2)}{\partial x_1}.$

Beachte, dass die *partielle* Ableitung verwendet wurde, da der Grenznutzen des Gutes 1 unter Konstanthaltung des Gutes 2 berechnet wird.

Nun können wir die im Text dargestellte Herleitung der MRS unter Verwendung der Differenzialrechnung neu formulieren. Wir werden das auf zwei Arten machen, zuerst mittels des Differenzials und dann unter Verwendung impliziter Funktionen.

Bei der ersten Methode betrachten wir eine Änderung (dx_1, dx_2), welche den Nutzen unverändert lässt. Wir wollen also

$$du = \frac{\partial u(x_1, x_2)}{\partial x_1} dx_1 + \frac{\partial u(x_1, x_2)}{\partial x_2} dx_2 = 0.$$

Der erste Ausdruck misst die Nutzenzunahme auf Grund einer kleinen Änderung dx_1, der zweite die Nutzenzunahme auf Grund einer kleinen Änderung dx_2. Diese Änderungen sollen so gewählt werden, dass die Gesamtänderung des Nutzens, du, gleich Null ist. Auflösung nach dx_1/dx_2 ergibt

$$\frac{dx_2}{dx_1} = -\frac{\partial u(x_1, x_2)/\partial x_1}{\partial u(x_1, x_2)/\partial x_2},$$

was einfach das Differenzialanalogon der Gleichung (4.1) ist.

Bei der zweiten Methode stellen wir uns vor, die Indifferenzkurve werde durch die Funktion $x_2(x_1)$ beschrieben. Das heißt, für jeden Wert von x_1 sagt uns die Funktion $x_2(x_1)$ wie viel x_2 wir benötigen, um auf diese bestimmte Indifferenzkurve zu kommen. Die Funktion $x_2(x_1)$ muss daher der Identität

$$u(x_1, x_2(x_1)) \equiv k$$

genügen, wobei k die Nutzenkennzeichnung der analysierten Indifferenzkurve ist.

Wir können beide Seiten dieser Identität nach x_1 differenzieren und erhalten

$$\frac{\partial u(x_1, x_2)}{\partial x_1} + \frac{\partial u(x_1, x_2)}{\partial x_2} \frac{\partial x_2(x_1)}{\partial x_1} = 0.$$

Beachte, dass in der Identität x_1 an zwei Stellen aufscheint, sodass eine Änderung von x_1 die Funktion zweifach verändern wird; wir müssen daher an jeder Stelle nach x_1 ableiten.

Auflösung dieser Gleichung nach $\delta x_2(x_1)/\delta x_1$ führt wie vorher zu

$$\frac{\partial x_2(x_1)}{\partial x_1} = -\frac{\partial u(x_1, x_2)/\partial x_1}{\partial u(x_1, x_2)/\partial x_2}.$$

Die Methode der impliziten Funktion ist etwas rigoroser, aber die Differenzialmethode ist direkter, solange man keinen dummen Fehler begeht.

Nehmen wir nun eine monotone Transformation der Nutzenfunktion, zum Beispiel $v(x_1, x_2) = f(u(x_1, x_2))$. Berechnen wir die Grenzrate der Substitution dieser Funktion. Anwendung der Kettenregel führt zu

$$\begin{aligned} \text{MRS} &= -\frac{\partial v/\partial x_1}{\partial v/\partial x_2} = -\frac{\partial f/\partial u}{\partial f/\partial u} \frac{\partial u/\partial x_1}{\partial u/\partial x_2} \\ &= -\frac{\partial u/\partial x_1}{\partial u/\partial x_2} \end{aligned}$$

da sich der Ausdruck $\delta f/\delta u$ wegkürzt. Das zeigt, dass die MRS von der Darstellung der Präferenzen unabhängig ist.

Damit ist ein einfacher Weg aufgezeigt, um Präferenzen zu erkennen, die durch verschiedene Nutzenfunktionen dargestellt werden: Man berechnet für zwei gegebene Nutzenfunktionen die Grenzraten der Substitution und untersucht, ob diese gleich sind. Wenn ja, dann haben die beiden Nutzenfunktionen dieselben Indifferenzkurven. Wenn die Richtung steigender Präferenzen für jede Nutzenfunktion dieselbe ist, dann müssen die zu Grunde liegenden Präferenzen die gleichen sein.

BEISPIEL: Cobb-Douglas Präferenzen

Die MRS für Cobb-Douglas Präferenzen ist mittels der oben hergeleiteten Formel leicht zu berechnen.

Wenn wir die logarithmische Darstellung

$$u(x_1, x_2) = c \ln x_1 + d \ln x_2$$

wählen, dann erhalten wir

$$\begin{aligned} \text{MRS} &= -\frac{\partial u(x_1,x_2)/\partial x_1}{\partial u(x_1,x_2)/\partial x_2} \\ &= -\frac{c/x_1}{d/x_2} \\ &= -\frac{c}{d}\frac{x_2}{x_1}. \end{aligned}$$

Beachte, dass die Grenzrate der Substitution in diesem Fall nur vom Verhältnis der beiden Parameter und den Mengen der zwei Güter abhängt.

Was ergäbe sich bei der Darstellung mittels Exponenten, also

$$u(x_1, x_2) = x_1^c x_2^d?$$

Dann hätten wir

$$\begin{aligned} \text{MRS} &= -\frac{\partial u(x_1,x_2)/\partial x_1}{\partial u(x_1,x_2)/\partial x_2} \\ &= -\frac{c x_1^{c-1} x_2^d}{d x_1^c x_2^{d-1}} \\ &= -\frac{c x_2}{d x_1}, \end{aligned}$$

was das Gleiche wie vorher ist. Natürlich war Dir ohnehin klar, dass eine monotone Transformation die Grenzrate der Substitution nicht verändern kann!

5. Kapitel
DIE ENTSCHEIDUNG

In diesem Kapitel wollen wir das Budget und die Theorie der Präferenzen zusammenführen, um die optimale Entscheidung der Konsumentin zu untersuchen. Schon früher sagten wir, dass das ökonomische Modell der Konsumentinnenentscheidung darin bestehe, dass Menschen das beste Bündel auswählen, das sie sich leisten können. Wir können das nun in Begriffen umformulieren, die professioneller klingen, und sagen, dass „die Konsumentinnen aus der Budgetmenge das bevorzugte Bündel auswählen".

5.1 Optimale Entscheidung

Abbildung 5.1 illustriert einen typischen Fall. Darin sind die Budgetgerade und einige Indifferenzkurven der Konsumentin in dasselbe Diagramm gezeichnet. Wir möchten jenes Bündel aus dem Budget finden, das auf der höchsten Indifferenzkurve liegt. Da es sich um normale Präferenzen handelt, sodass mehr immer gegenüber weniger vorgezogen wird, können wir unsere Aufmerksamkeit auf Güterbündel konzentrieren, die *auf* der Budgetgeraden liegen, und brauchen uns um Bündel unterhalb der Budgetgeraden nicht zu kümmern.

Wir beginnen einfach bei der rechten Ecke der Budgetgeraden und bewegen uns nach links. Dabei stellen wir fest, dass wir uns zu immer höheren Indifferenzkurven hin bewegen. Wir stoppen, wenn wir die höchste Indifferenzkurve erreicht haben, die dann die Budgetlinie gerade berührt. Im Diagramm wird jenes Güterbündel, das mit der höchsten Indifferenzkurve assoziiert wird, welche die Budgetlinie gerade noch berührt, mit (x_1^*, x_2^*) bezeichnet.

Die Entscheidung (x_1^*, x_2^*) ist für die Konsumentin eine optimale **Entscheidung.** Die Bündelmenge, die sie gegenüber (x_1^*, x_2^*) bevorzugt - die Bündelmenge *oberhalb* ihrer Indifferenzkurve -, schneidet sich nicht mit der Bündelmenge, die sie sich leisten kann - die Bündel *unterhalb* ihrer Budgetgeraden. Daher ist das Bündel (x_1^*, x_2^*) das beste Bündel, das sich die Konsumentin leisten kann.

Beachte eine wichtige Eigenschaft dieses optimalen Bündels: Bei dieser Wahl *berührt* die Indifferenzkurve die Budgetgerade. Kurzes Überlegen zeigt, dass dies so sein muss: Würde die Indifferenzkurve die Budgetgerade nicht berühren, so würde sie diese schneiden, aber dann würde es einen nahegelegenen Punkt auf der Budgetgeraden geben, der oberhalb der Indifferenz-

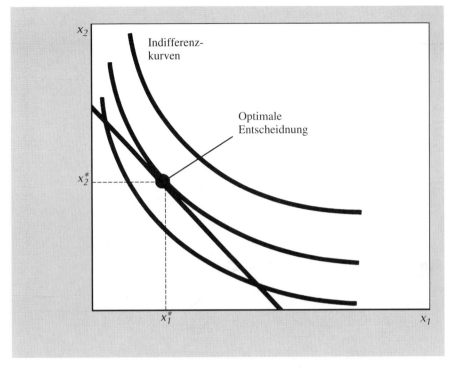

Abbildung 5.1 Optimale Entscheidung. Die optimale Konsumposition wird dort erreicht, wo die Indifferenzkurve die Budgetgerade berührt.

kurve liegen würde - was bedeutete, dass wir nicht vom optimalen Bündel ausgegangen wären.

Muss diese Tangentiallösung bei optimaler Entscheidung immer gelten? Nicht in *allen* Fällen, aber sie gilt für die meisten interessanten Fälle. Immer gilt jedoch, dass im Optimalpunkt die Indifferenzkurve die Budgetgerade nicht schneiden kann. Wann bedeutet dann „nicht schneiden" Berührung? Sehen wir uns die Ausnahmen zuerst an.

Erstens hat vielleicht die Indifferenzkurve keine Tangente, wie in Abbildung 5.2. Hier hat die Indifferenzkurve bei der optimalen Entscheidung einen Knick und es gibt einfach keine Tangente, da die mathematische Definition einer Tangente verlangt, dass es an jedem Punkt nur eine einzige Berührende gibt. Dieser Fall hat kaum ökonomische Bedeutung - er ist schlimmstenfalls lästig.

Interessanter ist die zweite Ausnahme. Angenommen der optimale Punkt liegt dort, wo der Konsum eines Gutes gleich Null ist, wie in Abbildung 5.3. Die Steigung der Indifferenzkurve und die Steigung der Budgetgeraden sind dann verschieden, die Indifferenzkurve *schneidet* jedoch die Budgetgerade nicht. Wir sagen, dass Abbildung 5.3 ein **Randoptimum** darstellt, ein Fall wie in Abbildung 5.1 hingegen ein **inneres Optimum**.

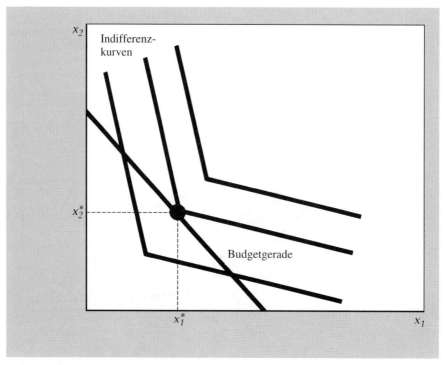

Abbildung 5.2 Geschmack mit Knacks. Ein optimaler Konsumpunkt, bei dem die Indifferenzkurve keine Tangente hat.

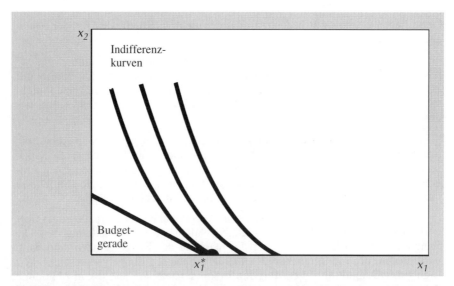

Abbildung 5.3 Randoptimum. Im optimalen Punkt werden Null Einheiten des Gutes 2 konsumiert. Die Indifferenzkurve ist keine Tangente an die Budgetgerade.

Wenn wir bereit sind, „Geschmack mit Knacks" auszuschließen, können wir das in Abbildung 5.2 gegebene Beispiel vernachlässigen.[1] Und wenn wir weiters bereit sind, uns auf *innere* Optima zu beschränken, dann können wir auch das andere Beispiel ausschließen. Wenn wir also ein inneres Optimum mit glatten Indifferenzkurven haben, dann müssen die Steigung der Indifferenzkurve und die Steigung der Budgetgeraden gleich sein ... denn wenn sie verschieden wären, würde die Indifferenzkurve die Budgetgerade schneiden, und wir könnten nicht im optimalen Punkt sein.

Wir haben somit eine notwendige Bedingung für eine optimale Entscheidung gefunden. Wenn bei der optimalen Wahl beide Güter konsumiert werden - sodass es sich um ein inneres Optimum handelt -, dann muss die Indifferenzkurve notwendigerweise die Budgetgerade berühren. Aber ist die Tangentialbedingung auch eine *hinreichende* Bedingung, damit ein Bündel optimal ist? Können wir sicher sein, dass wir eine optimale Entscheidung getroffen haben, wenn wir ein Bündel finden, bei dem die Indifferenzkurve die Budgetgerade berührt?

Betrachte Abbildung 5.4. Hier haben wir drei Bündel - alles Innenlösungen, für welche die Tangentialbedingung gilt, aber nur zwei davon sind optimal. Im Allgemeinen ist daher die Tangentenlösung nur eine notwendige, aber keine hinreichende Bedingung für Optimalität.

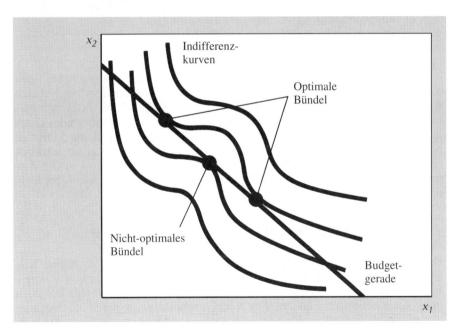

Abbildung 5.4 Mehr als ein Berührungspunkt. Hier gibt es drei Berührungs- aber nur zwei Optimalpunkte, die Tangentialbedingung ist daher notwendig aber nicht hinreichend.

---

[1] Bei Darstellung „verknacksten" Geschmacks würde das Buch vielleicht als obszöne Literatur angesehen.

Es gibt jedoch einen wichtigen Fall, in dem sie auch hinreichend ist, nämlich bei konvexen Präferenzen. Im Falle konvexer Präferenzen muss jeder Punkt, der die Tangentialbedingung erfüllt, ein optimaler Punkt sein. Das ist geometrisch einleuchtend: Da sich konvexe Indifferenzkurven von der Budgetlinie wegkrümmen, können sie sich nicht zurückbeugen, um sie nochmals zu berühren.

Abbildung 5.4 zeigt außerdem, dass es im Allgemeinen mehr als ein optimales Bündel geben kann, das die Tangentialbedingung erfüllt. Wiederum impliziert jedoch Konvexität eine Beschränkung. Wenn die Indifferenzkurven *streng* konvex sind - sie weisen keine Flachstellen auf -, dann gibt es auf jeder Budgetgeraden nur eine optimale Wahl. Dies geht aus der Abbildung anschaulich hervor, es kann aber auch mathematisch gezeigt werden.

Die Bedingung, dass die Grenzrate der Substitution (MRS) bei einem inneren Optimum gleich der Steigung der Budgetgeraden sein muss, ist grafisch einsichtig, aber was bedeutet sie ökonomisch? Es sei daran erinnert, dass eine unserer Interpretationen MRS war, dass es sich um jenes Tauschverhältnis handelt, bei dem die Konsumentin gerade im erreichten Zustand verbleiben will. Nun bietet der Markt der Konsumentin ein Tauschverhältnis von $-p_1/p_2$: Wenn man eine Einheit von Gut 1 aufgibt, kann man p_1/p_2 Einheiten des Gutes 2 kaufen. Wenn die Konsumentin bei dem gerade erreichten Konsumbündel verbleiben will, so muss dies jenes Bündel sein, für das die Grenzrate der Substitution gleich diesem Tauschverhältnis ist:

$$\text{MRS} = -\frac{p_1}{p_2}.$$

Eine andere Möglichkeit besteht darin sich vorzustellen, was geschähe, wenn die Grenzrate der Substitution vom Preisverhältnis verschieden wäre. Nehmen wir zum Beispiel an, die MRS sei $\Delta x_2/\Delta x_1 = -1/2$ und das Preisverhältnis sei $1/1$. Das bedeutet, dass die Konsumentin bereit ist, zwei Einheiten des Gutes 1 aufzugeben, um eine Einheit des Gutes 2 zu bekommen - aber der Markt ist bereit, sie im Verhältnis 1:1 zu tauschen. Die Konsumentin wäre daher sicherlich bereit, ein wenig von Gut 1 herzugeben, um dann ein wenig mehr von Gut 2 zu kaufen. Wenn sich die MRS vom Preisverhältnis unterscheidet, kann das nicht die optimale Entscheidung der Konsumentin sein.

5.2 Die Nachfrage des Konsumenten

Die optimale Wahl der Güter 1 und 2 für gegebene Preise und gegebenes Einkommen wird das **nachgefragte Bündel** des Konsumenten genannt. Im Allgemeinen wird sich bei Preis- und Einkommensänderungen die optimale Entscheidung des Konsumenten ändern. Die **Nachfragefunktion** ist jene Funktion, welche die optimale Entscheidung - die nachgefragten Mengen - zu den verschiedenen Werten von Preisen und Einkommen in Beziehung setzt.

Wir werden die Nachfragefunktionen sowohl in Abhängigkeit von beiden Preisen als auch dem Einkommen anschreiben: $x_1(p_1, p_2, m)$ und $x_2(p_1, p_2, m)$. Für jede unterschiedliche Menge von Preisen und Einkommen wird es eine unterschiedliche Güterkombination geben, welche die optimale Entscheidung des

Die Entscheidung

Konsumenten darstellt. Unterschiedliche Präferenzen führen zu verschiedenen Nachfragefunktionen; wir werden gleich einige Beispiele kennen lernen. Unser Hauptziel in den nächsten paar Kapiteln wird die Analyse des Verhaltens dieser Nachfragefunktionen sein - wie sich die optimale Entscheidung bei Preis- und Einkommensänderungen ändert.

5.3 Einige Beispiele

Wir wollen nun das Modell der Konsumentinnenentscheidung auf die Beispiele der Präferenzen des 3. Kapitels anwenden. Die grundlegende Vorgangsweise wird in jedem Beispiel die gleiche sein: Zeichne die Indifferenzkurven und die Budgetgerade und suche jenen Punkt, bei dem die höchste Indifferenzkurve die Budgetgerade berührt.

Perfekte Substitute

Der Fall perfekter Substitute ist in Abbildung 5.5 dargestellt. Es gibt drei Möglichkeiten. Wenn $p_2 > p_1$ dann ist die Steigung der Budgetgeraden flacher als die Steigung der Indifferenzkurven. Im Optimum gibt die Konsumentin ihr ganzes Geld für Gut 1 aus. Wenn $p_1 > p_2$ dann kauft die Konsumentin nur Gut 2. Wenn schließlich $p_1 = p_2$, dann gibt es einen großen Bereich optimaler Wahlmöglichkeiten - in diesem Fall ist jede Mengenkombination der beiden Güter optimal, welche die Budgetbeschränkung erfüllt. Die Nachfragefunktion für Gut 1 lautet daher

$$x_1 = \begin{cases} m/p_1 & \text{wenn } p_1 < p_2; \\ \text{jede Zahl zwischen 0 und } m/p_1 & \text{wenn } p_1 = p_2; \\ 0 & \text{wenn } p_1 > p_2. \end{cases}$$

Entsprechen diese Ergebnisse gesundem Menschenverstand? Sie besagen lediglich, dass bei perfekten Substituten die Konsumentin das billigere Gut kaufen wird. Wenn beide Güter denselben Preis haben, ist es der Konsumentin egal, welches sie kauft.

Perfekte Komplemente

Der Fall perfekter Komplemente wird in Abbildung 5.6 dargestellt. Beachte, dass die optimale Entscheidung immer auf der Diagonale liegen muss, die Konsumentin kauft also unabhängig von den Preisen immer von beiden Gütern dieselbe Menge. In unserem Beispiel heißt das, dass Menschen mit zwei Füßen Schuhe immer paarweise kaufen.[2]

Lösen wir das Beispiel algebraisch. Wir wissen, dass diese Konsumentin unabhängig von den Preisen von beiden Gütern immer dieselbe Menge kauft. Wir wollen diese Menge mit x bezeichnen. Die Lösung muss der Budgetrestriktion genügen

$$p_1 x + p_2 x = m.$$

---

[2] Keine Sorge, die Ergebnisse werden später um einiges interessanter.

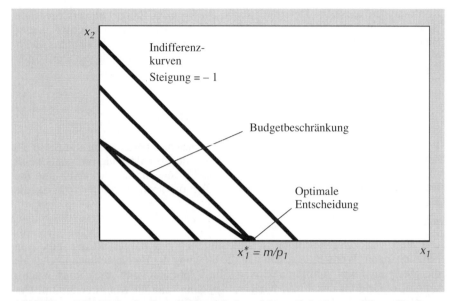

Abbildung 5.5 Optimale Entscheidung bei perfekten Substituten. Wenn die Güter perfekte Substitute sind, wird die optimale Entscheidung in der Regel eine Randlösung sein.

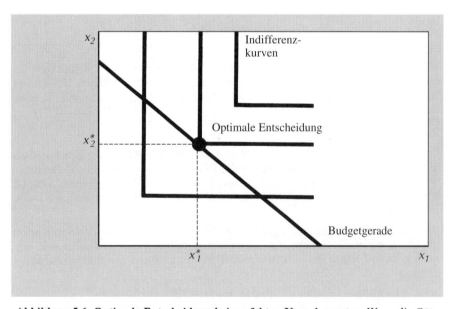

Abbildung 5.6 Optimale Entscheidung bei perfekten Komplementen. Wenn die Güter perfekte Komplemente sind, werden die nachgefragten Mengen immer auf der Diagonale liegen, da bei der optimalen Entscheidung x_1 immer gleich x_2 sein wird.

Auflösung nach x ergibt als optimale Wahl der Güter 1 und 2:
$$x_1 = x_2 = x = \frac{m}{p_1 + p_2}.$$

Die Nachfragefunktion entspricht vollständig der Intuition. Da die beiden Güter immer gemeinsam konsumiert werden, ist das genau so, als würde die Konsumentin ein einziges Gut zum Preis von $p_1 + p_2$ kaufen.

Neutrale Güter und „Schlechte"

Im Fall eines Gutes, welchem die Konsumentin gegenüber neutral ist, wendet sie ihr ganzes Geld für den Konsum jenes Gutes auf, das sie mag, und kauft überhaupt nichts vom neutralen Gut. Dasselbe geschieht, wenn ein Gut ein „Schlecht" ist. Wenn also Ware 1 ein Gut und Ware 2 ein „Schlecht" ist, dann werden die Nachfragefunktionen
$$x_1 = \frac{m}{p_1}$$
$$x_2 = 0$$
lauten.

Unteilbare Güter

Angenommen Gut 1 ist ein unteilbares Gut, das nur in ganzzahligen Einheiten verfügbar ist, während Gut 2 das Geld ist, das für alles Übrige ausgegeben wird. Wenn die Konsumentin 1, 2, 3, ... Einheiten des Gutes 1 wählt, wählt sie implizit die Konsumbündel $(1, m - p_1)$, $(2, m - 2 p_1)$, $(3, m - 3 p_1)$ usw. Wir können einfach den Nutzen dieser Bündel miteinander vergleichen und herauszufinden, welches den höchsten Nutzen stiftet.

Alternativ dazu können wir die Indifferenzkurvenanalyse der Abbildung 5.7 heranziehen. Wie üblich ist das optimale Bündel jenes auf der höchsten „Indifferenzkurve". Wenn der Preis des Gutes 1 sehr hoch ist, wird die Konsumentin Null Konsumeinheiten wählen; wenn der Preis fällt, wird es die Konsumentin optimal finden, 1 Einheit des Gutes zu konsumieren. Wenn der Preis weiter sinkt, wird sich die Konsumentin typischerweise entscheiden, mehr Einheiten des Gutes 1 zu konsumieren.

Konkave Präferenzen

Betrachten wir die in Abbildung 5.8 dargestellte Situation. Ist X eine optimale Entscheidung? Nein! Für diese Präferenzen ist die optimale Entscheidung stets eine Randlösung, wie z. B. das Bündel Z. Überlege, was nicht-konvexe Präferenzen bedeuten. Wenn man sein Geld zum Kauf von Eiscreme und Oliven ausgeben kann, man diese beiden Güter jedoch nicht gemeinsam konsumieren will, dann wird man das ganze Geld entweder für das eine oder das andere verwenden.

Cobb-Douglas Präferenzen

Angenommen die Nutzenfunktion hat die Cobb-Douglas Form $u(x_1, x_2) = x_1^c x_2^d$. Im Anhang zu diesem Kapitel leiten wir die optimale Entscheidung bei dieser Nutzenfunktion unter Verwendung der Differenzialrechnung her. Die Lösung lautet

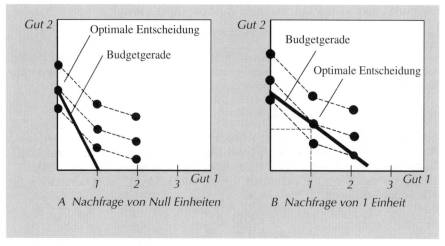

Abbildung 5.7 Unteilbare Güter. Im Feld A ist die Nachfrage nach Gut 1 gleich Null, während im Feld B eine Einheit nachgefragt wird.

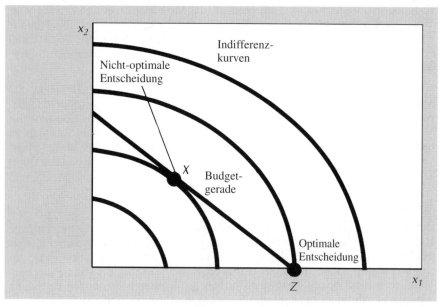

Abbildung 5.8 Optimale Entscheidung bei konkaven Präferenzen. Die optimale Entscheidung ist der Randpunkt Z und nicht der innere Berührungspunkt X, da Z auf einer höheren Indifferenzkurve liegt.

$$x_1 = \frac{c}{c+d}\frac{m}{p_1}$$
$$x_2 = \frac{d}{c+d}\frac{m}{p_2}.$$

Diese Nachfragefunktionen sind als algebraische Beispiele recht brauchbar, man sollte sie am besten auswendig lernen.

Cobb-Douglas Präferenzen haben eine bemerkenswerte Eigenschaft. Betrachte den Einkommensanteil, den eine Cobb-Douglas-Konsumentin für Gut 1 ausgibt. Wenn sie x_1 Einheiten des Gutes 1 konsumiert, kostet sie das $p_1 x_1$, was einen Anteil von $p_1 x_1 / m$ ihres Gesamteinkommens darstellt. Wenn wir für x_1 die Nachfragefunktion einsetzen, erhalten wir

$$\frac{p_1 x_1}{m} = \frac{p_1}{m}\frac{c}{c+d}\frac{m}{p_1} = \frac{c}{c+d}.$$

Analog dazu ist der Einkommensanteil, den die Konsumentin für Gut 2 ausgibt,

$$d/(c+d).$$

Die Cobb-Douglas Konsumentin gibt daher für jedes Gut immer einen konstanten Anteil ihres Einkommens aus. Die Höhe dieses Anteils wird durch die Exponenten der Cobb-Douglas Funktion bestimmt.

Deswegen ist es oft zweckmäßig, eine Darstellung der Cobb-Douglas Nutzenfunktion zu wählen, bei der sich die Exponenten zu 1 addieren. Wenn $u(x_1, x_2) = x_1^a x_2^{1-a}$, können wir a unmittelbar als den für Gut 1 ausgegebenen Einkommensanteil interpretieren. Aus diesem Grund schreiben wir die Cobb-Douglas Präferenzen meist in dieser Form.

5.4 Die Schätzung von Nutzenfunktionen

Wir haben nun verschiedene Formen von Präferenzen und Nutzenfunktionen kennen gelernt und die daraus hergeleiteten Arten des Nachfrageverhaltens untersucht. In der Wirklichkeit müssen wir aber üblicherweise in der umgekehrten Richtung vorgehen: Wir beobachten Nachfrageverhalten, unsere Aufgabe ist dann herauszufinden, welche Art von Präferenzen das beobachtete Verhalten hervorgerufen haben.

Nehmen wir einmal an, wir beobachten die Entscheidungen eines Konsumenten bei einigen verschiedenen Preisen und Einkommensniveaus. Tabelle 5.1 enthält ein Beispiel. Es ist einfach eine Tabelle der Nachfrage nach zwei Gütern bei verschiedenen Preis- und Einkommensniveaus für einige Jahre. Weiters haben wir den Einkommensanteil, der für jedes Gut in jedem Jahr ausgegeben wird, nach den Formeln $s_1 = p_1 x_1 / m$ und $s_2 = p_2 x_2 / m$ berechnet.

Jahr	p_1	p_2	m	x_1	x_2	s_1	s_2	Nutzen
1	1	1	100	25	75	.25	.75	57,0
2	1	2	100	24	38	.24	.76	33,9
3	2	1	100	13	74	.26	.74	47,9
4	1	2	200	48	76	.24	.76	67,8
5	2	1	200	25	150	.25	.75	95,8
6	1	4	400	100	75	.25	.75	80,6
7	4	1	400	24	304	.24	.76	161,1

Tabelle 5.1 Einige Daten zur Beschreibung des Konsumverhaltens.

Für diese Daten sind die Ausgabenanteile ziemlich konstant. Es gibt kleine Abweichungen von Beobachtung zu Beobachtung, aber sie sind wahrscheinlich nicht groß genug, um besondere Beachtung zu verdienen. Der durchschnittliche Ausgabenanteil für Gut 1 beträgt etwa 1/4, für Gut 2 etwa 3/4. Es scheint, dass eine Nutzenfunktion der Form $u(x_1, x_2) = x_1^{1/4} x_2^{3/4}$ auf diese Daten ganz gut passt. Das heißt, eine Nutzenfunktion dieser Form würde ein Entscheidungsverhalten generieren, das dem beobachteten Verhalten ziemlich nahe käme. Der Vollständigkeit halber haben wir den mit jeder Beobachtung verbundenen Nutzen unter Verwendung der geschätzten Nutzenfunktion berechnet.

Soweit wir dem beobachteten Verhalten entnehmen können, sieht es so aus, als ob der Konsument die Funktion $u(x_1, x_2) = x_1^{1/4} x_2^{3/4}$ maximieren würde. Es könnte sehr wohl sein, dass weitere Beobachtungen des Konsumentenverhaltens uns veranlassten, diese Hypothese zu verwerfen. Aber auf Grund der verfügbaren Daten erscheint die Anpassung an das Optimierungsmodell ziemlich gut.

Das hat wichtige Implikationen, da man nun diese „angepasste" Nutzenfunktion zur Beurteilung der Auswirkungen von beabsichtigten wirtschaftspolitischen Maßnahmen verwenden kann. Nehmen wir zum Beispiel an, die Regierung erwägt die Einführung eines Steuersystems, als dessen Konsequenz sich dieser Konsument den Preisen (2, 3) bei einem Einkommen von 200 gegenübersähe. Nach unseren Schätzungen wäre das Konsumbündel zu diesen Preisen

$$x_1 = \frac{1}{4}\frac{200}{2} = 25$$
$$x_2 = \frac{3}{4}\frac{200}{3} = 50.$$

Der geschätzte Nutzen dieses Bündels ist

$$u(x_1, x_2) = 25^{\frac{1}{4}} 50^{\frac{3}{4}} \approx 42.$$

Das bedeutet, dass die neue Steuerpolitik den Konsumenten gegenüber dem Jahr 2 besser, gegenüber allen anderen Jahren hingegen schlechter stellen würde. Man kann daher das beobachtete Entscheidungsverhalten zur Bewertung der Auswirkungen vorgeschlagener wirtschaftspolitischer Maßnahmen auf diesen Konsumenten heranziehen.

Da es sich dabei um ein ganz wichtiges Konzept in der Nationalökonomie handelt, wollen wir die Logik zusammenfassend wiederholen. Auf Grund gegebener Beobachtungen über das Entscheidungsverhalten versuchen wir festzustellen, was - wenn überhaupt etwas - maximiert wird. Sobald wir eine Schätzung darüber haben, was maximiert wird, können wir diese sowohl zur Prognose des Entscheidungsverhaltens in neuen Situationen als auch zur Bewertung vorgeschlagener Änderungen des ökonomischen Umfelds heranziehen.

Natürlich haben wir eine sehr einfache Situation beschrieben. In der Realität haben wir normalerweise keine detaillierten Daten über individuelle Konsumentscheidungen. Aber wir haben des Öfteren Daten für Gruppen von Individuen - Teenager, Haushalte der Mittelklasse, ältere Personen usw. Diese Gruppen könnten unterschiedliche Präferenzen für verschiedene Güter haben, die sich in ihren Konsummustern widerspiegeln. Man kann nun eine Nutzenfunktion schätzen, die ihre Konsummuster beschreibt, und diese geschätzte Nutzenfunktion dann zur Prognose der Nachfrage und zur Bewertung wirtschaftspolitischer Maßnahmen verwenden.

In dem oben beschriebenen einfachen Beispiel war es offensichtlich, dass die Einkommensanteile eher konstant waren, sodass die Cobb-Douglas Nutzenfunktion eine ziemlich gute Anpassung ergeben würde. In anderen Fällen wäre eine kompliziertere Form der Nutzenfunktion angebracht. Die Berechnungen wären möglicherweise aufwändiger und wir benötigten zur Schätzung eventuell einen Computer, das Grundkonzept der Vorgangsweise bliebe jedoch dasselbe.

5.5 Implikationen der MRS Bedingung

Im letzten Abschnitt untersuchten wir das wichtige Konzept, dass die Beobachtung des Nachfrageverhaltens einiges über die diesem Verhalten zu Grunde liegenden Präferenzen der Konsumentinnen aussagt. Wenn wir über genügend Beobachtungen von Konsumentinnenentscheidungen verfügen, so ist es häufig möglich, jene Nutzenfunktion zu schätzen, welche diese Entscheidungen hervorbrachte.

Aber selbst die Beobachtung einer einzigen Konsumentinnenentscheidung bei einer gegebenen Preiskonstellation erlaubt einige nützliche Schlussfolgerungen darüber, wie sich der Nutzen der Konsumentinnen mit Konsumänderungen verändern wird. Schauen wir uns an, wie das funktioniert.

Es ist für gut organisierte Märkte typisch, dass sich jeder einzelne ungefähr den gleichen Preisen gegenübersieht. Nehmen wir zum Beispiel zwei Güter wie Butter und Milch. Wenn jeder für Milch und für Butter den gleichen Preis zu zahlen hat und wenn jeder optimiert und sich bei einer Innenlösung befindet ... dann muss jeder dieselbe Grenzrate der Substitution zwischen Butter und Milch haben.

Das folgt unmittelbar aus obiger Analyse. Der Markt bietet jedem dasselbe Tauschverhältnis zwischen Butter und Milch, und jeder passt seinen Konsum dieser Güter so lange an, bis die eigene „interne" Grenzbewertung der beiden Güter gleich der „externen" Bewertung der beiden Güter durch den Markt ist.

Das Interessante an dieser Feststellung ist, dass sie vom Einkommen und Geschmack unabhängig ist. Den *gesamten* Konsum der beiden Güter können Menschen ganz unterschiedlich bewerten. Einige Leute konsumieren vielleicht eine Menge Butter und wenig Milch, andere handeln umgekehrt. Einige reiche Leute mögen viel Milch und Butter konsumieren, während andere nur geringe Mengen beider Güter verbrauchen. Aber jede Person, welche die beiden Güter konsumiert, muss dieselbe Grenzrate der Substitution haben. Jede Konsumentin der zwei Güter muss sich darüber klar werden, wie viel ihr das eine Gut ausgedrückt in Mengen des anderen Gutes wert ist: wie viel sie bereit wäre, vom einen Gut zu opfern, um etwas mehr vom anderen zu kriegen.

Die Tatsache, dass Preisverhältnisse die Grenzraten der Substitution messen, ist sehr wichtig, denn wir haben damit einen Weg, mögliche Änderungen in Konsumbündeln zu bewerten. Angenommen zum Beispiel, der Preis der Milch beträgt € 1 je Liter und der Butterpreis € 2 je Pfund. Dann muss die Grenzrate der Substitution für alle Leute, die Milch und Butter konsumieren, gleich 2 sein: Sie müssten 2 Liter Milch als Kompensation für den Verzicht auf 1 Pfund Butter erhalten. Oder umgekehrt, sie müssten 1 Pfund Butter bekommen, damit es sich für sie lohnt, 2 Liter Milch herzugeben. Daher wird jede Person, die beide Güter konsumiert, marginale Veränderungen im Konsum in derselben Art bewerten.

Angenommen eine Erfinderin entwickelt eine neue Art der Butterherstellung: Für je 3 Liter Milch, die man in diese Maschine leert, erhält man 1 Pfund Butter ohne weitere brauchbare Nebenprodukte. Frage: Wird es einen Markt für dieses Gerät geben? Antwort: Sicherlich werden sich die risikofreudigen Kapitalisten nicht gerade darum anstellen. Denn jeder ist ja bei einem Punkt, wo er bereit ist, 2 Liter Milch für 1 Pfund Butter zu tauschen; warum sollte jemand bereit sein, 3 Liter Milch durch 1 Pfund Butter zu substituieren? Die Antwort ist, dass dies niemand täte; diese Erfindung ist wertlos.

Was würde jedoch geschehen, wenn es der Erfinderin gelänge, die Maschine im Rückwärtsgang laufen zu lassen, sodass man für jedes hineingeworfene Pfund Butter 3 Liter Milch herausbekäme? Gibt es für so eine Anlage einen Markt? Antwort: Ja! Die Marktpreise für Milch und Butter zeigen, dass die Leute gerade bereit sind, 1 Pfund Butter für 2 Liter Milch zu tauschen. Wenn man aber 3 Liter Milch je Pfund Butter erhält, so ist das ein besseres Geschäft, als der Markt derzeit anbietet. Reserviere 1000 Aktien für mich! (Und auch einige Pfund Butter.)

Die Marktpreise zeigen, dass die erste Maschine keinen Gewinn abwirft: Sie produziert Butter im Wert von € 2 und verwendet dazu Milch im Wert von € 3. Mit anderen Worten, die Leute bewerten die Inputs höher als die Outputs. Die zweite Maschine produziert Milch im Wert von € 3 unter Verwendung von Butter im Wert von nur € 2. Diese Maschine ist Gewinn bringend, weil die Leute die Outputs höher bewerten als die Inputs.

Das Ergebnis: Da Preise das Austauschverhältnis zweier Güter messen, können sie dazu herangezogen werden, wirtschaftspolitische Vorschläge zu bewerten, die Änderungen im Konsum betreffen. Die Tatsache, dass Preise keine willkürlichen Zahlen sind, sondern die marginale Bewertung der Dinge durch die Leute spiegeln, ist eines der grundlegendsten und wichtigsten Konzepte in der Volkswirtschaftslehre.

Wenn wir eine Entscheidung bei einem bestimmten Preisvektor beobachten, erhalten wir die MRS für einen Konsumpunkt. Wenn sich die Preise ändern und wir eine andere Entscheidung beobachten, kriegen wir eine weitere MRS. Wenn wir immer mehr Entscheidungen beobachten, erfahren wir immer mehr über die Form der zu Grunde liegenden Präferenzen, die das beobachtete Verhalten generiert haben könnten.

5.6 Die Entscheidung über Steuern

Schon das bisschen Konsumtheorie, das wir bis jetzt erläutert haben, kann zur Herleitung interessanter und wichtiger Schlussfolgerungen verwendet werden. Als anschauliches Beispiel soll die Wahl zwischen zwei Steuerarten dienen. Wir sahen bereits, dass eine **Mengensteuer** eine Steuer auf die konsumierte Menge eines Gutes ist, wie z. B. eine Benzinsteuer von 15 Cent je Gallone. Eine **Einkommensteuer** ist einfach eine Steuer auf das Einkommen. Wenn nun die Regierung bestimmte zusätzliche Steuereinnahmen erzielen will, so stellt sich die Frage, ob diese besser mittels einer Mengensteuer oder einer Einkommensteuer erreicht werden. Wir wollen das bisher Erlernte zur Beantwortung dieser Frage heranziehen.

Als Erstes analysieren wir die Einhebung einer Mengensteuer. Angenommen die ursprüngliche Budgetbeschränkung sei

$$p_1 x_1 + p_2 x_2 = m.$$

Wie ändert sich die Budgetbeschränkung, wenn wir den Konsum des Gutes 1 zum Satz t besteuern? Die Antwort ist einfach. Vom Standpunkt des Konsumenten ist das genau so, als wäre der Preis des Gutes 1 um t gestiegen. Die neue Budgetbeschränkung ist daher

$$(p_1 + t)x_1 + p_2 x_2 = m. \tag{5.1}$$

Eine Mengensteuer auf ein Gut erhöht also den vom Konsumenten wahrgenommenen Preis. In Abbildung 5.9 wird ein Beispiel gegeben, wie diese Preisänderung sich auf die Nachfrage auswirken könnte. Derzeit können wir noch nicht mit Sicherheit sagen, ob die Steuer den Konsum des Gutes 1 erhöhen oder senken wird, obwohl die Vermutung nahe liegt, dass er sinken wird. In jedem Fall wissen wir, dass die optimale Entscheidung, (x_1^*, x_2^*), die Budgetbeschränkung

$$(p_1 + t)x_1^* + p_2 x_2^* = m \tag{5.2}$$

erfüllen muss. Die Steuereinnahmen sind $R^* = tx_1^*$.

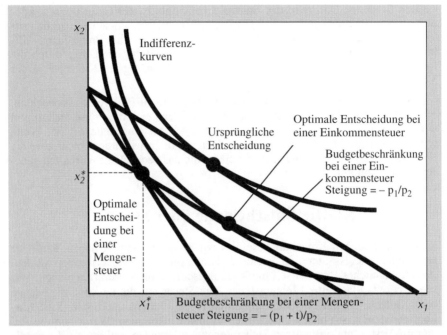

Abbildung 5.9 Einkommensteuer oder Mengensteuer. Wir analysieren eine Mengensteuer, die einen Ertrag von R^* erbringt, und eine Einkommensteuer, welche denselben Ertrag aufweist. Für den Konsument ist die Einkommensteuer günstiger, da er einen Punkt auf einer höheren Indifferenzkurve wählen kann.

Wenden wir uns nun einer Einkommensteuer zu, die den gleichen Ertrag erzielt. Die Form dieser Budgetbeschränkung wäre

$$p_1 x_1 + p_2 x_2 = m - R^*$$

oder, nach Substitution für R^*,

$$p_1 x_1 + p_2 x_2 = m - t x_1^*.$$

Wo liegt diese Budgetgerade in Abbildung 5.9?

Es ist offensichtlich, dass sie dieselbe Steigung hat wie die ursprüngliche Budgetgerade, $-p_1/p_2$, das Problem ist nur die Bestimmung der Lage. Es zeigt sich, dass die Budgetgerade im Fall der Einkommensteuer durch den Punkt (x_1^*, x_2^*) verlaufen muss. Als Kontrolle braucht man nur (x_1^*, x_2^*) in die Budgetbeschränkung bei Einkommensbesteuerung einzusetzen und zu überprüfen, ob sie erfüllt ist.

Gilt also, dass

$$p_1 x_1^* + p_2 x_2^* = m - t x_1^*?$$

Ja, das ist korrekt, denn die obige Relation ist nur eine Umformung der Gleichung (5.2), von der wir wissen, dass sie erfüllt ist.

Damit ist gezeigt, dass (x_1^*, x_2^*) auf der Budgetgeraden bei Einkommensbeeuerung liegt: Es ist eine Möglichkeit, die sich der Konsument *leisten* kann. Ist es aber eine optimale Entscheidung? Es ist leicht einzusehen, dass die Antwort nein ist. Bei (x_1^*, x_2^*) ist die Grenzrate der Substitution $-(p_1 + t)/p_2$. Bei der Besteuerung des Einkommens können wir hingegen zum Verhältnis $-p_1/p_2$ tauschen. Die Budgetgerade schneidet daher die Indifferenzkurve im Punkt (x_1^*, x_2^*), was bedeutet, dass es einen anderen Punkt auf der Budgetgeraden geben muss, der gegenüber (x_1^*, x_2^*) bevorzugt wird.

Daher ist die Einkommensteuer der Mengensteuer eindeutig in dem Sinne überlegen, dass man den gleichen Steuerertrag erzielen kann, und der Konsument bei der Einkommensteuer besser gestellt ist als bei der Mengensteuer.

Das ist ein ganz bemerkenswertes Ergebnis, dessen Einschränkungen man sich aber auch bewusst sein sollte. Erstens gilt es nur für einen Konsument. Die Analyse ergab, dass es für jeden Konsument eine Einkommensteuer gibt, die einen Ertrag erzielt, der genau so groß ist wie bei einer Mengensteuer, und bei dem der Konsument besser gestellt ist. Das Ausmaß der Einkommensteuer wird jedoch im Allgemeinen von Person zu Person verschieden sein. Daher ist eine *einheitliche* Einkommensteuer für alle Konsumenten nicht notwendigerweise besser als eine *einheitliche* Mengensteuer für alle Konsumenten. (Man denke an einen Konsument, der Gut 1 überhaupt nicht konsumiert - diese Person würde sicherlich die Mengensteuer einer einheitlichen Einkommensteuer vorziehen.)

Zweitens haben wir angenommen, dass die Einführung der Einkommensteuer das (Brutto-)Einkommen des Konsumenten nicht ändert. Damit haben wir die Einkommensteuer als eine Pauschalsteuer angenommen - es ändert sich nur der Geldbetrag, den der Konsument ausgeben kann, andere Entscheidungsmöglichkeiten bleiben davon unberührt. Das ist aber eine eher unrealistische Annahme. Wenn der Konsument sein Einkommen durch Arbeit erzielt, so könnte man erwarten, dass ihn die Besteuerung am Einkommenserwerb entmutigt, sodass das Einkommen nach Besteuerung vielleicht sogar um mehr als den Steuerbetrag fällt.

Drittens haben wir die Reaktion des Angebots auf die Besteuerung zur Gänze vernachlässigt. Wir haben die Reaktion der Nachfrage dargestellt, aber das Angebot wird auch reagieren, und eine vollständige Analyse müsste diese Änderungen ebenso berücksichtigen.

Zusammenfassung

1. Die optimale Entscheidung der Konsumentin ist jenes Bündel aus ihrem Budget, das auf der höchsten Indifferenzkurve liegt.
2. Typischerweise wird für das optimale Bündel die Bedingung gelten, dass die Steigung der Indifferenzkurve (die Grenzrate der Substitution) gleich der Steigung der Budgetgeraden ist.
3. Wenn wir einige Konsumentscheidungen beobachten, so kann man möglicherweise eine Nutzenfunktion schätzen, welche diese Art von Entscheidungs-

verhalten generiert. So eine Nutzenfunktion kann zur Prognose zukünftiger Entscheidungen und zur Schätzung des Nutzens neuer wirtschaftspolitischer Maßnahmen für die Konsumenten verwendet werden.
4. Wenn sich jeder den gleichen Preisen für zwei Güter gegenübersieht, dann wird jeder die gleiche Grenzrate der Substitution haben und daher bereit sein, die Güter im gleichen Verhältnis zu tauschen.

Wiederholungsfragen

1. Wie sieht die Nachfrage nach Gut 2 aus, wenn zwei Güter perfekte Substitute sind?
2. Angenommen die Indifferenzkurven sind Gerade mit einer Steigung von $-b$. Wie wird die optimale Entscheidung des Konsumenten für beliebige Preise und Einkommen, p_1, p_2 und m, aussehen?
3. Angenommen eine Konsumentin nimmt immer 2 Löffel Zucker zu jeder Tasse Kaffee. Wenn der Preis je Löffel Zucker p_1 und der Preis einer Tasse Kaffee p_2 ist, und die Konsumentin m Euro für Kaffee und Zucker ausgibt, wie viel wird sie kaufen wollen?
4. Angenommen seien ausgeprägt nicht-konvexe Präferenzen für Eiscreme und Oliven, wie sie im Text dargestellt wurden; die Preise und das Einkommen seien p_1, p_2 und m. Gib die optimalen Konsumbündel an!
5. Welchen Teil ihres Einkommens wird eine Konsumentin für Gut 2 ausgeben, wenn sie die Nutzenfunktion $u(x_1, x_2) = x_1 x_2^4$ hat?
6. Bei welcher Art der Präferenzen wird der Konsument hinsichtlich einer Mengen- bzw. einer Einkommensteuer gleich gut gestellt sein?

ANHANG

Es ist sinnvoll, wenn man das Problem der Präferenzmaximierung lösen kann und algebraische Beispiele für Nachfragefunktionen findet. Im Hauptteil führten wir das für einfache Fälle, wie perfekte Substitute oder Komplemente vor; in diesem Anhang wollen wir etwas allgemeinere Fälle zeigen.

Als Erstes werden wir im Allgemeinen die Präferenzen des Konsumenten durch eine Nutzenfunktion $u(x_1, x_2)$ darstellen. Wir sahen im 4. Kapitel, dass dies keine sehr einschränkende Annahme ist; die meisten normalen Präferenzen können durch eine Nutzenfunktion beschrieben werden.

Vorerst stellen wir fest, dass wir bereits *wissen*, wie Probleme optimaler Entscheidung zu lösen sind. Wir müssen nur alles zusammenfügen, was wir in den letzten drei Kapiteln gelernt haben. Wir wissen aus diesem Kapitel, dass eine optimale Entscheidung (x_1, x_2) die Bedingung

$$\text{MRS}(x_1, x_2) = -\frac{p_1}{p_2} \tag{5.3}$$

erfüllen muss, und wir sahen im Anhang zum 4. Kapitel, dass die MRS als das negative Verhältnis der Ableitungen der Nutzenfunktion ausgedrückt werden kann. Nach dieser Substitution und Kürzung der Minuszeichen haben wir

$$\frac{\partial u(x_1, x_2)/\partial x_1}{\partial u(x_1, x_2)/\partial x_2} = \frac{p_1}{p_2}. \tag{5.4}$$

Die Entscheidung

Aus dem 2. Kapitel wissen wir, dass die optimale Entscheidung auch die Budgetbeschränkung

$$p_1 x_1 + p_2 x_2 = m \tag{5.5}$$

erfüllen muss.

Wir erhalten zwei Gleichungen - die MRS-Bedingung und die Budgetbeschränkung - in den zwei Unbekannten x_1 und x_2. Wir brauchen nun lediglich diese zwei Gleichungen zu lösen, um die optimale Entscheidung für x_1 und x_2 als Funktion der Preise und des Einkommens zu finden. Es gibt einige Möglichkeiten, zwei Gleichungen mit zwei Unbekannten zu lösen. Ein Weg, der immer funktioniert, obwohl er nicht immer der einfachste sein muss, ist die Auflösung der Budgetbeschränkung nach einer der Gütermengen, und die Substitution dieser Lösung in die MRS-Bedingung.

Umformung der Budgetbeschränkung ergibt

$$x_2 = \frac{m}{p_2} - \frac{p_1}{p_2} x_1 \tag{5.6}$$

und nach Substitution in Gleichung (5.4) erhalten wir

$$\frac{\partial u(x_1, m/p_2 - (p_1/p_2)x_1)/\partial x_1}{\partial u(x_1, m/p_2 - (p_1/p_2)x_1)/\partial x_2} = \frac{p_1}{p_2}.$$

Dieser eher schrecklich aussehende Ausdruck hat nur eine unbekannte Variable, x_1, und ist im Allgemeinen nach x_1 als Funktion von p_1, p_2 und m lösbar. Aus der Budgetbeschränkung ergibt sich dann die Lösung für x_2 als eine Funktion von Preisen und Einkommen.

Wir können die Lösung des Nutzenmaximierungsproblems auch systematischer unter Verwendung der Bedingungen der Differenzialrechnung für ein Maximum herleiten. Dazu formulieren wir das Nutzenmaximierungsproblem zuerst als ein Problem der Maximierung unter Nebenbedingungen:

$$\max_{x_1, x_2} u(x_1, x_2)$$

unter der Nebenbedingung $p_1 x_1 + p_2 x_2 = m$.

Dieses Problem verlangt die Wahl von Werten für x_1 und x_2, die zwei Eigenschaften haben: Erstens müssen sie die Nebenbedingung erfüllen und zweitens müssen sie einen Wert für $u(x_1, x_2)$ ergeben, der größer ist als alle anderen Kombinationen von x_1 und x_2, welche die Nebenbedingung erfüllen.

Es gibt zwei praktische Wege, diese Art von Problem zu lösen. Der erste Weg ist einfach die Lösung der Beschränkung für eine der Variablen als eine Funktion der anderen mit anschließender Substitution in die Zielfunktion.

Für einen beliebigen Wert von zum Beispiel x_1 ist der Wert von x_2, den wir brauchen, um die Budgetbeschränkung zu erfüllen, durch die lineare Funktion

$$x_2(x_1) = \frac{m}{p_2} - \frac{p_1}{p_2} x_1 \tag{5.7}$$

gegeben.

Substitution von $x_2(x_1)$ für x_2 in der Nutzenfunktion ergibt das *unbeschränkte* Maximierungsproblem

$$\max_{x_1} u(x_1, m/p_2 - (p_1/p_2)x_1).$$

Das ist ein unbeschränktes Maximierungsproblem nur in x_1, da wir die Funktion $x_2(x_1)$ dazu verwendet haben zu gewährleisten, dass x_2 die Budgetbeschränkung für jeden Wert von x_1 erfüllt.

Wir können dieses Problem einfach durch Differenzierung nach x_1 lösen und das Ergebnis in der üblichen Weise gleich Null setzen. Diese Vorgangsweise ergibt die Bedingung erster Ordnung in der Form

$$\frac{\partial u(x_1, x_2(x_1))}{\partial x_1} + \frac{\partial u(x_1, x_2(x_1))}{\partial x_2} \frac{dx_2}{dx_1} = 0. \qquad (5.8)$$

Der erste Ausdruck ist hier der direkte Effekt, wie eine Erhöhung von x_1 den Nutzen steigert. Der zweite Term besteht aus zwei Teilen: Dem Anstieg des Nutzens mit zunehmendem x_2, $\delta u/dx_2$, mal dx_2/dx_1, der Veränderung von x_2 aufgrund einer Änderung von x_1 zur Erfüllung der Budgetgleichung. Wir können (5.7) differenzieren, um diese letzte Ableitung zu berechnen

$$\frac{dx_2}{dx_1} = -\frac{p_1}{p_2}.$$

Substitution in (5.8) ergibt

$$\frac{\partial u(x_1^*, x_2^*)/\partial x_1}{\partial u(x_1^*, x_2^*)/\partial x_2} = \frac{p_1}{p_2},$$

was lediglich besagt, dass im Optimum (x_1^*, x_2^*) die Grenzrate der Substitution zwischen x_1 und x_2 dem Preisverhältnis gleich sein muss. Das ist genau die oben hergeleitete Bedingung: Die Steigung der Indifferenzkurve muss gleich der Steigung der Budgetgeraden sein. Natürlich muss die optimale Wahl auch die Budgetbeschränkung $p_1x_1^* + p_2x_2^* = m$ erfüllen, was wiederum zwei Gleichungen in zwei Unbekannten ergibt.

Der zweite Weg zur Lösung solcher Probleme ist die Verwendung von **Lagrange-Multiplikatoren**. Diese Methode beginnt mit der Formulierung einer Hilfsfunktion,

$$L = u(x_1, x_2) - \lambda(p_1 x_1 + p_2 x_2 - m)$$

der so genannten *Lagrange*-Funktion. Die neue Variable λ wird **Lagrange-Multiplikator** genannt, da sie mit der Nebenbedingung multipliziert wird. Nach dem Theorem von Lagrange muss ein Optimum (x_1^*, x_2^*) folgende drei Bedingungen erster Ordnung erfüllen:

$$\frac{\partial L}{\partial x_1} = \frac{\partial u(x_1^*, x_2^*)}{\partial x_1} - \lambda p_1 = 0$$

$$\frac{\partial L}{\partial x_2} = \frac{\partial u(x_1^*, x_2^*)}{\partial x_2} - \lambda p_2 = 0$$

$$\frac{\partial L}{\partial \lambda} = p_1 x_1^* + p_2 x_2^* - m = 0.$$

Diese drei Gleichungen sind in verschiedener Hinsicht bemerkenswert. Beachte erstens, dass es sich einfach um die Ableitungen der Lagrange-Funktion nach x_1, x_2 und λ handelt, jeweils gleich Null gesetzt. Die letzte Ableitung nach λ ist einfach die Budgetbeschränkung. Zweitens haben wir nun drei Gleichungen in drei Unbekannten x_1, x_2 und λ. Wir können auf eine Lösung für x_1 und x_2 als Funktionen von p_1, p_2 und m hoffen.

Das Theorem von Lagrange wird in jedem Lehrbuch der Differenzialrechnung für Fortgeschrittene bewiesen. In fortgeschrittenen Lehrveranstaltungen der Ökonomie wird es sehr häufig verwendet, für unsere Zwecke genügt die Kenntnis des Theorems und seiner Anwendung.

Die Entscheidung

In unserem besonderen Fall lohnt es sich festzuhalten, dass eine Division der ersten Bedingung durch die zweite

$$\frac{\partial u(x_1^*, x_2^*)/\partial x_1}{\partial u(x_1^*, x_2^*)/\partial x_2} = \frac{p_1}{p_2}$$

ergibt, was wie oben einfach besagt, dass die MRS gleich dem Preisverhältnis sein muss. Die Budgetbeschränkung gibt uns die andere Gleichung, und wir haben wieder zwei Gleichungen in zwei Unbekannten.

BEISPIEL: Cobb-Douglas Nachfragefunktionen

Im 4. Kapitel führten wir die **Cobb-Douglas Nutzenfunktion** ein:

$$u(x_1, x_2) = x_1^c x_2^d.$$

Da Nutzenfunktionen nur bis auf eine monotone Transformation definiert sind, ist es zweckmäßig, diesen Ausdruck zu logarithmieren und mit

$$\ln u(x_1, x_2) = c \ln x_1 + d \ln x_2.$$

zu arbeiten.

Wir wollen die Nachfragefunktionen für x_1 und x_2 für die Cobb-Douglas Nutzenfunktion finden; unser Problem ist daher

$$\max_{x_1, x_2} c \ln x_1 + d \ln x_2$$

unter der Nebenbedingung $p_1 x_1 + p_2 x_2 = m$.

Es gibt zumindest drei Möglichkeiten zur Lösung dieses Problems. Eine Möglichkeit ist einfach, die MRS-Bedingung und die Budgetbeschränkung anzuschreiben. Unter Verwendung des im 4. Kapitel hergeleiteten Ausdrucks für die MRS haben wir

$$\frac{cx_2}{dx_1} = \frac{p_1}{p_2}$$

$$p_1 x_1 + p_2 x_2 = m.$$

Diese zwei Gleichungen in zwei Unbekannten können nach den optimalen Werten von x_1 und x_2 gelöst werden. Substitution der zweiten in die erste ergibt

$$\frac{c(m/p_2 - x_1 p_1/p_2)}{dx_1} = \frac{p_1}{p_2}.$$

Kreuzmultiplikation führt zu

$$c(m - x_1 p_1) = dp_1 x_1.$$

Umformung dieser Gleichung ergibt

$$cm = (c + d) p_1 x_1$$

oder

$$x_1 = \frac{c}{c+d} \frac{m}{p_1}.$$

Das ist die Nachfragefunktion für x_1. Durch Substitution in die Budgetbeschränkung findet man die Nachfragefunktion für x_2

$$x_2 = \frac{m}{p_2} - \frac{p_1}{p_2}\frac{c}{c+d}\frac{m}{p_1}$$
$$= \frac{d}{c+d}\frac{m}{p_2}.$$

Die zweite Möglichkeit ist die Substitution der Budgetbeschränkung in das Maximierungsproblem gleich zu Beginn. Wenn wir das machen, so wird unsere Aufgabe

$$\max_{x_1} c\ln x_1 + d\ln(m/p_2 - x_1 p_1/p_2).$$

Die Bedingung erster Ordnung lautet

$$\frac{c}{x_1} - d\frac{p_2}{m - p_1 x_1}\frac{p_1}{p_2} = 0.$$

Ein wenig Algebra - die man ausführen sollte! - führt zur Lösung

$$x_1 = \frac{c}{c+d}\frac{m}{p_1}.$$

Wenn man das wieder in die Budgetbeschränkung $x_2 = m/p_2 - x_1 p_1/p_2$ einsetzt, so erhält man

$$x_2 = \frac{d}{c+d}\frac{m}{p_2}.$$

Das sind die Nachfragefunktionen der beiden Güter, welche glücklicherweise dieselben sind, die wir vorher nach der ersten Methode gefunden hatten.

Nun zur Lagrange-Methode. Man setzt die Lagrange-Funktion

$$L = c\ln x_1 + d\ln x_2 - \lambda(p_1 x_1 + p_2 x_2 - m)$$

an und differenziert, um die drei Bedingungen erster Ordnung zu finden.

$$\frac{\partial L}{\partial x_1} = \frac{c}{x_1} - \lambda p_1 = 0$$
$$\frac{\partial L}{\partial x_2} = \frac{d}{x_2} - \lambda p_2 = 0$$
$$\frac{\partial L}{\partial \lambda} = p_1 x_1 + p_2 x_2 - m = 0.$$

Der Trick ist, sie zu lösen! Die beste Möglichkeit ist, zuerst nach λ zu lösen und dann x_1 und x_2 zu finden. Umformung und Kreuzmultiplikation der beiden ersten Gleichungen ergibt

$$c = \lambda p_1 x_1$$
$$d = \lambda p_2 x_2.$$

Diese Gleichungen verlangen einfach nach Addition:

$$c + d = \lambda(p_1 x_1 + p_2 x_2) = \lambda m,$$

was zu

$$\lambda = \frac{c+d}{m}.$$

führt. Substitution in die beiden ersten Gleichungen und Auflösung nach x_1 und x_2 ergibt wie oben

$$x_1 = \frac{c}{c+d}\frac{m}{p_1}$$
$$x_2 = \frac{d}{c+d}\frac{m}{p_2},$$

6. Kapitel
NACHFRAGE

Im letzten Kapitel stellten wir das Grundmodell der Konsumentenentscheidung dar: Wie Nutzenmaximierung bei einer Budgetbeschränkung zu optimaler Entscheidung führt. Wir sahen, dass die optimalen Entscheidungen des Konsumenten von seinem Einkommen und von den Preisen abhängen, und arbeiteten ein paar Beispiele aus, um zu zeigen, wie die optimalen Entscheidungen für einige einfache Arten der Präferenzen aussehen.

Die **Nachfragefunktionen** des Konsumenten geben die optimalen Mengen jedes Gutes als eine Funktion der Preise und des Einkommens an, denen sich der Konsument gegenübersieht. Wir schreiben die Nachfragefunktionen als

$$x_1 = x_1(p_1, p_2, m)$$
$$x_2 = x_2(p_1, p_2, m).$$

Die linke Seite jeder Gleichung steht für die nachgefragte Menge. Die rechte Seite jeder Gleichung ist die Funktion, welche die Preise und das Einkommen zu dieser Menge in Beziehung setzt.

In diesem Kapitel untersuchen wir die Änderungen der Nachfrage auf Grund von Änderungen der Preise und des Einkommens. Die Analyse der Reaktion der Entscheidung auf Änderungen im ökonomischen Umfeld wird **komparative Statik** genannt, die wir bereits im 1. Kapitel beschrieben haben. „Komparativ" bedeutet, dass wir zwei Zustände vergleichen wollen, nämlich vor und nach der Veränderung des ökonomischen Umfelds. „Statik" bedeutet, dass wir uns nicht mit dem Anpassungsprozess beschäftigen, wie man von einem Zustand zum anderen gelangt; wir untersuchen lediglich die Gleichgewichtsentscheidungen.

Im Fall des Konsumenten gibt es in unserem Modell nur zwei Dinge, welche die optimale Entscheidung beeinflussen: Preise und Einkommen. Fragen der komparativen Statik in der Theorie des Konsumenten betreffen daher die Analyse von Nachfrageänderungen auf Grund von Änderungen der Preise und des Einkommens.

6.1 Normale und inferiore Güter

Wir beginnen mit der Frage, wie sich die Nachfrage einer Konsumentin nach einem Gut ändert, wenn sich ihr Einkommen ändert. Wir wollen die optimale

Entscheidung bei einem Einkommen mit jener bei einem anderen Einkommensniveau vergleichen. Dabei werden die Preise konstant gehalten und nur die Änderung der Nachfrage auf Grund der Einkommensänderung untersucht.

Wir wissen, wie eine Änderung des Geldeinkommens die Budgetgerade bei konstanten Preisen verändert - sie wird parallel nach außen verschoben. Wie wirkt sich das auf die Nachfrage aus?

Normalerweise würden wir vermuten, dass mit steigendem Einkommen die Nachfrage nach jedem Gut steigen würde, wie in Abbildung 6.1 dargestellt. Ökonomen, mit ihrem einzigartigen Mangel an Fantasie, bezeichnen solche Güter als **normale** Güter. Wenn Gut 1 ein normales Gut ist, steigt die Nachfrage mit steigendem Einkommen und sinkt, wenn das Einkommen fällt. Bei einem normalen Gut ändert sich die nachgefragte Menge immer in dieselbe Richtung wie das Einkommen:

$$\frac{\Delta x_1}{\Delta m} > 0.$$

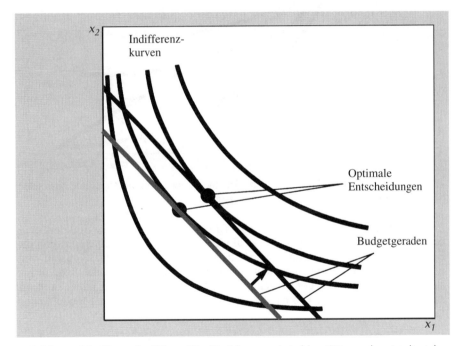

Abbildung 6.1 Normale Güter. Die Nachfrage nach beiden Gütern nimmt mit steigendem Einkommen zu, beides sind daher normale Güter.

Wenn etwas als normal bezeichnet wird, so kann man sicher sein, dass es die *Möglichkeit* der Abnormität geben muss. Und es gibt sie tatsächlich. Abbildung 6.2 präsentiert ganz normal verlaufende Indifferenzkurven, bei denen eine Einkommenserhöhung zu einer *Verringerung* des Konsums bei einem der Güter führt. Solch ein Gut wird als **inferiores** Gut bezeichnet. Das mag „abnormal" sein, aber wenn man es sich recht überlegt, dann sind inferiore Güter gar nicht so ungewöhnlich. Es gibt viele Güter, deren Nachfrage bei steigendem Einkommen zurückgeht; Beispiele wären Haferschleim, Extrawurst, Substandard-Wohnungen oder nahezu jedes Gut von niedriger Qualität.

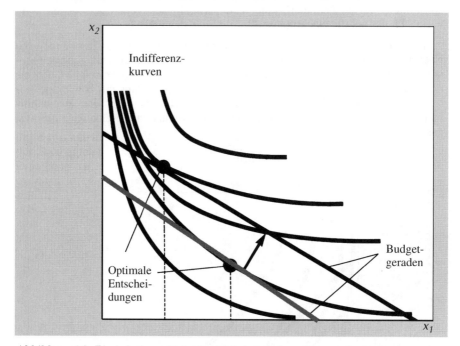

Abbildung 6.2 Ein inferiores Gut. Gut 1 ist ein inferiores Gut, was bedeutet, dass seine Nachfrage mit steigendem Einkommen zurückgeht.

Ob ein Gut inferior ist oder nicht, hängt vom untersuchten Einkommensniveau ab. Arme Leute mögen sehr wohl mehr Extrawurst konsumieren, wenn ihr Einkommen steigt. Aber ab einem gewissen Punkt würde der Konsum von Extrawurst mit weiterhin steigendem Einkommen sinken. Da in der Realität bei steigendem Einkommen der Konsum einzelner Güter steigen oder fallen kann, ist es beruhigend zu wissen, dass die ökonomische Theorie beide Möglichkeiten zulässt.

6.2 Einkommens-Konsumkurven und Engel-Kurven

Wir sahen, dass einer Einkommenserhöhung eine Parallelverschiebung der Budgetgeraden nach außen entspricht. Nun können wir die nachgefragten Bündel, die man bei einer Verschiebung der Budgetgeraden nach außen erhält, miteinander verbinden, um so die **Einkommens-Konsumkurve** zu konstruieren. Diese Kurve stellt die bei verschiedenen Einkommenshöhen nachgefragten Güterbündel dar (Abbildung 6.3A). Die Einkommens-Konsumkurve ist auch als **Einkommens-Expansionspfad** bekannt. Wenn beide Güter normal sind, wird der Einkommens-Expansionspfad eine positive Steigung aufweisen, wie in Abbildung 6.3A.

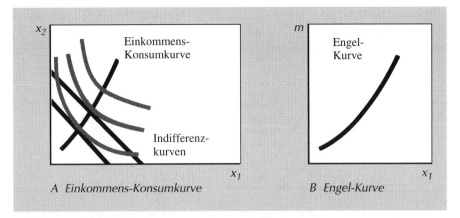

Abbildung 6.3 Wie sich die Nachfrage mit dem Einkommen ändert. Die im Feld A dargestellte Einkommens-Konsumkurve (der Einkommens-Expansionspfad) bildet die optimale Entscheidung für verschiedene Einkommenshöhen bei konstanten Preisen ab. Wenn wir die optimale Wahl des Gutes 1 gegen das Einkommen, m, auftragen, erhalten wir die Engel-Kurve (Feld B).

Für jede Einkommenshöhe, m, wird es irgendeine optimale Wahl für jedes Gut geben. Konzentrieren wir uns auf Gut 1 und betrachten wir die optimale Entscheidung für jeden Preis- und Einkommensvektor, $x_1(p_1, p_2, m)$. Das ist einfach die Nachfragefunktion für Gut 1. Wenn die Preise der Güter 1 und 2 konstant bleiben, und wir uns ansehen, wie sich die Nachfrage bei variierendem Einkommen verändert, erhalten wir die so genannte **Engel-Kurve.** Die Engel-Kurve ist eine Grafik der Nachfrage nach einem Gut als Funktion des Einkommens bei Konstanz aller Preise. Ein Beispiel für eine Engel-Kurve findet sich in Abbildung 6.3B.

6.3 Einige Beispiele

Sehen wir uns die Einkommens-Konsumkurven und die Engel-Kurven für einige der im 5. Kapitel untersuchten Präferenzen an.

Perfekte Substitute

Der Fall perfekter Substitute wird in Abbildung 6.4 dargestellt. Wenn $p_1 < p_2$, sodass sich der Konsument auf den Verbrauch des Gutes 1 spezialisiert, wird steigendes Einkommen bedeuten, dass er seinen Konsum von Gut 1 erhöht. Die Einkommens-Konsumkurve fällt daher mit der horizontalen Achse zusammen, wie in Abbildung 6.4A dargestellt.

Da in diesem Fall die Nachfrage nach Gut 1 gleich $x_1 = m/p_1$ ist, wird die Engel-Kurve eine Gerade mit der Steigung p_1 sein, wie in Abbildung 6.4B dargestellt. (Da m auf der vertikalen und x_1 auf der horizontalen Achse eingezeichnet ist, können wir $m = p_1 x_1$ schreiben, was verdeutlicht, dass die Steigung p_1 ist.)

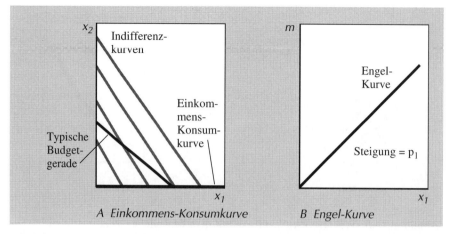

Abbildung 6.4 Perfekte Substitute. Die Einkommens-Konsumkurve (A) und die Engel-Kurve (B) für den Fall perfekter Substitute.

Perfekte Komplemente

Das Nachfrageverhalten bei perfekten Komplementen wird in Abbildung 6.5 gezeigt. Da die Konsumentin in jedem Fall stets die gleiche Menge von jedem Gut konsumieren wird, ist die Einkommens-Konsumkurve die Diagonale durch den Ursprung, wie in Abbildung 6.5A dargestellt. Wir haben bereits gesehen, dass die Nachfrage nach Gut 1 gleich $x_1 = m/(p_1 + p_2)$ ist, die Engel-Kurve ist daher eine Gerade mit der Steigung $p_1 + p_2$, wie in Abbildung 6.5B gezeigt wird.[1]

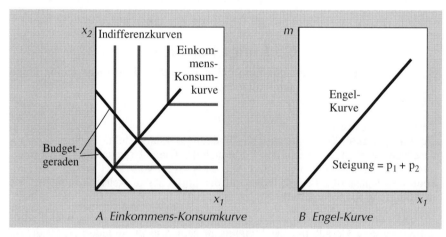

Abbildung 6.5 Perfekte Komplemente. Die Einkommens-Konsumkurve (A) und die Engel-Kurve (B) für den Fall perfekter Komplemente.

---

[1] Hier ist implizit unterstellt, dass die beiden Güter im Verhältnis 1:1 konsumiert werden, was nicht notwendigerweise der Fall sein muss.

Cobb-Douglas Präferenzen

Im Fall der Cobb-Douglas Präferenzen ist es einfacher, sich die algebraische Form der Nachfragefunktionen anzusehen, um herauszufinden, wie die grafischen Darstellungen ausschauen. Wenn $u(x_1, x_2) = x_1^a x_2^{1-a}$, dann hat die Cobb-Douglas Nachfrage nach Gut 1 die Form $x_1 = am/p_1$. Für einen konstanten Wert von p_1 ist das eine *lineare* Funktion von m. Daher wird eine Verdoppelung von m die Nachfrage verdoppeln, eine Verdreifachung von m wird die Nachfrage verdreifachen usw. Tatsächlich wird die Multiplikation von m mit einer beliebigen positiven Zahl t die Nachfrage im selben Ausmaß verändern.

Die Nachfrage nach Gut 2 ist $x_2 = (1-a)m/p_2$, und das ist offensichtlich auch linear. Die Tatsache, dass die Nachfragefunktionen beider Güter lineare Funktionen des Einkommens sind, bedeutet, dass die Einkommens-Expansionspfade Gerade durch den Ursprung sind, wie in Abbildung 6.6A dargestellt. Die Engel-Kurve des Gutes 1 wird eine Gerade mit der Steigung p_1/a sein (Abbildung 6.6B).

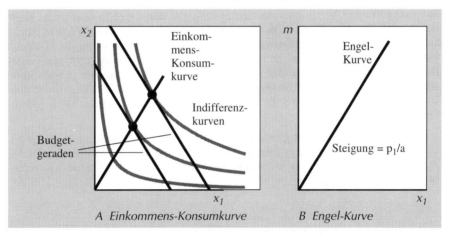

Abbildung 6.6 Cobb-Douglas. Eine Einkommens-Konsumkurve (A) und Engel-Kurve (B) für eine Cobb-Douglas Nutzenfunktion.

Homothetische Präferenzen

Alle Einkommens-Konsumkurven und Engel-Kurven, die wir bis jetzt sahen, waren eher einfach - tatsächlich waren sie einfach Gerade! Das liegt nur daran, dass unsere Beispiele so einfach waren. In der Wirklichkeit müssen Engel-Kurven keine Geraden sein. Im Allgemeinen wird bei steigendem Einkommen die Nachfrage schneller oder langsamer als das Einkommen steigen. Wenn die Nachfrage nach einem Gut im Verhältnis zum Einkommen rascher steigt, sprechen wir von einem **Luxusgut**, wenn sie in einem relativ geringeren Ausmaß steigt, liegt ein **notwendiges Gut** vor.

Die Grenze liegt also dort, wo die Nachfrage nach einem Gut im selben Verhältnis steigt wie das Einkommen. Genau das geschah in den drei bisher untersuchten Fällen. Welcher Aspekt der Präferenzen der Konsumentin führt zu diesem Verhalten?

Angenommen die Präferenzen der Konsumentin hängen nur vom *Verhältnis* des Gutes 1 zum Gut 2 ab. Wenn also die Konsumentin (x_1, x_2) gegenüber (y_1, y_2) bevorzugt, so wird sie automatisch auch $(2x_1, 2x_2)$ gegenüber $(2y_1, 2y_2)$ bevorzugen, $(3x_1, 3x_2)$ gegenüber $(3y_1, 3y_2)$ usw., da bei allen diesen Bündeln das Verhältnis von Gut 1 zu Gut 2 gleich bleibt. Tatsächlich bevorzugt die Konsumentin (tx_1, tx_2) gegenüber (ty_1, ty_2) für jedes positive t. Präferenzen mit dieser Eigenschaft sind als **homothetische Präferenzen** bekannt. Es ist nicht schwer zu zeigen, dass die drei vorangehenden Beispiele für Präferenzen - perfekte Substitute, perfekte Komplemente und Cobb-Douglas Präferenzen - homothetische Präferenzen sind.

Wenn die Konsumentin homothetische Präferenzen hat, sind alle Einkommens-Konsumkurven Gerade durch den Ursprung, wie in Abbildung 6.7 gezeigt wird. Genauer: Wenn die Präferenzen homothetisch sind, so bedeutet das, dass eine Skalierung des Einkommens nach oben oder unten um jedes beliebige $t > 0$ das nachgefragte Güterbündel um den gleichen Wert nach oben oder unten skalieren wird. Das kann formal bewiesen werden, es ist aber auch nach einem Blick auf die Abbildung eher offensichtlich. Wenn die Indifferenzkurve die Budgetgerade bei (x_1^*, x_2^*) berührt, so wird die Indifferenzkurve durch (tx_1^*, tx_2^*) eine Budgetgerade berühren, die das t-fache Einkommen bei denselben Preisen aufweist. Das impliziert, dass die Engel-Kurven ebenso Gerade sind. Wenn man das Einkommen verdoppelt, so verdoppelt man einfach die Nachfrage nach jedem Gut.

Homothetische Präferenzen sind sehr praktisch, da die Einkommenseffekte so einfach sind. Leider sind aus demselben Grund homothetische Präferenzen nicht sehr wirklichkeitsnah! Als Illustrationen werden sie jedoch bisweilen recht brauchbar sein.

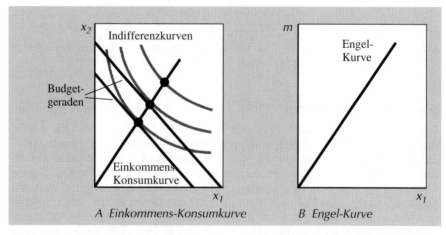

Abbildung 6.7 Homothetische Präferenzen. Eine Einkommens-Konsumkurve (A) und eine Engel-Kurve (B) für den Fall homothetischer Präferenzen.

Quasilineare Präferenzen

Eine andere Art der Präferenzen, die zur Entstehung einer besonderen Form der Einkommens-Konsumkurven und Engel-Kurven führen, sind quasilineare Präferenzen. Dazu sei die Definition der quasilinearen Präferenzen aus dem 4. Kapitel in Erinnerung gerufen. Das ist jene Situation, in der alle Indifferenzkurven „verschobene" Versionen einer einzigen Indifferenzkurve sind, wie in Abbildung 6.8. Anders ausgedrückt, hat die Nutzenfunktion dieser Präferenzen die Form $u(x_1, x_2) = v(x_1) + x_2$. Was geschieht, wenn wir die Budgetgerade nach außen verschieben? Wenn eine Indifferenzkurve die Budgetgerade bei einem Bündel (x_1^*, x_2^*) berührt, dann muss eine andere Indifferenzkurve ebenso eine Tangente bei einem Bündel $(x_1^*, x_2^* + k)$ für ein beliebiges k sein. Eine Einkommenserhöhung ändert die Nachfrage nach Gut 1 überhaupt nicht, das gesamte zusätzliche Einkommen wird für zusätzlichen Konsum des Gutes 2 verwendet. Wenn die Präferenzen quasilinear sind, sagen wir manchmal, dass für Gut 1 ein „Null-Einkommenseffekt" gegeben ist. Daher ist die Engel-Kurve eine Vertikale - wenn sich das Einkommen ändert, bleibt die Nachfrage nach Gut 1 konstant.

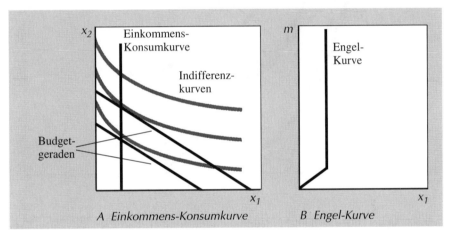

Abbildung 6.8 Quasilineare Präferenzen. Eine Einkommens-Konsumkurve (A) und eine Engel-Kurve (B) bei quasilinearen Präferenzen.

In welcher Situation könnte so etwas in der Realität vorkommen? Angenommen Gut 1 seien Bleistifte und Gut 2 ist das Geld, das für andere Güter zur Verfügung steht. Wenn mein Einkommen steigt, kaufe ich keine zusätzlichen Bleistifte mehr - mein gesamtes Zusatzeinkommen wird für andere Güter ausgegeben. Andere Beispiele wären Salz oder Zahnpasta. Wenn wir die Wahl zwischen allen Gütern einerseits und einem einzelnen Gut andererseits untersuchen, das nur einen kleinen Teil des Budgets der Konsumentin ausmacht, mag die Annahme der Quasilinearität ganz plausibel sein, zumindest wenn das Einkommen der Konsumentin hinreichend groß ist.

6.4 Gewöhnliche Güter und Giffen-Güter

Wenden wir uns nun Preisänderungen zu. Angenommen wir senken den Preis des Gutes 1 und halten den Preis des Gutes 2 und das Geldeinkommen konstant. Was kann dann hinsichtlich der nachgefragten Menge des Gutes 1 geschehen? Intuition sagt uns, dass die nachgefragte Menge des Gutes 1 steigen sollte, wenn sein Preis sinkt. Das ist auch gewöhnlich der Fall, wie in Abbildung 6.9 dargestellt.

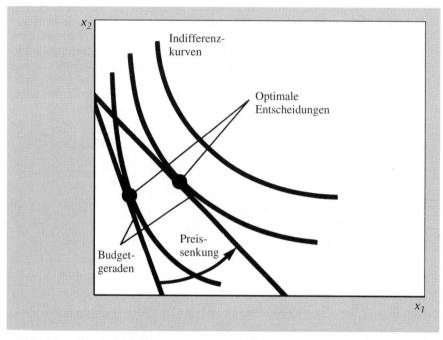

Abbildung 6.9 Ein gewöhnliches Gut. Gewöhnlich wird die Nachfrage nach einem Gut steigen, wenn sein Preis fällt, wie das hier der Fall ist.

Wenn der Preis des Gutes 1 fällt, wird die Budgetgerade flacher. Anders ausgedrückt: Der (vertikale) Ordinatenabschnitt bleibt konstant und der (horizontale) Abszissenabschnitt wandert nach rechts. In Abbildung 6.9 verlagert sich auch die optimale Wahl nach rechts: Die nachgefragte Menge des Gutes 1 hat sich erhöht. Aber wir könnten uns überlegen, ob dies immer so abläuft. Muss immer, unabhängig von den Präferenzen des Konsumenten, die Nachfrage nach einem Gut steigen, wenn sein Preis fällt?

Es zeigt sich, dass die Antwort nein ist. Es ist logisch möglich, ganz normale Präferenzen zu finden, bei welchen ein Sinken des Preises von Gut 1 zu einem Rückgang der Nachfrage nach Gut 1 führt. So ein Gut wird **Giffen-Gut** genannt, nach dem Ökonomen aus dem 19. Jahrhundert, der diese Möglichkeit als Erster feststellte. Abbildung 6.10 enthält ein Beispiel hiefür.

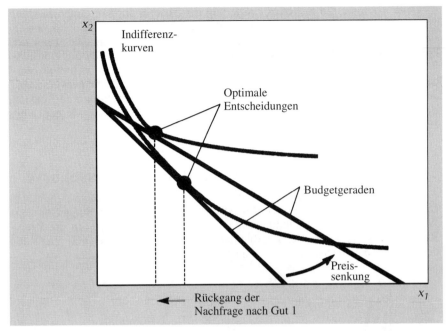

Abbildung 6.10 Ein Giffen-Gut. Gut 1 ist ein Giffen-Gut, da es mit fallendem Preis weniger nachgefragt wird.

Was geschieht hier ökonomisch betrachtet? Welche Art von Präferenzen führt zu dem in Abbildung 6.10 dargestellten eigenartigen Verhalten? Angenommen bei den zwei konsumierten Gütern handelt es sich um Haferschleim und Milch, bei einem derzeitigen Konsum von 7 Schüsseln Haferschleim und 7 Tassen Milch pro Woche. Nun fällt der Preis von Haferschleim. Wenn man weiterhin die gleichen 7 Schüsseln Haferschleim pro Woche konsumiert, so bleibt einem Geld übrig, mit dem man mehr Milch kaufen kann. Tatsächlich könnte man sich entscheiden, mit dem wegen der Preissenkung bei Haferschleim ersparten Geld noch mehr Milch und etwas weniger Haferschleim zu konsumieren. Die Preissenkung bei Haferschleim hat zusätzliches Geld zum Verbrauch für andere Güter frei gemacht - und zum Beispiel möchte man dadurch auch den Konsum von Haferschleim einschränken! Die Preisänderung wirkt daher in gewisser Hinsicht *wie* eine Einkommensänderung. Obwohl das *Geld*einkommen konstant bleibt, verändert die Preisänderung eines Gutes die Kaufkraft und damit die Nachfrage.

Aus rein logischen Gründen ist daher das Giffen-Gut nicht unplausibel, obwohl man in der Realität Giffen-Gütern kaum begegnet. Die meisten Güter sind gewöhnliche Güter - wenn ihr Preis steigt, dann geht die Nachfrage nach ihnen zurück. Warum das gewöhnlich der Fall ist, werden wir ein wenig später klarer erkennen.

Übrigens ist es kein Zufall, dass wir Haferschleim als Beispiel sowohl für ein inferiores Gut als auch für ein Giffen-Gut wählten. Es zeigt sich, dass zwischen beiden eine enge Beziehung besteht, der wir uns in Kürze zuwenden wollen.

Derzeit könnte die bisherige Erörterung der Theorie des Konsumenten wohl den Eindruck hinterlassen, dass nahezu alles möglich ist: Wenn das Einkommen steigt, kann die Nachfrage nach einem Gut steigen oder fallen, und wenn der Preis steigt, kann die Nachfrage ebenfalls steigen oder fallen. Ist die Konsumtheorie mit *jedem beliebigen* Verhalten vereinbar? Oder gibt es bestimmte Verhaltensweisen, die durch das ökonomische Modell des Konsumentenverhaltens ausgeschlossen werden? Es zeigt sich, dass es durch das Maximierungsmodell Beschränkungen des Verhaltens *gibt*. Um sie zu verstehen, müssen wir jedoch bis zum nächsten Kapitel warten.

6.5 Die Preis-Konsumkurve und die Nachfragekurve

Angenommen wir variieren den Preis des Gutes 1 und halten dabei p_2 und das Einkommen konstant. Geometrisch ist das eine Drehung der Budgetgeraden. Wir können uns die Verbindung der Optimalpunkte vorstellen, um die **Preis-Konsumkurve** zu konstruieren (Abbildung 6.11A). Diese Kurve stellt jene Bündel dar, die bei verschiedenen Preisen des Gutes 1 nachgefragt würden.

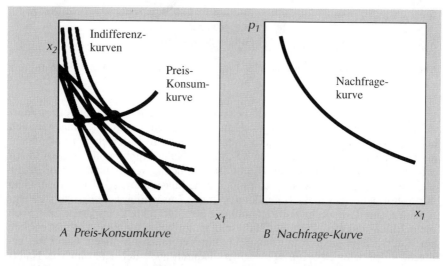

Abbildung 6.11 Die Preis-Konsumkurve und die Nachfragekurve. Feld (A) enthält die Preis-Konsumkurve, welche aus den optimalen Bündeln für verschiedene Preise des Gutes 1 besteht. Feld (B) enthält die zugehörige Nachfragekurve, welche die optimale Wahl des Gutes 1 als eine Funktion seines Preises abbildet.

Wir können die gleiche Information auf eine andere Art abbilden. Wiederum halten wir den Preis des Gutes 2 und das Geldeinkommen konstant und zeichnen für jeden verschiedenen Wert von p_1 den optimalen Konsum des Gutes 1 ein. Das Ergebnis ist die in Abbildung 6.11B dargestellte **Nachfragekurve**. Die Nachfragekurve ist die grafische Darstellung der Nachfragefunktion $x_1(p_1, p_2, m)$, wobei p_2 und m auf einem gegebenen Niveau fixiert werden.

Nachfrage

Wenn der Preis eines Gutes steigt, so wird gewöhnlich die Nachfrage nach diesem Gut fallen. Preis und Menge werden sich daher in *entgegengesetzte* Richtungen entwickeln, was bedeutet, dass die Nachfragekurve typischerweise eine negative Steigung haben wird. Als Veränderungen ausgedrückt würden wir normalerweise

$$\frac{\Delta x_1}{\Delta p_1} < 0$$

finden, was einfach besagt, dass Nachfragekurven üblicherweise eine negative Steigung aufweisen.

Wir haben jedoch gesehen, dass im Falle von Giffen-Gütern die Nachfrage nach einem Gut bei fallendem Preis zurückgehen kann. Es ist daher möglich, wenn auch nicht wahrscheinlich, eine Nachfragekurve mit einer positiven Steigung zu haben.

6.6 Einige Beispiele

Sehen wir uns ein paar Beispiele für Nachfragekurven an, wiederum unter Verwendung der im 3. Kapitel behandelten Präferenzen.

Perfekte Substitute

Die Preis-Konsumkurve und die Nachfragekurve für perfekte Substitute - die roten und blauen Bleistifte - sind in Abbildung 6.12 dargestellt. Wie wir im 5. Kapitel sahen, ist die Nachfrage nach Gut 1 gleich 0, wenn $p_1 > p_2$ ist, eine beliebige Menge auf der Budgetgeraden, wenn $p_1 = p_2$ ist, und m/p_1, wenn $p_1 < p_2$ ist. Die Preis-Konsumkurve zeichnet diese Möglichkeiten nach.

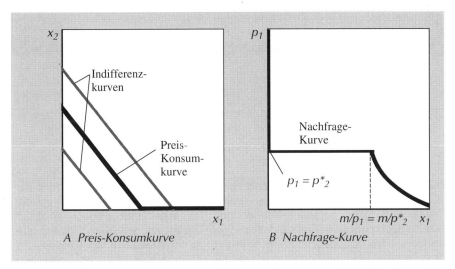

Abbildung 6.12 Perfekte Substitute. Preis-Konsumkurve (A) und Nachfragekurve (B) für den Fall perfekter Substitute.

102 Nachfrage

Um die Nachfragekurve zu finden, halten wir den Preis des Gutes 2 bei einem beliebigen Wert p_2^* konstant und tragen die Nachfrage nach Gut 1 gegen den Preis des Gutes 1 in eine Grafik ein, um die in Abbildung 6.12B dargestellte Form zu erhalten.

Perfekte Komplemente

Dieser Fall - das Beispiel der rechten und linken Schuhe - ist in Abbildung 6.13 dargestellt. Wir wissen, dass der Konsument - unabhängig vom Preis - immer dieselbe Menge der Güter 1 und 2 nachfragen wird. Daher wird seine Preis-Konsumkurve die in Abbildung 6.13A eingezeichnete Diagonale sein.

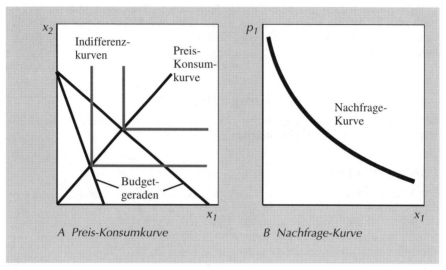

Abbildung 6.13 Perfekte Komplemente. Preis-Konsumkurve (A) und Nachfragekurve (B) im Falle perfekter Komplemente.

Wir sahen im 5. Kapitel, dass die Nachfrage nach Gut 1 durch

$$x_1 = \frac{m}{p_1 + p_2}$$

gegeben ist. Wenn wir m und p_2 konstant halten und die Beziehung zwischen x_1 und p_1 zeichnen, erhalten wir die in Abbildung 6.13B wiedergegebene Kurve.

Ein unteilbares Gut

Angenommen Gut 1 ist ein unteilbares Gut. Wenn p_1 sehr hoch ist, wird der Konsument Null Einheiten konsumieren; wenn p_1 niedrig genug ist, wird der Konsument genau 1 Einheit konsumieren. Bei irgendeinem Preis r_1 wird der Konsument zwischen Verbrauch oder Nicht-Verbrauch des Gutes 1 gerade indifferent sein. Jener Preis, bei welchem der Konsument zwischen Konsum und

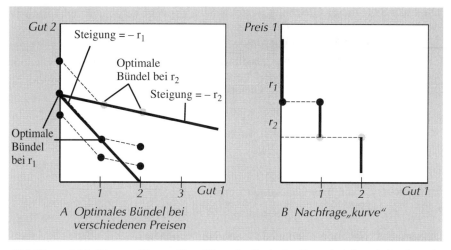

A Optimales Bündel bei verschiedenen Preisen

B Nachfrage„kurve"

Abbildung 6.14 Ein unteilbares Gut. Wenn der Preis des Gutes 1 sinkt, wird es irgendeinen Preis geben, den Vorbehaltspreis, bei dem der Konsument zwischen Konsum und Nicht-Konsum des Gutes 1 gerade indifferent ist. Wenn der Preis des Gutes 1 weiter sinkt, werden immer mehr Einheiten des Gutes 1 nachgefragt.

Nicht-Konsum gerade indifferent ist, wird **Vorbehaltspreis**[2] genannt. Die Indifferenzkurven und die Nachfragekurve sind in Abbildung 6.14 dargestellt.

Aus dem Diagramm wird deutlich, dass das Nachfrageverhalten durch eine Folge von Vorbehaltspreisen beschrieben werden kann, zu denen der Konsument gerade bereit ist, eine weitere Einheit des Gutes zu kaufen. Bei einem Preis von r_1 ist der Konsument bereit, 1 Einheit des Gutes zu kaufen; wenn der Preis auf r_2 fällt, ist er bereit, eine weitere Einheit zu kaufen, usw.

Diese Preise können mittels der ursprünglichen Nutzenfunktion beschrieben werden. Wenn zum Beispiel r_1 jener Preis ist, bei dem der Konsument zwischen dem Konsum von 0 und 1 Einheit gerade indifferent ist, dann muss die Gleichung

$$u(0, m) = u(1, m - r_1) \qquad (6.1)$$

erfüllt sein. Entsprechend gilt für r_2 die Gleichung

$$u(1, m - r_2) = u(2, m - 2r_2). \qquad (6.2)$$

---

[2] Der Begriff Vorbehaltspreis stammt von Auktionsmärkten. Wenn jemand etwas auf einer Versteigerung verkaufen will, wird er üblicherweise einen Minimumpreis angeben, zu dem er bereit wäre, das Gut zu verkaufen. Wenn das Bestgebot unter diesem Preis liegt, behält sich der Verkäufer das Recht vor, den Posten selbst zu kaufen. Dieser Preis wurde als Vorbehaltspreis des Verkäufers bekannt und in der Folge zur Beschreibung jenes Preises verwendet, zu dem jemand gerade bereit ist, einen Posten zu kaufen oder zu verkaufen.

Die linke Seite dieser Gleichung ist der Nutzen aus dem Verbrauch von 1 Einheit des Gutes zum Preis von r_2. Die rechte Seite ist der Nutzen aus dem Konsum von 2 Einheiten des Gutes zum Preis von r_2.

Wenn die Nutzenfunktion quasilinear ist, dann werden die Formeln zur Beschreibung der Vorbehaltspreise etwas einfacher. Wenn $u(x_1, x_2) = v(x_1) + x_2$ und $v(0) = 0$, dann kann man für Gleichung (6.1)

$$v(0) + m = m = v(1) + m - r_1$$

schreiben. Da $v(0) = 0$ ist, können wir nach r_1 lösen und erhalten

$$r_1 = v(1). \tag{6.3}$$

Entsprechend kann man Gleichung (6.2) als

$$v(1) + m - r_2 = v(2) + m - 2r_2$$

anschreiben, was nach Kürzen und Umformung einfach zu

$$r_2 = v(2) - v(1)$$

wird. Wenn wir auf diese Weise fortsetzen, ist der Vorbehaltspreis für die dritte Konsumeinheit durch

$$r_3 = v(3) - v(2)$$

gegeben, usw.

In jedem Fall misst der Vorbehaltspreis die Nutzensteigerung, die erforderlich ist, um den Konsument zur Nachfrage nach einer weiteren Einheit des Gutes zu veranlassen. Vereinfacht ausgedrückt messen die Vorbehaltspreise die Grenznutzen der verschiedenen Konsumniveaus des Gutes 1. Unsere Annahme des abnehmenden Grenznutzens impliziert, dass die Reihe der Vorbehaltspreise fallen muss: $r_1 > r_2 > r_3 \ldots$

Auf Grund der besonderen Struktur der quasilinearen Nutzenfunktion hängen die Vorbehaltspreise nicht von der Menge des Gutes 2 ab, die der Konsument hat. Das ist sicherlich ein Sonderfall, aber es erleichtert die Beschreibung des Nachfrageverhaltens. Für jeden beliebigen Preis brauchen wir nur zu suchen, wo er sich in der Liste der Vorbehaltspreise befindet. Angenommen er fällt zum Beispiel zwischen r_6 und r_7. Die Tatsache, dass $p < r_6$ ist, besagt, dass der Konsument bereit ist, p Dollar aufzugeben, um 6 Einheiten des Gutes 1 zu erhalten; und dass $p > r_7$ ist, bedeutet, dass der Konsument nicht bereit ist, p Euros aufzugeben, um die siebente Einheit von Gut 1 zu erhalten.

Die Argumentation ist intuitiv einleuchtend, um jedoch sicher zu gehen, sehen uns wir das Ganze mathematisch an. Angenommen der Konsument fragt 6 Einheiten des Gutes 1 nach. Wir wollen zeigen, dass $r_6 \geq p \geq r_7$ vorliegen muss.

Wenn der Konsument seinen Nutzen maximiert, so muss

$$v(6) + m - 6p \geq v(x_1) + m - px_1$$

für alle möglichen x_1 gelten. Insbesondere muss

$$v(6) + m - 6p \geq v(5) + m - 5p.$$

sein. Nach Umformung dieser Gleichung erhalten wir

$$r_6 = v(6) - v(5) \geq p,$$

was bereits die eine Hälfte des gewünschten Ergebnisses ist.

Nach derselben Logik gilt

$$v(6) + m - 6p \geq v(7) + m - 7p.$$

Nach Umformung ergibt das

$$p \geq v(7) - v(6) = r_7,$$

was die andere Hälfte der zu beweisenden Ungleichung darstellt.

6.7 Substitute und Komplemente

Wir haben die Begriffe Substitute und Komplemente bereits verwendet, aber es ist jetzt angebracht, eine formale Definition zu geben. Da wir *perfekten* Substituten und *perfekten* Komplementen bereits des Öfteren begegneten, scheint es vernünftig, sich nun den unvollkommenen Fällen zuzuwenden.

Betrachten wir zuerst Substitute. Wir sagten, dass man sich rote und blaue Bleistifte als perfekte Substitute vorstellen könnte, zumindest für jemand, dem Farben egal sind. Wie schaut das für Bleistifte und Füllfedern aus? Das ist ein Fall "unvollkommener" Substitute. Das heißt, in bestimmtem Ausmaß sind Füllfedern und Bleistifte Substitute, aber sie sind keine so perfekten Substitute wie rote und blaue Bleistifte.

Wir behaupteten ebenso, dass rechte und linke Schuhe perfekte Komplemente wären. Wie ist das mit einem Paar Schuhe und einem Paar Socken? Rechte und linke Schuhe werden fast immer gemeinsam konsumiert, Schuhe und Socken *üblicherweise*. Komplementärgüter wie Schuhe und Socken werden häufig gemeinsam konsumiert, wenn auch nicht immer.

Da wir nun die Grundkonzepte von Komplementen und Substituten besprochen haben, können wir eine genaue ökonomische Definition geben. Wie erinnerlich, wird die Nachfragefunktion z. B. für Gut 1 typischerweise eine Funktion des Preises sowohl des Gutes 1 als auch des Gutes 2 sein; wir schreiben daher $x_1(p_1, p_2, m)$. Nun können wir fragen, wie sich die Nachfrage nach Gut 1 verändert, wenn sich der Preis des Gutes 2 ändert: Wird sie steigen oder fallen?

Wenn die Nachfrage nach Gut 1 bei steigendem Preis des Gutes 2 steigt, dann sagen wir, dass Gut 1 ein **Substitut** für Gut 2 ist. Als Veränderungsrate ausgedrückt ist Gut 1 ein Substitut für Gut 2, wenn

$$\frac{\Delta x_1}{\Delta p_2} > 0.$$

Der Gedanke ist, dass bei Verteuerung des Gutes 2 die Konsumentin auf den Konsum des Gutes 1 übergeht: Sie *substituiert* weg vom teureren zum weniger teuren Gut.

Wenn andererseits bei steigendem Preis des Gutes 2 die Nachfrage nach Gut 1 sinkt, dann sagen wir, dass Gut 1 ein **Komplement** zu Gut 2 ist. Das bedeutet, dass

$$\frac{\Delta x_1}{\Delta p_2} < 0.$$

Komplemente werden zusammen konsumiert, wie Kaffee und Zucker, sodass durch das Steigen des Preises eines Gutes der Konsum beider Güter zurückgeht.

Die Fälle perfekter Substitute und Komplemente illustrieren diese Feststellungen recht anschaulich. Beachte, dass im Fall perfekter Substitute $\Delta x_1/\Delta p_2$ positiv (oder Null) und im Fall perfekter Komplemente $\Delta x_1/\Delta p_2$ negativ ist.

Einige Vorbehalte zu diesen Konzepten sind jedoch angebracht. Erstens ist der Zwei-Güter-Fall bei Komplementär- und Substitutionsgütern eher ein Spezialfall. Da das Einkommen konstant gehalten wird, muss man einfach weniger für Gut 2 ausgeben, wenn man mehr Geld für Gut 1 aufwendet. Das führt zu einigen Beschränkungen hinsichtlich der möglichen Verhaltensweisen. Bei mehr als zwei Gütern sind diese Einschränkungen ein geringeres Problem.

Obwohl, zweitens, die Definition von Substituten und Komplementen im Bereich des Nachfrageverhaltens der Konsumentin recht sinnvoll erscheint, gibt es mit den Definitionen in einem etwas allgemeineren Umfeld einige Probleme. Wenn wir zum Beispiel die obigen Definitionen in Situationen mit mehr als zwei Gütern verwenden, ist es sehr wohl möglich, dass Gut 1 ein Substitut für Gut 3 ist, aber Gut 3 möglicherweise ein Komplement für Gut 1 ist. Wegen dieser seltsamen Eigenschaft verwenden fortgeschrittenere Lehrbücher typischerweise eine etwas andere Definition von Substituten und Komplementen. Die oben gegebenen Definitionen beschreiben Konzepte, die als **Brutto-Substitute** und **Brutto-Komplemente** bekannt sind; sie werden für unsere Zwecke ausreichen.

6.8 Die inverse Nachfragefunktion

Wenn wir p_2 und m konstant halten und p_1 gegen x_1 zeichnen, so erhalten wir die **Nachfragekurve**. Wie oben vorgeschlagen, stellen wir uns die Nachfragekurve fallend vor, sodass höhere Preise zu geringerer Nachfrage führen, obwohl das Giffen-Beispiel zeigt, dass es auch anders sein könnte.

Solange wir - wie üblich - eine fallende Nachfragekurve haben, ist es sinnvoll, von der **inversen Nachfragefunktion** zu sprechen. Die inverse Nachfragefunktion ist jene Nachfragefunktion, bei der wir den Preis als eine Funktion der Menge betrachten. Das heißt, für jedes Nachfrageniveau des Gutes 1 misst die inverse Nachfragefunktion, wie hoch der Preis sein müsste, damit der Konsument dieses Konsumniveau wählen würde. Die inverse Nachfragefunktion misst daher genau dieselbe Beziehung wie die Nachfragefunktion, nur von einem anderen Standpunkt aus. Abbildung 6.15 stellt die inverse Nachfragefunktion dar - oder die direkte, je nach Standpunkt des Betrachters.

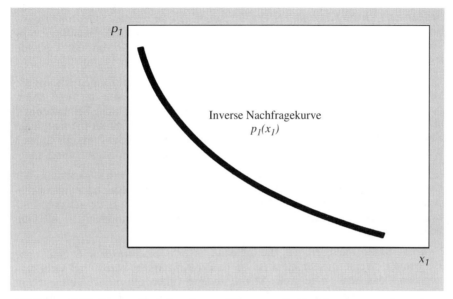

Abbildung 6.15 Inverse Nachfragekurve. Wenn man die Nachfragekurve so betrachtet, dass sie den Preis als Funktion der Menge misst, hat man eine inverse Nachfragefunktion.

Wie erinnerlich ist z. B. die Cobb-Douglas Nachfrage nach Gut 1 $x_1 = am/p_1$. Wir könnten genau so gut die Beziehung zwischen Preis und Menge als $p_1 = am/x_1$ schreiben. Die erste Darstellung ist die direkte, die zweite die inverse Nachfragefunktion.

Die inverse Nachfragefunktion hat eine nützliche ökonomische Interpretation. Wie erinnerlich muss - solange positive Mengen beider Güter konsumiert werden - im Optimum der Absolutwert der Grenzrate der Substitution gleich dem Preisverhältnis sein:

$$|\text{MRS}| = \frac{p_1}{p_2}.$$

Das besagt, dass wir bei der optimalen Höhe der Nachfrage, zum Beispiel für Gut 1,

$$p_1 = p_2 |\text{MRS}| \tag{6.4}$$

haben müssen. Daher ist bei der optimalen Höhe der Nachfrage nach Gut 1 der Preis des Gutes 1 proportional zum Absolutwert der Grenzrate der Substitution zwischen Gut 1 und Gut 2.

Nehmen wir der Einfachheit halber an, der Preis des Gutes 2 sei 1. Dann sagt uns Gleichung (6.4), dass bei der optimalen Nachfragehöhe der Preis des Gutes 1 misst, wie viel der Konsument bereit ist, vom Gut 2 aufzugeben, um ein wenig mehr vom Gut 1 zu erhalten. In diesem Fall misst die inverse Nachfragefunktion einfach den Absolutwert der MRS. Für jedes optimale Niveau von x_1 sagt uns die inverse Nachfragefunktion, wie viel der Konsument vom Gut 2 haben möchte, um für eine kleine Kürzung bei Gut 1 kompensiert zu werden. Oder umgekehrt, die inverse Nachfragefunktion misst, auf wie viel von Gut 2 der Konsument zu verzichten bereit wäre, damit er gegenüber ein wenig mehr von Gut 1 gerade indifferent ist.

Wenn wir Gut 2 als Geld für andere Güter ansehen, dann können wir uns die Grenzrate der Substitution als jenen Eurobetrag vorstellen, den das Individuum bereit wäre, für ein wenig mehr von Gut 1 aufzugeben. In diesem Fall haben wir schon früher vorgeschlagen, dass wir uns die MRS als ein Maß für die marginale Zahlungsbereitschaft vorstellen können. Da in unserem Fall der Preis des Gutes 1 die MRS ist, misst somit dieser Preis selbst die marginale Zahlungsbereitschaft.

Bei jeder Menge x_1 misst die inverse Nachfragefunktion, wie viele Euro der Konsument bereit ist, für ein wenig mehr von Gut 1 aufzugeben; oder anders ausgedrückt, wie viele Euro der Konsument bereit wäre, für die letzte gekaufte Einheit des Gutes 1 aufzugeben. Ist die Menge des Gutes 1 klein genug, so sind die beiden Aussagen gleichwertig.

Aus dieser Sicht erlangt die fallende inverse Nachfragekurve eine neue Bedeutung. Wenn x_1 sehr klein ist, so ist der Konsument bereit, viel Geld aufzugeben - das heißt, eine große Menge anderer Güter, um ein wenig mehr von Gut 1 zu erwerben. Wenn x_1 größer ist, so ist der Konsument nur bereit, weniger Geld aufzugeben, um etwas mehr von Gut 1 zu erstehen. Die marginale Zahlungsbereitschaft, im Sinne der marginalen Bereitschaft, auf Gut 2 zu Gunsten von Gut 1 zu verzichten, nimmt mit zunehmendem Konsum des Gutes 1 ab.

Zusammenfassung

1. Die Nachfragefunktion einer Konsumentin hängt im Allgemeinen von den Preisen aller Güter und vom Einkommen ab.
2. Ein normales Gut ist ein Gut, dessen Nachfrage mit steigendem Einkommen steigt. Ein inferiores Gut ist ein Gut, dessen Nachfrage mit steigendem Einkommen fällt.
3. Ein gewöhnliches Gut ist ein Gut, dessen Nachfrage mit steigendem Preis fällt. Ein Giffen-Gut ist ein Gut, dessen Nachfrage mit steigendem Preis steigt.
4. Wenn die Nachfrage nach Gut 1 auf Grund eines Ansteigens des Preises des Gutes 2 steigt, dann ist Gut 1 ein Substitut für Gut 2. Wenn die Nachfrage nach Gut 1 in dieser Situation sinkt, dann ist es ein Komplement für Gut 2.
5. Die inverse Nachfragefunktion misst den Preis, zu welchem eine gegebene Menge nachgefragt wird. Bei jedem gegebenen Konsumniveau misst die Höhe der inversen Nachfragekurve die marginale Zahlungsbereitschaft für eine zusätzliche Einheit des Gutes bei diesem Konsumniveau.

Wiederholungsfragen

1. Wenn die Konsumentin genau zwei Güter konsumiert, und sie immer ihr gesamtes Geld ausgibt, können dann beide Güter inferiore Güter sein?
2. Zeige, dass perfekte Substitute ein Beispiel für homothetische Präferenzen sind.
3. Zeige, dass Cobb-Douglas Präferenzen homothetisch sind.
4. Die Einkommens-Konsumkurve verhält sich zur Engel-Kurve wie die Preis-Konsumkurve zur ...?
5. Wird im Falle konkaver Präferenzen die Konsumentin jemals die beiden Güter gemeinsam konsumieren?
6. Wie sieht die inverse Nachfragefunktion für Gut 1 im Fall perfekter Komplemente aus?

ANHANG

Wenn die Präferenzen eine besondere Form annehmen, so bedeutet das, dass die davon hergeleiteten Nachfragefunktionen ebenfalls eine besondere Form haben werden. Im 4. Kapitel haben wir quasilineare Präferenzen beschrieben. Diesen Präferenzen haben Indifferenzkurven, die alle parallel zueinander verlaufen und durch die Nutzenfunktion

$$u(x_1, x_2) = v(x_1) + x_2$$

dargestellt werden können.

Das Maximierungsproblem für eine derartige Nutzenfunktion lautet

$$\text{maximiere} \quad v(x_1) + x_2$$
$$x_1, x_2$$

unter der Nebenbedingung $p_1 x_1 + p_2 x_2 = m$.

Auflösung der Budgetbeschränkung nach x_2 als eine Funktion von x_1 und Substitution in die Zielfunktion ergibt

$$\text{maximiere} \quad v(x_1) + m/p_2 - p_1 x_1 / p_2.$$
$$x_1$$

Differenzierung führt zur Bedingung erster Ordnung

$$v'(x_1^*) = \frac{p_1}{p_2}.$$

Diese Nachfragefunktion hat die interessante Eigenschaft, dass die Nachfrage nach Gut 1 vom Einkommen unabhängig sein muss - genau so wie sich das bei den Indifferenzkurven zeigte. Die inverse Nachfragefunktion ist durch

$$p_1(x_1) = v'(x_1) p_2$$

gegeben. Das heißt, die inverse Nachfragefunktion für Gut 1 ist die Ableitung der Nutzenfunktion mal p_2. Sobald wir die Nachfragefunktion für Gut 1 haben, folgt die Nachfragefunktion für Gut 2 aus der Budgetbeschränkung.

Berechnen wir also zum Beispiel die Nachfragefunktion für die Nutzenfunktion

$$u(x_1, x_2) = \ln x_1 + x_2$$

Anwendung der Bedingung erster Ordnung führt zu

$$\frac{1}{x_1} = \frac{p_1}{p_2},$$

sodass die direkte Nachfragefunktion für Gut 1

$$x_1 = \frac{p_2}{p_1}$$

und die indirekte Nachfragefunktion

$$p_1(x_1) = \frac{p_2}{x_1}.$$

sind.

Die direkte Nachfragefunktion für Gut 2 folgt aus der Substitution von $x_1 = p_2/p_1$ in die Budgetbeschränkung:

$$x_2 = \frac{m}{p_2} - 1.$$

Ein Vorbehalt muss jedoch zu diesen Nachfragefunktionen angebracht werden. Beachte, dass in diesem Beispiel die Nachfrage nach Gut 1 vom Einkommen unabhängig ist. Das ist eine allgemeine Eigenschaft quasilinearer Präferenzen - die Nachfrage nach Gut 1 bleibt bei Einkommensänderungen konstant. Das gilt jedoch nur für bestimmte Werte des Einkommens. Eine Nachfragefunktion kann nicht buchstäblich für *alle* Werte des Einkommens vom Einkommen unabhängig sein; wenn nämlich das Einkommen Null ist, dann muss die Nachfrage nach jedem Gut wohl auch Null sein. Die oben hergeleitete quasilineare Nachfragefunktion gilt nur dann, wenn der Konsum eines jeden Gutes positiv ist. Für niedrige Einkommensniveaus nimmt die Nachfrage eine etwas andere Form an. Siehe dazu die Diskussion quasilinearer Nachfragefunktionen in Hal R. Varian, Mikroökonomie (München und Wien: R. Oldenbourg, 1985).

7. Kapitel
BEKUNDETE PRÄFERENZEN

Im 6. Kapitel sahen wir, wie man die Information über die Präferenzen und das Budget der Konsumentin nützen kann, um ihre Nachfrage zu bestimmen. In diesem Kapitel drehen wir unsere Vorgangsweise um und zeigen, wie wir Informationen über die Nachfrage der Konsumentin verwenden können, um Kenntnis von ihren Präferenzen zu erlangen. Bis jetzt haben wir uns überlegt, was wir aus den Präferenzen über das Verhalten der Menschen erfahren könnten. In der Realität kann man jedoch Präferenzen nicht unmittelbar beobachten: Wir müssen die Präferenzen der Menschen aus der Beobachtung ihres Verhaltens ermitteln. In diesem Kapitel werden wir dazu einige Instrumente entwickeln.

Wenn wir über die Bestimmung der Präferenzen der Menschen aus ihrem Verhalten sprechen, dann müssen wir annehmen, dass diese Präferenzen unverändert bleiben, während wir das Verhalten beobachten. Über lange Zeiträume hinweg ist dies nicht sehr sinnvoll. Aber während der monatlichen oder vierteljährlichen Zeitspannen, mit denen sich Volkswirtinnen üblicherweise beschäftigen, erscheint es eher unwahrscheinlich, dass sich der Geschmack einer bestimmten Konsumentin drastisch ändert. Wir gehen daher von der Hypothese aus, dass die Präferenzen der Konsumentin während des Beobachtungszeitraums stabil sind.

7.1 Der Begriff der bekundeten Präferenzen

Bevor wir mit der Analyse beginnen, wollen wir übereinkommen, dass in diesem Kapitel die zugrundeliegenden Präferenzen - was immer sie auch sein mögen - streng konvex sind. Es gibt also für jedes Budget ein *einziges* Nachfragebündel. Diese Annahme ist für die Theorie der bekundeten Präferenzen nicht erforderlich, aber sie erleichtert die Darstellung.

In Abbildung 7.1 haben wir das von einer Konsumentin nachgefragte Bündel (x_1, x_2) und irgendein anderes Bündel (y_1, y_2), welches unterhalb der Budgetgeraden der Konsumentin liegt, dargestellt. Angenommen wir sind bereit vorauszusetzen, dass diese Konsumentin so eine Maximiererin ist, wie wir sie bislang untersuchten. Was können wir über die Präferenzen der Konsumentin hinsichtlich dieser beiden Bündel aussagen?

Das Bündel (y_1, y_2) ist beim gegebenen Budget sicherlich erschwinglich - die Konsumentin hätte es kaufen können, wenn sie dies gewollt hätte, und es wäre ihr sogar Geld übrig geblieben. Da (x_1, x_2) das *optimale* Bündel ist, muss es

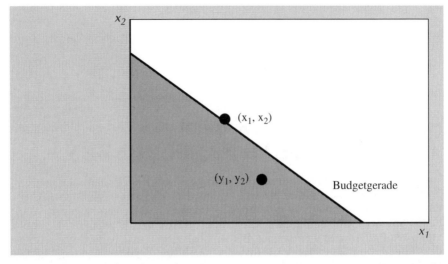

Abbildung 7.1 Bekundete Präferenzen. Das Bündel (x_1, x_2), das die Konsumentin wählt, wird gegenüber dem Bündel (y_1, y_2), das die Konsumentin ebenfalls hätte wählen können, als bevorzugt bekundet.

besser sein als alles andere, das sich die Konsumentin leisten kann. Insbesondere muss es daher besser sein als (y_1, y_2).

Das gleiche Argument gilt für jedes andere Bündel auf oder unterhalb der Budgetgeraden. Da alles andere beim gegebenen Budget hätte gekauft werden *können*, aber nicht gekauft wurde, so muss das, was gekauft *wurde*, besser sein. Hier verwenden wir die Annahme, dass es für jedes Budget nur ein *einziges* nachgefragtes Bündel gibt. Wenn Präferenzen nicht streng konvex sind, sodass die Indifferenzkurven Flachstellen aufweisen, könnte es sein, dass es *auf* der Budgetgeraden einige Bündel gäbe, die genauso gut wären, wie das nachgefragte Bündel. Mit dieser Komplikation wird man ohne größere Schwierigkeiten fertig, aber es ist einfacher, sie annahmegemäß auszuschließen.

In Abbildung 7.1 sind alle Bündel in der dunklen Fläche unterhalb der Budgetgeraden als schlechter als das nachgefragte Bündel (x_1, x_2) bekundet. Das gilt deswegen, weil sie gewählt hätten werden können, aber zu Gunsten von (x_1, x_2) zurückgewiesen wurden. Wir werden nun diese geometrische Diskussion der bekundeten Präferenzen in Algebra übersetzen.

Angenommen es wird das Bündel (x_1, x_2) zu Preisen (p_1, p_2) und einem Einkommen der Konsumentin von m gekauft. Was bedeutet die Aussage, (y_1, y_2) ist zu diesen Preisen und diesem Einkommen erschwinglich? Es bedeutet einfach, dass (y_1, y_2) die Budgetbeschränkung

$$p_1 y_1 + p_2 y_2 \leq m$$

erfüllt. Da beim gegebenen Budget tatsächlich (x_1, x_2) gekauft wird, muss es die Budgetbeschränkung

$$p_1x_1 + p_2x_2 = m$$

streng erfüllen. Wenn wir diese beiden Gleichungen zusammenführen, dann bedeutet die Tatsache, dass (y_1, y_2) zum Budget von (p_1, p_2, m) erschwinglich ist:

$$p_1x_1 + p_2x_2 \geq p_1y_1 + p_2y_2.$$

Wenn obige Ungleichheit erfüllt ist und (y_1, y_2) ein von (x_1, x_2) verschiedenes Bündel ist, dann sagen wir, dass (x_1, x_2) gegenüber (y_1, y_2) als **direkt bevorzugt bekundet** wird.

Beachte, dass die linke Seite dieser Ungleichheit die Ausgaben für das zu Preisen (p_1, p_2) *tatsächlich gewählte* Bündel enthält. Bekundete Präferenz ist daher eine Beziehung zwischen dem bei einem bestimmten Budget tatsächlich gekauften Bündel und den Bündeln, welche *hätten nachgefragt werden können*.

Der Ausdruck „bekundete Präferenz" ist ein wenig irreführend. Er hat eigentlich nichts mit Präferenzen zu tun, obwohl wir oben gesehen haben, dass die beiden Konzepte bei optimaler Entscheidung durch die Konsumentin eng zusammenhängen. Anstatt zu sagen „X wird gegenüber Y als bevorzugt bekundet" würde man besser sagen „X wurde gegenüber Y gewählt". Wenn wir sagen, dass X gegenüber Y als bevorzugt bekundet wird, so behaupten wir damit lediglich, dass X gewählt wurde, obwohl auch Y hätte gewählt werden können; das heißt, dass $p_1x_1 + p_2x_2 \geq p_1x_1 + p_2x_2$.

7.2 Von bekundeter Präferenz zur Präferenz

Wir können den obigen Abschnitt sehr einfach zusammenfassen. Es folgt aus unserem Modell des Konsumentenverhaltens - dass die Menschen sich das Beste aussuchen, das sie sich leisten können -, dass die Entscheidungen, die sie treffen, gegenüber anderen Möglichkeiten, die ihnen offen stünden, als bevorzugt anzusehen sind. Oder, in der Terminologie des letzten Abschnitts, wenn (x_1, x_2) gegenüber (y_1, y_2) als direkt bevorzugt bekundet wird, dann wird in der Tat (x_1, x_2) gegenüber (y_1, y_2) bevorzugt. Formaler ausgedrückt:

Das Prinzip der bekundeten Präferenzen. *Gegeben seien bei Preisen von (p_1, p_2) das gewählte Bündel (x_1, x_2) und irgendein anderes Bündel (y_1, y_2), sodass $p_1x_1 + p_2x_2 \geq p_1x_1 + p_2x_2$. Wenn der Konsument das bevorzugte Bündel ausgewählt hat, das er sich leisten kann, so muss $(x_1, x_2) \succ (y_1, y_2)$ gelten.*

Auf den ersten Blick mag dieses Prinzip wie ein Zirkelschluss erscheinen. Wenn X gegenüber Y als bevorzugt bekundet wird, bedeutet das nicht automatisch, dass X gegenüber Y bevorzugt wird? Die Antwort ist nein. Bekundete Präferenz bedeutet lediglich, dass X gewählt wurde, als Y auch erschwinglich war; Präferenz bedeutet, dass der Konsument X vor Y reiht. Wenn der Konsument immer die besten Bündel wählt, die er sich leisten kann, dann impliziert bekundete Präferenz auch Präferenz, aber das ist ein Folgerung des Verhaltensmodells, nicht jedoch der Definitionen der Begriffe.

Deswegen wäre es besser, man würde wie oben vorgeschlagen feststellen, dass ein Bündel gegenüber einem anderen „gewählt" wird. Dann würden wir das Prinzip der bekundeten Präferenzen so formulieren: „Wenn ein Bündel X gegenüber einem Bündel Y gewählt wird, dann folgt daraus, dass das Bündel X dem Bündel Y vorgezogen wird." Aus dieser Feststellung wird klar, wie es das Verhaltensmodell ermöglicht, die beobachteten Entscheidungen zu verwenden, um etwas über die zugrunde liegenden Präferenzen auszusagen.

Welche Terminologie man auch immer verwendet, die wesentliche Aussage bleibt klar: Wenn wir beobachten, dass ein Bündel gegenüber einem anderen ebenfalls erschwinglichen gewählt wird, dann haben wir etwas über die Präferenzen zwischen den beiden Bündeln erfahren, nämlich dass das erste gegenüber dem zweiten bevorzugt wird.

Angenommen wir wissen zufällig, dass (y_1, y_2) bei Preisen von (q_1, q_2) das nachgefragte Bündel ist, und dass dabei (y_1, y_2) seinerseits gegenüber einem anderen Bündel (z_1, z_2) als bevorzugt bekundet wird. Das heißt

$$q_1 y_1 + q_2 y_2 \geq q_1 z_1 + q_2 z_2.$$

Dann wissen wir, dass $(x_1, x_2) \succ (y_1, y_2)$ und dass $(y_1, y_2) \succ (z_1, z_2)$. Mittels der Annahme der Transitivität schließen wir, dass $(x_1, x_2) \succ (z_1, z_2)$.

Dieses Argument wird in Abbildung 7.2 illustriert. Bekundete Präferenz und Transitivität sagen uns, dass für den Konsumenten, der die dargestellten Entscheidungen getroffen hat, (x_1, x_2) besser sein muss als (z_1, z_2).

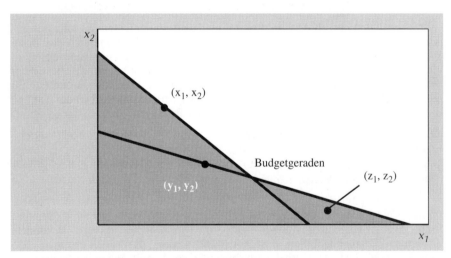

Abbildung 7.2 Indirekt bekundete Präferenzen. Das Bündel (x_1, x_2) wird gegenüber dem Bündel (z_1, z_2) indirekt als bevorzugt bekundet.

Es ist ganz natürlich, in diesem Fall davon zu sprechen, dass (x_1, x_2) gegenüber dem Bündel (z_1, z_2) **indirekt als bevorzugt bekundet** wird. Selbstverständlich kann die „Kette" der beobachteten Entscheidungen länger als nur drei sein: Wenn Bündel A gegenüber B direkt als bevorzugt bekundet wird, und

B gegenüber C, und C gegenüber D ... und so weiter bis, sagen wir, M, dann gilt, dass A gegenüber M indirekt als bevorzugt bekundet wird. Die Kette direkter Vergleiche kann dabei beliebig lang sein.

Wenn ein Bündel gegenüber einem anderen entweder direkt oder indirekt als bevorzugt bekundet wird, werden wir sagen, dass das erste gegenüber dem zweien als **bevorzugt bekundet** wird. Der Begriff der bekundeten Präferenz ist einfach, aber überraschend aussagekräftig. Allein die Beobachtung der Entscheidungen eines Konsumenten kann uns eine ganze Menge an Informationen über die zugrunde liegenden Präferenzen geben. Nehmen wir zum Beispiel Abbildung 7.2. Diese Abbildung enthält einige Beobachtungen über nachgefragte Bündel bei verschiedenen Budgets. Wir können aus diesen Beobachtungen schließen, dass wegen der bekundeten Präferenz für (x_1, x_2) - entweder direkt oder indirekt - gegenüber allen Bündeln in der dunklen Fläche, das Bündel (x_1, x_2) vom auswählenden Konsument tatsächlich gegenüber all diesen Bündeln *bevorzugt* wird. Anders ausgedrückt wird das durch die Feststellung, dass die wahre Indifferenzkurve durch (x_1, x_2), wie immer sie auch im einzelnen aussieht, oberhalb der dunklen Fläche verlaufen muss.

7.3 Wiedergewinnung der Präferenzen

Durch Beobachtung der durch die Konsumentin getroffenen Entscheidungen können wir ihre Präferenzen kennen lernen. Durch immer mehr beobachtete Entscheidungen können wir immer besser abschätzen, wie die Präferenzen der Konsumentin aussehen.

Solche Informationen über Präferenzen können für wirtschaftspolitische Entscheidungen sehr wichtig sein. Die meisten wirtschaftspolitischen Entscheidungen beinhalten irgendeinen Trade-off: Wenn wir Schuhe besteuern und Bekleidung subventionieren, werden wir wahrscheinlich letzten Endes weniger Schuhe und mehr Bekleidung haben. Um die Erwünschtheit einer solchen Politik einschätzen zu können, ist es wichtig, Vorstellungen über die Präferenzen der Konsumentinnen hinsichtlich Bekleidung und Schuhen zu haben. Aus einer Analyse der Entscheidungen der Konsumentinnen können wir mittels der Verwendung der bekundeten Präferenzen und damit zusammenhängender Verfahren solche Informationen gewinnen.

Wenn wir bereit sind, ein paar Annahmen über die Präferenzen der Konsumentin hinzuzufügen, können wir die Form der Indifferenzkurven genauer abschätzen. Angenommen zum Beispiel wir beobachten zwei Bündel Y und Z, die wie in Abbildung 7.3 gegenüber X bevorzugt werden, und wir sind bereit, Konvexität der Präferenzen zu unterstellen. Dann wissen wir bereits, dass alle gewogenen Durchschnitte von Y und Z ebenfalls gegenüber X bevorzugt werden. Wenn wir weiters bereit sind, Monotonie der Präferenzen anzunehmen, dann werden alle Bündel, die von beiden Gütern mehr enthalten als X, Y oder Z - oder irgendwelche gewogenen Durchschnitte der drei - ebenfalls gegenüber X bevorzugt werden.

Der Bereich "Schlechtere Bündel" in Abbildung 7.3. besteht aus all jenen Bündeln, gegenüber denen X als bevorzugt bekundet wird. Das heisst, dieser Bereich besteht aus allen Bündenl, die weniger als X kosten zusammen mit all jenen Bündeln, die weniger kosten, als jene Bündel, die weniger als X kosten, usw.

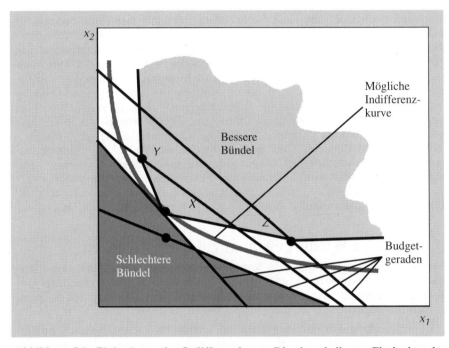

Abbildung 7.3 Einkreisung der Indifferenzkurve. Die obere hellgraue Fläche besteht aus Bündeln, die gegenüber X bevorzugt werden, und die untere dunklere Fläche besteht aus Bündeln, die schlechter sind als X. Die Indifferenzkurve durch X muss irgendwo im Bereich zwischen den beiden schattierten Flächen liegen.

Aus Abbildung 7.3 können wir daher folgern, dass alle Bündel in der oberen dunklen Fläche besser sind als X und dass alle Bündel in der unteren dunklen Fläche schlechter sind als X - entsprechend den Präferenzen der ausgewählten Konsumentin. Die wahre Indifferenzkurve durch X muss irgendwo zwischen den dunklen Mengen liegen. Es ist uns mittels einer ver-nünftigen Anwendung des Konzepts der bekundeten Präferenzen und einiger weniger einfacher Annahmen über die Präferenzen gelungen, die Indiffer-enzkurve recht eng einzukreisen.

7.4 Das schwache Axiom der bekundeten Präferenzen

Alles bisher Gesagte beruht auf der Annahme, dass der Konsument Präferenzen *hat*, und dass er immer das beste Güterbündel wählt, das er sich leisten kann. Wenn sich der Konsument nicht so verhält, dann ist die „Schätzung" der Indifferenzkurve, die wir oben konstruierten, ohne Bedeutung. Es erhebt sich sofort die Frage: Woran können wir erkennen, dass der Konsument dem Maximierungsmodell folgt? Oder anders ausgedrückt: Welche Art der Beobachtungen würde uns zur Schlussfolgerung veranlassen, dass der Konsument *nicht* maximiert?

Nehmen wir die in Abbildung 7.4 dargestellte Situation. Könnten beide Entscheidungen von einem maximierenden Konsument herrühren? Wenn wir der Logik der bekundeten Präferenzen folgen, so können wir aus Abbildung 7.4 zwei Schlüsse ziehen: (1) (x_1, x_2) wird gegenüber (y_1, y_2) bevorzugt und (2) (y_1, y_2)

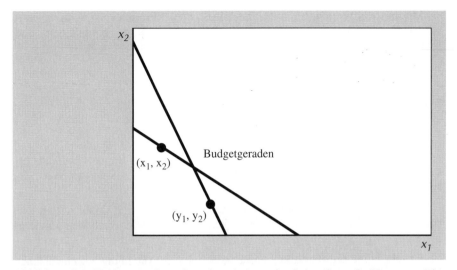

Abbildung 7.4 Verletzung des schwachen Axioms der bekundeten Präferenzen. Ein Konsument, der sowohl (x_1, x_2) als auch (y_1, y_2) wählt, verletzt das schwache Axiom der bekundeten Präferenzen.

wird gegenüber (x_1, x_2) bevorzugt. Das ist zweifellos absurd. In Abbildung 7.4 hat der Konsument offensichtlich (x_1, x_2) gewählt, als er (y_1, y_2) ebenfalls hätte wählen können, wodurch er signalisierte, dass er (x_1, x_2) gegenüber (y_1, y_2) bevorzugt; aber dann wählte er (y_1, y_2), als er (x_1, x_2) wählen konnte - das genaue Gegenteil!

Eindeutig kann dieser Konsument kein maximierender Konsument sein. Entweder wählt er nicht das beste Bündel, das er sich leisten kann, oder es gibt irgendeinen Aspekt des Entscheidungsproblems, der sich geändert hat und den wir nicht beobachtet haben. Vielleicht hat sich der Geschmack des Konsumenten oder irgendetwas anderes in seinem ökonomischen Umfeld geändert. Auf jeden Fall ist eine derartige Verletzung nicht in Übereinstimmung mit dem Modell des Konsumentenverhaltens in einem unveränderten Umfeld.

Die Theorie der Konsumentenentscheidung impliziert, dass solche Beobachtungen nicht auftreten können. Wenn die Konsumenten immer das Beste auswählen, das sie sich leisten können, und sie wählen Dinge nicht, die sie sich leisten könnten, dann müssen diese Dinge schlechter sein als das, was sie wählten. Ökonomen haben diese einfache Aussage als ein grundlegendes Axiom der Konsumententheorie formuliert:

Schwaches Axiom der bekundeten Präferenzen (WARP).[1] *Wenn (x_1, x_2) gegenüber (y_1, y_2) als direkt bevorzugt bekundet wird und die zwei Bündel nicht identisch sind, dann kann nicht gleichzeitig (y_1, y_2) gegenüber (x_1, x_2) als direkt bevorzugt bekundet werden.*

---

[1] WARP = weak axiom of revealed preference.

Mit anderen Worten, wenn ein Bündel (x_1, x_2) bei Preisen von (p_1, p_2) gekauft wird und ein anderes Bündel (y_1, y_2) bei Preisen von (q_1, q_2) gekauft wird, und wenn dann weiters

$$p_1 x_1 + p_2 x_2 \geq p_1 y_1 + p_2 y_2$$

gilt, dann darf *nicht* gleichzeitig

$$q_1 y_1 + q_2 y_2 \geq q_1 x_1 + q_2 x_2.$$

gelten. Zu Deutsch: Wenn das y-Bündel beim Kauf des x-Bündels ebenfalls erschwinglich ist, dann darf beim Kauf des y-Bündels das x-Bündel nicht erschwinglich sein.

Der Konsument in Abbildung 7.4 hat das WARP *verletzt*. Daher wissen wir, dass das Verhalten dieses Konsumenten kein maximierendes Verhalten sein konnte.[2]

Es gibt keine Indifferenzkurvenschar, die man in Abbildung 7.4 einzeichnen könnte, sodass beide Bündel zu Maxima werden. Der Konsument der Abbildung 7.5 hingegen erfüllt das WARP. Hier ist es möglich, Indifferenzkurven zu finden, für die dieses Verhalten optimierend ist. Ein möglicher Verlauf der Indifferenzkurven ist eingezeichnet.

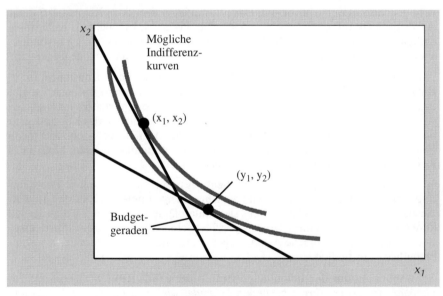

Abbildung 7.5 Erfüllung des WARP. Entscheidungen des Konsumenten, welche das schwache Axiom der bekundeten Präferenzen erfüllen, und zwei mögliche Indifferenzkurven.

---

[2] Könnten wir sagen, dass sein Verhalten pervertiert (=WARPed) ist? Nun ja, vielleicht besser nicht in vornehmer Gesellschaft.

*7.5 Überprüfung des WARP

Es ist wichtig zu verstehen, dass das WARP eine Bedingung ist, die eine Konsumentin erfüllen muss, wenn sie immer das Beste wählt, das sie sich leisten kann. Das schwache Axiom der bekundeten Präferenzen ist eine logische Implikation dieses Modells und kann daher zur Überprüfung verwendet werden, ob eine bestimmte Konsumentin oder eine bestimmte ökonomische Einheit, die wir als Konsumentin modellieren wollen, mit unserem ökonomischen Modell übereinstimmt oder nicht.

Sehen wir uns an, wie wir systematisch an eine Überprüfung des WARP in der Praxis herangehen könnten. Angenommen wir beobachten einige Bündel, die bei verschiedenen Preisen gewählt wurden. Wir wollen mit (p_1^t, p_2^t) die Beobachtung t der Preise und mit (x_1^t, x_2^t) die Beobachtung t der gewählten Bündel bezeichnen. Als Beispiel verwenden wir die Zahlen der Tabelle 7.1.

Beobachtung	p_1	p_2	x_1	x_2
1	1	2	1	2
2	2	1	2	1
3	1	1	2	2

Tabelle 7.1 Einige Konsumzahlen.

Mit diesen Daten können wir errechnen, wie viel der Konsumentin jedes Bündel zu den verschiedenen Preisen kosten würde, was in Tabelle 7.2 gemacht wurde. So misst zum Beispiel die Eintragung in Zeile 3, Spalte 1, wie viel die Konsumentin für das erste Güterbündel zur dritten Preiskonstellation aufwenden müsste.

		Bündel		
		1	2	3
	1	5	4*	6
Preise	2	4*	5	6
	3	3*	3*	4

Tabelle 7.2 Die Kosten eines jeden Bündels zu jedem Preisvektor.

Die Werte der Diagonale messen, wie viel Geld die Konsumentin für jedes tatsächlich gewählte Bündel ausgibt. Die übrigen Eintragungen in jeder Zeile messen, wie viel sie ausgegeben hätte, würde sie ein anderes Bündel gekauft haben. Wir können daher feststellen, ob etwa Bündel 3 gegenüber Bündel 1 als bevorzugt bekundet wird, indem wir feststellen, ob die Eintragung in Zeile 3, Spalte 1 (wie viel die Konsumentin für den Kauf des ersten Bündels beim dritten Preisvektor auszugeben hätte) kleiner ist als die Eintragung in Zeile 3, Spalte 3 (wie viel die Konsumentin tatsächlich für den Kauf des dritten Bündels zum dritten Preisvektor ausgegeben hat). In diesem Fall hätte sie sich beim Kauf des Bündels 3 auch Bündel 1 leisten können, was bedeutet, dass Bündel 3 gegenüber dem Bündel 1 als bevorzugt bekundet ist. Wir geben daher in Zeile 3, Spalte 1 der Tabelle einen Stern.

Mathematisch betrachtet versehen wir die Eintragung in Zeile s, Spalte t dann mit einem Stern, wenn die Zahl in dieser Eintragung kleiner ist als die Zahl in Zeile s, Spalte s.

Wir können diese Tabelle zur Feststellung von Verletzungen des WARP heranziehen. Im Rahmen dieser Tabelle sind zwei Beobachtungen t und s dann eine Verletzung des WARP, wenn in Zeile t, Spalte s und in Zeile s, Spalte t ein Stern enthalten ist. Denn das würde bedeuten, dass das zu s gekaufte Bündel gegenüber dem zu t gekauften Bündel als bevorzugt bekundet wird und umgekehrt.

Wir können nun einen Computer (oder eine Assistentin) verwenden, um zu überprüfen, ob solche Beobachtungspaare in den untersuchten Bündeln vorliegen. Wenn ja, dann stehen die Entscheidungen im Widerspruch zur ökonomischen Theorie der Konsumentin. Entweder ist für diese Konsumentin die Theorie falsch, oder es hat sich etwas im Umfeld der Konsumentin geändert, das unserer Kontrolle entzogen ist. Das schwache Axiom der bekundeten Präferenzen gibt uns somit eine leicht überprüfbare Bedingung, ob beobachtete Entscheidungen mit der ökonomischen Theorie der Konsumentin übereinstimmen.

In Tabelle 7.2 beobachten wir, dass Zeile 1, Spalte 2 und Zeile 2, Spalte 1 je einen Stern enthalten. Das bedeutet, dass Beobachtung 2 hätte gewählt werden können, als die Konsumentin tatsächlich Beobachtung 1 wählte, und umgekehrt. Das ist eine Verletzung des schwachen Axioms der bekundeten Präferenzen. Wir können daraus schließen, dass die in den Tabellen 7.1 und 7.2 dargestellten Daten nicht von einer Konsumentin mit stabilen Präferenzen herrühren können, die immer das Beste auswählte, das sie sich leisten konnte.

7.6 Das starke Axiom der bekundeten Präferenzen

Das im letzten Abschnitt beschriebene schwache Axiom der bekundeten Präferenzen liefert eine Bedingung, die von allen optimierenden Konsumenten erfüllt werden muss. Aber es gibt eine stärkere Bedingung, die manchmal nützlich ist.

Wenn ein Güterbündel X gegenüber einem Bündel Y als bevorzugt bekundet wird, und Y wiederum gegenüber einem Bündel Z als bevorzugt bekundet wird, so haben wir bereits festgehalten, dass dann X gegenüber Z bevorzugt sein muss. Wenn der Konsument widerspruchsfreie Präferenzen hat, dann sollten wir niemals eine Folge von Entscheidungen beobachten, die bekunden würde, dass Z gegenüber X bevorzugt wird.

Das schwache Axiom der bekundeten Präferenzen verlangte, dass wir bei *direkt* bekundeter Präferenz von X gegenüber Y nie beobachten sollten, dass Y

direkt gegenüber X als bevorzugt bekundet wird. Das **starke Axiom der bekundeten Präferenzen (SARP)**[3] verlangt, dass die gleiche Bedingung für *indirekt* bekundete Präferenzen gilt. Formal ausgedrückt:

Starkes Axiom der bekundeten Präferenzen (SARP). *Wenn (x_1, x_2) gegenüber (y_1, y_2) als bevorzugt bekundet wird (entweder direkt oder indirekt) und (y_1, y_2) von (x_1, x_2) verschieden ist, dann kann (y_1, y_2) gegenüber (x_1, x_2) weder direkt noch indirekt als bevorzugt bekundet werden.*

Wenn das beobachtete Verhalten optimierend ist, so ist es klar, dass es das starke Axiom erfüllen muss. Denn wenn der Konsument optimiert und (x_1, x_2) gegenüber (y_1, y_2) entweder direkt oder indirekt als bevorzugt bekundet wird, dann muss $(x_1, x_2) \succ (y_1, y_2)$ gelten. Wenn also (x_1, x_2) gegenüber (y_1, y_2) als bevorzugt bekundet wird *und* (y_1, y_2) gegenüber (x_1, x_2) als bevorzugt bekundet wird, so würde das implizieren, dass $(x_1, x_2) \succ (y_1, y_2)$ *und* $(y_1, y_2) \succ (x_1, x_2)$, was ein Widerspruch ist. Wir können daraus schließen, dass entweder der Konsument nicht optimiert, oder ein anderer Aspekt des Umfeldes des Konsumenten - wie z. B. Geschmack, die Preise anderer Güter usw. - sich geändert haben muss.

Grob gesprochen: Aus der Transitivität der Präferenzen des Konsumenten folgt, dass auch die *bekundeten* Präferenzen transitiv sein müssen. SARP ist daher eine *notwendige* Implikation optimierenden Verhaltens: Wenn ein Konsument immer das Beste wählt, das er sich leisten kann, dann muss sein beobachtetes Verhalten das SARP erfüllen. Überraschender ist, dass jedes beliebige Verhalten, welches das starke Axiom erfüllt, als durch optimierendes Verhalten zustande gekommen betrachtet werden kann, und zwar in folgendem Sinn: Wenn das beobachtete Entscheidungsverhalten das SARP erfüllt, so können wir immer hübsche normale Präferenzen finden, welche die beobachteten Entscheidungen hervorgebracht *haben könnten*. In diesem Sinn ist das SARP eine *hinreichende* Bedingung für Optimierungsverhalten: Wenn die beobachteten Entscheidungen das SARP erfüllt, dann ist es immer möglich, Präferenzen zu finden, nach denen das beobachtete Verhalten ein optimierendes Verhalten ist. Der Beweis dieser Behauptung sprengt leider den Rahmen dieses Buches, das Verständnis seiner Bedeutung jedoch nicht.

Es bedeutet, dass das SARP uns *alle* Beschränkungen angibt, die dem Verhalten durch das Modell des optimierenden Konsumenten auferlegt werden. Denn wenn die beobachteten Entscheidungen das SARP erfüllen, können wir Präferenzen „konstruieren", die dieses Verhalten generiert haben könnten. Daher ist das SARP sowohl eine notwendige als auch hinreichende Bedingung für die Übereinstimmung der beobachteten Entscheidungen mit dem ökonomischen Modell der Konsumentenentscheidung.

Beweist das, dass die konstruierten Präferenzen tatsächlich die beobachteten Entscheidungen hervorbrachten? Natürlich nicht. Wie bei jeder wissenschaftlichen Aussage können wir nur zeigen, dass das beobachtete Verhalten zur Aussage nicht in Widerspruch steht. Wir können nicht beweisen, dass das ökonomische Modell richtig ist; wir können nur die Folgerungen aus dem Modell herleiten und

---

[3] SARP = strong axiom of revealed preference.

untersuchen, ob das beobachtete Verhalten mit diesen Implikationen übereinstimmt.

*7.7 Wie man das SARP überprüfen kann

Kommen wir wieder auf die Tabelle 7.2 zurück, die einen Stern in Zeile t, Spalte s hat, wenn die Beobachtung t gegenüber der Beobachtung s als direkt bevorzugt bekundet wird. Wie können wir diese Tabelle verwenden, um das SARP zu überprüfen?

Am einfachsten ist es, die Tabelle zuerst umzuformen. Ein Beispiel dafür ist Tabelle 7.3. Diese Tabelle entspricht der Tabelle 7.2, sie verwendet nur eine andere Zahlenmenge. Die Sterne zeigen direkt bekundete Präferenzen an. Der Stern

		Bündel		
		1	2	3
Preise	1	20	10*	22(*)
	2	21	20	15*
	3	12	15	10

Tabelle 7.3 Wie man das SARP überprüfen kann.

Wir suchen nun die Eintragungen in der Tabelle systematisch darauf ab, ob wir Beobachtungs*ketten* finden, durch die irgendein Bündel zur Ausgangsbeobachtung indirekt als bevorzugt bekundet wird. Bündel 1 zum Beispiel ist gegenüber Bündel 2 direkt als bevorzugt bekundet, da sich ein Stern in Zeile 1, Spalte 2 befindet. Und das Bündel 2 ist gegenüber Bündel 3 direkt als bevorzugt bekundet, da ein Stern in Zeile 2, Spalte 3 ist. Daher ist Bündel 1 gegenüber Bündel 3 *indirekt* als bevorzugt bekundet; wir zeigen dies durch einen Stern (in Klammern) in Zeile 1, Spalte 3 an.

Wenn wir im Allgemeinen viele Beobachtungen haben, werden wir nach Ketten beliebiger Länge suchen müssen, um herauszufinden, ob eine Beobachtung gegenüber einer anderen indirekt als bevorzugt bekundet wird. Obwohl es nicht ganz so offensichtlich sein mag, wie man das macht, zeigt es sich, dass es einfache Computerprogramme gibt, welche die indirekt bekundeten Präferenzelationen aus einer Tabelle der direkt bekundeten Präferenzen ermitteln können. Der Computer kann in die Zelle st der Tabelle einen Stern einsetzen, wenn die Beobachtung s gegenüber der Beobachtung t durch irgendeine Kette anderer Beobachtungen als bevorzugt bekundet wird.

Wenn diese Berechnung einmal durchgeführt ist, können wir die Erfüllung des SARP leicht überprüfen. Wir brauchen nur nachzusehen, ob es einen Stern in Zeile t, Spalte s *und auch* in Zeile s, Spalte t gibt. Wenn ja, dann haben wir eine Situation gefunden, in der Beobachtung t gegenüber der Beobachtung s direkt oder indirekt als bevorzugt bekundet wird, und gleichzeitig Beobachtung s gegenüber Beobachtung t. Das ist eine Verletzung des starken Axioms der bekundeten Präferenzen.

Wenn wir andererseits keine solchen Verletzungen finden, dann wissen wir, dass die Beobachtungen mit der ökonomischen Theorie der Konsumentin übereinstimmen. Diese Beobachtungen könnten von einer optimierenden Konsumentin mit normalen Präferenzen stammen. Wir haben daher einen völlig operationalen Test dafür, ob eine bestimmte Konsumentin in Übereinstimmung mit der ökonomischen Theorie handelt oder nicht.

Das ist wichtig, da wir verschiedene Arten ökonomischer Einheiten so modellieren können, als ob sie sich wie Konsumentinnen verhielten. Denken wir zum Beispiel an einen Haushalt, der aus mehreren Personen besteht. Werden seine Konsumentscheidungen den „Haushaltsnutzen" maximieren? Wenn wir Daten über die Konsumentscheidungen des Haushalts haben, können wir das unter Verwendung des starken Axioms der bekundeten Präferenzen herausfinden. Eine andere ökonomische Institution, von der wir annehmen könnten, dass sie wie eine Konsumentin handelt, wäre eine nicht auf Gewinn gerichtete Organisation, wie ein Spital oder eine Universität. Maximieren Universitäten eine Nutzenfunktion, wenn sie ökonomische Entscheidungen treffen? Wenn wir eine Liste der von der Universität getroffenen ökonomischen Entscheidungen bei verschiedenen Preisen haben, können wir so eine Frage grundsätzlich beantworten.

7.8 Indexzahlen

Angenommen wir untersuchen die Konsumbündel eines Konsumenten zu zwei verschiedenen Zeitpunkten und wir möchten vergleichen, wie sich der Konsum verändert hat. Wir wollen die Basisperiode mit b bezeichnen, t sei dann irgendeine andere Periode. Wie sieht der „durchschnittliche" Konsum des Jahres t im Vergleich zum Konsum in der Basisperiode aus?

Nehmen wir an, dass zum Zeitpunkt t die Preise (p_1^t, p_2^t) gelten und der Konsument (x_1^t, x_2^t) wählt. In der Basisperiode b sind die Preise (p_1^b, p_2^b) und der Konsument entscheidet sich für (x_1^b, x_2^b). Wir fragen nun, wie sich der „durchschnittliche" Verbrauch des Konsumenten geändert hat.

Wenn w_1 und w_2 irgendwelche „Gewichte" der Durchschnittsbildung sind, dann können wir uns den folgenden Mengenindex ansehen:

$$I_q = \frac{w_1 x_1^t + w_2 x_2^t}{w_1 x_1^b + w_2 x_2^b}.$$

Wenn I_q größer als 1 ist, können wir sagen, dass der „durchschnittliche" Konsum zwischen b und t gestiegen ist, und wenn I_q kleiner als 1 ist, sagen wir, der „durchschnittliche" Konsum ist gesunken.

Die Frage ist, was wir als Gewichte verwenden sollten. Eine Möglichkeit ist die Verwendung der Preise der fraglichen Güter, da sie in gewissem Sinn die relative Wichtigkeit der zwei Güter messen. Aber es gibt zwei Preisbündel; welches sollten wir verwenden?

Wenn wir die Preise der Basisperiode als Gewichte verwenden, haben wir etwas, das **Laspeyres**-Index genannt wird, bei Verwendung der Preise der Periode t etwas, das **Paasche**-Index heißt. Beide Indizes beantworten die Frage, was mit dem „durchschnittlichen" Konsum geschehen ist, sie verwenden nur unterschiedliche Gewichte für die Durchschnittsbildung.

Wenn wir die Preise der Periode t als Gewichte einsetzen, sehen wir, dass der **Mengenindex nach Paasche** durch

$$P_q = \frac{p_1^t x_1^t + p_2^t x_2^t}{p_1^t x_1^b + p_2^t x_2^b}$$

gegeben ist; Verwendung der Preise der Basisperiode b ergibt den **Mengenindex nach Laspeyres** als

$$L_q = \frac{p_1^b x_1^t + p_2^b x_2^t}{p_1^b x_1^b + p_2^b x_2^b}.$$

Es zeigt sich, dass die Größe der Indizes nach Laspeyres und Paasche etwas recht Interessantes über den Wohlstand des Konsumenten aussagen. Angenommen wir haben eine Situation, in der der Mengenindex nach Paasche *größer* als 1 ist:

$$P_q = \frac{p_1^t x_1^t + p_2^t x_2^t}{p_1^t x_1^b + p_2^t x_2^b} > 1.$$

Was können wir daraus über den Wohlstand des Konsumenten zum Zeitpunkt t im Vergleich zum Zeitpunkt b schließen?

Die Antwort liefern uns die bekundeten Präferenzen. Kreuzmultiplikation der Ungleichheit ergibt

$$p_1^t x_1^t + p_2^t x_2^t > p_1^t x_1^b + p_2^t x_2^b,$$

was sofort zeigt, dass der Konsument im Zeitpunkt t besser gestellt sein muss als im Zeitpunkt b, da er das b-Konsumbündel in der Situation t hätte konsumieren können, es aber unterließ.

Und wenn der Paasche-Index *kleiner* als 1 ist? Dann hätten wir

$$p_1^t x_1^t + p_2^t x_2^t < p_1^t x_1^b + p_2^t x_2^b,$$

was besagt, dass bei der Wahl des t-Bündels, der Konsument sich das b-Bündel nicht leisten konnte. Das sagt aber nichts über die Reihung der Bündel durch den Konsumenten aus. Nur weil etwas mehr kostet, als man sich leisten kann, heißt das noch nicht, dass man es gegenüber dem derzeitigen Konsum bevorzugt.

Wie sieht das mit dem Laspeyres-Index aus? Er funktioniert auf ähnliche Weise. Angenommen der Laspeyres-Index ist *kleiner* als 1:

$$L_q = \frac{p_1^b x_1^t + p_2^b x_2^t}{p_1^b x_1^b + p_2^b x_2^b} < 1.$$

Kreuzmultiplikation ergibt

$$p_1^b x_1^b + p_2^b x_2^b > p_1^b x_1^t + p_2^b x_2^t,$$

was aussagt, dass (x_1^b, x_2^b) gegenüber (x_1^t, x_2^t) als bevorzugt bekundet wird. Daher ist der Konsument im Zeitpunkt b besser gestellt als im Zeitpunkt t.

7.9 Preisindizes

Preisindizes funktionieren in ähnlicher Form. Im Allgemeinen ist ein Preisindex ein gewogener Durchschnitt der Preise:

$$I_p = \frac{p_1^t w_1 + p_2^t w_2}{p_1^b w_1 + p_2^b w_2}.$$

In diesem Fall bietet sich an, die Mengen als Gewichte bei der Berechnung der Durchschnitte heranzuziehen. Wir erhalten wieder zwei verschiedene Indizes, je nach den gewählten Gewichten. Wenn wir die Mengen der Periode t als Gewichte wählen, erhalten wir den **Preisindex nach Paasche:**

$$P_p = \frac{p_1^t x_1^t + p_2^t x_2^t}{p_1^b x_1^t + p_2^b x_2^t}$$

Und wenn wir die Mengen der Basisperiode wählen, erhalten wir den **Preisindex nach Laspeyres:**

$$L_p = \frac{p_1^t x_1^b + p_2^t x_2^b}{p_1^b x_1^b + p_2^b x_2^b}.$$

Angenommen der Preisindex nach Paasche ist *kleiner* als 1; was sagen die bekundeten Präferenzen über die Wohlstandssituation der Konsumentin in den Perioden t und b aus?

Die bekundeten Präferenzen sagen überhaupt nichts aus. Das Problem liegt darin, dass wir nun unterschiedliche Preise im Zähler und im Nenner der als Indizes definierten Brüche haben, sodass Vergleiche mittels bekundeter Präferenzen nicht gemacht werden können.

Definieren wir einen neuen Index der Änderungen der Gesamtausgaben als

$$M = \frac{p_1^t x_1^t + p_2^t x_2^t}{p_1^b x_1^b + p_2^b x_2^b}.$$

Das ist das Verhältnis der Gesamtausgaben im Zeitraum t zu den Gesamtausaben im Zeitraum b.

Angenommen wir wissen nun, dass der Preisindex nach Paasche größer als M ist. Das bedeutet, dass

$$P_p = \frac{p_1^t x_1^t + p_2^t x_2^t}{p_1^b x_1^t + p_2^b x_2^t} > \frac{p_1^t x_1^t + p_2^t x_2^t}{p_1^b x_1^b + p_2^b x_2^b}.$$

Nach Kürzung der Zähler auf beiden Seiten dieses Ausdrucks und Kreuzmultilikation erhalten wir

$$p_1^b x_1^b + p_2^b x_2^b > p_1^b x_1^t + p_2^b x_2^t.$$

Diese Beziehung sagt aus, dass das im Jahr b gewählte Bündel gegenüber dem im Jahr t gewählten als bevorzugt bekundet wird. Das Ergebnis dieser Analyse ist, dass die Konsumentin im Jahr b besser gestellt sein muss als im Jahr t, wenn der Preisindex nach Paasche größer als der Ausgabenindex ist.

Das ist intuitiv ganz einsichtig. Schließlich würden wir ja erwarten, dass ein Preisanstieg von b nach t, der größer ist als der Einkommensanstieg, die Konsumentin eher schlechter stellen würde. Die oben dargestellte Analyse mittels der bekundeten Präferenzen bestätigt diese Intuition.

Eine ähnliche Aussage kann bezüglich des Preisindex nach Laspeyres gemacht werden. Wenn der Preisindex nach Laspeyres kleiner als M ist, dann muss die Konsumentin im Jahr t besser gestellt sein als im Jahr b. Das bestätigt wiederum einfach den intuitiven Gedanken, dass bei einem im Vergleich zum Einkommen geringeren Preisanstieg die Konsumentin besser gestellt wäre. Im Fall der Preisindizes ist es nicht wichtig, ob der Index größer oder kleiner als eins ist, sondern ob er größer oder kleiner als der Ausgabenindex ist.

BEISPIEL: Indexierung der Pensionszahlungen

Für viele ältere Menschen sind Pensionszahlungen die einzige Einkommensquelle. Deswegen wird immer wieder versucht, diese Pensionszahlungen derart anzupassen, dass ihre Kaufkraft auch bei veränderten Preisen gleich bleibt. Da die Höhe der Zahlungen von der Entwicklung irgend eines Preisindexes oder Lebenshaltungskostenindexes abhängt, wird diese Vorgangsweise als **Indexierung** bezeichnet.

Ein Vorschlag zur Indexierung lautet wie folgt. In einem Jahr b, dem Basisjahr, messen Ökonomen das durchschnittliche Konsumbündel älterer Mitbürgerinnen. In jedem Folgejahr werden die Zahlungen durch die Pensionsversicherung so angepasst, dass die „Kaufkraft" der durchschnittlichen älteren Bürgerin in dem Sinn konstant bleibt, dass sich die durchschnittliche Pensionsempfängerin das Konsumbündel des Jahres b leisten kann, so wie in Abbildung 7.6 dargestellt.

Ein bemerkenswertes Ergebnis dieses Indexierungsschemas ist, dass die durchschnittliche ältere Mitbürgerin fast immer besser dran sein wird als im Basisjahr b. Angenommen Jahr b wurde als Basisjahr für den Preisindex gewählt. Dann ist zu Preisen von (p_1^b, p_2^b) das Bündel (x_1^b, x_2^b) optimal. Das bedeutet, dass die Budgetgerade zu Preisen von (p_1^b, p_2^b) die Indifferenzkurve bei (x_1^b, x_2^b) berühren muss.

Angenommen die Preise ändern sich. Genauer, die Preise ändern sich derart, dass sich die Budgetgerade, unter Vernachlässigung der Pensionsversicherung, nach innen verschiebt und dreht. Die Verschiebung nach innen ist durch die Preiserhöhung bedingt, die Drehung durch die Veränderung der relativen Preise. Das Indexierungsschema würde dann die Pensionszahlungen in dem Ausmaß er-

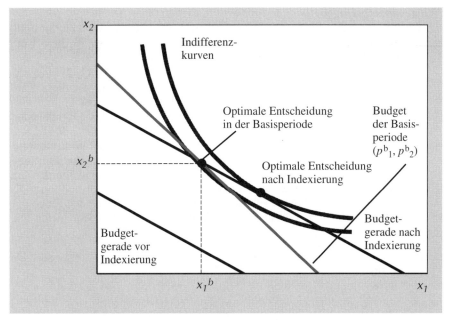

Abbildung 7.6 Pensionsversicherung. Veränderte Preise werden die Konsumentin im Vergleich zum Basisjahr typischerweise besser stellen.

höhen, dass das ursprüngliche Bündel (x_1^b, x_2^b) zu den neuen Preisen erschwinglich ist. Das bedeutet jedoch, dass die Budgetgerade die Indifferenzkurve schneiden würde, und es gibt nun irgend ein anderes Bündel auf der Budgetgeraden, das gegenüber (x_1^b, x_2^b) streng bevorzugt wird. Daher wäre die Konsumentin typischerweise in der Lage, ein besseres Bündel als im Basisjahr auszuwählen.

Zusammenfassung
1. Wenn ein Bündel gewählt wird und ein anderes auch hätte gewählt werden können, so sagen wir, dass das erste Bündel gegenüber dem zweiten als bevorzugt bekundet wird.
2. Wenn der Konsument immer das beste Bündel wählt, das er sich leisten kann, so bedeutet das, dass das gewählte Bündel gegenüber den anderen, die auch erschwinglich waren, aber nicht gewählt wurden, bevorzugt wird.
3. Beobachtung der Entscheidungen der Konsumentin kann uns ermöglichen, die dahinter liegenden Präferenzen „wiederzugewinnen" oder zu schätzen. Je mehr Entscheidungen wir beobachten, umso genauer können wir die zugrunde liegenden Präferenzen schätzen, welche diese Entscheidungen generierten.
4. Das schwache Axiom der bekundeten Präferenzen (WARP) und das starke Axiom der bekundeten Präferenzen (SARP) sind notwendige Bedingungen, denen die Entscheidungen genügen müssen, damit sie mit dem ökonomischen Modell optimierender Entscheidungen konsistent sind.

Wiederholungsfragen

1. Zu Preisen von $(p_1, p_2) = (1, 2)$ fragt eine Konsumentin $(x_1, x_2) = (1, 2)$ nach, zu Preisen von $(q_1, q_2) = (2, 1)$ die Mengen $(y_1, y_2) = (2, 1)$. Ist diese Entscheidung mit dem Modell maximierenden Verhaltens konsistent?
2. Zu Preisen von $(p_1, p_2) = (2, 1)$ fragt ein Konsument $(x_1, x_2) = (1, 2)$ nach, zu Preisen von $(q_1, q_2) = (1, 2)$ die Mengen $(y_1, y_2) = (2, 1)$. Ist diese Entscheidung mit dem Modell maximierenden Verhaltens konsistent?
3. Wird in der vorangehenden Aufgabe durch den Konsument das x-Bündel oder das y-Bündel bevorzugt?
4. Wir sahen, dass die Anpassung der Pensionsversicherung an veränderte Preise typischerweise die Pensionsempfänger mindestens so gut wie im Basisjahr stellt. Welche Art der Preisänderung würde sie, unabhängig von der Art ihrer Präferenzen, gleich gut gestellt lassen?
5. Welche Art der Präferenzen würde im Rahmen der vorangehenden Frage die Konsumentin für *alle* Preisänderungen gegenüber dem Basisjahr gleich gut gestellt lassen?

8. Kapitel
DIE SLUTSKY-GLEICHUNG

Volkswirte beschäftigen sich häufig mit den Änderungen des Konsumentenverhaltens auf Grund von Veränderungen im ökonomischen Umfeld. In diesem Kapitel wollen wir uns ansehen, wie ein Konsument bezüglich der Wahl eines Gutes auf eine Änderung des Preises dieses Gutes reagiert. Es ist eher selbstverständlich anzunehmen, dass bei einem Ansteigen des Preises eines Gutes die Nachfrage nach diesem Gut fallen wird. Wie wir im 6. Kapitel sahen, ist es jedoch möglich, Beispiele zu konstruieren, bei denen die optimale Nachfrage nach einem Gut *zurückgeht*, wenn sein Preis fällt. Ein Gut mit dieser Eigenschaft wird **Giffen-Gut** genannt.

Giffen-Güter sind ziemlich seltsam und hauptsächlich eine theoretische Merkwürdigkeit, aber es gibt andere Situationen, in denen Preisänderungen „perverse" Wirkungen haben, die sich nach einiger Überlegung als doch nicht so unvernünftig herausstellen. So unterstellen wir zum Beispiel normalerweise, dass die Menschen mehr arbeiten werden, wenn sie einen höheren Lohn erhalten. Aber wie wäre das, wenn der Stundenlohn von € 10 auf € 1.000 steigt? Würden Sie wirklich mehr arbeiten? Oder würden Sie sich nicht eher dafür entscheiden, weniger Stunden zu arbeiten und einen Teil des verdienten Geldes für andere Aktivitäten zu verwenden? Und wenn der Stundenlohn € 1,000.000 wäre? Würden Sie zumindest dann weniger arbeiten?

Als ein anderes Beispiel überlegen Sie, was mit Ihrer Nachfrage nach Äpfeln geschieht, wenn deren Preis steigt. Wahrscheinlich würden Sie weniger Äpfel konsumieren. Aber wie ist das bei einer Familie, die Äpfel zum Verkauf produziert? Wenn der Apfelpreis steigt, könnte ihr Einkommen so stark steigen, dass sie meinten, es sich nun leisten zu können, mehr von ihren eigenen Äpfeln zu konsumieren. Für die Verbraucher in dieser Familie könnte ein Anstieg des Apfelpreises sehr wohl zu einer Zunahme des Apfelkonsums führen.

Was passiert hier? Woher kommt es, dass Preisänderungen diese zweideutigen Auswirkungen auf die Nachfrage haben können? In diesem und dem nächsten Kapitel werden wir versuchen, diese Effekte zu trennen.

8.1 Der Substitutionseffekt

Wenn sich der Preis eines Gutes ändert, so hat das zwei Auswirkungen: Das Verhältnis, zu dem man ein Gut für ein anderes tauschen kann, ändert sich und die gesamte Kaufkraft des Einkommens wird geändert. Wenn zum Beispiel der Preis des Gutes 1 sinkt, bedeutet das, dass man weniger von Gut 2 aufgeben muss, um Gut 1 zu kaufen. Die Preisänderung des Gutes 1 hat das Verhältnis verändert, zu dem der Markt die "Substitution" von Gut 2 durch Gut 1 zulässt. Der Trade-off zwischen zwei Gütern, den der Markt der Konsumentin bietet, hat sich geändert.

Wenn der Preis des Gutes 1 niedriger wird, so bedeutet das gleichzeitig, dass man mit dem gegebenen Geldeinkommen mehr von Gut 1 kaufen kann. Die Kaufkraft des Geldes ist gestiegen; obwohl die Anzahl der Euro, die man hat, gleich geblieben ist, hat die Menge, die man damit kaufen kann, zugenommen.

Der erste Teil – die Nachfrageänderung auf Grund der Änderung des Tauschverhältnisses zwischen den zwei Gütern – heißt **Substitutionseffekt**. Der zweite Effekt – die Nachfrageänderung auf Grund gestiegener Kaufkraft – wird **Einkommenseffekt** genannt. Das sind nur grobe Definitionen der beiden Effekte. Um eine genauere Definition zu geben, müssen wir uns die zwei Effekte in größerem Detail ansehen.

Zu diesem Zweck werden wir die Preisbewegung in zwei Schritte zerlegen: Zuerst betrachten wir die *relative* Preisänderung und passen das Geldeinkommen so an, dass die Kaufkraft konstant bleibt, dann passen wir die Kaufkraft wieder an und halten dabei die relativen Preise konstant.

Das lässt sich am besten mit Bezug auf Abbildung 8.1 erklären. Dort haben wir eine Situation, in welcher der Preis des Gutes 1 gesunken ist. Das bedeutet, dass sich die Budgetgerade um den (vertikalen) Ordinatenabschnitt m/p_2 dreht und flacher wird. Wir können diese Bewegung der Budgetgeraden in zwei Schritte zerlegen: Zuerst *dreht* man die Budgetgerade im *ursprünglich* nachgefragten Bündel und dann *verschiebt* man die gedrehte Kurve nach außen zum *neuen* Nachfragebündel.

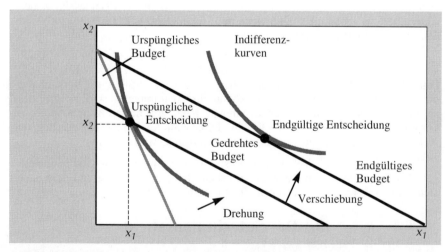

Abbildung 8.1 Drehung und Verschiebung. Wenn sich der Preis des Gutes 1 ändert und das Einkommen konstant bleibt, dreht sich die Budgetgerade im vertikalen Achsenabschnitt. Wir werden das so betrachten, dass die Anpassung in zwei Stufen geschieht: Zuerst dreht man die Budgetgerade um die *ursprüngliche* Wahl und dann verschiebt man diese Gerade parallel nach außen zum neuen Nachfragebündel.

Dieser „Drehung-Verschiebungs"-Vorgang eignet sich gut dazu, die Nachfrageänderung in zwei Teile zu zerlegen. Der erste Schritt – die Drehung – ist eine Bewegung, bei der sich die Steigung der Budgetgeraden ändert, während ihre Kaufkraft gleich bleibt, der zweite Schritt hingegen ist eine Bewegung, bei der die Steigung konstant bleibt und sich die Kaufkraft ändert. Diese Zerlegung ist nur eine hypothetische Konstruktion – die Konsumentin sieht einfach eine Preisänderung und wählt als Reaktion darauf ein neues Bündel. Aber für die Analyse, wie sich die Entscheidung der Konsumentin ändert, ist es nützlich, sich die Änderung der Budgetgeraden in zwei Stufen vorzustellen – zuerst die Drehung, dann die Verschiebung.

Was ist die ökonomische Bedeutung der gedrehten und der verschobenen Budgetgeraden? Sehen wir uns zuerst die gedrehte Gerade an. Wir haben es mit einer Budgetgeraden zu tun, welche die gleiche Steigung und daher die gleichen relativen Preise wie die endgültige Budgetgerade aufweist. Das mit dieser Budgetgeraden zusammenhängende Geldeinkommen ist jedoch ein anderes, weil der (vertikale) Ordinatenabschnitt ein anderer ist. Da das ursprüngliche Konsumbündel (x_1, x_2) auf der rotierten Budgetgeraden liegt, ist dieses Konsumbündel gerade erschwinglich. Die Kaufkraft der Konsumentin ist in dem Sinn gleich geblieben, dass das ursprüngliche Bündel der Konsumentin bei der neuen gedrehten Linie gerade erschwinglich ist.

Berechnen wir einmal, um wie viel wir das Geldeinkommen anpassen müssen, damit das alte Bündel gerade erschwinglich bleibt. Dabei sei m' jenes Geldeinkommen, zu dem man sich das ursprüngliche Konsumbündel gerade leisten kann; das wird dann das mit der gedrehten Budgetgeraden assoziierte Geldeinkommen sein. Da (x_1, x_2) sowohl bei (p_1, p_2, m) als auch bei (p_1', p_2, m') erschwinglich ist, haben wir

$$m' = p_1' x_1 + p_2 x_2$$
$$m = p_1 x_1 + p_2 x_2.$$

Subtraktion der zweiten Gleichung von der ersten ergibt

$$m' - m = x_1 [p_1' - p_1].$$

Diese Gleichung besagt, dass die Änderung des Geldeinkommens, die notwendig ist, um das alte Bündel zu neuen Preisen erschwinglich zu machen, einfach die ursprünglich konsumierte Menge des Gutes 1 mal der Preisänderung ist.

Wenn $\Delta p_1 = p_1' - p_1$ für die Änderung des Preises 1 und $\Delta m = m' - m$ für die Einkommensänderung steht, die notwendig ist, um das alte Bündel gerade erschwinglich zu machen, dann haben wir

$$\Delta m = x_1 \Delta p_1. \qquad (8.1)$$

Beachte, dass sich die Einkommens- und die Preisänderung immer in dieselbe Richtung bewegen: Wenn der Preis steigt, müssen wir das Einkommen erhöhen, damit dasselbe Bündel erschwinglich bleibt.

Nehmen wir einmal ein Zahlenbeispiel. Angenommen die Konsumentin konsumiert ursprünglich 20 Schokoriegel pro Woche, die 50 Cent je Stück kosten. Um wie viel muss das Einkommen steigen, damit das alte Bündel erschwinglich bleibt, wenn der Preis der Schokoriegel um 10 Cent steigt – sodass $\Delta p_1 = 0{,}60 - 0{,}50 = 0{,}10$?

Nun wenden wir die obige Formel an. Wenn die Konsumentin € 2 zusätzliches Einkommen hätte, wäre sie gerade in der Lage, die gleiche Anzahl Schokoriegel, nämlich 20, zu konsumieren. Mit Hilfe der Formel ausgedrückt:

$$\Delta m = \Delta p_1 \times x_1 = .10 \times 20 = €2.00.$$

Damit haben wir eine Formel für die gedrehte Budgetgerade: Es ist einfach die Budgetgerade zum neuen Preis und dem um Δm veränderten Einkommen. Beachte, dass bei einem sinkenden Preis des Gutes 1 die Einkommensanpassung negativ sein wird. Wenn ein Preis fällt, steigt die Kaufkraft der Konsumentin, und wir werden das Einkommen der Konsumentin senken müssen, um ihre Kaufkraft konstant zu halten. Dementsprechend sinkt bei einem Preisanstieg die Kaufkraft, die notwendige Einkommensänderung zur Konstanthaltung der Kaufkraft muss daher positiv sein.

Obwohl (x_1, x_2) nach wie vor erschwinglich ist, wird es im Allgemeinen nicht der optimale Kauf bei der gedrehten Budgetgeraden sein. In Abbildung 8.2 haben wir den optimalen Kauf auf der gedrehten Budgetgeraden mit Y bezeichnet. Dieses Güterbündel ist optimal, wenn wir den Preis ändern und dann das Einkommen in Euro derart anpassen, dass das alte Güterbündel gerade erschwinglich bleibt. Die Bewegung von X nach Y ist als **Substitutionseffekt** bekannt. Er zeigt an, wie die Konsumentin ein Gut für das andere „substituiert", wenn sich ein Preis ändert, aber die Kaufkraft gleich bleibt.

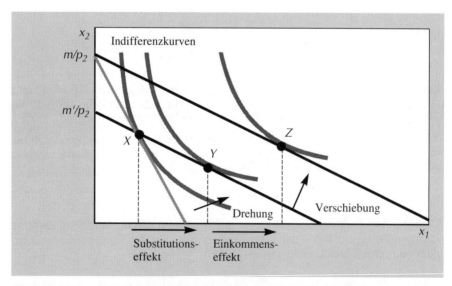

Abbildung 8.2 Substitutionseffekt und Einkommenseffekt. Die Drehung ergibt den Substitutionseffekt, die Verschiebung den Einkommenseffekt.

Genauer, der Substitutionseffekt, $\Delta x_1{}^s$, ist die Änderung der Nachfrage nach Gut 1, wenn sich der Preis des Gutes 1 auf $p_1{}'$ ändert und sich gleichzeitig das Geldeinkommen auf m' ändert:

$$\Delta x_1^s = x_1(p_1', m') - x_1(p_1, m).$$

Um den Substitutionseffekt zu bestimmen, müssen wir die Nachfragefunktion der Konsumentin zur Berechnung der optimalen Entscheidungen bei (p_1', m') und bei (p_1, m) verwenden. Die Änderung der Nachfrage nach Gut 1 kann groß oder klein sein, in Abhängigkeit von der Form der Indifferenzkurven der Konsumentin. Aber für eine gegebene Nachfragefunktion ist es leicht, die Zahlen einzusetzen und den Substitutionseffekt zu berechnen. (Natürlich wird die Nachfrage nach Gut 1 auch vom Preis des Gutes 2 abhängen; aber der Preis des Gutes 2 wird im Beispiel konstant gehalten, wir haben ihn daher aus der Nachfragefunktion weggelassen, um die Notation nicht zu überladen.)

Der Substitutionseffekt wird manchmal die Veränderung der **kompensierten Nachfrage** genannt. Der Gedanke ist, dass die Konsumentin für eine Preiserhöhung dadurch kompensiert wird, dass ihr genug Einkommen zurückgegeben wird, um sich ihr altes Güterbündel kaufen zu können. Bei einer Preissenkung wird sie natürlich dadurch „kompensiert", dass man ihr Geld wegnimmt. Wir bleiben im Allgemeinen durchgehend bei der „Substitutions"-Terminologie, obwohl die „Kompensations"-Terminologie ebenfalls weit verbreitet ist.

BEISPIEL: Berechnung des Substitutionseffekts

Angenommen eine Konsumentin hat folgende Nachfragefunktion nach Milch:

$$x_1 = 10 + \frac{m}{10p_1}.$$

In der Ausgangssituation ist ihr wöchentliches Einkommen € 120 und der Milchpreis ist € 3 je Liter. Ihre Nachfrage nach Milch wird daher 10 + 120/(10*3) = 14 Liter pro Woche betragen.

Nun nehmen wir an, der Milchpreis fällt auf € 2 je Liter. Dann wird ihre Nachfrage zu diesem neuen Preis 10 + 120/(10*2) = 16 Liter Milch pro Woche sein. Die *gesamte* Nachfrageänderung ist + 2 Liter pro Woche.

Um den Substitutionseffekt zu berechnen, müssen wir vorerst ausrechnen, um wie viel sich das Einkommen zu ändern hätte, um den ursprünglichen Milchkonsum beim neuen Preis von € 2 je Liter gerade erschwinglich zu machen. Anwendung von Formel (8.1) ergibt:

$$\Delta m = x_1 \Delta p_1 = 14 \times (2 - 3) = -€14.$$

Um die Kaufkraft konstant zu halten, müsste daher das Einkommen $m' = m + \Delta m = 120 - 14 = 106$ sein. Wie hoch ist die Nachfrage der Konsumentin nach Milch beim neuen Preis, € 2, und diesem Einkommensniveau? Durch Einsetzen der Zahlen in die Nachfragefunktion findet man

$$x_1(p_1', m') = x_1(2, 106) = 10 + \frac{106}{10 \times 2} = 15.3.$$

Der Substitutionseffekt ist daher

$$\Delta x_1^s = x_1(2, 106) - x_1(3, 120) = 15.3 - 14 = 1.3.$$

8.2 Der Einkommenseffekt

Wir wenden uns nun der zweiten Stufe der Preisanpassung zu - der Verschiebung. Diese ist ebenfalls ganz leicht ökonomisch interpretierbar. Wir wissen, dass sich dann eine Parallelverschiebung der Budgetgeraden ergibt, wenn sich das Einkommen ändert bei Konstanz der relativen Preise. Diese zweite Stufe der Preisanpassung wird daher **Einkommenseffekt** genannt. Wir erhöhen einfach das Einkommen des Konsumenten von *m'* auf *m* bei Konstanz der Preise bei (p_1', p_2). In Abbildung 8.2 führt diese Änderung vom Punkt (y_1, y_2) zu (z_1, z_2). Es ist verständlich, diese letzte Bewegung den Einkommenseffekt zu nennen, da wir lediglich das Einkommen ändern und dabei die Preise auf dem neuen Niveau konstant halten.

Genauer, der Einkommenseffekt, Δx_1^n, ist die Änderung der Nachfrage nach Gut 1, wenn wir das Einkommen von *m'* auf *m* erhöhen, bei Konstanz des Preises des Gutes 1 bei p_1':

$$\Delta x_1^n = x_1(p_1', m) - x_1(p_1', m').$$

Wir haben uns den Einkommenseffekt bereits früher im Abschnitt 6.1 angesehen. Dort zeigte sich, dass der Einkommenseffekt in jede Richtung gehen kann: Er wird zu einem Steigen oder Fallen der Nachfrage nach Gut 1 führen, je nachdem ob wir es mit einem normalen oder inferioren Gut zu tun haben.

Wenn der Preis eines Gutes fällt, müssen wir das Einkommen senken, um die Kaufkraft konstant zu halten. Haben wir es mit einem normalen Gut zu tun, dann wird diese Einkommenssenkung einen Nachfragerückgang zur Folge haben. Wenn es sich um ein inferiores Gut handelt, wird ein Rückgang des Einkommens zu einem Ansteigen der Nachfrage führen.

BEISPIEL: Berechnung des Einkommenseffekts

In dem Beispiel des vorangehenden Abschnitts fanden wir, dass

$$x_1(p_1', m) = x_1(2, 120) = 16$$
$$x_1(p_1', m') = x_1(2, 106) = 15.3.$$

Der Einkommenseffekt für dieses Problem ist daher

$$\Delta x_1^n = x_1(2, 120) - x_1(2, 106) = 16 - 15.3 = 0.7.$$

Da Milch für diesen Konsumenten ein normales Gut ist, steigt die Milchnachfrage bei steigendem Einkommen.

8.3 Das Vorzeichen des Substitutionseffekts

Wir sahen oben, dass der Einkommenseffekt positiv oder negativ sein kann, je nachdem ob es sich um ein normales Gut oder ein inferiores Gut handelt. Wie ist das beim Substitutionseffekt? Wenn der Preis eines Gutes sinkt, wie in Abbildung 8.2, dann *muss* die Änderung der Nachfrage nach diesem Gut auf Grund des Substitutionseffekts nicht-negativ sein. Das heißt, wenn $p_1 > p_1{}'$, dann *müssen* wir $x_1(p_1{}', m') = x_1(p_1, m)$ haben, sodass $\Delta x_1{}^s = 0$.

Der Beweis dafür verläuft wie folgt. Nehmen wir Punkte auf der gedrehten Budgetgeraden in Abbildung 8.2, bei denen die konsumierte Menge des Gutes 1 kleiner ist als beim Bündel X. Diese Bündel waren alle zu den alten Preisen (p_1, p_2) erschwinglich, aber sie wurden nicht gekauft. Stattdessen wurde das Bündel X gekauft. Wenn die Konsumentin immer das beste Bündel wählt, das sie sich leisten kann, dann muss X gegenüber allen Bündeln auf jenem Teil der gedrehten Geraden, die innerhalb des ursprünglichen Budgets liegt, bevorzugt sein.

Das bedeutet, dass das optimale Bündel auf der gedrehten Geraden keines jener Bündel sein darf, die unterhalb der ursprünglichen Budgetgeraden liegen. Die optimale Wahl auf der gedrehten Linie müsste entweder X oder irgendein Punkt rechts von X sein. Das bedeutet aber, dass die neue optimale Entscheidung zumindest so viel vom Gut 1 enthalten muss wie ursprünglich, was wir ja zeigen wollten. In dem in Abbildung 8.2 illustrierten Beispiel ist die optimale Wahl das Bündel Y, das im Vergleich zum ursprünglichen Konsumpunkt X zweifellos einen Mehrkonsum von Gut 1 enthält.

Der Substitutionseffekt bewegt sich immer entgegengesetzt zur Preisbewegung. Wir sagen, dass *der Substitutionseffekt negativ ist*, da die Nachfrageänderung auf Grund des Substitutionseffekts der Preisänderung entgegengerichtet ist: Wenn der Preis steigt, sinkt auf Grund des Substitutionseffekts die Nachfrage nach dem Gut.

8.4 Die gesamte Änderung der Nachfrage

Die gesamte Änderung der Nachfrage, Δx_1, ist die Nachfrageänderung auf Grund der Preisänderung bei konstantem Einkommen:

$$\Delta x_1 = x_1(p_1', m) - x_1(p_1, m).$$

Wir haben oben gezeigt, wie diese Änderung in zwei Veränderungen zerlegt werden kann, den Einkommenseffekt und den Substitutionseffekt. In den bereits definierten Symbolen ausgedrückt:

$$\Delta x_1 = \Delta x_1^s + \Delta x_1^n$$
$$x_1(p_1', m) - x_1(p_1, m) = [x_1(p_1', m') - x_1(p_1, m)]$$
$$+ [x_1(p_1', m) - x_1(p_1', m')].$$

In Worten besagt diese Gleichung, dass die gesamte Änderung der Nachfrage gleich dem Substitutionseffekt plus dem Einkommenseffekt ist. Diese Gleichung wird die **Slutsky-Identität** genannt.[1] Beachte, dass das eine Identität ist: Sie gilt für alle Werte von p_1, p_1', m, m'. Der erste und der vierte Term auf der rechten Seite kürzen sich weg, sodass die rechte Seite der linken Seite *identisch* gleicht.

Die Aussage der Slutsky-Identität ist nicht einfach die algebraische Identität – das ist eine mathematische Trivialität. Ihr Gehalt liegt in der Interpretation der beiden Ausdrücke auf der rechten Seite, dem Substitutionseffekt und dem Einkommenseffekt. Wir können insbesondere unser Wissen über die Vorzeichen von Einkommens- und Substitutionseffekt zur Bestimmung des Vorzeichens des Gesamteffekts verwenden.

Während der Substitutionseffekt immer negativ sein muss – der Preisänderung entgegengesetzt – kann der Einkommenseffekt in jede Richtung gehen. Der Gesamteffekt kann daher positiv oder negativ sein. Wenn wir jedoch ein normales Gut haben, wirken der Substitutionseffekt und der Einkommenseffekt in die gleiche Richtung. Ein Preisanstieg bedeutet, dass die Nachfrage auf Grund des Substitutionseffekts zurückgehen wird. Wenn der Preis steigt, so wirkt das wie ein Rückgang des Einkommens, was für ein normales Gut ein Sinken der Nachfrage bedeutet. Die beiden Effekte verstärken einander. In unserer Notation bedeutet die Änderung der Nachfrage auf Grund eines Preisanstiegs für ein normales Gut, dass

$$\Delta x_1 = \Delta x_1^s + \Delta x_1^n.$$
$$(-) \quad (-) \quad (-)$$

(Die Minuszeichen unterhalb eines jeden Ausdrucks weisen darauf hin, dass jeder Term in dieser Relation negativ ist.)

Beachte sorgfältig das Vorzeichen des Einkommenseffekts. Da wir eine Situation betrachten, in welcher der Preis steigt, folgt daraus ein Sinken der Kaufkraft – das wird für ein normales Gut einen Nachfragerückgang implizieren.

Wenn wir andererseits ein inferiores Gut haben, könnte es geschehen, dass der Einkommenseffekt den Substitutionseffekt überwiegt, sodass die gesamte Änderung der Nachfrage bei einem Preisanstieg tatsächlich positiv ist. Das wäre ein Fall, bei dem

$$\Delta x_1 = \Delta x_1^s + \Delta x_1^n.$$
$$(?) \quad (-) \quad (+)$$

Wenn der zweite Term auf der rechten Seite – der Einkommenseffekt – groß genug ist, dann könnte die gesamte Änderung der Nachfrage positiv sein. Das würde bedeuten, dass sich aus einem Preisanstieg eine *Zunahme* der Nachfrage ergeben könnte. Das ist der früher beschriebene perverse Giffen-Fall: Der Preisanstieg hat die Kaufkraft des Konsumenten so stark verringert, dass er seinen Konsum des inferioren Gutes erhöht hat.

---

[1] Benannt nach Eugen Slutsky (1880 - 1948), einem russischen Ökonomen, der die Nachfragetheorie untersuchte.

Aber die Slutsky-Identität zeigt, dass ein derart perverser Effekt nur bei inferioren Gütern auftreten kann: Wenn es sich um ein normales Gut handelt, dann verstärken der Einkommens- und Substitutionseffekt einander, sodass die gesamte Änderung der Nachfrage immer in die „korrekte" Richtung geht.

Ein Giffen-Gut muss daher ein inferiores Gut sein. Aber ein inferiores Gut ist nicht notwendigerweise ein Giffen-Gut: Der Einkommenseffekt muss nicht nur das „falsche" Vorzeichen haben, er muss auch groß genug sein, um das „richtige" Vorzeichen des Substitutionseffekts zu überwiegen. Deswegen findet man in der Realität Giffen-Güter so selten: Sie müssten nicht nur inferiore Güter sein, sondern sie müssten *sehr* inferior sein.

Das wird grafisch in Abbildung 8.3 veranschaulicht. Wir stellen hier den üblichen Drehung-Verschiebungs-Vorgang dar, um den Substitutions- und den Einkommenseffekt zu finden. In beiden Fällen ist Gut 1 ein inferiores Gut, der Einkommenseffekt ist daher negativ. In Abbildung 8.3A ist der Einkommenseffekt groß genug, um den Substitutionseffekt zu überwiegen, er erzeugt daher ein Giffen-Gut. In Abbildung 8.3B ist der Einkommenseffekt kleiner, daher reagiert das Gut 1 in der üblichen Weise auf die Änderung seines Preises.

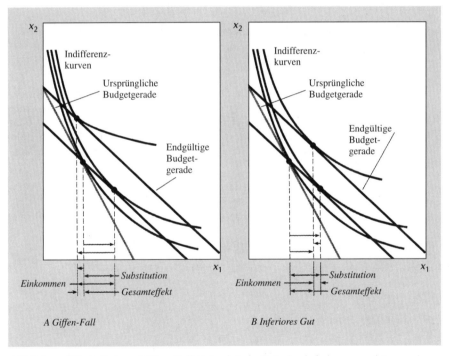

Abbildung 8.3 Inferiore Güter. Fall (A) zeigt ein Gut, das inferior genug ist, um einen Giffen-Fall zu bewirken. Fall (B) zeigt ein Gut, das inferior ist, aber der Effekt ist nicht stark genug, um ein Giffen-Gut zu schaffen.

8.5 Änderungsraten

Wir haben gesehen, dass der Einkommens- und der Substitutionseffekt grafisch als eine Kombination von Drehung und Verschiebung dargestellt werden können, oder algebraisch durch die Slutsky-Identität

$$\Delta x_1 = \Delta x_1^s + \Delta x_1^n$$

ausgedrückt werden können, die einfach besagt, dass die gesamte Änderung der Nachfrage die Summe aus dem Substitutions- und dem Einkommenseffekt ist. Die Slutsky-Identität ist hier in absoluten Veränderungen angegeben, es ist jedoch üblicher, sie in Änderungs*raten* auszudrücken.

Wenn wir die Slutsky-Identität in Änderungsraten formulieren, erweist es sich als praktisch, Δx_1^m als den *negativen* Wert des Einkommenseffekts zu definieren:

$$\Delta x_1^m = x_1(p_1', m') - x_1(p_1', m) = -\Delta x_1^n.$$

Mit dieser Definition wird die Slutsky-Identität

$$\Delta x_1 = \Delta x_1^s - \Delta x_1^m.$$

Wenn wir jede Seite der Identität durch Δp_1 dividieren, erhalten wir

$$\frac{\Delta x_1}{\Delta p_1} = \frac{\Delta x_1^s}{\Delta p_1} - \frac{\Delta x_1^m}{\Delta p_1}. \tag{8.2}$$

Der erste Ausdruck auf der rechten Seite ist die Änderungsrate der Nachfrage, wenn sich der Preis ändert und das Einkommen so angepasst wird, dass das alte Güterbündel erschwinglich bleibt - der Substitutionseffekt. Wenden wir uns dem zweiten Ausdruck zu. Da wir die Wirkung einer Einkommensänderung im Zähler haben, wäre es schön, auch im Nenner eine Einkommensänderung zu erhalten.

Erinnern wir uns, dass die Einkommensänderung, Δm, und die Preisänderung, Δp_1, durch die Formel

$$\Delta m = x_1 \Delta p_1$$

miteinander in Beziehung stehen. Auflösung nach Δp_1 führt zu

$$\Delta p_1 = \frac{\Delta m}{x_1}.$$

Nach Einsetzen dieses Ausdrucks in den letzten Term von (8.2) erhält man die endgültige Formel:

$$\frac{\Delta x_1}{\Delta p_1} = \frac{\Delta x_1^s}{\Delta p_1} - \frac{\Delta x_1^m}{\Delta m} x_1.$$

Das ist die Slutsky-Identität in Veränderungsraten. Wir können jeden Term wie folgt interpretieren:

$$\frac{\Delta x_1}{\Delta p_1} = \frac{x_1(p_1', m) - x_1(p_1, m)}{\Delta p_1}$$

ist die Änderung der Nachfrage bei einer Preisänderung, wenn man das Einkommen konstant hält;

$$\frac{\Delta x_1^s}{\Delta p_1} = \frac{x_1(p_1', m') - x_1(p_1, m)}{\Delta p_1}$$

ist die Änderung der Nachfrage, wenn sich der Preis ändert, und man das Einkommen so anpasst, dass das alte Güterbündel gerade erschwinglich bleibt, das heißt der Substitutionseffekt; und

$$\frac{\Delta x_1^m}{\Delta m} x_1 = \frac{x_1(p_1', m') - x_1(p_1', m)}{m' - m} x_1 \qquad (8.3)$$

ist die Änderung der Nachfrage, wenn man die Preise konstant hält und das Einkommen anpasst, das heißt der Einkommenseffekt.

Der Einkommenseffekt selbst besteht wiederum aus zwei Teilen: Der Änderung der Nachfrage auf Grund einer Einkommensänderung mal dem ursprünglichen Niveau der Nachfrage. Wenn sich der Preis um Δp_1 ändert, dann ist die Veränderung der Nachfrage auf Grund des Einkommenseffekts

$$\Delta x_1^m = \frac{x_1(p_1', m') - x_1(p_1', \dot{m})}{\Delta m} x_1 \Delta p_1.$$

Aber dieser letzte Ausdruck, $x_1 \Delta p_1$, ist genau die notwendige Einkommensänderung, um das alte Güterbündel zu ermöglichen. Das heißt, $x_1 \Delta p_1 = \Delta m$, daher reduziert sich die Veränderung der Nachfrage auf Grund des Einkommenseffekts zu

$$\Delta x_1^m = \frac{x_1(p_1', m') - x_1(p_1', m)}{\Delta m} \Delta m,$$

was wir in der gleichen Form bereits hatten.

8.6 Das Gesetz der Nachfrage

Im 5. Kapitel waren wir darüber besorgt, dass die Theorie des Konsumenten inhaltsleer zu sein schien: Die Nachfrage konnte bei einer Preissteigerung steigen oder fallen, und sie konnte auch bei einer Einkommenserhöhung steigen oder fallen. Wenn eine Theorie das beobachtete Verhalten nicht in *irgendeiner* Form einschränkt, so ist das kaum eine Theorie. Ein Modell, das mit jeglichem Verhalten vereinbar ist, hat keinen realen Inhalt.

Wir wissen jedoch, dass die Theorie des Konsumenten sehr wohl auch eine inhaltliche Theorie ist - wir haben gesehen, dass die Entscheidungen eines optimierenden Konsumenten das starke Axiom der bekundeten Präferenzen erfüllen müssen. Weiters haben wir gesehen, dass jede Preisänderung in zwei Änderungen zerlegt werden kann: In einen Substitutionseffekt, der sicherlich negativ ist –

der Preisänderung entgegengerichtet –, und in einen Einkommenseffekt, dessen Vorzeichen davon abhängt, ob es sich um ein normales oder ein inferiores Gut handelt.

Obwohl die Theorie des Konsumenten die Änderung der Nachfrage auf Grund einer Preisänderung oder die Änderung der Nachfrage auf Grund einer Einkommensänderung nicht einschränkt, beschränkt sie sehr wohl die Interaktion dieser beiden Änderungen. Insbesondere gilt:

Das Gesetz der Nachfrage. *Wenn die Nachfrage nach einem Gut auf Grund einer Einkommenserhöhung steigt, dann muss die Nachfrage nach diesem Gut bei einem Anstieg seines Preises fallen.*

Das folgt direkt aus der Slutsky-Gleichung: Wenn die Nachfrage bei steigendem Einkommen steigt, haben wir ein normales Gut. Und wenn wir ein normales Gut haben, dann verstärken der Substitutions- und der Einkommenseffekt einander, eine Preissteigerung wird daher zweifellos die Nachfrage reduzieren.

8.7 Beispiele für Einkommens- und Substitutionseffekte

Sehen wir uns nun einige Beispiele von Preisänderungen für bestimmte Präferenzen an und zerlegen wir die Nachfrageänderungen in den Einkommens- und den Substitutionseffekt.

Wir beginnen mit dem Fall perfekter Komplemente. Die Slutsky-Zerlegung ist in Abbildung 8.4 dargestellt. Wenn wir die Budgetgerade um den gewählten

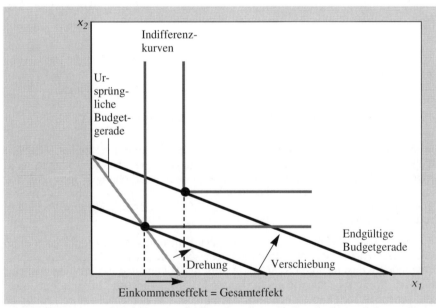

Abbildung 8.4 **Perfekte Komplemente.** Slutsky-Zerlegung bei perfekten Komplementen.

Punkt drehen, ist die optimale Entscheidung bei der neuen Budgetgeraden dieselbe wie die alte Entscheidung - das heißt, der Substitutionseffekt ist Null. Die Nachfrageänderung ist zur Gänze dem Einkommenseffekt zuzuschreiben.

Wie sieht das für den in Abbildung 8.5 dargestellten Fall perfekter Substitute aus? Wenn wir hier die Budgetgerade kippen, springt das Nachgefragebündel von der vertikalen zur horizontalen Achse. Es verbleibt nichts zu verschieben! Die gesamte Änderung der Nachfrage folgt aus dem Substitutionseffekt.

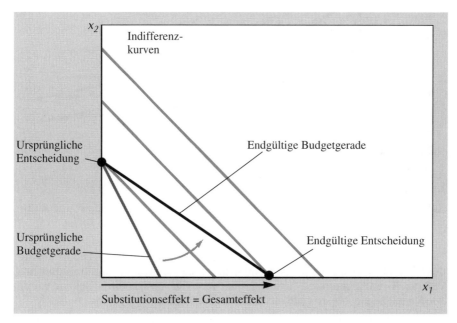

Abbildung 8.5 Perfekte Substitute. Slutsky-Zerlegung bei perfekten Substituten.

Als drittes Beispiel betrachten wir den Fall quasilinearer Präferenzen. Diese Situation ist etwas eigenartig. Wir haben bereits gesehen, dass bei quasilinearen Präferenzen eine Verschiebung des Einkommens zu keiner Änderung der Nachfrage nach Gut 1 führt. Das bedeutet, dass die gesamte Nachfrageänderung dem Substitutionseffekt zuzuschreiben ist, und dass der Einkommenseffekt Null ist, wie in Abbildung 8.6 dargestellt.

BEISPIEL: Rückvergütung einer Steuer

Im Jahre 1974 verhängte die Organization of Petroleum Exporting Countries (OPEC) ein Ölembargo über die Vereinigten Staaten. Es gelang der OPEC, die Öllieferungen nach U.S. Häfen einige Wochen hindurch zu unterbinden. Die Verwundbarkeit der USA gegenüber solchen Unterbrechungen beunruhigte den Kongress und den Präsidenten, und es gab viele Pläne, um die Abhängigkeit der USA von ausländischem Öl zu verringern.

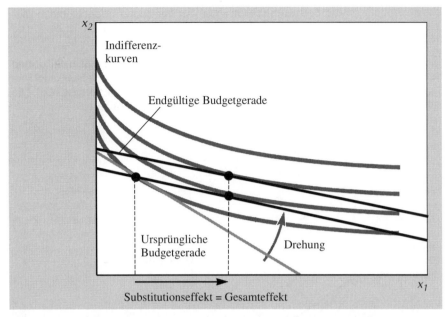

Abbildung 8.6 Quasilineare Präferenzen. Im Fall quasilinearer Präferenzen, ist die gesamte Änderung der Nachfrage auf den Substitutionseffekt zurückzuführen.

Ein solcher Plan bestand aus einer Erhöhung der Benzinsteuer. Die Erhöhung der Benzinkosten für die Konsumentinnen würde sie veranlassen, ihren Benzinverbrauch einzuschränken, und die reduzierte Nachfrage nach Benzin würde wiederum die Nachfrage nach ausländischem Öl vermindern.

Eine direkte Erhöhung der Benzinsteuer würde jedoch die Konsumentinnen dort treffen, wo es besonders schmerzt – in der Brieftasche –, und für sich genommen wäre solch ein Plan politisch undurchführbar. Es wurde daher vorgeschlagen, dass die von den Verbrauchern eingehobenen Steuereinnahmen den Konsumentinnen entweder in Form von direkten Geldleistungen oder durch Reduktion irgendeiner anderen Steuer wieder zurückgegeben würden.

Die Kritiker dieses Vorschlags argumentierten, dass sich durch Rückzahlung der durch die Steuer erzielten Einnahmen an die Konsumentinnen letztlich keine Auswirkung auf die Nachfrage ergäbe, da sie das zurückerhaltene Geld einfach dazu verwenden könnten, wiederum mehr Benzin zu kaufen. Was sagt eine ökonomische Analyse zu diesem Plan?

Nehmen wir der Einfachheit halber an, dass die Steuer zur Gänze auf die Nachfrager nach Benzin überwälzt würde, sodass der Benzinpreis genau um den Betrag der Steuer steigen wird. (Im allgemeinen würde nur ein Teil der Steuer überwälzt, aber wir vernachlässigen diese Komplikation.) Angenommen die Steuer würde den Benzinpreis von p auf $p' = p + t$ erhöhen, und die durchschnittliche Konsumentin würde darauf mit einer Verringerung ihrer Nachfrage von x auf x' antworten. Die durchschnittliche Konsumentin zahlt nach der Einführung der Steuer um t Dollar mehr für Benzin und verbraucht x' Gallonen Benzin, die Einnahmen aus der Steuer je Konsumentin wären daher

$$R = tx' = (p' - p)x'.$$

Beachte, dass die Steuereinnahmen vom *endgültigen* Verbrauch der Konsumentin, x', und nicht von ihrem ursprünglichen Verbrauch, x, abhängen.

Nun seien y die Ausgaben für alle anderen Güter, deren Preis 1 gesetzt wird; dann ist die ursprüngliche Budgetbeschränkung

$$px + y = m, \qquad (8.4)$$

und die Budgetbeschränkung nach Einführung des Besteuerungs- und Rückvergütungsplans

$$(p + t)x' + y' = m + tx'. \qquad (8.5)$$

Bei der Budgetbeschränkung (8.5) wählt die durchschnittliche Konsumentin die Variablen auf der linken Seite – den Konsum eines jeden Gutes –, aber die rechte Seite – ihr Einkommen und die Rückvergütung durch die Regierung – werden als konstant angenommen. Die Rückvergütung hängt davon ab, was alle Konsumentinnen tun, nicht was die durchschnittliche Konsumentin macht. In unserem Fall zeigt sich, dass die Rückvergütung gleich hoch wie die von der durchschnittlichen Konsumentin eingehobene Steuer ist – aber das ist nur der Fall, weil sie der Durchschnitt ist, nicht auf Grund eines kausalen Zusammenhangs.

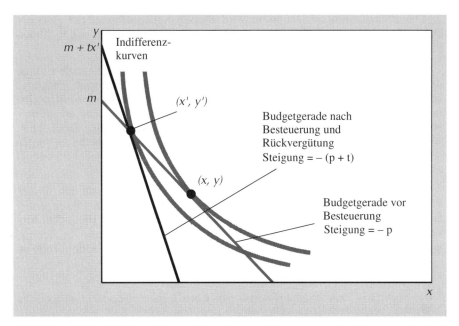

Abbildung 8.7 Rückvergütung einer Steuer. Besteuerung der Konsumentin bei Rückvergütung der Steuer stellt die Konsumentin schlechter.

Wenn wir tx' von jeder Seite der Gleichung (8.5) subtrahieren, erhalten wir

$$px' + y' = m.$$

Das Bündel (x', y') war daher bei der ursprünglichen Budgetbeschränkung erschwinglich, wurde aber zu Gunsten von (x, y) zurückgewiesen. Daher muss (x, y) gegenüber (x', y') bevorzugt sein: Durch diesen Plan würden die Konsumentinnen schlechter gestellt. Vielleicht wurde er deswegen nie eingeführt!

Das Gleichgewicht mit einer Steuerrückvergütung wird in Abbildung 8.7 dargestellt. Die Steuer verteuert Gut 1, und die Rückvergütung erhöht das Geldeinkommen. Das ursprüngliche Bündel ist nicht mehr erschwinglich, die Konsumentin wird entschieden schlechter gestellt. Die Konsumentin entscheidet sich nach dem Besteuerung-Rückvergütungs-Plan für einen geringeren Benzinverbrauch und einen Mehrverbrauch „aller anderen Güter".

Was können wir über die verbrauchte Benzinmenge sagen? Die durchschnittliche Konsumentin könnte sich ihren ursprünglichen Benzinverbrauch leisten, aber wegen der Steuer ist Benzin nun teurer. Im Allgemeinen würde sich die Konsumentin daher für einen geringeren Verbrauch entscheiden.

8.8 Ein anderer Substitutionseffekt

Substitutionseffekt ist die Bezeichnung, die Ökonomen der Nachfrageänderung bei einer Preisänderung, aber bei Konstanz der Kaufkraft des Konsumenten geben, sodass das ursprüngliche Bündel erschwinglich bleibt. Das ist zumindest *eine* Definition des Substitutionseffekts. Es gibt eine andere Definition, die ebenfalls nützlich ist.

Die oben analysierte Definition wird **Slutsky-Substitutionseffekt** genannt. Die Definition, die wir in diesem Abschnitt beschreiben werden, heißt **Hicks-Substitutionseffekt**.[2]

Angenommen wir *rollen* – wie in Abbildung 8.8 – die Budgetgerade entlang der Indifferenzkurve, die durch das ursprüngliche Konsumbündel geht, anstatt sie in diesem Bündel zu drehen. Auf diese Art bieten wir dem Konsumenten eine neue Budgetgerade, welche dieselben relativen Preise hat wie das endgültige, aber ein anderes Einkommen. Die Kaufkraft, die er bei dieser Budgetgeraden hat, wird jetzt nicht mehr ausreichen, um sein ursprüngliches Güterbündel zu kaufen – aber es wird ausreichen, ein Bündel zu kaufen, das gegenüber seinem ursprünglichen gerade *indifferent* ist.

Der Hicks-Substitutionseffekt hält daher anstatt der Kaufkraft den *Nutzen* konstant. Der Slutsky-Substitutionseffekt gibt dem Konsumenten gerade genug Geld, um zu seinem alten Konsumniveau zurückzugelangen, der Hicks-Substitutionseffekt hingegen gibt ihm gerade genug Geld, um auf seine alte Indifferenzkurve zurückzukommen. Trotz dieses Unterschieds in der Definition zeigt es

---

[2] Das Konzept ist nach Sir John Hicks benannt, einem Engländer, der den Nobelpreis für Wirtschaftswissenschaften erhalten hat.

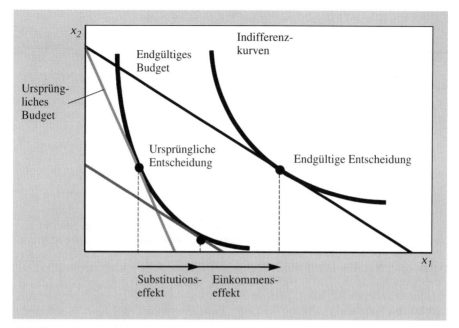

Abbildung 8.8 Der Hicks-Substitutionseffekt. Wir drehen die Budgetgerade entlang der Indifferenzkurve anstatt im ursprünglich gewählten Bündel.

sich, dass der Hicks-Substitutionseffekt negativ sein muss – in dem Sinne, dass er in eine der Preisänderung entgegengesetzte Richtung geht – genau wie der Slutsky-Substitutionseffekt.

Der Beweis wird wieder mit Hilfe der bekundeten Präferenzen erbracht. Das zu Preisen von (p_1, p_2) nachgefragte Bündel sei (x_1, x_2), und (y_1, y_2) sei das zu beliebigen anderen Preisen (q_1, q_2) nachgefragte Bündel. Angenommen sei ein Einkommen, sodass der Konsument zwischen (x_1, x_2) und (y_1, y_2) indifferent ist. Da der Konsument zwischen (x_1, x_2) und (y_1, y_2) indifferent ist, kann kein Bündel gegenüber dem anderen als bevorzugt bekundet werden.

Wenn wir die Definition der bekundeten Präferenzen verwenden, so können die folgenden Ungleichungen *nicht wahr* sein:

$$p_1 x_1 + p_2 x_2 > p_1 y_1 + p_2 y_2$$

$$q_1 y_1 + q_2 y_2 > q_1 x_1 + q_2 x_2.$$

Daraus folgt, dass folgende Ungleichungen *wahr sind*:

$$p_1 x_1 + p_2 x_2 \leq p_1 y_1 + p_2 y_2$$

$$q_1 y_1 + q_2 y_2 \leq q_1 x_1 + q_2 x_2.$$

Addition dieser Ungleichungen und Umordnung ergibt

$$(q_1 - p_1)(y_1 - x_1) + (q_2 - p_2)(y_2 - x_2) \leq 0.$$

Das ist eine allgemein gültige Aussage über die Veränderung der Nachfrage, wenn sich die Preise ändern und das Einkommen so angepasst wird, dass der Konsument auf derselben Indifferenzkurve bleibt. In unserem besonderen Fall ändern wir nur den ersten Preis. Daher gilt $q_2 = p_2$ und es verbleibt

$$(q_1 - p_1)(y_1 - x_1) \leq 0.$$

Diese Gleichung besagt, dass die Änderung der nachgefragten Menge ein der Preisänderung entgegengesetztes Vorzeichen aufweisen muss, was wir zeigen wollten.

Die gesamte Änderung der Nachfrage ist nach wie vor gleich der Summe aus Substitutionseffekt und Einkommenseffekt – nur ist es jetzt der Hicks-Substitutionseffekt. Da der Hicks-Substitutionseffekt ebenfalls negativ ist, hat die Slutsky-Gleichung dieselbe Form wie früher und ist genau so zu interpretieren. Sowohl die Slutsky- als auch die Hicks-Definition haben ihre Bedeutung; welche von beiden nützlicher ist, hängt vom jeweiligen Problem ab. Man kann zeigen, dass die beiden Substitutionseffekte für kleine Preisänderungen nahezu identisch sind.

8.9 Kompensierte Nachfragekurven

Wir haben die Auswirkung einer Preisänderung auf die Änderung der nachgefragten Menge in drei verschiedenen Situationen analysiert: bei konstantem Einkommen (der Standardfall), bei konstanter Kaufkraft (der Slutsky-Substitutionseffekt) und bei konstantem Nutzen (der Hicks-Substitutionseffekt). Wir können die Beziehung zwischen Preis und nachgefragter Menge grafisch darstellen und dabei irgendeine dieser drei Variablen konstant halten. Damit erhalten wir drei verschiedene Nachfragefunktionen: die Standard-Nachfragefunktion, die Slutsky-Nachfragefunktion und die Hicks-Nachfragefunktion.

Die Analyse dieses Kapitels zeigt, dass die Slutsky- und die Hicks-Nachfragefunktionen immer negativ geneigt sind. Ebenso ist die gewöhnliche Nachfragekurve für normale Güter negativ geneigt. Die Giffen-Analyse zeigt jedoch die theoretische Möglichkeit, dass im Falle eines inferioren Gutes die Nachfragekurve positiv geneigt sein kann.

Die Hicks'sche Nachfragekurve – für die der Nutzen konstant ist – wird manchmal als **kompensierte Nachfragekurve** bezeichnet. Diese Terminologie ergibt sich ganz natürlich aus der Konstruktion der Hicks'schen Nachfragekurve, bei der das Einkommen so angepasst wird, dass der Nutzen der Konsumentin gleich bleibt. Die Konsumentin wird daher für die Preisänderungen „kompensiert", ihr Nutzen ist in jedem Punkt der Hicks'schen Nachfragekurve gleich groß. Ganz im Gegensatz dazu steht die Situation bei einer gewöhnlichen Nachfragekurve: In diesem Fall ist die Konsumentin schlechter dran, wenn sie sich höheren Preisen gegenübersieht, da ja ihr Einkommen konstant gehalten wird.

Die kompensierte Nachfragekurve erweist sich in fortgeschrittenen Lehrveranstaltungen als sehr nützlich, vor allem bei der Kosten-Nutzen-Analyse. Bei dieser Art der Analyse wird häufig nach jener Höhe des Einkommens gefragt, die notwendig ist, die Konsumenten für irgendeine wirtschaftspolitische Maßnahme zu entschädigen. Die Größenordnung solcher Zahlungen ist eine brauchbare Schätzung der Kosten so einer Maßnahme. Die tatsächliche Berechnung kompensierter Nachfragekurven erfordert jedoch einen größeren mathematischen Aufwand, als wir üblicherweise in diesem Lehrbuch verwenden.

Zusammenfassung

1. Wenn der Preis eines Gutes sinkt, wird es zwei Wirkungen auf den Konsum geben. Durch die Änderung der relativen Preise fragt die Konsumentin mehr vom billigeren Gut nach. Das Steigen der Kaufkraft auf Grund des niedrigeren Preises, kann den Konsum steigern oder senken, je nachdem, ob es sich um ein normales Gut oder ein inferiores Gut handelt.
2. Die Änderung der Nachfrage auf Grund der Änderung der relativen Preise wird Substitutionseffekt genannt; die Nachfrageänderung auf Grund der Änderung der Kaufkraft wird Einkommenseffekt genannt.
3. Der Substitutionseffekt sagt aus, wie sich die Nachfrage ändert, wenn sich der Preis ändert und die Kaufkraft in dem Sinne konstant gehalten wird, dass das ursprüngliche Bündel erschwinglich bleibt. Um die reale Kaufkraft konstant zu halten, muss sich das Geldeinkommen ändern. Die erforderliche Änderung des Geldeinkommens ist durch $\Delta m = x_1 \Delta p_1$ gegeben.
4. Die Slutsky-Gleichung besagt, dass die gesamte Änderung der Nachfrage die Summe aus Substitutionseffekt und Einkommenseffekt ist.
5. Das Gesetz der Nachfrage besagt, dass normale Güter fallende Nachfragekurven haben müssen.

Wiederholungsfragen

1. Angenommen eine Konsumentin hat Präferenzen zwischen zwei Gütern, die perfekte Substitute sind. Können Sie die Preise derart verändern, dass die gesamte Nachfrageänderung nur dem Einkommenseffekt zugeschrieben werden kann?
2. Angenommen die Präferenzen seien konkav. Ist auch dann der Substitutionseffekt negativ?
3. Was würde im Beispiel der Benzinsteuer geschehen, wenn die Rückvergütung an die Konsumenteninnen auf deren ursprünglichem Benzinverbrauch, x, basierte anstatt auf ihrem endgültigen Verbrauch, x'?
4. Würden in dem in der vorigen Frage beschriebenen Fall die Finanzbehörden mehr oder weniger auszahlen, als sie an Steuern einnehmen?
5. Würden die Konsumenteninnen besser oder schlechter gestellt werden, wenn eine Besteuerung mit einer Rückvergütung, die auf dem ursprünglichen Verbrauch basiert, wirksam wäre?

ANHANG

Wir wollen die Slutsky-Gleichung unter Verwendung der Differenzialrechnung herleiten. Wir gehen von der Slutsky-Definition des Substitutionseffekts aus, nach der das Einkommen so angepasst wird, dass der Konsument gerade genügend Einkommen hat, um das ursprüngliche Konsumbündel kaufen zu können, das wir jetzt mit ($\bar{x}_1$, $\bar{x}_2$) bezeichnen. Wenn die Preise (p_1, p_2) sind, dann wird die tatsächliche Entscheidung des Konsumenten bei dieser Anpassung von (p_1, p_2) und ($\bar{x}_1$, $\bar{x}_2$) abhängen. Wir wollen diese Beziehung die **Slutsky-Nachfragefunktion** für Gut 1 nennen und sie als $x_1^s(p_1, p_2, \bar{x}_1, \bar{x}_2)$ anschreiben.

Angenommen zu Preisen von ($\bar{p}_1$, $\bar{p}_2$) und bei einem Einkommen von $\overline{m}$ ist das ursprünglich nachgefragte Bündel ($\bar{x}_1$, $\bar{x}_2$). Die Slutsky-Nachfragefunktion sagt uns, was der Konsument bei anderen Preisen (p_1, p_2) und einem Einkommen von $p_1\bar{x}_1 + p_2\bar{x}_2$ nachfragen würde. Die Slutsky-Nachfragefunktion bei (p_1, p_2, $\bar{x}_1$, $\bar{x}_2$) ist daher die gewöhnliche Nachfragefunktion bei (p_1, p_2) und einem Einkommen von $p_1\bar{x}_1 + p_2\bar{x}_2$ Das heißt:

$$x_1^s(p_1, p_2, \bar{x}_1, \bar{x}_2) \equiv x_1(p_1, p_2, p_1\bar{x}_1 + p_2\bar{x}_2).$$

Diese Gleichung besagt, dass die Slutsky-Nachfrage zu Preisen von (p_1, p_2) jene Menge ist, die der Konsument nachfragen würde, wenn er genügend Einkommen hätte, um sein ursprüngliches Güterbündel ($\bar{x}_1$, $\bar{x}_2$) zu kaufen. Das ist einfach die Definition der Slutsky-Nachfragefunktion.

Differenzierung dieser Identität nach p_1 ergibt

$$\frac{\partial x_1^s(p_1, p_2, \bar{x}_1, \bar{x}_2)}{\partial p_1} = \frac{\partial x_1(p_1, p_2, \overline{m})}{\partial p_1} + \frac{\partial x_1(p_1, p_2, \overline{m})}{\partial m}\bar{x}_1.$$

Nach Umordnung haben wir

$$\frac{\partial x_1(p_1, p_2, \overline{m})}{\partial p_1} = \frac{\partial x_1^s(p_1, p_2, \bar{x}_1, \bar{x}_2)}{\partial p_1} - \frac{\partial x_1(p_1, p_2, \overline{m})}{\partial m}\bar{x}_1.$$

Beachte die Verwendung der Kettenregel bei dieser Berechnung.

Das ist die Slutsky-Gleichung in Form der ersten Ableitung. Sie besagt, dass der gesamte Effekt einer Preisänderung aus einem Substitutionseffekt (mit dem Einkommen so angepasst, dass das Bündel ($\bar{x}_1$, $\bar{x}_2$) erreichbar bleibt) und einem Einkommenseffekt besteht. Wir wissen aus dem Text, dass der Substitutionseffekt negativ ist und das Vorzeichen des Einkommenseffekts davon abhängt, ob das fragliche Gut inferior ist oder nicht. Wie man sieht, ist das genau die im Text betrachtete Form der Slutsky-Gleichung, außer der Ersetzung der Δ's durch das Ableitungszeichen.

Wie steht es mit dem Hicks-Substitutionseffekt? Es ist ebenfalls möglich, dafür eine Slutsky-Gleichung zu definieren. Wir lassen $x_1^h(p_1, p_2, \bar{u})$ die *Hicks*'sche Nachfragefunktion sein, die misst, wie viel der Konsument vom Gut 1 zu Preisen von (p_1, p_2) nachfragt, wenn das Einkommen so angepasst wird, dass der Nutzen auf dem ursprünglichen Niveau $\bar{u}$ konstant bleibt. Es zeigt sich, dass in diesem Fall die Slutsky-Gleichung die Form

$$\frac{\partial x_1(p_1, p_2, m)}{\partial p_1} = \frac{\partial x_1^h(p_1, p_2, \bar{u})}{\partial p_1} - \frac{\partial x_1(p_1, p_2, m)}{\partial m}\bar{x}_1$$

annimmt.

Der Beweis dieser Gleichung hängt an der Tatsache, dass

$$\frac{\partial x_1^h(p_1, p_2, \bar{u})}{\partial p_1} = \frac{\partial x_1^s(p_1, p_2, \bar{x}_1, \bar{x}_2)}{\partial p_1}$$

für infinitesimal kleine Preisänderungen gilt. Das heißt, für Preisänderungen im Ausmaß von Ableitungen sind der Slutsky- und der Hicks-Substitutionseffekt gleich. Der Beweis dafür ist nicht allzu schwierig, aber doch außerhalb des Rahmens dieses Buchs. Ein eher einfacher Beweis findet sich bei Hal R. Varian, *Mikroökonomie*, 3. Aufl. (München und Wien: R. Oldenbourg, 1994).

BEISPIEL: Rückvergütung einer kleinen Steuer

Wir können die Differenzialversion der Slutsky-Gleichung verwenden, um zu untersuchen, wie Konsumentscheidungen auf eine kleine Steueränderung reagieren würden, bei der die Steuereinnahmen den Konsumenten rückvergütet werden.

Wie vorher wird angenommen, dass die Besteuerung den Preis um den vollen Betrag der Steuer steigen lässt. Wieder sei x die Menge des Benzins, p der ursprüngliche Preis und t das Ausmaß der Steuer. Die Änderung des Verbrauchs wird dann durch

$$dx = \frac{\partial x}{\partial p}t + \frac{\partial x}{\partial m}tx$$

gegeben sein. Der erste Ausdruck misst die Reaktion der Nachfrage auf die Preisänderung mal dem Ausmaß der Preisänderung – was uns den Preiseffekt der Steuer gibt. Der zweite Ausdruck sagt uns, wie die Nachfrage auf eine Einkommensänderung reagiert mal der Einkommensänderung – das Einkommen ist um den Betrag der Steuerrückvergütung an den Konsumenten gestiegen.

Unter Verwendung von Slutskys Gleichung zur Erweiterung des ersten Ausdrucks auf der rechten Seite erhält man den eigentlichen Einkommens- und Substitutionseffekt auf Grund der Preisänderung:

$$dx = \frac{\partial x^s}{\partial p}t - \frac{\partial x}{\partial m}tx + \frac{\partial x}{\partial m}tx = \frac{\partial x^s}{\partial p}t.$$

Der Einkommenseffekt fällt weg und es verbleibt nur der reine Substitutionseffekt. Die Einführung einer geringen Steuer und die Rückvergütung der Einnahmen aus dieser Steuer ist genau gleich einer Preiserhöhung bei einer Anpassung des Einkommens, sodass das alte Konsumbündel erreichbar bleibt – solange die Steuer klein genug ist, damit die Ableitungsannäherung zulässig ist.

9. Kapitel
KAUFEN UND VERKAUFEN

In dem einfachen Modell des Konsumentinnenverhaltens, das wir in den vorangehenden Kapiteln betrachteten, war das Einkommen der Konsumentin gegeben. In Wirklichkeit verdienen die Menschen ihr Einkommen durch den Verkauf von Dingen, die sie besitzen: Erzeugnisse, die sie produziert haben, Vermögen, das sie angehäuft haben, am häufigsten jedoch ihre Arbeitskraft. In diesem Kapitel wollen wir untersuchen, wie das frühere Modell geändert werden muss, um dieses Verhalten zu beschreiben.

9.1 Netto- und Bruttonachfrage

Wie bisher werden wir uns auf das Zwei-Güter-Modell beschränken. Wir nehmen nunmehr an, dass die Konsumentin mit einer **Anfangsausstattung** der zwei Güter beginnt, die wir mit (ω_1, ω_2) bezeichnen werden. Darunter verstehen wir, was die Konsumentin hat, *bevor* sie auf den Markt kommt. Man kann sich eine Bäuerin vorstellen, der mit ω_1 Mengeneinheiten an Karotten und ω_2 Mengeneinheiten Kartoffeln zum Markt geht. Sie sieht sich die am Markt gängigen Preise an und entscheidet, wie viel sie von den beiden Gütern kaufen und verkaufen will.

Wir wollen zwischen der **Bruttonachfrage** der Konsumentin und ihrer **Nettonachfrage** unterscheiden. Die Bruttonachfrage nach einem Gut ist jene Menge, welche die Konsumentin tatsächlich konsumiert: Wie viel sie vom Markt mit nach Hause nimmt. Die Nettonachfrage nach einem Gut ist die *Differenz* zwischen dem Endverbrauch des Gutes durch sie (der Bruttonachfrage) und der ursprünglichen Ausstattung. Die Nettonachfrage nach einem Gut ist einfach die gekaufte oder verkaufte Menge des Gutes.

Wenn die Bruttonachfrage (x_1, x_2) ist, dann ist $(x_1 - \omega_1, x_2 - \omega_2)$ die Nettonachfrage. Beachte, dass die Bruttonachfrage nach beiden Gütern typischerweise positive Zahlen sind, die Nettonachfrage hingegen positiv oder negativ sein kann. Wenn die Nettonachfrage nach Gut 1 negativ ist, so bedeutet das, dass die Konsumentin weniger von Gut 1 konsumieren will, als sie hat; das heißt, sie möchte Gut 1 auf dem Markt *anbieten*. Eine negative Nettonachfrage ist einfach eine angebotene Menge.

Für die ökonomische Analyse ist die Bruttonachfrage wichtiger, denn davon ist die Konsumentin letzten Endes betroffen. Am Markt hingegen wird die Nettonachfrage beobachtbar, dieser Begriff kommt daher dem näher, was der Laie unter Angebot und Nachfrage versteht.

9.2 Die Budgetbeschränkung

Als Erstes sollten wir uns die Form der Budgetbeschränkung ansehen. Was beschränkt den Endverbrauch des Konsumenten? Es muss gelten, dass der Wert des Güterbündels, das er mit nach Hause nimmt, gleich dem Wert des Güterbündels ist, mit dem er zum Markt kommt. Oder algebraisch:

$$p_1 x_1 + p_2 x_2 = p_1 \omega_1 + p_2 \omega_2.$$

Wir könnten diese Budgetgerade genau so gut als Nettonachfrage ausdrücken

$$p_1(x_1 - \omega_1) + p_2(x_2 - \omega_2) = 0.$$

Wenn $(x_1 - \omega_1)$ positiv ist, so sagen wir, dass der Konsument ein **Nettokäufer** oder **Nettonachfrager** nach Gut 1 ist; wenn der Ausdruck negativ ist, dann ist er ein **Nettoverkäufer** oder **Nettoanbieter**. Die obige Gleichung besagt dann, dass der Wert dessen, was der Konsument kauft, dem Wert dessen, was er verkauft, gleich sein muss, was ganz vernünftig erscheint.

Wir könnten die Budgetgerade bei einer Anfangsausstattung auch in ähnlicher Form wie vorher ausdrücken. Nur benötigen wir jetzt dazu zwei Gleichungen:

$$p_1 x_1 + p_2 x_2 = m$$
$$m = p_1 \omega_1 + p_2 \omega_2.$$

Sobald die Preise feststehen, ist der Wert der Ausstattung und damit das Geldeinkommen des Konsumenten gegeben.

Wie sieht diese Budgetgerade grafisch aus? Wenn wir die Preise festlegen, so ist das Geldeinkommen gegeben, und wir haben genau so eine Budgetgleichung wie vorher. Daher muss die Steigung ebenso wie vorher durch $-p_1/p_2$ gegeben sein, das einzige Problem besteht in der Bestimmung der Lage der Geraden.

Die Lage der Geraden kann durch die folgende einfache Beobachtung bestimmt werden: Das Ausstattungsbündel muss immer auf der Budgetgeraden liegen. Ein Wert von (x_1, x_2), der die Budgetgerade erfüllt, ist $x_1 = \omega_1$ und $x_2 = \omega_2$. Die Anfangsausstattung kann man sich immer leisten, denn der Betrag, den man ausgeben kann, ist genau gleich dem Wert der Ausstattung.

Wenn man das zusammenfügt, so zeigt sich, dass die Budgetgerade die Steigung $-p_1/p_2$ hat und durch den Punkt der Ausstattung verläuft. Das wird in Abbildung 9.1 dargestellt.

Für diese gegebene Budgetbeschränkung kann der Konsument das optimale Konsumbündel genau wie vorher wählen. In Abbildung 9.1 haben wir ein Beispiel eines optimalen Konsumbündels (x_1^*, x_2^*) gezeigt. Es wird genau wie bis-

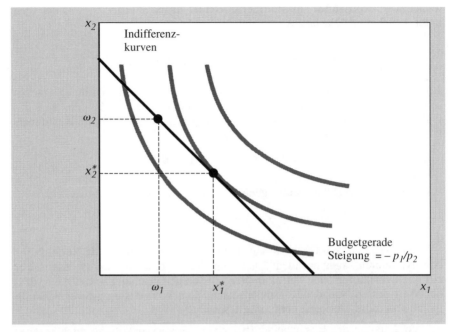

Abbildung 9.1 Die Budgetgerade. Die Budgetgerade verläuft durch die Anfangsausstattung und hat eine Steigung von $-p_1/p_2$.

her die Optimalitätsbedingung erfüllen, dass also die Grenzrate der Substitution gleich dem Preisverhältnis ist.

In diesem Fall ist $x_1^* > \omega_1$ und $x_1^* < \omega_1$, der Konsument ist daher ein Nettokäufer des Gutes 1 und ein Nettoverkäufer des Gutes 2. Die Nettonachfragen nach den zwei Gütern sind einfach jeweils die Nettomengen, die der Konsument davon kauft oder verkauft. Im Allgemeinen kann der Konsument je nach den relativen Preisen der zwei Güter entscheiden, entweder ein Käufer oder ein Verkäufer zu sein.

9.3 Veränderung der Anfangsausstattung

In der vorangehenden Analyse der Entscheidungen untersuchten wir die Änderung des optimalen Konsums auf Grund einer Änderung des Geldeinkommens bei Konstanz der Preise. Wir können hier eine ähnliche Analyse durchführen und fragen, wie sich der optimale Konsum ändert, wenn sich die Ausstattung ändert, während die Preise konstant bleiben.

Nehmen wir zum Beispiel an, die Ausstattung ändert sich von (ω_1, ω_2) auf (ω_1', ω_2'), sodass

$$p_1\omega_1 + p_2\omega_2 > p_1\omega_1' + p_2\omega_2'.$$

Diese Ungleichheit bedeutet, dass die neue Ausstattung (ω_1', ω_2') weniger wert ist als die alte – das Geldeinkommen, das die Konsumentin durch den Verkauf ihrer Ausstattung erzielen könnte, ist geringer.

Das wird grafisch in Abbildung 9.2A dargestellt: Die Budgetgerade verschiebt sich nach innen. Da das genau dasselbe ist wie eine Verringerung des Geldeinkommens, können wir dieselben zwei Schlüsse ziehen wie in unserer bisherigen Analyse dieses Falls. Erstens ist die Konsumentin mit der Ausstattung (ω_1', ω_2') entschieden schlechter gestellt als mit der alten Ausstattung, da ihre Konsummöglichkeiten verringert wurden. Zweitens wird sich die Nachfrage nach jedem Gut entsprechend ändern, je nachdem ob es sich um ein normales oder ein inferiores Gut handelt.

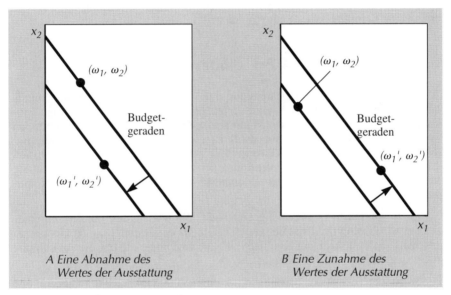

A Eine Abnahme des Wertes der Ausstattung

B Eine Zunahme des Wertes der Ausstattung

Abbildung 9.2 Änderungen im Wert der Ausstattung. Im Fall A fällt der Wert der Ausstattung, im Fall B steigt er.

Wenn zum Beispiel Gut 1 ein normales Gut ist und die Ausstattung der Konsumentin sich so ändert, dass ihr Wert abnimmt, können wir daraus schließen, dass die Nachfrage nach Gut 1 sinken wird.

Der Fall eines steigenden Wertes der Ausstattung wird in Abbildung 9.2B dargestellt. Entsprechend der obigen Argumentation schließen wir, dass eine Parallelverschiebung der Budgetgeraden nach außen die Konsumentin besser stellen muss. Algebraisch: Wenn sich die Ausstattung von (ω_1, ω_2) auf (ω_1', ω_2') ändert und $p_1\omega_1 + p_2\omega_2 < p_1\omega_1' + p_2\omega_2'$, dann muss das neue Budget das alte beinhalten. Das wiederum impliziert, dass die optimale Entscheidung beim neuen Budget gegenüber der optimalen Entscheidung beim alten Budget bevorzugt sein muss.

Es lohnt sich, dieses Ergebnis kurz zu reflektieren. Im 7. Kapitel argumentierten wir, dass höhere Kosten für ein Konsumbündel noch nicht bedeuten, dass es deswegen gegenüber dem anderen Bündel bevorzugt wird. Aber das gilt nur für ein Bündel, das *konsumiert* werden muss. Wenn eine Konsumentin ein Güterbündel auf einem freien Markt zu konstanten Preisen verkaufen kann, wird sie immer ein Bündel mit höherem Wert einem mit niedrigerem Wert vorziehen, einfach weil ihr ein höherwertiges Bündel mehr Einkommen und damit mehr Konsummöglichkeiten gibt. Eine *Ausstattung*, die einen höheren Wert hat, wird daher immer gegenüber einer Ausstattung mit niedrigerem Wert bevorzugt werden. Es wird sich zeigen, dass diese einfache Beobachtung später noch einige wichtige Implikationen haben wird.

Es bleibt noch ein weiterer Fall zu untersuchen: Was geschieht, wenn $p_1 \omega_1 + p_2 \omega_2 = p_1 \omega_1' + p_2 \omega_2'$? Dann ändert sich das Budget überhaupt nicht: Die Konsumentin ist bei (ω_1, ω_2) genau so gut dran wie bei (ω_1', ω_2'), und ihre optimale Entscheidung sollte genau dieselbe sein. Die Ausstattung hat sich nur entlang der ursprünglichen Budgetgeraden verschoben.

9.4 Preisänderungen

Als wir früher die Nachfrageänderung auf Grund einer Preisänderung untersuchten, führten wir diese Analyse unter der Annahme durch, dass das Einkommen konstant geblieben sei. Wenn aber nun das Geldeinkommen durch den Wert der Ausstattung bestimmt wird, ist solch eine Annahme unvernünftig: Wenn sich der Wert eines Gutes ändert, das man verkauft, so wird sich sicherlich das Geldeinkommen ändern. Wenn also der Konsument über eine Ausstattung verfügt, werden Preisänderungen automatisch eine Einkommensänderung implizieren.

Überlegen wir uns das zuerst geometrisch. Wir wissen, dass die Budgetgerade flacher wird, wenn der Preis des Gutes 1 fällt. Da das Ausstattungsbündel immer erschwinglich ist, bedeutet das, dass sich die Budgetgerade um die Ausstattung dreht, wie in Abbildung 9.3 dargestellt.

In diesem Fall ist der Konsument zu Beginn ein Verkäufer des Gutes 1, und er bleibt auch nach dem *Rückgang* des Preises ein Verkäufer. Was können wir über den Wohlstand dieses Konsumenten aussagen? Im dargestellten Fall ist der Konsument nach der Preisänderung auf einer niedrigeren Indifferenzkurve als vorher; wird das aber auch im Allgemeinen gelten? Die Antwort folgt aus der Anwendung des Prinzips der bekundeten Präferenzen.

Wenn der Konsument ein Anbieter bleibt, dann muss sein neues Konsumbündel auf dem oberen Teil der neuen Budgetgeraden liegen. Dieser Teil der neuen Budgetgeraden befindet sich jedoch innerhalb des ursprünglichen Budgets: Alle diese Möglichkeiten standen dem Konsumenten vor der Preisänderung offen. Auf Grund der bekundeten Präferenz sind all diese Möglichkeiten schlechter als das ursprüngliche Konsumbündel. Wir können daraus schließen, dass nach einer Preissenkung bei einem Gut, das der Konsument verkauft und das er auch nach der Preissenkung noch verkauft, der Wohlstand des Konsumenten gefallen sein muss.

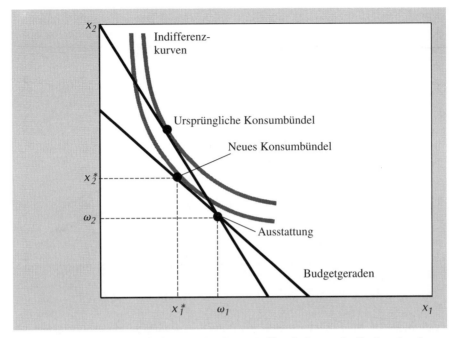

Abbildung 9.3 Senkung des Preises des Gutes 1. Verminderung des Preises des Gutes 1 dreht die Budgetgerade um die Ausstattung. Wenn der Konsument ein Anbieter bleibt, muss er schlechter gestellt sein.

Was geschieht, wenn der Preis eines Gutes, das der Konsument verkauft, sinkt, und er sich entscheidet, von einem Verkäufer zum Käufer zu werden? In diesem Fall kann der Konsument besser oder schlechter gestellt sein – wir haben keine Möglichkeit zu einer Aussage darüber.

Wenden wir uns nun der Situation zu, in welcher der Konsument ein Nettokäufer eines Gutes ist. In diesem Fall kehrt sich alles vollständig um: Wenn der Konsument Nettokäufer eines Gutes ist, dessen Preis *steigt*, und er entscheidet sich, im Optimum ein Käufer zu bleiben, dann muss er definitiv schlechter gestellt sein. Aber wenn ihn der Preisanstieg zu einem Verkäufer macht, so kann das in jede Richtung wirken – er kann besser oder schlechter dran sein. Diese Feststellungen folgen aus einer einfachen Anwendung der bekundeten Präferenzen, so wie in den oben beschriebenen Fällen, es ist jedoch eine gute Übung, die entsprechende Grafik zu zeichnen, um das Verständnis für die Funktionsweise zu vertiefen.

Die Theorie der bekundeten Präferenzen ermöglicht uns auch einige interessante Feststellungen über die Entscheidung, ob man bei Preisänderungen Verkäufer werden oder Käufer bleiben soll. Nehmen wir wie in Abbildung 9.4 an, dass der Konsument ein Nettokäufer des Gutes 1 ist, und betrachten wir, was geschieht, wenn der Preis des Gutes 1 *fällt*. Die Budgetgerade wird dann flacher (Abbildung 9.4).

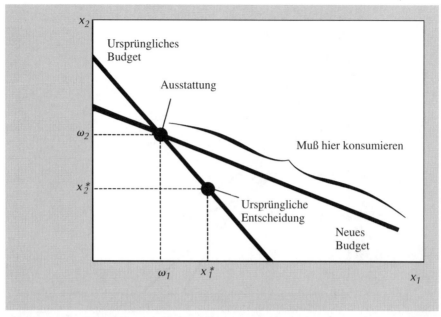

Abbildung 9.4 Senkung des Preises des Gutes 1. Wenn jemand ein Käufer ist, und der Preis dessen, was er kauft, fällt, so bleibt er ein Käufer.

Wie üblich können wir nicht sicher sein, ob der Konsument mehr oder weniger von Gut 1 kaufen wird - das hängt von seinen Präferenzen ab. Eines können wir jedoch mit Sicherheit sagen: *Der Konsument wird weiterhin ein Nettokäufer von Gut 1 sein – er wird nicht dazu übergehen, ein Verkäufer zu werden.*

Wieso wissen wir das? Was würde wohl geschehen, wenn der Konsument seine Rolle änderte? Dann würde er irgendwo auf dem oberen Teil der neuen Budgetgeraden in Abbildung 9.4 konsumieren. Aber diese Konsumbündel waren für ihn erreichbar, als er sich der ursprünglichen Budgetgeraden gegenübersah, er lehnte sie jedoch zu Gunsten von (x_1^*, x_2^*) ab. Daher muss (x_1^*, x_2^*) besser sein als alle diese Punkte. Und bei der *neuen* Budgetgeraden ist (x_1^*, x_2^*) ein erreichbares Konsumbündel. Was immer er daher bei der neuen Budgetgeraden konsumiert, muss besser sein als (x_1^*, x_2^*) – und daher besser als jeder Punkt auf dem oberen Teil der neuen Budgetgeraden. Das impliziert, dass sein Konsum von x_1 rechts von seiner Ausstattung liegen muss – das heißt, er muss ein Nettonachfrager nach Gut 1 bleiben.

Wiederum ist diese Art der Feststellung auch auf eine Person anwendbar, die ein Nettoverkäufer eines Gutes ist: Wenn der Preis des von ihr verkauften Gutes *steigt*, wird sie sich nicht zum Nettokäufer wandeln. Wir können nicht mit Sicherheit sagen, ob der Konsument mehr oder weniger von dem Gut verbrauchen wird, das er verkauft – aber wir wissen, dass er weiterhin verkaufen wird, wenn der Preis steigt.

9.5 Preis-Konsumkurven und Nachfragekurven

Erinnern wir uns aus dem 6. Kapitel, dass die Preis-Konsumkurven jene Kombinationen beider Güter beschreiben, die eine Konsumentin nachfragt, und dass die Nachfragekurven die Beziehung zwischen Preis und der nachgefragten Menge eines Gutes darstellen. Genau dieselben Konstruktionen funktionieren, wenn die Konsumentin eine Ausstattung mit beiden Gütern hat.

Nehmen wir zum Beispiel Abbildung 9.5, in welcher die Preis-Konsumkurve und die Nachfragekurve einer Konsumentin dargestellt werden. Die Preis-Konsumkurve verläuft immer durch die Ausstattung, denn bei irgendeiner Preiskonstellation wird die Ausstattung das nachgefragte Bündel sein; das heißt, bei irgendeiner Preiskombination wird sich die Konsumentin im Optimum dafür entscheiden, nicht zu tauschen.

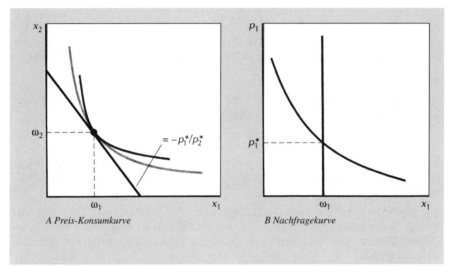

Abbildung 9.5 Die Preis-Konsumkurve und die Nachfragekurve. Das sind zwei Darstellungsarten der Beziehung zwischen dem nachgefragten Bündel und den Preisen bei einer gegebenen Ausstattung.

Wie wir gesehen haben, kann sich die Konsumentin bei bestimmten Preisen entscheiden, Käuferin des Gutes 1 zu sein, bei anderen Preisen eine Verkäuferin des Gutes 1. Die Preis-Konsumkurve wird daher im Allgemeinen links und rechts vom Ausstattungspunkt wegführen.

Die in Abbildung 9.5B dargestellte Nachfragekurve ist die Brutto-Nachfragekurve - sie misst die gesamte Menge an Gut 1, welche die Konsumentin verbrauchen will. Die Netto-Nachfragekurve haben wir in Abbildung 9.6 wiedergegeben.

Beachte, dass für einige Preise die Nettonachfrage nach Gut 1 typischerweise negativ sein wird. Das wird dann der Fall sein, wenn der Preis des Gutes 1 so hoch wird, dass die Konsumentin sich entscheidet, zur Verkäuferin des Gutes 1

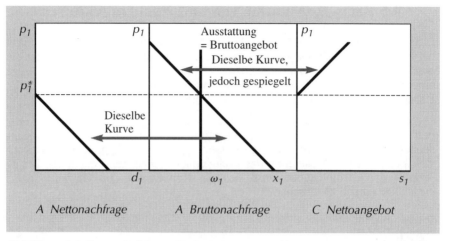

Abbildung 9.6 Bruttonachfrage, Nettonachfrage und Nettoangebot. Die Verwendung der Brutto- und Nettonachfrage zur Darstellung des Nachfrage- und Angebotsverhaltens.

zu werden. Ab einem bestimmten Preis wird die Konsumentin von der Nettonachfragerin zur Nettoanbieterin des Gutes 1.

Es ist üblich, die Angebotskurve im positiven Orthanten einzuzeichnen, obwohl es eigentlich sinnvoller wäre, sich das Angebot einfach als negative Nachfrage vorzustellen. Wir werden uns der Tradition beugen und die Netto-Angebotskurve auf die normale Art zeichnen - als eine positive Menge, wie in Abbildung 9.6.

Algebraisch ist die Netto-Nachfrage nach Gut 1, $d_1(p_1, p_2)$, die Differenz zwischen der Brutto-Nachfrage, $x_1(p_1, p_2)$, und der Ausstattung mit Gut 1, wenn diese Differenz positiv ist; das heißt, wenn die Konsumentin mehr von dem Gut will, als sie hat:

$$d_1(p_1, p_2) = \begin{cases} x_1(p_1, p_2) - \omega_1 & \text{wenn das positiv ist} \\ 0 & \text{ansonsten} \end{cases}$$

Die Netto-Angebotskurve ist die Differenz zwischen dem, was die Konsumentin vom Gut 1 besitzt und wie viel sie will, wenn *diese* Differenz positiv ist:

$$s_1(p_1, p_2) = \begin{cases} \omega_1 - x_1(p_1, p_2) & \text{wenn das positiv ist} \\ 0 & \text{ansonsten} \end{cases}$$

Alles, was wir über die Eigenschaften des Nachfrageverhaltens festgestellt haben, kann direkt auf das Angebotsverhalten einer Konsumentin angewendet werden – denn das Angebot ist einfach negative Nachfrage. Wenn die *Brutto*-Nachfragekurve immer fallend ist, dann werden die Netto-Nachfragekurve fallend und die Angebotskurve steigend sein. Man stelle sich das so vor: Wenn ein Steigen des Preise die Nettonachfrage „negativer" macht, dann wird das Nettoangebot „positiver" werden.

9.6 Noch einmal die Slutsky-Gleichung

Die obigen Anwendungen der bekundeten Präferenzen sind ganz brauchbar, aber sie beantworten eigentlich nicht die Hauptfrage: Wie reagiert die Nachfrage nach einem Gut auf eine Änderung seines Preises? Im 8. Kapitel haben wir gesehen, dass bei Konstanz des Geldeinkommens für ein normales Gut die Verringerung des Preises zu einem Steigen der Nachfrage führen muss.

Der Haken daran ist die Phrase „bei Konstanz des Geldeinkommens". Der Fall, den wir hier untersuchen, bringt notwendigerweise eine Änderung des Geldeinkommens mit sich, da sich der Wert der Ausstattung bei einer Preisänderung auf jeden Fall auch verändert.

Im 8. Kapitel beschrieben wir die Slutsky-Gleichung, welche die Änderung der Nachfrage auf Grund einer Preisänderung in einen Substitutionseffekt und einen Einkommenseffekt zerlegte. Der Einkommenseffekt folgte aus der Änderung des Realeinkommens bei einer Preisänderung. Aber nun gibt es zwei Gründe für die Änderung des Realeinkommens, wenn sich ein Preis ändert. Der erste ist in der Definition der Slutsky-Gleichung enthalten: Wenn ein Preis zum Beispiel fällt, kann man genau so viel von dem Gut kaufen, wie man vorher konsumierte, und es bleibt noch Geld übrig. Wir wollen das nun als den **gewöhnlichen Einkommenseffekt** bezeichnen. Der zweite Effekt jedoch ist neu. Wenn sich der Preis eines Gutes ändert, ändert das den Wert der Ausstattung, und daher ändert sich das Geldeinkommen. Wenn man zum Beispiel Nettoanbieter eines Gutes ist, dann wird ein Fallen seines Preises das Geldeinkommen unmittelbar reduzieren, da man die Ausstattung nicht für so viel Geld wie vorher verkaufen kann. Wir werden die gleichen Effekte haben wie bisher, zuzüglich eines weiteren Einkommenseffekts durch den Einfluss der Preise auf den Wert des Ausstattungsbündels. Wir werden das den **Ausstattungs-Einkommenseffekt** nennen.

In der bisherigen Form der Slutsky-Gleichung war das Geldeinkommen konstant. Nun müssen wir uns überlegen, wie sich das Geldeinkommen bei einer Änderung des Wertes der Ausstattung verändert. Wenn wir daher die Wirkung einer Preisänderung auf die Nachfrage berechnen, wird die Slutsky-Gleichung folgende Form annehmen:

Gesamte Änderung der Nachfrage = Änderung der Nachfrage auf Grund des Substitutionseffekts + Änderung der Nachfrage auf Grund des gewöhnlichen Einkommenseffekts + Änderung der Nachfrage auf Grund des Ausstattungs-Einkommenseffekts

Die ersten beiden Effekte sind bekannt. Wie vorher wollen wir Δx_1 für die gesamte Änderung der Nachfrage verwenden, Δx_1^s für die Änderung auf Grund des Substitutionseffekts und Δx_1^m für die Nachfrageänderung auf Grund des gewöhnlichen Einkommenseffekts. Wir können dann diese Ausdrücke in die obige „verbale Gleichung" einsetzen, um die Slutsky-Gleichung in Veränderungsraten zu erhalten:

$$\frac{\Delta x_1}{\Delta p_1} = \frac{\Delta x_1^s}{\Delta p_1} - x_1 \frac{\Delta x_1^m}{\Delta m} + \text{Ausstattungs-Einkommenseffekt} \qquad (9.1)$$

Wie wird der letzte Term aussehen? Wir werden die Formel explizit weiter unten herleiten, aber überlegen wir uns vorerst, worum es dabei geht. Wenn sich der Preis der Ausstattung ändert, wird sich das Geldeinkommen ändern, und diese Änderung des Geldeinkommens wird eine Änderung der Nachfrage hervorrufen. Der Ausstattungs-Einkommenseffekt wird daher aus zwei Ausdrücken bestehen:

Ausstattungs-Einkommenseffekt = Änderung der Nachfrage
bei einer Einkommensänderung * der Änderung des
Einkommens auf Grund der Preisänderung (9.2)

Wenden wir uns zuerst dem zweiten Effekt zu. Da das Einkommen als

$$m = p_1\omega_1 + p_2\omega_2$$

definiert ist, haben wir

$$\frac{\Delta m}{\Delta p_1} = \omega_1.$$

Das gibt uns an, wie sich das Geldeinkommen ändert, wenn sich der Preis des Gutes 1 ändert: Wenn man 10 Einheiten des Gutes 1 zu verkaufen hat, und sein Preis steigt um € 1, wird das Geldeinkommen um € 10 steigen.

Der erste Ausdruck in Gleichung (9.2) ist einfach die Änderung der Nachfrage auf Grund einer Einkommensänderung. Dafür haben wir bereits eine Formel: Sie lautet $\Delta x_1^m/\Delta m$, die Nachfrageänderung dividiert durch die Einkommensänderung. Daher ist der Ausstattungs-Einkommenseffekt gegeben durch

$$\text{Ausstattungs-Einkommenseffekt} = \frac{\Delta x_1^m}{\Delta m}\frac{\Delta m}{\Delta p_1} = \frac{\Delta x_1^m}{\Delta m}\omega_1. \qquad (9.3)$$

Durch Einsetzen von Gleichung (9.3) in Gleichung (9.1) erhalten wir die endgültige Form der Slutsky-Gleichung:

$$\frac{\Delta x_1}{\Delta p_1} = \frac{\Delta x_1^s}{\Delta p_1} + (\omega_1 - x_1)\frac{\Delta x_1^m}{\Delta m}.$$

Diese Gleichung kann zur Beantwortung der oben gestellten Frage verwendet werden. Wir wissen, dass das Vorzeichen des Substitutionseffekts immer negativ ist - der Preisänderung entgegengerichtet. Angenommen es handelt sich um ein normales Gut, sodass $\Delta x_1^m/\Delta m > 0$. Dann hängt das Vorzeichen des kombinierten Einkommenseffekts davon ab, ob die Person Nettonachfrager oder Nettoanbieter des untersuchten Gutes ist. Wenn die Person ein Nettonachfrager eines normalen Gutes ist und sein Preis steigt, dann wird der Konsument notwendigerweise weniger davon kaufen. Wenn der Konsument ein Nettoanbieter eines normalen Gutes ist, dann ist das Vorzeichen des Gesamteffekts unklar: Es hängt von der Größe des (positiven) kombinierten Einkommenseffekts im Vergleich zur Größe des (negativen) Substitutionseffekts ab.

Wie vorher kann jede dieser Änderungen grafisch dargestellt werden, obwohl die Grafik eher unübersichtlich wird. Betrachte Abbildung 9.7, welche die

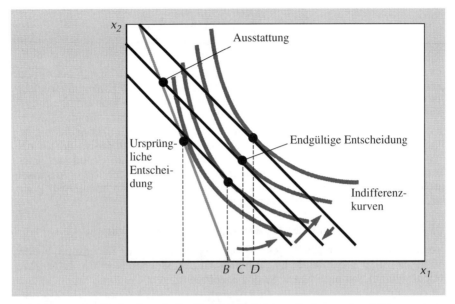

Abbildung 9.7 Noch einmal die Slutsky-Gleichung. Zerlegung der Wirkung einer Preisänderung in den Substitutionseffekt (*A* nach *B*), den gewöhnlichen Einkommenseffekt (*B* nach *D*) und den Ausstattungs-Einkommenseffekt (*D* nach *C*).

Slutsky-Zerlegung einer Preisänderung darstellt. Die gesamte Änderung der Nachfrage nach Gut 1 ist die Bewegung von *A* nach *C*. Das ist die Summe von drei getrennten Bewegungen: des Substitutionseffekts, die Bewegung von *A* nach *B*, und der zwei Einkommenseffekte. Der gewöhnliche Einkommenseffekt, die Bewegung von *B* nach *D*, ist die Nachfrageänderung *bei konstantem Einkommen* – das ist der gleiche Einkommenseffekt, den wir im 8. Kapitel untersuchten. Aber da sich der Wert der Ausstattung bei einer Preisänderung ändert, gibt es nun einen zusätzlichen Einkommenseffekt: Durch die Änderung im Wert der Ausstattung ändert sich das Geldeinkommen. Diese Änderung des Geldeinkommens verschiebt die Budgetgerade nach innen zurück, sodass sie durch das Ausstattungsbündel verläuft. Die Änderung der Nachfrage von *D* nach *C* misst diesen Ausstattungs-Einkommenseffekt.

9.7 Verwendung der Slutsky-Gleichung

Angenommen wir haben eine Konsumentin, die Äpfel und Orangen verkauft, welche sie von ein paar Bäumen in ihrem Garten erntet, so wie jene Konsumentin, die wir zu Beginn des 8. Kapitels beschrieben haben. Wir behaupteten damals, dass bei einem Ansteigen des Apfelpreises die Konsumentin letztlich mehr Äpfel verbrauchen könnte. Wenn wir die in diesem Kapitel entwickelte Slutsky-Gleichung verwenden, ist es nicht schwer zu verstehen warum. Wenn wir mit x_a die Nachfrage der Konsumentin nach Äpfeln und mit p_a den Apfelpreis bezeichnen, dann wissen wir, dass

$$\frac{\Delta x_a}{\Delta p_a} = \underset{(-)}{\frac{\Delta x_a^s}{\Delta p_a}} + \underset{(+)}{(\omega_a - x_a)} \underset{(+)}{\frac{\Delta x_a^m}{\Delta m}}.$$

Das besagt, dass die Gesamtänderung der Nachfrage nach Äpfeln auf Grund einer Preisänderung die Summe aus Substitutionseffekt und Einkommenseffekt ist. Der Substitutionseffekt wirkt in die korrekte Richtung – eine Erhöhung des Preises senkt die Nachfrage nach Äpfeln. Wenn aber Äpfel für diese Konsumentin ein normales Gut sind, dann wirkt der Einkommenseffekt in die falsche Richtung. Da die Konsumentin eine Nettoanbieterin an Äpfeln ist, erhöht die Preissteigerung ihr Geldeinkommen so stark, dass sie auf Grund des Einkommenseffekts mehr Äpfel konsumieren möchte. Wenn der letzte Ausdruck groß genug ist, um den Substitutionseffekt zu überwiegen, so können wir ganz leicht dieses „perverse" Ergebnis erhalten.

BEISPIEL: Berechnung des Ausstattungs-Einkommenseffekts

Versuchen wir ein kleines Zahlenbeispiel. Angenommen eine Bäuerin produziert 40 Liter Milch pro Woche. Ursprünglich ist der Milchpreis € 3 je Liter. Ihre Nachfragefunktion nach Milch für den Eigenbedarf ist

$$x_1 = 10 + \frac{m}{10p_1}.$$

Da sie 40 Liter zu € 3 je Liter erzeugt, ist ihr Einkommen € 120 pro Woche. Ihre ursprüngliche Milchnachfrage ist daher $x_1 = 14$. Angenommen der Milchpreis ändert sich nun auf € 2 je Liter. Ihr Geldeinkommen wird sich auf $m' = 2*40 =$ € 80 ändern, und ihre Nachfrage wird $x_1' = 10 + 80/20 = 14$ sein.

Wäre ihr Geldeinkommen bei $m' =$ € 120 konstant geblieben, würde sie bei diesem Preis $x_1' = 10 + 120/10*2 = 16$ Liter Milch kaufen. Ihr Ausstattungs-Einkommenseffekt – die Nachfrageänderung auf Grund der Änderung im Wert ihrer Ausstattung – ist – 2. Der Substitutionseffekt und der gewöhnliche Einkommenseffekt dieses Beispiels wurden im 8. Kapitel berechnet.

9.8 Arbeitsangebot

Wir wollen nun das Konzept der Ausstattung auf die Analyse der Arbeitsangebotsentscheidung eines Konsumenten anwenden. Der Konsument kann sich entscheiden, viel zu arbeiten und einen relativ hohen Konsum zu haben, oder er arbeitet wenig und hat einen geringen Konsum. Das Ausmaß an Konsum und Arbeit wird durch die Interaktion der Präferenzen und der Budgetbeschränkung des Konsumenten bestimmt.

Die Budgetbeschränkung

Angenommen der Konsument hat ursprünglich ein bestimmtes Geldeinkommen M, das er unabhängig davon erhält, ob er arbeitet oder nicht. Das könnte zum Beispiel Einkommen aus Wertpapieren oder von Verwandten sein. Wir nennen diesen Betrag das **Nicht-Arbeitseinkommen** des Konsumenten. (Der Konsument könnte Null Nicht-Arbeitseinkommen haben, aber wir wollen die Möglichkeit zulassen, dass es positiv sein kann.)

Wir wollen die Menge der Konsumgüter des Konsumenten mit C bezeichnen und deren Preis mit p. Wenn w der Lohnsatz und L die Menge der angebotenen Arbeit ist, haben wir die Budgetbeschränkung:

$$pC = M + wL.$$

Sie besagt, dass der Wert dessen, was der Konsument verbraucht, dem Nicht-Arbeitseinkommen plus seinem Arbeitseinkommen gleich sein muss.

Versuchen wir die obige Formulierung mit früheren Budgetbeschränkungen zu vergleichen. Der Hauptunterschied besteht darin, dass wir nun auf der rechten Seite der Gleichung etwas haben, was der Konsument wählt – das Arbeitsangebot. Wir können das einfach auf die linke Seite bringen und erhalten

$$pC - wL = M.$$

Das ist besser, aber wir haben ein Minuszeichen, wo wir normalerweise ein Pluszeichen erwarten. Wie können wir das beheben? Angenommen es gibt ein maximal mögliches Arbeitsangebot - 24 Stunden pro Tag, 7 Tage je Woche oder was immer mit den verwendeten Maßeinheiten übereinstimmt. Diese Menge an Arbeitszeit sei mit $\overline{L}$ bezeichnet. Wir addieren dann $w\overline{L}$ auf jeder Seite und erhalten nach Umformung

$$pC + w(\overline{L} - L) = M + w\overline{L}.$$

Nun definieren wir $\overline{C} = M/p$. Das ist die Menge an Konsumgütern, welche der Konsument haben könnte, würde er überhaupt nicht arbeiten. Das heißt, $\overline{C}$ ist seine Konsumausstattung, wir können daher schreiben

$$pC + w(\overline{L} - L) = p\overline{C} + w\overline{L}.$$

Jetzt haben wir eine Gleichung, die den bisherigen recht ähnlich sieht. Wir haben zwei Entscheidungsvariablen auf der linken Seite und zwei Ausstattungsvariablen auf der rechten. Die Variable $\overline{L} - L$ kann als „Freizeit" interpretiert werden - das heißt Zeit, die nicht Arbeitszeit ist. Wir wollen die Variable R (für Ruhe!) zur Bezeichnung der Freizeit verwenden, sodass $R = \overline{L} - L$. Dann ist die gesamte Zeit, die als Freizeit zur Verfügung steht $\overline{R} = \overline{L}$, und die Budgetbeschränkung wird

$$pC + wR = p\overline{C} + w\overline{R}.$$

Die obige Gleichung ist formal mit der aller ersten Budgetgleichung identisch, die wir in diesem Kapitel anschrieben. Sie hat jedoch eine viel interessantere Interpretation. Sie besagt, dass der Wert des Konsums eines Verbrauchers zuzüglich seiner Freizeit gleich sein muss dem Wert seiner Konsumgüterausstattung plus seiner Zeitausstattung, welche zu seinem Lohnsatz bewertet wird. Der Lohnsatz ist also nicht nur der Preis der Arbeit, er ist auch der Preis der *Freizeit*.

Was kostet es nämlich bei einem Lohnsatz von € 10 pro Stunde, wenn man sich für eine zusätzliche Stunde Freizeit entscheidet? Die Antwort ist, dass es € 10 an entgangenem Einkommen kostet – das ist der Preis für den Konsum einer weiteren Stunde an Freizeit. Ökonomen sagen dann, dass der Lohnsatz die **Opportunitätskosten** der Freizeit darstellt.

Die rechte Seite dieser Budgetbeschränkung wird manchmal als das **volle Einkommen** oder **implizite Einkommen** des Konsumenten bezeichnet. Es misst den Wert dessen, was der Konsument besitzt - seine Ausstattung mit Konsumgütern, falls vorhanden, und seine Ausstattung mit seiner eigenen Zeit. Das ist vom **gemessenen Einkommen** des Konsumenten zu unterscheiden, das einfach jenes Einkommen ist, das er aus dem Verkauf eines Teils seiner Zeit erhält.

Das Bemerkenswerte an dieser Budgetbeschränkung ist, dass sie sich genau so verhält, wie die bis jetzt behandelten. Sie verläuft durch den Ausstattungspunkt $(\bar{L}, \bar{C})$ und hat eine Steigung von $-w/p$. Die Ausstattung wäre das, was der Konsument erhielte, wenn er am Marktgeschehen überhaupt nicht teilnähme, und die Steigung der Budgetgeraden sagt uns, wie man am Markt ein Gut für das andere tauschen kann.

Die optimale Entscheidung liegt dort, wo die Grenzrate der Substitution – der Trade-off zwischen Konsum und Freizeit – dem **Reallohn**, w/p, gleich ist, wie in Abbildung 9.8 dargestellt. Der Wert des zusätzlichen Konsums für den Konsumenten auf Grund von etwas mehr Arbeit muss gerade dem Wert der zur Erzielung dieses Konsums aufgegebenen Freizeit gleich sein. Der Reallohn ist jene Menge an Konsumgütern, welche der Konsument kaufen kann, wenn er auf eine Stunde Freizeit verzichtet.

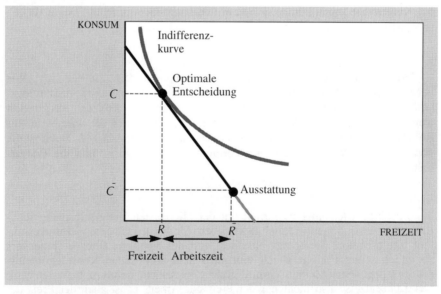

Abbildung 9.8 Arbeitsangebot. Die optimale Entscheidung beschreibt die Nachfrage nach Freizeit, gemessen vom Ursprung nach rechts, und das Arbeitsangebot, gemessen von der Ausstattung nach links.

9.9 Komparative Statik des Arbeitsangebots

Überlegen wir einmal, wie sich das Arbeitsangebot einer Konsumentin ändert, wenn sich bei konstantem Preis und Lohnsatz das Geldeinkommen ändert. Was würde mit dem Arbeitsangebot geschehen, wenn man in der Lotterie gewinnen und eine entsprechend große Einkommensspritze erhalten würde? Wie würde sich das auf die Nachfrage nach Freizeit auswirken?

Das Arbeitsangebot der meisten Leute würde bei einer Erhöhung ihres Geldeinkommens fallen. Mit anderen Worten, Freizeit ist für die meisten Menschen wahrscheinlich ein normales Gut: Bei Ansteigen ihres Geldeinkommens werden die Menschen mehr Freizeit nachfragen. Diese Feststellung scheint hinreichend belegt, wir werden sie daher als Hypothese aufrecht erhalten: Wir nehmen an, dass Freizeit ein normales Gut ist.

Was bedeutet das für die Reaktion des Arbeitsangebots einer Konsumentin auf Änderungen des Lohnsatzes? Wenn sich der Lohnsatz ändert, gibt es zwei Effekte: Die Erträge zusätzlicher Arbeit steigen und die Kosten des Konsums von Freizeit werden größer. Unter Verwendung der Konzepte von Einkommens- und Substitutionseffekten und der Slutsky-Gleichung können wir diese einzelnen Effekte herausarbeiten und analysieren.

Wenn der Lohnsatz steigt, wird Freizeit teurer, was allein schon dazu führt, dass die Menschen weniger davon wollen (der Substitutionseffekt). Da Freizeit ein normales Gut ist, würden wir als Nächstes voraussagen, dass ein Steigen des Lohnsatzes notwendigerweise zu einem Sinken der Nachfrage nach Freizeit führt – das heißt, zu einem Steigen des Arbeitsangebots. Das folgt aus der Slutsky-Gleichung des 8. Kapitels. Ein normales Gut muss eine negativ geneigte Nachfragekurve haben. Wenn Freizeit ein normales Gut ist, dann muss die Arbeitsangebotskurve positiv geneigt sein.

Diese Analyse hat jedoch einen Haken. Als Erstes erscheint es auf intuitivem Niveau nicht plausibel, dass eine Erhöhung des Lohns *immer* ein höheres Arbeitsangebot ergeben wird. Wenn mein Lohn sehr hoch wird, könnte ich sehr wohl dieses zusätzliche Einkommen für den Konsum von Freizeit „ausgeben". Wie können wir dieses offensichtlich plausible Verhalten mit der oben dargestellten ökonomischen Theorie in Einklang bringen?

Wenn die Theorie die falsche Antwort gibt, dann kommt das wahrscheinlich von einer inkorrekten Anwendung der Theorie. Und das haben wir tatsächlich in diesem Fall getan. Das früher beschriebene Slutsky-Beispiel ergab die Nachfrageänderung *bei Konstanz des Geldeinkommens*. Wenn sich aber der Lohnsatz ändert, dann muss sich das Geldeinkommen ebenfalls ändern. Die Nachfrageänderung auf Grund einer Änderung des Geldeinkommens ist ein zusätzlicher Einkommenseffekt – der Ausstattungs-Einkommenseffekt. Er kommt noch zum gewöhnlichen Einkommenseffekt hinzu.

Wenn wir die *geeignete* Version der Slutsky-Gleichung aus diesem Kapitel anwenden, erhalten wir folgende Gleichung:

$$\frac{\Delta R}{\Delta w} = \text{Substitutionseffekt} + (\overline{R} - R) \frac{\Delta R}{\Delta m}. \qquad (9.4)$$
$$(-) \qquad\qquad\qquad (+) \quad (+)$$

In diesem Ausdruck ist der Substitutionseffekt auf jeden Fall wie immer negativ, und $\Delta R / \Delta m$ ist positiv, da wir Freizeit als normales Gut annehmen. Aber ($\overline{R} - R$) ist auch positiv, das Vorzeichen der Gleichung insgesamt ist daher unbestimmt. Zum Unterschied von der üblichen Nachfrage der Konsumentin hat die Nachfrage nach Freizeit kein eindeutiges Vorzeichen, selbst wenn Freizeit ein normales Gut ist. Wenn der Lohnsatz steigt, arbeiten die Mensche entweder mehr oder weniger.

Woher kommt diese Zweideutigkeit? Wenn der Lohnsatz steigt, sagt der Substitutionseffekt, arbeite mehr, um Konsum für Freizeit zu substituieren. Aber wenn der Lohnsatz steigt, erhöht sich auch der Wert der Ausstattung. Das ist mit zusätzlichem Einkommen vergleichbar, das sehr wohl durch zusätzliche Freizeit „konsumiert" werden kann. Welcher Effekt wichtiger ist, wird zu einer empirischen Frage und kann nicht allein durch die Theorie entschieden werden. Wir müssen uns die tatsächlichen Arbeitsangebotsentscheidungen der Leute ansehen, um festzustellen, welcher Effekt dominiert.

Der Fall des sinkenden Arbeitsangebots auf Grund eines steigenden Lohnsatzes ist als **rückwärts geneigte Arbeitsangebotskurve** bekannt. Die Slutsky-Gleichung sagt uns, dass dieser Effekt umso wahrscheinlicher eintritt, je größer ($\overline{R} - R$) ist, das heißt je größer das Arbeitsangebot ist. Wenn $\overline{R} = R$, genießt die Konsumentin nur Freizeit, eine Erhöhung des Lohns führt lediglich zu einem reinen Substitutionseffekt und daher zu einer Erhöhung des Arbeitsangebots. Wenn jedoch das Arbeitsangebot steigt, erhält die Konsumentin durch jede Erhöhung des Lohns zusätzliches Einkommen für jede Stunde, die sie arbeitet, sodass sie sich ab einem gewissen Punkt entscheiden könnte, das zusätzliche Einkommen zum „Kauf" zusätzlicher Freizeit zu verwenden – das heißt, ihr Arbeitsangebot zu *verringern*.

Eine rückwärts geneigte Arbeitsangebotskurve wird in Abbildung 9.9 dargestellt. Wenn der Lohnsatz niedrig ist, ist der Substitutionseffekt größer als der Einkommenseffekt, eine Lohnsteigerung wird die Nachfrage nach Freizeit reduzieren und daher das Arbeitsangebot erhöhen. Bei höheren Löhnen kann jedoch der Einkommenseffekt den Substitutionseffekt überwiegen, eine Erhöhung des Lohnsatzes wird das Arbeitsangebot *reduzieren*.

BEISPIEL: Überstunden und Arbeitsangebot

Nehmen wir an, ein Arbeiter hat sich entschieden, bei einem Lohnsatz w eine bestimmte Menge an Arbeit $L^* = \overline{R} - R^*$ anzubieten, wie in Abbildung 9.10 dargestellt. Angenommen die Unternehmung bietet ihm für *zusätzliche* Arbeitszeit einen höheren Lohn, $w' > w$. So eine Zahlung wird als **Überstundenlohn** bezeichnet.

In Abbildung 9.10 bedeutet das, dass die Steigung der Budgetgeraden für Arbeitsleistungen über L^* hinaus steiler sein wird. Dann wissen wir jedoch aus dem üblichen Argument der bekundeten Präferenzen, dass sich die Arbeiterin im Optimum dafür entscheiden wird, mehr Arbeit anzubieten: Die Entscheidungen, die weniger Arbeit als L^* beinhalten, standen vor dem Überstundenlohn auch offen, wurden aber zurückgewiesen.

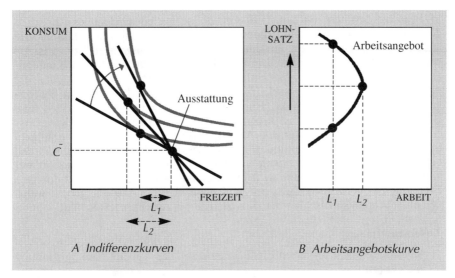

Abbildung 9.9 Rückwärts geneigte Arbeitsangebotskurve. Wenn der Lohnsatz steigt, erhöht sich das Arbeitsangebot von L_1 auf L_2. Eine weitere Lohnerhöhung reduziert das Arbeitsangebot wieder auf L_1.

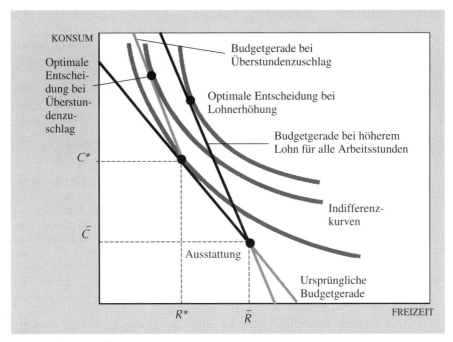

Abbildung 9.10 Überstundenzuschlag im Vergleich zu einer gewöhnlichen Lohnerhöhung. Eine Erhöhung des Überstundenlohns erhöht das Arbeitsangebot ganz sicher, während eine Erhöhung des normalen Lohns das Arbeitsangebot senken könnte.

Beachte, dass wir mit dem Überstundenzuschlag ein eindeutiges Ansteigen des Arbeitsangebots erhalten, während das Offert eines höheren Lohns für alle Arbeitsstunden eine unklare Wirkung hat – wie oben ausgeführt, kann das Arbeitsangebot steigen oder fallen. Der Grund liegt darin, dass die Reaktion auf einen Überstundenzuschlag im Wesentlichen ein reiner Substitutionseffekt ist – die Änderung der optimalen Entscheidung auf Grund einer Drehung der Budgetgeraden im gewählten Punkt. Ein Überstundenzuschlag bietet eine höhere Bezahlung für die *zusätzlichen* Arbeitsstunden, eine normale Lohnerhöhung bietet eine höhere Bezahlung für *alle* Arbeitsstunden. Eine normale Lohnerhöhung bewirkt sowohl einen Substitutions- als auch einen Einkommenseffekt, während eine Erhöhung des Überstundenlohns nur einen reinen Substitutionseffekt zur Folge hat. Ein Beispiel dafür wird in Abbildung 9.10 gezeigt. Dort führt eine Erhöhung des normalen Lohnsatzes zu einem *Sinken* des Arbeitsangebots, während ein Überstundenzuschlag zu einem Steigen des Arbeitsangebots führt.

Zusammenfassung

1. Konsumentinnen verdienen Einkommen durch den Verkauf ihrer Ausstattung mit Gütern.
2. Die Bruttonachfrage nach einem Gut ist jene Menge, die der Konsument schließlich verbraucht. Die Nettonachfrage ist die Menge, die der Konsument kauft. Die Nettonachfrage ist daher die Differenz zwischen der Bruttonachfrage und der Ausstattung.
3. Die Budgetbeschränkung hat die Steigung $-p_1/p_2$ und verläuft durch das Ausstattungsbündel.
4. Wenn sich ein Preis ändert, so wird sich der Wert dessen, was der Konsument zu verkaufen hat, ändern und dadurch einen zusätzlichen Einkommenseffekt in der Slutsky-Gleichung bedingen.
5. Arbeitsangebot ist ein interessantes Beispiel der Interaktion von Einkommens- und Substitutionseffekten. Wegen der Interaktion dieser beiden Effekte ist die Reaktion des Arbeitsangebots auf eine Lohnänderung nicht eindeutig.

Wiederholungsfragen

1. Wie hoch ist die Bruttonachfrage einer Konsumentin nach zwei Gütern, wenn ihre Nettonachfrage (5, – 3) und ihre Ausstattung (4, 4) ist?
2. Die Preise sind $(p_1, p_2) = (2, 3)$ und der Konsument verbraucht derzeit (x, x_2) = (4, 4). Es gibt einen vollkommenen Markt für die beiden Güter, auf welchem sie ohne Kosten ge- und verkauft werden können. Wird der Konsument notwendigerweise den *Konsum* des Bündels $(y_1, y_2) = (3, 5)$ bevorzugen? Wird er notwendigerweise den *Besitz* des Bündels (y_1, y_2) bevorzugen?
3. Die Preise sind $(p_1, p_2) = (2, 3)$ und die Konsumentin verbraucht derzeit (x_1, x_2) = (4, 4). Nun ändern sich die Preise auf $(q_1, q_2) = (2, 4)$. Könnte die Konsumentin bei diesen Preisen besser gestellt sein?
4. Derzeit importieren die USA etwa die Hälfte des benötigten Rohöls, der Rest seines Bedarfs wird aus der inländischen Erzeugung abgedeckt. Könnte der Ölpreis um so viel ansteigen, dass die USA besser gestellt wären?

5. Angenommen durch ein Wunder steigt die Stundenzahl eines Tages von 24 auf 30 Stunden (mit etwas Glück passiert das kurz vor der Prüfungswoche). Wie wirkt sich das auf die Budgetbeschränkung aus?
6. Was kann man über die Steigung der Arbeitsangebotskurve sagen, wenn Freizeit ein inferiores Gut ist?

ANHANG

Die Ableitung der Slutsky-Gleichung im Text beinhaltete eine Verschleierung. Als wir überlegten, wie die Änderung des Geldwertes der Ausstattung sich auf die Nachfrage auswirkt, sagten wir, das sei gleich $\Delta x_1^m/\Delta m$. In unserer alten Version der Slutsky-Gleichung war das die Veränderungsrate der Nachfrage, wenn das Einkommen so geändert wurde, dass das ursprüngliche Konsumbündel erschwinglich blieb. Aber das ist nicht notwendigerweise gleich der Rate der Nachfrageänderung, wenn sich der Wert der Ausstattung ändert. Sehen wir uns diesen Punkt etwas detaillierter an.

Ändern wir den Preis des Gutes 1 von p_1 auf p_1', und bezeichnen wir das neue Geldeinkommen beim Preis p_1', das sich aus der Änderung des Wertes der Ausstattung ergibt, mit m''. Angenommen der Preis des Gutes 2 bleibt konstant, sodass wir ihn als Argument der Nachfragefunktion weglassen können.

Aus der Definition von m'' wissen wir

$$m'' - m = \Delta p_1 \omega_1.$$

Beachte, dass identisch gilt

$$\frac{x_1(p_1', m'') - x_1(p_1, m)}{\Delta p_1} =$$

$$+ \frac{x_1(p_1', m') - x_1(p_1, m)}{\Delta p_1} \quad \text{(Substitutionseffekt)}$$

$$- \frac{x_1(p_1', m') - x_1(p_1', m)}{\Delta p_1} \quad \text{(gewöhnlicher Einkommenseffekt)}$$

$$+ \frac{x_1(p_1', m'') - x_1(p_1', m)}{\Delta p_1} \quad \text{(Ausstattungs-Einkommenseffekt).}$$

(Man braucht einfach nur identische Ausdrücke mit entgegengesetzten Vorzeichen auf der rechten Seite der Gleichung wegzukürzen.)

Aus der Definition des gewöhnlichen Einkommenseffekts ist

$$\Delta p_1 = \frac{m' - m}{x_1}$$

und aus der Definition des Ausstattungs-Einkommenseffekts ist

$$\Delta p_1 = \frac{m'' - m}{\omega_1}.$$

Nach diesen Substitutionen erhalten wir die Slutsky-Gleichung in der Form

$$\frac{x_1(p_1', m'') - x_1(p_1, m)}{\Delta p_1} =$$

$$+ \frac{x_1(p_1', m') - x_1(p_1, m)}{\Delta p_1} \quad \text{(Substitutionseffekt)}$$

$$- \frac{x_1(p_1', m') - x_1(p_1', m)}{m' - m} x_1 \quad \text{(gewöhnlicher Einkommenseffekt)}$$

$$+ \frac{x_1(p_1', m'') - x_1(p_1', m)}{m'' - m} \omega_1 \quad \text{(Ausstattungs-Einkommenseffekt)}.$$

Wenn wir das in Δ's schreiben, dann haben wir

$$\frac{\Delta x_1}{\Delta p_1} = \frac{\Delta x_1^s}{\Delta p_1} - \frac{\Delta x_1^m}{\Delta m} x_1 + \frac{\Delta x_1^w}{\Delta m} \omega_1.$$

Der einzige neue Ausdruck ist hier der letzte. Er sagt aus, wie sich die Nachfrage nach Gut 1 bei einer Einkommensänderung ändert mal der *Ausstattung* mit Gut 1. Das ist genau der Ausstattungs-Einkommenseffekt.

Angenommen die Preisänderung ist sehr klein, und daher ist auch die damit zusammenhängende Einkommensänderung klein. Dann werden die Brüche der beiden Einkommenseffekte praktisch gleich groß sein, da die Änderungs*rate* des Gutes 1 bei einer Änderung des Einkommens von m auf m' jener bei einer Einkommensänderung von m auf m'' ungefähr gleich sein wird. Für solch kleine Änderungen können wir zusammenfassen und die beiden letzten Ausdrücke - die Einkommenseffekte - als

$$\frac{\Delta x_1^m}{\Delta m}(\omega_1 - x_1)$$

schreiben, was eine Slutsky-Gleichung derselben Form wie die früher hergeleitete ergibt:

$$\frac{\Delta x_1}{\Delta p_1} = \frac{\Delta x_1^s}{\Delta p_1} + (\omega_1 - x_1)\frac{\Delta x_1^m}{\Delta m}.$$

Wenn wir die Slutsky-Gleichung mittels Differenzialquotienten ausdrücken wollen, können wir einfach die Grenzwerte in diesem Ausdruck nehmen. Oder wir können, wenn das bevorzugt wird, die korrekte Gleichung direkt ermitteln, indem wir die partiellen Ableitungen bilden. Es sei $x_1(p_1 m(p_1))$ die Nachfragefunktion nach Gut 1, wobei wir den Preis 2 konstant halten und feststellen, dass das Geldeinkommen über die Beziehung $m(p_1) = p_1\omega_1 + p_2\omega_2$ vom Preis des Gutes 1 abhängt. Dann können wir schreiben

$$\frac{dx_1(p_1, m(p_1))}{dp_1} = \frac{\partial x_1(p_1, m)}{\partial p_1} + \frac{\partial x_1(p_1, m)}{\partial m}\frac{dm(p_1)}{dp_1}.$$

Aus der Definition von $m(p_1)$ wissen wir, wie sich das Einkommen bei Preisänderungen ändert:

$$\frac{\partial m(p_1)}{\partial p_1} = \omega_1, \tag{9.5}$$

und aus der Slutsky-Gleichung wissen wir, wie sich die Nachfrage bei Preisänderungen und konstantem Geldeinkommen ändert:

$$\frac{\partial x_1(p_1,m)}{\partial p_1} = \frac{\partial x_1^s(p_1)}{\partial p_1} - \frac{\partial x(p_1,m)}{\partial m} x_1. \qquad (9.6)$$

Wenn wir Gleichung (9.6) in Gleichung (9.5) einsetzen, erhalten wir

$$\frac{dx_1(p_1,m(p_1))}{dp_1} = \frac{\partial x_1^s(p_1)}{\partial p_1} + \frac{\partial x(p_1,m)}{\partial m}(\omega_1 - x_1),$$

was die erwünschte Form der Slutsky-Gleichung ist.

10. Kapitel
INTERTEMPORÄRE ENTSCHEIDUNG

In diesem Kapitel setzen wir unsere Untersuchung des Konsumentenverhaltens mit der Analyse der Entscheidungen hinsichtlich des Sparens und des Konsums im Zeitablauf fort. Entscheidungen, die den Konsum im Zeitablauf betreffen, werden als **intertemporäre Entscheidungen** bezeichnet.

10.1 Die Budgetbeschränkung

Denken wir an eine Konsumentin, die entscheidet, wie viel eines Gutes sie in jeder von zwei Zeitperioden konsumieren soll. Dieses Gut werden wir uns üblicherweise als ein zusammengesetztes Gut vorstellen, wie wir es im 2. Kapitel beschrieben haben, aber wenn man will, kann man es sich auch als ein ganz bestimmtes Gut vorstellen. Wir bezeichnen den Konsum in jeder Periode mit (c_1, c_2) und nehmen an, dass die Preise der Konsumgüter in jeder Budgetbeschränkung konstant und 1 sind. Der Geldbetrag, den die Konsumentin in jeder Periode zur Verfügung hat, wird mit (m_1, m_2) bezeichnet.

Wir nehmen vorerst an, dass die Konsumentin Geld aus der Periode 1 in die Periode 2 nur durch Sparen ohne Verzinsung übertragen kann. Weiters nehmen wir vorläufig an, dass sie keine Möglichkeit hat, Geld zu borgen, sie kann daher in Periode 1 höchstens m_1 ausgeben. Ihre Budgetbeschränkung hat dann die in Abbildung 10.1 dargestellte Form.

Wir erkennen, dass es zwei Entscheidungsmöglichkeiten gibt. Die Konsumentin könnte (m_1, m_2) konsumieren, was bedeutet, dass sie in jeder Periode gerade ihr Einkommen konsumiert, oder sie kann während der ersten Periode weniger als ihr Einkommen verbrauchen. In diesem letzten Fall spart die Konsumentin einen Teil ihres Konsums der ersten Periode für einen späteren Zeitpunkt.

Nun ermöglichen wir der Konsumentin, Geld zum Zinssatz r zu borgen oder zu verleihen. Leiten wir nun die Budgetbeschränkung ab, wobei wir der Einfachheit halber die Preise in jeder Periode bei 1 lassen. Vorerst wird angenommen, dass sich die Konsumentin zum Sparen entscheidet, ihr Konsum der ersten Periode, c_1, wird daher kleiner sein als das Einkommen der ersten Periode, m_1. In diesem Fall wird sie Zinsen auf den gesparten Betrag, $m_1 - c_1$, zum Zinssatz von r verdienen. Der Betrag, den sie in der nächsten Periode konsumieren kann ist durch

$$c_2 = m_2 + (m_1 - c_1) + r(m_1 - c_1)$$
$$= m_2 + (1+r)(m_1 - c_1) \qquad (10.1)$$

gegeben. Das besagt, dass der Betrag, den die Konsumentin in Periode 2 verbrauchen kann, gleich ihrem Einkommen plus dem in der Periode 1 gesparten Betrag plus den auf ihre Ersparnisse eingenommenen Zinsen ist.

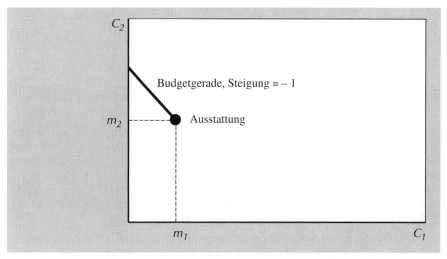

Abbildung 10.1 Budgetbeschränkung. Das ist die Budgetbeschränkung, wenn der Zinssatz gleich Null ist und wenn es keine Möglichkeit der Kreditaufnahme gibt. Je weniger man in Periode 1 konsumiert, umso mehr kann man in Periode 2 verbrauchen.

Nehmen wir nun an, die Konsumentin ist eine Kreditnehmerin, das heißt, ihr Konsum in der ersten Periode ist größer als ihr Einkommen dieser Periode. Die Konsumentin ist eine Kreditnehmerin, wenn $c_1 > m_1$ ist, die Zinsen, die sie in der zweiten Periode zu *zahlen* hat, werden $r(c_1 - m_1)$ sein. Natürlich muss sie auch den ausgeborgten Betrag, $c_1 - m_1$, zurückzahlen. Ihre Budgetbeschränkung lautet daher

$$c_2 = m_2 - r(c_1 - m_1) - (c_1 - m_1)$$
$$= m_2 + (1+r)(m_1 - c_1),$$

was genau dieselbe Budgetbeschränkung wie vorher ist. Wenn $m_1 - c_1$ positiv ist, dann verdient die Konsumentin Zinsen auf ihre Ersparnisse; wenn $m_1 - c_1$ negativ ist, zahlt die Konsumentin Zinsen für ihren Kredit.

Wenn $c_1 = m_1$, dann ist notwendigerweise auch $c_2 = m_2$ und die Konsumentin ist weder Sparerin noch Kreditnehmerin. Wir könnten sagen, dass dieser Konsumzustand der „Polonius-Punkt" ist.[1]

---

[1] „Kein Borger sei und auch Verleiher nicht; sich und den Freund verliert das Darleh'n oft, und Borgen stumpft der Wirtschaft Spitze ab." *Hamlet*, 1. Akt, 3. Szene; Polonius rät seinem Sohn.

Wir können die Budgetbeschränkung der Konsumentin umformen und erhalten zwei weitere nützliche Formen:

$$(1+r)c_1 + c_2 = (1+r)m_1 + m_2 \tag{10.2}$$

und

$$c_1 + \frac{c_2}{1+r} = m_1 + \frac{m_2}{1+r}. \tag{10.3}$$

Beachte, dass beide Gleichungen die Form

$$p_1 x_1 + p_2 x_2 = p_1 m_1 + p_2 m_2$$

haben. In Gleichung (10.2) ist $p_1 = 1 + r$ und $p_2 = 1$. In Gleichung (10.3) ist $p_1 = 1$ und $p_2 = 1/(1+r)$.

Wir sagen, dass Gleichung (10.2) die Budgetbeschränkung in **Zukunftswerten** ausdrückt, Gleichung (10.3) drückt die Budgetbeschränkung in **Gegenwartswerten** aus. Der Grund für diese Begriffsbildung liegt darin, dass die erste Budgetbeschränkung den Preis des zukünftigen Konsums gleich 1 setzt, während die zweite den Preis des gegenwärtigen Konsums gleich 1 setzt. Die erste Budgetbeschränkung misst den Preis der Periode 1 *im Verhältnis* zum Preis der Periode 2, die zweite Gleichung hingegen macht genau das Umgekehrte.

Die geometrische Interpretation das Gegenwarts- und Zukunftswertes wird in Abbildung 10.2 gegeben. Der Gegenwartswert einer Geldausstattung in zwei Perioden ist gleich jenem Geldbetrag in Periode 1, der dasselbe Budget wie die

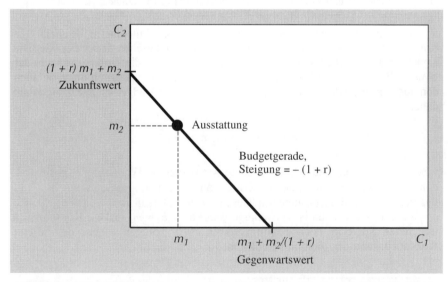

Abbildung 10.2 Gegenwartswert und Zukunftswert. Der (horizontale) Abszissenabschnitt der Budgetgeraden misst den Gegenwartswert, der (vertikale) Ordinatenabschnitt den Zukunftswert.

Ausstattung hervorbringen würde. Das ist einfach jener (horizontale) Abszissenabschnitt, der den größtmöglichen Konsum der ersten Periode angibt. Eine Analyse der Budgetbeschränkung zeigt, dass dieser Betrag $\bar{c}_1 = m_1 + m_2/(1 + r)$, also der Gegenwartswert der Ausstattung ist.

Ganz ähnlich ist der (vertikale) Ordinatenabschnitt der maximale Konsum der zweiten Periode, wenn nämlich $c_1 = 0$. Wiederum können wir die Budgetbeschränkung nach diesem Betrag $\bar{c}_2 = (1 + r)m_1 + m_2$, dem Zukunftswert der Ausstattung, auflösen.

Die Darstellung in Gegenwartswerten ist die wichtigere Form der intertemporären Budgetbeschränkung, da sie die Zukunft im Verhältnis zur Gegenwart misst, was als die natürliche Art der Betrachtung erscheint.

Es ist leicht, aus jeder dieser Gleichungen die Form dieser Budgetbeschränkung zu ersehen. Die Budgetgerade verläuft durch (m_1, m_2), da das immer eine *erschwingliche* Konsumstruktur ist, und sie hat eine Steigung von $-(1 + r)$.

10.2 Konsumpräferenzen

Betrachten wir nun die Präferenzen des Konsumenten, dargestellt durch seine Indifferenzkurven. Die Form der Indifferenzkurven gibt die Vorliebe des Konsumenten für den Konsum zu verschiedenen Zeitperioden an. Wenn wir die Indifferenzkurven zum Beispiel mit einer konstanten Steigung von -1 zeichneten, so würden sie die Präferenzen eines Konsumenten darstellen, dem es gleichgültig ist, ob er heute oder morgen konsumiert. Seine Grenzrate der Substitution zwischen heute und morgen ist -1.

Wenn wir Indifferenzkurven für perfekte Komplemente zeichneten, würde das darauf hinweisen, dass der Konsument heute und morgen die gleichen Summen ausgeben möchte. Solch ein Konsument wäre nicht bereit, Konsum der einen Zeitperiode für den Konsum einer anderen zu substituieren, unabhängig davon, was ihm das einbringen würde.

Wie üblich ist die vernünftigere Situation der dazwischen liegende Fall der normalen Präferenzen. Der Konsument ist bereit, eine gewisse Menge des heutigen Konsums für Konsum von morgen zu substituieren, wie viel hängt von seinem spezifischen Konsummuster ab.

Konvexität der Präferenzen ist in diesem Zusammenhang ganz natürlich, da Konvexität nun einfach bedeutet, dass der Konsument lieber in jeder Periode einen „durchschnittlichen" Konsum hat als heute sehr viel und morgen nichts oder umgekehrt.

10.3 Komparative Statik

Wenn die Budgetbeschränkung der Konsumentin und ihre Präferenzen für den Konsum in jeder der beiden Perioden gegeben sind, können wir die optimale Konsumentscheidung (c_1, c_2) untersuchen. Wenn die Konsumentin einen Punkt wählt, bei dem $c_1 < m_1$, so sagen wir, dass sie eine **Gläubigerin** ist, und wenn

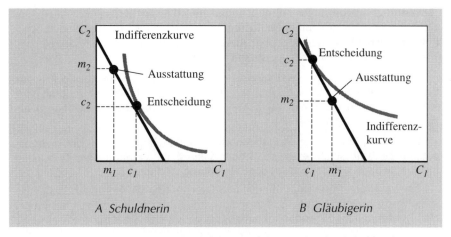

Abbildung 10.3 Schuldnerin und Gläubigerin. Feld A stellt eine Schuldnerin dar, da $c_1 > m_1$, Feld B eine Gläubigerin, da $c_1 < m_1$.

$c_1 > m_1$, sagen wir, dass sie eine **Schuldnerin** ist. In Abbildung 10.3A haben wir einen Fall dargestellt, in dem die Konsumentin eine Schuldnerin ist, in Abbildung 10.3B ist sie eine Gläubigerin.

Sehen wir uns nun an, wie die Konsumentin auf eine Änderung des Zinssatzes reagieren würde. Aus Gleichung (10.1) wissen wir, dass eine Erhöhung des Zinssatzes die Budgetgerade in eine steilere Lage kippen würde: Für eine gegebene Verringerung von c_1 erhält man umso mehr Konsum in der zweiten Periode, je höher der Zinssatz ist. Die Ausstattung bleibt natürlich immer erschwinglich, das Kippen ist also eigentlich eine Drehung um die Ausstattung.

Wir können auch darüber etwas aussagen, wie sich die Entscheidung ändert, eine Schuldnerin oder eine Gläubigerin zu sein, wenn der Zinssatz variiert. Es gibt zwei Fälle, je nachdem ob die Konsumentin zu Beginn eine Schuldnerin oder ein Gläubigerin ist. Nehmen wir vorerst an, sie sei eine Gläubigerin. Dann stellt sich heraus, dass die Konsumentin nach einer Erhöhung des Zinssatzes eine Gläubigerin bleiben muss.

Dieses Argument wird in Abbildung 10.4 illustriert. Wenn die Konsumentin am Anfang eine Gläubigerin ist, dann liegt ihr Konsumbündel links vom Ausstattungspunkt. Nun erhöhen wir den Zinssatz. Ist es dann möglich, dass die Konsumentin zu einem neuen Konsumpunkt *rechts* von der Ausstattung wechselt?

Nein, denn das würde das Prinzip der bekundeten Präferenzen verletzen: Wahlmöglichkeiten zur Rechten des Ausstattungspunkts standen der Konsumentin bereits zur Verfügung, als sie sich dem ursprünglichen Budget gegenübersah, sie wurden jedoch zu Gunsten des gewählten Punkts zurückgewiesen. Da das ursprünglich optimale Bündel bei der neuen Budgetgeraden noch immer erreichbar ist, muss das neue optimale Bündel ein Punkt *außerhalb* des alten Budgets sein – was bedeutet, dass es links von der Ausstattung liegen muss. Die Konsumentin muss bei einer Zinserhöhung eine Gläubigerin bleiben.

Intertemporäre Entscheidung 177

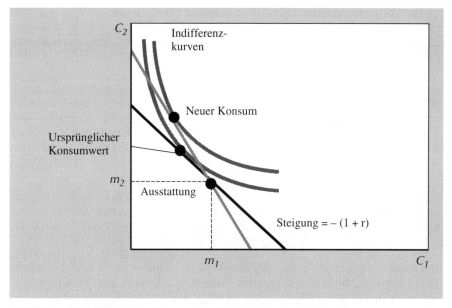

Abbildung 10.4 Wenn eine Person eine Gläubigerin ist und der Zinssatz steigt, wird sie eine Gläubigerin bleiben. Erhöhung des Zinssatzes dreht die Budgetgerade um die Ausstattung in eine steilere Lage; bekundete Präferenz impliziert, dass das neue Konsumbündel links von der Ausstattung liegen muss.

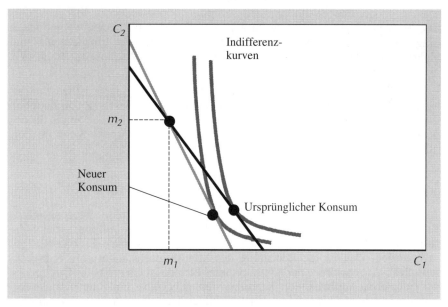

Abbildung 10.5 Eine Schuldnerin wird durch eine Erhöhung des Zinssatzes schlechter gestellt. Wenn für eine Schuldnerin der Zinssatz steigt, und die Konsumentin eine Schuldnerin bleibt, so ist sie sicherlich schlechter gestellt.

Es gibt einen ähnlichen Effekt für Schuldnerinnen: Wenn die Konsumentin zu Beginn eine Schuldnerin ist und der Zinssatz fällt, wird sie eine Schuldnerin bleiben. (Man sollte ein der Abbildung 10.4 ähnliches Diagramm skizzieren um zu überprüfen, ob man den Beweis korrekt führen kann.)

Wenn also eine Person eine Gläubigerin ist und der Zinssatz steigt, so wird sie eine Gläubigerin bleiben. Wenn eine Person eine Schuldnerin ist und der Zinssatz fällt, so wird sie eine Schuldnerin bleiben. Wenn eine Person andererseits eine Gläubigerin ist und der Zinssatz fällt, könnte sie sich sehr wohl entscheiden, eine Schuldnerin zu werden; in ähnlicher Weise könnte eine Erhöhung des Zinssatzes eine Schuldnerin dazu veranlassen, eine Gläubigerin zu werden. Die Theorie der bekundeten Präferenzen macht zu diesen beiden letzten Fällen keine Aussage.

Die Theorie der bekundeten Präferenzen kann auch dazu verwendet werden zu beurteilen, wie sich der Wohlstand der Konsumentin bei einer Zinsänderung verändert. Wenn die Konsumentin ursprünglich eine Schuldnerin ist, der Zinssatz steigt, und sie eine Schuldnerin bleibt, dann muss sie beim neuen Zinssatz schlechter gestellt sein. Dieses Argument wird in Abbildung 10.5 illustriert; wenn die Konsumentin eine Schuldnerin bleibt, dann wird sie sich bei einem Punkt befinden, der bereits beim alten Budget erschwinglich war, jedoch zurückgewiesen wurde, was impliziert, dass sie nun schlechter gestellt sein muss.

10.4 Die Slutsky-Gleichung und intertemporäre Entscheidungen

Die Slutsky-Gleichung kann genau wie im 9. Kapitel zur Zerlegung einer Nachfrageänderung auf Grund einer Änderung des Zinssatzes in Einkommens- und Substitutionseffekte verwendet werden. Angenommen der Zinssatz steigt. Wie wird sich das auf den Konsum in jeder Periode auswirken?

Dieser Fall ist einfacher mittels der in Zukunftswerten dargestellten Budgetgeraden zu analysieren als in Gegenwartswerten. Ausgedrückt in Zukunftswerten ist eine Erhöhung des Zinssatzes dasselbe wie eine Erhöhung des Preises für den Konsum von heute im Vergleich zum Konsum von morgen. Wenn wir die Slutsky-Gleichung anschreiben, haben wir

$$\frac{\Delta c_1^t}{\Delta p_1} = \frac{\Delta c_1^s}{\Delta p_1} + (m_1 - c_1) \frac{\Delta c_1^m}{\Delta m}.$$
$$(?) \quad (-) \quad (?) \quad (+)$$

Wie immer wirkt der Substitutionseffekt in die dem Preis entgegengesetzte Richtung. In diesem Fall steigt der Preis des Konsums in Periode 1, der Substitutionseffekt besagt daher, der Konsument sollte in der ersten Periode weniger verbrauchen. Das ist die Bedeutung des Minuszeichens unter dem Substitutionseffekt. Angenommen der Konsum dieser Periode ist ein normales Gut, sodass der ganz letzte Ausdruck – die Konsumänderung bei einer Einkommensänderung – positiv sein wird. Wir setzen daher ein Pluszeichen unter den letzten Ausdruck.

Das Vorzeichen der gesamten Gleichung wird nun vom Vorzeichen von ($m_1 - c_1$) abhängen. Wenn eine Person ein Schuldner ist, dann ist dieser Ausdruck negativ und die ganze Gleichung wird daher eindeutig negativ sein – für einen Schuldner wird ein Ansteigen des Zinssatzes den Konsum von heute senken.

Warum geschieht das? Wenn der Zinssatz steigt, so gibt es immer einen Substitutionseffekt weg vom heutigen Konsum. Für einen Schuldner bedeutet eine Erhöhung des Zinssatzes, dass er morgen mehr Zinsen zahlen muss. Dieser Effekt veranlasst ihn, weniger zu borgen und daher in der ersten Periode weniger zu konsumieren.

Für einen Gläubiger ist die Wirkung unbestimmt. Der gesamte Effekt ist die Summe eines negativen Substitutionseffekts und eines positiven Einkommenseffekts. Aus der Sicht des Gläubigers könnte eine Erhöhung des Zinssatzes zu so viel zusätzlichem Einkommen führen, dass er in der ersten Periode sogar mehr konsumieren möchte.

Die Wirkungen von Zinssatzänderungen sind somit nicht geheimnisumwoben. Wie bei jeder anderen Preisänderung gibt es einen Einkommens- und einen Substitutionseffekt. Aber ohne ein Instrument wie die Slutsky-Gleichung zur Trennung der verschiedenen Wirkungen könnte es schwer fallen, die Veränderungen zu entwirren. Mit solch einem Instrument ist die Aufspaltung ganz einfach.

10.5 Inflation

Die obige Analyse wurde mittels eines allgemeinen „Konsumguts" durchgeführt. Wenn man heute auf Δc Konsumeinheiten verzichtet, so kann man morgen dafür $(1 + r)\Delta c$ Konsumeinheiten kaufen. Implizit war dabei angenommen, dass sich der „Preis" des Konsums nicht ändert – es gibt weder Inflation noch Deflation.

Die Analyse kann jedoch unschwer modifiziert werden, um den Fall der Inflation zu behandeln. Angenommen das Konsumgut hat in jeder Periode einen anderen Preis. Es ist zweckmäßig, den Preis des heutigen Konsums 1 zu setzen und p_2 als den Preis des Konsums von morgen anzunehmen. Es ist weiters zweckmäßig sich vorzustellen, dass die Ausstattung auch in Einheiten des Konsumguts gemessen wird, sodass der Geldwert der Ausstattung der Periode 2 gleich $p_2 m_2$ ist. Dann ist der Geldbetrag, den die Konsumentin in der zweiten Periode ausgeben kann, durch

$$p_2 c_2 = p_2 m_2 + (1+r)(m_1 - c_1)$$

gegeben, und die in der zweiten Periode verfügbare Gütermenge ist

$$c_2 = m_2 + \frac{1+r}{p_2}(m_1 - c_1).$$

Beachte, dass diese Gleichung der früher angegebenen sehr ähnlich ist – wir verwenden lediglich $(1+r)/p_2$ anstatt $1 + r$.

Wir wollen diese Budgetbeschränkung in Form der Inflationsrate ausdrücken. Die Inflationsrate, π, ist einfach die Wachstumsrate der Preise. Wenn wir uns erinnern, dass $p_1 = 1$, dann haben wir

$$p_2 = 1 + \pi,$$

was

$$c_2 = m_2 + \frac{1+r}{1+\pi}(m_1 - c_1)$$

ergibt. Wir führen als neue Variable ρ, den **realen Zinssatz**, ein und definieren ihn als

$$1 + \rho = \frac{1+r}{1+\pi}$$

sodass die Budgetbeschränkung

$$c_2 = m_2 + (1+\rho)(m_1 - c_1)$$

wird. Eins plus dem realen Zinssatz ρ misst, wie viel zusätzlichen *Konsum* man in Periode 2 erhalten kann, wenn man auf ein wenig *Konsum* in Periode 1 verzichtet. Deswegen wird er der *reale* Zinssatz genannt: Er besagt, wie viel zusätzlichen *Konsum* man erhalten kann, nicht wie viel zusätzliche *Euro*.

Der Zinssatz auf Euros wird **nomineller** Zinssatz genannt. Wie wir oben gesehen haben, ist die Beziehung zwischen beiden durch

$$1 + \rho = \frac{1+r}{1+\pi}$$

gegeben.

Um einen expliziten Ausdruck für ρ zu erhalten, schreiben wir diese Gleichung als

$$\rho = \frac{1+r}{1+\pi} - 1 = \frac{1+r}{1+\pi} - \frac{1+\pi}{1+\pi}$$
$$= \frac{r-\pi}{1+\pi}.$$

Das ist die exakte Gleichung für den realen Zinssatz, es ist jedoch üblich, eine Näherung zu verwenden. Wenn die Inflationsrate nicht zu groß ist, wird der Nenner des Bruches nur geringfügig größer als 1 sein. Der reale Zinssatz wird daher ungefähr durch

$$\rho \approx r - \pi$$

gegeben sein, was besagt, dass der reale Zinssatz einfach der nominelle Satz minus der Inflationsrate ist. (Das Symbol $\approx$ bedeutet „ungefähr gleich".) Das ist voll und ganz einsichtig: Wenn der Zinssatz 18 Prozent ist, die Preise jedoch um 10

Prozent steigen, dann ist der reale Zinssatz – die zusätzlichen Konsumgüter, die man in der nächsten Periode kaufen kann, wenn man heute auf etwas Konsum verzichtet – rund 8 Prozent.

Natürlich schauen wir immer in die Zukunft, wenn wir Konsumpläne machen. Typischerweise kennen wir den nominellen Zinssatz in der nächsten Periode, aber die Inflationsrate der nächsten Periode ist unbekannt. Als realer Zinssatz wird üblicherweise der laufende Zinssatz minus der *erwarteten* Inflationsrate angenommen. In dem Ausmaß, in dem die Leute unterschiedliche Erwartungen darüber haben, wie hoch die Inflationsrate des nächsten Jahres sein wird, werden sie unterschiedliche Erwartungen über den realen Zinssatz haben. Wenn die Inflationsrate einigermaßen gut prognostiziert werden kann, werden diese Unterschiede nicht allzu groß sein.

10.6 Der Gegenwartswert näher betrachtet

Wir wollen nun zu den zwei Formen der Budgetbeschränkung zurückkehren, die im Abschnitt 10.1 in den Gleichungen (10.2) und (10.3) beschrieben wurden:

$$(1+r)c_1 + c_2 = (1+r)m_1 + m_2$$

und

$$c_1 + \frac{c_2}{1+r} = m_1 + \frac{m_2}{1+r}.$$

Wenden wir uns nur den rechten Seiten dieser beiden Gleichungen zu. Wir sagten, die erste drückt den Wert der Ausstattung als Zukunftswert aus, die zweite als Gegenwartswert.

Als erstes untersuchen wir das Konzept des Zukunftswerts. Wie hoch ist das zukünftige Äquivalent eines Euro heute, wenn wir zu einem Zinssatz von r borgen und verleihen können? Die Antwort ist $(1+r)$. Das heißt, ein Euro heute kann in $(1+r)$Euro der nächsten Periode umgewandelt werden, indem man ihn an die Bank zu einem Zinssatz von r verleiht. Mit anderen Worten, $(1+r)$Euro der nächsten Periode sind gleich einem Euro heute, da man soviel in der nächsten Periode zahlen müßte, um einen Euro heute zu kaufen – das heißt zu borgen. Der Wert $(1+r)$ ist einfach der Preis eines Euro heute relativ zu einem Euro in der nächsten Periode. Das ersieht man leicht aus der ersten Budgetbeschränkung: Sie ist in zukünftigen Euros formuliert – die Euros der zweiten Periode haben einen Preis von 1 und die Euros der ersten Periode werden relativ dazu gemessen.

Wie ist das mit dem Gegenwartswert? Dort ist es genau umgekehrt: Alles wird in heutigen Euro gemessen. Wie viel ist ein Euro der nächsten Periode in heutigen Euro wert? Die Antwort ist $(1/(1+r))$Euro, weil $(1/(1+r))$Euro einfach in einen Euro der nächsten Periode durch Sparen zu einem Zinssatz von r verwandelt werden können. Der *Gegenwartswert* eines in der nächsten Periode verfügbar gemachten Euro ist $1/(1+r)$.

Das Konzept des Gegenwartswertes erlaubt uns, das Budget für ein Zwei-Perioden-Konsumproblem auf eine andere Art auszudrücken: Ein Konsumplan ist realisierbar, wenn *der Gegenwartswert des Konsums gleich dem Gegenwartswert des Einkommens ist.*

Dieses Konzept hat eine wichtige Implikation, die eng mit einer Aussage des 9. Kapitels zusammenhängt: Wenn der Konsument Güter frei zu konstanten Preisen verkaufen und kaufen kann, so würde er immer eine höher bewertete Ausstattung einer niedriger bewerteten vorziehen. Für den Fall der intertemporären Entscheidungen impliziert dieses Prinzip, dass *ein Konsument immer eine Einkommenskonstellation mit einem höheren Gegenwartswert einer Konstellation mit einem niedrigeren Gegenwartswert vorziehen würde, wenn er zu einem konstanten Zinssatz frei borgen und verleihen kann.*

Das gilt aus dem gleichen Grund, aus dem die Aussage im 9. Kapitel richtig war: Eine Ausstattung mit einem höheren Wert führt zu einer weiter außen liegenden Budgetgeraden. Das neue Budget beinhaltet das alte, was bedeutet, dass der Konsument alle Konsummöglichkeiten des alten Budgets plus einigen zusätzlichen hat. Volkswirte sagen manchmal, dass eine Ausstattung mit einem höheren Gegenwartswert eine andere mit einem niedrigeren Gegenwartswert in dem Sinne **dominiert**, dass der Konsument in *jeder* Periode durch Verkauf der Ausstattung mit dem höheren Gegenwartswert einen größeren Konsum haben könnte als beim Verkauf der Ausstattung mit dem niedrigeren Gegenwartswert.

Wenn der Gegenwartswert einer Ausstattung größer ist als der einer anderen, dann wird natürlich auch der Zukunftswert höher sein. Der Gegenwartswert erweist sich aber als die praktischere Art, die Kaufkraft einer Ausstattung zu messen, wir werden daher diesem Maß mehr Aufmerksamkeit widmen.

10.7 Analyse des Gegenwartswertes für mehrere Perioden

Sehen wir uns ein Drei-Perioden-Modell an. Wir nehmen an, dass wir Geld zu einem Zinssatz r in jeder Periode borgen oder verleihen können und dass dieser Zinssatz durch drei Perioden hindurch konstant bleiben wird. Der Preis des Konsums in Periode 2, ausgedrückt in Konsum der Periode 1, wird daher wie bisher $1/(1+r)$ sein.

Wie hoch wird der Preis des Konsums der Periode 3 sein? Wenn ich z. B. einen Euro heute veranlage, dann wird er in der nächsten Periode auf $(1+r)$ Euro wachsen, und wenn ich dieses Geld veranlagt lasse, so wird es in der dritten Periode auf $(1+r)^2$ Euro anwachsen. Wenn ich daher heute mit $(1/(1+r)^2)$ Euro beginne, wird das in Periode 3 zu 1 Euro geworden sein. Der Preis des Konsums der Periode 3 im Verhältnis zur Periode 1 ist daher $1/(1+r)^2$. Jeder zusätzliche Euro Konsum in Periode 3 kostet mich heute $(1/(1+r)^2)$ Euro. Das impliziert eine Budgetgerade der Form

$$c_1 + \frac{c_2}{1+r} + \frac{c_3}{(1+r)^2} = m_1 + \frac{m_2}{1+r} + \frac{m_3}{(1+r)^2}.$$

Das entspricht den schon bekannten Budgetbeschränkungen, wobei der Preis des Konsums in Periode t ausgedrückt in laufendem Konsum durch

$$p_t = \frac{1}{(1+r)^{t-1}}$$

gegeben ist. Wie bisher wird die Bewegung zu einer Ausstattung mit einem höheren Gegenwartswert zu diesen Preisen von jeder Konsumentin bevorzugt werden, da so eine Änderung notwendigerweise die Budgetbeschränkung nach außen verschieben wird.

Wir haben diese Budgetbeschränkung bei konstantem Zinssatz abgeleitet, aber die Verallgemeinerung zu variierenden Zinssätzen ist leicht. Angenommen zum Beispiel, der Zinssatz auf Ersparnisse von Periode 1 zu Periode 2 ist r_1, von Periode 2 zu Periode 3 r_2. Ein Euro der Periode 1 wird demnach auf $(1+r_1)(1+r_2)$ Euro in Periode 3 wachsen. Der Gegenwartswert eines Euro der Periode 3 ist daher $1/(1+r_1)(1+r_2)$. Die korrekte Form der Budgetbeschränkung ist dann

$$c_1 + \frac{c_2}{1+r_1} + \frac{c_3}{(1+r_1)(1+r_2)} = m_1 + \frac{m_2}{1+r_1} + \frac{m_3}{(1+r_1)(1+r_2)}.$$

Dieser Ausdruck ist nicht allzu schwierig handzuhaben, aber wir werden uns in der Regel mit der Untersuchung bei konstanten Zinssätzen begnügen.

Tabelle 10.1 enthält einige Beispiele für den Gegenwartswert eines Euro in T Jahren bei verschiedenen Zinssätzen. Bemerkenswert ist, wie rasch der Gegenwartswert für „vernünftige" Zinssätze fällt. Bei einem Zinssatz von 10 Prozent, zum Beispiel, ist der Wert eines Euro in 20 Jahren heute nur 15 Cent.

Zinsatz	1	2	5	10	15	20	25	30
.05	.95	.91	.78	.61	.48	.37	.30	.23
.10	.91	.83	.62	.39	.24	.15	.09	.06
.15	.87	.76	.50	.25	.12	.06	.03	.02
.20	.83	.69	.40	.16	.06	.03	.01	.00

Tabelle 10.1 **Der Gegenwartswert eines Euro, den man in t Jahren erhält.**

10.8 Die Verwendung des Gegenwartswertes

Wir beginnen mit einem wichtigen allgemeinen Grundsatz: *Der Gegenwartswert ist die einzig korrekte Art der Umwandlung eines Zahlungsstroms in heutige Euros.* Dieses Prinzip folgt direkt aus der Definition des Gegenwartswertes: Der Gegenwartswert misst den Wert der Geldausstattung eines Konsumenten. Solange ein Konsument frei und zu einem konstanten Zinssatz borgen und verleihen kann, kann eine Ausstattung mit einem höheren Gegenwartswert immer *mehr*

Konsum in jeder Periode schaffen als eine Ausstattung mit einem niedrigeren Gegenwartswert. Unabhängig von den Konsumpräferenzen in verschiedenen Perioden sollte man immer einen Geldstrom, der einen höheren Gegenwartswert hat, gegenüber einem mit einem niedrigeren Gegenwartswert bevorzugen – das ergibt immer größere Konsummöglichkeiten in jeder Periode.

Dieses Argument wird in Abbildung 10.6 dargestellt. In dieser Abbildung ist (m_1', m_2') ein schlechteres Konsumbündel als die ursprüngliche Ausstattung des Konsumenten, (m_1, m_2), da es unterhalb der Indifferenzkurve durch seine Anfangsausstattung liegt. Trotzdem würde der Konsument (m_1', m_2') gegenüber (m_1, m_2) bevorzugen, wenn er zum Zinssatz r borgen und verleihen kann. Das gilt deswegen, weil er sich mit einer Ausstattung (m_1', m_2') ein Bündel wie (c_1, c_2) leisten kann, welches eindeutig besser als sein derzeitiges Konsumbündel ist.

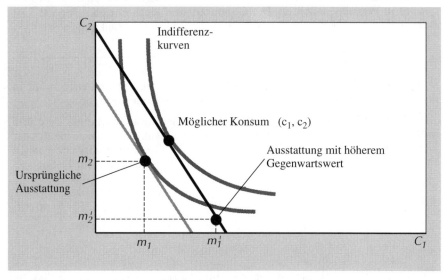

Abbildung 10.6 Höherer Gegenwartswert. Eine Ausstattung mit einem höheren Gegenwartswert gibt dem Konsumenten in jeder Periode größere Konsummöglichkeiten, wenn er zu Marktzinsen borgen und verleihen kann.

Eine sehr wichtige Anwendung des Gegenwartswertes ist die Bewertung verschiedener Investitionen. Wenn man zwei verschiedene Investitionen vergleichen will, die unterschiedliche Einkommensströme hervorbringen, um herauszufinden, welche besser ist, berechnet man einfach die zwei Gegenwartswerte und wählt den größeren. Die Investition mit dem größeren Gegenwartswert gibt immer mehr Konsummöglichkeiten.

Es kann bisweilen notwendig sein, einen Einkommensstrom durch Zahlungen im Zeitablauf zu erwerben. Man könnte zum Beispiel ein Wohnhaus mit von einer Bank geborgtem Geld kaufen, und dann das Darlehen über eine Reihe von Jahren zurückzahlen. Angenommen der Einkommensstrom (M_1, M_2) kann durch einen Zahlungsstrom (P_1, P_2) gekauft werden.

Intertemporäre Entscheidung

In diesem Fall können wir die Investition durch Vergleich des Gegenwartswertes des Einkommensstroms mit dem Gegenwert der Zahlungsreihe bewerten. Wenn der Gegenwartswert des Einkommensstroms

$$M_1 + \frac{M_2}{1+r} > P_1 + \frac{P_2}{1+r} \qquad (10.4)$$

den Gegenwartswert seiner Kosten übersteigt, dann ist das eine gute Investition – sie wird den Gegenwartswert unserer Ausstattung erhöhen.

Eine gleichwertige Möglichkeit zur Bewertung der Investition ist die Verwendung des Konzepts des **Netto-Gegenwartswerts**. Um diese Zahl zu ermitteln, berechnen wir den *Netto*geldstrom in jeder Periode und diskontieren diesen Strom auf die Gegenwart ab. In diesem Beispiel ist der Nettogeldstrom ($M_1 - P_1$, $M_2 - P_2$) und der Netto-Gegenwartswert[2] ist

$$NPV = M_1 - P_1 + \frac{M_2 - P_2}{1+r}.$$

Eine Gegenüberstellung mit Gleichung (10.4) zeigt, dass die Investition nur dann getätigt werden sollte, wenn und nur wenn der Netto-Gegenwartswert positiv ist.

Die Berechnung des Netto-Gegenwartswerts ist sehr praktisch, da sie uns erlaubt, alle positiven und negativen Geldströme in jeder Periode zu addieren, und dann die sich jeweils ergebenden Nettogeldströme zu diskontieren.

BEISPIEL: Bewertung eines Zahlungsstroms

Angenommen wir ziehen zwei Investitionen, A und B, in Betracht. Investition A hat einen Ertrag von € 100 heute und € 200 im nächsten Jahr. Investition B wirft heute Null Euro und im nächsten Jahr € 310 ab. Welches ist die bessere Investition?

Die Antwort hängt vom Zinssatz ab. Ist der Zinssatz Null, dann ist die Antwort klar – addiere einfach die Zahlungen. Wenn nämlich der Zinssatz Null ist, läuft die Berechnung des Gegenwartswertes auf die Summierung der Zahlungen hinaus.

Bei einem Zinssatz von Null ist der Gegenwartswert der Investition A

$$PV_A = 100 + 200 = 300,$$

und der Gegenwartswert der Investition B

$$PV_B = 0 + 310 = 310,$$

daher ist B die bevorzugte Investition.

Wir erhalten jedoch die entgegengesetzte Antwort, wenn der Zinssatz hoch genug ist. Nehmen wir zum Beispiel an, der Zinssatz ist 20 Prozent. Dann ergibt die Berechnung der Gegenwartswerte

---

[2] NPV = net present value.

$$PV_A = 100 + \frac{200}{1.20} = 266.67$$
$$PV_B = 0 + \frac{310}{1.20} = 258.33.$$

Nun ist A die bessere Investition. Die Tatsache, dass A mehr Geld bereits früher zurückzahlt, bedeutet, dass der Gegenwartswert bei hohem Zinssatz größer sein wird.

BEISPIEL: Die wahren Kosten einer Kreditkarte

Sich Geld mittels einer Kreditkarte auszuborgen, ist ziemlich teuer: Viele Unternehmen geben jährliche Zinsbelastungen von 15 bis 21 Prozent an. Auf Grund der Art der Berechnung der Zinsen, sind jedoch die wahren Zinssätze für Schulden auf Kreditkarten viel höher.

Nehmen wir an, jemand kauft mit seiner Kreditkarte am ersten des Monats um € 2.000 ein; die verrechneten Finanzierungskosten seien 1,5 Prozent pro Monat. Wenn der Konsument den gesamten Saldo bis zum Monatsende zahlt, muss er keine Finanzierungskosten zahlen. Wenn er überhaupt nichts zurückzahlt, dann muss er zu Beginn des nächsten Monats € 2.000*0,015 = € 30 zahlen.

Was geschieht, wenn der Konsument eine Rückzahlung von € 1.800 auf den Gesamtbetrag von € 2.000 am Monatsletzten leistet? In diesem Fall hat der Konsument nur € 200 geborgt, die Finanzierungskosten sollten daher nur € 3 sein. Viele Kreditkartenunternehmen verlangen jedoch wesentlich mehr. Der Grund liegt darin, dass viele Unternehmen ihre Belastungen nach dem „durchschnittlichen monatlichen Saldo" errechnen, selbst wenn ein Teil dieses Saldos am Monatsende bezahlt wird. In unserem Beispiel wäre der durchschnittliche monatliche Saldo knapp € 2.000 (30 Tage ein Saldo von € 2.000 und 1 Tag ein Saldo von € 200). Die Finanzierungskosten wären etwas weniger als € 30, obwohl der Konsument nur € 200 borgte. Bezogen auf die tatsächliche Kredithöhe entspricht das einem Zinssatz von fast 15 Prozent pro Monat!

10.9 Anleihen

Wertpapiere sind Finanzierungsinstrumente, die eine bestimmte Struktur von Zahlungen versprechen. Es gibt viele Arten von Finanzierungsinstrumenten, weil die Menschen verschiedenste Zahlungsmuster wollen. Finanzmärkte geben den Leuten die Möglichkeit, verschiedene Muster von Geldströmen im Zeitablauf zu handeln. Diese Geldströme werden typischerweise zur Finanzierung des Konsums zu bestimmten Zeiten verwendet.

Die spezifische Art von Wertpapier, die wir hier untersuchen wollen, sind **Anleihen**. Anleihen werden von Regierungen und Unternehmungen emittiert. Sie sind grundsätzlich eine Möglichkeit, Geld zu borgen. Der Schuldner – der Akteur, der die Anleihe emittiert – verpflichtet sich, eine konstante Zahl von Euros, x (den **Kupon**), in jeder Periode bis zu einem Zeitpunkt T (dem **Fällig-**

keitsdatum) zu zahlen, zu welchem der Schuldner einen Betrag F (den **Nennwert**) an den Inhaber der Anleihe zahlt.

Der Geldstrom einer Anleihe sieht daher wie $(x, x, x, ..., F)$ aus. Wenn der Zinssatz konstant ist, dann ist der diskontierte Gegenwartswert einer solchen Anleihe leicht zu errechnen. Er ergibt sich als

$$PV = \frac{x}{(1+r)} + \frac{x}{(1+r)^2} + \cdots + \frac{F}{(1+r)^T}.$$

Beachte, dass der Gegenwartswert einer Anleihe sinken wird, wenn der Zinssatz steigt. Woher kommt das? Wenn der Zinssatz steigt, fällt der derzeitige Preis eines Euro, den man erst in der Zukunft erhält. Die zukünftigen Zahlungen der Anleihe werden daher gegenwärtig weniger wert sein.

Es gibt einen großen und gut entwickelten Markt für Anleihen. Der Marktwert einer im Umlauf befindlichen Anleihe wird sich mit Schwankungen des Zinssatzes ändern, da sich der Gegenwartswert der durch die Anleihe verkörperten Geldströme verändern wird.

Ein interessanter Sonderfall der Anleihen sind solche, die ewige Zahlungen leisten. Sie werden **konsolidierte Annuitäten** oder **ewige Renten** genannt. Angenommen wir untersuchen eine ewige Rente, die eine immerwährende Zahlung von x Euro pro Jahr verspricht. Um den Wert dieser Annuität zu ermitteln, berechnen wir die unendliche Summe:

$$PV = \frac{x}{1+r} + \frac{x}{(1+r)^2} + \cdots.$$

Der Trick bei dieser Berechnung ist, den Faktor $1/(1+r)$ herauszuheben, um

$$PV = \frac{1}{1+r}\left[x + \frac{x}{(1+r)} + \frac{x}{(1+r)^2} + \cdots\right]$$

zu erhalten. Der Ausdruck in Klammern ist jedoch einfach x plus dem Gegenwartswert! Nach Einsetzen und Auflösung nach PV[3]:

$$PV = \frac{1}{(1+r)}[x + PV]$$
$$= \frac{x}{r}.$$

Das war gar nicht schwer, aber es gibt einen einfachen Weg, die Antwort direkt zu erhalten. Wie viel Geld, V, braucht man, um bei einem Zinssatz von r für immer x Euro zu erhalten? Schreiben wir einfach die Gleichung

$$Vr = x$$

an, die besagt, dass die Zinsen auf V gleich x sein müssen. Dann ist aber der Wert so einer Investition durch

$$V = \frac{x}{r}.$$

---

[3] PV = present value.

gegeben. Daher muss der Gegenwartswert einer ewigen Rente, bei der man x Euro für immer erhält, durch x/r gegeben sein.

Bei einer ewigen Rente ist unmittelbar ersichtlich, wie eine Erhöhung des Zinssatzes den Wert einer Anleihe vermindert. Angenommen zum Beispiel, eine ewige Rente wird emittiert, wenn der Zinssatz 10 Prozent ist. Wenn sie verspricht, € 10 für immer zu zahlen, wird sie jetzt € 100 wert sein – da € 100 ein Zinseinkommen von € 10 pro Jahr abwerfen würden.

Angenommen der Zinssatz erhöht sich nun auf 20 Prozent. Der Wert der ewigen Rente muss auf € 50 fallen, da man bei einem Zinssatz von 20 Prozent nur € 50 benötigt, um € 10 pro Jahr zu verdienen.

Die Formel für eine ewige Rente kann verwendet werden, um einen Näherungswert für eine langfristige Anleihe zu berechnen. Wenn der Zinssatz zum Beispiel 10 Prozent ist, so ist der Gegenwartswert eines Euro in 30 Jahren nur 6 Cent. Für die üblichen Zinssätze könnten 30 Jahre genau so gut auch die Ewigkeit sein.

BEISPIEL: Ratenkredite

Angenommen man borgt sich € 1.000 aus, die in 12 monatlichen Raten zu € 100 zurückzuzahlen sind. Wie hoch ist der Zinssatz?

Auf den ersten Blick erscheint es, dass der Zinssatz 20 Prozent ist: Man borgt € 1.000 und zahlt € 1.200 zurück. Diese Analyse ist jedoch falsch. Denn man hat ja nicht € 1.000 für ein ganzes Jahr geborgt. Man hat € 1.000 für einen Monat geborgt, dann zahlt man € 100 zurück. Daher hat man lediglich noch € 900 geborgt und schuldet nur die Zinsen für einen Monat auf € 900. Man borgt diesen Betrag für einen Monat und zahlt dann weitere € 100 zurück und so weiter.

Der Geldstrom, den wir bewerten wollen, ist

$$(1000, -100, -100, \ldots, -100).$$

Wir können mit einer Rechenmaschine oder einem Computer jenen Zinssatz suchen, bei dem der Gegenwartswert dieses Stroms gleich Null ist. Der tatsächliche Zinssatz, den man für diesen Ratenkredit bezahlt, ist ungefähr 35 Prozent!

10.10 Steuern

In den USA werden Zinseinkommen wie gewöhnliche Einkommen besteuert. Das heißt, man zahlt dieselben Steuern auf Zinseinkommen wie auf Arbeitseinkommen. Angenommen der marginale Steuersatz sei t, sodass jeder *zusätzlich* eingenommene Dollar, Δm, die Steuerlast um $t\Delta m$ erhöht. Wenn man X Dollar in einer Anleihe veranlagt, so erhält man Zinszahlungen im Ausmaß von rX. Aber man muss auch Steuern in der Höhe von trX auf dieses Einkommen zahlen, sodass einem nur $(1-t)rX$ Dollar als Einkommen nach der Besteuerung verbleiben. Wir wollen den Satz $(1-t)r$ den **Zinssatz nach Besteuerung** nennen.

Was geschieht, wenn man sich entscheidet, X Dollar zu borgen, anstatt zu verleihen? Dann muss man Zinsen in Höhe von rX zahlen. In den USA sind bestimmte Zinszahlungen vom Einkommen steuerabzugsfähig. So sind zum Beispiel Zinsen für Hypothekardarlehen steuerabzugsfähig, Zinszahlungen für normale Konsumdarlehen hingegen nicht. Unternehmungen können den Großteil der geleisteten Zinszahlungen steuerlich absetzen.

Wenn eine bestimmte Zinszahlung abzugsfähig ist, kann man sie von seinen Einkünften abziehen und man zahlt nur vom verbleibenden Betrag Steuern. Daher werden die rX Dollar die Steuerlast um trX verringern. Die gesamten Kosten von X geborgten Dollars werden daher $rX - trX = (1 - t)rX$ sein.

Der Zinssatz nach Besteuerung ist daher für Personen in derselben Steuerstufe für Borgen oder Verleihen gleich. Besteuerung des Sparens wird somit die Beträge verringern, welche die Leute sparen wollen, Subventionierung des Borgens wird hingegen die Bereitschaft zur Kreditaufnahme erhöhen.

BEISPIEL: Stipendien und Sparen

In den Vereinigten Staaten erhalten viele Studenten irgendeine Form finanzieller Unterstützung zur zumindest teilweisen Abdeckung der Kosten des Studiums. Das Ausmaß der finanziellen Unterstützung hängt von vielen Faktoren ab; ein wichtiger Faktor ist die Fähigkeit der Familie, die Kosten des Studiums zu tragen. Die meisten U.S. Colleges und Universitäten verwenden ein standardisiertes Maß der finanziellen Leistungsfähigkeit, das vom College Entrance Examination Board (CEEB) entwickelt wurde.

Wenn ein Student um finanzielle Unterstützung ansucht, muss seine Familie einen Fragebogen über ihre finanzielle Situation ausfüllen. Der CEEB verwendet die Informationen über Einkommen und Vermögen der Eltern zur Berechnung eines „bereinigten verfügbaren Einkommens". Der Anteil des bereinigten verfügbaren Einkommens, den Eltern zum Studium beitragen sollten, schwankt in Abhängigkeit vom Einkommen zwischen 22 und 47 Prozent. Im Jahre 1985 wurde erwartet, dass Eltern mit einem Einkommen vor Besteuerung von $ 35.000 rund $ 7.000 zu den Kosten des Studiums beitragen.

Jeder zusätzliche Dollar an Vermögen erhöht den von den Eltern erwarteten Beitrag und vermindert die Höhe der finanziellen Unterstützung, die ihr Kind erhoffen kann. Die vom CEEB verwendete Formel stellt in der Tat eine Besteuerung jener Eltern dar, die für das Studium ihrer Kinder sparen. Martin Feldstein, Präsident des National Bureau of Economic Research (NBER) und Ökonomieprofessor an der Harvard Universität, berechnete die Höhe dieser Steuer.[4]

Betrachten wir die Situation von Eltern, die sich zum Zeitpunkt, als ihr Sohn gerade an die Universität geht, überlegen, einen weiteren Dollar zu sparen. Bei einem Zinssatz von 6 Prozent ist der Zukunftswert eines Dollars in vier Jahren $ 1,26. Nach Bezahlung von Bundes- und Staatssteuern auf das Zinseinkommen

---

[4] Martin Feldstein, „College Scholarship Rules and Private Savings," NBER Working Paper 4032, März 1992.

verbleiben als Einkommen nach Besteuerung nach 4 Jahren $ 1,19. Da jedoch dieses zusätzliche Sparen das Vermögen der Eltern erhöht, sinkt die von der Tochter erhaltene Unterstützung in *jedem* ihrer vier Studienjahre. Die Wirkung dieser „Bildungssteuer" ist eine Reduktion des Zukunftswerts des Dollars nach vier Jahren auf 87 Cent. Das entspricht einer Einkommenssteuer von 150 Prozent!

Feldstein hat auch das Sparverhalten von Mittelklassehaushalten mit Kindern im voruniversitären Alter untersucht. Er schätzt, dass ein Haushalt mit einem Jahreseinkommen von $ 40.000 und zwei Kindern, die potenziell studieren, auf Grund der Kombination von Bundes-, Staats- und „Bildungssteuern" rund 50 Prozent weniger spart als ohne diese Besteuerung.

10.11 Die Wahl des Zinssatzes

In der bisherigen Diskussion sprachen wir stets vom „Zinssatz". In Wirklichkeit gibt es jedoch viele Zinssätze: Es gibt nominelle und reale Zinssätze, Zinssätze vor Besteuerung und nach Besteuerung, kurzfristige und langfristige Zinssätze usw. Was ist der „richtige" Zinssatz, den man bei der Analyse des Gegenwartswerts verwenden soll?

Die Antwort zu dieser Frage folgt aus einer Rückbesinnung auf die Grundüberlegungen. Das Konzept des diskontierten Gegenwartswertes entstand, weil wir eine Möglichkeit suchten, Geld eines bestimmten Zeitpunkts in Geld zu einem anderen Zeitpunkt umzuwandeln. „Der Zinssatz" ist der Ertrag einer Investition, die uns erlaubt, Mittel auf diese Art zu transferieren.

Wenn wir diese Analyse bei einer Vielfalt möglicher Zinssätze anwenden wollen, müssen wir fragen, welcher Zinssatz Eigenschaften aufweist, die dem Geldstrom, den wir bewerten wollen, am ähnlichsten sind. Wenn der Geldstrom nicht besteuert wird, sollten wir einen Zinssatz nach Besteuerung verwenden. Wenn uns das Geld 30 Jahre lang zufließt, wäre ein langfristiger Zinssatz zu verwenden. Wenn der Geldstrom risikoreich ist, sollten wir den Zinssatz für Investitionen mit ähnlichen Risikoeigenschaften verwenden. (Wir werden später noch mehr darüber zu sagen haben, was diese letzte Feststellung eigentlich bedeutet.)

Der Zinssatz misst die **Opportunitätskosten** der Mittel – den Wert alternativer Verwendungen des Geldes. Jeder Geldstrom sollte daher mit der besten Alternative verglichen werden, die ähnliche Charakteristiken hinsichtlich steuerlicher Behandlung, Risiko und Liquidität aufweist.

Zusammenfassung

1. Die Budgetbeschränkung für intertemporären Konsum kann in Gegenwartswerten oder in Zukunftswerten ausgedrückt werden.
2. Die früher abgeleiteten komparativ statischen Ergebnisse für das allgemeine Entscheidungsproblem können auch auf den intertemporären Konsum angewendet werden.

3. Der reale Zinssatz misst den zusätzlichen Konsum, den man in der Zukunft durch Verzicht auf Konsum heute erhält.
4. Ein Konsument, der zu einem konstanten Zinssatz borgen und verleihen kann, sollte immer eine Ausstattung mit einem höheren Gegenwartswert gegenüber einer solchen mit niedrigerem Gegenwartswert vorziehen.

Wiederholungsfragen

1. Wie viel ist eine Million Euro, die in 20 Jahren verfügbar wird, bei einem Zinssatz von 20 Prozent heute wert?
2. Wird die intertemporäre Budgetbeschränkung steiler oder flacher, wenn der Zinssatz steigt?
3. Würde die Annahme, dass Güter perfekte Substitute sind, für eine Analyse intertemporärer Nahrungsmittelkäufe gelten?
4. Ein Konsument, der ursprünglich ein Gläubiger ist, bleibt auch nach einem Fallen des Zinssatzes ein Gläubiger. Ist dieser Konsument nach der Zinssatzänderung besser oder schlechter gestellt? Ist der Konsument besser oder schlechter gestellt, wenn er nach der Änderung zu einem Schuldner wird?
5. Wie hoch ist der Gegenwartswert von € 100, die man in einem Jahr erhält, bei einem Zinssatz von 10%? Bei einem Zinssatz von 5%?

11. Kapitel
MÄRKTE FÜR VERMÖGENSWERTE

Vermögenswerte sind Güter, die einen Strom von Leistungen im Zeitablauf hervorbringen. Vermögenswerte können dabei einen Strom von Dienstleistungen erbringen, wie z. B. Wohnen, oder einen Geldstrom, der zum Kauf von Konsumgütern verwendet werden kann. Vermögenswerte, die einen Geldstrom liefern, werden **Finanzvermögen** genannt.

Die im letzten Kapitel behandelten Anleihen sind Beispiele für Finanzvermögen. Der Strom von Leistungen, den sie liefern, sind die Zinszahlungen. Andere Arten von Finanzvermögen, wie zum Beispiel Aktien, erbringen andere Geldströme. In diesem Kapitel werden wir die Funktionsweise der Märkte für Vermögenswerte unter der Bedingung vollständiger Sicherheit hinsichtlich des durch einen Vermögenswert entstehenden zukünftigen Leistungsstroms untersuchen.

11.1 Ertragsraten

Unter dieser zugegebenermaßen extremen Hypothese gibt es ein einfaches Prinzip, die Ertragsraten von Vermögenswerten zueinander in Beziehung zu setzen: Wenn es keine Unsicherheit über den Geldstrom eines Vermögenswertes gibt, dann müssen alle Vermögenswerte dieselbe Ertragsrate aufweisen. Der Grund ist offensichtlich: Wenn ein Vermögenswert eine höhere Ertragsrate hätte als ein anderer, und beide Aktiva wären ansonsten identisch, dann würde niemand den Vermögenstitel mit der niedrigeren Ertragsrate kaufen wollen. Im Gleichgewicht müssen daher alle tatsächlich gehaltenen Vermögenswerte denselben Ertrag abwerfen.

Sehen wir uns den Anpassungsprozess der Ertragsraten näher an. Nehmen wir einen Vermögenswert A, der heute einen Preis von p_0 und morgen einen erwarteten Preis von p_1 hat. Jeder kennt den heutigen Preis des Vermögenstitels mit Sicherheit und alle haben auch Gewissheit darüber, was der Preis morgen sein wird. Der Einfachheit halber nehmen wir an, dass es zwischen Periode 0 und Periode 1 keine Dividenden oder anderen Barzahlungen gibt. Nehmen wir weiters an, es gibt eine andere Anlagemöglichkeit, B, die man von Periode 0 bis zur Periode 1 halten kann und die eine Verzinsung von r aufweist. Überlegen wir nun die beiden Anlagemöglichkeiten: Entweder veranlage einen Euro in den Vermögenswert A und löse diesen gegen Bargeld in der nächsten Periode ein, oder veranlage einen Euro in das Aktivum B und verdiene r Euro Zinsen während dieser Periode.

Wie hoch sind die Werte dieser beiden Veranlagungspläne am Ende der erst-en Periode? Wir fragen zuerst, wie viele Einheiten des Vermögenswertes A wir kaufen müssen, um eine Investition im Ausmaß von einem Euro zu tätigen. Wenn x dieser Betrag ist, dann gilt die Gleichung

$$p_0 x = 1$$

oder

$$x = \frac{1}{p_0}.$$

Daraus folgt, dass der Zukunftswert von einem Euro dieses Aktivums in der nächsten Periode

$$FV = p_1 x = \frac{p_1}{p_0}$$

sein wird.[1]

Wenn wir andererseits einen Euro in den Titel B veranlagen, werden wir in der nächsten Periode $(1 + r)$Euro haben. Wenn im Gleichgewicht beide Vermögenswerte A und B gehalten werden, dann muss ein Euro, der in den einen oder anderen Titel investiert wird, in der nächsten Periode denselben Betrag wert sein. Wir haben daher als Gleichgewichtsbedingung:

$$1 + r = \frac{p_1}{p_0}.$$

Was geschieht, wenn diese Gleichung nicht erfüllt ist? Dann gibt es einen si-cheren Weg, Geld zu machen. Wenn zum Beispiel

$$1 + r > \frac{p_1}{p_0},$$

dann können die Besitzer des Aktivums A eine Einheit für p_0 Euro in der ersten Periode verkaufen und im Vermögenswert B veranlagen. In der nächsten Periode wird die Investition in den Titel B einen Wert von $p_0(1 + r)$ haben, was aufgrund der obigen Gleichung größer als p_1 ist. Das garantiert, dass sie in der zweiten Periode genug Geld haben werden, um den Vermögenswert A wieder zu kaufen; sie wären dann dort, wo sie begonnen hatten, aber nun mit zusätzlichem Geld.

Dieser Vorgang – der Kauf eines Aktivums und der Verkauf eines anderen, um einen sicheren Gewinn zu erzielen – ist als **risikolose Arbitrage** oder kurz **Arbitrage** bekannt. Solange es Leute gibt, die auf „sichere Ergebnisse" aus sind, würden wir erwarten, dass gut funktionierende Märkte jegliche Möglichkeiten für Arbitrage rasch eliminieren würden. Eine andere Art, unsere Gleichgewichtsbedingung zu postulieren, wäre daher zu sagen, dass es im Gleichgewicht *keine Möglichkeiten zur Arbitrage geben sollte*. Wir werden uns darauf als die **Arbitrage-Bedingung** beziehen.

---

[1] FV = future value.

Wie funktioniert jedoch Arbitrage zur Eliminierung dieser Ungleichheit tatsächlich? Im obigen Beispiel argumentierten wir, dass bei $1 + r > p_1/p_0$ jede, die den Vermögenswert A hält, ihn in der ersten Periode verkaufen will, da ihr genug Geld garantiert ist, ihn in der zweiten Periode zurückzukaufen. Aber an wen würde sie ihn verkaufen? Wer würde ihn kaufen wollen? Zum Preis von p_0 gäbe es jede Menge Leute, die das Aktivum A liefern würden, aber niemand wäre verrückt genug, es zu diesem Preis nachzufragen.

Das bedeutet, dass das Angebot die Nachfrage übersteigen und der Preis daher fallen würde. Wie weit würde er fallen? Gerade weit genug, um die Arbitrage-Bedingung zu erfüllen: bis $1 + r = p_1/p_0$.

11.2 Arbitrage und Gegenwartswert

Wir können die Arbitrage-Bedingung nach Kreuzmultiplikation auch wie folgt anschreiben:

$$p_0 = \frac{p_1}{1+r}.$$

Das besagt, dass der laufende Preis eines Vermögenswertes gleich seinem Gegenwartswert sein muss. Im Wesentlichen haben wir den Vergleich zu Zukunftswerten in der Arbitrage-Bedingung in einen Vergleich zu Gegenwartswerten umgewandelt. Wenn also die Arbitrage-Bedingung erfüllt ist, können wir sicher sein, dass die Vermögenstitel zu ihren Gegenwartswerten verkauft werden müssen. Jede Abweichung von der Preissetzung zu Gegenwartswerten öffnet einen sicheren Weg, Geld zu machen.

11.3 Modifikationen wegen der Unterschiede zwischen den Vermögenswerten

Bei der Arbitrage-Regel nimmt man an, dass die Leistungen zweier Vermögenswerte mit Ausnahme der reinen monetären Unterschiede identisch sind. Wenn die Leistungen der Aktiva verschiedene Eigenschaften aufweisen, dann würden wir wegen dieser Unterschiede Bereinigungen vornehmen müssen, bevor wir so kühn versichern, dass die zwei Vermögenswerte im Gleichgewicht dieselbe Ertragsrate haben müssen.

Ein Vermögenswert könnte zum Beispiel leichter verkäuflich sein als der andere. Wir bringen das manchmal dadurch zum Ausdruck, dass wir sagen, ein Aktivum ist **liquider** als das andere. In diesem Fall könnten wir die Ertragsrate berichtigen, um die Schwierigkeit zu berücksichtigen, einen Käufer für das Aktivum zu finden. Ein Haus im Wert von € 100.000 ist wahrscheinlich ein weniger liquides Aktivum als € 100.000 in Schatzscheinen.

Ebenso könnte ein Vermögenswert risikoreicher sein als ein anderer. Die Ertragsrate des einen Aktivums könnte garantiert sein, während sie für ein anderes

Aktivum sehr unsicher sein könnte. Wir werden Berichtigungsmöglichkeiten wegen unterschiedlichen Risikos im 13. Kapitel analysieren.

Hier wollen wir zwei andere Arten möglicher Berichtigungen betrachten. Die eine ist eine Berichtigung bei Aktiva, die auch einen Ertrag in der Form von Konsum abwerfen, die andere bei Aktiva, die unterschiedliche Steuercharakteristika aufweisen.

11.4 Vermögenswerte mit Konsumerträgen

Viele Vermögenswerte werfen nur einen Ertrag in Form von Geld ab. Aber es gibt andere Aktiva, die sich auch in Form von Konsum bezahlt machen. Ein Paradebeispiel dafür ist das Wohnen. Wenn man ein Haus besitzt, in dem man wohnt, dann braucht man keine Wohnung zu mieten; ein Teil des „Ertrags" des Hausbesitzes ist das Wohnen im Haus, ohne Miete zahlen zu müssen. Oder anders ausgedrückt, man muss Miete für das Haus an sich selbst zahlen. Diese Formulierung klingt ein wenig eigenartig, aber sie enthält eine wichtige Erkenntnis.

Es ist schon richtig, dass man keine *explizite* Mietzahlung an sich selbst macht, aber es erweist sich als brauchbar, sich von einem Hauseigentümer vorzustellen, dass er *implizit* so eine Zahlung leistet. Die **implizite Miete** eines Hauses ist die Miete, zu der man ein ähnliches Haus mieten könnte. Oder gleichbedeutend ist das die Miete, um die man sein Haus am freien Markt an jemand anderen vermieten könnte. Durch die Entscheidung, „das Haus an sich selbst zu vermieten", verzichtet man auf die Möglichkeit, von jemand anderem Mieteinnahmen zu erzielen, und nimmt daher Opportunitätskosten auf sich.

Angenommen die implizite Miete eines Hauses beläuft sich auf T Euro pro Jahr. Dann besteht ein Teil des Ertrags aus dem Besitz des Hauses darin, dass es für den Besitzer ein implizites Einkommen von T Euro pro Jahr darstellt – das Geld, das man andernfalls zahlen müsste, um in den gleichen Verhältnissen wie jetzt zu wohnen.

Aber das ist nicht der gesamte Ertrag des Hauses. Die Grundstücksmakler werden nicht müde uns einzureden, dass ein Haus auch eine *Investition* sei. Wenn man ein Haus kauft, so zahlt man dafür eine beträchtliche Summe, und es ist nur recht und billig zu erwarten, durch ein Ansteigen des Wertes auch einen monetären Ertrag aus diesem Haus zu erzielen. Diese Zunahme im Wert eines Aktivums wird **Wertsteigerung** genannt.

Wir wollen die erwartete monetäre Wertsteigerung eines Hauses während ei-nes Jahres mit A bezeichnen. Der gesamte Ertrag aus dem Besitz des Hauses ist die Summe aus dem Mietertrag, T, und dem Ertrag aus der Investition, A. Wenn das Haus ursprünglich P kostete, dann ist die *gesamte* Ertragsrate aus der ursprünglichen Investition in das Haus

$$h = \frac{T+A}{P}.$$

Diese gesamte Ertragsrate setzt sich aus der Konsumertragsrate, T/P, und der Investitionsertragsrate, A/P, zusammen.

Wir wollen mit r die Ertragsrate aus anderen Finanzvermögen bezeichnen. Im Gleichgewicht sollte dann die gesamte Ertragsrate eines Hauses gleich r sein:

$$r = \frac{T + A}{P}.$$

Man kann sich das folgendermaßen vorstellen. Zum Jahresbeginn kann man P bei einer Bank einlegen und rP Euro verdienen, oder man kann P in ein Haus investieren, dabei T Euro an Miete ersparen und A Euro bis zum Jahresende verdienen. Der Gesamtertrag aus diesen beiden Investitionen muss derselbe sein. Bei $T + A < rP$ wäre es günstiger, das Geld bei einer Bank einzulegen und T Euro an Miete zu zahlen. Man hätte dann am Jahresende $rP - T > A$ Euro. Wenn $T + A > rP$ wäre, dann wäre der Hauskauf die bessere Entscheidung. (Dabei werden die Provision des Grundstücksmaklers und andere mit Kauf und Verkauf zusammenhängende Transaktionskosten vernachlässigt.)

Da der Gesamtertrag dem Zinssatz entsprechen sollte, wird der Finanzertrag A/P in der Regel kleiner sein als der Zinssatz. Im Allgemeinen werden Aktiva, die auch einen Konsumertrag abwerfen, im Vergleich zu reinen Finanzaktiva einen niedrigeren Finanzertrag haben. Das bedeutet, dass der Kauf von z. B. Gemälden oder Schmuck *ausschließlich* als Finanzvermögen wahrscheinlich keine gute Idee ist, da der Ertrag aus diesen Veranlagungen voraussichtlich geringer als der Ertrag aus reinen Finanzanlagen sein wird, weil ein Teil des Preises solcher Aktiva den Konsumertrag widerspiegelt, den die Leute aus dem Besitz solcher Vermögenswerte ziehen. Wenn man andererseits den Konsumertrag solcher Aktiva hoch genug bewertet oder wenn man durch Vermietung oder Verlieh dieser Aktiva Einkommen erzielt, kann es sehr wohl sinnvoll sein, sie zu kaufen. Der *Gesamt*ertrag kann solche Aktiva zu einer sinnvollen Wahl machen.

11.5 Besteuerung von Finanzerträgen

Die Finanzbehörden unterscheiden bei der Besteuerung zwischen zwei Arten von Erträgen auf Aktiva. Die erste Art sind **Dividenden** oder **Zinsen**. Das sind Erträge, die periodisch - jährlich oder monatlich - während der Laufzeit eines Aktivums bezahlt werden. Man zahlt (in den USA!) auf Zinsen- und Dividendeneinkommen Steuern zum individuell relevanten Steuersatz, dem gleichen Satz, zu dem man Steuern auf sein Arbeitseinkommen zahlt.

Die zweite Art der Erträge werden **Kapitalgewinne** genannt. Kapitalgewinne treten auf, wenn man ein Aktivum zu einem höheren Preis verkauft, als man es gekauft hatte. Kapitalgewinne werden nur beim tatsächlichen Verkauf des Aktiv-ums besteuert. Nach derzeit geltendem Steuerrecht[2] werden Kapitalgewinne zum selben Satz besteuert wie gewöhnliches Einkommen; es gibt jedoch Vorschläge, sie zu einem günstigeren Satz zu besteuern.

Bisweilen wird argumentiert, die Besteuerung der Kapitalgewinne zum gleichen Satz wie gewöhnliches Einkommen sei eine „neutrale" Politik. Dieser Behauptung kann jedoch aus mindestens zwei Gründen widersprochen werden.

---

[2] Die folgenden Ausführungen beziehen sich auf die Verhältnisse in den USA am Anfang der Neunzigerjahre.

Der erste Grund ist, dass Steuern auf Kapitalgewinne nur beim Verkauf des Aktivums anfallen, während Steuern auf Dividenden oder Zinsen jedes Jahr zu zahlen sind. Die Tatsache, dass die Steuern aus Kapitalgewinnen bis zum Zeitpunkt des Verkaufs aufgeschoben werden, *senkt* den effektiven Steuersatz auf Kapitalgewinne gegenüber dem Steuersatz auf gewöhnliches Einkommen.

Ein zweiter Grund dafür, dass gleiche Besteuerung von Kapitalgewinnen und gewöhnlichem Einkommen nicht neutral ist, besteht darin, dass die Kapitalsteuer auf dem Ansteigen des *Euro*wertes eines Aktivums basiert. Wenn Vermögens-werte lediglich wegen der Inflation steigen, dann kann eine Konsumentin auch Steuern auf ein Aktivum schulden, dessen *Real*wert unverändert ist. Nehmen wir zum Beispiel an, dass eine Person einen Vermögenswert um € 100 kauft, der dann 10 Jahre später € 200 wert ist. Angenommen das allgemeine Preisniveau hat sich in derselben Zehnjahresperiode ebenfalls verdoppelt. Dann würde diese Person für den Kapitalgewinn von € 100 Steuern schulden, obwohl sich die Kaufkraft ihres Vermögens überhaupt nicht verändert hat. Das führt tendenziell zu *höherer* Besteuerung von Kapitalgewinnen im Vergleich zur Besteuerung gewöhnlichen Einkommens. Welcher der beiden Effekte dominiert, ist eine zu diskutierende Frage.

Zusätzlich zur unterschiedlichen Besteuerung von Dividenden und Kapitalgewinnen gibt es viele andere Aspekte der Steuergesetze, die Erträge aus Vermögen unterschiedlich behandeln. So werden zum Beispiel in den USA sog. **Kommunalanleihen**, das sind Anleihen von Städten und Ländern, von den Bundesfinanzbehörden nicht besteuert. Wie wir schon früher andeuteten, wird auch das Einkommen aus Eigenheimen nicht besteuert. Weiters ist in den USA sogar ein Teil der Kapitalgewinne aus Eigenheimen steuerfrei.

Die Tatsache, dass verschiedene Vermögenswerte unterschiedlich besteuert werden, bedeutet, dass wir bei einem Vergleich der Ertragsraten die Arbitrage-Regel um die Unterschiede in der Besteuerung modifizieren müssen. Angenommen ein Aktivum hat eine Verzinsung vor Besteuerung von r_b und ein anderes Aktivum wirft einen steuerfreien Ertrag von r_e ab. Wenn dann beide Aktiva von Personen gehalten werden, die Einkommensteuer zum Satz t zahlen, so muss

$$(1-t)r_b = r_e$$

gelten. Das heißt, der Ertrag nach Besteuerung muss für jedes Aktivum derselbe sein. Andernfalls würden die Leute nicht beide Vermögenswerte halten - es wäre immer günstiger, ausschließlich zu jenem Aktivum überzugehen, das den höheren Ertrag nach Besteuerung aufweist. In dieser Diskussion vernachlässigen wir andere Unterschiede zwischen den Aktiva wie Liquidität, Risiko usw.

11.6 Anwendungen

Die Tatsache, dass alle risikolosen Aktiva den gleichen Ertrag abwerfen müssen, ist offensichtlich, aber auch sehr wichtig. Sie hat wichtige Implikationen für die Märkte für Vermögenswerte.

Erschöpfbare Ressourcen

Analysieren wir das Marktgleichgewicht für erschöpfbare Ressourcen, wie zum Beipiel Erdöl. Betrachten wir einen Konkurrenzmarkt für Erdöl mit vielen Anietern und nehmen wir der Einfachheit halber an, die Kosten der Erdölförderung seien Null. Wie wird sich der Erdölpreis im Laufe der Zeit verändern?

Es zeigt sich, dass der Ölpreis im Ausmaß des Zinssatzes steigen muss. Um das zu erkennen, muss man nur festhalten, dass Erdöl im Boden ein Vermögensert wie jeder andere ist. Wenn es sich für den Produzenten bezahlt machen soll, es von einer Periode bis zur nächsten zu halten, dann muss es ihm einen Ertrag bieten, der dem finanziellen Ertrag gleich ist, den er woanders erhalten könnte. Wenn p_{t+1} und p_t die Preise zu den Zeitpunkten $t+1$ und t sind, dann haben wir

$$p_{t+1} = (1+r)p_t$$

als Arbitrage-Bedingung auf dem Ölmarkt.

Das Argument läuft auf folgende einfache Überlegung hinaus: Erdöl im Bo-en ist wie Geld in der Bank. Wenn das Geld in der Bank einen Ertrag von r abwirft, dann muss das Erdöl im Boden dieselbe Ertragsrate erbringen. Wenn das Öl im Boden einen höheren Ertrag hätte als das Geld in der Bank, dann würde niemand Erdöl fördern, da jeder bis später warten würde, was zu einer Steigerung des laufenden Erdölpreises führte. Wenn jedoch das Öl im Boden einen niedrigren Ertrag hätte als das Geld in der Bank, dann würden die Besitzer der Erdölquellen versuchen, das Öl sofort zu fördern, um das Geld dann in die Bank zu legen, was zu einem Druck auf den derzeitigen Ölpreis führte.

Diese Überlegungen sagen uns, wie sich der Ölpreis ändert. Aber was bestimmt das Preisniveau? Es zeigt sich, dass das Preisniveau von der Nachfrage nach Erdöl bestimmt wird. Betrachten wir ein ganz einfaches Modell der Nachfrageseite des Marktes.

Angenommen die Nachfrage nach Erdöl sei mit konstanten D Fass pro Jahr gegeben und die gesamten Weltvorräte an Erdöl seien S Fass. Wir haben daher insgesamt Erdöl für $T = S/D$ Jahre verfügbar. Wenn der Erdölvorrat erschöpft ist, müssen wir eine alternative Technologie verwenden, wie verflüssigte Kohle, die zu konstanten Kosten C pro Fass erzeugt werden kann. Wir nehmen an, dass flüssige Kohle ein perfektes Substitut für Öl in allen Verwendungen ist.

Um wie viel wird Erdöl in T Jahren, gerade wenn sein Vorrat erschöpft wird, gehandelt werden? Ganz klar, es muss für C Dollar pro Fass verkauft werden, dem Preis des perfekten Substituts verflüssigte Kohle. Das bedeutet, dass der heutige Preis eines Fasses Erdöl, p_0, zum Zinssatz r während der nächsten T Jahre wachsen muss, um gleich C zu sein. Das gibt uns die Gleichung

$$p_0(1+r)^T = C$$

oder

$$p_0 = \frac{C}{(1+r)^T}.$$

Dieser Ausdruck gibt den gegenwärtigen Preis des Erdöls als eine Funktion der anderen Variablen des Problems an. Wir können nun interessante komparativ statische Fragen stellen. Was geschieht zum Beispiel, wenn unvorhergesehen neue Ölreserven entdeckt werden? Das bedeutet, dass T, die Anzahl der Jahre der Verfügbarkeit von Öl steigen wird, daher wird $(1 + r)^T$ größer, wodurch p_0 fallen wird. Ein Anstieg des Ölvorrats wird daher, nicht überraschend, den laufenden Preis des Erdöls senken.

Was wird die Folge einer technologischen Entwicklung sein, die den Betrag C verringert? Aus obiger Gleichung folgt, dass p_0 fallen muss. Der Preis des Erdöls muss gleich dem Preis des perfekten Substituts verflüssigte Kohle sein, wenn verflüssigte Kohle die einzige Alternative darstellt.

Wann soll man einen Wald schlägern?

Angenommen die Größe eines Waldes – gemessen an dem Holz, das man erntet – ist eine Funktion der Zeit, $F(t)$. Weiters sei angenommen, dass der Holzpreis konstant ist, und dass die Wachstumsrate der Bäume zu Beginn hoch ist und dann ständig sinkt. Wann sollte – bei vollständiger Konkurrenz auf dem Holzmarkt – der Wald geschlägert werden?

Antwort: Wenn die Wachstumsrate des Waldes gleich dem Zinssatz ist. Da-vor erzielt der Wald einen höheren Ertrag als Geld in der Bank und nach diesem Zeitpunkt ist der Ertrag geringer als der Ertrag des Geldes in der Bank. Der opti-male Zeitpunkt für die Schlägerung des Waldes ist dann gegeben, wenn seine Wachstumsrate gerade dem Zinssatz gleich ist.

Wir können das formaler ausdrücken, indem wir den Gegenwartswert des Waldes zum Zeitpunkt T betrachten. Dieser wird

$$PV = \frac{F(T)}{(1+r)^T}$$

sein. Wir wollen jenes T finden, das den Gegenwartswert maximiert – das also den Wert des Waldes so groß wie möglich macht. Wenn wir einen sehr kleinen Wert von T wählen, wird die Wachstumsrate des Waldes über dem Zinssatz lie-gen, was bedeutet, dass der PV wächst, sodass es sich auszahlen würde, ein wenig zu warten. Wenn wir andererseits einen sehr großen Wert von T nehmen, würde der Wald langsamer wachsen als der Zinssatz, der PV würde daher sinken. Jenes T, das den Gegenwartswert maximiert, liegt dort, wo die Wachstumsrate des Waldes genau gleich dem Zinssatz ist.

Dieses Argument wird in Abbildung 11.1 veranschaulicht. In Abbildung 11.1A wurden die Wachstums*rate* des Waldes und die Wachstums*rate* eines bei einer Bank angelegten Euro eingezeichnet. Wenn wir zu einem beliebigen zukünftigen Zeitpunkt den größtmöglichen Geldbetrag haben möchten, sollten wir zu jedem Zeitpunkt unser Geld immer in dem Vermögenswert mit der höchsten Ertragsrate anlegen. Wenn der Wald jung ist, ist er der Vermögenswert mit dem größten Ertrag. Wenn er reift, sinkt seine Wachstumsrate, und schließlich bietet die Bank einen höheren Ertrag.

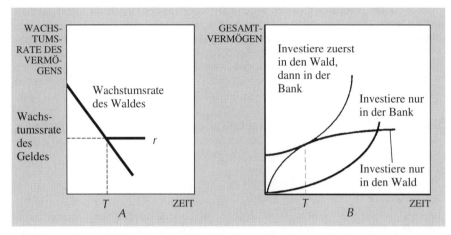

Abbildung 11.1 Schlägerung eines Waldes. Der optimale Zeitpunkt für die Schlägerung eines Waldes ist dann gegeben, wenn die Wachstumsrate des Waldes gleich dem Zinssatz ist.

Die Wirkung auf das Gesamtvermögen wird in Abbildung 11.1B dargestellt. Vor T wächst das Vermögen stärker, wenn es im Wald investiert ist. Nach T wächst es rascher, wenn es in der Bank veranlagt wird. Die optimale Strategie ist daher, bis zum Zeitpunkt T in den Wald zu investieren, den Wald dann zu schlägern und den Erlös in der Bank zu veranlagen.

BEISPIEL: Benzinpreise während des Golfkrieges

Im Sommer 1990 fiel der Irak in Kuwait ein. Als Reaktion darauf verhängten die Vereinten Nationen ein Embargo auf Ölimporte aus dem Irak. Unmittelbar nach Ankündigung des Embargos stieg der Ölpreis auf den Weltmärkten sprunghaft an. Gleichzeitig stieg der Benzinpreis an den Zapfsäulen in den USA deutlich. Das führte zu einem Aufschrei wegen „Kriegsgewinnen" und zu einigen Nachrichtenblöcken über die Ölindustrie in den Abendsendungen.

Diejenigen, welche die Preissteigerung für ungerechtfertigt hielten, argument-ierten, dass das teurere Öl frühestens nach 6 Wochen über den Atlantik in die amerikanischen Raffinerien gelangen und dort zu Benzin weiterverarbeitet würde. Die Ölkonzerne, so argumentierten sie, erzielten „exzessive" Gewinne, weil sie den Preis von Benzin erhöhten, das noch aus billigem Erdöl hergestellt wurde.

Überlegen wir uns dieses Argument als Ökonomen. Angenommen man besitzt einen Vermögenswert - zum Beispiel Benzin in einem Tanklager – das derzeit $ 1 je Gallone wert ist. Wir wissen, dass es in sechs Wochen $ 1,50 wert sein wird. Zu welchem Preis wird dieses Benzin jetzt verkauft werden? Man wäre sicherlich dumm, es um deutlich weniger als $ 1,50 pro Gallone zu verkaufen – zu deutlich niedrigeren Preisen wäre man besser dran, das Benzin während der nächsten 6 Wochen im Tanklager zu belassen. Dieselben intertemporären Arbitrage-Überlegungen wie bei der Erdölgewinnung können auch auf Benzin im Tanklager angewendet werden. Der (entsprechend abgezinste) Benzinpreis von morgen muss dem heutigen Benzinpreis gleich sein, wenn die Unternehmen heute Benzin anbieten sollen.

Das ist auch vom Standpunkt der Wohlfahrt äußerst sinnvoll: Wenn Benzin in naher Zukunft teurer sein wird, ist es dann nicht vernünftig, schon heute weniger davon zu verbrauchen? Der gestiegene Benzinpreis führt zu unmittelbaren Sparmaßnahmen und spiegelt die wahre Benzinknappheit wider.

Ironischerweise ereignete sich dasselbe Phänomen zwei Jahre später in Russ-land. Während des Übergangs zur Marktwirtschaft wurde russisches Erdöl um etwa $ 3 je Fass verkauft, während der Weltmarktpreis etwa $ 19 betrug. Die Öl-produzenten antizipierten die bevorstehende Preisfreigabe – sie versuchten daher so viel Erdöl wie nur möglich zurückzuhalten. Oder wie ein russischer Erzeuger formulierte: „Ist ihnen in New York jemand begegnet, der einen Dollar um 10 Cent verkauft?" Das Ergebnis für die russischen Verbraucher war lange Warte-schlangen an den Zapfsäulen.[3]

11.7 Finanzinstitutionen

Märkte für Vermögenswerte gestatten es den Menschen, ihre Konsummuster über die Zeit zu verändern. Nehmen wir zum Beispiel zwei Personen A und B, die unterschiedliche Vermögensausstattungen haben. A habe heute € 100 und morgen nichts, während B morgen € 100 hat und heute nichts. Es könnte der Fall sein, dass jeder lieber € 50 heute und € 50 morgen hätte. Dieses Konsummuster könnten sie leicht durch Tausch erreichen: A gibt dem B heute € 50 und B gibt dem A morgen € 50.

In diesem besonderen Fall ist der Zinssatz Null: A verleiht an B € 50 und erhält morgen nur € 50 zurück. Wenn die Leute konvexe Präferenzen hin-sichtlich des Konsums heute und des Konsums morgen haben, würden sie lieber ihren Konsum im Verlauf der Zeit glätten, als alles in einer Periode zu konsumie-ren, selbst wenn der Zinssatz 0 wäre.

Wir können eine ähnliche Geschichte für andere Muster der Vermögensausstattungen wiederholen. Ein Individuum hat vielleicht eine Ausstattung, die einen stetigen Strom von Zahlungen liefert, bevorzugt jedoch eine Pauschalsumme, während jemand anderer eine Pauschalsumme hat und einen stetigen Strom bevorzugt. Eine Zwanzigjährige hätte z. B. gerne eine Pauschalsumme, um damit ein Haus zu kaufen, während eine Sechzigjährige lieber einen stetigen Strom von Geld hätte, um ihren Ruhestand zu finanzieren. Es ist klar, dass beide Individuen durch einen Tausch ihrer Ausstattungen gewinnen würden.

In einer modernen Volkswirtschaft bestehen Finanzinstitutionen zur Erleichterung derartiger Transaktionen. In dem oben beschriebenen Fall kann die Sechzigjährige ihren pauschalen Geldbetrag bei einer Bank einlegen und die Bank kann diesen an die Zwanzigjährige verleihen. Die Zwanzigjährige leistet dann Rückzahlungen auf ihre Hypothek an die Bank, die wiederum an die Sechzigjährige als Zinszahlungen überwiesen werden. Natürlich nimmt die Bank ihren Anteil für die Vermittlung des Tausches, aber dieser Anteil sollte ziemlich

---

[3] Siehe dazu Louis Uchitelle, „Russians Line Up for Gas as Refineries Sit on Cheap Oil," *New York Times*, 12. Juli 1992, S. 4.

nahe bei den Geschäftsunkosten liegen, sofern es im Bankensektor ausreichenden Wettbewerb gibt.

Banken sind aber nicht die einzige Art von Finanzinstitutionen, die es einem ermöglichen, den Konsum über die Zeit umzuverteilen. Ein anderes wichtiges Beispiel ist der Aktienmarkt. Angenommen eine Unternehmerin eröffnet ein Geschäft, das erfolgreich ist. Um die Unternehmung eröffnen zu können, hatte die Unternehmerin wahrscheinlich finanzielle Unterstützung durch einige Leute, die Geld zur Verfügung stellten, um ihr am Anfang zu helfen – zur Bezahlung der Rechnungen, bis die Erlöse zu fließen beginnen. Wenn die Unternehmung einmal errichtet ist, haben ihre Besitzerinnen ein Anrecht auf die Gewinne, welche die Gesellschaft in Zukunft abwirft: Sie haben Anspruch auf einen Strom von Zahlungen.

Es könnte aber sein, dass sie eine pauschale Abgeltung ihrer Ansprüche bevorzugen. In diesem Fall können sich die Besitzerinnen entscheiden, die Unternehmung über den Aktienmarkt an andere Leute zu verkaufen. Sie geben Aktien aus, deren Inhaberinnen ein Recht auf einen Anteil an den zukünftigen Gewinnen der Firma im Tausch für eine sofortige Pauschalzahlung erwerben. Leute, welche einen Teil des Gewinnstroms der Firma kaufen wollen, zahlen den ursprünglichen Besitzerinnen für diese Aktien. Auf diese Art können beide Seiten des Markts ihr Vermögen über die Zeit umverteilen.

Es gibt noch eine Vielfalt anderer Institutionen und Märkte, die den intertemporären Tausch erleichtern helfen. Was geschieht jedoch, wenn Käuferinnen und Verkäuferinnen nicht vollständig zusammenpassen? Was geschieht, wenn mehr Leute Konsum von morgen verkaufen wollen, als Leute ihn kaufen wollen? Wie in jedem Markt wird der Preis fallen, wenn das Angebot die Nachfrage übersteigt. In diesem Fall wird der Preis des Konsums von morgen fallen. Wir sahen bereits, dass der Preis für den Konsum morgen durch

$$p = \frac{1}{1+r}$$

gegeben ist, was bedeutet, dass der Zinssatz steigen muss. Das Ansteigen des Zinssatzes veranlasst die Leute, mehr zu sparen und weniger Konsum heute zu verlangen, was zu einem Ausgleich von Angebot und Nachfrage führen wird.

Zusammenfassung

1. Im Gleichgewicht müssen alle Vermögenswerte mit sicheren Erträgen dieselbe Ertragsrate aufweisen. Ansonsten gäbe es die Möglichkeit einer risikolosen Arbitrage.
2. Die Tatsache, dass alle Vermögenswerte dieselbe Ertragsrate haben müssen, impliziert, dass alle Vermögenswerte zu ihrem Gegenwartswert gehandelt werden.
3. Wenn Vermögenswerte unterschiedlich besteuert werden oder unterschiedliche Risikoeigenschaften haben, dann müssen wir ihre Ertragsraten nach Besteuerung bzw. ihre um das Risiko korrigierten Ertragsraten vergleichen.

Wiederholungsfragen

1. Angenommen das Aktivum A kann in der nächsten Periode um € 11 verkauft werden. Wie hoch muss der derzeitige Preis des Aktivums A sein, wenn ähnliche Aktiva einen Ertrag von 10% erbringen?
2. Ein Haus, das man um € 10.000 pro Jahr (ver)mieten und in einem Jahr um € 110.000 verkaufen könnte, kann heute um € 100.000 gekauft werden. Wie hoch ist die Ertragsrate dieses Hauses?
3. Die Erträge bestimmter Arten von Anleihen (z. B. Kommunalanleihen) sind steuerfrei. Wie hoch muss die Ertragsrate der steuerfreien Anleihen sein, wenn vergleichbare, der Steuer unterliegende Anleihen einen Ertrag von 10% abwerfen und jedermann einen Grenzsteuersatz von 40% hat?
4. Angenommen, dass eine knappe Ressource, der eine konstante Nachfrage gegenübersteht, in 10 Jahren erschöpft sein wird. Wie hoch muss der heutige Preis dieser knappen Ressource sein, wenn eine Alternative zum Preis von € 40 verfügbar sein wird und der Zinssatz 10% ist?

ANHANG

Angenommen man investiert einen Euro in ein Aktivum, das einen Zinssatz von r hat, und dessen Zinsen einmal im Jahr ausgezahlt werden. Nach T Jahren wird man $(1+r)^T$ Euro haben. Nehmen wir nun an, dass die Zinsen monatlich bezahlt werden. Das bedeutet, dass der monatliche Zinssatz $T/12$ sein und es $12T$ Zinszahlungen geben wird, sodass man nach T Jahren $(1+r/12)^{12T}$ Euro haben wird. Wenn die Zinsen täglich gezahlt werden, wird man $(1+r/365)^{365T}$ Euro haben usw.

Im allgemeinen wird man, wenn die Zinsen n-mal pro Jahr bezahlt werden, nach T Jahren $(1+r/n)^{nT}$ Euro haben. Es drängt sich die Frage auf, wie viel Geld man haben wird, wenn die Zinsen *kontinuierlich* bezahlt werden. Wir fragen also nach dem Grenz-wert dieses Ausdrucks, wenn n gegen unendlich strebt. Man erhält den Ausdruck

$$e^{rT} = \lim_{n \to \infty} (1 + r/n)^{nT},$$

mit e gleich 2,7183..., der Basis des natürlichen Logarithmus.

Dieser Ausdruck für kontinuierliche Verzinsung ist für manche Berechnungen sehr praktisch. Wir können zum Beispiel die Behauptung überprüfen, dass der optimale Zeitpunkt zur Schlägerung eines Waldes dann vorliegt, wenn die Wachstumsrate des Waldes gleich dem Zinssatz ist. Da der Wert des Waldes im Zeitpunkt T gleich $F(T)$ sein wird, ist der Gegenwartswert des zum Zeitpunkt T geschlägerten Waldes

$$V(T) = \frac{F(T)}{e^{rT}} = e^{-rT} F(T).$$

Um den Gegenwartswert zu maximieren, differenzieren wir das nach T und setzen das Ergebnis gleich Null. Das ergibt

$$V'(T) = e^{-rT} F'(T) - r e^{-rT} F(T) = 0$$

oder

$$F'(T) - rF(T) = 0.$$

Nach Umordnung führt das zum Ergebnis:

$$r = \frac{F'(T)}{F(T)}.$$

Diese Gleichung besagt, dass der optimale Wert von T die Bedingung erfüllt, dass der Zinssatz gleich der Wachstumsrate des Wertes des Waldes ist.

12. Kapitel
UNSICHERHEIT

Sicher ist im Leben nur die Unsicherheit. Die Menschen sehen sich Risiken gegenüber, wenn sie duschen, über die Straße gehen oder investieren. Aber es gibt Finanzinstitutionen, wie Versicherungen und Börsen, die zumindest einige dieser Risiken mildern können. Wir werden die Funktionsweise dieser Märkte im näch-sten Kapitel untersuchen, vorher müssen wir jedoch das individuelle Verhalten im Hinblick auf Entscheidungen unter Unsicherheit analysieren.

12.1 Bedingter Konsum

Da wir bereits alles über die Standardtheorie der Konsumentinnenentscheidung wissen, wollen wir das nun dazu verwenden, um die Entscheidung unter Unsicherheit zu verstehen. Die erste zu stellende Frage ist: Was ist eigentlich das „Ding", das ausgewählt wird?

Die Konsumentin beschäftigt sich vermutlich mit der **Wahrscheinlichkeitsverteilung**, bestimmte Konsumbündel von Gütern zu erhalten. Eine Wahrscheinlichkeitsverteilung besteht aus einer Liste möglicher Ereignisse – in diesem Fall Konsumbündel – und der Wahrscheinlichkeit eines jeden Ereignisses. Wenn sich eine Konsumentin entscheidet, Haftpflichtversicherung für einen Pkw in einem bestimmten Ausmaß abzuschließen, oder einen bestimmten Betrag an der Börse zu veranlagen, entscheidet sie sich in Wirklichkeit für ein Schema, verschiedene Konsummengen mit unterschiedlichen Wahrscheinlichkeiten zu erhalten.

Angenommen zum Beispiel, man hat zurzeit € 100 und überlegt, sich ein Lotterielos mit der Nummer 13 zu kaufen. Wenn die Nummer 13 gezogen wird, erhält der Inhaber € 200. Das Los kostet € 5. Die zwei hier interessierenden Ereignisse sind, ob das Los gezogen wird oder nicht.

Die ursprüngliche Vermögensausstattung – der Betrag, den man hätte, wenn man das Lotterielos nicht kaufte – ist € 100, ob nun die Nummer 13 gezogen wird oder nicht. Wenn man jedoch das Los um € 5 kauft, dann hat man eine Vermögensverteilung von € 295, wenn das Los gezogen wird, und € 95, wenn es nicht gewinnt. Die ursprüngliche Ausstattung mit wahrscheinlichem Ver-mögen in verschiedenen Situationen hat sich durch den Kauf des Lotterieloses verändert. Diesen Aspekt wollen wir uns näher ansehen.

Wegen der Einfachheit der Darstellung beschränken wir die Diskussion auf die Untersuchung von monetären Glücksspielen. Natürlich spielt nicht das Geld allein eine Rolle; es sind die Konsumgüter, die man um das Geld kaufen kann, welche letztlich das „Gut" sind, das man wählt. Die gleichen Grundsätze wären auf Spiele um Güter anwendbar, Einschränkung auf monetäre Ereignisse erleich-tert jedoch die Darstellung. Zweitens beschränken wir uns auf sehr einfache Situ-ationen, in denen es nur einige wenige mögliche Ereignisse gibt. Das geschieht wiederum nur wegen der Einfachheit der Darstellung.

Wir haben oben eine Lotterie beschrieben; nun wenden wir uns dem Fall der Versicherung zu. Angenommen eine Person hat ursprünglich Aktiva im Wert von € 35.000, es besteht aber die Möglichkeit, dass sie 10.000 Euro verliert. Zum Beispiel könnte ihr Auto gestohlen werden, oder ein Gewitter könnte ihr Haus beschädigen. Angenommen die Wahrscheinlichkeit des Eintritts eines der-artigen Ereignisses sei $p = 0{,}01$. Dann ist die Wahrscheinlichkeitsverteilung für diese Person der Besitz von € 25.000 mit einer Wahrscheinlichkeit von 1 Pro-zent und der Besitz von € 35.000 mit einer Wahrscheinlichkeit von 99 Prozent.

Eine Versicherung bietet nun eine Möglichkeit, diese Wahrscheinlichkeits-verteilung zu ändern. Angenommen es gibt einen Versicherungsvertrag, der einer Person im Verlustfall € 100 für eine Prämie von 1 Euro zahlt. Die Prämie muss natürlich in jedem Fall gezahlt werden, unabhängig davon ob der Verlustfall ein-tritt oder nicht. Wenn sich nun jemand entscheidet, eine Versicherung im Aus-maß von € 10.000 abzuschließen, so kostet das € 100. In diesem Fall hat sie eine 1-prozentige Chance € 34.900 zu haben (Aktiva von 35.000 – 10.000 Ver-lust + 10.000 Versicherungszahlung – 100 Versicherungsprämie) und eine 99-prozentige Chance € 34.900 zu haben (35.000 an Aktiva – 100 Versicherungs-prämie). Die Konsumentin hat letztendlich das gleiche Vermögen, unabhängig davon was geschieht. Sie ist jetzt voll gegen Verlust versichert.

Wenn, im Allgemeinen, eine Person Versicherung für K Euro abschließt und dafür eine Prämie von γK zu zahlen hat, dann sieht sie sich einem Spiel gegen-über:

mit einer Wahrscheinlichkeit von 0,01 die Summe von € 25.000 + K – γK
und

mit einer Wahrscheinlichkeit von 0,99 die Summe von € 35.000 – γK
zu erhalten.

Wie viel Versicherung wird diese Person wählen? Nun, das hängt von ihren Präferenzen ab. Sie könnte sehr konservativ sein und eine ganze Menge Ver-sicherungsschutz erwerben oder sie könnte das Risiko lieben und überhaupt keine Versicherung abschließen. Die Leute haben unterschiedliche Präferenzen bezüg-lich der Wahrscheinlichkeitsverteilungen, genau so wie sie unterschiedliche Präf-erenzen hinsichtlich des Konsums einfacher Güter haben.

In der Tat ist ein sehr ergiebiger Ansatz bei Entscheidungen unter Unsicher-heit, sich das unter verschiedenen Umständen verfügbare Geld einfach als ver-schiedene Güter vorzustellen. Tausend Euro nach einem großen Verlust können ganz etwas anderes bedeuten als tausend Euro ohne so ein Ereignis. Wir brauch-en diesen Gedanken natürlich nicht auf Geld zu beschränken: Ein Eis ist ein ganz anderes Gut, je nachdem ob es morgen heiß und sonnig oder regnerisch und kalt ist. Im Allgemeinen werden Konsumgüter für eine Person von ganz unter-schiedlichem Wert sein, je nach den Umständen, unter denen sie verfügbar werden.

Stellen wir uns die verschiedenen Ergebnisse eines Zufallsereignisses als unterschiedliche **Zustände** vor. Im obigen Versicherungsbeispiel gibt es zwei Zustände: Der Schaden tritt ein oder nicht. Im Allgemeinen könnte es jedoch viele verschiedene Zustände geben. Wir können uns einen **bedingten Konsumplan** als die Spezifikation vorstellen, was in jedem verschiedenen Zustand konsumiert werden wird – bei jedem verschiedenen Ergebnis des Zufallsprozesses. *Bedingt* bedeutet abhängig von etwas noch nicht Sicherem, ein bedingter Konsumplan ist also ein Plan, der vom Ausgang eines Ereignisses abhängt. Im Fall des Versicherungsabschlusses wurde der bedingte Konsum durch die Bedingungen des Versicherungsvertrags umschrieben: Wie viel Geld man hätte, wenn der Schadensfall eintritt, und wie viel man hätte, wenn er nicht eintritt. Im Fall von Regen- und Sonnentagen, wäre der bedingte Konsum lediglich der *Plan*, was unter den jeweiligen Wetterbedingungen konsumiert würde.

Die Menschen haben Präferenzen bezüglich verschiedener Konsumpläne genau so, wie sie Präferenzen hinsichtlich des tatsächlichen Konsums haben. Sicherlich fühlt man sich wohler, wenn man weiß, dass man ausreichend versichert ist. Menschen treffen Entscheidungen, die ihre Präferenzen bezüglich des Konsums unter verschiedenen Umständen widerspiegeln, und wir können die bisher entwickelte Theorie der Entscheidungen zur Analyse dieser Probleme verwenden.

Wenn wir uns einen bedingten Konsumplan als ein einfaches Konsumbündel vorstellen, sind wir sofort wieder innerhalb des in den vorangehenden Kapiteln entwickelten theoretischen Rahmens. Stellen wir uns vor, dass die Präferenzen hinsichtlich verschiedener Konsumpläne genau bestimmt und die „Tauschbedingungen" durch die Budgetbeschränkung gegeben sind. Dann können wir die Konsumentin mit Hilfe eines Modells wieder derart modellieren, dass sie den besten Konsumplan auswählt, den sie sich leisten kann - so wie wir das die ganze Zeit gemacht haben.

Wir wollen nun den Abschluss der Versicherung mit Hilfe der bereits verwendeten Indifferenzkurvenanalyse beschreiben. Die zwei möglichen Zustände sind, dass der Verlustfall eintritt oder nicht. Der bedingte Konsum besteht aus den Geldbeträgen, die man in jedem Zustand hätte. Wir können das grafisch wie in Abbildung 12.1 darstellen.

Die bedingte Konsumausstattung ist 25.000 Euro im Fall des „schlechten" Ereignisses – wenn der Verlust eintritt – und 35.000 Euro bei Eintritt des „günstigen" Ereignisses, wenn sich kein Verlust ergibt. Eine Versicherung bietet nun die Möglichkeit, sich von dieser Ausstattung wegzubewegen. Wenn man eine Versicherung über K Euro abschließt, dann gibt man γK an Konsummöglichkeiten im Falle eines günstigen Ausgangs auf, im Tausch gegen $K - \gamma K$ an Konsummöglichkeiten bei einem ungünstigen Ergebnis. Der zusätzliche Konsum, den man im günstigen Fall verliert, dividiert durch den Konsum, den man im Fall eines schlechten Ausgangs gewinnt, ist

$$\frac{\Delta C_g}{\Delta C_b} = -\frac{\gamma K}{K - \gamma K} = -\frac{\gamma}{1-\gamma}.$$

Diese Gleichung zeigt die Steigung der Budgetgeraden durch die ursprüngliche Ausstattung. Das ist genau so, als wäre der Preis des Konsums bei günstigem Ausgang $1 - \gamma$, im schlechten Fall γ.

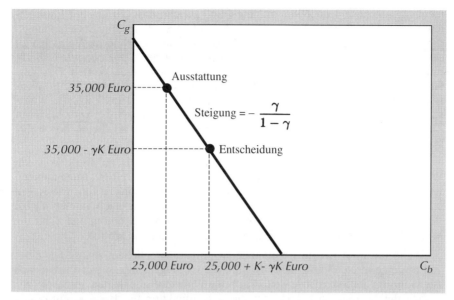

Abbildung 12.1 Versicherung. Die Budgetgerade bei Abschluss einer Versicherung. Durch die Versicherungsprämie γ geben wir ein wenig Konsum im Falle eines günstigen Ereignisses (C_g) auf, um mehr Konsum für den Fall des schlechten Ereignisses (C_b) zu haben.

Wir können jetzt die Indifferenzkurven einzeichnen, die eine Person für bedingten Konsum haben könnte. Wiederum ist es sehr natürlich, dass diese Indifferenzkurven konvex sind: Das bedeutet, dass diese Person lieber einen konstanten Konsumbetrag in jedem Zustand hätte, als einen hohen Betrag in dem einen und einen niedrigen Betrag im anderen Fall.

Für gegebene Indifferenzkurven bezüglich des Konsums in jedem Zustand können wir die Entscheidung analysieren, wie viel Versicherungsschutz erworben wird. Wie üblich wird das durch eine Tangentialbedingung charakterisiert sein: Die Grenzrate der Substitution zwischen dem Konsum in jedem Zustand sollte gleich dem Preis sein, zu dem man den Konsum zwischen diesen Zuständen tauschen kann.

Sobald wir ein Modell für eine optimale Entscheidung haben, können wir natürlich das gesamte in den früheren Kapiteln entwickelte Instrumentarium zur Analyse einsetzen. Wir können untersuchen, wie sich die Nachfrage nach Versicherung ändert, wenn sich deren Preis oder wenn sich das Vermögen der Konsumentin ändert usw. Die Theorie des Konsumentinnenverhaltens eignet sich perfekt zur Modellierung sowohl des Verhaltens unter Unsicherheit als auch des Verhaltens bei Sicherheit.

12.2 Nutzenfunktionen und Wahrscheinlichkeiten

Wenn der Konsument plausible Präferenzen bezüglich des Konsums in verschiedenen Situationen hat, dann können wir eine Nutzenfunktion zur Beschreibung dieser Präferenzen verwenden, genau so wie wir das in anderem Zusammenhang machten. Jedoch kommt durch die Tatsache, dass wir uns mit Entscheidung unter Unsicherheit befassen, eine besondere Struktur zum Entscheidungsproblem dazu. Wie eine Person den Konsum in einem Zustand im Vergleich zu einem anderen bewertet, hängt im allgemeinen von der *Wahrscheinlichkeit* ab, mit der dieser Zustand tatsächlich eintreten wird. Mit anderen Worten: Das Verhältnis, zu dem ich bereit bin, Konsum bei Regen gegen Konsum bei Sonnenschein zu substituieren, wird damit zusammenhängen, wie groß ich die Wahrscheinlichkeit von Regen einschätze. Die Konsumpräferenzen bei verschiedenen Zuständen werden von den Vorstellungen des Individuums abhängen, wie wahrscheinlich diese Zustände sind.

Aus diesem Grund werden wir die Nutzenfunktion als abhängig von den Wahrscheinlichkeiten und von den Konsumniveaus anschreiben. Angenommen wir haben es mit zwei einander ausschließenden Ereignissen zu tun, wie Regen oder Sonnenschein, Verlust oder kein Verlust, oder was auch immer. Dabei stehen c_1 und c_2 für den Konsum in den Zuständen 1 und 2, und π_1 und π_2 für die Wahrscheinlichkeiten, dass der Zustand 1 oder 2 tatsächlich eintritt.

Wenn die zwei Ereignisse einander wirklich ausschließen, sodass nur eines von beiden eintreten kann, dann $\pi_2 = 1 - \pi_1$. Im Allgemeinen werden wir jedoch zur Wahrung der Symmetrie weiterhin beide Wahrscheinlichkeiten anschreiben.

Mit dieser Notation können wir die Nutzenfunktion für den Konsum in den Situationen 1 und 2 als $u(c_1, c_2, \pi_1, \pi_2)$ schreiben. Das ist die Funktion, welche die Präferenzen des Individuums für den Konsum in jedem Zustand darstellt.

BEISPIEL: Einige Nutzenfunktionen

Wir können nahezu jedes der Beispiele für Nutzenfunktionen, die wir bis jetzt gesehen haben, auch im Zusammenhang mit der Entscheidung unter Unsicherheit verwenden. Ein anschaulicher Fall sind perfekte Substitute. Dabei ist es ganz natürlich, jeden Konsum mit der Wahrscheinlichkeit seines Eintritts zu gewichten. Das ergibt eine Nutzenfunktion in der Form

$$u(c_1, c_2, \pi_1, \pi_2) = \pi_1 c_1 + \pi_2 c_2.$$

Im Zusammenhang mit Unsicherheit ist dieser Ausdruck als **Erwartungswert** bekannt. Er ist einfach das durchschnittliche Konsumniveau, das man erhalten würde.

Ein anderes Beispiel einer Nutzenfunktion, die man zur Untersuchung der Entscheidung unter Unsicherheit verwenden könnte, ist die Cobb-Douglas Nutzenfunktion:

$$u(c_1, c_2, \pi, 1 - \pi) = c_1^{\pi} c_2^{1-\pi}.$$

In diesem Fall hängt der Nutzen einer jeden Kombination von Konsumbündeln in nicht-linearer Weise vom Konsummuster ab.

Wie üblich können wir eine monotone Transformation des Nutzens vornehmen und noch immer dieselben Präferenzen darstellen. Es zeigt sich, dass im folgenden der Logarithmus der Cobb-Douglas Nutzenfunktion sehr brauchbar sein wird. Das führt zu einer Nutzenfunktion in der Form

$$\ln u(c_1, c_2, \pi_1, \pi_2) = \pi_1 \ln c_1 + \pi_2 \ln c_2.$$

12.3 Erwarteter Nutzen

Eine besonders praktische Form, welche die Nutzenfunktion annehmen könnte, ist

$$u(c_1, c_2, \pi_1, \pi_2) = \pi_1 v(c_1) + \pi_2 v(c_2).$$

Das besagt, dass der Nutzen als eine gewogene Summe irgendeiner Funktion des Konsums in jedem Zustand, $v(c_1)$ und $v(c_2)$, geschrieben werden kann, wobei die Gewichte durch die Wahrscheinlichkeiten π_1 und π_2 gegeben sind.

Zwei Beispiele dafür wurden oben gegeben. Die perfekten Substitute oder die Funktion des Erwartungswerts des Nutzens hatte diese Form, wobei $v(c) = c$. Die ursprüngliche Cobb-Douglas Funktion hatte diese Form nicht, als sie aber in Logarithmen ausgedrückt wurde, hatte sie die lineare Form, mit $v(c) = \ln c$.

Wenn eines der Ereignisse mit Sicherheit eintritt, sodass z. B. $\pi_1 = 1$, dann ist $v(c_1)$ der Nutzen des sicheren Konsums im Zustand 1. Ähnlich ist bei $\pi_2 = 1$, $v(c_2)$ der Nutzen des Konsums im Zustand 2. Der Ausdruck

$$\pi_1 v(c_1) + \pi_2 v(c_2)$$

stellt daher den durchschnittlichen Nutzen oder den erwarteten Nutzen des Konsummusters (c_1, c_2) dar.

Aus diesem Grund bezeichnen wir eine Nutzenfunktion in der hier beschriebenen besonderen Form als **Funktion des erwarteten Nutzens** oder manchmal auch als **von Neumann-Morgenstern Nutzenfunktion**.[1]

Wenn wir sagen, dass die Präferenzen einer Konsumentin durch eine Funktion des erwarteten Nutzens dargestellt werden können oder dass die Präferenzen der Konsumentin die Eigenschaft des erwarteten Nutzens aufweisen, meinen wir damit, dass wir eine Nutzenfunktion verwenden können, welche die oben beschriebene additive Form hat. Natürlich könnten wir auch eine andere Form heranziehen; jede monotone Transformation einer Funktion des erwarteten Nutzens ist eine Nutzenfunktion, die dieselben Präferenzen beschreibt. Aber die additive Form erweist sich als besonders praktisch. Wenn die Präferenzen der Konsumentin durch $\pi_1 \ln c_1 + \pi_2 \ln c_2$ beschrieben werden können, dann werden sie auch durch $c_1^{\pi_1} c_2^{\pi_2}$ beschrieben. Aber die letzte Darstellung hat die Eigenschaft des erwarteten Nutzens nicht, während die vorangehende Form sie hat.

---

[1] John von Neumann war eine der großen Persönlichkeiten in der Mathematik des zwanzigsten Jahrhunderts. Er lieferte einige wichtige Beiträge zur Physik, Computerwissenschaft und ökonomischen Theorie. Oskar Morgenstern war Ökonom an der Princeton Uni-versität und entwickelte gemeinsam mit von Neumann die Mathematische Spieltheorie.

Die Funktion des erwarteten Nutzens kann andererseits auf bestimmte Arten monoton transformiert werden und dennoch die Eigenschaft des erwarteten Nutzens beibehalten. Wir sagen, dass eine Funktion $v(u)$ eine **positiv affine Transformation** ist, wenn sie in der Form $v(u) = au + b$ geschrieben werden kann, wobei $a > 0$. Eine positiv affine Transformation ist einfach die Multiplikation mit einer positiven Zahl und die Addition einer Konstanten. Es zeigt sich, dass eine Funktion des erwarteten Nutzens nach einer positiv affinen Transformation nicht nur dieselben Präferenzen darstellt (das ist offensichtlich, da eine affine Transformation nur ein Spezialfall einer monotonen Transformation ist), sondern auch die Eigenschaft des erwarteten Nutzens beibehält.

Ökonominnen sagen, dass die Funktion des erwarteten Nutzens „bis auf eine affine Transformation bestimmt" ist. Das bedeutet lediglich, dass man eine affine Transformation vornehmen kann und eine andere Funktion des erwarteten Nutzens erhält, welche dieselben Präferenzen darstellt. Jede andere Art der Transformation wird hingegen die Eigenschaft des erwarteten Nutzens zerstören.

12.4 Warum der Erwartungswert des Nutzens sinnvoll ist

Die Darstellung mittels des erwarteten Nutzens ist praktisch, ist sie aber auch sinnvoll? Warum würden wir meinen, dass Präferenzen hinsichtlich unsicherer Entscheidungen die besondere Struktur hätten, welche die Funktion des erwarteten Nutzens impliziert? Es zeigt sich, dass es zwingende Gründe gibt, warum der erwartete Nutzen für Probleme der Entscheidung unter Unsicherheit ein sinnvolles Ziel ist.

Die Tatsache, dass die Ergebnisse der Entscheidung unter Unsicherheit Konsumgüter sind, die unter verschiedenen Umständen konsumiert werden, bedeutet, dass letztlich *nur eines* der Ereignisse tatsächlich eintritt. Entweder das Haus wird abbrennen oder nicht; entweder wird es regnen oder es wird ein sonniger Tag. Die Art, in der wir das Entscheidungsproblem angesetzt haben, bedeutet, dass nur eines der vielen möglichen Ereignisse eintreten, und daher nur einer der bedingten Konsumpläne tatsächlich verwirklicht wird.

Das hat eine sehr interessante Implikation. Angenommen man überlegt sich, für ein Haus eine Feuerversicherung für das kommende Jahr abzuschließen. Bei dieser Entscheidung spielt das Vermögen in drei Situationen eine Rolle: das gegenwärtige Vermögen (c_0), das Vermögen, wenn das Haus niederbrennt (c_1), und das Vermögen, wenn es nicht abbrennt (c_2). (Natürlich ist man eigentlich an den Konsummöglichkeiten eines jeden Falls interessiert, wir verwenden Vermögen einfach stellvertretend für Konsum.) Wenn π_1 die Wahrscheinlichkeit ist, dass das Haus abbrennt, und π_2 die Wahrscheinlichkeit, dass es nicht brennt, dann können die Präferenzen hinsichtlich dieser drei verschiedenen Konsummöglichkeiten im Allgemeinen durch eine Nutzenfunktion $u(\pi_1, \pi_2, c_0, c_1, c_2)$ dargestellt werden.

Angenommen wir analysieren den Trade-off zwischen dem derzeitigen Vermögen und einem der möglichen Ereignisse - wie viel Geld wir jetzt bereit wären auszugeben, um etwas mehr Geld zu erhalten, falls das Haus abbrennt. *Diese*

Entscheidung sollte davon unabhängig sein, wie viel Konsum man im anderen Zustand hätte – also wie viel Vermögen man hätte, wenn das Haus nicht zerstört wird. Denn das Haus wird entweder abbrennen oder nicht. Wenn es zufällig abbrennt, dann sollte der Wert des zusätzlichen Vermögens nicht davon abhängen, wie viel Vermögen man gehabt hätte, wäre das Haus *nicht* abgebrannt. Was vorbei ist, ist vorbei – was *nicht* geschieht, sollte daher den Wert des Konsums des Ereignisses, das *tatsächlich* eintritt, nicht beeinflussen.

Beachte, dass das eine *Annahme* über die Präferenzen des Individuums ist. Sie könnte verletzt werden. Wenn sich Menschen die Entscheidung zwischen zwei Dingen überlegen, spielt typischerweise die Menge, die sie von irgendeiner dritten Sache haben, eine Rolle. Die Wahl zwischen Tee und Kaffee kann sehr wohl davon abhängen, wie viel Milch man hat. Das ist aber deswegen so, weil man Kaffee mit Milch konsumiert. Wenn man eine Entscheidung betrachtet, in der man würfelt und dann entweder Kaffee *oder* Tee *oder* Milch erhält, dann sollte die Milchmenge, die man bekäme, die Präferenz zwischen Kaffee und Tee nicht berühren. Warum? Weil man entweder das eine oder das andere bekommt: Wenn man schließlich Milch kriegt, ist die Tatsache bedeutungslos, dass man entweder Tee oder Kaffee hätte erhalten können.

Bei Entscheidung unter Unsicherheit besteht daher eine natürliche „Unabhängigkeit" zwischen den verschiedenen Ereignissen, da sie getrennt konsumiert werden müssen - nämlich in unterschiedlichen Situationen. Die Entscheidung, welche die Leute in einer Situation zu treffen beabsichtigen, sollte von jenen Entscheidungen unabhängig sein, die sie in anderen Situationen planen. Diese Annahme wird als die **Unabhängigkeitsannahme** bezeichnet. Es zeigt sich, dass dadurch impliziert ist, dass die Nutzenfunktion für den bedingten Konsum eine besondere Form annimmt: Sie muss in den verschiedenen bedingten Konsumbündeln additiv sein.

Wenn also c_1, c_2 und c_3 der Konsum in verschiedenen Zuständen ist und π_1, π_2 und π_3 die Wahrscheinlichkeiten sind, dass diese verschiedenen Zustände eintreten, und wenn die oben erwähnte Unabhängigkeitsannahme erfüllt ist, dann muss die Nutzenfunktion die Form

$$U(c_1, c_2, c_3) = \pi_1 u(c_1) + \pi_2 u(c_2) + \pi_3 u(c_3)$$

annehmen.

Diese Form wurde als eine Funktion des erwarteten Nutzens bezeichnet. Beachte, dass die Funktion des erwarteten Nutzens tatsächlich die Eigenschaft hat, dass die Grenzrate der Substitution zwischen zwei Gütern unabhängig von der Menge des dritten Gutes ist. Die Grenzrate der Substitution zwischen Gut 1 und 2 zum Beispiel hat die Form

$$\begin{aligned} \text{MRS}_{12} &= \frac{\Delta U(c_1, c_2, c_3)/\Delta c_1}{\Delta U(c_1, c_2, c_3)/\Delta c_2} \\ &= \frac{\pi_1 \Delta u(c_1)/\Delta c_1}{\pi_2 \Delta u(c_2)/\Delta c_2}. \end{aligned}$$

Diese MRS hängt lediglich davon ab, wie viel man von den Gütern 1 und 2, nicht jedoch wie viel man vom Gut 3 hat.

12.5 Risikoaversion

Wir behaupteten oben, dass die Funktion des erwarteten Nutzens einige sehr praktische Eigenschaften für die Analyse der Entscheidung unter Unsicherheit aufweist. In diesem Abschnitt werden wir ein Beispiel dazu geben.

Wir wollen das Konzept des erwarteten Nutzens auf ein einfaches Entscheidungsproblem anwenden. Angenommen eine Konsumentin hat derzeit ein Vermögen von € 10 und erwägt ein Spiel, bei dem sie mit einer 50-prozentigen Wahrscheinlichkeit € 5 gewinnt oder mit einer 50-prozentigen Wahrscheinlichkeit € 5 verliert. Ihr Vermögen wird daher eine Zufallsgröße sein: sie hat eine 50-prozentige Wahrscheinlichkeit zum Schluss € 5 zu haben, und eine 50-prozentige Wahrscheinlichkeit am Ende € 15 zu besitzen. Der *Erwartungswert* ihres Vermögens ist € 10 und der erwartete Nutzen ist

$$\frac{1}{2}u(\$15) + \frac{1}{2}u(\$5).$$

Das wird in Abbildung 12.2 dargestellt. Der erwartete Nutzen des Vermögens ist der Durchschnitt der zwei Zahlen u(€ 5) und u(€ 15), der in der Grafik durch $0{,}5u(5) + 0{,}5u(15)$ gekennzeichnet ist. Wir haben auch den Nutzen des Erwartungswerts des Vermögens eingezeichnet, der mit u(€ 10) bezeichnet ist. Beachte, dass in diesem Diagramm der erwartete Nutzen des Vermögens kleiner ist als der Nutzen des erwarteten Vermögens. Das heißt:

$$u\left(\frac{1}{2}15 + \frac{1}{2}5\right) = u(10) > \frac{1}{2}u(15) + \frac{1}{2}u(5).$$

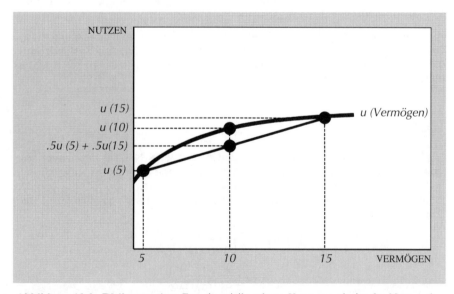

Abbildung 12.2 Risikoaversion. Für eine risikoscheue Konsumentin ist der Nutzen des Erwartungswerts des Vermögens, $u(10)$, größer als der erwartete Nutzen des Vermögens, $0{,}5u(5) + 0{,}5u(15)$.

In diesem Fall sagen wir, dass die Konsumentin **risikoscheu** ist, da sie lieber den Erwartungswert ihres Vermögens hat, als tatsächlich zu spielen. Natürlich könnte es sein, dass die Präferenzen der Konsumentin so sind, dass sie die Zufallsverteilung des Vermögens gegenüber dessen Erwartungswert bevorzugt; in diesem Fall sagen wir, dass die Konsumentin **risikofreudig** ist. Ein Beispiel dafür enthält Abbildung 12.3.

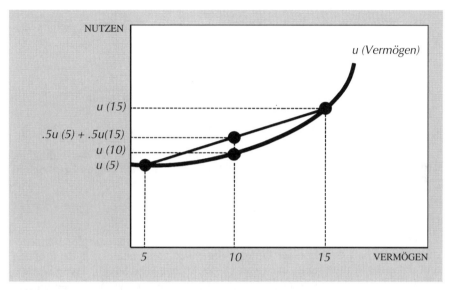

Abbildung 12.3 Risikofreude. Für eine risikofreudige Konsumentin ist der erwartete Nutzen des Vermögens, $0{,}5u(5) + 0{,}5u(15)$, größer als der Nutzen des Erwartungswerts des Vermögens, $u(10)$.

Beachte den Unterschied zwischen den Abbildungen 12.2 und 12.3. Die risikoscheue Konsumentin hat eine *konkave* Nutzenfunktion – der Anstieg wird mit steigendem Vermögen flacher. Die risikofreudige Konsumentin hat eine *konvexe* Nutzenfunktion – der Anstieg wird mit steigendem Vermögen steiler. Die Krümmung der Nutzenfunktion misst daher die Einstellung der Konsumentin gegenüber Risiko. Je konkaver die Nutzenfunktion ist, umso risikoscheuer wird die Konsumentin sein, und je konvexer die Nutzenfunktion ist, umso risikofreudiger wird die Konsumentin sein.

Dazwischen liegt der Fall einer linearen Nutzenfunktion. Hier ist die Konsumentin **risikoneutral**: Der erwartete Nutzen des Vermögens ist einfach gleich dem Nutzen seines Erwartungswerts. Bei dieser Art der Nutzenfunktion kümmert sich die Konsumentin überhaupt nicht um das Risiko des Vermögens – nur um dessen Erwartungswert.

BEISPIEL: Die Nachfrage nach Versicherung

Wenden wir das Konzept des erwarteten Nutzens nun auf die Nachfrage nach Versicherung an, die wir vorher behandelt hatten. Wie erinnerlich hatte bei diesem Beispiel die Person ein Vermögen von € 35.000 und sie könnte € 10.000

verlieren. Die Wahrscheinlichkeit des Verlusts war 1 Prozent, und es kostete γK Euro, um einen Versicherungsschutz für K Euro zu erwerben. Die Analyse mit Hilfe von Indifferenzkurven ergab, dass die optimale Versicherung durch die Bedingung bestimmt war, dass die Grenzrate der Substitution zwischen dem Konsum in den beiden Situationen – Verlust oder kein Verlust – gleich – $\gamma/(1-\gamma)$ war. Es sei nun π die Wahrscheinlichkeit des Verlusts und $1-\pi$ die Wahrscheinlichkeit, dass kein Verlust eintritt.

Der Zustand 1 sei die Situation, in der kein Verlust auftritt, sodass das Vermögen in diesem Zustand

$$c_1 = 35,000 - \gamma K$$

ist, und Zustand 2 sei die Verlustsituation mit einem Vermögen von

$$c_2 = 35,000 - 10,000 + K - \gamma K.$$

Die optimale Entscheidung der Konsumentin wird dann durch die Bedingung bestimmt, dass ihre Grenzrate der Substitution zwischen den beiden Ergebnissen gleich dem Preisverhältnis ist:

$$\text{MRS} = -\frac{\pi \Delta u(c_2)/\Delta c_2}{(1-\pi)\Delta u(c_1)/\Delta c_1} = -\frac{\gamma}{1-\gamma}. \tag{12.1}$$

Sehen wir uns nun den Versicherungsvertrag vom Standpunkt der Versicherungsgesellschaft an. Mit einer Wahrscheinlichkeit von π muss sie K Euro zahlen und mit einer Wahrscheinlichkeit von $(1-\pi)$ nichts. Unabhängig davon was geschieht, kassiert sie die Prämie γK. Der erwartete Gewinn der Versicherungsgesellschaft, P, ist dann

$$P = \gamma K - \pi K - (1-\pi)\cdot 0 = \gamma K - \pi K.$$

Angenommen die Versicherungsgesellschaft macht im Durchschnitt weder einen Gewinn noch einen Verlust bei diesem Vertrag. Das heißt, sie bietet die Versicherung zu einem „fairen" Tarif an, wobei „fair" bedeutet, dass der Erwartungswert der Versicherung gerade den Kosten gleich ist. Wir haben dann

$$P = \gamma K - \pi K = 0,$$

was impliziert, dass $\gamma = \pi$.

Wenn wir das in Gleichung (12.1) einfügen, erhalten wir

$$\frac{\pi \Delta u(c_2)/\Delta c_2}{(1-\pi)\Delta u(c_1)/\Delta c_1} = \frac{\pi}{1-\pi}.$$

Nach Kürzung der π's verbleibt die Bedingung

$$\frac{\Delta u(c_1)}{\Delta c_1} = \frac{\Delta u(c_2)}{\Delta c_2}. \tag{12.2}$$

welche bei optimaler Versicherung erfüllt sein muss. Diese Gleichung besagt, dass der *Grenznutzen eines zusätzlichen Euro an Einkommen im Verlustfall gleich sein muss dem Grenznutzen eines zusätzlichen Euro an Einkommen im Fall, dass der Verlust nicht eintritt.*

Angenommen die Konsumentin ist risikoscheu, sodass ihr Grenznutzen des Geldes mit steigendem Geldbetrag sinkt. Wenn dann $c_1 > c_2$, wäre der Grenznutzen bei c_1 kleiner als der Grenznutzen bei c_2 und umgekehrt. Wenn weiters die Grenznutzen des Einkommens bei c_1 und c_2 gleich sind, wie in Gleichung (12.2), dann muss auch $c_1 = c_2$ gelten. Anwendung der Formeln für c_1 und c_2 ergibt:

$$35,000 - \gamma K = 25,000 + K - \gamma K,$$

was impliziert, dass $K =$ € 10.000. Das bedeutet, dass eine risikoscheue Konsumentin sich immer voll versichern wird, wenn sie die Möglichkeit hat, die Versicherung zu einer „fairen" Prämie abzuschließen.

Das gilt deswegen, weil der Nutzen des Vermögens in jedem Zustand nur vom Gesamtbetrag des Vermögens abhängt, das die Konsumentin in dieser Situation hat – und nicht davon, was sie in irgendeiner anderen Situation *hätte* –, sodass bei Gleichheit der Gesamtbeträge an Vermögen in beiden Situationen auch die Grenznutzen der Vermögen gleich sein müssen.

Zusammenfassend: Wenn die Konsumentin eine risikoscheue Maximiererin des erwarteten Nutzens ist und wenn ihr eine faire Versicherung gegen Verlust angeboten wird, dann wird sie sich im Optimum immer voll versichern.

12.6 Diversifikation

Wenden wir uns nun einem anderen Thema zu, bei dem es auch um Unsicherheit geht – den Vorteilen der Diversifikation. Angenommen wir erwägen die Investition von € 100 in zwei verschiedene Unternehmen, von denen das eine Sonnenbrillen und das andere Regenmäntel herstellt. Die langfristige Wetterprognose sagt für den nächsten Sommer voraus, dass es mit gleicher Wahrscheinlichkeit regnerisch oder sonnig wird. Wie sollte man sein Geld investieren?

Wäre es nicht sinnvoll, sich nicht festzulegen und sein Geld in jedes der beiden Unternehmen zu investieren? Durch Diversifikation der Investition kann man einen Ertrag erzielen, der sicherer und daher für eine risikoscheue Person wünschenswerter ist.

Angenommen zum Beispiel die Aktien der Regenmantelgesellschaft und der Sonnenbrillengesellschaft werden derzeit zu jeweils € 10 das Stück gehandelt. Wird es ein regnerischer Sommer, dann wird die Regenmantelfirma € 20 wert sein, die Sonnenbrillenfirma nur € 5. Bei einem sonnigen Sommer wird das Resultat umgekehrt sein: Die Sonnenbrillenfirma wird € 20 wert sein, die Regenmantelfirma nur € 5. Wenn man die gesamten € 100 in das Sonnenbrillenunternehmen investiert, lässt man sich auf ein Spiel ein, das eine 50-prozentige Chance bietet, € 200 zu erhalten, oder eine 50-prozentige Chance, € 50 zu erhalten. Dasselbe Ergebnis bringt eine Investition des gesamten Geldes in das Regenmantelunternehmen: In jedem der beiden Fälle hat man einen erwarteten Ertrag von € 125.

Was geschieht jedoch, wenn man jeweils die Hälfte des Geldes in jedes Unternehmen steckt? Wenn es sonnig ist, erhält man € 100 aus der Sonnenbrillen- und € 25 aus der Regenmantelinvestition. Regnet es jedoch, so bekommt man € 100 aus der Regenmantel- und € 25 aus der Sonnenbrilleninvestition. In jedem Fall hat man schließlich € 125 mit Sicherheit. Durch Diversifikation der Investition in die beiden Unternehmungen gelingt eine Reduktion des gesamten Risikos der Investition, während der erwartete Ertrag gleich bleibt.

In diesem Beispiel war die Diversifikation ganz leicht: Die beiden Vermögenswerte korrelierten vollkommen negativ miteinander – wenn der eine steigt, fällt der andere. Solche Vermögenspaare können höchst wertvoll sein, da sie das Risiko dramatisch reduzieren können. Aber leider sind sie auch schwer zu finden. Die meisten Aktien entwickeln sich gemeinsam: Wenn GM-Aktien hoch sind, dann sind auch Ford- und ebenso Goodrich-Aktien hoch. Aber solange die Entwicklungen der Preise für Aktiva nicht *perfekt positiv* miteinander korrelieren, wird es immer zumindest einen gewissen Vorteil aus einer Diversifikation geben.

12.7 Risikostreuung

Kehren wir zum Versicherungsbeispiel zurück. Wir analysierten dort die Situation eines Individuums, das € 35.000 besaß und sich mit einer Wahrscheinlichkeit von 0,01 einem Verlust von € 10.000 gegenübersah. Angenommen es gibt 1.000 solcher Individuen. Dann gäbe es durchschnittlich 10 Verluste und daher insgesamt einen Verlust von € 100.000 pro Jahr. Jeder dieser 1.000 Menschen würde sich einem *erwarteten Verlust* von 0,01 mal € 10.000, also € 100 jährlich gegenübersehen. Angenommen die Wahrscheinlichkeit, dass irgendeine Person einen Verlust erleidet, wirkt sich nicht auf die Wahrscheinlichkeit aus, dass irgendeine andere Person Verluste erleidet. Das heißt, wir nehmen an, dass die Risken voneinander *unabhängig* sind.

Jede Person wird dann ein erwartetes Vermögen von 0,99*35.000 + 0,01* 25.000 = € 34.900 haben. Aber jedes Individuum trägt auch ein hohes Risiko: Jede Person hat eine 1-prozentige Wahrscheinlichkeit, € 10.000 zu verlieren.

Angenommen jede Konsumentin entscheidet sich zur *Diversifikation* des Risikos, dem sie sich gegenübersieht. Wie kann sie das machen? Antwort: Durch den Verkauf ihres Risikos an andere Individuen. Angenommen die 1.000 Konsumentinnen entscheiden sich, einander zu versichern. Wenn jemand den Verlust von € 10.000 erleidet, wird jeder der 1.000 Konsumentinnen an diese Person € 10 abführen. Auf diese Art wird die Arme, deren Haus brennt, für den Verlust entschädigt, und die anderen Konsumentinnen schlafen ruhig, da sie wissen, dass sie entschädigt werden, sollte es sie selbst treffen! Das ist ein Beispiel für **Risikostreuung**: Jede Konsumentin verteilt ihr Risiko über alle anderen Konsumentinnen und reduziert so das Risiko, das sie selbst trägt.

Nun werden im Durchschnitt jährlich 10 Häuser brennen, im Durchschnitt wird daher jedes der 1.000 Individuen jährlich € 100 zu zahlen haben. Das gilt jedoch nur im Durchschnitt. In einigen Jahren könnten es 12 Häuser sein, in anderen wieder nur 8. Die Wahrscheinlichkeit, dass ein Individuum in einem bestimmten Jahr mehr als z. B. € 200 zahlen muss, ist sehr gering, aber trotzdem bleibt dieses Risiko bestehen.

Es gibt jedoch sogar eine Möglichkeit zur Streuung dieses Risikos. Angenommen die Hausbesitzerinnen einigen sich, jährlich € 100 zu zahlen, unabhängig davon, ob es Verluste gibt oder nicht. Dann können sie einen Reservefonds an Bargeld aufbauen, der in den Jahren mit mehr Bränden verwendet werden kann. Sie zahlen pro Jahr € 100 mit Sicherheit, und im Durchschnitt reicht dieses Geld, um die Hausbesitzerinnen im Brandfall zu entschädigen.

Wie man sieht, haben wir nun etwas, das einer Versicherungsgesellschaft auf Gegenseitigkeit ähnelt. Wir könnten einige weitere Aspekte hinzufügen: Die Versicherungsgesellschaft kann ihren Reservefonds an Bargeld investieren, Zinsen auf ihr Vermögen verdienen usw., aber das Wesen einer Versicherungsgesellschaft ist klar vorhanden.

12.8 Die Rolle des Aktienmarkts

Der Aktienmarkt spielt eine dem Versicherungsmarkt insofern ähnliche Rolle, als er Risikoverteilung ermöglicht. Im 11. Kapitel argumentierten wir, dass der Aktienmarkt den ursprünglichen Besitzern von Unternehmen ermöglicht, ihren über die Zeit verteilten Ertragsstrom in eine Pauschalsumme umzuwandeln. Der Aktienmarkt erlaubt ihnen nun, ihre riskante Stellung – nämlich all ihr Vermögen in einem Unternehmen gebunden zu haben – in eine Situation umzuwandeln, in der sie eine Pauschalsumme haben, die sie in eine Vielfalt von Vermögenswerten investieren können. Die ursprünglichen Besitzer der Firma haben einen Anreiz, Aktien ihres Unternehmens zu begeben, sodass sie das Risiko dieser einzelnen Gesellschaft auf eine große Zahl von Aktienbesitzern aufteilen können.

In ähnlicher Weise können die späteren Besitzer der Aktien einer Gesellschaft den Aktienmarkt zu einer Reallokation ihrer Risken verwenden. Wenn eine Gesellschaft, an der man Anteile hält, eine Politik einschlägt, die für die Präferenzen des Aktionärs zu riskant – oder zu konservativ – ist, kann er diese Aktien verkaufen und andere erwerben.

Im Versicherungsfall konnte ein Individuum sein Risiko durch den Abschluss der Versicherung auf Null zu reduzieren. Für eine runde Gebühr von € 100 konnte sich das Individuum voll gegen den € 10.000-Verlust versichern. Das stimmte, weil es grundsätzlich kein Risiko im Aggregat gab: Wenn die Wahrscheinlichkeit des Eintritts eines Verlusts 1 Prozent ist, dann würden sich durchschnittlich 10 von 1.000 Menschen einem Verlust gegenübersehen – wir wussten nur nicht welche.

Im Fall des Aktienmarktes gibt es ein Risiko im Aggregat. In einem Jahr geht es dem Aktienmarkt gut, im nächsten Jahr schlecht. Irgendjemand muss diese Art von Risiko tragen. Der Aktienmarkt bietet eine Möglichkeit, riskante Investitionen von Leuten, die kein Risiko tragen wollen, auf Leute zu übertragen, die bereit sind, Risiko zu tragen.

Natürlich gibt es außerhalb von Las Vegas nur wenige Leute, die *gerne* Risiko tragen: Die meisten Menschen sind risikoscheu. Der Aktienmarkt ermöglicht es daher den Leuten, Risiko von Menschen, die kein Risiko tragen wollen, auf Menschen zu übertragen, die das gerne tun, wenn sie dafür ausreichend entschädigt werden. Wir gehen diesem Gedanken im nächsten Kapitel weiter nach.

Zusammenfassung

1. Konsum unter verschieden Umständen kann als verschiedene Konsumgüter angesehen werden, damit kann die gesamte Analyse der vorangehenden Kapitel auf die Entscheidung unter Unsicherheit angewendet werden.
2. Die Nutzenfunktion, welche die Entscheidung unter Unsicherheit zusammenfasst, könnte jedoch eine besondere Struktur haben. Wenn die Nutzenfunktion linear in den Wahrscheinlichkeiten ist, dann ist der Nutzen eines Spiels einfach gleich dem erwarteten Nutzen der verschiedenen Ereignisse.
3. Die Krümmung der Funktion des erwarteten Nutzens beschreibt die Einstellung der Konsumentin gegenüber Risiko. Wenn die Krümmung konkav ist, ist die Konsumentin risikoscheu, ist die Krümmung konvex, dann ist die Konsum-entin risikofreudig.
4. Finanzinstitutionen, wie Versicherungsmärkte und Aktienmärkte, ermöglichen dem Konsumenten eine Diversifikation und Streuung des Risikos.

Wiederholungsfragen

1. Wie kann man in Abbildung 12.2 die Konsumpunkte links von der Ausstattung erreichen?
2. Welche der folgenden Nutzenfunktionen haben die Eigenschaft des erwarteten Nutzens? (a) $u(c_1, c_2, \pi_1, \pi_2) = a(\pi_1 c_1 + \pi_2 c_2)$, (b) $u(c_1, c_2, \pi_1, \pi_2) = \pi_1 c_1 + \pi_2 c_2^2$, (c) $u(c_1, c_2, \pi_1, \pi_2) = \pi_1 \ln c_1 + \pi_2 \ln c_2 + 17$.
3. Einem risikoscheuen Menschen wird entweder die Wahl eines Spiels geboten, das € 1.000 mit einer Wahrscheinlichkeit von 25% und € 100 mit einer Wahrscheinlichkeit von 75% zahlt, oder eine (sichere) Zahlung von € 325. Was würde er wählen?
4. Und was, wenn die Zahlung € 320 wäre?
5. Zeichne eine Nutzenfunktion, die risikofreudiges Verhalten bei kleinen Spielen und risikoscheues Verhalten bei größeren Spielen darstellt.
6. Warum könnte es für Nachbarn schwieriger sein, sich untereinander gegen Hochwasserschaden als gegen Brandschaden zu versichern?

ANHANG

Wir wollen ein einfaches Beispiel untersuchen, um die Grundsätze der Maximierung des erwarteten Nutzens aufzuzeigen. Angenommen der Konsument hat ein bestimmtes Vermögen w und überlegt, einen gewissen Betrag x in ein riskantes Aktivum zu veranlagen. Dieses Aktivum könnte einen Ertrag von r_g bei „günstigem" Ereignis abwerfen und einen Ertrag von r_b im Falle eines „schlechten" (= „bad") Ereignisses. Man sollte sich r_g als positiven Ertrag vorstellen – der Wert des Aktivums steigt, und r_b als einen negativen Ertrag – der Wert des Aktivums sinkt.

Das Vermögen des Konsumenten bei günstigen und schlechten Ereignissen wird daher

$$W_g = (w - x) + x(1 + r_g) = w + xr_g$$
$$W_b = (w - x) + x(1 + r_b) = w + xr_b$$

sein.

Angenommen das günstige Ereignis tritt mit einer Wahrscheinlichkeit von π ein und das ungünstige Ereignis mit einer Wahrscheinlichkeit von $(1 - \pi)$. Wenn der Konsument sich entscheidet, x Euro zu investieren, dann ist sein erwarteter Nutzen

$$EU(x) = \pi u(w + xr_g) + (1 - \pi)u(w + xr_b).$$

Der Konsument möchte x so wählen, dass dieser Ausdruck maximiert wird.

Differenzierung nach x ergibt die Veränderung des Nutzens bei einer Veränderung von x:

$$EU'(x) = \pi u'(w + xr_g)r_g + (1 - \pi)u'(w + xr_b)r_b. \tag{12.3}$$

Die zweite Ableitung des Nutzens nach x ist

$$EU''(x) = \pi u''(w + xr_g)r_g^2 + (1 - \pi)u''(w + xr_b)r_b^2. \tag{12.4}$$

Wenn der Konsument risikoscheu ist, wird seine Nutzenfunktion konkav sein, was impliziert, dass für jedes Vermögensniveau $u''(w) < 0$ sein wird. Die zweite Ableitung des erwarteten Nutzens ist daher eindeutig negativ. Der erwartete Nutzen wird eine konkave Funktion von x sein.

Analysieren wir die Veränderung des erwarteten Nutzens für den ersten, in das riskante Aktivum investierten Euro. Das ist einfach die Bewertung der ersten Ableitung in Gleichung (12.3) bei $x = 0$:

$$EU'(0) = \pi u'(w)r_g + (1 - \pi)u'(w)r_b$$
$$= u'(w)[\pi r_g + (1 - \pi)r_b].$$

Der Ausdruck in eckiger Klammer ist der **erwartete Ertrag** des Aktivums. Wenn der erwartete Ertrag des Aktivums negativ ist, dann muss der erwartete Nutzen fallen, wenn der erste Euro in diesem Vermögenswert angelegt wird. Da jedoch wegen der Konkavität die zweite Ableitung des erwarteten Nutzens negativ ist, muss der Nutzen bei Investition von zusätzlichen Euros weiter fallen.

Wir haben somit gefunden, dass bei einem negativen *Erwartungswert* eine risikoscheue Person den höchsten *erwarteten Nutzen* bei $x^* = 0$ haben wird: Sie wird von einem Vorschlag zu einem Verlustgeschäft nichts wissen wollen.

Wenn andererseits der erwartete Ertrag eines Vermögenswertes positiv ist, dann wird eine Erhöhung von x über Null den erwarteten Nutzen steigern. Man wird daher immer ein wenig in ein riskantes Aktivum veranlagen wollen, unabhängig davon wie risikoscheu man ist.

Der erwartete Nutzen als eine Funktion von x wird in Abbildung 12.4 dargestellt. In Abbildung 12.4A ist der erwartete Ertrag abnehmend, die optimale Entscheidung ist $x^* = 0$. In Abbildung 12.4B ist der erwartete Ertrag in einem bestimmten Bereich zunehmend, der Konsument wird daher einen positiven Betrag x^* in den riskanten Vermögenswert investieren.

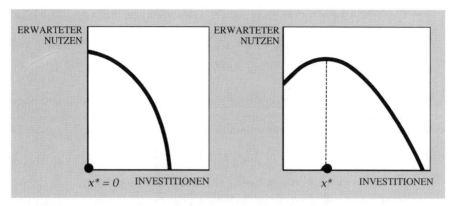

Abbildung 12.4 Wie viel in ein risikoreiches Aktivum veranlagt werden soll. Im Feld A ist die optimale Investition Null, im Feld B will der Konsument hingegen einen positiven Betrag investieren.

Das Investitionsoptimum eines Konsumenten ist durch die Bedingung gegeben, dass die Ableitung des erwarteten Nutzens nach x gleich Null ist. Da wegen der Konkavität die zweite Ableitung automatisch negativ ist, wird das ein globales Maximum sein.

Wenn wir (12.3) gleich Null setzen, ergibt das

$$EU'(x) = \pi u'(w + xr_g)r_g + (1 - \pi)u'(w + xr_b)r_b = 0. \tag{12.5}$$

Diese Gleichung bestimmt die optimale Wahl von x durch den betreffenden Konsumenten.

BEISPIEL: Die Auswirkung der Besteuerung auf die Investition in riskante Aktiva

Wie verhält sich das Niveau der Investition in riskante Aktiva, wenn man dessen Ertrag besteuert? Wenn das Individuum Steuern zum Satz von t zahlt, dann werden die Erträge nach Besteuerung $(1 - t)r_g$ und $(1 - t)r_b$ sein. Die Bedingung erster Ordnung zur Bestimmung der optimalen Investition, x, wird daher

$$EU'(x) = \pi u'(w + x(1-t)r_g)(1-t)r_g + (1-\pi)u'(w + x(1-t)r_b)(1-t)r_b = 0$$

sein. Vereinfachung der $(1 - t)$ Ausdrücke führt zu

$$EU'(x) = \pi u'(w + x(1-t)r_g)r_g + (1-\pi)u'(w + x(1-t)r_b)r_b = 0. \tag{12.6}$$

Wir wollen die Lösung des Maximierungsproblems ohne Steuer – also wenn $t = 0$ – mit x^* bezeichnen, die Lösung des Maximierungsproblems mit Steuern mit $\hat{x}$. Welche Beziehung besteht zwischen x^* und $\hat{x}$?

Die erste Vermutung wird wahrscheinlich sein, dass $x^* > \hat{x}$ gelten wird - dass also Besteuerung eines riskanten Aktivums die Investition eher vermindern wird. Genau das erweist sich jedoch als falsch! Besteuerung eines riskanten Vermögenswertes in der beschriebenen Art wird die Investition in das riskante Aktivum *ermutigen*!

Tatsächlich besteht eine exakte Beziehung zwischen x^* und $\hat{x}$. Es muss gelten, dass

$$\hat{x} = \frac{x^*}{1-t}.$$

Der Beweis besteht einfach darin zu erkennen, dass dieser Wert von $\hat{x}$ die Bedingung erster Ordnung für eine optimale Entscheidung bei Vorliegen der Steuer erfüllt. Wenn wir diese Bedingung in Gleichung (12.6) einsetzen, erhalten wir

$$EU'(\hat{x}) = \pi u'(w + \frac{x^*}{1-t}(1-t)r_g)r_g$$
$$+ (1-\pi)u'(w + \frac{x^*}{1-t}(1-t)r_b)r_b$$
$$= \pi u'(w + x^* r_g)r_g + (1-\pi)u'(w + x^* r_b)r_b = 0,$$

wobei sich die letzte Gleichung aus der Tatsache ergibt, dass x^* die optimale Lösung für den Fall ohne Besteuerung ist.

Was passiert hier? Wie kann die Besteuerung das Ausmaß der Investition in einen riskanten Vermögenswert erhöhen? Nun, es geschieht folgendes: Die Einhebung einer Steuer führt dazu, dass das Individuum bei einem guten Ergebnis einen geringeren Ertrag haben wird, aber auch *einen geringeren Verlust in schlechten Zeiten* erleidet. Durch Hinaufsetzung seiner Investition um $1/(1-t)$ kann der Konsument die gleichen Erträge *nach Besteuerung* wieder herstellen, welche er vor der Einführung der Steuer hatte. Die Steuer reduziert seinen erwarteten Ertrag, sie verringert aber auch sein Risiko: Durch Steigerung seiner Investition kann der Konsument genau das gleiche Ertragsmuster wie vorher erzielen und dadurch die Wirkung der Steuer zur Gänze wettmachen. Eine Steuer auf eine riskante Investition bedeutet eine Besteuerung des Gewinns, wenn der Ertrag positiv ist – sie stellt aber eine Subvention des Verlusts dar, wenn der Ertrag negativ ist.

13. Kapitel
RISKANTE VERMÖGENSWERTE

Im vorigen Kapitel untersuchten wir ein Modell des individuellen Verhaltens unter Unsicherheit und die Rolle von zwei ökonomischen Institutionen, um mit dieser Unsicherheit umzugehen: Märkte für Versicherungen und Aktienmärkte. In diesem Kapitel werden wir weiter erforschen, wie Aktienmärkte zur Allokation des Risikos dienen. Es stellt sich als zweckmäßig heraus, das mit Hilfe eines vereinfachten Modells des Verhaltens bei Unsicherheit zu machen.

13.1 Mittelwert-Varianz-Nutzen

Wir haben im letzten Kapitel das Entscheidungsmodell des erwarteten Nutzens bei Unsicherheit untersucht. Ein anderer Ansatz für die Entscheidung unter Unsicherheit ist die Beschreibung der Wahrscheinlichkeitsverteilungen, die Gegenstand der Entscheidung sind, durch ein paar Parameter; dann stellt man sich die Nutzenfunktion als durch diese Parameter definiert vor. Das populärste Beispiel für diesen Ansatz ist das **Mittelwert-Varianz-Modell**. Anstatt zu unterstellen, dass die Präferenzen der Konsumentin von der gesamten Wahrscheinlichkeitsverteilung ihres Vermögens für jedes mögliche Ereignis abhängen, nehmen wir an, dass ihre Präferenzen durch einige wenige statistische Kennzahlen über die Wahrscheinlichkeitsverteilung ihres Vermögens hinreichend beschrieben werden können.

Nehmen wir an, dass eine Zufallsvariable w die Werte w_s mit einer Wahrscheinlichkeit π_s annimmt, wobei $s = 1, ..., S$. Der **Mittelwert** einer Wahrscheinlichkeitsverteilung ist einfach ihr Durchschnittswert:

$$\mu_w = \sum_{s=1}^{S} \pi_s w_s.$$

Das ist die Formel eines Durchschnitts: Nimm jedes Ereignis w_s, gewichte es mit der Wahrscheinlichkeit seines Eintritts und summiere über alle Ereignisse.

Die **Varianz** einer Wahrscheinlichkeitsverteilung ist der Durchschnittswert von $(w - \mu_w)^2$:

$$\sigma_w^2 = \sum_{s=1}^{S} \pi_s (w_s - \mu_w)^2.$$

Die Varianz gibt die „Ausdehnung" der Verteilung an und ist ein sinnvolles Maß des Risikos. Ein damit nahe verwandtes Maß ist die **Standardabweichung**, mit σ_w bezeichnet, welche einfach die Quadratwurzel der Varianz ist:

$$\sigma_w = \sqrt{\sigma_w^2}.$$

Der Mittelwert einer Wahrscheinlichkeitsverteilung misst ihren Durchschnittswert – um welchen Wert die Verteilung zentriert ist. Die Varianz der Wahrscheinlichkeitsverteilung misst die „Ausdehnung" der Verteilung, wie ausgebreitet sie um den Mittelwert ist. Abbildung 13.1 gibt eine graphische Darstellung von Wahrscheinlichkeitsverteilungen mit unterschiedlichen Mittelwerten und Varianzen.

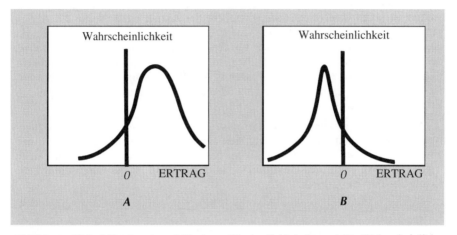

Abbildung 13.1 Mittelwert und Varianz. Die im Feld A dargestellte Wahrscheinlichkeitsverteilung hat einen positiven, jene im Feld B einen negativen Mittelwert. Die Verteilung im Feld A ist „weiter ausgebreitet" als jene im Feld B, was bedeutet, dass sie eine größere Varianz hat.

Das Mittelwert-Varianz-Modell nimmt an, dass der Nutzen einer Wahrscheinlichkeitsverteilung, die der Investorin ein Vermögen von w_s mit einer Wahrscheinlichkeit von π_s gibt, als eine Funktion des Mittelwerts und der Varianz dieser Verteilung, $u(\mu_w, \sigma_w^2)$, ausgedrückt werden kann. Oder der Nutzen kann, sollte dies zweckmäßiger sein, als eine Funktion des Mittelwertes und der Standardabweichung, $u(\mu_w, \sigma_w)$, ausgedrückt werden. Da sowohl Varianz als auch Standardabweichung Maße des Risikos der Vermögensverteilung sind, können wir den Nutzen als von der einen oder anderen abhängig ansehen.

Man kann sich dieses Modell als eine Vereinfachung des Modells des erwarteten Nutzens des vorigen Kapitels vorstellen. Wenn die getroffenen Entscheidungen vollständig durch ihren Mittelwert und ihre Varianz charakterisiert werden können, dann kann man mittels einer Nutzenfunktion für Mittelwert und Varianz die zur Wahl stehenden Möglichkeiten in derselben Weise reihen, wie sie eine Funktion des erwarteten Nutzens reihen würde. Selbst wenn die Wahrscheinlichkeitsverteilungen nicht vollständig durch Mittelwert und ihre

Varianz charakterisiert werden können, kann das Mittelwert-Varianz-Modell als eine vernünftige Näherung des Modells des erwarteten Nutzens dienen.

Wir werden die natürlichen Annahmen treffen, dass – ceteris paribus – ein höherer erwarteter Nutzen gut und eine höhere Varianz schlecht ist. Das ist einfach eine andere Art auszudrücken, dass die Leute typischerweise risikoscheu sind.

Wir wollen das Mittelwert-Varianz-Modell zur Analyse eines einfachen Portfolio-Problems verwenden. Angenommen man kann in zwei verschiedene Vermögenswerte investieren. Der eine, der **risikofreie Vermögenswert**, erbringt immer einen konstanten Ertrag, r_f. Das wären zum Beispiel Schatzscheine, die einen fixen Ertrag abwerfen, was immer auch geschieht.

Der andere ist ein **riskanter Vermögenswert**. Man könnte sich darunter eine Anlage in einen Investmentfonds vorstellen, der Aktien kauft. Wenn die Aktien gut stehen, dann wird auch die Anlage gut stehen. Wenn der Aktienmarkt darniederliegt, dann wird das auch für den Investmentfonds gelten. Nun sei m_s der Ertrag des Vermögenswerts im Zustand s, und π_s sei die Wahrscheinlichkeit, dass der Zustand s eintritt. Wir werden r_m zur Bezeichnung des erwarteten Ertrags des riskanten Vermögenswertes und σ_m für die Standardabweichung dieses Ertrags verwenden.

Natürlich muss man nicht nur das eine oder andere Aktivum wählen; typischerweise kann man sein Vermögen zwischen beiden aufteilen. Wenn man einen Teil x seines Vermögens in Form des riskanten Aktivums hält und einen Teil $(1 - x)$ in Form des risikofreien Aktivums, dann ist der durchschnittliche Ertrag des Portfolios durch

$$r_x = \sum_{s=1}^{S}(xm_s + (1-x)r_f)\pi_s$$
$$= x\sum_{s=1}^{S}m_s\pi_s + (1-x)r_f\sum_{s=1}^{S}\pi_s$$

gegeben. Da $\Sigma\pi_s = 1$ ist, haben wir

$$r_x = xr_m + (1-x)r_f.$$

Der erwartete Portfolioertrag ist daher ein gewogener Durchschnitt der zwei erwarteten Erträge.

Die Varianz des Ertrags des Portfolios ist durch

$$\sigma_x^2 = \sum_{s=1}^{S}(xm_s + (1-x)r_f - r_x)^2\pi_s.$$

gegeben. Wenn wir für r_x einsetzen, wird das zu

$$\sigma_x^2 = \sum_{s=1}^{S}(xm_s - xr_m)^2 \pi_s$$
$$= \sum_{s=1}^{S} x^2(m_s - r_m)^2 \pi_s$$
$$= x^2 \sigma_m^2.$$

Die Standardabweichung des Portfolioertrags ist daher durch

$$\sigma_x = \sqrt{x^2 \sigma_m^2} = x\sigma_m$$

gegeben.

Es ist sinnvoll anzunehmen, dass $r_m > r_f$, da eine risikoscheue Anlegerin niemals einen riskanten Vermögenswert halten würde, der einen niedrigeren erwarteten Ertrag hat als der risikofreie. Wenn man sich also entscheidet, einen größeren Teil seines Vermögens im riskanten Vermögenswert anzulegen, erhält man zwar einen höheren erwarteten Ertrag, aber man geht auch ein größeres Risiko ein. Das wird in Abbildung 13.2 dargestellt.

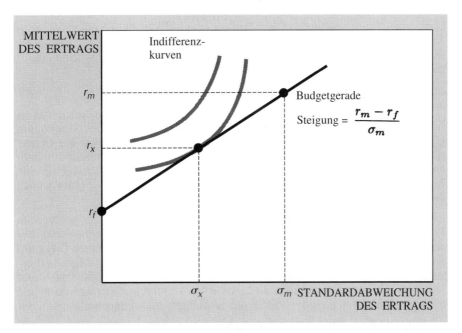

Abbildung 13.2 Risiko und Ertrag. Die Budgetgerade misst die Kosten, einen höheren erwarteten Ertrag zu erzielen, in Form einer höheren Standardabweichung des Ertrags. Bei der optimalen Entscheidung muss die Indifferenzkurve diese Budgetgerade berühren.

Wenn man $x = 1$ setzt, wird man sein ganzes Geld in das riskante Aktivum stecken und dann einen erwarteten Ertrag und eine Standardabweichung von (r_m, σ_m) haben. Setzt man $x = 0$, legt man all sein Vermögen im sicheren Aktivum an und wird einen erwarteten Ertrag und eine Standardabweichung von (r_f, 0) haben. Und wenn man x zwischen 0 und 1 festlegt, wird man irgendwo auf der Linie landen, die diese beiden Punkte verbindet. Diese Linie gibt uns die Budgetgerade an, die den Trade-off zwischen Risiko und Ertrag am Markt beschreibt.

Da wir annehmen, dass die Präferenzen der Menschen nur vom Mittelwert und der Varianz ihres Vermögens abhängen, können wir Indifferenzkurven zeichnen, welche die Präferenzen eines Individuums für Risiko und Ertrag illustrieren. Wenn die Menschen risikoscheu sind, werden sie durch einen größeren erwarteten Ertrag besser gestellt, durch eine größere Standardabweichung hingegen schlechter gestellt sein. Das bedeutet, dass die Standardabweichung ein „Schlecht" ist. Daraus folgt, dass die Indifferenzkurven einen positiven Anstieg haben werden – wie in Abbildung 13.2 dargestellt.

Bei der optimalen Wahl von Risiko und Ertrag muss in Abbildung 13.2 der Antieg der Indifferenzkurve gleich dem Anstieg der Budgetgeraden sein. Wir könnten diesen letzteren Anstieg den **Preis des Risikos** nennen, da er misst, wie bei der Portfolioentscheidung Risiko und Ertrag gegeneinander getauscht werden können. Nach Prüfung von Abbildung 13.2 ergibt sich der Preis des Risikos als

$$p = \frac{r_m - r_f}{\sigma_m}. \qquad (13.1)$$

Unsere Wahl eines optimalen Portfolios mit einem riskanten und einem sicheren Aktivum könnte daher dadurch charakterisiert werden, dass die Grenzrate der Subtitution zwischen Risiko und Ertrag gleich dem Preis des Risikos sein muss:

$$\text{MRS} = -\frac{\Delta U/\Delta \sigma}{\Delta U/\Delta \mu} = \frac{r_m - r_f}{\sigma_m}. \qquad (13.2)$$

Angenommen es gibt viele Individuen, die zwischen diesen beiden Aktiva wählen. Für jeden einzelnen von ihnen muss die Grenzrate der Substitution gleich dem Preis des Risikos sein. Im Gleichgewicht werden daher die Grenzraten aller Individuen gleich sein: Wenn die Leute ausreichend Möglichkeit haben, Risken zu tauschen, dann wird der Gleichgewichtspreis des Risikos für alle Individuen gleich sein. In dieser Hinsicht verhält sich Risiko wie jedes andere Gut.

Wir können die in früheren Kapiteln entwickelten Konzepte verwenden, um zu untersuchen, wie sich die Entscheidungen ändern, wenn sich die Parameter der Fragestellung ändern. Das gesamte Instrumentarium der normalen Güter, inferioren Güter, bekundeten Präferenzen usw. kann auch in diesem Modell eingesetzt werden. Nehmen wir zum Beispiel an, dass einem Individuum ein neues riskantes Aktivum y angeboten wird, das einen Durchschnittsertrag von r_y und eine Standardabweichung von σ_y hat, wie in Abbildung 13.3 dargestellt.

Für welche Investition wird sich die Konsumentin entscheiden, wenn sie zwischen x und y wählen kann? Sowohl das ursprüngliche wie auch das neue Budget sind in Abbildung 13.3 eingezeichnet. Beachte, dass jede Wahlmöglichkeit, die beim ursprünglichen Budget bestand, auch beim neuen Budget gegeben ist, da das neue Budget das alte einschließt. Investition in das Aktivum y und den risikofreien Vermögenswert ist entschieden besser als Investition in x und den risikofreien Vermögenswert, da die Konsumentin ein besseres endgültiges Portfolio wählen kann.

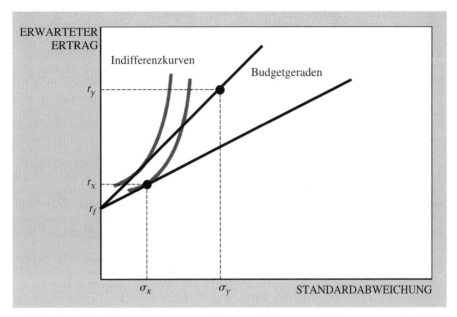

Abbildung 13.3 Präferenzen zwischen Risiko und Ertrag. Der Vermögenswert mit der Risiko-Ertrags-Kombination y wird gegenüber jenem mit der Kombination x bevorzugt.

Die Tatsache, dass die Konsumentin wählen kann, wie viel sie vom riskanten Aktivum nimmt, ist für dieses Argument sehr wichtig. Wenn es sich um eine „Alles oder nichts"-Entscheidung handelte, bei welcher die Konsumentin gezwungen ist, ihr ganzes Geld entweder in x oder y anzulegen, würden wir ein ganz anderes Ergebnis erhalten. In dem in Abbildung 13.3 dargestellten Beispiel würde die Konsumentin ihr ganzes Geld lieber in x als in y anlegen, da x auf einer höheren Indifferenzkurve liegt als y. Wenn sie aber das riskante Aktivum mit dem risikofreien mischen kann, würde sie es immer lieber mit y als mit x mischen.

13.2 Die Messung des Risikos

Wir haben ein Modell, das den Preis des Risikos beschreibt ... aber wie messen wir das *Ausmaß* des Risikos eines Vermögenswertes? Als erstes würde einem wahrscheinlich die Standardabweichung des Ertrags eines Aktivums einfallen. Schließlich nehmen wir doch auch an, dass der Nutzen vom Mittelwert und der Varianz des Vermögens abhängt!

Im obigen Beispiel mit nur einem riskanten Aktivum, stimmt das auch genau: Die Standardabweichung ist das im riskanten Aktivum enthaltene Ausmaß an Risiko. Wenn es jedoch viele riskante Aktiva gibt, dann ist die Standardabweichung kein geeignetes Maß für das Ausmaß des Risikos eines Vermögenswertes.

Das ist deswegen so, weil der Nutzen eines Konsumenten vom Mittelwert und der Varianz des gesamten Vermögens abhängt – nicht vom Mittelwert und der Varianz eines einzelnen Aktivums, das er hält. Es kommt darauf an, wie durch *Interaktion* zwischen den einzelnen von einem Konsumenten gehaltenen Vermögenswerten ein bestimmter Mittelwert und eine bestimmte Varianz seines Vermögens entstehen. Wie auch sonst in der Ökonomie wird der Wert eines gegebenen Aktivums durch seine marginale Auswirkung auf den Gesamtnutzen bestimmt, und nicht durch den Wert, den es hat, wenn es allein gehalten wird. Ebenso wie der Wert einer zusätzlichen Tasse Kaffee davon abhängen kann, wie viel Milch man hat, so kann der Betrag, den jemand bereit ist, für einen weiteren Anteil an einem riskanten Vermögenswert zu zahlen, von dessen Wechselwirkung mit anderen Aktiva in seinem Portfolio abhängt.

Angenommen zum Beispiel man erwägt den Kauf zweier Aktiva und weiß, dass es nur zwei mögliche Resultate geben kann. Aktivum A wird entweder € 10 oder – € 5 wert sein und Aktivum B entweder – € 5 oder € 10. Aber immer wenn Aktivum A € 10 wert ist, wird Aktivum B – € 5 wert sein und umgekehrt. Mit anderen Worten, die Werte der beiden Aktiva sind *negativ korreliert*: Wenn das eine einen großen Wert hat, wird das andere einen kleinen Wert haben.

Angenommen die zwei Ereignisse sind gleich wahrscheinlich, so dass der Durchschnittswert jedes Aktivums € 2,50 sein wird. Wenn man Risiko zur Gänze ignoriert und entweder den einen oder anderen Vermögenswert halten muss, dann würde man für jeden höchstens € 2,50 bezahlen – den Erwart-ungswert jedes Aktivums. Wenn man risikoscheu ist, würde man sogar weniger als € 2,50 bezahlen wollen.

Wenn man aber beide Aktiva halten kann? Wenn man einen Anteil jedes Aktivums hielte, so würde man unabhängig vom eintretenden Ereignis € 5 bekommen. Jeweils wenn das eine Aktivum € 10 wert ist, ist das andere – € 5 wert. Wenn man beide Aktiva halten kann, dann wäre man bereit, für den Kauf *beider* Aktiva bis zu € 5 zu bezahlen.

Dieses Beispiel zeigt recht anschaulich, dass der Wert eines Aktivums im allgemeinen davon abhängen wird, wie es mit anderen Aktiva korreliert. Aktiva, die sich in entgegengesetzte Richtungen bewegen – die miteinander negativ korrelieren – sind sehr wertvoll, weil sie das Gesamtrisiko reduzieren. Im allgemeinen wird der Wert eines Aktivums stärker von der Korrelation seines Ertrags mit anderen Aktiva abhängen als von seiner eigenen Streuung. Das Risiko eines Aktivums hängt daher von seiner Korrelation mit den anderen Aktiva ab.

Es ist sinnvoll, das Risiko eines Vermögenswerts relativ zum Risiko am Aktienmarkt insgesamt zu messen. Wir nennen das Risiko einer Aktie relativ zum Risiko des Marktes das **Beta** einer Aktie und bezeichnen es mit dem griechischen Buchstaben β. Wenn daher i für eine bestimmte Aktie steht, schreiben wir β_i für sein Risiko relativ zum Markt insgesamt. Grob gesprochen:

$$\beta_i = \frac{\text{Risiko des Aktivums } i}{\text{Risiko des Aktienmarktes}}$$

Wenn eine Aktie ein Beta von 1 hat, dann ist sie gerade so riskant wie der Markt insgesamt; wenn sich der Markt um 10 Prozent nach oben bewegt, dann wird diese Aktie im Durchschnitt ebenfalls um 10 Prozent steigen. Wenn eine Aktie ein Beta kleiner als 1 hat, dann wird bei einem Steigen des Marktes um 10 Prozent, die Aktie um weniger als 10 Prozent zulegen. Das Beta einer Aktie kann mittels statistischer Methoden ermittelt werden, nämlich wie sensibel die Bewegungen einer Variablen in bezug auf eine andere sind, und es gibt viele Investitionsberater, von denen man Schätzwerte für das Beta einer Aktie erhalten kann.[1]

13.3 Gleichgewicht auf einem Markt für riskante Vermögenswerte

Wir können nun die Gleichgewichtsbedingung für einen Markt mit riskanten Vermögenswerten angeben. Erinnern wir uns, dass in einem Markt mit ausschließlich sicheren Erträgen alle Aktiva den gleichen Ertrag abwerfen mussten. Jetzt gilt ein ähnliches Prinzip: Alle Aktiva müssen nach Bereinigung um das Risiko denselben Ertrag erzielen.

Der Trick ist die Risikobereinigung. Wie wird sie gemacht? Die Antwort liegt in der vorher erläuterten Analyse der optimalen Entscheidung. Wie erinnerlich untersuchten wir die Wahl eines optimalen Portfolios, das einen risikolosen und einen riskanten Vermögenswert enthielt. Die riskante Anlage wurde als Investmentfonds interpretiert – ein diversifiziertes Portfolio, das viele riskante Aktiva einschließt. In diesem Abschnitt wollen wir annehmen, dass dieses Portfolio aus *allen* riskanten Vermögenswerten besteht.

Wir können dann den erwarteten Ertrag dieses Markt-Portfolios riskanter Aktiva mit dem erwarteten Ertrag des Markts, r_m, und die Standardabweichung des Markertrags mit dem Marktrisiko, σ_m, gleichsetzen. Der Ertrag des sicheren Aktivums ist r_f, der risikolose Ertrag.

In Gleichung (13.1) hatte sich der Preis des Risikos, p, als

$$p = \frac{r_m - r_f}{\sigma_m}$$

ergeben.

Wir stellten oben fest, dass das Risiko eines bestimmten Aktivums i relativ zum Gesamtrisiko des Marktes mit β_i bezeichnet wird. Das bedeutet, dass wir zur Messung des *gesamten* Risikos eines Aktivums i mit dem Marktrisiko, σ_m, multiplizieren müssen. Das Gesamtrisiko des Aktivums i ist daher durch $\beta_i \sigma_m$ gegeben.

---

[1] Für diejenigen, die etwas Statistik können: Das Beta einer Aktie ist als ßi = cov(ri, rm)/var(rm) definiert. Das heißt, ßi ist die Kovarianz des Ertrags der Aktie mit dem Markertrag dividiert durch die Varianz des Marktertrags.

Wie hoch sind die Kosten dieses Risikos? Multipliziere einfach das Gesamtrisiko, $\beta_i\sigma_m$, mit dem Preis des Risikos. Das ergibt die *Risikobereinigung*:

$$\text{Risikobereinigung} = \beta_i \sigma_m p$$
$$= \beta_i \sigma_m \frac{r_m - r_f}{\sigma_m}$$
$$= \beta_i (r_m - r_f).$$

Nun können wir die Gleichgewichtsbedingung auf Märkten für riskante Aktiva angeben: Im Gleichgewicht sollten alle Vermögenswerte dieselbe risikobereinigte Ertragsrate aufweisen. Die Logik entspricht völlig jener des 12. Kapitels: Wenn ein Aktivum eine höhere risikobereinigte Ertragsrate als ein anderes Aktivum hätte, würde jeder den Vermögenswert mit der höheren risikobereinigten Ertragsrate halten wollen. Im Gleichgewicht müssen sich daher die risikobereinigten Ertragsraten angleichen.

Wenn es zwei Aktiva i und j gibt, welche erwartete Erträge von r_i und r_j und Betas von β_i und β_j haben, dann muss im Gleichgewicht die folgende Beziehung gelten:

$$r_i - \beta_i(r_m - r_f) = r_j - \beta_j(r_m - r_f).$$

Diese Gleichung besagt, dass im Gleichgewicht die risikobereinigten Erträge der zwei Aktiva gleich sein müssen – wobei sich die Risikobereinigung aus der Multiplikation des Gesamtrisikos des Aktivums mit dem Preis des Risikos ergibt.

Eine andere Art, diese Bedingung auszudrücken, ergibt sich aus folgendem Zusammenhang. Definitionsgemäß muss der risikolose Vermögenswert ein $\beta_f = 0$ haben. Das gilt deswegen, weil er ein Risiko von Null hat und β das Risiko eines Aktivums misst. Für jedes beliebige Aktivum i muss daher gelten

$$r_i - \beta_i(r_m - r_f) = r_f - \beta_f(r_m - r_f) = r_f.$$

Nach Umformung sagt diese Gleichung

$$r_i = r_f + \beta_i(r_m - r_f)$$

das heißt, der erwartete Ertrag jedes Aktivums muss gleich dem risikolosen Ertrag plus der Risikobereinigung sein. Der letzte Ausdruck spiegelt den zusätzlichen Ertrag wider, den die Leute verlangen, damit sie bereit sind, das im Aktivum enthaltene Risiko zu tragen. Diese Gleichung ist das Hauptergebnis des **Modells zur Bewertung von Kapitalvermögen (CAPM)**[2], das häufig bei der Untersuchung von Finanzmärkten Anwendung findet.

---

[2] CAPM = Capital Asset Pricing Model.

13.4 Wie sich Erträge anpassen

Bei der Analyse der Märkte für Aktiva bei Sicherheit zeigten wir, wie sich die Preise der Vermögenswerte anpassten, um die Erträge anzugleichen. Sehen wir uns nun den gleichen Anpassungsprozeß hier an.

Nach dem oben skizzierten Modell sollte der erwartete Ertrag eines jeden Aktivums gleich dem risikolosen Ertrag plus einer Risikoprämie sein:

$$r_i = r_f + \beta_i(r_m - r_f).$$

Diese Gerade haben wir in Abbildung 13.4 dargestellt, in der verschiedene Werte von Beta auf der horizontalen Achse, verschiedene erwartete Erträge auf der vertikalen Achse aufgetragen werden. Unserem Modell entsprechend müssen alle im Gleichgewicht gehaltenen Vermögenswerte auf dieser Geraden liegen. Wir nennen diese Linie die **Marktgerade**.

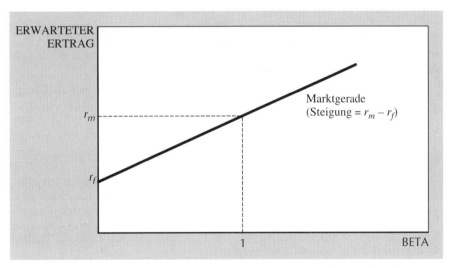

Abbildung 13.4 Die Marktgerade. Die Marktgerade stellt die Kombinationen von erwartetem Ertrag und Beta für im Gleichgewicht gehaltene Aktiva dar.

Was würde geschehen, wenn der erwartete Ertrag und das Beta eines Aktivums nicht auf der Marktgeraden lägen?

Der erwartete Ertrag eines Aktivums ist die erwartete Preisänderung dividiert durch seinen derzeitigen Preis:

$$r_i = \text{Erwartungswert von } \frac{p_1 - p_0}{p_0}.$$

Das ist ganz ähnlich wie die vorherige Definition, unter Hinzufügung des Wortes „erwartet". Wir müssen „erwartet" hinzunehmen, da der zukünftige Preis des Aktivums unsicher ist.

Angenommen man findet einen Vermögenswert, dessen risikobereinigter erwarteter Ertrag größer ist als der risikolose Ertrag:

$$r_i - \beta_i(r_m - r_f) > r_f.$$

Dieses Aktivum ist ein gutes Geschäft: Es bringt einen höheren risikobereinigten Ertrag als die risikolose Ertragsrate.

Wenn die Leute merken, dass es so ein Aktivum gibt, dann werden sie es kaufen wollen. Sie möchten es entweder für sich selbst behalten oder sie wollen es vielleicht kaufen und anderen weiterverkaufen, auf jeden Fall wird Nachfrage nach diesem Vermögenswert bestehen, da er einen besseren Trade-off zwischen Risiko und Ertrag bietet als andere Aktiva.

Wenn aber die Leute versuchen, dieses Aktivum zu kaufen, werden sie den bestehenden Preis nach oben treiben: p_0 wird steigen. Das bedeutet, dass die erwartete Ertragsrate $r_i = (p_1 - p_0)/p_0$ fallen wird. Wie weit wird sie fallen? Gerade weit genug, um die erwartete Ertragsrate zurück zur Marktgeraden zu drücken.

Es ist daher ein gutes Geschäft, ein Aktivum zu kaufen, das über der Marktgeraden liegt. Denn wenn die Leute merken, dass es für sein Risiko einen höheren Ertrag aufweist als Vermögenswerte, die sie derzeit halten, dann werden sie den Preis dieses Aktivums nach oben lizitieren.

All das hängt an der Hypothese, dass die Leute hinsichtlich der Risikoeinschätzung der verschiedenen Vermögenswerte übereinstimmen. Wenn sie hinsichtlich der erwarteten Erträge oder der Betas verschiedener Aktiva unterschiedlicher Auffassung sind, wird das Modell komplizierter.

BEISPIEL: Die Reihung von Investmentfonds

Das Modell zur Bewertung von Kapitalvermögen kann zum Vergleich verschiedener Investitionen hinsichtlich ihres Risikos und ihres Ertrags verwendet werden. Eine beliebte Anlageform ist ein Investmentfonds. Das sind große Organisationen, die Geld von einzelnen Anlegern entgegennehmen und dieses Geld zum Kauf und Verkauf von Aktien verwenden. Die dabei erzielten Gewinne werden an die einzelnen Investoren ausgeschüttet.

Der Vorteil eines Investmentfonds liegt darin, dass das Geld von Experten verwaltet wird. Der Nachteil besteht in den für die Verwaltung verrechneten Kosten. Diese Gebühren sind jedoch in der Regel nicht besonders hoch, so dass die meisten kleinen Anleger gut beraten sind, sich eines Investmentfonds zu bedienen.

Aber wie wählt man einen bestimmten Investmentfonds zur Veranlagung aus? Natürlich bevorzugt man einen mit einem hohen erwarteten Ertrag, aber wahrscheinlich möchte man auch einen mit minimalem Risiko. Die Frage ist, wie viel Risiko man bereit ist einzugehen, um diesen hohen erwarteten Ertrag zu erzielen.

Man könnte sich etwa den Erfolg verschiedener Investmentfonds in der Vergangenheit ansehen, und den durchschnittlichen jährlichen Ertrag sowie das Beta – das Ausmaß des Risikos – eines jeden in Betracht kommenden Investmentfonds berechnen. Da wir die genaue Definition von Beta nicht behandelt haben, wird seine Berechnung vielleicht schwierig erscheinen. Aber es gibt Veröffentlichungen, in denen man die früheren Betas von Investmentfonds nachschlagen kann.

Wenn man die erwarteten Erträge gegen die Betas aufträgt, würde man ein Diagramm ähnlich der Abbildung 13.5 erhalten.[3] Beachte, dass die Investmentfonds mit hohen erwarteten Erträgen im allgemeinen ein hohes Risiko aufweisen. Die hohen erwarteten Erträge dienen der Abgeltung des höheren Risikos.

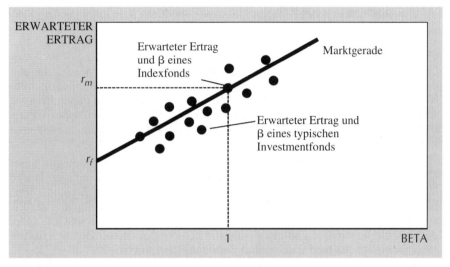

Abbildung 13.5   Investmentfonds. Vergleich der Erträge von Anlagen in Investmentfonds mit der Marktgeraden.

Eine interessante Verwendung des Investmentfondsdiagramms ist der Vergleich einer Anlage mit Hilfe eines Managements durch Experten mit einer sehr einfachen Strategie, wie der Investition eines Teils des Geldes in einen **Indexfonds**. Es gibt verschiedene Indizes des Aktienmarktes, wie den Dow-Jones Index oder den Standard-and-Poor's Index usw. Typischerweise sind die Indizes die durchschnittlichen Erträge einer gewissen Gruppe von Aktien an einem bestimmten Tag. Der Standard-and-Poor's Index zum Beispiel basiert auf dem durchschnittlichen Ergebnis von 500 an der New York Stock Exchange gehandelten Aktien.

---

[3] Siehe dazu Michael Jensen, „The Performance of Mutual Funds in the Period 1945 – 1964", *Journal of Finance*, 23 (Mai 1968), pp. 389–416, für eine detailliertere Diskussion, wie man die Ergebnisse von Investmentfonds unter Verwendung der in diesem Kapitel skizzierten Instrumente analysiert. Mark Grinblatt und Sheridan Titman haben jüngeres Zahlenmaterial analysiert: „Mutual Fund Performance: An Analysis of Quarterly Portfolio Holdings", *The Journal of Business*, 62 (Juli 1989), pp. 393–416.

Ein **Indexfonds** ist ein Investmentfonds, der jene Aktien hält, aus denen so ein Index besteht. Das bedeutet im wesentlichen, dass einem praktisch definitionsgemäß garantiert wird, das durchschnittliche Ergebnis der Aktien des Index zu erhalten. Da es nicht sehr schwer ist, den Durchschnitt zu halten – zumindest im Vergleich zum Versuch, den Index zu übertreffen – haben Indexfonds meist niedrige Verwaltungsgebühren. Da ein Indexfonds eine sehr breite Basis riskanter Aktiva hält, wird er ein Beta nahe bei 1 haben – er wird gerade so riskant sein wie der Markt insgesamt, denn der Indexfonds hält nahezu alle am Gesamtmarkt vorhandenen Aktien.

Wie lässt sich nun das Ergebnis eines Indexfonds mit dem eines typischen Investmentfonds vergleichen? Zur Erinnerung: Der Vergleich muss sowohl hinsichtlich des Risikos als auch des Ertrags der Veranlagung getroffen werden. Eine Möglichkeit ist, den erwarteten Ertrag und das Beta zum Beispiel des Standard-and-Poor's Indexfonds einzutragen, und dann die Gerade zu zeichnen, die diesen Punkt mit der risikolosen Ertragsrate verbindet, wie in Abbildung 13.5. Man kann jede beliebige Kombination von Risiko und Ertrag auf dieser Geraden erhalten, die man will, einfach durch die Entscheidung, wie viel seines Geldes man in das risikofreie Aktivum und wie viel man in den Indexfonds investieren will.

Zählen wir jetzt einmal die Zahl der Investmentfonds, die unterhalb dieser Geraden liegen. Das sind jene Investmentfonds, die Kombinationen von Risiko und Ertrag bieten, welche durch die Kombinationen Indexfonds/risikoloser Vermögenswert dominiert werden. Dabei stellt sich heraus, dass der Großteil der Ertrag-Risiko-Kombinationen, die von Investmentfonds angeboten werden, unter dieser Linie liegen. Die Zahl der Fonds, die sich oberhalb dieser Geraden finden, ist nicht größer, als man durch reinen Zufall erwarten würde.

Aus einer anderen Sicht ist dieses Ergebnis gar nicht so überraschend. Der Aktienmarkt steht unter einem unglaublichen Wettbewerbsdruck. Ständig versuchen Leute, unterbewertete Aktien zu finden, um sie zu kaufen. Das bedeutet, dass Aktien meist zu dem gehandelt werden, was sie wirklich wert sind. Wenn das der Fall ist, dann ist es eine recht vernünftige Strategie, auf den Durchschnitt zu setzen – da es nahezu unmöglich ist, den Durchschnitt zu überbieten.

Zusammenfassung

1. Wir können das bereits entwickelte Instrumentarium der Budgetgeraden und Indifferenzkurven zur Analyse der Entscheidung verwenden, wie viel Geld man in riskante und risikolose Aktiva veranlagen soll.
2. Die Grenzrate der Substitution zwischen Risiko und Ertrag wird der Steigung der Budgetgeraden entsprechen müssen. Diese Steigung wird als Preis des Risikos bezeichnet.
3. Das in einem Aktivum enthaltene Ausmaß des Risikos hängt großteils von der Korrelation seines Ertrags mit anderen Aktiva ab. Ein Vermögenswert, dessen Ertrag sich zu dem anderer Aktiva entgegengesetzt entwickelt, trägt dazu bei, das Gesamtrisiko eines Portfolios zu verringern.
4. Das Ausmaß des in einem Aktivum enthaltenen Risikos im Vergleich zu jenem des gesamten Marktes wird als **Beta** des Aktivums bezeichnet.

5. Die grundlegende Gleichgewichtsbedingung auf Märkten für Vermögenswerte ist, dass die risikobereinigten Ertragsraten gleich sein müssen.

Wiederholungsfragen

1. Wie hoch ist die maximal erzielbare Ertragsrate, wenn die risikolose Ertragsrate 6% ist, wenn ein riskantes Aktivum mit einer Ertragsrate von 9% und einer Standardabweichung von 3% erhältlich ist und wenn man bereit ist, eine Standardabweichung von 2% zu akzeptieren? Welchen Anteil des Vermögens müsste man in das riskante Aktivum investieren?
2. Wie hoch ist der Preis des Risikos in obiger Aufgabe?
3. Welche erwartete Ertragsrate sollte eine Aktie nach dem Modell zur Bewertung von Kapitalvermögen (CAPM) bieten, wenn sie ein β von 1,5 aufweist, der Markertrag 10% und die risikolose Ertragsrate 5% ist? Wie hoch sollte der derzeitige Kurs der Aktie sein, wenn ihr Erwartungswert € 100 ist?

14. Kapitel
KONSUMENTENRENTE

In den vorangegangenen Kapiteln haben wir gesehen, wie man die Nachfragefunktion eines Konsumenten aus den zugrundeliegenden Präferenzen oder der Nutzenfunktion herleitet. In der Praxis befassen wir uns jedoch meist mit dem umgekehrten Problem – wie schätze ich die Präferenzen oder den Nutzen aus dem beobachteten Nachfrageverhalten.

Wir haben dieses Problem bereits zweimal in anderem Zusammenhang untersucht. Im 6. Kapitel zeigten wir, wie man die Parameter einer Nutzenfunktion aus der Beobachtung des Nachfrageverhaltens schätzen könnte. In dem dort verwendeten Cobb-Douglas Beispiel konnten wir eine Nutzenfunktion, welche das beobachtete Entscheidungsverhalten beschrieb, einfach durch Berechnung des durchschnittlichen Ausgabenanteils eines jeden Gutes schätzen. Die resultierende Nutzenfunktion konnte dann zur Bewertung von Konsumänderungen verwendet werden.

Im 7. Kapitel beschrieben wir, wie man die Analyse der bekundeten Präferenzen verwendet, um Schätzungen der zugrundeliegenden Präferenzen wiederzugewinnen, welche bestimmte beobachtete Entscheidungen generiert haben könnten. Die sich ergebenden Nutzenfunktionen können dann zur Bewertung von Konsumänderungen herangezogen werden.

In diesem Kapitel werden wir uns nun einige weitere Lösungswege für das Problem der Schätzung des Nutzens aus der Beobachtung des Nachfrageverhaltens ansehen. Obwohl einige der untersuchten Methoden weniger allgemein sind als die zwei vorher analysierten, werden sie sich für ein paar später behandelte Anwendungen als recht nützlich herausstellen.

Wir beginnen mit der Wiederholung eines Spezialfalls des Nachfrageverhaltens, für den es leicht ist, eine Schätzung der Nutzenfunktion herzuleiten. Danach wenden wir uns allgemeineren Fällen der Präferenzen und des Nachfrageverhaltens zu.

14.1 Die Nachfrage nach einem unteilbaren Gut

Beginnen wir mit der Wiederholung der Nachfrage nach einem unteilbaren Gut bei quasilinearen Präferenzen, die wir im 6. Kapitel beschrieben. Angenommen die Nutzenfunktion hat die Form $v(x) + y$, und das x-Gut gibt es nur in ganzzahligen Mengen. Stellen wir uns das y-Gut als Geld vor, das für andere Güter ausgegeben wird, und setzen wir seinen Preis gleich 1. Der Preis des x-Gutes sei p.

Wir sahen im 6. Kapitel, dass in diesem Fall das Konsumentinnenverhalten mittels der Vorbehaltspreise $r_1 = v(1) - v(0)$, $r_2 = v(2) - v(1)$ usw. beschrieben werden kann. Die Beziehung zwischen Vorbehaltspreisen und der Nachfrage war sehr einfach: Wenn n Einheiten des Gutes nachgefragt werden, dann $r_n = p = r_{n+1}$.

Überprüfen wir das anhand eines Beispiels. Angenommen die Konsumentin entscheidet sich, beim Preis von p insgesamt 6 Einheiten des x-Gutes zu verbrauchen. Dann muss der Nutzen des Konsums $(6, m - 6p)$ mindestens so groß sein wie der Nutzen des Konsums irgendeines anderen Bündels $(x, m - px)$:

$$v(6) + m - 6p \geq v(x) + m - px. \tag{14.1}$$

Insbesondere muss diese Ungleichung für $x = 5$ gelten, was

$$v(6) + m - 6p \geq v(5) + m - 5p$$

ergibt. Nach Umordnung erhalten wir $v(6) - v(5) = r_6 = p$.

Gleichung (14.1) muss auch für $x = 7$ halten. Das ergibt

$$v(6) + m - 6p \geq v(7) + m - 7p,$$

was nach Umformung zu $\quad p \geq v(7) - v(6) = r_7$
führt.

Diese Herleitung zeigt, dass bei einer Nachfrage von 6 Einheiten des x-Gutes sein Preis zwischen r_6 und r_7 liegen muss. Allgemein: Wenn n Einheiten des x-Gutes zu einem Preis von p nachgefragt werden, dann muss $r_n = p = r_{n+1}$, was wir zeigen wollten. Die Liste der Vorbehaltspreise enthält die gesamte zur Beschreibung des Nachfrageverhaltens erforderliche Information. Die Graphik der Vorbehaltspreise bildet die in Abbildung 14.1 gezeigte „Treppe". Diese Treppe ist genau die Nachfragekurve eines unteilbaren Gutes.

14.2 Herleitung des Nutzens aus der Nachfrage

Wir haben soeben gesehen, wie man aus gegebenen Vorbehaltspreisen oder gegebener Nutzenfunktion die Nachfragekurve herleiten kann. Man kann jedoch diese Vorgangsweise auch umkehren. Aus einer gegebenen Nachfragekurve können wir die Nutzenfunktion konstruieren – zumindest im Sonderfall quasilinearen Nutzens.

Auf einer gewissen Ebene ist das lediglich eine triviale Rechenoperation. Die Vorbehaltspreise sind als die Nutzendifferenzen definiert:

$$r_1 = v(1) - v(0)$$
$$r_2 = v(2) - v(1)$$
$$r_3 = v(3) - v(2)$$

Wenn wir nun zum Beispiel $v(3)$ berechnen wollen, addieren wir einfach beide Seiten dieser Liste von Gleichungen und finden

$$r_1 + r_2 + r_3 = v(3) - v(0).$$

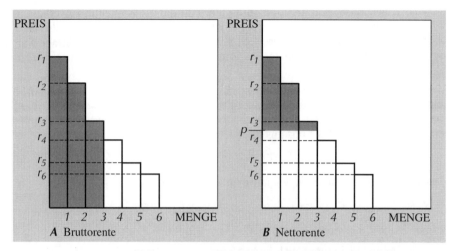

Abbildung 14.1 Vorbehaltspreis und die Rente der Konsumentin. Der Bruttonutzen im Feld A ist die Fläche unter der Nachfragekurve. Sie misst den Nutzen aus dem Konsum des x-Gutes. Die Rente der Konsumentin wird im Feld B dargestellt. Sie misst den Nutzen aus dem Konsum beider Güter, wenn das erste Gut zu einem konstanten Preis p gekauft werden muss.

Es ist sinnvoll, den Nutzen aus dem Konsum von Null Einheiten des Gutes gleich Null zu setzen, so dass $v(0) = 0$; dann ist $v(n)$ einfach die Summe der ersten n Vorbehaltspreise.

Diese Herleitung hat eine anschauliche geometrische Interpretation, die in Abbildung 14.1A dargestellt ist. Der Nutzen aus dem Konsum von n Einheiten ist genau gleich der Fläche unter den ersten n vertikalen Balken, welche die Nachfragefunktion bilden. Das gilt deswegen, weil die Höhe jedes Balkens gleich dem mit diesem Niveau der Nachfrage zusammenhängenden Vorbehaltspreis ist, und weil die Breite jedes Balkens gleich eins ist. Diese Fläche wird manchmal als der **Bruttonutzen** oder die **Bruttorente des Konsumenten** aus dem Konsum dieses Gutes bezeichnet.

Beachte, dass das nur der mit dem Konsum des Gutes 1 assoziierte Nutzen ist. Der endgültige Nutzen des Konsums hängt davon ab, wie viel der Konsument von Gut 1 *und* von Gut 2 verbraucht. Wenn der Konsument n Einheiten des unteilbaren Gutes wählt, dann verbleiben ihm $(m - pn)$ Euro zum Kauf anderer Dinge. Das gibt ihm einen Gesamtnutzen von

$$v(n) + m - pn.$$

Dieser Nutzen hat ebenfalls eine Interpretation als Fläche: Wir nehmen einfach die in Abbildung 14.1A dargestellte Fläche, ziehen die Ausgaben für das unteilbare Gut ab und addieren m.

Der Ausdruck $v(n) - pn$ wird **Rente des Konsumenten** oder **Nettorente des Konsumenten** genannt. Sie misst den Nettonutzen aus dem Konsum des unteilbaren Gutes: Den Nutzen $v(n)$ minus der Verringerung der Konsumausgaben für das andere Gut. Die Rente des Konsumenten ist in Abbildung 14.1B dargestellt.

14.3 Weitere Interpretationen der Rente der Konsumentin

Es gibt einige andere Möglichkeiten, sich die Rente der Konsumentin vorzustellen. Angenommen der Preis des unteilbaren Gutes ist p. Die Konsumentin bewertet die erste Konsumeinheit dieses Gutes mit r_1, sie braucht aber nur p dafür zu zahlen. Das gibt ihr für die erste Konsumeinheit eine „Rente" von $r_1 - p$. Die zweite Konsumeinheit bewertet sie mit r_2, muss aber wiederum nur p dafür bezahlen. Für diese Einheit ergibt das eine Rente von $r_2 - p$. Wenn wir das über alle n Einheiten addieren, welche die Konsumentin wählt, erhalten wir ihre gesamte Rente:[1]

$$CS = r_1 - p + r_2 - p + \cdots + r_n - p = r_1 + \cdots + r_n - np.$$

Da die Summe der Vorbehaltspreise einfach den Nutzen aus dem Konsum des Gutes 1 ergibt, können wir auch schreiben

$$CS = v(n) - pn.$$

Wir können die Rente der Konsumentin auf noch eine andere Art interpretieren. Angenommen eine Konsumentin verbraucht n Einheiten des unteilbaren Gutes und zahlt pn Dollar dafür. Um wie viel Geld wäre sie bereit, den gesamten Konsum dieses Gutes aufzugeben? Diesen benötigten Geldbetrag wollen wir mit R bezeichnen. R muss dann die Gleichung

$$v(0) + m + R = v(n) + m - pn$$

erfüllen. Da definitionsgemäß $v(0) = 0$, reduziert sich diese Gleichung auf

$$R = v(n) - pn,$$

was genau der Rente der Konsumentin entspricht. Die Rente der Konsumentin misst daher, wie viel man einer Konsumentin zahlen müsste, damit sie auf den gesamten Konsum eines bestimmten Gutes verzichtet.

14.4 Von der Rente des Konsumenten zur Konsumentenrente

Bis jetzt haben wir lediglich einen einzelnen Konsumenten betrachtet. Wenn wir es mit mehreren Konsumenten zu tun haben, können wir die Renten aller Konsumenten addieren, um ein aggregiertes Maß für die **Konsumentenrente** zu erhalten. Beachte genau den Unterschied zwischen den zwei Konzepten: Die Rente des Konsumenten bezieht sich auf die Rente eines einzelnen Konsumenten; Konsumentenrente ist die Summe der Renten über eine bestimmte Anzahl an Konsumenten.

Die Konsumentenrente dient als nützliches Maß der aggregierten Vorteile aus dem Tausch, so wie die Rente des Konsumenten ein Maß für die individuellen Tauschgewinne darstellt.

---

1 CS = Consumer's Surplus

14.5 Näherungsweise Darstellung bei kontinuierlicher Nachfrage

Wir haben gesehen, dass die Fläche unterhalb der Nachfragekurve eines unteilbaren Gutes den Nutzen aus dem Konsum dieses Gutes misst. Durch Annäherung der kontinuierlichen Nachfragekurve mittels einer treppenartigen Kurve, können wir das auf den Fall eines Gutes ausdehnen, das in kontinuierlichen Mengen verfügbar ist. Die Fläche unter der kontinuierlichen Nachfragekurve ist dann ungefähr gleich der Fläche unter der „Treppen-Nachfragekurve".

Abbildung 14.2 enthält ein Beispiel dafür. Im Anhang zeigen wir, wie man mit Hilfe der Integralrechnung die Fläche unter einer Nachfragekurve exakt berechnet.

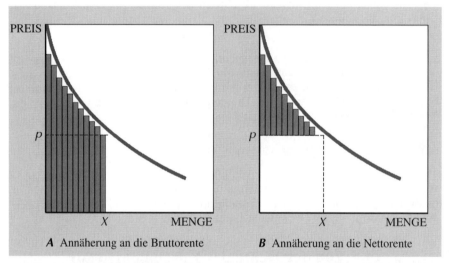

A Annäherung an die Bruttorente   **B** Annäherung an die Nettorente

Abbildung 14.2 Näherungsweise Darstellung bei kontinuierlicher Nachfrage. Das ungefähre Ausmaß der Rente der Konsumentin bei einer kontinuierlichen Nachfragekurve kann durch eine diskrete Annäherung an diese Nachfragekurve gefunden werden.

14.6 Quasilinearer Nutzen

Es lohnt sich zu überlegen, welche Rolle quasilinearer Nutzen bei dieser Analyse spielt. Im allgemeinen wird der Preis, zu dem ein Konsument bereit ist, eine bestimmte Menge des Gutes 1 zu kaufen, davon abhängen, wie viel Geld er für den Konsum anderer Güter zur Verfügung hat. Das bedeutet, dass im allgemeinen die Vorbehaltspreise für Gut 1 auch von der konsumierten Menge des Gutes 2 abhängen.

Im Sonderfall quasilinearen Nutzens sind jedoch die Vorbehaltspreise vom Geldbetrag, den der Konsument für andere Güter zur Verfügung hat, unabhängig. Ökonomen sagen, dass es bei quasilinearem Nutzen „keinen Einkommenseffekt" gibt, da sich Einkommensänderungen nicht auf die Nachfrage auswirken. Das erlaubt die Berechnung des Nutzens auf diese einfache Art. Die Verwendung der Fläche unter der Nachfragekurve als Maß des Nutzens wird nur dann *genau* stimmen, wenn die Nutzenfunktion quasilinear ist.

Es handelt sich jedoch oft um eine gute Näherung. Wenn sich die Nachfrage nach einem Gut mit dem Einkommen nicht sehr stark ändert, dann spielen also die Einkommenseffekte keine sehr große Rolle, und die Änderung der Konsumentenrente wird eine brauchbare Annäherung an die Nutzenänderung des Konsumenten sein.[2]

14.7 Interpretation der Veränderung der Rente der Konsumentin

Üblicherweise sind wir an der absoluten Höhe der Rente der Konsumentin nicht besonders interessiert. Im allgemeinen haben wir ein größeres Interesse an der Veränderung der Rente der Konsumentin, die sich aus einer wirtschaftspolitischen Maßnahme ergibt. Angenommen zum Beispiel, der Preis eines Gutes ändert sich von p' auf p''. Wie ändert sich die Rente der Konsumentin?

In Abbildung 14.3 haben wir die Änderung der Rente der Konsumentin als Folge einer Preisänderung veranschaulicht. Die Veränderung der Rente der Konsumentin ist die Differenz zwischen zwei ungefähr dreieckigen Flächen und wird daher in etwa trapezförmig sein. Das Trapez setzt sich wiederum aus zwei Teilflächen zusammen, dem mit R bezeichneten Rechteck und der mit T bezeichneten ungefähr dreieckigen Fläche.

Das Rechteck misst den Verlust, welcher daraus resultiert, dass die Konsumentin jetzt mehr für alle jene Einheiten zahlen muss, die sie weiterhin konsumiert. Nach der Preiserhöhung konsumiert noch x'' Einheiten des Gutes, und jede Einheit kostet nun um $p'' - p'$ mehr. Das bedeutet also, dass sie um $(p'' - p')x''$ mehr Geld als vorher ausgeben muss, nur um x'' Einheiten des Gutes konsumieren zu können.

Aber das ist nicht ihr gesamter Wohlfahrtsverlust. Aufgrund der Preiserhöhung des x-Gutes hat sich die Konsumentin entschieden, weniger davon zu konsumieren. Das Dreieck T misst den Wert des *entgangenen* Konsums des x-Gutes. Der gesamte Verlust der Konsumentin ist die Summe dieser beiden Effekte: R misst den Verlust aufgrund der Mehrkosten jener Einheiten, die sie weiterhin konsumiert, und T misst den Verlust aus dem verringerten Konsum.

---

[2] Natürlich ist die Änderung der Rente des Konsumenten nur eine Möglichkeit, Nutzenänderungen darzustellen – die Änderung der Quadratwurzel der Rente des Konsumenten wäre genau so gut. Es ist jedoch üblich, die Rente des Konsumenten als standardisiertes Nutzenmaß zu verwenden.

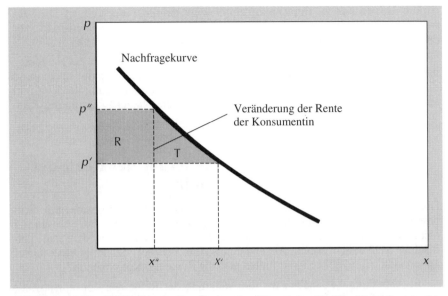

Abbildung 14.3 Veränderung der Rente der Konsumentin. Die Veränderung der **Rente der Konsumentin** ist der Unterschied zwischen zwei ungefähr dreieckigen Flächen und wird daher ungefähr trapezförmig sein.

BEISPIEL: Die Veränderung der Rente der Konsumentin

Frage: Nehmen wir wieder wie oben die lineare Nachfragekurve $D(p) = 20 - 2p$. Wie hoch ist die Veränderung der Rente der Konsumentin, wenn sich der Preis von 2 auf 3 ändert?

Antwort: Wenn $p = 2$, $D(2) = 16$, und wenn $p = 3$, $D(3) = 14$. Wir wollen daher die Fläche eines Trapezes mit der Höhe 1 und den Basen 14 und 16 berechnen. Das ist gleich einem Rechteck mit Länge 14 und Breite 1 (also einer Fläche von 14) plus einem Dreieck mit Höhe 1 und Basis 2 (also einer Fläche von 1). Die gesamte Fläche ist daher 15.

14.8 Kompensatorische und äquivalente Variation

Die Theorie der Rente des Konsumenten ist im Fall quasilinearen Nutzens recht genau. Und selbst wenn der Nutzen nicht quasilinear ist, kann die Rente des Konsumenten in vielen Anwendungen noch immer ein vernünftiges Maß für die Wohlfahrt des Konsumenten sein. Meist überwiegen ohnehin die Fehler bei der Messung der Nachfragekurven die Näherungsfehler aus der Verwendung der Rente des Konsumenten.

Für einige Anwendungen könnte jedoch eine Näherung nicht gut genug sein. In diesem Abschnitt wollen wir eine Möglichkeit skizzieren, „Nutzenänderungen" ohne Verwendung der Rente des Konsumenten zu messen. Tatsächlich handelt es sich um zwei getrennte Fragestellungen. Die erste hat mit der Schätzung des Nutzens zu tun, wenn wir eine Reihe von Konsumentenentscheidungen beobachten können. Die zweite betrifft die Nutzenmessung in Geldeinheiten.

Das Schätzproblem haben wir bereits untersucht. Im 6. Kapitel gaben wir ein Beispiel für die Schätzung einer Cobb-Douglas Nutzenfunktion. In diesem Beispiel stellten wir die relative Konstanz der Ausgabenanteile fest, so dass wir den durchschnittlichen Ausgabenanteil zur Schätzung der Cobb-Douglas Parameter verwenden konnten. Wenn das Nachfrageverhalten nicht diese besondere Eigenschaft aufweist, müssten wir eine kompliziertere Nutzenfunktion suchen, das Prinzip bliebe jedoch gleich: Wenn wir genügend Beobachtungen über das Nachfrageverhalten haben und wenn dieses Verhalten mit der Maximierung von irgendetwas übereinstimmt, dann werden wir im allgemeinen die zu maximierende Funktion schätzen können.

Wenn wir einmal eine Schätzung der Nutzenfunktion haben, die irgendein beobachtetes Entscheidungsverhalten beschreibt, können wir diese Funktion zur Bewertung der Auswirkungen vorgeschlagener Änderungen der Preis- und Konsumniveaus verwenden. Auf einem sehr grundlegenden Niveau der Analyse können wir uns nicht mehr erwarten. Es kommt lediglich auf die Präferenzen des Konsumenten an, und eine beliebige Nutzenfunktion, welche die Präferenzen des Konsumenten beschreibt, ist so gut wie jede andere.

In einigen Anwendungen kann es jedoch zweckmäßig sein, den Nutzen in Geld zu messen. Wir könnten zum Beispiel fragen, wie viel Geld wir einem Konsumenten geben müssten, um ihn für eine Änderung in seinem Konsummuster zu entschädigen. Ein Maß dieser Art erfasst im wesentlichen eine Nutzenänderung, jedoch gemessen in Geldeinheiten. Welche praktischen Möglichkeiten gibt es dafür?

Angenommen wir betrachten die in Abbildung 14.4 dargestellte Situation. Hier sieht sich der Konsument ursprünglich den Preisen $(p_1^*, 1)$ gegenüber und er konsumiert das Bündel (x_1^*, x_2^*). Der Preis des Gutes 1 steigt von p_1^* auf $\hat{p}_1$

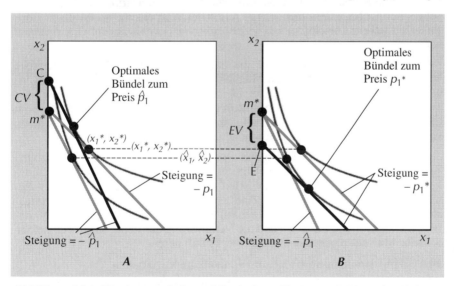

Abbildung 14.4 Kompensatorische und äquivalente Variation. Feld A zeigt die kompensatorische, Feld B die äquivalente Variation.

und der Konsument ändert seinen Konsum auf ($\hat{x}_1$, $\hat{x}_2$). Wie stark ist der Konsument durch diese Preisänderung betroffen?

Eine Möglichkeit zur Beantwortung dieser Frage ist zu überlegen, wie viel Geld wir dem Konsument *nach* der Preisänderung geben müssten, um ihn genau so gut zu stellen wie *vor* der Preisänderung. Geometrisch ausgedrückt fragen wir, wie weit wir die neue Budgetgerade verschieben müssten, damit sie jene Indifferenzkurve berührt, welche durch den ursprünglichen Konsumpunkt (x_1^*, x_2^*) verläuft. Die Einkommensänderung, die erforderlich ist, um den Konsumenten auf seine ursprüngliche Indifferenzkurve zurückzubringen, wird als **kompensatorische Variation** des Einkommens bezeichnet, da diese Einkommensänderung eine Kompensation des Konsumenten für die Preisänderung darstellt. Die kompensatorische Variation misst, wie viel zusätzliches Geld die Regierung dem Konsumenten geben müsste, wenn sie ihn für die Preisänderung gerade entschädigen wollte.

Eine andere Möglichkeit zur Messung der Wirkung einer Preisänderung in Geldeinheiten ist zu fragen, wie viel Geld man dem Konsumenten *vor* der Preisänderung wegnehmen müsste, damit er gleich gut gestellt ist wie *nach* der Preisänderung. Das wird **äquivalente Variation** des Einkommens genannt, da diese Einkommensänderung der Preisänderung hinsichtlich der Änderung des Nutzens äquivalent ist. In Abbildung 14.4 fragen wir, wie weit wir die ursprüngliche Budgetgerade nach unten verschieben müssten, damit sie gerade jene Indifferenzkurve berührt, die durch das neue Konsumbündel verläuft. Die äquivalente Variation misst den maximalen Geldbetrag, den der Konsument zu zahlen bereit wäre, um die Preisänderung zu vermeiden.

Im allgemeinen wird der Geldbetrag, den der Konsument zur Vermeidung einer Preisänderung zu zahlen bereit wäre, sich von jenem Geldbetrag unterscheiden, den man ihm als Entschädigung für eine Preisänderung zahlen müsste. Schließlich ist bei unterschiedlichen Preisen der Wert eines Euro für einen Konsumenten jeweils verschieden, da jeder Euro dann jeweils andere Gütermengen kauft.

Geometrisch gesprochen, sind die äquivalente und die kompensatorische Variation nur zwei verschiedene Möglichkeiten zu messen, „wie weit" zwei Indifferenzkurven auseinander liegen. In jedem Fall messen wir die Entfernung zwischen zwei Indifferenzkurven mittels der Entfernung zweier Tangenten. Im allgemeinen hängt dieses Distanzmaß vom Anstieg der Tangenten ab - das heißt, von den Preisen, die wir zur Bestimmung der Budgetgeraden heranziehen.

Kompensatorische und äquivalente Variation sind jedoch in einem wichtigen Fall gleich - bei quasilinearem Nutzen. In diesem Fall verlaufen die Indifferenzkurven parallel, die Entfernung zwischen zwei Indifferenzkurven ist daher dieselbe, unabhängig davon wo sie gemessen wird, wie in Abbildung 14.5 dargestellt. Im Falle quasilinearer Präferenzen ergeben die kompensatorische Variation, die äquivalente Variation und die Veränderung der Rente des Konsumenten dasselbe Maß des monetären Wertes einer Preisänderung.

BEISPIEL: Kompensatorische und äquivalente Variationen

Angenommen ein Konsument hat die Nutzenfunktion $u(x_1, x_2) = x_1^{1/2} x_2^{1/2}$. Er sieht sich ursprünglich den Preisen (1, 1) gegenüber und hat ein Einkommen von

100. Dann steigt der Preis des Gutes 1 auf 2. Wie hoch sind die kompensatorische und die äquivalente Variation?

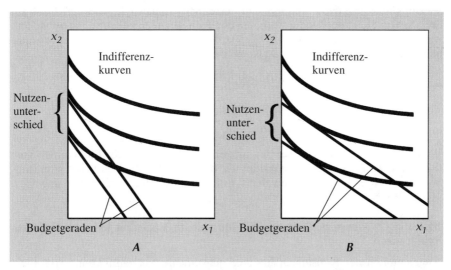

Abbildung 14.5 Quasilineare Präferenzen. Bei quasilinearen Präferenzen ist die Entfernung zwischen zwei Indifferenzkurven unabhängig von der Steigung der Budgetgeraden.

Wir wissen, dass die Nachfragefunktionen einer Cobb-Douglas Nutzenfunktion durch

$$x_1 = \frac{m}{2p_1}$$
$$x_2 = \frac{m}{2p_2}$$

gegeben sind. Nach dieser Formel ändert sich die Nachfrage des Konsumenten von $(x_1^*, x_2^*) = (50, 50)$ auf $(\hat{x}_1, \hat{x}_2) = (25, 50)$.

Um die kompensatorische Variation zu berechnen, fragen wir, wie viel Geld man zu den Preisen (2, 1) brauchte, um den Konsumenten ebenso gut zu stellen wie beim Konsum des Bündels (50, 50). Wenn die Preise (2, 1) wären und der Kon-sument ein Einkommen von m hätte, können wir in die Nachfragefunktionen einsetzen und finden, dass der Konsum im Optimum das Bündel $(m/4, m/2)$ wählen würde. Wenn wir den Nutzen dieses Bündels gleich dem Nutzen des Bündels (50, 50) setzen, erhalten wir

$$\left(\frac{m}{4}\right)^{\frac{1}{2}} \left(\frac{m}{2}\right)^{\frac{1}{2}} = 50^{\frac{1}{2}} 50^{\frac{1}{2}}.$$

Auflösung nach m ergibt

$$m = 100\sqrt{2} \approx 141.$$

Der Konsument würde daher rund 141 − 100 = € 41 nach der Preisänderung zusätzlich brauchen, damit er gleich gut gestellt wäre wie vor der Preisänderung.

Um die äquivalente Variation zu berechnen, fragen wir, wie viel Geld zu Preisen von (1, 1) notwendig wäre, um den Konsumenten genau so gut zu stellen wie beim Konsum des Bündels (25, 50). Wiederum steht m für dieses Einkommen und wir folgen derselben Logik wie vorher:

$$\left(\frac{m}{2}\right)^{\frac{1}{2}} \left(\frac{m}{2}\right)^{\frac{1}{2}} = 25^{\frac{1}{2}} 50^{\frac{1}{2}}.$$

Auflösung nach m ergibt

$$m = 50\sqrt{2} \approx 70.$$

Wenn also der Konsument bei den ursprünglichen Preisen ein Einkommen von € 70 hätte, wäre er genau so gut dran wie bei den neuen Preisen und einem Einkommen von € 100. Die äquivalente Einkommensvariation ist daher ungefähr 100 − 70 = € 30.

BEISPIEL: Kompensatorische und äquivalente Variation bei quasilinearen Präferenzen

Angenommen der Konsument hat eine quasilineare Nutzenfunktion $v(x_1) + x_2$. Wir wissen, dass in diesem Fall die Nachfrage nach Gut 1 nur vom Preis des Gutes 1 abhängt, daher schreiben wir sie als $x_1(p_1)$. Angenommen der Preis ändert sich von p_1^* auf $\hat{p}_1$. Wie hoch sind die kompensatorische und die äquivalente Variation?

Beim Preis p_1^* wählt der Konsument $x_1^* = x_1(p_1^*)$ und hat einen Nutzen von $v(x_1^*) + m - p_1^* x_1^*$. Beim Preis $\hat{p}_1$ wählt er $\hat{x}_1 = x_1(\hat{p}_1)$ und hat einen Nutzen von $v(\hat{x}_1) + m - \hat{p}_1 \hat{x}_1$.

Die kompensatorische Variation sei C. Das ist der zusätzliche Geldbetrag, den der Konsument nach der Preisänderung brauchte, damit er gleich gut gestellt ist wie vor der Preisänderung. Wenn wir die Nutzen gleichsetzen, haben wir

$$v(\hat{x}_1) + m + C - \hat{p}_1 \hat{x}_1 = v(x_1^*) + m - p_1^* x_1^*.$$

Auflösung nach C ergibt

$$C = v(x_1^*) - v(\hat{x}_1) + \hat{p}_1 \hat{x}_1 - p_1^* x_1^*.$$

Die äquivalente Variation sei E. Das ist jener Geldbetrag, den man dem Konsumenten vor der Preisänderung wegnehmen könnte, so dass er denselben Nutzen hätte wie nach der Preisänderung. Es muss daher die Gleichung

$$v(x_1^*) + m - E - p_1^* x_1^* = v(\hat{x}_1) + m - \hat{p}_1 \hat{x}_1$$

gelten. Auflösung nach E ergibt

$$E = v(x_1^*) - v(\hat{x}_1) + \hat{p}_1 \hat{x}_1 - p_1^* x_1^*.$$

Beachte, dass im Falle quasilinearen Nutzens die kompensatorische und die äquivalente Variation gleich sind: Sie sind beide gleich der Änderung der (Netto-)Rente des Konsumenten:

$$\Delta CS = [v(x_1^*) - p_1^* x_1^*] - [v(\hat{x}_1) - \hat{p}_1 \hat{x}_1].$$

14.9 Rente der Produzentin

Die Nachfragekurve misst die Menge, die bei jedem Preis nachgefragt wird; die **Angebotskurve** misst die zu jedem Preis angebotene Menge. So wie die Fläche *unter* der Nachfragekurve die Rente misst, in deren Genuss die Nachfragerinnen eines Gutes kommen, misst die Fläche *oberhalb* der Angebotskurve die Rente, deren sich die Anbieterinnen eines Gutes erfreuen.

Wir haben die Fläche unter der Nachfragekurve die Rente der Konsumentin genannt. Analog dazu wird die Fläche oberhalb der Angebotskurve als Rente der Produzentin bezeichnet. Die Ausdrücke Rente der Konsumentin und Rente der Produzentin sind etwas irreführend, denn es spielt überhaupt keine Rolle, wer konsumiert und wer produziert. Es wäre besser die Ausdrücke „Nachfragerrente" und „Anbieterrente" zu verwenden, aber wir beugen uns der Tradition und verwenden die übliche Terminologie.

Also nehmen wir an, dass wir für ein Gut eine Angebotskurve haben. Sie misst einfach die Menge eines Gutes, die zu jedem möglichen Preis angeboten wird. Das Gut könnte von einem Individuum angeboten werden, welches das Gut besitzt, oder es könnte von einer Firma angeboten werden, die das Gut produziert. Wir verwenden die letztere Interpretation, um bei der traditionellen Terminologie zu bleiben, und zeichnen die Angebotskurve der Produzentin in Abbildung 14.6. Wie hoch ist die Rente der Produzentin, wenn sie x^* zum Preis von p^* verkaufen kann?

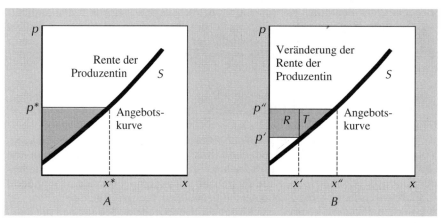

Abbildung 14.6 Rente der Produzentin. Die Nettorente der Produzentin ist die dreieckige Fläche zur Linken der Angebotskurve in Feld A, die Änderung der Rente der Produzentin ist die trapezförmige Fläche in Feld B.

Es ist am einfachsten, die Analyse mit Hilfe der *inversen* Angebotskurve der Produzentin, $p_s(x)$, durchzuführen. Diese Funktion misst, wie hoch der Preis sein müsste, um die Produzentin zu einem Angebot von x Einheiten zu veranlassen.

Denken wir an die inverse Angebotsfunktion für ein unteilbares Gut. In diesem Fall ist die Produzentin bereit, die erste Einheit des Gutes zu einem Preis von $p_s(1)$ zu verkaufen, tatsächlich erhält sie dafür aber den Marktpreis p^*. Ebenso ist sie bereit, die zweite Einheit um $p_s(2)$ zu verkaufen, sie bekommt aber tatsächlich p^* dafür. Wenn wir fortsetzen, bis wir zur letzten Einheit kommen, die sie verkauft, so ist die Produzentin bereit, diese gerade um $p_s(x^*) = p^*$ zu verkaufen.

Der Unterschied zwischen dem geringsten Betrag, um welchen sie x^* Einheiten verkaufen würde, und dem Betrag, um den sie diese Einheiten tatsächlich verkauft, ist die **Nettorente der Produzentin**. Es ist die in Abbildung 14.6A abgebildete dreieckige Fläche.

Genau wie im Fall der Rente der Konsumentin können wir fragen, um wie viel sich die Rente der Produzentin ändert, wenn der Preis von p' auf p'' steigt. Im allgemeinen wird die Änderung der Rente der Produzentin die Differenz zwischen zwei Dreiecken sein und daher ungefähr die in Abbildung 14.6B dargestellte Trapezform aufweisen. Wie im Fall der Rente der Konsumentin wird die ungefähre Trapezform aus einem Rechteck R und aus einer ungefähr dreieckigen Form T zusammengesetzt sein. Das Rechteck misst den Vorteil aus dem Verkauf der bisher zum Preis von p' ohnehin verkauften Einheiten zum höheren Preis von p''. Die ungefähr dreieckige Fläche misst den Vorteil aus dem Verkauf der zusätzlichen Einheiten zum Preis von p''. Das ist völlig analog zur Veränderung der früher untersuchten Rente der Konsumentin.

Obwohl es durchaus gebräuchlich ist, diese Art der Veränderung als Rente der Produzentin zu bezeichnen, stellt sie in einem tieferen Sinne eigentlich eine Erhöhung der Rente der Konsumentin dar, die jenen Konsumentinnen zufließt, welche diese Firma besitzen. Die Rente der Produzentin hängt eng mit dem Konzept des Gewinns zusammen, wir müssen jedoch mit der Darstellung dieser Beziehung noch etwas warten, bis wir das Unternehmensverhalten detaillierter studiert haben.

14.10 Die Berechnung von Gewinnen und Verlusten

Wenn wir Schätzungen für die Marktnachfrage- und Marktangebotskurven eines Gutes haben, ist es grundsätzlich nicht schwer, den Verlust an Konsumentenrente aufgrund wirtschaftspolitischer Maßnahmen zu errechnen. Angenommen die Regierung entschließt sich, z. B. die steuerliche Behandlung eines Gutes zu ändern. Dadurch werden sich die Konsumenten geänderten Preisen gegenübersehen und sie werden daher die konsumierte Menge des Gutes ändern. Wir können die Konsumentenrente für verschiedene Steuervorschläge berechnen und herausfinden, welche Steuerreform den geringsten Verlust mit sich bringt.

Das ist bisweilen eine nützliche Information, um verschiedene Methoden der Besteuerung beurteilen zu können, sie ist aber mit zwei Mängeln behaftet. Wie wir bereits erwähnten, ist erstens die Berechnung der Konsumentenrente nur für spezielle Formen der Präferenzen zulässig - nämlich für Präferenzen bei einer quasilinearen Nutzenfunktion. Wir argumentierten bereits früher, dass diese Art der Nutzenfunktion eine akzeptable Näherung bei jenen Gütern sein kann, für die Einkommensänderungen nur zu geringen Nachfrageänderungen führen, dass sie jedoch für Güter, deren Konsum eng mit dem Einkommen zusammenhängt, ungeeignet ist.

Zweitens wird bei dieser Berechnung eigentlich der Verlust aller Konsumenten und Produzenten zusammengeworfen und eine Schätzung der „Kosten" einer sozialpolitischen Maßnahme nur für einen mythischen „repräsentativen Konsumenten" vorgenommen. In vielen Fällen ist es jedoch wünschenswert, nicht nur die Durchschnittskosten quer durch die Bevölkerung zu kennen, sondern auch zu wissen, wer die Kosten trägt. Der politische Erfolg oder Misserfolg bestimmter Maßnahmen hängt häufiger von der *Verteilung* der Vor- und Nachteile als vom durchschnittlichen Vor- oder Nachteil ab.

Die Konsumentenrente mag zwar leicht berechenbar sein, aber wir haben gelernt, dass es nicht viel schwieriger ist, die wahre kompensatorische oder äquivalente Variation bei einer Preisänderung zu errechnen. Wenn wir Schätzungen der Nachfragefunktionen eines jeden Haushalts haben – oder zumindest einer repräsentativen Stichprobe von Haushalten –, können wir die Auswirkung einer wirtschaftspolitischen Maßnahme auf jeden Haushalt mittels der kompensatorischen oder äquivalenten Variation berechnen. Wir haben dann ein Maß der „Kosten" oder des „Nutzens" der vorgeschlagenen Maßnahme für jeden Haushalt.

Mervyn King, ein Ökonom an der London School of Economics, hat ein gutes Beispiel dieses Ansatzes zur Analyse der Implikationen einer Reform der steuerlichen Behandlung des Wohnens in Großbritannien in seinem Aufsatz „Welfare Analysis of Tax Reforms Using Household Data", *Journal of Public Economics*, 21 (1983), pp. 183-214, beschrieben.

Als erstes untersuchte King die Wohnungsausgaben von 5.895 Haushalten und schätzte eine Nachfragefunktion, welche ihre Wohnungsnachfrage am besten beschrieb. Als nächstes verwendete er diese Nachfragefunktion, um für jeden Haushalt die Nutzenfunktion zu bestimmen. Schließlich verwendete er die geschätzte Nutzenfunktion um zu berechnen, wie viel jeder Haushalt durch bestimmte Änderungen in der Besteuerung des Wohnens in Großbritannien gewinnen oder verlieren würde. Sein Maß war ähnlich der in diesem Kapitel weiter oben dargestellten äquivalenten Variation. Die Steuerreform, die er untersuchte, war im wesentlichen die Abschaffung von Steuervorteilen für Bewohner eigener Häuser und die Erhöhung der Mieten im öffentlichen Wohnungssektor. Die daraus entstehenden Steuereinnahmen würden den Haushalten in Form von zu ihrem Einkommen proportionalen Transfers wieder zurückgegeben werden.

King fand heraus, dass von den 5.895 Haushalten nicht weniger als 4.888 Haushalte Nutznießer einer solchen Reform wären. Er konnte sogar ausdrücklich jene Haushalte identifizieren, die aus der Steuerreform bedeutende Nachteile hätten. So fand King zum Beispiel heraus, dass 94 Prozent der Haushalte mit den höchsten Einkommen gewinnen würden, während von den Haushalten mit den niedrigsten Einkommen nur 58 Prozent Vorteile hätten. Diese Art der Information würde es ermöglichen, besondere Maßnahmen zu setzen, die dazu beitragen, die Steuerreform so zu konzipieren, dass auch Verteilungsziele erreicht würden.

Zusammenfassung

1. Im Fall eines unteilbaren Gutes und bei quasilinearem Nutzen ist der durch den Konsum von n Einheiten dieses Gutes gestiftete Nutzen gleich der Summe der ersten n Vorbehaltspreise.
2. Diese Summe ist der Bruttonutzen aus dem Konsum dieses Gutes. Wenn wir den für den Kauf des Gutes ausgegebenen Betrag subtrahieren, erhalten wir die Rente des Konsumenten.
3. Die Veränderung der Rente der Konsumentin aufgrund einer Preisänderung hat ungefähr eine Trapezform. Sie kann als die Nutzenänderung aufgrund der Preisänderung interpretiert werden.
4. Im allgemeinen können wir die kompensatorische Variation und die äquivalente Variation zur Messung der monetären Auswirkung einer Preisänderung heranziehen.
5. Wenn der Nutzen quasilinear ist, dann sind die kompensatorische Variation, die äquivalente Variation und die Änderung der Rente der Konsumentin gleich groß. Selbst wenn der Nutzen nicht quasilinear ist, kann die Änderung der Rente der Konsumentin als gute Näherung der Auswirkung einer Preisänderung auf den Nutzen der Konsumentin dienen.
6. Für das Angebot können wir eine Rente des Produzenten definieren, die den Nettonutzen für den Anbieter aus der Produktion einer bestimmten Menge des Outputs misst.

Wiederholungsfragen

1. Angenommen die Nachfragekurve ist durch $D(p) = 10 - p$ gegeben. Wie hoch ist die gesamte Rente der Konsumentin aus dem Konsum von 6 Einheiten dieses Gutes?
2. Wie hoch ist die Änderung der Rente des Konsumenten im obigen Beispiel, wenn sich der Preis von 4 auf 6 ändert?
3. Angenommen eine Konsumentin verbraucht 10 Einheiten eines unteilbaren Gutes und der Preis steigt von € 5 auf € 6. Nach der Preisänderung verbraucht die Konsumentin jedoch weiterhin 10 Einheiten dieses Gutes. Wie groß ist der Verlust an Konsumentenrente aus dieser Preisänderung?

ANHANG

Zur rigorosen Behandlung der Rente des Konsumenten wollen wir nun die Differentialrechnung heranziehen. Wir beginnen mit dem Problem der Maximierung quasilinearen Nutzens:

Konsumentenrente

$$\max_{x,y} v(x) + y$$

unter der Nebenbedingung $px + y = m$.

Nach Einsetzen der Budgetbeschränkung erhalten wir

$$\max_x v(x) + m - px.$$

Die Bedingung erster Ordnung für dieses Problem lautet

$$v'(x) = p.$$

Das bedeutet, dass die inverse Nachfragekurve $p(x)$ definiert ist durch

$$p(x) = v'(x). \tag{14.2}$$

Beachte die Analogie zu dem im Text beschriebenen Fall des unteilbaren Gutes: Der Preis, zu dem der Konsument bereit ist, x Einheiten zu konsumieren, ist gleich dem Grenznutzen.

Da aber die inverse Nachfragekurve die Ableitung der Nutzenfunktion misst, können wir einfach über die inverse Nachfragekurve integrieren, um die Nutzenfunktion zu finden.

Nach Integration erhalten wir:

$$v(x) = v(x) - v(0) = \int_0^x v'(t)\,dt = \int_0^x p(t)\,dt.$$

Der mit dem Konsum des x-Gutes assoziierte Nutzen ist daher einfach die Fläche unter der Nachfragekurve.

BEISPIEL: Einige Nachfragefunktionen

Angenommen die Nachfragefunktion ist linear, so dass $x(p) = a - bp$. Dann ist die Veränderung der Rente des Konsumenten bei einer Preisbewegung von p nach q gegeben durch

$$\int_p^q (a - bt)\,dt = at - b\frac{t^2}{2}\Big]_p^q = a(q-p) - b\frac{q^2 - p^2}{2}.$$

Eine andere gebräuchliche Nachfragefunktion, die wir im nächsten Kapitel eingehender untersuchen werden, hat die Form $x(p) = Ap^\varepsilon$, wobei $\varepsilon < 0$ und A eine beliebige positive Konstante ist. Wenn sich der Preis von p auf q ändert, ist - für $\varepsilon \neq -1$ - die damit verbundene Änderung der Rente des Konsumenten

$$\int_p^q At^\varepsilon\,dt = A\frac{t^{\varepsilon+1}}{\varepsilon+1}\Big]_p^q = A\frac{q^{\varepsilon+1} - p^{\varepsilon+1}}{\varepsilon+1}.$$

Wenn $\varepsilon = -1$, ist diese Nachfragefunktion gleich $x(p) = A/p$, was mit unserer alten Freundin, der Cobb-Douglas Nachfrage $x(p) = am/p$, eng verwandt ist. Die Änderung der Rente des Konsumenten bei einer Cobb-Douglas Nachfrage ist

$$\int_p^q \frac{am}{t}\,dt = am\ln t\Big]_p^q = am(\ln q - \ln p).$$

BEISPIEL: Kompensatorische Variation, äquivalente Variation und Konsumentenrente

Im Text berechneten wir die kompensatorischen und äquivalenten Variationen für die Cobb-Douglas Nutzenfunktion. Im vorangehenden Beispiel errechneten wir die Änderung der Rente des Konsumenten für die Cobb-Douglas Nutzenfunktion. Nun vergleichen wir diese drei monetären Maße der Auswirkung einer Preisänderung auf den Nutzen.

Angenommen der Preis des Gutes 1 verändert sich von 1 auf 2, 3, ..., während der Preis des Gutes 2 konstant bleibt, ebenso ist das Einkommen unverändert 100. Tabelle 14.1 zeigt die äquivalente Variation (EV), die kompensatorische Variation (CV) und die Veränderung der Rente des Konsumenten (CS) für die Cobb-Douglas Nutzenfunktion $u(x_1, x_2) = x_1^{1/10} x_2^{9/10}$.

p_1	CV	CS	EV
1	0.00	0.00	0.00
2	7.18	6.93	6.70
3	11.61	10.99	10.40
4	14.87	13.86	12.94
5	17.46	16.09	14.87

Tabelle 14.1 Vergleich zwischen CV, CS und EV

Beachte, dass die Änderung der Rente des Konsumenten immer zwischen der kompensatorischen und der äquivalenten Variation liegt und dass die Unterschiede zwischen den drei Zahlen relativ klein sind. Man kann zeigen, dass beides unter ziemlich verallgemeinerten Annahmen gilt. Siehe Robert Willig, „Consumer's Surplus without Apology", *American Economic Review*, 66 (1976), pp. 589-597.

15. Kapitel
MARKTNACHFRAGE

Wir haben in früheren Kapiteln erfahren, wie man das Entscheidungsproblem einer einzelnen Konsumentin modellieren kann. Hier addieren wir nun die individuellen Entscheidungen, um die gesamte **Marktnachfrage** zu erhalten. Wenn wir diese Marktnachfrage hergeleitet haben, werden wir einige ihrer Eigenschaften untersuchen, wie z. B. die Beziehung zwischen Nachfrage und Erlös.

15.1 Von der individuellen Nachfrage zur Marktnachfrage

Wir wollen $x_i^1(p_1, p_2, m_i)$ zur Darstellung der Nachfragefunktion der Konsumentin i nach Gut 1 und $x_i^2(p_1, p_2, m_i)$ für ihre Nachfrage nach Gut 2 verwenden. Angenommen es gibt n Konsumentinnen. Die **Marktnachfrage** nach Gut 1, auch als **aggregierte Nachfrage** nach Gut 1 bezeichnet, ist dann die Summe dieser individuellen Nachfrage über alle Konsumentinnen:

$$X^1(p_1, p_2, m_1, \ldots, m_n) = \sum_{i=1}^{n} x_i^1(p_1, p_2, m_i).$$

Eine entsprechende Gleichung gilt für Gut 2.

Da die Nachfrage eines jeden Individuums nach Gut 1 von den Preisen und von seinem Geldeinkommen abhängt, wird die aggregierte Nachfrage im allgemeinen von den Preisen und der *Verteilung* der Einkommen abhängen. Es ist jedoch manchmal zweckmäßig, sich die aggregierte Nachfrage als die Nachfrage einer „repräsentativen Konsumentin" vorzustellen, die ein Einkommen hat, das einfach die Summe aller individuellen Einkommen ist. Die Bedingungen, unter denen dies zulässig ist, sind eher restriktiv, eine Diskussion dieses Problems geht jedoch über den Rahmen dieses Buchs hinaus.

Wenn wir die Annahme der repräsentativen Konsumentin treffen, so wird die Nachfragefunktion die Form $X^1(p_1, p_2, M)$ annehmen, wobei M die Summe der Einkommen der einzelnen Konsumentinnen ist. Unter dieser Annahme verhält sich die aggregierte Nachfrage genau so wie die Nachfrage irgend eines Individuums, das sich den Preisen (p_1, p_2) gegenübersieht und ein Einkommen von M hat.

Wenn wir alle Geldeinkommen und den Preis des Gutes 2 konstant halten, können wir die Beziehung zwischen der aggregierten Nachfrage nach Gut 1 und seinem Preis wie in Abbildung 15.1 illustrieren. Beachte, dass diese Kurve unter

Konstanz aller anderen Preise und des Einkommens gezeichnet wurde. Wenn sich diese anderen Preise und/oder das Einkommen ändern, wird sich die aggregierte Nachfragekurve verschieben.

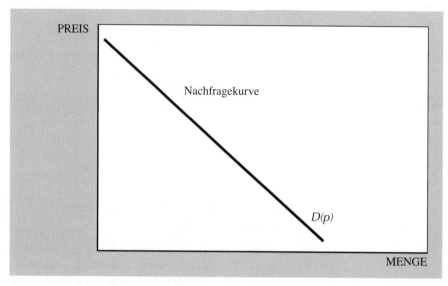

Abbildung 15.1 Die Marktnachfragekurve. Die Marktnachfragekurve ist die Summe der einzelnen Nachfragekurven.

Wenn zum Beispiel die Güter 1 und 2 Substitute sind, dann wissen wir, dass eine Erhöhung des Preises von Gut 2 die Nachfrage nach Gut 1 tendenziell erhöhen wird, unabhängig von seinem Preis. Das bedeutet, dass eine Erhöhung des Preises von Gut 2 die aggregierte Nachfragekurve für Gut 1 tendenziell nach außen verschieben wird. Dementsprechend wird im Fall der Komplementarität zwischen den Gütern 1 und 2 eine Preiserhöhung bei Gut 2 die aggregierte Nachfragekurve für Gut 1 nach innen verschieben.

Wenn Gut 1 für ein Individuum ein normales Gut ist, dann wird eine Erhöhung des Geldeinkommens dieses Individuums – bei Konstanz aller anderen Einflüsse – die Nachfrage dieses Individuums erhöhen und daher die aggregierte Nachfragekurve nach außen verschieben. Wenn wir das Modell der repräsentativen Konsumentin annehmen, und Gut 1 für die repräsentative Konsumentin ein normales Gut ist, dann wird jede ökonomische Änderung, die das aggregierte Einkommen erhöht, die Nachfrage nach Gut 1 erhöhen.

15.2 Die inverse Nachfragekurve

Wir können die aggregierte Nachfragekurve so betrachten, dass sie uns entweder die Menge als eine Funktion des Preises angibt oder den Preis als eine Funktion der Menge. Wenn wir diese letztere Sichtweise betonen wollen, beziehen wir uns manchmal darauf als die **inverse Nachfragekurve**, $P(X)$. Diese Funktion misst, was der Marktpreis des Gutes 1 sein müsste, damit X Einheiten davon nachgefragt werden.

Marktnachfrage

Wir haben bereits früher gezeigt, dass der Preis eines Gutes die Grenzrate der Substitution (MRS) zwischen diesem Gut und allen anderen misst; das heißt, der Preis eines Gutes stellt die marginale Zahlungsbereitschaft für eine zusätzliche Einheit dar, und zwar von jenen Personen, die das Gut nachfragen. Wenn sich alle Konsumenten denselben Preisen gegenübersehen, dann werden alle Konsumenten bei ihrer optimalen Entscheidung dieselbe Grenzrate der Substitution haben. Die inverse Nachfragekurve, $P(X)$, misst daher die Grenzrate der Substitution oder die marginale Zahlungsbereitschaft *jedes* Konsumenten, der dieses Gut kauft.

Die geometrische Interpretation dieser Addition ist ziemlich offenkundig. Beachte, dass wir die Angebots- oder Nachfragekurven *horizontal* addieren: für jeden gegebenen Preis zählen wir die nachgefragten Mengen der Individuen zusammen, die natürlich auf der horizontalen Achse gemessen werden.

BEISPIEL: Die Addition „linearer" Nachfragekurven

Angenommen die Nachfragekurve eines Individuums sei $D_1(p) = 20 - p$ und jene eines anderen Individuums sei $D_2(p) = 10 - 2p$. Wie sieht die Marktnachfragefunktion aus? Wir müssen hier etwas vorsichtig sein, was wir unter „linearen" Nachfragefunktionen verstehen. Da eine negative Menge eines Gutes üblicherweise bedeutungslos ist, meinen wir *eigentlich*, dass die individuellen Nachfragefunktionen die Form

$$D_1(p) = \max\{20 - p, 0\}$$
$$D_2(p) = \max\{10 - 2p, 0\}$$

haben. Was Ökonomen „lineare" Nachfragekurven nennen, sind eigentlich keine linearen Funktionen! Die Summe der zwei Nachfragekurven sieht wie die in Abbildung 15.2 dargestellte Kurve aus. Beachte den Knick bei $p = 5$.

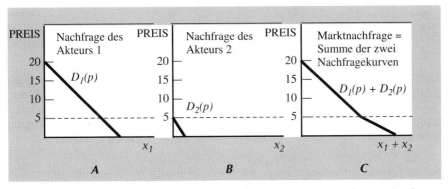

Abbildung 15.2 Die Summe zweier „linearer" Nachfragekurven. Da die Nachfragekurven nur für positive Mengen linear sind, wird die Marktnachfragekurve typischerweise geknickt sein.

15.3 Unteilbare Güter

Wenn ein Gut nur in ganzzahligen Mengen verfügbar ist, wissen wir bereits, dass die Nachfrage einer einzelnen Konsumentin nach diesem Gut mittels der Vorbehaltspreise dieser Konsumentin beschrieben werden kann. Wir wenden uns nun der Marktnachfrage für diese Art von Gütern zu. Der Einfachheit halber beschränken wir uns auf den Fall, in dem das Gut nur in den Mengen Null oder eins erhältlich ist.

Dann ist nämlich die Nachfrage einer Konsumentin vollständig durch ihren Vorbehaltspreis beschrieben - der Preis, zu dem sie gerade bereit ist, eine Einheit zu kaufen. In Abbildung 15.3 haben wir die Nachfragekurven für zwei Konsumentinnen, A und B, und die Marktnachfrage, welche die Summe dieser beiden Nachfragekurven ist, dargestellt. Beachte, dass in diesem Fall die Marktnachfragekurve „negativ geneigt" sein muss, da eine Senkung des Preises die Zahl der Konsumentinnen erhöhen muss, die bereit sind, zumindest diesen Preis zu zahlen.

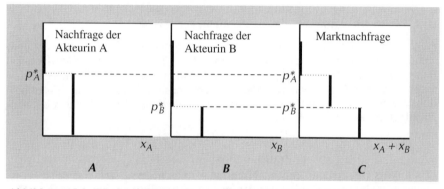

Abbildung 15.3 Marktnachfrage für unteilbare Güter. Die Marktnachfragekurve ist die Summe der Nachfragekurven aller Konsumentinnen auf dem Markt, die hier durch die beiden Konsumentinnen A und B repräsentiert sind.

15.4 Die extensive und die intensive Grenze

In früheren Kapiteln haben wir uns auf die Entscheidung des Konsumenten konzentriert, bei der er positive Mengen jedes Gutes konsumierte. Wenn sich der Preis ändert, entscheidet sich der Konsument, mehr oder weniger vom einen oder anderen Gut zu kaufen, er wird aber immer beide Güter konsumieren. Ökonomen bezeichnen dies manchmal als eine Anpassung an der **intensiven Grenze**.

Im Vorbehaltspreis-Modell entscheiden die Konsumenten, ob sie auf dem Markt für ein Gut auftreten sollen oder nicht. Das wird manchmal als Anpassung an der **extensiven Grenze** bezeichnet. Die Steigung der aggregierten Nachfragekurve wird durch beide Arten der Entscheidung beeinflusst.

Wir sahen bereits früher, dass die Anpassung an der intensiven Grenze bei normalen Gütern in die „korrekte" Richtung geht: Wenn der Preis anstieg, ging die nachgefragte Menge zurück. Die Anpassung an der extensiven Grenze funktioniert auch in die „korrekte" Richtung. Man kann daher im Allgemeinen erwarten, dass die aggregierten Nachfragekurven negativ geneigt sind.

15.5 Elastizität

Im 6. Kapitel lernten wir, eine Nachfragekurve aus den Präferenzen der Konsumentin herzuleiten. Es ist häufig von Interesse, ein Maß dafür zu haben, wie „empfindlich" die Nachfrage auf eine Änderung von Preis oder Einkommen reagiert. Als erstes Maß der Empfindlichkeit fällt einem die Steigung der Nachfragekurve ein. Schließlich ist doch die Definition der Steigung einer Nachfragekurve die Änderung der nachgefragten Menge dividiert durch die Preisänderung:

$$\text{Steigung der Nachfragekurve} = \frac{\Delta q}{\Delta p}.$$

Das sieht ganz nach einem Maß der Empfindlichkeit aus.

Die Steigung ist tatsächlich ein Maß der Empfindlichkeit – aber sie hat einige Probleme. Das größte Problem liegt in der Abhängigkeit der Steigung einer Nachfragekurve von den Einheiten, in denen man Menge und Preis misst. Wenn man die Nachfrage in Hektolitern statt in Litern misst, dann wird die Steigung hundert Mal steiler. Anstatt ständig die Maßeinheiten anzugeben, ist es bequemer, nach einem dimensionslosen Maß zu suchen. Ökonominnen haben sich entschlossen, ein als **Elastizität** bekanntes Maß zu wählen.

Die **Preiselastizität der Nachfrage**, e, ist als die Prozentänderung der Menge dividiert durch die Prozentänderung des Preises definiert. Eine zehnprozentige Erhöhung bleibt immer dieselbe prozentuelle Änderung, unabhängig davon, ob der Preis in amerikanischen Dollars oder in Euro gemessen wird; Messung der Änderungen in Prozenten macht das Elastizitätsmaß dimensionslos.

In Symbolen ausgedrückt ist die Definition der Elastizität

$$\epsilon = \frac{\Delta q/q}{\Delta p/p}.$$

Nach Umordnung dieser Definition haben wir den gebräuchlicheren Ausdruck:

$$\epsilon = \frac{p}{q}\frac{\Delta q}{\Delta p}.$$

Die Elastizität kann somit als das Verhältnis von Preis zu Menge, multipliziert mit der Steigung der Nachfragekurve, ausgedrückt werden. Im Anhang zu diesem Kapitel stellen wir die Elastizität mittels der Ableitung der Nachfragefunktion dar. Wenn man die Differenzialrechnung kennt, ist die Formulierung in Ableitungen die praktischste Art, sich die Elastizität zu veranschaulichen.

Das Vorzeichen der Nachfrageelastizität ist im Allgemeinen negativ, da die Nachfragekurven in der Regel eine negative Steigung haben. Da es jedoch lästig ist, sich auf die Elastizität dauernd als *minus* irgendetwas zu beziehen, ist es üblich, sich in der Diskussion auf die Elastizitäten als 2 oder 3 zu beziehen, anstatt – 2 oder – 3. Wir werden im Text das Vorzeichen dadurch im Auge behalten, dass wir immer auf den Absolutwert der Elastizität Bezug nehmen werden, aber man sollte sich bewusst sein, dass man in der verbalen Diskussion das Minuszeichen meist unbeachtet lässt.

Ein anderes Problem entsteht bei der Verwendung negativer Zahlen zum Größenvergleich. Ist eine Elastizität von − 3 größer oder kleiner als eine Elastizität von − 2? Vom algebraischen Standpunkt aus ist − 3 kleiner als − 2, Ökonominnen sagen jedoch, dass die Nachfrage mit einer Elastizität von − 3 „elastischer" ist als eine mit − 2. In diesem Buch werden wir Vergleiche mittels der Absolutwerte ziehen, um diese Art der Zweideutigkeit zu vermeiden.

BEISPIEL: Die Elastizität einer linearen Nachfragekurve

Sehen wir uns die in Abbildung 15.4 dargestellte lineare Nachfragekurve, $q = a - bp$, an. Die Steigung dieser Nachfragekurve ist eine Konstante, $-b$. Nach Einsetzen in die Elastizitätsformel erhalten wir

$$\epsilon = \frac{-bp}{q} = \frac{-bp}{a - bp}.$$

Wenn $p = 0$, dann ist die Elastizität der Nachfrage gleich 0. Wenn $q = 0$, ist die Elastizität der Nachfrage (minus) unendlich. Bei welchem Preis ist die Elastizität der Nachfrage gleich − 1?

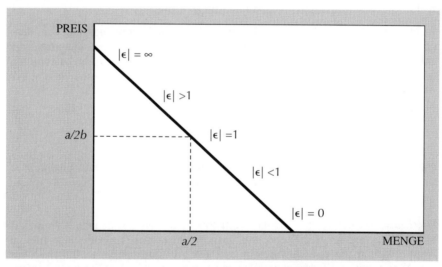

Abbildung 15.4 Die Elastizität einer linearen Nachfragekurve. Die Elastizität ist unendlich beim vertikalen Achsenabschnitt, eins in der Mitte der Kurve und Null beim horizontalen Achsenabschnitt.

Um diesen Preis zu finden, schreiben wir die Gleichung

$$\frac{-bp}{a - bp} = -1$$

an und lösen sie nach p. Das ergibt

$$p = \frac{a}{2b},$$

was gerade in der Mitte der Nachfragekurve ist, wie aus Abbildung 15.4 zu ersehen ist.

15.6 Elastizität und Nachfrage

Wenn ein Gut eine Elastizität mit einem Absolutwert größer als 1 hat, sagen wir, dass es eine **elastische Nachfrage** hat. Wenn der Absolutwert seiner Elasitizität kleiner als 1 ist, sprechen wir von **unelastischer Nachfrage**.

Bei einer elastischen Nachfragekurve reagiert die nachgefragte Menge stark auf den Preis: Wenn man den Preis um 1 Prozent erhöht, sinkt die nachgefragte Menge um mehr als 1 Prozent. Wenn man sich die Elastizität als die Empfindlichkeit der Reaktion der nachgefragten Menge in Bezug auf den Preis vorstellt, kann man sich leicht merken, was elastisch und unelastisch bedeutet.

Im Allgemeinen hängt die Nachfrageelastizität eines Gutes zum Großteil davon ab, wie viele nahe Substitute es hat. Nehmen wir einen Extremfall – unsere alten Bekannten, die roten und blauen Bleistifte. Angenommen jedermann hält diese Güter für perfekte Substitute. Wenn beide gekauft werden, dann müssen sie denselben Preis haben. Was würde geschehen, wenn bei einem konstanten Preis der blauen Bleistifte der Preis der roten Bleistifte stiege? Offensichtlich würde die Nachfrage nach roten Bleistiften auf Null fallen – diese Nachfrage ist äußerst elastisch, da sie ein perfektes Substitutionsgut hat.

Wenn ein Gut viele nahe Substitute hat, würden wir erwarten, dass seine Nachfrage auf Preisänderungen sehr empfindlich reagiert. Wenn es andererseits für ein Gut wenig nahe Substitute gibt, kann es eine recht unelastische Nachfrage aufweisen.

15.7 Elastizität und Erlös

Erlös ist einfach der Preis eines Gutes mal der verkauften Menge. Wenn der Preis eines Gutes steigt, sinkt die verkaufte Menge, der Erlös kann steigen oder fallen. Die Richtung hängt offensichtlich von der Reaktion der Nachfrage auf die Preisänderung ab. Wenn die Nachfrage bei einer Preissteigerung stark sinkt, wird der Erlös fallen. Wenn die Nachfrage bei einer Preissteigerung nur wenig zurückgeht, wird der Erlös steigen. Das weist darauf hin, dass die Richtung der Erlösänderung irgendwie mit der Nachfrageelastizität zusammenhängt.

In der Tat gibt es eine sehr nützliche Beziehung zwischen der Preiselastizität und der Erlösänderung. Die Definition des Erlöses ist

$$R = pq.$$

Wenn sich nun der Preis auf $p + \Delta p$ und dadurch die Menge auf $q + \Delta q$ ändert, haben wir als neuen Erlös

$$R' = (p + \Delta p)(q + \Delta q)$$
$$= pq + q\Delta p + p\Delta q + \Delta p \Delta q.$$

Subtrahieren wir R von R', so erhalten wir

$$\Delta R = q\Delta p + p\Delta q + \Delta p \Delta q.$$

Für kleine Werte von Δp und Δq kann der letzte Ausdruck vernachlässigt werden, sodass für die Änderung des Erlöses als Gleichung

$$\Delta R = q\Delta p + p\Delta q$$

übrig bleibt. Das heißt, die Erlösänderung ist ungefähr gleich der Menge mal der Preisänderung plus dem ursprünglichen Preis mal der Mengenänderung. Wenn wir eine Gleichung für die Erlösänderung bezogen auf die Preisänderung wollen, dividieren wir diesen Ausdruck durch Δp und erhalten

$$\frac{\Delta R}{\Delta p} = q + p\frac{\Delta q}{\Delta p}.$$

Das wird in Abbildung 15.5 geometrisch abgehandelt. Der Erlös ist einfach die Fläche des Rechtecks: Preis mal Menge. Wenn der Preis steigt, addieren wir dazu die rechteckige Fläche am oberen Ende, die ungefähr gleich $q\Delta p$ ist, subtrahieren jedoch die Fläche an der Seite, die ungefähr gleich $p\Delta q$ ist. Bei kleinen Änderungen ist das genau die obige Gleichung. (Der verbleibende Teil, $\Delta p\Delta q$, ist das kleine Quadrat in der Ecke des Rechtecks; es wird im Vergleich zu den anderen Größen sehr klein sein.)

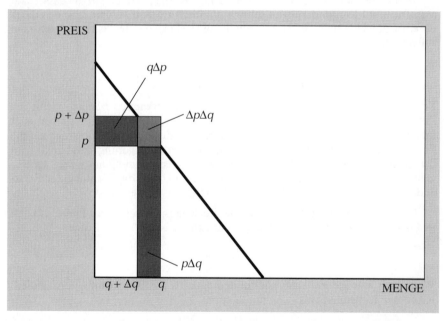

Abbildung 15.5 Wie sich der Erlös bei Preisänderungen verändert. Die Erlösänderung ist die Differenz zwischen dem oberen Rechteck und dem Rechteck an der Seite.

Wann wird das Nettoergebnis dieser beiden Effekte positiv sein? Das heißt, wann ist die folgende Ungleichung erfüllt:

$$\frac{\Delta R}{\Delta p} = p\frac{\Delta q}{\Delta p} + q(p) > 0?$$

Nach Umformung erhalten wir
$$\frac{p}{q}\frac{\Delta q}{\Delta p} > -1.$$
Die linke Seite dieses Ausdrucks ist $\epsilon(p)$, was eine negative Zahl ist. Multiplikation mit -1 kehrt die Ungleichung um und ergibt:
$$|\epsilon(p)| < 1.$$
Der Erlös steigt also bei einer Preiserhöhung, wenn der Absolutwert der Nachfrageelastizität kleiner als 1 ist. Dementsprechend sinkt der Erlös bei einer Preiserhöhung, wenn der Absolutwert der Nachfrageelastizität größer als 1 ist.

Wir können das auch anders zeigen, wenn wir die Erlösänderung wie oben anschreiben
$$\Delta R = p\Delta q + q\Delta p > 0$$
und dann nach Umformung erhalten
$$-\frac{p}{q}\frac{\Delta q}{\Delta p} = |\epsilon(p)| < 1.$$
Als einen dritten Weg nehmen wir die Formel für $\Delta R/\Delta p$ und formen sie wie folgt um:
$$\frac{\Delta R}{\Delta p} = q + p\frac{\Delta q}{\Delta p}$$
$$= q\left[1 + \frac{p}{q}\frac{\Delta q}{\Delta p}\right]$$
$$= q\left[1 + \epsilon(p)\right].$$
Da die Nachfrageelastizität natürlich negativ ist, können wir diese Gleichung auch als
$$\frac{\Delta R}{\Delta p} = q\left[1 - |\epsilon(p)|\right].$$
schreiben. Aus dieser Formel ist leicht ersichtlich, wie der Erlös auf eine Preisänderung reagiert: Wenn der Absolutwert der Elastizität größer als 1 ist, dann muss $\Delta R/\Delta p$ negativ sein und umgekehrt.

Die intuitive Aussage dieser mathematischen Ergebnisse ist leicht zu merken. Wenn die Nachfrage auf den Preis empfindlich reagiert – also sehr elastisch ist –, dann wird eine Preiserhöhung die Nachfrage so stark reduzieren, dass der Erlös fallen wird. Wenn die Nachfrage auf den Preis nur schwach reagiert – also sehr unelastisch ist –, wird eine Preiserhöhung die Nachfrage nicht sehr stark verändern und der Erlös insgesamt wird steigen. Als Trennlinie stellt sich eine Elastizität von -1 heraus. In diesem Punkt wird bei einer Preiserhöhung um 1 Prozent die Menge um 1 Prozent zurückgehen, sodass sich der Erlös insgesamt überhaupt nicht ändert.

BEISPIEL: Streiks und Gewinne

Im Jahre 1979 rief die Gewerkschaft der Landarbeiter (United Farm Workers) zu einem Streik gegen die kalifornischen Salatproduzenten auf. Der Streik war äußerst wirkungsvoll: Die Salaterzeugung wurde nahezu halbiert. Die Verringerung des Salatangebots führte jedoch zu einem Anstieg des Salatpreises, und zwar um fast 400 Prozent. Da die Produktion halbiert wurde und sich der Preis vervierfachte, war das Nettoergebnis fast eine *Verdopplung* der Gewinne der Produzenten![1]

Die Frage ist berechtigt, warum die Erzeuger den Streik überhaupt beilegten. Die Antwort hängt mit langfristigen und kurzfristigen Reaktionen zusammen. Der Großteil des in den USA im Winter konsumierten Salats wächst im Imperial Valley, Kalifornien. Als das Angebot dieses Salats während einer Saison (kurzfristig) reduziert wurde, war keine Zeit für einen Ersatz aus einer anderen Gegend, sodass der Preis dramatisch anstieg. Hätte der Streik jedoch mehrere Saisonen hindurch angedauert, wäre Salat in anderen Regionen angebaut worden. Dieser Angebotsanstieg aus anderen Quellen hätte den Salatpreis wieder auf sein normales Niveau zurückgeführt und dadurch die Gewinne der Produzenten im Imperial Valley verringert.

15.8 Nachfrage mit konstanter Elastizität

Welche Art der Nachfragekurve weist eine konstante Nachfrageelastizität auf? Bei einer linearen Nachfragekurve geht die Elastizität entlang der Kurve von Null bis unendlich, was man nicht gerade als konstant bezeichnen würde, daher ist dieser Kurventyp nicht die Antwort.

Wir können die obige Erlösberechnung heranziehen, um ein Beispiel zu finden. Wenn die Elastizität bei einem Preis p gleich 1 ist, dann wissen wir, dass sich der Erlös bei kleinen Preisänderungen nicht ändern wird. Wenn daher der Erlös bei allen Preisänderungen konstant bleibt, dann müssen wir eine Nachfragekurve haben, die überall eine Elastizität von -1 aufweist.

Das ist jetzt leicht: Wir wollen einfach, dass Preis und Menge durch die Formel

$$pq = \overline{R}$$

miteinander in Beziehung stehen, was bedeutet, dass

$$q = \frac{\overline{R}}{p}$$

die Formel einer Nachfragekurve mit konstanter Elastizität von -1 ist. Die Grafik der Funktion $q = \overline{R}/p$ ist in Abbildung 15.6 wiedergegeben. Beachte, dass Preis mal Menge entlang der Nachfragekurve konstant ist.

Die allgemeine Formel für eine Nachfrage mit konstanter Elastizität von e ergibt sich als

$$q = Ap^{\epsilon},$$

---

[1] Siehe dazu Colin Carter et al., „Agricultural Labor Strikes and Farmers' Incomes," *Economic Inquiry*, 25, 1987, 121-133.

wobei A eine beliebige positive Konstante ist und e, die Elastizität, typischerweise negativ sein wird. Diese Formel wird in einigen späteren Beispielen von Nutzen sein.

Eine praktische Art, eine Nachfragekurve mit konstanter Elastizität darzustellen, ist die Verwendung von Logarithmen

$$\ln q = \ln A + \epsilon \ln p.$$

In dieser Formel hängt der Logarithmus von q linear vom Logarithmus von p ab.

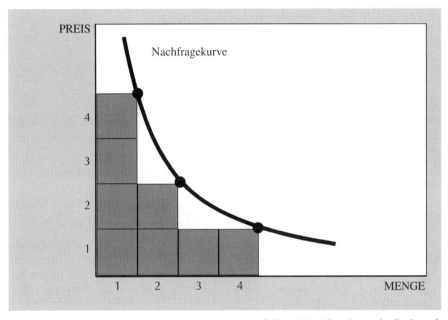

Abbildung 15.6 Nachfrageelastizität von eins. Auf dieser Nachfragekurve ist Preis mal Menge in jedem Punkt konstant. Sie hat daher eine konstante Elastizität von -1.

15.9 Elastizität und Grenzerlös

Im Abschnitt 15.7 untersuchten wir, wie sich der Erlös ändert, wenn sich der Preis eines Gutes ändert; es ist jedoch häufig interessant zu wissen, wie sich der Erlös ändert, wenn sich die Menge eines Gutes ändert. Das ist besonders wichtig, wenn es sich um Produktionsentscheidungen von Unternehmungen handelt.

Wir sahen bereits, dass bei kleinen Änderungen von Preis und Menge die Erlösänderung durch

$$\Delta R = p\Delta q + q\Delta p.$$

gegeben ist. Wenn wir beide Seiten dieser Gleichung durch Δq dividieren, erhalten wir die Gleichung für den **Grenzerlös**[2]:

$$\text{MR} = \frac{\Delta R}{\Delta q} = p + q\frac{\Delta p}{\Delta q}.$$

Es gibt eine nützliche Umformung dieses Ausdrucks. Beachte, dass wir auch

$$\frac{\Delta R}{\Delta q} = p\left[1 + \frac{q\Delta p}{p\Delta q}\right]$$

schreiben können. Was ist der zweite Ausdruck in der eckigen Klammer? Nein, die Elastizität ist es nicht ganz, aber fast! Es ist der Reziprokwert der Elastizität:

$$\frac{1}{\epsilon} = \frac{1}{\frac{p\Delta q}{q\Delta p}} = \frac{q\Delta p}{p\Delta q}.$$

Die Gleichung für den Grenzerlös wird daher zu

$$\frac{\Delta R}{\Delta q} = p(q)\left[1 + \frac{1}{\epsilon(q)}\right].$$

(Wir haben hier $p(q)$ und $\epsilon(q)$ geschrieben, zur Erinnerung daran, dass sowohl Preis als auch Elastizität typischerweise vom Niveau des Outputs abhängen werden.)

Wegen der Gefahr von Unklarheiten – die Elastizität ist eine negative Zahl – schreiben wir diese Gleichung manchmal als

$$\frac{\Delta R}{\Delta q} = p(q)\left[1 - \frac{1}{|\epsilon(q)|}\right].$$

Das bedeutet, dass bei einer Nachfrageelastizität von – 1 der Grenzerlös gleich 0 ist – der Erlös ändert sich bei einer Mengenänderung nicht. Wenn die Nachfrage unelastisch ist, dann ist $|\epsilon|$ kleiner als 1 und somit ist $1/|\epsilon|$ größer als 1. Daher ist $1 - 1/|\epsilon|$ negativ, sodass der Erlös fallen wird, wenn man den Output erhöht.

Das ist unmittelbar einsichtig. Wenn die Nachfrage auf den Preis nicht besonders empfindlich reagiert, dann muss man die Preise um einiges senken, um den Output erhöhen zu können: Der Erlös sinkt daher. Das stimmt völlig mit der früheren Diskussion über die Änderung des Erlöses aufgrund einer Preisänderung überein, da eine Erhöhung der Menge eine Senkung des Preises bedeutet und umgekehrt.

BEISPIEL: Preisfestsetzung

Angenommen, Sie wären beauftragt, den Preis für ein von Ihrer Firma erzeugtes Produkt festzusetzen, und Sie hätten eine gute Schätzung der Nachfragekurve für dieses Produkt. Nehmen wir an, das Ziel sei, einen Preis festzulegen, der den Gewinn – Erlös minus Kosten – maximiert. Dann würden Sie den Preis nie dort

---

[2] MR = marginal revenue.

festlegen, wo die Nachfrageelastizität kleiner als 1 ist – man würde nie einen Preis im unelastischen Bereich der Nachfrage festsetzen.

Warum? Überlegen wir, was bei einer Erhöhung des Preises geschähe. Dann würden die Erlöse steigen – die Nachfrage ist unelastisch – und die verkaufte Menge würde sinken. Wenn aber die verkaufte Menge sinkt, dann müssen auch die Produktionskosten zurückgehen, oder zumindest können sie nicht steigen. Daher muss der Gewinn insgesamt steigen, was beweist, dass Produktion und Verkauf im unelastischen Teil der Nachfragekurve nicht den maximalen Gewinn erbringen kann.

15.10 Grenzerlöskurven

Wir sahen im letzten Abschnitt, dass der Grenzerlös durch

$$\frac{\Delta R}{\Delta q} = p(q) + \frac{\Delta p(q)}{\Delta q} q$$

oder

$$\frac{\Delta R}{\Delta q} = p(q) \left[1 - \frac{1}{|\epsilon(q)|}\right]$$

gegeben ist.

Es erweist sich als zweckmäßig, diese Grenzerlöskurven grafisch darzustellen. Beachte vorerst, dass bei einer Menge von Null der Grenzerlös einfach gleich dem Preis ist: Bei der ersten verkauften Einheit des Gutes ist der zusätzliche Erlös, den man erhält, einfach gleich dem Preis. Aber danach wird der Grenzerlös kleiner als der Preis sein, da $\Delta p/\Delta q$ negativ ist.

Überlegen wir uns das kurz. Wenn man sich entscheidet, eine weitere Einheit des Gutes zu verkaufen, wird man seinen Preis senken müssen. Aber diese Preisreduktion verringert den Erlös, den man für alle Outputeinheiten erhält, die man verkauft. Daher wird der zusätzliche Erlös kleiner sein als der Preis, den man beim Verkauf der zusätzlichen Einheit erzielt.

Nehmen wir den Spezialfall der linearen (inversen) Nachfragekurve:

$$p(q) = a - bq.$$

Es ist leicht zu erkennen, dass die Steigung der inversen Nachfragekurve konstant ist:

$$\frac{\Delta p}{\Delta q} = -b.$$

Die Formel für den Grenzerlös wird daher

$$\begin{aligned}\frac{\Delta R}{\Delta q} &= p(q) + \frac{\Delta p(q)}{\Delta q} q \\ &= p(q) - bq \\ &= a - bq - bq \\ &= a - 2bq.\end{aligned}$$

Diese Grenzerlöskurve ist in Abbildung 15.7A dargestellt. Sie hat denselben vertikalen Achsenabschnitt wie die Nachfragekurve, jedoch eine doppelt so große Steigung. Der Grenzerlös wird negativ, wenn $q > a/2b$. Die Menge $a/2b$ ist jene Menge, bei der die Elastizität gleich -1 ist. Bei jeder größeren Menge wird die Nachfrage unelastisch sein, was einen negativen Grenzerlös impliziert.

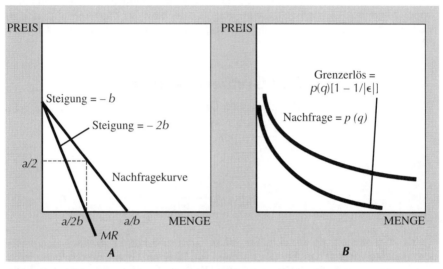

Abbildung 15.7 Grenzerlös. (A) Grenzerlös für eine lineare Nachfragekurve. (B) Grenzerlös für eine Nachfragekurve mit konstanter Elastizität.

Die Nachfragekurve mit konstanter Elastizität bildet einen anderen Spezialfall der Grenzerlöskurve. (Siehe Abbildung 15.7B.) Wenn die Nachfrageelastizität eine Konstante, $\varepsilon(q) = \varepsilon$, ist, dann hat die Grenzerlöskurve die Form

$$MR = p(q)\left[1 - \frac{1}{|\epsilon|}\right].$$

Da der Ausdruck in eckiger Klammer konstant ist, ist die Grenzerlöskurve ein konstanter Bruchteil der inversen Nachfragekurve. Wenn $|\varepsilon| = 1$, ist die Grenzkostenkurve eine Konstante von Null. Für $|\varepsilon| > 1$, liegt die Grenzerlöskurve wie in der Abbildung 15.7B unter der inversen Nachfragekurve. Bei $|\varepsilon| < 1$ ist der Grenzerlös negativ.

15.11. Einkommenselastizität

Wir definierten die Preiselastizität der Nachfrage als

Preiselastizität der Nachfrage = %-Änderung der nachgefragten Menge / %-Änderung des Preises

Das ergibt eine dimensionslose Maßzahl für die Reaktion der nachgefragten Menge auf eine Preisänderung.

Die **Einkommenselastizität** wird verwendet, um die Reaktion der nachgefragten Menge auf eine Einkommensänderung zu beschreiben; ihre Definition lautet

Einkommenselastizität der Nachfrage = $\dfrac{\text{\%-Änderung der nachgefragten Menge}}{\text{\%-Änderung des Einkommens}}$

Wir erinnern uns, dass bei einem **normalen Gut** eine Erhöhung des Einkommens zu einer Erhöhung der Nachfrage führte; für diesen Typus von Gut ist daher die Einkommenselastizität der Nachfrage positiv. Bei einem **inferiorem Gut** führt eine Einkommenserhöhung zu einem Rückgang der Nachfrage; für diesen Typus von Gut ist daher die Einkommenselastizität der Nachfrage negativ. Ökonominnen verwenden manchmal den Begriff des **Luxusguts**. Das sind Güter, deren Einkommenselastizität größer als 1 ist: Eine Einkommenserhöhung von 1 Prozent verursacht eine Erhöhung der Nachfrage nach dem Luxusgut um *mehr* als 1 Prozent.

In der Regel liegen Einkommenselastizitäten um 1 herum. Der Grund dafür ist aus einer Analyse der Budgetbeschränkung erkennbar. Schreiben wir einmal die Budgetbeschränkungen für zwei verschiedene Einkommensniveaus an:

$$p_1 x_1' + p_2 x_2' = m'$$
$$p_1 x_1^0 + p_2 x_2^0 = m^0.$$

Wir subtrahieren die zweite Gleichung von der ersten und bezeichnen die Differenzen wie üblich mit Δ:

$$p_1 \Delta x_1 + p_2 \Delta x_2 = \Delta m.$$

Nun multiplizieren wir jeden Preis i mit x_i/x_i und dividieren beide Seiten durch m:

$$\frac{p_1 x_1}{m}\frac{\Delta x_1}{x_1} + \frac{p_2 x_2}{m}\frac{\Delta x_2}{x_2} = \frac{\Delta m}{m}.$$

Schließlich dividieren wir beide Seiten durch $\Delta m/m$ und verwenden $s_i = p_i x_i / m$ zur Bezeichnung des **Ausgabenanteils** des Gutes i. Das ergibt als endgültige Gleichung

$$s_1 \frac{\Delta x_1/x_1}{\Delta m/m} + s_2 \frac{\Delta x_2/x_2}{\Delta m/m} = 1.$$

Diese Gleichung besagt, dass der mit den Ausgabenanteilen *gewogene Durchschnitt der Einkommenselastizitäten gleich 1 ist*. Luxusgüter, die eine Einkommenselastizität größer als 1 haben, müssen durch Güter aufgewogen werden, die eine Einkommenselastizität kleiner als 1 haben, sodass „im Durchschnitt" die Einkommenselastizitäten um 1 liegen.

Zusammenfassung

1. Die Marktnachfragekurve ist einfach die horizontale Summe der individuellen Nachfragekurven.
2. Der Vorbehaltspreis ist jener Preis, bei dem der Konsument zwischen Kauf und Nichtkauf eines Gutes gerade indifferent ist.
3. Die Nachfragefunktion misst die nachgefragte Menge als eine Funktion des Preises. Die inverse Nachfragefunktion misst den Preis als eine Funktion der Menge. Eine gegebene Nachfragefunktion kann auf beide Arten dargestellt werden.
4. Die Preiselastizität der Nachfrage misst die Empfindlichkeit der nachgefragten Menge in Bezug auf den Preis. Sie ist formal definiert als die Prozentänderung der Menge dividiert durch die Prozentänderung des Preises.
5. Wenn der Absolutwert der Nachfrageelastizität kleiner als 1 ist, dann sagen wir, dass in diesem Punkt die Nachfrage *unelastisch* ist. Wenn der Absolutwert der Elastizität in einem bestimmten Punkt größer als 1 ist, dann sagen wir, dass die Nachfrage dort *elastisch* ist.
6. Wenn die Nachfrage in einem Punkt unelastisch ist, dann wird eine Erhöhung der Menge zu einer Verringerung des Erlöses führen. Wenn die Nachfrage elastisch ist, dann wird eine Erhöhung der Menge zu einer Zunahme des Erlöses führen.
7. Der Grenzerlös ist der zusätzliche Erlös, den man durch eine Erhöhung der verkauften Menge erhält. Die Formel, welche den Grenzerlös und die Elastizität zueinander in Beziehung setzt, ist $MR = p[1 + (1/e)] = p[1 - (1/|\varepsilon|)]$.
8. Wenn die inverse Nachfragekurve eine lineare Funktion $p(q) = a - bq$ ist, dann ist der Grenzerlös durch $MR = a - 2bq$ gegeben.
9. Die Einkommenselastizität misst die Reaktion der nachgefragten Menge auf Einkommensänderungen. Sie ist formal definiert als die Prozentänderung der Menge dividiert durch die Prozentänderung des Einkommens.

Wiederholungsfragen

1. Wie lautet die inverse Nachfragekurve, wenn die Marktnachfragekurve $D(p) = 100 - 0{,}5p$ ist?
2. Die Nachfragefunktion eines Süchtigen nach seinem Stoff kann sehr unelatisch sein, die Marktnachfragefunktion hingegen recht elastisch. Wieso gibt es das?
3. Welcher Preis wird den Erlös maximieren, wenn $D(p) = 12 - 2p$?
4. Angenommen die Nachfragekurve eines Gutes sei durch $D(p) = 100/p$ gegeben. Wie hoch ist der Preis, der den Erlös maximiert?
5. Wenn in einem Zwei-Güter-Modell ein Gut ein inferiores Gut ist, dann muss das andere ein Luxusgut sein. Richtig oder falsch?

ANHANG

In Form der Ableitungen ist die Preiselastizität der Nachfrage definiert durch

$$\epsilon = \frac{p}{q}\frac{dq}{dp}.$$

Im Textteil behaupteten wir, dass die Formel einer Nachfragekurve mit konstanter Elastizität $q = Ap^{\varepsilon}$ sei. Um das zu überprüfen, leiten wir einfach nach dem Preis ab

$$\frac{dq}{dp} = \epsilon Ap^{\epsilon-1}$$

und multiplizieren mit Preis durch Menge:

$$\frac{p}{q}\frac{dq}{dp} = \frac{p}{Ap^{\epsilon}} \epsilon Ap^{\epsilon-1} = \epsilon.$$

Ganz praktisch kürzt sich alles weg, sodass nur, wie behauptet, ε verbleibt.

Eine lineare Nachfragefunktion hat die Formel $q(p) = a - bp$. Die Elastizität der Nachfrage in einem Punkt p ist durch

$$\epsilon = \frac{p}{q}\frac{dq}{dp} = \frac{-bp}{a - bp}$$

gegeben. Wenn p Null ist, ist die Elastizität gleich Null. Wenn q Null ist, ist die Elastizität gleich unendlich.

Der Erlös ist durch $R(p) = pq(p)$ gegeben. Um zu sehen, wie sich der Erlös bei einer Änderung des Preises verändert, leiten wir den Erlös nach p ab und erhalten

$$R'(p) = pq'(p) + q(p).$$

Angenommen der Erlös steigt mit steigendem Preis. Dann haben wir

$$R'(p) = p\frac{dq}{dp} + q(p) > 0.$$

Umordnung führt zu

$$\epsilon = \frac{p}{q}\frac{dq}{dp} > -1.$$

Wir erinnern uns, dass dq/dp negativ ist, und multiplizieren mit -1, um

$$|\epsilon| < 1$$

zu erhalten. Wenn also der Erlös mit steigendem Preis steigt, müssen wir uns auf dem unelastischen Teil der Nachfragekurve befinden.

BEISPIEL: Die Laffer-Kurve

In diesem Abschnitt wenden wir uns einigen einfachen Elastizitätsberechnungen zu, die zur Analyse interessanter wirtschaftspolitischer Fragen verwendet werden können, nämlich wie sich die Steuereinnahmen ändern, wenn sich der Steuersatz ändert.

Angenommen wir zeichnen in einer Grafik die Steuereinnahmen gegen die Steuersätze ein. Wenn der Steuersatz Null ist, sind die Steuereinnahmen Null; ist der Steuersatz 1, wird niemand das betreffende Gut nachfragen oder anbieten wollen, die Steuereinnahmen sind daher ebenfalls Null. Die Einnahmen als eine Funktion des Steuersatzes müssen daher zuerst ansteigen und schließlich fallen. (Natürlich können sie zwischen 0 und 1 des Öfteren steigen und fallen, wir vernachlässigen diese Möglichkeit der Einfachheit halber.) Die in Abbildung 15.8 dargestellte Kurve, welche die Steuersätze zu den Steuereinnahmen in Beziehung setzt, ist als **Laffer-Kurve** bekannt.

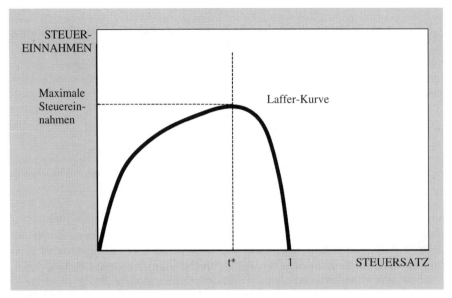

Abbildung 15.8 Die Laffer-Kurve. Eine mögliche Form der Laffer-Kurve, welche die Steuersätze zu den Steuereinnahmen in Beziehung setzt.

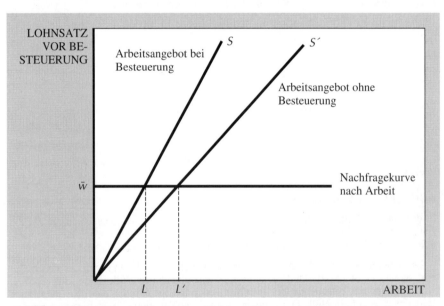

Abbildung 15.9 Der Arbeitsmarkt. Gleichgewicht am Arbeitsmarkt bei einer horizontalen Arbeitsnachfragekurve. Wenn das Arbeitseinkommen besteuert wird, wird zu jedem Lohnsatz weniger Arbeit angeboten.

Der interessante Aspekt der Laffer-Kurve liegt darin, dass sie die Möglichkeit aufzeigt, dass bei entsprechend hohem Steuersatz eine weitere Erhöhung des Satzes eine *Reduktion* der Einnahmen zur Folge haben kann. Der Rückgang im Angebot des Gutes aufgrund der Steuererhöhung kann so groß sein, dass die Steuereinnahmen tatsächlich fallen. Das wird als **Laffer-Effekt** bezeichnet, nach dem Ökonomen, der dieses Diagramm in den frühen Achtzigerjahren populär machte. Man sagte, dass der Vorteil der Laffer-Kurve darin besteht, dass man sie einem Abgeordneten in einer halben Stunde erklären, er dann aber ein halbes Jahr darüber reden kann. Tatsächlich spielte die Laffer-Kurve in der Diskussion über die Auswirkungen der Steuersenkungen des Jahres 1980 (in den USA, Anm. d. Übers.) eine bedeutende Rolle. Entscheidend sind in obigem Argument die Worte „entsprechend hohem Steuersatz". Wie hoch muss denn der Steuersatz sein, damit der Laffer-Effekt wirksam wird?

Ziehen wir zur Beantwortung dieser Frage ein einfaches Modell des Arbeitsmarktes heran. Angenommen die Unternehmen fragen Null Arbeit nach, wenn der Lohnsatz größer ist als $\overline{w}$, und eine willkürlich große Menge, wenn der Lohnsatz genau $\overline{w}$ ist. Das bedeutet, dass die Nachfragekurve nach Arbeit in Höhe eines bestimmten Lohnsatzes $\overline{w}$ horizontal verläuft. Weiters wird angenommen, dass die Arbeitsangebotskurve, $S(w)$, die übliche positive Steigung hat. Das Gleichgewicht am Arbeitsmarkt ist in Abbildung 15.9 dargestellt.

Wenn wir Arbeit zu einem Satz t besteuern, werden die Arbeiter bei einem Lohnsatz von $\overline{w}$ lediglich $w = (1 - t)\overline{w}$ erhalten. Die Arbeitsangebotskurve wird sich nach links drehen und die verkaufte Arbeitsmenge wird, wie in Abbildung 15.9, fallen. Der Lohnsatz nach Besteuerung ist zurückgegangen, und dies hat das Arbeitsangebot entmutigt. So weit, so gut.

Die Steuereinnahmen, T, sind somit durch die Formel

$$T = t\overline{w}S(w)$$

gegeben, wobei $w = (1 - t)\overline{w}$ und $S(w)$ das Arbeitsangebot ist.

Um die Änderung der Steuereinnahmen aufgrund einer Änderung des Steuersatzes zu ermitteln, differenzieren wir diese Formel nach t und finden

$$\frac{dT}{dt} = \left[-t\frac{dS(w)}{dw}\overline{w} + S(w)\right]\overline{w}. \qquad (15.1)$$

(Beachte die Verwendung der Kettenregel und die Tatsache, dass $dw/dt = -\overline{w}$ ist.)

Der Laffer-Effekt tritt dann auf, wenn bei einer Erhöhung von t die Einnahmen sinken – das heißt, wenn dieser Ausdruck negativ wird. Das bedeutet aber offensichtlich, dass das Arbeitsangebot ziemlich elastisch sein muss – es muss bei einer Steuererhöhung beträchtlich fallen. Versuchen wir einmal herauszufinden, welche Werte der Elastizität diesen Ausdruck negativ machen.

Damit Gleichung (15.1) negativ wird, verlangen wir

$$-t\frac{dS(w)}{dw}\overline{w} + S(w) < 0.$$

Umformung ergibt

$$t\frac{dS(w)}{dw}\overline{w} > S(w),$$

nach Division beider Seiten durch $tS(w)$ erhält man

$$\frac{dS(w)}{dw}\frac{\overline{w}}{S(w)} > \frac{1}{t}.$$

Multiplikation beider Seiten mit $(1 - t)$ und Verwendung von $w = (1 - t)\,\overline{w}$ ergibt

$$\frac{dS}{dw}\frac{w}{S} > \frac{1-t}{t}.$$

Die linke Seite dieses Ausdrucks ist die Elastizität des Arbeitsangebots. Wir haben soit gezeigt, dass der Laffer-Effekt nur auftreten kann, wenn die Elastizität des Arbeitsanebots größer als $(1 - t)/t$ ist.

Nehmen wir den eher extremen Fall an, dass der Steuersatz auf Arbeitseinkommen 50 Prozent ist. Dann kann der Laffer-Effekt nur auftreten, wenn die Elastizität des Areitsangebots größer als 1 ist. Das bedeutet, dass eine Reduktion des Lohnsatzes um 1 Prozent eine Verringerung des Arbeitsangebots um mehr als 1 Prozent zur Folge hätte. Das ist eine sehr starke Reaktion.

Arbeitsangebotselastizitäten wurden von Ökonometrikerinnen immer wieder geschätzt, und so ungefähr die höchsten Werte, die dabei jemals gefunden wurden, liegen um 0,2. Der Laffer-Effekt ist daher für Steuersätze, wie sie in den Vereinigten Staaten (und den meisten europäischen Ländern, Anm. d. Übers.) vorherrschen, ziemlich unwahrcheinlich. In manchen Ländern, wie z. B. Schweden, erreichten die Steuersätze (früher!, Anm. d. Übers.) jedoch andere Höhen und es gibt Hinweise, dass das Laffer-Phänomen aufgetreten sein könnte.[3]

BEISPIEL: Noch ein Ausdruck für die Elastizität

Zum Schluss noch einen weiteren Ausdruck für die Elastizität, der manchmal nützlich ist. Es zeigt sich, dass die Elastizität auch als

$$\frac{d\ln Q}{d\ln P}$$

ausgedrückt werden kann. Der Beweis erfolgt mit Hilfe der wiederholten Anwendung der Kettenregel. Wir beginnen mit der Feststellung, dass

$$\begin{aligned}\frac{d\ln Q}{d\ln P} &= \frac{d\ln Q}{dQ}\frac{dQ}{d\ln P} \\ &= \frac{1}{Q}\frac{dQ}{d\ln P}.\end{aligned} \qquad (15.2)$$

Weiters halten wir fest, dass

$$\begin{aligned}\frac{dQ}{dP} &= \frac{dQ}{d\ln P}\frac{d\ln P}{dP} \\ &= \frac{dQ}{d\ln P}\frac{1}{P},\end{aligned}$$

---

[3] Siehe dazu Charles E. Stuart, „Swedish Tax Rates, Labor Supply, and Tax Revenues", *Journal of Political Economy*, 89, 5 (October 1981), pp. 1020-38.

was impliziert, dass

$$\frac{dQ}{d\ln P} = P\frac{dQ}{dP}.$$

Wenn wir das in Gleichung (15.2) einsetzen, erhalten wir

$$\frac{d\ln Q}{d\ln P} = \frac{1}{Q}\frac{dQ}{dP}P = \epsilon,$$

was wir zeigen wollten.

Die Elastizität misst also die Steigung einer auf doppel-logarithmischem Papier geeichneten Nachfragekurve: wie sich der Logarithmus der Menge ändert, wenn sich der Logarithmus des Preises ändert.

16. Kapitel
GLEICHGEWICHT

In früheren Kapiteln haben wir gezeigt, wie man individuelle Nachfragekurven unter Verwendung der Informationen über Präferenzen und Preise konstruiert. Im 15. Kapitel addierten wir diese individuellen Nachfragekurven, um Marktnachfragekurven zu konstruieren. In diesem Kapitel werden wir beschreiben, wie man diese Marktnachfragekurven zur Bestimmung des Gleichgewichtspreises am Markt verwenden kann.

Im 1. Kapitel stellten wir fest, dass es zwei grundlegende Prinzipien der mikroökonomischen Analyse gibt: Es waren dies das Optimierungsprinzip und das Gleichgewichtsprinzip. Bis jetzt haben wir Beispiele für das Optimierungsprinzip untersucht: Was sich aus der Annahme ergibt, dass Menschen ihren Konsum optimal aus ihrem Budget auswählen. In späteren Kapiteln werden wir weiterhin Optimierung verwenden, um das Gewinnmaximierungsverhalten der Unternehmen zu untersuchen. Schließlich werden wir das Verhalten der Konsumenten und Unternehmer kombinieren, um die Gleichgewichtsergebnisse aus ihrer Interaktion auf dem Markt zu analysieren.

Vor dieser Analyse erscheint es uns jedoch sinnvoll, einige Beispiele für die Gleichgewichtsanalyse zu geben – wie sich die Preise anpassen, um Angebots- und Nachfrageentscheidungen der ökonomischen Akteure kompatibel zu machen. Dazu müssen wir uns kurz der anderen Marktseite – dem Angebot – zuwenden.

16.1 Angebot

Wir lernten bereits ein paar Beispiele für Angebotskurven kennen. Im 1. Kapitel war dies eine senkrechte Angebotskurve für Wohnungen. Im 9. Kapitel hatten wir es mit Situationen zu tun, in denen sich die Konsumentinnen entschieden, Nettoanbieterin oder -nachfragerin des in ihrem Besitz befindlichen Gutes zu sein, und wir untersuchten die Arbeitsangebotsentscheidung.

In allen diesen Fällen maß die Angebotskurve einfach, welche Menge eines Gutes die Konsumentin bei jedem möglichen Marktpreis anbieten wollte. Das ist in der Tat die Definition der Angebotskurve: Für jedes p bestimmen wir, welche Menge des Gutes angeboten wird, $S(p)$. In den nächsten Kapiteln werden wir das Angebotsverhalten der Unternehmen näher betrachten. Für viele Zwecke ist es jedoch gar nicht notwendig zu wissen, aus welchem Optimierungsverhalten die Angebots- oder Nachfragekurve hervorgeht. Für viele Fragestellungen genügt die Tatsache, dass ein funktionaler Zusammenhang zwischen dem Preis und jener

Menge besteht, welche die Konsumentinnen zu diesem Preis anbieten oder nachfragen wollen, um wichtige Aussagen treffen zu können.

16.2 Marktgleichgewicht

Angenommen wir haben eine bestimmte Anzahl an Konsumenten eines Gutes. Wir können dann ihre gegebenen individuellen Nachfragekurven addieren, um eine Marktnachfragekurve zu erhalten. Ebenso können wir für eine bestimmte Zahl unabhängiger Anbieter dieses Gutes deren individuelle Angebotskurven addieren, um die **Marktangebotskurve** zu erhalten.

Es wird angenommen, dass die einzelnen Nachfrager und Anbieter den Preis als gegeben annehmen – außerhalb ihrer Kontrolle – und sich einfach entscheiden, zu diesen gegebenen Preisen die bestmögliche Handlung zu setzen. Ein Markt, auf dem jeder ökonomische Akteur den Preis als außerhalb seiner Einflussmöglichkeit als gegeben ansieht, wird **Konkurrenzmarkt** genannt.

Die übliche Begründung für die Annahme eines Konkurrenzmarktes ist, dass jeder Konsument oder Produzent ein kleiner Teil des Marktes insgesamt ist und daher auch nur eine vernachlässigbare Wirkung auf den Marktpreis hat. So sieht zum Beispiel jeder Weizenanbieter den Marktpreis als mehr oder weniger unabhängig von seinen eigenen Handlungen an, wenn er bestimmt, wie viel Weizen er erzeugen und am Markt anbieten will.

Obwohl der Marktpreis auf einem Wettbewerbsmarkt von den Handlungen jedes *einzelnen* Marktteilnehmers unabhängig sein mag, so werden doch die Handlungen aller Akteure insgesamt den Marktpreis bestimmen. Der **Gleichgewichtspreis** eines Gutes ist jener Preis, bei dem die Nachfrage nach dem Gut gleich seinem Angebot ist. Geometrisch ist das der Preis, bei welchem sich die Nachfrage- und Angebotskurven schneiden.

Wenn $D(p)$ für die Marktnachfragekurve und $S(p)$ für die Marktangebotskurve steht, dann ist der Gleichgewichtspreis jener Preis p^*, der die Gleichung

$$D(p^*) = S(p^*)$$

löst. Die Lösung dieser Gleichung, p^*, ist der Preis, bei dem die Marktnachfrage gleich dem Marktangebot ist.

Warum sollte das ein Gleichgewichtspreis sein? Ein ökonomisches Gleichgewicht ist eine Situation, in der alle Akteure die bestmögliche Handlung für sich selbst wählen und in der das Verhalten jeder einzelnen Person mit dem der anderen übereinstimmt. Zu jedem anderen als dem Gleichgewichtspreis würde das beabsichtigte Verhalten einiger Akteure undurchführbar sein, was einen Grund zur Änderung ihres Verhaltens böte. Daher kann man von einem Preis, der kein Gleichgewichtspreis ist, nicht erwarten, weiter zu bestehen, da zumindest einige Akteure einen Anreiz hätten, ihr Verhalten zu ändern.

Die Angebots- und Nachfragekurven stellen die optimalen Entscheidungen der betreffenden Akteure dar, und die Tatsache, dass sie bei einem bestimmten Preis p^* gleich sind, bedeutet, dass die Verhaltensweisen der Nachfrager und Anbieter miteinander kompatibel sind. Bei jedem *anderen* Preis als jenem, bei dem die Nachfrage gleich dem Angebot ist, werden diese beiden Bedingungen *nicht* erfüllt sein.

Nehmen wir zum Beispiel an, dass wir einen Preis $p' < p^*$ vorfinden, bei dem die Nachfrage größer als das Angebot ist. Dann werden einige Anbieter erkennen, dass sie ihre Waren um einen höheren als den geltenden Preis p' an die enttäuschten Nachfrager verkaufen können. Wenn immer mehr Anbieter dies erkennen, wird der Marktpreis bis zu dem Punkt hochgetrieben, bei dem Nachfrage und Angebot gleich sind.

Wenn andererseits bei $p' > p^*$ die Nachfrage kleiner als das Angebot ist, dann werden einige Anbieter nicht die erwarteten Mengen verkaufen können. Die einzige Möglichkeit, mehr zu verkaufen, liegt im Anbieten zu einem niedrigeren Preis. Wenn jedoch alle Anbieter identische Güter verkaufen, und ein Anbieter diese nun zu einem niedrigeren Preis verkauft, so müssen die anderen Anbieter mit diesem Preis gleichziehen. Überschussangebot übt somit auf den Marktpreis einen Druck nach unten aus. Erst wenn die Menge, welche die Leute zu einem bestimmten Preis kaufen wollen, gleich der Menge ist, welche die Leute zu diesem Preis verkaufen wollen, wird der Markt im Gleichgewicht sein.

16.3 Zwei Spezialfälle

Es gibt zwei Spezialfälle des Marktgleichgewichts, die man erwähnen sollte, da sie ziemlich häufig vorkommen. Der erste ist der Fall des konstanten Angebots. Dabei ist die angebotene Menge eine gegebene Zahl, unabhängig vom Preis; das heißt, die Angebotskurve ist vertikal. In diesem Fall wird die Gleichgewichts*menge* ausschließlich durch die Angebotsbedingungen und der Gleichgewichts*preis* zur Gänze durch die Nachfragebedingungen bestimmt.

Im entgegengesetzten Fall ist die Angebotskurve völlig horizontal. Wenn eine Branche eine horizontale Angebotskurve hat, bedeutet das, dass diese Branche jede gewünschte Menge zu einem konstanten Preis zu liefern bereit ist. In dieser Situation wird der Gleichgewichts*preis* durch die Angebotsbedingungen, die Gleichgewichts*menge* hingegen durch die Nachfragekurve bestimmt.

Beide Fälle sind in Abbildung 16.1 dargestellt. In diesen zwei Spezialfällen kann die Bestimmung der Preise und Mengen voneinander getrennt werden; im allgemeinen Fall werden jedoch der Gleichgewichtspreis und die Gleichgewichtsmenge gemeinsam durch die Angebots- und Nachfragekurven bestimmt.

16.4 Inverse Angebots- und Nachfragekurven

Wir können das Marktgleichgewicht auch auf eine etwas andere Art betrachten, die sich häufig als zweckmäßig erweist. Es wurde schon früher darauf hingewiesen, dass individuelle Nachfragekurven normalerweise die optimalen Nachfragemengen als eine Funktion des verlangten Preises angeben. Wir können sie aber auch als inverse Nachfragefunktionen ansehen, die den *Preis* messen, den jemand zu zahlen bereit ist, um eine bestimmte Menge eines Gutes zu erwerben. Dasselbe gilt für Angebotskurven. Man kann sie so auffassen, dass sie die angebotene Menge als eine Funktion des Preises messen. Wir können die An-

Gleichgewicht 277

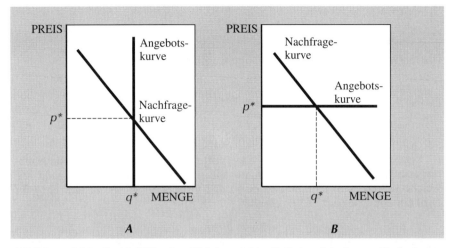

Abbildung 16.1 Spezialfälle des Gleichgewichts. Fall A zeigt eine vertikale Angebotskurve, der Gleichgewichtspreis wird ausschließlich durch die Nachfrage bestimmt. Fall B stellt eine horizontale Angebotskurve dar, der Gleichgewichtspreis wird ausschließlich durch die Angebotskurve bestimmt.

gebotskurven aber auch so sehen, dass sie den *Preis* angeben, der erforderlich ist, um eine bestimmte Angebotsmenge zu generieren.

Die gleiche Vorgangsweise können wir auf die *Markt*nachfrage- und *Markt*angebotskurven anwenden, mit denselben Interpretationen wie oben. In diesem Rahmen wird dann ein Gleichgewichtspreis durch das Auffinden jener Menge bestimmt, bei der die Nachfrager für ihren Konsum einen Betrag zu zahlen bereit sind, der gleich jenem Preis ist, welchen die Anbieter erhalten müssen, um dieselbe Menge anzubieten.

Wenn daher $P_S(q)$ die inverse Angebotskurve und $P_D(q)$ die inverse Nachfragekurve sind, wird das Gleichgewicht durch die Bedingung

$$P_S(q^*) = P_D(q^*)$$

bestimmt.

BEISPIEL: Gleichgewicht mit linearen Funktionen

Angenommen sowohl die Nachfrage- als auch die Angebotskurve sind linear:

$$D(p) = a - bp$$

$$S(p) = c + dp.$$

Die Koeffizienten (a, b, c, d) sind die Parameter, welche die Achsenabschnitte und die Steigungen dieser Geraden bestimmen. Der Gleichgewichtspreis kann durch Lösung der folgenden Gleichung gefunden werden:

$$D(p) = a - bp = c + dp = S(p).$$

Die Antwort ist
$$p^* = \frac{a-c}{d+b}.$$

Die im Gleichgewicht nachgefragte (und angebotene) Menge ist
$$D(p^*) = a - bp^*$$
$$= a - b\frac{a-c}{b+d}$$
$$= \frac{ad+bc}{b+d}.$$

Wir können dieses Problem auch mit Hilfe der inversen Angebots- und Nachfragekurven lösen. Zuerst müssen wir die inverse Nachfragekurve finden. Zu welchem Preis wird eine bestimmte Menge q nachgefragt? Setze einfach q für $D(p)$ ein und löse nach p. Wir erhalten
$$q = a - bp,$$
daher ist
$$P_D(q) = \frac{a-q}{b}.$$

Auf dieselbe Art finden wir
$$P_S(q) = \frac{q-c}{d}.$$

Wenn wir den Nachfragepreis gleich dem Angebotspreis setzen und nach der Gleichgewichtsmenge lösen, erhalten wir
$$P_D(q) = \frac{a-q}{b} = \frac{q-c}{d} = P_S(q)$$

$$q^* = \frac{ad+bc}{b+d}.$$

Beachte, dass wir dieselbe Antwort sowohl für die Gleichgewichtsmenge als auch den Gleichgewichtspreis wie beim ursprünglichen Problem erhalten.

16.5 Komparative Statik

Nachdem wir unter Verwendung der Bedingung, dass die Nachfrage gleich dem Angebot ist (oder der Bedingung, dass der Nachfragepreis gleich dem Angebotspreis ist), ein Gleichgewicht gefunden haben, können wir untersuchen, wie sich dieses Gleichgewicht ändert, wenn sich die Nachfrage- und Angebotskurven verändern. Es ist zum Beispiel leicht erkennbar, dass bei einer parallelen Rechtsverschiebung der Nachfragekurve – zu jedem Preis wird zusätzlich eine konstante Menge nachgefragt – sowohl der Gleichgewichtspreis als auch die Gleichgewichtsmenge steigen müssen. Wenn sich andererseits die Angebotskurve nach rechts verschiebt, steigt die Gleichgewichtsmenge, aber der Gleichgewichtspreis muss fallen.

Gleichgewicht

Was geschieht, wenn sich beide Kurven nach rechts verschieben? Die Menge wird dann sicher steigen, während die Preisänderung nicht eindeutig bestimmt ist – der Preis könnte steigen oder fallen.

BEISPIEL: Verschiebung beider Kurven

Frage: Nehmen wir den im 1. Kapitel beschriebenen Konkurrenzmarkt für Wohnungen. Der Gleichgewichtspreis auf diesem Markt sei p^*, die Gleichgewichtsmenge q^*. Angenommen eine Hausbesitzerin wandelt m der Mietwohnungen in Eigentumswohnungen um, die von jenen Leuten gekauft werden, die derzeit in den Wohnungen leben. Was passiert mit dem Gleichgewichtspreis?

Antwort: Die Situation wird in Abbildung 16.2 dargestellt. Die Angebots- und Nachfragekurve verschieben sich beide im *selben* Ausmaß, m, nach links. Der Preis bleibt unverändert, lediglich die Menge fällt um m.

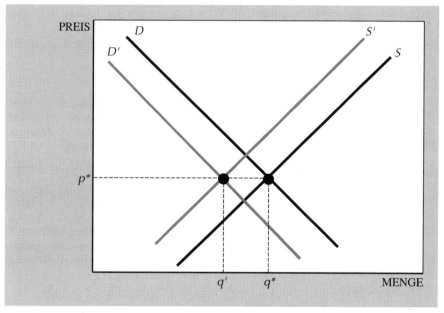

Abbildung 16.2 Verschiebung beider Kurven. Sowohl die Angebots- als auch die Nachfragekurve verschieben sich im selben Ausmaß nach links, was impliziert, dass der Gleichgewichtspreis unverändert bleibt.

Algebraisch wird der neue Gleichgewichtspreis durch

$$D(p) - m = S(p) - m$$

bestimmt, was offensichtlich die gleiche Lösung hat wie die ursprüngliche Bedingung, dass das Angebot gleich der Nachfrage ist.

16.6 Steuern

Die Beschreibung eines Marktes vor und nach der Einführung von Steuern ist sowohl eine Übung in komparativer Statik als auch von beträchtlichem Interesse für die Wirtschaftspolitik. Sehen wir uns das an.

Das Wesentliche, was man dabei hinsichtlich der Steuern verstehen muss, ist, dass bei Einführung einer Steuer *zwei* Preise interessieren: Der Preis, den der Nachfrager zahlt, und der Preis, den der Anbieter erhält. Diese beiden Preise – der Nachfragepreis und der Angebotspreis – unterscheiden sich durch die Steuer.

Man kann verschiedene Arten von Steuern einheben. Wir untersuchen hier zwei Beispiele, nämlich **Mengensteuern** und **Wertsteuern** (auch **Ad valorem** Steuern genannt).

Eine Mengensteuer ist eine Steuer, die pro ge- oder verkaufter Mengeneinheit eingehoben wird. Benzinsteuern sind ein gutes Beispiel dafür. Die Benzinsteuer beträgt ungefähr 12 Cent je Gallone. Wenn ein Nachfrager P_D = \$ 1,50 pro Gallone Benzin bezahlt, so erhält der Anbieter P_S = \$ 1,50 − 0,12 = \$ 1,38 je Gallone. Verallgemeinert: wenn t der Betrag der Mengensteuer je Einheit ist, dann gilt

$$P_D = P_S + t.$$

Eine Wertsteuer wird in Prozenten ausgedrückt. Umsatzsteuern sind das gängigste Beispiel für Wertsteuern. Wenn der Staat eine Umsatzsteuer von 5 Prozent einhebt und man zahlt für ein Gut € 1,05 (einschließlich Umsatzsteuer), dann erhält der Anbieter € 1,00. Allgemein: wenn τ der Steuersatz ist, dann gilt

$$P_D = (1+\tau)P_S.$$

Sehen wir uns nun an, was auf einem Markt nach Einführung einer Mengensteuer geschieht. Wir nehmen vorerst an, dass der Anbieter die Steuer zahlen muss, wie das bei der Benzinsteuer der Fall ist. Die angebotene Menge wird dann vom Angebotspreis abhängen – dem Betrag, welcher dem Anbieter tatsächlich nach Ablieferung der Steuer verbleibt – und die Nachfrage vom Nachfragepreis – dem Betrag, den der Nachfrager zahlt. Der Betrag, den der Anbieter erhält, wird der vom Nachfrager bezahlte Betrag minus der Steuer sein. Damit ergeben sich zwei Gleichungen:

$$D(P_D) = S(P_S)$$

$$P_S = P_D - t.$$

Nach Einsetzen der zweiten Gleichung in die erste, haben wir die Gleichgewichtsbedingung:

$$D(P_D) = S(P_D - t).$$

Alternativ könnten wir auch die zweite Gleichung zu $P_D = P_S + t$ umformen und erhalten dann nach Substitution

$$D(P_S + t) = S(P_S).$$

Die beiden Vorgangsweisen sind gleichwertig; welche man verwendet, hängt von der Zweckmäßigkeit im jeweiligen Fall ab.

Nehmen wir als Nächstes an, dass anstatt des Anbieters der Nachfrager die Steuer zahlen muss. Wir schreiben dann

$$P_D - t = P_S,$$

was besagt, dass der vom Nachfrager bezahlte Betrag minus der Steuer gleich dem Betrag ist, den der Anbieter erhält. Wenn wir das in die Gleichgewichtsbedingung einsetzen, finden wir

$$D(P_D) = S(P_D - t).$$

Beachte, dass das dieselbe Gleichung ist wie im ersten Fall, in dem der Anbieter die Steuer bezahlt. Soweit es den Gleichgewichtspreis betrifft, dem sich Anbieter und Nachfrager gegenübersehen, ist es völlig irrelevant, wer für die Bezahlung der Steuer verantwortlich ist - Hauptsache, irgendjemand zahlt die Steuer.

So rätselhaft ist das ja auch wieder nicht. Nehmen wir die Benzinsteuer. Hier ist die Steuer im angegebenen Preis enthalten. Würde sich die nachgefragte Menge denn ändern, wenn der Preis vor Besteuerung angeschrieben wäre und die Benzinsteuer als gesonderter Posten dem von den Nachfragern zu zahlenden Preis hinzugerechnet würde? Schließlich wäre der Preis für den Konsumenten gleich, wie immer die Steuer berechnet würde. Soweit die Konsumenten die effektiven Kosten der von ihnen gekauften Güter erkennen können, spielt es keine Rolle, wie die Steuer eingehoben wird.

Es gibt noch einen einfacheren Weg das zu zeigen, nämlich durch Verwendung der inversen Angebots- und Nachfragekurven. Die gehandelte Gleichgewichtsmenge ist jene Menge q^*, so dass der Nachfragepreis bei q^* *minus der gezahlten Steuer* gerade gleich dem Angebotspreis bei q^* ist. Formal:

$$P_D(q^*) - t = P_S(q^*).$$

Wenn die Steuer von den Anbietern eingehoben wird, dann lautet die Bedingung, dass der Angebotspreis *plus dem Steuerbetrag* gleich dem Nachfragepreis sein muss:

$$P_D(q^*) = P_S(q^*) + t.$$

Natürlich sind das wieder dieselben Gleichungen, sodass sich dieselben Gleichgewichtspreise und -mengen ergeben müssen.

Schließlich wenden wir uns der geometrischen Darstellung zu. Am einfachsten ist dies durch Verwendung der oben behandelten inversen Angebots- und Nachfragekurven. Wir suchen jene Menge, bei der die Kurve $P_D(q) - t$ die Kurve $P_S(q)$ schneidet. Um diesen Punkt aufzufinden, verschieben wir einfach die Nachfragekurve um t nach unten und stellen fest, wo die verschobene Nachfragekurve die ursprüngliche Angebotskurve schneidet. Als Alternative dazu können wir jene Menge suchen, bei der $P_D(q)$ gleich $P_S(q) + t$ ist. Dazu verschieben wir einfach die Angebotskurve um den Betrag der Steuer nach oben. Beide Wege führen zur korrekten Antwort für die Gleichgewichtsmenge. Das Ganze ist in Abbildung 16.3 wiedergegeben.

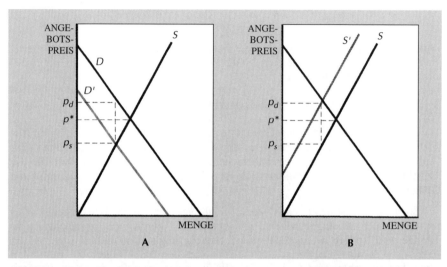

Abbildung 16.3 Die Einhebung einer Steuer. Um die Auswirkung einer Steuer zu untersuchen, kann man entweder die Nachfragekurve nach unten verschieben, wie in Feld A, oder die Angebotskurve nach oben, wie im Feld B. Die von den Nachfragern bezahlten und von den Anbietern erhaltenen Preise werden in jedem Fall dieselben sein.

Aus diesem Diagramm können die qualitativen Effekte der Steuer unmittelbar entnommen werden: Die verkaufte Menge muss sinken, der von den Nachfragern bezahlte Preis muss steigen, der von den Anbietern erhaltene Preis muss sinken.

Abbildung 16.4 zeigt eine andere Möglichkeit, um die Wirkung einer Steuer zu bestimmen. Gehen wir zurück zur Definition des Gleichgewichts auf diesem Markt. Wir wollen eine Menge q^* finden, dass dann, wenn sich der Anbieter dem Preis $p_s(q)$ und der Nachfrager dem Preis $p_d = p_s + t$ gegenübersehen, diese Menge q^* vom Nachfrager nachgefragt und vom Anbieter angeboten wird. Die Steuer sei durch einen vertikalen Streckenabschnitt dargestellt, den wir so lange die Angebotskurve entlang gleiten lassen, bis er die Nachfragekurve gerade berührt. Dieser Punkt ist unsere Gleichgewichtsmenge!

BEISPIEL: Besteuerung bei linearen Angebots- und Nachfragekurven

Angenommen sowohl die Angebots- als auch die Nachfragekurve sind linear. Wenn wir dann auf diesem Markt eine Steuer einführen, wird das Gleichgewicht durch die Gleichungen
$$a - bp_D = c + dp_S$$

und
$$p_D = p_S + t$$
bestimmt. Einsetzen der zweiten Gleichung in die erste ergibt
$$a - b(p_S + t) = c + dp_S.$$
Auflösung nach dem Angebotspreis im Gleichgewicht, p_S*, ergibt
$$p_S^* = \frac{a - c - bt}{d + b}.$$
Der Nachfragepreis im Gleichgewicht, p_D*, ist dann durch p_S* + t gegeben:
$$p_D^* = \frac{a - c - bt}{d + b} + t$$
$$= \frac{a - c + dt}{d + b}.$$
Beachte, dass der vom Nachfrager gezahlte Preis steigt, der vom Anbieter erhaltene Preis hingegen fällt. Das Ausmaß der Preisänderung hängt von den Steigungen der Angebots- und Nachfragekurven ab.

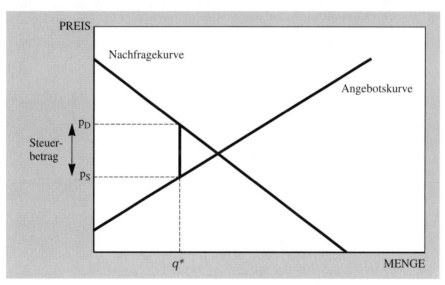

Abbildung 16.4 Eine andere Möglichkeit zur Bestimmung der Wirkung einer Steuer. Lassen wir den Streckenabschnitt so lange der Angebotskurve entlang gleiten, bis er auf die Nachfragekurve trifft.

16.7 Überwälzung einer Steuer

Man hört oft, dass durch eine Besteuerung die Gewinne der Produzentinnen nicht beeinträchtigt werden, da die Unternehmen die Steuer einfach auf die Konsumentinnen überwälzen. Wie wir oben gesehen haben, sollte eine Steuer nicht einfach als eine Besteuerung der Unternehmen oder der Konsumentinnen betrachtet werden, sondern eher als eine Besteuerung der Transaktionen *zwischen* Unternehmen und Konsumentinnen. Eine Steuer wird im Allgemeinen sowohl den von den Konsumentinnen bezahlten Preis erhöhen, als auch jenen Preis senken, den die Unternehmen erhalten. Wie viel von der Steuer überwälzt wird, wird daher von den Charakteristiken von Angebot und Nachfrage abhängen.

Am einfachsten ist das in den Extremfällen zu sehen, wenn wir eine vollständig horizontale oder vertikale Angebotskurve haben. Diese werden auch als **vollständig elastisches** und **vollständig unelastisches** Angebot bezeichnet.

Wir haben diese beiden Spezialfälle bereits zu Beginn dieses Kapitels kennen gelernt. Wenn eine Branche eine horizontale Angebotskurve hat, so bedeutet das, dass sie zu einem bestimmten Preis jede gewünschte Menge des Gutes anbieten wird, jedoch Null Einheiten zu jedem niedrigeren Preis. In diesem Fall wird der Preis zur Gänze durch die Angebotskurve, die verkaufte Menge durch die Nachfrage bestimmt. Wenn eine Branche eine vertikale Angebotskurve hat, so heißt das, dass die Menge des Gutes feststeht. Der Gleichgewichtspreis des Gutes wird dann zur Gänze durch die Nachfrage bestimmt.

Betrachten wir die Einführung einer Steuer auf einem Markt mit einer vollständig elastischen Angebotskurve. Wie wir bereits gesehen haben, ist die Einhebung der Steuer einfach eine Verschiebung der Angebotskurve um den Betrag der Steuer nach oben, wie in Abbildung 16.5A dargestellt.

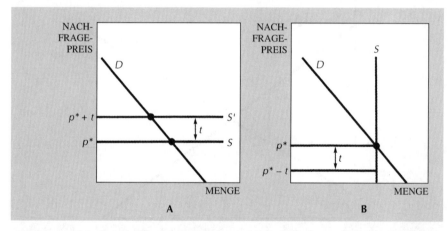

Abbildung 16.5 Sonderfälle der Besteuerung. (A) Im Fall einer vollständig elastischen Angebotskurve wird die Steuer zur Gänze auf die Konsumentinnen überwälzt. (B) Im Fall einer vollständig unelastischen Angebotskurve wird die Steuer überhaupt nicht überwälzt.

Es ist im Fall einer vollständig elastischen Angebotskurve leicht zu erkennen, dass der Preis für die Konsumentinnen genau um den Betrag der Steuer steigt. Der Angebotspreis ist genau derselbe wie vor der Steuer, die Nachfragerinnen zahlen die gesamte Steuer. Wenn man sich die Bedeutung der horizontalen Angebotskurve klar macht, dann ist das nicht schwer zu verstehen. Eine horizontale Angebotskurve bedeutet, dass die Branche jede beliebige Menge des Gutes zu einem bestimmten Preis, p^*, anbietet, jedoch Null zu jedem niedrigeren Preis. Wenn daher überhaupt irgendeine Menge des Gutes im Gleichgewicht verkauft werden soll, müssen die Anbieterinnen p^* dafür erhalten. Das bestimmt somit den Angebotspreis im Gleichgewicht, der Nachfragepreis ist dann $p^* + t$.

Der entgegengesetzte Fall ist in Abbildung 16.5B dargestellt. Wenn die Angebotskurve vertikal ist und wir „verschieben die Angebotskurve nach oben", ändert sich im Diagramm nichts. Die Angebotskurve gleitet entlang sich selbst nach oben und es wird noch immer dieselbe Menge des Gutes angeboten, mit oder ohne Steuer. In diesem Fall bestimmen die Nachfragerinnen den Gleichgewichtspreis des Gutes, und sie sind nur bereit, einen bestimmten Betrag, p^*, für das vorhandene Angebot des Gutes zu zahlen, Steuer hin, Steuer her. Sie zahlen daher nur p^* und den Anbieterinnen verbleibt lediglich $p^* - t$. Die Steuer wird zur Gänze von den Anbieterinnen gezahlt.

Das erscheint den Leuten oft paradox, aber es ist nicht paradox. Wenn die Anbieterinnen den Preis nach Einführung einer Steuer erhöhen und noch immer die gesamte konstante Angebotsmenge verkaufen könnten, so hätten sie ihre Preise bereits vor der Einführung der Steuer erhöht und mehr Geld verdient! Wenn sich die Nachfragekurve nicht bewegt, dann kann der Preis nur über eine Verringerung des Angebots steigen. Wenn eine Maßnahme weder das Angebot noch die Nachfrage verändert, kann sie sich auch auf den Preis nicht auswirken.

Nachdem wir die Spezialfälle verstehen, können wir den dazwischen liegenden Fall untersuchen, wenn die Angebotskurve positiv geneigt, jedoch nicht vollständig vertikal ist. In dieser Situation hängt das Ausmaß der Steuerüberwälzung von der Steilheit der Angebotskurve im Verhältnis zur Nachfragekurve ab. Wenn die Angebotskurve nahezu horizontal ist, wird die Steuer fast zur Gänze auf die Konsumentinnen überwälzt werden, während bei fast vertikaler Angebotskurve nahezu nichts überwälzt wird. Diese Beispiele sind in Abbildung 16.6 illustriert.

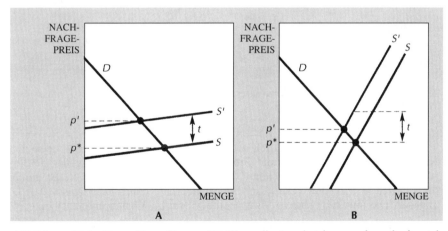

Abbildung 16.6 Steuerüberwälzung. (A) Wenn die Angebotskurve nahezu horizontal ist, kann ein großer Teil der Steuer überwälzt werden. (B) Wenn sie nahezu vertikal ist, kann nur sehr wenig überwälzt werden.

16.8 Der Wohlfahrtsverlust einer Steuer

Wir haben gesehen, dass die Besteuerung eines Gutes typischerweise den von den Konsumenten bezahlten Preis erhöhen, und jenen Preis, den die Anbieter erhalten, senken wird. Das stellt sicherlich für die Anbieter und Nachfrager Kosten dar, vom Standpunkt des Volkswirts sind die wahren Kosten der Steuer jedoch die Reduktion der Ausbringung.

Der verlorene Output stellt die sozialen Kosten der Steuer dar. Wir wollen nun die sozialen Kosten einer Steuer mit Hilfe der im 14. Kapitel entwickelten Konzepte der Konsumenten- und Produzentenrente untersuchen. Wir beginnen mit dem in Abbildung 16.7 wiedergegebenen Diagramm. Dort sind die Angebots- und Nachfragepreise im Gleichgewicht nach Einführung einer Steuer t dargestellt.

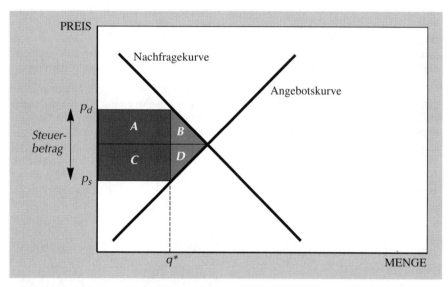

Abbildung 16.7 Der Wohlfahrtsverlust einer Steuer. Die Fläche $B + D$ misst den Wohlfahrtsverlust durch die Steuer.

Die Ausbringung wurde durch diese Steuer verringert und wir können die Konzepte der Konsumenten- und Produzentenrente zur Bewertung des gesellschaftlichen Verlustes heranziehen. Der Verlust an Konsumentenrente ist durch die Flächen $A + B$, der Verlust an Produzentenrente durch die Flächen $C + D$ gegeben. Das sind die gleichen Verluste, die wir im 14. Kapitel untersuchten.

Da wir einen Ausdruck für die sozialen Kosten der Steuer suchen, erscheint es sinnvoll, die Flächen $A + B$ und $C + D$ zu addieren, um den gesamten Verlust der Konsumenten und Produzenten des betreffenden Gutes zu erhalten. Wir haben jedoch noch einen Beteiligten vernachlässigt – nämlich den Staat.

Der Staat erzielt aus der Steuer *zusätzliche* Einnahmen. Und natürlich gewinnen die Konsumenten, die von den mit Hilfe dieser Steuereinnahmen bereitgestellten Leistungen des Staates profitieren, auch aus der Steuer. Wie viel sie gewinnen, können wir aber erst sagen, wenn wir wissen, wofür die Steuereinnahmen verwendet werden.

Nehmen wir an, dass die Steuereinnahmen einfach den Konsumenten und Produzenten zurückgegeben werden, oder – was dasselbe bedeutet – dass der Wert der Leistungen des Staates den dazu verwendeten Einnahmen gleich ist.

Der Nettonutzen des Staates ist dann die Fläche $A + C$ – die gesamten Steuereinnahmen. Da die Verluste an Produzenten- und Konsumentenrente Nettokosten sind und die Steuereinnahmen des Staates Nettonutzen, sind die gesamten Nettokosten der Steuer die algebraische Summe dieser Flächen: Der Verlust an Konsumentenrente, $- (A + B)$, der Verlust an Produzentenrente, $- (C + D)$, und der Gewinn an Staatseinnahmen, $+ (A + C)$.

Das Nettoergebnis ist die Fläche $- (B + D)$. Diese Fläche wird als **Wohlfahrtsverlust** oder **Zusatzlast** der Steuer bezeichnet. Die letzte Bezeichnung ist besonders aussagekräftig.

Erinnern wir uns an die Interpretation des Verlustes an Konsumentenrente: Sie gab an, wie viel die Konsumenten zahlen würden, um die Steuer zu vermeiden. Im Diagramm sind die Konsumenten bereit, $A + B$ zur Vermeidung der Steuer zu zahlen. Die Produzenten wiederum wären bereit, dafür $C + D$ zu zahlen. Gemeinsam wären sie bereit, $A + B + C + D$ zur Vermeidung einer Steuer zu zahlen, die nur $A + C$ Euro an Einnahmen erbringt. Die *Zusatzlast* der Steuer ist daher $B + D$.

Woraus ergibt sich diese Zusatzlast? Im Wesentlichen ist es der für die Konsumenten und Produzenten aus der Verringerung der Verkäufe des Gutes verlorene Wert. Was nicht vorhanden ist, kann nicht besteuert werden.[1] Der Staat erhält daher keine Einnahmen aus der Verringerung der Verkäufe des Gutes. Vom Standpunkt der Gesellschaft ist es ein reiner Verlust - ein Wohlfahrtsverlust.

Wir könnten den Wohlfahrtsverlust auch direkt aus seiner Definition herleiten, indem wir einfach den gesellschaftlichen Wert der verlorenen Ausbringung messen. Angenommen wir beginnen beim alten Gleichgewicht und bewegen uns allmählich nach links. Bei der ersten verlorenen Einheit war der Preis, den jemand dafür zu zahlen bereit war, gerade gleich dem Preis, für den jemand diese Einheit verkaufen wollte. Hier gibt es kaum einen sozialen Verlust, da es sich um die marginale Einheit handelt.

Gehen wir nun ein wenig weiter nach links. Der Nachfragepreis misst, wie viel jemand bereit ist für das Gut zu zahlen, der Angebotspreis misst, um wie viel jemand das Gut anbieten will. Die Differenz ist der bei dieser Einheit verlorene Wert des Gutes. Wenn wir das über alle Einheiten des Gutes summieren, die wegen der Steuer nicht produziert und konsumiert werden, erhalten wir den Wohlfahrtsverlust.

---

[1] Bis jetzt haben die Regierungen zumindest noch keinen Weg dazu gefunden; aber sie arbeiten daran!

BEISPIEL: Der Kreditmarkt

Der Umfang an Krediten in einer Wirtschaft wird ganz wesentlich durch den berechneten Zinssatz beeinflusst. Der Zinssatz dient auf den Kreditmärkten als Preis.

Es sei $D(r)$ die Nachfrage der Kreditnehmer nach Krediten und $S(r)$ das Kreditangebot der Kreditgeber. Der Gleichgewichtszinssatz, r^*, wird dann durch die Bedingung bestimmt, dass das Angebot gleich der Nachfrage sei:

$$D(r^*) = S(r^*). \tag{16.1}$$

Angenommen wir führen in diesem Modell Steuern ein. Wie wirkt sich das auf den Gleichgewichtszinssatz aus?

In der amerikanischen Wirtschaft muss man auf die aus der Kreditgewährung eingenommenen Zinsen Einkommensteuer zahlen. Wenn jeder in derselben Steuerstufe, t, ist, dann sehen sich die Kreditgeber einem Zinssatz nach Besteuerung von $(1-t)r$ gegenüber. Das Kreditangebot, das ja vom Zinssatz nach Besteuerung abhängt, wird daher $S((1-t)r)$ sein.

Andererseits erlaubt das U. S. Einkommensteuergesetz vielen Kreditnehmern, ihre Zinsbelastungen vom steuerpflichtigen Einkommen abzusetzen; wenn daher die Kreditnehmer in der gleichen Steuerstufe sind wie die Kreditgeber, wird der Zinssatz nach Besteuerung, den sie zahlen müssen, gleich $(1-t)r$ sein. Die Nachfrage nach Krediten wird somit $D((1-t)r)$ sein. Die Gleichung zur Bestimmung des Zinssatzes bei Besteuerung wird daher

$$D((1-t)r') = S((1-t)r') \tag{16.2}$$

sein.

Beachte nun: Wenn r^* eine Lösung der Gleichung (16.1) ist, dann muss $r^* = (1-t)r'$ eine Lösung für Gleichung (16.2) sein, sodass

$$r^* = (1-t)r'$$

oder

$$r' = \frac{r^*}{(1-t)}.$$

Der Zinssatz bei Besteuerung wird daher um $1/(1-t)$ höher sein. Der Zinssatz *nach Besteuerung*, $(1-t)r'$, wird r^* sein, genau so hoch wie vor der Einführung der Steuer!

Abbildung 16.8 soll das verdeutlichen. Durch die Besteuerung des Zinseinkommens wird die Kreditangebotskurve um einen Faktor $1/(1-t)$ nach oben gedreht; macht man jedoch Zinszahlungen abzugsfähig, so wird die Kreditnachfragekurve ebenfalls um $1/(1-t)$ nach oben gedreht. Als Nettoergebnis steigt der Zinssatz genau um $1/(1-t)$.

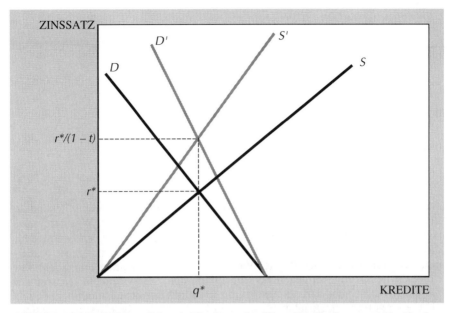

Abbildung 16.8 Gleichgewicht am Kreditmarkt. Wenn Kreditnehmer und Kreditgeber in der gleichen Steuerstufe sind, bleiben der Zinssatz nach Besteuerung und das Kreditvolumen unverändert.

Inverse Angebots- und Nachfragefunktionen bieten eine andere Möglichkeit der Darstellung dieses Problems. Es sei $r_b(q)$ die inverse Nachfragefunktion der Kreditnehmer. Sie gibt an, wie viel der Zinssatz nach Besteuerung sein müsste, damit die Leute q borgen. Entsprechend sei $r_l(q)$ die inverse Angebotsfunktion der Kreditgeber. Das gleichgewichtige Kreditvolumen wird dann durch die Bedingung

$$r_b(q^*) = r_l(q^*) \tag{16.3}$$

bestimmt.

In dieser Situation werden nun Steuern eingeführt. Um das Ganze interessanter zu gestalten, sollen nun Kreditnehmer und Kreditgeber in verschiedenen Steuerstufen sein, die mit t_b und t_l bezeichnet werden. Wenn der Marktzinssatz r ist, dann ist für die Kreditnehmer der Zinssatz nach Besteuerung gleich $(1 - t_b)r$, das Kreditvolumen, das sie borgen werden, wird durch die Gleichung

$$(1 - t_b)r = r_b(q)$$

oder

$$r = \frac{r_b(q)}{1 - t_b}. \tag{16.4}$$

bestimmt. In ähnlicher Weise wird der Zinssatz nach Besteuerung, dem sich die Kreditgeber gegenüber sehen, $(1 - t_l)r$ sein, und das Kreditvolumen, das sie verleihen werden, wird durch die Gleichung

oder
$$(1-t_l)r = r_l(q)$$

$$r = \frac{r_l(q)}{1-t_l} \tag{16.5}$$

bestimmt.

Durch Kombination von (16.4) und (16.5) erhalten wir die Gleichgewichtsbedingung

$$r = \frac{r_b(\hat{q})}{1-t_b} = \frac{r_l(\hat{q})}{1-t_l}. \tag{16.6}$$

Aus dieser Gleichung ist leicht ersichtlich, dass im Falle der gleichen Steuerstufe für Kreditnehmer und Kreditgeber, also $t_b = t_l$, gilt, dass $\hat{q} = q^*$. Was geschieht, wenn sie in verschiedenen Steuerstufen sind? Es ist unschwer zu erkennen, dass die Steuergesetze die Kreditnehmer subventionieren und die Kreditgeber besteuern, aber was ist der Nettoeffekt? Wenn sich die Kreditnehmer einem höheren Preis als die Kreditgeber gegenübersehen, dann stellt das System eine Nettosteuer für die Kreditnehmer dar; aber wenn die Kreditnehmer einem niedrigeren Preis als die Kreditgeber gegenüberstehen, dann ist das System eine Nettosubventionierung des Borgens. Wenn wir die Gleichgewichtsbedingung, Gleichung (16.6), anders anschreiben, erhalten wir

$$r_b(\hat{q}) = \frac{1-t_b}{1-t_l} r_l(\hat{q}).$$

Kreditnehmer werden sich daher einem höheren Preis als die Kreditgeber gegenübersehen, wenn

$$\frac{1-t_b}{1-t_l} > 1,$$

was bedeutet, dass $t_l > t_b$. Wenn also die Steuerstufe der Kreditgeber höher ist als jene der Kreditnehmer, stellt das System eine Nettobesteuerung des Borgens dar, wenn jedoch $t_l < t_b$ ist, dann ist es eine Nettosubventionierung.

BEISPIEL: Subventionierung von Nahrungsmitteln
Im England des neunzehnten Jahrhunderts wurden in Jahren mit schlechter Ernte die Armen durch die Reichen in der Weise unterstützt, dass die Reichen die Ernte aufkauften, eine konstante Menge des Getreides selbst konsumierten und den Rest an die Armen um den halben Einkaufspreis verkauften. Auf den ersten Blick würde man meinen, dass das für die Armen wesentliche Vorteile brächte, bei näherem Hinsehen stellen sich jedoch Zweifel ein.

Die einzige Möglichkeit, die Armen besser zu stellen, besteht darin, dass sie letztlich mehr Getreide konsumieren. Nach der Ernte steht jedoch nur eine fixe Getreidemenge zur Verfügung. Wie können also die Armen aufgrund dieser Vorgangsweise besser dran sein?

Sie sind es ohnehin nicht; letzten Endes zahlen die Armen für das Getreide denselben Preis, mit oder ohne Eingreifen der Reichen. Um zu erkennen warum, werden wir das Gleichgewicht mit und ohne Subventionierungsprogramm modellieren. Dabei sei $D(p)$ die Nachfragekurve der Armen, K die von den Reichen nachgefragte Menge und S die konstante Angebotsmenge eines schlechten Erntejahres. Annahmegemäß sind das Getreideangebot und die Nachfrage der Reichen konstant. Ohne die Wohltätigkeit der Reichen wird der Gleichge-wichtspreis durch die Bedingung gesamtes Angebot ist gleich gesamte Nachfrage bestimmt:

$$D(p^*) + K = S.$$

Mit wirksamem Programm wird der Gleichgewichtspreis durch

$$D(\hat{p}/2) + K = S.$$

bestimmt. Beachte nun: Wenn p^* eine Lösung für die erste Gleichung ist, dann ist $\hat{p} = 2p^*$ eine Lösung für die zweite Gleichung. Wenn daher die Reichen bereit sind, das Getreide aufzukaufen und an die Armen zu verteilen, wird einfach der Marktpreis auf das Doppelte des ursprünglichen Preises getrieben – und die Armen zahlen denselben Preis wie vorher!

Wenn man sich's überlegt, so ist das nicht allzu überraschend. Wenn die Nachfrage der Reichen und das Getreideangebot konstant sind, dann ist die Menge, welche die Armen konsumieren können, ebenfalls konstant. Der Gleichgewichtspreis, dem sich die Armen gegenübersehen, ist daher vollständig durch ihre eigene Nachfragekurve bestimmt; der Gleichgewichtspreis wird derselbe sein, unabhängig davon wie das Getreide den Armen zur Verfügung gestellt wird.

16.9 Pareto-Effizienz

Eine ökonomische Situation ist **Pareto-effizient**, wenn es keine Möglichkeit gibt, eine Person besser zu stellen, ohne irgendeine andere zu benachteiligen. Pareto-Effizienz ist erwünscht – wenn es eine Möglichkeit gibt, eine Gruppe von Leuten besser zu stellen, warum sollte man das nicht tun – aber Effizienz ist nicht das einzige Ziel der Wirtschaftspolitik. So sagt zum Beispiel Effizienz fast nichts über Einkommensverteilung oder ökonomische Gerechtigkeit aus.

Effizienz ist jedoch ein wichtiges Ziel, und daher lohnt es sich zu fragen, wie weit es einem Konkurrenzmarkt gelingt, Pareto-Effizienz zu erreichen. Ein Konkurrenzmarkt, oder jeder ökonomische Mechanismus, muss zweierlei bestimmen: Erstens, wie viel produziert wird und zweitens wer das Produzierte bekommt. Ein Wettbewerbsmarkt bestimmt den Umfang der Produktion aufgrund der Zahlungsbereitschaft der Leute zum Kauf des Gutes im Vergleich damit, wie viel den Leuten gezahlt werden muss, damit sie das Gut anbieten.

Betrachte Abbildung 16.9. Bei jeder Menge unterhalb der Wettbewerbsmenge, q^*, gibt es jemand, der bereit ist eine zusätzliche Einheit des Gutes zu einem Preis anzubieten, der niedriger ist als der Preis, den jemand (anderer) bereit ist, für diese zusätzliche Einheit zu zahlen.

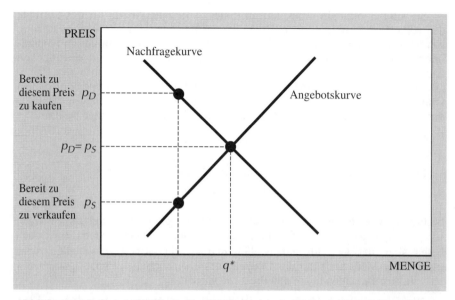

Abbildung 16.9 Pareto-Effizienz. Der Konkurrenzmarkt bestimmt eine Pareto-effiziente Ausbringungsmenge, da bei q^* der Preis, den jemand für den Kauf einer zusätzlichen Einheit des Gutes bezahlen will, gleich dem Preis ist, der jemandem für den Verkauf einer zusätzlichen Einheit gezahlt werden muss.

Wenn das Gut produziert und unter den beiden Akteuren zu einem Preis zwischen dem Angebots- und Nachfragepreis getauscht würde, wären beide besser gestellt. Jede Menge unterhalb der Gleichgewichtsmenge kann daher nicht Pareto-effizient sein, da es zumindest zwei Leute gibt, die besser gestellt werden könnten.

Dementsprechend ist bei jeder Ausbringung größer als q^*, der Betrag, den jemand für eine zusätzliche Menge des Gutes zu zahlen bereit wäre, kleiner als der Preis, den man brauchte, um diese Menge angeboten zu erhalten. Nur beim Marktgleichgewicht q^* würde eine Pareto-effiziente Menge angeboten – eine Menge, bei der die Zahlungsbereitschaft für eine zusätzliche Einheit gerade gleich dem Erfordernis ist, für das Angebot einer zusätzlichen Einheit bezahlt zu werden.

Auf einem Konkurrenzmarkt wird daher eine Pareto-effiziente Ausbringungsmenge produziert. Wie sieht es hinsichtlich der Verteilung des Gutes auf die Konsumentinnen aus? Auf einem Konkurrenzmarkt zahlt jeder denselben Preis für ein Gut – die Grenzrate der Substitution zwischen diesem Gut und „allen anderen Gütern" ist gleich dem Preis des Gutes. Jeder, der bereit ist, diesen Preis zu zahlen, kann das Gut kaufen, und jeder, der dazu nicht bereit ist, kann das Gut nicht kaufen.

Was würde geschehen, wenn eine Allokation vorläge, bei der die Grenzrate der Substitution zwischen diesem Gut und „allen anderen Gütern" nicht dieselbe wäre? Dann müsste es zumindest zwei Personen geben, welche die marginale Einheit des Gutes unterschiedlich bewerten. Eine bewertet die Grenzeinheit vielleicht mit € 5, eine andere mit € 4. Wenn dann diejenige mit dem niedrigeren

Wert ein wenig des Gutes an die mit der höheren Bewertung zu jedem beliebigen Preis zwischen € 4 und € 5 verkaufte, wären beide besser gestellt. Jede Allokation mit unterschiedlichen Grenzraten der Substitution – unterschiedlicher marginaler Zahlungsbereitschaft – kann daher nicht Pareto-effizient sein.

BEISPIEL: Warteschlangen
Ein gängiger Weg der Ressourcenallokation sind Warteschlangen. Wir können diesen Mechanismus zur Allokation der Ressourcen mit denselben Instrumenten analysieren, mit denen wir den Marktmechanismus untersuchten. Schauen wir uns ein konkretes Beispiel an: Angenommen die Universität verteilt Eintrittskarten für das Meisterschaftsspiel im Basketball; jeder der sich anstellt, erhält eine Gratiskarte.

Die Kosten der Karte sind einfach die Wartezeit. Jeder, der das Spiel unbedingt sehen will, wird vor dem Schalter seine Zelte aufschlagen, um ganz sicher eine Karte zu ergattern. Jene Personen, denen das Spiel nicht so wichtig ist, werden ein paar Minuten vor Eröffnung des Schalters auf gut Glück vorbeischauen. Die Zahlungsbereitschaft für Eintrittskarten sollte nicht mehr in Euro sondern in Wartezeit gemessen werden, da die Allokation der Karten nach der Bereitschaft zu warten erfolgt.

Wird Schlangestehen zu einer Pareto-effizienten Allokation der Eintrittskarten führen? Am besten fragt man, ob jemand, der sich für eine Karte anstellte, bereit wäre, diese Karte an jemand anderen zu verkaufen, der sich nicht anstellte. Dies wird immer wieder vorkommen, da die Wartebereitschaft und die Zahlungsbereitschaft zwischen den Menschen verschieden ist. Wenn jemand bereit ist, sich für eine Karte anzustellen, und diese dann an jemand anderen verkauft, dann wird die Allokation der Karten durch Schlangestehen nicht alle möglichen Tauschgewinne ausschöpfen – ein paar Leute wären im Allgemeinen bereit, nach dieser Art der Allokation Karten zu kaufen oder zu verkaufen. Da Schlangestehen nicht alle möglichen Tauschgewinne ausschöpft, führt es im Allgemeinen zu keinem Pareto-effizienten Ergebnis.

Wenn man die Allokation eines Gutes mittels eines Preises in Geld vornimmt, dann stiftet das bezahlte Geld Nutzen für die Anbieter des Gutes. Wenn man die Allokation durch Warteschlangen durchführt, dann nützt die Zeit des Schlangestehens niemandem. Die Wartezeit stellt für die Nachfrager Kosten dar, ohne den Anbietern auch nur irgendwie zu nutzen. Warteschlangen sind eine Art des **Wohlfahrtsverlustes** – die Leute, die sich anstellen, zahlen einen „Preis", niemand zieht jedoch aus dem bezahlten Preis irgendeinen Nutzen.

Zusammenfassung
1. Die Angebotskurve gibt an, welche Menge eines Gutes die Leute zu jedem Preis anbieten wollen.
2. Ein Gleichgewichtspreis liegt dann vor, wenn bei diesem Preis die Menge, welche die Leute anbieten wollen, gleich der Menge ist, welche die Leute nachfragen wollen.

3. Die Analyse der Änderungen von Gleichgewichtspreis und -menge, wenn sich die zugrundeliegenden Angebots- und Nachfragekurven ändern, ist ein weiteres Beispiel für komparative Statik.
4. Wenn ein Gut besteuert wird, dann wird es immer zwei Preise geben: den von den Nachfragern bezahlten Preis und den Preis, den die Anbieter erhalten. Die Differenz zwischen beiden ist die Steuer.
5. Welcher Teil einer Steuer auf die Konsumentinnen überwälzt wird, hängt von der relativen Steilheit der Angebots- und Nachfragekurven ab. Wenn die Angebotskurve horizontal ist, wird die Steuer zur Gänze auf die Konsumentinnen überwälzt; wenn die Angebotskurve vertikal ist, wird die Steuer überhaupt nicht überwälzt.
6. Der Wohlfahrtsverlust einer Steuer ist der Nettoverlust an Konsumenten- und Produzentenrente, der sich aus der Einführung der Steuer ergibt. Er misst den Wert des Outputs, der wegen der Steuer nicht verkauft wird.
7. Eine Situation ist Pareto-effizient, wenn es keine Möglichkeit gibt, eine Gruppe von Leuten besser zu stellen, ohne eine andere Gruppe schlechter zu stellen.
8. Die Pareto-effiziente Menge auf einem Markt ist jene Menge, bei der sich die Angebots- und Nachfragekurve schneiden, da das der einzige Punkt ist, bei dem der Betrag, den die Nachfrager für eine zusätzliche Ausbringungseinheit zahlen wollen, gleich dem Preis ist, zu dem die Anbieter bereit sind, eine zusätzliche Outputeinheit anzubieten.

Wiederholungsfragen

1. Welche Wirkung hat eine Subvention auf einem Markt mit einer horizontalen Angebotskurve? Mit einer vertikalen Angebotskurve?
2. Angenommen die Nachfragekurve ist vertikal, während die Angebotskurve positiv geneigt ist. Wer zahlt eine auf diesem Markt eingeführte Steuer?
3. Angenommen alle Konsumentinnen betrachten rote und blaue Bleistifte als perfekte Substitute. Weiters wird angenommen, dass die Angebotskurve für rote Bleistifte positiv geneigt ist. Die Preise für rote und blaue Bleistifte seien p_r und p_b. Was würde geschehen, wenn der Staat eine Steuer lediglich auf rote Bleistifte einführen würde?
4. Die Vereinigten Staaten importieren etwa die Hälfte ihres Erdölbedarfs. Angenommen die verbleibenden Erdölproduzenten sind bereit, so viel Öl an die USA zu einem konstanten Preis von \$25 je Fass zu liefern, wie die USA wollen. Was würde mit dem Preis des inländischen Öls geschehen, wenn das ausländische Öl mit \$ 5 je Fass besteuert würde?
5. Angenommen die Angebotskurve ist vertikal. Wie hoch ist auf diesem Markt der Wohlfahrtsverlust einer Steuer?
6. Nehmen wir das im Text beschriebene System der Kreditgewährung. Wie hoch sind die Einnahmen aus der Besteuerung der Kredite, wenn Kreditnehmer und -geber in derselben Steuerstufe sind?
7. Führt so eine Kreditbesteuerung zu positiven oder negativen Steuereinnahmen, wenn $t_1 < t_b$ ist?

17. Kapitel
AUKTIONEN

Auktionen sind eine der ältesten Marktformen, sie reichen mindestens bis 500 v. Chr. zurück. Heutzutage werden alle möglichen Güter über Auktionen versteigert, vom Computer bis zu Schnittblumen.

Das Interesse der Ökonomen an Auktionen wurde in den frühen Siebzigerjahren geweckt, als das OPEC-Ölkartell die Erdölpreise erhöhte. Das U. S.-amerikanische Innenministerium beschloss Auktionen für die Schürfrechte in Küstengewässern abzuhalten, von denen man vermutete, dass sie riesige Erdölvorräte enthielten. Die Regierung lud Ökonominnen zur Konzeption dieser Auktionen ein und private Unternehmungen stellten Ökonominnen als Beraterinnen ein, um Strategien für das Bieten zu entwerfen. Daraus resultierte eine beträchtliche Forschung über Konzeption und Strategien von Auktionen.

In jüngerer Zeit beschloss die Federal Communications Commission (FCC), bestimmte Spektren der Wellenlängen für Mobiltelefone, digitale Rufsysteme und andere Kommunikationseinrichtungen über Auktionen zu vergeben. Wiederum spielten Ökonominnen eine wesentliche Rolle in der Konzeption der Auktionen und der Bieterstrategien. Diese Auktionen wurden als äußerst erfolgreiche öffentliche Maßnahmen hoch gelobt und brachten der Regierung der U. S. A. bis zum Jahre 1998 Einnahmen von mehr als 23 Milliarden Dollar.[1]

Andere Länder haben Auktionen auch für Privatisierungsvorhaben verwendet. So haben z. B. Australien einige staatliche Elektrizitätswerke, Neuseeland Teile des staatlichen Telefonnetzes über Auktionen versteigert.

Auf Konsumentinnen ausgerichtete Auktionen haben durch das Internet eine gewisse Renaissance erlebt. Es gibt Hunderte von Auktionen im Internet, über die Sammelobjekte, Computer, Reisen usw. verkauft werden. OnSale behauptet, das größte derartige Auktionshaus zu sein, mit mehr als 41 Millionen Dollar Umsatz in den Jahren 1997 und 1998.

17.1 Einteilung von Auktionen

Der ökonomischen Klassifikation von Auktionen liegen zwei Überlegungen zugrunde: Erstens, um welche Art von Gut handelt es sich und, zweitens, nach welchen Regeln wird geboten? Hinsichtlich der Art des Gutes unterscheiden Ökonominnen zwischen **„private-value"** Auktionen und **„common-value"** Auktionen.

---

[1] Ähnliche Aussagen treffen für viele europäische Staaten zu. (Anm. d. Übers.)

Bei **„private-value"**Auktionen hat jede Akteurin eine potenziell unterschiedliche Wertvorstellung über das fragliche Gut. Ein bestimmtes Kunstwerk ist je nach Geschmack für eine Sammlerin € 500, für eine andere € 200 und für wieder eine andere Sammlerin lediglich € 50 wert. Bei **„common-value"** Auktionen ist das Gut grundsätzlich für jede Bieterin dasselbe wert, obwohl die einzelnen Bieterinnen unterschiedliche Einschätzungen dieses gemeinsamen Wertes haben können. Die oben erwähnten Auktionen für Explorationsrechte in Küstengewässern waren dafür charakteristisch: ein bestimmtes Feld enthielt eine bestimmte Menge an Erdöl oder eben nicht. Die verschiedenen Ölkonzerne hatten möglicherweise unterschiedliche Einschätzungen über die Menge des vorhandenen Erdöls, abhängig von den Ergebnissen ihrer geologischen Untersuchungen, aber das Erdöl hatte den selben Marktwert, unabhängig davon wer die Auktion gewann.

Den Großteil dieses Kapitels werden wir auf **„private-value"** Auktionen verwenden, da sie am vertrautesten sind. Gegen Ende des Kapitels werden wir einige Charakteristiken von Auktionen mit allgemeinen Bewertungen beschreiben.

Bietregeln

Die dominante Form des Bietens an einer Auktion ist die **Englische Auktion**. Der Auktionator beginnt mit einem **Vorbehaltspreis**, das heißt dem niedrigsten Preis, zu dem die Verkäuferin bereit ist, das Gut abzugeben.[2] Bieterinnen bieten in der Folge immer höhere Preise; im Allgemeinen muss das jeweilige Gebot das vorangehende um einen minimalen Betrag, das **Vadium**, übersteigen. Wenn keine Auktionsteilnehmerin mehr bereit ist, ihr Gebot zu steigern, wird die Position der Meistbieterin zugeschlagen.

Eine andere Form der Auktion ist die so genannte **Holländische Auktion**, weil sie in den Niederlanden zur Versteigerung von Käse und Blumen verwendet wird. Hier beginnt der Auktionator mit einem hohen Preis, den er so lange schrittweise senkt, bis jemand bereit ist, den Posten zu ersteigern. In der Praxis ist der „Auktionator" häufig eine mechanische Vorrichtung, wie ein Ziffernblatt mit einem Zeiger, der im Verlauf der Auktion zu immer niedrigeren Preisen rotiert. Holländische Auktionen können sehr rasch abgewickelt werden, was einer ihrer Hauptvorteile ist.

Eine dritte Form ist eine **Auktion mit versiegelten Geboten**. Bei dieser Form der Auktion schreibt jede Anbieterin ihr Gebot auf einen Zettel und verschließt ihn in ein Kuvert. Diese Kuverts werden eingesammelt und „eröffnet", das Gut wird der Person mit dem höchsten Gebot zugeschlagen, die dann dem Auktionator diesen Betrag zahlt. Wenn es einen Vorbehaltspreis gibt und alle Preise niedriger als dieser Vorbehaltspreis sind, dann erhält niemand den Zuschlag.

Auktionen mit versiegelten Geboten werden in der Regel bei Bauaufträgen eingesetzt. Die „Person", welche die Bauarbeiten nachfragt, verlangt Angebote von verschiedenen Bauunternehmungen, den Zuschlag erhält die Unternehmung mit dem niedrigsten Angebot.

Schließlich werden wir uns eine Variante der Auktion mit versiegelten Geboten ansehen, die als **Philatelisten-Auktion** oder **Vickrey-Auktion** bekannt ist. Die erste Bezeichnung ist darauf zurückzuführen, dass diese Auktionsform ursprünglich von Markensammlern eingesetzt wurde; die zweite Bezeichnung ehrt

---

[2] Vgl. die Fußnote zum „Vorbehaltspreis" im 6. Kapitel.

William Vickrey, der im Jahre 1996 den Nobelpreis für seine Pionierleistungen in der Analyse von Auktionen erhielt. Eine Vickrey-Auktion verläuft wie eine Auktion mit versiegelten Geboten, mit einem entscheidenden Unterschied: das Gut wird der Meistbieterin zum Preis des *zweithöchsten* Gebots zugeschlagen. Mit anderen Worten, die Meistbieterin erhält das Gut, hat dafür aber nur den Preis des zweithöchsten Gebots zu zahlen. Das erscheint auf den ersten Blick als eine etwas eigenartige Auktionsform, wir werden weiter unten jedoch sehen, dass sie einige interessante Eigenschaften hat.

17.2 Konzeption von Auktionen

Nehmen wir an, wir wollen einen Gegenstand versteigern und es gibt n Bieter mit den (persönlichen) Bewertungen $v_1, v_2, ..., v_n$. Der Einfachheit halber nehmen wir an, dass alle Bewertungen positiv sind und dass der Vorbehaltspreis des Verkäufers Null ist. Unser Ziel ist eine Auktionsform zur Versteigerung dieses Gegenstands zu finden.

Das ist ein Sonderfall eines Problems zur **Konzeption eines ökonomischen Mechanismus**. Im Fall der Auktion könnten wir uns zwei natürliche Zielsetzungen vorstellen:

- **Pareto-Effizienz.** Entwirf eine Auktion, die zu einem Pareto-effizienten Ergebnis führt.

- **Gewinnmaximierung.** Konzipiere eine Auktion, die dem Verkäufer den höchsten erwarteten Gewinn abwirft.

Gewinnmaximierung scheint ziemlich klar, aber was bedeutet Pareto-Effizienz in diesem Zusammenhang? Es ist nicht schwierig zu erkennen, dass Pareto-Effizienz erfordert, dass das Gut der Person mit der höchsten Bewertung zugeschlagen wird. Um das zu verstehen, nehmen wir an, dass Person 1 für das Gut die höchste Bewertung, Person zwei eine etwas niedrigere hat. Wenn Person 2 das Gut erhält, dann gibt es eine einfache Möglichkeit, beide Personen besser zu stellen: Transferiere das Gut von Person 2 zu Person 1 und veranlasse die Person 1 der Person 2 einen Preis p zu zahlen, der zwischen den Bewertungen v_1 und v_2 liegt. Das beweist, dass der Zuschlag des Gutes an jemand anderen als der Person mit der höchsten Bewertung nicht Pareto-effizient sein kann.

Wenn der Verkäufer die Wertvorstellungen $v_1, v_2, ..., v_n$ kennt, dann ist das Konzeptionsproblem ziemlich trivial. Um den Gewinn zu maximieren, sollte der Verkäufer den Gegenstand der Person mit der höchsten Bewertung zuschlagen und ihr diesen Wert verrechnen. Wenn das Ziel Pareto-Effizienz ist, dann sollte noch immer die Person mit der höchsten Bewertung das Gut erhalten, aber der dafür bezahlte Preis könnte irgendwo zwischen dieser Bewertung und Null liegen, da die Verteilung der Rente für die Pareto-Effizienz ohne Bedeutung ist.

Der interessantere Fall ist dann gegeben, wenn der Verkäufer die Bewertungen der Verkäufer nicht kennt. Wie kann man in diesem Fall Effizienz oder Gewinnmaximierung erreichen?

Wenden wir uns zuerst der Pareto-Effizienz zu. Es ist unschwer zu erkennen, dass eine Englische Auktion das gewünschte Ergebnis erzielt: die Person mit der höchsten Bewertung wird das Gut erhalten. Mit ein wenig mehr Überlegung kann man auch den Preis bestimmen, den diese Person zahlen wird: es wird der Wert des *zweithöchsten* Bieters sein, plus eventuell das Vadium.

Nehmen wir ein Beispiel, in dem der höchste Wert € 100, der zweithöchste € 80 und das Vadium € 5 sind. Die Person mit einer Bewertung von € 100 wäre bereit € 85 zu bieten, hingegen die Person mit einer Bewertung von € 80 wäre dazu nicht bereit. Das entspricht genau unserer Behauptung: Die Person mit der höchsten Bewertung wird das Gut zum zweithöchsten Preis erhalten (plus eventuell das Vadium). (Wir sagen immer „eventuell", weil wir bei einem Gebot von € 80 seitens beider Bieter eine Patt-Stellung hätten, und das genaue Ergebnis von der Zuschlagsregel im Falle einer Patt-Stellung abhängen würde.)

Wie sieht es mit der Gewinnmaximierung aus? Das ist schwieriger zu analysieren, da hier die *Vorstellungen* des Verkäufers über die Bewertungen der Käufer relevant sind. Um zu verstehen, wie das funktioniert, nehmen wir an, dass es nur zwei Bieter gibt; jeder könnte eine Wertvorstellung von € 10 oder € 100 über den Gegenstand haben. Angenommen die beiden Möglichkeiten sind gleich wahrscheinlich, sodass es vier gleich wahrscheinliche Anordnungen für die Wertvorstellungen der Bieter 1 und 2 gibt: (10, 10), (10, 100), (100, 10), (100, 100). Schließlich unterstellen wir ein Vadium von € 1, Patt-Stellungen werden mittels Münzwurf entschieden.

In diesem Beispiel werden die erfolgreichen Gebote für die vier oben beschriebenen Möglichkeiten (10, 11, 11, 100) sein, in jedem Fall erhält die Person mit der höchsten Wertvorstellung den Zuschlag. Der erwartete Erlös des Verkäufers ist € 33 = ¼ (10 + 11 + 11 + 100).

Kann der Verkäufer mehr erzielen? Ja, wenn er einen passenden Vorbehaltspreis festsetzt. In unserem Beispiel ist der gewinnmaximierende Vorbehaltspreis € 100. In Dreiviertel der Fälle wird der Verkäufer den Gegenstand um diesen Preis verkaufen, in einem Viertel der Fälle wird es keinen Zuschlag geben. Das ergibt einen erwarteten Erlös von € 75, wesentlich höher als der erwartete Erlös einer Englischen Auktion ohne Vorbehaltspreis.

Beachte, dass diese Vorgangsweise *nicht* Pareto-effizient ist, da in einem Viertel der Fälle niemand das Gut erhält. Das entspricht dem Wohlfahrtsverlust eines Monopols – und es entsteht auch aus genau dem selben Grund.

Die Festlegung eines Vorbehaltspreises ist äußerst wichtig, wenn man an Gewinnmaximierung interessiert ist. Im Jahre 1990 versteigerte die Neuseeländische Regierung einen Teil der Wellenlängen für Radio, Fernsehen und Mobiltelefonie mittels einer Vickrey-Auktion. In einem Fall war das Höchstgebot NZ $ 100.000, das zweithöchste Gebot betrug hingegen nur NZ $ 6! Das Ergebnis dieser Auktion mag sehr wohl Pareto-effizient gewesen sein, aber es war sicherlich nicht erlösmaximierend!

Wie wir gesehen haben, garantiert eine Englische Auktion mit einem Vorbehaltspreis von Null ein Pareto effizientes Ergebnis. Wie sieht das bei einer Holländischen Auktion aus? Die Antwort lautet: nicht notwendigerweise. Nehmen wir wieder den Fall der zwei Bieter mit den Werten € 100 und € 80. Wenn die hoch bewertende Person (irrtümlich!) annimmt, dass der zweithöchste Wert € 70 ist, dann würde sie mit ihrem Gebot warten, bis der Auktionator z. B. € 75 erreicht. Dann wäre es aber schon zu spät – die Person mit der zweithöchsten Bewertung hätte das Gut bereits um € 80 erstanden. Es gibt also keine generelle Garantie dafür, dass das Gut der Person mit der höchsten Bewertung zugeschlagen wird.

Dasselbe gilt für Auktionen mit versiegelten Geboten. Das optimale Gebot jedes Akteurs hängt von ihren *Vorstellungen* über die Bewertungen der anderen Akteure ab. Wenn diese Vorstellungen ungenau sind, dann kann das Gut sehr leicht jemandem zugeschlagen werden, der nicht die höchste Bewertung hat.[3]

Schließlich sehen wir uns die Vickrey-Auktion an – die Variante der Auktion mit versiegelten Geboten, bei der zwar der Meistbieter den Zuschlag erhält, er alledings dafür nur den zweithöchsten Preis zahlen muss.

Als Erstes halten wir fest, dass dann, *wenn* jeder Bieter seinen wahre Bewertung für das Gut bietet, der Gegenstand der Person mit der höchsten Bewertung zugeschlagen wird, der dafür aber nur den Preis des zweithöchsten Gebots zahlen muss. Das entspricht im Wesentlichen dem Ergebnis einer Englischen Auktion (abgesehen vom Vadium, das beliebig klein sein könnte).

Ist es jedoch optimal, in einer Vickrey-Auktion seine wahre Bewertung offen zu legen? Wir haben bereits festgestellt, dass das im Fall einer einfachen Auktion mit versiegelten Geboten im Allgemeinen nicht zutrifft. Die Vickrey-Auktion ist anders: Die überraschende Antwort ist nämlich, dass es stets im Interesse jedes Spielers ist, seine wahre Bewertung anzugeben.

Um das zu erkennen, sehen wir uns wieder den Fall von zwei Bietern an, welche die Bewertungen v_1 und v_2 haben und Gebote von b_1 und b_2 niederschreiben. Die erwartete Auszahlung für Spieler 1 ist dann

$$\text{Prob}(b_1 \geq b_2)[v_1 - b_2],$$

wobei „Prob" für „Wahrscheinlichkeit" steht.[4]

Der erste Term dieses Ausdrucks ist die Wahrscheinlichkeit, dass Bieter 1 das höchste Gebot hat; der zweite Term ist die Konsumentenrente, welche dem Bieter 1 zufällt, wenn er gewinnt. (Wenn $b_1 < b_2$, dann erhält Bieter 1 eine Rente von Null, daher können wir den Term mit Prob ($b_1 \leq b_2$) vernachlässigen.)

Angenommen es wäre $v_1 > b_2$. Dann möchte Bieter 1, dass die Wahrscheinlichkeit zu gewinnen so groß wie nur möglich ist, was er durch Gleichsetzung von $b_1 = v_1$ erreicht. Nehmen wir an, es sei $v_1 < b_2$. Dann möchte Bieter 1, dass die Wahrscheinlichkeit zu gewinnen so klein wie nur möglich ist, was er wiederum durch Gleichsetzung von $b_1 = v_1$ erreicht. In jedem Fall ist die optimale Strategie des Bieters 1, sein Gebot mit seiner wahren Bewertung abzugeben! Ehrlich währt am längsten ... zumindest bei einer Vickrey-Auktion!

---

[3] Wenn andererseits die Vorstellungen aller Spieler „im Durchschnitt" korrekt sind, und wenn alle Spieler sich optimal verhalten, dann erweisen sich die verschiedenen oben dargestellten Auktionsformen in dem Sinn als „strategisch äquivalent", als sie im Gleichgewicht zum selben Ergebnis führen. Für eine entsprechende Analyse vgl. P. Milgrom, „Auctions and Bidding: a Primer", *Journal of Economic Perspectives*, 3(3), 1989, pp. 3-22, und P. Klemperer, "Auction Theory: A Guide to the Literature", *Economic Surveys*, 133, 1999, pp. 227-286.

[4] Englisch: „probability".

300 Auktion

Das bemerkenswerte Ergebnis einer Vickrey-Auktion liegt darin, dass sie im Wesentlichen das selbe Ergebnis erzielt wie eine Englische Auktion, allerdings ohne die Iterationen. Wahrscheinlich wurde sie deswegen von Markensammlern verwendet. Sie verkauften nämlich Marken auf ihren Treffen und durch Auktionen mit versiegelten Geboten. Irgendjemandem ist dann aufgefallen, dass Auktionen mit versiegelten Geboten das Ergebnis einer Englischen Auktion imitieren würden, wenn man die Regel des zweithöchsten Gebots verwendet. Es blieb jedoch Vickrey vorbehalten, eine vollständige Analyse der Philatelistenauktionen durchzuführen und zu zeigen, dass die Wahrheit zu sagen die optimale Strategie ist und dass weiters die Philatelistenauktion zur Englischen Auktion äquivalent war.

17.3 Probleme bei Auktionen

Wir haben soeben festgestellt, dass Englische Auktionen (oder Vickrey-Auktionen) die wünschenswerte Eigenschaft haben, dass sie Pareto-effizient sind. Das macht sie zu attraktiven Kandidaten für Mechanismen zur Allokation der Ressourcen. Tatsächlich verwendete die FCC für ihre Auktionen meistens Varianten der Englischen Auktion.

Englische Auktionen sind jedoch nicht vollkommen. Sie sind anfällig für Kollusion. Das im 24. Kapitel dargestellte Beispiel der Zusammenarbeit auf Auktionsmärkten zeigt, wie Antiquitätenhändlerinnen in Philadelphia ihre Bietstrategien auf Auktionen untereinander absprachen.

Es gibt verschiedenste Möglichkeiten, das Ergebnis einer Auktion zu manipulieren. In den oben dargestellten Analysen nahmen wir an, dass ein Gebot die Bieterin zur Zahlung *verpflichtete*. Es gibt jedoch Auktionskonzepte, welche es den Bieterinnen gestatten, nach Bekanntgabe des Zuschlags auszusteigen. So eine Option lädt zur Manipulation ein. So versteigerte zum Beispiel die Australische Regierung Lizenzen für Satelliten-Fernsehen mittels einer einfachen Auktion mit versiegelten Geboten. Die Meistbieterin für eine der Lizenzen war mit A$ 212 Millionen eine Unternehmung genannt Ucom. Nach der Ankündigung des Zuschlags kam jedoch Ucom ihrer Verpflichtung aus dem Gebot nicht nach, somit erteilte die Regierung dem zweithöchsten Gebot den Zuschlag – und das war auch Ucom! Auch aus diesem Gebot zog sich Ucom zurück; vier Monate und einige Rückzüge später zahlte Ucom für die Lizenz A$ 117 Millionen, was gegenüber dem ursprünglichen Zuschlag eine Reduktion um A$ 95 Millionen war! Die Lizenz wurde zwar der Meistbieterin zum „zweithöchsten" Preis zugeschlagen – die schlecht konzipierte Auktion verursachte jedoch eine Verzögerung der Einführung von Satellitenfernsehen in Australien um mindestens ein Jahr.[5]

17.4 Der Fluch des Gewinners

Wir wenden uns nun der Untersuchung von **„common-value"** Auktionen zu, bei denen das versteigerte Gut *den selben* Wert für alle Bieter hat. Jeder Bieter kann jedoch unterschiedliche Einschätzungen dieses Wertes haben. Um dies klar her-

---

[5] Vgl. John McMillan, „Selling Spectrum Rights", *Journal of Economic Perspectives*, 8(3), pp. 145-152 zu den Einzelheiten dieser Geschichte und wie die Lehren daraus in die Konzeption der Versteigerungen von U. S. Wellenlängen einflossen. In diesem Aufsatz findet sich auch eine Darstellung des vorher erwähnten Beispiels aus Neuseeland.

auszuarbeiten, wollen wir den (geschätzten) Wert des Bieters i als $v + \varepsilon_i$ anschreiben, wobei v für den wahren, allgemeinen Wert („common-value") und ε_i für den „Fehlerterm" steht, der mit der Einschätzung durch den Bieter i verbunden ist.

Analysieren wir in diesem Rahmen eine Auktion mit versiegelten Geboten. Welches Gebot sollte Bieter i abgeben? Um eine erste Intuition zu entwickeln, schauen wir uns an, was geschieht, wenn jeder Bieter seine geschätzte Bewertung angibt. In diesem Fall erhält die Person mit dem höchsten Wert von ε_i, ε_{max}, den Zuschlag. So lange jedoch $\varepsilon_{max} > 0$ ist, zahlt diese Person mehr als v, den wahren Wert des Gutes. Das ist der sogenannte **Fluch des Gewinners**. Man erhält den Zuschlag in der Auktion nur, weil man den Wert des versteigerten Gutes überschätzt hat. Mit anderen Worten, man gewinnt nur, weil man zu optimistisch ist!

Die *optimale* Strategie in einer solchen „common-value" Auktion ist, weniger als den eigenen geschätzten Wert zu bieten – und je mehr Bieter es gibt, umso niedriger sollte das eigene Gebot sein. Überlegen wir uns das: Wenn man der Meistbieter unter fünf Bietern ist, dann ist man wohl zu optimistisch gewesen; ist man hingegen der Meistbieter von zwanzig Bietern, dann muss man schon *super-optimistisch* gewesen sein. Je mehr Bieter anwesend sind, umso bescheidener sollte man mit seiner eigenen Einschätzung des „wahren Wertes" über das Gut sein.

Der Fluch des Gewinners dürfte wohl bei der FCC-Versteigerung der Lizenz für persönliche Kommunikationsdienste im Mai 1996 im Spiel gewesen sein. Der Meistbieter an dieser Auktion, NextWave Personal Communications Inc., bot $ 4,2 Milliarden für 63 Lizenzen – und erhielt den Zuschlag für alle. Im Jänner 1998 ersuchte das Unternehmen jedoch um gesetzlichen Gläubigerschutz, da es sich außerstande sah, seinen Zahlungsverpflichtungen nachzukommen.

Zusammenfassung

1. Auktionen werden schon seit Tausenden von Jahren zum Verkauf von Gütern verwendet.
2. Wenn die Bewertung jedes einzelnen Bieters unabhängig von denjenigen der anderen Bieter ist, bezeichnen wir das als "private-value" Auktionen. Wenn der Wert des versteigerten Gegenstands für alle im Wesentlichen gleich ist, nennen wir das „common-value" Auktionen.
3. Gebräuchliche Auktionsformen sind die Englische Auktion, die Holländische Auktion, die Auktion mit versiegelten Geboten und die Vickrey-Auktion.
4. Englische Auktionen und Vickrey-Auktionen haben die wünschenswerte Eigenschaft, dass ihre Ergebnisse Pareto-effizient sind.
5. Gewinnmaximierende Auktionen erfordern typischerweise eine strategische Entscheidung über den Vorbehaltspreises.
6. Trotz ihrer Vorzüge als Marktmechanismus sind Auktionen anfällig gegenüber Kollusion und anderen Formen strategischen Verhaltens.

Wiederholungsfragen

1. Ist eine Auktion historischer Steppdecken unter Sammlerinnen dieser Objekte eine „private-value" oder eine „common-value" Auktion?
2. Angenommen es gibt für einen Posten nur zwei Bieter mit Bewertungen von € 8 und € 10, bei einem Vadium von € 1. Wie hoch sollte in einer gewinnmaximierenden Englischen Auktion der Vorbehaltspreis festgesetzt werden?
3. Angenommen wir haben zwei Exemplare der *Grundzüge der Mikroökonomik* zum Verkauf an der (begeisterte) Studentinnen. Wie könnten wir eine Auktion mit versiegelten Geboten organisieren, sodass die Bieterinnen mit den zwei höchsten Bewertungen die Bücher erhalten?
4. Kommen wir auf das Ucom-Beispiel im Abschnitt 17.3 zurück. War die Konzeption der Auktion effizient? War sie gewinnmaximierend?
5. Eine Spieltheoretikerin füllt ein Marmeladeglas mit 1-Cent-Stücken und versteigert es am ersten Unterrichtstag mittels einer Englischen Auktion. Ist das eine „private-value" oder eine „common-value" Auktion? Meinst Du, dass die Meistbieterin üblicherweise einen Gewinn erzielen wird?

18. Kapitel
TECHNOLOGIE

In diesem Kapitel beginnen wir mit der Analyse des Verhaltens der Unternehmen. Als Erstes sind die Beschränkungen des Unternehmensverhaltens zu untersuchen. Wenn eine Unternehmung Entscheidungen trifft, sieht sie sich vielen Beschränkungen gegenüber. Diese Beschränkungen werden ihr durch ihre Kunden, ihre Konkurrenten und die Naturgesetze auferlegt. In diesem Kapitel untersuchen wir die letztere Ursache für Beschränkungen, die Naturgesetze. Die Naturgesetze bringen die Beschränkung mit sich, dass es nur ganz bestimmte Möglichkeiten gibt, Outputs aus Inputs zu erzeugen: Es gibt nur bestimmte Arten machbarer technologischer Wahlmöglichkeiten. Im Folgenden beschäftigen wir uns damit, wie Ökonomen diese technologischen Beschränkungen darstellen.

Wenn Sie die Theorie des Haushalts verstanden haben, dann wird Ihnen die Produktionstheorie sehr leicht fallen, da die selben Techniken verwendet werden. Möglicherweise ist die Produktionstheorie sehr viel leichter verständich, weil im Allgemeinen das Ergebnis eines Produktionsprozesses beobachtbar ist, während das Ergebnis des Konsums (Nutzen) nicht unmittelbar beobachtet werden kann.

18.1 Inputs und Outputs

Inputs in die Produktion werden **Produktionsfaktoren** genannt. Produktionsfaktoren werden häufig in breite Kategorien wie Grund und Boden, Arbeit, Kapital und Rohstoffe klassifiziert. Es ist ziemlich offensichtlich, was Arbeit, Grund und Boden und Rohstoffe bedeuten, aber Kapital ist vielleicht ein neues Konzept. **Kapitalgüter** sind jene Inputs in die Produktion, die ihrerseits produzierte Güter sind. Grundsätzlich sind Kapitalgüter Maschinen aller Art: Traktoren, Gebäude, Computer und Ähnliches.

Manchmal wird das Wort Kapital dazu benützt, um das zur Eröffnung oder zur Aufrechterhaltung eines Unternehmens erforderliche Geld zu bezeichnen. Für dieses Konzept werden wir immer den Begriff **Finanzkapital** heranziehen, und den Ausdruck Kapitalgüter oder **physisches Kapital** für produzierte Produktionsfaktoren verwenden.

Üblicherweise stellen wir uns Inputs und Outputs als *Stromgrößen* vor: Eine bestimmte Arbeitsmenge pro Woche und eine bestimmte Anzahl von Maschinenstunden je Woche produzieren eine bestimmte Outputmenge pro Woche.

Wir werden die obigen Klassifikationen nicht allzu häufig verwenden müssen. Das meiste, was wir hinsichtlich der Technologie beschreiben wollen, können wir ohne Bezugnahme auf die Art der Inputs und Outputs behandeln - es genügen die Mengen an Inputs und Outputs.

18.2 Beschreibung technologischer Beschränkungen

Die Natur legt den Unternehmen **technologische Beschränkungen** auf: Nur gewisse Kombinationen von Inputs sind durchführbare Möglichkeiten, um eine vorgegebene Menge an Output zu erzeugen, und die Unternehmung muss sich auf technisch mögliche Produktionspläne beschränken.

Die einfachste Art der Beschreibung möglicher Produktionspläne ist ihre Aufzählung. Das heißt, wir können alle Kombinationen von Inputs und Outputs anführen, die technisch machbar sind. Die Menge aller Kombinationen von Inputs und Outputs, die technologisch machbare Produktionsmöglichkeiten darstellen, werden als **Produktionsmöglichkeitenmenge** bezeichnet.

Angenommen zum Beispiel, es gibt nur einen Input, der durch x gemessen wird, und einen Output, gemessen durch y. Die Menge an Produktionsmöglichkeiten könnte dann die in Abbildung 18.1 dargestellte Form haben. Zu sagen, dass irgendein Punkt (x, y) in der Menge der Produktionsmöglichkeiten enthalten ist, heißt einfach, dass es technisch möglich ist, die Outputmenge y zu produzieren, wenn man die Inputmenge x zur Verfügung hat. Die Produktionsmöglichkeitenmenge zeigt die *machbaren* technischen Möglichkeiten, denen sich ein Unternehmen gegenübersieht.

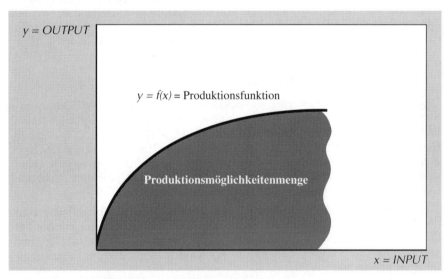

Abbildung 18.1 Eine Produktionsmöglichkeitenmenge. Das ist eine denkbare Form einer Menge an Produktionsmöglichkeiten.

Solange die Inputs für die Unternehmung mit Kosten verbunden sind, ist es sinnvoll, die Untersuchung auf den *maximal möglichen Output* für ein gegebenes Inputniveau zu beschränken. Das ist die Begrenzung der in Abbildung 18.1 dargestellten Menge an Produktionsmöglichkeiten. Die diese Grenze beschreibende Funktion heißt **Produktionsfunktion**. Sie misst den maximal möglichen Output, den man mit einer gegebenen Inputmenge erzielen kann.

Natürlich kann man das Konzept der Produktionsfunktion genau so gut bei mehreren Inputs anwenden. Wenn wir uns zum Beispiel den Fall von zwei Inputs ansehen, dann würde die Produktionsfunktion $f(x_1, x_2)$ die maximale Outputmenge y messen, wenn man x_1 Einheiten des Faktors 1 und x_2 Einheiten des Faktors 2 hätte.

Im Falle von zwei Inputs gibt es eine praktische Möglichkeit, die Produktionsrelationen darzustellen, die als die **Isoquante** bekannt ist. Eine Isoquante ist die Menge aller möglichen Kombinationen der Inputs 1 und 2, die gerade ausreicht, um eine vorgegebene Menge des Outputs zu erzeugen.

Isoquanten sind Indifferenzkurven ähnlich. Wie wir früher gesehen haben, stellt eine Indifferenzkurve die verschiedenen Konsumbündel dar, die gerade ausreichen, um ein bestimmtes Nutzenniveau zu erreichen. Es besteht jedoch ein wesentlicher Unterschied zwischen Indifferenzkurven und Isoquanten. Isoquanten werden durch die produzierte Outputmenge und nicht durch ein Nutzenniveau gekennzeichnet. Die Kennzeichnung der Isoquanten ist daher durch die Technologie festgelegt und hat nicht den gewissen willkürlichen Charakter der Kennzeichnung des Nutzens.

18.3 Beispiele für Technologien

Da wir bereits einiges über Indifferenzkurven wissen, ist es leicht zu verstehen, wie man mit Isoquanten arbeitet. Sehen wir uns ein paar Beispiele für Technologien und ihre Isoquanten an.

Konstante Proportionen

Angenommen wir produzieren Löcher und die einzige Art, ein Loch zu erzeugen, ist die Verwendung jeweils einer Arbeiterin und einer Schaufel. Zusätzliche Schaufeln sind überhaupt nichts wert, ebenso zusätzliche Arbeiterinnen. Die Gesamtzahl an Löchern, die man erzeugen kann, wird daher das Minimum der Zahl an Arbeiterinnen und der Zahl an Schaufeln sein, die man hat. Wir schreiben die Produktionsfunktion als $f(x_1, x_2) = \min\{x_1, x_2\}$. Die Isoquanten sehen aus wie die in Abbildung 18.2. Beachte, dass diese Isoquanten genau dem Fall der perfekten Komplemente der Nachfragetheorie entsprechen.

Perfekte Substitute

Angenommen wir produzieren Hausaufgaben, und die Inputs sind rote und blaue Bleistifte. Die Menge der erarbeiteten Hausaufgaben hängt nur von der Gesamtzahl an Bleistiften ab, wir schreiben die Produktionsfunktion daher $f(x_1, x_2) = x_1 + x_2$. Die sich ergebenden Isoquanten entsprechen dem Fall perfekter Substitute der Nachfragetheorie, wie in Abbildung 18.3 dargestellt.

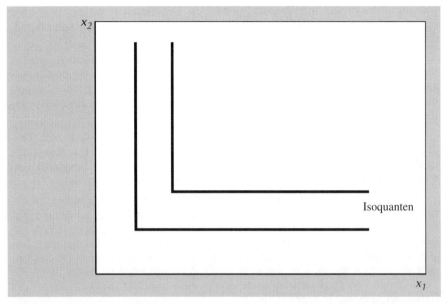

Abbildung 18.2 Konstante Proportionen. Isoquanten im Fall konstanter Proportionen.

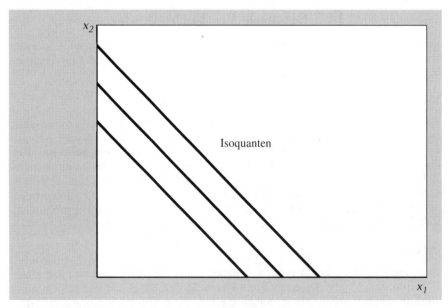

Abbildung 18.3 Perfekte Substitute. Isoquanten im Fall perfekter Substitute.

Cobb-Douglas

Wenn die Produktionsfunktion die Form $f(x_1, x_2) = A x_1^a x_2^b$ hat, dann bezeichnen wir sie als **Cobb-Douglas Produktionsfunktion**. Dies entspricht genau der funktionalen Form für Cobb-Douglas Präferenzen, die wir früher untersuchten. Da die zahlenmäßige Größe der Nutzenfunktion nicht wichtig war, setzten wir $A = 1$

und üblicherweise $a + b = 1$. Die Größe der Produktionsfunktion hingegen spielt eine Rolle, diese Parameter müssen daher beliebige Werte annehmen können.

Der Parameter A stellt, grob gesprochen, die Skalierung der Produktion dar: Wie viel Output wir erhielten, wenn wir eine Einheit jedes Inputs verwendeten. Die Parameter a und b geben an, wie die Outputmenge auf Veränderungen der Inputs reagiert. Wir werden ihre Wirkung später im Einzelnen untersuchen. In einigen Beispielen werden wir zur Vereinfachung der Berechnungen $A = 1$ setzen.

Die Cobb-Douglas Isoquanten haben dieselbe Form wie die Cobb-Douglas Indifferenzkurven; wie im Fall der Nutzenfunktionen ist die Cobb-Douglas Produktionsfunktion so ungefähr das einfachste Beispiel „normaler" Isoquanten.

18.4 Eigenschaften der Technologie

Wie im Falle der Konsumenten ist es auch üblich, für die Technologie bestimmte Eigenschaften anzunehmen. Erstens werden wir im Allgemeinen annehmen, dass Technologien **monoton** sind: Wenn man die Menge zumindest eines Inputs erhöht, sollte es möglich sein, zumindest so viel Output zu produzieren wie vorher. Das wird manchmal als die Eigenschaft der **freien Verfügbarkeit** bezeichnet: bei kostenloser Verfügbarkeit kann es für das Unternehmen nicht von Nachteil sein kann, zusätzliche Inputs zu haben.

Zweitens werden wir häufig annehmen, dass die Technologie **konvex** ist. Das bedeutet, dass bei zwei Möglichkeiten y Einheiten des Outputs zu erzeugen, nämlich (x_1, x_2) und (z_1, z_2), deren gewogener Durchschnitt *zumindest* y Einheiten produzieren wird.

Ein Argument für konvexe Technologien lautet folgendermaßen: Angenommen es ist möglich, 1 Einheit Output unter Verwendung von a_1 Einheiten des Faktors 1 und a_2 Einheiten des Faktors 2 zu erzeugen, und es ist ebenfalls möglich, 1 Mengeneinheit des Outputs mit b_1 Einheiten des Faktors 1 und b_2 Einheiten des Faktors 2 zu produzieren. Wir nennen diese beiden Möglichkeiten, Output zu produzieren, **Produktionstechniken**.

Nehmen wir weiters an, dass man den Output in beliebigem Umfang skalieren kann, sodass $(100a_1, 100a_2)$ und $(100b_1, 100b_2)$ jeweils 100 Mengeneinheiten des Outputs erzeugen werden. Beachte, dass man nun mit $25a_1 + 75b_1$ Einheiten des Faktors 1 und $25a_2 + 75b_2$ Einheiten des Faktors 2 ebenfalls 100 Einheiten des Outputs produzieren kann: Man erzeugt einfach 25 Einheiten des Outputs mittels der „a"-Technik und 75 Einheiten mittels der „b"-Technik.

Das wird in Abbildung 18.4 dargestellt. Durch Wahl des Niveaus, auf dem jede der beiden Aktivitäten arbeitet, kann man eine vorgegebene Menge des Outputs in einer Vielfalt von Möglichkeiten produzieren. Insbesondere wird jede Inputkombination entlang der Verbindungslinie von (a_1, a_2) und (b_1, b_2) eine Möglichkeit sein, um y Einheiten des Outputs zu erzeugen.

Bei dieser Art der Technologie, bei der man den Produktionsprozess beliebig nach oben und unten skalieren kann, und bei dem Produktionsprozesse einander nicht beeinträchtigen, ist Konvexität eine ganz natürliche Annahme.

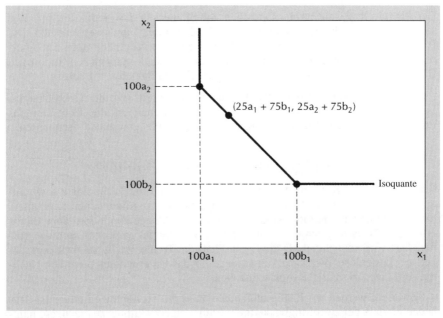

Abbildung 18.4 Konvexität. Wenn Produktionsaktivitäten unabhängig voneinander arbeiten können, dann werden gewogene Durchschnitte der Produktionspläne ebenso möglich sein. Die Isoquanten werden daher eine konvexe Form haben.

18.5 Das Grenzprodukt

Angenommen wir produzieren bei einem Punkt (x_1, x_2) und überlegen, etwas mehr vom Faktor 1 einzusetzen und dabei den Faktor 2 auf dem Niveau x_2 konstant zu halten. Wie viel mehr Output werden wir je zusätzlicher Einheit des Faktors 1 erhalten? Wir müssen uns die Veränderung des Outputs je Veränderung des Inputs um eine Einheit ansehen:

$$\frac{\Delta y}{\Delta x_1} = \frac{f(x_1 + \Delta x_1, x_2) - f(x_1, x_2)}{\Delta x_1}.$$

Wir bezeichnen das als das **Grenzprodukt des Faktors 1**. Ganz ähnlich definieren wir Grenzprodukt des Faktors 2 und bezeichnen es mit $MP_1(x_1, x_2)$ bzw. $MP_2(x_1, x_2)$.[1]

Bisweilen werden wir mit dem Konzept des Grenzprodukts etwas schlampig umgehen und es als den zusätzlichen Output bezeichnen, den wir aus „einer" weiteren Einheit des Faktors 1 erhalten. Solange „eins" im Verhältnis zur gesamten verwendeten Menge des Faktors klein ist, ist das akzeptabel. Aber wir sollten nicht vergessen, dass das Grenzprodukt eine Änderungsrate ist: Der zusätzliche Output pro Einheit des zusätzlichen Inputs.

---

[1] MP = marginal product.

Der Begriff des Grenzprodukts ist dem Begriff des Grenznutzens ähnlich, den wir bei unserer Diskussion der Theorie der Konsumentin behandelten, mit Ausnahme des ordinalen Charakters des Nutzens. Hier haben wir es mit physischem Output zu tun: Das Grenzprodukt eines Faktors ist eine bestimmte Zahl, die grundsätzlich beobachtbar ist.

18.6 Die technische Rate der Substitution

Angenommen wir erzeugen bei einem Punkt (x_1, x_2) und überlegen, ein wenig vom Faktor 1 aufzugeben und gerade ausreichend mehr vom Faktor 2 zu verwenden, um dieselbe Outputmenge y zu erzeugen. Wie viel mehr, Δx_2, vom Faktor 2 benötigen wir, wenn wir ein wenig, Δx_1, vom Faktor 1 aufgeben? Das ist genau die Steigung der Isoquante; wir nennen sie die **technische Rate der Substitution** und bezeichnen sie mit *TRS* (x_1, x_2).

Die technische Rate der Substitution misst das Austauschverhältnis zwischen zwei Inputs. Sie misst das Verhältnis, zu welchem die Unternehmung einen Input durch den anderen wird ersetzen müssen, um den Output konstant zu halten.

Um die Formel für die *TRS* abzuleiten, können wir dieselbe Vorgangsweise wie bei der Bestimmung der Steigung der Indifferenzkurve verwenden. Betrachten wir eine Änderung in unserer Verwendung der Faktoren 1 und 2, die den Output konstant hält. Wir haben dann

$$\Delta y = MP_1(x_1, x_2)\Delta x_1 + MP_2(x_1, x_2)\Delta x_2 = 0,$$

was wir lösen, und erhalten

$$\text{TRS}(x_1, x_2) = \frac{\Delta x_2}{\Delta x_1} = -\frac{MP_1(x_1, x_2)}{MP_2(x_1, x_2)}.$$

Beachte die Ähnlichkeit mit der Definition der Grenzrate der Substitution.

18.7 Abnehmendes Grenzprodukt

Angenommen wir haben bestimmte Mengen der Faktoren 1 und 2 und wir erwägen, etwas vom Faktor 1 hinzuzufügen, bei Konstanz des Faktors 2 auf dem gegebenen Niveau. Was könnte hinsichtlich des Grenzprodukts des Faktors 1 geschehen?

Solange wir eine monotone Technologie haben, wissen wir, dass der Output steigen wird, wenn wir die Menge des Faktors 1 erhöhen. Aber es ist ganz natürlich zu erwarten, dass der Output mit abnehmender Rate steigen wird. Sehen wir uns als ein spezifisches Beispiel die Landwirtschaft an.

Eine Frau könnte auf einem Hektar Land 100 Zentner Getreide produzieren. Wenn wir eine weitere Frau hinzufügen und die Landfläche gleich halten, könnten wir 200 Zentner Getreide erhalten, in diesem Fall ist somit das Grenzprodukt der zusätzlichen Arbeiterin 100. Setzen wir nun weitere Arbeiterinnen auf diesem Hektar Land ein. Jede Arbeiterin wird zusätzlichen Output produzieren, aber irgendwann wird die zusätzliche Getreidemenge, die von einer zusätzlichen Arbeiterin produziert wird, weniger als 100 Zentner sein. Nachdem 4 oder 5 Leute mehr eingesetzt wurden, wird der zusätzliche Output je Arbeiterin auf 90, 80, 70... oder noch weniger Zentner fallen. Wenn sich Hunderte von Arbeiterinnen auf diesem einen Hektar Land drängen, könnte eine weitere Arbeiterin sogar ein Sinken der Ausbringung verursachen! Wie beim Brei, könnten viele Köchinnen die Sache verderben.

Wir erwarten daher typischerweise, dass das Grenzprodukt eines Faktors abnehmen wird, wenn wir immer mehr von diesem Faktor einsetzen. Dies wird das **Gesetz vom abnehmenden Grenzprodukt** genannt. Dabei handelt es sich um kein wirkliches „Gesetz"; es ist nur eine allgemeine Eigenschaft der meisten Produktionsprozesse.

Es ist wichtig zu betonen, dass das Gesetz des abnehmenden Grenzprodukts nur dann gilt, wenn alle *anderen* Inputs konstant gehalten werden. Im Beispiel der Landwirtschaft betrachteten wir nur den Faktor Arbeit und hielten Land und Rohstoffe konstant.

18.8 Abnehmende technische Rate der Substitution

Eine weitere eng damit zusammenhängende Annahme über die Technologie ist eine **abnehmende technische Rate der Substitution**. Sie besagt, dass bei einer Erhöhung der Menge des Faktors 1 und einer Anpassung des Faktors 2 in einem Ausmaß, um auf derselben Isoquante zu bleiben, die technische Rate der Substitution fällt. Grob gesprochen bedeutet die Annahme einer abnehmenden technischen Rate der Substitution, dass der Absolutwert des Anstiegs einer Isoquante fallen muss, wenn wir uns entlang der Isoquante in Richtung eines steigenden x_1 bewegen, und dass er steigen muss, wenn wir uns entlang der Isoquante in Richtung eines steigenden x_2 bewegen. Das bedeutet, dass die Isoquanten die gleiche Art der konvexen Form haben wie Indifferenzkurven im Normalfall.

Die Annahmen einer abnehmenden technischen Rate der Substitution und eines abnehmenden Grenzprodukts hängen eng zusammen, sind aber nicht genau dasselbe. Abnehmendes Grenzprodukt ist eine Annahme über die Veränderung des Grenzprodukts, wenn man die Menge eines Faktors erhöht, *bei Konstanz des anderen Faktors*. Abnehmende TRS betrifft die Änderung des *Verhältnisses* der Grenzprodukte – die Steigung der Isoquante–, wenn man die Menge eines Faktors erhöht und *den anderen Faktor so anpasst, dass man auf derselben Isoquante bleibt*.

18.9 Langfristig und kurzfristig

Kehren wir nun zum ursprünglichen Gedanken einer Technologie als einem Verzeichnis der möglichen Produktionspläne zurück. Wir könnten zwischen Produktionsplänen unterscheiden, die *unmittelbar* möglich sind, und solchen, die *irgendwann* einmal machbar werden.

Kurzfristig wird es einige Produktionsfaktoren geben, die auf vorherbestimmten Niveaus fixiert sind. Die von uns oben beschriebene Bäuerin zieht vielleicht nur Produktionspläne mit einer konstanten Landfläche in Betracht, wenn ihr nicht mehr zur Verfügung steht. Es mag schon stimmen, dass sie mit mehr Land mehr Getreide produzieren könnte, aber kurzfristig verbleibt ihr nur die Landfläche, die sie hat.

Andererseits kann die Bäuerin langfristig mehr Land kaufen oder Land, das sie derzeit besitzt, verkaufen. Sie kann das Niveau des Inputs Land so anpassen, dass sie ihre Gewinne maximiert.

Die Unterscheidung der Volkswirtin zwischen langfristig und kurzfristig ist folgende: Kurzfristig gibt es zumindest einen Produktionsfaktor, der konstant ist: Eine konstante Landfläche, eine konstante Fabrikgröße, eine konstante Anzahl von Maschinen oder was auch immer. **Langfristig** können *alle* Produktionsfaktoren variiert werden.

Hierbei ist kein bestimmter Zeitraum impliziert. Was langfristig ist und was kurzfristig, hängt von den Entscheidungsmöglichkeiten ab, die wir untersuchen. Kurzfristig ist zumindest ein Faktor auf gegebenem Niveau fixiert, langfristig kann jedoch die eingesetzte Menge aller Faktoren geändert werden.

Nehmen wir an, dass zum Beispiel Faktor 2 kurzfristig auf $\bar{x}_2$ fixiert ist. Kurzfristig ist dann die relevante Produktionsfunktion $f(x_1, \bar{x}_2)$. Wir können die funktionale Beziehung zwischen dem Output und x_1 in einem Diagramm wie Abbildung 18.5 darstellen.

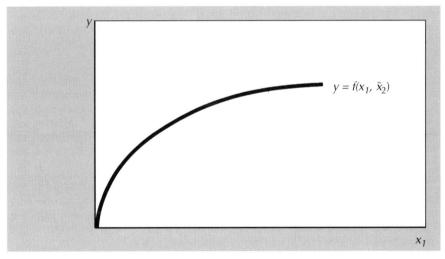

Abbildung 18.5 Produktionsfunktion. Das ist ein möglicher Verlauf einer kurzfristigen Produktionsfunktion.

Beachte, dass wir die kurzfristige Produktionsfunktion so gezeichnet haben, dass sie immer flacher wird, wenn wir die Menge des Faktors 1 erhöhen. Hier wirkt einfach wiederum das Gesetz des abnehmenden Grenzprodukts! Natürlich kann es leicht geschehen, dass es am Anfang einen Bereich zunehmender Grenzerträge gibt, in denen das Grenzprodukt des Faktors 1 steigt, wenn wir mehr davon einsetzen. Im Falle der Landwirtin, die mehr Arbeiterinnen einsetzt, könnte es sein, dass die ersten zusätzlich eingesetzten Arbeiterinnen die Ausbringung immer mehr erhöhen, da sie die Arbeiten effizienter untereinander aufteilen könnten usw. Aber bei einer gegebenen konstanten Landfläche wird das Grenzprodukt der Arbeit schließlich fallen.

18.10 Skalenerträge

Betrachten wir nun ein anderes Experiment. Anstatt der Erhöhung der Menge eines Inputs bei Konstanz des anderen, wollen wir die Mengen *aller* Inputs der Produktionsfunktion erhöhen. Mit anderen Worten, wir skalieren die Menge aller Inputs um ein konstantes Vielfaches nach oben: Man verwendet z. B. zweimal so viel sowohl vom Faktor 1 als auch vom Faktor 2.

Wie viel Output wird man erhalten, wenn man zweimal so viel von jedem Faktor verwendet? Das wahrscheinlichste Ergebnis wird sein, dass man doppelt so viel Output erhält. Das wird als **konstante Skalenerträge** bezeichnet. Mit Hilfe der Produktionsfunktion ausgedrückt bedeutet das, dass zweimal so viel eines jeden Inputs zweimal so viel Output ergibt. Im Fall von zwei Inputs können wir das mathematisch durch

$$2f(x_1, x_2) = f(2x_1, 2x_2)$$

ausdrücken. Wenn wir alle Inputs im Ausmaß von t skalieren, so bedeuten allgemein ausgedrückt konstante Skalenerträge, dass wir den t-fachen Output erhalten sollten:

$$tf(x_1, x_2) = f(tx_1, tx_2).$$

Dass es sich dabei um das wahrscheinliche Ergebnis handelt, meinen wir aus folgendem Grund: Typischerweise sollte es der Unternehmung möglich sein, das zu *kopieren*, was sie vorher getan hat. Wenn eine Unternehmung doppelt so viel von jedem Input hat, kann sie einfach zwei Fabriken nebeneinander errichten und daher den doppelten Output erzielen. Mit den dreifachen Inputs, kann sie drei Fabriken errichten usw.

Beachte, dass es bei einer Technologie durchaus möglich ist, konstante Skalenerträge zu haben und gleichzeitig für jeden Faktor ein abnehmendes Grenzprodukt. **Skalenerträge** beschreiben, was geschieht, wenn man *alle* Faktoren steigert, während abnehmendes Grenzprodukt beschreibt, was geschieht, wenn man nur *einen* Faktor erhöht und die anderen konstant hält.

Konstante Skalenerträge sind der „natürlichste" Fall wegen des Kopierarguments, was aber nicht damit gleichbedeutend ist zu sagen, dass nichts anderes passieren könnte. Es könnte zum Beispiel geschehen, dass wir nach Erhöhung beider Inputs um einen Faktor t *mehr* als den t-fachen Output erhalten. Das wird als **steigende Skalenerträge** bezeichnet. Mathematisch bedeuten steigende Skalenerträge, dass

$$f(tx_1, tx_2) > tf(x_1, x_2)$$

für alle $t > 1$.

Was wäre ein Beispiel für eine Technologie, die zunehmende Skalenerträge aufweist? Ein gutes Beispiel ist eine Ölleitung. Wenn wir den Durchmesser einer Röhre verdoppeln, verwenden wir zweimal so viel Material, der Querschnitt der Röhre vergrößert sich jedoch um einen Faktor von vier. Wahrscheinlich wird es möglich sein, dass wir mehr als zweimal so viel Öl durch die Leitung pumpen.

(Natürlich könnten wir dieses Beispiel auch übertreiben. Wenn wir den Durchmesser einer Röhre immer weiter verdoppeln, wird sie schließlich unter ihrem eigenen Gewicht zusammenbrechen. Steigende Skalenerträge gelten üblicherweise nur in einem bestimmten Bereich der Ausbringung.)

Als letzter Fall verbleiben schließlich **fallende Skalenerträge**, bei denen

$$f(tx_1, tx_2) < tf(x_1, x_2)$$

für alle $t > 1$.

Dieser Fall ist etwas eigenartig. Wenn man für doppelt so viel von jedem Input weniger als doppelt so viel Output bekommt, muss man etwas falsch machen. Schließlich könnte man das, was man vorher gemacht hat, einfach kopieren!

Der übliche Weg, auf dem abnehmende Skalenerträge entstehen, besteht darin, dass wir vergaßen, irgendeinen Input einzubeziehen. Wenn man zweimal so viel von jedem Input außer einem hat, kann man nicht mehr exakt kopieren, was man vorher tat, es gibt daher keinen Grund, warum man zweimal so viel Output bekommen sollte. Sinkende Skalenerträge sind eigentlich ein kurzfristiges Phänomen, bei dem irgendetwas konstant gehalten wird.

Natürlich kann eine Technologie auf verschiedenen Produktionsniveaus unterschiedliche Skalenerträge aufweisen. Es könnte sehr wohl geschehen, dass eine Technologie bei niedrigem Produktionsniveau zunehmende Skalenerträge aufweist – wenn man alle Inputs um einen kleinen Wert t skaliert, steigt der Output um mehr als t. Später, für höhere Outputniveaus, könnte eine Erhöhung um t den Output gerade um denselben Faktor t erhöhen.

Zusammenfassung

1. Die technologischen Beschränkungen einer Unternehmung werden durch die Menge der Produktionsmöglichkeiten beschrieben, die alle technologisch durchführbaren Kombinationen von Inputs und Outputs darstellt, und durch die Produktionsfunktion, die den maximalen Output für jede bestimmte Menge der Inputs angibt.
2. Eine andere Möglichkeit, die technologischen Beschränkungen einer Unternehmung zu beschreiben, ist die Verwendung von Isoquanten – Kurven, die alle jene Kombinationen von Inputs angeben, die ein vorgegebenes Outputniveau produzieren können.

3. Im Allgemeinen nehmen wir an, dass Isoquanten konvex und monoton sind, so wie Präferenzen im Normalfall.
4. Das Grenzprodukt misst den zusätzlichen Output je zusätzlicher Einheit eines Inputs bei Konstanz aller anderen Inputs. Typischerweise nehmen wir an, dass das Grenzprodukt eines Inputs fällt, wenn wir immer mehr von diesem Input verwenden.
5. Die technische Rate der Substitution (TRS) misst die Steigung einer Isoquante. Im Allgemeinen nehmen wir an, dass die TRS sinkt, wenn wir uns entlang einer Isoquante bewegen - was auf eine andere Weise ausdrückt, dass die Isoquanten konvex sind.
6. Kurzfristig ist zumindest ein Input konstant, während langfristig alle Inputs variabel sind.
7. Skalenerträge beziehen sich auf die Outputänderung, wenn wir das *Ausmaß* der Produktion ändern. Wenn wir alle Inputs um einen bestimmten Betrag t nach oben skalieren und der Output um denselben Faktor steigt, haben wir konstante Skalenerträge. Wenn der Output um mehr als t zunimmt, haben wir steigende Skalenerträge, und wenn er um weniger als t ansteigt, haben wir abnehmende Skalenerträge.

Wiederholungsfragen

1. Gegeben sei die Produktionsfunktion $f(x_1, x_2) = x_1^2 x_2^2$. Weist diese Funktion konstante, steigende oder fallende Skalenerträge auf?
2. Gegeben sei die Produktionsfunktion $f(x_1, x_2) = x_1^{1/2} x_2^{1/3}$. Hat diese Funktion konstante, steigende oder fallende Skalenerträge?
3. Die Cobb-Douglas Produktionsfunktion ist durch $f(x_1, x_2) = A x_1^a x_2^b$ gegeben. Es stellt sich heraus, dass die Art der Skalenerträge dieser Funktion von der Größe von $a + b$ abhängt. Welche Werte von $a + b$ werden mit den verschiedenen Arten von Skalenerträgen assoziiert sein?
4. Die technische Rate der Substitution zwischen den Faktoren x_2 und x_1 sei -4. Wie viel zusätzliche Einheiten des Faktors x_2 benötigt man, wenn man dieselbe Outputmenge produzieren will, den Einsatz des Faktors x_1 jedoch um 3 Einheiten reduziert?
5. Wenn das Gesetz des abnehmenden Grenzprodukts nicht gelten würde, könnte man den Nahrungsmittelbedarf der Welt in einem Blumentopf anbauen. Richtig oder falsch?
6. Ist es möglich, bei einem Produktionsprozess für einen Faktor sinkendes Grenzprodukt und dennoch steigende Skalenerträge zu haben?

19. Kapitel
GEWINNMAXIMIERUNG

Im letzten Kapitel besprachen wir verschiedene Arten der Beschreibung technologischer Wahlmöglichkeiten, denen sich die Unternehmung gegenübersieht. In diesem Kapitel beschreiben wir ein Modell, wie die Unternehmung die zu produzierende Menge und die Art der Produktion auswählt. Dazu verwenden wir das Modell der Gewinnmaximierung: Die Unternehmung wählt einen Produktionsplan, der den Gewinn maximiert.

Wir nehmen in diesem Kapitel an, dass sich das Unternehmen konstanten Preisen für seine Inputs und Outputs gegenübersieht. Schon früher sagten wir, dass Ökonomen einen Markt, auf dem die einzelnen Produzenten die Preise als außerhalb ihres Einflusses ansehen, einen **Konkurrenzmarkt** nennen. In diesem Kapitel werden wir daher das Gewinnmaximierungsproblem eines Unternehmens analysieren, das sich sowohl für die eingesetzten Produktionsfaktoren als auch für die erzeugten Outputs auf Konkurrenzmärkten befindet.

19.1 Gewinne

Gewinne sind definiert als Erlöse minus Kosten. Angenommen das Unternehmen produziert n Outputs $(y_1, ..., y_n)$ und verwendet dazu m Inputs $(x_1, ..., x_m)$. Die Preise der Outputgüter seien $(p_1, ..., p_n)$ und die Preise der Inputs $(w_1, ..., w_m)$.

Die Gewinne, π, welche das Unternehmen erhält, können als

$$\pi = \sum_{i=1}^{n} p_i y_i - \sum_{i=1}^{m} w_i x_i$$

ausgedrückt werden. Der erste Ausdruck steht für den Erlös, der zweite für die Kosten.

Im Ausdruck für Kosten sollten wir sicherstellen, dass *alle* zu Marktpreisen bewerteten und vom Unternehmen verwendeten Faktoren enthalten sind. Meist ist das ziemlich offensichtlich, aber in jenen Fällen, in denen das Unternehmen im Eigentum desselben Individuums steht, das auch im Unternehmen arbeitet, ist es möglich, einige der Faktoren zu vergessen.

Wenn zum Beispiel jemand in seiner eigenen Unternehmung arbeitet, ist ihre Arbeitskraft ein Input und sollte als Teil der Kosten gezählt werden. Ihr Lohnsatz ist einfach der Marktpreis für ihre Arbeit - was sie erhalten *würde*, wenn sie ihre Arbeitskraft auf dem Markt verkaufte. Ebenso sollte eine Bäuerin, die Land besitzt und es zur Produktion verwendet, dieses Land zur Berechnung der ökonomischen Kosten zum Marktpreis bewerten.

Wir haben bereits erfahren, dass Kosten dieser Art oft als **Opportunitätskosten** bezeichnet werden. Der Bezeichnung liegt die Überlegung zugrunde, dass man durch Verwendung zum Beispiel der Arbeitskraft in einer bestimmten Tätigkeit auf die Gelegenheit (= Opportunität) verzichtet, sie anderswo einzusetzen. Dieser entgangene Lohn ist daher Teil der Produktionskosten. Ähnlich verhält es sich beim Landbeispiel: Die Bäuerin hat die Möglichkeit, ihr Land an jemand anderen zu verpachten, aber sie entscheidet sich, auf die Pachteinnahmen zu verzichten, und „verpachtet" das Land an sich selbst. Die entgangenen Pachterträge sind Teil der Opportunitätskosten ihrer Produktion.

Die ökonomische Definition des Gewinns fordert, dass wir alle Inputs und Outputs zu ihren Opportunitätskosten bewerten. Die von den Buchhalterinnen ermittelten Gewinne messen nicht notwendigerweise ökonomische Gewinne, da sie typischerweise historische Kosten verwenden – worum ein Faktor ursprünglich erworben wurde – anstatt ökonomischer Kosten – was der Erwerb eines Faktor heute kosten würde. Es gibt viele Spielarten der Verwendung des Begriffs „Gewinn", wir werden jedoch immer an der ökonomischen Definition festhalten.

Eine andere Verwirrung entsteht manchmal aus der Verwechslung der Zeitdimensionen. Üblicherweise stellen wir uns die Faktoreinsätze als *Stromgrößen* vor: So und so viele Arbeitsstunden pro Woche und so und so viele Maschinenstunden pro Woche produzieren so und so viel Output pro Woche. Die Faktorpreise werden dann in den entsprechenden Einheiten zum Kauf dieser Stromgrößen gemessen. Löhne werden regelmäßig in Euro je Stunde ausgedrückt. Dem würde für Maschinen der **Mietsatz** entsprechen – der Satz, zu welchem man eine Maschine für eine bestimmte Zeitperiode mieten kann.

In vielen Fällen gibt es keinen sehr gut ausgebildeten Markt für die Miete von Maschinen, da die Unternehmungen in der Regel ihre Kapitalausstattung kaufen. In diesem Fall müssen wir den impliziten Mietsatz errechnen, indem wir ermitteln, welche Kostendifferenz sich ergäbe, wenn wir die Maschine am Anfang der Periode kauften und am Ende der Periode verkauften.

19.2 Organisationformen von Unternehmungen

In einer kapitalistischen Wirtschaft befinden sich die Unternehmen im Besitz von Individuen. Diese Unternehmungen sind nur rechtliche Einheiten; letztlich sind es die Eigentümer der Unternehmen, die für das Verhalten des Unternehmens verantwortlich sind und für dieses Verhalten auch die Belohnung ernten oder die Kosten tragen.

Generell können Unternehmungen als Einzelfirmen, Personengesellschaften oder Kapitalgesellschaften organisiert sein. Eine **Einzelfirma** ist im Besitz einer einzelnen Person. Eine **Personengesellschaft** ist im Besitz von zwei oder mehreren Personen. Eine **Kapitalgesellschaft** ist ebenfalls im Besitz von mehreren Personen, hat aber von Gesetzes wegen eine von seinen Besitzern getrennte eigene Rechtspersönlichkeit. Eine Personengesellschaft bleibt nur solange bestehen, als die Gesellschafter am Leben sind und sich darauf einigen, ihr Fortbestehen zu erhalten. Eine Kapitalgesellschaft kann über die Lebenszeit eines jeden Gesellschafters hinaus bestehen. Aus diesem Grund sind die meisten großen Unternehmen als Kapitalgesellschaften organisiert.

Die Eigentümer jeder dieser verschiedenen Arten von Unternehmungen können unterschiedliche Ziele hinsichtlich der Durchführung der Unternehmenstätigkeit haben. Bei einer Einzelunternehmung oder einer Personengesellschaft spielen die Eigentümer des Unternehmens üblicherweise eine unmittelbare Rolle in der Leitung der täglichen Geschäfte der Firma, sodass sie in der Lage sind, die von ihnen gewünschten Ziele im Unternehmen in die Tat umzusetzen. Typischerweise werden die Eigentümer an der Maximierung des Gewinns ihres Unternehmens interessiert sein, wenn sie aber nicht auf Gewinn gerichtete Zielsetzungen haben, können sie sehr wohl auch solche Ziele verfolgen.

In einer Kapitalgesellschaft sind die Eigentümer der Gesellschaft häufig von den Managern verschieden. Es gibt daher eine Trennung von Eigentum und Kontrolle. Die Eigentümer der Gesellschaft müssen ein Ziel definieren, dem die Manager bei der Leitung des Unternehmens zu folgen haben, und diese müssen dann ihr Bestes tun, um tatsächlich die von den Eigentümern beabsichtigten Zielsetzungen zu verfolgen. Wiederum ist Gewinnmaximierung ein übliches Ziel. Wie wir unten sehen werden, führt dieses Ziel, korrekt interpretiert, zu Handlungen der Manager, die im Interesse der Eigentümer der Unternehmung liegen.

19.3 Gewinne und Bewertung am Aktienmarkt

Häufig dauert der Produktionsprozess, den eine Firma anwendet, über viele Perioden an. Inputs, welche im Zeitpunkt t eingesetzt werden, erbringen einen Strom von Leistungen in späteren Perioden. Ein Fabrikgebäude, zum Beispiel, das von einem Unternehmen erbaut wird, könnte 50 oder 100 Jahre bestehen. In diesem Fall trägt der Input eines Zeitpunkts zur Produktion von Output in der Zukunft bei.

Wir haben in dieser Situation die Ströme von Kosten und Erlösen im Zeitverlauf zu bewerten. Wie wir im 10. Kapitel gesehen haben, stellt die Anwendung des Konzepts des Gegenwartswertes die geeignete Vorgangsweise dar. Wenn man auf den Finanzmärkten borgen und verleihen kann, so kann der Zinssatz als Definition eines natürlichen Preises des Konsums in verschiedenen Perioden verwendet werden. Unternehmen haben Zugang zu denselben Finanzmärkten, der Zinssatz kann daher auf genau dieselbe Art zur Bewertung von Investitionsentscheidungen herangezogen werden.

Nehmen wir eine Welt mit vollständiger Sicherheit an, in welcher der Strom der zukünftigen Gewinne eines Unternehmens öffentlich bekannt ist. Der Gegenwartswert dieser Gewinne wäre dann der **Gegenwartswert des Unternehmens**.

Er gibt an, wie viel jemand bereit wäre, für den Kauf des Unternehmens zu zahlen.

Wie oben angedeutet, sind die meisten großen Unternehmungen als Kapitalgesellschaften organisiert, was bedeutet, dass sie im gemeinsamen Besitz einer Anzahl von Einzelpersonen sind. Die Gesellschaft gibt Aktienurkunden aus, welche das Eigentum an Anteilen der Gesellschaft verbriefen. Zu bestimmten Zeiten zahlt die Gesellschaft auf diese Anteile Dividenden, die einen Anteil an den Gewinnen des Unternehmens darstellen. Die Anteile am Eigentum der Gesellschaft werden auf dem **Aktienmarkt** ge- und verkauft. Der Preis einer Aktie stellt den Gegenwartswert eines Stroms an Dividenden dar, den die Leute von der Gesellschaft erwarten. Der gesamte Wert eines Unternehmens am Aktienmarkt stellt den Gegenwartswert der Gewinne dar, den man von der Gesellschaft erwartet. Das Ziel des Unternehmens – Maximierung des Gegenwartswerts des Stroms an Gewinnen, den eine Firma generiert – könnte daher auch als das Ziel der Maximierung des Wertes am Aktienmarkt beschrieben werden. In einer Welt der Sicherheit sind die beiden Ziele identisch.

Die Eigentümerinnen des Unternehmens wollen im Allgemeinen, dass die Unternehmung jene Produktionspläne wählt, die den Unternehmenswert am Aktienmarkt maximieren, da dadurch der Wert ihrer Aktien so groß wie möglich wird. Wir sahen im 10. Kapitel, dass – unabhängig von den Konsumpräferenzen – ein Individuum immer eine Ausstattung mit einem höheren Gegenwartswert gegenüber einem niedrigeren bevorzugen wird. Durch Maximierung des Wertes am Aktienmarkt schafft das Unternehmen für die Aktionärinnen die größtmöglichen Budgets und handelt somit im besten Interesse aller Aktionärinnen.

Wenn Unsicherheit über den Gewinnstrom einer Unternehmung herrscht, ist die Anweisung an die Managerinnen, den Gewinn zu maximieren, bedeutungslos. Sollten sie die erwarteten Gewinne maximieren? Sollten sie den erwarteten Nutzen der Gewinne maximieren? Welche Haltung sollten Managerinnen gegenüber riskanten Investitionen einnehmen? Es ist schwierig, bei Unsicherheit der Gewinnmaximierung inhaltliche Bedeutung zu geben. Maximierung des *Wertes am Aktienmarkt* ist jedoch auch in einer unsicheren Welt noch immer von Bedeutung. Wenn die Managerinnen versuchen, den Wert der Aktien des Unternehmens so hoch wie möglich zu machen, dann stellen sie die Eigentümerinnen des Unternehmens – die Aktionärinnen – so gut wie möglich. Maximierung des Wertes am Aktienmarkt bietet eine klare Zielfunktion für das Unternehmen in nahezu jedem ökonomischen Umfeld.

Trotz dieser Bemerkungen über Zeit und Unsicherheit werden wir uns im allgemeinen auf die Untersuchung viel einfacherer Gewinnmaximierungsprobleme beschränken, nämlich jener, bei denen es einen einzigen sicheren Output und eine einzige Zeitperiode gibt. Diese einfache Darstellung führt noch immer zu wesentlichen Erkenntnissen und fördert die Entwicklung der geeigneten Intuition, um allgemeinere Modelle des Unternehmerinnenverhaltens zu untersuchen. Die meisten analysierten Konzepte lassen sich ganz natürlich auf diese allgemeineren Modelle übertragen.

19.4 Fixe und variable Faktoren

Es kann sehr schwierig sein, einige der Inputs innerhalb einer gegebenen Zeitperiode anzupassen. Eine Unternehmung könnte typischerweise vertragliche Verpflichtungen haben, bestimmte Inputs in bestimmtem Umfang zu verwenden. Ein Beispiel dafür wäre der Mietvertrag für ein Gebäude, nach dem die Unternehmung rechtlich verpflichtet ist, für eine bestimmte Fläche während der betrachteten Periode zu zahlen. Man bezeichnet einen solchen Produktionsfaktor, der für das Unternehmen in einer fixen Menge gegeben ist, als einen **fixen Faktor**. Wenn ein Faktor in verschiedenen Mengen verwendet werden kann, bezeichnet man ihn als **variablen Faktor**.

Wie wir im 18. Kapitel gesehen haben, ist jene Periode als kurzfristig definiert, in der es zumindest einen fixen Faktor gibt – einen Faktor, der nur in konstanten Mengen verwendet werden kann. Langfristig andererseits kann die Unter-nehmung alle Produktionsfaktoren verändern: alle Faktoren sind variabel.

Es gibt keine strenge Grenze zwischen kurzfristig und langfristig. Die genaue Zeitperiode hängt vom untersuchten Problem ab. Wichtig ist, dass kurzfristig zumindest ein Produktionsfaktor fix ist, langfristig hingegen sind alle Faktoren variabel. Da langfristig alle Faktoren variabel sind, kann sich ein Unternehmen immer entscheiden, Null Inputs zu verwenden und Null Output zu produzieren – das heißt, das Geschäft aufzugeben. Die geringsten Gewinne, die ein Unternehmen daher langfristig machen kann, sind Null.

Kurzfristig ist die Unternehmung verpflichtet, einige Faktoren zu beschäftigen, selbst wenn sie sich entscheidet, Null Output zu erzeugen. Es ist daher durchaus möglich, dass eine Unternehmung kurzfristig *negative* Gewinne macht.

Definitionsgemäß sind fixe Faktoren solche Produktionsfaktoren, für die sie zahlen muss, selbst wenn sie sich für die Produktion von Null Output entscheidet: Wenn eine Unternehmung für ein Gebäude einen langfristigen Mietvertrag hat, muss sie in jeder Periode Mietzahlungen leisten, unabhängig davon, ob sie etwas produziert oder nicht. Aber es gibt eine andere Gruppe von Faktoren, für die man nur zahlen muss, wenn das Unternehmen entscheidet, eine positive Outputmenge zu erzeugen. Ein Beispiel dafür wäre Elektrizität zur Beleuchtung. Wenn eine Unternehmung nichts erzeugt, muss sie keine Beleuchtung bereitstellen; wenn sie hingegen eine positive Outputmenge produziert, muss sie eine fixe Menge Strom zur Beleuchtung kaufen.

Solche Faktoren werden **quasi-fixe Faktoren** genannt. Es sind dies Produktionsfaktoren, die unabhängig vom Output des Unternehmens in fixen Mengen verwendet werden müssen, sobald der Output positiv ist. Die Unterscheidung zwischen fixen und quasi-fixen Faktoren kann bei der Analyse des ökonomischen Verhaltens der Unternehmung von Bedeutung sein.

19.5 Kurzfristige Gewinnmaximierung

Betrachten wir das kurzfristige Gewinnmaximierungsproblem, wenn der Input 2 auf einem bestimmten Niveau $\bar{x}_2$ fixiert wird. Die Unternehmung habe die Produktionsfunktion $f(x_1, x_2)$, p sei der Preis des Outputs, w_1 und w_2 die Preise der beiden Inputs. Das Gewinnmaximierungsproblem der Unternehmung kann dann als

$$\underset{x_1}{\text{maximiere}} \quad pf(x_1, \overline{x}_2) - w_1 x_1 - w_2 \overline{x}_2$$

angeschrieben werden. Die Bedingung für die optimale Entscheidung in Bezug auf den Faktor 1 ist nicht schwer zu bestimmen.

Wenn $x_1{}^*$ die gewinnmaximierende Menge des Faktors 1 ist, dann muss gelten, dass der Outputpreis mal dem Grenzprodukt des Faktors 1 gleich dem Preis des Faktors 1 ist. Formal:

$$pMP_1(x_1^*, \overline{x}_2) = w_1.$$

Mit anderen Worten, der *Wert des Grenzprodukts eines Faktors sollte seinem Preis gleich sein.*

Um diese Regel zu verstehen, braucht man sich nur zu überlegen, ein wenig mehr vom Faktor 1 einzusetzen. Wenn man ein wenig davon hinzufügt, Δx_1, erzeugt man $\Delta y = MP_1 \Delta x_1$ zusätzlichen Output, der $pMP_1\Delta x_1$ wert ist. Die Erzeugung dieses zusätzlichen Outputs kostet jedoch $w_1 \Delta x_1$. Wenn der Wert des Grenzprodukts dessen Kosten übersteigt, dann können die Gewinne durch *Erhöhung* des Inputs 1 gesteigert werden. Wenn der Wert des Grenzprodukts jedoch geringer als dessen Kosten ist, können die Gewinne durch *Senkung* der Menge des Inputs 1 gesteigert werden.

Wenn die Gewinne der Unternehmung so groß wie möglich sind, dann sollten sie nicht steigen, wenn wir den Input 1 erhöhen oder senken. Das bedeutet, dass bei der gewinnmaximierenden Entscheidung bezüglich Inputs und Outputs der Wert des Grenzprodukts, $pMP_1(x_1{}^*, \overline{x}_2)$, gleich dem Faktorpreis w_1 sein sollte.

Wir können dieselbe Bedingung grafisch herleiten. Nehmen wir Abbildung 19.1. Die gekrümmte Linie stellt die Produktionsfunktion bei Konstanz des Faktors 2 bei $\overline{x}_2$ dar. Wenn wir y zur Bezeichnung des Outputs der Unternehmung verwenden, sind die Gewinne durch

$$\pi = py - w_1 x_1 - w_2 \overline{x}_2$$

gegeben. Diese Gleichung kann nach y aufgelöst werden, um den Output als eine Funktion von x_1 auszudrücken:

$$y = \frac{\pi}{p} + \frac{w_2}{p}\overline{x}_2 + \frac{w_1}{p}x_1. \tag{19.1}$$

Gleichung (19.1) beschreibt die **Isogewinnlinien**. Das sind einfach alle Kombinationen der Inputs und des Outputs, die ein konstantes Gewinnniveau, π, ergeben. Wenn π variiert, erhalten wir eine Schar paralleler Geraden, mit einer Steigung von jeweils w_1/p und einem (vertikalen) Ordinatenabschnitt von $\pi/p + w_2\overline{x}_2/p$, der den Gewinn zuzüglich der fixen Kosten des Unternehmens misst.

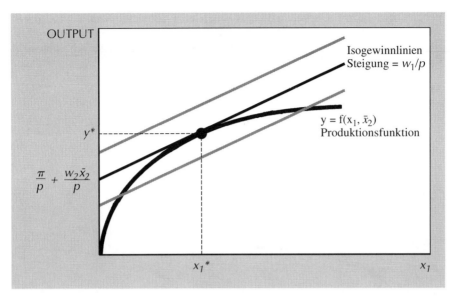

Abbildung 19.1 Gewinnmaximierung. Die Unternehmung wählt jene Input- und Outputkombination, die auf der höchsten Isogewinnlinie liegt. In diesem Fall ist der gewinnmaximierende Punkt (x_1^*, y^*).

Da die fixen Kosten konstant sind, ändert sich bei der Bewegung von einer Isogewinnlinie zur anderen lediglich das Niveau der Gewinne. Höhere Gewinnniveaus werden daher mit Isogewinnlinien mit höheren (vertikalen) Ordinatenabschnitten assoziiert sein.

Das Gewinnmaximierungsproblem besteht dann darin, jenen Punkt auf der Produktionsfunktion zu finden, der auf der höchsten Isogewinnlinie liegt. So ein Punkt ist in Abbildung 19.1 dargestellt. Wie üblich wird er durch eine Tangentialbedingung charakterisiert: Die Steigung der Produktionsfunktion sollte gleich der Steigung der Isogewinnlinie sein. Da die Steigung der Produktionsfunktion gleich dem Grenzprodukt ist und die Steigung der Isogewinnlinie gleich w_1/p ist, kann diese Bedingung auch als

$$MP_1 = \frac{w_1}{p}$$

geschrieben werden, was der oben hergeleiteten Bedingung entspricht.

19.6 Komparative Statik

Wir können die in Abbildung 19.1 dargestellte Geometrie verwenden, um zu analysieren, wie sich die Wahl der Inputs und des Outputs einer Unternehmung verändert, wenn sich die Preise der Inputs und des Outputs ändern. Das stellt eine Möglichkeit dar, die **komparative Statik** des Unternehmerverhaltens zu untersuchen.

Zum Beispiel: Wie ändert sich die optimale Wahl des Faktors 1, wenn wir seinen Preis w_1 ändern? Unter Bezugnahme auf Gleichung (19.1), welche die Isogewinnlinie definiert, sehen wir, dass durch eine Erhöhung von w_1 die Isogewinnlinie steiler wird, wie in Abbildung 19.2A dargestellt. Wenn die Isogewinnlinie steiler ist, dann muss der Berührungspunkt weiter links liegen. Die optimale Einsatzmenge des Faktors 1 muss daher kleiner werden. Das bedeutet einfach, dass bei einem Ansteigen des Preises des Faktors 1 die Nachfrage nach Faktor 1 sinken muss: Faktornachfragekurven verlaufen fallend.

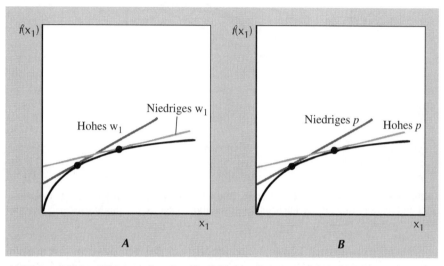

Abbildung 19.2 Komparative Statik. Feld A zeigt, dass eine Erhöhung von w_1 die Nachfrage nach Faktor 1 verringert. Feld B zeigt, dass eine Erhöhung des Outputpreises die Nachfrage nach Faktor 1 und daher das Angebot des Outputs erhöht.

Wenn der Outputpreis sinkt, dann muss, wie in Abbildung 19.2B, die Isogewinnlinie ebenfalls steiler werden. Durch das gleiche Argument wie im vorangehenden Absatz wird die gewinnmaximierende Menge des Faktors 1 sinken. Wenn die Menge des Faktors 1 sinkt, und das Niveau des Faktors 2 annahmegemäß kurzfristig konstant ist, dann muss das Angebot des Outputs fallen. Das führt zu einem weiteren Ergebnis der komparativen Statik: Eine Verringerung des Outputpreises muss das Angebot des Outputs senken. Mit anderen Worten, die Angebotsfunktion verläuft steigend.

Schließlich können wir noch fragen, was geschieht, wenn sich der Preis des Faktors 2 ändert. Da wir derzeit die kurze Periode analysieren, wird eine Änderung des Preises des Faktors 2 die Entscheidung der Unternehmung hinsichtlich des Faktors 2 nicht verändern - kurzfristig ist das Niveau des Faktors 2 bei $\bar{x}_2$ fixiert. Eine Veränderung des Preises des Faktors 2 hat keine Auswirkung auf die *Steigung* der Isogewinnlinie. Weder die optimale Wahl des Faktors 1 noch das Angebot des Outputs werden sich ändern. Lediglich die Gewinne der Unternehmung ändern sich.

19.7 Langfristige Gewinnmaximierung

Langfristig kann das Unternehmen das Niveau aller Inputs wählen. Das langfristige Gewinnmaximierungsproblem kann daher als

$$\underset{x_1,\, x_2}{\text{maximiere}} \; pf(x_1, x_2) - w_1 x_1 - w_2 x_2$$

gestellt werden. Das ist grundsätzlich das gleiche wie das oben beschriebene kurzfristige Problem, nur können jetzt beide Faktoren variieren.

Die Optimalbedingung ist im Wesentlichen die gleiche wie vorher, jedoch auf *jeden* Faktor angewendet. Vorher sahen wir, dass der Wert des Grenzprodukts des Faktors 1 seinem Preis gleich sein muss, unabhängig vom Niveau des Faktors 2. Eine ähnliche Bedingung muss nun für *jeden* gewählten Faktor gelten:

$$pMP_1(x_1^*, x_2^*) = w_1$$

$$pMP_2(x_1^*, x_2^*) = w_2.$$

Wenn das Unternehmen die optimale Entscheidung hinsichtlich der Faktoren 1 und 2 getroffen hat, dann sollte der Wert des Grenzprodukts eines jeden Faktors seinem Preis gleich sein. Im Optimum können die Gewinne der Unternehmung durch eine Veränderung eines der Inputniveaus nicht steigen.

Das Argument ist dasselbe wie bei der kurzfristigen Gewinnmaximierung. Wenn zum Beispiel der Wert des Grenzprodukts des Faktors 1 den Preis des Faktors 1 übersteigt, dann würde ein wenig mehr von Faktor 1 zusätzlichen Output im Ausmaß von MP_1 erzeugen, den man um pMP_1 Dollar verkaufen könnte. Wenn der Wert dieses Outputs die Kosten des zu seiner Erzeugung verwendeten Inputs übersteigt, macht es sich offensichtlich bezahlt, den Einsatz dieses Faktors auszuweiten.

Diese zwei Bedingungen ergeben zwei Gleichungen in zwei Unbekannten, x_1^* und x_2^*. Wenn wir die Grenzprodukte als Funktionen von x_1 und x_2 kennen, dann können wir die Gleichungen nach der optimalen Menge eines jeden Faktors als Funktionen der Preise lösen. Die sich ergebenden Gleichungen werden **Faktornachfragekurven** genannt.

19.8 Inverse Faktornachfragekurven

Die **Faktornachfragekurven** eines Unternehmens geben die Beziehung zwischen dem Preis eines Faktors und der gewinnmaximierenden Menge dieses Faktors an. Wir sahen oben, wie man diese gewinnmaximierende Menge findet: Für beliebige Preise (p, w_1, w_2) sucht man einfach jene Faktormengen (x_1^*, x_2^*), bei denen der Wert des Grenzprodukts jedes Faktors seinem Preis gleich ist.

Die **inverse Faktornachfragekurve** misst dieselbe Beziehung, nur aus anderer Sichtweise. Sie gibt an, wie hoch die Faktorpreise sein müssen, damit eine bestimmte Menge an Inputs nachgefragt wird. Für die gegebene optimale Menge des Faktors 2 können wir die Beziehung zwischen der optimalen Menge des

Faktors 1 und seinem Preis in einem Diagramm wie Abbildung 19.3 darstellen. Das ist einfach die Grafik der Gleichung

$$pMP_1(x_1, x_2^*) = w_1.$$

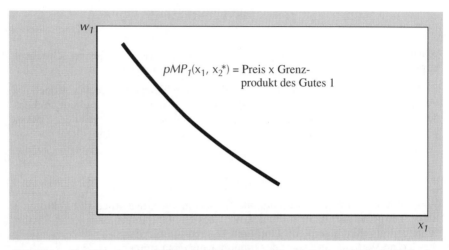

Abbildung 19.3 Die inverse Faktornachfragekurve. Sie gibt an, wie hoch der Preis des Faktors 1 sein muss, damit x_1 Einheiten nachgefragt werden, wobei das Niveau des anderen Faktors bei x_2^* konstant gehalten wird.

Diese Kurve verläuft auf Grund der Annahme eines abnehmenden Grenzprodukts fallend. Für jedes Niveau von x_1 gibt sie an, wie hoch der Faktorpreis sein muss, um die Unternehmung zur Nachfrage dieser Menge zu veranlassen, und zwar bei Konstanz des Faktors 2 auf dem Niveau von x_2^*.

19.9 Gewinnmaximierung und Skalenerträge

Es gibt eine wichtige Beziehung zwischen der Gewinnmaximierung bei Konkurrenz und den Skalenerträgen. Angenommen ein Unternehmen hat den langfristig gewinnmaximierenden Output $y^* = f(x_1^*, x_2^*)$ gewählt, den sie mittels der Inputmengen (x_1^*, x_2^*) produziert.

Seine Gewinne sind dann durch

$$\pi^* = py^* - w_1 x_1^* - w_2 x_2^*$$

gegeben.

Nehmen wir an, die Produktionsfunktion dieser Unternehmung weist konstante Skalenerträge auf, und sie erzielt im Gleichgewicht positive Gewinne. Was würde geschehen, wenn sie ihren Faktoreinsatz verdoppelte? Entsprechend der Hypothese der konstanten Skalenerträge würde sie ihren Output verdoppeln. Was würde hinsichtlich der Gewinne geschehen?

Es ist unschwer zu erkennen, dass sich auch die Gewinne verdoppeln würden. Das widerspricht jedoch der Annahme, dass die ursprüngliche Entscheidung gewinnmaximierend war! Dieser Widerspruch folgte aus der Annahme, dass das ursprüngliche Gewinnniveau positiv war; wenn das ursprüngliche Gewinnniveau Null wäre, hätten wir kein Problem: Zweimal Null ist noch immer Null.

Dieses Argument zeigt, dass das bei Wettbewerb einzig vernünftige langfristige Gewinnniveau eines Unternehmens, das konstante Skalenerträge für alle Outputniveaus aufweist, ein Gewinn von Null ist. (Wenn eine Unternehmung langfristig negative Gewinne macht, sollte sie natürlich zusperren.)

Die meisten finden das eine überraschende Feststellung. Die Firmen sind doch darauf aus, Gewinne zu machen, nicht wahr? Wieso können sie langfristig nur einen Gewinn von Null erzielen?

Überlegen wir uns, was mit einer Unternehmung geschehen würde, die eine unendliche Expansion versuchte. Drei Ereignisse könnten eintreten. Erstens könnte sie so groß werden, dass sie nicht mehr wirklich effizient arbeiten könnte. Das heißt aber, dass die Unternehmung *eigentlich* keine konstanten Skalenerträge für alle Outputniveaus aufweist. Sie würde irgendwann aufgrund von Koordinationsproblemen in den Bereich abnehmender Skalenerträge gelangen.

Zweitens könnte die Unternehmung so groß werden, dass sie den Markt für ihr Produkt vollständig dominiert. In diesem Fall hat sie keine Veranlassung, sich wie unter Wettbewerb zu verhalten – also den Preis des Outputs als gegeben anzunehmen. Stattdessen wäre es für das Unternehmen sinnvoll, seine Größe zur Beeinflussung des Marktpreises zu nutzen. Das Modell der Gewinnmaximierung bei Konkurrenz würde keine vernünftige Beschreibung des Verhaltens des Unternehmens sein, da es ja keine Konkurrentinnen mehr hat. Wir untersuchen passendere Modelle des Unternehmerinnenverhaltens in dieser Situation bei der Diskussion des Monopols.

Wenn drittens ein Unternehmen bei einer Technologie mit konstanten Skalenerträgen positive Gewinne erzielt, so kann das auch jede andere Unternehmung, die Zugang zur gleichen Technologie hat. Wenn ein Unternehmen seinen Output ausweiten will, so würden das die anderen Unternehmungen auch. Wenn jedoch alle Unternehmen ihre Outputs erhöhen, so wird das sicherlich den Preis des Outputs drücken und die Gewinne aller Unternehmen in der Branche senken.

19.10 Bekundete Gewinnerzielung

Wenn eine gewinnmaximierende Unternehmung ihre Inputs und Outputs wählt, dann bekundet sie zweierlei: Erstens, dass die Inputs und Outputs einen *durchführbaren* Produktionsplan darstellen, und zweitens, dass diese Entscheidung einen höheren Gewinn als andere Möglichkeiten abwirft. Sehen wir uns das im Einzelnen an.

Angenommen wir beobachten zwei Entscheidungen, welche die Unternehmung bei verschiedenen Preisen trifft. In der Periode t sieht sie sich den Preisen (p^t, w_1^t, w_2^t) gegenüber und wählt (y^t, x_1^t, x_2^t). In der Periode s sieht sie sich den Preisen (p^s, w_1^s, w_2^s) gegenüber und wählt (y^s, x_1^s, x_2^s). Wenn sich zwischen s und t die Produktionsfunktion nicht geändert hat und wenn die Unternehmung eine Gewinnmaximiererin ist, dann müssen

$$p^t y^t - w_1^t x_1^t - w_2^t x_2^t \geq p^t y^s - w_1^t x_1^s - w_2^t x_2^s \qquad (19.2)$$

und

$$p^s y^s - w_1^s x_1^s - w_2^s x_2^s \geq p^s y^t - w_1^s x_1^t - w_2^s x_2^t. \qquad (19.3)$$

gelten. Das heißt, die Gewinne, welche die Unternehmung zu den Preisen der t-Periode erzielte, müssen größer sein, als hätte sie bei diesen Preisen den Plan der s-Periode verwendet, und umgekehrt. Wenn eine dieser beiden Ungleichungen verletzt wäre, könnte die Unternehmung keine Gewinnmaximiererin sein (bei unveränderter Technologie).

Wenn wir daher jemals zwei Zeitperioden beobachteten, bei denen diese Ungleichungen verletzt wären, würden wir wissen, dass das Unternehmen zumindest in einer der beiden Perioden die Gewinne nicht maximiert hat. Die Erfüllung dieser Ungleichungen ist eigentlich ein Axiom des gewinnmaximierenden Verhaltens, wir könnten sie daher als das **Schwache Axiom der Gewinnmaximierung (WAPM)**[1] bezeichnen.

Wenn die Entscheidungen des Unternehmens das WAPM erfüllen, können wir eine nützliche Aussage über den Verlauf der Faktornachfrage und des Angebots des Outputs bei Preisänderungen herleiten. Wenn wir die beiden Seiten von Gleichung (19.3) umstellen, erhalten wir

$$-p^s y^t + w_1^s x_1^t + w_2^s x_1^t \geq -p^s y^s + w_1^s x_1^s + w_2^s x_2^s \qquad (19.4)$$

Addition der Gleichungen (19.2) und (19.4) ergibt

$$(p^t - p^s) y^t - (w_1^t - w_1^s) x_1^t - (w_2^t - w_2^s) x_2^t$$
$$\geq (p^t - p^s) y^s - (w_1^t - w_1^s) x_1^s - (w_2^t - w_2^s) x_2^s. \qquad (19.5)$$

Umordnung dieser Gleichung führt zu

$$(p^t - p^s)(y^t - y^s) - (w_1^t - w_1^s)(x_1^t - x_1^s) - (w_2^t - w_2^s)(x_2^t - x_2^s) \geq 0. \qquad (19.6)$$

Wenn wir schließlich die Preisänderung als $\Delta p = (p^t - p^s)$, die Outputänderung als $\Delta y = (y^t - y^s)$ und so weiter definieren, dann erhalten wir

$$\Delta p \Delta y - \Delta w_1 \Delta x_1 - \Delta w_2 \Delta x_2 \geq 0. \qquad (19.7)$$

Diese Gleichung ist unser Endergebnis. Sie besagt, dass die Änderung des Outputpreises mal der Änderung des Outputs minus der Änderung eines jeden Faktorpreises multipliziert mit der Änderung des jeweiligen Faktors nicht-negativ sein muss. Diese Gleichung kommt nur aus der Definition der Gewinnmaxi-

---

[1] WAPM = Weak Axiom of Profit Maximization.

mierung. Und dennoch enthält sie alle komparativ statischen Ergebnisse der Gewinnmaximierungsentscheidungen!

Nehmen wir zum Beispiel eine Situation an, in welcher sich der Preis des Outputs ändert, die Preise der Faktoren jedoch konstant bleiben. Wenn $\Delta w_1 = \Delta w_2 = 0$ ist, reduziert sich Gleichung (19.7) auf

$$\Delta p \Delta y \geq 0.$$

Wenn also der Preis des Outputs steigt, sodass $\Delta p > 0$, muss die Veränderung des Outputs ebenfalls nicht-negativ sein, $\Delta y = 0$. Das heißt, dass die gewinnmaximierende Angebotskurve eines Unternehmens bei Wettbewerb eine positive Steigung (oder zumindest eine von Null) haben muss.

Wenn der Preis des Outputs und des Faktors 2 konstant bleiben, wird Gleichung (19.7) zu

$$-\Delta w_1 \Delta x_1 \geq 0,$$

beziehungsweise zu

$$\Delta w_1 \Delta x_1 \leq 0.$$

Wenn also der Preis des Faktors 1 steigt, sodass $\Delta w_1 > 0$, impliziert Gleichung (19.7), dass die Nachfrage nach Faktor 1 zurückgehen (oder allenfalls gleich bleiben) wird, sodass $\Delta x_1 = 0$ ist. Das bedeutet, dass die Faktornachfragekurve eine fallende Funktion des Faktorpreises sein muss: Faktornachfragekurven haben eine negative Steigung.

Die einfache Ungleichung des WAPM und seine in Gleichung (19.7) ausgedrückte Implikation ergeben starke, beobachtbare Beschränkungen des Verhaltens der Unternehmung. Es ist nur konsequent zu fragen, ob das alle Restriktionen sind, das ein Modell der Gewinnmaximierung dem Verhalten des Unternehmens auferlegt. Anders ausgedrückt: Wenn wir die Entscheidungen eines Unternehmens beobachten, und diese Entscheidungen genügen dem WAPM, können wir daraus eine Schätzung der Technologie ableiten, für welche die beobachteten Entscheidungen gewinnmaximierende Entscheidungen sind? Es stellt sich heraus, dass die Antwort ja ist. Abbildung 19.4 zeigt, wie man eine solche Technologie konstruieren kann.

Um das Argument grafisch zu illustrieren, nehmen wir an, dass es nur einen Input und einen Output gibt. Angenommen wir haben je eine beobachtete Entscheidung in Periode t und in Periode s, die wir mit (p^t, w_1^t, y^t, x_1^t) und (p^s, w_1^s, y^s, x_1^s) bezeichnen. In jeder Periode errechnen wir die Gewinne π_s und π_t und zeichnen alle jene Kombinationen von y und x_1 ein, die diese Gewinne ergeben.

Das heißt, wir zeichnen die beiden Isogewinnlinien

$$\pi_t = p^t y - w_1^t x_1$$

und

$$\pi_s = p^s y - w_1^s x_1.$$

Die Punkte oberhalb der Isogewinnlinie der Periode t haben höhere Gewinne als π_t zu Preisen der Periode t, die Punkte oberhalb der Isogewinnlinie für die Periode s haben höhere Gewinne als π_s zu Preisen der Periode s. WAPM erfordert, dass die Entscheidung der Periode t unter der Isogewinnlinie der Periode s liegen muss, und dass die Entscheidung der Periode s unter der Isogewinnlinie der Periode t liegen muss.

Wenn diese Bedingung erfüllt ist, dann ist es nicht schwierig, eine Technologie zu generieren, für welche (y^t, x_1^t) und (y^s, x_1^s) gewinnmaximierende Entscheidungen sind. Man nehme einfach die dunkle Fläche unterhalb der zwei Linien. Das sind alles Wahlmöglichkeiten, die niedrigere Gewinne abwerfen als die zu beiden Preisvektoren beobachteten Entscheidungen.

Der Beweis, dass diese Technologie die beobachteten Entscheidungen als gewinnmaximierend generiert, ist geometrisch klar. Zu Preisen von (p^t, w_1^t) liegt die Wahl von (y^t, x_1^t) auf der höchstmöglichen Isogewinnlinie, und dasselbe gilt für die Entscheidung in der Periode s.

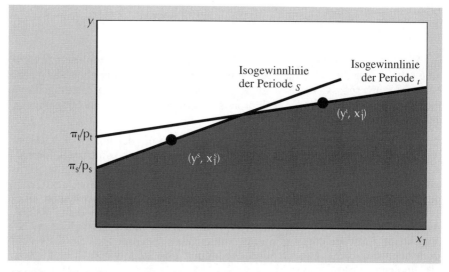

Abbildung 19.4 Konstruktion einer möglichen Technologie. Wenn die beobachteten Entscheidungen für die jeweiligen Preise gewinnmaximierend sind, dann können wir die Form der Technologie, welche diese Entscheidungen bewirkt, durch Verwendung der Isogewinnlinien schätzen.

Wenn also die beobachteten Entscheidungen das WAPM erfüllen, dann können wir eine Schätzung der Technologie „rekonstruieren", aus der diese Beobachtungen entstanden sind. In diesem Sinn könnten alle beobachteten Entscheidungen, die dem WAPM nicht widersprechen, gewinnmaximierend sein. Wenn wir immer mehr Entscheidungen der Unternehmung beobachten, erhalten wir eine immer bessere Schätzung der Produktionsfunktion, wie in Abbildung 19.5 dargestellt wird.

Diese Schätzung der Produktionsfunktion kann zur Prognose des Verhaltens des Unternehmens in anderen Situationen verwendet werden, oder zu anderen Zwecken der ökonomischen Analyse.

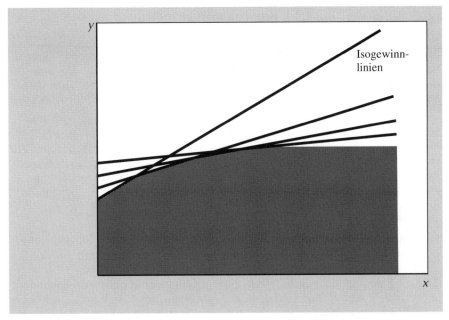

Abbildung 19.5 Schätzung der Technologie. Je mehr Entscheidungen wir beobachten, umso besser wird die Schätzung der Produktionsfunktion.

BEISPIEL: Wie reagieren Bauern auf Preisstützungen?

Die amerikanische Regierung gibt jährlich zwischen $ 40 und $ 60 Milliarden für die Unterstützung der Bauern aus. (Die Verhältnisse in Europa sind ähnlich; Anm. d. Übers.) Ein großer Teil dieses Betrags wird zur Subvention der Produktion verschiedener Produkte, wie Milch, Weizen, Mais, Sojabohnen und Baumwolle, verwendet. Hin und wieder werden Versuche unternommen, diese Subventionen zu verringern oder abzuschaffen. Die Wirkung einer Eliminierung dieser Subventionen wäre die Reduktion des Produktpreises, den die Bauern erhalten.

Die Bauern argumentieren bisweilen, dass die Abschaffung der Subventionen zum Beispiel für Milch das gesamte Angebot an Milch nicht verringern würde, da sich die Milchbauern für eine *Vergrößerung* ihres Tierbestands und ihrer Milchproduktion entscheiden würden, um ihren Lebensstandard aufrechtzuerhalten.

Wenn sich die Bauern gewinnmaximierend verhalten, ist das unmöglich. Wie wir oben gesehen haben, *erfordert* die Logik der Gewinnmaximierung, dass ein Rückgang des Outputpreises zu einer Reduktion des Angebots führt: Wenn Δp negativ ist, dann muss Δy ebenfalls negativ sein.

Es ist sicherlich möglich, dass kleine bäuerliche Familienbetriebe andere Ziele als einfache Gewinnmaximierung haben, aber die größeren „agrokommerziellen" Farmen sind wahrscheinlich Gewinnmaximierer. Die perverse Reaktion, auf die oben angespielt wurde, könnte daher – wenn überhaupt – nur in sehr eingeschränktem Umfang auftreten.

19.11 Kostenminimierung

Wenn eine Unternehmung ihre Gewinne maximiert und sich entscheidet, eine bestimmte Outputmenge y anzubieten, dann muss sie die Kosten der Produktion von y minimieren. Wäre das nicht so, dann würde es eine billigere Art geben, y Einheiten des Outputs herzustellen, was bedeutete, dass das Unternehmen vorher seinen Gewinn nicht maximiert hat.

Diese einfache Beobachtung erweist sich zur Untersuchung des Unternehmensverhaltens als recht nützlich. Es erscheint zweckmäßig, das Problem der Gewinnmaximierung in zwei Schritte zu unterteilen: Zuerst ermitteln wir, wie man die Kosten der Produktion jedes gewünschten Outputniveaus minimiert, dann berechnen wir, welches Outputniveau tatsächlich das gewinnmaximierende ist. Diese Aufgabe beginnen wir im nächsten Kapitel.

Zusammenfassung

1. Gewinne sind die Differenz zwischen Erlösen und Kosten. Bei dieser Definition ist es wichtig, dass alle Kosten zu ihren angemessenen Marktpreisen bewertet werden.
2. Fixe Faktoren sind solche, deren Menge vom Outputniveau unabhängig ist; variable Faktoren sind solche, deren verwendete Menge sich mit dem Niveau des Outputs ändert.
3. Kurzfristig muss zumindest ein Faktor in vorherbestimmten Mengen verwendet werden. Langfristig sind alle Faktoren frei veränderbar.
4. Wenn eine Unternehmung Gewinne maximiert, dann muss der Wert des Grenzprodukts eines jeden frei variierbaren Faktors seinem Faktorpreis gleich sein.
5. Die Logik der Gewinnmaximierung impliziert, dass die Angebotsfunktion eines Unternehmens bei Wettbewerb eine steigende Funktion des Outputpreises sein muss, und dass die Nachfragefunktion nach jedem Faktor eine abnehmende Funktion seines Preises sein muss.
6. Wenn eine Unternehmung konstante Skalenerträge aufweist, dann muss ihr Gewinn langfristig Null sein.

Wiederholungsfragen

1. Was geschieht kurzfristig mit dem Gewinn, wenn der Preis des fixen Faktors steigt?
2. Was würde mit dem Gewinn einer Unternehmung geschehen, die generell steigende Skalenerträge aufweist, wenn sie bei konstanten Preisen den Umfang ihrer Aktivitäten verdoppelte?
3. Was würde mit den Gewinnen einer Unternehmung geschehen, die für alle Outputniveaus fallende Skalenerträge hat, wenn sie sich in zwei gleich große Unternehmen aufteilte?
4. Ein Gärtner ruft erfreut: „Für Samen um nur 1 Euro habe ich Gemüse im Wert von 20 Euro geerntet!" Welch' andere Bemerkungen neben dem Hinweis, dass es sich dabei hauptsächlich um Zucchini handelt, würde ein zynischer Ökonom über diese Situation machen?

5. Ist die Maximierung der Gewinne eines Unternehmens immer identisch mit der Maximierung seines Börsenwerts?
6. Sollte das Unternehmen die Menge des Faktors 1 zur Gewinnsteigerung erhöhen oder senken, wenn $pMP_1 > w_1$?
7. Angenommen eine Unternehmung maximiert kurzfristig ihren Gewinn mit einem variablen Faktor 1 und einem fixen Faktor 2. Wie wirkt sich eine Senkung des Preises des Faktors 2 auf den Einsatz des Faktors 1 aus? Wie auf die Gewinne des Unternehmens?
8. Eine auf einem Konkurrenzmarkt gewinnmaximierende Unternehmung, die im langfristigen Gleichgewicht positive Gewinne erzielt, (kann eine/kann keine) Technologie mit konstanten Skalenerträgen haben.

ANHANG

Das Gewinnmaximierungsproblem der Unternehmung ist

$$\underset{x_1, x_2}{\text{maximiere}} \; pf(x_1, x_2) - w_1 x_1 - w_2 x_2,$$

was als Bedingungen erster Ordnung

$$p \frac{\partial f(x_1^*, x_2^*)}{\partial x_1} - w_1 = 0$$

$$p \frac{\partial f(x_1^*, x_2^*)}{\partial x_2} - w_2 = 0$$

hat.

Das entspricht genau den im Text angegebenen Grenzproduktivitätsbedingungen. Sehen wir uns an, wie die Gewinnmaximierung bei Verwendung der Cobb-Douglas Produktionsfunktion aussieht.

Angenommen die Cobb-Douglas Funktion ist durch $f(x_1, x_2) = x_1^a x_2^b$ gegeben. Die beiden Bedingungen erster Ordnung werden dann

$$pa x_1^{a-1} x_2^b - w_1 = 0$$
$$pb x_1^a x_2^{b-1} - w_2 = 0.$$

Nach Multiplikation der ersten Gleichung mit x_1 und der zweiten Gleichung mit x_2 erhält man

$$pa x_1^a x_2^b - w_1 x_1 = 0$$
$$pb x_1^a x_2^b - w_2 x_2 = 0.$$

Wenn wir $y = x_1^a x_2^b$ für das Outputniveau dieser Unternehmung verwenden, können wir die beiden Ausdrücke als

$$pay = w_1 x_1$$
$$pby = w_2 x_2$$

neu anschreiben. Lösung nach x_1 und x_2 ergibt

$$x_1^* = \frac{apy}{w_1}$$
$$x_2^* = \frac{bpy}{w_2}.$$

Das ergibt die Nachfrage nach den zwei Faktoren als eine Funktion der optimalen Outputentscheidung. Wir müssen jedoch noch immer nach dem optimalen Output lösen. Durch Einsetzen der optimalen Faktornachfragen in die Cobb-Douglas Produktionsfunktion erhalten wir den Ausdruck

$$\left(\frac{pay}{w_1}\right)^a \left(\frac{pby}{w_2}\right)^b = y.$$

Herausheben von y ergibt

$$\left(\frac{pa}{w_1}\right)^a \left(\frac{pb}{w_2}\right)^b y^{a+b} = y$$

oder

$$y = \left(\frac{pa}{w_1}\right)^{\frac{a}{1-a-b}} \left(\frac{pb}{w_2}\right)^{\frac{b}{1-a-b}}.$$

Das ist die Angebotsfunktion der Cobb-Douglas Unternehmung. Zusammen mit den oben abgeleiteten Faktornachfragefunktionen haben wir eine vollständige Lösung des Gewinnmaximierungsproblems.

Beachte, dass diese Angebotsfunktion nicht definiert ist, wenn die Unternehmung konstante Skalenerträge aufweist – also wenn $a + b = 1$. Solange die Preise des Outputs und der Inputs mit Nullgewinnen konsistent sind, ist eine Unternehmung mit einer Cobb-Douglas Technologie hinsichtlich des Niveaus ihres Angebots indifferent.

20. Kapitel
KOSTENMINIMIERUNG

Unser Ziel ist die Analyse des Verhaltens gewinnmaximierender Unternehmungen auf Märkten mit und ohne Wettbewerb. Im letzten Kapitel begannen wir unsere Untersuchungen des gewinnmaximierenden Verhaltens bei Wettbewerb mit der direkten Analyse des Gewinnmaximierungsproblems.

Es zeigt sich jedoch, dass man zusätzliche Erkenntnisse aus einem etwas indirekteren Ansatz gewinnen kann. Unsere Strategie wird die Zerlegung des Gewinnmaximierungsproblems in zwei Teile sein. Zuerst wenden wir uns dem Problem zu, wie man die Kosten der Produktion eines gegebenen Outputniveaus minimiert, und dann sehen wir uns an, wie man das Outputniveau mit dem höchsten Gewinn findet. In diesem Kapitel betrachten wir den ersten Schritt – Minimierung der Kosten der Produktion eines gegebenen Outputniveaus.

20.1 Kostenminimierung

Angenommen wir haben zwei Produktionsfaktoren, welche die Preise w_1 und w_2 haben, und wir wollen die billigste Art der Produktion eines gegebenen Outputniveaus y ermitteln. Wenn x_1 und x_2 die Mengen der verwendeten Faktoren messen, und $f(x_1, x_2)$ die Produktionsfunktion des Unternehmens ist, können wir dieses Problem als

$$\operatorname*{minimiere}_{x_1, x_2} w_1 x_1 + w_2 x_2$$

unter der Nebenbedingung $f(x_1, x_2) = y$

anschreiben.

Hier gelten dieselben Hinweise wie im letzten Kapitel für diese Art der Analyse: Man muss sicherstelle, dass *alle* Produktionskosten in der Kostenkalkulation enthalten sind, und dass alles in miteinander vereinbaren Zeitdimensionen gemessen wird.

Die Lösung dieses Kostenminimierungsproblems – die minimalen Kosten, die zur Erreichung des gewünschten Outputniveaus notwendig sind – wird von w_1, w_2 und y abhängen, wir schreiben sie daher als $c(w_1, w_2, y)$. Diese Funktion ist als **Kostenfunktion** bekannt, sie wird für uns von beträchtlichem Interesse sein. Die

Kostenfunktion $c(w_1, w_2, y)$ misst die minimalen Kosten, um y Einheiten des Outputs bei den Faktorpreisen w_1 und w_2 zu produzieren.

Um die Lösung dieses Problems zu verstehen, wollen wir die Kosten und die technologische Beschränkung des Unternehmens im gleichen Diagramm darstellen. Die Isoquanten geben die technologischen Beschränkungen an – alle Kombinationen von x_1 und x_2, die y erzeugen können.

Angenommen wir wollen alle Inputkombinationen zeichnen, die ein bestimmtes Kostenniveau C aufweisen. Wir können das als

$$w_1 x_1 + w_2 x_2 = C$$

schreiben, was umgeformt

$$x_2 = \frac{C}{w_2} - \frac{w_1}{w_2} x_1$$

ergibt. Es ist leicht zu erkennen, dass das eine Gerade mit einer Steigung von $-w_1/w_2$ und einem (vertikalen) Ordinatenabschnitt von C/w_2 ist. Wenn wir C verändern, erhalten wir eine ganze Familie von **Isokostengeraden**. Jeder Punkt auf einer Isokostengeraden hat dieselben Kosten C, und höhere Isokostengeraden werden mit größeren Kosten assoziiert.

Unser Kostenminimierungsproblem kann daher folgendermaßen umformuliert werden: Suche jenen Punkt auf der Isoquante, der mit der niedrigsten Isokostengeraden assoziiert ist. Solch ein Punkt wird in Abbildung 20.1 dargestellt.

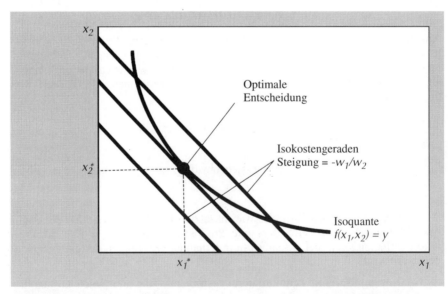

Abbildung 20.1 Kostenminimierung. Die Faktoren, welche die Produktionskosten minimieren, können durch Aufsuchen jenes Punktes auf der Isoquante bestimmt werden, der mit der niedrigst möglichen Isokostengeraden assoziiert ist.

Beachte: Wenn die optimale Lösung die Verwendung beider Faktoren beinhaltet, und die Isoquante eine kontinuierliche Kurve ist, dann ist der Kostenminimierungspunkt durch eine Tangentialbedingung gekennzeichnet: Die Steigung der Isoquante muss der Steigung der Isokostengeraden gleich sein. Oder, unter Verwendung der Terminologie des 18. Kapitels, die *technische Rate der Substitution muss dem Faktorpreisverhältnis gleich sein*:

$$-\frac{MP_1(x_1^*, x_2^*)}{MP_2(x_1^*, x_2^*)} = \text{TRS}(x_1^*, x_2^*) = -\frac{w_1}{w_2}. \qquad (20.1)$$

(Wenn wir eine Randlösung haben, bei der einer der beiden Faktoren nicht verwendet wird, wird diese Tangentialbedingung im Allgemeinen nicht gelten. Ebenso ist die Tangentialbedingung bedeutungslos, wenn die Produktionsfunktion „Knicke" aufweist. Diese Ausnahmen sind den entsprechenden Situationen der Konsumentin ganz ähnlich, wir werden sie daher in diesem Kapitel nicht besonders hervorheben.)

Die Algebra, die hinter Gleichung (20.1) steht, ist nicht schwierig. Nehmen wir eine beliebige Änderung der Produktionsstruktur (Δx_1, Δx_2), bei welcher der Output konstant bleibt. So eine Änderung muss die Bedingung

$$MP_1(x_1^*, x_2^*)\Delta x_1 + MP_2(x_1^*, x_2^*)\Delta x_2 = 0 \qquad (20.2)$$

erfüllen. Beachte, dass Δx_1 und Δx_2 entgegengesetzte Vorzeichen haben müssen; wenn man die Menge des Faktors 1 erhöht, muss man die verwendete Menge des Faktors 2 verringern, damit der Output konstant bleibt.

Wenn wir im Kostenminimum sind, kann diese Änderung die Kosten nicht senken, wir haben daher

$$w_1 \Delta x_1 + w_2 \Delta x_2 \geq 0. \qquad (20.3)$$

Betrachte nun die Änderung ($-\Delta x_1$, $-\Delta x_2$). Auch nach dieser Änderung wird ein konstantes Outputniveau produziert und sie kann ebenfalls zu keiner Kostensenkung führen. Das impliziert, dass

$$-w_1 \Delta x_1 - w_2 \Delta x_2 \geq 0. \qquad (20.4)$$

Wenn wir die Gleichungen (20.3) und (20.4) zusammenführen, erhalten wir

$$w_1 \Delta x_1 + w_2 \Delta x_2 = 0. \qquad (20.5)$$

Lösung der Gleichungen (20.2) und (20.5) nach $\Delta x_2 / \Delta x_1$ ergibt

$$\frac{\Delta x_2}{\Delta x_1} = -\frac{w_1}{w_2} = -\frac{MP_1(x_1^*, x_2^*)}{MP_2(x_1^*, x_2^*)},$$

was genau die oben durch ein geometrisches Argument hergeleitete Bedingung für ein Kostenminimum ist.

Beachte, dass Abbildung (20.1) eine gewisse Ähnlichkeit mit der früher dargestellten Lösung des Entscheidungsproblems der Konsumentin aufweist. Obwohl die Lösung gleich ausschaut, handelt es sich nicht wirklich um dasselbe Problem. Beim Konsumentinnenproblem war die Gerade die Budgetbeschränkung, und die Konsumentin bewegte sich entlang der Budgetbeschränkung, um die bevorzugte Position zu finden. Beim Produzentinnenproblem ist die Isoquante die technische Beschränkung, und die Produzentin bewegt sich entlang der Isoquante, um die optimale Position zu finden.

Die Wahl der Inputs, die für das Unternehmen die geringsten Kosten aufweist, wird im Allgemeinen von den Inputpreisen und vom Outputniveau abhängen, welches das Unternehmen erzeugen will, wir schreiben daher diese Entscheidungen als $x_1(w_1, w_2, y)$ und $x_2(w_1, w_2, y)$. Diese Relationen werden **bedingte Faktornachfragefunktionen** oder **abgeleitete Faktornachfragefunktionen** genannt. Sie messen die Beziehung zwischen Preisen und Output und dem optimalen Faktoreinsatz des Unternehmens, *unter der Bedingung* eines gegebenen Outputniveaus y.

Beachte genau den Unterschied zwischen der *bedingten* Faktornachfrage und der im letzten Kapitel behandelten gewinnmaximierenden Faktornachfrage. Die bedingte Faktornachfrage gibt die kostenminimierende Entscheidung bei einem vorgegebenen Output*niveau* an; die gewinnmaximierende Faktornachfrage gibt die gewinnmaximierende Entscheidung bei einem vorgegebenen Output*preis* an.

Bedingte Faktornachfragefunktionen können grundsätzlich nicht unmittelbar beobachtet werden, es handelt sich um eine hypothetische Konstruktion. Sie beantwortet die Frage, wie viel die Unternehmung von jedem Faktor verwenden *würde*, wenn sie ein gegebenes Outputniveau möglichst billig produzieren wollte. Bedingte Faktornachfrage ist jedoch nützlich, um das Problem der Bestimmung des optimalen Outputniveaus vom Problem der Bestimmung der kostengünstigsten Produktionsmethode zu trennen.

BEISPIEL: Kostenminimierung bei bestimmten Technologien

Angenommen wir haben eine Technologie, bei der die Faktoren perfekte Komplemente sind, sodass $f(x_1, x_2) = \min\{x_1, x_2\}$ ist. Wenn wir y Outputeinheiten erzeugen wollen, benötigen wir offensichtlich y Einheiten von x_1 und y Einheiten von x_2. Die minimalen Produktionskosten sind daher

$$c(w_1, w_2, y) = w_1 y + w_2 y = (w_1 + w_2) y.$$

Wie sieht das bei einer Technologie mit perfekten Substituten, $f(x_1, x_2) = x_1 + x_2$, aus? Da die Faktoren 1 und 2 perfekte Substitute in der Produktion sind, ist es klar, dass das Unternehmen den billigeren Faktor verwenden wird. Die minimalen Kosten der Produktion von y Outputeinheiten werden daher entweder $w_1 y$ oder $w_2 y$ sein. Anders ausgedrückt:

$$c(w_1, w_2, y) = \min\{w_1 y, w_2 y\} = \min\{w_1, w_2\} y.$$

Schließlich sehen wir uns noch die Cobb-Douglas Technologie an, welche durch die Formel $f(x_1, x_2) = x_1^a x_2^b$ beschrieben wird. In diesem Fall verwenden wir die Differenzialrechnung, um zu zeigen, dass die Kostenfunktion die Form

$$c(w_1, w_2, y) = K w_1^{\frac{a}{a+b}} w_2^{\frac{b}{a+b}} y^{\frac{1}{a+b}}$$

hat, wobei K eine Konstante ist, die von a und b abhängt. Die Einzelheiten der Berechnung werden im Anhang dargestellt.

20.2 Bekundete Kostenminimierung

Die Annahme, dass ein Unternehmen seine Faktoren so wählt, dass die Produktionskosten minimiert werden, wird Implikationen dafür haben, wie sich die beobachteten Faktormengen bei Veränderung der Faktorpreise ändern.

Angenommen wir beobachten zwei Preisvektoren, (w_1^t, w_2^t) und (w_1^s, w_2^s), und die zugehörigen Entscheidungen der Unternehmung, (x_1^t, x_2^t) und (x_1^s, x_2^s). Angenommen jede dieser Möglichkeiten erzeugt dasselbe Outputniveau y. Wenn dann jede Entscheidung bei den entsprechenden Preisen kostenminimierend ist, müssen

$$w_1^t x_1^t + w_2^t x_2^t \leq w_1^t x_1^s + w_2^t x_2^s$$

und

$$w_1^s x_1^s + w_2^s x_2^s \leq w_1^s x_1^t + w_2^s x_2^t$$

gelten. Wenn das Unternehmen immer die kostenminimierende Erzeugung von y Outputeinheiten wählt, dann müssen seine Entscheidungen in den Perioden t und s diese Ungleichungen erfüllen. Wir werden diese Ungleichungen als das **schwache Axiom der Kostenminimierung (WACM)**[1] bezeichnen.

Schreibe die zweite Gleichung als

$$-w_1^s x_1^t - w_2^s x_2^t \leq -w_1^s x_1^s - w_2^s x_2^s$$

und addiere sie zur ersten Gleichung, wodurch man

$$(w_1^t - w_1^s) x_1^t + (w_2^t - w_2^s) x_2^t \leq (w_1^t - w_1^s) x_1^s + (w_2^t - w_2^s) x_2^s$$

erhält, was zu

$$(w_1^t - w_1^s)(x_1^t - x_1^s) + (w_2^t - w_2^s)(x_2^t - x_2^s) \leq 0$$

umgeformt werden kann.

Bei Verwendung der Delta-Notation zur Bezeichnung von *Änderungen* der Faktormengen und Faktorpreise erhalten wir

$$\Delta w_1 \Delta x_1 + \Delta w_2 \Delta x_2 \leq 0.$$

---

[1] WACM = Weak Axiom of Cost Minimization.

Diese Gleichung folgt allein aus der Annahme des kostenminimierenden Verhaltens. Sie beinhaltet Beschränkungen für Veränderungen des Unternehmerverhaltens aufgrund von Änderungen der Inputpreise, bei Konstanz der Ausbringung.

Wenn zum Beispiel der Preis des ersten Faktors steigt und der Preis des zweiten konstant bleibt, also $\Delta w_2 = 0$, dann wird die Ungleichung zu

$$\Delta w_1 \Delta x_1 \leq 0.$$

Wenn der Preis des Faktors 1 steigt, dann impliziert diese Ungleichung, dass die Nachfrage nach Faktor 1 sinken muss; die bedingte Faktornachfragefunktion muss daher fallend verlaufen.

Was können wir über die Änderung der Minimalkosten aussagen, wenn wir die Parameter des Problems verändern? Es ist leicht einzusehen, dass die Kosten steigen müssen, wenn sich einer der beiden Faktorpreise erhöht: Wenn ein Faktor teurer wird und der Preis des anderen unverändert bleibt, können die Minimalkosten nicht fallen, im Allgemeinen werden sie steigen. Ebenso werden – bei Konstanz der Faktorpreise – die Kosten des Unternehmens steigen müssen, wenn es mehr Output erzeugen möchte.

20.3 Skalenerträge und die Kostenfunktion

Im 18. Kapitel behandelten wir das Konzept der Skalenerträge einer Produktionsfunktion. Wie erinnerlich charakterisiert man eine Technologie dann mit steigenden, fallenden oder konstanten Skalenerträgen, wenn $f(tx_1, tx_2)$ größer, kleiner oder gleich $tf(x_1, x_2)$ für alle $t > 1$ ist. Es zeigt sich, dass es eine klare Beziehung zwischen den Skalenerträgen der Produktionsfunktion und dem Verlauf der Kostenfunktion gibt.

Nehmen wir zuerst den natürlichsten Fall konstanter Skalenerträge an. Angenommen wir haben das Kostenminimierungsproblem für die Produktion *einer* Outputeinheit gelöst, sodass wir die **Einheitskostenfunktion**, $c(w_1, w_2, 1)$, kennen. Wie kann man nun am billigsten y Outputeinheiten erzeugen? Ganz einfach: Wir verwenden y-mal soviel von jedem Input, wie wir zur Produktion einer Outputeinheit einsetzten. Das würde bedeuten, dass die Minimalkosten der Produktion von y Outputeinheiten einfach $c(w_1, w_2, 1)y$ sind. Im Fall konstanter Skalenerträge ist die Kostenfunktion linear in den Outputs.

Und wenn wir steigende Skalenerträge haben? In diesem Fall stellt es sich heraus, dass die Kosten weniger als linear mit dem Output ansteigen. Wenn das Unternehmen entscheidet, doppelt so viel Output zu erzeugen, kann es das zu *weniger* als den doppelten Kosten erreichen, solange die Faktorpreise konstant bleiben. Das ist eine ganz natürliche Implikation des Konzepts steigender Skalenerträge: Wenn die Unternehmung ihre Einsatzmengen verdoppelt, wird sich der Output mehr als verdoppeln. Wenn sie daher die doppelte Ausbringung erzeugen will, kann sie das mit weniger als zweimal so viel von jedem Input erreichen.

Die Verwendung von zweimal so viel von jedem Input wird jedoch die Kosten genau verdoppeln. Der Einsatz von weniger als zweimal so viel eines jeden Inputs, wird daher eine Kostensteigerung um weniger als das doppelte verursachen: Das ist nichts anderes, als zu sagen, dass die Kostenfunktion weniger als linear mit dem Output ansteigen wird.

Auf ähnliche Weise wird bei einer Technologie mit abnehmenden Skalenerträgen die Kostenfunktion mehr als linear in den Outputs ansteigen. Eine Verdopplung des Outputs wird die Kosten mehr als verdoppeln.

Diese Zusammenhänge können mit Hilfe des Verlaufs der **Durchschnittskostenfunktion** dargestellt werden. Die Durchschnittskostenfunktion gibt einfach die Kosten *pro Einheit* bei einer Produktion von y Outputeinheiten an:

$$AC(y) = \frac{c(w_1, w_2, y)}{y}.$$

Wenn die Technologie konstante Skalenerträge aufweist, dann zeigten wir oben, dass die Kostenfunktion die Form $c(w_1, w_2, y) = c(w_1, w_2, 1)y$ hat. Das bedeutet, dass die Durchschnittskostenfunktion

$$AC(w_1, w_2, y) = \frac{c(w_1, w_2, 1)y}{y} = c(w_1, w_2, 1)$$

lauten wird. Das heißt, die Kosten je Outputeinheit sind konstant, unabhängig vom Outputniveau, das die Unternehmung erzeugen will.

Wenn die Technologie steigende Skalenerträge aufweist, werden die Kosten in Bezug auf den Output weniger als linear ansteigen, die Durchschnittskosten werden daher in Bezug auf den Output fallen: Wenn der Output steigt, werden die Durchschnittskosten der Tendenz nach fallen.

In ähnlicher Weise werden bei einer Technologie mit fallenden Skalenerträgen die Durchschnittskosten mit steigendem Output ansteigen.

Wie wir bereits früher andeuteten, kann eine gegebene Technologie *Bereiche* von steigenden, konstanten oder fallenden Skalenerträgen haben – die Ausbringung kann bei verschiedenen Outputniveaus rascher, gleich rasch oder langsamer ansteigen als der Umfang der Aktivitäten der Unternehmung. Dementsprechend kann die Kostenfunktion bei verschiedenen Outputniveaus langsamer, gleich schnell oder schneller als der Output ansteigen. Das impliziert, dass die Durchschnittskostenfunktion bei verschiedenen Outputniveaus fallend, konstant oder steigend verlaufen kann. Im nächsten Kapitel werden wir diese Möglichkeiten im Einzelnen untersuchen.

Von nun an werden wir uns mehr mit dem Verlauf der Kostenfunktion in Bezug auf die Outputvariable beschäftigen. Wir werden die Faktorpreise zum Großteil als auf einem vorherbestimmten Niveau fixiert ansehen und die Kosten nur in Abhängigkeit von der Wahl des Outputs durch das Unternehmen betrachten. Für den Rest des Buchs werden wir daher die Kostenfunktion nur als eine Funktion des Outputs, $c(y)$, anschreiben.

20.4 Langfristige und kurzfristige Kosten

Die Kostenfunktion ist durch die minimalen Kosten zur Erzielung eines bestimmten Outputs definiert. Es ist häufig wichtig, zwischen jenen minimalen Kosten zu unterscheiden, bei denen das Unternehmen alle seine Produktionsfaktoren anpassen kann, und jenen Minimalkosten, bei denen das Unternehmen nur einige seiner Faktoren anpassen kann.

Wir haben kurzfristig als jene Zeitperiode definiert, während der zumindest ein Produktionsfaktor in konstanter Menge eingesetzt werden muss. Langfristig können alle Faktoren variiert werden. Die **kurzfristige Kostenfunktion** ist durch die minimalen Kosten der Erzeugung eines vorgegebenen Outputniveaus definiert, wobei lediglich die variablen Produktionsfaktoren angepasst werden können. Die **langfristige Kostenfunktion** gibt die minimalen Kosten der Produktion eines gegebenen Outputniveaus an, wenn *alle* Produktionsfaktoren angepasst werden können.

Nehmen wir an, dass der Faktor 2 kurzfristig auf einem vorherbestimmten Niveau $\bar{x}_2$ fixiert ist, langfristig hingegen frei variiert werden kann. Die kurzfristige Kostenfunktion ist dann definiert durch[2]

$$c_s(y, \bar{x}_2) = \min_{x_1} w_1 x_1 + w_2 \bar{x}_2$$

unter der Nebenbedingung $f(x_1, \bar{x}_2) = y$.

Beachte, dass im Allgemeinen die Minimalkosten der Produktion von y Outputeinheiten von der vorhandenen Menge und den Kosten des fixen Faktors abhängen werden.

Für den Fall von zwei Faktoren ist dieses Minimierungsproblem leicht lösbar: Wir suchen einfach den kleinsten Wert von x_1, sodass $f(x_1, \bar{x}_2) = y$ ist. Wenn es jedoch viele kurzfristig variable Faktoren gibt, dann erfordert Kostenminimierung umfangreichere Berechnungen.

Die kurzfristige Nachfragefunktion nach Faktor 1 ist jene Menge des Faktors 1, welche die Kosten minimiert. Sie wird im Allgemeinen sowohl von den Faktorpreisen als auch den Niveaus der fixen Faktoren abhängen; wir schreiben die kurzfristigen Faktornachfragefunktionen daher als

$$x_1 = x_1^s(w_1, w_2, \bar{x}_2, y)$$
$$x_2 = \bar{x}_2.$$

Diese Gleichungen besagen zum Beispiel einfach, dass bei einer kurzfristig fixen Gebäudegröße die Zahl der Arbeiter, die eine Unternehmung zu bestimmten Preisen und bei gewähltem Output einstellen will, typischerweise von der Größe des Gebäudes abhängen wird.

Durch die Definition der kurzfristigen Kostenfunktion gilt

$$c_s(y, \bar{x}_2) = w_1 x_1^s(w_1, w_2, \bar{x}_2, y) + w_2 \bar{x}_2.$$

Das besagt einfach, dass die Minimalkosten der Produktion eines Outputs von y jene Kosten sind, die sich bei Verwendung der kostenminimierenden Input-

---

[2] Das Subskript (bzw. weiter unten Superskript) s steht für kurzfristig (s = short run).

mengen ergeben. Das gilt definitorisch, erweist sich aber dennoch als nützlich.

Die langfristige Kostenfunktion ist in diesem Beispiel definiert durch

$$c(y) = \min_{x_1, x_2} w_1 x_1 + w_2 x_2$$

unter der Nebenbedingung $f(x_1, x_2) = y$.

Hier können beide Faktoren verändert werden. Langfristige Kosten hängen nur vom Outputniveau, das die Unternehmung erzeugen will, und den Faktorpreisen ab. Wir schreiben die langfristige Kostenfunktion als $c(y)$ und die Faktornachfrage als

$$x_1 = x_1(w_1, w_2, y)$$
$$x_2 = x_2(w_1, w_2, y).$$

Die langfristige Kostenfunktion kann auch als

$$c(y) = w_1 x_1(w_1, w_2, y) + w_2 x_2(w_1, w_2, y)$$

geschrieben werden. Wie vorher sagt das einfach aus, dass die minimalen Kosten jene sind, die das Unternehmen durch Verwendung der kostenminimierenden Faktorkombination erzielt.

Es gibt eine interessante Beziehung zwischen den kurz- und langfristigen Kostenfunktionen, die wir im nächsten Kapitel verwenden werden. Vereinfachend nehmen wir an, dass die Faktorpreise auf vorherbestimmten Niveaus fixiert sind und schreiben die Faktornachfrage als

$$x_1 = x_1(y)$$
$$x_2 = x_2(y).$$

Die langfristige Kostenfunktion kann dann auch als

$$c(y) = c_s(y, x_2(y))$$

angeschrieben werden. Um zu verstehen, warum das richtig ist, braucht man sich nur zu überlegen, was die Gleichung aussagt: Die minimalen Kosten bei Veränderbarkeit aller Faktoren sind einfach die Minimalkosten, wenn Faktor 2 *auf dem Niveau, das die langfristigen Kosten minimiert*, festgelegt wird. Daraus folgt, dass die langfristige Nachfrage nach dem variablen Faktor - die kostenminimierende Entscheidung - durch

$$x_1(w_1, w_2, y) = x_1^s(w_1, w_2, x_2(y), y)$$

gegeben ist. Diese Gleichung besagt, dass die kostenminimierende Menge des variablen Faktors langfristig jener Menge ist, welche die Unternehmung kurzfristig wählen würde - wenn sie zufällig die langfristig kostenminimierende Menge des fixen Faktors hätte.

20.5 Fixe und quasi-fixe Kosten

Im 18. Kapitel unterschieden wir zwischen fixen und quasi-fixen Faktoren. Fixe Faktoren sind Faktoren, für die man zahlen muss, unabhängig davon ob irgendein Output erzeugt wird oder nicht. Quasi-fixe Faktoren müssen nur entlohnt werden, wenn sich die Unternehmung entscheidet, eine positive Outputmenge zu erzeugen.

Es ist nun sinnvoll, in ähnlicher Weise fixe und quasi-fixe Kosten zu definieren. **Fixe Kosten** sind Kosten, die mit fixen Faktoren assoziiert sind: Sie sind unabhängig vom Outputniveau und sie müssen vor allem auch unabhängig davon bezahlt werden, ob die Unternehmung Output produziert oder nicht. **Quasi-fixe Kosten** sind Kosten, die ebenfalls vom Outputniveau unabhängig sind, aber nur anfallen, wenn das Unternehmen eine positive Outputmenge erzeugt.

Langfristig gibt es definitionsgemäß keine fixen Kosten. Es kann jedoch sehr wohl langfristig quasi-fixe Kosten geben. Wenn es notwendig ist, einen konstanten Geldbetrag aufzuwenden, bevor man überhaupt produzieren kann, dann liegen quasi-fixe Kosten vor.

20.5 Verlorene Kosten

Verlorene Kosten sind eine andere Art der Fixkosten. Der Begriff kann am besten anhand eines Beispiels erklärt werden. Angenommen wir haben uns entschieden, Büroräume für ein Jahr zu mieten. Die monatlichen Mietzahlungen sind Fixkosten, da man zur Zahlung verpflichtet ist, unabhängig von der erzeugten Outputmenge. Nehmen wir an, wir entscheiden uns nun zur Instandsetzung des Büros durch Ausmalen und die Anschaffung von Büromöbeln. Die Kosten des Ausmalens sind fixe Kosten, sie sind aber auch **verlorene Kosten**, da es sich um Zahlungen handelt, die man nicht zurückbekommen kann. Die Kosten für den Kauf der Möbel andererseits sind jedoch nicht zur Gänze verloren, da man sie nach Gebrauch wieder verkaufen kann. Verloren ist nur die *Differenz* zwischen den Kosten der neuen und der gebrauchten Möbel.

Zur näheren Erklärung sei angenommen, dass wir am Jahresanfang € 20.000 zu einem Zinssatz von 10 % borgen. Bei Unterzeichnung des Mietvertrags werden € 12.000 im Voraus für die Jahresmiete fällig. Die Büromöbel kosten € 6.000, das Ausmalen des Büros 2.000 Euro. Am Jahresende muss der Kredit von € 20.000 zuzüglich der Zinsen von € 2.000 zurückgezahlt werden, die Büromöbel können wir um € 5.000 verkaufen.

Die verlorenen Kosten bestehen aus der Miete von € 12.000, aus € 2.000 an Zinsen und den € 2.000 für das Ausmalen, jedoch nur € 1.000 für die Büromöbel, da wir € 5.000 der ursprünglichen Ausgaben für die Möbel zurück-erhalten haben.

Die Differenz zwischen den verlorenen und den wiederbringlichen Kosten kann ganz beträchtlich sein. Eine Ausgabe von €100.000 zum Kauf von drei leichten LKW's klingt nach einer ganzen Menge Geld, wenn sie aber später um € 80.000 auf dem Gebrauchtwagenmarkt wieder verkauft werden können, so sind die tatsächlich verlorenen Kosten nur € 20.000. Eine Ausgabe von € 100.000 für eine maßgeschneiderte Presse zum Stanzen von irgendeinem Zeugs, die einen Wiederverkaufswert von Null hat, ist hingegen etwas ganz anderes: In diesem Fall sind die gesamten Ausgaben verlorene Kosten.

Am klarsten geht man so vor, dass man sicherstellt, alle Ausgaben als Stromgrößen zu behandeln: Wie viel kostet es, das Geschäft ein Jahr lang zu betreiben? Auf diese Art ist es weniger wahrscheinlich, den Wiederverkaufswert der Anlagen zu vernachlässigen, und daher wahrscheinlicher, zwischen verlorenen Kosten und wiederbringlichen Kosten klar zu trennen.

Zusammenfassung

1. Die Kostenfunktion $c(w_1, w_2, y)$ misst die minimalen Kosten der Produktion eines vorgegebenen Outputniveaus bei gegebenen Faktorpreisen.
2. Das Verhalten der Kostenminimierung legt den Entscheidungen der Unternehmen bestimmte beobachtbare Beschränkungen auf. Insbesondere werden die bedingten Faktornachfragefunktionen negativ geneigt verlaufen.
3. Es gibt eine enge Beziehung zwischen den Skalenerträgen einer Technologie und dem Verlauf der Kostenfunktion. *Steigende* Skalenerträge implizieren *fallende* Durchschnittskosten, *fallende* Skalenerträge implizieren *steigende* Durchschnittskosten und *konstante* Skalenerträge implizieren *konstante* Durchschnittskosten.
4. Verlorene Kosten sind Kosten, die nicht wiedergewonnen werden können.

Wiederholungsfragen

1. Beweise, dass eine gewinnmaximierende Unternehmung immer die Kosten minimieren wird!
2. Was kann ein Unternehmen machen, um die Kosten zu reduzieren und dabei den Output auf konstanter Höhe zu halten, wenn bei seiner derzeitigen Produktion $MP_1/w_1 > MP_2/w_2$?
3. Angenommen ein kostenminimierendes Unternehmen verwendet zwei Inputs, die perfekte Substitute sind. Wie sehen die bedingten Faktornachfragefunktionen für die beiden Inputs aus, wenn ihre Preise gleich sind?
4. Der Preis des Papiers, das eine kostenminimierende Unternehmung verwendet, steigt. Die Unternehmung reagiert auf diese Preisänderung durch eine Änderung ihrer Nachfrage nach bestimmten Inputs, sie lässt jedoch ihren Output unverändert. Was passiert mit der Papiernachfrage des Unternehmens?
5. Angenommen eine Unternehmung verwendet n Inputs ($n > 2$); welche Ungleichungen impliziert die Theorie der bekundeten Kostenminimierung hinsichtlich der Änderungen der Faktorpreise (Δw_i) und der Änderung der Faktornachfragen (Δx_i) bei einem gegebenen Outputniveau?

ANHANG

Wir wollen nun das im Text gestellte Kostenminimierungsproblem mit Hilfe der im 5. Kapitel eingeführten Optimierungstechniken untersuchen. Es handelt sich um ein Minimierungsproblem unter Nebenbedingungen in der Form

$$\underset{x_1, x_2}{\text{minimiere}} \; w_1 x_1 + w_2 x_2$$

unter der Nebenbedingung $f(x_1, x_2) = y$.

Wie erinnerlich gibt es mehrere Techniken, um diese Art von Problem zu lösen. Eine Möglichkeit war, die Nebenbedingung in die Zielfunktion einzusetzen. Das kann man noch immer tun, sofern man eine besondere funktionale Form für $f(x_1, x_2)$ hat, im allgemeinen Fall nützt es jedoch wenig.

Das zweite Verfahren war die Methode der Lagrange-Multiplikatoren, und die funktioniert gut. Um diese Methode anzuwenden, schreiben wir die Lagrange-Funktion

$$L = w_1 x_1 + w_2 x_2 - \lambda(f(x_1, x_2) - y)$$

an und leiten sie nach x_1, x_2 und λ ab. Das ergibt die Bedingungen erster Ordnung:

$$w_1 - \lambda \frac{\partial f(x_1, x_2)}{\partial x_1} = 0$$

$$w_2 - \lambda \frac{\partial f(x_1, x_2)}{\partial x_2} = 0$$

$$f(x_1, x_2) - y = 0.$$

Die letzte Gleichung ist einfach die Nebenbedingung. Wir können die beiden ersten Gleichungen umformen, die erste durch die zweite dividieren und erhalten dann

$$\frac{w_1}{w_2} = \frac{\partial f(x_1, x_2)/\partial x_1}{\partial f(x_1, x_2)/\partial x_2}.$$

Beachte, dass das dieselbe Bedingung erster Ordnung ist, die wir im Text herleiteten: Die technische Rate der Substitution muss dem Faktorpreisverhältnis gleich sein.

Wenden wir diese Methode auf die Cobb-Douglas Produktionsfunktion an:

$$f(x_1, x_2) = x_1^a x_2^b.$$

Das Kostenminimierungsproblem wird dann

$$\underset{x_1, x_2}{\text{minimiere}} \; w_1 x_1 + w_2 x_2$$

unter der Nebenbedingung $x_1^a x_2^b = y$.

Hier liegt eine besondere funktionale Form vor, und wir können sie entweder unter Verwendung der Substitutionsmethode oder der Lagrange-Methode lösen. Nach der Substitutionsmethode müssten wir zuerst die Nebenbedingung nach x_2 als eine Funktion von x_1 lösen:

$$x_2 = \left(y x_1^{-a}\right)^{1/b}$$

Nach Substitution in die Zielfunktion erhält man das unbeschränkte Minimierungsproblem

$$\text{minimiere}_{x_1} \; w_1 x_1 + w_2 \left(y x_1^{-a}\right)^{1/b}.$$

Wir könnten nun, wie üblich, nach x_1 ableiten und diese erste Ableitung gleich Null setzen. Die sich ergebende Gleichung kann nach x_1 als Funktion von w_1, w_2 und y gelöst werden, um die bedingte Faktornachfrage nach x_1 zu erhalten. Das ist nicht schwierig, die Algebra ist aber umständlich, daher werden wir die Details nicht anschreiben.

Wir werden hingegen das Lagrange-Problem lösen. Die drei Bedingungen erster Ordnung sind

$$w_1 = \lambda a x_1^{a-1} x_2^b$$
$$w_2 = \lambda b x_1^a x_2^{b-1}$$
$$y = x_1^a x_2^b.$$

Multiplikation der ersten Gleichung mit x_1 und der zweiten Gleichung mit x_2 ergibt

$$w_1 x_1 = \lambda a x_1^a x_2^b = \lambda a y$$

sodass
$$w_2 x_2 = \lambda b x_1^a x_2^b = \lambda b y,$$

$$x_1 = \lambda \frac{ay}{w_1} \qquad (20.6)$$

$$x_2 = \lambda \frac{by}{w_2}. \qquad (20.7)$$

Wir verwenden nun die dritte Gleichung, um nach λ zu lösen. Einsetzen der Lösungen für x_1 und x_2 in die dritte Bedingung erster Ordnung ergibt

$$\left(\frac{\lambda a y}{w_1}\right)^a \left(\frac{\lambda b y}{w_2}\right)^b = y.$$

Wir können diese Gleichung nach λ auflösen und erhalten den eher beachtlichen Ausdruck

$$\lambda = (a^{-a} b^{-b} w_1^a w_2^b y^{1-a-b})^{\frac{1}{a+b}},$$

der, zusammen mit den Gleichungen (20.6) und (20.7), die endgültigen Lösungen für x_1 und x_2 ergibt. Diese Faktornachfragefunktionen haben die Form

$$x_1(w_1, w_2, y) = \left(\frac{a}{b}\right)^{\frac{b}{a+b}} w_1^{\frac{-b}{a+b}} w_2^{\frac{b}{a+b}} y^{\frac{1}{a+b}}$$

$$x_2(w_1, w_2, y) = \left(\frac{a}{b}\right)^{-\frac{a}{a+b}} w_1^{\frac{a}{a+b}} w_2^{\frac{-a}{a+b}} y^{\frac{1}{a+b}}.$$

Man findet die Kostenfunktion durch Anschreiben der Kosten für den Fall der kostenminimierenden Entscheidung der Unternehmung, also:

$$c(w_1, w_2, y) = w_1 x_1(w_1, w_2, y) + w_2 x_2(w_1, w_2, y).$$

Nach einiger lästiger Algebra erhält man

$$c(w_1, w_2, y) = \left[\left(\frac{a}{b}\right)^{\frac{b}{a+b}} + \left(\frac{a}{b}\right)^{\frac{-a}{a+b}}\right] w_1^{\frac{a}{a+b}} w_2^{\frac{b}{a+b}} y^{\frac{1}{a+b}}.$$

(Keine Sorge, diese Formel wird in keiner Schlussprüfung gefragt. Sie wurde lediglich hergeleitet, um zu zeigen, wie man eine explizite Lösung des Kostenminimierungsproblems mittels Anwendung der Methode der Lagrange-Multiplikatoren erhält.)

Beachte, dass die Kosten mehr als, genau oder weniger als linear mit dem Output ansteigen werden, wenn $(a + b)$ kleiner als, gleich oder größer als 1 ist. Das ist sinnvoll, denn die Cobb-Douglas Technologie weist fallende, konstante oder steigende Skalenerträge auf, je nach dem Wert von $(a + b)$.

21. Kapitel
KOSTENKURVEN

Im letzten Kapitel beschrieben wir das kostenminimierende Verhalten eines Unternehmens. Diese Untersuchung setzen wir nun unter Verwendung einer wichtigen geometrischen Konstruktion fort, der **Kostenkurve**. Kostenkurven können zur grafischen Darstellung der Kostenfunktion eines Unternehmens verwendet werden und sind bei der Bestimmung des optimalen Outputs wichtig.

21.1 Durchschnittskosten

Sehen wir uns die im vorigen Kapitel beschriebene Kostenfunktion an. Es ist die Funktion $c(w_1, w_2, y)$, welche die Minimalkosten der Produktion des Outputniveaus y angibt, wenn die Faktorpreise (w_1, w_2) sind. Für den Rest des Kapitels nehmen wir die Faktorpreise als konstant an, sodass wir die Kosten als eine Funktion von y allein, $c(y)$, schreiben können.

Ein Teil der Kosten des Unternehmens ist unabhängig vom Outputniveau. Wie wir im 20. Kapitel gesehen haben, sind das die Fixkosten. Fixkosten sind solche Kosten, die unabhängig vom Produktionsniveau der Unternehmung bezahlt werden müssen. Das Unternehmen hat zum Beispiel Zahlungen für Schuldentilgungen unabhängig von seinem Outputniveau zu leisten.

Andere Kosten variieren mit Veränderungen des Outputs: Das sind die variablen Kosten. Die Gesamtkosten der Unternehmung können immer als die Summe der variablen Kosten, $c_v(y)$, und der Fixkosten, F, geschrieben werden:

$$c(y) = c_v(y) + F.$$

Die **Durchschnittskostenfunktion** misst die Kosten je Outputeinheit. Die **Funktion der durchschnittlichen variablen Kosten** misst die variablen Kosten je Outputeinheit und die **Funktion der durchschnittlichen Fixkosten** misst die Fixkosten je Outputeinheit. Aus obiger Gleichung folgt

$$AC(y) = \frac{c(y)}{y} = \frac{c_v(y)}{y} + \frac{F}{y} = AVC(y) + AFC(y)$$

wobei $AVC(y)$ für die durchschnittlichen variablen Kosten und $AFC(y)$ für die durchschnittlichen Fixkosten steht.[1] Wie sehen diese Funktionen aus? Am ein-

---

[1] AC = average cost, AVC = average variable cost, AFC = average fixed cost.

fachsten ist sicherlich die Funktion der durchschnittlichen Fixkosten: Wenn $y = 0$, ist sie unendlich, wenn y immer größer wird, nähern sich die durchschnittlichen Fixkosten dem Wert Null. Das wird in Abbildung 21.1A dargestellt.

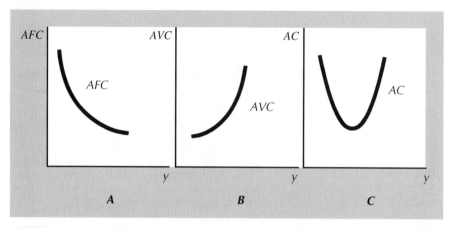

Abbildung 21.1 Konstruktion der Durchschnittskostenkurven. (A) Die durchschnittlichen Fixkosten fallen, wenn der Output steigt. (B) Die durchschnittlichen variablen Kosten werden ab einem bestimmten Punkt mit steigendem Output ansteigen. (C) Die Kombination dieser beiden Effekte ergibt eine U-förmige Durchschnittskostenkurve.

Nehmen wir die Funktion der variablen Kosten. Beginnen wir bei einem Outputniveau von Null und produzieren wir eine Einheit. Die durchschnittlichen variablen Kosten von $y = 1$ sind dann einfach die variablen Produktionskosten dieser Einheit. Erhöhen wir nun das Produktionsniveau auf 2 Einheiten. Man würde erwarten, dass sich schlimmstenfalls die variablen Kosten verdoppeln würden, sodass die durchschnittlichen variablen Kosten konstant blieben. Wenn wir mit steigendem Umfang die Produktion effizienter organisieren, könnten die variablen Kosten anfänglich sogar fallen. Ab einem bestimmten Punkt würde man jedoch erwarten, dass die durchschnittlichen variablen Kosten ansteigen. Warum? Wenn fixe Faktoren vorliegen, werden sie irgendwann den Produktionsprozess zu beschränken beginnen.

Nehmen wir zum Beispiel an, bei den Fixkosten handelt es sich um die Miete oder Schuldentilgung für ein Gebäude. Mit steigender Produktion werden die durchschnittlichen variablen Kosten – die variablen Produktionskosten je Einheit – einige Zeit hindurch unverändert bleiben. Wenn jedoch die Kapazität des Gebäudes erreicht wird, werden diese Kosten steil ansteigen, was zu einer Kurve der durchschnittlichen variablen Kosten wie in Abbildung 21.1B führen wird.

Die Durchschnittskostenkurve ist die Summe dieser zwei Kurven; sie wird daher die U-Form der Abbildung 21.1C haben. Der anfängliche Rückgang der Durchschnittskosten ist auf das Sinken der durchschnittlichen Fixkosten zurückzuführen; der spätere Anstieg der Durchschnittskosten ist durch das Steigen der durchschnittlichen variablen Kosten bedingt. Die Kombination dieser beiden Effekte ergibt den im Diagramm dargestellten U-förmigen Verlauf.

21.2 Grenzkosten

Es gibt eine weitere interessierende Kostenkurve, die **Grenzkostenkurve**. Die Grenzkostenkurve misst die *Änderung* der Kosten für eine gegebene Änderung des Outputs. Das heißt, bei jedem gegebenen Outputniveau y können wir fragen, wie sich die Kosten ändern werden, wenn wir den Output um eine bestimmte Menge Δy ändern:[2]

$$MC(y) = \frac{\Delta c(y)}{\Delta y} = \frac{c(y + \Delta y) - c(y)}{\Delta y}.$$

Wir könnten die Definition der Grenzkosten genau so gut mittels der variablen Kostenfunktion anschreiben:

$$MC(y) = \frac{\Delta c_v(y)}{\Delta y} = \frac{c_v(y + \Delta y) - c_v(y)}{\Delta y}.$$

Das entspricht der ersten Definition, da $c(y) = c_v(y) + F$ und sich die fixen Kosten, F, bei Veränderung von y nicht ändern.

Häufig stellt man sich Δy als eine Outputeinheit vor, sodass die Grenzkosten die Veränderung der Kosten angeben, wenn wir die Produktion einer zusätzlichen Outputeinheit in Betracht ziehen. Wenn wir an die Erzeugung eines unteilbaren Gutes denken, sind die Grenzkosten aus der Produktion von y Einheiten einfach $c(y) - c(y-1)$. Das ist meist eine anschauliche Art, sich die Grenzkosten vorzustellen, es ist jedoch manchmal irreführend. Erinnern wir uns, dass die Grenzkosten eine *Veränderungsrate* messen: Die Kostenänderung dividiert durch die Outputänderung. Wenn die Outputänderung eine einzelne Einheit ist, sehen die Grenzkosten wie eine einfache Kostenänderung aus, tatsächlich handelt es sich aber um eine Veränderungsrate bei einer Erhöhung des Outputs um eine Einheit.

Wie kriegen wir die Grenzkostenkurve in das oben dargestellte Diagramm? Als Erstes halten wir fest: Definitionsgemäß sind die variablen Kosten Null, wenn Null Outputeinheiten erzeugt werden. Daher gilt für die erste produzierte Outputeinheit

$$MC(1) = \frac{c_v(1) + F - c_v(0) - F}{1} = \frac{c_v(1)}{1} = AVC(1).$$

Die Grenzkosten für die erste kleine Outputmenge sind daher gleich den variablen Kosten für eine Einheit des Outputs.

Angenommen wir erzeugen in einem Bereich, in dem die *durchschnittlichen* variablen Kosten fallen. Dann müssen die *Grenz*kosten in diesem Bereich kleiner sein als die durchschnittlichen variablen Kosten. Denn einen Durchschnitt drückt man dadurch nach unten, dass man Zahlen hinzuzählt, die kleiner sind als der Durchschnitt.

Stellen wir uns eine Zahlenfolge vor, welche die Durchschnittskosten verschiedener Outputniveaus darstellt. Wenn der Durchschnitt abnimmt, dann müs-

---

[2] MC = marginal cost.

sen die Kosten jeder zusätzlich erzeugten Einheit kleiner sein als der jeweils bisherige Durchschnitt. Damit der Durchschnitt kleiner wird, muss man Zahlen addieren, die kleiner als der Durchschnitt sind.

Entsprechend müssen in einem Bereich, in dem die durchschnittlichen variablen Kosten steigen, die Grenzkosten größer sein als die durchschnittlichen variablen Kosten - es sind ja gerade die höheren Grenzkosten, die den Durchschnitt nach oben drücken.

Wir wissen daher, dass die Grenzkostenkurve links vom Minimum der Kurve der durchschnittlichen variablen Kosten unterhalb dieser Kurve liegen muss, rechts vom Minimum oberhalb. Das impliziert, dass die Grenzkostenkurve die Kurve der durchschnittlichen variablen Kosten in deren Minimum schneiden muss.

Genau das gleiche Argument gilt für die Durchschnittskostenkurve. Wenn die Durchschnittskosten fallen, dann müssen die Grenzkosten kleiner als die Durchschnittskosten sein, wenn die Durchschnittskosten steigen, sind es die hohen Grenzkosten, welche die Durchschnittskosten nach oben drücken. Diese Überlegungen erlauben uns, die Grenzkostenkurve wie in Abbildung 21.2 darzustellen.

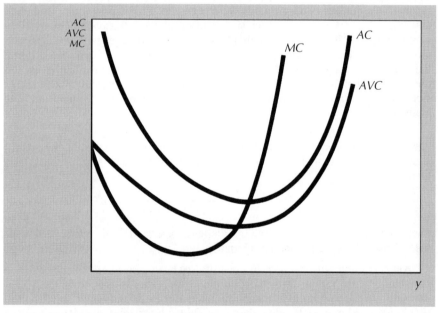

Abbildung 21.2 Kostenkurven. Die Durchschnittskostenkurve (*AC*), die Kurve der durch-schnittlichen variablen Kosten (*AVC*) und die Grenzkostenkurve (*MC*).

Zur Wiederholung die wichtigsten Punkte:
- Die Kurve der durchschnittlichen variablen Kosten kann anfänglich fallend verlaufen, muss es aber nicht. Solange es fixe Faktoren gibt, welche die Produktion beschränken, wird sie jedoch ab einem bestimmten Punkt steigen.

- Die Durchschnittskostenkurve wird wegen der sinkenden durchschnittlichen Fixkosten zuerst fallen, dann jedoch wegen der steigenden durchschnittlichen variablen Kosten steigen.
- Die Grenzkosten und die durchschnittlichen variablen Kosten sind für die erste Outputeinheit gleich.
- Die Grenzkostenkurve geht durch das Minimum sowohl der Kurve der durchschnittlichen variablen Kosten als auch der Durchschnittskostenkurve.

21.3 Grenzkosten und variable Kosten

Es gibt noch einige andere Beziehungen zwischen den verschiedenen Kostenkurven. Hier zum Beispiel eine nicht so offensichtliche: Es stellt sich heraus, dass die Fläche unter der Grenzkostenkurve bis y die variablen Kosten der Erzeugung von y Outputeinheiten angibt. Wieso das?

Die Grenzkostenkurve misst die Kosten der Produktion jeder zusätzlichen Outputeinheit. Wenn wir die Produktionskosten jeder Outputeinheit addieren, erhalten wir die gesamten Produktionskosten - mit Ausnahme der Fixkosten.

Diese Argumentation kann für den Fall der Produktion unteilbarer Güter rigoros dargestellt werden. Vorerst halten wir fest, dass

$$c_v(y) = [c_v(y) - c_v(y-1)] + [c_v(y-1) - c_v(y-2)] + \cdots + [c_v(1) - c_v(0)].$$

Das gilt, da $c_v(0) = 0$ und sich alle mittleren Ausdrücke wegkürzen; das heißt, der zweite Term hebt sich mit dem dritten Term auf, der vierte mit dem fünften usw. Jeder Ausdruck in dieser Summe stellt jedoch die Grenzkosten der verschiedenen Outputniveaus dar:

$$c_v(y) = MC(y-1) + MC(y-2) + \cdots + MC(0).$$

Somit stellt jeder Ausdruck in dieser Summe die Fläche eines Rechtecks mit der Höhe $MC(y)$ und der Breite 1 dar. Addition all dieser Rechtecke ergibt die Fläche unter der Grenzkostenkurve, wie in Abbildung 21.3 dargestellt wird.

BEISPIEL: Spezifische Kostenkurven

Sehen wir uns die Kostenfunktion $c(y) = y^2 + 1$ an. Daraus ergeben sich die folgenden abgeleiteten Kostenkurven:

- variable Kosten: $cv(y) = y2$
- Fixkosten: $c_f(y) = 1$
- durchschnittliche variable Kosten: $AVC(y) = y/y = y$
- durchschnittliche Fixkosten: $AFC(y) = 1/y$
- Durchschnittskosten: $AC(y) = (y^2 + 1)/y = y + (1/y)$
- Grenzkosten: $MC(y) = 2y$.

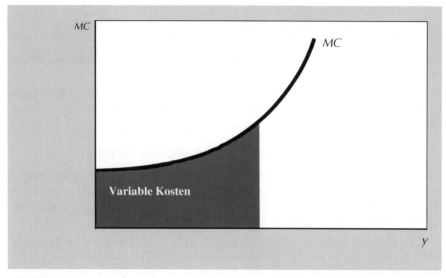

Abbildung 21.3 Grenzkosten und variable Kosten. Die Fläche unter der Grenzkostenkurve ergibt die variablen Kosten.

Das ist alles offensichtlich, mit Ausnahme der letzten Zeile, die aber auch klar ist, wenn man die Differenzialrechnung beherrscht. Wenn die Kostenfunktion $c(y) = y^2 + 1$ ist, dann ist die Grenzkostenfunktion $MC(y) = 2y$. Wenn das nicht bereits bekannt ist, sollte man es auswendig lernen, da es in den Übungsaufgaben verwendet wird.

Wie sehen diese Kostenkurven aus? Am leichtesten ist es, zuerst die Kurve der durchschnittlichen variablen Kosten zu zeichnen, die eine Gerade mit der Steigung 1 ist. Dann ist es ebenso leicht, die Grenzkostenkurve zu zeichnen, die eine Gerade mit der Steigung 2 ist.

Die Durchschnittskostenkurve erreicht ihr Minimum, wo die Durchschnittskosten gleich den Grenzkosten sind, also

$$y + \frac{1}{y} = 2y,$$

was als Lösung $y_{min} = 1$ ergibt. Die Durchschnittskosten für $y = 1$ sind 2, was auch den Grenzkosten entspricht. Abbildung 21.4 enthält das endgültige Bild.

BEISPIEL: Grenzkostenkurven für zwei Fabriken

Angenommen man hat zwei Fabriken, die zwei verschiedene Kostenfunktionen $c_1(y_1)$ und $c_2(y_2)$ haben. Man möchte y Outputeinheiten so billig wie möglich herstellen. Im Allgemeinen wird man in jeder Fabrik eine bestimmte Menge erzeugen wollen. Die Frage ist, wie viel man in jeder Fabrik herstellen soll.

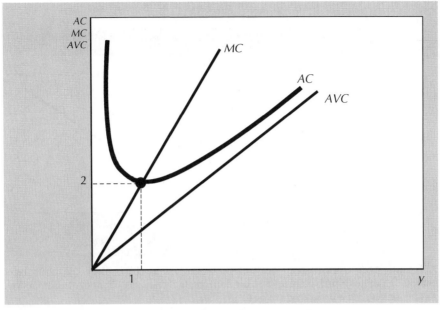

Abbildung 21.4 Kostenkurven. Die Kostenkurven für $c(y) = y^2 + 1$.

Formulieren wir das Minimierungsproblem:

$$\underset{y_1, y_2}{\text{minimiere}} \ (y_1) + c_2(y_2)$$

unter der Nebenbedingung $y_1 + y_2 = y$.

Wie löst man das? Es zeigt sich, dass bei optimaler Aufteilung des Outputs auf die zwei Fabriken die Grenzkosten der Fabrik 1 gleich den Grenzkosten der Fabrik 2 sein müssen. Um das zu beweisen, nehmen wir an, die Grenzkosten seien nicht gleich; dann würde es sich lohnen, die Erzeugung einer kleinen Menge Output von der Fabrik mit den höheren Grenzkosten in die Fabrik mit den niedrigeren Grenzkosten zu verlagern. Wenn die Aufteilung des Outputs optimal ist, kann eine Umschichtung der Produktion von einer Fabrik in die andere die Kosten nicht mehr senken.

Es sei $c(y)$ die Kostenfunktion, welche die günstigste Art der Produktion von y Outputeinheiten angibt – das heißt, die Kosten der Produktion von y Outputeinheiten bei bestmöglicher Verteilung der Erzeugung auf die zwei Fabriken. Die Grenzkosten der Produktion einer zusätzlichen Outputeinheit müssen dieselben sein, unabhängig davon in welcher Fabrik man sie erzeugt.

Die beiden Grenzkostenkurven $MC_1(y_1)$ und $MC_2(y_2)$ sind in Abbildung 21.5 dargestellt. Die Grenzkostenkurve der zwei Fabriken zusammen ist einfach die horizontale Summe der beiden Grenzkostenkurven, wie in Abbildung 21.5C wiedergegeben.

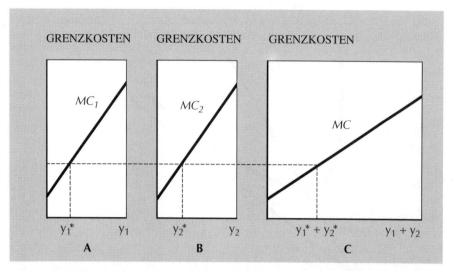

Abbildung 21.5 Grenzkosten einer Unternehmung mit zwei Fabriken. Die rechts dargestellte gesamte Grenzkostenkurve ist die horizontale Summe der Grenzkostenkurven der zwei Fabriken, die links gezeigt werden.

Für jedes konstante Niveau der Grenzkosten, c, werden y_1^* und y_2^* erzeugt, sodass $MC_1(y_1^*) = MC_2(y_2^*) = c$, es werden daher $y_1^* + y_2^*$ Outputeinheiten erzeugt. Die zu jeder beliebigen Höhe der Grenzkosten, c, erzeugte Outputmenge ist einfach die Summe der Outputs, bei denen die Grenzkosten der Fabrik 1 und der Fabrik 2 gleich c sind: die horizontale Summe der Grenzkostenkurven.

21.4 Langfristige Kosten

In der bisherigen Analyse haben wir die Fixkosten der Unternehmung als jene Kosten beschrieben, die für Zahlungen an Faktoren anfallen, die das Unternehmen kurzfristig nicht anpassen kann. Langfristig kann ein Unternehmen das Niveau seiner „fixen" Faktoren wählen - sie sind nicht mehr fix.

Langfristig kann es natürlich noch quasi-fixe Faktoren geben. Das heißt, die Technologie kann dadurch gekennzeichnet sein, dass gewisse Kosten bezahlt werden müssen, damit man überhaupt ein positives Outputniveau erzeugen kann. Langfristig gibt es jedoch keine fixen Kosten in dem Sinn, dass man immer Null Outputeinheiten zu Null Kosten produzieren kann - man kann also immer zusperren. Wenn es langfristig quasi-fixe Faktoren gibt, dann wird die Durchschnittskostenkurve, wie in der kurzen Periode, U-förmig verlaufen. Langfristig wird es jedoch definitionsgemäß immer möglich sein, Null Outputeinheiten zu Null Kosten zu erzeugen.

Natürlich hängt „langfristig" immer vom Problem ab, das man untersucht. Wenn wir als fixen Faktor die Fabrikgröße ansehen, dann ist „langfristig" jene Periode, welche die Unternehmung benötigt, um die Größe ihrer Fabrik zu ändern. Wenn als fixer Faktor die vertragliche Verpflichtung der Gehaltszahlung angesehen wird, dann ist die lange Periode jener Zeitraum, in welchem das Unternehmen die Zahl der Beschäftigten verändern kann.

Als spezifisches Beispiel nehmen wir die Fabrikgröße als fixen Faktor und bezeichnen sie mit k. Die kurzfristige Kostenkurve des Unternehmens, gegeben eine Fabrik mit k Quadratmetern, wird mit $c_s(y, k)$ bezeichnet, wobei das Subskript s für „kurzfristig" steht. (Nunmehr spielt k die Rolle von $\bar{x}_2$ im 20. Kapitel.)

Für jedes gegebene Outputniveau wird es eine bestimmte Fabrikgröße geben, die für die Erzeugung dieses Outputniveaus optimal sein wird. Wir wollen diese Fabrikgröße mit $k(y)$ bezeichnen. Das ist die bedingte Faktornachfragefunktion des Unternehmens nach der Größe der Fabrik als eine Funktion des Outputs. (Sie hängt natürlich auch von den Preisen der Fabrik und der anderen Produktionsfaktoren ab, wir haben diese Argumente jedoch unterdrückt.) Dann wird, wie wir im 20. Kapitel gesehen haben, die langfristige Kostenfunktion der Unternehmung durch $c_s(y, k(y))$ gegeben sein. Das sind die gesamten Produktionskosten für ein Outputniveau y, wenn die Unternehmung die Größe ihrer Fabrik optimal anpassen kann. Die langfristige Kostenfunktion des Unternehmens ist einfach die kurzfristige Kostenfunktion, bewertet bei optimaler Wahl der fixen Faktoren:

$$c(y) = c_s(y, k(y)).$$

Schauen wir uns das grafisch an. Greifen wir ein Outputniveau y^* heraus, mit $k^* = k(y^*)$ als die optimale Fabrikgröße für dieses Outputniveau. Die kurzfristige Kostenfunktion einer Fabrik der Größe k^* ist durch $c_s(y, k^*)$ gegeben, die langfristige Kostenfunktion ist dann wie oben $c(y) = c_s(y, k(y))$.

Beachte nun die wichtige Tatsache, dass die kurzfristigen Kosten der Produktion von y immer mindestens so groß sein müssen wie die langfristigen Kosten der Erzeugung von y. Warum? Kurzfristig hat die Unternehmung eine fixe Fabrikgröße, während sie langfristig die Fabrikgröße anpassen kann. Da eine ihrer langfristigen Möglichkeiten immer darin besteht, eine Fabrik der Größe k^* zu wählen, muss ihre optimale Entscheidung, y Outputeinheiten zu erzeugen, mindestens die Kosten $c(y, k^*)$ haben. Das bedeutet, dass die Unternehmung durch Anpassung der Fabrikgröße mindestens so günstig handeln kann wie bei fixer Größe. Daher gilt

$$c(y) \leq c_s(y, k^*)$$

für alle Werte von y.

Tatsächlich wissen wir für ein bestimmtes Niveau von y, nämlich y^*, dass

$$c(y^*) = c_s(y^*, k^*).$$

Warum? Weil bei y^* die *optimale* Wahl der Fabrikgröße k^* ist. Daher sind bei y^* die langfristigen und die kurzfristigen Kosten gleich.

Wenn die kurzfristigen Kosten immer größer als die langfristigen und beide bei einem bestimmten Outputniveau gleich sind, so bedeutet das, dass die kurz- und die langfristigen Durchschnittskosten dieselbe Eigenschaft haben: $AC(y) = AC_s(y, k^*)$ und $AC(y^*) = AC_s(y^*, k^*)$. Das impliziert, dass die kurzfristige Durchschnittskostenkurve immer über der langfristigen Durchschnittskostenkurve liegt und dass sie sich in einem Punkt, y^*, berühren. Daher müssen sich die langfristige (LAC) und die kurzfristige (SAC)[3] Durchschnittskostenkurve in diesem Punkt berühren, wie in Abbildung 21.6 dargestellt.

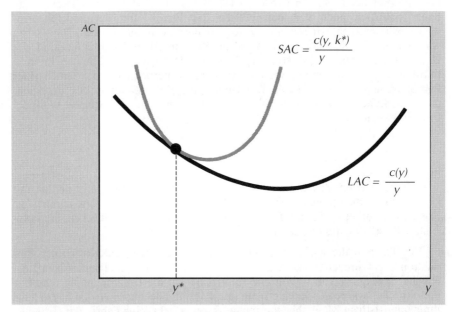

Abbildung 21.6 Kurzfristige und langfristige Durchschnittskosten. Die kurzfristige Durchschnittskostenkurve muss die langfristige Durchschnittskostenkurve berühren.

Wir können dieselbe Konstruktion für andere Outputniveaus als y^* durchführen. Angenommen wir nehmen die Outputs $y_1, y_2, ..., y_n$ und die zugehörigen Fabrikgrößen $k_1 = k(y_1)$, $k_2 = k(y_2)$, ..., $k_n = k(y_n)$. Dann erhalten wir eine Grafik wie Abbildung 21.7. Wir fassen Abbildung 21.7 so zusammen, dass wir sagen, dass die langfristige Durchschnittskostenkurve die **untere Umhüllende** der kurzfristigen Durchschnittskostenkurven ist.

---

[3] LAC = long-run average cost curve, SAC = short-run average cost curve.

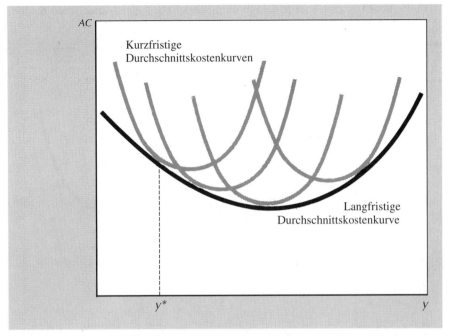

Abbildung 21.7 Kurzfristige und langfristige Durchschnittskosten. Die langfristige Kostenkurve ist die Umhüllende der kurzfristigen Durchschnittskostenkurven.

21.5 Diskrete Fabrikgrößen

In der vorangehenden Diskussion haben wir implizit angenommen, dass wir aus einer kontinuierlichen Zahl verschiedener Fabrikgrößen wählen können. Jedes unterschiedliche Outputniveau hat daher eine einzige zugehörige optimale Fabrikgröße. Aber wir können uns auch überlegen, was geschieht, wenn nur einige wenige verschiedene Fabrikgrößen zur Wahl stehen.

Angenommen zum Beispiel, wir haben nur vier verschiedene Wahlmöglichkeiten, k_1, k_2, k_3 und k_4. Wir haben die vier zugehörigen Durchschnittskostenkurven in Abbildung 21.8 eingezeichnet.

Wie können wir die langfristige Durchschnittskostenkurve konstruieren? Erinnern wir uns, dass die langfristige Durchschnittskostenkurve jene Kostenkurve ist, welche man durch optimale Anpassung von k erhält. Das ist in diesem Fall nicht schwer: Da es nur vier verschiedene Fabrikgrößen gibt, schauen wir nach, welche die jeweils niedrigsten Kosten hat, und wählen diese aus. Das heißt, für jedes Outputniveau y wählen wir einfach jene Fabrikgröße, mit der dieses Outputniveau zu den geringsten Kosten erzeugt werden kann.

Die langfristige Durchschnittskostenkurve wird daher die untere Umhüllende der kurzfristigen Durchschnittskostenkurven sein, wie in Abbildung 21.8 dargestellt. Beachte, dass diese Abbildung qualitativ dieselben Implikationen hat wie Abbildung 21.7: Die kurzfristigen Durchschnittskosten sind immer zumindest so groß wie die langfristigen, und beide sind bei jenem Outputniveau gleich, bei dem die langfristige Nachfrage nach dem fixen Faktor gleich dem fixen Faktor ist, den man hat.

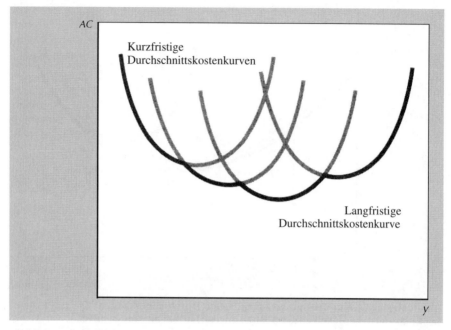

Abbildung 21.8 Diskrete Fabrikgrößen. Wie vorher ist die langfristige Kostenkurve die untere Umhüllende der kurzfristigen Kostenkurven.

21.6 Langfristige Grenzkosten

Wir sahen im letzten Abschnitt, dass die langfristige Durchschnittskostenkurve die untere Umhüllende der kurzfristigen Durchschnittskostenkurven ist. Welche Bedeutung hat das für die Grenzkosten? Überlegen wir uns zuerst den Fall der diskreten Fabrikgrößen. In dieser Situation besteht die langfristige Grenzkostenkurve aus den zugehörigen Abschnitten der kurzfristigen Grenzkostenkurven, wie in Abbildung 21.9 dargestellt. Für jedes Outputniveau sehen wir nach, auf welcher kurzfristigen Durchschnittskostenkurve wir uns befinden, und suchen dann die zugehörigen Grenzkosten.

Das muss unabhängig von der Zahl unterschiedlicher Fabrikgrößen gelten, der kontinuierliche Fall sieht daher aus wie Abbildung 21.10. Die langfristigen Grenzkosten für jedes Outputniveau y müssen jenen kurzfristigen Grenzkosten gleich sein, die der optimalen Fabrikgröße zur Produktion von y entsprechen.

Kostenkurven 359

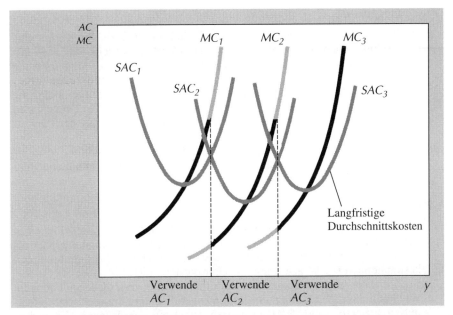

Abbildung 21.9 Langfristige Grenzkosten. Wenn es diskrete Niveaus des fixen Faktors gibt, wird das Unternehmen jene Menge des fixen Faktors wählen, der die Durchschnittskosten minimiert. Die langfristige Grenzkostenkurve wird daher aus den verschiedenen Segmenten der kurzfristigen Grenzkostenkurven bestehen, die zum jeweiligen Niveau des fixen Faktors gehören.

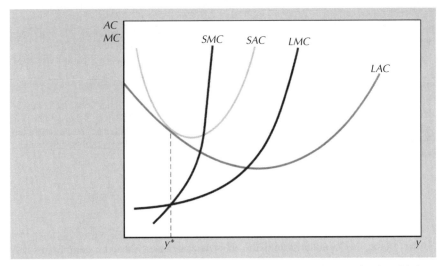

Abbildung 21.10 Langfristige Grenzkosten. Die Beziehung zwischen den langfristigen und kurzfristigen Grenzkosten bei kontinuierlichen Niveaus des fixen Faktors.

Zusammenfassung

1. Durchschnittskosten setzen sich aus durchschnittlichen variablen Kosten plus durchschnittlichen fixen Kosten zusammen. Durchschnittliche Fixkosten fallen immer mit steigendem Output, während durchschnittliche variable Kosten eher steigen. Das Nettoergebnis ist eine U-förmige Durchschnittskostenkurve.
2. Die Grenzkostenkurve liegt unter der Durchschnittskostenkurve, wenn die Durchschnittskosten fallen, und darüber, wenn sie steigen. Die Grenzkosten müssen daher den Durchschnittskosten im Punkt der minimalen Durchschnittskosten gleich sein.
3. Die Fläche unter der Grenzkostenkurve gibt die variablen Kosten an.
4. Die langfristige Durchschnittskostenkurve ist die untere Umhüllende der kurzfristigen Durchschnittskostenkurven.

Wiederholungsfragen

1. Welche der folgenden Aussagen sind richtig? (1) Durchschnittliche Fixkosten steigen nie mit dem Output; (2) Durchschnittskosten sind immer größer als die oder gleich den durchschnittlichen variablen Kosten; (3) Durchschnittskosten können nie steigen, wenn die Grenzkosten fallen.
2. Ein Unternehmen erzeugt identische Outputs in zwei verschiedenen Fabriken. Wie kann das Unternehmen die Kosten bei Aufrechterhaltung desselben Outputs reduzieren, wenn die Grenzkosten der ersten Fabrik jenen der zweiten Fabrik übersteigen?
3. Langfristig produziert ein Unternehmen zur Erzeugung einer gegebenen Outputmenge immer auf dem minimalen Niveau der Durchschnittskosten für die optimale Fabrikgröße. Richtig oder falsch?

ANHANG

Im Text behaupteten wir, dass die durchschnittlichen variablen Kosten für die erste Outputeinheit gleich den Grenzkosten sind. In die Differenzialrechnung übersetzt heißt das

$$\lim_{y \to 0} \frac{c_v(y)}{y} = \lim_{y \to 0} c'(y).$$

Die linke Seite dieses Ausdrucks ist für $y = 0$ nicht definiert. Aber sein Grenzwert ist definiert, und wir können ihn unter Verwendung von L'Hôpital's Regel berechnen, die besagt, dass der Grenzwert eines Bruches, dessen Nenner und Zähler gegen Null streben, durch den Grenzwert der ersten Ableitungen des Zählers und des Nenners gegeben ist. Nach Anwendung dieser Regel haben wir

$$\lim_{y \to 0} \frac{c_v(y)}{y} = \frac{\lim_{y \to 0} dc_v(y)/dy}{\lim_{y \to 0} dy/dy} = \frac{c'(0)}{1},$$

was die Behauptung belegt.

Wir behaupteten weiters, dass die Fläche unter der Grenzkostenkurve die variablen Kosten ergibt. Das kann leicht mit Hilfe eines fundamentalen Theorems der Infinitesimalrechnung gezeigt werden. Da

$$MC(y) = \frac{dc_v(y)}{dy},$$

wissen wir, dass die Fläche unter der Grenzkostenkurve

$$c_v(y) = \int_0^y \frac{dc_v(x)}{dx}\,dx = c_v(y) - c_v(0) = c_v(y)$$

ist.

Die Diskussion der lang- und kurzfristigen Grenzkostenkurven ist geometrisch recht einsichtig, aber was bedeutet sie ökonomisch? Es zeigt sich, dass das Differenzialechnungs-Argument am intuitivsten ist. Das Argument ist einfach. Die Grenzkosten der Produktion sind die Änderung der Kosten, die sich aus einer Änderung des Outputs ergeben. Kurzfristig müssen wir die Fabrikgröße (oder was auch immer) konstant halten, während wir sie langfristig ändern können. Die langfristige Grenzkostenkurve wird daher aus zwei Komponenten bestehen: Wie sich die Grenzkosten bei konstanter Fabrikgröße ändern plus der Änderung der Grenzkosten, wenn die Fabrikgröße angepasst wird. Wenn jedoch die Fabrikgröße optimal ist, muss der zweite Ausdruck gleich Null sein! Daher müssen die lang- und kurzfristigen Grenzkosten gleich sein.

Für den mathematischen Beweis benötigt man die Kettenregel. Wir verwenden die Definition des Textes:

$$c(y) \equiv c_s(y, k(y)).$$

Ableitung nach y ergibt

$$\frac{dc(y)}{dy} = \frac{\partial c_s(y,k)}{\partial y} + \frac{\partial c_s(y,k)}{\partial k}\frac{\partial k(y)}{\partial y}.$$

Wenn wir das bei einem bestimmten Outputniveau y^* und der zugehörigen Fabrikgröße $k^* = k(y^*)$ bewerten, wissen wir, dass

$$\frac{\partial c_s(y^*, k^*)}{\partial k} = 0$$

weil das die notwendige Bedingung erster Ordnung dafür ist, dass k^* die kostenminimierende Fabrikgröße bei y^* ist. Der zweite Ausdruck in der vorangehenden Gleichung fällt daher weg, und es verbleiben lediglich die kurzfristigen Grenzkosten:

$$\frac{dc(y^*)}{dy} = \frac{\partial c_s(y^*, k^*)}{\partial y}.$$

22. Kapitel
DAS ANGEBOT DER UNTERNEHMUNG

In diesem Kapitel werden wir erarbeiten, wie man die Angebotskurve einer Unternehmung unter Konkurrenz aus ihrer Kostenfunktion unter Verwendung des Modells der Gewinnmaximierung herleitet. Als Erstes wollen wir die Marktsituation beschreiben, in welcher die Unternehmung handelt.

22.1 Marktverhältnisse

Jede Unternehmung sieht sich zwei wichtigen Entscheidungen gegenüber: Zu entscheiden, welche Menge sie produzieren und welchen Preis sie festlegen soll. Wenn einer gewinnmaximierenden Unternehmung keine Beschränkungen auferlegt wären, würde sie einen willkürlich hohen Preis festlegen und eine willkürlich große Outputmenge erzeugen. Aber keine Unternehmung existiert in so einem unbeschränkten Umfeld. Im Allgemeinen unterliegen die Handlungen einer Unternehmung zwei Arten von Beschränkungen.

Erstens ist sie mit **technologischen Beschränkungen** konfrontiert, die in der Produktionsfunktion zusammengefasst sind. Es gibt nur bestimmte mögliche Kombinationen von Inputs und Outputs, und sogar die gewinnsüchtigste Unternehmung muss die Realitäten der physischen Welt anerkennen. Wir haben bereits besprochen, wie man die technologischen Beschränkungen darstellen kann, und dabei erkannt, wie die technologischen Beschränkungen zu **ökonomischen Beschränkungen** werden, die in der Kostenfunktion zusammengefasst sind.

Nun fügen wir jedoch eine neue Beschränkung hinzu – oder zumindest eine alte Beschränkung aus einem anderen Blickwinkel. Es ist das die **Marktbeschränkung**. Eine Unternehmung kann produzieren, was immer physisch möglich ist, und sie kann einen Preis nach ihrem Gutdünken festlegen ... aber verkaufen kann sie nur so viel, wie die Leute bereit sind zu kaufen.

Wenn sie einen bestimmten Preis p festsetzt, wird sie eine bestimmte Outputmenge x verkaufen. Wir nennen die Beziehung zwischen dem Preis, den eine Unternehmung festlegt, und der Menge, die sie verkauft, **die Nachfragekurve, der sich die Unternehmung gegenübersieht**.

Wenn es auf dem Markt nur ein Unternehmen gäbe, dann wäre die Nachfragekurve, der sich die Unternehmung gegenübersieht, sehr leicht zu beschreiben:

Es ist einfach die in früheren Kapiteln über das Konsumentinnenverhalten beschriebene Marktnachfragekurve. Denn die Marktnachfragekurve gibt an, wie viel von einem Gut die Leute zu jedem Preis kaufen wollen. Die Nachfragekurve fasst somit die Marktbeschränkungen zusammen, denen sich eine Unternehmung gegenübersieht, welche den Markt ganz für sich allein hat.

Wenn es aber andere Unternehmen auf dem Markt gibt, dann werden die Beschränkungen, denen sich ein einzelnes Unternehmen gegenübersieht, anders sein. In diesem Fall muss das Unternehmen abschätzen, wie sich die *anderen* Unternehmen dieses Marktes verhalten, wenn es seine Preise und Mengen festlegt.

Das ist kein leicht zu lösendes Problem, weder für Unternehmerinnen noch für Ökonominnen. Es gibt eine Menge verschiedener Möglichkeiten, und wir werden versuchen, sie in systematischer Weise zu analysieren. Wir werden den Ausdruck **Marktverhältnisse** verwenden, um die Möglichkeiten der Unternehmungen zu beschreiben, aufeinander bei Preis- und Outputentscheidungen zu reagieren.

In diesem Kapitel werden wir das einfachste Marktverhältnis untersuchen, nämlich die **vollkommene Konkurrenz**. Sie stellt eine gute Vergleichsbasis für viele anderen Situationen dar und ist auch für sich genommen von beträchtlichem Interesse. Wir werden zuerst die Definition der Volkswirtin für die vollkommene Konkurrenz geben und dann versuchen, sie rechtzufertigen.

22.2 Vollkommene Konkurrenz

Für den Laien hat „Konkurrenz" die Bedeutung von intensivem Wettbewerb. Deswegen sind die Studenten oft überrascht, dass die Definition der Konkurrenz durch den Ökonomen so passiv erscheint: Wir bezeichnen einen Markt dann als **vollkommene Konkurrenz**, wenn jede Unternehmung annimmt, dass der Marktpreis von ihrem eigenen Outputniveau unabhängig ist. Auf einem Konkurrenzmarkt muss sich daher jede Unternehmung nur damit beschäftigen, wie viel sie produzieren will. Was immer sie erzeugt, kann nur zu einem Preis verkauft werden, nämlich dem gängigen Marktpreis.

In welchem Umfeld könnte ein Unternehmen eine derartige Annahme sinnvollerweise treffen? Angenommen wir haben eine Branche, die aus vielen Unternehmen besteht, die ein identisches Produkt erzeugen, und jedes Unternehmen ist ein kleiner Teil des Marktes. Ein gutes Beispiel wäre der Weizenmarkt. In Europa gibt es tausende Bauern, die Weizen anbauen, und selbst der größte unter ihnen produziert nur einen verschwindend kleinen Bruchteil des gesamten Angebots. In diesem Fall ist es für jedes einzelne Unternehmen dieser Branche sinnvoll, den Marktpreis als vorherbestimmt anzusehen. Ein Bauer muss sich nicht überlegen, welchen Preis er für seinen Weizen festlegen soll – wenn er überhaupt etwas verkaufen will, muss er es zum Marktpreis verkaufen. Er ist ein **Preisnehmer**: Was ihn betrifft, so ist der Preis gegeben; er muss sich nur überlegen, wie viel er erzeugen soll.

Diese Situation – ein identisches Produkt und viele kleine Unternehmen – ist das klassische Beispiel einer Situation, in der Preisnehmerverhalten sinnvoll ist.

Aber es ist nicht der einzige Fall, in dem Preisnehmerverhalten möglich ist. Selbst wenn es auf einem Markt nur ein paar Firmen gibt, könnten sie dennoch den Marktpreis als außerhalb ihrer Einflussmöglichkeiten sehen.

Nehmen wir den Fall des konstanten Angebots eines verderblichen Gutes, wie z. B. frische Fische oder Schnittblumen auf einem Markt. Selbst wenn es nur 3 oder 4 Unternehmungen am Markt gibt, könnte jede Unternehmung die Preise der *anderen* Unternehmungen als gegeben ansehen. Wenn die Kunden auf dem Markt nur zum niedrigsten Preis kaufen, dann ist der niedrigste Angebotspreis der Marktpreis. Wenn eine der anderen Unternehmungen überhaupt etwas verkaufen will, muss sie zum Marktpreis verkaufen. Daher erscheint in dieser Situation Konkurrenzverhalten – der Marktpreis wird außerhalb der eigenen Einflussmöglichkeit als gegeben angenommen – ebenfalls plausibel.

Wir können die von einem Unternehmen bei Konkurrenz wahrgenommene Beziehung zwischen Preis und Menge mittels eines Diagramms wie in Abbildung 22.1 darstellen. Wie man sieht, ist diese Nachfragekurve sehr einfach. Ein Unternehmen auf einem Konkurrenzmarkt glaubt, dass es nichts verkaufen wird, wenn es einen Preis über dem Marktpreis verlangt. Wenn es zum Marktpreis anbietet, kann es jede beliebige Menge verkaufen, wenn es unter dem Marktpreis verkauft, wird es die gesamte Marktnachfrage für sich haben.

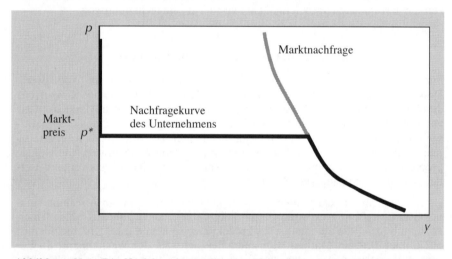

Abbildung 22.1 Die Nachfragekurve für eine Unternehmung bei Wettbewerb. Die Nachfrage der Unternehmung ist beim Marktpreis horizontal. Zu höheren Preisen verkauft die Unternehmung nichts, zu Preisen unter dem Marktpreis sieht sie sich der gesamten Marktnachfrage gegenüber.

Wie üblich können wir uns diese Nachfragefunktion auf zwei Arten vorstellen. Wenn wir die Menge als eine Funktion des Preises ansehen, besagt diese Kurve, dass man jede gewünschte Menge zu oder unter dem Marktpreis verkaufen kann. Wenn wir den Preis als eine Funktion der Menge betrachten, besagt sie, dass der Preis unabhängig von den Verkäufen sein wird, wie hoch diese auch immer sind.

(Das gilt natürlich nicht buchstäblich für *jede* Menge. Der Preis muss nur unabhängig vom eigenen Output hinsichtlich jeder Menge sein, die man zu verkaufen beabsichtigt. Im Fall des Schnittblumenverkäufers muss der Preis unabhängig davon sein, wie viel er verkauft, bis zu seinem Vorrat – dem Maximum, das er verkaufen könnte.)

Es ist wichtig, den Unterschied zwischen der „Nachfragekurve, der sich ein Unternehmen gegenübersieht" und der „Marktnachfragekurve" zu verstehen. Die Marktnachfragekurve erfasst die Beziehung zwischen dem Marktpreis und der gesamten gehandelten Outputmenge. Die Nachfragekurve, der sich ein Unternehmen gegenübersieht, misst die Beziehung zwischen dem Marktpreis und dem Output *dieses einzelnen Unternehmens*.

Die Marktnachfragekurve hängt vom Konsumentenverhalten ab. Die Nachfragekurve, der sich eine Unternehmung gegenübersieht, hängt nicht nur vom Konsumentenverhalten, sondern auch vom Verhalten der andern Unternehmungen ab. Die übliche Rechtfertigung für das Konkurrenzmodell besteht darin, dass bei vielen kleinen Unternehmungen auf einem Markt jede einzelne sich einer Nachfragekurve gegenübersieht, die im Wesentlichen flach ist. Aber selbst wenn es auf einem Markt nur zwei Unternehmungen gibt, und eines besteht unbedingt auf einem fixen Preis, wird sich das andere Unternehmen einer Konkurrenznachfragekurve wie in Abbildung 22.1 gegenübersehen. Das Wettbewerbsmodell könnte daher in einer größeren Vielfalt von Situationen gelten, als es auf den ersten Blick erscheinen mag.

22.3 Die Angebotsentscheidung eines Unternehmens bei Wettbewerb

Wir wollen nun unsere Erkenntnisse über die Kostenkurven verwenden, um die Angebotskurve eines Unternehmens bei Wettbewerb herauszufinden. Definitionsgemäß ignoriert ein Unternehmen bei Wettbewerb seinen Einfluss auf den Marktpreis. Sein Maximierungsproblem ist daher

$$\text{maximiere } py - c(y).$$
$$y$$

Das besagt nur, dass das Unternehmen bei Wettbewerb seine Gewinne maximieren will: die Differenz zwischen seinem Umsatz, py, und seinen Kosten, $c(y)$.

Für welches Outputniveau wird sich das Unternehmen bei Wettbewerb entscheiden? Antwort: Es wird dort produzieren, wo der Grenzumsatz gleich den Grenzkosten ist - wo der zusätzliche Erlös einer weiteren Outputeinheit gerade gleich den zusätzlichen Produktionskosten einer weiteren Einheit ist. Wenn diese Bedingung nicht hielte, könnte das Unternehmen immer seinen Gewinn durch Veränderung seines Outputniveaus erhöhen.

Im Fall eines Unternehmens bei Wettbewerb ist der Grenzumsatz einfach der Preis. Um das zu erkennen, braucht man sich nur zu fragen, wie viel zusätzlichen Erlös ein Unternehmen bei Wettbewerb erzielt, wenn es seinen Output um Δy erhöht. Wir erhalten

$$\Delta R = p \Delta y$$

da sich annahmegemäß p nicht ändert. Der zusätzliche Erlös je Outputeinheit ist dann durch

$$\frac{\Delta R}{\Delta y} = p$$

gegeben, was der Ausdruck für den Grenzumsatz ist.

Ein Unternehmen bei Wettbewerb wird daher ein Outputniveau y wählen, bei dem seine Grenzkosten gerade gleich dem Marktpreis sind. Formal:

$$p = MC(y).$$

Wir wollen für einen gegebenen Marktpreis p jenes Outputniveau suchen, bei dem die Gewinne maximal sind. Wenn bei einem bestimmten Outputniveau y der Preis größer als die Grenzkosten ist, kann das Unternehmen seinen Gewinn durch etwas höhere Produktion steigern. Denn ein Preis, der über den Grenzkosten liegt, bedeutet

$$p - \frac{\Delta c}{\Delta y} > 0.$$

Erhöhung des Outputs um Δy heißt daher

$$p\Delta y - \frac{\Delta c}{\Delta y}\Delta y > 0.$$

Nach Vereinfachung finden wir, dass

$$p\Delta y - \Delta c > 0,$$

was bedeutet, dass die Erhöhung des Umsatzes durch den zusätzlichen Output die Erhöhung der Kosten übersteigt. Der Gewinn muss daher steigen.

Ein ähnliches Argument gilt, wenn der Preis niedriger als die Grenzkosten ist. Dann wird eine Verringerung des Outputs den Gewinn erhöhen, da der entgangene Umsatz durch die Kostensenkung mehr als kompensiert wird.

Beim optimalen Outputniveau muss das Unternehmen daher dort produzieren, wo der Preis gleich den Grenzkosten ist. Für jede beliebige Höhe des Marktpreises p wird das Unternehmen ein Outputniveau y wählen, bei dem $p = MC(y)$. Daher ist die Grenzkostenkurve eines Unternehmens bei Wettbewerb seine Angebotskurve. Oder anders ausgedrückt, der Marktpreis entspricht genau den Grenzkosten – solange jedes Unternehmen auf seinem gewinnmaximierenden Niveau produziert.

22.4 Eine Ausnahme

Nun ... möglicherweise nicht *genau*. Es gibt zwei Problemfälle. Der erste Fall ist jener, bei dem es mehrere Outputniveaus gibt, bei denen der Preis gleich den Grenzkosten ist, wie zum Beispiel in Abbildung 22.2. Hier gibt es zwei Outputniveaus, bei denen der Preis gleich den Grenzkosten ist. Welches wird die Unternehmung wählen?

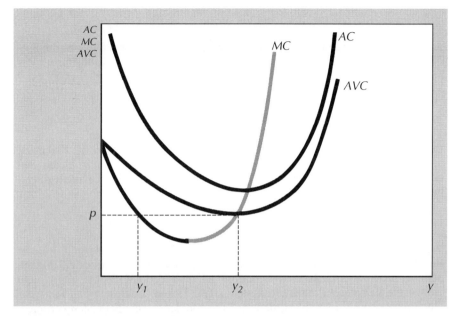

Abbildung 22.2 Grenzkosten und Angebot. Obwohl es zwei Outputniveaus gibt, bei denen der Preis gleich den Grenzkosten ist, kann die gewinnmaximierende Angebotsmenge nur im ansteigenden Teil der Grenzkostenkurve liegen.

Die Antwort ist nicht schwierig. Nehmen wir den ersten Schnittpunkt, bei dem die Grenzkostenkurve fällt. Wenn wir hier den Output ein wenig erhöhen, werden die Kosten jeder zusätzlichen Outputeinheit sinken. Das ist die Bedeutung der fallenden Grenzkostenkurve. Der Marktpreis bleibt jedoch unverändert. Der Gewinn muss daher auf jeden Fall steigen.

Wir können also Outputniveaus ausscheiden, bei denen die Grenzkostenkurve fällt. In diesem Bereich muss eine Erhöhung des Outputs immer den Gewinn steigern. Die Angebotskurve eines Unternehmens bei Wettbewerb muss auf dem ansteigenden Teil der Grenzkostenkurve liegen. Das bedeutet, dass die Angebotskurve immer steigend verlaufen muss. Das Phänomen des „Giffen-Gutes" kann es bei Angebotskurven also nicht geben.

Preis gleich Grenzkosten ist eine *notwendige* Bedingung für Gewinnmaximierung. Im Allgemeinen ist es aber keine *hinreichende* Bedingung. Nur weil wir einen Punkt finden, bei dem der Preis gleich den Grenzkosten ist, bedeutet noch nicht, dass wir den gewinnmaximierenden Punkt gefunden haben. Wenn wir aber den gewinnmaximierenden Punkt finden, so wissen wir, dass dort der Preis gleich den Grenzkosten sein muss.

22.5 Eine weitere Ausnahme

In der bisherigen Diskussion war unterstellt, dass es Gewinn bringend ist, überhaupt etwas zu produzieren. Es könnte jedoch der Fall sein, dass es für ein Unternehmen am günstigsten ist, Null Outputeinheiten zu erzeugen. Da es immer möglich ist, nicht zu produzieren, müssen wir unseren Anwärter auf Gewinnmaximierung mit der Möglichkeit vergleichen, überhaupt nichts zu tun.

Wenn ein Unternehmen Null Output produziert, muss es noch immer die Fixkosten F bezahlen. Der „Gewinn" aus der Erzeugung von Null Einheiten ist daher genau $-F$. Der Gewinn aus der Produktion von y Outputeinheiten ist $py - c_v(y) - F$. Das Unternehmen sperrt besser zu, wenn

$$-F > py - c_v(y) - F,$$

das heißt, wenn der „Gewinn" aus der Nullproduktion, bei der nur die Fixkosten bezahlt werden, den „Gewinn" bei der Produktion, wo der Preis gleich den Grenzkosten ist, übersteigt. Umformung dieser Gleichung ergibt die **Stilllegungsbedingung**:

$$AVC(y) = \frac{c_v(y)}{y} > p.$$

Wenn die durchschnittlichen variablen Kosten größer als der Preis sind, wäre es für das Unternehmen günstiger, nichts zu erzeugen. Das ist durchaus sinnvoll, denn es bedeutet einfach, dass die Erlöse aus dem Verkauf des Outputs y nicht einmal die *variablen* Produktionskosten, $c_v(y)$, decken. In diesem Fall kann das Unternehmen genau so gut zusperren. Es würde dann seine Fixkosten verlieren, durch Aufrechterhaltung der Produktion würde es jedoch noch mehr verlieren.

Diese Diskussion weist darauf hin, dass lediglich jene Teile der Grenzkostenkurve, die oberhalb der durchschnittlichen variablen Kostenkurve liegen, mögliche Punkte der Angebotskurve sind. Wenn ein Punkt, bei dem der Preis gleich den Grenzkosten ist, unterhalb der durchschnittlichen variablen Kostenkurve liegt, wäre es für das Unternehmen optimal, sich für Null Outputeinheiten zu entscheiden.

Wir haben nun ein Bild der Angebotskurve wie in Abbildung 22.3. Das Unternehmen bei Wettbewerb produziert entlang jenes Teils der Grenzkostenkurve, der ansteigt und oberhalb der durchschnittlichen variablen Kostenkurve liegt.

22.6 Die inverse Angebotskurve

Wir wissen bereits, dass die Angebotskurve eines Unternehmens bei Wettbewerb durch die Bedingung bestimmt wird, dass der Preis gleich den Grenzkosten ist. Wie vorher können wir diese Beziehung zwischen Preis und Output auf zwei Arten ausdrücken: Wir können uns entweder, wie üblich, den Output als eine Funktion des Preises vorstellen, oder wir können die „inverse Angebotskurve" heranziehen, die den Preis als eine Funktion des Outputs angibt. Aus der letzteren Darstellung kann man gewisse Erkenntnisse gewinnen. Da auf jedem Punkt der Angebotskurve der Preis gleich den Grenzkosten ist, muss der Marktpreis ein Maß für die Grenzkosten jedes Unternehmens in dieser Branche sein. Ein Unternehmen, das viel Output produziert, und ein Unternehmen, das nur wenig Output erzeugt, müssen *dieselben Grenzkosten* haben, wenn sie beide den Gewinn maxi-

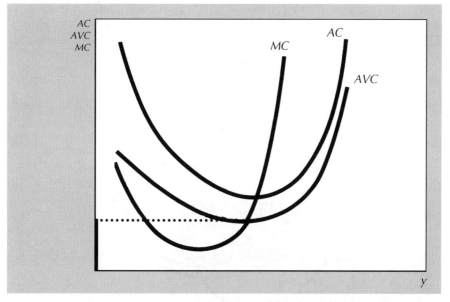

Abbildung 22.3 Durchschnittliche variable Kosten und Angebot. Die Angebotskurve ist der ansteigende Teil der Grenzkostenkurve, der oberhalb der durchschnittlichen variablen Kostenkurve liegt. Die Unternehmung wird nicht im Bereich der Grenzkostenkurve unterhalb der Durchschnittskostenkurve tätig sein, da sie durch Stillegung größere Gewinne (kleinere Verluste) hätte.

mieren. Die Gesamtkosten jedes Unternehmens können sehr unterschiedlich sein, aber die Grenzkosten müssen gleich sein.

Die Gleichung $p = MC(y)$ gibt die inverse Angebotskurve direkt an: den Preis als eine Funktion des Outputs. Diese Art, die Angebotskurve zu formulieren, kann sehr brauchbar sein.

22.7 Gewinne und Produzentinnenrente

Für einen gegebenen Marktpreis können wir nun die optimale Position der Unternehmung aus der Bedingung $p = MC(y)$ errechnen. Für diese optimale Position können wir den Gewinn der Unternehmung berechnen. In Abbildung 22.4 ist die Fläche des Rechtecks p^*y^* der Gesamtumsatz. Die Fläche $y^*AC(y^*)$ gibt die Gesamtkosten an, da

$$yAC(y) = y\frac{c(y)}{y} = c(y).$$

Der Gewinn ist einfach die Differenz zwischen diesen beiden Flächen.

Erinnern wir uns an die Diskussion der **Produzentinnenrente** im 14. Kapitel. Wir definierten die Produzentinnenrente als die Fläche links von der Angebotskurve, analog zur Konsumentinnenrente, welche die Fläche links von der Nachfragekurve war. Es zeigt sich, dass die Produzentinnenrente eng mit dem Gewinn eines Unternehmens verknüpft ist. Genau gesagt ist die Produzentinnenrente gleich dem Umsatz minus den variablen Kosten, oder gleichwertig, dem Gewinn plus den Fixkosten:

Gewinn = $py - c_v(y) - F$
Produzentinnenrente = $py - c_v(y)$.

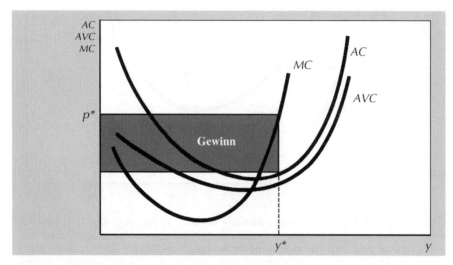

Abbildung 22.4 Gewinn. Der Gewinn ist die Differenz zwischen dem Gesamtumsatz und den Gesamt-kosten, dargestellt durch das dunkle Rechteck.

Die direkteste Art der Messung der Produzentinnenrente ist, sich die Differenz zwischen dem Umsatzrechteck und dem Rechteck $y^*AVC(y^*)$ anzusehen – wie in Abbildung 22.5A. Es gibt jedoch andere Möglichkeiten, die Produzentinnenrente durch direkte Verwendung der Grenzkostenkurve zu messen.

Wir wissen aus dem 20. Kapitel, dass die Fläche unter der Grenzkostenkurve die gesamten variablen Kosten misst. Das gilt, weil die Fläche unter der Grenzkostenkurve die Produktionskosten der ersten Einheit plus den Produktionskosten der zweiten Einheit usw. ist. Um die Produzentinnenrente zu ermitteln, können wir daher die Fläche unter der Grenzkostenkurve vom Umsatzrechteck abziehen und erhalten dann die in Abbildung 22.5B eingezeichnete Fläche.

Schließlich können wir die zwei Möglichkeiten zur Messung der Produzentinnenrente kombinieren. Verwende die „Rechtecks"-Definition bis zum Punkt, wo die Grenzkosten den durchschnittlichen variablen Kosten gleich sind, ab dann verwende die Fläche oberhalb der Grenzkostenkurve, was in Abbildung 22.5C dargestellt wird. Dieser letzte Weg ist für die meisten Anwendungen am praktischsten, da es sich einfach um die Fläche links von der Angebotskurve handelt. Beachte, dass das mit der Definition der Produzentinnenrente aus dem 14. Kapitel übereinstimmt.

Wir sind eher selten am *Gesamt*ausmaß der Produzentinnenrente interessiert; häufiger interessiert uns die *Änderung* der Produzentinnenrente. Wenn die Unternehmung ihren Output von y^* auf y' ändert, dann wird die Änderung der Produzentinnenrente durch die trapezförmige Fläche in Abbildung 22.6 gegeben sein.

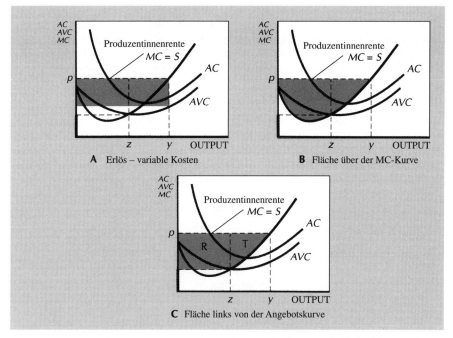

Abbildung 22.5 Produzentinnenrente. Drei gleichwertige Möglichkeiten zur Messung der Produzentinnenrente. Feld A enthält ein Rechteck, das Umsatz minus variable Kosten misst. Feld B stellt die Fläche oberhalb der Grenzkostenkurve dar. Feld C verwendet das Rechteck bis zum Output z (Fläche R) und ab dann die Fläche oberhalb der Grenzkostenkurve (Fläche T).

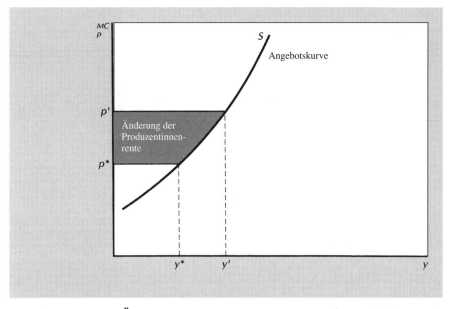

Abbildung 22.6 Die Änderung der Produzentinnenrente. Da die Angebotskurve mit dem ansteigenden Teil der Grenzkostenkurve zusammenfällt, wird die Änderung der Produzentinnenrente typischerweise in etwa eine Trapezform haben.

Beachte, dass die Änderung der Produzentinnenrente bei einer Bewegung von y^* nach y' gleich der Gewinnänderung einer Bewegung von y^* nach y' ist, da sich definitionsgemäß die Fixkosten nicht ändern. Wir können daher die Auswirkung einer Outputänderung auf den Gewinn aus der Kenntnis der Grenzkostenkurve messen, ohne jegliche Bezugnahme auf die Durchschnittskostenkurve.

BEISPIEL: Die Angebotskurve für eine spezifische Kostenfunktion

Wie sieht die Angebotskurve für das im letzten Kapitel gegebene Beispiel einer Kostenfunktion $c(y) = y^2 + 1$ aus? In diesem Beispiel lag die Grenzkostenkurve immer über der variablen Durchschnittskostenkurve und sie war immer ansteigend. Daher ergibt die Bedingung „Preis ist gleich Grenzkosten" unmittelbar die Angebotskurve. Nach Einsetzen von $2y$ für die Grenzkosten erhalten wir

$$p = 2y.$$

Das ergibt die inverse Angebotskurve, oder den Preis als eine Funktion des Outputs. Auflösung nach dem Output als eine Funktion des Preises führt zu

$$S(p) = y = \frac{p}{2}$$

als unsere Formel für die Angebotskurve. Sie ist in Abbildung 22.7 dargestellt.

Wenn man diese Angebotsfunktion in die Definition des Gewinns einsetzt, kann man für jeden Preis p den maximalen Gewinn ausrechnen. Nach Durchführung der Berechnung erhält man:

$$\pi(p) = py - c(y)$$
$$= p\frac{p}{2} - \left(\frac{p}{2}\right)^2 - 1$$
$$= \frac{p^2}{4} - 1.$$

Wie verhält sich der maximale Gewinn zur Produzentinnenrente? In Abbildung 22.7 erkennen wir, dass die Produzentinnenrente – die Fläche links von der Angebotskurve – ein Dreieck mit einer Basis von $y = p/2$ und einer Höhe von p ist. Die Fläche dieses Dreiecks ist

$$A = \left(\frac{1}{2}\right)\left(\frac{p}{2}\right)p = \frac{p^2}{4}.$$

Ein Vergleich mit der Gewinngleichung zeigt, dass die Produzentinnenrente, wie behauptet, gleich dem Gewinn plus den Fixkosten ist.

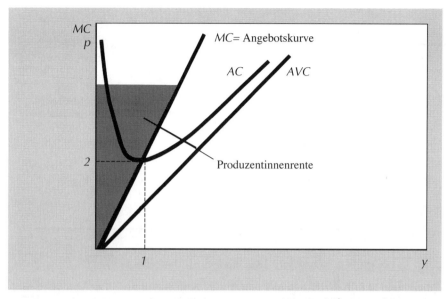

Abbildung 22.7 Ein spezifisches Beispiel einer Angebotskurve. Die Angebotskurve und die Produzentinnenrente für die Kostenfunktion $c(y) = y^2 + 1$.

22.8 Die langfristige Angebotskurve eines Unternehmens

Die langfristige Angebotskurve eines Unternehmens gibt an, wie viel das Unternehmen optimal erzeugen würde, wenn es die Fabrikgröße (oder was immer auch seine kurzfristig fixen Faktoren sind) anpassen könnte. Das heißt, die langfristige Angebotskurve ist durch

$$p = MC_l(y) = MC(y, k(y))$$

gegeben. Die kurzfristige Angebotskurve ist durch Preis ist gleich Grenzkosten bei konstantem Niveau von k gegeben:

$$p = MC(y, k).$$

Beachte den Unterschied zwischen den beiden Gleichungen. Die kurzfristige Angebotskurve enthält die Grenzkosten mit konstantem k auf einem gegebenen Outputniveau, während die langfristige Angebotskurve die Grenzkosten des Outputs bei optimaler Anpassung von k ist.

Wir wissen jedoch auch etwas über die Beziehung zwischen den kurz- und langfristigen Grenzkosten: Die kurzfristigen und die langfristigen Grenzkosten decken sich beim Outputniveau y^*, wo die Wahl des konstanten Faktors bei den kurzfristigen Grenzkosten dem Optimum k^* entspricht. Die kurzfristige und die

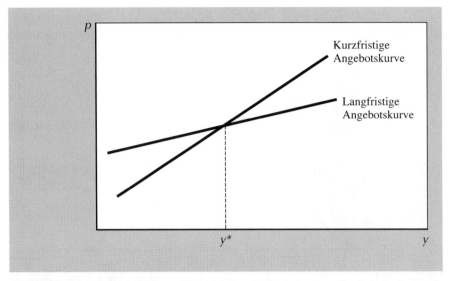

Abbildung 22.8 Kurzfristige und langfristige Angebotskurven. Typischerweise wird die langfristige Angebotskurve elastischer sein als die kurzfristige.

langfristige Angebotskurve des Unternehmens treffen daher bei y^* zusammen, wie in Abbildung 22.8 dargestellt ist.

Kurzfristig ist das Unternehmen durch zumindest einen fixen Faktor beschränkt; langfristig sind alle Faktoren variabel. Wenn sich der Outputpreis ändert, hat daher das Unternehmen langfristig mehr Möglichkeiten der Anpassung als kurzfristig. Das weist darauf hin, dass die langfristige Angebotskurve stärker auf den Preis reagieren – elastischer sein – wird als die kurzfristige Angebotskurve, wie in Abbildung 22.8.

Was kann noch über die langfristige Angebotskurve ausgesagt werden? Als langfristig wird jene Periode definiert, in der das Unternehmen alle seine Inputs anpassen kann. Eine Möglichkeit, welche das Unternehmen hat, ist zu entscheiden, ob es überhaupt etwas erzeugen soll. Da langfristig das Unternehmen durch sein Ausscheiden immer einen Gewinn von Null erzielen kann, muss der Gewinn, den das Unternehmen im langfristigen Gleichgewicht erzielt, zumindest Null sein:

$$py - c(y) \geq 0,$$

was bedeutet, dass

$$p \geq \frac{c(y)}{y}.$$

Das besagt, dass langfristig der Preis mindestens so hoch sein muss wie die Durchschnittskosten. Der relevante Teil der langfristigen Angebotskurve ist daher der ansteigende Teil der Grenzkostenkurve, der oberhalb der langfristigen Durchschnittskostenkurve liegt, wie in Abbildung 22.9 wiedergegeben.

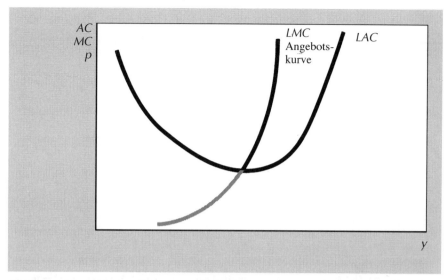

Abbildung 22.9 Die langfristige Angebotskurve. Die langfristige Angebotskurve wird der ansteigende Teil der langfristigen Grenzkostenkurve sein, der oberhalb der Durchschnittskostenkurve liegt.

Das stimmt vollständig mit der Geschichte über die kurze Periode überein. Langfristig sind alle Kosten variabel, die kurzfristige Bedingung, dass der Preis oberhalb der durchschnittlichen variablen Kosten liegt, ist daher gleichbedeutend mit der langfristigen Bedingung, dass der Preis oberhalb der Durchschnittskosten liegen muss.

22.9 Langfristig konstante Durchschnittskosten

Eine besonders interessante Situation ist jene, in der die langfristige Technologie einer Unternehmung konstante Skalenerträge aufweist. In diesem Fall ist die langfristige Angebotskurve gleich der langfristigen Grenzkostenkurve, die im Fall konstanter Durchschnittskosten mit der langfristigen Durchschnittskostenkurve zusammenfällt. Wir haben daher die in Abbildung 22.10 dargestellte Situation, in der die langfristige Angebotskurve eine Horizontale bei c_{min}, dem Niveau der konstanten Durchschnittskosten, ist.

Diese Angebotskurve bedeutet, dass das Unternehmen bereit ist, jede beliebige Outputmenge bei $p = c_{min}$ anzubieten, eine willkürlich große Menge bei $p > c_{min}$ und Null Mengeneinheiten bei $p < c_{min}$. Wenn wir uns das Kopierargument für konstante Skalenerträge in Erinnerung rufen, ist das völlig einsichtig. Wenn es möglich ist, 1 Einheit um c_{min} Euro zu erzeugen, dann implizieren konstante Skalenerträge, dass man n Einheiten um nc_{min} Euro herstellen kann. Man wird daher bereit sein, zu einem Preis von c_{min} jede Outputmenge anzubieten, zu einem Preis größer als c_{min} eine willkürlich große Outputmenge.

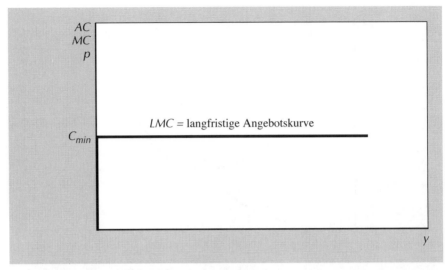

Abbildung 22.10 Konstante Durchschnittskosten. Im Fall konstanter Durchschnittskosten wird die langfristige Angebotskurve eine Horizontale sein.

Wenn andererseits $p < c_{min}$, sodass man nicht einmal beim Angebot von einer Mengeneinheit keinen Verlust erzielt, wird man sicherlich auch bei einem Angebot von n Mengeneinheiten nicht kostendeckend anbieten können. Daher wird man für jeden Preis unter c_{min} Null Mengeneinheiten anbieten.

Zusammenfassung

1. Die Beziehung zwischen dem Preis, den ein Unternehmen verlangt, und dem Output, den es verkauft, wird als die Nachfragefunktion, der sich das Unternehmen gegenübersieht, bezeichnet. Definitionsgemäß sieht sich ein Unternehmen bei Wettbewerb einer horizontalen Nachfragekurve gegenüber, deren Höhe durch den Marktpreis bestimmt ist – dem Preis, den die anderen Unternehmungen auf diesem Markt verlangen.
2. Die (kurzfristige) Angebotskurve eines Unternehmens bei Wettbewerb ist jener Teil der (kurzfristigen) Grenzkostenkurve, der ansteigt und oberhalb der durchschnittlichen variablen Kostenkurve liegt.
3. Die Änderung der Produzentinnenrente aufgrund einer Änderung des Marktpreises von p_1 auf p_2 ist die Fläche links von der Grenzkostenkurve zwischen p_1 und p_2. Sie misst auch die Gewinnänderung des Unternehmens.
4. Die langfristige Angebotskurve eines Unternehmens ist jener Teil der langfristigen Grenzkostenkurve, der ansteigt und oberhalb seiner langfristigen Durchschnittskostenkurve liegt.

Wiederholungsfragen

1. Die Kostenkurve eines Unternehmens ist $c(y) = 10y^2 + 1.000$. Wie lautet seine Angebotskurve?

2. Die Kostenkurve eines Unternehmens ist $c(y) = 10y^2 + 1.000$. Bei welcher Outputmenge sind die Durchschnittskosten ein Minimum?
3. Wie lautet die Formel für die inverse Angebotskurve, wenn die Angebotskurve durch $S(p) = 100 + 20p$ gegeben ist?
4. Ein Unternehmen hat die Angebotsfunktion $S(p) = 4p$. Seine Fixkosten sind 100. Wie ändert sich sein Gewinn, wenn sich der Preis von 10 auf 20 verändert?
5. Wie lautet die langfristige Angebotskurve eines Unternehmens, dessen Kostenkurve $c(y) = y^2 + 1$ ist?
6. Klassifiziere jede der folgenden Beschränkungen als entweder technologisch oder durch den Markt bedingt: die Preise der Inputs; die Anzahl der anderen Unternehmen am Markt; die produzierte Outputmenge; die Möglichkeit, mit den derzeit gegebenen Inputniveaus mehr zu erzeugen.
7. Was ist die Hauptannahme zur Charakterisierung eines vollkommenen Konkurrenzmarktes?
8. Der Grenzumsatz eines Unternehmens ist bei vollkommener Konkurrenz immer gleich was? Welches Outputniveau wird ein gewinnmaximierendes Unternehmen auf so einem Markt produzieren?
9. Welches Outputniveau sollte das Unternehmen erzeugen, wenn die durchschnittlichen variablen Kosten den Marktpreis übersteigen? Wie hoch wäre es, wenn es keine Fixkosten gäbe?
10. Ist es für ein Unternehmen bei vollkommener Konkurrenz besser zu produzieren, selbst wenn es Verluste erzielt? Wenn ja, wann?
11. Welche Beziehung besteht zwischen dem Marktpreis und den Produktionskosten bei vollkommenem Wettbewerb für alle Unternehmungen einer Branche?

ANHANG

Die Diskussion in diesem Kapitel ist sehr einfach, wenn man die Differenzialrechnung im Griff hat. Das Gewinnmaximierungsproblem lautet

$$\underset{y}{\text{maximiere}} \; py - c(y)$$

unter der Nebenbedingung $y \geq 0$.

Die erforderlichen Bedingungen für das optimale Angebot, y^*, sind die Bedingung erster Ordnung

$$p - c'(y^*) = 0$$

und die Bedingung zweiter Ordnung

$$-c''(y^*) \leq 0.$$

Die Bedingung erster Ordnung besagt, dass der Preis gleich den Grenzkosten sein muss, die Bedingung zweiter Ordnung, dass die Grenzkosten steigend sein müssen. Natürlich ist unterstellt, dass $y^* > 0$. Wenn der Preis bei y^* kleiner als die durchschnittlichen variablen Kosten ist, ist es für das Unternehmen am besten, Null Output zu erzeugen. Um die Angebotskurve eines Unternehmens bei Wettbewerb zu bestimmen, müssen wir alle Punkte suchen, für welche die Bedingungen erster und zweiter Ordnung erfüllt sind, sie miteinander vergleichen – und mit $y = 0$ – und dann den Punkt mit dem größten Gewinn auswählen. Das ist dann das gewinnmaximierende Angebot.

23. Kapitel
MARKTANGEBOT EINER BRANCHE

Wir haben nun die Angebotskurve eines Unternehmens aus seiner Grenzkostenkurve hergeleitet. Auf einem Konkurrenzmarkt gibt es jedoch typischerweise viele Unternehmungen, die Angebotskurve auf dem Markt wird sich daher als die Summe der Angebote der einzelnen Unternehmen darstellen. In diesem Kapitel werden wir die **Marktangebotskurve einer Branche** untersuchen.

23.1 Kurzfristiges Branchenangebot

Wir beginnen die Analyse einer Branche mit einer konstanten Anzahl von Unternehmungen, n. Die Angebotskurve der Unternehmung i sei $S_i(p)$, sodass die **Angebotskurve der Branche** oder die **Marktangebotskurve**

$$S(p) = \sum_{i=1}^{n} S_i(p)$$

ist, einfach die Summe der individuellen Angebotskurven. Geometrisch bilden wir die Summe der von jeder Unternehmung zu jedem Preis angebotenen Mengen, was uns, wie in Abbildung 23.1, die *horizontale* Summe der Angebotskurven gibt.

23.2 Kurzfristiges Branchengleichgewicht

Um das Branchengleichgewicht zu finden, nehmen wir diese Marktangebotskurve und suchen den Schnittpunkt mit der Marktnachfragekurve. Das ergibt den Gleichgewichtspreis p^*.

Mit diesem Gleichgewichtspreis kehren wir zu den individuellen Unternehmungen zurück und untersuchen ihre Outputniveaus und Gewinne. Eine typische Struktur mit drei Unternehmungen, A, B und C, wird in Abbildung 23.2 illustriert. In diesem Beispiel produziert die Unternehmung A bei einer Preis-Output-Kombination, die auf ihrer Durchschnittskostenkurve liegt. Das bedeutet, dass

$$p = \frac{c(y)}{y}.$$

Nach Kreuzmultiplikation und Umformung erhalten wir

$$py - c(y) = 0.$$

Die Unternehmung A erzielt daher keinen Gewinn.

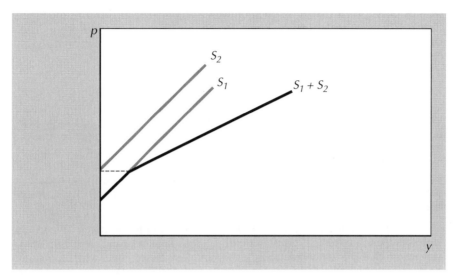

Abbildung 23.1 Die Angebotskurve der Branche. Die Angebotskurve der Branche ($S_1 + S_2$) ist die Summe der individuellen Angebotskurven (S_1 und S_2).

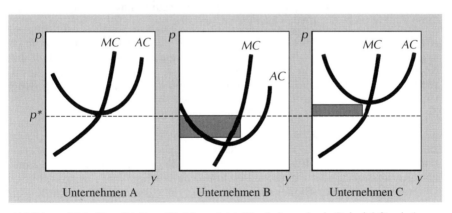

Abbildung 23.2 Kurzfristiges Gleichgewicht. Hier haben wir ein Beispiel für ein kurzfristigen Gleichgewicht mit drei Unternehmungen. Unternehmung A macht keine Gewinne, Unternehmung B erzielt einen positiven Gewinn und die Unternehmung C hat einen negativen Gewinn, das heißt, sie erleidet einen Verlust.

Unternehmung B arbeitet bei einem Punkt, bei dem der Preis größer als die Durchschnittskosten ist: $p > c(y)/y$, was bedeutet, dass sie im kurzfristigen Gleichgewicht einen Gewinn erzielt. Bei der Unternehmung C ist der Preis kleiner als die Durchschnittskosten, sie macht negative Gewinne, das heißt, sie erleidet einen Verlust.

Preis-Output-Kombinationen, die oberhalb der Durchschnittskostenkurve liegen, stellen positive Gewinne dar, Kombinationen, die darunter liegen, bedeuten negative Gewinne. Selbst wenn eine Unternehmung negative Gewinne macht, wird es für sie noch immer besser sein, weiter zu produzieren, solange die Preis-Output-Kombination oberhalb der durchschnittlichen *variablen* Kosten liegt. Denn in diesem Fall wird es durch Aufrechterhaltung der Geschäftstätigkeit einen kleineren Verlust erleiden als bei einer Produktion von Null.

23.3 Langfristiges Branchengleichgewicht

Langfristig können die Unternehmungen ihre fixen Faktoren anpassen. Sie können die Fabrikgröße oder die Kapitalausstattung oder was auch immer so wählen, dass sie ihren langfristigen Gewinn maximieren. Das bedeutet einfach, dass sie sich von ihren kurz- zu ihren langfristigen Kostenkurven bewegen, was keine zusätzlichen analytischen Schwierigkeiten mit sich bringt: Wir verwenden einfach die durch die langfristigen Grenzkostenkurven bestimmten langfristigen Angebotskurven.

Es kann jedoch eine zusätzliche langfristige Wirkung auftreten. Wenn ein Unternehmen langfristig Verluste erleidet, gibt es keinen Grund, in dieser Branche zu verbleiben, wir würden also erwarten, dass dieses Unternehmen aus der Branche *ausscheidet*, denn durch Austritt aus der Branche kann das Unternehmen seinen Verlust auf Null reduzieren. Damit sagen wir nur auf eine andere Art, dass langfristig der einzig relevante Teil der Angebotskurve eines Unternehmens jener ist, der *auf oder über* der Durchschnittskostenkurve liegt – da diese Punkte nicht-negativen Gewinnen entsprechen.

Wenn ein Unternehmen andererseits Gewinne erzielt, würden wir *Eintritte* in die Branche erwarten. Schließlich enthält doch die Kostenkurve angeblich die Kosten aller zur Erzeugung notwendigen Faktoren, gemessen zu ihrem Marktpreis (d. h. zu ihren Opportunitätskosten). Wenn ein Unternehmen langfristig Gewinne erzielt, so bedeutet das, dass *jedermann* auf diesen Markt gehen kann, die Faktoren erwirbt, und dieselbe Outputmenge zu denselben Kosten erzeugt.

In den meisten Wettbewerbsbranchen gibt es für neue Unternehmen keine Eintrittsbeschränkungen; wir sagen dann, dass diese Branche **freien Marktzutritt** hat. In einigen Branchen gibt es jedoch **Eintrittsbarrieren**, wie Lizenzen, Konzessionen oder rechtliche Beschränkungen, hinsichtlich der Anzahl der Unternehmen in einer Branche. So verhindern zum Beispiel Vorschriften über den Verkauf von Alkohol in vielen Bundesstaaten der USA freien Zugang zum Einzelhandel mit alkoholischen Getränken.

Die beiden langfristigen Wirkungen – Erwerb verschiedener fixer Faktoren und das Ein- und Austrittsphänomen – stehen in enger Beziehung zueinander. Eine bestehende Unternehmung in einer Branche kann sich entscheiden, eine neue Fabrik oder ein neues Geschäft zu erwerben und zusätzlichen Output erzeugen. Oder eine neue Unternehmung kann durch Erwerb einer neuen Fabrik auf den Markt kommen und Output produzieren. Der einzige Unterschied liegt im Besitz an den neuen Produktionsmitteln.

Natürlich wird durch den Eintritt zusätzlicher Unternehmen auf dem Markt – und den Austritt von Unternehmen, die Verluste erleiden – die gesamte produzierte Menge variieren, was zu Änderungen im Marktpreis führt. Das wird wiederum Auswirkungen auf die Gewinne und damit auf den Anreiz zum Ein- und Austritt haben. Wie wird das langfristige Gleichgewicht in einer Branche mit freiem Marktzugang aussehen?

Analysieren wir den Fall, in dem alle Unternehmen identische langfristige Kostenfunktionen, $c(y)$, haben. Für die gegebene Kostenfunktion kann man das Outputniveau ermitteln, bei dem die Durchschnittskosten minimiert werden; wir wollen dieses Niveau mit y^* bezeichnen. Weiters sei $p^* = c(y^*)/y^*$, der minimale Wert der Durchschnittskosten. Diese Kosten sind wichtig, weil sie den niedrigst möglichen Preis darstellen, den die Unternehmen am Markt verlangen können und gerade noch ihre Kosten decken.

Wir können nun die Angebotskurve der Branche für jede unterschiedliche Zahl an Unternehmungen, die es auf dem Markt geben kann, grafisch darstellen. Abbildung 23.3 enthält die Angebotskurven der gesamten Branche, wenn es 1, ..., 4 Unternehmungen auf dem Markt gibt. (Wir verwenden 4 Unternehmungen nur als Beispiel; in Wirklichkeit würde man auf einem vollkommenen Konkurrenzmarkt wesentlich mehr Unternehmungen erwarten.) Da alle Unternehmungen dieselbe Angebotskurve haben, ist die gesamte Angebotsmenge bei 2 Unternehmungen einfach das Doppelte von 1 Unternehmung, das Dreifache bei 3 Unternehmungen usw.

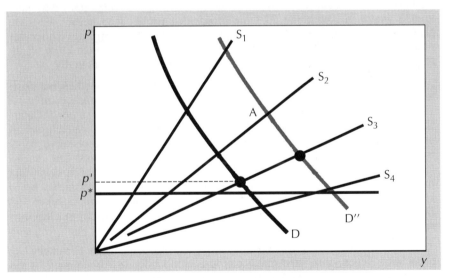

Abbildung 23.3 Angebotskurven bei freiem Markteintritt. Angebotskurven für 1, ..., 4 Unternehmungen. Der Gleichgewichtspreis, p', liegt beim niedrigst möglichen Schnittpunkt von Angebot und Nachfrage, sodass $p' \geq p^*$.

Wir fügen nun dem Diagramm zwei weitere Kurven hinzu: Eine Horizontale bei p^*, dem mit nicht-negativen Gewinnen vereinbaren Minimalpreis, und die Marktnachfragekurve. Sehen wir uns die Schnittpunkte der Nachfragekurve mit den Angebotskurven für n = 1, 2, ... Unternehmungen an. Wenn Unternehmungen immer dann auf den Markt kommen, wenn positive Gewinne erzielt werden, dann ist der relevante Schnittpunkt der *niedrigste mit nicht-negativen Gewinnen vereinbare Preis*. Er ist in Abbildung 23.3 mit p' bezeichnet und liegt dort, wo es gerade drei Unternehmungen auf dem Markt gibt. Wenn eine weitere Unternehmung auf den Markt kommt, werden die Gewinne in den negativen Bereich gedrückt. In diesem Fall hat der Markt eine maximale Tragfähigkeit von drei Unternehmungen.

23.4 Die langfristige Angebotskurve

Die im letzten Abschnitt dargestellte Konstruktion – zeichne die Angebotskurven der Branche für jede auf dem Markt mögliche Zahl von Unternehmen und suche dann die größte mit nicht-negativen Gewinnen vereinbare Zahl von Unternehmen – ist völlig korrekt und leicht anwendbar. Es gibt jedoch eine brauchbare Näherung, die üblicherweise der richtigen Antwort sehr nahe kommt.

Gibt es eine Möglichkeit, *eine* Angebotskurve der Branche aus den n Kurven, die wir oben haben, zu konstruieren? Als Erstes halten wir fest, dass wir alle Punkte auf der Angebotskurve, die unterhalb von p^* liegen, ausscheiden können, denn sie können niemals langfristige Positionen sein. Wir können aber auch einige Punkte auf der Angebotskurve ausscheiden, die *oberhalb* von p^* liegen.

Typischerweise nimmt man an, dass die Marktnachfrage fallend ist. Die steilste mögliche Nachfragekurve ist daher eine Vertikale. Das impliziert, dass man Punkte wie A in Abbildung 23.3 nie beobachten würde: Jede negativ geneigte Nachfragekurve, die durch A verläuft, müsste auch eine Nachfragekurve mit einer größeren Zahl an Unternehmungen schneiden, wie aus der hypothetischen Nachfragekurve D'', die durch den Punkt A in Abbildung 23.3 geht, erkennbar ist.

Wir können daher einen Teil jeder Nachfragekurve als möglichen langfristigen Gleichgewichtszustand ausscheiden. Jeder Punkt auf der Angebotskurve bei 1 Unternehmung, der rechts vom Schnittpunkt der Angebotskurve bei 2 Unternehmungen mit der p^*-Geraden liegt, kann mit langfristigem Gleichgewicht nicht vereinbar sein. Ebenso kann jeder Punkt auf der Angebotskurve bei 2 Unternehmungen, der rechts vom Schnittpunkt der Angebotskurve bei 3 Unternehmungen mit der p^*-Geraden liegt, mit dem langfristigen Gleichgewicht nicht vereinbar sein ... und auch jeder Punkt auf der Angebotskurve bei n Unternehmungen, der rechts vom Schnittpunkt der Angebotskurve bei n + 1 Unternehmungen mit der p^*-Geraden liegt, ist mit dem langfristigen Gleichgewicht unvereinbar.

Jene Teile der Angebotskurven, auf welchen das langfristige Gleichgewicht tatsächlich liegen kann, sind durch die dunkleren Linien in Abbildung 23.4 gekennzeichnet. Der n-te dunkle Streckenabschnitt gibt alle jene Kombinationen von Preis und Branchenoutput an, die mit n Firmen im langfristigen Gleichgewicht vereinbar sind. Beachte, dass diese Streckenabschnitte immer flacher werden, wenn wir es mit immer höheren Niveaus des Branchenoutputs zu tun haben, was immer mehr Unternehmen in dieser Branche umfasst.

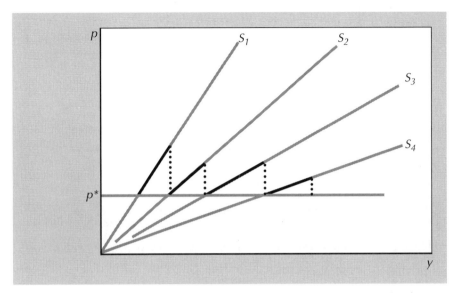

Abbildung 23.4 Die langfristige Angebotskurve. Wir können Teile der Angebotskurven eliminieren, die langfristig nie Schnittpunkte mit einer fallenden Nachfragekurve sein können, wie alle Punkte rechts oberhalb der punktierten Linien.

Warum werden diese Kurven flacher? Denken wir einmal darüber nach: Wenn es auf dem Markt ein Unternehmen gibt und der Preis um Δp steigt, dann wird der Output um, sagen wir, Δy steigen. Wenn es auf dem Markt n Unternehmen gibt und der Preis um Δp steigt, wird *jedes* Unternehmen um Δy mehr Output erzeugen, wir werden daher insgesamt um $n\Delta y$ mehr Output erhalten. Das bedeutet, dass die Angebotskurve immer flacher wird, je mehr Unternehmen es auf dem Markt gibt, da die Angebotsmenge immer sensibler auf den Preis reagiert.

Wenn wir schließlich eine sinnvolle Anzahl von Unternehmungen auf dem Markt haben, wird die Angebotskurve tatsächlich recht flach sein. Flach genug, um für sie eine Steigung von Null anzunehmen – das heißt, dass die langfristige Angebotskurve einer Branche eine Horizontale bei einem Preis sein wird, der gleich den minimalen Durchschnittskosten ist. Das wird dann eine schlechte Näherung sein, wenn es langfristig nur eine kleine Anzahl von Unternehmungen in der Branche gibt. Aber die Annahme, dass sich eine kleine Zahl von Unternehmungen als vollkommene Konkurrenten verhalten werden, ist wahrscheinlich auch eine schlechte Näherung! Wenn es langfristig eine sinnvolle Anzahl von Unternehmungen gibt, kann sich der Gleichgewichtspreis nicht weit von den minimalen Durchschnittskosten entfernen. Das ist in Abbildung 23.5 dargestellt.

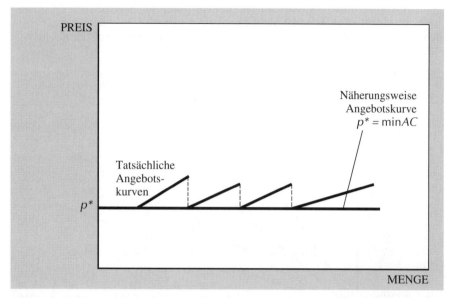

Abbildung 23.5 Näherungsweise langfristige Angebotskurve. Die langfristige Angebotskurve wird bei einem Preis, der gleich den minimalen Durchschnittskosten ist, annähernd horizontal verlaufen.

Dieses Ergebnis hat die wichtige Implikation, dass sich auf einem Markt mit vollkommenem Wettbewerb und freiem Zutritt die Gewinne nicht weit von Null entfernen können. Wenn es nämlich in einer Branche mit freiem Marktzugang merkbare Gewinne gibt, wird das andere Unternehmen veranlassen, in diese Branche zu gehen und dadurch die Gewinne gegen Null zu drücken.

Wie erinnerlich beinhaltet die richtige Berechnung der ökonomischen Kosten die Bewertung aller Produktionsfaktoren zu ihren Marktpreisen. Solange *alle* Fakoren gemessen und entsprechend bewertet werden, kann ein Unternehmen mit positivem Gewinn durch irgendjemand anderen genau dupliziert werden. Jeder kann auf den freien Markt gehen, die notwendigen Produktionsfaktoren kaufen und denselben Output auf dieselbe Art wie das bestehende Unternehmen erzeugen.

In einer Branche mit freiem Marktein- und -austritt sollte die langfristige Durchschnittskostenkurve bei einem Preis gleich den minimalen Durchschnittskosten im Wesentlichen horizontal verlaufen. Das entspricht genau der Art von langfristiger Angebotskurve, die ein Unternehmen mit konstanten Skalenerträgen haben würde. Das ist kein Zufall. Wir argumentierten ja, dass konstante Skalenerträge eine vernünftige Annahme wäre, da ein Unternehmen immer das kopieren könnte, was es bisher machte. Aber ein anderes Unternehmen könnte das ebenfalls kopieren! Erweiterung des Outputs durch Errichtung der Kopie einer Fabrik ist dasselbe, als ob ein neues Unternehmen mit kopierten Produktionsanlagen auf den Markt kommt. Die langfristige Angebotskurve auf einem Markt mit vollkommenem Wettbewerb und freiem Zugang wird daher wie die langfristige Angebotskurve eines Unternehmens mit konstanten Skalenerträgen aussehen: eine Horizontale bei einem Preis, der gleich den minimalen Durchschnittskosten ist.

BEISPIEL: Kurzfristige und langfristige Wirkungen der Besteuerung

Nehmen wir eine Branche mit freiem Marktein- und -austritt. Angenommen es herrscht anfangs langfristiges Gleichgewicht mit einer konstanten Anzahl von Unternehmen und Null Gewinnen, wie in Abbildung 23.6 dargestellt. Kurzfristig, bei einer konstanten Zahl von Unternehmen, verläuft die Angebotskurve der Branche steigend, während langfristig, bei einer variablen Zahl von Unternehmen, die Angebotskurve bei einem Preis gleich den minimalen Durchschnittskosten horizontal verläuft.

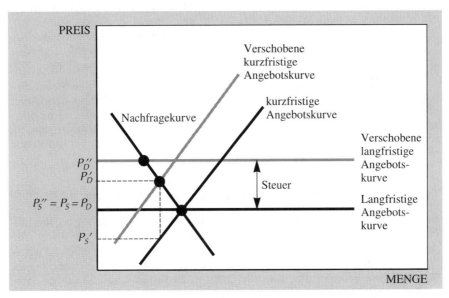

Abbildung 23.6 Kurzfristige und langfristige Wirkungen der Besteuerung. Kurzfristig, mit einer konstanten Zahl an Unternehmen, wird die Angebotskurve der Branche eine positive Steigung haben, sodass ein Teil der Steuer die Konsumenten trifft, ein Teil die Unternehmen. Langfristig wird die Angebotskurve der Branche horizontal verlaufen, die gesamte Steuer wird daher die Konsumenten treffen.

Was geschieht, wenn wir diese Branche besteuern? Wir verwenden die im 16. Kapitel eingeführte geometrische Analyse: Um den neuen Preis zu finden, den die Nachfrager zahlen, verschieben wir die Angebotskurve um den Steuerbetrag nach oben.

Im Allgemeinen werden sich die Konsumenten einem höheren Preis gegenübersehen und die Produzenten werden nach Einführung der Steuer einen niedrigeren Preis erhalten. Vor Einführung der Steuer haben die Produzenten jedoch gerade ihre Kosten gedeckt; daher müssen sie zu jedem niedrigeren Preis Verluste erleiden. Diese ökonomischen Verluste werden einige Unternehmen dazu veranlassen, die Branche zu verlassen. Das Angebot wird daher verringert und die Preise für die Konsumenten werden daher noch weiter steigen.

Langfristig wird die Branche entlang der horizontalen langfristigen Angebotskurve anbieten. Um entlang dieser Kurve anzubieten, müssen die Unternehmen einen Preis gleich den minimalen Grenzkosten erhalten – genau was sie vor Einführung der Steuer erhielten. Daher wird für die Konsumenten der Preis um den vollen Steuerbetrag steigen.

In Abbildung 23.6 liegt das ursprüngliche Gleichgewicht bei $P_D = P_S$. Dann verschiebt die Einführung der Steuer die kurzfristige Angebotskurve um den Betrag der Steuer nach oben, der Gleichgewichtspreis, den die Konsumenten zahlen, steigt auf P_D'. Der Preis, den die Produzenten erhalten, fällt auf $P_S' = P_D' - t$. Aber nur kurzfristig - solange die Zahl der Unternehmen in der Branche konstant ist. Wegen des freien Ein- und Austritts wird die *langfristige* Angebotskurve der Branche eine Horizontale bei $P_D = P_S$ = minimale Durchschnittskosten sein. Daher impliziert die Verschiebung der Angebotskurve nach oben langfristig, dass der gesamte Betrag der Steuer auf den Konsumenten überwälzt wird.

Zusammenfassend: In einer Branche mit freiem Zutritt, wird eine Steuer anfänglich den Preis für die Konsumenten um weniger als den Betrag der Steuer erhöhen, da ein Teil der Belastung auf die Produzenten fällt. Langfristig wird jedoch die Besteuerung Unternehmen dazu veranlassen, aus der Branche auszuscheiden und dadurch das Angebot zu reduzieren, sodass die Konsumenten schließlich die gesamte Steuerlast zu tragen haben.

23.5 Die Bedeutung von Nullgewinnen

In einer Branche mit freiem Marktzugang werden die Gewinne durch Neueintritte gegen Null gesenkt: Wenn die Gewinne positiv sind, besteht ein Anreiz für neue Unternehmen, auf den Markt zu kommen, um an diesen Gewinnen zu partizipieren. Wenn die Gewinne Null sind, heißt das nicht, dass die Branche verschwindet; es bedeutet nur, dass die Branche zu wachsen aufhört, da es dann keinen Anreiz mehr für weitere Eintritte gibt.

Im langfristigen Gleichgewicht, bei einem Gewinn von Null, wird für alle Produktionsfaktoren ihr Marktpreis bezahlt – derselbe Marktpreis, den diese Faktoren bei einer anderen Verwendung erzielen könnten. Die Besitzerin des Unternehmens kassiert zum Beispiel noch immer Zahlungen für ihre Arbeitszeit oder für ihr in das Unternehmen investierte Geld oder für was immer sie zum Betreiben des Unternehmens beiträgt. Das Gleiche gilt für alle anderen Produktionsfaktoren. Das Unternehmen verdient noch immer nur wird das gesamte verdiente Geld für den Kauf der verwendeten Inputs ausgegeben. Jeder Produktionsfaktor verdient in dieser Branche dasselbe, was er woanders verdienen könnte, es gibt daher keine zusätzliche Belohnung – keine reinen Gewinne, um neue Produktionsfaktoren anzuziehen. Aber es veranlasst sie auch nichts, die Branche zu verlassen. Branchen im langfristigen Gleichgewicht mit Nullgewinnen sind reife Industrien; es ist nicht wahrscheinlich, dass man über sie Titelgeschichten in *Business Week* finden wird, sie bilden jedoch das Rückgrat einer Volkswirtschaft.

Wie erinnerlich werden ökonomische Gewinne unter Verwendung der Marktpreise aller Faktoren definiert. Die Marktpreise messen die Opportunitätskosten dieser Faktoren – was sie woanders verdienen könnten. Jeder Geldbetrag, der über die Zahlungen an die Produktionsfaktoren hinaus verdient wird, ist reiner ökonomischer Gewinn. Aber sobald jemand reinen ökonomischen Gewinn erzielt, werden andere versuchen, in diese Branche einzutreten und sich einen Teil des Gewinnes anzueignen. Gerade der Versuch, ökonomische Gewinne zu erobern, treibt diese letzten Endes in einer Wettbewerbsbranche mit freiem Zugang gegen Null.

In manchen Kreisen wird das Gewinnmotiv mit Verachtung angesehen. Aus rein ökonomischen Sicht betrachtet geben Gewinne hingegen genau die richtigen Signale zur Allokation der Ressourcen. Wenn ein Unternehmen positive Gewinne erzielt, so bedeutet das, dass Leute den Output des Unternehmens höher bewerten als die Inputs. Ist es dann nicht sinnvoll, dass einige weitere Unternehmen diesen Output erzeugen?

23.6 Fixe Faktoren und ökonomische Renten

Wenn es freien Marktzugang gibt, werden die Gewinne langfristig gegen Null streben. Aber nicht in jeder Branche gibt es freien Marktzutritt. In einigen Branchen ist die Zahl der Unternehmen konstant.

Ein Grund dafür ist, dass es einige Produktionsfaktoren gibt, die nur in konstantem Umfang verfügbar sind. Wir stellten fest, dass langfristig die fixen Faktoren von jeder einzelnen Unternehmung ge- oder verkauft werden könnten. Aber es gibt einige Faktoren, die für *die Wirtschaft insgesamt* sogar langfristig konstant sind.

Das deutlichste Beispiel dafür ist die Rohstoffgewinnung: Erdöl im Boden ist ein notwendiger Input zur Ölgewinnung, es gibt aber nur eine beschränkte Erdölmenge, die extrahiert werden kann. Eine ähnliche Aussage kann man für Kohle, Erdgas, Edelmetalle oder andere derartige Ressourcen treffen. Die Landwirtschaft ist ein weiteres Beispiel. Es gibt lediglich eine bestimmte zur Bewirtschaftung geeignete Fläche.

Ein ausgefalleneres Beispiel so eines konstanten Faktors ist Talent. Es gibt nur eine gewisse Anzahl von Menschen, die das notwendige Talent aufweisen, um professionelle Sportler oder Künstler zu sein. Es mag wohl „freien Eintritt" in diese Berufe geben – aber nur für diejenigen, die gut genug sind um hineinzukommen!

Es gibt andere Fälle, in denen der konstante Faktor nicht durch die Natur, sondern durch das Gesetz fixiert ist. In vielen Branchen benötigt man Konzessionen oder Lizenzen, und die Zahl dieser Konzessionen könnte durch Gesetz festgelegt sein. Taxis sind in vielen Städten in dieser Weise reguliert. Konzessionen zum Ausschank von Alkohol sind ein anderes Beispiel.

Wenn es eine der oben angeführten Beschränkungen hinsichtlich der Zahl der Unternehmen in einer Branche gibt, sodass Unternehmen keinen uneingeschränkten Zugang haben, könnte man meinen, dass es möglich ist, eine Branche mit langfristig positiven Gewinnen zu haben, ohne dass es ökonomische Kräfte gibt, die diese Gewinne auf Null drücken.

Dieser Eindruck ist falsch. Es gibt ökonomische Kräfte, welche die Gewinne gegen Null drücken. Wenn ein Unternehmen dort produziert, wo es langfristig positive Gewinne zu machen scheint, ist das wahrscheinlich nur deswegen so, weil wir den Marktwert dessen, was den Eintritt verhindert, nicht entsprechend gemessen haben.

Es ist nun wichtig, sich an die ökonomische Kostendefinition zu erinnern: Wir sollten jeden Produktionsfaktor zu seinem *Marktpreis* bewerten – zu seinen Opportunitätskosten. Wenn es scheint, dass ein Landwirt nach Abzug seiner Kosten einen positiven Gewinn erzielt, ist das wahrscheinlich deswegen so, weil wir vergessen haben, die Kosten seines Landes abzuziehen.

Angenommen es gelingt uns alle Inputs in die Landwirtschaft mit Ausnahme der Kosten des Bodens zu bewerten, und es verbleibt irgendeine Zahl, π Euro pro Jahr, als Gewinn. Wie viel wäre das Land auf dem freien Markt wert? Wie viel würde jemand zahlen, um das Land für ein Jahr lang zu pachten?

Die Antwort ist: Man würde bereit sein, das Land für π Euro pro Jahr zu pachten, den „Gewinn", den es abwirft. Man braucht nicht einmal etwas von der Landwirtschaft zu verstehen, um dieses Land zu pachten und π Euro zu verdienen – schließlich haben wir ja auch die Arbeit des Landwirts zu ihrem Marktpreis bewertet, was bedeutet, dass wir einen Landwirt einstellen und noch immer π Euro Gewinn erzielen können. Der Marktwert des Bodens – seine Rente unter Konkurrenz – ist genau π. Die ökonomischen Gewinne der Landwirtschaft sind gleich Null.

Beachte, dass der auf diese Art bestimmte Pachtsatz überhaupt nichts mit den historisch gegebenen Kosten des Bauernhofs zu tun haben muss. Es kommt nicht darauf an, um wie viel man die Landwirtschaft gekauft hat, sondern um wie viel man sie verkaufen kann - das bestimmt die Opportunitätskosten.

Immer wenn es einen fixen Faktor gibt, der den Eintritt in die Branche verhindert, wird es einen gleichgewichtigen Wert der Rente für diesen Faktor geben. Selbst bei fixen Faktoren kann man in eine Branche einsteigen, indem man ein Unternehmen dieser Branche aufkauft. Jede Unternehmung einer Branche hat die Möglichkeit zu verkaufen – und die Opportunitätskosten, dies nicht zu tun, sind Produktionskosten, die sie zu berücksichtigen hat.

In einem gewissen Sinn ist es also immer die *Möglichkeit* eines Eintritts, welche die Gewinne auf Null drückt. Schließlich gibt es zwei Möglichkeiten, in eine Branche zu gehen: Man kann ein neues Unternehmen gründen, oder man kann ein derzeit in dieser Branche bestehendes Unternehmen kaufen. Wenn ein neues Unternehmen alles zur Produktion in einer Branche Notwendige kaufen kann und noch immer einen Gewinn erzielt, dann wird es das tun. Wenn es jedoch einige konstante Faktoren gibt, wird die Konkurrenz um diese Faktoren ihre Preise bis zu dem Punkt nach oben treiben, bei dem der Gewinn verschwindet.

BEISPIEL: Taxikonzessionen in New York City

Weiter oben haben wir erwähnt, dass Konzessionen für den Betrieb eines Taxis in New York City um etwa $ 100.000 gehandelt werden. Taxifahrer verdienten im Jahre 1986 hingegen lediglich rund $ 400 für eine 50-Stunden-Woche, was einem Stundenlohn von $ 8 entspricht. Die „New York Taxi and Limousine Commission" argumentierte, dass dieser Stundenlohn zu niedrig sei, um qualifizierte Taxifahrer zu gewinnen, und verlangte eine Anhebung der Taxitarife, um bessere Fahrer zu bekommen.

Ein Ökonom würde argumentieren, dass die Erhöhung der Fahrpreise praktisch keinerlei Auswirkung auf die Löhne der Taxifahrer haben würde; es würde lediglich der Wert der Taxikonzessionen steigen. Warum das so ist, zeigt eine Analyse der Zahlen der „Commission" für die Betriebskosten eines Taxis. Im Jahre 1986 kostete das Leasen eines Taxis $ 55 für eine Tagschicht und $ 65 für eine Nachtschicht. Der Fahrer, der das Taxi least, zahlt das Benzin und hat ein Nettoeinkommen von etwa $ 80 pro Tag.

Man beachte jedoch, wie viel der Besitzer der Taxikonzession verdiente. Nehmen wir an, das Taxi kann an 320 Tagen pro Jahr für jeweils zwei Schichten verleast werden, was zu einem jährlichen Leasingeinkommen von $ 38.400 führt. Versicherung, Abschreibung, Instandhaltung usw. machen ungefähr $ 21.100 pro Jahr aus; daher verbleibt dem Konzessionsbesitzer ein jährlicher Nettogewinn von $ 17.300. Da die Konzession rund $ 100.000 kostet, bedeutet das eine Ertragsrate von etwa 17%.

Eine Erhöhung des Tarifs, den die Taxis verlangen dürfen, würde sich direkt im Wert der Konzession niederschlagen. Eine Tariferhöhung, welche z. B. zusätzliche $ 10.000 jährlich einbringt, würde den Wert der Konzession um etwa $ 60.000 erhöhen. Der Lohnsatz für Taxifahrer – der am Arbeitsmarkt zustande kommt – wäre durch so eine Änderung praktisch überhaupt nicht berührt![1]

23.7 Ökonomische Rente

Die Beispiele des letzten Abschnitts sind Fälle von **ökonomischen Renten**. Als ökonomische Rente werden jene Zahlungen an einen Produktionsfaktor definiert, die über die Mindestzahlung hinausgehen, welche notwendig ist, damit der Faktor angeboten wird.

Nehmen wir zum Beispiel den früher behandelten Fall des Erdöls. Um Erdöl

---

[1] Die Zahlen stammen aus einem nicht gezeichneten Leitartikel in der New York Times vom 17. August 1986.

zu fördern, benötigt man Arbeit, Maschinen und, als wichtigstes, Erdöl im Boden! Angenommen es kostet $ 1, um 1 Fass Erdöl aus einer bestehenden Quelle zu pumpen. Dann wird jeder Preis über $ 1 je Fass die Unternehmen dazu veranlassen, Erdöl aus bestehenden Quellen zu liefern. Der tatsächliche Preis für Erdöl ist jedoch viel höher als $ 1 pro Fass. Die Leute wollen Erdöl aus verschiedenen Gründen und sie sind bereit, dafür mehr als die Produktionskosten zu bezahlen. Der Überschuss des Erdölpreises über seine Produktionskosten ist eine ökonomische Rente.

Warum kommen keine weiteren Unternehmen auf diesen Markt? Nun, sie versuchen es. Aber es ist nur eine bestimmte Menge Erdöl vorhanden. Erdöl wird wegen des beschränkten Vorrats um mehr als seine Produktionskosten verkauft.

Betrachten wir nun Taxikonzessionen. Wenn man sie als ein Stück Papier betrachtet, so kostet ihre Erzeugung fast nichts. Aber in New York City kann eine Taxikonzession gut und gern $ 100.000 kosten! Warum kommen keine weiteren Unternehmen auf diesen Markt und „erzeugen" zusätzliche Taxikonzessionen? Der Grund dafür ist, dass der freie Marktzugang ungesetzlich ist – das Angebot an Taxikonzessionen wird von der Stadtverwaltung kontrolliert.

Ackerland ist ein weiteres Beispiel einer ökonomischen Rente. Aggregiert betrachtet ist die Landfläche insgesamt konstant. Es würde um Null Euro genau so viel Land angeboten wie um 1.000 Euro pro Hektar. Im Aggregat stellen die Zahlungen an den Faktor Land eine ökonomische Rente dar.

Aus der Sicht einer Volkswirtschaft insgesamt, bestimmt der Preis der landwirtschaftlichen Produkte den Wert der agrarischen Nutzfläche. Vom Standpunkt der einzelnen Landwirtin aus ist der Wert ihres Bodens Teil der Produktionskosten, der in die Kalkulation ihres Produktpreises eingeht.

Das wird in Abbildung 23.7 dargestellt. *AVC* ist die Durchschnittskostenkurve aller Produktionsfaktoren *ausgenommen* die Kosten des Bodens. (Wir nehmen an, dass Grund und Boden der einzige fixe Faktor ist.) Wenn der Preis der auf diesem Land angebauten Produkte *p** ist, dann wird der dem Land zurechenbare „Gewinn" durch die Fläche des dunklen Rechtecks gemessen: Das ist die ökonomische Rente. Um so viel könnte man das Land auf einem Wettbewerbsmarkt pachten – immer so viel, damit der Gewinn auf Null gedrückt wird.

Die Durchschnittskostenkurve *einschließlich* des Wertes von Grund und Boden ist mit *AC* bezeichnet. Wenn wir Grund und Boden richtig bewerten, wird der Gewinn aus dem Betrieb der Landwirtschaft genau Null sein. Da die Gleichgewichtsrente für das Land genau dem Betrag entsprechen wird, der den Gewinn auf Null drückt, haben wir

$$p^*y^* - c_v(y^*) - \text{Rente} = 0$$

oder

$$\text{Rente} = p^*y^* - c_v(y^*). \tag{23.1}$$

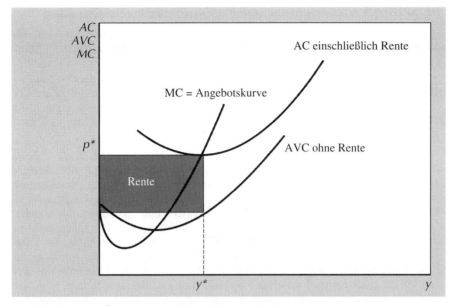

Abbildung 23.7 Ökonomische Rente für Land. Die Fläche des Rechtecks stellt die ökonomische Rente für Grund und Boden dar.

Das entspricht genau dem, was wir oben als Produzentinnenrente bezeichneten. Es ist auch tatsächlich das gleiche Konzept, nur etwas anders betrachtet. Daher können wir, wie wir früher gesehen haben, die Rente auch durch die Fläche links von der Grenzkostenkurve messen.

Aus der Definition der Rente in Gleichung (23.1) ist leicht die Richtigkeit unserer früheren Aussage zu erkennen: Der Gleichgewichtspreis bestimmt die Rente, nicht umgekehrt. Die Unternehmung bietet entlang ihrer Grenzkostenkurve an – die unabhängig von den Ausgaben für die fixen Faktoren ist. Die Rente passt sich so an, dass die Gewinne gegen Null gehen.

23.8 Rentensätze und Preise

Da der Output als Stromgröße gemessen wird – so und so viel Output je Zeiteinheit –, sollten wir darauf achten, Gewinn und Rente ebenfalls in Euro je Zeiteinheit zu messen. In der obigen Diskussion sprachen wir daher vom Pacht für Land pro Jahr oder von den jährlichen Zahlungen für eine Taxikonzession.

Wenn das Land oder die Konzession verkauft werden soll, anstatt nur gepachtet oder gemietet, würde der Gleichgewichtspreis dem Gegenwartswert des Stroms von Pacht- oder Mietzahlungen entsprechen. Das ist die einfache Folge des üblichen Arguments, dass Aktiva, die einen Strom von Zahlungen hervorbringen, auf einem Konkurrenzmarkt um ihren Gegenwartswert gehandelt werden.

BEISPIEL: Konzessionen zum Ausschank von alkoholischen Getränken

In den Vereinigten Staaten verfolgt jeder Bundesstaat hinsichtlich des Verkaufs alkoholischer Getränke seine eigene Politik. Einige Staaten haben dafür ein Monopol; andere Bundesstaaten vergeben Konzessionen an diejenigen, die alkoholische Getränke verkaufen wollen. In einigen Fällen werden die Konzessionen gegen die Bezahlung einer Gebühr vergeben; in anderen Fällen ist die Zahl der Konzessionen beschränkt. In Michigan z. B. ist die Zahl der Konzessionen für den Verkauf von Bier und Wein zum Konsum im Lokal (= Ausschank) auf eine je 1.500 Einwohner beschränkt.

Nach jeder Volkszählung vergibt eine staatliche Aufsichtsbehörde („State Liquor Control Board") Konzessionen an jene Gemeinden, deren Bevölkerung gewachsen ist. (Es werden hingegen jenen Gemeinden, deren Bevölkerung schrumpfte, keine Konzessionen entzogen.) Diese künstliche Verknappung von Konzessionen hat in vielen rasch wachsenden Gemeinden zu einem florierenden Markt für Konzessionen zum Ausschank von alkoholischen Getränken geführt. So bestanden zum Beispiel im Jahre 1983 in Ann Arbor, Michigan, 66 Konzessionen. Aufgrund der Volkszählung 1980 wurde die Vergabe von 6 neuen Konzessionen genehmigt, für die sich 33 Bewerber fanden. Damals war der Marktwert einer Konzession etwa $ 80.000. Eine Lokalzeitung befand in einem Bericht, dass „die Nachfrage nach Konzessionen zum Ausschank von alkoholischen Getränken das Angebot überstieg". Für die Ökonomen in Ann Arbor war es kaum überraschend, dass der „Verkauf" eines Aktivums im Wert $ 80.000 um einen Preis von Null zu einer Überschussnachfrage führt!

Es gab viele Vorschläge zur Lockerung der Alkoholgesetze in Michigan durch die Vergabe zusätzlicher Konzessionen. Diese Vorschläge wurden jedoch wegen der Opposition verschiedener politischer Gruppen nie zu Gesetzen. Einige dieser Gruppen sind aus gesundheitlichen oder religiösen Gründen gegen Alkoholkonsum. Andere Gruppen haben wieder etwas andere Gründe. Einer der lautstärksten Gegner einer Lockerung der Alkoholgesetze ist die „Michigan Licensed Beverage Association", eine Vereinigung, welche die Interessen der in Michigan tätigen Verkäufer alkoholischer Getränke vertritt. Obwohl es auf den ersten Blick paradox erscheint, dass diese Gruppe die Liberalisierung des Alkoholverkaufs bekämpft, führt ein wenig Nachdenken zu einem möglichen Grund: Die Vergabe zusätzlicher Konzessionen würde zweifellos den Wiederverkaufswert *bestehender* Konzessionen senken - mit beträchtlichen Kapitalverlusten für die derzeitigen Besitzer solcher Konzessionen.

23.9 Renten und Politik

Häufig besteht eine ökonomische Rente wegen gesetzlicher Zugangsbeschränkungen in einer Branche. Wir gaben zwei Beispiele dafür: Konzessionen für Taxis und für Alkoholverkauf. In beiden Fällen ist die Zahl der Konzessionen gesetzlich festgelegt, wodurch der Zugang zur Branche beschränkt wird, was zu ökonomischen Renten führt.

Angenommen die Verwaltung von New York City möchte die Zahl der Taxikonzessionen erhöhen. Was wird mit dem Marktwert bestehender Taxikonzessionen geschehen? Offensichtlich wird ihr Wert fallen. Diese Wertminderung trifft die Branche unmittelbar in der Brieftasche und wird ganz sicher Kräfte für eine Lobby zur Opposition gegen eine solche Maßnahme mobilisieren.

Die Bundesregierung beschränkt ebenfalls künstlich den Output einiger Produkte, sodass eine Rente entsteht. So hat die Bundesregierung zum Beispiel erklärt, dass Tabak nur auf bestimmten Flächen angebaut werden darf. Der Wert dieses Landes wird dann durch die Nachfrage nach Tabakerzeugnissen bestimmt. Jeder Versuch der Beseitigung dieses Systems der Konzessionierung muss sich mit einer ernsthaften Lobby herumschlagen. Wenn die Regierung einmal künstlich Knappheit geschaffen hat, ist es schwer, sie zu beseitigen. Die Nutznießerinnen der künstlichen Knappheit – die Leute, die das Recht erworben haben, in dieser Branche zu operieren – werden sich gegen alle Versuche der Vergrößerung der Branche heftig zur Wehr setzen.

Die Pfründenbesitzerinnen einer gesetzlich beschränkten Branche können sogar beträchtliche Ressourcen zur Aufrechterhaltung ihrer begünstigten Position aufwenden. Ausgaben für das Lobbying, für Rechtsanwaltshonorare, für Öffentlichkeitsarbeit usw. können beträchtlich sein. Vom Standpunkt der Gesellschaft stellt diese Art von Ausgaben reine soziale Verschwendung dar. Sie sind keine echten Produktionskosten: Sie führen nicht zur Erzeugung von *zusätzlichem* Output. Lobbying und Öffentlichkeitsarbeit bestimmen nur, wer das Geld aus der bestehenden Produktion erhält.

Alle Anstrengungen, die auf die Aufrechterhaltung oder den Erwerb von Ansprüchen aus konstanten Faktoren gerichtet sind, werden manchmal als **Rentenerwerb** bezeichnet. Vom Standpunkt der Gesellschaft sind sie ein reiner Wohlfahrtsverlust, da sie nur den Marktwert bestehender Produktionsfaktoren ändern.

BEISPIEL: „Pflanzen" der Regierung

Das Subventionsprogramm der amerikanischen Regierung für die Landwirtschaft hat nur einen einzigen Vorteil: Es ist eine nie versiegende Quelle von Beispielen für Lehrbücher der Nationalökonomie. Jede Reform des Programms schafft neue Probleme. „Wenn Du die Schlupflöcher irgendeines Programms finden willst, wende Dich einfach an die Landwirtinnen. Niemand ist erfindungsreicher bei der Entdeckung und Ausnützung aller möglichen Schlupflöcher," sagt Terry Bar, Vizepräsident des „National Council of Farm Cooperatives".[2]

Grundsätzlich besteht das System der landwirtschaftlichen Subventionen der USA aus Preisstützungen: Die Regierung garantiert einen gestützten Preis für ein landwirtschaftliches Produkt, indem sie die Differenz zuschießt, wenn der Preis

---

[2] Zitiert von William Robbins, „Limits on Subsidies to Big Farms Go Awry, Sending Costs Climbing," *New York Times*, 15. Juni 1987, A1.

unter den garantierten fällt.[3] Um in den Genuss dieses Programms zu kommen, muss sich die Landwirtin verpflichten, einen bestimmten Teil ihrer landwirtschaftlichen Fläche nicht zu bebauen.

Diesem Programm ist inhärent, dass die großen Landwirtschaften den größten Nutzen davon haben. Nach einer Berechnung fließen 13 Prozent der direkten Bundessubventionen an jenes eine Prozent aller Landwirtinnen, die jährliche Umsätze von mehr als $ 500.000 haben. Das „Food Security Act" des Jahres 1985 schränkte die Zahlungen an große Landwirtschaften deutlich ein. Das veranlasste die Landwirtinnen, ihre große Besitzungen zu unterteilen und Land an ortsansässige Investorinnen zu verpachten. Diese Investorinnen würden Landeinheiten erwerben, die groß genug waren, um in den Genuss der Subventionen zu kommen, aber zu klein, um unter die Beschränkungen für Großlandwirtschaften zu fallen. Nach Erwerb des Landes schrieben sich die Investorinnen für ein Programm der Regierung ein, welche sie dann dafür bezahlen würde, das Land *nicht* zu bebauen. Diese Vorgangsweise wurde als „Pflanzen der Regierung" bekannt.

Eine Studie zeigte auf, dass es nach der Einschränkung der Zahlungen an Großlandwirtschaften 31.000 neue Bewerberinnen um Subventionen gab. Die Kosten dieser Subventionen lagen so um die 2,3 Milliarden Dollar.

Beachte, dass das offensichtliche Ziel des Programms – Einschränkung der Zahlungen an Großlandwirtschaften – nicht erreicht wurde. Wenn die großen Landwirtschaften ihr Land an kleine Bäuerinnen verpachten, dann hängen die marktgerechten Pachtzahlungen von der Großzügigkeit der Subventionen ab. Um so höher die Subventionen sind, desto höher sind die Pachtzahlungen an die Großlandwirtinnen. Der Nutzen des Subventionsprogramms fällt letzten Endes wiederum jenen zu, die das Land ursprünglich besitzen, da letztlich das mit dem Land zu erzielende Einkommen – entweder aus dem Pflanzen von Getreide oder dem „Pflanzen" der Regierung – seinen Markwert bestimmt.

Das Farm Act 1996 sieht einen Ausstieg aus dem Großteil der landwirtschaftlichen Subventionen bis zum Jahre 2002 vor. Im U.S. Bundesbudget für das Jahr 1998 wurden allerdings wieder 6 Milliarden Dollar für landwirtschaftliche Subventionen veranschlagt, woran wieder einmal erkennbar ist, wie schwierig Politik und Ökonomie miteinander in einklang zu bringen sind.

23.10 Energiepolitik

Wir beschließen dieses Kapitel mit einem ausführlichen Beispiel, in dem einige der entwickelten Konzepte verwendet werden.

Im Jahre 1974 hob die Organisation erdölexportierender Staaten, OPEC, die Erdölpreise deutlich an. Jene Länder, die kein inländisches Öl besaßen, hatten

---

[3] Die meisten europäischen Programme zur Förderung der Landwirtschaft – insbesondere die Gemeinsame Agrarpolitik der Europäischen Union – funktionieren im Grundsätzlichen ganz ähnlich; (Anm. d. Übers.)

wenig Wahlmöglichkeiten hinsichtlich ihrer Energiepolitik – die Preise von Erdöl und von Gütern, die mit Erdöl erzeugt wurden, mussten steigen.

Zu dieser Zeit wurde in den Vereinigten Staaten etwa die Hälfte des Verbrauchs im Inland gefördert, und der Kongress war der Auffassung, dass es unfair wäre, wenn alle inländischen Erdölproduzenten „Zufallsgewinne" aus einem unkontrollierten Preisanstieg erzielten. (Der Ausdruck „Zufallsgewinn" bezieht sich auf eine Gewinnerhöhung aufgrund irgendeines exogenen Ereignisses, im Gegensatz zu einem Gewinnanstieg aufgrund von Produktionsentscheidungen.) Dementsprechend entwickelte der Kongress einen bizarren Plan in dem Versuch, die Preise von Erdölprodukten niedrig zu halten. Das wichtigste Erdölprodukt ist Benzin, wir werden daher die Wirkung des Programms auf diesem Markt analysieren.

Gespaltene Erdölpreise

Die vom Kongress beschlossene Politik wurde als „gespaltene" Erdölpreisgestaltung bekannt, und sie funktionierte etwa folgendermaßen. Importiertes Erdöl würde zu seinem Marktpreis gehandelt, inländisches Erdöl hingegen – Erdöl das aus Quellen stammte, die vor 1974 bereits existierten – zu seinem alten Preis, dem Preis vor OPEC. Grob gesprochen könnten wir sagen, dass importiertes Erdöl um $ 15 pro Fass, inländisches Erdöl für rund $ 5 gehandelt wurde. Der Gedanke war, dass der durchschnittliche Ölpreis dann etwa $ 10 je Fass wäre, und das würde helfen, den Benzinpreis niedrig zu halten.

Könnte ein derartiges Schema funktionieren? Betrachten wir es vom Standpunkt der Benzinerzeuger. Wie würde die Angebotskurve für Benzin aussehen? Um diese Frage zu beantworten, müssen wir überlegen, wie die Grenzkostenkurve für Benzin aussieht.

Was würden Sie machen, wenn Sie eine Erdölraffinerie betreiben? Offensichtlich würden Sie versuchen, zuerst inländisches Erdöl zu verwenden. Erst wenn das gesamte Angebot an inländischem Erdöl erschöpft wäre, würden Sie sich dem teureren importierten Erdöl zuwenden. Die aggregierte Grenzkostenkurve für Benzin – die Angebotskurve der Branche – würde daher etwa so aussehen, wie die in Abbildung 23.8 dargestellte. Die Kurve hat eine Sprungstelle dort, wo die Produktion mit inländischem Öl erschöpft ist und man beginnt, das importierte Erdöl zu verwenden. Vor diesem Punkt ist der inländische Ölpreis der relevante Faktorpreis für die Benzinerzeugung. Nach diesem Punkt ist der Preis des ausländischen Erdöls der relevante Faktorpreis.

Abbildung 23.8 enthält die Angebotskurven für Benzin, wenn das gesamte Erdöl zum Weltmarktpreis von $ 15 pro Fass und wenn das gesamte Erdöl zum inländischen Preis von $ 5 gehandelt würde. Wenn das inländische Öl aber um $ 5 je Fass und das ausländische um $ 15 verkauft wird, dann wird die Angebotskurve für Benzin bis zum vollständigen Verbrauch des inländischen Öls mit der Angebotskurve bei $ 5 je Fass, ab dann mit der Angebotskurve bei einem Ölpreis von $ 15 zusammenfallen.

Suchen wir nun den Schnittpunkt dieser Angebotskurve mit der Marktnachfragekurve, um den Gleichgewichtspreis in Abbildung 23.8 zu finden. Das Diagramm enthüllt eine interessante Tatsache: Der Benzinpreis ist im gespaltenen System genau derselbe, als ob das gesamte Erdöl zum ausländischen Erdölpreis verkauft würde! Der Benzinpreis wird durch die *Grenz*kosten der Produk-tion bestimmt, und die *Grenz*kosten werden wiederum durch die Kosten des importierten Erdöls bestimmt.

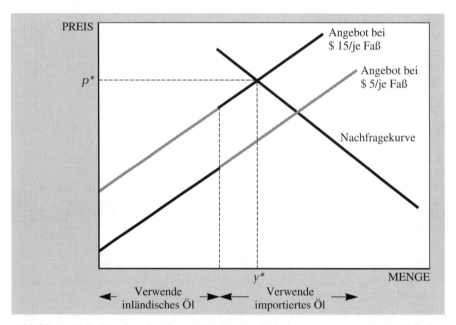

Abbildung 23.8 Die Angebotskurve für Benzin. Bei einer gespaltenen Preispolitik für Erdöl wäre die Angebotskurve für Benzin diskontinuierlich, sie springt von der unteren zur oberen Angebotskurve, wenn das billigere Erdöl erschöpft ist.

Wenn man sich das einen Moment überlegt, leuchtet es auch ein. Die Benzingesellschaften werden ihr Produkt zu einem Preis verkaufen, den der Markt trägt. Nur weil man in der glücklichen Lage war, billiges Erdöl zu erhalten, bedeutet das nicht, dass man sein Benzin nicht um denselben Preis verkaufen wird, um den andere Unternehmen ihres verkaufen.

Nehmen wir nun einmal an, das gesamte Erdöl würde zu *einem* Preis verkauft, und das Gleichgewicht wäre beim Benzinpreis p^* erreicht. Nun kommt die Regierung daher und senkt den Preis der ersten 100 Fass, die jede Raffinerie verwendet. Wird das deren Angebotsentscheidung beeinflussen? Mitnichten – um das Angebot zu beeinflussen, muss man die Anreize an der Grenze verändern. Die einzige Möglichkeit, einen niedrigeren Benzinpreis zu kriegen, ist eine Erhöhung des Angebots, und das bedeutet, dass man die Grenzkosten des Erdöls senken muss.

Die Politik der gespaltenen Erdölpreise war einfach eine Umverteilung von den inländischen Ölproduzenten zu den inländischen Raffinerien. Die inländischen Erdölförderer erhielten um $ 10 weniger für ihr Öl, und die Gewinne, die sie erzielt hätten, gingen zu den Ölraffinerien. Es gab keine Wirkung auf das

Benzinangebot, und damit konnte es keine Auswirkung auf den Benzinpreis geben.

Preiskontrollen

Die diesem Argument innewohnenden ökonomischen Kräfte machten sich rasch bemerkbar. Das Energieministerium erkannte bald, dass es die Benzinpreisbestimmung bei einem gespaltenen System nicht den Marktkräften überlassen konnte – denn die Marktkräfte allein würden dazu führen, dass derselbe Preis vorherrscht wie ohne das gespaltene System.

Daher führten sie Preiskontrollen für Benzin ein. Jede Raffinerie durfte nur einen Benzinpreis verlangen, der auf den Produktionskosten für Benzin basierte - die ihrerseits wieder in erster Linie von den Kosten des Erdöls abhingen, das die Raffinerie kaufen konnte.

Die Verfügbarkeit des billigen inländischen Öls variierte von Ort zu Ort. In Texas waren die Raffinerien in der Nähe der Hauptquellen der Produktion, sie konnten daher große Mengen billigen Erdöls kaufen. Wegen der Preiskontrollen war das texanische Benzin relativ billig. In Neuengland musste im Wesentlichen das gesamte Öl importiert werden, der Benzinpreis in Neuengland war daher ziemlich hoch.

Wenn es verschiedene Preise für dasselbe Erzeugnis gibt, ist es ganz natürlich, dass die Unternehmen versuchen werden, zum höheren Preis zu verkaufen. So musste das Energieministerium wieder einschreiten, um den unkontrollierten Transport von Benzin aus Regionen mit niedrigem Preis in Regionen mit hohen Preisen zu verhindern. Das Ergebnis dieser Intervention waren die berühmten Benzinverknappungen der mittleren Siebzigerjahre. Immer wieder war in einer Region des Landes Benzin ausverkauft, und es war zu keinem Preis etwas verfügbar. Bei einem System freier Märkte war ein derartiges Phänomen beim Angebot von Erdölprodukten nie aufgetreten; die Verknappungen waren zur Gänze auf das System gespaltener Ölpreise in Verbindung mit den Preiskontrollen zurückzuführen.

Die Ökonomen verwiesen damals auf diese Probleme, aber das hatte nur geringe Auswirkungen auf die Wirtschaftspolitik. Wirkungsvoll war hingegen die Lobby der Erdölraffinerien. Der Großteil des inländischen Öls wurde unter langfristigen Verträgen verkauft, einige Raffinerien konnten große Mengen davon kaufen, während andere das teure ausländische Erdöl kaufen mussten. Natürlich beschwerten sich letztere darüber; der Kongress entwickelte daher ein weiteres Schema, um das billige inländische Erdöl gleichmäßiger zuzuteilen.

Das Berechtigungsprogramm

Dieses Programm war als das „Berechtigungsprogramm" bekannt und es funktionierte ungefähr folgendermaßen. Jedes Mal, wenn eine Raffinerie ein Fass teuren ausländischen Erdöls kaufte, erhielt sie einen Gutschein, der sie berechtigte, eine bestimmte Menge billigen inländischen Öls zu erwerben. Die Menge hing von den Angebotsbedingungen ab; nehmen wir an es wäre eins zu eins:

Jedes Fass ausländischen Öls, das die Raffinerie um $ 15 kaufte, berechtigte sie, ein Fass inländischen Erdöls um $ 5 zu kaufen.

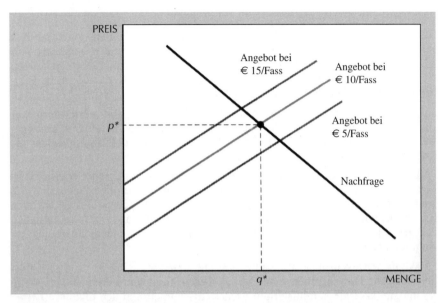

Abbildung 23.9 Das Berechtigungsprogramm. Unter dem Berechtigungsprogramm liegt die Angebotskurve für Benzin zwischen der Angebotskurve, bei der das gesamte Erdöl zum Importpreis, und jener, bei der das gesamte Erdöl zum inländischen Preis verfügbar ist.

Wie wirkte sich das auf den Grenzpreis des Öls aus? Nun war der Grenzpreis des Erdöls einfach der gewogene Durchschnitt des inländischen und des ausländischen Ölpreises; im soeben beschriebenen Fall eines Verhältnisses von eins zu eins wäre der Preis $ 10. Die Wirkung auf die Angebotskurve für Benzin ist in Abbildung 23.9 dargestellt.

Die Grenzkosten des Erdöls waren dadurch wohl verringert und das bedeutete, dass auch der Benzinpreis reduziert war. Aber siehe an, wer dafür zahlt: Die inländischen Erdölerzeuger! Die USA kauften ausländisches Erdöl, das je Fass $ 15 real kostete, und gaben vor, dass es nur $ 10 kostete. Die inländischen Erdölerzeuger mussten ihr Öl um weniger als den Weltmarktpreis verkaufen. Die Inländer subventionierten den Import des ausländischen Öls und zwangen die inländischen Ölproduzenten, die Subvention zu bezahlen!

Schließlich wurde auch dieses Programm aufgegeben, und die USA führten eine Steuer auf die inländische Erdölerzeugung ein, sodass die inländischen Ölproduzenten keine Zufallsgewinne aus den Handlungen der OPEC ernten konnten. Natürlich entmutigte eine derartige Steuer die Erzeugung von inländischem Erdöl, was den Benzinpreis erhöhte; aber das war für den Kongress damals offensichtlich akzeptabel.

Zusammenfassung

1. Die kurzfristige Angebotskurve einer Branche ist einfach die horizontale Summe der Angebotskurven der einzelnen Unternehmen in dieser Branche.
2. Die langfristige Angebotskurve einer Branche muss die Marktein- und -austritte von Unternehmen berücksichtigen.
3. Wenn es freien Marktzu- und -abgang gibt, wird im langfristigen Gleichgewicht die maximale Zahl an Unternehmen am Markt jene sein, die mit nichtnegativen Gewinnen vereinbar ist. Das bedeutet, dass die langfristige Angebotskurve bei einem Preis gleich den minimalen Durchschnittskosten im Wesentlichen horizontal verlaufen wird.
4. Wenn es Kräfte gibt, die den Zugang von Unternehmen in eine gewinnbringende Branche verhindern, werden die hinderlichen Faktoren ökonomische Renten verdienen. Die Höhe der Rente wird durch den Outputpreis der Branche bestimmt.

Wiederholungsfragen

1. Bei welchem Preis hat die Angebotskurve einer Branche einen Knick, wenn $S_1(p) = p - 10$ und $S_2(p) = p - 15$?
2. Kurzfristig ist die Nachfrage nach Zigaretten vollständig unelastisch. Nehmen wir an, dass sie langfristig vollständig elastisch sei. Wie wirkt sich eine Zigarettensteuer auf den Preis aus, den die Konsumenten kurzfristig und langfristig zahlen?
3. Geschäfte neben einer großen Universität haben hohe Preise, weil sie eine hohe Miete zahlen müssen. Richtig oder falsch?
4. Im langfristigen Gleichgewicht einer Branche wird kein Unternehmen Verluste erleiden. Richtig oder falsch?
5. Was bestimmt nach dem in diesem Kapitel dargestellten Modell den Umfang von Zugang oder Abgang in einer gegebenen Branche?
6. Das in diesem Kapitel präsentierte Modell des Zugangs impliziert, dass die langfristige Angebotskurve der Branche umso (steiler, flacher) sein wird, je mehr Unternehmen es in der Branche gibt.
7. Eine New Yorker Taxiunternehmerin scheint nach sorgfältiger Berechnung der Betriebs- und Arbeitskosten langfristig positive Gewinne zu erzielen. Wird dadurch das Modell des vollkommenen Wettbewerbs verletzt? Warum oder warum nicht?

24. Kapitel
MONOPOL

In den vorangegangenen Kapiteln haben wir das Verhalten einer Wettbewerbsbranche untersucht, einer Marktstruktur, die am wahrscheinlichsten dann vorliegt, wenn es eine große Zahl von kleinen Unternehmungen gibt. In diesem Kapitel wenden wir uns dem entgegensetzten Extrem zu und untersuchen eine Branche, die nur aus einer *einzigen* Unternehmung besteht – einem **Monopol**.

Wenn es auf einem Markt nur ein Unternehmen gibt, ist es sehr unwahrscheinlich, dass dieses Unternehmen den Marktpreis als gegeben annimmt. Stattdessen würde eine Monopolistin ihren Einfluss auf den Marktpreis erkennen und jenes Preis- und Outputniveau wählen, das ihren Gesamtgewinn maximiert.

Natürlich kann sie Preis und Output nicht unabhängig voneinander wählen; zu jedem bestimmten Preis kann die Monopolistin nur soviel verkaufen, wie der Markt bereit ist aufzunehmen. Wenn sie einen hohen Preis wählt, wird sie nur eine kleine Menge verkaufen können. Das Nachfrageverhalten der Konsumentinnen wird die Entscheidungsmöglichkeiten der Monopolistin hinsichtlich Preis und Menge beschränken.

Wir können die Monopolistin als diejenige ansehen, die den Preis festsetzt und die Konsumentinnen entscheiden lässt, wie viel sie zu diesem Preis kaufen wollen, oder wir können uns vorstellen, dass die Monopolistin die Menge festlegt und die Konsumentinnen entscheiden lässt, welchen Preis sie dafür zahlen wollen. Der erste Ansatz ist vermutlich der gängige, aber es zeigt sich, dass der zweite analytisch bequemer ist. Bei korrekter Vorgangsweise sind selbstverständlich beide Ansätze gleichwertig.

24.1 Gewinnmaximierung

Wir beginnen mit der Analyse des Gewinnmaximierungsproblems der Monopolistin. Wir wollen $p(y)$ zur Bezeichnung der inversen Nachfragekurve und $c(y)$ zur Bezeichnung der Kostenfunktion verwenden. Die Erlösfunktion der Monopolistin ist $r(y) = p(y)y$. Dann hat das Gewinnmaximierungsproblem der Monopolistin die Form

$$\text{maximiere}_{y} \; r(y) - c(y).$$

Die Optimalitätsbedingung dieses Problems ist offensichtlich: Beim optimalen Output muss der Grenzerlös gleich den Grenzkosten sein. Wäre der Grenzerlös kleiner als die Grenzkosten, würde es sich für das Unternehmen lohnen, den Output zu senken, da die Kosteneinsparungen den entgangenen Erlös mehr als kompensieren würden. Wenn der Grenzerlös größer als die Grenzkosten wäre, würde es sich für das Unternehmen lohnen, den Output zu erhöhen. Der einzige Punkt, wo für das Unternehmen kein Anreiz besteht, den Output zu verändern, ist dort, wo der Grenzerlös den Grenzkosten gleich ist.

Algebraisch schreiben wir die Optimalitätsbedingung als
$$MR = MC$$
oder
$$\frac{\Delta r}{\Delta y} = \frac{\Delta c}{\Delta y}.$$

Die gleiche Bedingung $MR = MC$ muss im Fall einer Unternehmung bei Wettbewerb gelten; in diesem Fall ist der Grenzerlös gleich dem Preis und die Bedingung reduziert sich auf Preis ist gleich Grenzkosten.

Im Falle einer Monopolistin ist der Ausdruck für den Grenzerlös ein wenig komplizierter. Wenn die Monopolistin ihren Output um Δy erhöht, gibt es zwei Wirkungen auf den Erlös. Erstens verkauft sie mehr Output und erzielt dafür als Erlös $p\Delta y$. Zweitens drückt sie jedoch den Preis um Δp nach unten und erhält diesen niedrigeren Preis für den *gesamten* schon bisher verkauften Output.

Der Gesamteffekt einer Änderung des Outputs um Δy auf den Erlös wird daher
$$\Delta r = p\Delta y + y\Delta p$$
sein, sodass die Änderung des Erlöses dividiert durch die Outputänderung – der Grenzerlös – durch
$$\frac{\Delta r}{\Delta y} = p + \frac{\Delta p}{\Delta y}y$$
gegeben ist.

(Das ist genau dieselbe Herleitung, die wir bei unserer Diskussion des Grenzerlöses im 15. Kapitel durcharbeiteten. Vielleicht sollten Sie diesen Stoff vor dem Weiterlesen wiederholen!)

Eine andere Möglichkeit ist sich vorzustellen, dass die Monopolistin Preis und Output simultan festsetzt - wobei natürlich die durch die Nachfragekurve auferlegte Beschränkung zu beachten ist. Wenn die Monopolistin mehr verkaufen will, muss sie ihren Preis senken. Aber dieser niedrigere Preis gilt für alle verkauften Einheiten, nicht nur für die neu verkauften Einheiten: daher der Ausdruck $y\Delta p$.

Im Fall vollkommenen Wettbewerbs könnte ein Unternehmen seinen Preis unter jenen der anderen Unternehmen senken und würde sofort den gesamten

Markt seiner Konkurrentinnen erobern. Aber im Fall des Monopols hat die Monopolistin bereits den gesamten Markt für sich; wenn sie ihren Preis senkt, muss sie die Wirkung der Preissenkung auf alle verkauften Einheiten berücksichtigen.

Entsprechend der Darstellung im 15. Kapitel kann man den Grenzerlös auch mittels der Elastizität über die Formel

$$MR(y) = p(y)\left[1 + \frac{1}{\epsilon(y)}\right]$$

ausdrücken und die Optimalitätsbedingung „Grenzerlös ist gleich Grenzkosten"

$$p(y)\left[1 + \frac{1}{\epsilon(y)}\right] = MC(y) \qquad (24.1)$$

schreiben.

Da die Elastizität natürlich negativ ist, könnten wir diesen Ausdruck auch als

$$p(y)\left[1 - \frac{1}{|\epsilon(y)|}\right] = MC(y)$$

anschreiben. Aus diesen Gleichungen kann man leicht den Zusammenhang mit dem Wettbewerbsfall erkennen: Im Fall des vollkommenen Wettbewerbs sieht sich das Unternehmen einer horizontalen – einer unendlich elastischen – Nachfragekurve gegenüber. Das bedeutet, dass $1/|\epsilon| = 1/\infty = 0$, daher ist die entsprechende Version dieser Gleichung für ein Unternehmen bei vollkommenem Wettbewerb einfach Preis ist gleich Grenzkosten.

Beachte, dass eine Monopolistin nie dort produzieren wird, wo die Nachfragekurve *unelastisch* ist. Wenn nämlich $|\epsilon| < 1$, dann ist $1/|\epsilon| > 1$ und der Grenzerlös ist negativ, er kann daher unmöglich gleich den Grenzkosten sein. Die Bedeutung dieser Aussage wird klar, wenn man bedenkt, was eine unelastische Nachfragekurve impliziert: Wenn $|\epsilon| < 1$, dann wird eine Verringerung des Outputs den Erlös erhöhen, und da eine Verringerung des Outputs die Gesamtkosten reduzieren muss, wird der Gewinn notwendigerweise steigen. Daher kann jeder Punkt, bei dem $|\epsilon| < 1$, für eine Monopolistin kein Gewinnmaximum sein. Daraus folgt, dass ein Punkt, der ein Gewinnmaximum erbringt, nur bei $|\epsilon| = 1$ liegen kann.

24.2 Lineare Nachfragekurve und Monopol

Angenommen der Monopolist sieht sich einer linearen Nachfragekurve gegenüber:

$$p(y) = a - by.$$

Die Erlösfunktion ist dann

$$r(y) = p(y)y = ay - by^2$$

mit der Grenzerlösfunktion

$$MR(y) = a - 2by.$$

(Das folgt unmittelbar aus der Formel, die gegen Ende des 15. Kapitels angegeben wurde. Sie ist leicht durch Verwendung einfacher Differenzialrechnung abzuleiten.)

Beachte, dass die Grenzerlösfunktion denselben (vertikalen) Ordinatenabschnitt a hat wie die Nachfragekurve, dass sie aber doppelt so steil ist. Daher gibt es eine einfache Möglichkeit, die Grenzkostenkurve einzuzeichnen. Wir wissen, dass der Ordinatenabschnitt a ist. Um den (horizontalen) Abszissenabschnitt herauszufinden, nimmt man einfach die Hälfte des Abszissenabschnitts der Nachfragekurve. Dann verbindet man die beiden Achsenabschnitte durch eine Gerade. Die Nachfragekurve und die Grenzkostenkurve werden in Abbildung 24.1 illustriert.

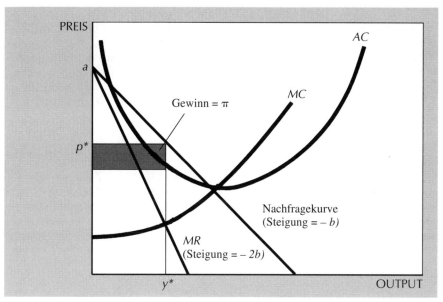

Abbildung 24.1 Monopol bei einer linearen Nachfragekurve. Der gewinnmaximierende Output des Monopolisten liegt dort, wo der Grenzerlös gleich den Grenzkosten ist.

Der optimale Output, y^*, ist dort, wo die Grenzerlöskurve die Grenzkostenkurve schneidet. Der Monopolist wird dann den höchsten Preis verlangen, den er bei diesem Output bekommen kann, also $p(y^*)$. Das ergibt einen Erlös von $p(y^*)y^*$, von dem wir die Gesamtkosten $c(y^*) = AC(y^*)y^*$ abziehen, wodurch die grau eingezeichnete Gewinnfläche übrig bleibt.

24.3 Preisfestsetzung durch Kostenaufschlag

Wir können die Elastizitätsformel für die Monopolistin dazu verwenden, um ihre optimale Preispolitik auf eine andere Art auszudrücken. Nach Umformung von Gleichung (24.1) haben wir

$$p(y) = \frac{MC(y^*)}{1 - 1/|\epsilon(y)|}. \tag{24.2}$$

Diese Formulierung gibt an, dass der Marktpreis durch Aufschlag auf die Grenzkosten gefunden wird, wobei das Ausmaß des Kostenaufschlags von der Nachfrageelastizität abhängt. Der Aufschlag auf die Kosten ist durch

$$\frac{1}{1 - 1/|\epsilon(y)|}$$

gegeben. Da die Monopolistin immer dort produziert, wo die Nachfragekurve elastisch ist, können wir sicher sein, dass $|\epsilon| > 1$ und daher der Aufschlag größer als 1 ist.

Im Falle einer Nachfragekurve mit konstanter Elastizität ist diese Formel besonders einfach, da $\epsilon(y)$ eine Konstante ist. Eine Monopolistin, die sich einer Nachfragekurve mit konstanter Elastizität gegenübersieht, wird einen Preis verlangen, der sich durch einen *konstanten* Aufschlag auf die Grenzkosten ergibt. Das wird in Abbildung 24.2 illustriert. Die mit $MC/(1 - 1/|\epsilon|)$ bezeichnete Kurve liegt um einen konstanten Bruch höher als die Grenzkostenkurve; das optimale Outputniveau liegt bei $p = MC/(1 - 1/|\epsilon|)$.

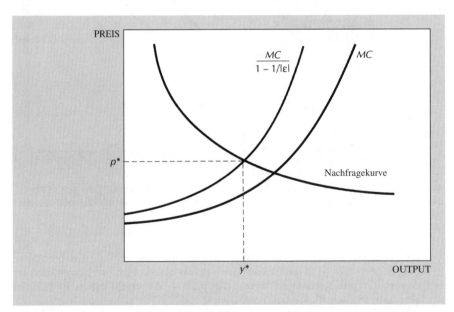

Abbildung 24.2 Monopol bei einer Nachfrage mit konstanter Elastizität. Um das gewinnmaximierende Outputniveau zu finden, suchen wir jenen Punkt, bei dem die Kurve $MC/(1 - 1/|\epsilon|)$ die Nachfragekurve schneidet.

BEISPIEL: Besteuerung und Monopol

Nehmen wir ein Unternehmen mit konstanten Grenzkosten und überlegen wir, was mit dem Preis geschieht, wenn eine Mengensteuer eingeführt wird. Offensichtlich steigen die Grenzkosten um den Steuerbetrag, aber wie wirkt sich das auf den Marktpreis aus?

Betrachten wir zuerst den Fall einer linearen Nachfragekurve, wie in Abbildung 24.3. Wenn sich die Grenzkostenkurve MC um den Betrag der Steuer auf $MC + t$ nach oben verschiebt, bewegt sich der Schnittpunkt von Grenzerlös und Grenzkosten nach links. Da die Nachfragekurve halb so steil ist wie die Grenzerlöskurve, steigt der Preis um den halben Steuerbetrag.

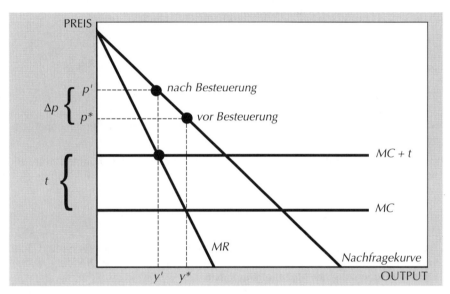

Abbildung 24.3 Lineare Nachfrage und Besteuerung. Besteuerung eines Monopols, das sich einer linearen Nachfragekurve gegenübersieht. Beachte, dass der Preis um die Hälfte des Steuerbetrags steigen wird.

Das kann man algebraisch leicht herleiten. Die Bedingung Grenzerlös ist gleich Grenzkosten plus Steuer lautet

$$a - 2by = c + t.$$

Auflösung nach y ergibt

$$y = \frac{a - c - t}{2b}.$$

Die Änderung des Outputs ist daher durch

$$\frac{\Delta y}{\Delta t} = -\frac{1}{2b}$$

gegeben. Die Nachfragekurve ist

$$p(y) = a - by,$$

der Preis ändert sich daher um $-b$ mal der Outputänderung:

$$\frac{\Delta p}{\Delta t} = -b \times -\frac{1}{2b} = \frac{1}{2}.$$

In dieser Berechnung taucht der Faktor 1/2 wegen der Annahmen linearer Nachfrage und konstanter Grenzkosten auf. Zusammen implizieren diese beiden Annahmen, dass der Preis um weniger als die Steuer steigt. Wird das generell gelten?

Die Antwort ist nein – im Allgemeinen kann eine Steuer den Preis um mehr oder weniger als den Steuerbetrag erhöhen. Als einfaches Beispiel nehmen wir den Fall einer Monopolistin, die sich einer Nachfragekurve mit konstanter Elastizität gegenübersieht. Wir haben dann

$$p = \frac{c+t}{1 - 1/|\epsilon|},$$

sodass

$$\frac{\Delta p}{\Delta t} = \frac{1}{1 - 1/|\epsilon|},$$

was offensichtlich größer als 1 ist. In diesem Fall überwälzt die Monopolistin *mehr* als den Steuerbetrag.

Eine andere Art der Besteuerung, die wir in Betracht ziehen könnten, wäre eine Gewinnsteuer. In diesem Fall muss die Monopolistin einen Teil τ ihres Gewinns an den Staat abführen. Ihr Maximierungsproblem wird dann

$$\text{maximiere } (1-\tau)[p(y)y - c(y)].$$
$$y$$

Aber jener Wert von y, der den Gewinn maximiert, wird auch $(1-\tau)$ mal dem Gewinn maximieren. Eine reine Gewinnsteuer wird daher keine Wirkung auf die Outputentscheidung der Monopolistin haben.

24.4 Ineffizienz des Monopols

Eine Branche bei vollkommenem Wettbewerb operiert bei einem Punkt, wo der Preis gleich den Grenzkosten ist. Ein Monopolist produziert bei einem Preis, der größer als die Grenzkosten ist. Im Allgemeinen wird daher der Preis höher und der Output niedriger sein, wenn sich eine Unternehmung wie ein Monopolist anstatt wie unter Wettbewerb verhält. Aus diesem Grund werden die Konsumenten typischerweise in einer Monopolbranche schlechter gestellt sein als in einer Wettbewerbsbranche.

Aber dementsprechend ist die Unternehmung besser gestellt! Wenn man sowohl die Unternehmung als auch den Konsumenten in die Überlegungen einbezieht, ist es nicht klar, ob vollkommene Konkurrenz oder Monopol die „bessere" Situation sein wird. Es hat den Anschein, dass man ein Werturteil über die relative Wohlfahrt von Konsumenten und Unternehmern treffen muss. Wir werden jedoch sehen, dass man allein aus Effizienzüberlegungen gegen ein Monopol argumentieren kann.

Nehmen wir eine Monopolsituation wie in Abbildung 24.4. Angenommen wir könnten dieses Unternehmen irgendwie kostenlos zwingen, sich als Konkurrent zu verhalten und den Marktpreis als exogen festgesetzt anzusehen. Dann hätten wir (p_c, y_c) als Konkurrenzpreis und -output. Wenn hingegen das Unternehmen seinen Einfluss auf den Marktpreis erkennen und sein Outputniveau gewinnmaximierend festlegen würde, ergäben sich der Monopolpreis und -output (p_m, y_m).

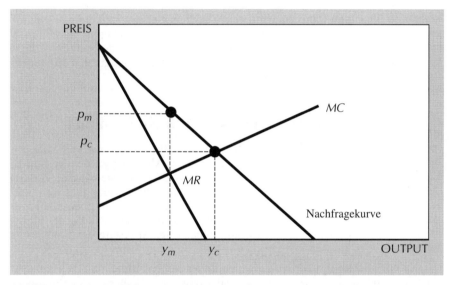

Abbildung 24.4 Ineffizienz des Monopols. Ein Monopolist erzeugt weniger als die Outputmenge bei vollkommener Konkurrenz und ist daher Pareto-ineffizient.

Wie erinnerlich ist eine wirtschaftliche Situation dann Pareto-effizient, wenn es keine Möglichkeit gibt, jemand besser zu stellen, ohne jemand anderen schlechter zu stellen. Ist das Outputniveau des Monopols Pareto-effizient?

Erinnern wir uns an die Definition der inversen Nachfragekurve. Bei jedem Outputniveau misst $p(y)$, wie viel die Leute bereit sind, für eine weitere Einheit des Gutes zu zahlen. Da $p(y)$ bei allen Outputniveaus zwischen y_m und y_c größer als $MC(y)$ ist, gibt es einen Outputbereich, in dem die Leute bereit sind, mehr als die Produktionskosten für eine Outputeinheit zu zahlen. Offensichtlich gibt es hier Möglichkeiten für eine Pareto-Verbesserung!

Betrachten wir zum Beispiel die Situation beim Outputniveau des Monopols y_m. Da $p(y_m) > MC(y_m)$, wissen wir, dass es jemanden gibt, der bereit ist, für eine Outputeinheit mehr als die Produktionskosten dieser zusätzlichen Einheit zu bezahlen. Angenommen die Unternehmung erzeugt diesen zusätzlichen Output und verkauft ihn an diese Person zu irgendeinem Preis p, wobei $p(y_m) > p > MC(y_m)$. Dann ist dieser Konsument besser gestellt, da er bereit wäre, $p(y_m)$ für diese Konsumeinheit zu zahlen und sie an ihn um $p < p(y_m)$ verkauft wurde. Ganz ähnlich gesehen, kostet es den Monopolisten $MC(y_m)$, die zusätzliche Outputeinheit zu erzeugen, und er verkauft sie um $p > MC(y_\mathrm{m})$. Alle anderen Outputeinheiten werden zum gleichen Preis wie vorher verkauft, dort hat sich also nichts geändert. Aber durch den Verkauf der zusätzlichen Einheit erhält jede Marktseite eine zusätzliche Rente - jede Seite wird besser und niemand wird schlechter gestellt. Wir haben eine Pareto-Verbesserung gefunden.

Es lohnt, den Grund für diese Ineffizienz zu überlegen. Das effiziente Outputniveau ist gegeben, wenn die Zahlungsbereitschaft für eine zusätzliche Einheit gerade den Produktionskosten dieser zusätzlichen Einheit entspricht. Ein Konkurrenzunternehmen stellt diesen Vergleich an. Ein Monopolist hingegen betrachtet auch die Wirkung einer Outputerhöhung auf den Erlös, den er aus den **innerhalb liegenden ("inframarginalen")** Einheiten erzielt, und diese inframarginalen Einheiten haben nichts mit Effizienz zu tun. Ein Monopolist wäre immer bereit, eine zusätzliche Einheit zu einem geringeren Preis als den derzeit verlangten zu verkaufen, wenn er nicht den Preis für alle inframarginalen Einheiten senken müsste, die er derzeit verkauft.

24.5 Wohlfahrtsverlust durch ein Monopol

Jetzt wo wir wissen, dass ein Monopol ineffizient ist, möchten wir vielleicht erfahren, wie ineffizient es denn ist. Gibt es eine Möglichkeit, den gesamten Effizienzverlust durch ein Monopol zu messen? Wir wissen, wie wir den Verlust der Konsumentinnen messen können, weil sie p_m anstatt p_c zahlen müssen – wir sehen uns einfach die Veränderung der Konsumentinnenrente an. Ebenso können wir die Erhöhung des Gewinns der Produzentinnen aus der Festsetzung des Preises p_m statt p_c ermitteln – wir verwenden einfach die Änderung der Produzentinnenrente.

Die natürlichste Art der Kombination dieser beiden Zahlen ist die symmetrische Behandlung der Unternehmung – oder besser der Besitzerin der Unternehmung – und der Konsumentinnen des Outputs der Unternehmung, das heißt die Addition der Gewinne der Unternehmung und der Konsumentinnenrente. Die Gewinnänderung des Unternehmens – die Veränderung der Produzentinnenrente – misst, wie viel die Besitzerin zu zahlen bereit wären, um als Monopolistin den höheren Preis zu erhalten; und die Veränderung der Konsumentinnenrente misst, wie viel den Konsumentinnen gezahlt werden müsste, um sie für den höheren Preis zu entschädigen. Die Differenz zwischen diesen zwei Zahlen sollte daher ein brauchbares Maß für Nettonutzen oder -kosten des Monopols ergeben.

Die Veränderungen der Produzentinnen- und Konsumentinnenrente aus einer Bewegung vom Monopol- zum Konkurrenzoutput sind in Abbildung 24.5 illustriert. Die Rente der Monopolistin verringert sich wegen des niedrigeren Preises für die bereits bisher verkauften Einheiten um A. Sie erhöht sich wegen der Gewinne auf die jetzt zusätzlich verkauften Einheiten um C.

Die Konsumentinnenrente steigt um A, da die Konsumentinnen jetzt alle Einheiten, die sie bereits bisher kauften, zu einem niedrigeren Preis kriegen, und sie steigt um B, da sie auch eine Rente für die zusätzlich gekauften Einheiten erhalten. Die Fläche A ist einfach ein Transfer von der Monopolistin zur Konsumentin; eine Marktseite wird besser gestellt, die andere schlechter, aber die gesamte Rente bleibt unverändert. Die Fläche $B + C$ stellt eine echte Zunahme der Rente dar – diese Fläche misst die Bewertung des zusätzlich erzeugten Out-puts durch die Konsumentinnen und die Produzentin.

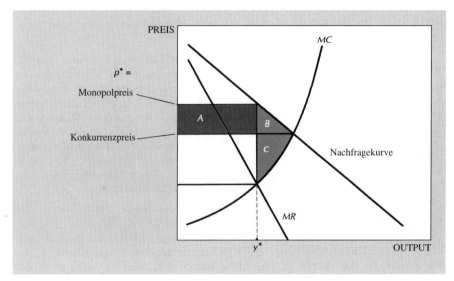

Abbildung 24.5 Wohlfahrtsverlust beim Monopol. Der Wohlfahrtsverlust aufgrund des Monopols ist durch die Fläche $B + C$ gegeben.

Die Fläche $B + C$ wird als **Wohlfahrtsverlust** aufgrund des Monopols bezeichnet. Sie stellt ein Maß dafür dar, um wie viel schlechter die Leute gestellt sind, weil sie den Monopolpreis anstatt des Konkurrenzpreises zahlen müssen. Der Wohlfahrtsverlust aufgrund des Monopols misst, ähnlich dem Wohlfahrtsverlust aufgrund einer Steuer, den Wert des entgangenen Outputs durch dessen Bewertung zu jenem Preis, den die Leute für die jeweilige Einheit zu zahlen bereit wären.

Um zu verstehen, dass der Wohlfahrtsverlust den Wert des entgangenen Outputs misst, sollte man sich – vom Monopolpunkt ausgehend – einfach die Bereitstellung einer zusätzlichen Outputeinheit vorstellen. Der Wert dieser marginalen Outputeinheit ist einfach der Marktpreis. Die Produktionskosten der zusätzlichen Outputeinheit sind die Grenzkosten. Der „gesellschaftliche Wert" der Produktion einer zusätzlichen Einheit ist dann einfach der Preis minus den Grenzkosten. Nehmen wir die nächste Outputeinheit; wiederum ist sein sozialer Wert die Differenz zwischen Preis und Grenzkosten bei diesem Outputniveau. Und so geht das weiter. Wenn wir uns vom Monopolniveau zum Konkurrenzniveau des Outputs bewegen, „summieren" wir die Abstände zwischen der Nachfrage- und der Grenzkostenkurve, um den Wert des aufgrund des Monopolverhaltens entgangenen Outputs zu erfassen. Die gesamte Fläche zwischen den beiden Kurven vom Monopol- bis zum Konkurrenzoutput ist der Wohlfahrtsverlust.

BEISPIEL: Die optimale Lebensdauer eines Patents

Ein **Patent** räumt den Erfinderinnen das ausschließliche Nutzungsrecht aus ihrer Erfindung während einer beschränkten Zeitperiode ein. Ein Patent bietet daher eine Art (zeitlich) beschränktes Monopol. Der Grund für einen derartigen Patentschutz liegt in der Förderung von Erfindungen. Ohne ein Patentsystem wären Individuen und Unternehmen wahrscheinlich kaum bereit, viel in Forschung und Entwicklung zu investieren, da jede neu gemachte Entdeckung von den Konkurrentinnen kopiert werden könnte.

In den Vereinigten Staaten beträgt die Lebensdauer eines Patents 17 Jahre. Während dieser Periode haben die Inhaberinnen des Patents ein Monopol auf die Erfindung; nachdem das Patent erlischt, steht es jedermann frei, die im Patent beschriebene Technologie zu nutzen. Je länger die Lebensdauer eines Patents, umso größere Gewinne erwachsen den Erfinderinnen, und desto größer ist daher der Anreiz zur Investition in Forschung und Entwicklung. Je länger das Monopol jedoch bestehen darf, umso größer ist der entstehende Wohlfahrtsverlust. Der Nutzen einer langen Patentlebensdauer ist der Anreiz zur Erfindung; die Kosten sind die Förderung des Monopols. Die „optimale" Patentlebensdauer ist jene Zeitperiode, die diese beiden gegenläufigen Wirkungen ausgleicht.

Das Problem der Bestimmung der optimalen Patentlebensdauer wurde von William Nordhaus von der Yale University untersucht.[1] Nordhaus weist darauf hin, dass das Problem sehr vielschichtig ist und viele unbekannte Beziehungen enthält. Trotzdem können einige einfache Berechnungen ein paar Hinweise darauf geben, ob die derzeitige Patentlebensdauer sehr weit von den oben beschriebenen Kosten und Nutzen entfernt ist.

Nordhaus findet, dass für "alltägliche" Erfindungen ein Patentsystem mit einer Lebensdauer von 17 Jahren zu ungefähr 90 Prozent effizient war – das heißt, es erreichte 90 Prozent der maximal möglichen Konsumentinnenrente. Auf Basis dieser Zahlen scheint es keinen zwingenden Grund für drastische Änderungen des Patentsystems zu geben.

24.6 Natürliches Monopol

Wir haben oben gesehen, dass die Pareto-effiziente Menge einer Branche dort liegt, wo der Preis gleich den Grenzkosten ist. Ein Monopolist produziert, wo der Grenzerlös gleich den Grenzkosten ist, er erzeugt daher zu wenig Output. Es scheint, dass eine Regulierung des Monopols zur Beseitigung der Ineffizienz ziemlich einfach ist – die regulierende Behörde braucht nur den Preis gleich den Grenzkosten zu setzen, und Gewinnmaximierung wird den Rest besorgen. Leider vernachlässigt diese Analyse einen wichtigen Aspekt des Problems: Es könnte sein, dass der Monopolist bei so einem Preis negative Gewinne erzielt.

---

[1] William Nordhaus, *Invention, Growth, and Welfare* (Cambridge, MA: M.I.T. Press, 1969).

Ein Beispiel dafür wird in Abbildung 24.6 gezeigt. Dort liegt der Minimalpunkt der Durchschnittskostenkurve rechts von der Nachfragekurve, der Schnittpunkt von Nachfrage und Grenzkosten befindet sich unterhalb der Durchschnittskostenkurve. Obwohl das Outputniveau y_{MC} effizient ist, wirft es keinen Gewinn ab. Wenn die Behörde dieses Outputniveau festlegt, würde der Monopolist lieber zusperren.

So eine Situation entsteht häufig bei öffentlichen Versorgungsunternehmungen. Denken wir zum Beispiel an eine Erdgasgesellschaft. Deren Technologie bringt hohe Fixkosten mit sich – Verlegung und Instandhaltung der Gasleitungen – und sehr kleine Grenzkosten für die Bereitstellung zusätzlicher Erdgasmengen – wenn die Leitung einmal verlegt ist, kostet es sehr wenig, zusätzliches Gas durchzupumpen. Ebenso hat eine Telefongesellschaft sehr hohe Fixkosten für die Bereitstellung der Leitungen und Wähleinrichtungen, während die Grenzkosten einer weiteren Einheit des Telefondienstes sehr niedrig sind. Wenn es hohe Fixkosten und niedrige Grenzkosten gibt, kann man rasch in die in Abbildung 24.6 beschriebene Lage kommen. Solch eine Situation wird als **natürliches Monopol** bezeichnet.

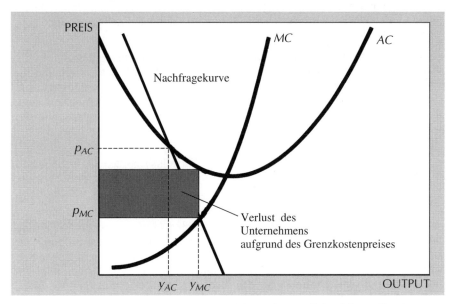

Abbildung 24.6 Ein natürliches Monopol. Wenn ein natürlicher Monopolist dort produziert, wo der Preis gleich den Grenzkosten ist, wird er ein effizientes Outputniveau, y_{MC}, erzeugen, aber er wird seine Kosten nicht decken können. Wenn er einen Output y_{AC} erzeugen soll, bei dem der Preis gleich den Durchschnittskosten ist, dann wird er zwar seine Kosten decken, aber er wird relativ zur effizienten Menge zu wenig Output produzieren.

Wenn wegen der Pareto-Ineffizienz der Monopolpreis nicht erwünscht ist und der natürliche Monopolist wegen der negativen Gewinne nicht gezwungen werden kann, zum Konkurrenzpreis zu produzieren, was bleibt dann übrig? Die meisten natürlichen Monopole werden durch den Staat reguliert oder betrieben.

Verschiedene Länder haben sich für unterschiedliche Lösungen entschieden. In einigen Ländern wird das Telefon vom Staat betrieben, in anderen von privaten Unternehmen, die durch den Staat reguliert werden. Beide Ansätze haben ihre Vor- und Nachteile.

Nehmen wir zum Beispiel den Fall der staatlichen Regulierung eines natürlichen Monopols. Wenn die regulierte Unternehmung keine Subvention benötigt, muss sie nicht-negative Gewinne erzielen, was bedeutet, dass sie auf oder oberhalb der Durchschnittskostenkurve produziert. Wenn sie allen, die bereit sind dafür zu zahlen, ihre Leistungen zur Verfügung stellt, muss sie auch auf der Nachfragekurve operieren. Die natürliche Position für eine regulierte Unternehmung ist daher ein Punkt wie (p_{AC}, y_{AC}) in Abbildung 24.6. Dort verkauft die Unternehmung ihr Produkt zu den durchschnittlichen Produktionskosten, sie deckt daher ihre Kosten, aber sie erzeugt relativ zum effizienten Outputniveau eine zu geringe Menge.

Diese Lösung wird häufig als eine Art zweitbeste Preispolitik für einen natürlichen Monopolisten gewählt. Die Aufsichtsbehörden setzen die Preise, die das Unternehmen verlangen darf. Idealtypisch sollen diese Preise den Unternehmen gerade Kostendeckung ermöglichen – das heißt, bei einem Punkt zu produzieren, wo der Preis gleich den Durchschnittskosten ist.

Das Problem der Aufsichtsbehörde besteht in der Bestimmung dessen, was die echten Kosten des Unternehmens sind. Üblicherweise gibt es eine Behörde für öffentliche Versorgungsbetriebe, welche die Kosten des Monopols analysiert, um die echten Durchschnittskosten zu bestimmen und dann einen Preis festzusetzen, der kostendeckend ist. (Natürlich sind Kosten auch jene Zahlungen, die das Unternehmen an seine Aktionäre und anderen Gläubiger als Entgelt für das geliehene Geld leistet.)

In den Vereinigten Staaten handeln diese Aufsichtsbehörden auf bundesstaatlicher und lokaler Ebene. Elektrizität, Erdgas und Telefon werden typischerweise gesamtstaatlich, andere natürliche Monopole, wie Kabelfernsehen, üblicherweise auf lokaler Ebene reguliert.

Die andere Lösung des Problems des natürlichen Monopols ist die Betreibung durch den Staat. In diesem Fall ist die ideale Lösung die Bereitstellung der Leistung zu einem Preis gleich den Grenzkosten, bei Subventionierung durch eine Pauschalzahlung, damit das Unternehmen auf dem Markt bleiben kann. In der Praxis wird das häufig so für den lokalen öffentlichen Verkehr, wie Busse und Untergrundbahnen, gehandhabt. Die Pauschalsubventionierung muss *als solche* noch keine ineffiziente Produktion reflektieren, sondern kann einfach die hohen Fixkosten dieser öffentlichen Versorgungsbetriebe widerspiegeln.

Aber anderseits könnten die Subventionen gerade die Ineffizienz darstellen! Das Problem staatlich betriebener Monopole besteht darin, dass es fast so schwierig ist, ihre Kosten zu messen, wie bei den regulierten Versorgungsbetrieben. Staatliche Aufsichtsbehörden, welche den Betrieb öffentlicher Versorgungseinrichtungen kontrollieren, unterwerfen diese oft eingehenden Untersuchungen zur Rechtfertigung ihrer Kostenangaben, während eine staatsinterne Bürokratie solch intensiver Kontrolle vielleicht entkommen kann. Es kann sich herausstellen, dass die staatliche Bürokratie, die solche Staatsmonopole betreibt, gegenüber der Öffentlichkeit weniger verantwortlich ist als jene, welche die regulierten Monopole betreiben.

24.7 Wie entstehen Monopole?

Wann würden wir bei gegebener Information über Kosten und Nachfrage prognostizieren, dass in einer Branche vollkommener Wettbewerb herrscht, wann, dass sie monopolisiert ist? Im Allgemeinen hängt die Antwort von der Beziehung zwischen der Durchschnittskostenkurve und der Nachfragekurve ab. Der entscheidende Faktor ist die **minimale effiziente Größe (MES)**[2], jenes Outputniveau, bei dem die Durchschnittskosten ein Minimum sind, relativ zum Ausmaß der Nachfrage.

Sehen wir uns Abbildung 24.7 an, in der wir die Durchschnittskostenkurven und die Marktnachfragekurven zweier Güter dargestellt haben. Auf dem ersten Markt ist Platz für viele Unternehmen, von denen jedes einen Preis in der Nähe von p^* verlangt und in einem relativ kleinen Umfang produziert. Auf dem zweiten Markt kann nur *ein* Unternehmen positive Gewinne erzielen. Wir würden erwarten, dass der erste Markt ein Konkurrenzmarkt ist, der zweite ein Monopol.

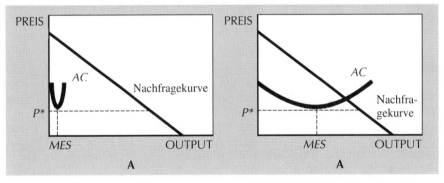

Abbildung 24.7 **Nachfrage im Verhältnis zur minimalen effizienten Größe.** (A) Wenn die Nachfrage im Verhältnis zur minimalen effizienten Größe eher groß ist, wird sich wahrscheinlich ein Konkurrenzmarkt herausbilden. (B) Wenn sie klein ist, dann ist eine Monopolstruktur möglich.

Die Form der Durchschnittskostenkurve, die ihrerseits wieder durch die zugrundeliegende Technologie bestimmt wird, ist daher eine wichtige Bestimmungsgröße, ob ein Markt als Konkurrenzmarkt oder als Monopol funktioniert. Wenn die minimale effiziente Größe – das Outputniveau, bei dem die Durchschnittskosten minimiert werden – relativ zur Marktgröße klein ist, könnten wir erwarten, dass Konkurrenzbedingungen vorherrschen werden.

---

[2] MES = minimum efficient scale.

Beachte, dass es sich dabei um eine *relative* Aussage handelt: Es kommt auf die Größe im Verhältnis zum Umfang des Marktes an. Wir können auf die minimale effiziente Größe kaum einwirken – sie ist durch die Technologie bestimmt. Wirtschaftspolitik kann jedoch die Größe des Marktes beeinflussen. Wenn sich ein Land für eine nicht-restriktive Außenhandelspolitik entscheidet, sodass inländische Unternehmungen mit ausländischer Konkurrenz konfrontiert sind, werden die Möglichkeiten der Preisbeeinflussung durch inländische Unternehmungen viel geringer sein. Wenn ein Land jedoch umgekehrt eine einschränkende Außenhandelspolitik verfolgt, sodass die Größe des Marktes nur auf dieses Land beschränkt ist, dann ist es viel wahrscheinlicher, dass Monopolpraktiken Fuß fassen werden.

Wenn Monopole dadurch entstehen, dass die minimale effiziente Größe im Verhältnis zum Marktumfang eher groß ist, und es unmöglich ist, die Größe des Marktes auszuweiten, dann ist diese Branche ein Kandidat für Regulierung oder andere Arten staatlicher Eingriffe. Natürlich verursachen auch Regulierung und staatliches Einschreiten Kosten. Aufsichtsbehörden kosten Geld, und die Anstrengungen der Unternehmung, die Aufsichtsbehörden zufrieden zu stellen, können recht teuer sein. Aus der Sicht der Gesellschaft insgesamt sollte die Frage gestellt werden, ob die Wohlfahrtsverluste durch das Monopol die Regulierungskosten übersteigen.

Ein zweiter Grund für das Auftreten von Monopolen liegt darin, dass einige Unternehmen in einer Branche sich absprechen und den Output beschränken, um die Preise zu erhöhen und dadurch ihren Gewinn zu steigern. Wenn Unternehmen sich auf diese Art absprechen und versuchen, den Output zu beschränken und die Preise zu erhöhen, sagen wir, dass die Branche als **Kartell** organisiert ist.

Kartelle sind ungesetzlich.[3] Die Antitrustabteilung des Justizministeriums ist beauftragt, Material als Beweis für das nicht wettbewerbskonforme Verhalten durch die Unternehmungen zu finden. Wenn die Regierung nachweisen kann, dass sich Unternehmungen auf diese Art absprechen und versuchen, den Output zu beschränken oder sich anderer nicht wettbewerbskonformer Praktiken bedienen, können die fraglichen Unternehmungen zur Bezahlung hoher Geldstrafen gezwungen werden.

Andererseits könnte jedoch eine Branche rein durch historischen Zufall eine dominierende Unternehmung aufweisen. Wenn eine Unternehmung als erste auf einen bestimmten Markt kommt, könnte sie einen ausreichenden Kostenvorteil haben, um andere Unternehmen hinsichtlich des Markteintritts zu entmutigen. Angenommen der Markteintritt erfordert sehr hohe „Ausrüstungskosten". Dann könnte die bereits am Markt befindliche Unternehmung unter gewissen Bedingungen in der Lage sein, potenzielle Konkurrenten davon zu überzeugen, dass sie beim Versuch des Markteintritts ihre Preise drastisch senken wird. Durch eine derartige Verhinderung des Marktzugangs kann ein Unternehmen gegeb-

---

[3] Dies gilt nicht nur für die USA.

enenfalls einen Markt beherrschen. Wir werden ein Beispiel der Preisfestsetzung zur Verhinderung des Zugangs im 28. Kapitel analysieren.

BEISPIEL: Diamanten währen ewig!

Das De Beers-Diamantenkartell wurde im Jahre 1930 durch Sir Ernest Oppenheimer, Besitzer einer südafrikanischen Mine, begründet. Seither hat es sich zu einem der weltweit erfolgreichsten Kartelle entwickelt. Der Verkauf von rund 80% der jährlichen Diamantenproduktion läuft über De Beers, und das ziemlich unverändert seit vielen Dekaden. Im Lauf der Jahre hat De Beers eine Reihe von Mechanismus zur Kontrolle des Diamantenmarkts entwickelt.

Erstens hält De Beers umfangreiche Lager aller Arten von Diamanten. Wenn ein Hersteller versucht, außerhalb des Kartells zu verkaufen, überschwemmt De Beers sehr rasch den Markt mit der gleichen Art von Diamanten, wodurch der Ausreißer umgehend bestraft wird. Zweitens hängen die Quoten der großen Produzenten von ihrem *Anteil* am Gesamtumsatz ab. Wenn der Markt Schwächen zeigt, dann wird die Produktionsquote jedes Erzeugers entsprechend reduziert, wodurch es zu einer Verknappung mit der Konsequenz von wiederum steigenden Preisen kommt.

Drittens ist De Beers sowohl Produzent als auch im Großhändler von Diamanten. Im Großhandel werden Diamanten schachtelweise verkauft: Diamantenschneider können die ganze assortierte Schachtel oder gar nichts nehmen – sie können sich keine einzelnen Steine aussuchen. Wenn z. B. der Markt für eine bestimmte Größe von Diamanten nachgibt, kann De Beers die Zahl dieser in den Schachteln enthaltenen Diamanten verringern und sie dadurch verknappen.

Schließlich kann De Beers auch die Endnachfrage nach Diamanten durch seine rund $ 110 Millionen an Werbeausgaben beeinflussen. Durch diese Werbung kann man wiederum die Nachfrage nach bestimmten Arten von Diamanten stärker ankurbeln.[4]

BEISPIEL: Zusammenarbeit auf Auktionsmärkten

Adam Smith stellte einmal fest: „Menschen aus derselben Branche treffen einander nur selten, selbst zur Unterhaltung und zum Vergnügen, ohne dass ihre Gespräche nicht in einer Verschwörung gegen die Öffentlichkeit enden oder zumindest in einer Absprache zur Erhöhung der Preise." Organisierte Zusammenarbeit auf Auktionsmärkten ist eine Illustration für Smiths Beobachtung. Im Jahre 1988 erhob das Justizministerium Anklage gegen 12 Antiquitätenhändler in Philadelphia wegen der Verletzung des Wettbewerbsrechts auf Grund ihrer Teilnahme an so einer Art der „Verschwörung gegen die Öffentlichkeit."[5]

---

[4] Eine kurze Beschreibung des Diamantenmarkts findet sich in „The cartel lives to face another threat," *The Economist*, 10. Jänner 1987, 58 - 60. Eine ausführlichere Darstellung enthält Edward E. Epstein, *Cartel* (New York: Putnam, 1978).

[5] Vgl. Meg Cox, „At Many Auctions, Illegal Bidding Thrives As a Longtime Practice Among Dealers," Wall Street Journal, 19. Februar 1988, als Quelle für dieses Beispiel.

Die Händler wurden beschuldigt, sich an Bietergemeinschaften oder „Pools" auf Auktionen antiker Möbel beteiligt zu haben. Die Gemeinschaft ernannte jeweils ein Mitglied, um für einen bestimmten Posten zu bieten. Wenn dieses Mitglied den Posten erfolgreich erworben hatte, würden anschließend die Gemeinschaftsmitglieder untereinander eine private Versteigerung abhalten – ein mit „K.O." bezeichneter Vorgang. Dieses Vorgehen ermöglichte den Mitgliedern der Bietergemeinschaft, die Auktionsgegenstände zu viel niedrigeren Preisen zu erwerben, als wenn sie einzeln dafür geboten hätten; in vielen Fällen waren die Preise in den „K.O.-Auktionen" um 50 bis 100 Prozent höher als die den ursprünglichen Verkäufern bezahlten Preise.

Die Händler waren durch die Klage des Justizministeriums überrascht; sie betrachteten gemeinsames Bieten als ganz normale Vorgangsweise in ihrer Branche und sahen es nicht als ungesetzliche Handlung. Für sie war gemeinschaftliches Bieten eine Tradition der Zusammenarbeit; die Einladung zur Teilnahme an einer Bietergemeinschaft stellte eine „Auszeichnung und Anerkennung" dar. Gemäß der Aussage eines Händlers, war „der Tag, an dem ich in eine Bietergemeinschaft aufgenommen wurde, für mich ein Festtag. Wenn man bei der Bietergemeinschaft nicht dabei war, wurde man nicht als ernstzunehmender Händler eingestuft." Die Händler waren so naiv, dass sie sorgfältige Aufzeichnungen über ihre Zahlungen in den „K.O.-Auktionen" führten, die dann später vom Justizministerium in den Verfahren gegen die Händler verwendet wurden.

Das Justizministerium argumentierte, dass der „Zusammenschluss zum Drücken der Preise (welche die Verkäufer erhielten) ungesetzlich ist." Die Auffassung des Justizministeriums setze sich gegenüber jener der Händler durch: 11 der 12 Händler erklärten sich schuldig, die Angelegenheit wurde durch Strafen zwischen $ 1.000 und $ 50.000 mit zusätzlicher Bewährungsfrist geregelt. Der Händler, gegen den ein vollständiges Verfahren durchgeführt werden musste, wurde für schuldig befunden und zu 30 Tagen Hausarrest und einer Summe von $ 30.000 bestraft.

Zusammenfassung

1. Wenn es in einer Branche nur ein einziges Unternehmen gibt, so bezeichnen wir das als Monopol.
2. Ein Monopolist produziert dort, wo der Grenzerlös gleich den Grenzkosten ist. Daher verlangt der Monopolist einen Preis, der einen Aufschlag auf die Grenzkosten darstellt, wobei die Größe des Aufschlags von der Nachfrageelastizität abhängt.
3. Da eine Monopolistin einen Preis verlangt, der über den Grenzkosten liegt, wird sie eine ineffiziente Outputmenge erzeugen. Das Ausmaß der Ineffizienz kann durch den Wohlfahrtsverlust gemessen werden – den Nettoverlust an Konsumentinnenrente und Produzentinnenrente.
4. Ein natürliches Monopol entsteht, wenn eine Unternehmung nicht bei einem effizienten Outputniveau produzieren kann, ohne einen Verlust zu erleiden. Viele öffentliche Versorgungsbetriebe sind solche natürliche Monopole, sie werden daher staatlich reguliert.

5. Ob in einer Branche Wettbewerb oder Monopol herrscht, hängt zum Teil von der Art der Technologie ab. Wenn die minimale effiziente Größe in Relation zur Nachfrage groß ist, dann wird der Markt wahrscheinlich monopolisiert werden. Wenn jedoch die minimale effiziente Größe relativ zur Nachfrage klein ist, haben viele Unternehmungen in der Branche Platz, und man kann auf eine Wettbewerbsstruktur hoffen.

Wiederholungsfragen

1. Es wird behauptet, dass die Marktnachfragekurve nach Heroin äußerst unelastisch sei. Man sagt auch, dass das Heroinangebot durch die Mafia monopolisiert ist, von der wir annehmen, dass sie eine Gewinnmaximiererin ist. Sind diese beiden Feststellungen miteinander vereinbar?
2. Der Monopolist sieht sich einer durch $D(p) = 100 - 2p$ gegebenen Nachfragekurve gegenüber. Seine Kostenfunktion ist $c(y) = 2y$. Wie hoch sind sein optimales Output- und Preisniveau?
3. Die Monopolistin sieht sich einer durch $D(p) = 10p^{-3}$ gegebenen Nachfragekurve gegenüber. Ihre Kostenfunktion ist $c(y) = 2y$. Wie hoch sind ihr optimales Output- und Preisniveau?
4. Wie hoch ist das optimale Outputniveau des Monopolisten, wenn $D(p) = 100/p$ und $c(y) = y^2$ ist? (Vorsicht!)
5. Eine Monopolistin produziert auf einem Outputniveau, bei dem $|\varepsilon| = 3$ ist. Der Staat führt nun eine Mengensteuer von € 6 je Outputeinheit ein. Um wie viel steigt der Preis, wenn sich die Nachfragekurve für die Monopolistin als linear darstellt?
6. Wie lautet die Antwort zur vorangehenden Frage, wenn sich der Monopolist einer Nachfrage mit konstanter Elastizität gegenübersieht?
7. Wie hoch ist der Aufschlag der Monopolistin auf die Grenzkosten, wenn sie sich einer Nachfragekurve mit einer konstanten Elastizität von 2 gegenübersieht?
8. Der Staat erwägt die Subventionierung der Grenzkosten des in der vorigen Frage beschriebenen Monopolisten. Welches Subventionsniveau sollte die Regierung wählen, wenn sie will, dass der Monopolist die gesellschaftlich optimale Outputmenge produziert?
9. Zeige mathematisch, dass ein Monopolist seinen Preis immer über den Grenzkosten festlegt.
10. Besteuerung der Outputmenge eines Monopolisten wird immer eine Erhöhung des Marktpreises um den Betrag der Steuer verursachen. Richtig oder falsch?
11. Mit welchen Problemen ist eine regulierende Behörde beim Versuch konfrontiert, eine Monopolistin zu zwingen, einen Preis wie bei vollständigem Wettbewerb zu verlangen?
12. Welche Arten ökonomischer und technologischer Bedingungen sind der Bilung von Monopolen förderlich?

ANHANG

Definieren wir die Erlösfunktion mit $r(y) = p(y)y$. Das Gewinnmaximierungsproblem der Monopolistin ist dann

$$\text{maximiere } r(y) - c(y).$$

Die Bedingung erster Ordnung für dieses Problem ist einfach

$$r'(y) - c'(y) = 0,$$

was impliziert, dass bei der optimalen Outputentscheidung der Grenzerlös gleich den Grenzkosten sein sollte.

Ableitung der Definition der Erlösfunktion ergibt $r'(y) = p(y) + p'(y)y$, Substitution in die Bedingung erster Ordnung der Monopolistin ergibt die alternative Form

$$p(y) + p'(y)y = c'(y).$$

Die Bedingung zweiter Ordnung für das Gewinnmaximierungsproblem der Monopolistin lautet

$$r''(y) - c''(y) \leq 0.$$

Das impliziert, dass

$$c''(y) \geq r''(y)$$

oder dass der Anstieg der Grenzkostenkurve den Anstieg der Grenzerlöskurve übersteigt.

25. KAPITEL
MONOPOLVERHALTEN

Auf einem Konkurrenzmarkt gibt es typischerweise mehrere Unternehmungen, die ein identisches Produkt verkaufen. Jeder Versuch einer Unternehmung, ihr Produkt über dem Marktpreis zu verkaufen, führt dazu, dass sich die Konsumenten von der Hochpreis-Unternehmung ab- und den anderen Unternehmungen zuwenden. Auf einem monopolisierten Markt gibt es nur eine Unternehmung, die ein bestimmtes Produkt verkauft. Wenn ein Monopolist seinen Preis erhöht, verliert er einige, aber nicht alle Kunden.

In der Realität befinden sich die meisten Unternehmungen zwischen diesen beiden Extremen. Wenn eine Tankstelle in einer Kleinstadt ihren Benzinpreis erhöht und den Großteil ihrer Kunden verliert, so ist es nicht unplausibel, daraus zu schließen, dass diese Tankstelle auf einem Wettbewerbsmarkt operiert. Wenn ein Restaurant in derselben Stadt seine Preise erhöht und nur ein paar Gäste verliert, kann man daraus folgern, dass dieses Restaurant bis zu einem gewissen Grad eine Monopolstellung hat.

Wenn ein Unternehmen in gewissem Ausmaß eine Monopolstellung hat, dann stehen ihm mehr Möglichkeiten offen als einem Unternehmen auf einem Wettbewerbsmarkt. Zum Beispiel kann es komplexere Preis- und Absatzstrategien verfolgen als ein Unternehmen in einer Wettbewerbsbranche. Oder es kann versuchen, sein Produkt von jenen der Konkurrenten zu differenzieren und dadurch seine Marktmacht noch auszubauen. In diesem Kapitel wollen wir uns ansehen, wie Unternehmen ihre Marktmacht vergrößern und ausnützen können.

25.1 Preisdiskriminierung

Wir haben argumentiert, dass ein Monopol bei einem ineffizienten Outputniveau produzieren wird, da es die Ausbringung auf einen Punkt reduziert, bei dem die Leute mehr für eine zusätzliche Outputeinheit zu bezahlen bereit wären, als deren Produktion kostet. Die Monopolistin will diesen *zusätzlichen* Output aber nicht erzeugen, da sie dadurch den Preis, den sie für ihren *gesamten* Output erhalten könnte, nach unten drücken würde.

Könnte die Monopolistin jedoch verschiedene Outputeinheiten zu verschiedenen Preisen verkaufen, dann wäre das eine ganz andere Geschichte. Der Verkauf verschiedener Outputeinheiten zu unterschiedlichen Preisen wird **Preis-**

diskriminierung genannt. Ökonominnen unterscheiden im Allgemeinen drei Arten der Preisdiskriminierung:

Preisdiskriminierung ersten Grades bedeutet, dass die Monopolistin verschiedene Outputeinheiten zu unterschiedlichen Preisen verkauft *und* diese Preise von Person zu Person verschieden sein können. Das wird manchmal als **perfekte Preisdiskriminierung** bezeichnet.

Preisdiskriminierung zweiten Grades heißt, dass die Monopolistin verschiedene Outputeinheiten zu unterschiedlichen Preisen verkauft, jedes Individuum, das dieselbe Menge des Gutes kauft, zahlt aber denselben Preis. Der Preis ist also für unterschiedliche Mengen verschieden, nicht jedoch hinsichtlich der Personen. Das gängigste Beispiel sind Mengenrabatte.

Preisdiskriminierung dritten Grades liegt vor, wenn die Monopolistin den Output an verschiedene Leute zu unterschiedlichen Preisen verkauft, für jede Outputeinheit jedoch, die an einen bestimmten Personentyp verkauft wird, denselben Preis verlangt. Das ist die häufigste Form der Preisdiskriminierung, gängige Beispiele sind Ermäßigungen für Pensionisten, Studenten usw.

Wir wenden uns jeder einzelnen Art zu und zeigen, was die Volkswirtschaftslehre über die Funktionsweise der Preisdiskriminierung aussagt.

25.2 Preisdiskriminierung ersten Grades

Bei einer **Preisdiskriminierung ersten Grades**, oder **perfekter Preisdiskriminierung**, wird jede Einheit an jenes Individuum verkauft, das sie am höchsten schätzt, und zwar zum maximalen Preis, den dieses Individuum dafür zu zahlen bereit ist.

Nehmen wir Abbildung 25.1 als Illustration der Nachfragekurven zweier Konsumenten für ein Gut. Denken wir an das Vorbehaltspreis-Modell der Nachfrage, bei dem die Personen sich für ganzzahlige Gütermengen entscheiden und bei dem jede Stufe in der Nachfragekurve eine Änderung in der Zahlungsbereitschaft für zusätzliche Einheiten des Gutes darstellt. Wir haben zusätzlich die Kurve der (konstanten) Grenzkosten eingezeichnet.

Ein perfekt preisdiskriminierender Produzent wird jede Einheit des Gutes zu dem höchsten Preis verkaufen, den er dafür erzielen kann, d. h. zum Vorbehaltspreis jedes Konsumenten. Da jede Einheit an den Konsumenten zu seinem Vorbehaltspreis verkauft wird, gibt es auf diesem Markt keine Konsumentenrente; die gesamte Rente geht an den Produzenten. Die dunkle Fläche der Abbildung 25.1 gibt die dem Monopolisten zufließende *Produzentenrente* an. Auf einem gewöhnlichen Wettbewerbsmarkt würde diese Fläche die *Konsumentenrente* darstellen, im Falle perfekter Preisdiskriminierung kann sich aber der Monopolist diese gesamte Rente aneignen.

Da der Produzent die gesamte Rente erhält, möchte er sicherstellen, dass diese Rente so groß wie nur möglich ist. Anders ausgedrückt, das Ziel des Produzenten ist die Maximierung seines Gewinns (seiner Produzentenrente) unter der Beschränkung, dass die Konsumenten gerade noch bereit sind, das Gut zu kaufen.

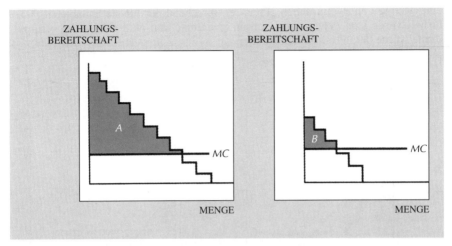

Abb. 25.1 Preisdiskriminierung ersten Grades. Wir haben hier die Nachfragekurven zweier Konsumenten nach einem Gut sowie die Kurve konstanter Grenzkosten. Der Produzent verkauft jede Einheit des Gutes um den maximal möglichen Preis, was zum maximal möglichen Gewinn führt.

Das bedeutet, dass das Ergebnis Pareto-effizient sein wird, da es keine Möglichkeit geben wird, sowohl die Konsumenten als auch den Produzenten besser zu stellen: Der Gewinn der Produzenten kann nicht erhöht werden, da der Gewinn bereits das mögliche Maximum ist, und die Konsumentenrente kann nicht erhöht werden, ohne den Gewinn des Produzenten zu reduzieren.

Wenn wir nun zur kontinuierlich verlaufenden Annäherung der Nachfragekurve übergehen, wie in Abbildung 25.2, sehen wir, dass ein perfekt preisdiskriminierender Monopolist bei einem Outputniveau produzieren muss, bei dem der Preis gleich den Grenzkosten ist: Wenn der Preis größer als die Grenzkosten wäre, bedeutete das, dass es jemand gäbe, der bereit ist mehr zu zahlen, als es kostet, eine zusätzliche Outputeinheit herzustellen. Warum sollte man daher diese zusätzliche Einheit erzeugen und an diese Person zu deren Vorbehaltspreis verkaufen und damit den Gewinn zu erhöhen?

Genau wie auf einem Konkurrenzmarkt wird die Summe aus der Produzenten- und Konsumentenrente maximiert. Die *gesamte* am Markt entstehende Rente fällt jedoch im Falle perfekter Preisdiskriminierung ausschließlich dem Produzenten zu!

Wir haben Preisdiskriminierung ersten Grades so definiert, dass jede Einheit zum maximal erzielbaren Preis verkauft wird. Wir könnten sie uns auch so vorstellen, dass eine konstante Menge zu einem „Alles oder nichts"-Preis verkauft wird. In dem in Abbildung 25.2 dargestellten Fall, würde der Monopolist Person 1 eine Menge von x_1^0 um einen „Preis"[1] entsprechend der Fläche A, Person 2

---

[1] Im folgenden wird das Wort „Preis" immer dann unter Anführungszeichen gesetzt, wenn es sich nicht um Geldeinheiten je Mengeneinheit, sondern um die Gesamtausgaben (bzw. Gesamteinnahmen) für eine bestimmte Menge handelt. (Anm. d. Übers.)

eine Menge von x_2^0 um einen „Preis" entsprechend der Fläche B anbieten. Wie bisher würde jede Person eine Konsumentenrente von Null haben, die gesamte Rente würde dem Produzenten zufallen.

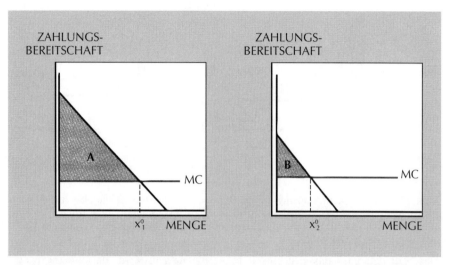

Abbildung 25.2 Preisdiskriminierung bei kontinuierlich verlaufenden Nachfragekurven. Wir haben hier die geglätteten Nachfragekurven zweier Konsumenten gemeinsam mit der Kurve konstanter Grenzkosten. In diesem Fall maximiert der Produzent den Gewinn dort, wo der Preis gleich den Grenzkosten ist, genau wie auf einem Wettbewerbsmarkt.

Vollkommene Preisdiskriminierung ist ein idealisiertes Konzept – wie ja schon das Wort „vollkommen" andeutet – aber es ist theoretisch interessant, weil es ein Beispiel eines Allokationsmechanismus ist, der sich von der vollkommenen Konkurrenz unterscheidet und dennoch zur Pareto-Effizienz führt. In der Realität findet man wenig Beispiele für perfekte Preisdiskriminierung. Am nächsten käme noch so etwas wie ein Kleinstadtarzt, der seinen Patienten je nach ihrer Leistungsfähigkeit unterschiedliche Honorare verrechnet.

25.3 Preisdiskriminierung zweiten Grades

Preisdiskriminierung zweiten Grades ist auch als **nicht-lineare Preissetzung** bekannt, da sie bedeutet, dass der Preis je Outputeinheit nicht konstant ist, sondern davon abhängt, wie viel man kauft. Diese Form der Preisdiskriminierung wird üblicherweise von den öffentlichen Versorgungsunternehmungen verwendet; der Strompreis, zum Beispiel, hängt oft davon ab, wie viel man kauft. In anderen Branchen gibt es manchmal auf große Käufe Mengenrabatte.

Sehen wir uns wieder den in Abbildung 25.1 dargestellten Fall an. Dort erkannten wir, dass die Monopolistin an Person 1 eine Menge von x_1^0 um einen „Preis" entsprechend der Fläche A, Person 2 eine Menge von x_2^0 um einen „Preis" entsprechend der Fläche B verkaufen *möchte*. Um die richtigen Preise festzusetzen, muss die Monopolistin die Nachfragekurven der Konsumentinnen *kennen*; d. h. die Monopolistin muss die Zahlungsbereitschaft jeder einzelnen

Person genau kennen. Selbst wenn die Monopolistin einige Kenntnis der statistischen Verteilung der Zahlungsbereitschaft hat – z. B. dass Studentinnen für eine Kinokarte weniger zahlen wollen als „Yuppies" – dürfte es bisweilen schwierig sein, eine Yuppie von einer Studentin zu unterscheiden, wenn sich beide am Schalter um eine Karte anstellen.

Ebenso mag das Reisebüro zwar wissen, dass Geschäftsreisende bereit sind, für Flugkarten mehr zu zahlen als Touristinnen, aber es kann häufig schwierig sein, zwischen einer Geschäftsreisenden und einer Touristin zu unterscheiden. Wenn man sich durch das Umziehen von Geschäftskleidung in Bermuda-Shorts 500 Euro an Reisekosten ersparen könnte, würden sich die Bekleidungskonventionen der Unternehmungen rasch ändern!

Das Problem der in Abbildung 25.2 dargestellten Preisdiskriminierung ersten Grades besteht darin, dass Person 1 – die Person mit hoher Zahlungsbereitschaft – *vortäuschen* kann, die Person 2 zu sein – jene mit niedriger Zahlungsbereitschaft. Die Verkäuferin könnte keine Möglichkeit haben, die beiden voneinander zu unterscheiden.

Eine Möglichkeit, dieses Problem zu umgehen, besteht darin, zwei verschiedene Preis-Mengen-Kombinationen anzubieten. Eine Kombination wird sich an die Person mit hoher Nachfrage richten, das andere an die Person mit niedriger Nachfrage. Es wird häufig möglich sein, dass die Monopolistin Preis-Mengen-Kombinationen konstruieren kann, welche die Konsumentinnen dazu veranlassen werden, die für sie bestimmte Kombination zu wählen; in der Sprache der Ökonominnen: die Monopolistin stellt Preis-Mengen-Kombinationen zusammen, welche den Konsumentinnen einen Anreiz zur **Selbstselektion** bieten.

Um zu verstehen, wie das funktioniert illustrieren wir in Abbildung 25.3 die in Abbildung 25.2 verwendeten Nachfragekurven, die hier jedoch übereinander gelegt werden. Zur Vereinfachung haben wir die Grenzkosten mit Null festgesetzt.

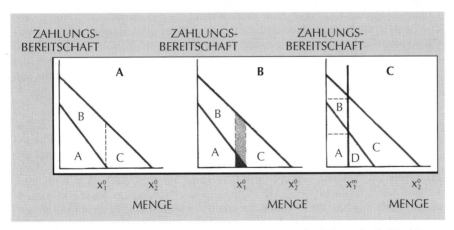

Abbildung 25.3 Preisdiskriminierung zweiten Grades. Hier haben wir die Nachfragekurven zweier Konsumentinnen; annahmegemäß hat die Produzentin Grenzkosten von Null. Im Feld A wird das Problem der Selbstselektion dargestellt. Feld B zeigt, was geschieht, wenn die Monopolistin den an die Konsumentin 1 gerichteten Output reduziert, im Feld C illustriert die gewinnmaximierende Lösung.

Wie oben möchte die Monopolistin Person 1 eine Menge von x_1^0 um den „Preis" A, Person 2 eine Menge von x_2^0 um den „Preis" $A + B + C$ anbieten. Damit würde die Monopolistin die gesamte Rente einheimsen und den größt-möglichen Gewinn erzielen. Zum Leidwesen für die Monopolistin, stimmen diese Preis-Mengen-Kombinationen mit einer Selbstselektion nicht überein. Die Konsumentin mit der hohen Nachfrage würde es als optimal ansehen, die Menge x_1^0 zu wählen und den „Preis" A zu zahlen; damit würde ihr eine Rente entsprechend der Fläche B verbleiben, was besser wäre als die Rente von Null, wenn sie sich für x_2^0 entschiede.

Eine Möglichkeit für die Monopolistin wäre, x_2^0 zu einem „Preis" von $A + C$ anzubieten. In diesem Fall erachtet es die Konsumentin mit der hohen Nachfrage als optimal, x_2^0 nachzufragen und eine Bruttorente von $A + B + C$ zu erhalten. Sie zahlt der Monopolistin $A + C$, was für Konsumentin 2 eine Nettorente von B ergäbe – genau so viel wie sie erhielte, wenn sie x_1^0 wählte. Das bringt der Monopolistin im Allgemeinen mehr Gewinn, als sie durch das Angebot einer einzigen Preis-Mengen-Kombination erhalten könnte.

Die Geschichte ist aber noch nicht zu Ende. Die Monopolistin kann noch ein weiteres tun, um ihren Gewinn zu erhöhen. Angenommen sie bietet der Konsumentin mit niedriger Nachfrage anstatt x_1^0 zum „Preis" von A eine etwas geringere Menge zu einem geringfügig kleineren „Preis" als A an. Das verringert den Gewinn der Monopolistin bei Person 1 um das kleine schwarze Rechteck in Abbildung 25.3B. Beachte jedoch, dass dadurch die Kombination der Person 1 für Person 2 weniger attraktiv ist, die Monopolistin kann nun von Person 2 für x_2^0 *mehr* verlangen! Durch Verkleinerung von x_1^0 wird die Fläche A ein wenig kleiner (um das schwarze Dreieck), die Fläche C wird jedoch größer (um das Dreieck plus der grauen Fläche). Das Nettoergebnis: Der Gewinn der Monopolistin steigt.

Das kann die Monopolistin so lange fortsetzen – Verringerung der Person 1 angebotenen Menge – bis zu jenem Punkt, bei dem der an Person 1 durch die Outputreduktion verlorene Gewinn genau gleich dem bei Person 2 zusätzlich erhaltenen Gewinn ist. Bei diesem in Abbildung 25.3C dargestellten Punkt gleichen sich zusätzlicher Nutzen und zusätzliche Kosten der Mengenreduktion gerade aus. Person 1 wählt x_1^m, wofür ihr A verrechnet wird; Person 2 wählt x_2^0 und bezahlt dafür $A + C + D$. Person 1 erzielt somit keine Rente, Person 2 hat schließlich eine Rente von B – genau so viel wie sie hätte, wenn sie sich für den Konsum von x_1^m entschiede.

In der Realität ermutigt die Monopolistin Selbstselektion meist nicht durch Anpassung der *Menge* des Gutes, wie in unserem Beispiel, sondern durch Anpassung der *Qualität* des Gutes. Die im obigen Modell untersuchten Mengen können als Qualität uminterpretiert werden und das Ganze funktioniert wie gehabt. Im Allgemeinen wird die Monopolistin die im unteren Segment des Marktes angebotene Qualität verringern wollen, damit sie nicht die Verkäufe im oberen Segment „kannibalisiert". Ohne die Konsumentinnen im oberen Marktsegment würde den Konsumentinnen im unteren Segment eine bessere Qualität angeboten, trotzdem wäre ihre Konsumentinnenrente gleich Null. Ohne die Konsumentinnen im unteren Marktsegment hätten die Konsumentinnen im oberen

Segment eine Rente von Null, daher nützt die Präsenz der Konsumentinnen im unteren Marktsegment den Konsumentinnen im oberen Segment. Das kommt daher, weil die Monopolistin den Preis für die Konsumentinnen im oberen Segment senken muss, damit diese abgehalten werden, sich für das auf die Konsumentinnen im unteren Marktsegment ausgerichtete Produkt zu entscheiden.

BEISPIEL: Preisdiskriminierung bei Flugtarifen

Fluglinien haben sehr erfolgreich Preisdiskriminierung betrieben (Vertreter dieser Branche würden vorzugsweise von „Ertragsmanagement" sprechen). Das oben beschriebene Modell passt für das Problem der Fluglinien ganz gut: Es gibt im Wesentlichen zwei Arten von Konsumentinnen, Geschäftsreisende und individuell Reisende, die im Allgemeinen ganz unterschiedliche Zahlungsbereitschaften aufweisen. Obwohl eine ganze Reihe von Fluglinien auf dem U. S. Markt miteinander konkurrieren, findet man häufig nur ein oder zwei Fluglinien, welche ein bestimmtes Städtepaar miteinander verbinden. Das gibt den Fluglinien beträchtlichen Spielraum zur Preissetzung.

Wir haben gesehen, dass die optimale Preispolitik für eine Monopolistin, die es mit zwei Gruppen von Konsumentinnen zu tun hat, darin besteht, am Markt mit hoher Zahlungsbereitschaft zu einem hohen Preis zu verkaufen und am Markt mit niedrigerer Zahlungsbereitschaft ein Produkt von geringerer Qualität anzubieten. Dabei kommt es darauf an, Personen mit hoher Zahlungsbereitschaft vom Kauf des Produkts geringerer Qualität (und niedrigerem Preis) abzubringen.

Die Fluglinien realisieren das durch das Angebot eines „Tarifs ohne Einschränkungen" für Geschäftsreisende und eines „Tarifs mit Beschränkungen" für Nichtgeschäftsreisende. Dieser letzte Tarif erfordert häufig den Kauf eine bestimmte Zeit vor Inanspruchnahme, eine Nacht von Samstag auf Sonntag und dergleichen mehr. Das Wesen dieser Einschränkungen liegt natürlich darin, zwischen den Geschäftsreisenden mit hoher Nachfrage und den preissensibleren Individualreisenden unterscheiden zu können. Durch das Angebot eines „abgewerteten" Produkts – die beschränkten Tarife – können die Fluglinien jenen Reisenden, die flexible Reisearrangements benötigen, wesentlich höhere Preise für ihre Flugkarten verrechnen.

Solche Differenzierungen können gesellschaftlich sehr wohl nützlich sein; ohne die Möglichkeit der Preisdiskriminierung könnte ein Unternehmen entscheiden, *ausschließlich* auf Märkten mit hoher Nachfrage zu verkaufen.

Eine andere Form der Preisdiskriminierung der Fluglinien liegt bei der Differenzierung in eine erste Klasse und eine Touristenklasse vor. Reisende der ersten Klasse zahlen für ihre Karten wesentlich mehr, sie erhalten dafür aber auch eine gehobene Dienstleistung: mehr Raum, besseres Essen, intensivere Betreuung usw. Reisende der Touristenklasse erhalten hingegen in all diesen Dimensionen geringere Leistungen. Diese Art der qualitativen Diskriminierung ist bereits seit Hunderten von Jahren ein Merkmal der Transportdienstleistungen. Als Beleg dafür möge der folgende Kommentar von Emile Dupuit, einem französischen

Ökonomen des 18. Jahrhunderts, über die Preisgestaltung der Eisenbahnen dienen:

> Es liegt nicht an den paar tausend Francs, die dafür ausgegeben werden müssten, um über den Wagons der dritten Klasse ein Dach anzubringen oder die Sitze in der dritten Klasse zu polstern, dass die eine oder andere Gesellschaft offene Wagons mit Holzbänken hat ... Worauf es den Unternehmungen ankommt, ist zu verhindern, dass Reisende, welche sich die Ausgaben für eine Reise zweiter Klasse leisten können, in der dritten Klasse reisen; damit trifft man zwar die Armen, nicht weil man ihnen schaden, sondern weil man die Reichen abschrecken will ... Und wiederum aus demselben Grund sind Reiseunternehmungen, die sich als fast grausam gegenüber Passagieren der dritten Klasse und kleinlich gegenüber jenen der zweiten Klasse verhalten haben, äußerst freigebig zu ihren Reisenden der ersten Klasse. Nachdem sie den Armen das Notwendigste verweigert haben, geben sie den Reichen im Überfluss.[2]

Vielleicht ist für Sie tröstlich, wenn Sie das nächste Mal in der Touristenklasse fliegen, dass Eisenbahnreisen im Frankreich des 18. Jahrhunderts noch unbequemer war!

25.4 Preisdiskriminierung dritten Grades

Preisdiskriminierung dritten Grades bedeutet, dass der Monopolist an verschiedene Leute zu unterschiedlichen Preisen verkauft, dass jedoch jede Einheit des Gutes an eine bestimmte Gruppe zum selben Preis verkauft wird. Preisdiskriminierung dritten Grades ist die am weitesten verbreitete Form. Beispiele wären Studentenermäßigungen im Theater oder Ermäßigungen für Pensionisten in öffentlichen Verkehrsmitteln. Wie bestimmt der Monopolist den optimalen Preis für jeden Markt?

Angenommen der Monopolist kann zwei Gruppen von Leuten identifizieren und an jede Gruppe zu einem anderen Preis verkaufen. Wir nehmen an, dass die Konsumenten eines jeden Marktes das Gut nicht wieder verkaufen können. Wir wollen mit $p_1(y_1)$ und $p_2(y_2)$ die inversen Nachfragekurven der Gruppen 1 bzw. 2 bezeichnen, $c(y_1 + y_2)$ seien die Produktionskosten. Der Monopolist ist dann mit folgendem Gewinnmaximierungsproblem konfrontiert:

$$\text{maximiere}_{y_1, y_2} \; p_1(y_1)y_1 + p_2(y_2)y_2 - c(y_1 + y_2).$$

Für die optimale Lösung gilt

$$MR_1(y_1) = MC(y_1 + y_2)$$
$$MR_2(y_2) = MC(y_1 + y_2).$$

---

[2] Übersetzung aus dem Französischen in's Englische durch R. B. Ekelund, „Price , 84 (1970), pp. 268-278.

Das heißt, die Grenzkosten der Produktion einer weiteren Outputeinheit müssen dem Grenzerlös auf *jedem* Markt gleich sein. Wenn der Grenzerlös auf dem Markt 1 die Grenzkosten übersteigt, würde es sich lohnen, den Output auf dem Markt 1 auszudehnen, ähnliches gilt für Markt 2. Da die Grenzkosten auf jedem Markt gleich sind, bedeutet das natürlich, dass der Grenzerlös auf jedem Markt der gleiche sein muss. Ein Gut sollte daher dieselbe Erlössteigerung erbringen, ob es jetzt auf Markt 1 oder auf Markt 2 verkauft wird.

Wir können die Standard-Elastizitätsformel für den Grenzerlös nehmen und die Bedingungen für Gewinnmaximierung als

$$p_1(y_1)\left[1 - \frac{1}{|\epsilon_1(y_1)|}\right] = MC(y_1 + y_2)$$

$$p_2(y_2)\left[1 - \frac{1}{|\epsilon_2(y_2)|}\right] = MC(y_1 + y_2)$$

schreiben, wobei $\epsilon_1(y_1)$ und $\epsilon_2(y_2)$ die Nachfrageelastizitäten auf den entsprechenden Märkten darstellen, bewertet bei den gewinnmaximierenden Outputentscheidungen.

Beachte nun das Folgende: Wenn $p_1 > p_2$, dann muss

$$1 - \frac{1}{|\epsilon_1(y_1)|} < 1 - \frac{1}{|\epsilon_2(y_2)|},$$

gelten, was wiederum impliziert, dass

$$\frac{1}{|\epsilon_1(y_1)|} > \frac{1}{|\epsilon_2(y_2)|}.$$

Das bedeutet, dass

$$|\epsilon_2(y_2)| > |\epsilon_1(y_1)|.$$

Der Markt mit dem höheren Preis muss daher die niedrigere Nachfrageelastizität haben. Das ist auch ganz sinnvoll. Eine elastische Nachfrage reagiert auf Preise sensibel. Eine preisdiskriminierende Unternehmung wird daher einen niedrigen Preis für die preisempfindliche und einen hohen Preis für die relativ preisunempfindliche Gruppe festlegen. Auf diese Art maximiert sie ihren Gesamtgewinn.

Wir wiesen darauf hin, dass Ermäßigungen für Pensionisten und Studenten gute Beispiele für Preisdiskriminierung dritten Grades seien. Nun verstehen wir, warum sie Ermäßigungen haben. Es ist wahrscheinlich, dass Studenten und Pensionisten gegenüber den Preisen sensibler sind als der durchschnittliche Konsument und daher in den relevanten Preisbereichen eine elastischere Nachfrage haben. Ein gewinnmaximierendes Unternehmen wird somit die Preise zu ihren Gunsten diskriminieren.

BEISPIEL: Lineare Nachfragekurven

Betrachten wir die Situation einer Unternehmung, die sich zwei Märkten mit den linearen Nachfragekurven $y_1 = a - bp_1$ und $y_2 = c - dp_2$ gegenübersieht. Der Einfachheit halber nehmen wir an, dass die Grenzkosten gleich Null sind. Wenn die Unternehmung ihre Preise differenzieren darf, wird sie dort produzieren, wo auf jedem Markt die Grenzerlöse gleich Null sind – bei einer Preis-Output-Kombination, die bei der Hälfte jeder Nachfragekurve liegt, mit den Outputs $y_1^* = a/2$ und $y_2^* = c/2$ und zu den Preisen $p_1^* = a/2b$ und $p_2^* = c/2d$.

Angenommen das Unternehmen wäre gezwungen, auf beiden Märkten zum gleichen Preis zu verkaufen. Dann wäre sie mit einer Nachfragekurve $y = (a + c) - (b + d)p$ konfrontiert und würde bei der Hälfte dieser Nachfragekurve produzieren, was zu einem Output von $y^* = (a + c)/2$ und einem Preis von $p^* = (a + c)/2(b + d)$ führte. Beachte, dass der Gesamtoutput mit und ohne Preisdiskriminierung gleich ist. (Das ist eine Besonderheit der linearen Nachfragekurven und gilt nicht im Allgemeinen.)

Es gibt jedoch eine wichtige Ausnahme zu dieser Feststellung. Wir haben angenommen, dass der Monopolist beim optimalen einheitlichen Preis auf jedem Markt eine positive Menge verkaufen wird. Es könnte sehr wohl der Fall eintreten, dass der Monopolist beim gewinnmaximierenden Preis nur auf einem der Märkte verkauft, was in Abbildung 25.4 illustriert wird.

Hier haben wir zwei lineare Nachfragekurven; da die Grenzkosten als Null angenommen wurden, wird der Monopolist bei einem Punkt erzeugen wollen, bei dem die Nachfrageelastizität −1 ist, also bei der Hälfte der Marktnachfragekurve. Der Preis p_1^* ist daher gewinnmaximierend – eine weitere Senkung des Preises würde die Erlöse auf dem ersten Markt verringern. Wenn die Nachfrage auf dem

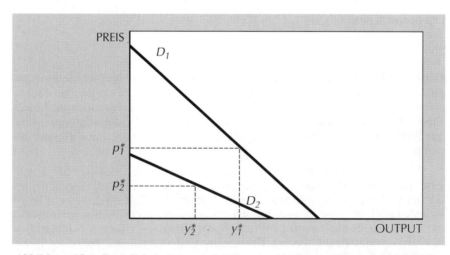

Abbildung 25.4 Preisdiskriminierung bei linearer Nachfrage. Wenn der Monopolist nur einen Preis verlangen kann, wird er p_1^* fordern und nur auf dem ersten Markt verkaufen. Wenn jedoch Preisdiskriminierung zulässig ist, wird er zu einem Preis von p_2^* auch auf dem zweiten Markt verkaufen.

zweiten Markt so klein ist, wird der Monopolist keinen Preis festsetzen wollen, der niedrig genug ist, um an irgendjemand auf diesem Markt zu verkaufen: Er wird letzten Endes nur auf dem Markt mit hoher Nachfrage verkaufen.

In diesem Fall wird die Möglichkeit der Preisdiskriminierung den Gesamtoutput zweifellos steigern, da es im Interesse des Monopolisten sein wird, auf beiden Märkten zu verkaufen, wenn er auf jedem Markt einen anderen Preis verlangen darf.

BEISPIEL: Berechnung der optimalen Preisdiskriminierung

Angenommen ein Monopolist ist auf zwei Märkten mit den Nachfragekurven

$$D_1(p_1) = 100 - p_1$$
$$D_2(p_2) = 100 - 2p_2$$

konfrontiert. Seine Grenzkosten werden als konstant bei 20 Euro je Einheit angenommen. Welchen Preis sollte er auf jedem Markt verlangen, um seinen Gewinn zu maximieren, wenn er diskriminieren kann? Welchen Preis sollte er fordern, wenn er nicht diskriminieren kann?

Um das Problem der Preisdiskriminierung zu lösen, ermitteln wir zuerst die inversen Nachfragefunktionen:

$$p_1(y_1) = 100 - y_1$$
$$p_2(y_2) = 50 - y_2/2.$$

Grenzerlös ist gleich Grenzkosten auf jedem Markt ergibt die zwei Gleichungen:

$$100 - 2y_1 = 20$$
$$50 - y_2 = 20.$$

Als Lösung erhalten wir $y_1^* = 40$ und $y_2^* = 30$. Wenn wir das wieder in die inversen Nachfragefunktionen einsetzen, finden wir die Preise $p_1^* = 60$ und $p_2^* = 35$.

Wenn der Monopolist dieselben Preise auf jedem Markt verlangen muss, berechnen wir zuerst die Gesamtnachfrage:

$$D(p) = D_1(p_1) + D_2(p_2) = 200 - 3p.$$

Die inverse Nachfragekurve ist dann

$$p(y) = \frac{200}{3} - \frac{y}{3}.$$

Grenzerlös ist gleich Grenzkosten ergibt

$$\frac{200}{3} - \frac{2}{3}y = 20,$$

woraus man als Lösungen $y^* = 70$ und $p^* = 43\ 1/3$ erhält.

In Übereinstimmung mit der Diskussion im vorigen Abschnitt ist es wichtig sich zu vergewissern, dass die Nachfrage bei diesem Preis in jedem Markt nicht-negativ ist. Das kann man in diesem Fall jedoch leicht feststellen

BEISPIEL: Preisdiskriminierung bei wissenschaftlichen Zeitschriften

Die meisten schriftlichen akademischen Diskussionen finden in wissenschaftlichen Zeitschriften statt. Diese Zeitschriften werden im Abonnement an Bibliotheken und einzelne Wissenschafter verkauft. Es ist weit verbreitet, dass Bibliotheken und Einzelpersonen unterschiedliche Preise berechnet werden. Im Allgemeinen würden wir erwarten, dass die Nachfrage der Bibliotheken viel unelastischer als die Nachfrage durch Individuen ist, und daher – wie die ökonomische Theorie prognostizieren würde – die Abonnementpreise für Bibliotheken typischerweise höher als für Individuen sind. Häufig sind Bibliotheksabonnements zwei- bis dreimal so teuer wie Abonnements für Einzelpersonen.

Vor einiger Zeit haben einige Verlage begonnen, die Preise regional zu differenzieren. Im Jahre 1984, als der Dollar ein langfristiges Hoch im Vergleich zum englischen Pfund hatte, begannen britische Verleger, den U. S. Abonnenten andere Preise zu verrechnen als europäischen. Es wurde erwartet, dass die U. S. Nachfrage unelastischer ist. Da aufgrund des Wechselkurses der Dollarpreis der britischen Zeitschriften eher niedrig war, würde eine 10-prozentige Erhöhung des U. S. Preises zu einem geringeren Nachfragerückgang führen, als eine ähnliche Erhöhung des britischen Preises. Im Hinblick auf eine Gewinnmaximierung war es daher für die britischen Verleger sinnvoll, die Preise ihrer Zeitschriften für jene Gruppe mit der niedrigeren Nachfrageelastizität zu erhöhen – die U. S. Abonnenten. Nach einer Studie aus dem Jahre 1984 wurde den nordamerikanischen Bibliotheken 67 Prozent mehr für ihre Zeitschriften verrechnet als den Bibliotheken in Großbritannien, und 34 Prozent mehr als allen anderen im Rest der Welt.[3]

Weitere Hinweise auf eine Preisdiskriminierung findet man durch eine Analyse der Struktur der Preiserhöhungen. Nach einer Untersuchung der Bibliothek der University of Michigan „... haben die Verleger ihre neue Preisstrategie sorgfältig überlegt. Es scheint eine direkte Korrelation ... zwischen den Strukturen der Nutzung durch die Bibliotheken und dem Ausmaß der Preiserhöhung zu geben. Je intensiver die Nutzung, umso größer der Preisunterschied."[4]

Im Jahre 1986 hatte sich der Wechselkurs zugunsten des Pfunds gedreht und der Dollarpreis britischer Zeitschriften war merklich gestiegen. Zusammen mit der Preiserhöhung kam ernsthafter Widerstand gegen die höheren Preise auf. Die Schlusssätze des Michigan-Berichts sind illustrativ: „Man erwartet, dass ein Verkäufer mit einem Monopol auf ein Produkt entsprechend der Nachfrage ver-

---

[3] Hamaker, C., und Astle, D., „Recent Pricing Patterns in British Journal Publishing;" *Library Acquisitions: Practice and Theory*, 8, 4 (Spring 1984), pp. 225-232.

[4] Die Studie wurde von Robert Houbeck für die Bibliothek der University of Michigan durchgeführt und im Band 2, Nr. 1 von *University Library Update*, April 1986, veröffentlicht.

langen wird. Eine Universität als Kunde muss entscheiden, ob sie für das identische Produkt weiterhin bis zu 114% mehr als ihr britisches Gegenstück bezahlt."

25.5 Produktbündel

Unternehmen verkaufen ihre Waren manchmal im **Bündel**: Pakete ähnlicher Produkte werden gemeinsam zum Verkauf angeboten. Ein bemerkenswertes Beispiel ist ein Softwarebündel, auch „Softwarepaket" genannt. So ein Paket könnte aus verschiedenen Softwarewerkzeugen bestehen – einer Textverarbeitung, einer Tabellenkalkulation und einem Präsentationsprogramm –, die gemeinsam als Bündel verkauft werden. Ein anderes Beispiel ist eine Zeitschrift: Sie besteht aus einer Sammlung von Aufsätzen, die im Prinzip auch einzeln verkauft werden könnten. Oder Zeitschriften werden in der Regel im Abonnement verkauft – was nichts anderes ist als das Bündeln einzelner Ausgaben.

Verkauf im Bündel kann aus Kostengründen erfolgen: Es ist oft billiger, mehrere Artikel zusammenhängend zu verkaufen als jeden einzeln. Oder der Grund kann in Komplementaritäten liegen: Als Paket verkaufte Softwareprogramme funktionieren gemeinsam oft besser als einzeln verkaufte Teile.

Die Begründung kann aber auch das Verhalten der Konsumentinnen sein. Nehmen wir ein einfaches Beispiel. Angenommen es gibt zwei Klassen von Konsumentinnen und zwei verschiedene Softwareprogramme, eine Textverarbeitung und eine Tabellenkalkulation. Konsumentinnen vom Typ A sind bereit € 120 für die Textverarbeitung und € 100 für die Tabellenkalkulation zu bezahlen. Typ-B-Konsumentinnen haben die entgegengesetzten Präferenzen: Sie sind bereit € 120 für die Tabellenkalkulation und € 100 für die Textverarbeitung zu bezahlen. Diese Information ist in Tabelle 25.1 zusammengefasst.

Konsumentinnentypus	Textverarbeitung	Tabellenkalkulation
Konsumentin vom Typ A	120	100
Konsumentin vom Typ B	100	120

Tabelle 25.1 Zahlungsbereitschaft für Softwarekomponenten.

Angenommen wir sind Verkäuferinnen dieser Produkte. Der Einfachheit halber nehmen wir an, dass die Grenzkosten vernachlässigbar sind und dass wir den Umsatz maximieren wollen. Weiters treffen wir die Annahme, dass die Zahlungsbereitschaft für das Bündel aus Textverarbeitung und Tabellenkalkulation einfach die Summe der Zahlungsbereitschaften für jede Komponente ist.

Sehen wir uns den Gewinn aufgrund zweier unterschiedlicher Verkaufsstrategien an. Als Erstes unterstellen wir, dass jeder Posten getrennt verkauft wird. Das Umsatzmaximum erzielen wir bei einem Preis von € 100 für jede Softwarekomponente. Wir werden dann je zwei Exemplare verkaufen und einen Gesamtumsatz von € 400 erzielen.

Was ist jedoch die Konsequenz des Bündelns der Komponenten? In diesem Fall könnten wir *jedes* Bündel um € 220 verkaufen und einen Gesamtumsatz von € 440 erreichen. Die Strategie des Bündelns ist zweifellos attraktiver!

Was passiert in diesem Beispiel? Wir erinnern uns, dass beim Verkauf eines Gutes an mehrere Personen der Preis durch die Käuferin mit der *niedrigsten* Zahlungsbereitschaft bestimmt wird. Je unterschiedlicher die Bewertungen der Individuen sind, umso niedriger muss man den Preis ansetzen, um eine bestimmte Menge verkaufen zu können. In unserem Beispiel reduziert das Bündeln der Textverarbeitung und der Tabellenkalkulation die Streuung der Zahlungsbereitschaft – und das ermöglicht der Monopolistin, für das Güterbündel einen höheren Preis festzusetzen.

BEISPIEL: Softwarepakete

Microsoft, Lotus und andere Softwarehäuser sind zum Bündeln eines Großteils ihrer Anwendungssoftware übergegangen. So bot z. B. Microsoft im Jahre 1993 eine Tabellenkalkulation, Textverarbeitung, Datenbank und ein Präsentationsprogramm als „Microsoft Büro" im Einzelhandel zu einem empfohlenen Verkaufspreis von $ 750 an. (Der Preis bei Diskontern betrug etwa $ 450.) Einzeln gekauft hätten alle Anwendungen insgesamt $ 1.565 gekostet! Lotus bot sein „Smart-Paket" ungefähr zum gleichen Preis an; die einzelnen Komponenten wurden um insgesamt $ 1.730 verkauft.

Laut einem Artikel von Steve Lohr in der *New York Times* vom 15. Oktober 1993 verkaufte Microsoft 50 Prozent seiner Anwendungssoftware in Paketen, was einen Umsatz von mehr als 1 Milliarde Dollar pro Jahr ausmachte.

Diese Softwarepakete passen gut zum Modell des Bündelns. Präferenzen für Software sind häufig sehr heterogen. Einige Anwenderinnen benutzen die Textverarbeitung täglich, die Tabellenkalkulation nur gelegentlich. Andere Benutzerinnen haben ein umgekehrtes Anwenderprofil. Wenn man eine Tabellenkalkulation an eine große Zahl von Benutzerinnen verkaufen will, so muss man sie zu einem Preis anbieten, der auch für die gelegentliche Benutzerin interessant ist. Ähnliches gilt für die Textverarbeitung: Der Marktpreis wird immer durch die *marginale* Anwenderin bestimmt. Durch Zusammenfassung der beiden Produkte wird die Streuung der Zahlungsbereitschaft verringert, der Gesamtgewinn kann steigen.

Das heißt aber nicht, dass Zusammenfassung eine vollständige Erklärung für Softwarepakete liefert, es gibt auch noch andere Einflüsse. Die einzelnen Komponenten der Pakete sind in ihrer Funktionsweise aufeinander abgestimmt; in dieser Hinsicht sind sie komplementäre Güter. Weiters hängt der Erfolg einer bestimmten Software deutlich davon ab, von wie vielen Personen sie verwendet wird, Bündeln hilft beim Ausbau des Marktanteils. Wir werden dieses Phänomen der **Externalitäten von Netzwerken** im 34. Kapitel untersuchen.

25.6 Zweigeteilte Preise

Nehmen wir das Problem der Besitzer eines Vergnügungsparks: Sie können einen Preis für den Eintritt in den Park und einen anderen Preis für jede Fahrt verlangen. Wie sollten diese beiden Preise festgelegt werden, um ein Gewinnmaximum zu erzielen? Beachte, dass die Nachfrage nach dem Zutritt und die Nachfrage nach einzelnen Fahrten zusammenhängen: Der Preis, den die Leute für den Eintritt zu zahlen bereit sind, wird davon abhängen, wie viel sie für jede Fahrt zu zahlen haben. Diese Art des zweiteiligen Preisschemas wird als **zweigeteilter Preis** bezeichnet.[5]

Es gibt eine Fülle anderer Beispiele für eine Politik zweigeteilter Preise: Polaroid verkauft die Kameras um einen Preis, die zugehörigen Filme um einen anderen. Leute, die sich überlegen, ob sie eine Kamera kaufen sollen, berücksichtigen vermutlich auch den Preis des Films. Ein Unternehmen, das Rasierklingen erzeugt, verkauft den Rasierapparat um einen Preis, die Klingen um einen anderen – und wieder wird der Preis der Rasierklingen die Nachfrage nach Rasierapparaten beeinflussen und umgekehrt.

Schauen wir uns die Lösung dieses Problems der Preissetzung für das ursprüngliche Beispiel an, das so genannte Disneyland-Dilemma. Wie üblich treffen wir ein paar vereinfachende Annahmen. Erstens unterstellen wir, dass es im Disneyland nur eine Fahrt gibt. Zweitens nehmen wir an, dass die Menschen nur wegen der Fahrten in's Disneyland pilgern. Schließlich wird angenommen, dass jeder dieselben Präferenzen in Bezug auf Fahrten hat.

In Abbildung 25.5 haben wir die Nachfragekurve und die (konstante) Grenzkostenkurve bezüglich der Fahrten dargestellt. Wie gewöhnlich ist die Nachfragekurve negativ geneigt – wenn Disney einen hohen Preis für jede Fahrt festlegt, wird weniger gefahren. Unterstellen wir – wie in Abbildung 25.5 – einen Preis von p^*, der zu einer Nachfrage von x^* führt. Welchen Eintrittspreis kann Disney verlangen, wenn eine Fahrt p^* kostet?

Die gesamte Zahlungsbereitschaft für x^* Fahrten kann durch die Konsumentenrente gemessen werden. Die Besitzer des Parks können als Eintrittspreis daher höchstens die in Abbildung 25.5 mit „Konsumentenrente" bezeichnete Fläche verlangen. Der Gesamtgewinn des Monopolisten ist diese Fläche plus dem Gewinn auf die Fahrten, $(p^* - MC)x^*$.

Es ist nicht schwierig zu erkennen, dass der Gesamtgewinn maximiert wird, wenn der Preis gleich den Grenzkosten ist: Wir haben schon gezeigt, dass bei diesem Preis die Summe aus Konsumenten- und Produzentenrente am höchsten ist. Da der Monopolist die Konsumentenrente als Eintrittspreis verlangen kann, ist die Festsetzung von Preis ist gleich Grenzkosten sowie Eintrittspreis ist gleich der sich daraus ergebenden Konsumentenrente die gewinnmaximierende Preispolitik.

---

[5] Siehe dazu den klassischen Aufsatz von Walter Oi, „A Disneyland Dilemma: Two-Part Tariffs for a Mickey Mouse Monopoly," *Quarterly Journal of Economics*, 85, 1971, pp. 77-96.

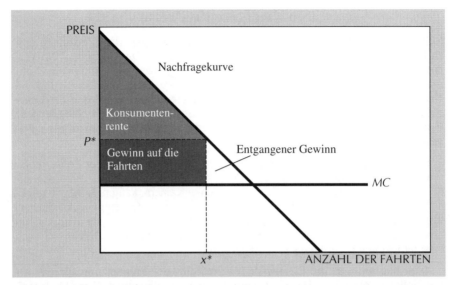

Abbildung 25.5 Das Disneyland Dilemma. Wenn die Besitzer des Vergnügungsparks einen Preis von p^* festlegen, dann werden x^* Fahrten nachgefragt. Die Konsumentenrente gibt den Preis an, den man als Eintritt in den Park verlangen kann. Der Gesamtgewinn des Unternehmens wird maximiert, wenn die Besitzer den Preis gleich den Grenzkosten festsetzen.

Das ist auch tatsächlich Disneylands Politik – und die meisten anderen Vergnügungsparks machen es ähnlich. Es gibt einen Eintrittspreis, alle Attraktionen innerhalb des Parks können dann gratis benutzt werden. Es scheint, dass die Grenzkosten der Fahrten niedriger sind als die Transaktionskosten des individuellen Inkassos.

25.7 Monopolistische Konkurrenz

Wir haben eine Monopolbranche so beschrieben, dass es eine einzige große Produzentin gibt. Aber wir waren etwas vage darüber, was genau eine Branche ausmacht. Eine Definition einer Branche ist, dass sie aus all jenen Unternehmen besteht, die ein bestimmtes Produkt erzeugen. Aber was ist dann mit Produkt gemeint? Schließlich gibt es nur ein Unternehmen, das Coca Cola erzeugt – bedeutet das, dass dieses Unternehmen ein Monopolist ist?

Offensichtlich ist die Antwort nein. Das Unternehmen Coca Cola muss mit anderen Herstellern alkoholfreier Getränke konkurrieren. Wir sollten uns eine Branche eher als eine Menge von Unternehmen vorstellen, die Produkte erzeugen, welche von den Konsumentinnen als nahe Substitute angesehen werden. Jedes Unternehmen einer Branche kann ein einzigartiges Produkt erzeugen – sagen wir, eine bestimmte Marke – aber die Konsumentinnen betrachten jede der Marken in bestimmtem Ausmaß als Substitute.

Obwohl eine Unternehmung ein gesetzliches Monopol auf ihre Schutzmarken und Warenzeichen haben kann, sodass andere Unternehmen nicht *genau* das gleiche Produkt herstellen können, ist es für andere Unternehmen meistens möglich, *ähnliche* Produkte zu erzeugen. Vom Standpunkt einer bestimmten Unternehmung werden die Produktionsentscheidungen ihrer Konkurrentinnen eine wichtige Rolle für ihre Entscheidung spielen, wie viel sie erzeugen wird und welchen Preis sie verlangen kann.

Daher wird die Nachfragekurve, der sich ein Unternehmen gegenübersieht, üblicherweise von den Outputentscheidungen und den verlangten Preisen der anderen Unternehmen abhängen, die ähnliche Produkte herstellen. Die Steigung der Nachfragekurve für ein Unternehmen wird davon abhängen, wie ähnlich die Erzeugnisse der anderen Unternehmen sind. Wenn eine große Zahl von Unternehmen in einer Branche *identische* Produkte herstellt, dann wird die Nachfragekurve für jedes einzelne Unternehmen im Wesentlichen horizontal sein. Jedes Unternehmen muss sein Produkt zu jenem Preis verkaufen, den die anderen Unternehmen verlangen. Jedes Unternehmen, das versucht, seinen Preis über die Preise der anderen Unternehmen zu erhöhen, die identische Produkte verkaufen, würde bald alle seine Kundinnen verlieren.

Wenn andererseits eine Unternehmung das ausschließliche Recht zum Verkauf eines bestimmten Produkts hat, kann sie dessen Preis erhöhen, ohne alle ihre Kundinnen zu verlieren. Einige, aber nicht alle ihrer Kundinnen werden auf die Erzeugnisse der Konkurrentinnen ausweichen. Wie viele Kundinnen auf die Produkte der Konkurrentinnen umsteigen, hängt davon ab, ob die Konkurrenzprodukte von den Konsumentinnen als nahe oder weniger nahe Substitute angesehen werden – also wie elastisch die Nachfragekurve für die Erzeugnisse der Unternehmung ist.

Wenn eine Unternehmung durch den Verkauf eines Produkts in einer Branche Gewinne erzielt, und es den anderen Unternehmungen nicht gestattet ist, dieses Produkt genau zu reproduzieren, könnten sie es noch immer gewinnbringend finden, auf diesen Markt zu gehen und ein ähnliches, aber doch unterschiedliches Produkt herzustellen. Ökonominnen bezeichnen dieses Phänomen als **Produktdifferenzierung** – jede Unternehmung versucht ihr Produkt von dem der anderen Unternehmungen in der Branche zu differenzieren. Je erfolgreicher sie ist, ihr Produkt von dem der anderen Unternehmungen zu differenzieren, die ähnliche Produkte erzeugen, um so mehr Monopolmacht hat sie – das heißt, umso weniger elastisch ist die Nachfragekurve für ihr Produkt. Nehmen wir zum Beispiel die Getränkebranche. In dieser Branche gibt es mehrere Unternehmungen, die ähnliche aber nicht identische Produkte herstellen. Jedes Erzeugnis hat seine Anhänger, daher hat jede Unternehmung bis zu einem gewissen Grad Monopol-macht.

Eine Branchenstruktur wie die soeben beschriebene beinhaltet sowohl Elemente des Wettbewerbs als auch des Monopols; sie wird daher als **monopolistische Konkurrenz** bezeichnet. Die Branche ist insofern monopolistisch, als jedes Unternehmen eine fallende Nachfragekurve für sein Produkt hat. Daher hat es Einfluss auf den Markt in dem Sinn, dass es seinen eigenen Preis setzen kann, anstatt den Marktpreis wie ein Unternehmen bei Wettbewerb passiv akzeptieren muss. Andererseits stehen die Unternehmen im Wettbewerb um die Kundinnen, sowohl hinsichtlich der Preise als auch der Produkte, die sie verkaufen. Weiters gibt es keine Beschränkungen für den Eintritt neuer Unternehmen in eine Branche mit monopolistischer Konkurrenz. In dieser Hinsicht ist die Branche wie ein Wettbewerbsmarkt.

Monopolistische Konkurrenz ist vielleicht *die* vorherrschende Branchenstruktur. Leider ist sie auch am schwierigsten zu analysieren. Die Extremfälle des reinen Monopols und der vollkommenen Konkurrenz sind viel einfacher und können oft als erste Näherung für die komplizierteren Modelle der monopolistischen Konkurrenz verwendet werden. In einem detaillierten Modell einer Branche unter monopolistischer Konkurrenz hängt viel sowohl von den spezifischen Eigenheiten der Produkte und Technologien ab, als auch den strategischen Entscheidungsmöglichkeiten, die dem Unternehmen zur Verfügung stehen. Es ist nicht sinnvoll, eine Branche mit monopolistischer Konkurrenz abstrakt zu modellieren, wie wir das in den einfacheren Fällen des vollkommenen Wettbewerbs und des reinen Monopols getan haben. Wir müssen viel mehr die institutionellen Besonderheiten der betrachteten Branche untersuchen. Wir wer-den in den beiden nächsten Kapiteln einige Methoden beschreiben, die Ökonominnen zur Untersuchung strategischer Entscheidungen verwenden, aber eine detaillierte Analyse monopolistischer Konkurrenz bleibt fortgeschritteneren Lehrveranstaltungen vorbehalten.

Wir können jedoch eine interessante Eigenschaft des Aspekts des freien Marktzutritts bei monopolistischer Konkurrenz beschreiben. Wie würde sich erwartungsgemäß die Nachfragekurve einer bereits bestehenden Unternehmung verändern, wenn immer mehr Unternehmungen in eine bestimmte Branche eintreten? Als Erstes würden wir erwarten, dass sich die Nachfragekurve nach innen verschiebt, da sie zu jedem Preis voraussichtlich weniger Outputeinheiten verkaufen würde, wenn zusätzliche Unternehmungen auf den Markt kommen. Zweitens würden wir erwarten, dass die Nachfragekurve, der sich eine bereits auf dem Markt befindliche Unternehmung gegenübersieht, elastischer wird, wenn immer mehr Unternehmungen ähnliche Produkte erzeugen. Der Eintritt neuer Unternehmungen mit ähnlichen Erzeugnissen auf einen Markt wird daher dazu führen, dass die Nachfragekurven für bestehende Unternehmungen nach links verschoben und flacher werden.

Wenn Unternehmen in der Erwartung von Gewinnen weiterhin in die Branche einströmen, dann muss das Gleichgewicht die folgenden drei Bedingungen erfüllen:

1. Jedes Unternehmen verkauft zu einer Preis-Output-Kombination, die auf seiner Nachfragekurve liegt.

2. Jedes Unternehmen maximiert seinen Gewinn für die Nachfragekurve, der es sich gegenüber sieht.

3. Der Zugang hat den Gewinn jedes Unternehmens auf Null gedrückt.

Diese Ergebnisse implizieren eine ganz besondere geometrische Beziehung zwischen der Nachfragekurve und der Durchschnittskostenkurve: Die Nachfragekurve und die Durchschnittskostenkurve müssen einander berühren.

Das Argument wird in Abbildung 25.6 dargestellt. Ergebnis 1 besagt, dass die Preis-Output-Kombination irgendwo auf der Nachfragekurve liegen muss, und Ergebnis 3 bedeutet, dass diese Kombination auch auf der Durchschnittskostenkurve liegen muss. Die Unternehmung muss daher bei einem Punkt arbeiten, der auf beiden Kurven liegt. Könnte die Nachfragekurve die Durchschnittskostenkurve schneiden? Nein, denn dann würde es einen Punkt auf der Nachfragekurve oberhalb der Durchschnittskostenkurve geben – das würde jedoch ein Punkt mit *positivem* Gewinn sein.[6] Und wegen des Ergebnisses 2 ist der Nullgewinn das Gewinnmaximum.

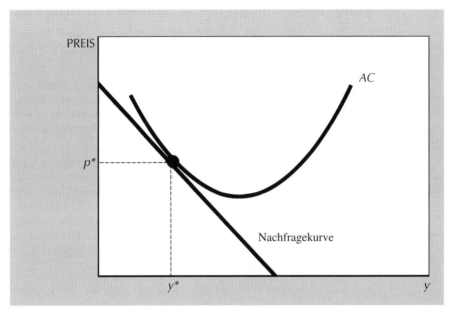

Abbildung 25.6 Monopolistische Konkurrenz. Im Gleichgewicht bei monopolistischer Konkurrenz mit einem Gewinn von Null, müssen die Nachfrage- und die Durchschnittskostenkurve einander berühren.

Eine andere Möglichkeit der Analyse ist zu untersuchen, was geschehen würde, wenn die in Abbildung 25.6 dargestellte Unternehmung einen anderen als den kostendeckenden Preis verlangen würde. Bei jedem anderen Preis, höher oder niedriger, würde die Unternehmung Geld verlieren, während sie beim kostendeckenden Preis einen Gewinn von Null erzielt. Der kostendeckende Preis ist daher der gewinnmaximierende Preis.

Es gibt zwei bemerkenswerte Feststellungen zum Gleichgewicht bei monopolistischem Wettbewerb. Erstens ist die Situation Pareto-ineffizient, obwohl die Gewinne Null sind. Die Gewinne haben nichts mit der Frage der Effizienz zu tun: Wenn der Preis größer als die Grenzkosten ist, gibt es ein Effizienzargument für die Ausweitung der Produktion.

Zweitens ist es klar, dass die Unternehmen typischerweise links von jenem Outputniveau produzieren werden, bei dem die Durchschnittskosten minimiert

---

[6] Wenn $p > c(y)/y$, dann zeigt einfache Algebra, dass $py - c(y) > 0$.

würden. Das wurde manchmal so interpretiert, dass man sagte, bei monopolistischer Konkurrenz gibt es „Überschusskapazitäten". Wenn es weniger Unternehmen gäbe, könnte jedes auf einem effizienteren Niveau produzieren, was für die Konsumentinnen besser wäre. Wenn es jedoch weniger Unternehmen gäbe, hätte man auch weniger Produktvielfalt, und das würde zu einer Verschlechterung für die Konsumentinnen führen. Welcher dieser Effekte dominiert, ist eine schwierig zu beantwortende Frage.

25.8 Ein räumliches Modell der Produktdifferenzierung

In Atlantic City gibt es eine Promenade entlang des Strandes. Einige Eisverkäufer mit ihren Wagen wollen dort ihr Eis verkaufen. Wo sollte sich ein Verkäufer niederlassen, wenn er eine Lizenz zum Eisverkauf erhält?

Angenommen die Konsumenten sind gleichmäßig entlang des Strandes verteilt. Aus gesellschaftlicher Sicht ist es sinnvoll, die Eisverkäufer so anzusiedeln, dass die gesamte Entfernung, welche die Konsumenten gehen müssen, minimiert wird. Es ist nicht schwierig zu erkennen, dass der optimale Standort bei der Hälfte der Promenade ist.

Nehmen wir an, es werden nun zwei Eisverkäufer zugelassen. Weiters wird unterstellt, dass der Preis, den sie für das Eis verlangen dürfen, festgesetzt wird; fraglich ist also wieder nur die Niederlassung, sodass der Gehweg minimiert wird. Wenn jeder Konsument zum nächstgelegenen Verkäufer geht, sollten wir einen Eismann nach einem Viertel, den anderen nach drei Viertel des Weges entlang der Promenade aufstellen. Der Konsument in der Mitte der Promenade ist zwischen beiden Verkäufern indifferent, jeder Verkäufer hat als Marktanteil die Hälfte der Konsumenten. Siehe Abbildung 25.7A.

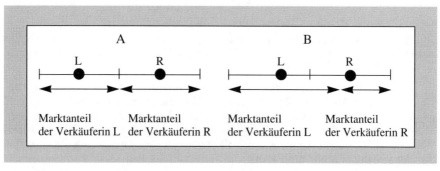

Abbildung 25.7 Räumlicher Wettbewerb. Feld A zeigt ein gesellschaftlich optimales Niederlassungsmuster: L lässt sich bei einem Viertel, R bei drei Viertel der gesamten Wegstrecke nieder. Jeder Verkäufer wird es jedoch in seinem persönlichen Interesse günstiger finden, sich gegen die Mitte hin zu bewegen. Die einzige Gleichgewichtsniederlassung für beide Verkäufer ist in der Mitte des Weges.

Haben die Eisverkäufer einen Anreiz an diesen Stellen zu bleiben? Versetzen wir uns in die Lage des Verkäufers L. Wenn er sich ein bisschen nach rechts bewegt, nimmt er dem anderen Verkäufer ein paar Kunden weg, ohne eigene zu verlieren. Nach dem Rechtsruck (!) wird er für die linken (!!) Kunden noch immer der nächstgelegene Verkäufer sein, und nun ist er auch näher bei seinen bisherigen rechten Kunden. Marktanteil und Gewinn haben sich daher erhöht.

Verkäufer R kann sich jedoch dasselbe überlegen – durch eine Wanderung nach links wird er dem anderen einige Kunden abwerben, ohne seine eigenen zu verlieren! Das zeigt, dass die gesellschaftlich optimale Niederlassung kein Gleichgewicht ist. Gleichgewicht herrscht nur, wenn beide in der Mitte der Promenade verkaufen. In diesem Fall hat der Wettbewerb um die Kunden zu einem *ineffizienten* Muster der Niederlassung geführt.

Das Modell der Promenade kann als Metapher für alle möglichen Probleme der Produktdifferenzierung dienen. Man kann sich statt Promenade die von zwei Rundfunkstationen angebotene Musikauswahl vorstellen. An einem Ende des Spektrums haben wir klassische Musik, das andere Extrem wäre Hard Rock. Jeder Hörer wählt jene Station, die seinem Geschmack eher entspricht. Wenn der klassische Sender Musik spielt, die ein wenig mehr zur Mitte des Geschmacksspektrums tendiert, wird er keine Klassik-Kundschaft verlieren, aber ein paar „Durchschnittshörer" gewinnen. Wenn sich die Hard Rock-Station etwas zur Mitte bewegt, wird sie keine Rockfans verlieren, aber ein paar Durchschnittshörer dazukriegen. Im Gleichgewicht senden beide Stationen dieselbe Art von Musik, und die Leute mit etwas extremerem Geschmack sind mit beiden unzufrieden![7]

25.9 Produktdifferenzierung

Das Modell der Promenade deutet darauf hin, dass monopolistische Konkurrenz in zu geringer Produktdifferenzierung enden wird: Jedes Unternehmen wird versuchen, sein Produkt ähnlich dem der anderen Unternehmen zu gestalten, sodass es dem anderen Unternehmen Kundinnen abwirbt. Wir könnten uns tatsächlich Märkte vorstellen, auf denen es im Vergleich zu einem möglichen Optimum zu viel Nachahmung gibt.

Das muss aber nicht immer so sein. Angenommen die Promenade ist *sehr* lang. Dann wäre jede Eisverkäuferin hoch zufrieden, jeweils an einem Ende zu sitzen. Wenn sich ihre Marktgebiete nicht überschneiden, gewinnt man nichts durch Bewegung zur Mitte. In diesem Fall hat keine Monopolistin einen Anreiz, die andere zu kopieren, und die Produkte werden so verschieden wie nur möglich sein.

Es ist möglich, Modelle monopolistischer Konkurrenz zu entwickeln, bei dem es *exzessive* Produktdifferenzierung gibt. In solchen Modellen versucht jedes Unternehmen, den Konsumentinnen einzureden, dass sein Produkt sich von den Erzeugnissen der Konkurrenz unterscheidet, um sich eine gewisses Ausmaß an Marktmacht zu schaffen. Wenn es den Unternehmen gelingt, die Konsumentinnen davon zu überzeugen, dass ihre Erzeugnisse keine nahen Substitutionsgüter haben, dann können sie – im Vergleich zur Situation ohne Differenzierung – einen höheren Preis verlangen.

---

[7] Das Argument ist auch recht anschaulich in seiner Übertragbarkeit auf politische Parteien. (Anm. d. Übers.)

Das veranlasst Produzentinnen zu hohen Investitionen in Markenidentität. Waschseife ist ein ziemlich standardisiertes Produkt. Trotzdem investieren die Hersteller riesige Beträge in Werbung, die sauberere Wäsche, besseren Geruch und überhaupt größeres Wohlbefinden verspricht, wenn man sich eher für ihre Marke als jene der Konkurrentin entscheidet. Diese „Produktpositionierung" ist der möglichst weit voneinander entfernten Ansiedlung der Eisverkäufer sehr ähnlich, um direkte Konkurrenzierung zu vermeiden.

25.10 Mehr als zwei Verkäufer

Wir haben gezeigt, dass sich zwei Verkäufer mit einander überschneidenden Märkten – und die zum gleichen Preis verkaufen – letztendlich in der Mitte der „Strandpromenade" niederlassen werden. Was geschieht, wenn sich an einem Ort mehr als zwei Verkäufer konkurrenzieren?

Der nächstmögliche Fall wäre der von drei Verkäufern. Diese Situation führt zu einem eigenartigen Ergebnis: hier gibt es möglicherweise *keine* gleichgewichtige Niederlassungsstruktur! Um das zu erkennen, sehen wir uns Abbildung 25.8 an. Wenn es auf einer Promenade drei Verkäufer gibt, muss sich einer zwischen den beiden anderen befinden. Wie vorher lohnt es sich für die beiden äußeren Verkäufer, sich zur Mitte hin zu bewegen, da sie dem mittleren Verkäufer Kunden wegnehmen können, ohne eigene zu verlieren. Wenn sie diesem jedoch zu nahe kommen, so lohnt es sich für den mittleren Verkäufer entweder rechts über den rechten oder links über den linken Konkurrenten zu springen, um *dessen* jeweiligen Markt zu stehlen. Unabhängig von der Niederlassungsstruktur lohnt es sich für jemanden, seine Niederlassung zu verändern!

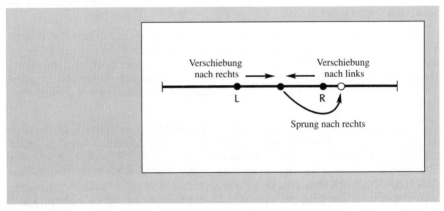

Abbildung 25.8 Kein Gleichgewicht. In einem Hotelling Modell mit drei Unternehmungen gibt es kein Gleichgewicht bei reiner Strategie, da in jeder beliebigen Konstellation zumindest eine Unternehmung ihre Niederlassung ändern möchte.

Glücklicherweise gilt dieses „perverse" Resultat nur für drei Konkurrenten. Bei vier oder mehr Konkurrenten wird sich im Allgemeinen eine gleichgewichtige Niederlassungsstruktur ergeben.

Zusammenfassung

1. Typischerweise bestehen für eine Monopolistin Anreize, Preisdiskriminierung in irgendeiner Form auszuüben.
2. Perfekte Preisdiskriminierung liegt vor, wenn der Monopolist von jedem Konsumenten einen unterschiedlichen „Alles oder nichts"-Preis verlangt. Das führt zu einem effizienten Outputniveau.
3. Wenn eine Unternehmung auf zwei verschiedenen Märkten unterschiedliche Preise verlangen kann, wird sie auf dem Markt mit elastischerer Nachfrage niedrigere Preise festsetzen.
4. Wenn ein Unternehmen bei identischen Konsumenten einen zweigeteilten Preis festsetzen kann, dann wird es im Allgemeinen den Preis in Höhe der Grenzkosten festlegen und seinen gesamten Gewinn aus dem Eintrittspreis erzielen.
5. Mit monopolistischer Konkurrenz bezeichnet man eine Branchenstruktur, bei der es Produktdifferenzierung gibt, sodass jedes Unternehmen Monopolmacht in bestimmtem Ausmaß hat, es jedoch auch freien Marktzugang gibt, was die Gewinne gegen Null drückt.
6. Das Ergebnis monopolistischer Konkurrenz kann – im Allgemeinen – zu viel oder zu wenig Produktdifferenzierung sein.

Wiederholungsfragen

1. Wird eine Monopolistin jemals von sich aus ein Pareto-effizientes Outputniveau anbieten?
2. Angenommen ein Monopolist verkauft an zwei Gruppen, die Nachfragekurven mit konstanten Elastizitäten von e_1 und e_2 haben. Die Grenzkosten der Produktion sind konstant c. Welchen Preis sollte er jeder Gruppe ver-rechnen?
3. Angenommen die Besitzerin eines Vergnügungsparks hat die Möglichkeit perfekter Preisdiskriminierung ersten Grades. Wir nehmen an, dass alle Fahrten Grenzkosten von Null haben, und dass alle Konsumentinnen dieselben Präferenzen haben. Wird es für die Monopolistin günstiger sein, wenn sie für jede Fahrt einen bestimmten Preis verlangt und keinen Eintrittspreis einhebt, oder wenn sie umgekehrt Eintritt verlangt und jede Fahrt im Park einen Preis von Null hat?
4. Disneyland bietet den Einwohnern des südlichen Kalifornien einen Preisnachlass auf den Eintrittspreis an. (Man zeigt beim Eintritt seine Postleitzahl vor.) Um welche Art der Preisdiskriminierung handelt es sich? Was sagt das über die Nachfrageelastizität der Kalifornier nach Disneyland aus

26. Kapitel
FAKTORMÄRKTE

Bei unserer Untersuchung der Faktornachfrage im 19. Kapitel behandelten wir nur den Fall einer Unternehmung, die sich sowohl auf dem Outputmarkt als auch auf dem Faktormarkt vollkommenem Wettbewerb gegenübersah. Da wir nun auch Monopolverhalten analysiert haben, können wir einige andere Spezifikationen der Faktornachfrage untersuchen. Welche Auswirkung auf den Faktormarkt ergibt sich zum Beispiel aus dem Verhalten eines Unternehmens als Monopolist auf dem Gütermarkt? Oder was passiert mit der Faktornachfrage, wenn eine Unternehmung die einzige Nachfragerin nach einem bestimmten Faktor ist? Wir wenden uns solchen und einigen damit zusammenhängenden Fragen in diesem Kapitel zu.

26.1 Monopol am Gütermarkt

Wenn eine Unternehmung ihre gewinnmaximierende Nachfrage nach einem Faktor bestimmt, wird sie immer jene Menge wählen, bei der der Grenzerlös aus der zusätzlichen Beschäftigung von ein wenig mehr dieses Faktors genau den daraus entstehenden Grenzkosten gleich ist. Das folgt aus der Standardüberlegung: Wenn der Grenzerlös aus irgendeiner Handlung nicht den Grenzkosten dieser Handlung gleich wäre, würde es sich lohnen, diese Handlung zu verändern.

Diese allgemeine Regel nimmt je nach dem angenommenen Umfeld, in welchem die Unternehmung agiert, verschiedene spezielle Formen an. Nehmen wir zum Beispiel an, die Unternehmung hat ein Monopol bei ihren Erzeugnissen. Vereinfachend unterstellen wir, dass es nur einen Produktionsfaktor gibt, wir schreiben daher die Produktionsfunktion als $y = f(x)$. Der Umsatz der Unternehmung hängt von dem erzeugten Output ab, somit ist $R(y) = p(y)y$, wobei $p(y)$ die inverse Nachfragefunktion ist. Überlegen wir uns, wie sich eine marginale Erhöhung der Inputmenge auf den Umsatz der Unternehmung auswirkt.

Angenommen wir erhöhen die Menge des Inputs ein wenig, also um Δx. Das ergibt eine kleine Änderung im Output, Δy. Das Verhältnis der Outputerhöhung zur Inputerhöhung ist das **Grenzprodukt** des Faktors:

$$MP_x = \frac{\Delta y}{\Delta x} = \frac{f(x + \Delta x) - f(x)}{\Delta x}. \qquad (26.1)$$

Diese Outputerhöhung wird eine Umsatzänderung bewirken. Die Änderung des Erlöses heißt **Grenzerlös**:

$$MR_y = \frac{\Delta R}{\Delta y} = \frac{R(y+\Delta y) - R(y)}{\Delta y}. \qquad (26.2)$$

Die Wirkung der marginalen Erhöhung des Inputs auf den Erlös wird **Grenzerlösprodukt** genannt. Aus den Gleichungen (26.1) und (26.2) erkennen wir, dass es durch

$$MRP_x = \frac{\Delta R}{\Delta x} = \frac{\Delta R}{\Delta y}\frac{\Delta y}{\Delta x}$$
$$= MR_y \times MP_x.$$

gegeben ist. Wir können unseren Standardausdruck für den Grenzerlös verwenden und daher

$$MRP_x = \left[p(y) + \frac{\Delta p}{\Delta y}y\right] MP_x$$
$$= p(y)\left[1 + \frac{1}{\epsilon}\right] MP_x$$
$$= p(y)\left[1 - \frac{1}{|\epsilon|}\right] MP_x$$

schreiben. Der erste Ausdruck ist die übliche Form des Grenzerlöses. Im zweiten und dritten Ausdruck wird die im 15. Kapitel beschriebene Elastizitätsform des Grenzerlöses verwendet.

Jetzt ist leicht zu erkennen, wie dadurch der im 19. Kapitel untersuchte Konkurrenzfall verallgemeinert wird. Auf einem Konkurrenzmarkt ist die Elastizität der Nachfragekurve, der sich ein einzelnes Unternehmen gegenübersieht, unendlich; daher ist der Grenzerlös eines Unternehmens bei Wettbewerb gleich dem Preis. Deswegen ist das „Grenzerlösprodukt" für ein Unternehmen auf einem Konkurrenzmarkt einfach gleich dem **Wert des Grenzprodukts** dieses Inputs, pMP_x.

Ist das Grenzerlösprodukt (im Falle eines Monopols) mit dem Wert des Grenzprodukts vergleichbar? Da die Nachfragekurve eine negative Steigung hat, ist klar erkennbar, dass das Grenzerlösprodukt immer kleiner als der Wert des Grenzprodukts sein wird:

$$MRP_x = p\left[1 - \frac{1}{|\epsilon|}\right] MP_x \leq pMP_x$$

Solange die Nachfragefunktion nicht vollkommen elastisch ist, wird MRP_x immer streng kleiner sein als pMP_x. Das bedeutet, dass bei jedem Verwendungsniveau des Faktors, der Grenzwert einer zusätzlichen Einheit für eine Monopolistin kleiner ist als für ein Unternehmen bei vollkommener Konkurrenz. Für den Rest dieses Abschnitts werden wir annehmen, dass wir es mit diesem Fall zu tun haben – dass nämlich die Monopolistin in der Tat Monopolmacht hat.

Auf den ersten Blick erscheint dieses Ergebnis paradox, da die Monopolistin doch höhere Gewinne erzielt als ein Unternehmen bei Wettbewerb. In diesem Sinn ist der gesamte Faktoreinsatz für die Monopolistin „mehr wert" als für ein Unternehmen bei Wettbewerb.

Die Lösung dieses „Paradoxons" liegt im Erfassen des Unterschieds zwischen Gesamtwert und Grenzwert. Der Gesamtwert des beschäftigten Faktors ist tatsächlich für die Monopolistin größer als für ein Unternehmen bei Wettbewerb, da die Monopolistin einen höheren Gewinn erzielt als das Wettbewerbsunternehmen. Bei einem *gegebenen* Outputniveau jedoch wird eine Steigerung des Einsatzes des Faktors den Output erhöhen aber den Preis, den die Monopolistin verlangen kann, *senken*. Eine Zunahme des Outputs wird hingegen für ein Unternehmen bei Wettbewerb den Preis, den es verlangen kann, nicht ändern. An der Grenze wird daher eine kleine *Erhöhung* des Faktoreinsatzes für die Monopolistin weniger wert sein als für ein Unternehmen bei Wettbewerb.

Da Erhöhungen des Faktoreinsatzes kurzfristig für eine Monopolistin weniger wert sind als für ein Unternehmen bei Wettbewerb, ist klar, dass die Monopolistin üblicherweise geringere Inputmengen als ein Unternehmen bei Wettbewerb beschäftigen wird. Tatsächlich gilt dies allgemein: Die Monopolistin steigert ihren Gewinn durch Outputreduktion, sie wird daher in der Regel kleinere Inputmengen als ein Unternehmen bei Wettbewerb beschäftigen.

Um zu bestimmen, wie viel das Unternehmen von einem Faktor beschäftigt, müssen wir den Grenzerlös einer weiteren Faktoreinheit mit den Grenzkosten der Beschäftigung dieses Faktors vergleichen. Nehmen wir an, die Unternehmung operiert auf einem Faktormarkt unter vollkommenem Wettbewerb, sodass sie zu einem konstanten Preis w so viel vom Faktor beschäftigen kann, wie sie will. In diesem Fall wird eine Unternehmung auf einem Konkurrenzmarkt x_c Faktoreinheiten beschäftigen, und zwar bei

$$pMP(x_c) = w.$$

Die Monopolistin andererseits wird x_m Faktoreinheiten beschäftigen wollen, und zwar dort wo

$$MRP(x_m) = w.$$

Wir haben das in Abbildung 26.1 dargestellt. Da $MRP(x) < pMP(x)$ ist, wird der Punkt, bei dem $MRP(x_m) = w$ ist, immer links von jenem Punkt liegen, bei dem $pMP(x_c) = w$. Daher wird die Monopolistin weniger als ein Unternehmen unter Wettbewerb beschäftigen.

26.2 Monopson

Beim Monopol gibt es einen einzigen Verkäufer einer Ware. Beim **Monopson** gibt es einen einzigen Käufer. Die Analyse eines Monopsonisten ist der des Monopols ähnlich. Zur Vereinfachung nehmen wir an, dieser Käufer erzeuge einen Output, der auf einem Konkurrenzmarkt verkauft wird.

Wie oben nehmen wir auch an, dass das Unternehmen seinen Output unter Verwendung eines einzigen Produktionsfaktors entsprechend der Produktionsfunktion $y = f(x)$ erzeugt. Anders als oben unterstellen wir jedoch, dass das Unternehmen den Faktormarkt, auf dem es agiert, beherrscht und erkennt, dass die Faktormenge, die es nachfragt, den Preis beeinflusst, den es für diesen Faktor zahlen muss.

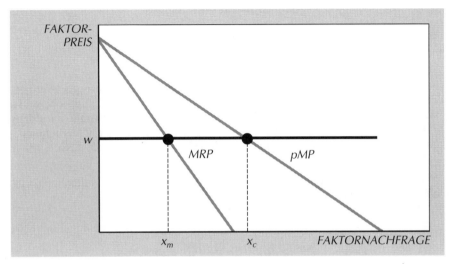

Abbildung 26.1 Faktornachfrage einer Monopolistin. Da die Kurve des Grenzerlösprodukts (*MRP*) unterhalb der Kurve des Wertes des Grenzprodukts (*pMP*) liegt, muss die Faktornachfrage einer Monopolistin kleiner sein als die Faktornachfrage desselben Unternehmens, wenn es sich wie unter Wettbewerb verhielte.

Wir fassen diese Beziehung in der (inversen) Angebotskurve $w(x)$ zusammen. Die Interpretation dieser Funktion: Wenn das Unternehmen x Einheiten des Faktors beschäftigen will, muss es einen Preis von $w(x)$ zahlen. Die Funktion $w(x)$ wird als steigend angenommen: Je mehr das Unternehmen vom x-Faktor beschäftigen will, umso höher muss der dafür gebotene Preis sein.

Eine Unternehmung auf einem Faktormarkt bei Konkurrenz sieht sich definitiso vielonsgemäß einer flachen Faktorangebotskurve gegenüber: Sie kann zum gängigen Faktorpreis soviel beschäftigen, wie sie will. Ein Monopsonist ist mit einer steigenden Faktorangebotskurve konfrontiert: Je mehr er beschäftigen will, einen umso höheren Faktorpreis muss er bieten. Eine Unternehmung auf einem Konkurrenzfaktormarkt ist eine **Preisnehmerin**, ein Monopsonist ist ein **Preismacher**.

Das Gewinnmaximierungsproblem des Monopsonisten ist dann

$$\underset{x}{\text{maximiere}} \ pf(x) - w(x)x.$$

Die Bedingung für ein Gewinnmaximum ist, dass der zusätzliche Erlös aus der Beschäftigung einer zusätzlichen Faktoreinheit gleich den zusätzlichen Kosten dieser Einheit ist. Da wir auf dem Outputmarkt Wettbewerb angenommen haben, ist der zusätzliche Erlös einfach pMP_x. Und die zusätzlichen Kosten?

Die Gesamtänderung der Kosten durch die zusätzliche Beschäftigung von Δx wird

$$\Delta c = w\Delta x + x\Delta w$$

sein, sodass die Kostenänderung je Einheit der Änderung von Δx

$$\frac{\Delta c}{\Delta x} = MC_x = w + \frac{\Delta w}{\Delta x}x$$

ist. Die Interpretation dieser Gleichung ist ähnlich jener des Ausdrucks für den Grenzerlös: Wenn die Unternehmung die Beschäftigung des Faktors erhöht, muss sie dem Faktor zusätzlich $w\Delta x$ zahlen. Aber die zusätzliche Nachfrage nach dem Faktor wird den Faktorpreis um Δw nach oben treiben und die Unternehmung muss dann diesen höheren Preis allen Einheiten zahlen, die sie bisher schon beschäftigt hatte.

Wir können die zusätzlichen Kosten für die Beschäftigung weiterer Faktoreinheiten auch als

$$MC_x = w\left[1 + \frac{x}{w}\frac{\Delta w}{\Delta x}\right]$$
$$= w\left[1 + \frac{1}{\eta}\right]$$

anschreiben, wobei η nun für die *Angebots*elastizität des Faktors steht. Da die Angebotskurve typischerweise steigend verläuft, wird η eine positive Zahl sein. Wenn die Angebotskurve *vollkommen* elastisch ist, sodass η unendlich wird, reduziert sich das auf den Fall einer Unternehmung auf einem Faktormarkt bei Wettbewerb. Beachte die Ähnlichkeit mit der entsprechenden Situation des Monopolisten.

Untersuchen wir den Fall eines Monopsonisten, der sich einer linearen Faktorangebotskurve gegenübersieht. Die inverse Angebotskurve hat die Form

$$w(x) = a + bx,$$

sodass die Gesamtkosten

$$C(x) = w(x)x = ax + bx^2$$

sind und die zusätzlichen Kosten einer zusätzlichen Inputeinheit daher

$$MC_x(x) = a + 2bx$$

lauten.

Die Konstruktion der Monopsonlösung ist in Abbildung 26.2 wiedergegeben. Wir suchen zur Bestimmung von x^* jenen Punkt, wo der Wert des Grenzprodukts gleich den Grenzkosten ist, und stellen fest, wie hoch der Faktorpreis bei diesem Beschäftigungsniveau sein muss.

Da die zusätzlichen Kosten der Beschäftigung einer weiteren Faktoreinheit den Faktorpreis übersteigen, wird der Faktorpreis niedriger sein, als wenn sich das Unternehmen Konkurrenzbedingungen gegenüber gesehen hätte. Im Vergleich zum Wettbewerbsmarkt wird zu wenig vom Faktor eingesetzt werden. Genau wie im Fall des Monopols, wird ein Monopsonist bei einem Pareto-ineffizienten Punkt produzieren. Aber die Ineffizienz liegt nun auf dem Faktormarkt und nicht auf dem Outputmarkt.

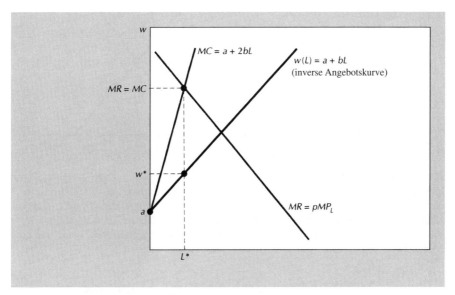

Abbildung 26.2 Monopson. Das Unternehmen produziert dort, wo der zusätzliche Erlös aus der Beschäftigung einer weiteren Faktoreinheit gleich den zusätzlichen Kosten dieser weiteren Einheit ist.

BEISPIEL: Der Mindestlohn

Angenommen auf dem Arbeitsmarkt herrscht vollkommene Konkurrenz und die Regierung legt nun einen Mindestlohn fest, der höher ist als der Gleichgewichtslohn. Da im Gleichgewicht Angebot gleich Nachfrage ist, wird beim höheren Mindestlohn das Arbeitsangebot die Nachfrage nach Arbeitern übersteigen. Diese Situation wird in Abbildung 26.3A dargestellt.

Die Dinge sehen ganz anders aus, wenn der Arbeitsmarkt von einem Monopsonist beherrscht wird. In diesem Fall ist es möglich, dass die Beschäftigung durch Einführung eines Mindestlohns tatsächlich *steigen* kann. Das wird in Abbildung 26.3B illustriert. Wenn die Regierung den Mindestlohn in Höhe des Wettbewerbslohns festsetzt, nimmt der „Monopsonist" das so wahr, dass er die Arbeiter nun zum konstanten Lohnsatz w_c einstellen kann. Da jetzt der Lohnsatz von der Anzahl der beschäftigten Arbeiter unabhängig ist, wird er so lange Arbeiter einstellen, bis der Wert des Grenzprodukts gleich w_c ist. Das heißt, er wird genau so viele Arbeiter beschäftigen, als ob er sich auf einem Konkurrenzmarkt befände.

Die Festsetzung eines Mindestlohns für einen Monopsonisten ist dasselbe wie die Festlegung eines Höchstpreises für einen Monopolisten; beide Maßnahmen veranlassen das Unternehmen sich jeweils wie auf einem Wettbewerbsmarkt zu verhalten.

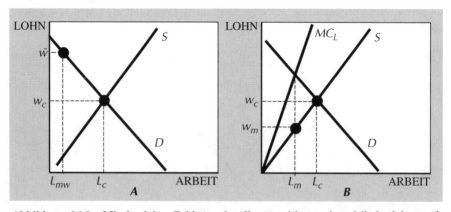

Abbildung 26.3 Mindestlohn. Feld A zeigt die Auswirkung eines Mindestlohns auf einem Konkurrenz-Arbeitsmarkt. Beim Wettbewerbslohn w_c wäre die Beschäftigung L_c. Beim Mindestlohn $\bar{w}$ ist die Beschäftigung nur L_{mw}. Feld B zeigt die Wirkung eines Mindestlohns auf einem Monopson-Arbeitsmarkt. Beim Monopson ist der Lohnsatz w_m, die Beschäftigung L_m, beide sind kleiner als auf einem Konkurrenzmarkt. Wenn nun ein Mindestlohn von w_c festgesetzt wird, so steigt die Beschäftigung auf L_c.

26.3 Vor- und nachgelagerte Monopole

Wir haben nun zwei Fälle mit unvollständigem Wettbewerb und Faktormärkten untersucht: Den Fall eines Unternehmens mit einem Monopol am Outputmarkt, aber einem Konkurrenz-Faktormarkt und den Fall eines Unternehmens mit vollkommener Konkurrenz am Outputmarkt, jedoch einem monopolisierten Faktormarkt. Andere Variationen sind möglich. Das Unternehmen könnte sich zum Beispiel auf seinem Faktormarkt einer monopolistischen Anbieterin gegenübersehen. Oder es könnte auf seinem Outputmarkt mit einer monopsonistischen Käuferin konfrontiert sein. Es ist nicht sehr sinnvoll, jeden möglichen Fall durchzuackern, sie wiederholen sich rasch. Wir wollen jedoch eine interessante Marktstruktur analysieren, bei der eine Monopolistin einen Output erzeugt, der von einer anderen Monopolistin als Produktionsfaktor verwendet wird.

Angenommen eine Monopolistin erzeugt einen Output x zu konstanten Grenzkosten c. Wir bezeichnen diese Monopolistin als die **vorgelagerte Monopolistin**. Sie verkauft den x-Output an eine andere Monopolistin, die **nachgelagerte Monopolistin**, zu einem Preis von k. Die nachgelagerte Monopolistin verwendet den x-Output als x-Faktor zur Erzeugung ihres Outputs y entsprechend ihrer Produktionsfunktion $y = f(x)$. Diesen Output verkauft sie dann auf einem Monopolmarkt mit der inversen Nachfragekurve $p(y)$. In diesem Beispiel unterstellen wir eine lineare inverse Nachfragekurve, also $p(y) = a - by$.

Zur weiteren Vereinfachung stellen wir uns die Produktionsfunktion als $y = x$ vor, sodass die Monopolistin mit jeder Einheit des x-Inputs eine Einheit des y-

Outputs erzeugen kann. Weiters nehmen wir an, dass die nachgelagerte Monopolistin außer dem Preis k, den sie der vorgelagerten Monopolistin zahlen muss, keine weiteren Produktionskosten hat.

Um zu sehen wie dieser Markt funktioniert, beginnen wir bei der nachgelagerten Monopolistin. Ihr Gewinnmaximierungsproblem ist

$$\text{maximiere}_{y} \ p(y)y - ky = [a - by]y - ky.$$

Wenn wir den Grenzerlös gleich den Grenzkosten setzen, haben wir

$$a - 2by = k,$$

was impliziert, dass

$$y = \frac{a-k}{2b}.$$

Da die Monopolistin für jede Einheit des y-Outputs eine Einheit des x-Inputs nachfragt, bestimmt dieser Ausdruck auch ihre Faktornachfragefunktion

$$x = \frac{a-k}{2b}. \qquad (26.3)$$

Diese Funktion gibt uns die Beziehung zwischen dem Faktorpreis k und der Menge des Faktors, welche die nachgelagerte Monopolistin nachfragen wird.

Wenden wir uns nun dem Problem der vorgelagerten Monopolistin zu. Wahrscheinlich durchschaut sie diesen Vorgang und kann daher bestimmen, wie viel vom x-Gut sie bei verschiedenen Preisen k verkaufen wird; das ist einfach die Faktornachfragefunktion der Gleichung (26.3). Auch die vorgelagerte Monopolistin möchte ihr x so wählen, dass sie ihren Gewinn maximiert.

Es ist recht einfach, diese Menge zu bestimmen. Wenn wir Gleichung (26.3) nach k lösen, erhalten wir

$$k = a - 2bx.$$

Der Grenzerlös aus dieser Faktornachfragefunktion ist

$$MR = a - 4bx.$$

Gleichsetzung von Grenzerlös und Grenzkosten ergibt

$$a - 4bx = c,$$

oder

$$x = \frac{a-c}{4b}.$$

Da die Produktionsfunktion einfach $y = x$ ist, gibt das auch die erzeugte Gesamtmenge des Endprodukts an:

$$y = \frac{a-c}{4b}. \qquad (26.4)$$

Es ist interessant, diese Menge mit jener zu vergleichen, die ein einziges integriertes Monopol herstellen würde. Angenommen vor- und nachgelagerte Monopolistinnen fusionieren, sodass wir nur mehr ein Monopol haben, das sich für seinen Output einer inversen Nachfragekurve von $p = a - by$ und konstanten Grenzkosten von c je Einheit gegenübersieht. Die Gleichung Grenzkosten ist gleich Grenzerlös wird dann zu

$$a - 2by = c,$$

was bedeutet, dass der gewinnmaximierende Output

$$y = \frac{a-c}{2b}. \quad (26.5)$$

ist. Bei einer Gegenüberstellung von Gleichung (26.4) und (26.5) sehen wir, dass das integrierte Monopol *zweimal* so viel Output erzeugt wie die nicht-integrierten Monopolistinnen.

Wir stellen das in Abbildung 26.4 dar. Die Endnachfrage für die nachgelagerte Monopolistin ist $p(y)$ und die mit dieser Nachfragefunktion zusammenhängende Grenzerlöskurve ist wiederum die Nachfragefunktion, der sich die vorgelagerte Monopolistin gegenübersieht. Die Grenzerlöskurve dieser letzten Nachfragefunktion ist daher *viermal* so steil wie die Nachfragekurve nach dem Endprodukt – weswegen der Output auf diesem Markt die Hälfte des integrierten Marktes beträgt.

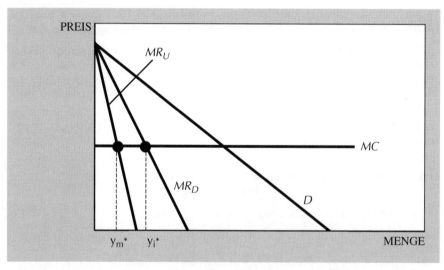

Abbildung 26.4 Vor- und nachgelagerte Monopole. Die nachgelagerte Monopolistin sieht sich der (inversen) Nachfragekurve $p(y)$ gegenüber. Die daraus resultierende Grenzerlösfunktion ist $MR_D(y)$. Das ist wiederum die Nachfragekurve, der sich die vorgelagerte Monopolistin gegenübersieht, ihre damit zusammenhängende Grenzerlösfunktion ist $MR_U(y)$. Das integrierte Monopol erzeugt y_i^*; die nicht integrierte Monopolistin erzeugt y_m^*.

Natürlich ist das Ergebnis, dass die letzte Grenzerlöskurve genau viermal so steil ist, eine Besonderheit der linearen Nachfrage. Es ist jedoch unschwer zu erkennen, dass ein integriertes Monopol immer mehr erzeugen wird als ein Paar von vor- und nachgelagerten Monopolistinnen. In letzterem Fall erhöht die vorgelagerte Monopolistin ihren Preis über die Grenzkosten hinaus und zusätzlich erhöht die nachgelagerte Monopolistin ihren Preis über diese bereits mit einem Aufschlag versehenen Kosten. Es gibt daher einen **doppelten Aufschlag**. Nicht nur ist der Preis vom gesellschaftlichen Standpunkt aus zu hoch, er ist auch aus der Sicht der Maximierung des gesamten Monopolgewinnes zu hoch! Wenn die beiden Monopolistinnen fusionierten, würde der Preis fallen und die Gewinne würden steigen.

Zusammenfassung

1. Eine gewinnmaximierende Unternehmung will immer, dass der Grenzerlös jeder Handlung gleich den Grenzkosten dieser Handlung ist.
2. Im Fall eines Monopolisten wird der zusätzliche Erlös aus einem zusätzlich beschäftigten Faktor Grenzerlösprodukt genannt.
3. Für eine Monopolistin wird das Grenzerlösprodukt immer kleiner sein als der Wert des Grenzprodukts, weil der Grenzerlös einer Outputerhöhung immer kleiner ist als der Preis.
4. So wie ein Monopol ein Markt mit einem einzigen Verkäufer ist, handelt es sich beim Monopson um einen Markt mit einem einzigen Käufer.
5. Für eine Monopsonistin wird die Kurve der zusätzlichen Kosten eines Faktors steiler sein als die Angebotskurve dieses Faktors.
6. Ein Monopsonist wird daher eine ineffizient kleine Menge des Produktionsfaktors beschäftigen.
7. Wenn eine vorgelagerte Monopolistin einen Faktor an eine nachgelagerte Monopolistin verkauft, wird der Endpreis des Outputs wegen des Phänomens des doppelten Aufschlags zu hoch sein.

Wiederholungsfragen

1. Wir sahen, dass eine Monopolistin nie dort produzieren wird, wo die Nachfrage nach ihrem Output unelastisch ist. Wird eine Monopsonistin dort erzeugen, wo das Faktorangebot unelastisch ist?
2. Was würde in unserem Mindestlohnbeispiel geschehen, wenn der Arbeitsmarkt von einem Monopsonist beherrscht wird, und die Regierung einen Lohnsatz festlegt, der über dem Gleichgewichtslohn liegt?
3. Bei der Analyse der vor- und nachgelagerten Monopole leiteten wir Ausdrücke für den erzeugten Gesamtoutput her. Was sind die zugehörigen Ausdrücke für die Gleichgewichtspreise p und k?

ANHANG

Wir können das Grenzerlösprodukt unter Verwendung der Kettenregel ermitteln. Es sei $y = f(x)$ die Produktionsfunktion und $p(y)$ die inverse Nachfragefunktion. Der Erlös als Funktion des Faktoreinsatzes ist einfach
$$R(x) = p(f(x))f(x).$$
Ableitung dieses Ausdrucks nach x ergibt
$$\begin{aligned}\frac{dR(x)}{dx} &= p(y)f'(x) + f(x)p'(y)f'(x) \\ &= [p(y) + p'(y)y]f'(x) \\ &= MR \times MP.\end{aligned}$$

Untersuchen wir das Verhalten einer Unternehmung, die für ihren Output auf einem Konkurrenzmarkt handelt und auf ihrem Faktormarkt eine Monopsonistin ist. Wenn $w(x)$ die inverse Faktorangebotskurve ist, dann lautet das Gewinnmaximierungsproblem

$$\underset{x}{\text{maximiere}}\ pf(x) - w(x)x.$$

Wenn wir nach x ableiten, erhalten wir

$$pf'(x) = w(x) + w'(x)x = w(x)\left[1 + \frac{x}{w}\frac{dw}{dx}\right] = w(x)\left[1 + \frac{1}{\eta}\right].$$

Da die Faktorangebotskurve ansteigt, wird die rechte Seite dieses Ausdrucks größer als w sein. Daher wird die Monopsonistin von diesem Faktor weniger beschäftigen als ein Unternehmen, das sich wie auf einem Konkurrenzmarkt verhält.

27. Kapitel
OLIGOPOL

Wir haben bisher zwei wichtige Formen der Marktstruktur untersucht: Vollständiger Wettbewerb, wo es typischerweise viele kleine Konkurrenten gibt, und reines Monopol, wo es nur eine große Unternehmung auf dem Markt gibt. Ein großer Teil der realen Welt liegt jedoch zwischen diese beiden Extremen. Häufig gibt es einige Konkurrenten, aber nicht so viele, dass jeder von ihnen eine vernachlässigbare Wirkung auf den Preis hat. Diese Situation wird als **Oligopol** bezeichnet.

Das im 25. Kapitel beschriebene Modell der monopolistischen Konkurrenz ist eine besondere Form des Oligopols, die Probleme der Produktdifferenzierung und des Marktzugangs betont. Die Oligopolmodelle hingegen, welche wir in diesem Kapitel studieren wollen, beschäftigen sich mehr mit den strategischen Interaktionen, die in einer Branche mit einer kleinen Anzahl von Unternehmen entstehen.

Es gibt verschiedene relevante Modelle, da es unterschiedliche Verhaltensweisen der Unternehmen in einer oligopolistischen Umgebung gibt. Es ist nicht sinnvoll, ein einziges großes Modell zu erwarten, da in der Realität viele verschiedene Verhaltensmuster beobachtet werden können. Was wir wollen, ist ein Führer durch einige mögliche Verhaltensmuster und einige Hinweise, welche Faktoren für die Entscheidung wichtig sein könnten, wann welches Modell anwendbar ist.

Der Einfachheit halber beschränken wir uns üblicherweise auf den Fall von zwei Unternehmungen; das wird als **Duopol** bezeichnet. Der Fall des Duopols erlaubt uns, viele der wichtigen Charakteristiken des Verhaltens von Unternehmungen bei strategischer Interaktion zu erfassen, ohne die Schwierigkeiten der Notation, die bei Modellen mit einer größeren Zahl von Unternehmungen auftreten. Weiters schränken wir unsere Untersuchung auf jene Fälle ein, in denen jede Unternehmung ein identisches Produkt erzeugt. Damit vermeiden wir Probleme der Produktdifferenzierung und konzentrieren uns nur auf strategische Interaktionen.

27.1 Die Wahl einer Strategie

Wenn es auf einem Markt zwei Unternehmen gibt, die beide ein homogenes Gut erzeugen, dann sind vier Variablen von Interesse: der Preis, den jedes Unternehmen verlangt, und die beiden produzierten Mengen.

Wenn nun eine Unternehmung ihren Preis und ihre Menge festlegt, so könnte sie bereits die von der anderen Unternehmung getroffene Entscheidung kennen. Wenn eine Unternehmung den Preis vor der anderen festsetzt, nennen wir sie die **Preisführerin**, die andere Unternehmung ist dann die **Preisanpasserin**. Ganz ähnlich könnte eine Unternehmung über ihre Menge zuerst entscheiden, in diesem Fall ist sie eine **Mengenführerin** und die andere Unternehmung ist eine **Mengenanpasserin**. In diesen Fällen bilden die strategischen Interaktionen ein **sequentielles Spiel**.[1]

Andererseits könnte es sein, dass die Unternehmung zum Zeitpunkt ihrer Entscheidung über die von der anderen Unternehmung getroffenen Entscheidungen nicht informiert ist. In diesem Fall muss sie hinsichtlich der Entscheidung der anderen Unternehmung eine Annahme treffen, damit sie selbst sinnvolle Entscheidungen treffen kann. Das ist ein **simultanes Spiel**. Wiederum gibt es zwei Möglichkeiten: Die Unternehmungen könnten simultan die Preise oder simultan die Mengen festlegen.

Dieses Klassifikationsschema gibt uns vier Möglichkeiten: Mengenführerschaft, Preisführerschaft, simultane Mengenfestsetzung, simultane Preisfestsetzung. Jede dieser Interaktionstypen führt zu unterschiedlichen strategischen Problemen.

Es gibt noch eine andere mögliche Form der Interaktion, die wir untersuchen werden. Anstatt miteinander auf die eine oder andere Art zu konkurrieren, könnten sich die Unternehmen untereinander **absprechen**. In diesem Fall können die Unternehmen übereinkommen, gemeinsam Preise und Mengen so festzusetzen, dass sie die Summe ihrer Gewinne maximieren. Diese Art der Absprache wird als **kooperatives Spiel** bezeichnet.

27.2 Mengenführerschaft

Im Fall der Mengenführerschaft entscheidet eine Unternehmung vor der anderen. Das wird manchmal **Stackelberg-Modell** genannt, zu Ehren jenes Ökonomen, der als erster Führer-Anpasser-Interaktionen systematisch untersuchte.[2]

Das Stackelberg-Modell wird häufig verwendet, um Branchen zu beschreiben, in denen es ein dominierendes Unternehmen oder einen natürlichen Führer gibt. IBM wird zum Beispiel häufig als das dominierende Unternehmen in der Computerindustrie bezeichnet. Ein allgemein beobachtbares Verhaltensmuster besteht darin, dass die kleineren Unternehmen der Computerindustrie auf die Ankündigung neuer Produkte durch IBM warten und dann ihre eigenen Produktentscheidungen entsprechend anpassen. In diesem Fall könnten wir die Computerindustrie mit IBM in der Rolle des Stackelberg-Marktführers modellieren, wobei die anderen Unternehmen dieser Industrie die Stackelberg-Anpasser sind.

---

[1] Wir werden die Spieltheorie im nächsten Kapitel detailliert analysieren, aber es scheint angebracht, diese besonderen Beispiele hier einzuführen.

[2] Heinrich von Stackelberg war ein deutscher Ökonom, der seine einflussreiche Arbeit über Marktorganisation, *Marktform und Gleichgewicht*, im Jahre 1934 veröffentlichte.

Wenden wir uns nun den Einzelheiten des theoretischen Modells zu. Angenommen Unternehmen 1 als Marktführer entscheidet die Menge y_1 zu erzeugen. Unternehmen 2 antwortet mit der Wahl von y_2. Jedes Unternehmen weiß, dass der Gleichgewichtspreis am Markt von der produzierten Gesamtmenge abhängt. Wir verwenden die inverse Nachfragefunktion $p(Y)$ um darzustellen, dass der Preis eine Funktion des Branchenoutputs, $Y = y_1 + y_2$, ist.

Welchen Output sollte der Marktführer wählen, um seinen Gewinn zu maximieren? Die Antwort hängt davon ab, wie der Marktführer glaubt, dass der Marktfolger auf seine Entscheidung reagieren wird. Vermutlich sollte der Marktführer erwarten, dass der Anpasser – bei gegebener Entscheidung des Führers – ebenfalls versuchen wird, seinen Gewinn zu maximieren. Damit der Marktführer eine sinnvolle Entscheidung in Bezug auf seine eigene Produktion treffen kann, muss er sich das Gewinnmaximierungsproblem des Anpassers ansehen.

Das Problem des Anpassers

Wir nehmen an, dass der Anpasser seinen Gewinn maximieren will:

$$\text{maximiere}_{y_2} \; p(y_1 + y_2)y_2 - c_2(y_2).$$

Der Gewinn des Anpassers hängt von der Outputentscheidung des Führers ab, der Output des Führers ist jedoch aus der Sicht des Anpassers vorherbestimmt – die Produktion des Marktführers ist bereits gegeben, der Anpasser betrachtet sie einfach als eine Konstante.

Der Anpasser möchte ein Outputniveau wählen, so dass der Grenzerlös gleich den Grenzkosten ist:

$$MR_2 = p(y_1 + y_2) + \frac{\Delta p}{\Delta y_2} y_2 = MC_2.$$

Der Grenzerlös hat die übliche Interpretation: Wenn der Anpasser seinen Output erhöht, erhöht er seinen Erlös durch den Mehrverkauf zum Marktpreis. Aber er drückt ebenso den Preis um Δp und das senkt seinen Gewinn auf alle Einheiten, die bisher zum höheren Preis verkauft wurden.

Wichtig ist festzuhalten, dass die gewinnmaximierende Entscheidung des Anpassers von der Entscheidung des Marktführers abhängt. Wir schreiben diese Beziehung als

$$y_2 = f_2(y_1).$$

Die Funktion $f_2(y_1)$ gibt uns den gewinnmaximierenden Output des Anpassers als eine Funktion der Entscheidung des Führers an. Diese Funktion wird **Reaktionsfunktion** genannt, da sie besagt, wie der Anpasser auf die Entscheidung des Marktführers reagieren wird.

Leiten wir eine Reaktionskurve für den einfachen Fall einer linearen Nachfragekurve ab. Die (inverse) Nachfragefunktion hat dann die Form $p(y_1 + y_2) = a - b(y_1 + y_2)$. Zur Vereinfachung unterstellen wir Grenzkosten von Null.

Die Gewinnfunktion des Unternehmens 2 ist dann

$$\pi_2(y_1, y_2) = [a - b(y_1 + y_2)]y_2$$

oder

$$\pi_2(y_1, y_2) = ay_2 - by_1y_2 - by_2^2.$$

Wir können diesen Ausdruck verwenden, um die **Isogewinnkurven** der Abbildung 27.1 zu zeichnen. Das sind Kurven, die Kombinationen von y_1 und y_2 mit konstantem Gewinnniveau für Unternehmen 2 darstellen. Das heißt, Isogewinnkurven bestehen aus allen Punkten (y_1, y_2), welche Gleichungen der Form

$$ay_2 - by_1y_2 - by_2^2 = \overline{\pi}_2$$

erfüllen.

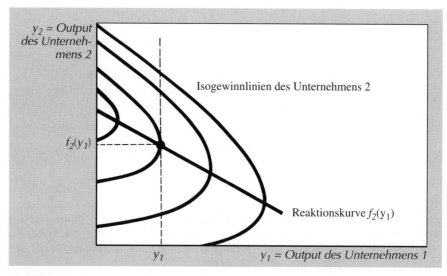

Abbildung 27.1 Ableitung einer Reaktionskurve. Diese Reaktionskurve gibt den gewinnmaximierenden Output des Anpassers, des Unternehmens 2, für jede Outputentscheidung des Marktführers, des Unternehmens 1, an. Für jedes y_1 wählt der Anpasser jenes Outputniveau $f_2(y_1)$, das mit der am weitesten links gelegenen Isogewinnkurve assoziiert ist.

Beachte, dass die Gewinne des Unternehmens 2 steigen werden, wenn wir uns zu Isogewinnkurven bewegen, die weiter links liegen. Das gilt deswegen, weil bei Konstanz des Outputs des Unternehmens 2 die Gewinne der Unternehmung 2 mit fallendem Output des Unternehmens 1 steigen werden. Unternehmen 2 wird den höchstmöglichen Gewinn als Monopolist erzielen, d. h. wenn Unternehmen 1 entscheidet, Null Outputeinheiten zu erzeugen.

Für jede mögliche Entscheidung hinsichtlich des Outputs des Unternehmens 1 möchte Unternehmen 2 seinen Output gewinnmaximierend wählen. Das bedeutet, dass für jede Entscheidung bezüglich y_1 das Unternehmen 2 jenen Wert von y_2 wählen wird, der es auf die am weitesten links gelegene Isogewinnkurve bringt, wie in Abbildung 27.1 dargestellt ist. Dieser Punkt wird die übliche Art der Tangentialbedingung erfüllen: Die Steigung der Isogewinnkurve muss bei der optimalen Entscheidung vertikal sein. Der geometrische Ort dieser Punkte beschreibt die Reaktionskurve des Unternehmens 2, $f_2(y_1)$.

Um dieses Ergebnis algebraisch zu untermauern, benötigen wir einen Ausdruck für den Grenzerlös im Zusammenhang mit der Gewinnfunktion des Unternehmens 2. Es zeigt sich, dass dieser Ausdruck durch

$$MR_2(y_1, y_2) = a - by_1 - 2by_2$$

gegeben ist. (Das ist unter Verwendung der Differenzialrechnung leicht abzuleiten.) Gleichsetzung des Grenzerlöses mit den Grenzkosten, die in diesem Beispiel gleich Null sind, ergibt

$$a - by_1 - 2by_2 = 0,$$

was wir lösen können, um die Reaktionskurve des Unternehmens 2 herzuleiten:

$$y_2 = \frac{a - by_1}{2b}.$$

Diese Reaktionskurve ist die in Abbildung 27.1 dargestellte Gerade.

Das Problem des Marktführers

Wir haben bereits untersucht, wie der Anpasser für eine *gegebene* Entscheidung des Marktführers seinen Output wählen wird. Nun wenden wir uns dem Gewinnmaximierungsproblem des Marktführers zu.

Vermutlich ist sich der Marktführer auch bewusst, dass seine Handlungen die Outputentscheidung des Anpassers beeinflussen. Dieser Zusammenhang ist in der Reaktionskurve $f_2(y_1)$ zusammengefasst. Bei seiner Outputentscheidung sollte er daher den Einfluss erkennen, den er auf den Anpasser ausübt.

Das Gewinnmaximierungsproblem für den Marktführer wird daher

$$\underset{y_1}{\text{maximiere}} \; p(y_1 + y_2)y_1 - c_1(y_1)$$

unter der Nebenbedingung $y_2 = f_2(y_1)$.

Nach Einsetzen der zweiten Gleichung in die erste erhält man

$$\underset{y_1}{\text{maximiere}} \; p[y_1 + f_2(y_1)]y_1 - c_1(y_1).$$

Beachte, dass der Marktführer erkennt, dass durch seine Outputentscheidung y_1 der erzeugte Gesamtoutput $y_1 + f_2(y_1)$ sein wird: sein eigener Output *plus* dem vom Anpasser erzeugten Output.

Wenn der Marktführer eine Outputänderung überlegt, muss er den Einfluss erkennen, den er auf den Anpasser ausübt. Untersuchen wir das im Zusammenhang mit der oben beschriebenen linearen Nachfragekurve. Dort sahen wir, dass die Reaktionsfunktion durch

$$f_2(y_1) = y_2 = \frac{a - by_1}{2b} \qquad (27.1)$$

gegeben war.

Da wir Grenzkosten von Null angenommen haben, ist der Gewinn des Führers

$$\pi_1(y_1, y_2) = p(y_1 + y_2)y_1 = ay_1 - by_1^2 - by_1y_2. \qquad (27.2)$$

Der Output des Anpassers, y_2, wird aber von der Entscheidung des Führers über die Reaktionsfunktion $y_2 = f_2(y_1)$ abhängen.

Wenn wir Gleichung (27.1) in Gleichung (27.2) einsetzen, haben wir

$$\pi_1(y_1, y_2) = ay_1 - by_1^2 - by_1 f_2(y_1)$$
$$= ay_1 - by_1^2 - by_1 \frac{a - by_1}{2b}.$$

Vereinfachung dieses Ausdrucks ergibt

$$\pi_1(y_1, y_2) = \frac{a}{2}y_1 - \frac{b}{2}y_1^2.$$

Der Grenzerlös dieser Funktion ist

$$MR = \frac{a}{2} - by_1.$$

Setzt man das den Grenzkosten gleich, die in diesem Beispiel gleich Null sind, erhalten wir als Lösung für y_1

$$y_1^* = \frac{a}{2b}.$$

Um den Output des Anpassers zu finden, setzen wir einfach y_1^* in die Reaktionsfunktion ein

$$y_2^* = \frac{a - by_1^*}{2b}$$
$$= \frac{a}{4b}.$$

Diese beiden Gleichungen ergeben einen Gesamtoutput der Branche von $y_1^* + y_2^* = 3a/4b$.

Die Stackelberg-Lösung kann auch grafisch unter Verwendung der Isogewinnkurven wie in Abbildung 27.2 dargestellt werden. (Diese Grafik illustriert auch das Cournot-Gleichgewicht, das in Abschnitt 27.5 beschrieben wird.) In dieses Diagramm haben wir die Reaktionskurven beider Unternehmen und die Isogewinnkurven für Unternehmen 1 eingezeichnet. Die Isogewinnkurven des Unternehmens 1 haben in etwa dieselbe Form wie für Unternehmen 2; sie sind einfach um neunzig Grad gedreht. Höhere Gewinne des Unternehmens 1 sind mit Reaktionskurven verbunden, die weiter unten liegen, da die Gewinne des Unternehmens 1 steigen werden, wenn der Output des Unternehmens 2 fällt.

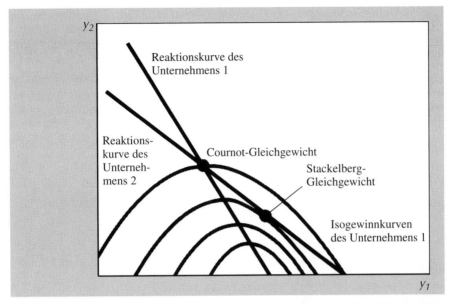

Abbildung 27.2 Stackelberg-Gleichgewicht. Unternehmen 1, der Marktführer, wählt jenen Punkt auf der Reaktionskurve des Unternehmens 2, der die niedrigstmögliche Isogewinnkurve des Unternehmens 1 berührt, was somit den höchstmöglichen Gewinn für Unternehmen 1 ergibt.

Unternehmen 2 verhält sich als Anpasser, was bedeutet, dass es einen Output entlang seiner Reaktionskurve $f_2(y_1)$ wählen wird. Unternehmen 1 möchte daher eine Outputkombination auf der Reaktionskurve wählen, die seinen größtmöglichen Gewinn ergibt. Der größtmögliche Gewinn bedeutet aber, jenen Punkt auf der Reaktionskurve zu wählen, der die *niedrigste* Isogewinnkurve berührt, wie in Abbildung 27.2 illustriert. Aus der üblichen Maximierungslogik folgt, dass die Reaktionskurve die Isogewinnkurve in diesem Punkt berühren muss.

27.3 Preisführerschaft

Anstatt der Menge könnte die Marktführerin den Preis festlegen. Um jedoch eine sinnvolle Entscheidung zur Festsetzung ihres Preises zu treffen, muss die Marktführerin prognostizieren, wie sich die Anpasserin verhalten wird. Dementsprechend müssen wir zuerst das Gewinnmaximierungsproblem der Anpasserin untersuchen.

Als Erstes halten wir fest, dass im Gleichgewicht die Anpasserin immer denselben Preis festsetzen muss wie die Marktführerin. Das folgt aus unserer Annahme, dass die beiden Unternehmungen identische Produkte verkaufen. Wenn eine Unternehmung einen anderen Preis verlangte, würden alle Konsumentinnen die Produzentin mit dem niedrigeren Preis bevorzugen und wir könnten kein Gleichgewicht haben, bei dem beide Unternehmen erzeugen.

Angenommen die Marktführerin setzt einen Preis von p. Wir unterstellen, dass die Anpasserin diesen Preis als gegeben ansieht und ihre gewinnmaximierende Ausbringung wählt. Das ist im Wesentlichen dasselbe wie das früher untersuchte Konkurrenzverhalten: Im Wettbewerbsmodell betrachtet jedes Unternehmen den Preis als außerhalb seines Einflusses, da es nur ein kleiner Teil des Marktes ist; im Modell der Preisführerschaft sieht die Anpasserin den Preis als außerhalb ihrer Kontrolle an, da er bereits von der Marktführerin festgelegt wurde.

Die Anpasserin will ihren Gewinn maximieren:

$$\underset{y_2}{\text{maximiere}} \; py_2 - c_2(y_2).$$

Das führt zur vertrauten Bedingung, dass die Anpasserin ein Outputniveau wählt, bei dem der Preis gleich den Grenzkosten ist. Damit ist die Angebotskurve der Anpasserin, $S(p)$, wie in Abbildung 27.3. bestimmt.

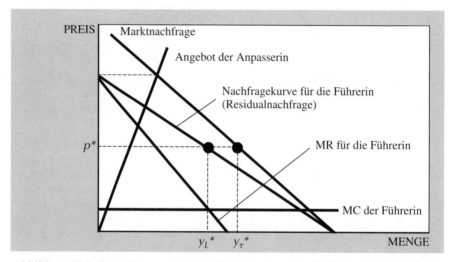

Abbildung 27.3 Preisführerschaft. Die Nachfragekurve für die Führerin ist die Marktnachfragekurve minus der Angebotskurve der Anpasserin. Die Marktführerin setzt Grenzerlös gleich Grenzkosten, um die optimale Angebotsmenge, y_L^*, zu finden. Das gesamte Marktangebot ist y_T^*, der Gleichgewichtspreis ist p^*.

Wenden wir uns nun dem Problem der Marktführerin zu. Sie erkennt, dass bei Festlegung eines Preises von p die Anpasserin $S(p)$ anbietet. Das bedeutet, dass die Outputmenge, welche die Führerin verkaufen wird, gleich $R(p) = D(p) - S(p)$ sein wird. Das wird als **Residualnachfrage** für die Marktführerin bezeichnet.

Angenommen die Marktführerin hat konstante Grenzkosten c. Der Gewinn, den sie bei jedem beliebigen Preis p erzielt, ist daher durch

$$\pi_1(p) = (p - c)[D(p) - S(p)] = (p - c)R(p)$$

gegeben. Um den Gewinn zu maximieren, wird die Marktführerin eine Preis-Output-Kombination wählen, bei der der Grenzerlös gleich den Grenzkosten ist. Der Grenzerlös sollte jedoch der Grenzerlös der *Residual*nachfrage sein – jener Kurve, die misst, wie viel Output sie tatsächlich zu jedem Preis verkaufen kann. In Abbildung 27.3 ist die Residualnachfrage linear, die daraus resultierende Grenzumsatzkurve wird daher denselben (vertikalen) Ordinatenabschnitt haben, jedoch zweimal so steil sein.

Sehen wir uns ein einfaches algebraisches Beispiel an. Angenommen die inverse Nachfragekurve lautet $D(p) = a - bp$. Die Anpasserin hat eine Kostenfunktion $c_2(y_2) = y_2^2/2$, die Marktführerin eine solche von $c_1(y_1) = cy_1$.

Zu jedem Preis p möchte die Anpasserin dort produzieren, wo der Preis gleich den Grenzkosten ist. Wenn die Kostenfunktion $c_2(y_2) = y_2^2/2$ ist, kann man zeigen, dass die Grenzkostenkurve $MC_2(y_2) = y_2$ ist. Gleichsetzung von Preis und Grenzkosten ergibt

$$p = y_2.$$

Auflösung nach der Angebotskurve der Anpasserin führt zu $y_2 = S(p) = p$.

Die Nachfragekurve, der sich die Marktführerin gegenübersieht – die Residualnachfragekurve – ist

$$R(p) = D(p) - S(p) = a - bp - p = a - (b+1)p.$$

Ab jetzt haben wir es mit einem gewöhnlichen Monopolproblem zu tun. Auflösung nach p als eine Funktion des Outputs der Führerin, y_1, ergibt

$$p = \frac{a}{b+1} - \frac{1}{b+1}y_1. \qquad (27.3)$$

Dieser inversen Nachfragefunktion sieht sich die Marktführerin gegenüber. Die zugehörige Grenzerlöskurve hat denselben Ordinatenabschnitt und ist doppelt so steil. Das heißt, sie ist durch

$$MR_1 = \frac{a}{b+1} - \frac{2}{b+1}y_1$$

gegeben. Wenn wir den Grenzerlös gleich den Grenzkosten setzen, erhalten wir die Gleichung

$$MR_1 = \frac{a}{b+1} - \frac{2}{b+1}y_1 = c = MC_1.$$

Auflösung nach dem gewinnmaximierenden Output der Marktführerin ergibt

$$y_1^* = \frac{a - c(b+1)}{2}.$$

Wir könnten fortsetzen und das in Gleichung (27.3) einsetzen, um den Gleichgewichtspreis zu finden, aber diese Gleichung ist nicht besonders interessant.

27.4 Vergleich von Preis- und Mengenführerschaft

Wir haben nun gelernt, wie man Gleichgewichtspreise und -outputs sowohl bei Mengen- als auch bei Preisführerschaft berechnet. In jedem Modell findet man unterschiedliche Preis-Mengen-Kombinationen; jedes Modell eignet sich unter verschiedenen Umständen.

Eine Möglichkeit, sich die Mengenfestsetzung vorzustellen, ist an die Kapazitätsentscheidung einer Unternehmung zu denken. Wenn eine Unternehmung die Menge festlegt, bestimmt sie eigentlich, wie viel sie auf dem Markt anbieten kann. Wenn sie also zuerst in ihre Produktionskapazitäten investieren kann, folgt daraus ganz selbstverständlich eine Modellierung als Mengenführer.

Sehen wir uns andererseits einen Markt an, auf dem Kapazitätsentscheidungen nicht so bedeutend sind, zum Beispiel ein Versandhaus, das Waren nach im Katalog festgesetzten Preisen vertreibt. Es erscheint folgerichtig, dieses Unternehmen als Preisfestsetzer zu behandeln. Seine Konkurrenten könnten die Katalog-preise als gegeben ansehen und dementsprechend ihre eigenen Preis- und Mengenentscheidungen treffen.

Ob sich ein Modell der Preis- oder Mengenführerschaft besser eignet, ist keine Frage, die auf rein theoretischer Grundlage beantwortet werden kann. Um das geeignetste Modell auszuwählen, müssen wir uns ansehen, wie Unternehmen ihre Entscheidungen tatsächlich treffen.

27.5 Simultane Festlegung der Mengen

Eine Schwierigkeit mit dem Führerin-Anpasserin-Modell ist seine eingebaute Asymmetrie: Eine Unternehmung kann ihre Entscheidung vor der anderen Unternehmung treffen. In manchen Situationen ist das nicht sinnvoll. Nehmen wir z. B. an, zwei Unternehmungen versuchen *gleichzeitig* zu entscheiden, wie viel sie erzeugen sollen. Dabei muss jede Unternehmung die Outputentscheidung der anderen Unternehmung prognostizieren, um selbst sinnvoll entscheiden zu können.

In diesem Abschnitt werden wir ein Ein-Perioden-Modell untersuchen, in welchem jedes Unternehmen die Outputentscheidung des anderen Unternehmens voraussagen muss. Aufgrund seiner Prognose wählt dann jedes Unternehmen für sich selbst einen gewinnmaximierenden Output. Wir suchen dann ein Gleichgewicht der Prognosen – eine Situation, in der jedes Unternehmen seine Vorstellungen über das andere Unternehmen bestätigt findet. Dieses Modell ist als das **Cournot-Modell** bekannt, nach dem französischen Mathematiker des 19. Jahrhunderts, der als Erster seine Implikationen untersuchte.[3]

---

[3] Augustin Cournot wurde 1801 geboren. Sein einflussreiches Buch *Researches into the Mathematical Principles of the Theory of Wealth* wurde 1838 veröffentlicht.

Beginnen wir mit der Annahme, dass Unternehmen 1 erwartet, dass Unternehmen 2 y_2^e Outputeinheiten erzeugen wird. (Das e steht für *erwarteter* Output.) Wenn dann Unternehmen 1 entscheidet, y_1 Outputeinheiten zu erzeugen, erwartet es, dass der gesamte erzeugte Output $Y = y_1 + y_2^e$ sein wird, was einen Marktpreis von $p(Y) = p(y_1 + y_2^e)$ ergeben wird. Das Gewinnmaximierungsproblem des Unternehmens 1 ist dann

$$\underset{y_1}{\text{maximiere}}\ p(y_1 + y_2^e)y_1 - c(y_1).$$

Für jede bestimmte Vorstellung über den Output des Unternehmens 2, y_2^e, gibt es eine optimale Outputentscheidung für Unternehmen 1, y_1. Wir wollen diese funktionale Beziehung zwischen dem *erwarteten Output* des Unternehmens 2 und der *optimalen Entscheidung* des Unternehmens 1 als

$$y_1 = f_1(y_2^e)$$

anschreiben. Diese Funktion ist einfach die Reaktionskurve, die wir in diesem Kapitel bereits untersucht haben. Bei unserer ursprünglichen Behandlung zeigte die Reaktionsfunktion den Output der Anpasserin als eine Funktion der Entscheidung der Marktführerin. Hier stellt sie die optimale Entscheidung eines Unternehmens in Abhängigkeit von seinen Vorstellungen über die Entscheidung des anderen Unternehmens dar. Obwohl die Interpretation der Reaktionsfunktion in beiden Fällen verschieden ist, bleibt die mathematische Definition genau dieselbe.

Analog dazu kann die Reaktionskurve des Unternehmens 2 abgeleitet werden:

$$y_2 = f_2(y_1^e).$$

Sie gibt die optimale Outputentscheidung des Unternehmens 2 für eine gegebene Erwartung hinsichtlich des Outputs des Unternehmens 1, y_1^e, an.

Wie erinnerlich wählt jedes Unternehmen sein Outputniveau *unter der Annahme*, dass der Output des anderen Unternehmens y_1^e bzw. y_2^e sein wird. Das wird jedoch für beliebige Werte von y_1^e und y_2^e nicht zutreffen – im Allgemeinen wird das *optimale* Outputniveau des Unternehmens 1, y_1, von jenem Output, y_1^e, verschieden sein, den sich Unternehmen 2 *erwartet*.

Wir suchen nun eine Outputkombination (y_1^*, y_2^*), sodass das optimale Outputniveau des Unternehmens 1 unter der Annahme, dass Unternehmen 2 y_2^* erzeugt, y_1^* ist, und dass gleichzeitig das optimale Outputniveau des Unternehmens 2 unter der Annahme, dass Unternehmen 1 bei y_1^* bleibt, y_2^* ist. Mit anderen Worten, die Outputentscheidungen (y_1^*, y_2^*) erfüllen

$$y_1^* = f_1(y_2^*)$$

$$y_2^* = f_2(y_1^*).$$

So eine Kombination von Outputniveaus wird **Cournot-Gleichgewicht** genannt. Im Cournot-Gleichgewicht maximiert jedes Unternehmen seinen Gewinn für gegebene Vorstellungen über die Outputentscheidung des anderen Unternehmens und weiters werden diese Vorstellungen im Gleichgewicht bestätigt: Jedes Unternehmen erzeugt optimal jene Outputmenge, welche das andere Unternehmen erwartet. Im Cournot-Gleichgewicht ist es für kein Unternehmen gewinnsteigernd, seinen Output zu verändern, sobald es die tatsächlich vom anderen Unternehmen getroffene Entscheidung herausgefunden hat.

Abbildung 27.2 enthält ein Beispiel für ein Cournot-Gleichgewicht. Das Cournot-Gleichgewicht ist einfach jenes Outputpaar, bei dem sich die beiden Reaktionskurven schneiden. In diesem Punkt erzeugt jedes Unternehmen ein gewinnmaximierendes Outputniveau für die gegebene Outputentscheidung des anderen Unternehmens.

27.6 Ein Beispiel für ein Cournot-Gleichgewicht

Greifen wir auf den Fall der linearen Nachfragefunktion und der Grenzkosten von Null zurück, den wir weiter oben untersuchten. Wir sahen, dass dann die Reaktionsfunktion des Unternehmens 2 folgende Form hat

$$y_2 = \frac{a - by_1^e}{2b}.$$

Da in diesem Beispiel Unternehmen 2 dem Unternehmen 1 genau gleicht, hat seine Reaktionskurve die gleiche Form:

$$y_1 = \frac{a - by_2^e}{2b}.$$

Abbildung 27.4 enthält dieses Paar von Reaktionskurven. Der Schnittpunkt der beiden Geraden ergibt das Cournot-Gleichgewicht. Bei diesem Punkt ist die Entscheidung jedes Unternehmens die gewinnmaximierende Entscheidung, gegeben seine Vorstellungen über das Verhalten des anderen Unternehmens, *und* die Vorstellungen jedes Unternehmens über das Verhalten des anderen Unternehmens werden durch dessen *tatsächliches* Verhalten bestätigt.

Um das Cournot-Gleichgewicht algebraisch zu berechnen, müssen wir den Punkt (y_1, y_2) suchen, wo jedes Unternehmen das tut, was das andere von ihm erwartet. Wir setzen $y_1 = y_1^e$ und $y_2 = y_2^e$, was die beiden folgenden Gleichungen mit zwei Unbekannten ergibt:

$$y_1 = \frac{a - by_2}{2b}$$

$$y_2 = \frac{a - by_1}{2b}.$$

In diesem Beispiel sind beide Unternehmen identisch, jedes wird daher im Gleichgewicht dasselbe Outputniveau erzeugen. Wir können somit $y_1 = y_2$ in eine der obigen Gleichungen einsetzen und erhalten

$$y_1 = \frac{a - by_1}{2b}.$$

Auflösung nach y_1^* ergibt $\qquad y_1^* = \frac{a}{3b}.$

Da beide Unternehmen identisch sind, impliziert das, dass ebenso

$$y_2^* = \frac{a}{3b}$$

gilt, und der gesamte Output der Branche ist

$$y_1^* + y_2^* = \frac{2a}{3b}.$$

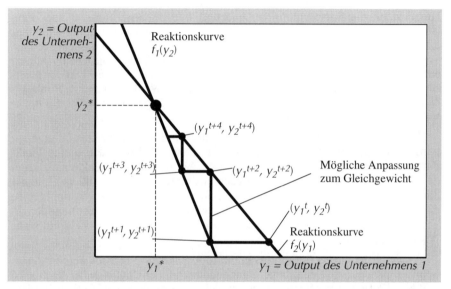

Abbildung 27.4 Cournot-Gleichgewicht. Jedes Unternehmen maximiert seinen Gewinn bei gegebenen Vorstellungen über die Outputentscheidung des anderen Unternehmens. Das Cournot-Gleichgewicht liegt bei (y_1^*, y_2^*), dem Schnittpunkt der beiden Reaktionskurven.

27.7 Anpassung zum Gleichgewicht

Wir können Abbildung 27.4 dazu verwenden, um den Anpassungsprozess zum Gleichgewicht darzustellen. Angenommen in der Periode t erzeugen die Unternehmen die Outputs (y_1^t, y_2^t), die nicht unbedingt Gleichgewichtsoutputs sind. Wenn Unternehmen 1 erwartet, dass Unternehmen 2 seinen Output mit y_2^t beibehalten wird, dann würde in der nächsten Periode das Unternehmen 1 den gewinnmaximierenden Output aufgrund dieser Erwartung wählen, nämlich $f_1(y_2^t)$. Die Entscheidung des Unternehmens 1 in Periode $t+1$ wird daher durch

$$y_1^{t+1} = f_1(y_2^t)$$

gegeben sein. Unternehmen 2 kann auf die gleiche Überlegung anstellen, seine Entscheidung in der nächsten Periode wird daher

$$y_2^{t+1} = f_2(y_1^t)$$

sein.

Diese Gleichungen beschreiben, wie jedes Unternehmen seinen Output im Hinblick auf die Entscheidung des anderen Unternehmens anpasst. Abbildung 27.4 illustriert den durch dieses Verhalten implizierten Verlauf der Outputs der Unternehmen. Und so lautet eine Möglichkeit der Interpretation des Diagramms: Wir beginnen bei einem bestimmten Punkt (y_1^t, y_2^t). Für eine gegebene Outputentscheidung des Unternehmens 2, entscheidet sich Unternehmen 1 in der nächsten Periode, optimal $y_1^{t+1} = f_1(y_2^t)$ zu produzieren. Wir finden diesen Punkt im Diagramm, indem wir uns horizontal nach links bewegen, bis wir auf die Reaktionskurve des Unternehmens 1 treffen.

Wenn Unternehmen 2 erwartet, dass Unternehmen 1 weiterhin y_1^{t+1} erzeugt, wird seine optimale Antwort sein, y_2^{t+1} zu erzeugen. Wir finden diesen Punkt durch eine senkrechte Bewegung nach oben, bis wir auf die Reaktionsfunktion des Unternehmens 2 treffen. Wir bewegen uns weiterhin auf der „Stiege", um die Abfolge von Outputentscheidungen der beiden Unternehmen zu bestimmen. In diesem Beispiel konvergiert dieser Anpassungsprozess zum Cournot-Gleichgewicht. Wir sagen, dass in so einem Fall das Cournot-Gleichgewicht ein **stabiles Gleichgewicht** ist.

Trotz der intuitiven Einsichtigkeit dieses Anpassungsprozesses weist er einige Schwierigkeiten auf. Jedes Unternehmen nimmt an, der Output des anderen wird von einer Periode zur nächsten konstant bleiben, obwohl es sich herausstellt, dass beide Unternehmen ihren Output ständig ändern. Nur im Gleichgewicht wird die Erwartung jedes Unternehmens hinsichtlich der Outputentscheidung des anderen Unternehmens tatsächlich erfüllt. Aus diesem Grund werden wir im Allgemeinen der Frage aus dem Weg gehen, wie das Gleichgewicht erreicht wird, und uns lediglich auf das Problem konzentrieren, wie sich die Unternehmen im Gleichgewicht verhalten.

27.8 Viele Unternehmungen im Cournot-Gleichgewicht

Nehmen wir nun an, dass ein Cournot-Gleichgewicht einige Unternehmungen und nicht nur zwei umfasst. In diesem Fall unterstellen wir, dass jede Unternehmung Erwartungen bezüglich der Outputentscheidungen der anderen Unternehmungen in der Branche hat, und versuchen, den Gleichgewichtsoutput zu beschreiben.

Angenommen es gibt n Unternehmen und der gesamte Output der Branche sei $Y = y_1 + ... + y_n$. Die „Grenzerlös-ist-gleich-Grenzkosten-Bedingung" für das Unternehmen i ist dann

$$p(Y) + \frac{\Delta p}{\Delta Y} y_i = MC(y_i).$$

Durch Heraushebung von $P(Y)$ und Multiplikation des zweiten Ausdrucks mit Y/Y können wir diese Gleichung als

$$p(Y) \left[1 + \frac{\Delta p}{\Delta Y} \frac{Y}{p(Y)} \frac{y_i}{Y} \right] = MC(y_i)$$

schreiben. Wenn wir die Definition der Elastizität der aggregierten Nachfragekurve verwenden und $s_i = y_i/Y$ für den Anteil des Unternehmens i am gesamten Marktoutput setzen, reduziert sich das auf

$$p(Y) \left[1 - \frac{s_i}{|\epsilon(Y)|} \right] = MC(y_i). \qquad (27.4)$$

Wir können diesen Ausdruck auch als

$$p(Y) \left[1 - \frac{1}{|\epsilon(Y)|/s_i} \right] = MC(y_i)$$

anschreiben. Das sieht genau so aus wie der Ausdruck für einen Monopolisten, mit Ausnahme von s_i. Wir können uns $|\epsilon(Y)/s_i|$ als die Elastizität der Nachfragekurve vorstellen, der sich das Unternehmen gegenübersieht: Je kleiner der Marktanteil des Unternehmens ist, einer desto elastischeren Nachfragekurve sieht es sich gegenüber.

Wenn sein Marktanteil 1 ist – das Unternehmen ist ein Monopolist –, dann ist die Nachfragekurve für das Unternehmen gleich der Marktnachfragekurve, die Bedingung reduziert sich daher auf jene des Monopolisten. Wenn das Unternehmen nur ein sehr kleiner Teil eines großen Marktes ist, dann ist sein Marktanteil tatsächlich nahezu gleich Null, und das Unternehmen ist mit einer effektiv unendlich elastischen Nachfragekurve konfrontiert. Die Bedingung reduziert sich daher auf jene des vollständigen Wettbewerbs: Preis ist gleich Grenzkosten.

Das ist eine Rechtfertigung für das im 22. Kapitel beschriebene Wettbewerbsmodell. Wenn es eine große Zahl von Unternehmen gibt, dann ist der Einfluss jedes einzelnen Unternehmens auf den Marktpreis vernachlässigbar, und das Cournot-Gleichgewicht ist tatsächlich das gleiche wie vollständige Konkurrenz.

27.9 Simultane Preisfestsetzung

In dem bisher beschriebenen Oligopolmodell haben wir angenommen, dass die Unternehmen ihre Mengen wählen und den Preis durch den Markt bestimmen lassen. Ein anderer Ansatz besteht darin sich vorzustellen, dass die Unternehmen ihre Preise festsetzen und vom Markt die verkaufte Menge bestimmen lassen. Diese Art des Verhaltens ist als **Bertrand-Wettbewerb** bekannt.[4]

---

[4] Joseph Bertrand, ebenfalls ein französischer Mathematiker, stellte sein Modell in einer Besprechung von Cournots Arbeit vor.

Wenn ein Unternehmen einen Preis festlegt, dann muss es jenen Preis vorhersagen, den das andere Unternehmen in der Branche festsetzen wird. Ähnlich dem Fall des Cournot-Gleichgewichts suchen wir ein Preispaar, sodass jeder Preis eine gewinnmaximierende Entscheidung bei jeweils gegebenem Preis des anderen Unternehmens darstellt.

Wie sieht ein Bertrand-Gleichgewicht aus? Wenn die Unternehmen identische Erzeugnisse verkaufen — was wir stets unterstellten —, hat das Bertrand-Gleichgewicht in der Tat eine sehr einfache Struktur. Es zeigt sich, dass es das Konkurrenzgleichgewicht ist, mit dem Preis gleich den Grenzkosten!

Als Erstes halten wir fest, dass der Preis niemals kleiner als die Grenzkosten sein kann, dann würde jedes Unternehmen seinen Gewinn durch niedrigere Produktion erhöhen. Sehen wir uns also den Fall an, bei dem der Preis größer als die Grenzkosten ist. Angenommen beide Unternehmen verkaufen den Output zu irgendeinem Preis $\hat{p}$, der größer ist als die Grenzkosten. Betrachten wir die Situation des Unternehmens 1. Wenn es seinen Preis um einen kleinen Betrag ε senkt, und das andere Unternehmen seinen Preis bei $\hat{p}$ belässt, werden alle Konsumentinnen lieber beim Unternehmen 1 kaufen. Durch Reduktion seines Preises um einen beliebig kleinen Betrag kann es alle Kunden vom Unternehmen 2 abwerben.

Wenn Unternehmen 1 wirklich der Ansicht ist, dass Unternehmen 2 weiterhin $\hat{p}$ größer als die Grenzkosten verlangen wird, so lohnt sich eine Preissenkung auf $\hat{p} - \varepsilon$ immer. Aber Unternehmen 2 kann genau so argumentieren! Daher kann jeder Preis, der größer ist als die Grenzkosten, kein Gleichgewicht sein; das einzige Gleichgewicht ist das Konkurrenzgleichgewicht.

Dieses Ergebnis erscheint auf den ersten Blick paradox: Wie kann es einen Wettbewerbspreis geben, wenn es nur zwei Unternehmen auf dem Markt gibt? Wenn wir uns das Bertrand-Modell als ein Modell der Versteigerung vorstellen, wird es verständlicher. Angenommen ein Unternehmen „bietet" für den Auftrag der Kundinnen, indem es ihm einen Preis über den Grenzkosten nennt. Dann kann das andere Unternehmen durch Unterbieten dieses Preises durch einen niedrigeren Preis immer Gewinne erzielen. Daraus folgt, dass der einzige Preis, bei dem Unternehmen rational erwarten können, nicht unterboten zu werden, der Preis gleich den Grenzkosten ist.

Es wird häufig beobachtet, dass wechselseitiges Unterbieten zwischen Unternehmen, denen es nicht gelingt sich abzusprechen, zu Preisen führen kann, die viel niedriger sind, als man auf anderen Wegen erreichen kann. Das ist einfach ein Beispiel für die Logik des Bertrand-Wettbewerbs.

27.10 Absprachen

In den bisher untersuchten Modellen haben die Unternehmen voneinander unabhängig gehandelt. Wenn sich aber die Unternehmen untereinander absprechen, um ihren Output gemeinsam zu bestimmen, sind diese Modelle nicht sehr sinnvoll. Wenn Kollusion möglich ist, wären die Unternehmen besser dran, jenen Output zu wählen, der den Gesamtgewinn der Branche maximiert, und dann den

Gewinn untereinander aufzuteilen. Wenn Unternehmen zusammenkommen und versuchen, Preise und Outputs so festzusetzen, dass der Gesamtgewinn der Branche maximiert wird, werden sie als **Kartell** bezeichnet. Wie wir im 24. Kapitel sahen, ist ein Kartell einfach eine Gruppe von Unternehmen, die sich untereinander absprechen, um sich wie ein einzelner Monopolist zu verhalten und die Summe ihrer Gewinne zu maximieren.

Die beiden Unternehmen sehen sich daher dem Gewinnmaximierungsproblem gegenüber, ihre Outputs y_1 und y_2 so zu wählen, dass der Gesamtgewinn der Branche maximiert wird:

$$\text{maximiere}_{y_1, y_2} \; p(y_1 + y_2)[y_1 + y_2] - c_1(y_1) - c_2(y_2).$$

Das führt zu den Optimalitätsbedingungen

$$p(y_1^* + y_2^*) + \frac{\Delta p}{\Delta Y}[y_1^* + y_2^*] = MC_1(y_1^*)$$

$$p(y_1^* + y_2^*) + \frac{\Delta p}{\Delta Y}[y_1^* + y_2^*] = MC_2(y_2^*).$$

Die Interpretation dieser Bedingungen ist interessant. Wenn Unternehmen 1 eine Ausdehnung seines Outputs um Δy_1 erwägt, wird es mit den zwei üblichen Effekten rechnen: mit dem zusätzlichen Gewinn aus dem Verkauf von zusätzlichem Output zum Preis p und mit der Reduktion des Gewinns aus der Preissenkung. Aber beim zweiten Effekt zählt es nun sowohl seinen eigenen als auch den Output des anderen Unternehmens. Und zwar deswegen, weil es nun an der Maximierung des Gesamtgewinns der Branche interessiert ist und nicht nur an seinem eigenen Gewinn.

Die Optimalitätsbedingungen implizieren, dass der Grenzerlös einer zusätzlichen Outputeinheit derselbe sein muss, unabhängig davon, wo diese erzeugt wird. Daraus folgt, dass $MC_1(y_1^*) = MC_2(y_2^*)$, sodass im Gleichgewicht die beiden Grenzkosten gleich sein werden. Wenn ein Unternehmen einen Kostenvorteil hat, sodass seine Grenzkostenkurve immer unter jener des anderen Unternehmens liegt, wird es bei der Kartelllösung notwendigerweise im Gleichgewicht mehr Output produzieren.

In der Realität ist das Problem eines Kartellbeitritts immer die Versuchung des Schwindelns. Angenommen zum Beispiel, zwei Unternehmen produzieren jene Outputs (y_1^*, y_2^*), die den Branchengewinn maximieren, und Unternehmen 1 erwägt, ein wenig mehr Output, Δy_1, zu erzeugen. Der für das Unternehmen 1 entstehende Grenzgewinn wird

$$\frac{\Delta \pi_1}{\Delta y_1} = p(y_1^* + y_2^*) + \frac{\Delta p}{\Delta Y}y_1^* - MC_1(y_1^*) \qquad (27.5)$$

betragen. Wir sahen bereits, dass die Optimalitätsbedingung bei der Kartelllösung

$$p(y_1^* + y_2^*) + \frac{\Delta p}{\Delta Y}y_1^* + \frac{\Delta p}{\Delta Y}y_2^* - MC_1(y_1^*) = 0$$

ist. Umordnung dieser Gleichung ergibt

$$p(y_1^* + y_2^*) + \frac{\Delta p}{\Delta Y}y_1^* - MC_1(y_1^*) = -\frac{\Delta p}{\Delta Y}y_2^* > 0. \qquad (27.6)$$

Die letzte Ungleichheit ergibt sich daraus, dass $\Delta p / \Delta Y$ negativ ist, da die Marktnachfragekurve eine negative Steigung hat.

Aus der Analyse der Gleichungen (27.5) und (27.6) erkennen wir, dass
$$\frac{\Delta \pi_1}{\Delta y_1} > 0.$$
Wenn daher Unternehmen 1 glaubt, dass Unternehmen 2 seinen Output konstant halten wird, dann wird es glauben, dass es durch Steigerung seiner eigenen Erzeugung seinen Gewinn erhöhen kann. Bei der Kartelllösung agieren die Unternehmen gemeinsam zur Beschränkung des Outputs, um den Markt nicht zu „verderben". Sie erkennen die Wirkung einer Mehrproduktion in einem Unternehmen auf den gemeinsamen Gewinn. Wenn aber jedes Unternehmen glaubt, dass das andere Unternehmen an seiner Outputquote festhalten wird, dann wird jedes Unternehmen versucht sein, seinen eigenen Gewinn durch einseitige Outputsteigerung zu erhöhen. Bei den Outputniveaus, welche den gemeinsamen Gewinn maximieren, wird es immer für jedes Unternehmen gewinnbringend sein, seinen Output einseitig zu erhöhen – wenn es glaubt, dass das andere Unternehmen seinen Output konstant hält.

Die Situation ist sogar noch schlimmer. Wenn Unternehmen 1 glaubt, dass Unternehmen 2 seinen Output konstant hält, dann wird es Gewinn bringend sein, den eigenen Output zu erhöhen. Wenn es jedoch glaubt, dass Unternehmen 2 seinen Output erhöhen wird, dann würde Unternehmen 1 seinen Output rasch erhöhen wollen, um Gewinne zu erzielen, solange es noch geht!

Um daher ein wirksames Kartell aufrecht zu erhalten, brauchen die Unternehmen eine Möglichkeit, Schwindeln zu erkennen und zu bestrafen. Wenn sie keine Möglichkeit haben, die Outputs wechselseitig zu beobachten, kann die Versuchung zu schwindeln das Kartell auseinander fallen lassen. Wir kommen auf diesen Punkt später noch zurück.

Um sicherzustellen, dass die Kartelllösung verstanden wird, soll sie für den Fall der Null-Grenzkosten und der linearen Nachfragekurve, die wir im Cournot-Fall verwendet haben, durchgerechnet werden.

Die aggregierte Gewinnfunktion wird
$$\pi(y_1, y_2) = [a - b(y_1 + y_2)](y_1 + y_2) = a(y_1 + y_2) - b(y_1 + y_2)^2$$
sein, die Bedingung Grenzerlös ist gleich Grenzkosten wird daher
$$a - 2b(y_1^* + y_2^*) = 0$$
sein, was impliziert, dass
$$y_1^* + y_2^* = \frac{a}{2b}.$$
Da die Grenzkosten gleich Null sind, spielt die Aufteilung des Outputs auf die beiden Unternehmen keine Rolle. Es wird lediglich das Gesamtniveau des Branchenoutputs bestimmt.

Diese Lösung wird in Abbildung 27.5 gezeigt. Dort werden die Isogewinnkurven jedes Unternehmens dargestellt, hervorgehoben wird der geometrische

Ort der gemeinsamen Berührungspunkte. Warum ist diese Gerade interessant? Aus dem Versuch des Kartells, den Gesamtgewinn der Branche zu maximieren, folgt, dass die Grenzgewinne einer Mehrproduktion bei beiden Firmen gleich sein müssen – sonst würde es sich lohnen, dass die gewinnbringendere Unternehmung mehr erzeugt. Das impliziert wiederum, dass die Anstiege der Isogewinnkurven für beide Unternehmen gleich sein müssen; das heißt, die Isogewinnkurven müssen einander berühren. Daher liegen die Outputkombinationen, die den Gesamtgewinn der Branche maximieren – die Kartelllösung – auf der in Abbildung 27.5 dargestellten Geraden.

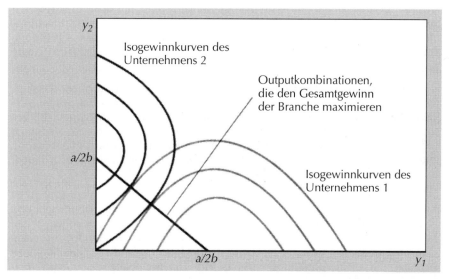

Abbildung 27.5 Ein Kartell. Wenn der Gewinn einer Branche maximiert wird, dann muss der Grenzgewinn aus der Erzeugung zusätzlichen Outputs in jedem Unternehmen gleich sein. Das impliziert, dass die Isogewinnkurven einander bei den gewinnmaximierenden Outputniveaus berühren müssen.

Abbildung 27.5 illustriert auch die Versuchung zu schwindeln, die bei der Kartelllösung gegeben ist. Nehmen wir zum Beispiel jenen Punkt, bei dem die beiden Unternehmen den Markt gleichmäßig aufteilen. Überlegen wir uns, was geschehen würde, wenn Unternehmen 1 glaubte, dass Unternehmen 2 seinen Output konstant halten würde. Wenn Unternehmen 1 seinen Output steigerte und Unternehmen 2 hielte seinen Output konstant, dann würde Unternehmen 1 sich in Richtung einer niedrigeren Isogewinnkurve bewegen – was bedeutet, dass Unternehmen 1 seinen Gewinn steigerte. Das ist genau die vorher mittels Algebra erzählte Geschichte. Wenn ein Unternehmen denkt, der Output des anderen wird konstant bleiben, wird es versucht sein, den eigenen Output zu steigern und dadurch höhere Gewinne zu erzielen.

27.11 Strategien der Bestrafung

Wir haben gesehen, dass ein Kartell fundamental instabil ist, da es immer im Interesse jedes Unternehmens ist, ihre Produktion über jene Menge hinaus zu steigern, welche den aggregierten Gewinn des Kartells maximiert. Wenn ein

Kartell erfolgreich sein will, muss es einen Weg finden, sein Verhalten zu „stabilisieren". Eine Möglichkeit besteht darin, dass Unternehmen drohen, einander für Verletzungen des Kartellabkommens zu bestrafen. In diesem Abschnitt wollen wir das zur Stabilisierung des Kartells notwendige Ausmaß der Bestrafung untersuchen.

Nehmen wir ein Duopol, das aus zwei identischen Unternehmungen besteht. Wenn jede Unternehmung die Hälfte des Monopoloutputs erzeugt, wird der Gesamtgewinn maximiert und jede Unternehmung erhält eine Zahlung von z. B. π_m. Um dieses Ergebnis zu stabilisieren, erklärt eine Unternehmung gegenüber der anderen: „Wenn Du auf einem Produktionsniveau bleibst, das den Gesamtgewinn unserer Branche maximiert, o.k. Wenn ich jedoch merke, dass Du mich betrügst und mehr als diese Menge erzeugst, bestrafe ich Dich dadurch, dass ich für alle Zeiten den Cournot-Output produzieren werde." Das wird **Bestrafungs-Strategie** genannt.

Unter welchen Voraussetzungen wird diese Drohung ausreichen, um das Kartell zu stabilisieren? Wir müssen Kosten und Nutzen im Fall des Betrugs im Vergleich zur Kooperation betrachten. Angenommen es wird betrogen und die Bestrafung wird ausgeführt. Da die optimale Reaktion auf Cournot-Verhalten wiederum Cournot-Verhalten ist (definitionsgemäß), erhält jede Unternehmung einen Gewinn pro Periode von π_c. Selbstverständlich ist die Cournot-Auszahlung, π_c, weniger als die Kartell-Auszahlung, π_m.

Angenommen beide Unternehmungen produzieren auf dem abgesprochenen Monopolniveau. Versetzen Sie sich in die Lage einer der Unternehmungen und versuchen Sie zu entscheiden, ob sie weiterhin Ihre Quote erzeugen sollen. Wenn Sie von Ihrer Quote abweichen und mehr Output herstellen, erzielen Sie einen Gewinn von π_d, wobei $\pi_d > \pi_m$. Das ist die oben beschriebene Standard-Versuchung eines Kartellmitglieds: Wenn jede Unternehmung den Output einschränkt und dadurch den Preis nach oben treibt, hat aber auch jede Unternehmung einen Anreiz, sich an dem hohen Preis durch Steigerung seiner Produktion zu bereichern.

Wegen der Bestrafung im Falle des Betrugs ist das noch nicht das Ende der Geschichte. Aus der Produktion der Kartellmenge fließen jeder Unternehmung regelmäßig Zahlungen von π_m zu. Der Gegenwartswert dieses heute beginnenden Zahlungsstroms ist durch

$$\text{Gegenwartswert des Kartellverhaltens} = \pi_m + \frac{\pi_m}{r}$$

gegeben. Wenn die Unternehmung mehr als die Kartellmenge produziert, erhält es einmalig einen Gewinn von π_d, ab dann muss es jedoch mit dem Auseinanderfallen des Kartells leben, also mit einer Rückkehr zum Cournot-Verhalten:

$$\text{Gegenwartswert des Betrugs} = \pi_d + \frac{\pi_c}{r}.$$

Wann wird der Gegenwartswert des Kartelloutputs größer sein als der Gegenwartswert bei Verletzung des Kartellabkommens? Offensichtlich dann wenn

$$\pi_m + \frac{\pi_m}{r} > \pi_d + \frac{\pi_c}{r},$$

was man auch so anschreiben kann:

$$r < \frac{\pi_m - \pi_c}{\pi_d - \pi_m}.$$

Beachte, dass sowohl der Zähler positiv ist – die Monopolgewinne sind größer als die Cournotgewinne –, als auch der Nenner – die Abweichung ist gewinnträchtiger als der Verbleib bei der Monopolquote.

Die Ungleichung besagt, dass bei genügend kleinem Zinssatz es sich für die Unternehmungen auszahlt, bei ihrer Quote zu verbleiben, weil in diesem Fall die Drohung der zukünftigen Bestrafung von ausreichendem Gewicht ist.

Die Schwäche dieses Modells liegt darin, dass die Drohung, für immer auf das Cournot-Verhalten zurückzufallen, nicht sehr glaubhaft ist. Eine Unternehmung könnte wohl glauben, dass sie die andere für eine Abweichung bestrafen wird, aber „für immer" ist eine lange Zeit. Ein realistischeres Modell würde kürzere Bestrafungszeiten untersuchen, allerdings wird die Analyse dann viel komplexer. Im nächsten Kapitel setzen wir uns mit einigen Modellen „wiederholter Spiele" auseinander, die einige mögliche Verhaltensweisen illustrieren.

BEISPIEL: Preisgarantie und Wettbewerb

Wir haben gesehen, dass für jedes Kartellmitglied stets die Versuchung besteht, mehr als seine Quote zu erzeugen. Um ein Kartell aufrechtzuerhalten, muss irgendein Weg zur Kontrolle der Mitglieder gefunden werden. Das bedeutet insbsondere, dass es den Unternehmen möglich sein muss, die Preise und Produktionsniveaus der anderen Unternehmen im Kartell verfolgen zu können.

Ein einfacher Weg, Informationen darüber zu erhalten, was die anderen Unternehmungen der Branche verlangen, ist die Verwendung der Kunden als Spione. Es ist ganz normal, die Ankündigungen einer Einzelhandelsunternehmung zu sehen, dass sie stets garantiert zum niedrigsten Preis verkauft. In einigen Fällen kann das ein Hinweis auf besonders ausgeprägten Wettbewerb im Einzelhandel sein. In anderen Situationen kann dieselbe Politik jedoch dazu verwendet werden, um zur Aufrechterhaltung eines Kartells Informationen über die Preise der anderen Unternehmungen zu sammeln.

Nehmen wir zum Beispiel an, zwei Unternehmungen kommen überein – entweder explizit oder implizit – eine bestimmte Kühlschranktype um 700 Euro zu verkaufen. Wie kann jedes Unternehmen sicher sein, dass das andere nicht schwindelt, und einen Kühlschrank z. B. um 675 Euro verkauft? Eine Möglichkeit ist, eine Niedrigstpreisgarantie anzukündigen, nach der man mit jedem niedrigeren Preis, den der Kunde findet, mithält. Dadurch berichten die Kunden jeden Versuch, das Abkommen zu unterlaufen.

BEISPIEL: Freiwillige Exportbeschränkungen

Während der Achtzigerjahre erklärten sich die japanischen Automobilhersteller zu „freiwilligen Exportbeschränkungen" (VER = voluntary export restraints) bereit. Das bedeutete, dass sie „freiwillig" ihre Autoexporte in die Vereinigten Staaten (und auch nach Europa, Anm. d. Übers.) reduzierten. Der typische U. S. Konsument wertete das als einen großen Erfolg der amerikanischen Unterhändler.

Wenn man jedoch kurz darüber nachdenkt, sieht die Sache ganz anders aus. Bei unserer Analyse des Oligopols stießen wir auf das Problem, wie die Unternehmungen einer Branche den Output *beschränken* können, um höhere Preise aufrechtzuerhalten und gleichzeitig die Konkurrenz abzuschrecken. Wir sahen, dass es immer die Versuchung geben würde, Produktionsbeschränkungen zu unterlaufen; jedes Kartell muss Möglichkeiten zur Aufdeckung und Verhinderung solchen Schwindels finden. Es ist für die Unternehmungen besonders günstig, wenn jemand Dritter, wie z. B. eine Regierung, diese Rolle übernimmt. Und genau das machte die amerikanische Regierung für die japanischen Autohersteller!

Nach einer Analyse schätzte man, dass die aus Japan importierten Autos im Jahre 1984 um etwa $ 2.500 teurer waren, als sie ohne VER's gewesen wären. Zusätzlich ermöglichte das den amerikanischen Herstellern, ihre eigenen Autos um rund $ 1.000 teurer zu verkaufen.[5]

Wegen dieser höheren Preise aufgrund der VER's hatten die amerikanischen Konsumenten in den Jahren 1985-86 an die 10 Milliarden Dollar mehr für japanische Autos zu zahlen. Das Geld floss direkt in die Taschen der japanischen Automobilproduzenten. Ein wesentlicher Teil dieser zusätzlichen Gewinne wurde vermutlich in zusätzliche Produktionskapazitäten investiert, was den japanischen Herstellern in den folgenden Jahren weitere Kostenreduktionen ermöglichte. Durch die VER's wurden erfolgreich amerikanische Arbeitsplätze gesichert; es scheint jedoch, dass die Kosten je gesichertem Arbeitsplatz rund $ 160.000 pro Jahr betrugen.

Wenn das Ziel der VER-Politik lediglich eine Genesung der amerikanischen Automobilindustrie war, hätte es dazu eine viel einfachere Möglichkeit gegeben: Belege jedes importierte japanische Auto mit einem Zoll von $ 2.500. Auf diese Weise würde der Ertrag aus der Handelsbeschränkung der amerikanischen Regierung und nicht der japanischen Automobilindustrie zufließen. Anstatt des Abflusses von 10 Milliarden Dollar während 1985-86 ins Ausland hätte die amerikanische Regierung dieses Geld für Projekte zur langfristigen Gesundung der U. S. Autoindustrie ausgeben können.

27.12 Vergleich der Lösungen

Wir untersuchten fünf Modelle des Duopolverhaltens: Mengenführerschaft (Stackelberg), Preisführerschaft, simultane Mengenfestsetzung (Cournot), simultane Preisfestsetzung (Bertrand) und die Absprachelösung. Wie unterscheiden sie sich?

---

[5] Robert Crandall, „Import Quotas and the Automobile Industry: the Costs of Protectionism," *The Brookings Review*, Sommer 1984.

Im Allgemeinen führt eine Absprache zum kleinsten Branchenoutput und zum höchsten Preis. Bertrand Gleichgewicht – das Wettbewerbsgleichgewicht – ergibt den höchsten Output und den niedrigsten Preis. Die anderen Modelle führen zu Ergebnissen, die zwischen diesen beiden Extremen liegen.

Eine Vielfalt anderer Modelle ist möglich. Wir könnten uns zum Beispiel ein Modell mit Produktdifferenzierung ansehen, bei dem die zwei erzeugten Güter keine perfekten Substitute für einander sind. Oder wir könnten ein Modell erwägen, in dem die Unternehmen eine Folge von Entscheidungen im Zeitablauf treffen. In so einem Rahmen können die Entscheidungen, die ein Unternehmen zu einem bestimmten Zeitpunkt trifft, die Entscheidungen beeinflussen, die das andere Unternehmen später trifft.

Wir haben auch angenommen, dass jede Unternehmung die Nachfrage- und Kostenfunktionen aller anderen Unternehmungen der Branche kennt. In der Realität kennt man diese Funktionen niemals mit Sicherheit. Jede Unternehmung muss die Nachfrage- und Kostenbedingungen schätzen, denen sich die Konkurrentin gegenübersieht, wenn es ihre eigenen Entscheidungen setzt. All diese Phänomene wurden von Ökonominnen modelliert, die Modelle werden jedoch viel komplexer.

Zusammenfassung

1. Ein Oligopol ist durch einen Markt mit einigen wenigen Unternehmen charakterisiert, welche ihre strategische Interdependenz erkennen. Es gibt verschiedene Möglichkeiten des Oligopolverhaltens in Abhängigkeit von der speziellen Art ihrer Interaktion.
2. Beim Modell der Mengenführerschaft (Stackelberg) führt eine Unternehmung durch Festlegung seines Outputs und die andere Unternehmung folgt. Wenn der Marktführer einen Output wählt, wird er die Reaktion des Anpassers berücksichtigen.
3. Beim Modell der Preisführerschaft, setzt eine Unternehmung den Preis und die andere Unternehmung entscheidet, wie viel sie zu diesem Preis anbieten will. Wiederum muss die Marktführerin bei ihrer Entscheidung das Verhalten der Anpasserin berücksichtigen.
4. Im Cournot-Modell wählt jedes Unternehmen seinen gewinnmaximierenden Output aufgrund seiner Vorstellungen über die Entscheidung des anderen Unternehmens. Im Gleichgewicht findet es seine Erwartung hinsichtlich der Entscheidung des anderen Unternehmens bestätigt.
5. Ein Cournot-Gleichgewicht, bei welchem jedes Unternehmen einen kleinen Marktanteil hat, impliziert, dass der Preis sehr nahe bei den Grenzkosten liegen wird – das heißt, die Branche wird fast einem Konkurrenzmarkt entsprechen.
6. Im Bertrand-Modell wählt jedes Unternehmen seinen Preis bei gegebenen Vorstellungen über den Preis, den das andere Unternehmen auswählen wird. Der einzige Gleichgewichtspreis ist der Wettbewerbspreis.
7. Ein Kartell umfasst eine Anzahl von Unternehmen, die sich absprechen, um den Output zu beschränken und den Gewinn der Branche zu maximieren. Ein Kartell wird typischerweise in dem Sinn instabil sein, dass jedes Unterneh-

men versucht ist, mehr als den vereinbarten Output zu verkaufen, wenn es glaubt, dass die anderen Unternehmen nicht reagieren werden.

Wiederholungsfragen

1. Angenommen wir haben zwei Unternehmen, die sich einer linearen Nachfragekurve $p(Y) = a - bY$ gegenübersehen und konstante Grenzkosten c für jedes Unternehmen haben. Gesucht ist die Lösung des Cournot-Gleichgewichts.
2. Gegeben sei ein Kartell, in dem jedes Unternehmen identische und konstante Grenzkosten hat. Was ist dadurch für die Aufteilung des Outputs zwischen den Unternehmen impliziert, wenn das Kartell den Gesamtgewinn der Branche maximiert?
3. Kann die Marktführerin im Stackelberg-Gleichgewicht je einen niedrigeren Gewinn erzielen als denjenigen, den sie im Cournot-Gleichgewicht hätte?
4. Angenommen es gibt in einem Cournot-Gleichgewicht n identische Unternehmen. Zeige, dass die Elastizität der Marktnachfragekurve größer als $1/n$ sein muss. (Hinweis: Im Fall eines Monopolisten $n = 1$, was einfach besagt, dass ein Monopolist im elastischen Teil der Nachfragekurve operiert. Wende die Logik, die zur Begründung dieser Tatsache verwendet wurde, auf diese Frauge an.)
5. Zeichne eine Reaktionskurvenschar, die zu einem instabilen Gleichgewicht führt!
6. Erzeugen Oligopole ein effizientes Outputniveau?

28. Kapitel
SPIELTHEORIE

Das vorige Kapitel über Oligopoltheorie stellte die klassische ökonomische Theorie der strategischen Interaktion zwischen Unternehmen dar. Das ist aber nur die Spitze des Eisbergs. Ökonomische Akteure können auf vielfältige Weise interagieren, und viele dieser Möglichkeiten wurden mit Hilfe des Instrumentariums der **Spieltheorie** untersucht. Spieltheorie beschäftigt sich mit der allgemeinen Analyse strategischer Interaktion. Sie kann zu Analyse von Gesellschaftsspielen, politischen Verhandlungen und ökonomischem Verhalten verwendet werden. In diesem Kapitel wollen wir diesen faszinierenden Gegenstand kurz beleuchten, um eine Vorstellung seiner Funktionsweise zu geben und zu zeigen, wie er zur Untersuchung ökonomischen Verhaltens auf oligopolistischen Märkten verwendet werden kann.

28.1 Die Auszahlungsmatrix eines Spiels

Strategische Interaktion kann viele Spielerinnen und viele Strategien umfassen, wir werden uns jedoch auf Zwei-Personen-Spiele mit einer endlichen Zahl von Strategien beschränken. Das wird uns ermöglichen, das Spiel ganz leicht mittels einer **Auszahlungsmatrix** abzubilden. Am einfachsten ist die Darstellung anhand eines Beispiels.

Angenommen zwei Personen spielen ein einfaches Spiel. Person A schreibt eines von zwei Wörtern, „oben" oder „unten", auf ein Blatt Papier. Gleichzeitig schreibt Person B unabhängig davon „links" oder „rechts" auf ein Blatt Papier. Nachdem sie das getan haben, werden die Zettel angesehen, und jede Person wird die in Tabelle 28.1 dargestellten Auszahlungen erhalten. Wenn A oben und B links schreibt, dann untersuchen wir die linke obere Ecke der Matrix. In dieser Matrix ist die Zahlung an A die erste Eintragung im Feld, 1, die Zahlung an B die zweite Eintragung, 2. Wenn hingegen A unten schreibt und B rechts, dann wird A eine Zahlung von 1 und B eine Zahlung von Null erhalten.

Person A hat zwei Strategien: Sie kann oben oder unten wählen. Diese Strategien könnten für ökonomische Möglichkeiten wie „erhöhe den Preis" oder „senke den Preis" stehen. Oder sie könnten politische Entscheidungen wie „erkläre Krieg" oder „erkläre den Krieg nicht" repräsentieren. Die Auszahlungsmatrix eines Spiels stellt einfach die Zahlungen an jede Spielerin für jede gewählte Strategienkombination dar.

		Spielerin B	
		Links	Rechts
Spielerin A	Oben	1, 2	0, 1
	Unten	2, 1	1, 0

Tabelle 28.1 Auszahlungsmatrix eines Spiels.

Was wird das Ergebnis so eines Spiels sein? Das in Tabelle 28.1 dargestellte Spiel hat eine einfache Lösung. Vom Standpunkt der Person A ist es immer besser, „unten" zu schreiben, da die Zahlungen aus dieser Entscheidung (2 oder 1) immer größer sind als die entsprechenden Eintragungen für „oben" (1 oder 0). Ebenso ist es für B immer besser, „links" zu schreiben, da 1 und 0 durch 2 und 1 dominiert werden. Wir würden daher erwarten, dass die Gleichgewichtsstrategie für A ist, „unten" zu spielen, für B „links".

In diesem Fall haben wir eine **dominante Strategie**. Es gibt eine optimale Strategieentscheidung für jede Spielerin unabhängig davon, was die andere Spielerin macht. Was immer auch B wählt, Spielerin A erhält eine höhere Auszahlung, wenn sie „unten" spielt, es ist daher für A sinnvoll, „unten" zu spielen. Und wie immer sich A entscheidet, B wird immer eine höhere Auszahlung erhalten, wenn sie „links" spielt. Diese Entscheidungen dominieren daher die Alternativen, und wir haben ein Gleichgewicht bei dominanten Strategien.

Wenn es in einem Spiel eine dominante Strategie für jede Spielerin gibt, dann würden wir voraussagen, dass es für das Spiel ein Gleichgewichtsresultat gibt. Denn eine Strategie ist dann dominant, wenn sie die beste ist, unabhängig davon, was die andere Spielerin tut. In diesem Beispiel würden wir ein Gleichgewichtsresultat erwarten, bei dem A „unten" spielt, eine Gleichgewichtszahlung von 2 bekommt, und B „links" spielt und eine Gleichgewichtszahlung von 1 erhält.

28.2 Nash-Gleichgewicht

Gleichgewichte bei dominanten Strategien sind ganz brauchbar, wenn sie auftreten, sie kommen jedoch nicht allzu häufig vor. So hat zum Beispiel das in Tabelle 28.2 dargestellte Spiel kein Gleichgewicht bei dominanter Strategie. Wenn B „links" wählt, sind die Zahlungen an A 2 oder 0. Wenn B „rechts" wählt, sind die Zahlungen an A 0 oder 1. Das bedeutet, wenn B „links" wählt, dann möchte A „oben" wählen, und wenn B „rechts" wählt, möchte A „unten" wählen. A's optimale Entscheidung hängt also davon ab, was er glaubt, dass B machen wird.

Vielleicht ist aber ein Gleichgewicht bei dominanter Strategie zu viel verlangt. Anstatt zu verlangen, dass A's Entscheidung für *alle* Entscheidungen von B optimal ist, können wir einfach verlangen, dass sie für *optimale* Entscheidungen von B optimal sei. Denn wenn B ein gut informierter, intelligenter Spieler ist, wird er nur optimale Strategien auswählen wollen. (Obwohl das, was für B optimal ist, auch von A's Entscheidung abhängt!)

	Spieler B	
	Links	Rechts
Spieler A Oben	2, 1	0, 0
Unten	0, 0	1, 2

Tabelle 28.2 Nash-Gleichgewicht.

Wir werden ein Strategienpaar als **Nash-Gleichgewicht** bezeichnen, wenn A's Entscheidung für die gegebene Entscheidung von B optimal ist, *und* B's Entscheidung für die gegebene Entscheidung von A optimal ist.[1] Erinnern wir uns, dass keine Person weiß, was die andere Person machen wird, wenn sie ihre eigene Strategie festlegt. Aber jede Person wird irgendeine Erwartung darüber haben, was die Entscheidung der anderen Person sein wird. Ein Nash-Gleichgewicht kann als ein Erwartungspaar über die Entscheidung jeder Person interpretiert werden, sodass nach Offenlegung der Entscheidung der anderen Person kein Individuum sein Verhalten ändern will.

Im Fall von Tabelle 28.2 ist die Strategie (oben, links) ein Nash-Gleichgewicht. Um das zu beweisen, stellen wir einfach fest, dass bei einer Wahl von „oben" durch A, es für B am besten ist, „links" zu wählen, da die Auszahlung bei der Wahl von „links" 1, von „rechts" nur 0 ist. Und wenn B „links" wählt, dann ist es das Beste für A, „oben" zu wählen, da A dann eine Zahlung von 2 an-statt 0 erhalten wird.

Wenn daher A „oben" wählt, ist die optimale Entscheidung für B „links", und wenn B „links" wählt, ist die optimale Entscheidung für A „oben". Wir ha-ben daher ein Nash-Gleichgewicht: Jede Person trifft die optimale Entscheidung, *gegeben* die Entscheidung der anderen Person.

Das Nash-Gleichgewicht ist eine Verallgemeinerung des im vorangehenden Kapitel beschriebenen Cournot-Gleichgewichts. Die Entscheidungen waren dort Outputniveaus und jedes Unternehmen wählte sein Outputniveau, wobei die Entscheidung des anderen Unternehmens als konstant angenommen wurde. Für jedes Unternehmen wurde angenommen, dass es im besten Eigeninteresse unter der Annahme handelt, dass das andere Unternehmen weiterhin das gewählte Output-niveau erzeugen würde – das heißt, es würde weiterhin die gewählte Strategie spielen. Ein Cournot-Gleichgewicht entsteht, wenn jedes Unternehmen für das gegebene Verhalten des anderen Unternehmens den Gewinn maximiert; das ist genau die Definition eines Nash-Gleichgewichts.

Das Konzept des Nash-Gleichgewichts hat eine gewisse Logik. Leider weist es auch einige Probleme auf. Erstens kann ein Spiel mehr als ein Nash-Gleich-gewicht haben. Tatsächlich stellen die Entscheidungen (unten, rechts) auch ein Nash-Gleichgewicht dar. Man kann das entweder durch die obige Art der

---

[1] John Nash ist ein amerikanischer Mathematiker, der dieses fundamentale Konzept der Spieltheorie im Jahre 1951 formulierte.

Argumentation beweisen oder einfach feststellen, dass die Struktur des Spiels symmetrisch ist: B's Auszahlungen bei einem Ergebnis sind dieselben wie A's Auszahlungen bei dem anderen, sodass unser Beweis, dass (oben, links) ein Gleichgewicht ist, auch beweist, dass (unten, rechts) ein Gleichgewicht ist.

Das zweite Problem des Konzepts des Nash-Gleichgewichts liegt darin, dass es Spiele gibt, die überhaupt kein Nash-Gleichgewicht der beschriebenen Art haben. Nehmen wir zum Beispiel den in Tabelle 28.3 dargestellten Fall. Hier besteht kein Nash-Gleichgewicht der untersuchten Art. Wenn Spieler A „oben" spielt, wird Spieler B „links" spielen wollen. Wenn hingegen Spieler B „links" spielt, will Spieler A „unten" spielen. Wenn andererseits Spieler A „unten" spielt, wird Spieler B „rechts" spielen. Wenn aber Spieler B „rechts" spielt, wird Spieler A „oben" spielen.

		Spieler B Links	Rechts
Spieler A	Oben	0, 0	0, −1
	Unten	1, 0	−1, 3

Tabelle 28.3 Ein Spiel ohne Nash-Gleichgewicht (bei reinen Strategien).

28.3 Gemischte Strategien

Wenn wir jedoch unsere Definition der Strategien erweitern, können wir für dieses Spiel eine neue Art eines Nash-Gleichgewichts finden. Wir haben uns bisher vorgestellt, dass jeder Akteur eine für allemal eine Strategie wählt. Das heißt, jeder Akteur trifft eine Entscheidung und bleibt dabei. Man bezeichnet das als **reine Strategie**.

Eine andere Möglichkeit ist, den Akteuren eine *zufällige* Gestaltung ihrer Strategien zuzugestehen – jeder Entscheidung eine Wahrscheinlichkeit zuzuordnen, und ihre Strategien dann entsprechend diesen Wahrscheinlichkeiten zu spielen. A könnte zum Beispiel zu 50 Prozent „oben" und zu 50 Prozent „unten" spielen, während B sich zu 50 Prozent für „links" und zu 50 Prozent für „rechts" entscheidet. Diese Art der Strategie wird **gemischte Strategie** genannt.

Wenn A und B den oben angegebenen gemischten Strategien folgen, nämlich jede der Möglichkeiten zu 50 Prozent zu spielen, dann ist die Wahrscheinlichkeit, in einer der vier Zellen der Auszahlungsmatrix zu landen, gleich 1/4. Daher wird die durchschnittliche Auszahlung an A gleich 0, an B gleich 1/2 sein.

Ein Nash-Gleichgewicht bei gemischten Strategien bezieht sich auf ein Gleichgewicht, bei welchem jeder Akteur die optimale Häufigkeit wählt, mit der er, für gegebene Häufigkeiten des anderen Akteurs, seine Strategien spielt.

Es kann gezeigt werden, dass für die Art der Spiele, die wir in diesem Kapitel analysieren, immer ein Nash-Gleichgewicht bei gemischten Strategien existiert. Da ein Nash-Gleichgewicht bei gemischten Strategien immer existiert und da das

Konzept eine gewisse inhärente Plausibilität hat, ist es ein sehr beliebtes Gleichgewichtskonzept zur Analyse von Spielen. Im Beispiel der Tabelle 28.3 kann man zeigen, dass ein Nash-Gleichgewicht gegeben ist, wenn Spielerin A „oben" mit einer Wahrscheinlichkeit von 3/4 und „unten" mit einer Wahrscheinlichkeit von 1/4 spielt, und wenn Spielerin B „links" und „rechts" mit einer Wahrscheinlichkeit von je 1/2 spielt.

28.4 Das Gefangenendilemma

Ein weiteres Problem mit dem Nash-Gleichgewicht eines Spiels besteht darin, dass es nicht notwendigerweise zu Pareto-effizienten Ergebnissen führt. Betrachten wir zum Beispiel das in Tabelle 28.4 dargestellte Spiel. Dieses Spiel ist als **Gefangenendilemma** bekannt. Die ursprüngliche Diskussion des Spiels betraf eine Situation, in der zwei Gefangene, die gemeinsam ein Verbrechen begangen hatten, in getrennten Räumen verhört wurden. Jeder Gefangene hatte die Möglichkeit, das Verbrechen zuzugeben und damit den anderen hineinzuziehen, oder seine Teilnahme am Verbrechen zu leugnen. Wenn nur ein Gefangener gestand, würde er entlassen werden, die Behörden würden den anderen in vollem Umfang anklagen und eine Gefängnisstrafe von 6 Monaten fordern. Wenn beide Gefangenen leugneten, dann würden beide wegen irgendwelcher Kleinigkeiten für 1 Monat festgehalten, wenn beide gestanden, dann würden beide für 3 Monate eingesperrt. Die Auszahlungsmatrix für dieses Spiel ist in Tabelle 28.4 wiedergegeben. Die Eintragungen in jeder Zelle entsprechen dem „Nutzen", den jeder Akteur den verschiedenen Gefängnisstrafen zumisst, welchen wir der Einfachheit halber als den negativen Wert der Dauer der Strafe angesetzt haben.

		Spieler B Gestehen	Leugnen
Spieler A	Gestehen	$-3, -3$	$0, -6$
	Leugnen	$-6, 0$	$-1, -1$

Tabelle 28.4 Das Gefangenendilemma

Versetzen Sie sich in die Lage des Spielers A. Wenn sich Spieler B entscheidet, das Verbrechen zu leugnen, dann ist A sicher besser dran zu gestehen, da er dann freigelassen wird. A wird ebenfalls besser dran sein zu gestehen, wenn Spieler B gesteht, weil A dann statt einer 6-Monatsstrafe nur eine 3-Monatsstrafe erhält. *Was immer* daher Spieler B macht, Spieler A ist durch ein Geständnis besser gestellt.

Dasselbe gilt für Spieler B – auch er ist durch ein Geständnis besser gestellt. Das alleinige Nash-Gleichgewicht dieses Spiels ist daher, dass beide Spieler gestehen. In der Tat ist ein Geständnis durch beide Spieler nicht nur ein Nash-Gleichgewicht, sondern auch ein Gleichgewicht bei dominanter Strategie, da jeder Spieler die gleiche optimale Entscheidung unabhängig vom anderen Spieler hat.

Wenn aber beide hart blieben, wären sie besser dran! Wenn beide sicher sein könnten, dass der andere dicht hielte, und sie könnten sich einigen durchzuhalten, dann würde jeder eine Auszahlung von − 1 erhalten, was beide besser stellen würde. Die Strategie (leugnen, leugnen) ist Pareto-effizient − es gibt keine andere Strategie, die beide Spieler besser stellt, während die Strategie (gestehen, gestehen) Pareto-ineffizient ist.

Das Problem ist, dass für die zwei Gefangenen keine Möglichkeit besteht, ihre Handlungen zu koordinieren. Wenn sie einander vertrauen könnten, wären beide besser gestellt.

Das Gefangenendilemma ist auf einen breiten Bereich ökonomischer und politischer Phänomene anwendbar. Nehmen wir zum Beispiel das Problem der Rüstungskontrolle. Interpretieren wir die Strategie „gestehen" als „entwickle eine neue Rakete" und die Strategie „leugnen" als „entwickle sie nicht". Beach-te, dass die angegebenen Auszahlungen recht sinnvoll sind. Wenn mein Gegner Raketen entwickelt, dann möchte ich meine sicherlich auch entwickeln, obwohl die beste Strategie für beide wäre, sich auf die Nichtentwicklung zu einigen. Wenn es jedoch keine Möglichkeit für ein verpflichtendes Abkommen gibt, werden wir schließlich beide die Raketen entwickeln und schlechter gestellt sein.

Ein anderes gutes Beispiel ist das Problem des Schwindelns in einem Kartell. Diesmal interpretieren wir gestehen als „erzeuge mehr als deine Outputquote" und leugnen als „bleibe bei der ursprünglichen Quote". Wenn man der Auffassung ist, dass das andere Unternehmen bei seiner Quote bleibt, wird es sich lohnen, mehr als seine eigene Quote zu erzeugen. Und wenn man glaubt, dass das andere Unternehmen mehr produziert, dann wird man erst recht ebenfalls mehr erzeugen!

Das Gefangenendilemma hat eine umfangreiche Kontroverse darüber hervorgerufen, was denn der „richtige" Weg sei, das Spiel zu spielen − oder genauer, was eine vernünftige Spielmöglichkeit sei. Die Antwort scheint davon abzuhängen, ob es sich um ein einmaliges oder ein unendlich oft wiederholtes Spiel handelt.

Wenn das Spiel nur einmal durchgeführt wird, scheint die Strategie des Abspringens − in diesem Fall also des Gestehens - vernünftig. Schließlich ist man, unabhängig davon, was der andere macht, besser dran, und man hat ja doch keine Möglichkeit, das Verhalten des anderen zu beeinflussen.

28.5 Wiederholte Spiele

Im vorigen Abschnitt kamen die Spielerinnen nur einmal zusammen und spielten das Gefangenendilemma-Spiel einmal. Die Situation ist jedoch ganz anders, wenn das Spiel des Öfteren von denselben Spielerinnen durchgeführt wird. In diesem Fall eröffnen sich für jede Spielerin neue strategische Möglichkeiten. Wenn sich die andere Spielerin in einer Runde zum Absprung entscheidet, dann kann man sich entscheiden, in der nächsten Runde abzuspringen. Die Gegnerin kann daher in der nächsten Runde für „böses" Verhalten „bestraft" werden. Bei einem wiederholten Spiel hat jede Spielerin die Möglichkeit, sich einen Ruf für

Kooperationsbereitschaft zu schaffen, und dadurch die andere Spielerin zu ermutigen, das Gleiche zu tun.

Ob diese Art der Strategie Aussicht auf Erfolg hat, hängt davon ab, ob das Spiel eine *vorgegebene* oder *unbestimmte* Anzahl von Runden hindurch gespielt wird.

Nehmen wir den ersten Fall, in dem beide Spielerinnen wissen, dass das Spiel, sagen wir, zehnmal gespielt wird. Was wird das Ergebnis sein? Angenommen wir sind in der 10. Runde. Annahmegemäß wird das Spiel das letzte Mal durchgeführt. In diesem Fall ist es wahrscheinlich, dass jede Spielerin das Gleichgewicht bei dominanter Strategie wählen wird und abspringt. Schließlich bedeutet ja die letzte Durchführung des Spiels dasselbe wie ein einmaliges Spielen, wir sollten daher dasselbe Ergebnis erwarten.

Überlegen wir uns nun, was in der 9. Runde geschehen wird. Wir sind soeben zum Schluss gelangt, dass jede Spielerin in der 10. Runde abspringen wird. Warum sollte man daher in der 9. Runde kooperieren? Wenn man kooperiert, dann wird die andere Spielerin bereits jetzt abspringen und die Gutmütigkeit ausnützen. Jede Spielerin kann sich dasselbe überlegen, daher wird jede abspringen.

Nehmen wir nun die 8. Runde. Wenn die andere Person in der 9. Runde abspringt, ... und so geht es weiter. Wenn das Spiel eine vorgegebene fixe Anzahl von Runden hat, dann wird jede Spielerin in jeder Runde abspringen. Wenn es keinen Weg zum Erzwingen der Kooperation in der letzten Runde gibt, dann wird es keinen Weg geben, Kooperation in der vorletzten Runde zu erzwingen usw.

Spielerinnen kooperieren, weil sie hoffen, dass Zusammenarbeit zu weiterer Zusammenarbeit in der Zukunft führen wird. Aber das setzt voraus, dass es immer die Möglichkeit zukünftigen Spielens gibt. Da es in der letzten Runde keine Möglichkeit zukünftigen Spiels gibt, wird dort niemand kooperieren. Aber warum sollte dann jemand in der vorletzten Runde kooperieren? Oder der dieser vorangehenden? Und so geht es weiter - die kooperative Lösung kann vom Ende eines Gefangenendilemmas mit einer bekannten fixen Anzahl von Spielen „aufgerollt" werden.

Wenn jedoch das Spiel unbestimmt oft wiederholt wird, dann *gibt* es einen Weg, das Verhalten der Gegnerin zu beeinflussen: Wenn sie sich weigert, dieses Mal zu kooperieren, dann kann man selbst beim nächsten Mal die Kooperation verweigern. Solange beide Teilnehmerinnen an zukünftigen Auszahlungen interessiert sind, kann die Drohung der zukünftigen Nichtzusammenarbeit ausreichen, die Leute zu überzeugen, eine Pareto-effiziente Strategie zu spielen.

Das wurde überzeugend durch ein von Robert Axelrod durchgeführtes Experiment demonstriert.[2] Er ersuchte Dutzende von Expertinnen der Spieltheorie, ihre bevorzugten Strategien für das Gefangenendilemma zu unterbreiten und veran-

---

[2] Robert Axelrod ist Politikwissenschafter an der University of Michigan. Für eine ausführliche Diskussion, siehe sein Buch *The Evolution of Cooperation* (New York: Basic Books, 1984).

staltete dann auf einem Computer ein „Turnier", an dem diese Strategien gegeneinander spielten. Jede Strategie spielte auf dem Computer gegen jede andere, und der Computer behielt die gesamten Auszahlungen im Auge.

Als siegreich – gemessen an der höchsten Gesamtauszahlung – erwies sich die einfachste Strategie. Sie lautet „wie du mir, so ich dir" und funktioniert folgendermaßen: In der ersten Runde kooperiert man - man spielt die Strategie „leugnen". In jeder folgenden Runde kooperiert man, wenn die Gegnerin in der vorangehenden Runde kooperierte. Wenn die Gegnerin in der vorangehenden Runde ausstieg, steigt man auch aus. Mit anderen Worten, man macht in der laufenden Runde immer das, was die Gegnerin in der vorangehenden machte. Das ist auch schon alles.

Die Strategie „wie du mir, so ich dir" ist erfolgreich, weil sie eine unmittelbare Bestrafung für Abspringen beinhaltet. Sie ist aber auch eine verzeihende Strategie: Die andere Spielerin wird für jedes Abspringen nur einmal bestraft. Wenn sie einlenkt und zu kooperieren beginnt, wird diese Strategie die Spielerin durch Kooperation belohnen. Es scheint ein bemerkenswert guter Mechanismus zur Erreichung eines effizienten Ergebnisses beim Gefangenendilemma zu sein, wenn dieses von unbestimmter Länge ist.

28.6 Durchsetzung eines Kartells

Im 27. Kapitel diskutierten wir das Verhalten von Duopolisten, die ein Preissetzungsspiel durchführten. Dort argumentierten wir, dass das Gleichgewichtsergebnis das Konkurrenzgleichgewicht sein wird, wenn jeder Duopolist seinen Preis wählen kann. Wenn jedes Unternehmen glaubte, dass das andere seinen Preis konstant hielte, dann würde es jedes Unternehmen gewinnbringend finden, das andere zu unterbieten. Das wäre nur für jene Situation unzutreffend, in welcher jedes Unternehmen den niedrigst möglichen Preise verlangte, was im untersuchten Fall gleich Null wäre, da die Grenzkosten Null waren. In der Terminologie des derzeitigen Kapitels ist die Berechnung eines Preises von Null ein Nash-Gleichgewicht aufgrund der Preisstrategien – im 27. Kapitel nannten wir es ein Bertrand-Gleichgewicht.

Die Auszahlungsmatrix für das Duopolspiel aufgrund von Preisstrategien hat dieselbe Struktur wie das Gefangenendilemma. Wenn jedes Unternehmen einen hohen Preis verlangt, dann erzielen beide hohe Gewinne. Das ist die Situation der Zusammenarbeit zur Aufrechterhaltung des Monopolergebnisses. Wenn aber ein Unternehmen einen hohen Preis verlangt, wird es sich für das andere lohnen, seinen Preis ein wenig zu senken, dadurch den Markt des anderen zu erobern und einen noch höheren Gewinn zu erzielen. Wenn aber beide Unternehmen ihre Preise senken, erzielen schließlich beide niedrigere Gewinne. Was immer der andere für einen Preis verlangt, wird es sich stets lohnen, einen geringen Preisabstrich zu machen. Das Nash-Gleichgewicht ergibt sich dann, wenn jeder den niedrigst möglichen Preis verlangt.

Wenn jedoch das Spiel immer wiederholt wird, dann kann es andere mögliche Resultate geben. Angenommen man entscheidet, die Strategie „wie du mir, so ich dir" zu spielen. Wenn der andere in dieser Woche seinen Preis senkt, dann senkt man seinen eigenen in der nächsten. Wenn jeder Spieler weiß, dass der andere „wie du mir, so ich dir" spielt, dann wird sich jeder Spieler davor fürchten, den Preis zu senken und dadurch einen Preiskampf auszulösen. Die im „wie du mir, so ich dir" implizite Drohung könnte den Unternehmen die Aufrechterhaltung hoher Preise ermöglichen.

In der Realität scheinen Kartelle manchmal solche Strategien anzuwenden. Robert Porter hat Beispiel dafür beschrieben. Das Joint Executive Committee war z. B. ein berühmtes Kartell, das die Tarife für Bahnfracht im späten 19. Jahrhundert in den USA festsetzte. Es wurde bereits vor der Antitrust-Gesetzgebung gebildet und war daher zu dieser Zeit völlig legal.[3]

Das Kartell bestimmte, welchen Marktanteil jede Eisenbahngesellschaft an der gesamten Frachtleistung haben sollte. Jedes Unternehmen legte die Tarife individuell fest, und das JEC verfolgte, wie viel Fracht es beförderte. Es gab jedoch in den Jahren 1881, 1884 und 1885 mehrere Anlässe, während denen einige Kartellmitglieder glaubten, dass andere Mitgliedsfirmen die Tarife senkten, um ihre Marktanteile trotz des Abkommens zu erhöhen. Während dieser Zeit gab es des Öfteren Preiskämpfe. Wenn ein Unternehmen zu schwindeln versuchte, dann senkten alle Unternehmen die Preise, um das ausscherende Unternehmen zu „bestrafen". Diese Art der „wie du mir, so ich dir"-Strategie ermöglichte offensichtlich durch einige Zeit hindurch die Aufrechterhaltung des Kartellabkommens.

BEISPIEL: „Wie du mir, so ich dir"-Strategie und Flugtarife

„Wie du mir, so ich dir"-Strategien werden in der Realität häufig verwendet. Die Tarifpolitik der Fluglinien ist ein interessantes Beispiel. Fluglinien bieten immer wieder spezielle Werbetarife verschiedenster Art an; viele Kenner der Branche behaupten, dass diese Werbekampagnen dazu verwendet werden können, den Konkurrenten zu signalisieren, von Preissenkungen auf Schlüsselstrecken abzusehen.

Northwest Airlines reduzierte die Nachttarife für Flüge zu Städten an der Westküste, um leere Plätze auf diesen Flügen aufzufüllen. Continental Airlines interpretierte das als einen Versuch, den Marktanteil zu seinen Lasten zu erhöhen und antwortete mit einer Preissenkung *aller* seiner Flüge auf das Niveau von Northwests Nachttarifen. Diese reduzierten Tarife waren jedoch nur für ein oder zwei Tage gültig.

Northwest interpretierte das als ein Signal von Continental, dass sie nicht ernsthaft auf diesem Markt konkurrieren wollte, sondern lediglich die Rücknahme der Senkung von Northwests Nachttarifen erwartete. Northwest entschied hingegen, Continental seine eigene Botschaft zu senden: Sie führten eine Reihe

---

[3] Für eine detaillierte Analyse siehe Robert Porter, „A Study of Cartel Stability: the Joint Executive Committee, 1880 - 1888", *The Bell Journal of Economics*, 14, 2 (Autumn 1983), pp. 301-325

niedriger Flugtarife von Houston, dem Heimathafen Continentals, an die Westküste ein! Damit signalisierte Northwest, dass die Senkung seiner Nachttarife gerechtfertigt, Continentals Reaktion hingegen unangemessen war.

All diese Tarifsenkungen hatten sehr kurze Geltungsdauer; das dürfte bedeuten, dass sie eher Botschaften an die Konkurrenz als Wettbewerb um Marktanteile darstellen sollten. Wie der Analytiker erläuterte, sollten Tarife, die eine Fluglinie nicht anbieten will „fast immer eine beschränkte Geltungsdauer haben, in der Hoffnung, dass die Konkurrenz aufwacht und reagiert".

Die impliziten Wettbewerbsregeln auf duopolistischen Flugmärkten scheinen folgende zu sein: Wenn das andere Unternehmen seine Preise hochhält, werde ich meine hohen Preise aufrecht halten; wenn jedoch das andere Unternehmen seine Preise senkt, werde ich als Reaktion darauf „wie du mir, so ich dir" spielen. Anders ausgedrückt, beide Unternehmen „leben nach der Goldenen Regel": Tue anderen das, was Du willst, dass sie Dir tun. Diese Vergeltungsdrohung dient dann dazu, alle Preise hochzuhalten.[4]

28.7 Sequenzielle Spiele

Bis jetzt behandelten wir Spiele, bei welchen beide Spielerinnen gleichzeitig handelten. In vielen Situationen kann jedoch eine Spielerin den ersten Zug machen, die andere Spielerin antwortet dann. Ein Beispiel dafür ist das im vorigen Kapitel beschriebene Stackelberg-Modell, bei dem eine Spielerin die Marktführerin, die andere die Anpasserin ist.

Wir wollen ein derartiges Spiel beschreiben. In der ersten Runde kann Spielerin A „oben" oder „unten" wählen. Spielerin B kann zuerst einmal die Entscheidung der ersten Spielerin beobachten und dann „links" oder „rechts" wählen. Die Auszahlungen sind in der Matrix der Tabelle 28.5 illustriert.

		Spielerin B	
		Links	Rechts
Spielerin A	Oben	1, 9	1, 9
	Unten	0, 0	2, 1

Tabelle 28.5 Die Auszahlungsmatrix eines sequenziellen Spiels.

Beachte, dass das auf diese Weise dargestellte Spiel zwei Nash-Gleichgewichte hat: (oben, links) und (unten, rechts). Wir werden jedoch gleich zeigen, dass eines dieser Gleichgewichte nicht recht sinnvoll ist. Die Auszahlungsmatrix verbirgt nämlich die Tatsache, dass eine Spielerin erfährt, was die andere gewählt hat, bevor sie ihre Entscheidung trifft. In diesem Fall ist es zweckmäßiger, ein Diagramm zu untersuchen, welches das asymmetrische Wesen des Spiels veranschaulicht.

---

[4] Die Fakten stammen von A. Nomani, „Fare Warning: How Airlines Trade Price Plans," *Wall Street Journal*, 9. Oktober 1990, B1.

Tabelle 28.6 ist die Abbildung eines Spiels in **extensiver Form** - eine Darstellungsform des Spiels, die den Zeitablauf der Entscheidungen zeigt. Zuerst kann Spielerin A „oben" oder „unten" wählen, dann kann Spielerin B „links" oder „rechts" wählen. Wenn B sich jedoch entscheidet, wird sie wissen, was A gemacht hat.

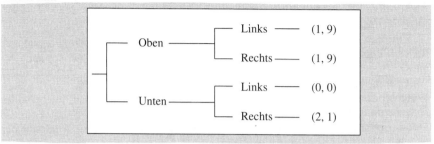

Tabelle 28.6 Ein Spiel in extensiver Form.

Der Weg zur Analyse dieses Spiel besteht darin, ans Ende zu gehen und sich dann zum Anfang hin zu bewegen. Angenommen Spielerin A hat ihre Entscheidung bereits getroffen, und wir sitzen auf einem Ast des Spielbaums. Wenn Spielerin A „oben" gewählt hat, spielt es keine Rolle, was B macht, die Auszahlung wird (1, 9) sein. Hat Spielerin A sich für „unten" entschieden, dann ist es für Spielerin B sinnvoll, „rechts" zu wählen, die Auszahlung ist dann (2, 1).

Überlegen wir uns nun die ursprüngliche Entscheidung der Spielerin A. Wenn sie „oben" wählt, wird das Ergebnis (1, 9) sein, sie wird daher eine Auszahlung von 1 erhalten. Wenn sie jedoch „unten" wählt, erhält sie eine Auszahlung von 2. Es ist daher für sie sinnvoll, „unten" zu wählen. Die Gleichgewichtsentscheidung wird daher (unten, rechts) sein, sodass die Auszahlungen an Spielerin A 2, an Spielerin B 1 sein werden.

In diesem sequenziellen Spiel sind die Strategien (oben, links) kein sinnvolles Gleichgewicht. Das heißt, sie sind bei der gegebenen Reihenfolge der tatsächlichen Entscheidungen der Spielerinnen kein Gleichgewicht. Es ist zwar richtig, dass Spielerin B „links" wählen könnte, wenn Spielerin A „oben" wählt - aber es wäre von Spielerin A dumm, jemals „oben" zu wählen!

Vom Standpunkt der Spielerin B ist das eher bedauerlich, da sie schließlich nur eine Auszahlung von 1 anstatt 9 erhält! Was könnte sie dagegen tun?

Sie könnte etwa *drohen*, „links" zu spielen, falls Spielerin A „unten" spielt. Wenn Spielerin A glaubte, dass Spielerin B ihre Drohung tatsächlich wahr machen würde, wäre sie gut beraten, „oben" zu spielen. Denn „oben" ergibt für sie 1, während „unten" – wenn Spielerin B ihre Drohung wahr macht – für sie lediglich Null ergibt.

Ist diese Drohung jedoch glaubwürdig? Wenn einmal Spielerin A ihre Entscheidung getroffen hat, dann steht sie fest. Spielerin B kann entweder 0 oder 1 erhalten, und sie ist mit 1 besser dran. Wenn es Spielerin B nicht gelingt,

Spielerin A irgendwie zu überzeugen, dass sie ihre Drohung tatsächlich ausführt – sogar wenn sie sich dadurch selbst schadet – wird sie sich eben mit der niedrigeren Auszahlung begnügen müssen.

Das Problem von B besteht darin, dass A nach ihrer Entscheidung annimmt, dass B rational handeln wird. Spielerin B wäre besser dran, wenn sie sich selbst *verpflichten* könnte, „links" zu spielen, falls A „unten" spielt.

Eine Art, so eine Verpflichtung einzugehen, besteht darin, jemand anderen für sich entscheiden zu lassen. B könnte zum Beispiel eine Rechtsanwältin beauftragen, „links" zu spielen, wenn A „unten" spielt. Wenn A von dieser Anweisung Kenntnis hat, ändert das die Situation aus ihrer Sicht grundlegend. Wenn sie B's Anweisung an die Anwältin kennt, dann weiß sie, dass ihr bei einer Entscheidung für „unten" eine Auszahlung von 0 verbleibt. Es ist daher für sie vernünftig „oben" zu spielen. In diesem Fall erweist sich die *Beschränkung* der eigenen Möglichkeiten für B günstiger.

28.8 Ein Spiel zur Abschreckung des Eintritts

Bei unserer Analyse des Oligopols nahmen wir die Zahl der Unternehmen als konstant an. In vielen Situationen ist jedoch Eintritt möglich. Natürlich ist es im Interesse der Unternehmen der Branche zu versuchen, diesen Eintritt zu verhindern. Da sie bereits in der Branche sind, können sie den ersten Zug machen und haben daher einen Vorteil bei der Entscheidung über die Möglichkeiten, die Gegner fernzuhalten.

Nehmen wir zum Beispiel an, dass wir einen Monopolisten haben, der sich einer Eintrittsdrohung durch ein anderes Unternehmen gegenübersieht. Der Hinzukommende entscheidet, ob er auf den Markt kommen soll oder nicht, das bereits bestehende Unternehmen entscheidet, ob es als Reaktion den Preis senken soll. Wenn der Hinzukommende entscheidet, draußen zu bleiben, erhält er eine Zahlung von 1, das bestehende Unternehmen erhält 9.

Wenn der Eintretende entscheidet, auf den Markt zu kommen, dann hängt seine Auszahlung davon ab, ob das vorhandene Unternehmen kämpft – durch heftigen Wettbewerb – oder nicht. Wenn es kämpft, dann nehmen wir an, dass beiden Spielern Null verbleibt. Wenn das bestehende Unternehmen sich entscheidet nicht zu kämpfen, nehmen wir an, dass der Eintretende 2, das bestehende Unternehmen 1 erhält.

Beachte, dass das genau der Struktur des oben behandelten sequenziellen Spiels entspricht, und daher mit der in Tabelle 28.6 dargestellten Struktur identisch ist. Das bestehende Unternehmen ist Spieler B, während der möglicherweise eintretende Spieler A ist. Die obere Strategie ist, draußen zu bleiben, die untere Strategie ist einzutreten. Die linke Strategie ist Kampf, die rechte ist, nicht zu kämpfen. Wie wir in diesem Spiel gesehen haben, haben wir als Gleichgewichtsergebnis, dass der Eintrittskandidat auf den Markt kommt und das bestehende Unternehmen ihn *nicht* bekämpft.

Das Problem des bestehenden Unternehmens liegt darin, dass es sich im Falle des Eintritts nicht von vornherein zum Kampf verpflichten kann. Wenn das andere Unternehmen einmal auf den Markt kommt, dann ist der Schaden bereits angerichtet, und die rationale Handlung ist für das bestehende Unternehmen einfach leben und leben lassen. Sofern der potenzielle Eintretende das erkennt, wird er richtigerweise jede Kampfdrohung als leer ansehen.

Nehmen wir aber einmal an, das bestehende Unternehmen könnte weitere Produktionskapazitäten erwerben, die es ihm ermöglichten, zusätzlichen Output zu den gleichen Grenzkosten wie bisher zu erzeugen. Wenn es ein Monopolist bleibt, wird es natürlich diese Kapazitäten nicht wirklich nützen wollen, da es bereits den gewinnmaximierenden Monopoloutput erzeugt.

Wenn jedoch das andere Unternehmen auf den Markt kommt, ist das bestehende Unternehmen nunmehr in der Lage, so viel zu erzeugen, dass es sehr wohl imstande ist, viel erfolgreicher mit dem neu Eintretenden zu konkurrieren. Durch die Investition in die zusätzliche Kapazität wird es seine Bekämpfungskosten für den Fall des Eintritts des anderen Unternehmens senken. Nehmen wir an, dass er nach Erwerb der zusätzlichen Kapazität im Falle des Kampfes einen Gewinn von 2 erzielt. Das verändert den Entscheidungsbaum des Spiels zu der in Tabelle 28.7 dargestellten Form.

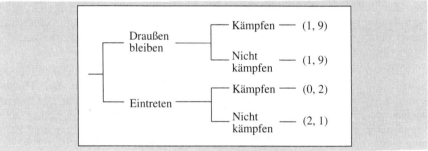

Tabelle 28.7 Das neue Eintrittsspiel in extensiver Form.

Nun wird die Kampfdrohung aufgrund der erhöhten Kapazität glaubwürdig. Wenn der potenziell Eintretende auf den Markt kommt, wird das bestehende Unternehmen eine Auszahlung von 2 erhalten, wenn es kämpft, und 1, wenn es nicht kämpft; daher wird sich das bestehende Unternehmen vernünftigerweise für den Kampf entscheiden. Der Eintretende wird daher beim Eintritt eine Auszahlung von 0 erhalten, wenn er draußen bleibt, wird er 1 erhalten. Es ist daher vernünftig, draußen zu bleiben.

Das bedeutet aber, dass das bestehende Unternehmen ein Monopolist bleiben und seine Zusatzkapazität niemals wird einsetzen müssen! Trotzdem lohnt es sich für den Monopolisten, die Zusatzkapazität verfügbar zu haben, um seine Kampf*drohung* für den Fall des Eintrittsversuchs eines neuen Unternehmens glaubwürdig zu machen. Durch die Investition in die "Überschusskapazität" hat der Monopolist dem potenziell Eintretenden signalisiert, dass er seinen Markt erfolgreich verteidigen kann.

Zusammenfassung

1. Ein Spiel kann durch die Angabe der Auszahlungen an jede Spielerin für jede Kombination strategischer Entscheidungen beschrieben werden.
2. Ein Gleichgewicht bei dominanter Strategie ist eine Menge von Entscheidungsmöglichkeiten, für welche die Entscheidung jedes Spielers *unabhängig* von den Entscheidungen der anderen Spieler optimal ist.
3. Ein Nash-Gleichgewicht ist eine Menge an Entscheidungsmöglichkeiten, bei der für gegebene Entscheidungen der anderen Spielerinnen die Entscheidung jeder Spielerin optimal ist.
4. Das Gefangenendilemma ist ein besonderes Spiel, bei dem das Pareto-effiziente Ergebnis strategisch durch ein ineffizientes Ergebnis dominiert wird.
5. Wenn ein Gefangenendilemma unbestimmt oft wiederholt wird, dann ist es möglich, dass aus einem rationalen Spiel das Pareto-effiziente Ergebnis resultiert.
6. Bei einem sequenziellen Spiel ist der zeitliche Ablauf der Entscheidungen wichtig. Bei diesen Spielen kann es oft vorteilhaft sein, von vornherein eine Möglichkeit zur Verpflichtung auf eine bestimmte Spielweise zu finden.

Wiederholungsfragen

1. Gegeben sei die „wie du mir, so ich dir"-Strategie in einem wiederholten Gefangenendilemma-Spiel. Angenommen eine Spielerin macht einen Fehler und schert aus, als sie eigentlich kooperieren wollte. Was geschieht, wenn beide Spielerinnen nachher „wie du mir, so ich dir" weiterspielen?
2. Sind Gleichgewichte bei dominanter Strategie immer Nash-Gleichgewichte? Sind Nash-Gleichgewichte immer Gleichgewichte bei dominanter Strategie?
3. Angenommen die Gegnerin spielt ihre Nash-Gleichgewichtsstrategie *nicht*. Sollte man dann selbst seine Nash-Gleichgewichtsstrategie spielen?
4. Wir wissen, dass ein einmaliges Gefangenendilemma-Spiel zu einer dominanten Nash-Gleichgewichtsstrategie führt, die Pareto-ineffizient ist. Angenommen wir ermöglichen den beiden Gefangenen, nach ihren entsprechenden Gefängnisstrafen Vergeltung zu üben. Welchen Aspekt des Spiels würde das formal betreffen? Könnte sich ein Pareto-effizientes Resultat ergeben?
5. Wie sieht die dominante Nash-Gleichgewichtsstrategie für ein wiederholtes Gefangenendilemma-Spiel für den Fall aus, in dem beide Spielerinnen wissen, dass das Spiel nach einer Million Wiederholungen zu Ende ist? Würde man die Verwendung einer solchen Strategie vorhersagen, wenn man für ein derartiges Szenario ein Experiment mit Menschen als Spielerinnen machte?
6. Nehmen wir an, dass bei dem in diesem Kapitel beschriebenen sequenziellen Spiel anstatt Spieler A, Spieler B den ersten Zug hat. Stelle die extensive Form des neuen Spiels dar. Wie sieht das Gleichgewicht dieses Spiels aus? Bevorzugt Spieler B als Erster oder als Zweiter zu entscheiden?

29. Kapitel
TAUSCH

Bis jetzt haben wir im Allgemeinen den Markt für ein einzelnes Gut isoliert betrachtet. Wir betrachteten die Angebots- und Nachfragefunktionen eines Gutes allein als von seinem Preis abhängig, unter Vernachlässigung der Preise der anderen Güter. Im Allgemeinen *werden* aber die Preise anderer Güter Angebot von und Nachfrage nach einem spezifischen Gut beeinflussen. Ganz sicher werden die Preise von Substituten und Komplementen eines Gutes die Nachfrage beeinflussen und, etwas subtiler, wirken sich die Preise der Güter, welche die Leute verkaufen, auf ihr Einkommen aus und beeinflussen dadurch, wie viel sie von den anderen Gütern kaufen können.

Die Wirkungen dieser anderen Preise auf das Marktgleichgewicht haben wir bis jetzt vernachlässigt. Bei der Diskussion der Gleichgewichtsbedingungen auf einem spezifischen Markt betrachteten wir nur einen Teil des Problems: wie der Preis des untersuchten Gutes sich auf Angebot und Nachfrage auswirkte. Das wird **Partielle Gleichgewichtsanalyse** genannt.

In diesem Kapitel werden wir unsere Untersuchung der **Allgemeinen Gleichgewichtsanalyse** beginnen: wie sich Angebots- und Nachfragebedingungen auf verschiedenen Märkten bei der Bestimmung der Preise vieler Güter wechselseitig beeinflussen. Wie man vermuten würde, ist das ein komplexes Problem, und wir werden verschiedene Vereinfachungen zu seiner Behandlung vornehmen müssen.

Erstens werden wir unsere Diskussion auf das Verhalten auf Konkurrenzmärkten beschränken, sodass jeder Konsument oder Produzent die Preise als gegeben ansieht und dementsprechend optimiert. Die Untersuchung des Allgemeinen Gleichgewichts bei unvollständigem Wettbewerb ist sehr interessant, aber im gegenwärtigen Zeitpunkt zu schwierig.

Zweitens werden wir unsere übliche vereinfachende Annahme treffen und nur die kleinstmögliche Zahl von Gütern und Konsumenten betrachten. Im vorliegenden Fall zeigt sich, dass viele interessante Phänomene bereits mit Hilfe von zwei Gütern und zwei Konsumenten dargestellt werden können. Alle behandelten Aspekte der Allgemeinen Gleichgewichtsanalyse können zu einer beliebigen Zahl von Konsumenten und Gütern verallgemeinert werden, die Darstellung mit je zwei ist jedoch einfacher.

Drittens werden wir das Allgemeine Gleichgewichtsproblem in zwei Stufen untersuchen. Wir werden mit einer Volkswirtschaft beginnen, in der die Leute konstante Güterausstattungen haben, und untersuchen, wie sie diese Güter untereinander tauschen; dabei gibt es keinerlei Produktion. Dieser Fall wird allgemein als **reiner Tausch** bezeichnet. Wenn wir einmal ein klares Verständnis reiner Tauschmärkte haben, werden wir das Produktionsverhalten im Allgemeinen Gleichgewichtsmodell untersuchen.

29.1 Das Edgeworth-Diagramm

Es gibt ein nützliches grafisches Hilfsmittel, das **Edgeworth-Diagramm**, welches zur Analyse des Tausches von zwei Gütern zwischen zwei Personen verwendet werden kann.[1] Das Edgeworth-Diagramm erlaubt uns, die Ausstattungen und Präferenzen von zwei Individuen in einem praktischen Diagramm darzustellen, das zur Analyse verschiedener Ergebnisse des Tauschprozesses verwendet werden kann. Um die Konstruktion eines Edgeworth-Diagramms zu verstehen, ist es nötig, die Indifferenzkurven und Ausstattungen der beteiligten Personen zu untersuchen.

Nennen wir die beiden Personen A und B und die zwei Güter 1 und 2. Wir werden A's Konsumbündel mit $X_A = (x^1_A, x^2_A)$ bezeichnen, wobei x^1_A für A's Konsum des Gutes 1 und x^2_A für A's Konsum des Gutes 2 steht. B's Konsumbündel wird dann mit $X_B = (x^1_B, x^2_B)$ bezeichnet. Ein Konsumbündelpaar X_A und X_B wird **Allokation** genannt. Eine Allokation ist eine **durchführbare Allokation**, wenn die von jedem Gut verwendete Gesamtmenge gleich der vorhandenen Gesamtmenge ist:

$$x^1_A + x^1_B = \omega^1_A + \omega^1_B$$

$$x^2_A + x^2_B = \omega^2_A + \omega^2_B.$$

Eine spezifische mögliche Allokation, die uns interessiert, ist die **ursprüngliche Ausstattungsallokation**, (ω^1_A, ω^2_A) und (ω^1_B, ω^2_B). Das ist die Allokation, mit welcher die beiden Konsumentinnen beginnen. Sie besteht aus der Menge eines jeden Gutes, das die Konsumentinnen auf den Markt bringen. Einige dieser Güter werden sie im Lauf des Handels miteinander tauschen, um schließlich zur **endgültigen Allokation** zu kommen.

Das in Abbildung 29.1 gezeigte Edgeworth-Diagramm kann zur grafischen Illustration dieser Konzepte verwendet werden. Wir verwenden zuerst ein Diagramm der üblichen Theorie der Konsumentin, um die Ausstattung und Präferenzen der Konsumentin A darzustellen. Ebenso können wir auf diesen Achsen die *gesamte* in der Wirtschaft vorhandene Menge jedes Gutes abtragen – die Mengen, die A von jedem Gut hat, plus B's Mengen. Da wir nur an durchführbaren Allokationen der Güter zwischen den beiden Konsumentinnen interessiert sind, können wir ein Rechteck zeichnen, das die Menge möglicher Bündel der zwei Güter umfasst, welche A haben kann.

---

[1] Das Edgeworth-Diagramm ist zu Ehren von Francis Ysidro Edgeworth (1845 – 1926) benannt, einem englischen Ökonomen, der einer der ersten war, dieses analytische Instrument zu verwenden.

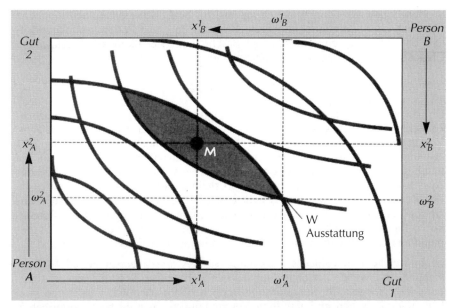

Abbildung 29.1 Ein Edgeworth-Diagramm. Die Breite des Rechtecks misst die Gesamtmenge des Gutes 1 in der Volkswirtschaft, die Höhe misst die Gesamtmenge des Gutes 2. Person A's Konsummöglichkeiten werden von der linken unteren Ecke gemessen, während Person B's Möglichkeiten von rechts oben gemessen werden.

Beachte, dass die Bündel in diesem Rechteck auch die Gütermengen angeben, die B haben kann. Wenn es 10 Einheiten des Gutes 1 und 20 Einheiten des Gutes 2 gibt, und wenn A (7, 12) besitzt, dann muss B (3, 8) besitzen. Wir können durch die Entfernung von der linken unteren Ecke ausgehend entlang der horizontalen Achse messen, wie viel A vom Gut 1 besitzt, und durch Messen der Entfernung von der rechten oberen Ecke entlang der horizontalen Achse die Menge des Gutes 1 feststellen, die B besitzt. In ähnlicher Weise geben die Entfernungen entlang der vertikalen Achsen die Mengen von Gut 2 an, die A und B besitzen. Die Punkte in diesem Rechteck geben uns sowohl die Bündel, die A besitzen, als auch jene, die B besitzen kann – lediglich von jeweils einem anderen Ursprung aus gemessen. Die Punkte in einem Edgeworth-Diagramm können alle durchführbaren Allokationen in dieser einfachen Volkswirtschaft darstellen.

Wir können A's Indifferenzkurven in der üblichen Art abbilden; B's Indifferenzkurven hingegen haben eine etwas andere Form. Um sie zu konstruieren, nehmen wir das übliche Diagramm für B's Indifferenzkurven, drehen es um und „legen" es über das Edgeworth-Diagramm. Das ergibt B's Indifferenzkurven im Edgeworth-Diagramm. Wenn wir bei A's Ursprung in der linken unteren Ecke beginnen und uns nach rechts oben bewegen, werden wir zu Allokationen gelangen, die A bevorzugt. Wenn wir uns nach links unten bewegen, werden wir zu Allokationen kommen, die B bevorzugt. (Wenn man das Buch dreht und dann auf das Diagramm schaut, werden die Erläuterungen vielleicht verständlicher.)

Das Edgeworth-Diagramm erlaubt uns, für beide Konsumentinnen mögliche Konsumbündel – die durchführbaren Allokationen – und Präferenzen darzustellen. Es gibt daher eine vollständige Beschreibung der ökonomisch relevanten Charakteristiken der beiden Konsumentinnen.

29.2 Tausch

Da wir nun sowohl die Präferenzen als auch die Ausstattungen dargestellt haben, können wir mit der Analyse der Frage beginnen, wie der Tausch vor sich geht. Wir beginnen mit der ursprünglichen Güterausstattung, die in Abbildung 29.1 mit W bezeichnet ist. Sehen wir uns die Indifferenzkurven von A und B an, die durch diesen Punkt gehen. Der Bereich, in dem A besser gestellt ist als bei seiner Ausstattung, besteht aus allen Bündeln oberhalb seiner Indifferenzkurve durch W. Der Bereich, in dem B besser gestellt ist als bei seiner Ausstattung, besteht aus allen Allokationen oberhalb – von seinem Standpunkt aus – seiner Indifferenzkurve durch W. (Das heißt, *unterhalb* seiner Indifferenzkurve von *unserem* Standpunkt aus ... außer wir haben das Buch noch immer verkehrt vor uns liegen.)

In welchem Bereich des Diagramms sind A *und* B besser gestellt? Offensichtlich ist das die Überschneidung der beiden Bereiche. Es ist dies der in Abbildung 29.1 dargestellte linsenförmige Bereich. Wahrscheinlich werden die zwei beteiligten Personen im Laufe ihrer Verhandlungen einen für beide vorteilhaften Tauschhandel finden – irgendeinen Tausch, der sie zu einem Punkt innerhalb der linsenförmigen Fläche bringt, wie zum Beispiel Punkt M in Abbildung 29.1.

Die in Abbildung 29.1. dargestellte spezielle Bewegung zu M bedeutet für Person A die Aufgabe von $|x^1_A - \omega^1_A|$ Einheiten des Gutes 1 und dafür den Erwerb von $|x^2_A - \omega^2_A|$ Einheiten des Gutes 2. Das bedeutet, dass B $|x^1_B - \omega^1_B|$ Einheiten des Gutes 1 erwirbt und $|x^2_B - \omega^2_B|$ Einheiten des Gutes 2 aufgibt.

An der Allokation M ist nichts besonderes. Jede Allokation innerhalb des linsenförmigen Bereichs wäre möglich – denn jede Güterallokation in diesem Bereich ist eine Allokation, die jeden Konsumenten besser stellt als bei der ursprünglichen Ausstattung. Wir brauchen nur anzunehmen, dass die Konsumenten *irgendeinen* Punkt in diesem Bereich aushandeln.

Nun können wir dieselbe Analyse bei Punkt M wiederholen. Wir können die zwei Indifferenzkurven durch M zeichnen, einen neuen linsenförmigen „Bereich gemeinsamen Vorteils" konstruieren und uns vorstellen, dass sich die Tauschpartner zu einem neuen Punkt N in diesem Bereich bewegen. Und so weiter ... der Tauschhandel wird so lange fortgesetzt, bis es keinen weiteren Tausch gibt, den beide Teile bevorzugen. Wie sieht so eine Situation aus?

29.3 Pareto-effiziente Allokationen

Abbildung 29.2 gibt die Antwort. Bei Punkt M in diesem Diagramm schneidet die Punktmenge oberhalb A's Indifferenzkurve die Punktmenge oberhalb B's Indifferenzkurve nicht. Der Bereich, in dem A besser gestellt ist, hängt mit dem Bereich, in dem B besser gestellt ist, nicht mehr zusammen. Das bedeutet, dass jede Bewegung, die einen der beiden Teile besser stellt, notwendigerweise den anderen schlechter stellt. Es gibt daher keinen Tauschhandel mehr, der für beide Teile vorteilhaft ist. Bei einer derartigen Allokation gibt es keine verbessernden Tauschgeschäfte mehr.

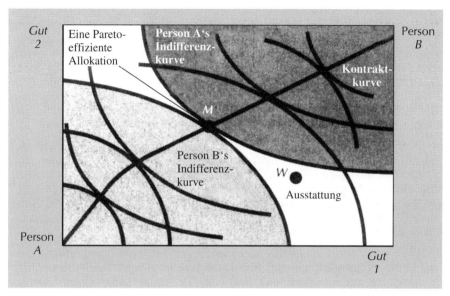

Abbildung 29.2 Eine Pareto-effiziente Allokation. Bei einer Pareto-effizienten Allokation, wie zum Beispiel M, ist jede Person auf ihrer höchstmöglichen Indifferenzkurve, gegeben die Indifferenzkurve der anderen Person. Die Verbindungslinie dieser Punkte wird Kontraktkurve genannt.

So eine Allokation wird als **Pareto-effiziente** Allokation bezeichnet. Der Gedanke der Pareto-Effizienz ist ein sehr wichtiges Konzept in der Ökonomie, das uns in verschiedenen Formen begegnet.

Eine Pareto-effiziente Allokation kann als eine Allokation beschrieben werden, bei der

1. es keine Möglichkeit gibt, alle betroffenen Personen besser zu stellen; oder
2. es keine Möglichkeit gibt, irgendeine Person besser zu stellen, ohne jemand anderenschlechter zu stellen; oder
3. alle Tauschvorteile bereits ausgeschöpft sind; oder
4. keine gegenseitig vorteilhaften Tauschgeschäfte mehr gemacht werden können, und so weiter.

Wir haben das Konzept der Pareto-Effizienz tatsächlich schon des Öfteren im Zusammenhang mit einem einzelnen Markt erwähnt: Wir sprachen vom Pareto-effizienten Outputniveau eines Marktes als jener Outputmenge, bei der die marginale Kaufbereitschaft gleich der marginalen Verkaufsbereitschaft war. Bei jedem Outputniveau, bei dem diese beiden Zahlen voneinander abwichen, würde es eine Möglichkeit geben, beide Seiten des Marktes durch eine Transaktion besser zu stellen. In diesem Kapitel wollen wir das Konzept der Pareto-Effizienz mit mehreren Gütern und mehreren Tauschpartnern eingehender untersuchen.

Beachte die folgende einfache Geometrie Pareto-effizienter Allokationen: Die Indifferenzkurven der beiden Akteure müssen sich bei jeder Pareto-effizienten Allokation innerhalb des Diagramms berühren. Warum, ist leicht zu verstehen. Wenn sich die zwei Indifferenzkurven bei einer Allokation innerhalb des Diagramms nicht berühren, dann müssen sie sich schneiden. Wenn sie sich jedoch schneiden, dann muss es einen Bereich des gemeinsamen Vorteils geben – dieser Punkt kann daher nicht Pareto-effizient sein. (Es ist möglich, an den Rändern des Diagramms Pareto-effiziente Allokationen zu haben – wo also ein Konsument ein Gut nicht konsumiert –, bei denen die Indifferenzkurven einander nicht berühren. Diese Randlösungen sind für die laufende Diskussion unbedeutend.)

Aus der Tangentialbedingung ist leicht zu erkennen, dass es innerhalb des Edgeworth-Diagramms eine ganze Reihe Pareto-effizienter Allokationen gibt. Tatsächlich gibt es für jede beliebige Indifferenzkurve von Person A zum Beispiel eine einfache Möglichkeit, eine Pareto-effiziente Allokation zu finden. Man bewegt sich einfach entlang A's Indifferenzkurve bis zu jenem Punkt, der für B der beste ist. Das wird ein Pareto-effizienter Punkt sein, daher müssen die beiden Indifferenzkurven einander in diesem Punkt berühren.

Die Menge *aller* Pareto-effizienter Punkte innerhalb des Edgeworth-Diagramms wird als **Pareto-Menge** oder **Kontraktkurve** bezeichnet. Die letzte Bezeichnung stammt aus der Überlegung, dass beim Tausch alle „endgültigen Kontrakte" in der Pareto-Menge enthalten sein müssen – sonst wären sie nicht endgültig, weil irgendeine Verbesserung erreicht werden könnte!

Im typischen Fall wird sich die Kontraktkurve wie in Abbildung 29.2 von A's zu B's Ursprung quer durch das Edgeworth-Diagramm erstrecken. Wenn wir bei A's Ursprung beginnen, dann hat A von keinem Gut etwas und B besitzt alles. Das ist Pareto-effizient, da die einzige Möglichkeit, A besser zu stellen, darin besteht, B etwas wegzunehmen. Wenn wir uns entlang der Kontraktkurve nach oben bewegen, wird A immer besser gestellt, bis wir schließlich zu B's Ursprung gelangen.

Die Pareto-Menge beschreibt alle möglichen Ergebnisse des beidseitig vorteilhaften Tausches bei beliebiger Ausgangssituation innerhalb des Diagramms. Bei gegebenem Anfangspunkt – die ursprünglichen Ausstattungen jeder Konsumentin – können wir jene Teilmenge der Pareto-Menge untersuchen, die jede Konsumentin gegenüber ihrer ursprünglichen Ausstattung bevorzugt. Das ist einfach jene Teilmenge der Pareto-Menge, die innerhalb des in Abbildung 29.1 dargestellten linsenförmigen Bereichs liegt. Die Allokationen innerhalb dieses linsenförmigen Bereichs sind die möglichen Ergebnisse des Tauschs, wenn wir von der in diesem Diagramm dargestellten spezifischen ursprünglichen Ausstattung ausgehen. Die Pareto-Menge selbst hängt hingegen nicht von der ursprünglichen Ausstattung ab, abgesehen davon, dass die Ausstattung die gesamten verfügbaren Mengen der beiden Güter und damit die Dimensionen des Diagramms bestimmt.

29.4 Tausch am Markt

Das Gleichgewicht des oben beschriebenen Tauschprozesses – die Menge Pareto-effizienter Allokationen – ist sehr wichtig, es bleibt jedoch Unklarheit darüber, wo sich die beiden Akteure am Schluss befinden werden. Der Grund liegt darin, dass der beschriebene Tauschprozess sehr allgemein ist. Es wurde im Wesentlichen nur angenommen, dass die beiden Partner sich zu *irgendeiner* Allokation hin bewegen, bei der beide besser gestellt sind.

Wenn wir es mit einem *besonderen* Tauschprozess zu tun haben, werden wir eine genauere Beschreibung des Gleichgewichts geben können. Versuchen wir den Tauschprozess zu beschreiben, der das Ergebnis eines Konkurrenzmarktes nachahmt.

Angenommen es gibt einen Dritten, der bereit ist als „Auktionator" für die zwei Akteure A und B zu handeln. Der Auktionator wählt einen Preis für Gut 1 und einen Preis für Gut 2 und präsentiert diese Preise den Akteuren A und B. Jeder Akteur ermittelt, wie viel seine Ausstattung zu den Preisen (p_1, p_2) wert ist, und entscheidet, wie viel er zu diesen Preisen kaufen würde.

Ein Vorbehalt ist hier wichtig. Wenn tatsächlich nur zwei Personen in die Transaktion involviert sind, ist es für sie nicht sehr sinnvoll, sich als Konkurrenten zu verhalten. Sie würden stattdessen wahrscheinlich versuchen, über die Tauschbedingungen zu verhandeln. Eine Möglichkeit, diese Schwierigkeit zu umgehen, besteht darin, sich das Edgeworth-Diagramm als Abbildung der durchschnittlichen Nachfragen in einer Volkswirtschaft mit nur zwei *Kategorien* von Konsumenten vorzustellen, wobei jede Kategorie aus vielen Konsumenten besteht. Eine andere Möglichkeit ist hervorzuheben, dass das Verhalten im Zwei-Personen-Fall unplausibel ist, dass es jedoch im Fall vieler Personen, der uns ja eigentlich interessiert, sehr sinnvoll ist.

Wie auch immer, wir wissen, wie das Entscheidungsproblem des Konsumenten in diesem Rahmen zu analysieren ist – es ist einfach das normale Entscheidungsproblem des Konsumenten, das wir im 5. Kapitel beschrieben. In Abbildung 29.3 illustrieren wir die zwei nachgefragten Bündel der beiden Akteure. (Beachte, dass die in Abbildung 29.3 dargestellte Situation keine Gleichgewichtskonstellation ist, da die Nachfrage des einen Akteurs nicht gleich dem Angebot des anderen ist.)

Wie im 9. Kapitel gibt es auch in diesem Zusammenhang zwei relevante Begriffe von „Nachfrage". Die **Bruttonachfrage** des Akteurs A nach Gut 1 zum Beispiel ist die Gesamtmenge des Gutes 1, die er bei den herrschenden Preisen will. Die **Nettonachfrage** des Akteurs A nach Gut 1 ist die Differenz zwischen dieser Gesamtnachfrage und der ursprünglichen Ausstattung mit Gut 1, die Akteur A besitzt. Im Zusammenhang mit der Allgemeinen Gleichgewichtsanalyse wird die Nettonachfrage manchmal auch **Überschussnachfrage** genannt. Wir werden die Überschussnachfrage des Akteurs A nach Gut 1 mit e^1_A bezeichnen. Wenn A's Bruttonachfrage x^1_A und seine Ausstattung ω^1_A ist, dann haben wir definitionsgemäß

$$e^1_A = x^1_A - \omega^1_A.$$

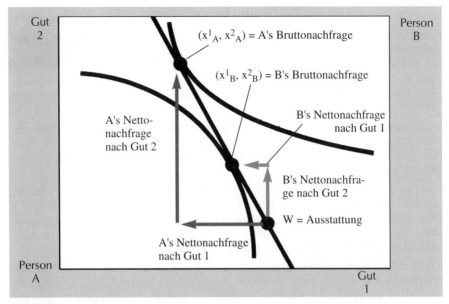

Abbildung 29.3 Brutto- und Nettonachfrage. Bruttonachfrage ist die Menge, die eine Person konsumieren will; Nettonachfrage ist die Menge, die eine Person kaufen möchte.

Der Begriff der Überschussnachfrage ist wahrscheinlich natürlicher, aber das Konzept der Bruttonachfrage ist im Allgemeinen brauchbarer. Wir werden typischerweise das Wort „Nachfrage" in der Bedeutung von Bruttonachfrage verwenden, und ganz spezifisch von „Nettonachfrage" oder „Überschussnachfrage" sprechen, wenn das gemeint ist.

Für beliebige Preise (p_1, p_2) gibt es keine Garantie, dass das Angebot gleich der Nachfrage sein wird – in beiderlei Bedeutungen der Nachfrage. Bezüglich der Nettonachfrage bedeutet das, dass die Menge, welche A zu kaufen (oder verkaufen) wünscht, nicht notwendigerweise jener Menge gleich ist, welche B verkaufen (oder kaufen) möchte. Hinsichtlich der Bruttonachfrage bedeutet das, dass die Gesamtmenge, die A von einem dieser Güter besitzen will, plus der Gesamtmenge, die B besitzen möchte, der verfügbaren Gesamtmenge dieses Gutes nicht gleich ist. Das gilt zum Beispiel für die in Abbildung 29.3 dargestellte Illustration. In diesem Beispiel können die Akteure ihre gewünschten Transaktionen nicht durchführen: Die Märkte werden nicht geräumt.

Wir sagen in diesem Fall, der Markt ist im **Ungleichgewicht**. In so einer Situation ist es plausibel anzunehmen, dass der Auktionator die Preise der Güter ändern wird. Wenn es für eines der Güter eine Überschussnachfrage gibt, dann wird der Auktionator den Preis dieses Gutes erhöhen, wenn es für eines der Güter ein Überschussangebot gibt, wird der Auktionator dessen Preis senken.

Angenommen dieser Prozess wird so lange fortgesetzt, bis die Nachfrage nach jedem Gut dem Angebot gleich ist. Wie wird die endgültige Struktur aussehen?

Abbildung 29.4 liefert die Antwort. Dort ist die Menge des Gutes 1, die A kaufen will, gerade gleich jener Menge dieses Gutes, die B verkaufen will; das Gleiche gilt für Gut 2. Anders ausgedrückt, die Gesamtmenge, welche alle Personen von jedem Gut zu laufenden Preisen kaufen wollen, ist gleich der verfügbaren Gesamtmenge. Wir sagen, der Markt ist im **Gleichgewicht**. Genauer wird das ein **Marktgleichgewicht**, ein **Konkurrenzgleichgewicht**, oder ein **Walras-Gleichgewicht**[2] genannt. Jede dieser Bezeichnungen bezieht sich auf dasselbe: Einen Preisvektor, sodass jeder Konsument sein bevorzugtes erreichbares Bündel wählen kann, und dass alle Konsumentenentscheidungen im Sinne der Gleichheit von Angebot und Nachfrage auf allen Märkten kompatibel sind.

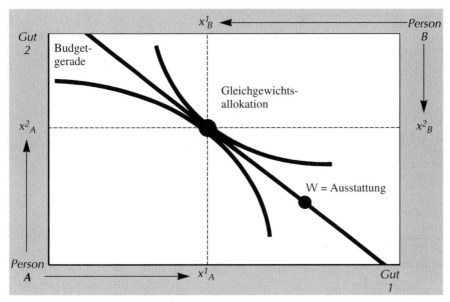

Abbildung 29.4 Gleichgewicht im Edgeworth-Diagramm. Im Gleichgewicht wählt jede Person das bevorzugte Bündel aus ihrem Budget und diese Entscheidungen erschöpfen das verfügbare Angebot.

Wenn jeder Akteur das beste Bündel wählt, das er sich leisten kann, dann wissen wir, dass seine Grenzrate der Substitution zwischen den beiden Gütern dem Preisverhältnis gleich sein muss. Wenn jedoch alle Konsumenten sich denselben Preisen gegenübersehen, dann werden alle Konsumenten *dieselbe* Grenzrate der Substitution zwischen den beiden Gütern haben müssen. Mit Hilfe der Abbildung 29.4 ausgedrückt bedeutet das, dass ein Gleichgewicht die Eigenschaft hat, dass die Indifferenzkurve jedes Akteurs seine Budgetgerade berührt. Da aber die Budgetgerade jedes Akteurs die Steigung $-p_1/p_2$ hat, bedeutet das, dass die Indifferenzkurven der beiden Akteure einander berühren müssen.

---

[2] Leon Walras (1834 – 1910) war ein französischer Ökonom in Lausanne, der zu den frühen Erforschern der Allgemeinen Gleichgewichtstheorie zählt.

29.5 Die Algebra des Gleichgewichts

Es sei $x^1_A(p_1, p_2)$ die Nachfragefunktion des Akteurs A nach Gut 1 und $x^1_B(p_1, p_2)$ die Nachfragefunktion des Akteurs B nach Gut 1, mit den entsprechenden Definitionen der Ausdrücke für Gut 2. Dann kann dieses Gleichgewicht als ein Preisvektor (p_1^*, p_2^*) beschrieben werden, sodass

$$x^1_A(p_1^*, p_2^*) + x^1_B(p_1^*, p_2^*) = \omega^1_A + \omega^1_B$$

$$x^2_A(p_1^*, p_2^*) + x^2_B(p_1^*, p_2^*) = \omega^2_A + \omega^2_B.$$

Diese Gleichungen besagen, dass im Gleichgewicht die Gesamtnachfrage nach jedem Gut dem Gesamtangebot gleich sein sollte.

Eine andere Möglichkeit, das Gleichgewicht zu beschreiben, ist eine Umformung dieser beiden Gleichungen zu

$$[x^1_A(p_1^*, p_2^*) - \omega^1_A] + [x^1_B(p_1^*, p_2^*) - \omega^1_B] = 0$$
$$[x^2_A(p_1^*, p_2^*) - \omega^2_A] + [x^2_B(p_1^*, p_2^*) - \omega^2_B] = 0.$$

Diese Gleichungen besagen, dass die Summe der *Nettonachfragen* aller Akteure nach jedem Gut Null sein sollte. Oder, mit anderen Worten, dass die Nettomengen, welche A nachfragen (oder anbieten) will, jenen Nettomengen gleich sein müssen, die B anbieten (oder nachfragen) will.

Eine andere Formulierung dieser Gleichgewichtsbedingungen wird aus dem Konzept der **aggregierten Überschussnachfragefunktion** hergeleitet. Wir wollen die Nettonachfragefunktion nach Gut 1 von Akteur A mit

$$e^1_A(p_1, p_2) = x^1_A(p_1, p_2) - \omega^1_A$$

bezeichnen und auf ähnliche Weise $e^1_B(p_1, p_2)$ definieren.

Die Funktion $e^1_A(p_1, p_2)$ misst Akteur A's **Nettonachfrage** oder ihre **Überschussnachfrage** – die Differenz zwischen jener Menge, die sie von Gut 1 konsumieren will, und derjenigen, die sie ursprünglich davon hat. Wir addieren nun Akteur A's und Akteur B's Nettonachfragen nach Gut 1. Dann erhalten wir

$$z_1(p_1, p_2) = e^1_A(p_1, p_2) + e^1_B(p_1, p_2)$$
$$= x^1_A(p_1, p_2) + x^1_B(p_1, p_2) - \omega^1_A - \omega^1_B,$$

was wir **aggregierte Überschussnachfrage** nach Gut 1 nennen. Für Gut 2 gibt es eine ähnliche Überschussnachfrage, die wir mit $z_2(p_1, p_2)$ bezeichnen.

Ein Gleichgewicht (p_1^*, p_2^*) kann dann dadurch beschrieben werden, dass die Überschussnachfrage nach jedem Gut Null ist:

$$z_1(p_1^*, p_2^*) = 0$$
$$z_2(p_1^*, p_2^*) = 0.$$

In der Tat ist diese Definition stärker als erforderlich. Es stellt sich heraus, dass bei einer aggregierten Überschussnachfrage von Null für Gut 1 die Überschussnachfrage nach Gut 2 notwendigerweise Null sein muss. Um das zu beweisen, ist es zweckmäßig, vorerst eine als **Walras'sches Gesetz** bekannte Eigenschaft der aggregierten Überschussnachfrage herauszuarbeiten.

29.6 Das Walras'sche Gesetz

Unter Verwendung der oben eingeführten Notation besagt das Walras'sche Gesetz, dass

$$p_1 z_1(p_1, p_2) + p_2 z_2(p_1, p_2) \equiv 0.$$

Das heißt, dass *der Wert der aggregierten Überschussnachfrage identisch Null ist*. Zu sagen, dass der Wert der aggregierten Nachfrage identisch Null ist, bedeutet, dass er für *alle* möglichen Preise, nicht nur für die Gleichgewichtspreise, Null ist.

Der Beweis dafür folgt aus der Addition der Budgetbeschränkungen der beiden Akteure. Nehmen wir zuerst Akteur A. Da seine Nachfrage nach jedem Gut die Budgetbeschränkung erfüllt, haben wir

$$p_1 x_A^1(p_1, p_2) + p_2 x_A^2(p_1, p_2) \equiv p_1 \omega_A^1 + p_2 \omega_A^2$$

oder

$$p_1 [x_A^1(p_1, p_2) - \omega_A^1] + p_2 [x_A^2(p_1, p_2) - \omega_A^2] \equiv 0$$

$$p_1 e_A^1(p_1, p_2) + p_2 e_A^2(p_1, p_2) \equiv 0.$$

Diese Gleichung sagt, dass der *Wert von Akteur A's Nettonachfrage gleich Null ist*. Das heißt, der Wert der Menge des Gutes 1 plus der Wert der Menge des Gutes 2, die A kaufen will, muss gleich Null sein. (Natürlich muss die Menge *eines* der Güter, die er kaufen will, negativ sein – das heißt, er beabsichtigt, etwas von einem der Güter zu verkaufen, um vom anderen etwas zu kaufen.)

Eine ähnliche Gleichung haben wir für Akteur B:

$$p_1 [x_B^1(p_1, p_2) - \omega_B^1] + p_2 [x_B^2(p_1, p_2) - \omega_B^2] \equiv 0$$

$$p_1 e_B^1(p_1, p_2) + p_2 e_B^2(p_1, p_2) \equiv 0.$$

Addition der Gleichungen für die Akteure A und B unter Verwendung der Definition der aggregierten Überschussnachfrage, $z_1(p_1, p_2)$ und $z_2(p_1, p_2)$, ergibt

$$p_1 [e_A^1(p_1, p_2) + e_B^1(p_1, p_2)] + p_2 [e_A^2(p_1, p_2) + e_B^2(p_1, p_2)] \equiv 0$$

$$p_1 z_1(p_1, p_2) + p_2 z_2(p_1, p_2) \equiv 0.$$

Nun können wir erkennen, woher das Walras'sche Gesetz stammt: Da der Wert der Überschussnachfrage jedes Akteurs gleich Null ist, muss der Wert der Summe der Überschussnachfragen beider Akteure gleich Null sein.

Wir können jetzt zeigen, dass bei Gleichheit von Angebot und Nachfrage auf dem einen Markt auch auf dem anderen Markt Angebot und Nachfrage gleich sein müssen. Beachte, dass das Walras'sche Gesetz für alle Preise gelten muss, da jeder Akteur seine Budgetbeschränkung bei allen Preisen erfüllen muss. Da das Walras'sche Gesetz für alle Preise gilt, so gilt es insbesondere für jenen Preisvektor, bei dem die Überschussnachfrage nach Gut 1 gleich Null ist:

$$z_1(p_1^*, p_2^*) = 0.$$

Nach dem Walras'schen Gesetz muss auch gelten, dass

$$p_1^* z_1(p_1^*, p_2^*) + p_2^* z_2(p_1^*, p_2^*) = 0.$$

Aus diesen zwei Gleichungen folgt unmittelbar, dass wir für $p_2 > 0$

$$z_2(p_1^*, p_2^*) = 0$$

erhalten müssen.

Das garantiert also, wie oben behauptet, dass für einen Preisvektor (p_1*, p_2*), bei dem die Nachfrage nach Gut 1 gleich dem Angebot von Gut 1 ist, die Nachfrage nach Gut 2 gleich dem Angebot von Gut 2 sein muss. Anders ausgedrückt: wenn wir einen Preisvektor finden, bei dem die Nachfrage nach Gut 2 gleich dem Angebot an Gut 2 ist, dann ist gewährleistet, dass sich der Markt 1 im Gleichgewicht befindet.

Wenn es, im Allgemeinen, Märkte für k Güter gibt, dann brauchen wir nur einen Preisvektor zu finden, bei dem $k - 1$ Märkte im Gleichgewicht sind. Das Walras'sche Gesetz impliziert dann, dass am Markt für das Gut k automatisch die Nachfrage gleich dem Angebot ist.

29.7 Relative Preise

Wie wir oben gesehen haben, impliziert das Walras'sche Gesetz, dass es in einem Allgemeinen Gleichgewichtsmodell mit k Gütern nur $k - 1$ unabhängige Gleichungen gibt: Wenn auf $k - 1$ Märkten die Nachfrage gleich dem Angebot ist, dann muss auch auf dem letzten Markt die Nachfrage gleich dem Angebot sein. Wenn es jedoch k Güter gibt, sind auch k Preise zu bestimmen. Wie kann man $k - 1$ Gleichungen nach k Preisen lösen?

Und tatsächlich gibt es nur $k - 1$ *unabhängige* Preise. Wir sahen im 2. Kapitel, dass bei Multiplikation aller Preise und des Einkommens mit einer positiven Zahl t das Budget sich nicht ändern würde, daher würde sich das nachgefragte Bündel ebenfalls nicht ändern. Im Allgemeinen Gleichgewichtsmodell ist das Einkommen jeder Konsumentin einfach der Wert ihrer Ausstattung zu Marktpreisen. Wenn wir alle Preise mit $t > 0$ multiplizieren, vervielfachen wir automatisch das Einkommen jeder Konsumentin um t. Wenn wir daher einen Vektor von Gleichgewichtspreisen, (p_1*, p_2*), finden, dann sind (tp_1*, tp_2*), für $t > 0$, ebenfalls Gleichgewichtspreise.

Das bedeutet, dass wir einen der Preise frei wählen können und ihn als konstant festlegen. Insbesondere ist es oft zweckmäßig, einen Preis gleich 1 zu setzen, und alle anderen Preise so zu interpretieren, dass sie in Bezug auf diesen Preis gemessen werden. Bereits im 2. Kapitel sahen wir, dass so ein Preis **Numéraire** genannt wird. Wenn wir den ersten Preis als Numéraire wählen, dann entspricht das einer Multiplikation aller Preise mit einer Konstanten $t = 1/p_1$.

Die Bedingung, dass auf jedem Markt die Nachfrage gleich dem Angebot ist, kann lediglich der Bestimmung der relativen Gleichgewichtspreise dienen, da eine Multiplikation aller Preise mit einer positiven Zahl niemandes Angebots- und Nachfrageverhalten ändern wird.

BEISPIEL: Algebraische Illustration eines Gleichgewichts

Die im 6. Kapitel beschriebene Cobb-Douglas Nutzenfunktion hat für Person A die Form $u_A(x^1{}_A, x^2{}_A) = (x^1{}_A)^a (x^2{}_A)^{1-a}$, mit einer ähnlichen Form für Person B. Diese Nutzenfunktionen führten zu folgenden Nachfragefunktionen:

$$x_A^1(p_1, p_2, m_A) = a\frac{m_A}{p_1}$$

$$x_A^2(p_1, p_2, m_A) = (1-a)\frac{m_A}{p_2}$$

$$x_B^1(p_1, p_2, m_B) = b\frac{m_B}{p_1}$$

$$x_B^2(p_1, p_2, m_B) = (1-b)\frac{m_B}{p_2}.$$

Dabei sind a und b die Parameter der Nutzenfunktionen der zwei Konsumentinnen.

Wir wissen, dass im Gleichgewicht das Geldeinkommen jeder Konsumentin durch den Wert ihrer Ausstattung gegeben ist:

$$m_A = p_1\omega_A^1 + p_2\omega_A^2$$
$$m_B = p_1\omega_B^1 + p_2\omega_B^2.$$

Die aggregierten Überschussnachfragefunktionen nach den zwei Gütern sind daher

$$z_1(p_1, p_2) = a\frac{m_A}{p_1} + b\frac{m_B}{p_1} - \omega_A^1 - \omega_B^1$$
$$= a\frac{p_1\omega_A^1 + p_2\omega_A^2}{p_1} + b\frac{p_1\omega_B^1 + p_2\omega_B^2}{p_1} - \omega_A^1 - \omega_B^1$$

und

$$z_2(p_1, p_2) = (1-a)\frac{m_A}{p_2} + (1-b)\frac{m_B}{p_2} - \omega_A^2 - \omega_B^2$$
$$= (1-a)\frac{p_1\omega_A^1 + p_2\omega_A^2}{p_2} + (1-b)\frac{p_1\omega_B^1 + p_2\omega_B^2}{p_2} - \omega_A^2 - \omega_B^2.$$

Man sollte überprüfen, dass diese aggregierten Nachfragefunktionen das Walras'sche Gesetz erfüllen.

Wählen wir p_2 als Numéraire; damit werden diese Gleichungen zu

$$z_1(p_1,1) = a\frac{p_1\omega_A^1 + \omega_A^2}{p_1} + b\frac{p_1\omega_B^1 + \omega_B^2}{p_1} - \omega_A^1 - \omega_B^1$$

$$z_2(p_1,1) = (1-a)(p_1\omega_A^1 + \omega_A^2) + (1-b)(p_1\omega_B^1 + \omega_B^2) - \omega_A^2 - \omega_B^2.$$

Wir haben hier lediglich $p_2 = 1$ gesetzt.

Wir haben nun eine Gleichung für die Überschussnachfrage nach Gut 1, $z_1(p_1, 1)$, und eine Gleichung für die Überschussnachfrage nach Gut 2, $z_2(p_1, 1)$, wobei jede Gleichung als eine Funktion des relativen Preises des Gutes 1, p_1, ausgedrückt wird. Um den *Gleichgewichts*preis zu finden, setzen wir eine der beiden Gleichungen gleich Null und lösen sie nach p_1. Nach dem Walras'schen Gesetz sollten wir denselben Gleichgewichtspreis erhalten, unabhängig davon welche Gleichung wir lösen.

Es stellt sich heraus, dass der Gleichgewichtspreis

$$p_1^* = \frac{a\omega_A^2 + b\omega_B^2}{(1-a)\omega_A^1 + (1-b)\omega_B^1}$$

sein wird. (Skeptikerinnen mögen diesen Wert für p_1 in die Relationen „Nachfrage ist gleich Angebot" einsetzen, um zu überprüfen, dass diese Gleichungen erfüllt sind.)

29.8 Die Existenz eines Gleichgewichts

In obigem Beispiel hatten wir spezifische Gleichungen für die Nachfragefunktionen jedes Konsumenten, und wir konnten sie explizit nach den Gleichgewichtspreisen lösen. Im Allgemeinen haben wir jedoch keine spezifischen algebraischen Formeln für die Nachfragen jedes Konsumenten. Wir können sehr wohl fragen, wie wir feststellen können, ob es *irgendeinen* Preisvektor gibt, sodass auf jedem Markt die Nachfrage gleich dem Angebot ist. Das ist die Frage nach der **Existenz eines Konkurrenzgleichgewichts**.

Die Existenz eines Konkurrenzgleichgewichts ist deswegen von Bedeutung, da es als eine „Konsistenzprüfung" der verschiedenen Modelle dient, die wir in den vorangehenden Kapiteln untersucht haben. Welchen Sinn hätte die Erarbeitung umfangreicher Theorien über die Funktionsweise eines Konkurrenzgleichgewichts, wenn so ein Gleichgewicht im Allgemeinen gar nicht bestehen würde?

Früher stellten die Ökonomen fest, dass auf einem Markt mit k Gütern $k-1$ Preise bestimmt werden müssen, und dass es $k-1$ Gleichgewichtsbedingungen gibt, die verlangen, dass auf jedem Markt Angebot gleich Nachfrage sein soll. Da die Zahl der Gleichungen gleich der Zahl der Unbekannten war, versicherten sie, dass es eine Lösung gäbe, für die alle Gleichungen erfüllt wären.

Bald stellten andere Ökonomen fest, dass solche Argumente irreführend waren. Bloßes Abzählen der Zahl der Gleichungen und Unbekannten genügt nicht, um die Existenz eines Gleichgewichts zu beweisen. Es gibt jedoch mathematische Hilfsmittel, die zum Nachweis der Existenz eines Konkurrenzgleichgewichts verwendet werden können. Als entscheidende Annahme stellt sich heraus, dass die aggregierte Überschussnachfragefunktion eine **kontinuierliche Funktion** ist. Das bedeutet, grob gesprochen, dass kleine Preisänderungen lediglich kleine Änderungen der aggregierten Nachfrage zur Folge haben sollten: Eine kleine Preisänderung sollte zu keinem großen Sprung in der nachgefragten Menge führen.

Unter welchen Bedingungen werden die aggregierten Nachfragefunktionen kontinuierlich sein? Im Wesentlichen werden zwei Bedingungen Kontinuität garantieren. Eine ist, dass die Nachfragefunktion jedes Individuums kontinuierlich ist – dass kleine Preisänderungen nur zu kleinen Nachfrageänderungen führen. Es stellt sich heraus, dass das erfordert, dass jeder Konsument konvexe Präferenzen hat, was wir im 3. Kapitel behandelten. Die andere Bedingung ist allgemeinerer Natur. Selbst wenn die Konsumenten diskontinuierliches Nachfrageverhalten haben, wird die aggregierte Nachfragefunktion kontinuierlich sein, solange alle Konsumenten relativ zur Größe des Marktes klein sind.

Die letzte Bedingung ist bemerkenswert. Schließlich ist ja die Annahme von Konkurrenzverhalten nur sinnvoll, wenn es eine große Zahl von Konsumenten gibt, die relativ zur Größe des Marktes klein sind. Das ist genau die Bedingung, die wir für kontinuierliche aggregierte Nachfragefunktionen brauchen. Und Kontinuität gibt uns grünes Licht für die Existenz eines Konkurrenzgleichgewichts. Es sind daher genau die Annahmen, die das behauptete Verhalten erst sinnvoll machen, welche sicherstellen, dass die Gleichgewichtstheorie nicht inhaltsleer ist.

29.9 Gleichgewicht und Effizienz

Wir haben nun den Markthandel in einem Modell des reinen Tausches untersucht. Das gibt uns ein spezifisches Tauschmodell, das wir mit dem allgemeinen Tauschmodell vergleichen können, das wir zu Beginn dieses Kapitels besprachen. Eine sich hinsichtlich der Verwendung eines Konkurrenzmarkts ergebende Frage ist, ob dieser Mechanismus wirklich alle Tauschgewinne ausschöpfen kann. Wird es noch weitere Tauschmöglichkeiten geben, welche die Leute ausführen wollen, nachdem wir den Tausch bis zum einem Konkurrenzgleichgewicht durchgeführt haben, bei dem auf jedem Markt Angebot gleich Nachfrage ist? Das ist einfach eine andere Art zu fragen, ob das Marktgleichgewicht Pareto-effizient ist: Werden die Akteure weiter tauschen wollen, nachdem sie zu Wettbewerbspreisen getauscht haben?

Die Antwort können wir aus Abbildung 29.4 ersehen: Es zeigt sich, dass die Allokation des Marktgleichgewichts Pareto-effizient *ist*. Der Beweis lautet folgendermaßen: Eine Allokation im Edgeworth-Diagramm ist Pareto-effizient, wenn die Menge an Bündeln, welche A bevorzugt, sich nicht mit der Bündelmenge schneidet, welche B bevorzugt. Beim Marktgleichgewicht muss aber die von A bevorzugte Bündelmenge oberhalb ihres Budgets liegen, dasselbe gilt für B, wobei „oberhalb" aus der Sicht von B zu verstehen ist. Die beiden Mengen bevorzugter Allokationen können sich daher nicht schneiden. Das bedeutet, dass es keine Allokationen gibt, die beide Akteure gegenüber der Gleichgewichtsallokation bevorzugen, das Gleichgewicht ist daher Pareto-effizient.

29.10 Die Algebra der Effizienz

Das können wir auch algebraisch zeigen. Angenommen wir haben ein Marktgleichgewicht, das *nicht* Pareto-effizient ist. Wir werden zeigen, dass diese Annahme zu einem logischen Widerspruch führt.

Die Behauptung, dass das Marktgleichgewicht nicht Pareto-effizient ist, bedeutet, dass es irgendeine andere durchführbare Allokation ($y^1{}_A$, $y^2{}_A$, $y^1{}_B$, $y^2{}_B$) gibt, sodass

$$y_A^1 + y_B^1 = \omega_A^1 + \omega_B^1 \qquad (29.1)$$

$$y_A^2 + y_B^2 = \omega_A^2 + \omega_B^2 \qquad (29.2)$$

und

$$(y_A^1, y_A^2) \succ_A (x_A^1, x_A^2) \qquad (29.3)$$

$$(y_B^1, y_B^2) \succ_B (x_B^1, x_B^2). \qquad (29.4)$$

Die zwei ersten Gleichungen besagen, dass die *y*-Allokation durchführbar ist, die zwei nächsten, dass sie von jedem Akteur gegenüber der *x*-Allokation bevorzugt wird. (Die Symbole $\succ_A$ und $\succ_B$ beziehen sich auf die Präferenzen der Akteure A und B.)

Annahmegemäß haben wir jedoch ein Marktgleichgewicht, bei dem jeder Akteur das beste Bündel kauft, das er sich leisten kann. Wenn ($y^1{}_A$, $y^2{}_A$) besser ist als das Bündel, das A wählt, dann muss es mehr kosten, als sich A leisten kann; Ähnliches gilt für B:

$$p_1 y_A^1 + p_2 y_A^2 > p_1 \omega_A^1 + p_2 \omega_A^2$$

$$p_1 y_B^1 + p_2 y_B^2 > p_1 \omega_B^1 + p_2 \omega_B^2.$$

Addieren wir nun diese beiden Gleichungen, dann erhalten wir

$$p_1(y_A^1 + y_B^1) + p_2(y_A^2 + y_B^2) > p_1(\omega_A^1 + \omega_B^1) + p_2(\omega_A^2 + \omega_B^2).$$

Setzen wir aus den Gleichungen (29.1) und (29.2) ein, ergibt das

$$p_1(\omega_A^1 + \omega_B^1) + p_2(\omega_A^2 + \omega_B^2) > p_1(\omega_A^1 + \omega_B^1) + p_2(\omega_A^2 + \omega_B^2),$$

was offensichtlich ein Widerspruch ist, da die linke und die rechte Seite gleich sind.

Wir leiteten diesen Widerspruch aus der Annahme ab, dass das Marktgleichgewicht nicht Pareto-effizient sei. Daher muss diese Annahme falsch sein. Es folgt, dass alle Marktgleichgewichte Pareto-effizient sind: Dieses Ergebnis ist als das **Erste Theorem der Wohlfahrtsökonomie** bekannt.

Das Erste Wohlfahrtstheorem gewährleistet, dass ein Wettbewerbsmarkt alle Vorteile des Tausches ausschöpft: Eine Gleichgewichtsallokation, die durch Konkurrenzmärkte erzielt wurde, wird notwendigerweise Pareto-effizient sein. Solch eine Allokation hat vielleicht keine anderen erwünschten Eigenschaften, aber sie wird notwendigerweise effizient sein.

Insbesondere sagt das Erste Wohlfahrtstheorem nichts über die Verteilung der ökonomischen Vorteile. Das Marktgleichgewicht könnte eventuell keine „gerechte" Allokation sein – wenn anfänglich Person A alles besitzt, würde sie nach einem „Tausch" noch immer alles besitzen. Das wäre effizient, aber es wäre nicht sehr fair. Trotz allem kommt der Effizienz doch eine gewisse Bedeutung zu, und es ist beruhigend zu wissen, dass ein einfacher Marktmechanismus, wie wir ihn beschrieben haben, in der Lage ist, eine effiziente Allokation zu erzielen.

BEISPIEL: Monopol im Edgeworth-Diagramm

Um das Erste Wohlfahrtstheorem besser zu verstehen, ist es nützlich, einen anderen Mechanismus der Ressourcenallokation zu betrachten, der nicht zu effizienten Ergebnissen führt. Ein schönes Beispiel ist der Versuch eines Konsumenten, sich als Monopolist zu verhalten. Nehmen wir nun an, es gibt keinen Auktionator, stattdessen gibt Akteur A die Preise dem Akteur B bekannt, darauf wird sich Akteur B entscheiden, wie viel er zu den genannten Preisen tauschen will. Weiters sei angenommen, dass A die „Nachfragekurve" von B kennt und versuchen wird, einen Preisvektor zu wählen, der A für das gegebene Nachfrageverhalten von B so gut wie möglich stellt.

Um das Gleichgewicht dieses Prozesses untersuchen zu können, wollen wir uns die Definition der **Preis-Konsumkurve** ins Gedächtnis rufen. Die im 6. Kapitel behandelte Preis-Konsumkurve stellt alle optimalen Entscheidungen des Konsumenten bei verschiedenen Preisen dar. B's Preis-Konsumkurve stellt jene Bündel dar, die er bei bestimmten Preisen kaufen wird; das heißt, sie beschreibt B's Nachfrageverhalten. Wenn wir eine Budgetgerade für B zeichnen, dann ist der Schnittpunkt dieser Budgetgeraden mit der Preis-Konsumkurve B's optimaler Konsum.

Wenn daher Akteur A jene Preise wählen und B anbieten will, welche A so gut wie möglich stellen, sollte er jenen Punkt auf B's Konsumkurve suchen, bei dem A den höchsten Nutzen hat. So eine Entscheidung ist in Abbildung 29.5 dargestellt.

Diese optimale Entscheidung wird wie üblich durch eine Tangentialbedingung charakterisiert sein: A's Indifferenzkurve wird B's Preis-Konsumkurve berühren. Wenn B's Preis-Konsumkurve die Indifferenzkurve von A schneiden würde, gäbe es einen Punkt auf B's Preis-Konsumkurve, den A bevorzugte – wir könnten daher nicht bei einem für A optimalen Punkt sein.

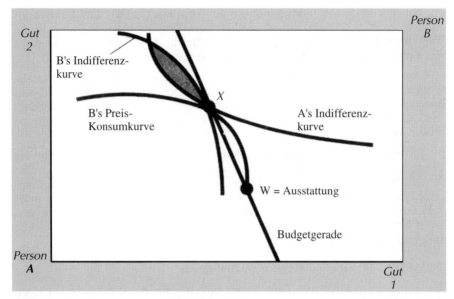

Abbildung 29.5 Monopol im Edgeworth-Diagramm. A wählt jenen Punkt auf B's Preis-Konsumkurve, der ihm, A, den höchsten Nutzen gibt.

Wenn wir diesen Punkt einmal identifiziert haben – er wird in Abbildung 29.5 mit X bezeichnet – ziehen wir einfach von der Ausstattung eine Budgetgerade zu diesem Punkt. Zu den Preisen, die diese Budgetgerade generieren, wird B das Bündel X wählen, und A wird so gut wie möglich gestellt sein.

Ist diese Allokation Pareto-effizient? Im Allgemeinen ist die Antwort nein. Um das zu sehen, stellt man einfach fest, dass A's Indifferenzkurve im Punkt X die Budgetgerade nicht berührt und daher auch nicht B's Indifferenzkurve. A's Indifferenzkurve berührt B's *Preis-Konsumkurve* und wird daher B's Indifferenzkurve nicht berühren. Die Monopolallokation ist Pareto-ineffizient.

Sie ist nämlich auf genau die gleiche Weise Pareto-ineffizient, die wir in unserer Besprechung des Monopols im 24. Kapitel beschrieben haben. Marginal würde A zu den Gleichgewichtspreisen mehr verkaufen wollen, aber er kann das nur durch Senkung des Verkaufspreises – und das wird sein Einkommen senken, das er aus all seinen inframarginalen Verkäufen erzielt.

Wir sahen im 25. Kapitel, dass ein perfekt diskriminierender Monopolist letztlich ein effizientes Outputniveau erzeugen würde. Wie erinnerlich konnte ein diskriminierender Monopolist jede Einheit eines Gutes an jene Person verkaufen, die bereit war, für diese Einheit am meisten zu zahlen. Wie sieht ein vollständig diskriminierender Monopolist im Edgeworth-Diagramm aus?

Die Antwort wird in Abbildung 29.6 dargestellt. Beginnen wir bei der ursprünglichen Ausstattung W und nehmen wir an, dass A jede Einheit des Gutes 1 an B zu einem anderen Preis verkauft – jenem Preis, bei dem B zwischen Kauf oder Nichtkauf dieser Einheit des Gutes gerade indifferent ist. Daher wird B, nach dem Verkauf der ersten Einheit durch A, auf derselben Indifferenzkurve bleiben. Dann verkauft A die zweite Einheit des Gutes 1 an B zum maximalen Preis, den dieser dafür zu zahlen bereit ist. Das bedeutet, dass die Allokation weiter nach links verschoben wird, jedoch auf B's Indifferenzkurve durch W verbleibt. Akteur A verkauft weiterhin an B auf dieselbe Art, er bewegt sich daher entlang B's Indifferenzkurve, um seinen – A's – bevorzugten Punkt zu finden, der in Abbildung 29.6 mit X bezeichnet ist.

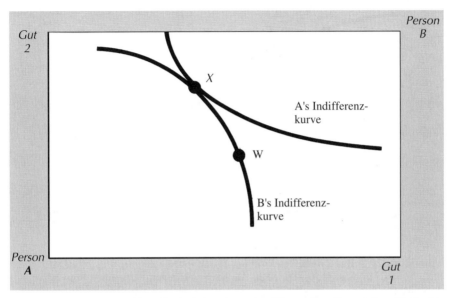

Abbildung 29.6 Ein vollständig diskriminierender Monopolist. Person A wählt Punkt X auf B's Indifferenzkurve durch die Ausstattung, die ihr den höchsten Nutzen bringt. So ein Punkt muss Pareto-effizient sein.

Es ist leicht zu erkennen, dass so ein Punkt Pareto-effizient sein muss. Akteur A wird für die gegebene Indifferenzkurve von B so gut wie möglich gestellt sein. Bei einem solchen Punkt ist es A gelungen, die gesamte Konsumentenrente aus Person B herauszuholen: B ist nicht besser dran als bei seiner Ausstattung.

Diese beiden Beispiele stellen nützliche Bezugspunkte zum Überdenken des Ersten Wohlfahrtstheorems dar. Der einfache Monopolist ist ein Beispiel für einen Mechanismus zur Ressourcenallokation, der zu ineffizienten Gleichgewichten führt, der diskriminierende Monopolist ist ein anderes Beispiel für einen Mechanismus, der in effizienten Gleichgewichten resultiert.

29.11 Effizienz und Gleichgewicht

Das Erste Wohlfahrtstheorem besagt, dass das Gleichgewicht auf Konkurrenzmärkten Pareto-effizient ist. Gilt das auch anders herum? Können wir für eine gegebene Pareto-effiziente Allokation Preise finden, sodass es sich um ein Marktgleichgewicht handelt? Es stellt sich heraus, dass die Antwort unter bestimmten Bedingungen ja ist. Die Argumentation wird in Abbildung 29.7 dargestellt.

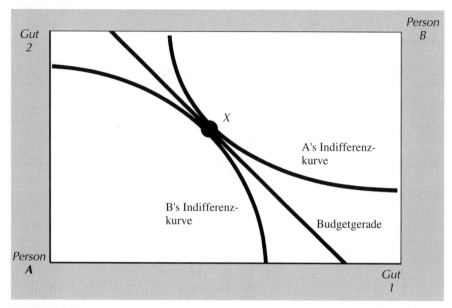

Abbildung 29.7 Das Zweite Theorem der Wohlfahrtsökonomie. Wenn die Präferenzen konvex sind, ist eine Pareto-effiziente Allokation für einen bestimmten Preisvektor ein Gleichgewicht.

Suchen wir eine Pareto-effiziente Allokation aus. Dann wissen wir, dass die Allokationsmenge, die A gegenüber ihrer derzeitigen Situation bevorzugt, von jener Menge getrennt ist, die B bevorzugt. Das impliziert natürlich, dass die zwei Indifferenzkurven einander bei der Pareto-effizienten Allokation berühren. Wir zeichnen daher in Abbildung 29.7 jene Gerade ein, welche die gemeinsame Tangente ist.

Angenommen die Gerade stellt die Budgets der Akteure dar. Wenn dann beide Akteure das beste Bündel aus ihrem Budget wählen, wird das dabei entstehende Gleichgewicht die ursprüngliche Pareto-effiziente Allokation sein.

Die Tatsache, dass die ursprüngliche Allokation effizient ist, bestimmt daher automatisch die Gleichgewichtspreise. Die Ausstattungen können irgendwelche Bündel sein, die zum entsprechenden Budget führen – das heißt Bündel, die irgendwo auf der konstruierten Budgetgeraden liegen.

Kann so eine Budgetgerade immer konstruiert werden? Leider ist die Antwort nein. Abbildung 29.8 enthält ein Beispiel dafür. Hier ist der dargestellte Punkt X Pareto-effizient, es gibt jedoch keine Preise, zu denen A und B beim Punkt X konsumieren wollen. Der offensichtlichste Kandidat ist im Diagramm eingezeichnet, aber die optimalen Nachfragemengen der Akteure A und B stimmen bei diesem Budget nicht überein. Akteur A möchte das Bündel Y nachfragen, Akteur B jedoch das Bündel X - zu diesen Preisen ist die Nachfrage nicht gleich dem Angebot.

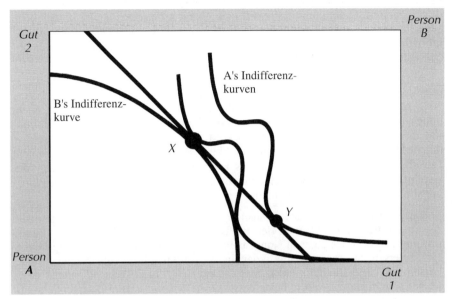

Abbildung 29.8 Eine Pareto-effiziente Allokation, die kein Gleichgewicht ist. Es ist möglich, in diesem Diagramm Pareto-effiziente Allokationen, wie zum Beispiel X, zu finden, die durch Konkurrenzmärkte nicht erreicht werden können, wenn die Präferenzen nicht konvex sind.

Der Unterschied zwischen den Abbildungen 29.7 und 29.8 ist, dass die Präferenzen in Abbildung 29.7 konvex sind, während es jene in Abbildung 29.8 nicht sind. Wenn die Präferenzen beider Akteure konvex sind, dann wird die gemeinsame Tangente beide Indifferenzkurve nicht öfter als einmal berühren und alles wird sich bestens entwickeln. Diese Beobachtung gibt uns das **Zweite Theorem der Wohlfahrtsökonomie**: Wenn alle Akteure konvexe Präferenzen haben, dann wird es immer einen Preisvektor geben, sodass jede Pareto-effiziente Allokation bei entsprechender Ausstattung ein Marktgleichgewicht ist.

Der Beweis ist im Wesentlichen das oben beschriebene geometrische Argument. Bei einer Pareto-effizienten Allokation müssen die von Akteur A und Akteur B jeweils bevorzugten Bündel getrennt sein. Wenn beide Akteure konvexe Präferenzen haben, können wir daher eine Gerade zwischen den beiden bevorzugten Bündeln ziehen, die beide voneinander trennt. Die Steigung dieser Geraden gibt uns die relativen Preise an, und jede Ausstattung, welche die zwei Akteure auf diese Gerade bringt, wird zu einem endgültigen Marktgleichgewicht führen, das die ursprüngliche Pareto-effiziente Allokation ist.

29.12 Implikationen des Ersten Wohlfahrtstheorems

Die zwei Theoreme der Wohlfahrtsökonomie gehören zu den fundamentalsten Ergebnissen der Ökonomie. Wir haben die Theoreme lediglich im einfachen Fall des Edgeworth-Diagramms dargestellt, sie gelten aber auch für viel komplexere Modelle mit einer beliebigen Zahl von Konsumenten und Gütern. Die Wohlfahrtstheoreme haben grundlegende Implikationen für die Konzeption von Möglichkeiten der Ressourcenallokation.

Nehmen wir das Erste Wohlfahrtstheorem. Es besagt, dass jedes Wettbewerbsgleichgewicht Pareto-effizient ist. Dabei gibt es kaum explizite Annahmen zu diesem Theorem – es folgt fast zur Gänze aus den Definitionen. Es gibt jedoch einige implizite Annahmen. Eine Hauptannahme ist, dass sich die Akteure nur um ihren eigenen Konsum an Gütern kümmern und nicht darum, was die anderen Akteure konsumieren. Wenn ein Akteur durch den Konsum eines anderen betroffen ist, dann sagen wir, dass es **externe Effekte im Konsum** gibt. Wir werden sehen, dass bei externen Effekten im Konsum ein Konkurrenzgleichgewicht nicht Pareto-effizient sein muss.

Nehmen wir als einfaches Beispiel an, dass Akteur A durch den Konsum von Zigarren durch Akteur B betroffen ist. Dann gibt es keinen besonderen Grund, warum die Wahl des eigenen Konsumbündels durch jeden Akteur bei gegebenen Marktpreisen zu einer Pareto-effizienten Allokation führen soll. Nachdem jede Person das beste Bündel gekauft hat, das sie sich leisten kann, könnte es noch immer Möglichkeiten geben, beide besser zu stellen – dass zum Beispiel A den B dafür bezahlt, weniger Zigarren zu rauchen. Wir werden externe Effekte ausführlicher im 32. Kapitel behandeln.

Eine andere wichtige, im Ersten Wohlfahrtstheorem implizite Annahme ist, dass die Akteure sich tatsächlich wie Konkurrenten verhalten. Wenn es, wie im Beispiel des Edgeworth-Diagramms, nur zwei Akteure gäbe, dann ist es unwahrscheinlich, dass jeder die Preise als gegeben betrachtet. Stattdessen würden die beiden Akteure wahrscheinlich ihre Marktmacht erkennen und versuchen, sie zur Verbesserung ihrer eigenen Position zu nützen. Das Konzept des Konkurrenzgleichgewichts ist nur bei Vorhandensein einer ausreichenden Zahl von Akteuren sinnvoll, um sicherzustellen, dass sich jeder als Konkurrent verhält.

Schließlich ist das Erste Wohlfahrtstheorem nur von Interesse, wenn ein Konkurrenzgleichgewicht tatsächlich existiert. Wie wir oben argumentierten, wird dies der Fall sein, wenn die Konsumenten relativ zur Größe des Marktes hinreichend klein sind.

Unter diesen Vorbehalten liefert das Erste Wohlfahrtstheorem ein ziemlich starkes Ergebnis: Ein privater Markt, auf dem jeder Akteur versucht, seinen eigenen Nutzen zu maximieren, wird zu einer Allokation führen, die Pareto-effizient ist.

Die Bedeutung des Ersten Wohlfahrtstheorems liegt darin, dass es einen allgemeinen Mechanismus vorgibt – den Konkurrenzmarkt –, den wir verwenden können, um Pareto-effiziente Ergebnisse zu garantieren. Wenn nur zwei Akteure involviert sind, spielt das wenig Rolle; es ist für zwei Leute einfach, zusammenzukommen und die gemeinsamen Tauschmöglichkeiten zu untersuchen. Wenn jedoch Tausende oder sogar Millionen Menschen involviert sind, muss man den Tauschprozess irgendwie strukturieren. Das Erste Wohlfahrtstheorem zeigt, dass die besondere Struktur eines Konkurrenzmarktes die wünschenswerte Eigenschaft hat, eine Pareto-effiziente Allokation zu erzielen.

Wenn wir es mit einem Ressourcenproblem und vielen Leuten zu tun haben, ist es wichtig festzustellen, dass die Verwendung von Konkurrenzmärkten mit der für jeden Akteur erforderlichen Information sparsam umgeht. Das einzige, was ein Konsument kennen muss, um seine Konsumentscheidungen treffen zu können, sind die Preise der Güter, die er für den Konsum in Betracht zieht. Die Konsumenten brauchen über die Produktionstechniken zur Herstellung der Güter nichts zu wissen, oder wer welche Güter besitzt, oder woher die Güter auf einem Konkurrenzmarkt kommen. Wenn jeder Konsument nur die Preise der Güter kennt, kann er seine Nachfragemengen bestimmen, und wenn der Markt zur Bestimmung der Wettbewerbspreise gut genug funktioniert, ist ein effizientes Ergebnis gewährleistet. Die Tatsache, dass Konkurrenzmärkte auf diese Art nur ein Minimum an Informationen erfordern, ist ein starkes Argument für ihre Verwendung zur Ressourcenallokation.

29.13 Implikationen des Zweiten Wohlfahrtstheorems

Das Zweite Theorem der Wohlfahrtsökonomie behauptet, dass jede Pareto-effiziente Allokation unter bestimmten Bedingungen als Wettbewerbsgleichgewicht erreicht werden kann.

Was bedeutet dieses Ergebnis? Das Zweite Wohlfahrtstheorem impliziert, dass die Probleme der Verteilung und der Effizienz getrennt werden können. Welche Pareto-effiziente Allokation man auch immer haben will, sie kann durch den Marktmechanismus erzielt werden. Der Marktmechanismus ist hinsichtlich der Verteilung neutral; was auch immer die Kriterien einer guten oder gerechten Verteilung sind, man kann Konkurrenzmärkte verwenden, um sie zu erreichen.

In einem Marktsystem spielen die Preise zwei Rollen: eine *allokative* und eine *distributive*. Die allokative Rolle der Preise besteht darin, relative Knappheit anzuzeigen; die distributive Rolle ist, zu bestimmen, wie viel der verschiedenen Güter von den verschiedenen Akteuren gekauft werden kann. Das Zweite Wohlfahrtstheorem besagt, dass diese beiden Rollen getrennt werden können: Wir können die Ausstattungen der Güter umverteilen, um zu bestimmen, wie viel Vermögen die Akteure haben, und dann die Preise dazu verwenden, relative Knappheit anzuzeigen.

Wirtschaftspolitische Diskussionen sind in dieser Hinsicht häufig verwirrend. Man hört oft Argumente für den Eingriff in Preisentscheidungen aus Gründen der Verteilungsgerechtigkeit. So eine Intervention ist jedoch typischerweise irreführend. Wie wir oben gesehen haben, besteht ein praktischer Weg zur Erreichung effizienter Allokationen für jeden Akteur darin, dass sie sich den wahren sozialen Kosten ihrer Aktionen gegenüber sieht, und Entscheidungen trifft, die diese Kosten reflektieren. Auf einem Markt mit vollständiger Konkurrenz werden die marginalen Entscheidungen, ob von einem bestimmten Gut mehr oder weniger konsumiert werden soll, von den Preisen abhängen – welche messen, wie alle dieses Gut marginal bewerten. Die Effizienzüberlegungen sind notwendigerweise marginale Entscheidungen - jede Person sollte sich bei ihren Konsumentscheidungen dem richtigen marginalen Trade-off gegenübersehen.

Die Entscheidung darüber, *wie viel* die verschiedenen Akteure konsumieren sollten, ist ein gänzlich anderes Problem. Auf einem Wettbewerbsmarkt wird das durch den Wert der Ressourcen bestimmt, die eine Person zum Verkauf hat. Aus der Sicht der reinen Theorie gibt es keinen Grund, warum der Staat Kaufkraft – Ausstattungen – unter den Konsumentinnen nicht in einer erwünschten Weise transferieren sollte.

Tatsächlich braucht der Staat nicht die physischen Ausstattungen zu übertragen. Es genügt, die Kaufkraft der Ausstattungen zu transferieren. Der Staat könnte eine Konsumentin auf der Basis des Wertes ihrer Ausstattung besteuern und dieses Geld an eine andere übertragen. Solange die Besteuerung auf dem Wert der Güter*ausstattung* der Konsumentin beruht, wird es keinen Effizienzverlust geben. Ineffizienzen entstehen erst, wenn die Steuern von den *Entscheidungen* einer Konsumentin abhängen, da sich in diesem Fall die Steuern auf die marginalen Entscheidungen der Konsumentin auswirken.

Es ist richtig, dass eine Besteuerung der Ausstattungen im Allgemeinen das Verhalten der Menschen verändern wird. Aber nach dem Ersten Wohlfahrtstheorem wird der Tausch von jeder beliebigen Ausstattung ausgehend zu einer Pareto-effizienten Allokation führen. Unabhängig davon, wie man die Ausstattungen umverteilt, wird die durch Marktkräfte bestimmte Gleichgewichtsallokation Pareto-effizient sein.

Es gibt dabei jedoch praktische Probleme. Einfach wäre eine Pauschalbesteuerung der Konsumentinnen. Wir könnten alle Konsumentinnen mit blauen Augen besteuern und die Erträge an Konsumentinnen mit braunen Augen umverteilen. Solange die Augenfarbe nicht verändert werden kann, gäbe es keinen Wohlfahrtsverlust. Oder wir können Konsumentinnen mit hohen IQ's besteuern und den Erlös an Konsumentinnen mit niedrigen IQ's umverteilen. Wiederum gibt es keinen Effizienzverlust aus dieser Art der Steuer, solange man den IQ messen kann.

Darin liegt aber das Problem. Wie sollen wir die Güterausstattungen der Leute messen? Für die meisten Menschen besteht der Großteil ihrer Ausstattung aus ihrer eigenen Arbeitskraft. Ihre Ausstattungen mit Arbeitsfähigkeit bestehen aus der Arbeitskraft, deren Verkauf sie in Betracht ziehen *könnten*, nicht jener Arbeitsmenge, die sie tatsächlich letzten Endes verkaufen. Die Besteuerung der Arbeit, für deren Verkauf auf dem Markt sich die Menschen entscheiden, ist eine **verzerrende Steuer**. Wenn das tatsächliche Arbeitsangebot besteuert wird, so wird die Arbeitsangebotsentscheidung der Konsumentinnen verzerrt werden – sie werden wahrscheinlich weniger Arbeit anbieten als sie ohne die Steuer angeboten hätten. Besteuerung des potenziellen Werts der Arbeit – der Ausstattung mit Arbeitsfähigkeit – wirkt nicht verzerrend. Definitionsgemäß kann der potenzielle

Wert der Arbeit durch Besteuerung an sich nicht verändert werden. Besteuerung des Werts der Ausstattung klingt einfach, bis wir erkennen, dass es dabei darum geht, etwas zu identifizieren und zu besteuern, das verkauft werden *könnte*, nicht etwas, das tatsächlich verkauft wird.

Wir könnten uns einen Mechanismus zur Einhebung dieser Art von Steuer *vorstellen*. Angenommen wir betrachten eine Gesellschaft, in der von jeder Konsumentin verlangt wird, das während 10 Arbeitsstunden von ihr verdiente Geld wöchentlich an den Staat abzuliefern. Diese Art der Steuer wäre unabhängig davon, wie viel eine Person tatsächlich arbeitete – sie würde nur von der Ausstattung mit Arbeitsfähigkeit abhängen, nicht davon, wie viel tatsächlich verkauft wurde. So eine Steuer überträgt grundsätzlich einen Teil der Zeitausstattung einer jeden Konsumentin an den Staat. Der Staat könnte dann diese Mittel verwenden, um verschiedene Güter bereitzustellen, oder er könnte einfach die Einnahmen an andere Akteure übertragen.

Nach dem Zweiten Wohlfahrtstheorem wirkt diese Art einer Pauschalbesteuerung nicht verzerrend. Prinzipiell könnte jede beliebige Pareto-effiziente Allokation durch so eine pauschale Umverteilung erreicht werden.

Niemand befürwortet jedoch eine derartig radikale Umstrukturierung des Steuersystems. Die Arbeitsangebotsentscheidungen der meisten Menschen sind gegenüber Änderungen des Lohnsatzes relativ unempfindlich, daher ist der Effizienzverlust aus der Besteuerung der Arbeit wahrscheinlich ohnehin nicht allzu groß. Die Botschaft des Zweiten Wohlfahrtstheorems ist jedoch wichtig. Die Preise sollten dazu verwendet werden, Knappheiten zu reflektieren. Pauschale Vermögenstransfers sollten zur Anpassung an Verteilungsziele herangezogen werden. Diese beiden wirtschaftspolitischen Entscheidungen können in hohem Maße getrennt werden.

Das Interesse der Menschen an der Verteilung des Wohlstands kann sie dazu verleiten, verschiedene Formen der Preismanipulation zu befürworten. So wurde zum Beispiel argumentiert, dass ältere Mitmenschen zu billigerem Telefondienst Zugang haben sollten, oder dass Kleinverbraucherinnen von Elektrizität niedrigere Tarife zahlen sollten als Großverbraucherinnen. Das sind grundsätzlich alles Versuche der Einkommensumverteilung durch das Preissystem, indem man einigen Leuten niedrigere Preise einräumt als anderen.

Wenn man sich das überlegt, handelt es sich um eine furchtbar ineffiziente Art der Einkommensumverteilung. Warum verteilt man nicht einfach das Einkommen um, wenn man Einkommen umverteilen will? Wenn man einer Person einen zusätzlichen Dollar gibt, dann kann sie sich entscheiden, von jenen Gütern mehr zu verbrauchen, die sie konsumieren will - nicht notwendigerweise nur das subventionierte Gut.

Zusammenfassung

1. Allgemeines Gleichgewicht beschäftigt sich mit der Untersuchung, wie sich die Wirtschaft anpassen kann, damit auf allen Märkten gleichzeitig das Angebot gleich der Nachfrage ist.
2. Das Edgeworth-Diagramm ist ein grafisches Instrument, um so ein Allgemeines Gleichgewicht mit 2 Konsumenten und 2 Gütern zu analysieren.
3. Eine Pareto-effiziente Allokation ist dann gegeben, wenn es keine durchführbare Reallokation der Güter gibt, die alle Konsumentinnen zumindest gleich gut und zumindest eine Konsumentin strikt besser stellen würde.
4. Das Walras'sche Gesetz besagt, dass der Wert der aggregierten Überschussnachfrage bei allen Preisen gleich Null ist.
5. Eine Allgemeine Gleichgewichtsallokation ist dann gegeben, wenn jede Akteurin aus der Gütermenge, die sie sich leisten kann, das bevorzugte Bündel auswählt.
6. In einem Allgemeinen Gleichgewichtssystem werden nur relative Preise bestimmt.
7. Wenn sich die Nachfrage nach jedem Gut bei einer Preisvariation kontinuierlich verändert, wird es immer einen Preisvektor geben, bei dem die Nachfrage gleich dem Angebot ist, das heißt ein Konkurrenzgleichgewicht.
8. Das Erste Theorem der Wohlfahrtsökonomie besagt, dass ein Konkurrenzgleichgewicht Pareto-effizient ist.
9. Das Zweite Theorem der Wohlfahrtsökonomie besagt, dass bei konvexen Präferenzen jede Pareto-effiziente Allokation als ein Konkurrenzgleichgewicht erreicht werden kann.

Wiederholungsfragen

1. Ist es möglich, eine Pareto-effiziente Allokation zu haben, bei der jemand schlechter gestellt ist als bei einer Allokation, die nicht Pareto-effizient ist?
2. Ist es möglich eine Pareto-effiziente Allokation zu haben, bei der alle schlechter gestellt sind als bei einer Allokation, die nicht Pareto-effizient ist?
3. Wenn wir die Kontraktkurve kennen, wissen wir bereits das Ergebnis eines jeden Tausches. Richtig oder falsch?
4. Kann irgendein Individuum besser gestellt werden, wenn wir bei einer Pareto-effizienten Allokation sind?
5. Wenn der Wert der Überschussnachfrage auf 8 von 10 Märkten gleich Null ist, was muss dann für die beiden verbleibenden Märkte gelten?

ANHANG

Wir wollen die Differenzialbedingungen untersuchen, welche Pareto-effiziente Allokationen beschreiben. Definitionsgemäß stellt eine Pareto-effiziente Allokation jeden Akteur so gut wie möglich, für einen gegebenen Nutzen des anderen Akteurs. Nehmen wir also zum Beispiel $\bar{u}$ als das Nutzenniveau des Akteurs B, und überlegen wir, wie wir Akteur A so gut wie möglich stellen könnten.

Das Maximierungsproblem ist

$$\max_{x_A^1, x_A^2, x_B^1, x_B^2} u_A(x_A^1, x_A^2)$$

unter den Nebenbedingungen $u_B(x_B^1, x_B^2) = \overline{u}$

$$x_A^1 + x_B^1 = \omega^1$$

$$x_A^2 + x_B^2 = \omega^2.$$

Hier sind $\omega^1 = \omega^1{}_A + \omega^1{}_B$ die von Gut 1 verfügbare Gesamtmenge und $\omega^2 = \omega^2{}_A + \omega^2{}_B$ die von Gut 2 verfügbare Gesamtmenge. Das Maximierungsproblem verlangt die Suche nach einer Allokation ($x^1{}_A$, $x^2{}_A$, $x^1{}_B$, $x^2{}_B$), die Person A's Nutzen so groß wie möglich macht, und zwar für einen gegebenen Nutzen von Person B, und gegeben, dass die verwendete Gesamtmenge jedes Gutes der verfügbaren Gesamtmenge gleich ist.

Wir können die Lagrange-Funktion für dieses Problem als

$$L = u_A(x_A^1, x_A^2) - \lambda(u_B(x_B^1, x_B^2) - \overline{u})$$
$$- \mu_1(x_A^1 + x_B^1 - \omega^1) - \mu_2(x_A^2 + x_B^2 - \omega^2)$$

schreiben.

Hier ist λ der Lagrange-Multiplikator der Nutzenbeschränkung, die μ's sind die Lagrange-Multiplikatoren der Ressourcenbeschränkungen. Wenn wir nach jedem der Güter ableiten, haben wir vier Bedingungen erster Ordnung, die bei der Optimallösung erfüllt sein müssen:

$$\frac{\partial L}{\partial x_A^1} = \frac{\partial u_A}{\partial x_A^1} - \mu_1 = 0$$

$$\frac{\partial L}{\partial x_A^2} = \frac{\partial u_A}{\partial x_A^2} - \mu_2 = 0$$

$$\frac{\partial L}{\partial x_B^1} = -\lambda \frac{\partial u_B}{\partial x_B^1} - \mu_1 = 0$$

$$\frac{\partial L}{\partial x_B^2} = -\lambda \frac{\partial u_B}{\partial x_B^2} - \mu_2 = 0.$$

Wenn wir die erste Gleichung durch die zweite dividieren, und die dritte durch die vierte, erhalten wir

$$MRS_A = \frac{\partial u_A / \partial x_A^1}{\partial u_A / \partial x_A^2} = \frac{\mu_1}{\mu_2} \qquad (29.5)$$

$$MRS_B = \frac{\partial u_B / \partial x_B^1}{\partial u_B / \partial x_B^2} = \frac{\mu_1}{\mu_2}. \qquad (29.6)$$

Die Interpretation dieser Bedingungen wurde im Text gegeben: Bei einer Pareto-effizienten Allokation, müssen die Grenzraten der Substitution zwischen den beiden Gütern dieselben sein. Ansonsten würde es irgendeine Tauschmöglichkeit geben, welche jeden Konsumenten besser stellen würde.

Erinnern wir uns an die Bedingungen, die für die optimale Entscheidung der Konsumenten gelten müssen. Wenn der Konsument A seinen Nutzen unter Beachtung der Budgetbeschränkung maximiert, Konsument B seinen Nutzen unter Beachtung seiner Budgetbeschränkung maximiert und beide Konsumenten sich denselben Preisen für die Güter 1 und 2 gegenüber sehen, müssen

$$\frac{\partial u_A / \partial x_A^1}{\partial u_A / \partial x_A^2} = \frac{p_1}{p_2} \qquad (29.7)$$

$$\frac{\partial u_B / \partial x_B^1}{\partial u_B / \partial x_B^2} = \frac{p_1}{p_2} \qquad (29.8)$$

gelten. Beachte die Ähnlichkeit mit den Effizienzbedingungen. Die Lagrange-Multiplikatoren in den Effizienzbedingungen, μ_1 und μ_2, entsprechen den Preisen, p_1 und p_2, der Konsumentscheidung. Daher werden Lagrange-Multiplikatoren bei dieser Art des Prob-lems manchmal als **Schattenpreise** oder **Effizienzpreise** bezeichnet.

Jede Pareto-effiziente Allokation muss Bedingungen erfüllen, die jenen der Gleichungen (29.5) und (29.6) entsprechen. Jedes Konkurrenzgleichgewicht muss den Gleichungen (29.7) und (29.8) entsprechende Relationen erfüllen. Die Bedingungen, welche Pareto-Effizienz und individuelle Maximierung auf einem Markt beschreiben, sind im Wesentlichen identisch.

30. Kapitel
PRODUKTION

Im letzten Kapitel beschrieben wir das allgemeine Gleichgewichtsmodell einer reinen Tauschwirtschaft und behandelten Probleme der Ressourcenallokation bei gegebenen Mengen eines jeden Gutes. In diesem Kapitel wollen wir beschreiben, wie die Produktion in den Rahmen des allgemeinen Gleichgewichts passt. Wenn Produktion möglich ist, dann sind die Gütermengen nicht konstant, sondern werden auf die Marktpreise reagieren.

Wenn Sie schon bisher meinten, die Annahme von zwei Konsumentinnen und zwei Gütern sei ein eingeschränkter Rahmen zur Analyse des Tausches, dann muss man sich einmal vorstellen, wie das erst bei der Produktion aussieht. Die minimale Zahl von Spielern für interessante Problemstellungen ist eine Konsumentin, ein Unternehmen und zwei Güter. Der traditionelle Name für dieses ökonomische Modell ist **Robinson Crusoe-Wirtschaft**, nach Defoes schiffbrüchigem Helden.

30.1 Die Robinson Crusoe-Wirtschaft

In dieser Wirtschaft spielt Robinson Crusoe eine Doppelrolle: Er ist sowohl Konsument als auch Produzent. Robinson kann seine Zeit damit verbringen, am Strand umherzulungern und damit Freizeit zu konsumieren, oder er kann die Zeit zum Sammeln von Kokosnüssen verwenden. Je mehr Kokosnüsse er sammelt, desto mehr hat er zu essen, aber umso weniger Zeit hat er, um sich an der Sonne zu bräunen.

Robinsons Präferenzen für Kokosnüsse und Freizeit sind in Abbildung 30.1 dargestellt. Sie entsprechen einfach den im 9. Kapitel dargestellten Präferenzen für Freizeit und Konsum, nur messen wir auf der horizontalen Achse Arbeit statt Freizeit. Bis hierher wurde noch nichts Neues hinzugefügt.

Nun soll die **Produktionsfunktion** eingezeichnet werden: Jene Funktion, welche die Beziehung zwischen dem Ausmaß an Robinsons Arbeit und der Anzahl der dafür erhaltenen Kokosnüsse illustriert. Sie wird typischerweise die in Abbildung 30.1 dargestellte Form haben. Je mehr Robinson arbeitet, umso mehr Kokosnüsse wird er erhalten; wegen der abnehmenden Erträge der Arbeit fällt das Grenzprodukt seiner Arbeit: Die Zahl der zusätzlichen Kokosnüsse, die er aus einer zusätzlichen Arbeitsstunde erhält, fällt mit steigenden Arbeitsstunden.

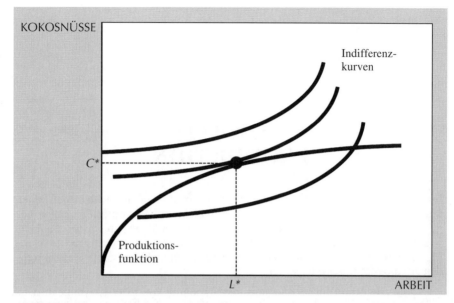

Abbildung 30.1 Die Robinson Crusoe-Wirtschaft. Die Indifferenzkurven geben Robinsons Präferenzen für Kokosnüsse und Freizeit wieder. Die Produktionsfunktion stellt die technologischen Beziehungen zwischen der eingesetzten Arbeit und der Menge an Kokosnüssen dar.

Wie viel arbeitet Robinson und wie viel konsumiert er? Um diese Frage zu beantworten, sucht man die höchste Indifferenzkurve, welche die Produktionsfunktion gerade berührt. Das wird die bevorzugte Kombination von Arbeit und Konsum angeben, die Robinson – bei gegebener Technologie für das Kokosnusssammeln – erreichen kann.

In diesem Punkt muss nach der üblichen Argumentation die Steigung der Indifferenzkurve gleich der Steigung der Produktionsfunktion sein: Würden sie sich schneiden, gäbe es irgend einen anderen erreichbaren Punkt, der bevorzugt wäre. Das bedeutet, dass das Grenzprodukt einer zusätzlichen Arbeitsstunde gleich der Grenzrate der Substitution zwischen Freizeit und Kokosnüssen sein muss. Wäre das Grenzprodukt größer als die Grenzrate der Substitution, würde es sich für Robinson lohnen, ein wenig Freizeit aufzugeben, um zusätzliche Kokosnüsse zu bekommen. Wäre das Grenzprodukt kleiner als die Grenzrate der Substitution, würde es sich für Robinson lohnen, etwas weniger zu arbeiten.

30.2 Crusoe AG

Bis jetzt ist diese Geschichte nur eine geringfügige Erweiterung der Modelle, die wir bereits kennen. Nun fügen wir einen neuen Aspekt hinzu. Angenommen Robinson hat genug davon, gleichzeitig Produzent und Konsument zu sein, und er beschließt, die Rollen abwechselnd zu spielen. Einen Tag wird er sich gänzlich als Produzent, am nächsten Tag zur Gänze als Konsument verhalten. Um diese Aktivitäten zu koordinieren, beschließt er die Einrichtung eines Arbeitsmarkts und eines Kokosnussmarkts.

Er gründet auch eine Unternehmung, Crusoe AG, und wird ihr einziger Aktionär. Die Unternehmung wird sich die Preise für Arbeit und Kokosnüsse ansehen und entscheiden, wie viel Arbeit sie nachfragen und wie viele Kokosnüsse sie erzeugen wird, gemäß dem Grundsatz der Gewinnmaximierung. In seiner Rolle als Arbeiter wird Robinson Einkommen aus der Arbeit bei der Unternehmung beziehen; in seiner Rolle als Aktionär wird er Gewinn erzielen; und in seiner Rolle als Konsument wird er entscheiden, wie viel er vom Output der Unternehmung kaufen soll. (Zweifellos klingt das eigenartig, aber was sollte man sonst auf einer Wüsteninsel machen?)

Um seine Geschäfte verfolgen zu können, erfindet Robinson eine Währung, die er „Euro" nennt, und er entscheidet etwas willkürlich, den Preis der Kokosnüsse mit einem Euro je Stück festzulegen. Kokosnüsse sind daher in dieser Wirtschaft das Numéraire-Gut; wie wir im 2. Kapitel gesehen haben, ist jenes Gut ein Numéraire-Gut, dessen Preis mit eins festgelegt wurde. Da der Kokosnusspreis auf eins normiert wurde, müssen wir nur den Lohnsatz bestimmen. Wie hoch sollte sein Lohnsatz sein, damit dieser Markt funktioniert?

Überlegen wir das Problem zuerst aus der Sicht der Crusoe AG, dann aus der Sicht von Robinson, dem Konsumenten. Die Diskussion ist manchmal etwas schizophren, aber das muss man bereit sein zu akzeptieren, wenn man eine Wirtschaft mit nur einer Person haben will. Wir sehen uns nun die Wirtschaft an, nachdem sie bereits einige Zeit hindurch gelaufen ist, und alles sich im Gleichgewicht befindet. Im Gleichgewicht wird die Nachfrage nach Kokosnüssen gleich dem Angebot an Kokosnüssen sein und die Nachfrage nach Arbeit wird gleich dem Angebot an Arbeit sein. Sowohl die Crusoe AG als auch der Konsument Robinson werden optimale Entscheidungen unter den gegebenen Beschränkungen treffen.

30.3 Die Unternehmung

Jeden Abend entscheidet die Crusoe AG, wie viel Arbeit sie am nächsten Tag nachfragen und wie viele Kokosnüsse sie erzeugen will. Für einen gegebenen Preis der Kokosnüsse von 1 und einem Lohnsatz von w können wir das Gewinnmaximierungsproblem der Unternehmung in Abbildung 30.2 lösen. Zuerst nehmen wir alle Kombinationen von Kokosnüssen und Arbeit, die ein konstantes Gewinnniveau π ergeben. Das bedeutet, dass

$$\pi = C - wL.$$

Auflösung nach C ergibt

$$C = \pi + wL.$$

Diese Formel beschreibt, wie im 19. Kapitel, die Isogewinnlinien – alle Kombinationen von Arbeit und Kokosnüssen, die einen Gewinn von π abwerfen. Die Crusoe AG wird einen Punkt wählen, bei dem der Gewinn maximiert wird. Wie üblich impliziert das eine Tangentialbedingung: Die Steigung der Produktionsfunktion – das Grenzprodukt der Arbeit – muss gleich dem Lohnsatz w sein, wie in Abbildung 30.2 dargestellt.

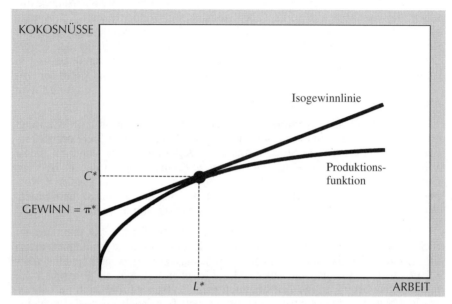

Abbildung 30.2 Gewinnmaximierung. Die Crusoe AG wählt einen Produktionsplan, der den Gewinn maximiert. Die Produktionsfunktion und eine Isogewinnlinie werden einander im optimalen Punkt berühren.

Der vertikale Achsenabschnitt der Isogewinnlinie misst daher das maximale Gewinnniveau, ausgedrückt in Kokosnüssen: Wenn Robinson Gewinne im Ausmaß von π^* Euro erzielt, dann kann er damit π^* Kokosnüsse kaufen, da der Preis der Kokosnüsse als 1 gewählt wurde. Jetzt haben wir's. Die Crusoe AG hat ganze Arbeit geleistet. Für einen gegebenen Lohnsatz w hat sie bestimmt, wie viel Arbeit sie beschäftigen, wie viele Kokosnüsse sie produzieren und welchen Gewinn sie nach diesem Plan erzielen wird. Die Crusoe AG kündigt eine Dividende von π^* Euro an und schickt sie an ihren einzigen Aktionär, Robinson.

30.4 Robinsons Problem

Am nächsten Tag erwacht Robinson und erhält seine Dividende von π^* Euro. Während er sein Kokosnussfrühstück isst, überlegt er, wie viel er arbeiten und konsumieren möchte. Er könnte in Betracht ziehen, einfach seine Ausstattung zu konsumieren – er gibt seinen Gewinn für π^* Kokosnüsse aus und konsumiert seine verfügbare Freizeit. Lediglich auf das Knurren seines Magens zu lauschen, ist auch nicht so erfreulich, und es könnte sinnvoll sein, stattdessen ein paar Stunden zu arbeiten. Daher schleppt sich Robinson zur Crusoe AG und beginnt, Kokosnüsse zu sammeln, so wie er das bereits bisher jeden zweiten Tag machte.

Wir können Robinsons Arbeit-Konsum-Entscheidung mit Hilfe der normalen Indifferenzkurvenanalyse beschreiben. Wenn wir Arbeit auf der horizontalen und Kokosnüsse auf der vertikalen Achse auftragen, können wir – wie in Abbildung 30.3 – eine Indifferenzkurve einzeichnen.

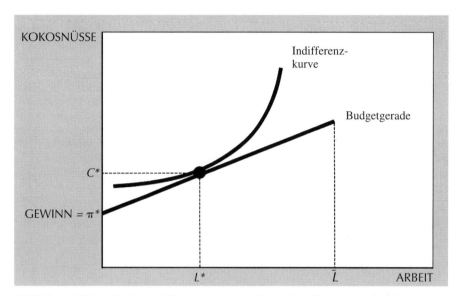

Abbildung 30.3 Robinsons Maximierungsproblem. Der Konsument Robinson entscheidet, wie viel er bei gegebenen Preisen und Löhnen konsumieren und arbeiten will. Der Optimalpunkt liegt dort, wo die Indifferenzkurve die Budgetgerade berührt.

Da Arbeit annahmegemäß ein „Schlecht" ist und Kokosnüsse ein Gut sind, hat die Indifferenzkurve die im Diagramm dargestellte positive Steigung. Wenn wir die maximale Arbeitsmenge mit $\bar{L}$ bezeichnen, dann gibt die Entfernung von $\bar{L}$ zum gewählten Arbeitsangebot Robinsons Nachfrage nach Freizeit an. Das entspricht dem im 9. Kapitel untersuchten Arbeitsangebotsmodell, nur haben wir den Ursprung der horizontalen Achse umgedreht.

Robinsons Budgetgerade ist ebenfalls in Abbildung 30.3 illustriert. Sie hat die Steigung w und geht durch seine Ausstattung $(0, \pi^*)$. (Robinson hat eine Arbeitsausstattung von 0 und eine Ausstattung mit Kokosnüssen von π^*, da das sein Bündel wäre, wenn er keine Marktaktivitäten setzte.) Beim gegebenen Lohnsatz entscheidet Robinson, wie viel er im Optimum arbeiten und wie viele Kokosnüsse er konsumieren will. Beim optimalen Konsum, muss die Grenzrate der Substitution zwischen Konsum und Freizeit gleich dem Lohnsatz sein, genau wie in einem gewöhnlichen Entscheidungsproblem eines Konsumenten.

30.5 Fügen wir beides zusammen

Nun legen wir Abbildung 30.3 über Abbildung 30.2 und erhalten Abbildung 30.4. Schau, was passiert ist! Robinsons groteskes Verhalten hat doch noch zu einem sinnvollen Ergebnis geführt. Er konsumiert schließlich genau beim gleichen Punkt, bei dem er konsumiert hätte, wenn er alle Entscheidungen gleichzeitig getroffen hätte. Die Verwendung des Marktsystems führt zum gleichen Ergebnis wie die direkte Entscheidung über die Konsum- und Produktionspläne.

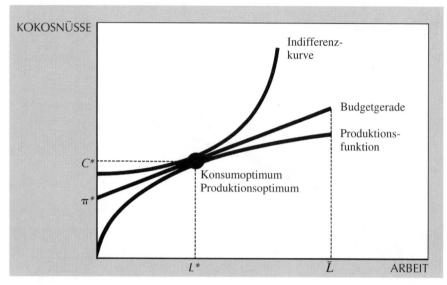

Abbildung 30.4 Gleichgewicht sowohl im Konsum als auch in der Produktion. Die vom Konsumenten Robinson nachgefragte Menge an Kokosnüssen ist gleich der von der Crusoe AG angebotenen Menge.

Da die Grenzrate der Substitution zwischen Freizeit und Konsum gleich dem Lohnsatz ist, und das Grenzprodukt der Arbeit ebenfalls gleich dem Lohnsatz ist, können wir sicher sein, dass die Grenzrate der Substitution zwischen Arbeit und Konsum dem Grenzprodukt gleich ist – das heißt, dass die Steigungen der Indifferenzkurve und der Produktionsfunktion gleich sind.

Im Falle einer Ein-Personen-Wirtschaft ist die Verwendung des Marktes ziemlich einfältig. Warum sollte sich Robinson damit abmühen, seine Entscheidung in zwei Teile zu zerlegen? In einer Wirtschaft mit vielen Menschen, erscheint es hingegen nicht mehr so abwegig, Entscheidungen zu zerlegen. Wenn es viele Unternehmungen gibt, ist die Befragung jeder Person, wie viel sie von jedem Gut will, einfach unpraktisch. In einer Marktwirtschaft achten die Unternehmungen lediglich auf die Güterpreise, um ihre Produktionsentscheidungen zu treffen. Denn die Güterpreise messen, wie hoch die Konsumentinnen *zusätzliche* Konsumeinheiten bewerten. Und meistens sehen sich Unternehmungen vor der Entscheidung, ob sie mehr oder weniger Output erzeugen sollten.

Die Marktpreise reflektieren die marginalen Werte der Güter, welche die Unternehmen als Inputs und Outputs verwenden. Wenn Unternehmen die Änderung des Gewinns als Anhaltspunkt für ihre Produktion verwenden, wobei die Gewinne zu Marktpreisen gemessen werden, dann werden ihre Entscheidungen die marginalen Bewertungen der Güter durch die Konsumentinnen widerspiegeln.

30.6 Verschiedene Technologien

In der vorangehenden Diskussion haben wir angenommen, dass die für Robinson verfügbare Technologie abnehmende Erträge der Arbeit aufweist. Da Arbeit der einzige Input in die Produktion war, war dies gleichbedeutend mit abnehmenden Skalenerträgen. (Das gilt nicht unbedingt, wenn es mehr als einen Input gibt!)

Es ist zweckmäßig, sich einige andere Möglichkeiten zu überlegen. Nehmen wir zum Beispiel an, die Technologie weist konstante Skalenerträge auf. Wie erinnerlich bedeuten konstante Skalenerträge, dass die Verwendung der doppelten Menge aller Inputs doppelt so viel Output hervorbringt. Im Fall einer Produktionsfunktion mit einem Input, bedeutet das, dass die Produktionsfunktion eine Gerade durch den Ursprung sein muss, wie in Abbildung 30.5 dargestellt.

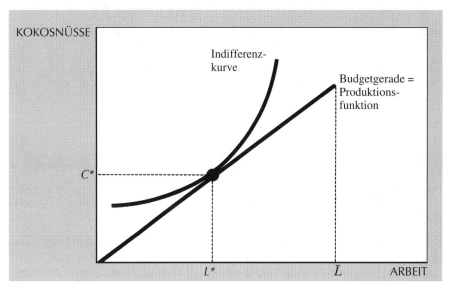

Abbildung 30.5 Konstante Skalenerträge. Wenn die Technologie konstante Skalenerträge aufweist, erzielt die Crusoe AG keine Gewinne.

Da die Technologie konstante Skalenerträge aufweist, folgt aus der Argumentation des 18. Kapitels, dass die einzig sinnvolle Position einer Unternehmung bei einem Gewinn von Null ist. Das gilt deswegen, weil es sich bei einem Gewinn größer als Null für die Unternehmung lohnen würde, den Output unendlich auszuweiten; wären die Gewinne jemals kleiner als Null, wäre es für das Unternehmen besser, nichts zu produzieren.

Robinsons Ausstattung besteht daher aus Null Gewinn und $\bar{L}$, seiner ursprünglichen Ausstattung mit Arbeitszeit. Sein Budget fällt mit der Produktionsfunktion zusammen, und die Geschichte ist der bisherigen ziemlich ähnlich.

Etwas anders ist die Lage bei der in Abbildung 30.6 enthaltenen Technologie mit steigenden Skalenerträgen. In diesem einfachen Beispiel gibt es keine Schwierigkeiten, die für Robinson optimale Konsum- und Freizeitentscheidung darzustellen. Die Indifferenzkurve wird wie üblich die Produktionsfunktion berühren. Das Problem entsteht aus dem Versuch, diesen Punkt auch als gewinnmaximierend rechtzufertigen. Denn wenn sich die Unternehmung jenen Preisen gegenübersähe, die durch Robinsons Grenzrate der Substitution gegeben sind, würde sie mehr Output erzeugen wollen, als Robinson nachfragte.

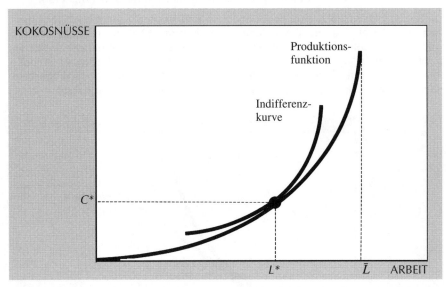

Abbildung 30.6 Steigende Skalenerträge. Die Produktionsfunktion weist steigende Skalenerträge auf und die Pareto-effiziente Allokation kann durch einen Konkurrenzmarkt nicht erreicht werden.

Wenn das Unternehmen bei der optimalen Entscheidung steigende Skalenerträge aufweist, dann werden die Durchschnittskosten der Produktion die Grenzkosten übersteigen – und das bedeutet, dass das Unternehmen negative Gewinne erzielen wird. Das Ziel der Gewinnmaximierung würde die Unternehmen veranlassen, dass sie ihren Output erhöhen wollen – das wäre jedoch inkompatibel mit der Nachfrage nach Output und dem Angebot an Inputs durch die Konsumenten. Im abgebildeten Fall gibt es *keinen* Preis, bei dem die nutzenmaximierende Nachfrage durch den Konsumenten dem gewinnmaximierenden Angebot der Unternehmung gleich ist.

Steigende Skalenerträge sind ein Beispiel für eine **Nicht-Konvexität**. In diesem Fall ist die Produktionsmenge - die Menge an Kokosnüssen und Arbeit, die in der Wirtschaft möglich sind - keine konvexe Menge. Daher wird die gemeinsame Tangente an die Indifferenzkurve und die Produktionsfunktion im Punkt (L^*, C^*) in Abbildung 30.6 die bevorzugten Punkte nicht von den möglichen Punkten trennen, wie das in Abbildung 30.4 der Fall ist.

Derartige Nicht-Konvexitäten stellen große Schwierigkeiten für das Funktionieren von Konkurrenzmärkten dar. Auf einem Konkurrenzmarkt achten Konsumenten und Unternehmen nur auf einen Vektor - die Marktpreise, um ihre Konsum- und Produktionsentscheidungen zu treffen. Wenn die Technologie und die Präferenzen konvex sind, dann brauchen die ökonomischen Akteure nichts anderes für effiziente Entscheidungen zu kennen, als die Beziehung zwischen den Preisen und den Grenzraten der Substitution in der Umgebung jener Punkte, bei denen die Wirtschaft derzeit produziert: Die Preise sagen den Akteuren alles Notwendige, um eine effiziente Allokation der Ressourcen zu bestimmen.

Wenn aber die Technologie und/oder die Präferenzen nicht konvex sind, dann vermitteln die Preise nicht die gesamte, zur Wahl einer effizienten Allokation erforderliche Information. Informationen über die Steigungen der Produktionsfunktion und der Indifferenzkurven weiter entfernt vom derzeitigen Produktionsniveau sind ebenfalls erforderlich.

Diese Aussagen gelten jedoch nur, wenn die Skalenerträge in Relation zum Ausmaß des Marktes relativ groß sind. Kleine Bereiche steigender Skalenerträge stellen für einen Konkurrenzmarkt keine übermäßigen Schwierigkeiten dar.

30.7 Produktion und das Erste Wohlfahrtstheorem

Wie erinnerlich ist im Fall einer reinen Tauschökonomie ein Konkurrenzgleichgewicht Pareto-effizient. Das ist als das Erste Theorem der Wohlfahrtsökonomie bekannt. Gilt das gleiche Ergebnis in einer Wirtschaft mit Produktion? Der oben verwendete diagrammatische Ansatz reicht zur Beantwortung dieser Frage nicht aus, aber eine Verallgemeinerung des im 29. Kapitel dargestellten algebraischen Arguments hilft weiter. Es zeigt sich, dass die Antwort ja ist: Wenn alle Unternehmen als Gewinnmaximierer unter Wettbewerb handeln, dann wird ein Konkurrenzgleichgewicht Pareto-effizient sein.

Dieses Ergebnis gilt unter den üblichen Vorbehalten. Erstens hat es nichts mit Verteilung zu tun. Gewinnmaximierung garantiert nur Effizienz, nicht Gerechtigkeit! Zweitens ist dieses Ergebnis nur sinnvoll, wenn ein Konkurrenzgleichgewicht tatsächlich existiert. Insbesondere sind dadurch große Bereiche steigender Skalenerträge ausgeschlossen. Drittens unterstellt das Theorem implizit, dass die Entscheidungen eines Unternehmens die Produktionsmöglichkeiten anderer Unternehmen nicht beeinflussen. Das heißt, dass die Möglichkeit **externer Effekte in der Produktion** ausscheidet. Ebenso verlangt das Theorem, dass die Produktionsentscheidungen der Unternehmen die Konsummöglichkeiten der Konsumentinnen nicht direkt berühren; das heißt, es gibt keine **externen Effekte im Konsum**. Genauere Definitionen der externen Effekte werden im 32. Kapitel gegeben, wo wir ihre Auswirkungen auf effiziente Allokationen im Einzelnen untersuchen werden.

30.8 Produktion und das Zweite Wohlfahrtstheorem

Im Fall einer reinen Tauschwirtschaft ist jede Pareto-effiziente Allokation ein mögliches Konkurrenzgleichgewicht, solange die Konsumenten konvexe Präferenzen haben. Dasselbe gilt für den Fall einer Wirtschaft mit Produktion, jedoch wird hier nicht nur gefordert, dass die Präferenzen der Konsumenten konvex sind, sondern auch die Produktionsfunktionen der Unternehmen. Wie oben erläutert, wird durch diese Anforderung die Möglichkeit steigender Skalenerträge ausgeschlossen: Wenn Unternehmen beim Gleichgewichtsniveau der Produktion steigende Skalenerträge haben, würden sie zu den Konkurrenzpreisen mehr Output erzeugen wollen.

Bei konstanten oder fallenden Skalenerträgen ist jedoch das Zweite Wohlfahrtstheorem voll gültig. Jede Pareto-effiziente Allokation kann durch Konkurrenzmärkte erreicht werden. Im Allgemeinen wird es natürlich notwendig sein, die Ausstattungen unter den Konsumenten umzuverteilen, um verschiedene Pareto-effiziente Allokationen zu erreichen. Insbesondere werden sowohl das Einkommen aus der Ausstattung mit Arbeit als auch aus dem Besitz von Unternehmensanteilen umverteilt werden müssen. Wie im letzten Kapitel angedeutet, können solche Umverteilungen bedeutende praktische Schwierigkeiten mit sich bringen.

30.9 Transformationskurve

Wir haben nun gesehen, wie Produktions- und Konsumentscheidungen in einer Wirtschaft mit einem Input und einem Output getroffen werden können. In diesem Abschnitt wollen wir untersuchen, wie dieses Modell zu einer Wirtschaft mit mehreren Inputs und Outputs verallgemeinert werden kann. Obwohl wir nur den Fall von zwei Gütern behandeln werden, können die Konzepte ohne Schwierigkeit auf viele Güter ausgedehnt werden.

Nehmen wir also an, es gibt irgendein anderes Gut, das Robinson herstellen möchte - etwa Fisch. Er kann seine Zeit entweder zum Sammeln von Kokosnüssen oder zum Fischen verwenden. In Abbildung 30.7 haben wir die verschiedenen Kombinationen von Kokosnüssen und Fisch dargestellt, die Robinson durch verschiedenen Zeitaufwand für jede Tätigkeit erzeugen kann. Das ist als die **Menge an Produktionsmöglichkeiten** bekannt. Die Grenze der Produktionsmöglichkeitenmenge wird **Transformationskurve** genannt. Das sollte der vorher behandelten Produktionsfunktion gegenübergestellt werden, welche die Beziehung zwischen dem Inputfaktor und dem Outputgut darstellt; die Transformationskurve stellt nur die mögliche Menge an *Output*gütern dar. (Bei fortgeschritteneren Analysen können sowohl Inputs als auch Outputs als Teil der Transformationskurve angesehen werden, aber diese Probleme können nicht ganz leicht mittels zweidimensionaler Diagramme dargestellt werden.)

Die Form der Transformationskurve hängt von der Art der zugrundeliegenden Technologien ab. Wenn die Technologien zur Erzeugung von Fischen und von Kokosnüssen konstante Skalenerträge aufweisen, wird die Transformationskurve eine besonders einfache Form annehmen. Da es annahmegemäß nur einen Produktionsinput gibt – Robinsons Arbeit – werden die Produktionsfunktionen für Fisch und für Kokosnüsse einfach *lineare* Funktionen der Arbeit sein.

Nehmen wir zum Beispiel an, dass Robinson entweder 10 Pfund Fisch oder

20 Pfund Kokosnüsse pro Stunde „erzeugen" kann. Wenn er dann L_f Stunden der Fischproduktion und L_c Stunden der Kokosnussproduktion widmet, dann wird er $10L_f$ Pfund an Fisch und $20L_c$ Pfund an Kokosnüssen erzeugen. Angenommen Robinson entscheidet sich, 10 Stunden pro Tag zu arbeiten. Dann wird die Produktionsmöglichkeitenmenge aus allen Kombinationen von Fisch F und Kokosnüssen C bestehen, sodass

$$F = 10L_f$$
$$C = 20L_c$$
$$L_c + L_f = 10.$$

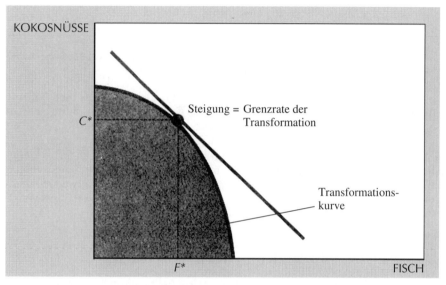

Abbildung 30.7 Eine Transformationskurve. Die Transformationskurve gibt die mögliche Menge an Outputs bei gegebener Technologie und gegebenen Inputmengen an.

Die beiden ersten Gleichungen geben die Produktionsbeziehungen an, die dritte misst die Ressourcenbeschränkung. Um die Transformationskurve zu bestimmen, löst man die beiden ersten Gleichungen nach L_f und L_c und erhält

$$L_f = \frac{F}{10}$$
$$L_c = \frac{C}{20}.$$

Addition dieser zwei Gleichungen unter Ausnützung der Tatsache, dass $L_f + L_c = 10$, finden wir

$$\frac{F}{10} + \frac{C}{20} = 10.$$

Diese Gleichung gibt alle Kombinationen von Fisch und Kokosnüssen an, die Robinson erzeugen kann, wenn er 10 Stunden pro Tag arbeitet. Sie ist in Abbildung 30.8A eingezeichnet.

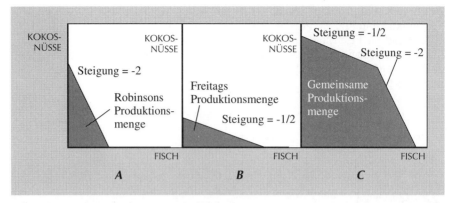

Abbildung 30.8 Gemeinsame Transformationskurve. Robinsons und Freitags Transformationskurven sowie die gemeinsame Transformationskurve.

Die Steigung dieser Transformationskurve gibt die **Grenzrate der Transformation** an - wie viel Robinson von einem Gut erhalten kann, wenn er sich entscheidet, auf ein wenig vom anderen Gut zu verzichten. Wenn Robinson so viel Arbeit aufgibt, um 1 Pfund Fisch weniger zu erzeugen, kann er zusätzlich 2 Pfund Kokosnüsse erhalten. Wir können uns das so veranschaulichen: Wenn Robinson eine Stunde weniger beim Fischfang arbeitet, wird er 10 Pfund weniger Fisch erhalten. Wenn er aber diese Zeit zum Kokosnusssammeln verwendet, wird er 20 Pfund mehr Kokosnüsse erhalten. Der Trade-off findet im Verhältnis von 2 zu 1 statt.

30.10 Komparativer Vorteil

Die Konstruktion der oben angegebenen Transformationskurve war deswegen so einfach, weil es nur eine Möglichkeit der Fischerzeugung und nur eine Möglichkeit der Kokosnussproduktion gab. Was ändert sich, wenn es mehr als eine Möglichkeit zur Produktion eines jeden Gutes gibt? Angenommen wir haben einen zusätzlichen Arbeiter in unserer Inselökonomie, der unterschiedliche Fähigkeiten bei der „Produktion" von Fischen und Kokosnüssen hat.

Wir wollen diesen neuen Arbeiter Freitag nennen und annehmen, dass er pro Stunde 20 Pfund Fisch fangen oder 10 Pfund Kokosnüsse sammeln kann. Wenn Freitag ebenfalls 10 Stunden arbeitet, wird seine Produktionsmöglichkeitenmenge daher durch

$$F = 20L_f$$
$$C = 10L_c$$
$$L_c + L_f = 10$$

bestimmt werden.

Nach Durchführung derselben Berechnungen wie für Robinson erhalten wir Freitags Transformationskurve als

$$\frac{F}{20} + \frac{C}{10} = 10.$$

Das wird in Abbildung 30.8B dargestellt. Beachte, dass für Freitag die Grenzrate der Transformation zwischen Kokosnüssen und Fisch, $\Delta C/\Delta F = -1/2$, während Robinsons Grenzrate der Transformation -2 ist. Für jedes Pfund Kokosnüsse, auf das Freitag verzichtet, kann er zwei Pfund Fisch erhalten; für jedes Pfund Fisch, auf das Robinson verzichtet, kann er zwei Pfund Kokosnüsse erhalten. Unter diesen Umständen sprechen wir davon, dass Freitag einen **komparativen Vorteil** bei der Fischerzeugung, Robinson einen komparativen Vorteil bei der Kokosnusserzeugung hat. In Abbildung 30.8 haben wir drei Transformationskurven abgebildet: Feld A zeigt Robinsons und Feld B Freitags Transformationskurve, Feld C schließlich die gemeinsame Transformationskurve – wie viel von jedem Gut insgesamt von beiden Personen erzeugt werden kann.

Die gemeinsame Transformationskurve kombiniert das Beste beider Arbeiter. Wenn beide Arbeiter zur Gänze zur Erzeugung von Kokosnüssen eingesetzt werden, werden wir 300 Kokosnüsse erhalten – 100 von Freitag und 200 von Robinson. Wenn wir mehr Fisch wollen, ist es sinnvoll, jene Person von der Kokosnuss- zur Fischerzeugung umzuschichten, die bei der Fischerzeugung am produktivsten ist, also Freitag. Für jedes Pfund Kokosnüsse, das Freitag nicht erzeugt, erhalten wir 2 Pfund Fisch; die Steigung der gemeinsamen Transformationskurve ist daher $-1/2$, was genau Freitags Grenzrate der Transformation ist.

Wenn Freitag 200 Pfund Fisch erzeugt, ist er voll beschäftigt. Wenn wir noch mehr Fisch wollen, müssen wir auf den Einsatz von Robinson umsteigen. Von diesem Punkt an wird die gemeinsame Transformationskurve eine Steigung von -2 haben, da wir uns entlang Robinsons Transformationskurve bewegen. Wenn wir schließlich so viel Fisch wie nur möglich erzeugen wollen, konzentrieren sich sowohl Robinson als auch Freitag auf die Fischerzeugung, und wir erhalten 300 Pfund Fisch, 200 von Freitag und 100 von Robinson.

Da jeder der Arbeiter einen komparativen Vorteil bei einem anderen Gut hat, wird die gemeinsame Transformationskurve einen „Knick" haben, wie in Abbildung 30.8 dargestellt. In diesem Beispiel gibt es nur einen Knick, da es nur zwei verschiedene Möglichkeiten der Outputerzeugung gibt – Crusoes Art und Freitags Art. Wenn es viele verschiedene Möglichkeiten gibt, Output zu erzeugen, wird die Transformationskurve die typische „abgerundete" Form der Abbildung 30.7 haben.

30.11 Pareto-Effizienz

In den beiden letzten Abschnitten erfuhren wir, wie die Transformationskurve konstruiert wird, jene Menge, welche die möglichen Konsumbündel für die Wirtschaft insgesamt beschreibt. Nun überlegen wir Pareto-effiziente Methoden, um aus den möglichen Konsumbündeln zu wählen.

Wir werden aggregierte Konsumbündel mit (X^1, X^2) bezeichnen. Das gibt an, dass es X^1 Einheiten des Gutes 1 und X^2 Einheiten des Gutes 2 gibt, welche zum

Konsum zur Verfügung stehen. In der Crusoe/Freitag-Wirtschaft sind die beiden Güter Kokosnüsse und Fische, wir werden jedoch die (X^1, X^2)-Notation verwenden, um die Ähnlichkeiten mit dem 28. Kapitel zu unterstreichen. Wenn wir einmal die Gesamtmengen jedes Gutes kennen, können wir ein Edgeworth-Diagramm wie in Abbildung 30.9 zeichnen.

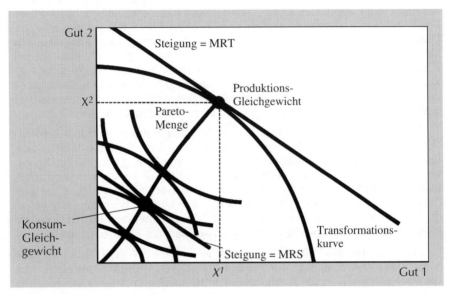

Abbildung 30.9 Produktion und das Edgeworth-Diagramm. Für jeden Punkt der Transformationskurve können wir ein Edgeworth-Diagramm zeichnen, um die möglichen Allokationen des Konsums darzustellen.

Für gegebene (X^1, X^2) wird die Menge Pareto-effizienter Konsumbündel der im letzten Kapitel untersuchten entsprechen: Die Pareto-effizienten Konsumniveaus werden auf der Pareto-Menge liegen – der Linie gemeinsamer Berührungspunkte der Indifferenzkurven, wie in Abbildung 30.9 illustriert. Das sind die Allokationen, bei welchen die Grenzrate der Substitution jeder Konsumentin – das Verhältnis, zu dem sie bereit ist zu tauschen – gleich der jeder anderen ist.

Diese Allokationen sind hinsichtlich der Konsumentscheidungen Pareto-effizient. Wenn die Leute einfach ein Gut gegen das andere tauschen können, beschreibt die Pareto-Menge jene Menge an Bündeln, welche die Tauschgewinne ausschöpft. In einer Wirtschaft mit Produktion gibt es jedoch eine weitere Möglichkeit, ein Gut für ein anderes zu „tauschen" – nämlich weniger von einem Gut und dafür mehr von einem anderen zu erzeugen.

Die Pareto-Menge beschreibt die Menge Pareto-effizienter Bündel bei *gegebenen* verfügbaren Mengen der Güter 1 und 2, in einer Wirtschaft mit Produktion können aber diese Mengen ihrerseits aus der Produktionsmöglichkeitenmenge gewählt werden. Welche Wahl auf der Transformationskurve wird eine Pareto-effiziente Entscheidung sein?

Bedenken wir kurz die Logik hinter der Bedingung der Grenzrate der Substitution. Wir argumentierten, dass bei einer Pareto-effizienten Allokation die MRS der Konsumentin A gleich der MRS der Konsumentin B sein musste: Das Verhältnis, zu dem Konsumentin A zum Tausch eines Gutes für das andere bereit war, sollte dem Verhältnis entsprechen, zu dem Konsumentin B bereit war, ein Gut für das andere zu tauschen. Wenn das nicht gilt, würde es einen Tausch geben, der beide Konsumentinnen besser stellte.

Wie erinnerlich misst die Grenzrate der Transformation (MRT[1]) das Verhältnis, zu dem ein Gut in das andere „umgeformt" werden kann. Natürlich wird nicht ein Gut buchstäblich in das andere *umgeformt*. Viel mehr werden die Produktionsfaktoren so umgeleitet, dass weniger von einem und mehr vom anderen Gut erzeugt wird.

Angenommen die Wirtschaft befindet sich in einer Situation, in der die Grenzrate der Substitution einer der Konsumentinnen nicht gleich der Grenzrate der Transformation zwischen zwei Gütern ist. So eine Situation kann nicht Pareto-effizient sein. Warum? Weil bei diesem Punkt das Verhältnis, zu dem die Konsumentin Gut 1 gegen Gut 2 tauschen will, von jenem Verhältnis verschieden ist, zu dem Gut 1 in Gut 2 transformiert werden kann - es gibt eine Möglichkeit, die Konsumentin durch Umgestaltung der Produktionsstruktur besser zu stellen.

Nehmen wir zum Beispiel an, die MRS der Konsumentin ist 1; die Konsumentin ist bereit, Gut 1 gegen Gut 2 auf der Basis von 1 zu 1 zu tauschen. Angenommen die MRT ist 2, was bedeutet, dass der Verzicht auf eine Einheit des Gutes 1 der Gesellschaft ermöglicht, zwei Einheiten des Gutes 2 zu erzeugen. Dann ist es offensichtlich sinnvoll, die Produktion des Gutes 1 um eine Einheit einzuschränken; dadurch können zwei zusätzliche Einheiten des Gutes 2 erzeugt werden. Da die Konsumentin zwischen dem Verzicht auf eine Einheit des Gutes 1 und dem Erhalt einer Einheit des Gutes 2 gerade indifferent war, wird sie jetzt sicherlich durch *zwei* zusätzliche Einheiten des Gutes 2 besser gestellt sein.

Das gleiche Argument gilt immer, wenn eine der Konsumentinnen eine MRS hat, die sich von der MRT unterscheidet – es wird dann immer eine Umstellung von Konsum und Produktion geben, welche diese Konsumentin besser stellt. Wir haben bereits erfahren, dass für die Pareto-Effizienz die MRS aller Konsumentinnen gleich sein sollten, das soeben entwickelte Argument impliziert, dass die MRS aller Konsumentinnen nun auch der MRT gleich sein sollten.

Abbildung 30.9 illustriert eine Pareto-effiziente Allokation. Die MRS beider Konsumentinnen sind gleich, da sich ihre Indifferenzkurven im Edgeworth-Diagramm berühren. Und die MRS jeder Konsumentin ist gleich der MRT – der Steigung der Transformationskurve.

---

[1] MRT = marginal rate of transformation.

30.12 Schiffbruch AG

Im letzten Abschnitt leiteten wir die notwendigen Bedingungen für Pareto-Effizienz ab: Die MRS jedes Konsumenten muss gleich der MRT sein. Jede Möglichkeit der Ressourcenverteilung, die zu Pareto-Effizienz führt, muss diese Bedingung erfüllen. Wir behaupteten in diesem Kapitel weiter oben, dass eine Wettbewerbsökonomie mit gewinnmaximierenden Unternehmungen und nutzenmaximierenden Konsumenten in einer Pareto-effizienten Allokation resultiert. In diesem Abschnitt untersuchen wir im Einzelnen, wie das funktioniert.

Unsere Wirtschaft enthält jetzt zwei Individuen, Robinson und Freitag. Es gibt vier Güter: zwei Produktionsfaktoren (Robinsons und Freitags Arbeitskraft) und zwei Outputgüter (Fisch und Kokosnüsse). Nehmen wir an, dass sowohl Robinson als auch Freitag Aktionäre der Unternehmung sind, die wir nun als Schiffbruch AG bezeichnen wollen. Natürlich sind sie auch die einzigen Beschäftigten und Kunden, aber wie üblich wollen wir jede Rolle der Reihe nach untersuchen und den Teilnehmern nicht gestatten, das Gesamtbild zu sehen. Schließlich ist ja das Ziel der Analyse zu verstehen, wie ein *dezentralisiertes* System der Ressourcenallokation arbeitet - ein System, in dem jede Person nur ihre eigenen Entscheidungen zu treffen hat, ohne das Funktionieren der Wirtschaft als Ganzes zu berücksichtigen.

Beginnen wir mit der Schiffbruch AG und sehen wir uns das Gewinnmaximierungsproblem an. Die Schiffbruch AG erzeugt zwei Outputs, Kokosnüsse (C) und Fisch (F), und sie verwendet zwei Arten der Arbeit, Crusoes (L_C) und Freitags (L_F). Für gegebene Kokosnuss- (p_c) und Fischpreise (p_f) und Lohnsätze für Crusoe und Freitag (w_C und w_F) ist das Gewinnmaximierungsproblem

$$\underset{C, F, L_F, L_C}{\text{maximiere}} \quad p_C C + p_F F - w_C L_C - w_F L_F$$

unter den durch die Transformationskurve beschriebenen Nebenbedingungen.

Angenommen das Unternehmen findet es im Gleichgewicht optimal, L_F^* Einheiten von Freitags Arbeit und L_C^* Einheiten von Crusoes Arbeit zu beschäftigen. Wir wollen uns hier auf die Frage konzentrieren, wie die Gewinnmaximierung die Struktur des produzierten Outputs bestimmt. Wenn $L^* = w_C L_C^* + w_F L_F^*$ die Arbeitskosten der Produktion darstellt, kann der Gewinn der Unternehmung, π, als

$$\pi = p_C C + p_F F - L^*$$

geschrieben werden. Nach Umformung dieser Gleichung erhalten wir

$$C = \frac{\pi + L^*}{p_C} - \frac{p_F F}{p_C}.$$

Diese Gleichung beschreibt die in Abbildung 30.10 dargestellten **Isogewinnlinien** der Unternehmung mit einer Steigung von $- p_f/p_c$ und einem vertikalen Achsenabschnitt von $(\pi + L^*)/p_c$. Da L^* annahmegemäß konstant ist, werden höhere Gewinne durch Isoprofitlinien gekennzeichnet sein, die höhere vertikale Achsenabschnitte haben.

Wenn die Unternehmung ihren Gewinn maximieren will, wird sie einen Punkt auf der Transformationskurve wählen, sodass die Isogewinnlinie durch diesen Punkt den größtmöglichen vertikalen Achsenabschnitt hat. Jetzt sollte es wohl schon klar sein, dass das impliziert, dass die Isogewinnlinie die Transformationskurve berühren muss; das heißt, dass die Steigung der Transformationskurve (= die MRT) gleich der Steigung der Isogewinnlinie, $-p_f/p_c$, sein sollte:

$$\text{MRT} = -\frac{p_F}{p_C}.$$

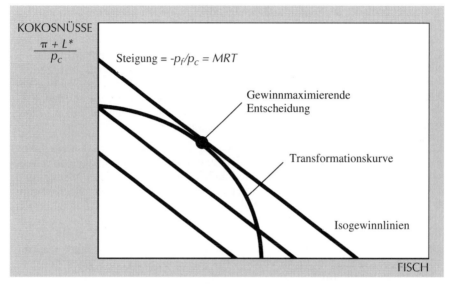

Abbildung 30.10 Gewinnmaximierung. Beim Punkt des maximalen Gewinns muss die Grenzrate der Transformation gleich der Steigung der Isogewinnlinie, $-p_f/p_c$, sein.

Wir haben dieses Gewinnmaximierungsproblem für den Fall einer einzelnen Unternehmung beschrieben, es gilt jedoch für eine beliebige Anzahl von Unternehmungen: Jede Unternehmung, welche die gewinnbringendste Möglichkeit der Produktion von Kokosnüssen und Fisch wählt, wird dort produzieren, wo die Grenzrate der Transformation zwischen den zwei Gütern gleich dem Preisverhältnis der beiden Güter ist. Das gilt selbst dann, wenn die Unternehmungen ganz unterschiedliche Transformationskurven haben, solange sie sich denselben Preisen für die zwei Güter gegenübersehen.

Das bedeutet, dass im Gleichgewicht die Preise der beiden Güter die Grenzrate der Transformation messen – die Opportunitätskosten des einen Gutes ausgedrückt in Einheiten des anderen. Wenn man zusätzliche Kokosnüsse will, wird man auf etwas Fisch verzichten müssen. Auf wie viel Fisch? Man schaut sich einfach das Preisverhältnis zwischen Fisch und Kokosnüssen an: Das Verhältnis dieser ökonomischen Variablen sagt uns, was das technische Austauschverhältnis sein muss.

30.13 Robinson und Freitag als Konsumenten

Wir haben gesehen, wie die Schiffbruch AG ihren gewinnmaximierenden Produktionsplan bestimmt. Dazu muss sie Arbeiter einstellen und eventuell erzielt sie auch einen Gewinn. Wenn sie Arbeiter beschäftigt, zahlt sie ihnen einen Lohn. Wenn sie Gewinne erzielt, schüttet sie an ihre Aktionäre Dividenden aus. In jedem Fall geht das Geld, das die Schiffbruch AG einnimmt, an Robinson und Freitag, entweder in Form von Löhnen oder von Gewinnen.

Da die Unternehmung alle ihre Einnahmen an ihre Arbeiter und Aktionäre auszahlt, bedeutet das, dass diese genügend Einkommen haben müssen, um den Output der Unternehmung zu kaufen. Das ist einfach eine Variation des im 29. Kapitel behandelten Gesetzes von Walras: Die Wirtschaftssubjekte erhalten ihr Einkommen aus dem Verkauf ihrer Ausstattungen, sie müssen daher immer genügend Einkommen haben, um diese Ausstattungen zu kaufen. Die Wirtschaftssubjekte erhalten aus dem Verkauf ihrer Ausstattungen Einkommen, und sie bekommen auch den Gewinn der Unternehmung. Da jedoch Geld nie aus dem System verschwindet oder dem System hinzugefügt wird, werden die Leute immer genau genug Geld haben, um das zu kaufen, was erzeugt wird.

Was machen die Konsumenten mit dem Geld, das sie vom Unternehmen erhalten? Wie üblich werden sie das Geld zum Kauf von Konsumgütern verwenden. Jede Person wählt das beste Güterbündel, das sie sich zu den Preisen p_f und p_c leisten kann. Wie wir bereits gesehen haben, muss das optimale Konsumbündel für jeden Konsumenten die Bedingung erfüllen, dass die Grenzrate der Substitution zwischen den beiden Gütern gleich dem Preisverhältnis ist. Aber dieses Preisverhältnis ist wegen des gewinnmaximierenden Verhaltens der Unternehmung auch gleich der Grenzrate der Transformation. Daher sind die notwendigen Bedingungen für Pareto-Effizienz erfüllt: Die MRS jedes Konsumenten ist gleich der MRT.

In dieser Wirtschaft dienen die Preise als Signale für relative Knappheiten. Sie geben die technologische Knappheit an – wie viel man die Produktion eines Gutes einschränken muss, um mehr vom anderen zu erzeugen; und sie zeigen die Konsumknappheit an – um wie viel die Leute bereit sind, ihren Konsum eines Gutes zu reduzieren, um mehr vom anderen Gut zu erwerben.

30.14 Dezentralisierte Allokation der Ressourcen

Die Crusoe-Freitag-Wirtschaft ist ein drastisch vereinfachtes Bild. Um ein größeres Modell der Funktionsweise einer Ökonomie zu entwickeln, muss man wesentlich kompliziertere Mathematik verwenden. Doch bereits unser einfaches Modell enthält einige nützliche Erkenntnisse.

Die wichtigste ist die Beziehung zwischen den *privaten* Zielen der Nutzenmaximierung der Individuen und den *gesellschaftlichen* Zielen der effizienten Verwendung der Ressourcen. Unter bestimmten Bedingungen wird die Verfolgung privater Ziele durch die Individuen zu einer Allokation führen, die im umfassenden Sinn Pareto-effizient ist. Weiters kann jede Pareto-effiziente Allokation als das Ergebnis eines Konkurrenzmarktes begründet werden, wenn die ursprünglichen Ausstattungen – einschließlich des Besitzes von Unternehmen - entsprechend umverteilt werden können.

Der große Vorteil eines Konkurrenzmarktes besteht darin, dass jedes Individuum und jedes Unternehmen sich nur um sein eigenes Maximierungsproblem kümmern muss. Die einzigen Fakten, welche die Unternehmen und Konsumenten einander mitteilen müssen, sind die Güterpreise. Wenn diese Signale der relativen Knappheit gegeben sind, haben Konsumenten und Unternehmen genügend Information, um Entscheidungen zu treffen, die zu einer effizienten Allokation führen. In diesem Sinn kann das gesellschaftliche Problem einer effizienten Nutzung der Ressourcen dezentralisiert und auf dem Niveau der Individuen gelöst werden.

Jedes Individuum kann sein eigenes Problem lösen, was es konsumieren will. Die Firmen sehen sich den Güterpreisen der durch die Konsumenten nachgefragten Güter gegenüber und entscheiden, wie viel sie von jedem erzeugen sollen. Bei dieser Entscheidung werden sie von den Gewinnsignalen geleitet. In diesem Zusammenhang ist der Gewinn genau der richtige Wegweiser. Zu sagen, dass ein Produktionsplan Gewinn bringend ist, heißt, dass die Leute bereit sind, für bestimmte Güter mehr zu bezahlen, als deren Erzeugung kostet – daher ist es nur natürlich, die Produktion solcher Güter auszuweiten. Wenn alle Unternehmen eine gewinnmaximierende Geschäftspolitik unter Wettbewerb verfolgen, und alle Konsumenten Konsumbündel wählen, die ihren eigenen Nutzen maximieren, dann muss das daraus resultierende Gleichgewicht eine Pareto-effiziente Allokation sein.

Zusammenfassung

1. Die Analyse des allgemeinen Gleichgewichts kann erweitert werden, sodass es in einer Wirtschaft miteinander konkurrierende, gewinnmaximierende Unternehmen gibt, welche die zum Tausch bestimmten Güter herstellen.
2. Unter bestimmten Bedingungen existiert ein Preisvektor für alle Input- und Outputgüter einer Wirtschaft, sodass die gewinnmaximierenden Handlungen der Unternehmen zusammen mit dem nutzenmaximierenden Verhalten der Individuen dazu führen, dass auf allen Märkten die Nachfrage nach jedem Gut gleich dem Angebot ist – das heißt, dass ein Konkurrenzgleichgewicht existiert.
3. Unter gewissen Bedingungen wird das sich ergebende Konkurrenzgleichgewicht Pareto-effizient sein: Das Erste Wohlfahrtstheorem gilt auch in einer Wirtschaft mit Produktion.
4. Wenn wir die Annahme einer konvexen Transformationskurve einführen, gilt auch das Zweite Wohlfahrtstheorem im Fall der Produktion.
5. Wenn die Güter so effizient wie möglich erzeugt werden, gibt die Grenzrate der Transformation zwischen zwei Gütern die Anzahl an Einheiten an, welche die Wirtschaft von einem Gut aufgeben muss, um zusätzliche Einheiten des anderen Guts zu erhalten.

6. Pareto-Effizienz erfordert, dass die Grenzrate der Substitution jedes Individuums gleich der Grenzrate der Transformation ist.
7. Der Vorteil von Konkurrenzmärkten besteht darin, dass sie eine Möglichkeit zur Erreichung einer effizienten Ressourcenallokation durch dezentralisierte Produktions- und Konsumentscheidungen darstellen.

Wiederholungsfragen

1. Der Konkurrenzpreis von Kokosnüssen ist 6 Euro je Pfund und der Fischpreis ist 3 Euro pro Pfund. Wie viele zusätzliche Pfund Fisch könnten erzeugt werden, wenn die Gesellschaft bereit wäre, 1 Pfund Kokosnüsse aufzugeben?
2. Was würde geschehen, wenn die in Abbildung 30.2 dargestellte Unternehmung entscheidet, einen höheren Lohn zu zahlen?
3. In welchem Sinn ist ein Konkurrenzgleichgewicht für eine gegebene Ökonomie gut oder schlecht?
4. Angenommen Robinsons Grenzrate der Substitution zwischen Kokosnüssen und Fisch ist – 2 und die Grenzrate der Transformation zwischen den beiden Gütern ist – 1; was sollte er tun, wenn er seinen Nutzen erhöhen will?
5. Angenommen sowohl Robinson als auch Freitag wollen pro Tag 60 Pfund Fisch und 60 Pfund Kokosnüsse konsumieren. Wie viele Stunden müssen Robinson und Freitag pro Tag arbeiten, wenn die im Text angegebenen Produktionsverhältnisse gelten und wenn sie einander nicht helfen? Angenommen sie entscheiden sich, auf die effizienteste Art zusammenzuarbeiten; wie viele Stunden müssen sie dann täglich arbeiten? Was ist die ökonomische Erklärung für die Verringerung der Stunden?

ANHANG

Wir wollen die Differenzialbedingungen für Pareto-Effizienz einer Wirtschaft mit Produktion ableiten. Dabei stellen, wie im Text dieses Kapitels, X^1 und X^2 die insgesamt produzierten und konsumierten Mengen der Güter 1 und 2 dar:

$$X^1 = x_A^1 + x_B^1$$
$$X^2 = x_A^2 + x_B^2.$$

Als Erstes benötigen wir eine zweckmäßige Darstellung der Transformationskurve – aller Kombinationen von X^1 und X^2, die technisch möglich sind. Die für unsere Zwecke sinnvollste Möglichkeit ist die Verwendung der **Transformationsfunktion**. Das ist eine Funktion der aggregierten Mengen der beiden Güter $T(X^1, X^2)$, sodass die Kombination (X^1, X^2) auf der Transformationskurve liegt, das heißt

$$T(X^1, X^2) = 0.$$

Sobald wir die Technologie beschrieben haben, können wir die Grenzrate der Transformation ermitteln: das Verhältnis, zu dem wir auf Gut 2 verzichten müssen, um mehr vom Gut 1 zu erzeugen. Diese Bezeichnung ruft die Vorstellung hervor, dass ein Gut in das andere „transformiert" wird; das ist jedoch ein etwas irreführendes Bild. Tatsächlich werden Ressourcen aus der Produktion des Gutes 2 zur Erzeugung des Gutes 1 umgeschichtet. Durch die Verwendung von weniger Ressourcen für Gut 2 und mehr für Gut 1 bewegen wir uns von einem Punkt auf der Transformationskurve zu einem anderen. Die

Produktion

Grenzrate der Transformation ist einfach die Steigung der Transformationskurve, die wir mit dX^2/dX^1 bezeichnen.

Sehen wir uns eine kleine Produktionsänderung (dX^1, dX^2) an, die durchführbar ist. Wir haben dann

$$\frac{\partial T(X^1,X^2)}{\partial X^1}dX^1 + \frac{\partial T(X^1,X^2)}{\partial X^2}dX^2 = 0.$$

Auflösung nach der Grenzrate der Transformation ergibt:

$$\frac{dX^2}{dX^1} = -\frac{\partial T/\partial X^1}{\partial T/\partial X^2}.$$

Wir werden diese Formel gleich verwenden.

Eine Pareto-effiziente Allokation ist dann gegeben, wenn der Nutzen einer beliebigen Person für gegebene Nutzenniveaus der anderen Menschen maximiert wird. Im Zwei-Personen-Fall können wir dieses Maximierungsproblem als

$$\max_{x_A^1,x_A^2,x_B^1,x_B^2} u_A(x_A^1,x_A^2)$$
$$\text{unter den Nebenbedingungen} \quad u_B(x_B^1,x_B^2) = \overline{u}$$
$$T(X^1,X^2) = 0$$

schreiben.

Die Lagrange-Funktion dieses Problems ist

$$L = u_A(x_A^1,x_A^2) - \lambda(u_B(x_B^1,x_B^2) - \overline{u})$$
$$- \mu(T(X_1,X_2) - 0),$$

und die Bedingungen erster Ordnung sind

$$\frac{\partial L}{\partial x_A^1} = \frac{\partial u_A}{\partial x_A^1} - \mu\frac{\partial T}{\partial X^1} = 0$$

$$\frac{\partial L}{\partial x_A^2} = \frac{\partial u_A}{\partial x_A^2} - \mu\frac{\partial T}{\partial X^2} = 0$$

$$\frac{\partial L}{\partial x_B^1} = -\lambda\frac{\partial u_B}{\partial x_B^1} - \mu\frac{\partial T}{\partial X^1} = 0$$

$$\frac{\partial L}{\partial x_B^2} = -\lambda\frac{\partial u_B}{\partial x_B^2} - \mu\frac{\partial T}{\partial X^2} = 0.$$

Umordnung und Division der ersten Gleichung durch die zweite ergibt

$$\frac{\partial u_A/\partial x_A^1}{\partial u_A/\partial x_A^2} = \frac{\partial T/\partial X^1}{\partial T/\partial X^2}.$$

Wenn man die dritte und vierte Gleichung in derselben Art umformt, erhält man

$$\frac{\partial u_B/\partial x_B^1}{\partial u_B/\partial x_B^2} = \frac{\partial T/\partial X^1}{\partial T/\partial X^2}.$$

Die linken Seiten dieser Gleichungen sind unsere alten Bekannten, die Grenzraten der Substitution. Die rechte Seite ist die Grenzrate der Transformation. Die Gleichungen verlangen daher, dass die Grenzrate der Substitution zwischen zwei Gütern für jede Person gleich der Grenzrate der Transformation sein muss: Das Verhältnis, zu dem jede Person bereit ist, ein Gut durch das andere zu ersetzen, muss gleich dem Verhältnis sein, zu dem es technisch möglich ist, ein Gut in das andere zu transformieren.

Die Intuition hinter diesem Ergebnis ist einfach. Angenommen die MRS irgendeines Individuums wäre der MRT nicht gleich. Dann wäre das Verhältnis, zu dem das Individuum bereit wäre, auf ein Gut zu verzichten, um mehr des anderen zu erhalten, vom technisch möglichen Transformationsverhältnis verschieden – das bedeutet aber, dass es eine Möglichkeit gäbe, den Nutzen dieses Individuums zu erhöhen, ohne den Konsum irgendeiner anderen Person zu beeinflussen.

31. Kapitel
WOHLFAHRT

Bis jetzt haben wir uns bei der Beurteilung ökonomischer Allokationen auf die Pareto-Effizienz konzentriert. Es gibt jedoch auch andere wichtige Überlegungen. Man sollte nicht vergessen, dass Pareto-Effizienz nichts über die Verteilung der Wohlfahrt zwischen den Menschen aussagt; wenn man alles einer Person gibt, wird dies typischerweise Pareto-effizient sein. Alle anderen werden das aber wahrscheinlich für keine vernünftige Allokation halten. In diesem Kapitel wollen wir einige Methoden untersuchen, die zur Formalisierung der Überlegungen hinsichtlich der Verteilung der Wohlfahrt verwendet werden können.

Pareto-Effizienz ist ein erstrebenswertes Ziel für sich – wenn es eine Möglichkeit gibt, eine Gruppe von Menschen besser zu stellen, ohne andere Menschen zu benachteiligen, warum sollte man das nicht tun? Üblicherweise wird es jedoch viele Pareto-effiziente Allokationen geben; wie kann die Gesellschaft daraus wählen?

Das Hauptaugenmerk dieses Kapitels wird das Konzept einer **Wohlfahrtsfunktion** sein, welche eine Möglichkeit darstellt, die Nutzen verschiedener Konsumenten zu „addieren". Allgemeiner ausgedrückt bietet eine Wohlfahrtsfunktion die Möglichkeit, verschiedene Verteilungen des Nutzens unter den Konsumenten zu reihen. Bevor wir die Implikationen dieses Konzepts untersuchen, lohnt es sich zu überlegen, wie man denn die Präferenzen der einzelnen Konsumenten „zusammenzählen" könnte, um so eine Art „sozialer Präferenzen" zu konstruieren.

31.1 Aggregation von Präferenzen

Kehren wir zu unserer früheren Diskussion der Präferenzen der Konsumentinnen zurück. Wie üblich nehmen wir an, dass diese Präferenzen transitiv sind. Ursprünglich nahmen wir an, dass die Präferenzen der Konsumentin in Bezug auf ihr eigenes Güterbündel definiert sind, nun wollen wir dieses Konzept erweitern und uns vorstellen, dass jede Konsumentin Präferenzen hinsichtlich der gesamten Allokation der Güter zwischen den Konsumentinnen hat. Natürlich schließt das die Möglichkeit ein, dass sich die Konsumentin nicht darum kümmert, was andere Menschen haben, entsprechend unserer ursprünglichen Annahme.

Wir wollen das Symbol **x** zur Bezeichnung einer spezifischen Allokation verwenden – eine Beschreibung dessen, wie viel jedes Individuum von jedem Gut erhält. Für zwei gegebene Allokationen, **x** und **y**, kann dann jedes Individuum sagen, ob es **x** gegenüber **y** bevorzugt oder nicht.

Wenn wir nun die Präferenzen aller Akteure haben, fänden wir gerne einen Weg, sie zu **sozialen Präferenzen** zu „aggregieren". Das heißt, wenn wir wissen, wie alle Individuen die unterschiedlichen Allokationen reihen, möchten wir gerne diese Information dazu verwenden können, um eine gesellschaftliche Reihung der unterschiedlichen Allokationen zu entwickeln. Das ist das Problem gesellschaftlicher Entscheidungsfindung auf ihrem allgemeinsten Niveau. Sehen wir uns ein paar Beispiele an.

Eine Möglichkeit der Aggregation individueller Präferenzen ist die Verwendung irgendeines Abstimmungsverfahrens. Wir könnten uns darauf einigen, dass **x** gegenüber **y** als „sozial bevorzugt" gilt, wenn die Mehrheit der Individuen **x** gegenüber **y** bevorzugt. Es gibt jedoch ein Problem bei dieser Methode – sie führt nicht notwendigerweise zu einer transitiven Reihung der sozialen Präferenzen. Nehmen wir zum Beispiel den in Tabelle 31.1 dargestellten Fall.

Person A	Person B	Person C
x	y	z
y	z	x
z	x	y

Tabelle 31.1 Präferenzen, die zu intransitiver Abstimmung führen.

Wir haben hier die Reihungen dreier Alternativen, **x**, **y** und **z**, durch drei Personen angeführt. Beachte, dass eine Mehrheit der Leute **x** gegenüber **y**, eine Mehrheit **y** gegenüber **z** und eine Mehrheit auch **z** gegenüber **x** bevorzugt. Aggregation der individuellen Präferenzen durch Mehrheitsabstimmung wird nicht funktionieren, da im Allgemeinen die sozialen Präferenzen, welche sich aus Mehrheitsabstimmungen ergeben, keine normalen Präferenzen sein werden, da sie nicht transitiv sind. Da die Präferenzen nicht transitiv sind, wird es aus der Menge der Möglichkeiten (**x**, **y**, **z**) keine „beste" Alternative geben. Welches Ergebnis die Gesellschaft wählt, wird von der Reihenfolge abhängen, in der die Abstimmung vorgenommen wird.

Um das zu erkennen, nehmen wir an, dass die drei in Tabelle 31.1 dargestellten Personen entscheiden, zuerst über **x** gegen **y** abzustimmen und dann über den Gewinner gegen **z**. Da eine Mehrheit **x** gegenüber **y** bevorzugt, wird die zweite Abstimmung zwischen **x** und **z** stattfinden, was bedeutet, dass **z** das Ergebnis sein wird.

Was geschieht aber, wenn sie entscheiden, zuerst **z** gegen **x** abzustimmen und dann den Gewinner dieser Abstimmung gegen **y** antreten zu lassen? Nun gewinnt **z** die erste Abstimmung, **y** schlägt jedoch **z** in der zweiten. Welches Ergebnis insgesamt gewinnt, hängt entscheidend von der Reihenfolge ab, in der die Alternativen den Wählerinnen vorgelegt werden.

Ein anderer Abstimmungsmechanismus, den wir in Betracht ziehen könnten, ist Abstimmung durch Reihung. Dabei reiht jede Person die Güter nach ihren Präferenzen und gibt ihnen eine Zahl, die den Rang in seiner Reihung angibt: Zum Beispiel 1 für die beste Alternative, 2 für die zweitbeste und so weiter. Dann summieren wir die Punkte jeder Alternative über alle Personen, um für jede Alternative eine aggregierte Punktezahl zu bestimmen, und sagen, dass ein Ergebnis dann gegenüber einem anderen sozial bevorzugt wird, wenn es eine niedrigere Punktezahl hat.

In Tabelle 31.2 haben wir eine mögliche Reihung der Präferenzen durch zwei Personen für drei Allokationen dargestellt. Angenommen es stünden zuerst nur die Alternativen x und y zu Verfügung. Dann würde in diesem Beispiel x durch Person A den Rang 1 und durch Person B den Rang 2 erhalten. Der Alternative y würde genau die umgekehrte Reihung gegeben. Das Ergebnis der Abstimmung wäre ein Unentschieden, bei dem jede Alternative einen aggregierten Rang von 3 hätte.

Person A	Person B
x	y
y	z
z	x

Tabelle 31.2 **Die Entscheidung zwischen x und y hängt von z ab.**

Nehmen wir nun an, z wird in die Abstimmung einbezogen. Person A würde x Rang 1, y Rang 2 und z Rang 3 geben. Person B würde y Rang 1, z Rang 2 und x Rang 3 geben. Das bedeutet, dass x nun einen aggregierten Rang von 4, y einen von 3 hätte. In diesem Fall würde y gegenüber x durch Abstimmung mittels Reihung bevorzugt.

Das Problem sowohl bei Mehrheitsabstimmung als auch bei Abstimmung durch Reihung besteht darin, dass ihre Ergebnisse durch schlaue Akteure manipuliert werden können. Mehrheitsabstimmung kann durch Änderung der Reihenfolge der Abstimmung so manipuliert werden, dass das gewünschte Ergebnis erzielt wird. Abstimmung durch Reihung kann durch die Einführung neuer Alternativen manipuliert werden, welche die endgültige Reihenfolge der relevanten Alternativen ändern.

Dadurch ergibt sich von selbst die Frage, ob es gesellschaftliche Entscheidungsmechanismen gibt - Möglichkeiten der Aggregation von Präferenzen – die gegen diese Art der Manipulation immun sind. Gibt es Möglichkeiten, Präferenzen zu „addieren", welche die oben beschriebenen unerwünschten Eigenschaften nicht aufweisen?

Erstellen wir eine Liste einiger Dinge, die wir von unserem gesellschaftlichem Entscheidungsprozess erwarten:

1. Für jede gegebene Menge vollständiger, reflexiver und transitiver individueller Präferenzen sollte der gesellschaftliche Entscheidungsmechanismus zu sozialen Präferenzen führen, welche dieselben Eigenschaften aufweisen.
2. Wenn jeder die Alternative x gegenüber der Alternative y bevorzugt, dann sollte die soziale Präferenzordnung x vor y reihen.
3. Die Präferenzen zwischen x und y sollten nur davon abhängen, wie die Leute x gegenüber y reihen und nicht davon, wie sie andere Alternativen reihen.

Alle drei Erfordernisse scheinen äußerst plausibel. Trotzdem kann es recht schwierig sein, einen Mechanismus zu finden, der alle drei erfüllt. In der Tat hat Kenneth Arrow das Folgende bemerkenswerte Ergebnis bewiesen:[1]

Arrows Unmöglichkeitstheorem. *Wenn ein gesellschaftlicher Entscheidungsmechanismus die Eigenschaften 1, 2 und 3 erfüllt, muss es sich um eine Diktatur handeln: Alle sozialen Reihungen sind die Reihungen eines Individuums.*

Arrows Unmöglichkeitstheorem ist recht überraschend. Es zeigt, dass drei sehr plausible und wünschenswerte Eigenschaften eines gesellschaftlichen Entscheidungsmechanismus mit einer Demokratie unvereinbar sind: Es gibt keine „perfekte" Möglichkeit, gesellschaftliche Entscheidungen zu treffen. Es gibt keine vollkommene Möglichkeit, individuelle Präferenzen zu „aggregieren", um eine einzige soziale Präferenz daraus zu erstellen. Wenn wir eine Möglichkeit zur Aggregation individueller Präferenzen zu sozialen Präferenzen suchen wollen, müssen wir eine der Eigenschaften eines gesellschaftlichen Entscheidungsmechanismus, die in Arrows Theorem beschrieben sind, aufgeben.

31.2 Soziale Wohlfahrtsfunktion

Wenn wir irgendeine der oben beschriebenen erwünschten Eigenschaften einer sozialen Wohlfahrtsfunktion fallen lassen wollten, würde es wahrscheinlich Eigenschaft 3 sein – dass die sozialen Präferenzen zwischen zwei Alternativen nur von der Reihung dieser beiden Alternativen abhängen. Wenn wir das machen, werden gewisse Arten der Abstimmung mittels Reihung möglich.

Für gegebene Präferenzen jedes Individuums *i* hinsichtlich der Allokationen können wir Nutzenfunktionen $u_i(x)$ konstruieren, welche die Werturteile der Individuen zusammenfassen: Person *i* bevorzugt x gegenüber y, wenn und nur wenn $u_i(x) > u_i(y)$. Natürlich sind sie wie alle Nutzenfunktionen - sie können auf jede Weise skaliert werden, welche die zugrundeliegende Präferenzordnung erhält. Es gibt keine *einzigartige* Darstellung des Nutzens.

Greifen wir also irgendeine Nutzendarstellung heraus und bleiben wir bei dieser Art der Darstellung. Dann besteht eine Möglichkeit, soziale Präferenzen aus den Präferenzen der Individuen zu erhalten, in der Addition der individuellen

---

[1] Vergleiche Kenneth Arrow, *Social Choice and Individual Values* (New York: Wiley, 1963). Arrow, Professor an der Stanford University, erhielt den Nobelpreis für Wirtschaftswissenschaften für seine Arbeit in diesem Bereich.

Nutzen und der Verwendung der sich ergebenden Zahl als eine Art sozialen Nutzens. Das heißt, wir werden sagen, dass Allokation **x** gegenüber der Allokation **y** sozial bevorzugt ist, wenn

$$\sum_{i=1}^{n} u_i(\mathbf{x}) > \sum_{i=1}^{n} u_i(\mathbf{y}),$$

wobei n die Zahl der Individuen in der Gesellschaft ist.

Das funktioniert – aber es ist natürlich völlig willkürlich, da unsere Wahl der Nutzendarstellung völlig willkürlich ist. Die Entscheidung, die Summe zu verwenden, ist auch willkürlich. Warum sollten wir nicht eine gewogene Summe der Nutzen verwenden? Warum nicht das Produkt der Nutzen oder die Summe der quadrierten Nutzen?

Eine vernünftige Restriktion, die wir der „Aggregationsfunktion" auferlegen könnten, wäre zu verlangen, dass sie mit dem Nutzen jedes Individuums steigt. Dadurch können wir sicher sein, dass immer dann, wenn jedes Individuum **x** gegenüber **y** bevorzugt, **x** gegenüber **y** auch sozial bevorzugt wird.

Für diese Art der Aggregationsfunktion gibt es einen Namen: sie wird **soziale Wohlfahrtsfunktion** genannt. Eine soziale Wohlfahrtsfunktion ist einfach eine Funktion der individuellen Nutzenfunktionen: $W(u_1(\mathbf{x}), ..., u_n(\mathbf{x}))$. Sie bietet eine Möglichkeit der Reihung verschiedener Allokationen, die nur von den individuellen Präferenzen abhängt und eine steigende Funktion des Nutzen jedes Individuums ist.

Sehen wir uns ein paar Beispiele an. Ein oben erwähnter Spezialfall ist die *Summe* der individuellen Nutzenfunktionen

$$W(u_1, \ldots, u_n) = \sum_{i=1}^{n} u_i.$$

Dies wird manchmal als die Wohlfahrtsfunktion eines **klassischen Utilitaristen** oder **Bentham**'sche Wohlfahrtsfunktion bezeichnet.[2] Eine leichte Verallgemeinerung dieser Form ist die Wohlfahrtsfunktion aus der **gewogenen Summe der Nutzen**:

$$W(u_1, \ldots, u_n) = \sum_{i=1}^{n} a_i u_i.$$

Die Gewichte $a_1, ..., a_n$ sollen hier Zahlen sein, die angeben, wie wichtig der Nutzen jedes Akteurs für die gesamte soziale Wohlfahrt ist. Es ist selbstverständlich, jedes a_i als positiv anzunehmen.

Eine andere interessante Wohlfahrtsfunktion ist die **Minimax-** oder **Rawl**'sche soziale Wohlfahrtsfunktion:

$$W(u_1, \ldots, u_n) = \min\{u_1, \ldots, u_n\}.$$

Diese Wohlfahrtsfunktion besagt, dass die soziale Wohlfahrt einer Allokation nur von der Wohlfahrt des am schlechtesten gestellten Akteurs abhängt – der Person mit dem minimalen Nutzen.[3]

Jede dieser Formen ist eine Möglichkeit, individuelle Nutzenfunktionen zu vergleichen. Jede enthält unterschiedliche ethische Werturteile über den Vergleich der Wohlfahrt verschiedener Akteure. Die nahezu einzige Beschränkung, die wir der Struktur der Wohlfahrtsfunktion zu diesem Zeitpunkt auferlegen, ist, dass sie mit dem Nutzen jedes Konsumenten ansteigen soll.

31.3 Wohlfahrtsmaximierung

Sobald wir eine soziale Wohlfahrtsfunktion haben, können wir das Problem der Wohlfahrtsmaximierung untersuchen. Wir wollen die Notation x_i^j verwenden, um anzugeben, wie viel Individuum i vom Gut j besitzt, und wir nehmen an, dass es n Konsumentinnen und k Güter gibt. Dann besteht die Allokation **x** aus der Liste, wie viel jeder Akteur von jedem Gut hat.

Wenn wir die Gesamtmengen $X^1, ..., X^k$ der Güter 1, ..., k zur Verteilung auf die Konsumentinnen haben, können wir das Problem der Wohlfahrtsmaximierung stellen:

$$\max \ W(u_1(\mathbf{x}), \ldots, u_n(\mathbf{x}))$$

unter den Nebenbedingungen
$$\sum_{i=1}^n x_i^1 = X^1$$
$$\vdots$$
$$\sum_{i=1}^n x_i^k = X^k.$$

Wir suchen daher jene durchführbare Allokation, welche die soziale Wohlfahrt maximiert. Welche Eigenschaften hat so eine Allokation?

Als Erstes sollten wir festhalten, dass eine Allokation maximaler Wohlfahrt eine Pareto-effiziente Allokation sein muss. Der Beweis ist leicht: Angenommen sie wäre es nicht. Dann würde es eine andere durchführbare Allokation geben, die jedem einen zumindest gleich großen Nutzen gäbe, und irgendjemand einen strikt größeren Nutzen. Die Wohlfahrtsfunktion ist jedoch eine steigende Funktion des Nutzens jedes Akteurs. Diese neue Allokation würde daher eine höhere Wohlfahrt haben, was der Annahme widerspricht, dass wir ursprünglich ein Wohlfahrtsmaximum hatten.

Wir können diese Situation in Abbildung 31.1 illustrieren, in der die Menge U die möglichen Nutzenmengen für den Fall zweier Individuen darstellt. Diese Menge wird die **Nutzenmöglichkeitenmenge** genannt. Die Begrenzung dieser Menge – die **Nutzenmöglichkeitengrenze** – ist die Menge der Nutzenniveaus,

---

[2] Jeremy Bentham (1748 - 1832) war der Begründer der utilitaristischen Schule der Moralphilosophie, einer Schule, die als höchstes Gut das größte Glück für die größtmögliche Zahl ansieht

[3] John Rawls ist ein zeitgenössischer Moralphilosoph in Harvard, der für dieses Prinzip der Gerechtigkeit eingetreten ist.

welche Pareto-effizienten Allokationen zugeordnet ist. Wenn eine Allokation am Rand des Nutzenmöglichkeitenmenge liegt, dann gibt es keine anderen durchführbaren Allokationen, die *beiden* Akteuren höheren Nutzen bringen.

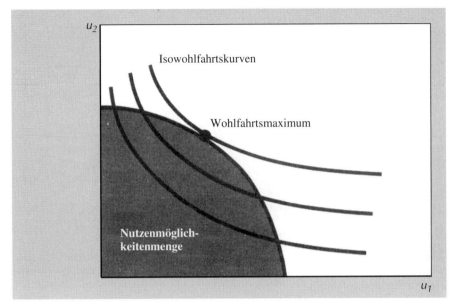

Abbildung 31.1 Wohlfahrtsmaximierung. Eine Allokation, die eine Wohlfahrtsfunktion maximiert, muss Pareto-effizient sein.

Die „Indifferenzkurven" in diesem Diagramm werden als **Isowohlfahrtskurven** bezeichnet, da sie jene Nutzenverteilungen abbilden, die konstante Wohlfahrt aufweisen. Wie üblich ist der Optimalpunkt durch eine Tangentialbedingung gekennzeichnet. Das Bemerkenswerte für unsere Zwecke ist jedoch, dass dieser Punkt maximaler Wohlfahrt Pareto-effizient ist – er muss an der Grenze der Nutzenmöglichkeitenmenge liegen.

Die nächste Beobachtung, die wir anhand dieses Diagramms machen können, ist, dass *jede* Pareto-effiziente Allokation ein Wohlfahrtsmaximum für irgendeine Wohlfahrtsfunktion darstellen muss. Ein Beispiel enthält Abbildung 31.2.

In Abbildung 31.2 haben wir eine Pareto-effiziente Allokation herausgegriffen und eine Menge von Isowohlfahrtskurven gefunden, für die sie ein Maximum ist. Wir können aber noch etwas mehr aussagen. Wenn die Menge möglicher Nutzenverteilungen – wie in der Illustration – konvex ist, dann ist jeder Punkt an seiner Grenze für eine Wohlfahrtsfunktion aus der Summe der gewogenen Nutzen ein Wohlfahrtsmaximum, wie in Abbildung 31.2 dargestellt. Eine Wohlfahrtsfunktion bietet daher eine Möglichkeit, Pareto-effiziente Allokationen auszuwählen: Jedes Wohlfahrtsmaximum ist eine Pareto-effiziente Allokation, und jede Pareto-effiziente Allokation ist ein Wohlfahrtsmaximum.

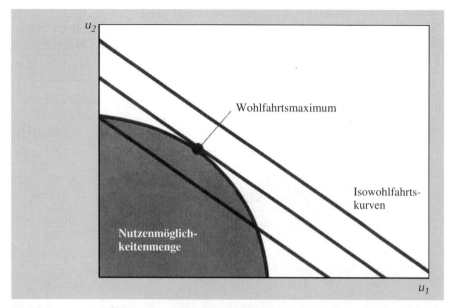

Abbildung 31.2 Maximierung der Wohlfahrtsfunktion aus der gewogenen Summe der Nutzen. Wenn die Nutzenmöglichkeitenmenge konvex ist, dann ist jeder Pareto-effiziente Punkt ein Maximum für eine Wohlfahrtsfunktion aus der gewogenen Summe der Nutzen.

31.4 Individualistische soziale Wohlfahrtsfunktionen

Bis jetzt haben wir uns vorgestellt, dass die individuellen Präferenzen für die Gesamtheit der Allokationen und nicht nur für das Güterbündel jedes Individuums definiert sind. Wie wir jedoch früher bemerkten, könnte es auch möglich sein, dass Individuen sich lediglich um ihre eigenen Bündel kümmern. In diesem Fall können wir x_i verwenden, um das Konsumbündel des Individuums i zu bezeichnen, $u_i(x_i)$ sei dann das Nutzenniveau des Individuums i bei Verwendung irgendeiner fixen Darstellung des Nutzens. Die soziale Wohlfahrtsfunktion wird dann die Form

$$W = W(u_1(x_1), \ldots, u_n(x_n))$$

haben. Die Wohlfahrtsfunktion ist unmittelbar eine Funktion der Nutzenniveaus der Individuen, sie ist jedoch indirekt eine Funktion der Konsumbündel der einzelnen Akteure. Diese besondere Form der Wohlfahrtsfunktion ist als **individualistische** oder **Bergson-Samuelson-Wohlfahrtsfunktion** bekannt.[4]

Wenn der Nutzen jedes Akteurs nur von dessen eigenem Konsum abhängt, dann gibt es keine externen Effekte im Konsum. Die Standardergebnisse des 29.

---

[4] Abram Bergson und Paul Samuelson sind zeitgenössische Ökonomen, welche die Eigenschaften dieser Art der Wohlfahrtsfunktion in den frühen Vierzigerjahren untersuchten. Samuelson erhielt den Nobelpreis für Wirtschaftswissenschaften für seine zahlreichen Beiträge.

Kapitels gelten daher, und wir haben eine enge Beziehung zwischen Pareto-effizienten Allokationen und Marktgleichgewichten: Alle Konkurrenzgleichgewichte sind Pareto-effizient und – unter entsprechenden Konvexitätsannahmen – sind alle Pareto-effizienten Allokationen Konkurrenzgleichgewichte.

Nun können wir diese Kategorisierung einen Schritt weiterführen. Wenn wir die soeben beschriebene Beziehung zwischen Pareto-Effizienz und Wohlfahrtsmaxima akzeptieren, dann können wir schließen, dass alle Wohlfahrtsmaxima Konkurrenzgleichgewichte sind, und alle Konkurrenzgleichgewichte dann für irgendeine Wohlfahrtsfunktion Wohlfahrtsmaxima sind.

31.5 Faire Allokationen

Das Konzept einer Wohlfahrtsfunktion ist eine sehr allgemeine Möglichkeit, gesellschaftliche Wohlfahrt zu beschreiben. Da sie aber so allgemein ist, kann sie dazu verwendet werden, die Eigenschaften vieler Arten moralischer Werturteile zusammenzufassen. Andererseits ist sie nur von geringem Nutzen für die Entscheidung, welche Arten ethischer Beurteilungen sinnvoll sein könnten.

Ein anderer Ansatz besteht darin, mit einigen spezifischen Werturteilen zu beginnen und dann ihre Implikationen für ökonomische Verteilungen zu untersuchen. Dieser Ansatz wird bei der Analyse **fairer Allokationen** gewählt. Wir beginnen mit einer Definition dessen, was wir als eine faire Möglichkeit der Aufteilung eines Güterbündels ansehen könnten, und verwenden dann unsere Kenntnisse ökonomischer Analyse, um deren Implikationen zu untersuchen.

Angenommen man hat einige Güter und soll sie fair auf n Personen aufteilen, die sie alle gleichermaßen verdienen. Wie würde man das machen? Es ist wahrscheinlich sicher zu behaupten, dass die meisten Menschen die Güter gleichmäßig auf die n Akteure aufteilen würden. Was sollte man sonst unter der Hypothese machen, dass alle sie gleichermaßen verdienten?

Was ist an diesem Gedanken der Gleichverteilung so anziehend? Ein attraktives Merkmal ist die *Symmetrie*. Jeder Akteur hat dasselbe Güterbündel; kein Akteur bevorzugt das Güterbündel irgendeines anderen Akteurs gegenüber seinem eigenen, da alle genau dasselbe haben.

Leider wird eine Gleichverteilung nicht notwendigerweise Pareto-effizient sein. Wenn die Akteure unterschiedliche Präferenzen haben, werden sie im Allgemeinen von einer Gleichverteilung weg tauschen wollen. Angenommen dieser Tausch findet statt und führt uns zu einer Pareto-effizienten Allokation.

Es erhebt sich die Frage: Ist dieser Tausch in irgendeinem Sinn noch immer fair? Wird – von einer Gleichverteilung ausgehend – durch den Tausch die Symmetrie der Ausgangssituation irgendwie weitervererbt?

Die Antwort ist: nicht notwendigerweise. Nehmen wir folgendes Beispiel. Wir haben drei Personen, A, B und C. A und B haben denselben Geschmack, C einen anderen. Wir beginnen mit einer Gleichverteilung und nehmen an, dass A und C miteinander tauschen. Typischerweise werden sie dann beide besser gestellt sein.

Nun wird jedoch B, die keine Gelegenheit hatte, mit C zu tauschen, A **beneiden** – das heißt, sie würde A's Bündel gegenüber ihrem eigenen bevorzugen. Obwohl A und B mit der gleichen Ausstattung begannen, hatte A mehr Glück durch ihre Möglichkeit zu tauschen, und das zerstört die Symmetrie der ursprünglichen Allokation.

Das bedeutet, dass nicht jeder beliebige Tausch von einer Gleichverteilung aus notwendigerweise die Symmetrie dieses Ausgangspunkts erhalten wird. Wir könnten aber fragen, ob es eine Allokation gibt, welche diese Symmetrie erhält. Gibt es irgendeine Möglichkeit, zu einer Allokation zu gelangen, die gleichzeitig Pareto-effizient und gerecht ist?

31.6 Neid und Gleichheit

Wir wollen nun versuchen, einige dieser Gedanken zu formalisieren. Was verstehen wir überhaupt unter „symmetrisch" oder „gerecht"? Eine mögliche Definition lautet wie folgt.

Wir sagen, eine Allokation ist **gerecht**, wenn kein Akteur das Güterbündel irgendeines anderen Akteurs gegenüber seinem eigenen bevorzugt. Wenn ein Akteur i das Güterbündel eines anderen Akteurs j bevorzugt, sagen wir, dass der Akteur i Akteur j **beneidet**. Wenn schließlich eine Allokation sowohl gerecht als auch Pareto-effizient ist, werden wir sie als eine **faire** Allokation bezeichnen.

Das sind Möglichkeiten der Formalisierung des oben angesprochenen Konzepts der Symmetrie. Eine gleichverteilte Allokation hat die Eigenschaft, dass kein Akteur irgendeinen anderen beneidet – aber es gibt viele andere Allokationen, welche dieselbe Eigenschaft aufweisen.

Sehen wir uns Abbildung 31.3 an. Um zu bestimmen, ob eine Allokation gerecht ist oder nicht, braucht man sich nur die Allokation anzusehen, die sich ergibt, wenn die zwei Akteure ihre Bündel tauschen. Wenn diese vertauschte Allokation für jeden Akteur „unterhalb" seiner Indifferenzkurve durch die ursprüngliche Allokation liegt, dann ist die ursprüngliche Allokation eine gerechte Allokation. („Unterhalb" bedeutet hier vom Standpunkt jedes Akteurs aus; aus unserer Sicht muss die vertauschte Allokation zwischen den zwei Indifferenzkurven liegen.)

Beachte weiters, dass die Allokation in Abbildung 31.3 auch Pareto-effizient ist. Sie ist daher nicht nur gerecht in dem Sinn, in dem wir diesen Begriff definierten, sondern sie ist auch effizient. Nach unserer Definition handelt es sich um eine faire Allokation. Ist diese Art der Allokation reiner Zufall oder werden faire Allokationen typischerweise existieren?

Es stellt sich heraus, dass faire Allokationen im Allgemeinen *tatsächlich* existieren, und es eine einfache Möglichkeit gibt, das zu erkennen. Wir beginnen wie im letzten Abschnitt, in dem wir eine gleichverteilte Allokation hatten und überlegten, zu einer Pareto-effizienten Allokation zu tauschen. Anstatt der Verwendung irgendeiner beliebigen Art des Tausches wollen wir den besonderen Mechanismus eines Konkurrenzmarkts verwenden. Das wird uns zu einer neuen

Allokation bringen, bei der jeder Akteur das beste Güterbündel wählt, das er sich zu den Gleichgewichtspreisen (p_1, p_2) leisten kann, und wir wissen aus dem 29. Kapitel, dass so eine Allokation Pareto-effizient sein muss.

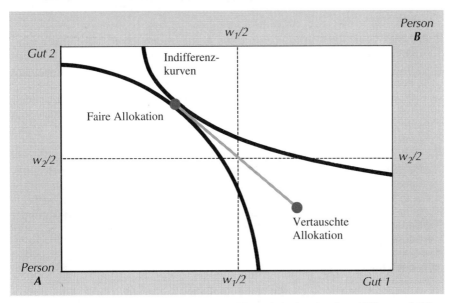

Abbildung 31.3 Faire Allokationen. Eine faire Allokation in einem Edgeworth-Diagramm. Jede Person bevorzugt die faire Allokation gegenüber der vertauschten Allokation.

Ist sie jedoch noch gerecht? Angenommen sie sei es nicht. Nehmen wir an, dass einer der Konsumenten, zum Beispiel A, Konsument B beneidet. Das bedeutet, dass A das, was B besitzt, gegenüber seinem eigen Bündel bevorzugt. Formal ausgedrückt:

$$(x_A^1, x_A^2) \prec_A (x_B^1, x_B^2).$$

Wenn aber A B's Bündel gegenüber seinem eigenen bevorzugt, und wenn sein eigenes Bündel das beste ist, das er sich zu den Preisen (p_1, p_2) leisten kann, dann bedeutet das, dass B's Bündel mehr kosten muss, als sich A leisten kann. Als Formel:

$$p_1 \omega_A^1 + p_2 \omega_A^2 < p_1 x_B^1 + p_2 x_B^2.$$

Das ist jedoch ein Widerspruch! Denn annahmegemäß starteten A und B mit genau demselben Bündel, da sie von einer Gleichverteilung aus begannen. Wenn A sich B's Bündel nicht leisten kann, dann kann sich's auch B nicht leisten.

Wir können daraus schließen, dass es unter diesen Umständen für A unmöglich ist, B zu beneiden. Ein Konkurrenzgleichgewicht, das sich aus einer Gleichverteilung heraus entwickelt, muss eine faire Allokation sein. Der Marktmechanismus wird daher bestimmte Arten von Gleichheit aufrecht erhalten: Wenn die ursprüngliche Allokation gleichverteilt ist, muss die endgültige Allokation fair sein.

Zusammenfassung

1. Arrows Unmöglichkeitstheorem zeigt, dass es keine ideale Möglichkeit gibt, individuelle Präferenzen zu sozialen Präferenzen zu aggregieren.
2. Trotzdem verwenden Ökonomen häufig gewisse Wohlfahrtsfunktionen, um Verteilungsurteile über Allokationen darzustellen.
3. Solange die Wohlfahrtsfunktion mit dem Nutzen jedes Individuums steigt, wird ein Wohlfahrtsmaximum Pareto-effizient sein. Weiters kann man sich jede Pareto-effiziente Allokation als die Maximierung irgendeiner Wohlfahrtsfunktion vorstellen.
4. Das Konzept fairer Allokationen bietet eine alternative Möglichkeit, Verteilungen zu beurteilen. Dieses Konzept betont die Idee symmetrischer Behandlung.
5. Selbst wenn die ursprüngliche Allokation symmetrisch ist, werden willkürliche Methoden des Tauschs nicht notwendigerweise zu fairen Allokationen führen. Es stellt sich jedoch heraus, dass der Marktmechanismus zu einer fairen Allokation führt.

Wiederholungsfragen

1. Angenommen wir sagen, dass eine Allokation x gegenüber einer Allokation y nur dann als gesellschaftlich bevorzugt gilt, wenn *jeder* x gegenüber y bevorzugt. (Das wird manchmal als Pareto-Reihung bezeichnet, da sie eng mit dem Gedanken der Pareto-Effizienz zusammenhängt.) Welche Nachteile hat diese Regel für die gesellschaftliche Entscheidungsfindung?
2. Das Gegenteil der Rawl'schen Wohlfahrtsfunktion könnte man die „Nietzsche"-Wohlfahrtsfunktion nennen – eine Wohlfahrtsfunktion, die besagt, dass der Wert einer Allokation nur von der Wohlfahrt des am *besten gestellten* Akteurs abhängt. Welche mathematische Form würde die Nietzsche-Wohlfahrtsfunktion haben?
3. Angenommen die Nutzenmöglichkeitenmenge ist konvex und die Konsumentinnen kümmern sich nur um ihren eigenen Konsum. Welche Art von Allokationen stellen Wohlfahrtsmaxima der Nietzsche-Wohlfahrtsfunktion dar?
4. Angenommen eine Allokation ist Pareto-effizient und jedes Individuum kümmert sich nur um seinen eigenen Konsum. Beweise, dass es ein Individuum geben muss, das niemanden in dem im Text beschriebenen Sinn beneidet. (Dieses Rätsel erfordert einige Überlegung, aber es ist's wert.)
5. Die Möglichkeit, die Tagesordnung für die Abstimmung festzulegen, stellt häufig ein wichtiges Machtinstrument dar. Angenommen die sozialen Präferenzen werden durch paarweise Mehrheitsabstimmung entschieden, und es gelten die in Tabelle 31.1 angegebenen Präferenzen; demonstriere die eingangs erwähnte Tatsache durch Aufstellung einer Abstimmungsreihenfolge, die dazu führt, dass Allokation y gewinnt. Suche eine Tagesordnung, nach

der z gewinnt. Welche Eigenschaft der gesellschaftlichen Präferenzen ist für die Macht der Festlegung der Tagesordnung verantwortlich?

ANHANG

Wir wenden uns hier dem Problem der Wohlfahrtsmaximierung unter Verwendung einer individualistischen Wohlfahrtsfunktion zu. Wir benützen die im 30. Kapitel beschriebene Transformationsfunktion zur Darstellung der Transformationskurve und schreiben das Wohlfahrtsmaximierungsproblem als

$$\max_{x_A^1, x_A^2, x_B^1, x_B^2} W(u_A(x_A^1, x_A^2), u_B(x_B^1, x_B^2))$$

unter der Nebenbedingung $T(X^1, X^2) = 0$,

wobei wir X^1 und X^2 zur Bezeichnung der gesamten produzierten und konsumierten Mengen der Güter 1 und 2 heranziehen.

Die Lagrange-Funktion dieses Problems ist

$$L = W(u_A(x_A^1, x_A^2), u_B(x_B^1, x_B^2)) - \lambda(T(X^1, X^2) - 0).$$

Differenzierung nach jeder Entscheidungsvariablen ergibt die Bedingungen erster Ordnung

$$\frac{\partial L}{\partial x_A^1} = \frac{\partial W}{\partial u_A} \frac{\partial u_A(x_A^1, x_A^2)}{\partial x_A^1} - \lambda \frac{\partial T(X^1, X^2)}{\partial X^1} = 0$$

$$\frac{\partial L}{\partial x_A^2} = \frac{\partial W}{\partial u_A} \frac{\partial u_A(x_A^1, x_A^2)}{\partial x_A^2} - \lambda \frac{\partial T(X^1, X^2)}{\partial X^2} = 0$$

$$\frac{\partial L}{\partial x_B^1} = \frac{\partial W}{\partial u_B} \frac{\partial u_B(x_B^1, x_B^2)}{\partial x_B^1} - \lambda \frac{\partial T(X^1, X^2)}{\partial X^1} = 0$$

$$\frac{\partial L}{\partial x_B^2} = \frac{\partial W}{\partial u_B} \frac{\partial u_B(x_B^1, x_B^2)}{\partial x_B^2} - \lambda \frac{\partial T(X^1, X^2)}{\partial X^2} = 0.$$

Umordnung und Division der ersten Gleichung durch die zweite und der dritten durch die vierte ergibt

$$\frac{\partial u_A/\partial x_A^1}{\partial u_A/\partial x_A^2} = \frac{\partial T/\partial X^1}{\partial T/\partial X^2}$$

$$\frac{\partial u_B/\partial x_B^1}{\partial u_B/\partial x_B^2} = \frac{\partial T/\partial X^1}{\partial T/\partial X^2}.$$

Beachte, dass das genau dieselben Gleichungen sind, die uns im Anhang zum 30. Kapitel begegneten. Das Problem der Wohlfahrtsmaximierung ergibt also dieselben Bedingungen erster Ordnung wie das Problem der Pareto-Effizienz.

Das ist offensichtlich kein Zufall. Nach der Diskussion im Text ist die Allokation, die sich aus einer Bergson-Samuelson-Wohlfahrtsfunktion ergibt, Pareto-effizient und jede Pareto-effiziente Allokation maximiert irgendeine Wohlfahrtsfunktion. Daher müssen Wohlfahrtsmaxima und Pareto-effiziente Allokationen dieselben Bedingungen erster Ordnung erfüllen.

32. Kapitel
EXTERNE EFFEKTE

Wir sagen, dass eine ökonomische Situation einen **externen Effekt im Konsum** aufweist, wenn eine Konsumentin direkt durch die Produktion oder den Konsum eines anderen Akteurs berührt wird. Ich habe zum Beispiel ganz bestimmte Präferenzen bezüglich des Spielens lauter Musik durch meine Nachbarin um 3 Uhr morgens, oder des Rauchens einer billigen Zigarre im Restaurant durch einen Menschen neben mir, oder hinsichtlich der Verschmutzung durch die Autos in meiner Umgebung. Das alles sind Beispiele für *negative* externe Effekte im Konsum. Andererseits kann ich mich am Anblick des Blumengartens meiner Nachbarin erfreuen – ein Beispiel eines *positiven* externen Effekts im Konsum.

In ähnlicher Weise entsteht ein **externer Effekt in der Produktion**, wenn die Produktionsmöglichkeiten einer Unternehmung durch die Entscheidungen einer anderen Unternehmung oder Konsumentin beeinflusst werden. Ein klassisches Beispiel ist ein Obstgarten neben einer Bienenzüchterin, bei dem es gegenseitige positive externe Effekte in der Produktion gibt – die Produktion jeder Unternehmung wirkt sich positiv auf die Produktionsmöglichkeiten der anderen Unternehmung aus. Ebenso wird sich eine Fischereiunternehmung über die Menge der in ihr Gebiet eingebrachten Verschmutzung Gedanken machen, da dadurch ihr Fangertrag negativ beeinflusst wird.

Das entscheidende Merkmal der externen Effekte ist, dass es Güter gibt, von denen Menschen betroffen sind, die jedoch nicht auf Märkten verkauft werden. Es gibt keinen Markt für laute Musik um 3 Uhr morgens, oder für den sich durch den Raum ziehenden Rauch billiger Zigarren, oder für eine Nachbarin, die einen schönen Blumengarten pflegt. Dieser Mangel an Märkten für externe Effekte verursacht Probleme.

Bis jetzt haben wir stillschweigend angenommen, dass jeder Akteur Konsum- oder Produktionsentscheidungen treffen konnte, ohne sich darum zu kümmern, was die anderen Akteure machen. Alle Interaktionen zwischen Konsumentinnen und Produzentinnen fanden über den Markt statt, sodass die ökonomischen Akteure nur die Marktpreise und ihre eigenen Konsum- oder Produktionsmöglichkeiten kennen mussten. In diesem Kapitel werden wir diese Annahme aufgeben und die ökonomischen Konsequenzen externer Effekte untersuchen.

In früheren Kapiteln sahen wir, dass der Marktmechanismus in der Lage war, zu Pareto-effizienten Allokationen zu führen, wenn es *keine* externen Effekte gab. Wenn es externe Effekte gibt, wird der Markt nicht notwendigerweise zu einer Pareto-effizienten Nutzung der Ressourcen führen. Es gibt jedoch andere gesellschaftliche Institutionen, wie das Rechtssystem oder Staatsintervention, die den Marktmechanismus bis zu einem gewissen Grad „nachahmen" und dadurch Pareto-Effizienz erzielen. In diesem Kapitel werden wir erfahren, wie diese Institutionen funktionieren.

32.1 Raucher und Nichtraucher

Es ist zweckmäßig, mit einem Beispiel zur Illustration einiger Hauptüberlegungen zu beginnen. Stellen wir uns zwei Zimmergenossinnen vor, A und B, die Präferenzen hinsichtlich „Geld" und „Rauchen" haben. Wir nehmen an, dass beide Konsumentinnen Geld mögen, dass jedoch A gerne raucht, während B saubere Luft mag.

Wir können die Konsummöglichkeiten der beiden Konsumentinnen in einem Edgeworth-Diagramm darstellen. Die Länge der horizontalen Achse stellt den Gesamtbetrag an Geld dar, den beide Akteure haben, die Höhe der vertikalen Achse stellt die Gesamtmenge an Rauch dar, die erzeugt werden kann. Die Präferenzen von A steigen sowohl mit Geld als auch mit Rauchen, während B's Präferenzen mit Geld und sauberer Luft – dem Nichtvorhandensein von Rauch – zunehmen. Wir werden den Rauch auf einer Skala von 0 bis 1 messen, wobei 0 überhaupt kein Rauch und 1 der sprichwörtlich mit Rauch gefüllte Raum ist.

Dies ergibt ein Diagramm wie in Abbildung 32.1. Beachte, dass das Bild dem des gewöhnlichen Edgeworth-Diagramms sehr ähnlich sieht, die Interpretation jedoch ganz unterschiedlich ist. Die Rauchmenge ist für A ein Gut, für B ein „Schlecht", sodass B in eine bevorzugte Position kommt, wenn A weniger Rauch „konsumiert". Es ist wichtig, den Unterschied in der Art der Messung auf der horizontalen und vertikalen Achse zu beachten. Wir messen A's Geld horizontal von der linken unteren Ecke des Diagramms und B's Geld horizontal von der oberen rechten Ecke. Die Gesamtmenge an Rauch wird jedoch vertikal von der linken unteren Ecke aus gemessen. Der Unterschied ergibt sich daraus, dass Geld zwischen den Konsumentinnen aufgeteilt werden kann, es sind daher immer zwei Beträge zu messen, hingegen gibt es nur eine Rauchmenge, die beide konsumieren müssen.

Im üblichen Edgeworth-Diagramm ist B besser gestellt, wenn A ihren Konsum des Gutes 2 reduziert – weil dann B mehr von Gut 2 konsumieren kann. Im Edgeworth-Diagramm der Abbildung 32.1 ist B auch besser gestellt, wenn A ihren Konsum des Gutes 2 (Rauch) verringert, aber aus einem ganz anderen Grund: In diesem Beispiel ist B durch die Reduktion des Rauchkonsums von A deswegen besser gestellt, weil beide Akteurinnen dieselbe Menge Rauch konsumieren müssen und Rauch für Akteurin B ein „Schlecht" ist.

Wir haben nun die Konsummöglichkeiten und Präferenzen der zwei Zimmergenossinnen abgebildet. Wie sehen ihre Ausstattungen aus? Angenommen sie besitzen beide die gleichen Beträge an Geld, zum Beispiel je € 100, sodass ihre Ausstattungen in Abbildung 32.1 irgendwo auf der vertikalen Linie EE' liegen werden. Um genau zu bestimmen wo auf dieser Geraden, müssen wir die ursprüngliche „Ausstattung" mit Rauch/sauberer Luft kennen.

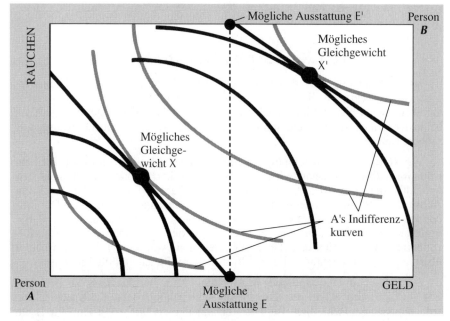

Abbildung 32.1 Präferenzen für Geld und Rauchen. Rauchen ist ein Gut für Person A, für Person B aber ein „Schlecht". Welches Gleichgewicht sich ergibt, hängt von der Anfangsausstattung ab.

Die Antwort zu dieser Frage hängt von den gesetzlichen Rechten der Raucherinnen und Nichtraucherinnen ab. Es könnte sein, dass A das Recht hat, so viel zu rauchen wie sie will, und B sich das einfach gefallen lassen muss. Oder es könnte sein, dass B das Recht auf saubere Luft hat. Oder das gesetzliche Recht auf Rauchen und saubere Luft könnte irgendwo zwischen diesen zwei Extremen liegen.

Die ursprüngliche Ausstattung mit Rauch hängt vom Rechtssystem ab. Das ist von der ursprünglichen Ausstattung mit gewöhnlichen Gütern nicht ganz so verschieden. Zu sagen, dass A eine ursprüngliche Ausstattung von € 100 besitzt, bedeutet, dass A entscheiden kann, die € 100 selbst zu verbrauchen, sie zu verschenken oder sie mit irgendjemand anderem zu tauschen. Es gibt eine gesetzliche Definition, die der Aussage zugrunde liegt, dass eine Person € 100 „besitzt" oder „ein Recht darauf" hat. Wenn eine Person ein Eigentumsrecht auf saubere Luft hat, bedeutet das ebenso, dass sie saubere Luft verbrauchen kann, wenn sie will, oder verschenken oder dieses Recht an jemand anderen verkaufen kann. In diesem Sinn ist das Eigentumsrecht an sauberer Luft vom Eigentumsrecht an € 100 überhaupt nicht verschieden.

Beginnen wir mit einer rechtlichen Situation, in der Person B ein gesetzliches Recht auf saubere Luft hat. Die dementsprechende ursprüngliche Ausstattung ist in Abbildung 32.1 mit E bezeichnet; sie liegt dort, wo A (100, 0) und B (100, 0) besitzen. Das bedeutet, dass sowohl A als auch B je € 100 haben, und dass die ursprüngliche Ausstattung – was ohne Tausch vorliegt – saubere Luft ist.

Genau wie vorher, im Fall ohne externe Effekte, gibt es keinen Grund dafür, dass die ursprüngliche Ausstattung Pareto-effizient ist. Ein Aspekt des Besitzes eines Eigentumsrechts an sauberer Luft ist, dass man das Recht hat, diese für irgendein anderes erwünschtes Gut einzutauschen – in diesem Fall gegen Geld. Es ist leicht möglich, dass B lieber einen Teil seines Rechts auf saubere Luft gegen etwas mehr Geld tauscht. Der mit X bezeichnete Punkt in Abbildung 32.1 wäre ein Beispiel dafür.

Wie bisher ist eine Pareto-effiziente Allokation dann gegeben, wenn keine Konsumentin besser gestellt werden kann, ohne die andere schlechter zu stellen. So eine Allokation wird durch die übliche Tangentialbedingung gekennzeichnet sein, dass die Grenzraten der Substitution zwischen Rauchen und Geld für beide Akteurinnen gleich sein sollten, wie in Abbildung 32.1 dargestellt. Man kann sich den Tausch zwischen A und B zu so einem Pareto-effizienten Punkt leicht vorstellen. B hat zwar ein Recht auf saubere Luft, aber sie kann sich „bestechen" lassen, um etwas von A's Rauch zu konsumieren.

Natürlich sind auch andere Zuteilungen der Eigentumsrechte möglich. Wir könnten uns ein Rechtssystem vorstellen, in dem A das Recht hat, so viel zu rauchen, wie sie will, und B müsste A bestechen, ihr Rauchen einzuschränken. Das würde der in Abbildung 32.1 mit E' bezeichneten Ausstattung entsprechen. Genau wie vorher würde dies typischerweise nicht Pareto-effizient sein, wir könnten uns daher vorstellen, dass die Akteurinnen bis zu einem beiderseitig bevorzugten Punkt, wie z. B. X', tauschen würden.

Sowohl X als auch X' sind Pareto-effiziente Allokationen; sie gehen nur von verschiedenen ursprünglichen Ausstattungen aus. Sicherlich ist die Raucherin A bei X' bessergestellt als bei X, die Nichtraucherin B ist bei X besser gestellt als bei X'. Die zwei Punkte haben unterschiedliche Verteilungswirkungen, vom Standpunkt der Effizienz aus gesehen sind jedoch beide gleich zufrieden stellend.

In der Tat gibt es keinen Grund dafür, dass wir uns ausgerechnet auf diese zwei effizienten Punkte beschränken. Wie üblich wird es eine ganze Kontraktkurve Pareto-effizienter Allokationen von Rauchen und Geld geben. Wenn es den Akteurinnen freisteht, beide Güter zu tauschen, wissen wir, dass sie irgendwo auf dieser Kontraktkurve landen werden. Die genaue Position wird von ihren Eigentumsrechten an Rauch und Geld und auch vom Mechanismus abhängen, den sie zur Durchführung des Tausches verwenden.

Eine Möglichkeit, die sie beim Tausch verwenden könnten, ist der Preismechanismus. Wie vorher könnten wir uns einen Auktionator vorstellen, der Preise nennt und fragt, wie viel jede Akteurin zu diesen Preisen kaufen möchte. Wenn der ursprüngliche Ausstattungspunkt A die Rechte zum Rauchen gäbe, könnte sie den Verkauf eines Teils ihrer Rechte auf Rauchen an B gegen B's Geld überlegen. Ebenso könnte B, wenn sie die Rechte auf saubere Luft hätte, einen Teil ihrer sauberen Luft an A verkaufen.

Wenn es dem Auktionator gelingt, einen Preisvektor zu finden, bei dem Angebot gleich Nachfrage ist, ist alles bestens: Wir haben ein Pareto-effizientes Ergebnis. Wenn es einen Markt für Rauchen gibt, dann wird ein Konkurrenzgleichgewicht Pareto-effizient sein. Weiters messen, wie im Standardfall, die Konkurrenzpreise die Grenzrate der Substitution zwischen den zwei Gütern.

Das ist genau wie in der üblichen Edgeworth-Diagramm-Analyse, lediglich in einem leicht unterschiedlichen Rahmen dargestellt. Solange wir genau definierte Eigentumsrechte an dem die externen Effekte verursachenden Gut haben – unabhängig davon, wer diese Rechte besitzt - können die Akteure von ihrer ursprünglichen Ausstattung ausgehend zu einer Pareto-effizienten Allokation tauschen. Wenn wir einen Markt für externe Effekte einrichten wollen, wird das auch funktionieren.

Probleme entstehen nur, wenn die Eigentumsrechte *nicht* genau definiert sind. Wenn A glaubt, sie habe das Recht zu rauchen, und B meint, sie habe das Recht auf saubere Luft, ergibt das Schwierigkeiten. *Die praktischen Probleme externer Effekte entstehen im Allgemeinen wegen unzureichend definierter Eigentumsrechte.*

Meine Nachbarin meint vielleicht, dass sie das Recht hat, ihre Trompete um 3 Uhr morgens zu blasen, und ich bin der Meinung, ein Recht auf Ruhe zu haben. Eine Unternehmung glaubt vielleicht, das Recht auf Verschmutzung der Luft zu haben, die ich atme, während ich der Ansicht bin, dass sie das nicht hat. Fälle, in denen die Eigentumsrechte schlecht definiert sind, können zu einer ineffizienten Produktion externer Effekte führen – was bedeutet, dass es Möglichkeiten gäbe, die betroffenen Teile durch Änderung der Produktion besser zu stellen. Wenn die Eigentumsrechte ausreichend definiert sind und es Mechanismen für Verhandlungen zwischen den Akteurinnen gibt, dann können die Leute ihre Rechte auf externe Effekte genauso tauschen wie die Rechte auf Produktion und Konsum gewöhnlicher Güter.

32.2 Quasilineare Präferenzen und das Coase-Theorem

Wir argumentierten soeben, dass bei gut definierten Eigentumsrechten Tausch zwischen den Akteuren zu einer effizienten Allokation der externen Effekte führen würde. Im Allgemeinen wird die Menge an externen Effekten, welche bei der effizienten Allokation erzeugt wird, von der Zuteilung der Eigentumsrechte abhängen. Im Fall der beiden Zimmergenossen hängt die Menge des Rauchs davon ab, ob der Raucher oder der Nichtraucher die Eigentumsrechte hat.

Es gibt jedoch einen Sonderfall, in dem die resultierenden externen Effekte von der Zuweisung der Eigentumsrechte unabhängig sind. Wenn die Präferenzen der Akteure **quasilinear** sind, dann muss jede effiziente Lösung dieselbe Menge des externen Effekts haben.

Dieser Fall wird in Abbildung 32.2 für die Situation des Edgeworth-Diagramms für den Raucher versus den Nichtraucher dargestellt. Da alle Indifferenzkurven horizontale Verschiebungen voneinander sind, wird der geometrische Ort gemeinsamer Berührungspunkte – die Menge Pareto-effizienter Allokationen – eine horizontale Gerade sein. Das bedeutet, dass die Menge des Rauchs in jeder

Pareto-effizienten Allokation gleich ist: Lediglich die von den Akteuren gehaltenen Eurobeträge differieren zwischen den effizienten Allokationen.

Das Ergebnis, dass unter bestimmten Bedingungen die effiziente Menge des mit der Externalität behafteten Gutes von der Verteilung der Eigentumsrechte unabhängig ist, wird manchmal als **Coase-Theorem** bezeichnet. Es sollte jedoch betont werden, dass es sich dabei wirklich um ganz spezielle Bedingungen handelt. Die Annahme quasilinearer Präferenzen impliziert, dass die Nachfragefunktionen nach dem den externen Effekt verursachenden Gut von der Einkommensverteilung unabhängig sind. Eine Umverteilung der Ausstattungen beeinflusst somit die effiziente Menge der Externalität nicht. Man sagt daher manchmal, dass das Coase-Theorem dann gilt, wenn es keine „Einkommenseffekte" gibt.[1]

In diesem Fall werden die Pareto-effizienten Allokationen nur eine einzige Menge des externen Effekts aufweisen. Die verschiedenen Pareto-effizienten Allokationen werden sich durch die unterschiedlichen Geldbeträge, welche die Konsumenten halten, auszeichnen; aber die Menge des externen Effekts – die Menge an Rauch – wird unabhängig von der Verteilung des Vermögens sein.

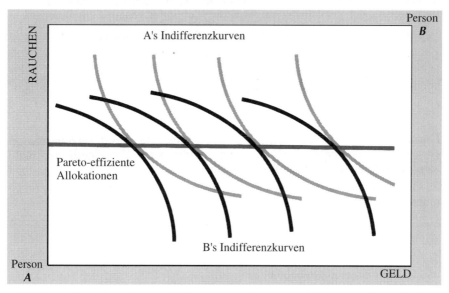

Abbildung 32.2 Quasilineare Präferenzen und das Coase-Theorem. Wenn die Präferenzen jedes Konsumenten quasilinear sind, sodass sie horizontale Verschiebungen voneinander sind, wird die Pareto-effiziente Allokationsmenge eine horizontale Gerade sein. Es wird daher für jede Pareto-effiziente Allokation nur eine einzige Menge des externen Effekts, in diesem Fall Rauch, geben.

---

[1] Ronald Coase ist emeritierter Professor an der Law School der University of Chicago. Sein berühmter Aufsatz, „The Problem of Social Costs", *The Journal of Law & Economics*, 3 (Oktober 1960), wurde verschiedenartig interpretiert. Einige Autoren meinen, dass Coase lediglich versicherte, dass kostenloses Verhandeln über die externen Effekte ein Pareto-effizientes Ergebnis erzielt, nicht dass das Ergebnis von der Zuweisung der Eigentumsrechte unabhängig ist.

32.3 Externe Effekte in der Produktion

Sehen wir uns nun eine Situation mit externen Effekten in der Produktion an. Unternehmung S produziert irgendeine Stahlmenge, s, und verursacht auch eine gewisse Menge an Verschmutzung, x, welche sie in einen Fluss einleitet. Unternehmen F, eine Fischereiunternehmung, liegt flussabwärts und ist von der Verschmutzung durch S nachteilig betroffen.

Angenommen die Kostenfunktion der Unternehmung S ist durch $c_s(s, x)$ gegeben, wobei s die erzeugte Stahlmenge und x die verursachte Menge an Verschmutzung ist. Die Kostenfunktion der Unternehmung F ist durch $c_f(f, x)$ gegeben, wobei f die Fischerzeugung darstellt und x die Menge an Verschmutzung ist. Beachte, dass F's Kosten der Erzeugung einer gegebenen Fischmenge von der durch die Stahlunternehmung verursachten Menge an Verschmutzung abhängen. Wir wollen annehmen, dass Verschmutzung die Kosten des Fischfangs erhöht, $\Delta c_f / \Delta x > 0$, und die Kosten der Stahlproduktion *senkt*, $\Delta c_s / \Delta x = 0$. Diese letzte Annahme besagt, dass eine Erhöhung der Menge an Verschmutzung die Stahlerzeugungskosten senken wird, dass – zumindest in einem gewissen Bereich – eine Verringerung der Verschmutzung die Kosten der Stahlerzeugung erhöhen wird.

Das Gewinnmaximierungsproblem der Stahlunternehmung lautet

$$\text{maximiere}_{s,x} \quad p_s s - c_s(s, x)$$

und jenes der Fischereiunternehmung ist

$$\text{maximiere}_{f} \quad p_f f - c_f(f, x).$$

Beachte, dass die Stahlherstellerin über die verursachte Verschmutzungsmenge entscheiden kann, die Fischereiunternehmung jedoch das Niveau der Verschmutzung als außerhalb ihres Einflusses betrachten muss.

Die Bedingungen für Gewinnmaximierung werden für die Stahlunternehmung

$$p_s = \frac{\Delta c_s(s^*, x^*)}{\Delta s}$$

$$0 = \frac{\Delta c_s(s^*, x^*)}{\Delta x}$$

und für die Fischereiunternehmung

$$p_f = \frac{\Delta c_f(f^*, x^*)}{\Delta f}$$

sein. Diese Bedingungen besagen, dass im Gewinnmaximum der Preis für jedes Gut – Stahl und Verschmutzung – seinen Grenzkosten gleich sein sollte. Im Fall der Stahlunternehmung ist Verschmutzung eines seiner „Erzeugnisse", welches annahmegemäß einen Preis von Null hat. Die Bedingung, welche das gewinnmaximierende Angebot an Verschmutzung bestimmt, besagt, dass Verschmutzung so lange verursacht wird, bis die Kosten einer weiteren Einheit gleich Null sind.

Der externe Effekt ist hier unschwer zu erkennen: Das Fischereiunternehmen ist durch die Verschmutzung betroffen, hat jedoch keine Kontrolle über sie. Das Stahlunternehmen beachtet nur die Kosten der Stahlerzeugung, wenn es seine Berechnungen zur Gewinnmaximierung anstellt; es ignoriert jene Kosten, die es dem Fischereiunternehmen auferlegt. Die mit der gesteigerten Verschmutzung zusammenhängende Erhöhung der Fischereikosten sind Teil der **sozialen Kosten** der Stahlerzeugung, sie werden durch das Stahlunternehmen nicht beachtet. Im Allgemeinen ist zu erwarten, dass das Stahlunternehmen vom gesellschaftlichen Standpunkt aus zu viel verschmutzen wird, da die Auswirkung dieser Verschmutzung auf das Fischereiunternehmen unbeachtet bleibt.

Wie sieht ein Pareto-effizienter Produktionsplan für Stahl und Fisch aus? Es gibt einen einfachen Weg, um das herauszufinden. Angenommen das Fischereiunternehmen und das Stahlunternehmen schließen sich zu einem Unternehmen zusammen, das sowohl Fisch und Stahl (und möglicherweise Verschmutzung) erzeugt. Dann gibt es keinen externen Effekt! Ein externer Effekt in der Produktion entsteht nur dann, wenn die Handlungen eines Unternehmens die Produktionsmöglichkeiten eines anderen Unternehmens beeinflussen. Wenn es nur ein Unternehmen gibt, dann wird es die Interaktionen zwischen seinen verschiedenen „Abteilungen" berücksichtigen, wenn es seinen gewinnmaximierenden Produktionsplan erstellt. Wir sagen, dass der externe Effekt durch Neuverteilung der Eigentumsrechte **internalisiert** wurde. Vor dem Zusammenschluss hatte jedes Unternehmen das Recht, jede beliebige gewünschte Menge an Stahl, Fisch oder Verschmutzung zu erzeugen, ohne Rücksicht darauf, was das andere Unternehmen tat. Nach dem Zusammenschluss hat das vereinigte Unternehmen das Recht, sowohl die Produktion des Stahlwerks als auch der Fischerei zu kontrollieren.

Das Gewinnmaximierungsproblem der fusionierten Unternehmung lautet

$$\underset{s,f,x}{\text{maximiere}} \quad p_s s + p_f f - c_s(s,x) - c_f(f,x)$$

und führt zu den Optimalbedingungen

$$p_s = \frac{\Delta c_s(\hat{s}, \hat{x})}{\Delta s}$$

$$p_f = \frac{\Delta c_f(\hat{f}, \hat{x})}{\Delta f}$$

$$0 = \frac{\Delta c_s(\hat{s}, \hat{x})}{\Delta x} + \frac{\Delta c_f(\hat{f}, \hat{x})}{\Delta x}.$$

Der entscheidende Ausdruck ist der letzte. Er zeigt, dass die vereinigte Unternehmung die Wirkung der Verschmutzung auf die Grenzkosten sowohl des Stahlwerks als auch der Fischerei berücksichtigen wird. Wenn die Stahlabteilung entscheidet, wie viel Verschmutzung sie verursachen wird, berücksichtigt sie die Auswirkung dieser Handlung auf den Gewinn der Fischereiabteilung; das heißt, sie berücksichtigt die „sozialen" Kosten ihres Produktionsplans.

Was impliziert das hinsichtlich der verursachten Verschmutzungsmenge? Als das Stahlunternehmen selbstständig handelte, wurde die Verschmutzungsmenge durch die Bedingung

$$\frac{\Delta c_s(s^*, x^*)}{\Delta x} = 0 \qquad (32.1)$$

bestimmt. Das heißt, das Stahlwerk verursachte Verschmutzung, bis die Grenzkosten Null waren:

$$MC_S(s^*, x^*) = 0.$$

Im vereinigten Unternehmen wird die Verschmutzungsmenge durch die Bedingung

$$\frac{\Delta c_s(\hat{s}, \hat{x})}{\Delta x} + \frac{\Delta c_f(\hat{f}, \hat{x})}{\Delta x} = 0 \qquad (32.2)$$

bestimmt. Das heißt, das vereinigte Unternehmen verursacht Verschmutzung bis die *Summe* der Grenzkosten der Verschmutzung für das Stahlwerk und für die Fischerei gleich Null ist. Diese Bedingung kann auch als

$$-\frac{\Delta c_s(\hat{s}, \hat{x})}{\Delta x} = \frac{\Delta c_f(\hat{f}, \hat{x})}{\Delta x} > 0 \qquad (32.3)$$

oder als

$$-MC_S(\hat{s}, \hat{x}) = MC_F(\hat{f}, \hat{x})$$

geschrieben werden.

In diesem letzten Ausdruck ist $MC_F(\hat{f}, \hat{x})$ positiv, da zusätzliche Verschmutzung die Produktionskosten einer vorgegebenen Menge an Fisch erhöht. Daher wird die vereinigte Unternehmung dort produzieren wollen, wo $-MC_S(\hat{s}, \hat{x})$ positiv ist; das heißt, sie wird *weniger* Verschmutzung verursachen wollen als die unabhängige Stahlunternehmung. Wenn die wahren sozialen Kosten des externen Effekts der Stahlproduktion mit einbezogen werden, wird die optimale Verschmutzung verringert.

Wenn die Stahlunternehmung auf die Minimierung ihrer **privaten Kosten** der Stahlproduktion achtet, dann erzeugt sie dort, wo die Grenzkosten zusätzlicher Verschmutzung gleich Null sind; das Pareto-effiziente Verschmutzungsniveau verlangt jedoch Minimierung der **sozialen Kosten** der Verschmutzung. Beim Pareto-effizienten Verschmutzungsniveau muss die *Summe* der Grenzkosten der Verschmutzung beider Unternehmungen gleich Null sein.

Dieses Argument wird in Abbildung 32.3 illustriert. In diesem Diagramm stellt $-MC_S$ die Grenzkosten der Stahlerzeugung für die Verursachung zusätzlicher Verschmutzung dar. Die mit MC_F bezeichnete Kurve gibt die Grenzkosten zusätzlicher Verschmutzung für die Fischerei an. Die gewinnmaximierende Stahlunternehmung verursacht Verschmutzung bis zu jenem Punkt, wo ihre Grenzkosten aus der Verursachung zusätzlicher Verschmutzung gleich Null sind.

Beim Pareto-effizienten Verschmutzungsniveau hingegen verschmutzt die Stahlerzeugung bis zu jenem Punkt, bei dem die Wirkung einer marginalen Erhöhung der Verschmutzung gleich den sozialen Grenzkosten ist, wobei die Auswirkung der Verschmutzung auf die Kosten beider Unternehmen berücksichtigt wird. Beim effizienten Niveau der Verschmutzung sollte der Betrag, den das Stahlunternehmen für eine weitere Verschmutzungseinheit zu zahlen bereit ist, den durch diese zusätzliche Verschmutzung verursachten sozialen Kosten gleich sein – was auch die Kosten einschließt, die der Fischerei auferlegt werden.

Das stimmt völlig mit den in früheren Kapiteln erläuterten Effizienzargumenten überein. Dort unterstellten wir, dass es keine externen Effekte gab, private und soziale Kosten fielen daher zusammen. In diesem Fall wird dann der freie Markt die Pareto-effiziente Outputmenge jedes Gutes bestimmen. Wenn jedoch private und soziale Kosten divergieren, genügt der Markt allein nicht mehr, um Pareto-Effizienz zu erzielen.

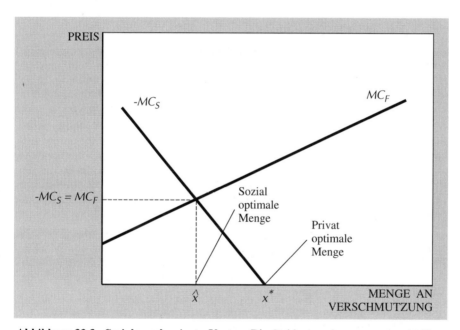

Abbildung 32.3 Soziale und private Kosten. Die Stahlunternehmung verursacht Verschmutzung bis zu jenem Punkt, wo die Grenzkosten zusätzlicher Verschmutzung gleich Null sind. Die Pareto-effiziente Verursachung von Verschmutzung liegt jedoch bei jenem Punkt, bei dem der Preis gleich den sozialen Grenzkosten ist, welche die durch die Fischerei getragenen Kosten der Verschmutzung beinhalten.

BEISPIEL: Verschmutzungszertifikate

Alle wollen eine saubere Umwelt ... solange jemand anderer dafür zahlt. Selbst wenn wir Übereinstimmung darüber erzielten, um wie viel wir die Verschmutzung verringern sollten, verbleibt noch immer das Problem der Bestimmung des kostengünstigsten Weges, um diese geplante Verringerung zu erreichen.

Sehen wir uns z. B. den Fall der Stickoxidemissionen an. Für die eine Verursacherin ist es möglicherweise recht billig, ihre Emissionen dieses Schadstoffes zu reduzieren, während es für eine andere sehr teuer sein kann. Sollte von beiden verlangt werden, ihre Schadstoffemissionen um dieselbe absolute Menge, oder proportional zu ihren Mengen oder nach einer anderen Regel zu verringern?

Betrachten wir das anhand eines einfachen ökonomischen Modells. Angenommen es gibt nur zwei Unternehmungen. Die Emissionsquote der Unternehmung 1 sei x_1, jene des Unternehmens 2 sei x_2. Die Kosten der Erreichung einer derartigen Emissionsquote sind für Unternehmung 1 $c_1(x_1)$, mit der entsprechenden Funktion für Unternehmung 2. Das Emissionsziel ist insgesamt mit X festgelegt. Wenn wir die Gesamtkosten zur Erreichung dieses Emissionsziels minimieren wollen, müssen wir folgendes Problem lösen:

$$\min_{x_1, x_2} c_1(x_1) + c_2(x_2)$$

unter der Nebenbedingung $x_1 + x_2 = X$.

Das nun schon als Standardargument bekannte Ergebnis lautet, dass die Grenzkosten der Emissionskontrolle für alle Unternehmungen gleich sein müssen. Wenn eine Unternehmung höhere Grenzkosten der Emissionskontrolle hätte als eine andere, dann könnten wir die Gesamtkosten durch eine Reduktion ihrer Quote und eine Erhöhung der Quote der anderen Unternehmung senken.

Wie kann dieses Ergebnis erreicht werden? Wenn die Umweltbehörde Informationen über die Emissionskosten aller Unternehmen hätte, könnte sie das entsprechende Produktionsschema berechnen und es den betroffenen Unternehmen vorschreiben. Die Kosten der Erhebung und jeweiligen Aktualisierung der erforderlichen Informationen können jedoch extrem hoch sein. Die theoretische Darstellung der optimalen Lösung ist viel einfacher als ihre tatsächliche Umsetzung!

Viele Ökonominnen haben sich dafür ausgesprochen, dass die beste Möglichkeit, eine effiziente Lösung zu implementieren, die Verwendung von Märkten ist. Es scheint, als ob ein derartiges marktbezogenes System der Emissionskontrolle demnächst in Südkalifornien eingeführt werden wird. Und so sollte der kalifornische Plan funktionieren:[2]

Den 2.700 größten Verschmutzerinnen in Südkalifornien wird jeweils eine Quote für ihren Ausstoß an Stickoxiden zugewiesen. Sie beträgt in der Ausgangssituation 8 Prozent weniger als ihre jeweilige Emission des Vorjahres. Wenn die Unternehmung ihre Quote genau einhält, gibt es keinerlei Sanktionen. Wenn sie jedoch ihre Emissionen *unter* ihre Quote reduziert, kann sie das zusätzliche „Verschmutzungsrecht" auf einem Markt verkaufen.

Angenommen die Quote einer Unternehmung sei 95 Tonnen Stickoxidemission pro Jahr. Wenn es ihr gelingt, in einem gegebenen Jahr nur 90 Tonnen zu

---

[2] Siehe dazu Richard Stevenson, „Trying a Market Approach to Smog," *New York Times*, 25. März 1992, Seite C1.

emittieren, kann sie das Verschmutzungsrecht von 5 Tonnen an eine andere Unternehmung verkaufen. Jede Unternehmung kann den Marktpreis des Verschmutzungsrechts mit ihren Kosten der Verschmutzungsreduktion vergleichen und dann entscheiden, ob es kostengünstiger ist, die Emissionen weiter zu reduzieren oder die Verschmutzungsrechte von anderen Unternehmungen zu erwerben.

Unternehmungen, für die es leicht ist, ihre Emissionen zu reduzieren, werden ihre Rechte an Unternehmungen verkaufen, für die eine Emissionsreduktion eher kostspielig ist. Im Gleichgewicht sollte der Marktpreis des Verschmutzungsrechts für eine Tonne Stickoxid gleich den Grenzkosten der Reduktion um eine Tonne sein. Das ist aber genau die Bedingung, die eine optimale Verschmutzung charakterisiert! Der Markt für Verschmutzungszertifikate führt automatisch zu effizienten Emissionen.

32.4 Interpretation der Bedingungen

Es gibt einige interessante Interpretationen der oben abgeleiteten Bedingungen für Pareto-Effizienz. Jede dieser Interpretationen weist auf ein bestimmtes Schema zur Korrektur des Effizienzverlustes hin, welcher durch den externen Effekt in der Produktion verursacht wird.

Die erste Interpretation ist, dass die Stahlunternehmung sich dem falschen Preis für die Verschmutzung gegenübersieht. Für die Stahlunternehmung kostet die Verursachung der Verschmutzung nichts. Dabei werden jedoch die Kosten vernachlässigt, welche der Fischereiunternehmung durch die Verschmutzung entstehen. Dementsprechend kann die Situation dadurch bereinigt werden, dass der Verschmutzer mit den richtigen sozialen Kosten konfrontiert wird.

Eine Möglichkeit besteht in der Besteuerung der durch die Stahlunternehmung verursachten Verschmutzung. Angenommen wir besteuern die Stahlunternehmung mit t Euro je Verschmutzungseinheit, die sie verursacht. Dann wird das Gewinnmaximierungsproblem der Stahlunternehmung

$$\text{maximiere}_{s, x} \; p_s s - c_s(s, x) - tx.$$

Die Bedingungen für ein Gewinnmaximum werden

$$p_s - \frac{\Delta c_s(s, x)}{\Delta s} = 0$$

$$-\frac{\Delta c_s(s, x)}{\Delta x} - t = 0$$

sein. Wenn wir diese Bedingungen mit Gleichung (32.3) vergleichen, sehen wir, dass wir durch Festlegung von

$$t = \frac{\Delta c_f(\hat{f}, \hat{x})}{\Delta x}$$

erreichen, dass diese Bedingungen dieselben sein werden wie jene, welche das Pareto-effiziente Verschmutzungsniveau charakterisieren.

Diese Art der Steuer ist als **Pigou-Steuer** bekannt.[3] Das Problem bei Pigou-Steuern ist, dass wir das optimale Verschmutzungsniveau kennen müssen, um die Steuer festsetzen zu können. Wenn wir jedoch das optimale Verschmutzungsniveau kennen, könnten wir der Stahlunternehmung unmittelbar auferlegen, höchstens so viel zu verschmutzen, und wir brauchen uns mit diesem Besteuerungsschema überhaupt nicht herumzuschlagen.

Eine andere Interpretation des Problems ist, dass ein Markt fehlt – der Markt für Verschmutzung. Das Problem eines externen Effekts entsteht, weil der Verschmutzer mit einem Nullpreis für ein von ihm erzeugtes „Outputgut" konfrontiert ist, obwohl Leute sogar bereit wären, Geld für die Reduktion des Outputniveaus zu zahlen. Vom gesellschaftlichen Standpunkt aus sollte der Output an Verschmutzung einen *negativen* Preis haben.

Wir könnten uns eine Welt vorstellen, in der das Fischereiunternehmen ein Recht auf sauberes Wasser hat, jedoch das Recht auf Verschmutzung verkaufen könnte. Der Preis je Verschmutzungseinheit sei q, die durch das Stahlwerk verursachte Verschmutzungsmenge sei x. Dann ist das Gewinnmaximierungsproblem des Stahlwerks

$$\text{maximiere}_{s,x} \; p_s s - qx - c_s(s,x)$$

und des Fischereiunternehmens

$$\text{maximiere}_{f,x} \; p_f f + qx - c_f(f,x).$$

Der Ausdruck qx hat in der Gewinngleichung der Stahlunternehmung ein negatives Vorzeichen, da er Kosten darstellt – die Stahlunternehmung muss das Recht kaufen, x Einheiten verschmutzen zu dürfen. Er geht mit einem positiven Vorzeichen in die Gewinngleichung der Fischereiunternehmung ein, da sie aus dem Verkauf dieses Rechts einen Erlös erzielt.

Die Gewinnmaximierungsbedingungen sind

$$p_s = \frac{\Delta c_s(s,x)}{\Delta s} \tag{32.4}$$

$$q = -\frac{\Delta c_s(s,x)}{\Delta x} \tag{32.5}$$

$$p_f = \frac{\Delta c_f(f,x)}{\Delta f} \tag{32.6}$$

$$q = \frac{\Delta c_f(f,x)}{\Delta x}. \tag{32.7}$$

Jedes Unternehmen ist also mit den sozialen Grenzkosten jeder seiner Handlungen konfrontiert, wenn es entscheidet, wie viel Verschmutzung es kauft oder

---

[3] Arthur Pigou (1877 - 1959), ein Ökonom an der Cambridge University, schlug solche Steuern in seinem einflussreichen Buch *The Economics of Welfare* vor

verkauft. Wenn der Preis der Verschmutzung so lange angepasst wird, bis die Nachfrage nach Verschmutzung gleich ihrem Angebot ist, werden wir ein effizientes Gleichgewicht haben, genau wie bei jedem anderen Gut.

Beachte, dass bei der optimalen Lösung die Gleichungen (32.5) und (32.7) implizieren, dass

$$-\frac{\Delta c_s(s,x)}{\Delta x} = \frac{\Delta c_f(f,x)}{\Delta x}.$$

Das besagt, dass die Grenzkosten der Stahlunternehmung für die Reduktion der Verschmutzung dem Grenznutzen der Fischereiunternehmung aufgrund dieser Reduktion gleich sein sollten. Wäre diese Bedingung nicht erfüllt, hätten wir kein optimales Verschmutzungsniveau. Das ist natürlich dieselbe Bedingung wie Gleichung (32.3).

Bei der Analyse dieses Problems postulierten wir, dass die Fischerei ein Recht auf sauberes Wasser hatte, und das Stahlwerk das Recht auf Verschmutzung kaufen musste. Wir hätten aber auch die Eigentumsrechte umgekehrt zuteilen können: Das Stahlwerk könnte das Recht auf Verschmutzung haben, und die Fischerei müsste dafür zahlen, um das Stahlwerk zu veranlassen, weniger zu verschmutzen. Genau wie im Fall des Rauchers und Nichtrauchers würde das ein effi-zientes Resultat ergeben. In der Tat würde genau *dasselbe* Ergebnis erzielt, da genau dieselben Gleichungen erfüllt sein müssten.

Um das zu erkennen, nehmen wir nun an, dass das Stahlwerk das Recht hat, bis zu einer bestimmen Menge, $\bar{x}$, zu verschmutzen, die Fischerei jedoch bereit ist, für die Reduktion der Verschmutzung zu zahlen. Das Gewinnmaximierungsproblem des Stahlwerks ist dann

$$\underset{s,\,x}{\text{maximiere}}\; p_s s + q(\bar{x} - x) - c_s(s, x).$$

Nun hat das Stahlwerk zwei Einnahmequellen: Es kann Stahl und Verschmutzungsentlastung verkaufen. Die Bedingungen „Preis ist gleich Grenzkosten" werden dann

$$p_s - \frac{\Delta c_s(s,x)}{\Delta s} = 0 \qquad (32.8)$$

$$-q - \frac{\Delta c_s(s,x)}{\Delta x} = 0. \qquad (32.9)$$

Das Maximierungsproblem der Fischerei ist nun

$$\underset{f,\,x}{\text{maximiere}}\; p_f f - q(\bar{x} - x) - c_f(f, x),$$

mit den Optimalbedingungen

$$p_f - \frac{\Delta c_f(f,x)}{\Delta f} = 0 \tag{32.10}$$

$$q - \frac{\Delta c_f(f,x)}{\Delta x} = 0. \tag{32.11}$$

Beachte: Die vier Gleichungen (32.8) – (32.11) sind genau dieselben wie die vier Gleichungen (32.4) – (32.7). Im Fall der externen Effekte in der Produktion ist die optimale Produktionsstruktur von der Zuweisung der Eigentumsrechte unabhängig. Natürlich wird die Verteilung der Gewinne im Allgemeinen von der Zuteilung der Eigentumsrechte abhängen. Obwohl das gesellschaftliche Ergebnis von der Verteilung der Einkommensrechte unabhängig ist, werden die Besitzer der betroffenen Unternehmen ganz klare Ansichten darüber haben, wie eine entsprechende Verteilung auszusehen hat.

32.5 Marktsignale

Schließlich wenden wir uns der dritten Interpretation der externen Effekte zu, die in gewisser Hinsicht die tief schürfendste ist. Im Fall des Stahlwerks und der Fischerei ist das Problem gelöst, wenn sich die beiden Unternehmen zusammenschließen – warum tun sie das dann nicht? Tatsächlich besteht, wenn man darüber nachdenkt, ein entscheidender Anreiz für die zwei Unternehmen, sich zusammenzuschließen: Wenn die Handlungen des einen Unternehmens sich auf das andere auswirken, dann können sie durch Abstimmung ihres Verhaltens gemeinsam höhere Gewinne erzielen als im Alleingang. *Das Ziel der Gewinnmaximierung selbst sollte Anreiz zur Internalisierung externer Effekte in der Produktion sein.*

Anders ausgedrückt: Wenn die gemeinsamen Gewinne der Unternehmungen bei Koordination die Summe der Gewinne ohne Koordinierung übersteigen, dann könnte jeder der derzeitigen Besitzerinnen ihre Unternehmung um einen Betrag, der gleich dem Gegenwartswert des Gewinnstroms ihrer Unternehmung ist, abgekauft werden; die beiden Unternehmungen könnten dann koordiniert werden, und die Käuferin könnte die Überschussgewinne behalten. Die neue Käuferin könnte entweder eines (oder beide) der alten Unternehmungen oder irgendjemand anders sein.

Der Markt selbst liefert ein Signal, um die externen Effekte in der Produktion zu internalisieren, was auch ein Grund dafür ist, dass man diese Art des externen Effekts in der Produktion kaum beobachtet. Die meisten Unternehmen haben die externen Effekte zwischen Produktionseinheiten, die sich gegenseitig beeinflussen, *bereits* internalisiert. Der früher erwähnte Fall des Obstgartens und der Bienenzüchterin ist ein Beispiel dafür. Hier *würde* es einen externen Effekt geben, wenn die Unternehmen ihre Interaktion ignorierten ... aber warum sollten sie so verrückt sein, das zu tun? Es ist wahrscheinlicher, dass ein oder beide Unternehmen erkennen, dass sie mehr Gewinn durch Koordinierung ihrer Tätigkeiten erzielen können, entweder durch ein gemeinsames Abkommen oder durch den Verkauf des einen Unternehmens an das andere. Tatsächlich ist es durchaus üblich, dass die Besitzerinnen von Obstgärten Bienen zur Befruchtung der Bäume halten. Dieser spezielle externe Effekt kann leicht internalisiert werden.

32.6 Die Tragödie der Allmende

Wir haben oben argumentiert, dass es bei adäquater Definition der Eigentumsrechte kein Problem der externen Effekte in der Produktion gibt. Wenn jedoch die Eigentumsrechte schlecht definiert sind, wird das Ergebnis ökonomischer Interaktionen zweifellos Ineffizienzen beinhalten.

In diesem Abschnitt werden wir eine besonders bekannte Ineffizienz untersuchen, welche „die Tragödie der Allmende" genannt wird.[4] Wir werden dieses Problem im ursprünglichen Zusammenhang des gemeinsamen Weidelands darstellen, wiewohl es viele andere mögliche Illustrationen gibt.

Nehmen wir eine landwirtschaftlich dominierte Ortschaft, in der die Dorfbewohner ihre Kühe auf einer gemeinsamen Wiese weiden. Wir wollen zwei Allokationsmechanismen vergleichen: Der erste ist das Privateigentum, bei der irgendjemand die Wiese besitzt und entscheidet, wie viele Kühe darauf weiden sollten; der zweite ist die Situation, bei der die Dorfbewohner die Wiese gemeinsam besitzen, der Zugang zu ihr ist gratis und unbeschränkt.

Angenommen der Kauf einer Kuh kostet a Euro. Wie viel Milch die Kuh gibt, wird davon abhängen, wie viel andere Kühe auf der gemeinsamen Wiese grasen. Wir bezeichnen den Wert der erzeugten Milch mit $f(c)$, wenn c Kühe auf der gemeinsamen Wiese weiden. Der Wert der Milch je Kuh ist dann einfach das Durchschnittsprodukt $f(c)/c$.

Wie viele Kühe würden auf der gemeinsamen Wiese weiden, wenn wir die Gesamtwohlfahrt des Ortes maximieren wollten? Um den Gesamtbetrag der Wohlfahrt zu maximieren, formulieren wir das folgende Problem:

$$\underset{c}{\text{maximiere}} \ f(c) - ac.$$

Es sollte bereits klar sein, dass die maximale Produktion dort liegen wird, wo das Grenzprodukt einer Kuh ihren Kosten, a, entspricht:

$$MP(c^*) = a.$$

Wenn das Grenzprodukt einer Kuh größer wäre als a, würde es sich lohnen, eine weitere Kuh auf die Weide zu schicken, und wenn es kleiner als a wäre, dann wäre es lohnend, eine Kuh von der Weide abzuziehen.

Würde das allgemeine Weideland jemand besitzen, der den Zugang beschränken könnte, wäre das tatsächlich die Lösung. Denn in diesem Fall würde der Besitzer des Weidelandes genau die richtige Anzahl an Kühen kaufen, um seinen Gewinn zu maximieren.

---

[4] Vergleiche G. Hardin, „The Tragedy of the Commons", *Science*, 1968, pp.1243-1247.

Was würde geschehen, wenn die einzelnen Dorfbewohner entschieden, ob sie das gemeinsame Weideland benützen wollen oder nicht? Jeder Dorfbewohner hat die Wahl, eine Kuh weiden zu lassen oder nicht, und es wird sich lohnen, eine Kuh zu weiden, solange der durch die Kuh produzierte Output größer ist als die Kosten einer Kuh. Angenommen es werden derzeit c Kühe geweidet, sodass der derzeitige Output je Kuh $f(c)/c$ ist. Wenn ein Dorfbewohner beabsichtigt, eine weitere Kuh einzustellen, wird der Gesamtoutput $f(c + 1)$, die Gesamtzahl der Kühe wird $c + 1$ sein. Daher wird der Erlös, den die Kuh für den Dorfbewohner abwirft, $f(c + 1)/(c + 1)$ sein. Er muss diesen Erlös den Kosten der Kuh, a, gegenüberstellen. Wenn $f(c + 1)/(c + 1) > a$, lohnt es sich, die Kuh einzustellen, da der Wert des Outputs die Kosten übersteigt. Daher werden die Dorfbewohner sich entscheiden, solange Kühe zu weiden, bis das Durchschnittsprodukt einer Kuh gegen a geht; das heißt, die Gesamtzahl der geweideten Kühe wird $\hat{c}$ sein, wobei

$$\frac{f(\hat{c})}{\hat{c}} = a.$$

Eine andere Möglichkeit, dieses Ergebnis abzuleiten, ist der Bezug auf den freien Zugang. Wenn es Gewinn bringend ist, eine Kuh auf der gemeinsamen Wiese zu weiden, werden die Dorfbewohner Kühe kaufen. Sie werden erst dann aufhören, zusätzliche Kühe auf die Weide zu schicken, wenn die Gewinne auf Null gedrückt wurden, das heißt, wenn

$$f(\hat{c}) - a\hat{c} = 0,$$

was einfach eine Umformung der Bedingung des vorigen Absatzes ist.

Wenn ein Individuum überlegt, eine Kuh zu kaufen oder nicht, schaut es auf den zusätzlichen Wert $f(c)/c$, den er erhält, und vergleicht ihn mit den Kosten der Kuh a. Das ist für ihn in Ordnung, was er aber in dieser Kalkulation weggelassen hat, ist die Tatsache, dass seine zusätzliche Kuh den Milchoutput *aller anderen* Kühe verringern wird. Da er die **sozialen Kosten** seines Kaufs vernachlässigt, werden zu viele Kühe auf der Allmende weiden. (Wir nehmen an, dass jedes Individuum eine Anzahl von Kühen hat, die relativ zu der auf der Allmende weidenden Gesamtzahl an Kühen vernachlässigbar klein ist.)

Dieses Argument wird in Abbildung 32.4 illustriert. Hier haben wir eine Kurve mit fallendem Durchschnittsprodukt dargestellt, da die Annahme sinnvoll ist, dass der Output je Kuh sinken wird, je mehr Kühe auf dem gemeinsamen Land weiden.

Da das Durchschnittsprodukt fällt, muss die Grenzproduktkurve immer unter der Kurve des Durchschnittsprodukts liegen. Daher muss die Zahl der Kühe, bei der das Grenzprodukt gleich a ist, kleiner sein als jene, bei der das Durchschnittsprodukt gleich a ist. Die Wiese wird ohne einen Mechanismus zur Beschränkung zu stark abgeweidet werden.

Privatbesitz stellt so einen Mechanismus dar. Wir sahen ja bereits, dass es definitionsgemäß keine externen Effekte gibt, wenn alles sich im Besitz von irgendjemandem befindet, der dessen Verwendung kontrollieren und vor allem andere an der übermäßigen Nutzung hindern kann. Die Marktlösung führt zu einem Pareto-effizienten Ergebnis. Ineffizienzen können nur aus Situationen entstehen, in denen es keine Möglichkeit gibt, andere von der Benützung auszuschließen, ein Thema, das wir im nächsten Kapitel untersuchen werden.

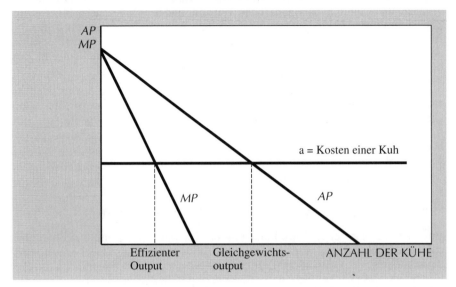

Abbildung 32.4 Die Tragödie der Allmende. Wenn das Weideland in privatem Besitz ist, wird die Zahl der Kühe so gewählt, dass das Grenzprodukt einer Kuh gleich ihren Kosten ist. Wenn jedoch das Weideland Allgemeinbesitz ist, werden so viele Kühe geweidet, bis die Gewinne auf Null gedrückt werden; das Weideland wird übermäßig genutzt werden.

Natürlich ist Privatbesitz nicht die einzige gesellschaftliche Institution, die eine effiziente Nutzung der Ressourcen fördert. Man könnte zum Beispiel Regeln aufstellen, wie viele Kühe auf der Dorfallmende weiden dürfen. Wenn es ein gesetzliches System gibt, diese Regeln durchzusetzen, könnte das eine kostengünstige Lösung für eine effiziente Verwendung der gemeinsamen Ressource sein. In einer Situation, in welcher das Gesetz jedoch nicht eindeutig ist oder nicht existiert, kann die Tragödie der Allmende leicht entstehen. Übermäßiger Fischfang in internationalen Gewässern und die Ausrottung verschiedener Tierarten durch überhöhte Jagd sind ernüchternde Beispiele dieses Phänomens.

BEISPIEL: Überfischung

Nach einem Bericht der *New York Times* „... sind durch Überfischung die Bestände an Kabeljau, Schellfisch und Scholle, welche für Neuengland durch Jahrhunderte ausreichten, dezimiert worden."[5] Nach Meinung eines Experten ent-

---

[5] „Plenty of Fish in the Sea? Not Anymore," *New York Times*, 25. März 1992, A15.

nehmen die Fischer in Neuengland 50 bis 70 Prozent der verfügbaren Bestände, das ist mehr als das Doppelte der langfristig aufrecht zu erhaltenden Menge.

Diese Überfischung ist ein Musterbeispiel für das Problem der „Allmende": Jeder Fischer hat nur eine vernachlässigbare Wirkung auf den Gesamtbestand an Fischen, die kumulativen Handlungen von Tausenden von Fischern führen zur Erschöpfung der Bestände. Der „New England Fisheries Management Council" versucht das Problem zu mildern, indem er z. B. den Zugang weiterer Fischer unterbindet, die Zahl der Tage auf See für die Fischer einschränkt und die Maschenweite ihrer Netze vergrößert.

Es scheint, als könnten die Fischbestände innerhalb von nur 5 Jahren wiederhergestellt werden, wenn man entsprechende Schutzmaßnahmen ergriffe. Der Gegenwartswert der Gewinne der Fischindustrie wäre durch Vorschriften zur Verhinderung der Überfischung größer. Solche Maßnahmen würden jedoch höchstwahrscheinlich eine deutliche Verringerung der Zahl der Boote bedeuten, was bei den kleinen Fischern natürlich äußerst unpopulär ist, da die meisten von ihnen aus dem Markt gedrängt würden.

32.7 Verschmutzung durch das Auto

Wie oben angedeutet ist Verschmutzung ein Hauptbeispiel eines ökonomischen externen Effekts. Durch den Betrieb eines Autos durch eine Konsumentin wird typischerweise die Qualität der Luft gesenkt, die andere Konsumentinnen atmen. Es scheint unwahrscheinlich, dass ein nicht regulierter freier Markt die optimale Verschmutzungsmenge hervorbringt; viel wahrscheinlicher ist, dass zuviel Verschmutzung produziert wird, wenn die Konsumentin keine Kosten der Verschmutzung trägt.

Ein Ansatz zur Kontrolle der Verschmutzung durch Autos ist die Auflage, dass die Autos gewisse Standards hinsichtlich der Menge der ausgestoßenen Schadstoffe erfüllen. Das war die wesentliche Stoßrichtung der Anti-Verschmutzungspolitik der USA seit dem Clean Air Act 1963. Dieses Gesetz, oder besser, die folgenden Novellen, legten für die Fahrzeughersteller in den

Lawrence White hat vor einiger Zeit die Kosten und Nutzen dieses Programms beschrieben; der Großteil der folgenden Diskussion ist seiner Arbeit entnommen.[6]

White schätzt, dass die Kosten der Ausstattung zur Emissionsreduktion etwa $ 600 je Auto, die zusätzlichen Instandhaltungskosten rund $ 180 pro Auto und die Kosten des erhöhten Verbrauchs pro Kilometer einschließlich der Notwendigkeit des bleifreien Benzins $ 670 je Auto betragen. Die Gesamtkosten pro Auto zur Einhaltung der Emissionsstandards belaufen sich somit auf rund $ 1.450 während der Lebensdauer des Autos. (Alle Zahlen sind Dollars zu Preisen von 1981.)

---

[6] Siehe Lawrence White, *The Regulation of Air Pollutant Emissions from Motor Vehicles* (Washington, D. C.: American Enterprise Institute for Public Policy Research, 1982).

Er argumentiert, dass der derzeitige Ansatz zur Regulierung der Automobilemissionen einige Probleme aufweist. Erstens wird verlangt, dass alle Autos die gleichen Standards erfüllen. (Nur Kalifornien hat andere Emissionsstandards.) Das bedeutet, dass *jeder*, der einen Wagen kauft, zusätzlich $ 1.450 zahlen muss, unabhängig davon ob er in einem Gebiet mit hoher Verschmutzung lebt oder nicht. Eine Studie der Nationalen Akademie der Wissenschaften aus dem Jahre 1974 ergab, dass 63 Prozent aller U. S. Autos die derzeit gültigen strengen Standards nicht brauchen würden. Nach White „geben fast zwei Drittel aller Autokäufer ... wesentliche Summen für unnötige Systeme aus".

Zweitens fällt der Großteil der Verantwortung zu Einhaltung der Standards auf die Herstellerinnen und nur ein kleiner Teil auf den Benützerinnen. Autobesitzerinnen haben wenig Anreiz, die Funktionstüchtigkeit ihrer Ausstattung zur Emissionsverringerung zu erhalten, wenn sie nicht in einem Bundesstaat wohnen, der Überprüfungen verlangt.

Noch wichtiger ist, dass die Autofahrerinnen keinen Anreiz haben, ihr Fahrverhalten ökonomisch zu gestalten. In Städten, in denen Verschmutzung eine wesentliche Gefahr darstellt, ist es ökonomisch sinnvoll, die Menschen dazu anzuhalten, weniger zu fahren. Unter dem derzeitigen System zahlen Leute, die 2.000 Meilen pro Jahr in Süd Dakota fahren, genau denselben Betrag für Emissionsreduktion wie Leute, die 50.000 Meilen pro Jahr in Los Angeles fahren.

Eine alternative Lösung des Verschmutzungsproblems wären *Emissionsabgaben*. White beschreibt, dass Ausstoßabgaben eine jährliche Überprüfung aller Fahrzeuge erforderte, zusammen mit einer Kilometerzähler-Ablesung und Tests, welche eine Schätzung der wahrscheinlichen Emissionen des Fahrzeugs während des vergangenen Jahres ermöglichte. Die Gemeinden könnten dann Abgaben einheben, die auf der geschätzten Verschmutzungsmenge basieren würden, die durch den tatsächlichen Betrieb des Fahrzeugs verursacht wurde. Diese Methode würde garantieren, dass die Leute die echten Kosten der Verschmutzung tragen müssten, und würde sie ermutigen, sich für eine sozial optimale Verschmutzungsmenge zu entscheiden.

So ein System von Emissionsabgaben würde es den Fahrzeugbesitzerinnen selbst überlassen, Möglichkeiten zu finden, zu niedrigen Kosten ihre Emissionen zu reduzieren - durch Investition in Ausstattung zur Emissionsreduktion, durch Veränderung ihrer Fahrgewohnheiten und/oder durch die Verwendung anderer Fahrzeuge. Ein System von Emissionsabgaben könnte sogar bessere Standards als derzeit in jenen Gemeinden durchsetzen, in denen Verschmutzung ein ernsthaftes Problem darstellt. Jedes erwünschte Verschmutzungsniveau kann durch geeignete Emissionsabgaben erreicht werden ... und das zu wesentlich niedrigeren Kosten als das derzeitige System verpflichtender Standards.

Natürlich gibt es keinen Grund, warum es nicht auch bundesweit verpflichtende Standards für jene zwei Drittel der Fahrzeuge geben sollte, die in Gebieten ohne ernsthaftes Verschmutzungsproblem betrieben werden. Wenn es billiger ist,

Standards aufzuerlegen als Überprüfungen zu verlangen, dann sollten unter allen Umständen die Standards gewählt werden. Die geeignete Methode zur Emissionskontrolle bei Autos sollte von einer rationalen Analyse von Kosten und Nutzen abhängen - wie alle gesellschaftspolitischen Maßnahmen dieser Art.

Zusammenfassung

1. Das Erste Theorem der Wohlfahrtsökonomie zeigt, dass ein freier Konkurrenzmarkt bei Abwesenheit externer Effekte zu einem effizienten Ergebnis führen wird.
2. Wenn jedoch externe Effekte auftreten, ist es unwahrscheinlich, dass das Ergebnis eines Konkurrenzmarktes Pareto-effizient sein wird.
3. In diesem Fall kann jedoch der Staat manchmal die Rolle des Marktes „imitieren", indem er Preise verwendet, welche die korrekten Signale hinsichtlich der sozialen Kosten individueller Handlungen liefern.
4. Wichtiger ist noch, dass das Rechtssystem gewährleisten kann, dass die Eigentumsrechte ausreichend definiert sind, sodass effizienzsteigernde Tauschakte stattfinden können.
5. Wenn die Präferenzen quasilinear sind, wird die effiziente Menge eines externen Effekts im Konsum von der Zuteilung der Eigentumsrechte unabhängig sein.
6. Abhilfen für externe Effekte in der Produktion umfassen die Verwendung von Pigou-Steuern, die Errichtung von Märkten für den externen Effekt, die Möglichkeit des Unternehmenszusammenschlusses, oder die Übertragung der Eigentumsrechte auf andere Arten.
7. Die Tragödie der Allmende bezieht sich auf die Tendenz, dass Allgemeinbesitz in zu hohem Ausmaß genutzt wird. Das ist eine besonders vorherrschende Form des externen Effekts.

Wiederholungsfragen

1. Die explizite Abgrenzung von Eigentumsrechten eliminiert das Problem externer Effekte. Richtig oder falsch?
2. Die Verteilungsfolgen der Abgrenzung von Eigentumsrechten werden eliminiert, wenn die Präferenzen quasilinear sind. Richtig oder falsch?
3. Gib einige weitere Beispiele für positive und negative externe Effekte im Konsum und in der Produktion!
4. Angenommen die Regierung möchte die Verwendung des Allgemeinbesitzes kontrollieren; welche Methoden gibt es, um ein effizientes Nutzungsniveau zu erreichen?

33. Kapitel
RECHT UND ÖKONOMIE

In jüngster Zeit hat die ökonomische Analyse in die Theorie und Praxis der Rechtswissenschaft verstärkt Eingang gefunden. Es ist leicht, die natürliche Affinität zwischen diesen beiden Fachgebieten zu erkennen: Beide haben das Verständnis gesellschaftlicher Institutionen zum Ziel. Weiters haben beide eine starke normative Komponente: Sowohl Recht als auch Ökonomie sind nicht nur am Verständnis der Funktionsweise gesellschaftlicher Institutionen interessiert, sondern auch an einer Verbesserung ihres Funktionierens.

In diesem Kapitel wollen wir ganz kurz drei Themen aus dem Bereich Recht und Ökonomie untersuchen. Das Erste beschäftigt sich mit der ökonomischen Analyse des Verbrechens. Das Zweite betrifft die Schadenshaftung. Das Dritte konzentriert sich auf einen Spezialbereich des Antitrust-Rechts. Diese Beispiele sind nur eine kleine Stichprobe aus einem reichhaltigen und differenzierten Gebiet. Die dargestellten Modelle werden einfach sein; sie vernachlässigen viele Komplexitäten der Wirklichkeit. Trotzdem vermitteln sogar diese sehr grundlegenden Modelle beachtliche Erkenntnisse über das Rechtssystem.

33.1 Schuld und Sühne

Man kann ruhig behaupten, dass sich fast jede im Lauf ihres Lebens irgendwann einer Verfehlung schuldig macht. Diese Verfehlungen reichen von Vergehen, wie z. B. unerlaubtes Parken, bis zu größeren Verbrechen, wie bewaffneter Raub. Es ist offensichtlich, dass viele Verbrechen durch ökonomische Überlegungen motiviert sind.[1] Als man den Bankräuber Willie Sutton einmal fragte, warum er Banken überfiel, antwortete er: „Weil dort das Geld aufbewahrt wird."

Selbst kleine Übertretungen wie unerlaubtes Parken haben mit ökonomischen Überlegungen zu tun: Die Autofahrerin überlegt wahrscheinlich den Trade-off zwischen dem Nutzen eines bequemen Parkplatzes und den Kosten einer Strafverfügung. Solche Trade-offs sind ihrer Natur nach ökonomisch und ein ökonomisches Modell kann zu hilfreichen Einsichten über Verbrechen und Bestrafung führen.

---

[1] Einer der ersten Wirtschaftswissenschaftler, der die ökonomischen Aspekte kriminellen Verhaltens untersuchte, war Gary Becker, Professor für Nationalökonomie und Soziologie an der University of Chicago. Im Jahre 1992 erhielt er für diese und andere Arbeiten den Nobelpreis für Wirtschaftswissenschaften.

Nehmen wir Ladendiebstahl als ein Beispiel. Der Vorteil für die Ladendiebin besteht im Nutzen des mitgenommenen Gegenstands, die Kosten bestehen aus der Möglichkeit, erwischt zu werden, mit den Konsequenzen von Strafe und/oder Arrest. Stellen wir uns einen einzigen Ladendiebstahl vor, bei dem sich die Diebin überlegt, wie wertvoll der zu stehlende Gegenstand sein soll. Das Entscheidungsproblem der Ladendiebin ist

$$\underset{x}{\text{maximiere}}\ B(x) - C(x),$$

wobei x der Wert des Gegenstands ist, $B(x)$ der Nutzen dieses Gegenstands und $C(x)$ die von der Ladendiebin erwarteten Kosten.

Das Strafrecht legt Form und Umfang der der Ladendiebin aufgebürdeten Kosten fest. Welche Form sollte diese Strafe haben, damit sie vom Ladendiebstahl abschreckt? Konzentrieren wir uns auf den einfachen Fall, in dem lediglich eine Geldstrafe von F Euro eingehoben wird. Vorläufig nehmen wir an, dass die Geldstrafe vom Wert des entwendeten Gegenstands unabhängig ist.

Kriminelle Handlungen sind ihrer Natur nach häufig nicht direkt beobachtbar. Nicht alle Kriminellen werden festgenommen, die Strafe wird daher nur mit einer gewissen Wahrscheinlichkeit auferlegt. Diese Wahrscheinlichkeit hängt wiederum von den zur Entdeckung von Verbrechen eingesetzten Ressourcen ab, wir verwenden daher e für das Niveau der Exekution eines Gesetzes mit der zugehörigen Wahrscheinlichkeit der Aufdeckung, $\pi(e)$. Man kann sich e zum Beispiel als die eingesetzten finanziellen Mittel zur Verbrechensbekämpfung durch die Polizei vorstellen.

Nun kann man das Problem der Ladendiebin als

$$\underset{x}{\text{maximiere}}\ B(x) - \pi(e)F. \tag{33.1}$$

anschreiben. Das Ausmaß an Verbrechen, für das sich ein Individuum entscheidet – der Wert der aus dem Geschäft entwendeten Gegenstände – ist jenes x, das diesen Ausdruck maximiert.

Wie sollte der Staat e und F festlegen? Die Kriminelle fügt durch ihre Entscheidung für x anderen Personen Schaden zu. Im Falle des Diebstahls beinhalten diese Kosten den Wert (für die Unternehmung) des gestohlenen Gegenstands, zusammen mit den Kosten der Schlösser, des Wachpersonals usw., die zum Schutz gegen Diebstahl eingesetzt werden. Der Gesamtbetrag dieses Schadens sei $H(x)$, die Kosten der Verbrechensbekämpfung seien $c(e)$. Wir nehmen an, dass der Staat die Nettokosten der kriminellen Handlungen minimieren will, und schreiben seine Zielfunktion daher als

$$\underset{F,e}{\min}\ H(x) - \pi(e)Fx + c(e). \tag{33.2}$$

Der Staat legt das Ausmaß an Verbrechensbekämpfung und die Höhe der Strafen fest, wobei er erkennt, dass diese Entscheidungen den Umfang des Ladendiebstahls beeinflussen.[2]

Als Erstes halten wir zu dem in Gleichung (33.1) dargestellten Problem fest, dass die erwarteten Kosten des Verbrechens für die Delinquentin, $\pi(e)F$, vom Ausmaß des Verbrechens unabhängig sind. Das bedeutet, das sich die Kriminelle entweder für jenes Niveau von x entscheidet, das ihren Nettonutzen maximiert, oder das Verbrechen überhaupt nicht begehen wird. Wenn der Nutzen eine steigende Funktion von x ist, wie das bei einem aus rein ökonomischen Motiven begangenen Verbrechen der Fall wäre, dann würden aus einem Geschäft nur die wertvollsten Gegenstände entwendet. Da die Ladendiebin sich unabhängig vom Wert des gestohlenen Gegenstands derselben Strafe gegenübersieht, ist es für sie sinnvoll, den wertvollsten Gegenstand zu nehmen. (Selbstverständlich unter der Annahme, dass alle Gegenstände gleich schwierig zu stehlen sind.)

Diese Feststellung betont den wichtigen Punkt, dass eine wirkungsvolle Abschreckung die Kriminelle mit *Grenzkosten* bedrohen muss. Wenn die Kosten vom Ausmaß des Verbrechens unabhängig sind, dann wird die Kriminelle das größtmögliche Verbrechen begehen. Das ist eine ganz einfache Beobachtung im Fall des Ladendiebstahls, es ist aber recht ernüchternd, wenn man an ernsthaftere Verbrechen denkt. Wenn die Strafe für Bankraub gleich groß ist wie für Mord, dann hat der Bankräuber jeden Anreiz, alle Zeugen seines Verbrechens zu ermorden.

Diese Überlegungen zeigen, dass wir eine „dem Verbrechen angepasste Bestrafung" wollen, und zwar in dem Sinne, dass sich die Kriminelle höheren Kosten gegenübersieht, je schwer wiegender das Verbrechen ist. Dementsprechend formulieren wir das in Gleichung (33.1) beschriebene Problem nun so, dass die Strafe für die Kriminelle der Größe des Verbrechens proportional ist:

$$\max_x B(x) - \pi(e)Fx. \tag{33.3}$$

Die Entscheidung über das Niveau des Verbrechens erfolgt so, dass der Grenznutzen gleich den Grenzkosten ist:

$$MB(x^*) = \pi(e)F. \tag{33.4}$$

Im Allgemeinen sollten ein größeres Ausmaß an Verbrechensbekämpfung und höhere Strafen der Kriminellen höhere Grenzkosten verursachen, und so zu einem reduzierten Niveau an kriminellen Aktivitäten zu führen.

Kehren wir nun zur der Frage der Festsetzung des geeigneten Umfangs an

---

[2] Wir haben die erhobenen Strafen als Teil des Nutzens des Staates gezählt; manche Volkswirte argumentieren, dass man die Strafe aus der Berechnung der sozialen Kosten wegkürzen sollte, da es sich um einen Transfer vom Kriminellen zum Staat handelt.

Strafe und Verbrechensbekämpfung im System des Strafrechts zurück. Eine umfassende Analyse dieses Problems übersteigt den Rahmen dieses Buchs, trotzdem können wir eine wichtige Erkenntnis beschreiben. Angenommen der Staat entscheidet, ein bestimmtes Ausmaß an Kriminalität zu tolerieren. Wie sollten dann e und F festgelegt werden, um dieses Ausmaß auf die kostengünstigste Weise zu erreichen? Mit Bezug auf Gleichung (33.4) erkennen wir, dass der Staat das Strafausmaß so festlegen wird, dass die Entscheidung des Kriminellen, x^*, dem vom Staat tolerierten Umfang an Kriminalität entspricht.

Beachte, dass in Gleichung (33.4) der Umfang an Kriminalität lediglich von den *erwarteten* Kosten, $\pi(e)F$, abhängt. Erhöhung des Niveaus der Verbrechensbekämpfung, e, verursacht dem Staat Kosten, Erhöhung der Strafen Erhöhung hingegen nicht. Eine Erhöhung der Strafen nützt dem Staat sogar, da sie dazu verwendet werden können, die Kosten der Verbrechensbekämpfung und -aufklärung abzudecken. Daraus folgt, dass der Staat das niedrigstmögliche e wählen sollte, das zu einer positiven Wahrscheinlichkeit der Aufdeckung führt, und das höchstmögliche F, sodass das Produkt aus beiden die Gleichung (33.4) erfüllt.

Überlegen wir uns die Logik der Argumentation nochmals. Die Kriminelle berücksichtigt nur die erwarteten Kosten der Verbrechensaufdeckung. Da eine Erhöhung des Niveaus der Verbrechensbekämpfung dem Staat Kosten verursacht, er aber andererseits aus der Erhebung von Strafen nur Nutzen zieht, wird der Staat hohe Strafen mit einer geringen Wahrscheinlichkeit der Aufdeckung festlegen.

Aus diesem Argument wird klar, warum viele Gemeinden die Verunreinigung der Straßen mit sehr hohen Strafen belegen – in manchen Fällen bis zu $ 1.000 –, obwohl der Schaden des herumliegenden Schmutzes viel kleiner als $ 1.000 ist. Es ist sehr schwierig, die Verschmutzer auf frischer Tat zu ertappen; die hohe Strafe ist daher zur Abschreckung nötig.

33.2 Einschränkungen

Wenn man diese Analyse konsequent zu Ende denkt, würde sie bedeuten, dass es optimal wäre, wenig Ressourcen aufzuwenden, um Falschparker zu erwischen, wenn man sie jedoch einmal hat, dann sollte man sie mit astronomischen Beträgen strafen. Wenn wir vermuten, dass diese Politik vielleicht nicht unter allen Umständen die beste ist, bedeutet das, dass unser Modell vielleicht zu sehr vereinfacht, um jede Art krimineller Aktivität erfassen zu können. Wenn das Modell eine „falsche" Antwort zu geben scheint, können wir noch immer einiges lernen, wenn wir uns fragen, warum wir glauben, dass diese Antwort falsch ist.

Es könnte z. B. sein, dass die Gerichte zögern, sehr hohe Strafen zu verhängen. In Michigan (USA) kann der Besitz von wenigen Gramm Kokain unter Umständen zu einer Gefängnisstrafe von mehr als 10 Jahren führen. Das hat dazu geführt, dass sich einige Gerichte schlicht weigerten, offensichtlich schuldige Personen zu verurteilen.

Ein weiterer Grund, warum die Kombination geringe Wahrscheinlichkeit – hohe Strafe ungeeignet sein könnte, liegt in der falschen Wahrnehmung der

Wahrscheinlichkeit, erwischt zu werden, durch die Kriminellen. Schließlich sind diese Wahrscheinlichkeiten für den durchschnittlichen Kriminellen nicht leicht erkennbar. Die meisten Leute bestimmen die Wahrscheinlichkeit, erwischt zu werden, aufgrund von Erfahrungen anderer Personen, die sie kennen oder von denen sie darüber gehört haben; Erhöhung des Niveaus der Verbrechensbekämpfung wird vermutlich die Genauigkeit der Wahrnehmung über diese Wahrscheinlichkeit erhöhen.

Wenn schließlich die Strafe zu streng ist, kann sie zu einem noch größeren Verbrechen führen. Wenn Falschparken mit der Todesstrafe belegt wird, wenn auch mit einer sehr geringen Wahrscheinlichkeit ertappt zu werden, dann könnten jene Personen, die erwischt *werden*, vielleicht versuchen, den Parkwächter zu ermorden!

Trotz derartiger Vorbehalte sind die Erkenntnisse aus dieser einfachen Analyse von Schuld und Sühne nicht uninteressant: Der Kriminelle muss sich einer zusätzlichen Abschreckung gegenübersehen und die Gesellschaft muss den Trade-off zwischen der Wahrscheinlichkeit der Aufdeckung und der Höhe der Strafe erkennen.

33.3 Haftung

Angenommen zwei Personen haben einen Unfall und die Geschädigte versucht von der Schadensverursacherin Schadenersatz zu erlangen. Der relevante Teil des Rechtssystems wird **Haftpflicht-** oder **Schadenersatzrecht** genannt. Es gibt eine umfassende Literatur auf dem Gebiet von Ökonomie und Recht, die sich mit solchen Fällen beschäftigt. Im Folgenden soll nur eine einfache theoretische Analyse des Haftpflichtrechts gegeben werden.[3]

Wir unterscheiden zwei Personen, die Schadensverursacherin und die Geschädigte. Die Schadensverursacherin setzt eine Handlung (sie fährt z. B. auf der Straße), und die Geschädigte setzt eine damit zusammenhängende Handlung (sie quert z. B. die Straße). Die Schadensverursacherin fährt mit einer bestimmten Sorgfalt – z. B. hinsichtlich der Geschwindigkeit. Die Geschädigte ist auch in bestimmtem Ausmaß sorgfältig, sie quert die Straße entweder an einer beliebigen Stelle oder auf dem gesicherten Fußgeherübergang. Zur Vereinfachung der Analyse nehmen wir an, dass die Schadensverursacherin auf der Straße fahren und dass ebenso die Fußgängerin die Straße queren muss. Sie haben also nur die Entscheidungsmöglichkeit hinsichtlich ihrer aufgewendeten Sorgfalt.

Wir wollen die Sorgfalt der Schadensverursacherin mit x bezeichnen – z. B. wie langsam oder schnell sie fährt. Im Allgemeinen wird höhere Sorgfalt der Schadensverursacherin Kosten aufbürden, die wir mit $c_i(x)$ bezeichnen wollen. Im Falle der Autofahrerin könnte $c_i(x)$ den Wert der durch langsames Fahren ver-

---

[3] Die folgenden Ausführungen basieren auf dem Buch von Steve Shavell, *Economic Analysis of Accident Law*, Harvard University Press, 1987. Einer der ersten Ökonomen, der sich diesen Fragen zuwendete, war John Prather Brown, „Toward an Economic Theory of Liability," *Journal of Legal Studies*, 2 (1973): pp. 323-350.

lorenen Zeit messen.

Mit $L(x)$ messen wir den *erwarteten* Verlust der Geschädigten, wenn die Schadensverursacherin das Sorgfaltsniveau x wählt. Vermutlich sinkt der erwartete Verlust der Geschädigten mit steigender Sorgfalt der Schadensverursacherin, sodass $L(x)$ eine fallende Funktion von x sein wird.

Die gesellschaftliche Zielfunktion ist die Minimierung der Gesamtkosten für beide Beteiligten:

$$\underset{x}{\text{minimiere}} \quad c_i(x) + L(x).$$

Das führt zu einer ganz natürlichen Bedingung für die gesellschaftlich optimale Sorgfalt: Die Grenzkosten der Schadensverursacherin für die Erhöhung des Sorgfaltsniveaus sollten dem Grenznutzen für die Geschädigte aus der höheren Sorgfalt gleich sein. Wir nennen jenes Niveau an Sorgfalt, das die Gesamtkosten eines Unfalls minimiert, das **sozial optimale Sorgfaltsniveau** und bezeichnen es mit x^*.

Haftpflicht bürdet der Schadensverursacherin bei einem Unfall bestimmte Kosten auf, die Art, in der diese Kosten auferlegt werden, wird das Sorgfaltsniveau der Schadensverursacherin beeinflussen. Sehen wir uns das Verhalten der Schadensverursacherin unter verschiedenen Haftpflichtregelungen an:

- Keine Haftpflicht. In diesem Fall wird die Schadensverursacherin einfach ihre eigenen Kosten minimieren, ohne Rücksicht auf den verursachten Schaden. Bei unserer Annahme steigender Kosten der Sorgfalt wird sie das niedrigst mögliche Sorgfaltsniveau wählen, was gesellschaftlich nicht optimal ist.

- Unbeschränkte Haftpflicht. Bei dieser Regelung muss die Schadensverursacherin sämtliche Kosten aller verursachten Unfälle tragen. Die erwarteten Kosten der Schadensverursacherin bei einem Sorgfaltsniveau von x sind daher $c_i(x) + L(x)$. Die Schadensverursacherin sieht sich den gesamten sozialen Kosten gegenüber und wird daher das sozial optimale Sorgfaltsniveau wählen.

- Fahrlässigkeit. Hier ist die Schadensverursacherin für den Schaden nur dann haftbar, wenn sie ein geringeres Sorgfaltsniveau als das vom Gesetzgeber bestimmte, also Fahrlässigkeit, walten ließ. Dieses Sorgfaltsniveau wollen wir **angemessene Sorgfalt** nennen und mit $\bar{x}$ bezeichnen. Wenn die Schadensverursacherin mit angemessener Sorgfalt handelt, so haftet sie für den entstandenen Schaden nicht. Angenommen das Gericht legt das Niveau der angemessenen Sorgfalt auf Höhe des sozial optimalen Sorgfaltsniveaus fest, sodass $\bar{x} = x^*$. Würde die Schadensverursacherin ein $x > x^*$ wählen? Nein, denn bei $x = x^*$ würde sie ohnehin nicht haften, andererseits ist zusätzliche Sorgfalt kostenverursachend. Würde die Schadensverursacherin ein $x < x^*$ wählen? Nein, denn bei Sorgfaltsniveaus unterhalb der angemessenen Sorgfalt – also bei Fahrlässigkeit – muss die Schadensverursacherin die gesamten erwarteten Kosten des Schadens tragen. Da bei x^* die Gesamtkosten minimiert werden, kann es nicht optimal sein, ein kleineres Sorgfaltsniveau zu wählen. Daher ergibt sich aus der Fahrlässigkeitsregelung das sozial optimale Sorgfaltsniveau.

In diesem Fall führen sowohl die Regelungen unbeschränkter Haftpflicht als auch Haftung bei Fahrlässigkeit zu sozial optimaler Sorgfalt. Allerdings ist die Aufteilung der Kosten zwischen Schadensverursacherin und Geschädigter sehr unterschiedlich. Bei unbeschränkter Haftpflicht erhält die Geschädigte die gesamten Kosten *aller* durch die Schadensverursacherin verursachten Schäden, während bei der Fahrlässigkeitsregelung die Geschädigte Entschädigungen nur in jenen Fällen erhält, in denen die Schadensverursacherin nicht mit angemessener Sorgfalt gehandelt hat. Man kann bereits vorwegnehmen: Diejenigen, die wahrscheinlich eher Geschädigte sind, bevorzugen uneingeschränkte Haftpflicht, jene Personen, die eher Schadensverursacherinnen sind, würden die Fahrlässigkeitsregelung bevorzugen.

33.4 Bilaterale Schadensfälle

Nur in seltenen Fällen ist an einem Unfall eine Seite allein schuld. Meistens tragen beide Seiten zu den Kosten eines Schadens bei. Es ist dann wahrscheinlicher, dass ein Autofahrer einen Fußgänger anfährt, wenn dieser eine Straße schräg und nicht direkt quert, auf der falschen Straßenseite geht usw. Wir erweitern daher das obige Modell dahingehend, dass auch der Geschädigte ein gewisses Maß an Sorgfalt aufwenden kann, um einen Unfall zu vermeiden.

Wir wollen mit y das Sorgfaltsniveau des Geschädigten und mit $c_v(y)$ die Kosten seiner Sorgfalt bezeichnen. Weiters nehmen wir an, dass der erwartete Verlust aus dem Schadensfall von der Sorgfalt beider Teile abhängt, das heißt $L(x, y)$. Das entsprechende gesellschaftliche Ziel ist die Minimierung der Gesamtkosten

$$\underset{x,y}{\text{minimiere}}\ c_i(x) + c_v(y) + L(x,y).$$

Es gibt nun zwei Bedingungen, die zwei optimale Sorgfaltsniveaus bestimmen: Die Grenzkosten der Erhöhung der Sorgfalt durch den Schadensverursacher sollten gleich dem erwarteten Grenznutzen der Geschädigten aus der Verringerung der erwarteten Schadenskosten des Unfalls sein. Weiters müssen die Grenzkosten des Geschädigten für die Erhöhung seiner Sorgfalt gleich seinem Grenznutzen aus der Verringerung der erwarteten Schadenskosten sein.

Wie werden die verschiedenen Formen der Haftungsregelung das Verhalten beider Parteien beeinflussen?

- Keine Haftpflicht. Wie bisher wird der Schadensverursacher Null Sorgfalt walten lassen, der Geschädigte wird jenes Sorgfaltsniveau wählen, das seine Gesamtkosten minimiert, wobei er berücksichtigt, dass der Schadensverursacher keinen Anreiz zur Sorgfalt hat. Wie wir gesehen haben, ist das gesellschaftlich nicht optimal.

- Unbeschränkte Haftpflicht. In diesem Fall werden den Geschädigten alle ihnen zugefügten Schäden ersetzt. Sie haben daher keinerlei Anreiz, selber sorgfältig zu sein. Ihre optimale Entscheidung ist daher $y = 0$, die Schadensverursacher werden daher ein für sie optimales Sorgfaltsniveau wählen, unter der Voraussetzung des rücksichtslosen Verhaltens der Geschädigten. Auch das ist gesellschaftlich nicht optimal.

- **Strikte Schadensteilung.** Bei dieser Regelung muss der Schadensverursacher einen Teil f der Kosten des Schadens tragen. Er wird daher x so wählen, um $c_i(x) + fL(x, y)$ zu minimieren, was im Allgemeinen zu einem unter dem sozialen Optimum liegenden Sorgfaltsniveau führen wird. Der Geschädigte wird y so wählen, dass $c_v(y) + (1 - f)L(x, y)$ minimiert wird, was ebenfalls zu einem unter dem sozialen Optimum liegenden Sorgfaltsniveau führen wird.

- **Fahrlässigkeit.** Hier ist der Schadensverursacher dann haftbar, wenn er nicht nachweisen kann, mit angemessener Sorgfalt gehandelt zu haben. Angenommen der Geschädigte wählt das gesellschaftlich optimale Sorgfaltsniveau y^*. Wenn der Schadensverursacher erwartet, dass der Geschädigte angemessene Sorgfalt walten lässt, dann kann das Argument für den einseitig verursachten Schaden angewendet werden, um zu zeigen, dass sich der Schadensverursacher für $x = x^*$ entscheiden wird. Wenn der Schadensverursacher angemessene Sorgfalt verwendet, also $x = x^*$, haftet er nicht und der Geschädigte hat die Gesamtkosten $c_v(y) + L(x^*, y)$ zu tragen. Er wird daher seinerseits jene Sorgfalt wählen, die diesen Ausdruck minimiert, was dem gesellschaftlichen Optimum von y^* entspricht. Das Argument zeigt, dass bei einer Fahrlässigkeitsregelung die Entscheidung jeder Partei für ein gesellschaftlich optimales Ausmaß an Sorgfalt ein **Nash-Gleichgewicht** ist.[4] Es zeigt sich, dass das unter den üblichen Annahmen das *einzige* Gleichgewicht ist. Daher ist zu erwarten, dass die Haftungsregelung entsprechend der Fahrlässigkeit zu gesellschaftlich optimaler Sorgfalt führt.

- **Unbeschränkte Haftung, ausgenommen bei Fahrlässigkeit durch den Geschädigten.** Unter dieser Regelung ist der Schadensverursacher voll haftbar, außer er kann nachweisen, dass die Sorgfalt des Geschädigten geringer als ein bestimmtes angemessenes Ausmaß, $\bar{y}$, war. Wie man sich jetzt bereits vorstellen kann, werden beide Parteien dann ein sozial optimales Sorgfaltsniveau wählen, wenn das Gesetz das angemessene Ausmaß der Sorgfalt durch den Geschädigten im sozialen Optimum festlegt.

Man könnte noch eine ganze Reihe von Variationen dieser Regelungen analysieren, die aber hier unerwähnt bleiben. Die allgemeine Botschaft, die sich abzeichnet, ist, dass bei einer gesetzlichen Festlegung eines angemessenen Sorgfaltsniveaus für *eine der beiden* Parteien im sozialen Optimum irgendeine Variante der Fahrlässigkeitsregelung zu sozial optimalen Entscheidungen *beider* Teile führen wird.

Um im Einzelfall das soziale Optimum an angemessener Sorgfalt zu bestimmen, muss man einigermaßen klare Vorstellungen davon haben, was für Kosten dem Schadensverursacher und dem Geschädigten aus der Sorgfalt entstehen und wie Sorgfalt sich auf die erwarteten Kosten eines Schadens auswirkt. Man kann dazu immer den Rat von Experten einholen, trotzdem wird eine genaue Bestimmung all dieser Größen in vielen Fällen sehr schwierig sein.

---

[4] Zum Nash-Gleichgewicht siehe die Diskussion im 28. Kapitel.

Angenommen ein Gericht kann die Höhe eines Schadens, $L(x, y)$ zwar bestimmen, kann jedoch das Ausmaß an Sorgfalt beider Parteien nicht feststellen und daher keine Fahrlässigkeitsregel anwenden. Es stellt sich heraus, dass es selbst dann noch immer einen Weg gibt sicherzustellen, dass beide Parteien gesellschaftlich optimale Sorgfalt walten lassen. Das Gericht muss nur die Kosten des Schadens sowohl der Geschädigten als auch dem Schadensverursacher aufbürden!

Angenommen ein Autofahrer stößt einen Radfahrer nieder und verursacht einen Schaden von € 2000. Wenn der Autofahrer mit einem Betrag gleich den der anderen Partei verursachten Kosten – in diesem Fall € 2000 – bestraft wird, dann hat er einen entsprechenden Anreiz, diese Kosten zu minimieren. Da der Geschädigte im Schadensfall ebenso Kosten von € 2000 tragen muss, hat auch er einen Anreiz, diesen Unfall zu vermeiden.

Dabei ist wichtig, dass dem Geschädigten durch den Schadensverursacher *kein* Schadenersatz geleistet wird, wie im Falle unbeschränkter Haftpflicht, denn das würde dem Geschädigten einen zu geringen Anreiz zur Schadensvermeidung geben. Damit diese Methode funktioniert, muss jeder Beteiligte mit den vollen Kosten des Schadens konfrontiert werden. Wiederum hat unsere einfache ökonomische Analyse eine wichtige Erkenntnis geliefert: Die einem Schadensverursacher optimal auferlegte Schadenszahlung als Anreiz zur angemessenen Sorgfalt ist nicht notwendigerweise gleich der optimalen Entschädigung für den Geschädigten. Diese beiden Größen haben eher sogar überhaupt nichts miteinander zu tun.

Das ist die Logik hinter der Autoversicherung ohne Verschulden: Die Gerichte bestrafen Verletzungen der Verkehrsvorschriften, die Versicherungsgesellschaften entschädigen die Unfallopfer. Die Rollen der Abschreckung potenzieller Unfallverursacher und der Entschädigung der Opfer sind voneinander getrennt. Das gibt dem Staat mehr Flexibilität bei der Erlassung geeigneter Verkehrsvorschriften zur Vermeidung von Unfällen, die Rolle der Versicherung gegen den Schaden bleibt dem privaten Sektor überlassen.

33.5 Dreifacher Schadenersatz in der Antitrust-Gesetzgebung

Es gibt eine umfangreiche Antitrust-Gesetzgebung zur Frage, was monopolistische Praktiken, unfairer Wettbewerb, Preisabsprachen usw. sind. Für derartige gesetzwidrige Handlungen gibt es sowohl privat- als auch strafrechtliche Sanktionen. So sind z. B. die Höchststrafen für Preisabsprachen 3 Jahre Gefängnis, eine Strafe von $ 100.000 pro Person bzw. $ 1,000.000 pro Unternehmung. Zusätzlich zu diesen strafrechtlichen Maßnahmen ist es nach dem Sherman-Act und Clayton-Act zulässig, dass eine Privatperson oder eine Unternehmung jene Unternehmungen, die illegale Preisabsprachen treffen, klagen und „das Dreifache des erlittenen Schadens" einfordern kann.

Ein Grund für diese privatrechtlichen Sanktionen besteht darin, dass dadurch den geschädigten Parteien ein Anreiz geboten wird, gesetzwidrige Handlungen an die Behörden heranzutragen. Klagen durch Kundinnen sind eine wesentliche Möglichkeit, um dem U. S. Justizministerium Preisabsprachen zur Kenntnis zu bringen.

Sehen wir uns ein einfaches Modell der Möglichkeit einer Vergütung des dreifachen Schadens an.[5] Angenommen eine Gruppe von Unternehmungen mit identischen und konstanten Grenzkosten bildet ein Kartell, das den Preis und Output der Branche festlegt. Wir nehmen an, dass sich das Kartell ohne Antitrust-Maßnahmen so gut absprechen kann, dass es den Monopoloutput erzeugt.

Die Nachfragefunktion, der sich das Kartell gegenübersieht, sei $x(p)$. Das Gewinnmaximierungsproblem kann dann als

$$\max_{p} \; (p-c)x(p) \tag{33.5}$$

geschrieben werden. Wir bezeichnen die Lösung dieser Monopol-Gewinnmaximierung mit (x_m, p_m).

Die Kundin einer Unternehmung kann gegen das Kartell klagen und den dreifachen Schadenersatz erhalten, wenn es ihr gelingt nachzuweisen, dass die Unternehmungen sich bezüglich der Preise abgesprochen haben. Nehmen wir an, dass die Wahrscheinlichkeit die Klage zu gewinnen π ist und dass in diesem Falle die Kundin Schadenersatz im Ausmaß von γ mal dem Gewinn der Unternehmung erhält. (Im einfachsten Modell ist $\gamma = 3$, aber wir wollen auch andere Möglichkeiten zulassen.) Die erwartete Schadenszahlung beträgt daher

$$D(x) = \pi\gamma(p-c)x. \tag{33.6}$$

Die Zielfunktion der Unternehmung wird damit zu

$$\max_{p} \; (p-c)x(p) - D(x(p)). \tag{33.7}$$

Beachte, dass die Unternehmung berücksichtigt, dass ihre Produktionsentscheidung die zu bezahlende Strafe beeinflusst. Nach Einsetzen von Gleichung (33.6) in Gleichung (33.7) erhalten wir folgendes Gewinnmaximierungsproblem

$$\max_{p} \; [1 - \pi\gamma](p-c)x(p). \tag{33.8}$$

In diesem Modell entspricht die Antitrust-Strafe einer Gewinnbesteuerung: Ein Teil des erwarteten Gewinns wird an die geschädigten Konsumentinnen bezahlt werden müssen. Eine derartige Steuer beeinflusst das Verhalten des Kartells nicht: Der Preis, der den Gewinn maximiert, maximiert auch $(1 - \pi\gamma)$ mal den Gewinn. Es sollte daher zu überhaupt keiner Verhaltensänderung der Unternehmung kommen!

---

[5] Diese Darstellung baut auf dem Artikel von Stephen W. Salant, „Treble Damage Awards in Private Lawsuits for Price Fixing," *Journal of Political Economy*, 95, 6, 1987, pp. 1326-36, auf.

Diese Schlussfolgerung unterliegt jedoch dem Vorbehalt, dass das Kartell auch tatsächlich zustande kommt. Die Antitrust-Gesetzgebung senkt den Gewinn des Kartells unter das Niveau einer Monopolistin. Damit stellt sich die Frage, ob der Gewinn des Kartells niedriger ist als bei Wettbewerbsverhalten der Unternehmungen. Wenn wir ein Konkurrenzgleichgewicht mit einem Nullgewinn als Vergleichsmaßstab wählen, dann können wir aus Gleichung (33.8) ablesen, dass durch Antitrust-Gesetze der Gewinn unter Null sinken wird, wenn $\pi\gamma > 1$ ist. Das bedeutet einfach, dass für die Unternehmungen kein Anreiz zur Bildung eines Kartells bestehen wird, wenn die Wahrscheinlichkeit der Aufdeckung und die Höhe des Schadenersatzes groß genug sind.

Der Versuch, absichtlich Schaden zu erleiden

Wir haben bisher angenommen, dass sich die Nachfrage der Konsumentinnen mit dem Ausmaß des Schadenersatzes nicht ändert. Das ist jedoch nicht die einzig mögliche Annahme. Wenn die Aussichten auf Schadenersatz wegen Preisabsprachen besonders gut sind, dann könnten potenzielle Kundinnen versuchen, „sich schädigen zu lassen", um gemäß den Antitrust-Bestimmungen dreifachen Schadenersatz zu kassieren.

Nehmen wir der Einfachheit halber eine Konsumentin mit quasilinearem Nutzen an. Wenn es keinen zivilrechtlichen Schadenersatz für Preisabsprachen gibt, dann lautet das Nutzenmaximierungskalkül der Konsumentin

$$\text{maximiere}_{x} \quad u(x) + m - px.$$

Wenn die Konsumentin auf Schadenersatz klagen kann und sie nur den erwarteten Schadenersatz aus dieser Klage berücksichtigt, wird ihr Nutzenmaximierungsproblem zu

$$\text{maximiere}_{x} \quad u(x) + m - px + D(x).$$

Wenn wir aus Gleichung (33.7) einsetzen, können wir das als

$$\text{maximiere}_{x} \quad u(x) + m - px + \pi\gamma(p - c)x.$$

schreiben; nach Vereinfachung verbleibt

$$\text{maximiere}_{x} \quad u(\dot{x}) + m - [p - \pi\gamma(p - c)]x.$$

Das Bemerkenswerte an dieser letzten Formulierung ist, dass der Ausdruck in eckiger Klammer einfach wie ein Preis im gewöhnlichen Maximierungsproblem einer Konsumentin wirkt.

Unter Ausnützung dieser Analogie definieren wir $\hat{p} = p - \pi\gamma(p - c)$ als den *effektiven Preis*, dem sich die Konsumentin gegenübersieht. Jede Einheit des Gutes, das die Konsumentin kauft, kostet unmittelbar p, aber die Konsumentin erlöst auch $\pi\gamma(p-c)$ an erwartetem Schadenersatz. Die Möglichkeit des Schadenersatzes senkt die effektiven Kosten des Gutes für die Konsumentin.

Wenn man erkannt hat, dass das Verhalten der Konsumentin vom effektiven Preis abhängt, kann man das Gewinnmaximierungsproblem des Kartells neu formulieren als

$$\underset{p}{\text{maximiere}}\ [1-\pi\gamma](p-c)x(\hat{p}).$$

Nach einiger elementarer Algebra – die man ausführen sollte! – zeigt sich, dass man diesen Ausdruck auch als

$$\underset{\hat{p}}{\text{maximiere}}\ (\hat{p}-c)x(\hat{p}). \tag{33.9}$$

anschreiben kann.

Bemerkenswert ist die ganz einfache Form dieses Gewinnmaximierungsproblems. Die Konsumentin und das Kartell sehen sich *demselben* effektiven Preis $\hat{p}$ gegenüber. In Gleichung (33.5) definierten wir p_m als jenen Preis, der ohne Antitrust-Regelungen den Monopolgewinn maximiert. Der *effektive Preis*, der (33.9) maximiert, muss daher ebenfalls p_m sein. Wenn der vom Kartell verlangte Preis p^* ist, dann heißt das, dass

$$p_m = p^* - \pi\gamma(p^*-c). \tag{33.10}$$

Aus Gleichung (33.10) ist leicht erkennbar, dass p^* größer als p_m ist. Das Kartell erhöht seinen Preis in der Tat *über* den Monopolpreis, da es erwartet, einigen Schadenersatz an Kundinnen zahlen zu müssen. Die Konsumentinnen hingegen sind bereit, zu diesem Preis mehr zu kaufen, als sie sonst kaufen würden, weil sie einiges an Schadenersatzzahlung von der Unternehmung erwarten! Natürlich ist der *effektive Preis* für Kartell und Konsumentinnen genau derselbe wie ohne Antitrust-Gesetzgebung.

33.6 Welches Modell hat recht?

Wir haben zwei Modelle der Bestimmung über dreifachen Schadenersatz in der Antitrust-Gesetzgebung dargestellt. Das erste Modell unterstellte, dass die Konsumenten ihr Verhalten nicht ändern würden, selbst wenn es eine Möglichkeit für sie gäbe, Schadenersatz zu kassieren. Das Ergebnis war, dass ein Kartell – wenn es zustande kommt – denselben Preis verlangen und dieselbe Menge an Output erzeugen würde, als ob es keine Antitrust-Regelungen gäbe. Im zweiten Modell verhielten sich die Konsumenten strategischer. Sie erkannten die Tatsache, dass sie mit höherer Nachfrage auch höheren Schadenersatz kassieren könnten, wenn das Kartell der Preisabsprachen für schuldig befunden würde. In diesem Fall wäre der vom Kartell verlangte Preis höher als der Monopolpreis, der effektive Preis wäre jedoch gleich dem Monopolpreis. Wir können die Frage, welches

Modell richtig ist, rein logisch nicht beantworten. Die Antwort hängt vom tatsächlichen Verhalten der Konsumenten ab.

Zusammenfassung

1. Volkswirtschaftslehre kann zur Analyse der Entscheidung über kriminelle Handlungen und der Strukturierung von Anreizen zur Abschreckung herangezogen werden.
2. Nationalökonomie kann zur Analyse der Wirkungen verschiedener Formen der Haftpflichtgesetzgebung verwendet werden.
3. Die Wirtschaftswissenschaft kann zur Beurteilung der Auswirkungen gesetzlicher Maßnahmen gegen Preisabsprachen auf das Unternehmerverhalten eingesetzt werden.

Wiederholungsfragen

1. Wenn man auf einer kalifornischen Autobahn ein Kaugummipapier aus dem Fenster wirft, kann man dafür mit bis zu $ 1.000 wegen Verunreinigung bestraft werden, obwohl die gesellschaftlichen Kosten dieser Verschmutzung viel kleiner als $ 1.000 sind. Ist das ökonomisch sinnvoll?
2. Welche Partei, der Schadensverursacher oder der Geschädigte, verwendet in einem Regime der unbeschränkten Haftung bei bilateralen Schadensfällen zu wenig Sorgfalt?
3. Nehmen wir das Modell dreifachen Schadenersatzes mit „schadenssuchenden" Konsumentinnen. Wie hoch wird p^* sein, wenn $\gamma = 3$, $\pi = 1/6$, $c = 0$ und $p_m = 100$?

34. Kapitel
INFORMATIONSTECHNOLOGIE

Eine der radikalsten Veränderungen der Wirtschaft in den letzten 15 Jahren war die Entstehung der **Informationswirtschaft**. Die Presse ist voller Geschichten über die Fortschritte in der Computertechnologie, über das Internet und über neue Software. Es überrascht nicht, dass viele dieser Artikel im Wirtschaftsteil der Zeitungen sind, denn diese *technologische* Revolution ist auch eine *ökonomische* Revolution.

Einige Kolumnisten gehen sogar so weit, diese Informationsrevolution mit der industriellen Revolution gleich zu setzen. So wie die industrielle Revolution die Art der Herstellung, der Verteilung und des Konsums der *Güter* veränderte, transformiert die Informationsrevolution die Art der Herstellung, der Verteilung und des Konsums der *Information*.

Es wurde behauptet, dass diese dramatisch neuen Technologien eine grundlegend andere Art der Ökonomie benötigen. Bits, so wird argumentiert, unterscheiden sich fundamental von Atomen. Bits können nahezu kostenlos reproduziert und mit Lichtgeschwindigkeit weltweit verbreitet werden, ohne zu verderben. Materielle Güter, die aus Atomen bestehen, haben keine dieser Eigenschaften: sie sind aufwendig in Herstellung und Transport und sie verderben unaufhaltsam.

Es ist richtig, dass die ungewöhnlichen Eigenschaften von Bits einer neuen ökonomischen Analyse bedürfen, aber ich würde behaupten, dass sie keiner neuen *Art* der ökonomischen Analyse bedürfen. Schließlich geht es in der Wirtschaftswissenschaft hauptsächlich um *Menschen* und nicht um *Güter*. Die Modelle, welche wir in diesem Buch untersuchten, beschäftigten sich damit, wie Menschen Entscheidungen treffen und wie sie miteinander agieren. Wir hatten nur selten Gelegenheit, uns auf die Besonderheiten der Güter zu beziehen, welche die Transaktionen beinhalteten. Die fundamentalen Anliegen waren die Präferenzen der Individuen, die Technologie der Produktion und die Marktstrukturen; und *dieselben* Faktoren werden bestimmen, wie die Informationsmärkte funktionieren ... oder nicht funktionieren.

In diesem Kapitel werden wir ein paar für die Informationsrevolution relevante ökonomische Modelle untersuchen. Das erste beschäftigt sich mit der Ökonomie von Netzwerken, das zweite mit den Kosten eines Systemwechsels und das dritte mit dem Management der Rechte an Geistigem Eigentum. Diese Beispiele werden illustrieren, wie die grundlegenden Instrumente der ökonomischen Analyse dazu beitragen können, die Welt der Bits ebenso zu verstehen wie die Welt der Atome.

34.1 Systemwettbewerb

Informationstechnologie entwickelt sich häufig in der Form von *Systemen*. Solche Systeme bestehen aus verschiedenen Komponenten, die oft von verschie-denen Unternehmungen stammen und die nur dann einen Wert haben, wenn sie gemeinsam eingesetzt werden. Hardware und Software, Videokassetten und Videorecorder, Netz-Server und Netz-Browser sind solche Beispiele. Diese Komponenten sind **Komplemente** bei der Erbringung einer Leistung für die Endbenutzerin. Genau so wie ein rechter Schuh ohne den linken nicht sehr viel wert ist, wird der beste Computer der Welt nicht sehr viel wert sein, wenn es für ihn keine Software gibt.

Daraus folgt, dass im Wettbewerb die Bereitsteller solcher Komponenten ihre „Komplementäre" genau so beachten müssen wie ihre Konkurrenten. Eine Schlüsselrolle der Wettbewerbsstrategie von Apple spielt die Beziehung zu den Software-Entwicklern. Das gibt der Wettbewerbsstrategie in der Informationstechnologie (IT) einen etwas anderen Anstrich als der Strategie in den traditionellen Branchen.[1]

34.2 „Lock-in"

Da IT-Komponenten häufig gemeinsam als System funktionieren, erfordert das Auswechseln einer Komponente häufig auch das Auswechseln anderer Komponenten. Das bedeutet, dass die **Kosten des Wechselns** einer Komponente in der IT-Branche beträchtlich sein können. So erfordert der Übergang von einem Macintosh- zu einem Windows-PC nicht nur die Hardwarekosten des Computers, sondern auch den Ankauf einer neuen Software-Bibliothek sowie – von noch größerer Bedeutung – die Einschulungskosten auf ein neues System.

Wenn die Kosten des Systemwechsels sehr hoch sind, dann finden sich die Benutzer in der Situation des „Lock-in", in der die Kosten des Übergangs zu einem neuen System so hoch sind, dass ein Wechsel praktisch unvorstellbar ist. Das ist schlecht für die Konsumenten, es ist jedoch selbstverständlich recht attraktiv für die Anbieter der Komponenten, aus denen das System besteht. Da der „gefangene" Anwender eine sehr *unelastische* Nachfrage hat, können die Systemanbieter die Preise ihrer Komponenten in die Höhe treiben, um aus dem Anwender die Konsumentenrente heraus zu holen.

Natürlich werden vorsichtige Konsumenten versuchen, solche „lock-ins" zu vermeiden, oder zumindest zu verhandeln, dafür entschädigt zu werden. Selbst wenn die Konsumenten schlechte Verhandler sind, wird der Wettbewerb unter

---

[1] Zur Einführung in die Wettbewerbsstrategie der IT-Branche vergleiche Shapiro, Carl, und Hal R. Varian, *Information Rules: A Strategic Guide to the Network Economy*, Harvard Business School Press, 1998.

den Anbietern der Systeme die Preise für den *Erstkauf* nach unten drücken, denn die einmal gefangenen Kunden verschaffen ihnen danach regelmäßige Einnahmen.

Nehmen wir als Beispiel die Entscheidung für einen bestimmten Internet-Provider (ISP[2]). Wenn man die Entscheidung einmal getroffen hat, kann ein Wechsel eher unangenehm sein, weil z. B. die Benachrichtigung aller Partner über die neue E-Mail-Adresse sehr kostspielig sein kann, ebenso wie die Erstellung einer neuen Konfiguration der Zugangsprogramme zum Internet usw. Die Monopolmacht aufgrund der Kosten des Wechsels bedeutet, dass der ISP mehr als die Grenzkosten für seine Dienste verlangen kann, sobald er den Kunden gewonnen hat. Die Kehrseite dieses Effekts ist jedoch, dass der Einnahmenstrom eines einmal „gefangenen" Kunden ein wertvolles Aktivum ist; die ISPs werden daher zu Beginn hart um die Kunden kämpfen, indem sie Preisnachlässe und anderes bei einem Vertragsabschluss gewähren.

Ein Konkurrenzmodell mit Kosten des Systemwechsels

Untersuchen wir einmal ein Modell dieser Phänomene. Wir nehmen an, dass die Kosten der Bereitstellung eines Internet-Zugangs pro Monat c sind. Wir unterstellen weiters einen Markt mit vollkommenem Wettbewerb mit vielen identischen Unternehmungen, sodass ohne Kosten des Systemwechsels der Preis des Internet-Dienstes einfach $p = c$ wäre.

Nun nehmen wir an, es gibt Kosten des Systemwechsels von s und die ISPs bieten einen Preisnachlass von d im ersten Monat an, um neue Kunden zu gewinnen. Zu Beginn eines bestimmten Monats überlegt ein Konsument, zu einem neuen ISP zu wechseln. Wenn er sich dafür entscheidet, so muss er lediglich den reduzierten Preis, $p - d$, zahlen, es entstehen ihm jedoch die Kosten des Wechsels, s. Wenn er bei seinem bisherigen Provider bleibt, muss er den Preis p zahlen. Wir nehmen an, dass nach dem ersten Monat beider Provider wie bisher den selben Preis p verlangen.

Der Konsument wird dann wechseln, wenn der Gegenwartswert des Systemwechsels kleiner ist als der Gegenwartswert des Verbleibs beim derzeitigen Provider. Wenn wir mit r den (monatlichen) Zinssatz bezeichnen, wird der Konsument wechseln, wenn

$$(p - d) + \frac{p}{r} + s > p + \frac{p}{r}.$$

Wettbewerb unter den Providern garantiert, dass der Konsument zwischen Wechsel und Verbleib indifferent sein wird, was impliziert, dass

$$(p - d) + s = p.$$

---

[2] ISP = Internet Service Provider.

Daraus folgt, dass $d = s$ sein wird, d. h. der angebotene Preisnachlass deckt gerade die Kosten des Systemwechsels.

Wir nehmen an, dass Konkurrenz den Gegenwartswert der Gewinne auf Null drückt. Der Gegenwartswert des Gewinns in Bezug auf einen einzelnen Kunden ist der Preis minus dem Nachlass minus den Kosten der Bereitstellung des Dienstes plus dem Gegenwartswert der Gewinne in den zukünftigen Monaten. Da $d = s$ gilt, können wir die Bedingung für einen Nullgewinn anschreiben als

$$(p - s) - c + \frac{p - c}{r} = 0. \tag{34.1}$$

Umformungen dieser Gleichung führen zu zwei gleichwertigen Aussagen über den Gleichgewichtspreis:

$$p - c + \frac{p - c}{r} = s, \tag{34.2}$$

oder

$$p = c + \frac{r}{1 + r} s. \tag{34.3}$$

Gleichung (34.2) besagt, dass der Gegenwartswert der zukünftigen Gewinne in Bezug auf einen Konsumenten gleich den Kosten des Systemwechsels dieses Konsumenten sein muss. Gleichung (34.3) bedeutet, dass der Preis der Dienstleistung ein Aufschlag („Mark-up") auf die Grenzkosten ist, wobei das Ausmaß des Aufschlags proportional zu den Kosten des Systemwechsels ist.

Wenn man das Modell um die Kosten des Systemwechsels erweitert, so erhöht das den (späteren) *monatlichen* Preis der Leistung über die Kosten, der Wettbewerb um diesen Gewinnstrom drückt jedoch den *Einstiegs*preis. Tatsächlich investiert der Hersteller den Preisnachlass $d = s$, um zukünftig den Strom an Aufschlägen zu lukrieren.

In der Realität haben viele ISPs andere Einnahmequellen als lediglich die monatlichen Einnahmen von ihren Kunden. So bezieht z. B. America Online einen wesentlichen Teil seiner Einnahmen aus der Werbung. Es ist für America Online durchaus sinnvoll, große Einstiegsrabatte zu gewähren, um dadurch höhere Werbeeinnahmen zu erzielen, selbst wenn sie Internet-Anschlüsse zu den Selbstkosten oder darunter anbieten müssen.

Wir können das Modell ganz leicht um diesen Effekt erweitern. Wenn a die durch einen Konsumenten monatlich generierten Werbeeinnahmen sind, verlangt die Bedingung eines Null-Gewinns

$$(p - s) + a - c + \frac{p + a - c}{r} = 0. \tag{34.4}$$

Wenn wir nach p lösen, erhalten wir

$$p = c - a + \frac{r}{1 + r} s.$$

Aus dieser Gleichung erkennen wir, dass lediglich die *Netto*kosten der Serviceleistung, $c - a$, relevant sind, in die sowohl die Kosten der Leistung als auch die Werbeeinnahmen einfließen.

34.3 Netzwerkexternalitäten

Wir haben das Konzept der **Externalität** bereits im 32. Kapitel untersucht. Ökonominnen verwenden diesen Ausdruck, um Situationen zu beschreiben, bei denen der Konsum einer Person den Nutzen einer anderen Person unmittelbar beeinflusst. **Netzwerkexternalitäten** sind eine besondere Form der Externalität, bei welcher der Nutzen einer Person aus einem Gut von der *Zahl* der anderen Konsumentinnen dieses Gutes abhängt.[3]

Nehmen wir zum Beispiel die Nachfrage einer Konsumentin nach einem Faxgerät. Die Leute wollen Faxgeräte, um miteinander kommunizieren zu können. Wenn niemand anderer ein Faxgerät hat, lohnt es nicht, selber eines zu kaufen. Modems haben eine ähnliche Eigenschaft: Ein Modem ist nur nützlich, wenn es irgendwo noch andere Modems gibt, mit denen man kommunizieren kann.

Eine andere, etwas indirektere Wirkung von Netzwerkexternalitäten entsteht bei Komplementärgütern. Man braucht keinen Videoladen, wenn niemand im Ort einen Videorecorder besitzt; andererseits besteht wenig Anlass, sich einen Videorecorder zu kaufen, wenn man keinen Zugang zu Videos hat, die man dann abspielen kann. In diesem Fall hängt die Nachfrage nach Videos von der Anzahl der Videorecorder ab, die Nachfrage nach Videorecordern hängt ihrerseits wieder von der Zahl der verfügbaren Videos ab, woraus sich eine leicht verallgemeinerte Form der Netzwerkexternalität ergibt.

34.4 Märkte mit Netzwerkexternalitäten

Versuchen wir einmal, ein Modell der Netzwerkexternalitäten unter Verwendung einer einfachen Nachfrage- und Angebotsanalyse zu erstellen. Angenommen es gibt auf einem Markt für irgendein Gut 1.000 Personen, die wir mit den Indizes $v = 1, 2, ..., 1.000$ bezeichnen wollen. Stellen wir uns vor, dass v den **Vorbehaltspreis** der Person v für das Gut misst. Wenn also der Preis des Gutes p ist, dann ist die Zahl der Personen, die glauben, dass das Gut mindestens p wert ist, gleich $1.000 - p$. Wenn z. B. der Preis des Gutes € 200 beträgt, dann gibt es 800 Personen, die bereit sind, mindestens € 200 für das Gut zu bezahlen, es würden also insgesamt 800 Einheiten des Gutes verkauft. Diese Struktur führt zu der üblichen fallenden Nachfragekurve.

Nun wollen wir dem Modell jedoch eine Besonderheit einfügen. Angenommen das analysierte Gut weist Netzwerkexternalitäten auf, wie ein Faxgerät oder ein Telefon. Der Einfachheit halber unterstellen wir, dass für Person v der Wert des Gutes vn ist, wobei n die Zahl der Personen ist, die das Gut kon-

---

[3] Verallgemeinert könnte der Nutzen einer Person von der *Identität* der anderen Konsumentinnen abhängen; das Modell kann leicht in diese Richtung erweitert werden.

sumieren – die Zahl der Personen, die an das Netzwerk angeschlossen ist.[4] Je mehr Leute das Gut konsumieren, umso mehr ist *jede* Person bereit, dafür zu zahlen. Wie sieht die Nachfragekurve für dieses Modell aus?

Wenn der Preis p ist, dann wir es jemand geben, der zwischen Kauf und Nichtkauf des Gutes gerade indifferent ist. Wir wollen den Index dieses marginale Individuums mit $\hat{v}$ bezeichnen. Definitionsgemäß ist er einem Kauf gegenüber gerade indifferent, seine Zahlungsbereitschaft ist daher gleich dem Preis des Gutes:

$$p = \hat{v}n. \qquad (34.5)$$

Da diese „marginale Person" indifferent ist, müssen alle mit einen v *größer* als $\hat{v}$ auf jeden Fall kaufen wollen. Das bedeutet, dass die Zahl der Personen, die das Gut kaufen wollen gleich

$$n = 1000 - \hat{v} \qquad (34.6)$$

ist. Wenn wir die Gleichungen (34.5) und (34.6) zusammenführen, erhalten wir als Gleichgewichtsbedingung für diesen Markt

$$p = n(1000 - n).$$

Diese Gleichung gibt uns die Beziehung zwischen dem Preis des Gutes und der Zahl der Benutzer. In diesem Sinne handelt es sich um eine Art Nachfragekurve; wenn es n Personen gibt, welche das Gut kaufen, dann ist die Zahlungsbereitschaft des marginalen Individuums durch die Höhe der Kurve gegeben.

Wenn wir uns aber die Zeichnung dieser Kurve in Abbildung 34.1 ansehen, erkennen wir, dass sie eine von einer Standard-Nachfragekurve deutlich verschiedene Form hat! Wenn die Zahl der Leute, welche sich anschließen, niedrig ist, dann ist die Zahlungsbereitschaft der marginalen Person niedrig, weil es nicht viele andere Personen gibt, mit denen man kommunizieren kann. Ist jedoch die Zahl der angeschlossenen Personen hoch, dann ist die Zahlungsbereitschaft der marginalen Person ebenfalls niedrig, weil alle, die das Gut höher schätzen, bereits angeschlossen sind. Diese beiden Wirkungen führen zu der buckeligen Form in Abbildung 34.1.

Nachdem wir die Nachfrageseite des Marktes verstanden haben, wenden wir uns der Angebotsseite zu. Der Einfachheit halber nehmen wir an, dass das Gut mit einer Technologie der konstanten Skalenerträge hergestellt werden kann. Wie wir wissen, bedeutet das, dass die Angebotskurve bei einem Preis gleich den Durchschnittskosten horizontal verläuft.

Beachte, dass es drei mögliche Schnittpunkte zwischen Angebots- und Nachfragekurve gibt. Da gibt es einmal ein Gleichgewicht auf sehr niedrigem Niveau bei $n^* = 0$. Niemand konsumiert das Gut (ist an das Netzwerk angeschlossen),

---

[4] Streng genommen sollten wir n als die *erwartete* Anzahl der Konsumenten des Gutes interpretieren; diese Unterscheidung ist jedoch für das folgende kaum von Bedeutung.

daher ist niemand bereit, für den Konsum des Gutes zu zahlen. Man könnte das als ein Gleichgewicht „pessimistischer Erwartung" nennen.

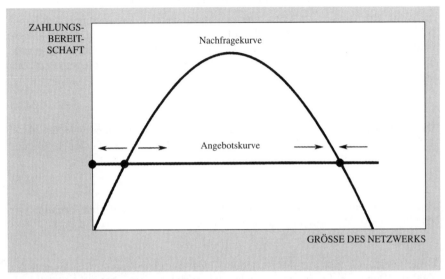

Abbildung 34.1 Netzwerkexternalitäten. Die Nachfrage ist durch den gekrümmten Buckel gegeben, das Angebot durch die Horizontale. Beachte die drei Schnittpunkte, bei denen die Nachfrage gleich dem Angebot ist.

Das mittlere Gleichgewicht mit einer positiven, aber kleinen Zahl an Konsumenten befindet sich dort, wo die Leute nicht erwarten, dass das Netzwerk sehr groß wird, sodass sie nicht bereit sind, allzu viel für einen Anschluss zu zahlen – und deswegen ist auch das Netzwerk nicht sehr groß.

Das letzte Gleichgewicht schließlich weist eine große Zahl von Personen, n_H, auf. Jetzt ist der Preis niedrig, weil der marginale Käufer des Gutes es nicht sehr hoch bewertet, obwohl der Markt sehr groß ist.

34.5 Marktdynamik

Welchem der drei Gleichgewichte werden wir begegnen? Bisher bietet das Modell keinen Anhaltspunkt zur Auswahl unter ihnen. Bei jedem Gleichgewicht ist das Angebot gleich der Nachfrage. Wir können jedoch einen dynamischen Anpassungsprozess hinzufügen, um uns die Entscheidung zu erleichtern, welches Gleichgewicht mit größerer Wahrscheinlichkeit auftreten wird.

Wenn die Leute bereit sind, mehr als die Kosten des Gutes zu zahlen, dann ist es plausibel anzunehmen, dass der Markt expandiert; sind sie bereit weniger zu zahlen, wird der Markt schrumpfen. Geometrisch bedeutet das, dass die Menge steigt, wenn die Nachfragekurve über der Angebotskurve liegt, und dass die Menge fällt, wenn sie sich unter der Angebotskurve befindet. Die Pfeile in Abbildung 34.1 illustrieren diesen Anpassungsprozess.

Diese dynamische Analyse gibt uns etwas mehr Information. Es ist nun klar, dass ein Gleichgewicht auf sehr niedrigem Niveau, bei dem sich niemand anschließt, und das Gleichgewicht auf hohem Niveau, wo viele Personen angeschlossen sind, stabile Gleichgewichte sind, das mittlere hingegen instabil ist. Daher ist es unwahrscheinlich, dass das Endergebnis das mittlere Gleichgewicht sein wird.

Es verbleiben uns noch zwei mögliche stabile Gleichgewichte; wie können wir entscheiden, welches wahrscheinlich realisiert wird? Eine Möglichkeit ist sich zu überlegen, wie sich die Kosten im Laufe der Zeit entwickeln könnten. Für die von uns gegebenen Beispiele – Faxgeräte, Videorecorder, Computernetzwerke usw. – kann man ganz natürlich annehmen, dass die Kosten der Güter zu Beginn hoch sind, aufgrund des technischen Fortschritts jedoch im Lauf der Zeit sinken. Dieser Ablauf ist in Abbildung 34.2 wiedergegeben. Bei hohen Stückkosten gibt es nur ein stabiles Gleichgewicht – eine Nachfrage von Null. Wenn die Kosten ausreichend fallen, wird es zwei stabile Gleichgewichte geben.

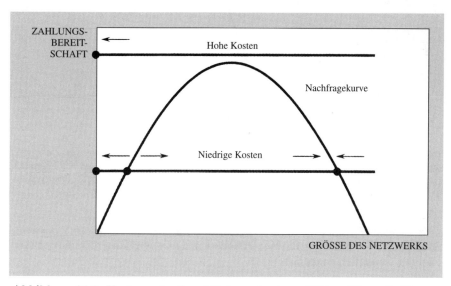

Abbildung 34.2 Kostenverlauf und Netzwerkexternalitäten. Wenn die Kosten hoch sind, gibt es nur ein Gleichgewicht bei einer Marktgröße von Null. Wenn die Kosten fallen, werden andere Gleichgewichte möglich.

Jetzt führen wir in das Modell ein Störelement ein. Stellen wir uns vor, die Zahl der an das Netzwerk angeschlossenen Personen bewegt sich immer um den Gleichgewichtspunkt, $n^* = 0$. Diese Störeinflüsse können zufällig sein oder sie können Teil einer Unternehmensstrategie sein, wie z. B. Einführungsrabatte oder Werbekampagnen Wenn die Kosten immer niedriger werden, so wird es zunehmend wahrscheinlicher, dass bei einer dieser Bewegungen das System *über* das instabile Gleichgewicht hinausschießt. Wenn das eintritt, dann wird die dynamische Anpassung das System zum Gleichgewicht auf hohem Niveau befördern.

Ein möglicher Pfad für die Zahl der Konsumentinnen des Gutes ist in Abbildung 34.3 dargestellt.

Er beginnt im Wesentlichen bei Null, mit einigen kleineren Bewegungen im Verlauf der Zeit. Die Kosten fallen, ab einem gewissen Punkt wird eine kritische Masse erreicht und das System schnellt zum Gleichgewicht auf hohem Niveau.

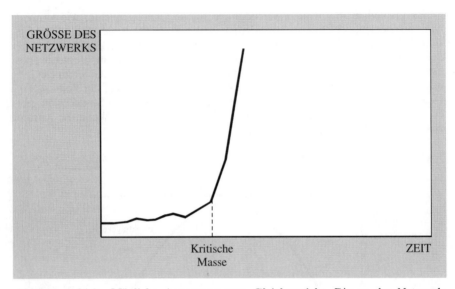

Abbildung 34.3 Mögliche Anpassung zum Gleichgewicht. Die an das Netzwerk angeschlossene Anzahl an Benutzerinnen ist ursprünglich klein und steigt bei fallenden Kosten nur allmählich. Wenn eine kritische Masse erreicht wird, hebt das System dramatisch ab.

Ein reales Beispiel für diese Art der Anpassung ist der Markt für Faxgeräte. Abbildung 34.4 illustriert für eine Periode von 12 Jahren den Preis und die Anzahl der verkauften Faxgeräte.[5,6]

---

[5] Das Diagramm stammt aus „Critical Mass and Network Size with Applications to the U.S. Fax Market," von Nicholas Economides und Charles Himmelberg (Discussion Paper no. EC-95-11, Stern School of Business, New York University, 1995). Vergleiche auch Michael L. Katz und Carl Shapiro, „Systems Competition and Network Effects," *Journal of Economic Perspectives*, 8 (1994), pp. 93-116, mit einer guten Übersicht über Netzwerkexternalitäten und ihre Implikationen.

[6] Mobiltelefone („Handys") sind ein noch augenfälligeres und aktuelleres Beispiel. (Anm. d. Übers.)

Informationstechnologie 597

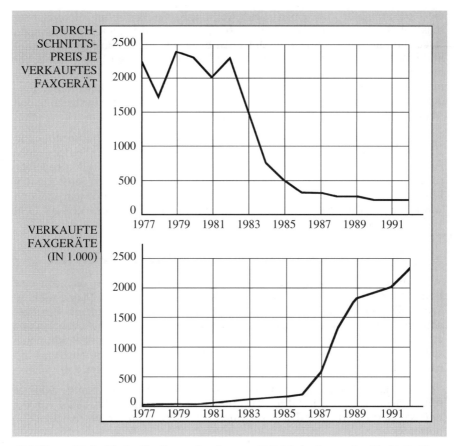

Abbildung 34.4 Markt für Faxgeräte. Längere Zeit hindurch war der Markt für Faxgeräte klein, weil sie von wenig Leuten verwendet wurden. Mitte der Achtzigerjahre fielen die Preise deutlich, plötzlich explodierte die Nachfrage.

BEISPIEL: Netzwerkexternalitäten bei Computersoftware

Netzwerkexternalitäten entstehen ganz natürlich bei der Bereitstellung von Computersoftware. Es ist äußerst praktisch, Dateien und praktische Hinweise mit anderen Benutzern derselben Software austauschen zu können. Das gibt den größten Anbietern eines bestimmten Marktes einen beträchtlichen Vorteil und führt dazu, dass die Hersteller von Software massiv in den Erwerb von Marktanteilen investieren.

Beispiele dafür gibt es im Überfluss. So investierte z. B. Adobe Unsummen in die Entwicklung einer „Sprache zur Beschreibung von Seiten", genannt PostScript, für die druckreife Bearbeitung von Manuskripten am PC („desktop publishing"). Dabei hatte Adobe erkannt, dass niemand die Zeit und Ressourcen, die zum Erlernen von PostScript erforderlich sind, aufwenden würde, wenn es nicht von vornherein klar war, dass PostScript den „Industriestandard" darstellen würde. Das Unternehmen ließ daher bewusst ein „Klonen" seiner Sprache durch die Konkurrenz zu, um einen Wettbewerbsmarkt für PostScript-Interpreter zu schaffen. Adobes Strategie machte sich bezahlt: eine Reihe von Konkurrentinnen erschienen auf dem Markt (einschließlich einer, die das Produkt gratis abgab) und PostScript wurde zum Industriestandard für „desktop-publishing". Adobe behielt sich ein paar Dinge vor – wie z. B. die Darstellung von Schriftsätzen bei niedriger Auflösung – und war erfolgreich, den Markt für hochqualitative Produkte zu dominieren. Ironischerweise war Adobe erfolgreich, weil es gelang, den Markteintritt von Konkurrentinnen zu fördern!

In der jüngeren Vergangenheit folgten viele Softwareproduzentinnen diesem Beispiel. Adobe selbst schenkt viele Softwareprodukte her, wie z. B. den Adobe Acrobat Reader. Einer der interessanten Renner unter den neuen Aktiengesellschaften des Jahres 1995, Netscape Communications Corporation, eroberte den Löwenanteil der Web-Browser, indem sie ihr Hauptprodukt gratis abgab; dadurch wurde sie ein Musterbeispiel einer Unternehmung, die „bei jedem Verkauf Geld verliert, das aber durch das große Volumen wettmacht."

34.6 Implikationen von Netzwerkexternalitäten

Wie einfach das beschriebene Modell auch sein mag, es liefert dennoch eine Reihe von Erkenntnissen. So ist z. B. das Konzept der kritischen Masse wichtig: Wenn die Nachfrage eines Benutzers von der Anzahl der anderen Benutzer abhängt, dann ist es sehr wichtig, das Wachstum schon früh im Lebenszyklus eines Produkts anzuregen. Heutzutage ist es gang und gäbe, dass Produzenten sehr billigen Zugang zu einer Software oder einem Kommunikationsdienst anbieten, um dort „einen Markt zu schaffen", wo es bisher noch keinen gab.

Die entscheidende Frage ist natürlich, wie groß ein Markt sein muss, damit er selbsttragend wird. Dazu hat die Theorie wenig anzubieten; alles hängt von der Art des Gutes sowie von den Kosten und vom Nutzen für die potenziellen Benutzer ab.

Eine weitere wichtige Implikation von Netzwerkexternalitäten ist die Rolle der Politik der Regierungen. Ein interessantes Beispiel ist das Internet. Ursprünglich wurde das Internet nur von einigen wenigen Forschungsstätten zum Austausch von Dateien benutzt. Mitte der Achtzigerjahre nützte die National Science Foundation in den USA die Technologie des Internets, um einige große Universitäten mit 12 Supercomputern zu vernetzen, die sich an verschiedenen Orten befanden. Die ursprüngliche Vorstellung war, dass die Forscher an den Universitäten Daten zu den Supercomputern hin- und wieder zurückschicken würden. Wenn jedoch alle mit demselben Ding vernetzt sind, dann ist eine grundlegende Eigenschaft eines Kommunikationsnetzwerkes, dass alle Beteiligten auch untereinander vernetzt sind. Das ermöglichte den Forschern, einander E-Mails zu senden, die mit den Supercomputern nichts zu tun hatten. Sobald einmal eine kritische Masse von Benutzern an das Internet angeschlossen waren, stieg sein Wert für neue Benutzer dramatisch. Die meisten dieser neuen Benutzer hatten kein Interesse an den Zentren der Supercomputer, obwohl das der ursprüngliche Beweggrund für die Bereitstellung des Netzwerks war.

34.7 Management der Rechte an Geistigem Eigentum

Heutzutage besteht großes Interesse an neuen Geschäftsmodellen für Geistiges Eigentum (IP[7]). IP-Transaktionen nehmen die verschiedensten Formen an: Bücher werden entweder verkauft oder von Bibliotheken entlehnt. Videos werden entweder verkauft oder vermietet. Bestimmte Software wird für bestimmte Verwendungen lizenziert; wieder andere Software wird einfach verkauft. Shareware ist eine besondere Form der Software, bei der Bezahlung auf freiwilliger Basis erfolgt.

Festlegung der Bedingungen, zu denen Geistiges Eigentum angeboten wird, ist eine kritische Geschäftsentscheidung. Sollte man Schutz gegen Kopieren verwenden? Sollte man Benutzerinnen ermutigen, Neuentwicklungen mit Freundinnen zu teilen? Sollte man Lizenzen an Individuen oder einen ganzen Bereich vergeben?

Einfache ökonomische hilft beim Verständnis der relevanten Probleme. Nehmen wir ein reines digitales Produkt, wie z. B. eine elektronische Zeitung, sodass wir uns um die Grenzkosten der Produktion nicht kümmern müssen. Sehen wir uns die Gewinnmaximierung vorerst einmal unter den grundlegenden Ausgangsbedingungen der Unternehmung an. Die Eigentümerin des digitalen Gutes wird sich für einen Preis und damit – implizit – für eine Menge entscheiden, die ihren Gewinn maximiert:

$$\underset{y}{\text{maximiere}} \quad p(y)y \tag{34.7}$$

Das führt zu einer bestimmten optimalen Kombination (p^*, y^*).

Die Anbieterin überlegt nun eine Liberalisierung der Bedingungen der Nutzung, z. B. eine Ausdehnung der kostenlosen Probezeit von einer Woche auf einen Monat. Das hat zwei Effekte auf die Nachfragekurve. Erstens erhöht es den Wert des Produkts für jede potenzielle Nutzerin, die Nachfragekurve verschiebt sich nach oben. Es kann aber auch ein Verkaufsrückgang auftreten, weil einigen Benutzerinnen die längere Probezeit zur Befriedigung ihrer Bedürfnisse ausreicht.

Modellieren wird das durch Definition der neuen konsumierten Menge als $Y = \beta y$, wobei $\beta > 1$ ist, und der neuen Nachfragekurve als $P(Y) = \alpha p(Y)$, mit $\alpha > 1$. Das neue Gewinnmaximierungsproblem lautet nun

$$\underset{Y}{\text{maximiere}} \quad P(Y)y.$$

Beachte, dass wir den Preis mit der verkauften Menge, y, nicht mit der konsumierten Menge, Y, multiplizieren.

---

[7] IP = intellectual property.

Unter Verwendung der Definitionen von $Y = \beta y$ und $P(Y) = \alpha p(Y)$ können wir das als

$$\max_Y \alpha p(Y) \frac{Y}{\beta} = \max_Y \frac{\alpha}{\beta} p(Y) Y.$$

Das schaut genau wie das Maximierungsproblem (34.7) aus, mit Ausnahme der Konstanten α/β vor der zu maximierenden Funktion. Dadurch wird aber die optimale Entscheidung nicht beeinflusst, sodass wir schließen können, dass $Y^* = y^*$.

Diese einfache Analyse erlaubt einige Schlussfolgerungen:

- Die konsumierte Menge des Gutes, Y^*, ist unabhängig von den festgelegten Bedingungen.
- Die produzierte Menge des Gutes, y^*/β, ist kleiner als y^*.
- Der Gewinn könnte steigen oder fallen, je nachdem ob α/β größer oder kleiner als eins ist. Gewinne steigen, wenn die Erhöhung des Wertes für die Konsumentinnen, die das Produkt kaufen, die geringere Zahl an Käuferinnen kompensiert.

BEISPIEL: Videoverleih

Videogeschäfte können die Bedingungen festlegen, zu denen sie Videos verleihen. Je länger man ein Video behält, umso wertvoller ist es für eine Konsumentin, weil sie länger Zeit hat, sich das Video anzusehen. Aber je länger man das Video behält, umso weniger Gewinn macht das Videogeschäft, da es an niemanden anderen verliehen werden kann. Die optimale Entscheidung über die Verleihdauer berücksichtigt den Trade-off zwischen diesen beiden Effekten.

In der Praxis führte das zu einer Art Produktdifferenzierung. Neuerscheinungen werden nur für kurze Zeit verliehen, da die entgangenen Gewinne von anderen (potenziellen) Entlehnerinnen beträchtlich sind. Ältere Videos werden für längere Zeit verliehen, da die Opportunitätskosten der Nichtverfügbarkeit des Videos für den Videoladen geringer sind.

34.8 Teilhabe an Geistigem Eigentum

Geistiges Eigentum wird oft geteilt: So erleichtern z. B. Bibliotheken die Teilhabe an Büchern. Videoläden ermöglichen das „Teilen" von Videos zwischen Menschen – und verlangen dafür ein Entgelt. Fernleihe erlaubt die Teilhabe von Bibliotheken an Büchern untereinander. Sogar das vor Ihnen liegende Lehrbuch wird unter Studenten von einem Semester zum anderen geteilt – über den Markt für gebrauchte Bücher.

Es gibt eine umfassende Diskussion unter Herausgebern und Bibliotheken über die geeignete Rolle des Teilhabens. Bibliothekare haben für Fernleihen informell eine „Fünferregel" entwickelt: ein Gegenstand soll bis zu fünfmal entlehnt werden können, bevor an die Herausgeber zusätzliche Tantiemen zu bezahlen sind. Herausgeber und Autoren sind traditionell über den Markt für gebrauchte Bücher nicht sehr begeistert.

Die Entstehung digitaler Information hat diese Situation wesentlich verschärft. Digitale Information kann perfekt reproduziert werden, damit ergeben sich völlig neue Perspektiven. Kürzlich hat ein bekannter Country-Music Sänger eine lautstarke Kampagne gegen Geschäfte gestartet, die gebrauchte CD's verkaufen. Das Problem besteht darin, dass sich die Qualität von CD's durch das Abspielen nicht verschlechtert, man kann daher eine CD kaufen, sie z. B. auf Kassette aufnehmen und dann an Geschäfte für Gebraucht-CD's wieder verkaufen.

Versuchen wir ein Modell dieser Art des Teilhabephänomens zu entwerfen. In der Ausgangssituation gibt es keine Teilhabe. In diesem Fall entscheidet sich ein gewinnmaximierender Videoproduzent y Exemplare eines Videos zu produzieren:

$$\max_{y} \; p(y)y - cy - F. \qquad (34.8)$$

Wie üblich ist $p(y)$ die inverse Nachfragefunktion, c sind die (konstanten) Grenzkosten und F die Fixkosten. Der Output im Gewinnmaximum sei y^*.

Angenommen es entsteht nun ein Videoverleihmarkt. Jetzt ist die Zahl der *betrachteten* Videos von jener der erzeugten verschieden. Wenn y Exemplare eines Videos hergestellt werden und an jedem Video k Personen teilhaben, dann werden insgesamt $x = ky$ Videos angeschaut. (Zur Vereinfachung nehmen wir an, dass *alle* Exemplare des Videos entlehnt werden.)

Sehen wir uns die inverse Nachfragefunktion an, der sich ein Videoproduzent gegenübersieht. Wenn y Exemplare hergestellt werden, dann werden $x = ky$ Videos angeschaut, die Zahlungsbereitschaft des marginalen Individuums wird somit $p(x) = p(ky)$ sein. Natürlich entstehen im Vergleich zum Besitz eines Videos beim Ausborgen Kosten der Unbequemlichkeit. Wir wollen diese „Transaktionskosten" mit t bezeichnen, daher wird die Zahlungsbereitschaft des marginalen Individuums zu $p(x) - t$.

Wir haben oben angenommen, dass alle Exemplare eines Videos von k Benutzern angeschaut werden. Die Zahlungsbereitschaft eines *Videoverleihs* wird daher gerade k-mal der Zahlungsbereitschaft des marginalen Individuums sein. Wenn also y Exemplare erstellt werden, wird die Zahlungsbereitschaft des Videoverleihs

$$P(y) = k[p(ky) - t]. \qquad (34.9)$$

sein. Gleichung (34.9) beinhaltet die zwei Schlüsselwirkungen, die aus der Teilhabe folgen: Die Zahlungsbereitschaft *sinkt*, da mehr Videos angeschaut als produziert werden; die Zahlungsbereitschaft *steigt* aber auch, da die Kosten eines einzigen Videos unter mehreren Personen aufgeteilt werden.

Damit wird das Gewinnmaximierungsproblem des Produzenten nun

$$\max_y \; P(y)y - cy - F,$$

was man auch anschreiben kann als

$$\max_y \; k[p(ky) - t]y - cy - F,$$

oder

$$\max_y \; p(ky)ky - \left(\frac{c}{k} + t\right)ky - F.$$

Unter Berücksichtigung des Zusammenhangs von x, wie oft ein Video angeschaut wird, und y, der Anzahl der produzierten Videos, über $x = ky$ können wir das Maximierungsproblem auch als

$$\max_x \; p(x)x - \left(\frac{c}{k} + t\right)x - F$$

anschreiben. Beachte, dass dieses Problem mit jenem in (34.8) identisch ist, mit Ausnahme der Grenzkosten, die nun $[(c/k) + t]$ sind statt c.

Die enge Beziehung zwischen den beiden Aufgaben erlaubt uns die folgende Feststellung: *Durch den Verleih können die Gewinne größer werden als ohne Verleih, wenn und nur wenn*

$$\frac{c}{k} + t < c.$$

Umformung dieser Bedingung ergibt

$$\left(\frac{k}{k+1}\right)t < c.$$

Für große Werte von k ist der Bruch auf der linken Seite ungefähr 1. Die kritische Frage ist somit die Beziehung zwischen den Grenzkosten der Produktion, c, und den Transaktionskosten des Verleihs, t.

Wenn die Produktionskosten groß und die Verleihkosten gering sind, dann ist es für die Produzenten am gewinnbringendsten, wenn sie einige wenige Exemplare herstellen, diese zu einem hohen Preis an Verleihunternehmungen verkaufen und die Konsumenten sie ausborgen müssen. Wenn andererseits die Transaktionskosten des Verleihs höher sind als die Produktionskosten, ist es für die Produzenten günstiger, den Verleih verbieten zu lassen: Da Ausborgen für die Konsumenten unbequem ist, sind die Videoverleiher nicht bereit, viel für die „aufgeteilten" Videos zu zahlen, der Produzent ist daher durch Verkauf besser gestellt.

Informationstechnologie

Zusammenfassung

1. Da Informationstechnologie in Systemen funktioniert, sind die Kosten des Austauschs einer beliebigen Komponente für die Konsumentin hoch.
2. Im Gleichgewicht zahlt man für den Preisnachlass in der ersten Periode durch höhere Preise in zukünftigen Perioden.
3. Netzwerkexternalitäten entstehen, wenn die Zahlungsbereitschaft einer Person von der Zahl der Benutzer dieses Gutes abhängt.
4. Modelle mit Netzwerkexternalitäten weisen typischerweise mehrere Gleichgewichte auf. Das Endergebnis hängt häufig von der historischen Entwicklung der Branche ab.
5. Das Management von Geistigem Eigentum beinhaltet einen Trade-off zwischen einem höherem Nutzwert und damit höheren Preisen einerseits und geringeren Verkäufen andererseits..
6. Informationsgüter, wie Bücher oder Videos, werden ebenso häufig verliehen wie gekauft. Ob Verleih oder Verkauf gewinnbringender sind, hängt von einer Gegenüberstellung der Transaktionskosten und der Produktionskosten ab.

Wiederholungsfragen

1. Wie viel sollte eine Anbieterin von Ferngesprächen bereit sein, für die Gewinnung eines neuen Kunden auszugeben, wenn die Kosten des Wechsels zu ihr für den Kunden in der Größenordnung von € 50 liegen?
2. Erkläre, in welcher Weise die Nachfrage nach einem neuen Textverarbeitungspaket Netzwerkexternalitäten aufweisen könnte!
3. Angenommen die Grenzkosten der Produktion einer zusätzlichen Videokopie sind Null, ebenso sind die Transaktionskosten des Verleihs Null. Erzielt eine Produzentin durch Verkauf oder Verleih einen höheren Gewinn?

35. Kapitel
ÖFFENTLICHE GÜTER

Im 32. Kapitel argumentierten wir, dass es bei gewissen Arten externer Effekte nicht schwierig sei, die Ineffizienzen zu eliminieren. Im Fall eines externen Effekts im Konsum zum Beispiel, musste man lediglich sicher stellen, dass die ursprünglichen Eigentumsrechte klar festgelegt waren. Die Leute könnten dann das Recht zur Verursachung des externen Effekts in der üblichen Weise tauschen. Im Fall von externen Effekten in der Produktion, gab der Markt selbst Gewinnsignale, um über die Eigentumsrechte in der effizientesten Weise zu entscheiden. Im Fall des Allgemeinbesitzes würde die Zuteilung der Eigentumsrechte an irgendjemand die Ineffizienz ausschalten.

Leider können nicht alle externen Effekte auf diese Art behandelt werden. Sobald wir mehr als zwei ökonomische Akteure haben, wird die Sache sehr viel schwieriger. Nehmen wir zum Beispiel an, dass wir statt der zwei im 32. Kapitel untersuchten Zimmergenossinnen nun *drei* haben – eine Raucherin und zwei Nichtraucherinnen. Dann wäre Rauch für beide Nichtraucherinnen ein negativer externer Effekt.

Angenommen die Eigentumsrechte sind genau definiert – die Nichtraucherinnen haben zum Beispiel das Recht, saubere Luft zu verlangen. Genau wie vorher haben sie trotz des *Rechts* auf saubere Luft auch das Recht, etwas saubere Luft gegen entsprechende Entschädigung zu tauschen. Jetzt gibt es allerdings ein Problem – die Nichtraucherinnen müssen sich untereinander einigen, wie viel Rauch erlaubt und wie hoch die Entschädigung sein sollte.

Vielleicht ist eine der Nichtraucherinnen viel empfindlicher als die andere, oder eine von ihnen ist viel reicher. Sie mögen sehr unterschiedliche Präferenzen und Ressourcen haben, trotzdem müssen beide irgendeine Vereinbarung über eine effiziente „Allokation" des Rauchs erzielen.

Anstelle der Zimmergenossinnen können wir uns die Einwohnerinnen eines ganzen Landes vorstellen. Wie viel Verschmutzung sollte in diesem Land erlaubt sein? Wenn man meint, eine Vereinbarung zwischen lediglich drei Zimmergenossinnen sei schon schwierig zu erzielen, dann kann man sich vorstellen, wie das bei Millionen Menschen ist!

Der externe Effekt des Rauchens bei drei Leuten ist ein Beispiel für ein **öffentliches Gut** – ein Gut, das allen betroffenen Konsumentinnen im selben Ausmaß zur Verfügung gestellt werden muss. In diesem Fall ist die Menge des erzeugten Rauchs für alle Konsumentinnen gleich – jede Person wird sie vielleicht unterschiedlich bewerten, aber sie müssen alle dieselbe Menge konsumieren.

Viele öffentliche Güter werden durch den Staat zur Verfügung gestellt. Straßen und Gehsteige, zum Beispiel, werden von den Gemeinden verfügbar gemacht. Es gibt eine bestimmte Anzahl und Qualität an Straßen in einer Stadt, die jeder verwenden kann. Landesverteidigung ist ein anderes gutes Beispiel; es gibt ein Niveau der Landesverteidigung, das für alle Bewohnerinnen eines Landes bereitgestellt wird. Jede Bürgerin mag es unterschiedlich bewerten – manche möchten mehr, manche weniger – allen steht jedoch dieselbe Menge zur Verfügung.

Öffentliche Güter sind ein Beispiel einer speziellen Art eines externen Effekts im Konsum: Jede muss dieselbe Menge des Gutes konsumieren. Sie sind ein besonders lästiger externer Effekt, denn die dezentralisierten Marktlösungen, welche den Ökonominnen so gefallen, funktionieren bei der Allokation öffentlicher Güter nicht besonders gut. Die Menschen können nicht verschiedene Mengen an Landesverteidigung kaufen; irgendwie müssen sie über ein gemeinsames Ausmaß entscheiden.

Als Erstes untersuchen wir die Frage, wie groß die ideale Menge des öffentlichen Gutes sein sollte. Dann werden wir einige Möglichkeiten besprechen, die man zur gesellschaftlichen Entscheidungsfindung über öffentliche Güter verwenden könnte.

35.1 Wann soll ein öffentliches Gut zur Verfügung gestellt werden?

Wir beginnen mit einem einfachen Beispiel. Angenommen es gibt zwei Zimmergenossinnen, 1 und 2. Sie überlegen, ob sie ein Fernsehgerät kaufen sollen oder nicht. Bei der Größe ihrer Wohnung wird das Fernsehgerät notwendigerweise im Wohnzimmer aufgestellt und beide Zimmerkolleginnen werden es benützen können. Es wird daher eher ein öffentliches als ein privates Gut sein. Die Frage ist, lohnt es sich für beide, das Fernsehgerät zu erwerben?

Wir wollen w_1 und w_2 zur Bezeichnung des Anfangsvermögens jeder Person verwenden, g_1 und g_2 für den Beitrag jeder Person zum Fernsehgerät und x_1 und x_2 für das zum privaten Verbrauch verbleibende Geld jeder Person. Die Budgetbeschränkungen sind durch

$$x_1 + g_1 = w_1$$
$$x_2 + g_2 = w_2$$

gegeben. Wir nehmen weiters an, dass das Fernsehgerät c Euro kostet, sodass zum Kauf die Summe der beiden Beiträge zumindest c sein muss:

$$g_1 + g_2 \geq c.$$

Diese Gleichung fasst die verfügbare Technologie zusammen, um das öffentliche Gut bereitzustellen: Die Zimmergenossinnen können ein Fernsehgerät kaufen, wenn sie gemeinsam die Kosten c bezahlen.

Die Nutzenfunktion von Person 1 wird von ihrem privaten Konsum x_1 und der Verfügbarkeit des Fernsehgeräts – des öffentlichen Gutes – abhängen. Wir werden die Nutzenfunktion von Person 1 als $u_1(x_1, G)$ schreiben, wobei G entweder Null ist, wenn es kein Fernsehgerät gibt, oder eins, wenn ein Fernsehgerät vorhanden ist. Person 2 wird die Nutzenfunktion $u_2(x_2, G)$ haben. Der private Konsum jeder Person hat ein Subskript, um darauf hinzuweisen, dass das Gut entweder durch Person 1 oder Person 2 verbraucht wird, das öffentliche Gut hat jedoch kein Subskript. Es wird von beiden Personen „konsumiert". Natürlich wird es nicht wirklich konsumiert im Sinne von Verbrauch; es sind eher die *Dienstleistungen* des Fernsehgeräts, die durch die zwei Zimmergenossinnen konsumiert werden.

Die zwei Bewohnerinnen mögen die Dienstleistungen des Fernsehgeräts ganz unterschiedlich bewerten. Wir können den Wert, den jede Person auf Fernsehen legt, dadurch messen, dass wir fragen, wie viel jede Person dafür zu zahlen bereit wäre, ein Fernsehgerät zu haben. Dazu werden wir das Konzept des **Vorbehaltspreises** verwenden, das wir im 15. Kapitel einführten.

Der Vorbehaltspreis von Person 1 ist der maximale Betrag, den Person 1 zu zahlen bereit wäre, um das Fernsehgerät zu haben. Das heißt, es ist jener Preis r_1, bei dem Person 1 gerade indifferent ist zwischen der Zahlung von r_1 und der Verfügbarkeit des Fernsehgeräts einerseits und keinem Fernsehgerät andererseits. Wenn Person 1 den Vorbehaltspreis zahlt und den Fernseher bekommt, wird sie $w_1 - r_1$ zum privaten Konsum zur Verfügung haben. Wenn sie das Fernsehgerät nicht erhält, werden ihr für den privaten Konsum w_1 verbleiben. Wenn sie zwischen diesen beiden Alternativen gerade indifferent ist, muss gelten

$$u_1(w_1 - r_1, 1) = u_1(w_1, 0).$$

Diese Gleichung definiert den Vorbehaltspreis für Person 1 – den maximalen Betrag, den sie für den Fernseher zu zahlen bereit wäre. Eine ähnliche Gleichung definiert den Vorbehaltspreis für Person 2. Beachte, dass im allgemeinen der Vorbehaltspreis jeder Person von deren Vermögen abhängt: Der Maximalbetrag, den ein Individuum zahlen *will*, wird auch davon abhängen, wie viel dieses Individuum zahlen *kann*.

Wie erinnerlich ist eine Allokation Pareto-effizient, wenn es keine Möglichkeit gibt, zumindest eine Person besser zu stellen. Eine Allokation ist Pareto-*ineffizient*, wenn es irgendeine Möglichkeit *gibt*, zumindest eine Person besser zu stellen; in diesem Fall sagen wir, dass eine **Pareto-Verbesserung** möglich ist. Beim Fernsehproblem gibt es nur zwei Arten von Allokationen. Die eine ist die Allokation, bei der es kein Fernsehgerät gibt. Diese Allokation hat die einfache Form $(w_1, w_2, 0)$; das heißt, jede Person gibt ihr Vermögen nur für ihren privaten Konsum aus.

Die andere Allokation ist jene, bei der das öffentliche Gut zur Verfügung gestellt wird. Diese Allokation wird die Form $(x_1, x_2, 1)$ haben, bei der

$$x_1 = w_1 - g_1$$
$$x_2 = w_2 - g_2.$$

Diese beiden Gleichungen kommen aus einer Umformung der Budgetbeschränkungen. Sie besagen, dass der private Konsum jedes Individuums durch das Vermögen bestimmt wird, das ihm nach seinem Beitrag zum öffentlichen Gut noch verbleibt.

Unter welchen Bedingungen sollte das Fernsehgerät verfügbar sein? Das heißt, wann gibt es ein Zahlungsschema (g_1, g_2), bei dem zumindest eine Person mit einem Fernseher besser dran ist als ohne? In der Sprache der Ökonomie: Wann wird es eine Pareto-Verbesserung sein, ein Fernsehgerät zu haben?

Eine Pareto-Verbesserung wird immer dann durch die Allokation (x_1, x_2, G) gegeben sein, wenn zumindest eine Person mit Fernsehen besser gestellt ist als ohne. Das heißt
$$u_1(w_1, 0) < u_1(x_1, 1)$$
$$u_2(w_2, 0) < u_2(x_2, 1).$$

Wir verwenden nun die Definition der Vorbehaltspreise r_1 und r_2 sowie die Budgetbeschränkung und schreiben
$$u_1(w_1 - r_1, 1) = u_1(w_1, 0) < u_1(x_1, 1) = u_1(w_1 - g_1, 1)$$
$$u_2(w_2 - r_2, 1) = u_2(w_2, 0) < u_2(x_2, 1) = u_2(w_2 - g_2, 1).$$

Wenn wir die linken und rechten Seiten dieser Ungleichheit betrachten und beachten, dass mehr privater Konsum den Nutzen erhöhen muss, können wir schließen, dass
$$w_1 - r_1 < w_1 - g_1$$
$$w_2 - r_2 < w_2 - g_2,$$

was wiederum impliziert, dass
$$r_1 > g_1$$
$$r_2 > g_2.$$

Das ist eine Bedingung, die erfüllt sein muss, wenn eine Allokation (w_1, w_2, 0) Pareto-*in*effizient ist: Es muss gelten, dass der Beitrag, den jede Person zum Fernsehgerät leistet, nicht größer als ihre Zahlungsbereitschaft für das Fernsehgerät ist. Wenn eine Konsumentin das Gut für weniger als jenes Maximum erhalten kann, das sie zu zahlen bereit wäre, dann wäre der Kauf zu ihrem Vorteil. Die Bedingung, dass der Kostenanteil den Vorbehaltspreis nicht übersteigen darf, besagt daher einfach, dass sich eine Pareto-Verbesserung ergeben wird, wenn zumindest eine Mitbewohnerin die Dienstleistung des Fernsehgeräts für weniger als ihre maximale Zahlungsbereitschaft erwerben kann. Das ist offensichtlich eine *notwendige* Bedingung dafür, dass der Erwerb eines Fernsehers eine Pareto-Verbesserung darstellt.

Wenn die Zahlungsbereitschaft zumindest einer Mitbewohnerin ihren Kostenanteil übersteigt, dann muss die *Summe* der Zahlungsbereitschaften größer als die Kosten des Fernsehgeräts sein:

$$r_1 + r_2 > g_1 + g_2 = c. \tag{35.1}$$

Das ist eine *hinreichende* Bedingung dafür, dass die Bereitstellung eines Fernsehgeräts eine Pareto-Verbesserung ist. Wenn diese Bedingung erfüllt ist, dann wird es immer einen Zahlungsplan geben, sodass zumindest eine Person durch die Bereitstellung des öffentlichen Gutes besser dran ist. Wenn $r_1 + r_2 = c$, dann ist der Gesamtbetrag, den die Mitbewohnerinnen zu zahlen bereit sind, mindestens so groß wie die Kosten der Bereitstellung, sodass sie leicht einen Zahlungsplan (g_1, g_2) finden können, sodass $r_1 = g_1$, $r_2 = g_2$ und $g_1 + g_2 = c$. Diese Bedingung ist so einfach, dass man sich fragen könnte, warum wir durch alle Details seiner Herleitung gingen. Nun, es gibt dabei einige Feinheiten.

Erstens ist es wichtig festzuhalten, dass die Bedingung, unter der die Bereitstellung des öffentlichen Gutes eine Pareto-Verbesserung sein wird, nur von der Zahlungs*bereitschaft* jedes Akteurs und von den Gesamtkosten abhängt. Wenn die Summe der Vorbehaltspreise die Kosten des Fernsehers übersteigt, wird immer ein Zahlungsschema *existieren*, sodass zumindest eine Person mit dem öffentlichen Gut besser gestellt ist als ohne.

Zweitens, ob es Pareto-effizient ist oder nicht, das öffentliche Gut verfügbar zu machen, wird im Allgemeinen von der ursprünglichen Verteilung des Vermögens (w_1, w_2) abhängen. Das ist deswegen richtig, weil im Allgemeinen die Vorbehaltspreise r_1 und r_2 von der Vermögensverteilung abhängen. Es ist durchaus möglich, dass für eine bestimmte Vermögensverteilung $r_1 + r_2 > c$, für eine andere $r_1 + r_2 < c$.

Um zu verstehen, wieso es das gibt, stellen wir uns eine Situation vor, bei der eine Mitbewohnerin Fernsehen wirklich mag, die andere jedoch nahezu indifferent hinsichtlich des Erwerbs ist. Wenn dann die Fernsehsüchtige das gesamte Vermögen hätte, würde sie allein bereit sein, mehr als die Kosten des Fernsehgeräts zu zahlen. Die Verfügbarkeit eines Fernsehgeräts wäre daher eine Pareto-Verbesserung. Wenn jedoch die indifferente Mitbewohnerin das gesamte Vermögen besäße, dann hätte die Fernsehliebhaberin nicht viel Geld als Beitrag zum Fernsehgerät, und es wäre Pareto-effizient, das Fernsehgerät *nicht* zur Verfügung zu stellen.

Im Allgemeinen wird es daher von der Vermögensverteilung abhängen, ob ein öffentliches Gut verfügbar gemacht werden soll oder nicht. Aber in besonderen Fällen kann die Bereitstellung des öffentlichen Guts von der Vermögensverteilung unabhängig sein. Nehmen wir zum Beispiel an, dass die Präferenzen der beiden Zimmergenossinnen quasilinear sind. Das bedeutet, dass die Nutzenfunktionen die Form

$$u_1(x_1, G) = x_1 + v_1(G)$$
$$u_2(x_2, G) = x_2 + v_2(G)$$

haben, wobei G entweder 1 oder 0 sein wird, je nachdem ob das öffentliche Gut verfügbar ist oder nicht. Zur Vereinfachung unterstellen wir, dass $v_1(0) = v_2(0) = 0$. Das besagt, dass kein Fernsehen einen Nutzen von Null erbringt.[1]

In diesem Fall werden die Definitionen der Vorbehaltspreise zu

$$u_1(w_1 - r_1, 1) = w_1 - r_1 + v_1(1) = u_1(w_1, 0) = w_1$$
$$u_2(w_2 - r_2, 1) = w_2 - r_2 + v_2(1) = u_2(w_2, 0) = w_2,$$

---

[1] Vielleicht sollte man Fernsehen einen negativen Nutzen zuweisen!

was impliziert, dass die Vorbehaltspreise durch

$$r_1 = v_1(1)$$
$$r_2 = v_2(1)$$

gegeben sind. Die Vorbehaltspreise sind daher vom Vermögen unabhängig, also wird auch die optimale Bereitstellung des öffentlichen Gutes vom Vermögen unabhängig sein, zumindest in einem bestimmten Bereich der Vermögen.[2]

35.2 Private Bereitstellung des öffentlichen Gutes

Wir haben oben gesehen, dass der Kauf eines Fernsehgeräts für die zwei Zimmergenossen Pareto-effizient sein wird, wenn die Summe ihrer Zahlungsbereitschaften die Kosten der Bereitstellung des öffentlichen Gutes übersteigt. Das beantwortet die Frage hinsichtlich der effizienten Allokation des Gutes, aber es folgt nicht notwendigerweise, dass sie sich tatsächlich zum Erwerb des Fernsehers entschließen werden. Ob sie sich dafür entscheiden, das Fernsehgerät zu erstehen, hängt von der spezifischen Methode ab, die zur gemeinsamen Entscheidungsfindung eingesetzt wird.

Wenn die zwei Mitbewohner kooperieren und ihre Bewertung des Fernsehens ehrlich offen legen, dann sollte es für sie nicht schwer sein, sich zu einigen, ob sie das Fernsehgerät kaufen sollten oder nicht. Sie könnten aber unter gewissen Umständen keinen Anreiz haben, die Wahrheit über ihre Bewertung zu sagen.

Nehmen wir zum Beispiel an, dass jede Person das Fernsehen gleich schätzt und der Vorbehaltspreis jeder Person größer als die Kosten ist, sodass $r_1 > c$ und $r_2 > c$. Dann könnte Person 1 denken, dass trotz ihrer (falschen) Aussage, sie bewerte den Fernseher mit 0, die andere Person ihn ohnehin erwerben würde. Person 2 könnte jedoch die gleiche Überlegung anstellen! Man kann sich andere Situationen vorstellen, in denen sich beide weigern würden, etwas beizutragen, in der Hoffnung, dass die andere Person das Gerät allein kaufen würde.

In dieser Art der Situation sagen Ökonomen, dass die Leute versuchen, gegenseitig als **Trittbrettfahrer** zu handeln: Jede Person hofft, die andere wird das öffentliche Gut von sich aus anschaffen. Da jede Person den vollen Nutzen des Fernsehers hat, wenn er einmal gekauft ist, hat jede einen Anreiz zu versuchen, so wenig wie möglich zur Bereitstellung beizutragen.

35.3 Trittbrettfahren

Trittbrettfahren ist ähnlich, aber nicht identisch mit dem Gefangenendilemma, das wir im 28. Kapitel untersuchten. Um das zu erkennen, konstruieren wir ein Zahlenbeispiel für das obige Fernsehproblem. Angenommen jede Person hat ein

---

[2] Selbst das wird nur für einige Bereiche des Vermögens gelten, da wir immer verlangen müssen, dass $r_1 = w_1$ und $r_2 = w_2$ – das heißt, dass die Zahlungsbereitschaft nicht größer als die Zahlungsfähigkeit ist.

Vermögen von € 500 und bewertet das Fernsehen mit € 100, das Fernsehgerät kostet € 150. Da die Summe der Bewertungen die Kosten übersteigt, ist es Pareto-effizient den Fernseher zu kaufen.

Angenommen es gibt keine Möglichkeit, dass eine der Zimmergenossinnen die andere vom Fernsehen ausschließt; weiters entscheidet jede von ihnen unabhängig, ob sie den Fernseher kaufen wollen oder nicht. Sehen wir uns die Entscheidung einer der beiden, nennen wir sie Spielerin A, an. Wenn sie das Fernsehgerät kauft, hat sie einen Nutzen von € 100 und zahlt Kosten von € 150, sodass ihr ein (negativer) „Nettonutzen" von − 50 verbleibt. Wenn jedoch A den Fernseher kauft, dann kann B gratis Fernsehen, was B einen Nutzen von € 100 gibt. Die Auszahlungen dieses Spiels sind in Tabelle 35.1 dargestellt

		Spielerin A	
		Kaufen	Nicht kaufen
Spielerin B	Kaufen	−50, −50	−50, 100
	Nicht kaufen	100, −50	0, 0

Tabelle 35.1 **Auszahlungsmatrix bei Trittbrettfahren.**

Das Gleichgewicht bei dominanter Strategie dieses Spiels verlangt, dass keine Spielerin das Fernsehgerät kauft. Wenn Spielerin A sich für den Kauf entscheidet, dann ist Trittbrettfahren im Interesse der Spielerin B: Fernsehen, ohne einen Beitrag zu leisten. Wenn Spielerin A sich gegen den Kauf entscheidet, ist es im Interesse der Spielerin B, den Fernseher auch nicht zu kaufen. Das ist dem Gefangenendilemma ähnlich, es ist jedoch nicht genau dasselbe. Beim Gefangenendilemma besteht die Strategie, mit der die Spieler ihren Nutzen maximieren, darin, dass beide *dieselbe* Entscheidung treffen. Hier ist jedoch die Strategie – zur Maximierung der Summe der Nutzen – der Kauf des Geräts durch eine der Spielerinnen (und dann sehen beide fern).

Wenn Spielerin A das Fernsehgerät kauft und beide fernsehen, können wir eine Pareto-Verbesserung dadurch konstruieren, dass B an A eine „Nebenzahlung" leistet. Wenn z. B. B an A € 51 zahlt, dann sind beide durch den Kauf des Fernsehgeräts durch A besser gestellt. Allgemein betrachtet wird (in unserem Beispiel) jede Zahlung zwischen € 50 und € 100 zu einer Pareto-Verbesserung führen.

So etwas Ähnliches würde wahrscheinlich in der Praxis geschehen: Jede Spielerin würde einen Teil der Kosten des Fernsehgeräts übernehmen. Dieses Problem eines öffentlichen Gutes scheint eher leicht lösbar, aber eine Menge schwierigerer Probleme des Trittbrettfahrens können bei gemeinsamer Benützung von „öffentlichen" Haushaltsgütern entstehen. Wie ist das zum Beispiel mit der Reinigung des gemeinsamen Wohnzimmers? Jede wird wahrscheinlich ein aufgeräumtes Wohnzimmer bevorzugen und auch bereit sein, ihren Teil dazu beizutragen. Aber jede könnte auch versucht sein, auf Kosten der anderen Trittbrett zu fahren – sodass schließlich keine das Wohnzimmer aufräumt, mit dem üblichen schlampigen Ergebnis.

Die Situation wird noch schlimmer, wenn mehr als zwei Personen beteiligt sind – da es mehr Leute gibt, auf deren Kosten man Trittbrettfahren kann! Die anderen alles machen zu lassen, kann aus *individueller* Sicht optimal sein, es ist jedoch vom Standpunkt der Gesellschaft insgesamt nicht Pareto-effizient.

35.4 Verschiedene Niveaus des öffentlichen Guts

Im obigen Beispiel hatten wir eine Entweder-oder-Entscheidung: Entweder stelle ein Fernsehgerät zur Verfügung oder nicht. Dieselben Phänomene treten aber auch auf, wenn zu entscheiden ist, *wie viel* vom öffentlichen Gut bereitgestellt werden soll. Nehmen wir zum Beispiel an, die zwei Zimmergenossen haben zu entscheiden, wie viel Geld sie für einen Fernseher ausgeben sollen. Je mehr Geld sie ausgeben, ein umso besseres Gerät können sie erhalten.

Wie bisher bezeichnen wir mit x_1 und x_2 den privaten Konsum jeder Person und mit g_1 und g_2 ihre Beiträge zum Fernsehgerät. Mit G wird nun die „Qualität" des Fernsehers gemessen, den sie kaufen, wobei die Kostenfunktion der Qualität durch $c(G)$ gegeben ist. Wenn die zwei Zimmergenossen einen Fernseher der Qualität G kaufen wollen, müssen sie dafür $c(G)$ Euro ausgeben.

Die Zimmergenossen sehen sich der Beschränkung gegenüber, dass der Gesamtbetrag, den sie für ihren öffentlichen und privaten Konsum ausgeben, dem Geld entsprechen muss, das sie zur Verfügung haben:

$$x_1 + x_2 + c(G) = w_1 + w_2.$$

Eine Pareto-effiziente Allokation ist dann gegeben, wenn Konsument 1 für ein gegebenes Nutzenniveau von Konsument 2 so gut wie möglich gestellt ist. Wenn der Nutzen des Konsumenten 2 mit $\bar{u}_2$ fixiert wird, lautet dieses Problem

$$\text{maximiere } u_1(x_1, G)$$
$$x_1, x_2, G$$

unter den Nebenbedingungen $\quad u_2(x_2, G) = \bar{u}_2$

$$x_1 + x_2 + c(G) = w_1 + w_2.$$

Es stellt sich heraus, dass die entsprechende Optimalitätsbedingung für dieses Problem durch die Gleichheit der *Summe* der Absolutwerte der Grenzraten der Substitution zwischen dem privaten und dem öffentlichen Gut einerseits mit den Grenzkosten einer zusätzlichen Einheit des öffentlichen Gutes andererseits gegeben ist:

$$|MRS_1| + |MRS_2| = MC(G)$$

oder explizit mittels der Definition der Grenzrate der Substitution ausgedrückt

$$\left|\frac{\Delta x_1}{\Delta G}\right| + \left|\frac{\Delta x_2}{\Delta G}\right| = \frac{MU_G}{MU_{x_1}} + \frac{MU_G}{MU_{x_2}} = MC(G).$$

Um zu erkennen, warum das die korrekte Effizienzbedingung sein muss, wollen wir den üblichen Trick anwenden und überlegen, was sich bei einer Verletzung dieser Bedingung ergäbe. Nehmen wir einmal an, dass die Summe der Grenzraten der Substitution kleiner wäre als die Grenzkosten; zum Beispiel $MC = 1$, $|MRS_1| = 1/4$ und $|MRS_2| = 1/2$. Wir müssen zeigen, dass es eine Möglichkeit gibt, zumindest eine Person besser zu stellen.

Aufgrund ihrer Grenzrate der Substitution wissen wir, dass Person 1 bereit wäre, 1/4 eines Euro zusätzlich vom privaten Gut für den Verlust von € 1 des öffentlichen Gutes zu akzeptieren (da beide Güter € 1 je Einheit kosten). Ebenso würde die 2. Person 1/2 Euro zusätzlich vom privaten Gut für den Verlust von € 1 des öffentlichen Gutes akzeptieren. Angenommen wir verringern die Menge des öffentlichen Gutes und bieten beiden Individuen Entschädigung an. Wenn wir das öffentliche Gut um eine Einheit reduzieren, ersparen wir einen Euro. Nachdem wir an jedes Individuum den von ihm verlangten Betrag (3/4 = 1/4 + 1/2) für seine Zustimmung zu dieser Änderung bezahlt haben, bleibt uns noch 1/4 eines Euro übrig. Das verbleibende Geld könnten sich die beiden Individuen teilen, wodurch beide besser gestellt wären.

Wenn die Summe der Grenzraten der Substitution größer als 1 wäre, könnte man analog dazu die Menge des öffentlichen Gutes erhöhen, um zumindest einen besser zu stellen. Wenn zum Beispiel die $|MRS_1| = 2/3$ und die $|MRS_2| = 1/2$, bedeutet das, dass Person 1 bereit wäre, 2/3 eines Euro an privatem Konsum aufzugeben, um 1 zusätzliche Einheit des öffentlichen Gutes zu erhalten, Person 2 würde 1/2 Euro an privatem Konsum für 1 zusätzliche Einheit des öffentlichen Gutes aufgeben. Wenn jedoch Person 1 ihre 2/3 Einheiten und Person 2 ihre 1/2 Einheit aufgäbe, hätten wir mehr als genug, um die zusätzliche Einheit des öffentlichen Gutes zu produzieren, da die Grenzkosten der Herstellung des öffentlichen Gutes nur € 1 sind. Wir könnten daher den Restbetrag an die zwei Personen zurückgeben, wodurch beide besser gestellt sind.

Was bedeutet die Pareto-Effizienz-Bedingung? Eine Möglichkeit der Interpretation ist, sich die Grenzrate der Substitution als die *marginale* Zahlungsbereitschaft für eine zusätzliche Einheit des öffentlichen Gutes vorzustellen. Dann besagt die Effizienzbedingung einfach, dass die *Summe* der marginalen Zahlungsbereitschaften den Grenzkosten der Bereitstellung einer zusätzlichen Einheit des öffentlichen Gutes gleich sein muss.

Im Fall eines unteilbaren Gutes, das entweder bereitgestellt wurde oder nicht, sagten wir, dass zur Effizienz erforderlich war, dass die Summe der Zahlungsbereitschaften zumindest so groß sein sollte wie die Kosten. Im hier betrachteten Fall, in dem das öffentliche Gut in verschiedenem Ausmaß bereitgestellt werden kann, lautet die Effizienzbedingung, dass die Summe der *marginalen* Zahlungsbereitschaften den *Grenz*kosten der optimalen Menge des öffentlichen Gutes *gleich* sein sollte. Denn wenn die Summe der marginalen Zahlungsbereitschaften für das öffentliche Gut die Grenzkosten übersteigt, ist es sinnvoll, mehr vom öffentlichen Gut bereitzustellen.

Es lohnt, diese Effizienzbedingung für ein öffentliches Gut mit jener zu vergleichen, die wir für ein privates Gut hergeleitet haben. Für ein privates Gut muss die Grenzrate der Substitution jeder Person, oder die marginale Zahlungsbereitschaft, gleich den Grenzkosten sein; für ein öffentliches Gut muss die *Summe* der Grenzraten der Substitution gleich den Grenzkosten sein. Im Fall des privaten Gutes kann jede Person eine unterschiedliche Menge vom privaten Gut konsumieren, die marginale Bewertung muss aber durch alle gleich sein – ansonsten würden sie tauschen wollen. Im Fall eines öffentlichen Gutes muss jede Person dieselbe Menge konsumieren, marginal kann die Bewertung durch die einzelnen Personen jedoch ganz unterschiedlich sein.

Wir können die Effizienzbedingung für ein öffentliches Gut in Abbildung 35.1 illustrieren. Dort zeichnen wir einfach die MRS-Kurve jeder Person und addieren sie vertikal, um die Summe der MRS-Kurven zu erhalten. Die effiziente Allokation des öffentlichen Gutes ist dort gegeben, wo die Summe der MRS-Kurven gleich den Grenzkosten ist, wie in Abbildung 35.1 dargestellt.

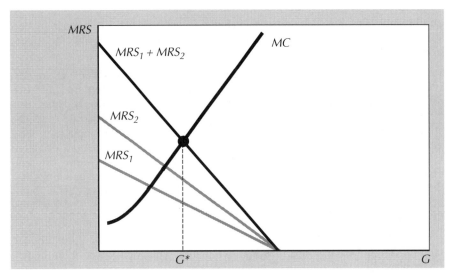

Abbildung 35.1 Bestimmung der effizienten Menge eines öffentlichen Gutes. Die Summe der Grenzraten der Substitution muss gleich den Grenzkosten sein.

35.5 Quasilineare Präferenzen und öffentliche Güter

Im Allgemeinen wird die optimale Menge des öffentlichen Gutes für verschiedene Allokationen des privaten Gutes unterschiedlich sein. Wenn jedoch die Konsumentinnen quasilineare Präferenzen haben, stellt sich heraus, dass es eine einzige Menge des öffentlichen Gutes gibt, die bei jeder effizienten Allokation bereitgestellt wird. Der einfachste Weg, das zu erkennen, ist, sich die Nutzenfunktion für quasilineare Präferenzen zu vergegenwärtigen.

Wie wir im 4. Kapitel sahen, haben quasilineare Präferenzen eine Nutzenfunktion der Form $u_i(x_i, G) = x_i + v_i(G)$. Das bedeutet, dass der Grenznutzen des privaten Gutes immer 1 ist und die Grenzrate der Substitution zwischen dem privaten und öffentlichen Gut – das Verhältnis der Grenznutzen – daher nur von G abhängt. Im Einzelnen:

Öffentliche Güter

$$|MRS_1| = \frac{\Delta u_1(x_1, G)/\Delta G}{\Delta u_1/\Delta x_1} = \frac{\Delta v_1(G)}{\Delta G}$$

$$|MRS_2| = \frac{\Delta u_2(x_2, G)/\Delta G}{\Delta u_2/\Delta x_2} = \frac{\Delta v_2(G)}{\Delta G}.$$

Wir wissen bereits, dass ein Pareto-effizientes Niveau des öffentlichen Gutes die Bedingung

$$|MRS_1| + |MRS_2| = MC(G)$$

erfüllen muss. Bei Verwendung der besonderen Form der MRS im Fall quasilinearer Präferenzen können wir diese Bedingung als

$$\frac{\Delta v_1(G)}{\Delta G} + \frac{\Delta v_2(G)}{\Delta G} = MC(G)$$

anschreiben. Beachte, dass diese Gleichung G ohne Bezug auf x_1 oder x_2 bestimmt. Es gibt daher ein einziges effizientes Niveau der Bereitstellung des öffentlichen Gutes.

Eine andere Möglichkeit, das zu erkennen, besteht darin, sich den Verlauf der Indifferenzkurven vorzustellen. Im Fall quasilinearer Präferenzen sind alle Indifferenzkurven einfach verschobene Versionen von sich selbst. Das bedeutet insbesondere, dass sich die Steigung der Indifferenzkurven – die Grenzrate der Substitution – nicht ändert, wenn wir die Menge des privaten Gutes verändern. Angenommen wir finden eine effiziente Allokation des öffentlichen und privaten Gutes, bei welcher die Summe der MRS gleich den $MC(G)$ ist. Wenn wir nun einer Person eine bestimmte Menge des privaten Gutes wegnehmen und einer anderen Person geben, werden die Steigungen beider Indifferenzkurven gleich bleiben, daher ist die Summe der MRS noch immer gleich den $MC(G)$, und wir haben wieder eine Pareto-effiziente Allokation.

Im Fall quasilinearer Präferenzen findet man Pareto-effiziente Allokationen einfach durch Umverteilung des privaten Gutes. Die Menge des öffentlichen Gutes bleibt konstant auf dem effizienten Niveau.

BEISPIEL: Noch einmal zur Verschmutzung

Vergegenwärtigen wir uns das im 32. Kapitel beschriebene Modell der Stahlunternehmung und der Fischereiunternehmung. Wir argumentierten dort, dass die effiziente Verschmutzungsmenge jene war, welche die von der Stahlunternehmung und der Fischereiunternehmung getragenen Kosten internalisierte. Angenommen es gibt nun zwei Fischereiunternehmungen und die durch die Stahlunternehmung verursachte Verschmutzung ist ein öffentliches Gut (oder vielleicht besser ein öffentliches „Schlecht"!).

Dann wird es bei der effizienten Verschmutzung um die Maximierung der Summe der Gewinne aller drei Unternehmen gehen – das heißt, Minimierung der gesamten sozialen Kosten der Verschmutzung. Formal seien $c_s(s, x)$ die Produktionskosten des Stahlunternehmens für s Stahl- und x Verschmutzungseinheiten; für die Kosten des Unternehmens 1, die Menge f_1 an Fischen bei einem Verschmutzungsniveau von x zu fangen, schreiben wir $c_f^1(f_1, x)$ und $c_f^2(f_2, x)$ als den analogen Ausdruck für Unternehmen 2. Um die Pareto-effiziente Verschmutzung zu berechnen, maximieren wir die Summe der Gewinne der drei Unternehmen:

$$\max_{s,f_1,f_2,x} p_s s + p_f f_1 + p_f f_2 - c_s(s,x) - c_f^1(f_1,x) - c_f^2(f_2,x).$$

Für unsere Überlegungen ist die Wirkung einer erhöhten Verschmutzung auf den aggregierten Gewinn interessant. Erhöhung der Verschmutzung senkt die Kosten der Stahlerzeugung, steigert jedoch die Kosten des Fischfangs für jedes Fischereiunternehmen. Die entsprechende Optimalitätsbedingung aus dem Gewinnmaximierungsproblem ist

$$\frac{\Delta c_s(\hat{s},\hat{x})}{\Delta x} + \frac{\Delta c_f^1(\hat{f}_1,\hat{x})}{\Delta x} + \frac{\Delta c_f^2(\hat{f}_2,\hat{x})}{\Delta x} = 0,$$

was einfach besagt, dass die *Summe* der Grenzkosten der Verschmutzung über alle drei Unternehmen gleich Null sein sollte. Genau wie im Fall eines öffentlichen Konsumgutes ist die *Summe* der Grenznutzen oder -kosten über die ökonomischen Akteure für die Bestimmung der Pareto-effizienten Bereitstellung eines öffentlichen Gutes relevant.

35.6 Das Problem des Trittbrettfahrens

Da wir nun wissen, wie die Pareto-effizienten Allokationen öffentlicher Güter aussehen, können wir unsere Aufmerksamkeit der Frage zuwenden, wie wir sie erreichen. Im Fall privater Güter ohne externe Effekte sahen wir, dass der Marktmechanismus zu einer effizienten Allokation führt. Wird der Markt im Fall öffentlicher Güter funktionieren?

Stellen wir uns vor, dass jede Person eine Ausstattung mit einem privaten Gut, w_i, hat. Jede Person kann einen Teil dieses privaten Gutes für ihren eigenen privaten Konsum ausgeben, oder sie kann etwas davon zur Bereitstellung des öffentlichen Gutes beitragen. Wir wollen x_1 für den privaten Konsum von Person 1 und g_1 für die Menge des öffentlichen Gutes schreiben, die sie kauft, mit ähnlicher Notation für Person 2. Nehmen wir der Einfachheit halber an, dass $c(G) \equiv G$, was impliziert, dass die Grenzkosten einer Einheit des öffentlichen Gutes konstant 1 sind. Die zur Verfügung gestellte Gesamtmenge des öffentlichen Gutes wird $G = g_1 + g_2$ sein. Da jede Person von der *gesamten* zur Verfügung gestellten Menge des öffentlichen Gutes betroffen ist, wird die Nutzenfunktion der Person i die Form $u_i(x_i, g_1 + g_2) = u_i(x_i, G)$ haben.

Damit Person 1 entscheiden kann, wie viel sie zum öffentlichen Gut beitragen soll, muss sie irgendeine Prognose darüber haben, wie viel Person 2 beitragen wird. Es ist am einfachsten, das im 28. Kapitel beschriebene Nash-Gleichgewichtsmodell einzuführen und anzunehmen, dass Person 2 einen Beitrag von $\bar{g}_2$ leisten wird. Wir nehmen an, dass Person 2 auch den Beitrag von Person 1 abschätzt, und suchen ein Gleichgewicht, bei dem jede Person einen optimalen Beitrag leistet, gegeben das Verhalten der anderen Person.

Das Maximierungsproblem von Person 1 hat die Form

$$\max_{x_1,g_1} u_1(x_1, g_1 + \overline{g}_2)$$

unter der Nebenbedingung $x_1 + g_1 = w_1$.

Das ist wie ein gewöhnliches Maximierungsproblem eines Konsumenten. Daher ist die Optimalbedingung dieselbe: Wenn beide Personen beide Güter kaufen, sollte die Grenzrate der Substitution zwischen dem öffentlichen und dem privaten Gut für jeden Konsumenten 1 sein:

$$|MRS_1| = 1$$
$$|MRS_2| = 1.$$

Wir müssen jedoch vorsichtig sein. Es ist richtig, dass dann, wenn Person 2 überhaupt etwas vom öffentlichen Gut kauft, sie so viel davon kaufen wird, bis die Grenzrate der Substitution eins sein wird. Aber es könnte leicht geschehen, dass Person 2 entscheidet, der von Person 1 bereits geleistete Betrag genügt, und für sie ist es daher unnötig, überhaupt etwas zum öffentlichen Gut beizutragen.

Formal nehmen wir an, dass die Individuen nur positive Beiträge zum öffentlichen Gut machen können – sie können Geld auf einen Sammelteller dazulegen, sie können jedoch kein Geld wegnehmen. Es gibt daher eine zusätzliche Beschränkung für die Beiträge jeder Person, nämlich $g_1 = 0$ und $g_2 = 0$. Jede Person kann nur entscheiden, ob sie die Menge des öffentlichen Gutes *erhöhen* will oder nicht. Dann könnte es aber auch sein, dass eine Person entscheidet, dass die durch den anderen bereitgestellte Menge gerade richtig ist, und sie es bevorzugen würde, überhaupt keinen Beitrag zu leisten.

So ein Fall ist in Abbildung 35.2 dargestellt. Wir haben den privaten Konsum jeder Person auf der horizontalen Achse und ihren öffentlichen Konsum auf der vertikalen Achse aufgetragen. Die „Ausstattung" jeder Person besteht aus ihrem Vermögen, w_i, und der Höhe des Beitrags zum öffentlichen Gut durch die *andere* Person – denn so viel wird vom öffentlichen Gut verfügbar sein, wenn die fragliche Person entscheidet, nichts beizutragen. Abbildung 35.2A zeigt einen Fall, in dem Person 1 als einzige zum öffentlichen Gut beiträgt, sodass $g_1 = G$. Wenn Person 1 G Einheiten zum öffentlichen Gut beiträgt, dann wird Person 2's Ausstattung aus ihrem privaten Vermögen w_2 und der Menge des öffentlichen Gutes G bestehen – da Person 2 das öffentliche Gut konsumieren kann, ob sie dazu beiträgt oder nicht. Da Person 2 die Menge des öffentlichen Gutes nicht reduzieren, sondern nur erhöhen kann, ist ihre Budgetbeschränkung die dick ausgezogene Gerade in Abbildung 35.2B. Bei der gegebenen Form der Indifferenzkurve von Person 2 ist es für sie optimal, zu Lasten des Beitrags von Person 1 Trittbrett zu fahren, und einfach ihre Ausstattung zu konsumieren.

Das ist ein Beispiel, bei dem Person 2 zu Lasten Person 1's Beitrag zum öffentlichen Gut Trittbrett fährt. Da ein öffentliches Gut von jedem in derselben Menge konsumiert werden muss, wird die Bereitstellung eines öffentlichen Gutes durch eine Person dazu führen, dass die Beiträge der anderen Leute eher verringert werden. In einem freiwilligen Gleichgewicht wird daher im Allgemeinen vom öffentlichen Gut im Verhältnis zu einer effizienten Bereitstellung zu wenig angeboten.

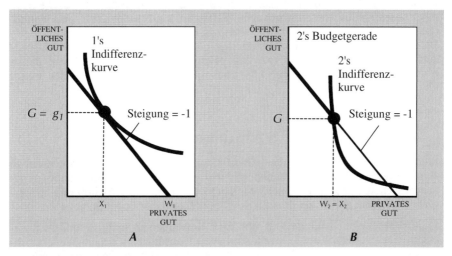

Abbildung 35.2 Das Problem des Trittbrettfahrens. Person 1 leistet einen Beitrag, während Person 2 Trittbrett fährt.

35.7 Vergleich zu privaten Gütern

Bei unserer Analyse der privaten Güter konnten wir zeigen, dass eine besondere gesellschaftliche Institution – der Konkurrenzmarkt – in der Lage ist, eine Pareto-effiziente Allokation privater Güter herbeizuführen. Die Entscheidung jeder Konsumentin für sich, wie viel sie von den verschiedenen Gütern kauft, würde zu einer Konsumstruktur führen, die Pareto-effizient wäre. Eine Hauptannahme dieser Analyse war, dass der Konsum eines Individuums den Nutzen anderer Leute nicht berühren würde – das heißt, dass es keine externen Effekte im Konsum geben würde. Es genügte daher, dass jede Person hinsichtlich ihres eigenen Konsums optimierte, um eine Art gesellschaftliches Optimum zu erzielen.

Bei öffentlichen Gütern ist die Situation grundlegend verschieden. In diesem Fall hängen die Nutzen der Individuen unerbittlich zusammen, da alle dieselbe Menge des öffentlichen Gutes konsumieren müssen. In diesem Fall wäre es sehr unwahrscheinlich, dass der Markt *öffentliche* Güter in Pareto-effizientem Umfang bereitstellte.

Tatsächlich benützt man meistens *verschiedene* gesellschaftliche Institutionen, um die Bereitstellung öffentlicher Güter zu bestimmen. Manchmal verwendet man **Befehlsstrukturen**, bei denen eine Person oder eine kleine Gruppe von Personen die Mengen der verschiedenen öffentlichen Güter bestimmt, welche durch die Bevölkerung zur Verfügung gestellt werden. Oder man verwendet ein

Abstimmungssystem, bei dem die Individuen über die Bereitstellung öffentlicher Güter abstimmen. Man kann nun hinsichtlich Abstimmungen oder anderer gesellschaftlicher Mechanismen zur Entscheidungsfindung sehr wohl die gleiche Art Fragen stellen wie zum privaten Markt: Sind sie in der Lage, eine Pareto-effiziente Allokation öffentlicher Güter zu erzielen? Kann irgendeine Pareto-effiziente Allokation öffentlicher Güter durch solche Mechanismen erreicht werden? Eine vollständige Analyse dieser Fragen übersteigt den Rahmen dieses Buches, wir werden jedoch die Funktionsweise einiger dieser Methoden weiter unten kurz beleuchten.

35.8 Abstimmungen

Private Bereitstellung öffentlicher Güter klappt nicht sehr gut, aber es gibt einige andere gesellschaftliche Mechanismen für soziale Entscheidungsprobleme; in demokratischen Ländern ist einer der gebräuchlichsten die **Abstimmung**. Untersuchen wir, wie gut sie bei der Bereitstellung öffentlicher Güter funktioniert.

Abstimmungen sind im Fall von zwei Konsumenten nicht besonders interessant, also werden wir annehmen, dass wir n Konsumenten haben. Weiters nehmen wir zur Ausschaltung von unentschiedenen Ergebnissen an, dass n eine ungerade Zahl ist. Stellen wir uns vor, dass die Konsumenten über das Ausmaß eines öffentlichen Gutes abstimmen – zum Beispiel die Höhe der Ausgaben für Landesverteidigung. Jeder Konsument hat ein bevorzugtes Ausgabenniveau und seine Bewertung anderer Ausgabenniveaus hängt davon ab, wie nahe sie bei seinem bevorzugten Ausgabenniveau liegen.

Das erste Problem bei einer Abstimmung zur Bestimmung gesellschaftlicher Ergebnisse wurde bereits im 31. Kapitel untersucht. Angenommen wir haben drei Ausgabenniveaus A, B und C. Es ist durchaus möglich, dass eine Mehrheit der Konsumenten A gegenüber B bevorzugt, eine Mehrheit B gegenüber C bevorzugt ... und eine Mehrheit C gegenüber A bevorzugt!

In der Terminologie des 31. Kapitels sind die gesellschaftlichen Präferenzen dieser Konsumenten nicht transitiv. Das bedeutet, dass das Ergebnis der Abstimmung über das Niveau des öffentlichen Gutes nicht ausreichend definiert ist – es gibt immer ein Ausgabenniveau, das jeder anderen Ausgabe überlegen ist. Wenn eine Gesellschaft über ein Problem öfters abstimmen darf, bedeutet das, dass sie möglicherweise um verschiedene Entscheidungen „kreist". Oder wenn die Gesellschaft über ein Problem nur einmal abstimmt, hängt das Ergebnis von der Reihenfolge ab, in die Alternativen vorgelegt werden.

Wenn man zuerst über A gegen B und dann über A gegen C abstimmt, wird C das Ergebnis sein. Wenn man jedoch über C gegen A und dann über C gegen B abstimmt, wird B das Ergebnis sein. Durch Wahl der Reihenfolge kann man jedes der drei Ergebnisse erhalten!

Das oben beschriebene „Wahlparadoxon" ist störend. Daher sollten wir fragen, welche Einschränkungen hinsichtlich der Präferenzen ermöglichen, das

Öffentliche Güter

Paradoxon auszuschließen; das heißt, welche Form müssen die Präferenzen haben um sicher zu stellen, dass die oben beschriebene Art der Zyklen nicht entstehen kann?

Wir wollen die Präferenzen des Konsumenten i durch eine Kurve wie in Abbildung 35.3 darstellen, in der die Höhe der Kurve den Wert oder Nettonutzen verschiedener Ausgabenniveaus für das öffentliche Gut illustriert. Der Begriff „Nettonutzen" ist passend, weil jede Person sowohl das Niveau des öffentlichen Gutes als auch den Betrag berücksichtigt, den sie dazu beisteuern muss. Höhere Ausgabenniveaus bedeuten mehr öffentliche Güter, aber auch höhere Steuern, um diese öffentlichen Güter zu finanzieren. Es ist daher sinnvoll anzunehmen, dass der Nettonutzen der Ausgaben für das öffentliche Gut zuerst wegen der Vorteile des öffentlichen Gutes steigt, dann jedoch schließlich wegen der Kosten der Bereitstellung fällt.

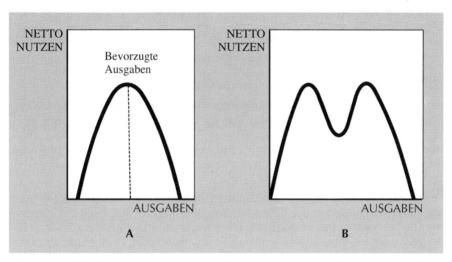

Abbildung 35.3 Formen der Präferenzen. Präferenzen mit einem Gipfel werden in Feld A, Präferenzen mit mehreren Gipfeln in Feld B gezeigt.

Eine Art der Beschränkung auf die Präferenzen ist, dass sie **eingipfelig** sein sollten. Das bedeutet, dass Präferenzen eher die in Abbildung 35.3A gezeigte Form haben müssen als jene der Abbildung 35.3B. Mit eingipfeligen Präferenzen steigt der Nettonutzen verschiedener Ausgabenniveaus bis zum bevorzugten Punkt und fällt dann, wie in Abbildung 35.3A; er wird nie steigen, fallen und dann, wie in Abbildung 35.3B, wieder steigen.

Wenn jedes Individuum eingipfelige Präferenzen hat, dann kann man zeigen, dass die durch Mehrheitsabstimmung bekundeten gesellschaftlichen Präferenzen niemals die oben beschriebene Art der Intransitivität aufweisen werden. Akzeptieren wir einmal dieses Resultat und fragen, welches Ausgabenniveau denn gewählt wird, wenn jedermann eingipfelige Präferenzen hat. Es stellt sich heraus, dass die Antwort die **Medianausgaben** sind – jene Ausgaben, bei denen die eine

Hälfte der Bevölkerung mehr, die andere Hälfte weniger ausgeben will. Das Ergebnis ist intuitiv einsichtig: Wenn über die Hälfte der Wähler mehr für das öffentliche Gut ausgeben wollte, würde sie für höhere Ausgaben stimmen, daher ist das einzig mögliche gleichgewichtige Abstimmungsergebnis dort, wo die Stimmen für Erhöhung und Senkung der Ausgaben für das öffentliche Gut gerade ausgeglichen sind.

Wird das ein effizientes Niveau des öffentlichen Gutes sein? Die Antwort ist im Allgemeinen nein. Das Medianergebnis bedeutet einfach, dass die eine Hälfte der Bevölkerung mehr, die andere Hälfte weniger will; es sagt nichts darüber aus, *wie viel mehr oder weniger* sie vom öffentlichen Gut wollen. Da Effizienz diese Information berücksichtigt, werden Abstimmungen im Allgemeinen zu keinem effizienten Ergebnis führen.

Weiters könnten sich die Individuen, trotz eingipfeliger Präferenzen und somit einem vernünftigen Ergebnis durch Abstimmung, dazu entschließen, ihre wahren Präferenzen bei der Abstimmung zu verschleiern. Im Allgemeinen wird für die Menschen ein Anreiz bestehen, anders als ihren wahren Präferenzen entsprechend abzustimmen, um das Endergebnis zu verfälschen.

BEISPIEL: Manipulation der Tagesordnung

Wir haben gesehen, dass das Ergebnis einer Reihe von Abstimmungen von der Reihenfolge abhängen kann, in der abgestimmt wird. Erfahrene Politiker sind sich dieser Möglichkeit sehr wohl bewusst. Im amerikanischen Kongress muss über Änderungsanträge zu einem Gesetz vor dem Gesetz selbst abgestimmt werden, und das bietet eine allgemein genutzte Möglichkeit, den gesetzgeberischen Prozess zu beeinflussen.

Im Jahre 1956 behandelte das Repräsentantenhaus eine Gesetzesvorlage über Bundessubventionen für den Schulbau. Ein Abgeordneter schlug eine Änderung vor, die verlangte, dass Bundessubventionen nur an Staaten mit (rassisch) integrierten Schulen gewährt würden. Es gab drei mehr oder weniger gleich große Gruppen von Abgeordneten, die ziemlich ausgeprägte Ansichten in dieser Frage hatten.

- Republikaner. Sie waren gegen Bundessubventionen für Bildung, gaben jedoch der abgeänderten Vorlage den Vorzug. Ihre Reihung war kein Gesetz, geändertes Gesetz, ursprüngliches Gesetz.

- Norddemokraten. Sie wollten Bundessubventionen für Bildung, ihre Reihung der Alternativen war geändertes Gesetz, ursprüngliches Gesetz, kein Gesetz.

- Süddemokraten. Diese Gruppe wollte Bundessubventionen für Bildung, aber sie würden unter dem geänderten Gesetz wegen der Schulsegregation keine Subventionen erhalten. Ihre Reihung war ursprüngliches Gesetz, kein Gesetz, geändertes Gesetz.

Bei der Abstimmung über den Abänderungsantrag waren die Republikaner und die Norddemokraten in der Mehrheit, womit die geänderte Vorlage die ursprüngliche ersetzte. In der Abstimmung über die geänderte Vorlage erreichten die Republikaner und die Süddemokraten die Mehrheit, die geänderte Vorlage wurde abgelehnt. Vor der Abänderung hatte jedoch die ursprüngliche Vorlage eine Mehrheit!

35.9 Offenlegung der Nachfrage

Wir haben oben gesehen, dass Mehrheitsabstimmung, selbst wenn sie zu einem klaren Ergebnis führt, für die Menschen nicht notwendigerweise die richtigen Anreize bieten wird, ihre wahren Präferenzen ehrlich offen zu legen. Im allgemeinen werden Anreize dazu bestehen, Präferenzen falsch darzustellen, um das Abstimmungsergebnis zu beeinflussen.

Diese Feststellung führt zum Problem, welche anderen Methoden es gäbe, die sicherstellten, dass die Individuen die geeigneten Anreize hätten, um ihre wahren Präferenzen über ein öffentliches Gut zu bekunden. Gibt es irgendwelche Verfahren, welche die richtigen Anreize bieten, über den Wert eines öffentlichen Gutes die Wahrheit zu sagen?

Es zeigt sich, dass es eine Möglichkeit gibt sicherzustellen, dass die Menschen ihre wahre Wertschätzung eines öffentlichen Gutes unter Zuhilfenahme einer Art Markt- oder „Versteigerungsprozess" offen legen. Leider erfordert diese Methode auch eine besondere Beschränkung auf die Präferenzen, nämlich dass sie quasilinear sind. Wie wir früher gesehen haben, implizieren quasilineare Präferenzen, dass es nur ein optimales Niveau des öffentlichen Gutes gibt, das Problem besteht darin, es aufzufinden. Um die Analyse einfach zu halten, werden wir nur den Fall betrachten, in dem ein einziges Niveau des öffentlichen Gutes bereitzustellen wäre; die Frage ist dann, ob es bereitgestellt werden soll oder nicht.

Wir können uns eine Gruppe von Nachbarinnen vorstellen, welche die Errichtung einer Straßenbeleuchtung erwägen. Die Kosten der Beleuchtung sind bekannt; angenommen es seien € 100. Jede Person i hat eine bestimmte Wertschätzung für die Straßenbeleuchtung, die wir mit v_i bezeichnen. Aus unserer Analyse des Problems öffentlicher Güter wissen wir, dass es effizient ist, die Straßenbeleuchtung einzurichten, wenn die *Summe* der Bewertungen größer als die oder gleich den Kosten ist:

$$\sum_{i=1}^{n} v_i \geq € 100$$

Eine Möglichkeit der Entscheidung, ob die Straßenbeleuchtung errichtet werden soll oder nicht, besteht darin, jede Person zu fragen, wie viel ihr die Beleuchtung wert ist, mit dem Einverständnis, dass im Fall der Errichtung der Straßenbeleuchtung der Kostenanteil der angegebenen Bewertung proportional sein wird. Die Schwierigkeit mit diesem Mechanismus ist, dass die Leute einen Anreiz zum Trittbrettfahren haben: Wenn jeder glaubt, die anderen werden genug zur Bereitstellung der Straßenbeleuchtung zahlen wollen, warum sollte er beitragen? Es kann leicht geschehen, dass die Straßenbeleuchtung nicht errichtet wird, obwohl ihre Installation effizient wäre.

Das Problem dieses Mechanismus ist, dass die Erklärung, wie hoch eine Person das Gut bewertet, den Beitrag beeinflusst, den sie zahlen muss; daher besteht ein natürlicher Anreiz, die wahre Bewertung zu verschleiern. Versuchen wir eine Methode zu entwickeln, welche diesen Fehler nicht hat. Angenommen wir entscheiden von vornherein, dass bei einem allfälligen Bau der Straßenbeleuchtung jeder einen vorherbestimmten Betrag c_i zu seiner Herstellung leisten muss. Dann wird jede Person ihre Bewertung angeben und wir werden sehen, ob die Summe der Bewertungen die Kosten übersteigt. Es ist zweckmäßig, den Begriff Nettowert, n_i, als die Differenz zwischen Person i's Bewertung, v_i, und ihren Kosten, c_i, zu definieren:

$$n_i = v_i - c_i.$$

Bei Verwendung dieser Definition können wir unterstellen, dass jede Person ihren Nettowert angibt, wir addieren dann einfach die Nettowerte und stellen fest, ob die Summe positiv ist.

Das Problem mit *diesem* Entscheidungsmechanismus ist, dass er Anreize zur Übertreibung der Angaben – in jede Richtung – über die wahren Werte enthält. Wenn man die Straßenbeleuchtung nur ein wenig mehr als die Kosten schätzt, dann könnte man gleich sagen, man schätzt sie um eine Million Euro höher ein – das hat keine Auswirkung darauf, wie viel man zahlen muss, aber es wird helfen sicher zu stellen, dass die Summe der Bewertungen die Kosten übersteigt. Wenn man analog dazu die Beleuchtung geringer als die Kosten schätzt, könnte man genau so gut sagen, sie ist einem Nullwert. Wiederum hat das keine Auswirkung auf die zu leistende Zahlung und es trägt dazu bei, dass die Straßenbeleuchtung *nicht* gebaut wird.

Das Problem beider Verfahren ist, dass die Abweichung von der Wahrheit nichts kostet. Und ohne einen Ansporn, die Wahrheit über den wahren Wert des öffentlichen Gutes zu sagen, gibt es einen Anreiz, den wahren Wert zu unter- oder übertreiben.

Überlegen wir eine Möglichkeit, das zu korrigieren. Die erste wichtige Überlegung ist, dass Übertreibung keine Rolle spielt, solange sie keine Auswirkung auf die gesellschaftliche Entscheidung hat. Wenn die Summe der Bewertungen durch alle anderen bereits die Kosten übersteigt, ist es unbedeutend, ob man einen übertriebenen Wert angibt. Ähnlich spielt es dann keine Rolle, welchen Wert man angibt, wenn die Summe der Bewertungen bereits unter den Kosten liegt, solange die Summe der Bewertungen aller unter den Kosten bleibt.

Die einzigen relevanten Individuen sind diejenigen, welche die Summe der Werte dahingehend *verändern*, dass sie größer oder kleiner wird als die Kosten des öffentlichen Gutes. Diese werden als **Schlüsselakteure** bezeichnet. Es gibt vielleicht keine Schlüsselakteure oder alle könnten Schlüsselakteure sein. Die Bedeutung der Schlüsselakteure besteht darin, dass sie diejenigen sind, welche die richtigen Anreize haben müssen, um die Wahrheit zu sagen; die Nicht-Schlüsselakteure zählen eigentlich nicht. Jede *könnte* natürlich die Schlüsselperson sein, daher garantieren wir dadurch, dass die Schlüsselpersonen die richtigen Anreize haben, dass jede die richtigen Anreize für ihre Entscheidung hat, die Wahrheit zu sagen oder nicht.

Sehen wir uns daher die Situation einer Schlüsselperson an, einer Person, welche die gesellschaftliche Entscheidung ändert. Wenn die gesellschaftliche Entscheidung geändert wird, so wird das den anderen Akteuren Schaden zufügen. Wenn die anderen Akteure die Straßenbeleuchtung wollten, und diese spezielle Schlüsselperson hat sie niedergestimmt, dann werden die anderen Akteure durch die Entscheidung der Schlüsselperson schlechter gestellt. Wenn analog die anderen Akteure die Straßenbeleuchtung nicht wollten, und dieser Akteur die Eurostimme zur Bereitstellung abgegeben hat, dann werden die anderen Akteure auch schlechter gestellt.

Wie viel schlechter sind sie dran? Wenn zum Beispiel die Summe der Nettowerte ohne Person j positiv war, und Person j die Summe ins Negative drehte, dann hat Person j den anderen Menschen einen Gesamtschaden von

$$H_j = \sum_{i \neq j} n_i > 0$$

zugefügt. Und das deswegen, weil die anderen Leute die Straßenbeleuchtung wollten, Person j jedoch bewirkte, dass sie sie nicht kriegen.

Wenn dementsprechend alle anderen in Summe die Beleuchtung nicht wollten, sodass die Summe der Nettowerte negativ war, durch j wurde sie jedoch positiv, dann ist der durch j verursachte Schaden

$$H_j = -\sum_{i \neq j} n_i > 0.$$

Um Person j für ihre Entscheidung, ob sie Schlüsselperson sein soll oder nicht, die richtigen Anreize zu geben, bürden wir ihr einfach diese sozialen Kosten auf. Wenn wir das machen, garantieren wir, dass sie mit den wahren Kosten ihrer Entscheidung konfrontiert ist - nämlich dem Schaden, den sie den anderen Menschen auferlegt. Das ist den Pigou-Steuern ganz ähnlich, die wir bei der Regulierung externer Effekte untersuchten; im Fall der Bereitstellung öffentlicher Güter wird sie **Groves-Clarke-Steuer** oder **Clarke-Steuer** genannt, nach den Ökonomen, die sie als erste untersuchten.

Wir können nun den Groves-Clarke-Mechanismus zur Entscheidungsfindung bei öffentlichen Gütern so beschreiben:

1. Weise jedem Akteur Kosten c_i zu, welche das Individuum zahlen muss, wenn die Bereitstellung des öffentlichen Gutes beschlossen wird.

2. Verlange von jedem Akteur die Angabe eines Nettowertes s_i. (Das kann ihr *wahrer* Nettowert n_i sein oder nicht.)

3. Wenn die Summe der angegebenen Nettowerte positiv ist, wird das öffentliche Gut bereitgestellt; ist sie negativ, dann nicht.

4. Jede Schlüsselperson muss eine Steuer zahlen. Wenn Person j die Entscheidung von Bereitstellung zu Unterlassung verändert, wird die Besteuerung dieser Person

$$H_j = \sum_{i \neq j} s_i$$

sein. Wenn Person j die Entscheidung von Unterlassung zu Bereitstellung verändert, wird die Steuer

$$H_j = - \sum_{i \neq j} s_i$$

sein.

Die Steuer wird *nicht* an die anderen Akteure bezahlt – sie wird an den Staat abgeführt. Es ist unwichtig, wohin das Geld geht, solange dadurch niemandes Entscheidung beeinflusst wird; es ist lediglich wichtig, dass die Steuer durch die Schlüsselpersonen bezahlt wird, sodass sie mit den entsprechenden Anreizen konfrontiert sind.

BEISPIEL: Eine Clarke-Steuer

Es ist wahrscheinlich zweckmäßig, ein Zahlenbeispiel heranzuziehen, um die Funktionsweise der Clarke-Steuer zu verstehen. Angenommen wir haben drei Zimmergenossinnen, die zu entscheiden haben, ob sie ein Fernsehgerät, das € 300 kostet, kaufen sollen oder nicht. Sie einigen sich im Voraus, dass jede € 100 zu den Kosten beitragen wird, wenn sie sich gemeinsam dafür entscheiden, den Fernseher zu kaufen. Die Personen A und B sind bereit, jeweils € 50 zu zahlen, um den Fernseher zu haben, während Person C bereit ist, € 250 zu zahlen. Diese Information ist in Tabelle 35.2 zusammengefasst.

Person	Kostenanteil	Bewertung	Nettowert	Clarke-Steuer
A	100	50	-50	0
B	100	50	-50	0
C	100	250	150	100

Tabelle 35.2 Beispiel einer Clarke-Steuer.

Beachte, dass das Fernsehgerät nur für Person C einen positiven Nettowert hat. Wenn daher die Zimmergenossinnen abstimmten, ob sie den Fernseher kaufen sollten oder nicht, wäre eine Mehrheit dagegen. Trotzdem ist es Paretoeffizient, das Gerät zur Verfügung zu haben, da die *Summe* der Bewertungen (€ 350) größer als die Kosten (€ 300) ist.

Sehen wir uns an, wie die Clarke-Steuer in diesem Beispiel funktioniert. Nehmen wir Person A. Die Summe der Nettowerte *ohne* Person A ist 100, und Person A's Nettowert ist – 50. Daher ist A keine Schlüsselperson. Da Person A netto durch die Bereitstellung des öffentlichen Gutes schlechter dran ist, könnte sie versucht sein, ihr Angebot nach unten zu übertreiben. Um sicherzugehen, dass das öffentliche Gut *nicht* zur Verfügung gestellt wird, müsste A einen Betrag von – € 100 oder darunter bieten. Wenn sie das aber täte, dann würde A zur Schlüsselperson und sie müsste eine Clarke-Steuer im Ausmaß der Angebote der beiden anderen zahlen: – 50 + 150 = 100. Reduktion ihres Angebots nach unten erspart ihr zwar € 50 an Nettowert, kostet sie jedoch € 100 an Steuern – es verbleibt somit ein Nettoverlust von € 50.

Dasselbe gilt für Person B. Und wie ist es mit Person C? In unserem Beispiel ist C die Schlüsselperson – ohne ihre Bewertung wäre das öffentliche Gut nicht verfügbar, mit ihrem Angebot wird es bereitgestellt. Sie erhält durch das öffentliche Gut einen Nettowert von € 150, zahlt jedoch eine Steuer von € 100, es verbleibt somit ein Gesamtwert ihrer Handlung von € 50. Würde es sich für sie lohnen, ihr Angebot über den wahren Wert zu steigern? Nein, denn ihre Auszahlung wird dadurch nicht verändert. Wäre es sinnvoll, ihr Angebot zu senken? Nein, denn das verringert die Chance, dass das öffentliche Gut bereitgestellt wird, ändert jedoch nicht den Steuerbetrag, den sie zu zahlen hat. Es ist daher im Interesse jeder Beteiligten, ihren Nettowert des öffentlichen Gutes ehrlich zu bekunden. Ehrlich währt am längsten – zumindest im Falle einer Clarke-Steuer![3]

35.10 Probleme einer Clarke-Steuer

Trotz der bemerkenswerten Eigenschaften weist die Clarke-Steuer auch einige Probleme auf. Das erste Problem ist, dass sie nur bei quasilinearen Präferenzen funktioniert. Das ist deswegen so, weil der Betrag, den man zu zahlen hat, die Nachfrage nach dem öffentlichen Gut nicht beeinflussen darf. Es ist wichtig, dass es nur ein Niveau des öffentlichen Gutes gibt.

Das zweite Problem ist, dass die Clarke-Steuer im Allgemeinen nicht wirklich zu einem Pareto-effizienten Ergebnis führt. Das Niveau des öffentlichen Gutes wird optimal sein, aber der private Konsum könnte größer sein. Das ist durch die Besteuerung bedingt. Wie erinnerlich, müssen für die richtigen Anreize die Schlüsselpersonen tatsächlich Steuern bezahlen, welche den Schaden widerspiegeln, den sie den anderen Leuten zufügen. Und diese Steuern dürfen niemand anderem zukommen, der in diesen Entscheidungsprozess involviert ist, denn das könnte deren Entscheidungen beeinflussen. Die Steuern müssen aus dem System verschwinden. Und das ist das Problem – wenn die Steuern tatsächlich gezahlt werden müssen, wird der private Konsum letztlich niedriger sein, als er ansonsten sein könnte, er wird daher Pareto-ineffizient sein.

Die Steuern müssen jedoch nur dann bezahlt werden, wenn jemand Schlüsselperson ist. Wenn von der Entscheidung viele Leute betroffen sind, dann ist die Wahrscheinlichkeit, dass eine bestimmte Person Schlüsselstellung hat, nicht sehr groß; daher wird die Steuereinhebung typischerweise als eher klein erwartet.

Das letzte Problem schließlich betrifft den der Clarke-Steuer innewohnenden Trade-off zwischen Gerechtigkeit und Effizienz. Da das Zahlungsschema im Voraus festgelegt werden muss, wird es im Allgemeinen Situationen geben, in

---

[3] Für eine ausführlichere Darstellung der Clarke-Steuer siehe N. Tideman und G. Tullock, „A New and Superior Process for Making Social Choices", *Journal of Political Economy*, 84, Dezember 1976, pp. 1145-1159.

denen einige Leute durch die Bereitstellung des öffentlichen Gutes schlechter gestellt werden, obwohl die Pareto-effiziente *Menge* des öffentlichen Gutes verfügbar gemacht wird. Zu sagen, die Bereitstellung des öffentlichen Gutes wird von den Leuten Pareto-bevorzugt, bedeutet, dass es *irgendein bestimmtes* Zahlungsschema gibt, für das alle durch das öffentliche Gut besser gestellt werden im Vergleich damit, dass es das öffentliche Gut nicht gibt. Das bedeutet jedoch nicht, dass bei einem *willkürlichen* Zahlungsschema jeder besser dran sein wird. Die Clarke-Steuer garantiert nur, dass das öffentliche Gut dann verfügbar gemacht wird, wenn jeder dadurch besser gestellt werden *könnte*. Das impliziert aber nicht, dass jeder tatsächlich besser dran sein wird.

Es wäre schön, wenn es einen Mechanismus gäbe, der nicht nur bestimmte, ob das öffentliche Gut bereitgestellt wird oder nicht, sondern auch den Pareto-effizienten Weg angäbe, dafür zu zahlen – das heißt, einen Zahlungsplan, der jeden besser stellt. Es scheint jedoch nicht, dass so ein allgemeiner Plan verfügbar ist.

Zusammenfassung

1. Öffentliche Güter sind solche, die alle im gleichen Umfang „konsumieren" müssen, wie zum Beispiel Landesverteidigung, Luftverschmutzung usw.
2. Eine notwendige und hinreichende Bedingung für Pareto-Effizienz, ob ein öffentliches Gut entweder in einer konstanten Menge oder gar nicht bereitgestellt werden soll, ist, dass die Summe der Zahlungsbereitschaften (zur Zahlung des Vorbehaltspreises) die Kosten des öffentlichen Gutes übersteigt.
3. Wenn ein öffentliches Gut in variabler Menge bereitgestellt werden kann, dann ist die notwendige und hinreichende Bedingung für Pareto-Effizienz, dass die Summe der marginalen Zahlungsbereitschaften (die Grenzraten der Substitution) den Grenzkosten gleich sein sollte.
4. Das Problem des Trittbrettfahrens bezieht sich auf die Versuchung der Individuen, die anderen die öffentlichen Güter zur Verfügung stellen zu lassen. Im Allgemeinen werden rein individualistische Mechanismen wegen des Problems des Trittbrettfahrens nicht zur optimalen Menge eines öffentlichen Gutes führen.
5. Verschiedene Methoden zur kollektiven Entscheidungsfindung wurden vorgeschlagen, um die Bereitstellung eines öffentlichen Gutes zu bestimmen. Solche Methoden sind unter anderem der Befehlsmechanismus, die Abstimmung und die Clarke-Steuer.

Wiederholungsfragen

1. Gegeben sei eine Auktion, auf der die Leute nacheinander bieten, wobei jedes Anbot mindestens einen Euro höher sein muss als das vorangehende, und der Gegenstand an die Person mit dem höchsten Gebot verkauft wird. Wenn für Person i der Wert des Gutes v_i ist, wie hoch wird das siegreiche Gebot sein? Welche Person wird das Gut erhalten?
2. Gehen wir von einer Auktion für ein Gut mit verschlossenen Anboten unter n Personen aus. Es sei v_i der Wert des Gutes für Person i. Beweise, dass es im

Interesse jedes Bietenden ist, die Wahrheit zu sagen, wenn das Gut an den Meistbietenden zum *zweit*höchsten Gebot verkauft wird.

3. Angenommen in einer Straße wohnen 10 Leute und jeder ist bereit, € 2 für zusätzliche Straßenbeleuchtung zu zahlen, unabhängig von der Anzahl der montierten Leuchten. Wie groß ist die Pareto-effiziente Anzahl an Straßenleuchten, wenn die Kosten der Bereitstellung von x Leuchten durch $c(x) = x^2$ gegeben sind?

ANHANG

Wir wollen das Maximierungsproblem lösen, das die effiziente Allokation des öffentlichen Gutes bestimmt:

$$\max_{x_1, x_2, G} u_1(x_1, G)$$

unter den Nebenbedingungen $u_2(x_2, G) = \overline{u}_2$

$$x_1 + x_2 + c(G) = w_1 + w_2.$$

Wir setzen die Lagrange-Funktion

$$L = u_1(x_1, G) - \lambda[u_2(x_2, G) - \overline{u}_2] - \mu[x_1 + x_2 + c(G) - w_1 - w_2]$$

an, differenzieren nach x_1, x_2 und G und erhalten

$$\frac{\partial L}{\partial x_1} = \frac{\partial u_1(x_1, G)}{\partial x_1} - \mu = 0$$

$$\frac{\partial L}{\partial x_2} = -\lambda \frac{\partial u_2(x_2, G)}{\partial x_2} - \mu = 0$$

$$\frac{\partial L}{\partial G} = \frac{\partial u_1(x_1, G)}{\partial G} - \lambda \frac{\partial u_2(x_2, G)}{\partial G} - \mu \frac{\partial c(G)}{\partial G} = 0.$$

Wenn wir die dritte Gleichung durch μ dividieren und umformen, erhalten wir

$$\frac{1}{\mu} \frac{\partial u_1(x_1, G)}{\partial G} - \frac{\lambda}{\mu} \frac{\partial u_2(x_2, G)}{\partial G} = \frac{\partial c(G)}{\partial G}. \tag{35.2}$$

Nun lösen wir die erste Gleichung nach μ, was

$$\mu = \frac{\partial u_1(x_1, G)}{\partial x_1}$$

ergibt, und lösen die zweite Gleichung nach μ/λ, was

$$\frac{\mu}{\lambda} = -\frac{\partial u_2(x_2, G)}{\partial x_2}$$

ergibt. Wenn wir diese beiden Gleichungen in Gleichung (35.2) einsetzen, finden wir

$$\frac{\partial u_1(x_1, G)/\partial G}{\partial u_1(x_1, G)/\partial x_1} + \frac{\partial u_2(x_2, G)/\partial G}{\partial u_2(x_2, G)/\partial x_2} = \frac{\partial c(G)}{\partial G},$$

was einfach

$$MRS_1 + MRS_2 = MC(G)$$

ist, wie im Text angegeben.

36. Kapitel
ASYMMETRISCHE INFORMATION

In unseren bisherigen Analysen von Märkten haben wir stets Probleme unterschiedlichen Informationsstandes ausgeschlossen: Annahmegemäß waren Käufer und Verkäufer vollständig über die Qualität der auf dem Markt gehandelten Güter informiert. Diese Annahme kann weiterhin aufrechterhalten werden, wenn es leicht ist, die Qualität festzustellen. Ist es nämlich einfach zu ermitteln, welche Güter von hoher und welche von geringer Qualität sind, dann werden die Preise der Güter sich einfach so anpassen, dass sie die Qualitätsunterschiede reflektieren.

Wenn aber Information über die Qualität Kosten verursacht, dann ist die Annahme, dass Käufer und Verkäufer denselben Informationsstand haben, nicht mehr sinnvoll. Es gibt in der Realität zweifellos viele Märkte, auf denen es sehr kostspielig oder sogar unmöglich ist, genaue Informationen über die Qualität der verkauften Güter zu erhalten.

Ein offensichtliches Beispiel ist der Arbeitsmarkt. In den weiter oben beschriebenen einfachen Modellen war Arbeit ein homogener Faktor – jeder verfügte über dieselbe „Art" von Arbeit und bot dieselbe Leistung je gearbeiteter Stunde an. Das ist klarerweise eine drastische Vereinfachung! In der Realität kann es für ein Unternehmen sehr schwierig sein, die Begabungen und Fähigkeiten seiner Beschäftigten festzustellen.

Kostspielige Information ist aber nicht nur ein Problem der Arbeitsmärkte. Ähnliche Schwierigkeiten entstehen auf Märkten für Konsumgüter. Wenn ein Konsument einen Gebrauchtwagen erwirbt, kann es für ihn sehr schwierig sein festzustellen, ob es ein gutes Auto ist oder nicht. Im Gegensatz dazu hat der Verkäufer eine ganz gute Vorstellung über die Qualität des Autos. Wir werden sehen, dass diese **asymmetrische Information** für das effiziente Funktionieren eines Marktes beträchtliche Schwierigkeiten bedeuten kann.

36.1 Der Markt für 'Lemons'

Sehen wir uns das Modell eines Marktes an, auf dem die Nachfragerinnen und Anbieterinnen unterschiedliche Information über die Qualität der verkauften Güter haben.[1]

---

[1] Die erste Arbeit, welche auf einige der Schwierigkeiten auf Märkten dieser Art hinwies, stammt von George Akerlof, „The Market for Lemons: Quality Uncertainty and the Market Mechanism", *The Quarterly Journal of Economics*, 84, 1970, pp. 488-500.

Nehmen wir einen Markt, auf dem 100 Personen ihre gebrauchten Autos verkaufen und 100 andere einen Gebrauchtwagen kaufen wollen. Jeder weiß, dass 50 Autos 'Lemons' sind und 50 'Plums'.[2] Die derzeitigen Besitzerinnen der PKWs kennen die Qualität ihres Autos, aber die zukünftigen Käuferinnen wissen nicht, ob ein bestimmtes Fahrzeug eine 'Lemon' oder eine 'Plum' ist.

Die Besitzerin einer 'Lemon' ist bereit, sie für € 1.000 loszuwerden, die Besitzerin einer 'Plum' will sich für € 2.000 von ihr trennen. Die Käuferinnen eines Wagens sind bereit € 2.400 für eine 'Plum' und € 1.200 für eine 'Lemon' zu zahlen.

Wenn es einfach ist, die Qualität der Autos festzustellen, wird es auf diesem Markt keine Probleme geben. Die 'Lemons' werden zu einem Preis zwischen 1.000 und 1.200 Euro verkauft werden, die 'Plums' zu einem Preis zwischen 2.000 und 2.400 Euro. Aber was geschieht auf dem Markt, wenn die Käuferinnen die Qualität der Autos nicht feststellen können?

In diesem Fall müssen die Käuferinnen abschätzen, wie viel jeder Wagen wert ist. Wir werden über die Art der Schätzung eine einfache Annahme treffen. Da die Wahrscheinlichkeit, dass ein Auto eine 'Plum' oder eine 'Lemon' ist, gleich groß ist, werden wir annehmen, dass die typische Käuferin den Erwartungswert des Autos zahlen wird. Für die angegebenen Zahlen bedeutet das, dass die Käuferin $1/2*1.200 + 1/2*2.400 = € 1.800$ zu zahlen bereit wäre.

Aber wer würde sein Auto um diesen Preis verkaufen wollen? Die Besitzerinnen der 'Lemons' sicherlich, aber die Eigentümerinnen der 'Plums' würden ihre Autos nicht verkaufen - annahmegemäß verlangen sie mindestens € 2.000, um sich von ihm zu trennen. Der Preis, den die Käuferinnen für ein „durchschnittliches" Auto zu zahlen bereit sind, ist kleiner als der Preis, den sich die Verkäuferinnen der 'Plums' erwarten. Bei einem Preis von € 1.800 würden nur 'Lemons' zum Verkauf angeboten.

Wäre aber die Käuferin sicher, dass sie eine 'Lemon' erhält, wäre sie nicht bereit, dafür € 1.800 zu zahlen! Tatsächlich müsste der Gleichgewichtspreis dieses Marktes irgendwo zwischen € 1.000 und € 1.200 liegen. Zu einem Preis in diesem Bereich würden die Besitzerinnen ihre 'Lemons' zum Verkauf anbieten, und die Käuferinnen würden daher (zu Recht) erwarten, eine 'Lemon' zu erhalten. Auf diesem Markt würde nie eine 'Plum' verkauft werden! Obwohl der Preis, zu dem die Käuferinnen bereit sind, 'Plums' zu kaufen, jenen Preis übersteigt, zu dem deren Verkäuferinnen bereit sind zu verkaufen, werden keinerlei Transaktionen mit 'Plums' stattfinden.

Es lohnt, die Ursache dieses Marktversagens zu hinterfragen. Das Problem rührt daher, dass es einen externen Effekt zwischen den Verkäuferinnen von guten und schlechten Autos gibt; wenn ein Individuum versucht, einen schlechten Wagen zu verkaufen, beeinflusst das die Wahrnehmungen der Käuferinnen über die Qualität des durchschnittlichen Autos auf dem Markt. Das senkt den Preis,

---

[2] 'Plum' ist im Amerikanischen die umgangssprachliche Bezeichnung für ein gutes (gebrauchtes) Auto, 'Lemon' für einen schlechten (Gebraucht-)Wagen.

den die Käuferinnen bereit sind, für das durchschnittliche Auto zu zahlen, und benachteiligt daher jene Leute, welche gute Autos verkaufen wollen. Somit verursacht dieser externe Effekt das Marktversagen.

Die Autos, welche am wahrscheinlichsten zum Verkauf angeboten werden, sind jene, welche die Leute am liebsten loswürden. Schon allein das Angebot, etwas verkaufen zu wollen, sendet an die zukünftige Käuferin ein Signal über die Qualität. Wenn zu viele Einheiten geringer Qualität zum Verkauf angeboten werden, wird es für die Besitzerinnen der Qualitätswaren schwierig, ihre Produkte zu verkaufen.

36.2 Entscheidung über die Qualität

Im Modell mit den 'Lemons' gab es eine konstante Anzahl von Autos jeder Qualität. Nun wenden wir uns einer Variante dieses Modells zu, bei der die Qualität durch die Produzenten bestimmt werden kann. Wir werden zeigen, wie die Gleichgewichtsqualität auf einem einfachen Markt bestimmt wird.

Angenommen jeder Konsument will einen Regenschirm kaufen und es gibt zwei Qualitäten von Schirmen. Die Konsumenten bewerten Schirme von hoher Qualität mit € 14, Schirme von niedriger Qualität mit € 8. Es ist unmöglich, die Qualität eines Schirms im Geschäft festzustellen, man erkennt sie erst nach ein paar Regengüssen.

Wir nehmen an, dass einige Hersteller Schirme von hoher und einige Schirme von geringer Qualität erzeugen. Weiters wird unterstellt, dass die Erzeugung sowohl der Schirme mit hoher als auch jener mit geringer Qualität € 11,50 kotet und dass in der Branche vollkommener Wettbewerb herrscht. Welche Gleichgewichtsqualität der Schirme würden wir erwarten?

Nehmen wir an, dass die Konsumenten die Qualität der auf dem Markt verfügbaren Schirme wie im Fall des 'Lemon'-Marktes nach der *durchschnittlich* verkauften Qualität beurteilen. Wenn der Anteil der Qualitätsschirme q ist, wäre der Konsument bereit, $p = 14q + 8(1 - q)$ für einen Schirm zu zahlen.

Es kommen drei Fälle in Betracht:

Nur Hersteller geringer Qualität erzeugen. In diesem Fall wären die Konsumenten bereit, lediglich € 8 für den durchschnittlichen Schirm zu zahlen. Die Erzeugung eines Schirms kostet aber € 11,50, daher würde keiner verkauft.

Nur Hersteller hoher Qualität erzeugen. In diesem Fall würden die Produzenten den Preis eines Schirms durch Konkurrenz auf € 11,50 drücken. Die Konsumenten wären jedoch bereit € 14 zu zahlen, sie erhalten daher eine Konsumentenrente.

Beide Qualitäten werden hergestellt. In diesem Fall garantiert Wettbewerb, dass der Preis € 11,50 sein wird. Die durchschnittliche Qualität muss daher für den Konsumenten einen Wert von mindestens € 11,50 haben. Das bedeutet, dass

$$14q + 8(1 - q) \geq 11.50$$

gelten muss. Der kleinste Wert für q, der diese Ungleichheit erfüllt ist 7/12. Das heißt, dass bei einem Anteil an Qualitätsanbietern von 7/12 die Konsumenten gerade bereit sind, für einen Regenschirm € 11,50 zu zahlen.

Die Bestimmung des Gleichgewichtsanteils an Herstellern mit hoher Qualität ist in Abbildung 36.1 dargestellt. Die horizontale Achse misst q, den Anteil an Qualitätsproduzenten. Auf der vertikalen Achse wird die Zahlungsbereitschaft der Konsumenten für einen Schirm gemessen, wenn der durchschnittliche Anteil an Regenschirmen mit hoher Qualität q ist. Die Produzenten sind bereit, beide Regenschirmqualitäten zu einem Preis von € 11,50 anzubieten, die Angebotsbedingungen werden daher durch die horizontale Gerade bei € 11,50 wiedergegeben.

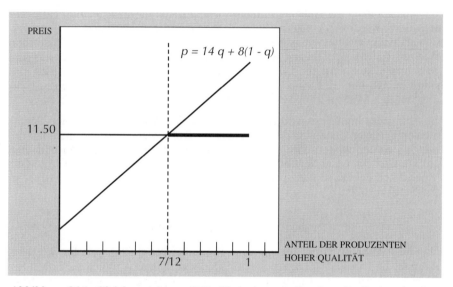

Abbildung 36.1 Gleichgewichtsqualität. Die horizontale Gerade stellt die Angebotsbedingungen dar: Der Markt ist bereit, jede beliebige Regenschirmqualität um € 11,50 anzubieten. Die ansteigende Gerade repräsentiert die Nachfragebedingungen: Die Konsumenten sind bereit mehr zu zahlen, wenn die durchschnittliche Qualität höher ist. Der Markt ist im Gleichgewicht, wenn der durchschnittliche Anteil der Produzenten hoher Schirmqualität mindestens 7/12 beträgt.

Die Konsumenten kaufen Regenschirme nur, wenn $14 + 8(1 - q) = 11{,}50$; die Grenze dieses Bereichs ist durch die strichlierte Gerade gekennzeichnet. Der Gleichgewichtswert von q liegt zwischen 7/12 und 1.

Auf diesem Markt ist der Gleichgewichtspreis € 11,50, der Wert des durchschnittlichen Regenschirms für einen Konsumenten kann jedoch – v in Abhängigkeit vom Anteil der Qualitätshersteller – irgendwo zwischen € 11,50 und € 14 liegen. Jeder Wert von q zwischen 7/12 und 1 ist ein Gleichgewicht.

Aus gesellschaftlicher Sicht sind jedoch nicht alle diese Gleichgewichte auch gleichwertig. In allen Gleichgewichtssituationen erhalten die Hersteller wegen der Annahmen des vollkommenen Wettbewerbs und konstanter Grenzkosten eine Produzentenrente von Null, wir müssen daher nur die Konsumentenrente untersuchen. Es ist leicht zu erkennen, dass die Konsumenten umso besser dran sind, je höher die Qualität ist. Vom Standpunkt der Konsumenten aus ist das beste Gleichgewicht jenes, bei dem nur Produkte hoher Qualität erzeugt werden.

Wahl der Qualität

Ändern wir das Modell ein wenig. Nehmen wir an, jeder Produzent kann sich die Regenschirmqualität, die er herstellt, aussuchen und es kostet € 11,50, einen Schirm von hoher Qualität, und € 11, einen solchen von geringer Qualität zu erzeugen. Was wird in diesem Fall geschehen?

Angenommen der Anteil der Produzenten, die sich für hohe Qualität entscheiden, ist q, wobei $0 < q < 1$. Sehen wir uns einen dieser Hersteller an. Wenn er sich als vollkommener Konkurrent verhält und glaubt, nur eine vernachlässigbare Wirkung auf Marktpreis *und* -qualität zu haben, dann würde er immer nur Regenschirme von geringer Qualität erzeugen wollen. Da dieser Hersteller annahmegemäß nur ein kleiner Teil des Marktes ist, vernachlässigt er seinen Einfluss auf den Marktpreis und erzeugt daher nur das gewinnträchtigere Produkt.

Aber jeder Produzent wird sich dasselbe überlegen, es werden also nur Schirme von geringer Qualität erzeugt. Da aber die Konsumenten für so einen Schirm nur € 8 zahlen wollen, gibt es kein Gleichgewicht. Oder, wenn man will, das einzige Gleichgewicht liegt bei der Nullerzeugung von *jeder* Schirmqualität! Die Möglichkeit der Herstellung geringer Qualität hat den Markt für *beide* Qualitäten des Gutes zerstört!

36.3 Negative Auslese

Das im letzten Abschnitt beschriebene Phänomen ist ein Beispiel für **negative Auslese**. In dem soeben untersuchten Modell verdrängten – wegen der hohen Informationskosten – die Erzeugnisse von geringer Qualität jene von hoher Qualität. Wie wir gerade sahen, könnte dieses Problem der negativen Auslese so ernst sein, dass es einen Markt völlig zerstören kann. Schauen wir uns einige weitere Beispiel negativer Auslese an.

Nehmen wir als Erstes ein Beispiel aus der Versicherungsbranche. Angenommen eine Versicherungsgesellschaft möchte eine Versicherung gegen Fahrraddiebstahl anbieten. Sie führt eine sorgfältige Marktanalyse durch und findet heraus, dass die Inzidenz der Diebstähle zwischen einzelnen Gemeinden stark schwankt. In manchen Gegenden ist die Wahrscheinlichkeit eines Fahrraddiebstahls hoch, in anderen Gegenden sind solche Diebstähle eher selten. Angenommen die Versicherungsgesellschaft entscheidet, die Versicherung auf Basis der *durchschnittlichen* Diebstahlsrate anzubieten. Was wird geschehen?

Antwort: Die Versicherungsgesellschaft wird wahrscheinlich sehr rasch Pleite gehen! Überlegen wir einmal, wer sich zur durchschnittlichen Prämie versichern lassen wird? Nicht die Leute in den sicheren Gemeinden – sie brauchen ohnehin kaum Versicherungsschutz. Nein, die Leute in den Gemeinden mit hoher Diebstahlsinzidenz werden die Versicherung wollen – sie sind diejenigen, die sie dringend nötig haben.

Das bedeutet aber, dass Versicherungsansprüche überwiegend von jenen Konsumentinnen gestellt werden, die in Gebieten hohen Risikos wohnen. Versicherungsprämien, die auf der *durchschnittlichen* Diebstahlswahrscheinlichkeit beruhen, werden ein irreführender Indikator der tatsächlichen Erfahrung der Versicherungsgesellschaft hinsichtlich der an sie gestellten Ansprüche sein. Die Versicherungsgesellschaft wird keine unverzerrte Auswahl an Kundinnen erhalten; sie wird eher eine *negative* Auslese kriegen. Tatsächlich wurde der Ausdruck „negative Auslese" zur Beschreibung dieses Problems erstmalig in der Versicherungsbranche verwendet.

Daraus folgt, dass die Versicherungsgesellschaft ihre Prämien auf die Prognosen für den „schlechtesten Fall" aufbauen muss, und dass Konsumentinnen mit einem niedrigen, aber nicht vernachlässigbaren Risiko eines Fahrraddiebstahls nicht bereit sein werden, die sich ergebende kostspielige Versicherung abzuschließen.

Ein ähnliches Problem entsteht bei der Krankenversicherung – Versicherungsgesellschaften können ihre Prämien nicht am *durchschnittlichen* Auftreten von Gesundheitsproblemen in der Bevölkerung orientieren. Sie können ihre Prämien nur an der durchschnittlichen Inzidenz von Gesundheitsproblemen in der Gruppe der möglichen Versicherungsnehmerinnen ausrichten. Die Leute, welche Krankenversicherung am ehesten abschließen wollen, sind diejenigen, die sie wahrscheinlich am dringendsten nötig haben, daher müssen die Prämien diese Ungleichheit widerspiegeln.

In so einer Situation ist es möglich, dass jeder dadurch besser gestellt werden kann, dass man den Abschluss einer Versicherung *verlangt*, welche dann das durchschnittliche Risiko in der Bevölkerung reflektiert. Die Personen mit hoher Gefährdung sind besser dran, weil sie Versicherungsschutz zu Prämien erwerben können, die niedriger sind als ihr tatsächliches Risiko; und die Leute mit geringer Gefährdung können Versicherungsschutz erwerben, der günstiger ist als die Versicherung, die ihnen angeboten wurde, als sie *nur* von Leuten mit hohem Risiko abgeschlossen wurde.

Eine derartige Situation, in welcher das Marktgleichgewicht durch einen verpflichtenden Kaufplan dominiert wird, ist für die meisten Volkswirtinnen recht überraschend. Wir denken üblicherweise „mehr Auswahl ist besser", es ist daher eigenartig, dass eine Einschränkung der Wahlmöglichkeit zu einer Pareto-Verbesserung führen kann. Es muss jedoch betont werden, dass dieses 'paradoxe' Ergebnis eine Folge des externen Effekts zwischen den Leuten mit hohem und geringem Risiko ist.

In der Tat gibt es gesellschaftliche Institutionen, die dazu beitragen, diese Marktineffizienz zu beseitigen. Es ist durchaus üblich, dass Arbeitgeber ihren Beschäftigten Krankenversicherungspläne als Teil betrieblicher Zusatzleistungen anbieten. Die Versicherungsgesellschaft kann ihren Prämien die Durchschnitte über die Gesamtheit der Beschäftigten zugrunde legen; und sie ist kann sicher sein, dass *alle* Beschäftigten an dem Programm teilnehmen müssen, wodurch negative Auslese ausgeschlossen wird.

36.4 „Moral Hazard"

Ein weiteres interessantes Problem, das vor allem in der Versicherungsbranche entsteht, ist als **„Moral Hazard"** bekannt. Der Begriff ist etwas eigenartig, das Phänomen ist aber unschwer zu erklären. Kehren wir zum Markt für die Versicherung gegen Fahrraddiebstahl zurück und nehmen wir vereinfachend an, dass alle Konsumenten in Gegenden mit gleicher Diebstahlswahrscheinlichkeit wohnen; es gibt also kein Problem negativer Auslese. Andererseits könnten sich die *Handlungen bzw. Maßnahmen* der Fahrradbesitzer auf die Diebstahlswahrscheinlichkeit auswirken.

So wird zum Beispiel ein Fahrrad viel eher gestohlen, wenn die Besitzer sich nicht bemühen, das Rad abzusperren, oder nur ein dürftiges anstelle eines sicheren Schlosses verwenden. Ähnliche Beispiele gibt es für andere Versicherungssparten. Im Fall der Krankenversicherung, zum Beispiel, ist die Inanspruchnahme durch die Konsumenten weniger wahrscheinlich, wenn sie einem gesunden Lebenswandel nachgehen. Wir werden Handlungen, die sich auf die Wahrscheinlichkeit des Eintritts eines Ereignisses auswirken, als *Sorgfalt* bezeichnen.

Wenn die Versicherungsgesellschaft die Prämien festlegt, muss sie die Anreize dafür berücksichtigen, dass die Konsumenten angemessene Sorgfalt walten lassen. Wenn es keinerlei Versicherungsschutz gibt, haben die Konsumenten einen Anreiz, die maximal mögliche Sorgfalt walten zu lassen. Wenn es unmöglich ist, eine Fahrraddiebstahlversicherung abzuschließen, werden alle Radfahrer große, teure Schlösser verwenden. In diesem Fall trägt der Einzelne die vollen Kosten seiner Handlungen, dementsprechend wird er so viel in seine Sorgfalt „investieren", bis der Grenznutzen der Sorgfalt gleich deren Grenzkosten ist.

Wenn aber ein Konsument eine Fahrradversicherung abschließen kann, dann sind die Kosten eines gestohlenen Fahrrads für das Individuum viel geringer. Schließlich braucht er ja im Falle des Diebstahls nur die Versicherungsgesellschaft zu benachrichtigen, er wird dann von ihr Geld für den Ersatz erhalten. Im Extremfall, wenn die Versicherungsgesellschaft den einzelnen vollständig für den Diebstahl seines Fahrrades entschädigt, hat das Individuum keinen Anreiz zur Sorgfalt. Dieser Mangel an Anreiz zur Sorgfalt wird **„Moral Hazard"** ge-nannt.

Beachte den Trade-off: Zu wenig Versicherung bedeutet, dass die Menschen ein hohes Risiko tragen, zu viel Versicherung heißt, dass sie mangelnde Sorgfalt walten lassen.

Wenn das Ausmaß an Sorgfalt beobachtbar ist, gibt es kein Problem. Die Versicherungsgesellschaft kann ihre Prämie am Umfang der Sorgfalt orientieren. Tatsächlich ist es gang und gäbe, dass Versicherungsgesellschaften Unternehmen, die in ihrem Gebäude ein Brandschutzsystem haben, günstigere Prämien verrechnen oder bei der Krankenversicherung von Rauchern und Nichtrauchern unterschiedliche Prämien verlangen. In diesen Fällen versuchen die Versicherungsunternehmen zwischen ihren Kunden zu unterscheiden, je nach deren Verhalten, das sich auf die Wahrscheinlichkeit des Schadensfalles auswirkt.

Aber die Versicherungen können nicht alle relevanten Handlungen ihrer Versicherten beobachten. Es wird daher den oben erwähnten Trade-off geben: Volle Versicherung bedeutet zu wenig Sorgfalt, da die Individuen nicht die vollen Kosten ihrer Handlungen tragen.

Was bedeutet das für die Art der angebotenen Versicherungsverträge? Im allgemeinen werden die Versicherungen den Kunden keinen „vollständigen" Versicherungsschutz anbieten. Sie werden immer trachten, dass der Konsument einen Teil des Risikos selbst trägt. Deswegen beinhalten die meisten Versicherungspolizzen einen „Selbstbehalt", also einen Betrag, den der Versicherungsnehmer bei jeder Inanspruchnahme der Versicherung selbst zu zahlen hat. Dadurch, dass man von den Konsumenten verlangt, immer einen Teil der Ansprüche selbst zahlen zu müssen, können die Versicherungsgesellschaften sicher sein, dass der Kunde immer Anreize hat, eine *gewisse* Sorgfalt aufzuwenden. Die Versicherungsgesellschaft wäre zwar bereit einen Konsumenten vollständig zu versichern, wenn sie das Ausmaß der verwendeten Sorgfalt verifizieren könnte. Die Tatsache, dass der Konsument den Umfang an Sorgfalt *wählen* kann, impliziert jedoch, dass die Versicherungsgesellschaft es dem Konsumenten nicht ermöglichen wird, so viel Versicherungsschutz zu erwerben, wie dieser möchte, wenn sie das Niveau der Sorgfalt nicht beobachten kann.

Im Vergleich zur üblichen Marktanalyse ist auch das ein paradoxes Ergebnis. Typischerweise wird die Menge eines auf einem Wettbewerbsmarkt gehandelten Gutes durch die Bedingung Angebot ist gleich Nachfrage bestimmt – die marginale Verkaufsbereitschaft ist gleich der marginalen Zahlungsbereitschaft. Im Falle von „Moral Hazard" hat ein Marktgleichgewicht die Eigenschaft, dass jeder Konsument mehr Versicherungsschutz erwerben möchte, die Gesellschaften würden gerne mehr bereit stellen ... aber das Geschäft kommt nicht zustande: denn wenn die Konsumenten mehr Versicherungsschutz kaufen könnten, würden sie sich rational für geringere Sorgfalt entscheiden!

36.5 „Moral Hazard" und negative Auslese

„Moral Hazard" bezieht sich auf Situationen, wo eine Marktseite die Handlungen der anderen nicht beobachten kann. Deswegen wird es manchmal auch das Problem der **versteckten Handlung** genannt.

Negative Auslese bezeichnet Situationen, in denen eine Marktseite den „Typus" oder die Qualität der Güter auf der anderen Marktseite nicht beobachten kann. Daher wird es auch manchmal als Problem der **versteckten Information** bezeichnet.

Beim Gleichgewicht auf einem Markt mit versteckter Handlung wird man üblicherweise Rationierung vorfinden - die Unternehmen würden zwar gerne mehr bereitstellen, als sie tatsächlich tun, sind jedoch dazu doch nicht bereit, weil es die Anreize ihrer Kundinnen ändern würde. Beim Gleichgewicht auf einem Markt mit versteckter Information wird typischerweise zu wenig getauscht, und zwar aufgrund der externen Effekte zwischen den „guten" und „schlechten" Typen.

Gleichgewichtsergebnisse auf diesem Markt scheinen ineffizient zu sein, aber man muss mit einer solchen Behauptung sorgfältig umgehen. Die entscheidende Frage lautet nämlich: „Ineffizient in bezug worauf?" Ein derartiges Gleichgewicht wird relativ zu einem Gleichgewicht bei vollkommener Information immer ineffizient sein. Das hilft uns aber bei wirtschaftspolitischen Entscheidungen wenig: Wenn die Unternehmen einer Branche die Informationsbeschaffung für zu kostspielig halten, würde es wahrscheinlich der Staat auch zu teuer finden.

Die wirkliche Frage ist, ob irgendein staatliches Eingreifen die Effizienz erhöhen könnte, selbst wenn der Staat dieselben Informationsprobleme hätte wie die Unternehmungen.

Im Fall der oben betrachteten versteckten Handlung ist die Antwort üblicherweise „nein". Wenn der Staat die Sorgfalt der Konsumentinnen nicht beobachten kann, ergeht es ihm nicht besser als den Versicherungsgesellschaften. Natürlich könnte der Staat über ein Instrumentarium verfügen, das die Versicherungsgesellschaft nicht hat - er könnte ein bestimmtes Sorgfaltsniveau erzwingen und dessen Unterlassung unter Strafandrohung stellen. Wenn hingegen der Staat nur Preise und/oder Mengen festlegen kann, hat er gegenüber dem privaten Markt keinerlei Vorteil.

Ähnliche Probleme ergeben sich im Falle der versteckten Information. Wir haben bereits gesehen, dass es möglich ist, jeden besser zu stellen, wenn der Staat Leute aller Risikoklassen *zwingen* kann, Versicherungsverträge abzuschließen. Das scheint auf den ersten Blick ein guter Anlass für staatliche Intervention. Andererseits verursacht eine Staatsintervention auch Kosten; durch staatlichen Erlass getroffene ökonomische Entscheidungen sind vielleicht nicht so kosteneffizient wie solche privater Unternehmen. Nur weil es staatliche Handlungen gibt, welche die gesellschaftliche Wohlfahrt verbessern *können*, heißt das noch nicht, dass solche Handlungen auch gesetzt werden!

Weiters könnte es rein privatwirtschaftliche Lösungen des Problems der negativen Auslese geben. Wir haben gesehen, dass zum Beispiel die Bereitstellung von Krankenversicherung als eine betriebliche Zusatzleistung dazu beiträgt, das Problem negativer Auslese zu eliminieren.

36.6 Signale

Erinnern wir uns an das Modell des Gebrauchtwagenmarktes: Die Besitzer der gebrauchten Autos kannten deren Qualität, die Käufer hingegen mussten die Qualität schätzen. Wir sahen, dass diese asymmetrische Information auf Märkten zu Problemen führen könnte; in einigen Fällen würden aufgrund negativer Auslese zu wenig Transaktionen durchgeführt.

Die Geschichte ist aber damit noch nicht zu Ende. Die Besitzer der guten Autos haben einen Anreiz, potenziellen Käufern wissen zu lassen, dass sie ein gutes Auto haben. Sie würden gerne Handlungen setzen, welche die Qualität ihrer Autos jenen **signalisiert**, die sie kaufen möchten.

In diesem Zusammenhang wäre ein sinnvolles Signal, als Besitzer des Autos eine **Garantie** anzubieten. Das wäre zum Beispiel die Zusage, dem Käufer eine bestimmte Summe zu zahlen, wenn sich herausstellen sollte, dass der Wagen eine 'Lemon' ist. Besitzer guter Gebrauchtwagen können es sich leisten, so eine Garantie anzubieten, die Besitzer der 'Lemons' hingegen nicht. Damit gibt es eine Möglichkeit für die Besitzer guter gebrauchter Autos zu signalisieren, dass sie gute Autos haben.

In diesem Fall helfen Signale, den Markt funktionsfähiger zu gestalten. Durch das Garantieangebot – das Signal – können sich die Verkäufer guter Autos von jenen schlechter Fahrzeuge unterscheiden. Es gibt jedoch andere Fälle, wo Signale dazu führen, dass ein Markt weniger gut funktioniert.

Sehen wir uns ein sehr vereinfachtes Modell des Bildungsmarktes an, das erstmalig von Michael Spence untersucht wurde.[3] Angenommen wir haben zwei Arten von Arbeitern: fähige und weniger fähige. Die fähigen Arbeiter haben ein Grenzprodukt von a_2, die weniger fähigen eines von a_1, wobei $a_2 > a_1$. Nehmen wir an, ein Anteil b der Arbeiter ist fähig, somit ist ein Anteil von $1 - b$ weniger fähig.

Der Einfachheit halber unterstellen wir eine lineare Produktionsfunktion, sodass der von L_2 fähigen und L_1 weniger fähigen Arbeiter insgesamt erzeugte Output gleich $a_1L_1 + a_2L_2$ ist. Weiters herrsche auf dem Arbeitsmarkt vollkommener Wettbewerb.

Wenn die Qualität eines Arbeiters leicht erkennbar ist, würden die Unternehmen den fähigeren Arbeitern einfach einen Lohnsatz $w_2 = a_2$, den weniger fähigen $w_1 = a_1$ anbieten. Das heißt, jeder Arbeiter würde zu seinem Grenzprodukt entlohnt, wir hätten ein effizientes Gleichgewicht.

Was geschieht jedoch, wenn das Unternehmen die Grenzprodukte nicht feststellen kann? Wenn ein Unternehmen zwischen den Arten von Arbeitern nicht unterscheiden kann, bietet es am besten den Durchschnittslohn an, der $w = (1 - b)a_1 + ba_2$ ist. Solange sowohl die guten als auch die schlechten Arbeiter damit einverstanden sind, zu diesem Lohnsatz zu arbeiten, gibt es kein Problem der negativen Auslese. Und bei der von uns angenommenen Produktionsfunktion erzeugt das Unternehmen genau so viel und erzielt denselben Gewinn wie bei vollkommener Beobachtbarkeit der Arten der Arbeiter.

Angenommen es gibt jedoch ein Signal, welches die Arbeiter erwerben können und durch das sich die beiden Typen unterscheiden. Zum Beispiel könnten sich die Arbeiter ausbilden. Es sei e_1 die vom Typ-1-Arbeiter erreichte, e_2 die vom Typ-2-Arbeiter erlangte Ausbildung. Nehmen wir an, die Arbeiter haben

---

[3] Michael Spence, *Market Signaling* (Cambridge, Mass.: Harvard University Press, 1974).

unterschiedliche Kosten der Ausbildung, sodass die Gesamtkosten der Ausbildung für den fähigeren Arbeiter $c_2 e_2$ sind, für den weniger fähigen $c_1 e_1$. Diese Kosten sollen nicht nur die Eurokosten des Schulbesuchs beinhalten, sondern auch die Opportunitätskosten, die Kosten der erforderlichen Anstrengung usw.

Wir müssen nun zwei Entscheidungen analysieren: Die Arbeiter haben zu entscheiden, wie viel Bildung sie erwerben wollen, und die Unternehmen müssen entscheiden, wie viel sie den Arbeitern mit unterschiedlichen Ausbildungen jeweils zahlen sollen. Wir wollen die extreme Annahme treffen, dass sich Bildung auf die Arbeitsproduktivität überhaupt nicht auswirkt. Das stimmt natürlich in Wirklichkeit nicht – vor allem nicht für Lehrveranstaltungen der Volkswirtschaftslehre (!) – aber es erlaubt uns, das Modell einfach zu halten.

Es stellt sich heraus, dass in diesem Modell die Art des Gleichgewichts entscheidend von den Kosten der Ausbildung abhängt. Angenommen $c_2 < c_1$. Das besagt, dass die Grenzkosten der Ausbildung für die fähigeren Arbeiter geringer sind als für die weniger fähigen. Es sei e^* ein Bildungsniveau, das die folgenden Ungleichungen erfüllt:

$$\frac{a_2 - a_1}{c_1} < e^* < \frac{a_2 - a_1}{c_2}.$$

Aufgrund unserer Annahmen, dass $a_2 > a_1$ und $c_2 < c_1$, muss es so ein e^* geben.

Überlegen wir uns die folgenden Entscheidungsmöglichkeiten: Alle fähigen Arbeiter erwerben ein Ausbildungsniveau e^* und alle weniger fähigen eines von Null; die Unternehmen zahlen den Arbeitern mit einer Ausbildung von e^* einen Lohn von a_2, Arbeitern mit weniger Ausbildung nur a_1. Beachte, dass die Wahl des Ausbildungsniveaus durch einen Arbeiter seinen Typus perfekt signalisiert.

Handelt es sich dabei um ein Gleichgewicht? Hat irgendjemand einen Anreiz, sein Verhalten zu ändern? Jede Unternehmung zahlt jedem Arbeiter sein Grenzprodukt, die Unternehmen haben somit keinen Anreiz zu einer Änderung. Es verbleibt die Frage, ob sich die Arbeiter angesichts des Lohnschemas rational verhalten.

Läge es im Interesse der weniger fähigen Arbeiter, Bildung im Ausmaß von e^* zu erwerben? Der Nutzen für den Arbeiter wäre eine Lohnerhöhung von $a_2 - a_1$. Die Kosten für den Arbeiter wären $c_1 e^*$. Der Nutzen ist kleiner als die Kosten, wenn

$$a_2 - a_1 < c_1 e^*.$$

Durch die Wahl von e^* ist diese Bedingung erfüllt. Daher finden es die weniger fähigen Arbeiter optimal, keine Ausbildung in Anspruch zu nehmen.

Ist es eigentlich im Interesse der fähigen Arbeiter, das Ausbildungsniveau e^* anzustreben? Die Bedingung für einen Überschuss des Nutzens über die Kosten ist

$$a_2 - a_1 > c_2 e^*,$$

was aufgrund der Wahl von e^* ebenfalls erfüllt ist.

Diese Lohnstruktur ist also tatsächlich ein Gleichgewicht: Wenn jeder fähige Arbeiter ein Ausbildungsniveau von $e*$ wählt und jeder weniger fähige eine Nullausbildung, dann hat kein Arbeiter irgendeinen Grund, sein Verhalten zu ändern. Aufgrund unserer Annahmen über die Kostenunterschiede, kann im Gleichgewicht das Ausbildungsniveau eines Arbeiters als Signal für die Produktivitätsunterschiede dienen. Diese Art des Signalisierungsgleichgewichts wird manchmal als **Unterscheidungsgleichgewicht** bezeichnet, da es impliziert, dass jede Art von Arbeiter eine Entscheidung trifft, die ihn von anderen Arten unterscheidet.

Eine andere Möglichkeit ist ein **Vereinigungsgleichgewicht**, bei welchem jeder Typus von Arbeiter *dieselbe* Entscheidung trifft. Nehmen wir zum Beispiel an, dass $c_2 > c_1$, sodass die fähigeren Arbeiter höhere Ausbildungskosten haben als die weniger fähigen. In diesem Fall kann man zeigen, dass beim einzig möglichen Gleichgewicht alle Arbeiter einen Lohn erhalten, der auf ihrer durchschnittlichen Fähigkeit beruht, daher also keine Signalisierung erfolgt.

Das Unterscheidungsgleichgewicht ist von besonderem Interesse, weil es aus gesellschaftlicher Sicht ineffizient ist. Jeder fähigere Arbeiter findet es vorteilhaft, das Signal zu erwerben, obwohl es seine Produktivität überhaupt nicht ändert. Die fähigeren Arbeiter wollen das Signal nicht deswegen erwerben, weil sie dadurch produktiver werden, sondern nur weil es sie von den weniger fähigen unterscheidet. Im (unterscheidenden) Signalisierungsgleichgewicht wird genau dieselbe Menge Output erzeugt wie im Fall ohne Signale. Vom gesellschaftlichen Standpunkt aus ist der Erwerb des Signals in diesem Modell völlige Verschwendung.

Es lohnt, über das Wesen dieser Verschwendung nachzudenken: Wie gehabt, entsteht auch sie aus einem externen Effekt. Wenn sowohl die fähigen als auch die weniger fähigen Arbeiter ihren *durchschnittlichen* Lohn erhielten, wären die Löhne der fähigeren Arbeiter durch die Präsenz der weniger fähigen gedrückt. Die fähigeren Arbeiter hätten daher einen Anreiz, in Signale zu investieren, die sie von den weniger fähigen unterscheiden. Diese Investition hat nur einen privaten, aber keinerlei sozialen Nutzen.

Natürlich führen Signale nicht immer zu Ineffizienzen. Einige Signalarten, wie die oben beschriebene Gebrauchtwagengarantie, erleichtern den Tausch. In diesem Fall wird das Gleichgewicht mit Signal jenem ohne Signal vorgezogen. Signale können daher zur Verbesserung oder Verschlechterung führen; jeder Fall muss im Einzelnen geprüft werden.

BEISPIEL: Der „Pergament"-Effekt

In der Extremform des oben beschriebenen Signalisierungsmodells hat Bildung keinerlei Wirkung auf die Produktivität: Die in der Schule verbrachten Jahre dienen nur zur Signalisierung der unveränderten Fähigkeiten eines Individuums. Das ist offensichtlich eine Übertreibung: Ein Schüler mit 11 Jahren Schulbesuch ist fast sicher produktiver als einer mit 10 Jahren, einfach weil er in dem zusätzlichen Jahr weitere nützliche Fähigkeiten erworben hat. Vermutlich ist ein Teil der höheren Entlohnung aufgrund von Schulbildung der Signalisierung zuzuschreiben, ein Teil dem Erwerb nützlicher Fähigkeiten während der Schulzeit. Wie kann man diese beiden Größen trennen?

Arbeitsmarktökonomen, welche die Erträge von Bildung untersuchten, haben folgende bemerkenswerte Tatsache festgestellt: Einkommen von Mittelschulabsolventen sind viel höher, als Einkommen von denjenigen, die 1 bis 2 Jahre vor dem Abschluss ausgestiegen sind. Eine Untersuchung hat gezeigt, dass ein Mittelschulabschluss das Einkommen um 5 bis 6 mal mehr erhöht als einfach ein zusätzliches Jahr in der Mittelschule. Denselben diskontinuierlichen Sprung gibt es für Universitätsabsolventen. Nach einer Schätzung ist der Ertrag des 16. Schuljahrs (= Abschluss) ungefähr dreimal so hoch wie der Ertrag des 15. Schuljahrs.[4]

Wenn Bildung produktive Fähigkeiten vermittelt, dann kann man wohl erwarten, dass Leute mit 11 Jahren Schulbildung mehr verdienen als solche mit 10 Jahren. Was überrascht, ist der riesige Sprung mit dem Schulabschluss. Ökonomen haben das als den **„Pergament"-Effekt** bezeichnet, mit Bezug auf die Tatsache, dass Diplome häufig auf Pergamentpapier geschrieben wurden. Vermutlich stellt der Mittelschulabschluss irgendein Signal dar. Aber Signal wofür? Im vorher beschriebenen Modell der Signalisierung durch Bildung, war das Erreichen eines Bildungsziels ein Signal für Fähigkeiten. Signalisiert das ein Mittelschulabschluss? Oder ist es etwas anderes?

Andrew Weiss, ein Ökonom an der Boston University, hat versucht, diese Fragen zu beantworten.[5] Er untersuchte Daten über den Zusammenbau von Apparaten und erarbeitete ein Maß der Produktivität von Arbeiten im ersten Arbeitsmonat. Er fand nur eine sehr kleine Wirkung der Bildung auf den Output: Jedes Jahr weiterführender Schulen erhöhte den Output eines Arbeiters um etwa 1,3 Prozent. Absolventen der Mittelschule produzierten im Wesentlichen dieselbe Outputmenge wie Arbeiter, welche die Mittelschule nicht abgeschlossen hatten. Offensichtlich trug Bildung nur wenig zur ursprünglichen Produktivität dieser Arbeiter bei.

Weiss schaute sich dann andere Daten an, die verschiedene Charakteristika von Arbeitern in verschiedenen Berufen beschrieben. Er fand, dass Mittelschulabsolventen viel niedrigere Kündigungs- und Absenzquoten hatten als Arbeiter ohne Mittelschulabschluss. Es scheint, als würden Mittelschulabsolventen höhere Löhne aufgrund höherer Produktivität erhalten – der Grund für ihre höhere Produktivität liegt aber darin, dass sie länger bei einem Unternehmen bleiben und weniger Absenzen haben. Das ist ein Hinweis darauf, dass das Signalisierungsmodell Einsichten in reale Arbeitsmärkte ermöglicht. Das tatsächliche Signal eines Bildungsabschlusses ist jedoch wesentlich komplexer, als so eine einfache Version des Signalisierungsmodells andeutet.

---

[4] Siehe dazu Thomas Hungerford und Gary Solon, „Sheepskin Effects in the Returns to Education," *Review of Economics and Statistics*, 69, 1987, pp. 175-177.
[5] „High School Graduation, Performance and Wages," *Journal of Political Economy*, 96, 4, 1988, pp. 785-820.

36.7 Anreize

Wir wenden uns nun einem etwas anderen Thema zu, der Analyse von **Anreizsystemen**. Dabei wird sich zeigen, dass die Untersuchung dieses Problemkreises asymmetrische Information beinhalten wird. Es ist jedoch sinnvoll, mit dem Fall vollständiger Information zu beginnen.

Die zentrale Frage bei der Konzeption von Anreizsystemen ist: „Wie kriege ich jemand dazu, für mich etwas zu tun?" Wir wollen diese Frage in einem ganz bestimmten Zusammenhang stellen. Nehmen wir an, Sie besitzen etwas Land, sind aber nicht in der Lage, es selbst zu bearbeiten. Sie werden also versuchen, jemand dafür anzustellen. Was für ein System der Entschädigung sollte man festlegen?

Ein Plan könnte sein, der Arbeiterin eine Pauschalzahlung zu geben, unabhängig davon wie viel sie erzeugt. Dann hätte sie aber wenig Anreiz zu arbeiten. Im allgemeinen würde ein gutes Anreizschema die Zahlung an die Arbeiterin in irgend einer Weise vom produzierten Output abhängig machen. Das Problem des Anreizschemas liegt darin, wie stark die Zahlung auf den erzeugten Output reagieren sollte.

Wir bezeichnen die erbrachte „Leistung" der Arbeiterin mit x und mit $y = f(x)$ die Menge des erzeugten Outputs; vereinfachend nehmen wir an, dass der Preis des Produkts gleich 1 ist, sodass y auch den Wert des Outputs misst. Der einer Arbeiterin bezahlte Betrag ist $s(y)$, falls sie Output im Wert von y Euro produziert. Vermutlich möchte man die Funktion $s(y)$ so wählen, dass der Gewinn, $y - s(y)$, maximiert wird.

Welche Beschränkungen hat man? Um diese Frage zu beantworten, muss man die Dinge aus der Sicht der Arbeiterin betrachten.

Wir nehmen an, dass die Arbeiterin Leistung als „kostenverursachend" empfindet. Somit schreiben wir für die Kosten der Leistung $c(x)$ und nehmen an, dass diese Kostenfunktion die übliche Form hat: Die Grenzkosten steigen mit zunehmender Leistung. Der Nutzen der Arbeiterin, die das Leistungsniveau x wählt, ist dann einfach $s(y) - c(x) = s(f(x)) - c(x)$. Die Arbeiterin könnte über eine Alternative verfügen, die ihr den Nutzen $\bar{u}$ gäben. Das könnten andere Jobs sein oder auch lediglich Freizeit. Für die Konzeption des Anreizplans ist lediglich von Bedeutung, dass der Nutzen für die Arbeiterin aus der untersuchten Tätigkeit mindestens so groß ist wie anderswo. Das ergibt die **Partizipationsbeschränkung**:

$$s(f(x)) - c(x) \geq \bar{u}.$$

Mit dieser Beschränkung können wir ermitteln, wie viel Output wir von der Arbeiterin erhalten können. Man möchte die Arbeiterin veranlassen, jenes Leistungsniveau x zu wählen, das bei der gegebenen Beschränkung, dass die Arbeiterin überhaupt in dieser Tätigkeit arbeiten will, den größten Überschuss liefert:

$$\max_x f(x) - s(f(x))$$

unter der Nebenbedingung $s(f(x)) - c(x) \geq \overline{u}$.

Generell will man, dass die Arbeiterin x so wählt, dass die Beschränkung exakt erfüllt ist, sodass $s(f(x)) - c(x) = \overline{u}$. Nach Einsetzen in die Zielfunktion erhalten wir das unbeschränkte Maximierungsproblem

$$\max_x f(x) - c(x) - \overline{u}.$$

Die Lösung dieses Problems ist einfach! Wähle x^* so, dass das Grenzprodukt den Grenzkosten gleich ist:

$$MP(x^*) = MC(x^*).$$

Jede Entscheidung für ein x^*, bei welchem der Grenznutzen nicht gleich den Grenzkosten ist, kann kein Gewinnmaximum sein.

Das sagt uns, welches Leistungsniveau die Besitzerin erreichen will; jetzt müssen wir fragen, was sie der Arbeiterin zahlen muss, damit sie diese Leistung erbringt. Mit anderen Worten: Wie muss die Funktion $s(y)$ aussehen, um die Arbeiterin zu veranlassen, dass x^* zu ihrer optimalen Entscheidung wird?

Angenommen wir möchten die Arbeiterin veranlassen, eine Leistung im Ausmaß von x^* zu erbringen. Damit sie das tut, muss man es als in ihrem Interesse liegend darstellen; das heißt, man muss ein Anreizschema $s(y)$ entwerfen, sodass der Nutzen aus der Entscheidung, x^* zu arbeiten, größer ist als der Nutzen der Arbeiterin bei jedem anderen x. Das ergibt die Beschränkung:

$$s(f(x^*)) - c(x^*) \geq s(f(x)) - c(x)$$

Diese Beschränkung wird **Anreizkompatibilitätsbedingung** genannt. Sie besagt einfach, dass der Nutzen aus der Entscheidung, x^* zu arbeiten, größer als der Nutzen jeder anderen Leistung sein muss.

Jetzt haben wir zwei Bedingungen, die das Anreizschema erfüllen muss: Erstens muss es der Arbeiterin den Nutzen von $\overline{u}$ geben und zweitens muss es die Gleichheit von Grenzprodukt der Leistung und Grenzkosten der Leistung beim Niveau x^* erzielen. Dazu gibt es mehrere Möglichkeiten.

Pacht. Die Grundbesitzerin könnte ihr Land einfach der Arbeiterin um irgendeinen Betrag R verpachten, sodass die Arbeiterin den gesamten Output erhält, nachdem sie der Besitzerin die Pacht R bezahlt hat. Bei diesem Schema ist

$$s(f(x)) = f(x) - R.$$

Wenn die Arbeiterin $s(f(x)) - c(x) = f(x) - R - c(x)$ maximiert, wird sie das Leistungsniveau $MP(x^*) = MC(x^*)$ wählen, also genau was die Besitzerin will. Die Pacht findet man aus der Partizipationsbedingung. Wenn der Gesamtnutzen für die Arbeiterin $\overline{u}$ sein muss, haben wir

$$f(x^*) - c(x^*) - R = \overline{u},$$

was besagt, dass $R = f(x^*) - c(x^*) - \overline{u}$.

Lohnarbeit. Bei diesem Schema zahlt die Grundbesitzerin einen konstanten Lohnsatz je Leistungseinheit zusammen mit einer Pauschale K. Das bedeutet, dass die Anreizzahlung die Form

$$s(x) = wx + K.$$

hat. Der Lohnsatz w ist gleich dem Grenzprodukt der Arbeiterin, $MP(x^*)$, bei der optimalen Entscheidung x^*. Die Konstante K wird so gewählt, dass die Arbeiterin zwischen der Arbeit für die Grundbesitzerin und einer anderen Tätigkeit indifferent ist; das heißt, sie muss die Partizipationsbedingung erfüllen.

Das Maximierungsproblem $s(f(x)) - c(x)$ wird dann

$$\max_x \; wx + K - c(x),$$

was bedeutet, dass die Arbeiterin x so wählen wird, dass ihre Grenzkosten dem Lohnsatz gleich sind: $w = MC(x)$. Da der Lohnsatz gleich $MP(x^*)$ ist, bedeutet das, dass im *Optimum* $MP(x^*) = MC(x^*)$ sein wird, was genau dem entspricht, was das Unternehmen will.

Alles-oder-nichts. Nach diesem Schema zahlt die Grundbesitzerin der Arbeiterin B^*, wenn sie x^* arbeitet, ansonsten Null. Der Betrag B^* wird aus der Partizipationsbedingung bestimmt: $B^* - c(x^*) = \bar{u}$, also $B^* = \bar{u} + c(x^*)$. Wenn die Arbeiterin irgendein Leistungsniveau $x \neq x^*$ wählt, erzielt sie einen Nutzen von $-c(x)$. Wenn sie sich für x^* entscheidet, erzielt sie einen Nutzen von $\bar{u}$. Daher ist die optimale Entscheidung für die Arbeiterin $x = x^*$.

Als Analyseinstrument sind alle drei Schemata gleichwertig: Jedes gibt der Arbeiterin einen Nutzen von $\bar{u}$ und jedes bietet der Arbeiterin Anreiz, beim optimalen Outputniveau x^* zu erzeugen. Auf diesem allgemeinen Niveau gibt es keinen Anlass, sich zwischen ihnen zu entscheiden.

Wie könnte ein nicht-optimales Schema aussehen, wenn alle diese Schemata optimal sind? Hierfür ein Beispiel:

„*Sharecropping*". Beim „Sharecropping" erhalten Arbeiterin und Grundbesitzerin einen festgelegten konstanten Prozentsatz des Outputs.[6] Angenommen der Anteil der Arbeiterin hat die Form $s(x) = \alpha f(x) + F$, wobei F eine Konstante und $\alpha < 1$ ist. Das ist *kein* effizientes Schema für das analysierte Problem. Es ist leicht zu verstehen warum. Das Maximierungsproblem der Arbeiterin ist

$$\max_x \; \alpha f(x) + F - c(x),$$

was bedeutet, dass sie ein Leistungsniveau $\hat{x}$ wählt, bei dem

$$\alpha MP(\hat{x}) = MC(\hat{x}).$$

---

[6] Im industriell-gewerblichen Bereich würde „Sharecropping" einer Umsatzbeteiligung entsprechen.

Solch ein Leistungsniveau kann klarerweise die Effizienzbedingung, $MP(x) = MC(x)$, nicht erfüllen.

Man könnte diese Analyse folgendermaßen zusammenfassen: Um ein effizientes Anreizschema zu entwerfen, ist es erforderlich, dass jene Person, welche die Leistungsentscheidung trifft, **Anspruchsberechtigte auf das Residualeinkommen** ist. Die Besitzerin kann sich *dadurch* selbst so gut wie möglich stellen, indem sie die Arbeiterin dazu bringt, die optimale Outputmenge zu erzeugen. Das ist jenes Outputniveau, bei dem das Grenzprodukt der Zusatzleistung der Arbeiterin gleich den Grenzkosten dieser Leistung ist. Daraus folgt, dass das Anreizschema der Arbeiterin einen Grenznutzen bieten muss, der gleich ihrem Grenzprodukt ist.

BEISPIEL: Stimmrechte in einer Unternehmung

Normalerweise haben Aktienbesitzerinnen bei verschiedenen Fragen hinsichtlich des Managements der Unternehmung ein Stimmrecht, die Besitzerinnen von Schuldverschreibungen hingegen nicht. Warum? Die Antwort ergibt sich nach einem Blick auf die Struktur der Auszahlungen an Aktionärinnen und Gläubigerinnen. Wenn eine Unternehmung in einem gegebenen Jahr einen Gewinn von X Euro erwirtschaftet, haben die Besitzerinnen von Schuldverschreibungen ein erstes Anrecht darauf, was übrig bleibt geht an die Aktionärinnen. Wenn die Gesamtforderungen der Besitzerinnen der Obligationen B sind, dann erhalten die Aktionärinnen $X - B$. Die Aktienbesitzerinnen werden dadurch zu Anspruchsberechtigten auf den verbleibenden Rest – sie haben daher einen Anreiz, dass X so groß wie möglich wird. Die Besitzerinnen der Obligationen hingegen, haben nur einen Anreiz, dass X mindestens so groß wie B ist, da sie nur ein Recht in diesem Umfang haben. Daher führt das Entscheidungsrecht der Aktionärinnen im Allgemeinen zu einem höheren Gewinn.

BEISPIEL: Ökonomische Reformen in China

Vor dem Jahre 1979 waren die chinesischen Landgemeinden in der orthodoxen marxistischen Tradition organisiert. Die Arbeiterinnen wurden entsprechend einer groben Schätzung ihres Beitrags zum Einkommen der Kommune entlohnt. Fünf Prozent des Grund und Bodens der Kommune waren der privaten Bewirtschaftung vorbehalten, es war den Bäuerinnen jedoch untersagt, zum Verkauf der Erzeugnisse ihrer privaten Anbaufläche in die Stadt zu fahren. Der gesamte Handel musste über einen äußerst regulierten Regierungsmarkt abgewickelt werden.

Gegen Ende des Jahres 1978 führte die chinesische Zentralregierung eine bedeutende Reform der landwirtschaftlichen Struktur unter dem Begriff „System der Verantwortung" durch. Demnach verblieb jeder Überschuss der Produktion über eine fixe Quote dem Haushalt und durfte am freien Markt verkauft werden. Die Regierung lockerte Beschränkungen auf private Grundstücke und erhöhte die dem privaten Anbau gewidmeten Landflächen. Ende 1984 arbeiteten 97 Prozent der Landwirtschaften nach diesem System der Verantwortung.

Beachte, dass die Struktur dieses Systems dem oben beschriebenen Anreizmechanismus weitgehend entspricht: Jeder Haushalt leistet eine Pauschalzahlung an die Kommune, jeglichen Überschuss über seine Quote kann er behalten. Somit sind die *marginalen* Anreize die für die Produktion des Haushalts ökonomisch relevanten Anreize.

Die Wirkung dieses neuen Systems auf die landwirtschaftliche Produktion war phänomenal: Zwischen 1978 und 1984 stieg der Output der chinesischen Landwirtschaft um mehr als 61 Prozent! Allerdings ist nicht die gesamte Steigerung auf bessere Anreize zurückzuführen. Gleichzeitig waren einige Reformen im Gange, die chinesische Regierung veränderte auch die kontrollierten Preise landwirtschaftlicher Produkte, einige Preise durften sich sogar frei auf den privaten Märkten bilden.

Drei Ökonomen versuchten die Outputsteigerung den besseren Anreizen und der Preisänderung anteilig zuzurechnen.[7] Sie schlossen, dass mehr als drei Viertel der Steigerung auf die verbesserten Anreize zurückzuführen war und nur ein Viertel auf die Preisreform.

36.8 Asymmetrische Information

Die obige Analyse brachte einige Erkenntnisse hinsichtlich der Verwendung unterschiedlicher Anreizsysteme. Sie zeigt zum Beispiel, dass Verpachtung besser als „Sharecropping" ist. Das geht aber etwas zu weit. Wenn unsere Analyse eine gute Beschreibung der Realität ist, dann würden wir Verpachtung oder Entlohnung in der Landwirtschaft beobachten, niemals jedoch „Sharecropping" – außer irrtümlich.

Offensichtlich stimmt das nicht. In manchen Teilen der Welt wird „Sharecropping" seit Tausenden von Jahren verwendet, also scheint es eine Funktion zu haben. Was haben wir in unserem Modell ausgelassen?

Aufgrund des Titels dieses Abschnitts ist die Antwort nicht schwer zu erraten: Wir ignorierten Probleme, die sich aus unvollkommener Information ergeben. Wir nahmen an, dass die Besitzer des Unternehmens die Leistung des Arbeiters perfekt beobachten konnten. In vielen relevanten Situationen wird es aber unmöglich sein, die Leistung zu erfassen. Bestenfalls kann der Besitzer irgendein *Signal* der Leistung beobachten, wie zum Beispiel den produzierten Output. Die Menge des hergestellten Outputs eines Bauern mag teilweise von seiner Leistung abhängen, aber sie hängt auch vom Wetter, der Qualität der Inputs und vielen anderen Faktoren ab. Wegen dieser „Störeinflüsse" wird jede Zahlung vom Besitzer an einen Arbeiter, die auf dem Output beruht, im allgemeinen einer nur auf Leistung basierenden Zahlung nicht gleichwertig sein.

Das ist im Wesentlichen ein Problem asymmetrischer Information: Der Arbeiter kann sein Leistungsniveau wählen, der Besitzer kann es aber nicht perfekt be-

---

[7] J. McMillan, J. Whalley, and L. Zhu, „The Impact of China's Economic Reforms on Agricultural Productivity Growth," *Journal of Political Economy*, 97, 4, 1989, pp. 781-807.

obachten. Der Besitzer muss die Leistung aus dem gemessenen Output abschätzen; die Konstruktion eines optimalen Anreizschemas muss diesem Problem Rechnung tragen.

Sehen wir uns die vier oben beschriebenen Anreizsysteme an. Welche Fehler treten auf, wenn die Leistung mit dem Output nicht vollständig korreliert?

Pacht. Wenn das Unternehmen dem Arbeiter seine technische Einrichtung verpachtet, erhält der Arbeiter den gesamten nach Zahlung des fixen Pachtzinses verbleibenden Output. Wenn der Output eine Zufallskomponente hat, so bedeutet das, dass der Arbeiter das gesamte Risiko aus dem Einfluss dieser Zufallsfaktoren tragen muss. Wenn der Arbeiter risikoscheuer ist als der Besitzer – was der wahrscheinliche Fall ist – wird das ineffizient sein. Im Allgemeinen wären die Arbeiter bereit, auf ein wenig Residualgewinn zu verzichten, um einen weniger riskanten Einkommensstrom zu haben.

Lohnarbeit. Bei der Lohnarbeit besteht das Problem in der Notwendigkeit, die *Menge* des Arbeitsinputs zu erfassen. Der Lohn muss auf der in die Produktion eingesetzten Leistung beruhen, nicht einfach auf den im Unternehmen zugebrachten Stunden. Wenn der Besitzer den Umfang des Arbeitseinsatzes – die Leistung – nicht messen kann, wird es unmöglich sein, so ein Anreizsystem einzuführen.

Alles-oder-nichts. Wenn die Anreizzahlung auf dem Arbeitsinput basiert, haben wir dasselbe Problem wie bei der Lohnarbeit. Wenn die Zahlung auf dem *Output* beruht, impliziert das Schema, dass der Arbeiter das gesamte Risiko trägt. Schon geringes Verfehlen des „Outputziels" führt zu einer Nullzahlung.

„Sharecropping". Das ist so etwas wie ein glücklicher Mittelweg. Die Zahlung an den Arbeiter hängt teilweise vom beobachteten Output ab, der Arbeiter und der Besitzer teilen jedoch das Risiko von Outputschwankungen. Das bietet dem Arbeiter Anreiz zur Produktion, es lastet jedoch nicht das gesamte Risiko auf ihm.

Die Einführung asymmetrischer Information hat für die Bewertung der Anreizschemata drastische Änderungen gebracht. Wenn der Besitzer die Leistung nicht messen kann, ist Lohnarbeit undurchführbar. Pacht und das Alles-oder-nichts-Schema bürden dem Arbeiter zu viel Risiko auf. „Sharecropping" ist ein Kompromiss zwischen den beiden Extremen: Es gibt dem Arbeiter einen gewissen Produktionsanreiz, überwälzt aber nicht das gesamte Risiko auf ihn.

BEISPIEL: Überwachungskosten

Es ist nicht immer ganz leicht, das Ausmaß an Leistung festzustellen, das Beschäftigte bei ihrer Arbeit erbringen. Nehmen wir zum Beispiel die Arbeit eines Verkäufers in einem Geschäft, das rund um die Uhr geöffnet ist. Wie kann der Manager die Leistung des Beschäftigten feststellen, wenn er nicht anwesend ist? Selbst wenn es Wege gäbe, den „physischen" Output (Auffüllen der Regale, Inkasso usw.) zu erfassen, ist es viel schwieriger, andere Aspekte – z. B. Höflichkeit gegenüber den Kunden – zu beurteilen.

Es gibt kaum Zweifel darüber, dass so ziemlich die schlechtesten Dienstleistungen in den Ländern Zentral- und Ostmitteleuropas erbracht wurden: Wenn es einem schon einmal gelingen sollte, einen Verkäufer auf sich aufmerksam zu machen, hatte das meist eher ein Stirnrunzeln als ein Lächeln zur Folge. Trotzdem erzielte ein ungarischer Unternehmer, Gabor Varszegi, Millionen Gewinne durch qualitativ hoch stehende Dienstleistungen aus seiner Kette von Fotogeschäften in Budapest.[8]

Varszegi berichtet von seinen Anfängen als Geschäftsmann in den Sechzigerjahren als Bassguitarrist und Manager einer Rockgruppe. „Damals", erzählt er, „waren Rockmusiker die einzigen privaten Unternehmer in Osteuropa." Er startete seinen 1-Stunden-Filmentwicklungsdienst in Ungarn im Jahre 1985; die nächstbeste Alternative dazu war eine staatliche Agentur, die nahezu einen Monat für die Filmausarbeitung benötigte.

Varszegi folgt zwei Regeln in seinen Arbeitsbeziehungen: Er stellt niemand ein, der während des Kommunismus gearbeitet hat, und er zahlt seinen Beschäftigen das Vierfache des gängigen Marktlohns. Das ist im Hinblick auf die Kosten der Leistungsüberwachung völlig rational: Je Geschäft gibt es jeweils nur wenige Angestellte, die Überwachungskosten wären daher dementsprechend hoch. Wenn die Konsequenz einer Entlassung gering wäre, dann würde die Versuchung zur Nachlässigkeit groß sein. Dadurch, dass Varszegi seinen Beschäftigten viel mehr zahlt, als sie anderswo verdienen könnten, kommt sie eine Entlassung teuer zu stehen – was seine Überwachungskosten ganz entscheidend reduziert.

BEISPIEL: Die Grameen Bank

Der Geldverleiher eines Dorfes in Bangladesh verlangt mehr als 150 Prozent Jahreszinsen. Jeder amerikanische Bankier wäre von Zinsen in dieser Höhe begeistert: Warum installiert dann die Citibank keine Geldautomaten in Bangladesh? Die Antwort ergibt sich fast von selbst: Citibank wäre wahrscheinlich nicht so erfolgreich wie der lokale Geldverleiher. Dieser hat aus einer Reihe von Gründen einen relativen Vorteil bei kleinen Krediten:

- Der lokale Geldverleiher kann mit dem Verleihen kleiner Summen besser umgehen.

- Der lokale Geldverleiher hat besseren Zugang als ein Außenseiter zur Information darüber, wer ein gutes oder schlechtes Kreditrisiko darstellt.

- Der lokale Geldverleiher ist besser in der Lage, den Erfolg der Kreditgewährungen zu überschauen und damit die Rückzahlungen zu gewährleisten.

Diese drei Probleme – Skalenerträge, negative Auslese und „Moral Hazard" – ermöglichen dem Geldverleiher im Dorf die Aufrechterhaltung eines lokalen Monopols auf dem Kreditsektor.

---

[8] Siehe Steven Greenhous, "A New Formula in Hungary: Speed Service and Grow Rich", *New York Times*, June 5, 1990, A1.

So ein lokales Monopol wirkt sich jedoch in einem unterentwickelten Land wie Bangladesh besonders verheerend aus. Es gäbe viele gewinnversprechende Projekte, die allerdings bei einem Zinssatz von 150 Prozent von den Bauern nie in Angriff genommen werden. Verbesserter Zugang zu Krediten könnte zu einer wesentlichen Erhöhung der Investitionen beitragen – mit dem entsprechenden Ansteigen des Lebensstandards.

Muhammad Yunas, ein in Amerika ausgebildeter Ökonom aus Bangladesh, hat eine interessante Institution ins Leben gerufen, die Grameen Bank (Dorfbank), um einige dieser Probleme zu lösen. Nach dem Grameen-Plan schließen sich einige Unternehmer mit verschiedenen Projekten zusammen und suchen gemeinsam um einen Kredit an. Wenn der Kredit prinzipiell gewährt wird, erhalten vorerst zwei Mitglieder der Gruppe Kredite und beginnen mit ihrer Investitionstätigkeit. Wenn sie diese Kredite planmäßig zurückzahlen, erhalten zwei weitere Gruppenmitglieder Kredite. Wenn auch sie erfolgreich sind, erhält auch das letzte Mitglied, der Gruppenführer, seinen Kredit.

Die Grameen Bank löst alle drei oben dargestellten Probleme. Da die Qualität der Gruppe beeinflusst, ob die einzelnen Mitglieder Kredite erhalten, sind potenzielle Mitglieder sehr wählerisch, mit wem sie sich zusammenschließen. Da Mitglieder einer Gruppe nur dann Kredite erhalten, wenn die Investitionsprojekte der anderen Mitglieder erfolgreich verlaufen, gibt es massive Anreize, einander zu unterstützen und Erfahrungen zu teilen. Letztlich werden auch alle diese Handlungen – die Auswahl der Kandidaten für Kredite, die Überwachung der Rückzahlungen – durch die Bauern selbst und nicht durch die Bankbeamten vorgenommen.

Die Grameen Bank ist sehr erfolgreich. Sie gewährt monatlich etwa 475.000 Kredite mit einer durchschnittlichen Höhe von $ 70. Die Rückzahlquote liegt bei rund 98 Prozent, konventionelle Kreditgeber erreichen in Bangladesh hingegen nur Quoten von 30 bis 40 Prozent. Der Erfolg dieses Programms der Gruppenverantwortlichkeit bei der Investitionsförderung hat dazu geführt, dass es von einer Reihe anderer armer Regionen in Nord- und Südamerika übernommen wurde.

Zusammenfassung

1. Unvollständige und asymmetrische Information kann zu deutlichen Unterschieden in der Art des Marktgleichgewichts führen.
2. Negative Auslese bezieht sich auf Situationen, in denen der Typus der Akteure nicht beobachtbar ist, sodass eine Marktseite die Art oder Qualität eines Produkts aufgrund des Verhaltens der anderen Marktseite abschätzen muss.
3. In Märkten mit negativer Auslese kann es dazu kommen, dass zu wenig getauscht wird. In diesem Fall ist es möglich, dass jeder durch Zwang zur Transaktion besser gestellt werden kann.
4. „Moral Hazard" bezieht sich auf eine Situation, in der eine Marktseite die Handlungen der anderen nicht beobachten kann.
5. Signale bei der Präsenz von negativer Auslese oder „Moral Hazard" bedeuten, dass einige Akteure in Signale investieren werden, um sich von anderen Akteuren zu unterscheiden.

6. Investition in Signale kann privat von Vorteil sein, jedoch gesellschaftlich Verschwendung darstellen. Andererseits können Signale dazu beitragen, die Probleme asymmetrischer Information zu lösen.
7. Effiziente Anreizschemata (mit vollkommener Beobachtbarkeit der Leistung) machen die Arbeiterin zur Anspruchsberechtigten auf das Residualeinkommen. Das bedeutet, dass die Arbeiterin die Gleichsetzung von Grenznutzen und Grenzkosten anstreben wird.
8. Das gilt allerdings bei unvollständiger Information nicht mehr. Im allgemeinen wird sich ein Anreizschema eignen, bei dem sowohl das Risiko geteilt wird, als auch Anreize geboten werden.

Wiederholungsfragen

1. Kommen wir auf das in diesem Kapitel vorgestellte Modell des Gebrauchtwagenmarktes zurück. Wie hoch ist die maximale Konsumentenrente, die sich aufgrund der Transaktionen auf diesem Markt ergibt?
2. Wie viel Konsumentenrente ergäbe sich auf demselben Markt, wenn die Käufer den Verkäufern nach einem *Zufallsprinzip* zugewiesen würden? Welche Methode führt zur größeren Rente?
3. Eine Arbeiterin erzeugt x Outputeinheiten zu Kosten von $c(x) = x^2/2$. Wenn sie woanders arbeitet, kann sie ein Nutzenniveau $\bar{u} = 0$ erzielen. Wie sieht das optimale Lohnanreizschema $s(x)$ für diese Arbeiterin aus?
4. Wie viel wäre – im obigen Beispiel – der Arbeiter bereit, als Pacht für die Produktionstechnologie zu zahlen?
5. Wie würde sich die Antwort zur vorangehenden Frage ändern, wenn die Beschäftigungsalternative der Arbeiterin einen Nutzen von $\bar{u} = 1$ gäbe?

MATHEMATISCHER ANHANG

In diesem Anhang werden wir eine kurze Wiederholung der im Hauptteil verwendeten mathematischen Konzepte geben. Der Stoff soll als Erinnerung der Definitionen verschiedener im Text verwendeter Ausdrücke dienen. Er ist ausdrücklich nicht als Nachhilfe in Mathematik gedacht. Die dargestellten Definitionen werden im Allgemeinen die einfachsten, nicht die rigorosesten sein.

A.1 Funktionen

Eine **Funktion** ist eine Regel, die eine Beziehung zwischen Zahlen beschreibt. Für jede Zahl x bestimmt eine Funktion nach irgendeiner Regel eine *eindeutige* Zahl y. So kann eine Funktion durch die Beschreibung der Regel angegeben sein „nimm eine Zahl und quadriere sie" oder „nimm eine Zahl und multipliziere sie mit 2" und so weiter. Wir schreiben diese angeführten Funktionen als $y = x^2$, $y = 2x$. Funktionen werden manchmal als **Transformationen** bezeichnet.

Häufig wollen wir darauf hinweisen, dass eine Variable y von einer anderen Variablen x abhängt, wir jedoch die spezifische algebraische Beziehung zwischen den beiden Variablen nicht kennen. In diesem Fall schreiben wir $y = f(x)$, was als die Aussage interpretiert werden sollte, dass die Variable y von der Variablen x gemäß der Regel f abhängt.

Für eine gegebene Funktion $y = f(x)$ wird die Zahl x oft als die **unabhängige Variable**, die Zahl y als die **abhängige Variable** bezeichnet. Der Gedanke ist, dass sich x unabhängig verändert, der Wert von y jedoch vom Wert von x abhängt.

Oft hängt eine Variable y von mehreren anderen Variablen x_1, x_2 und so wieter ab, wir schreiben daher $y = f(x_1, x_2)$, um anzuzeigen, dass beide Variablen zusammen den Wert von y bestimmen.

A.2 Diagramme

Das **Diagramm** einer Funktion stellt das Verhalten einer Funktion bildlich dar. Abbildung A.1 zeigt zwei Diagramme von Funktionen. In der Mathematik wird die unabhängige Variable üblicherweise auf der horizontalen und die abhängige Variable auf der vertikalen Achse dargestellt. Das Diagramm gibt dann die Beziehung zwischen der unabhängigen und abhängigen Variablen an.

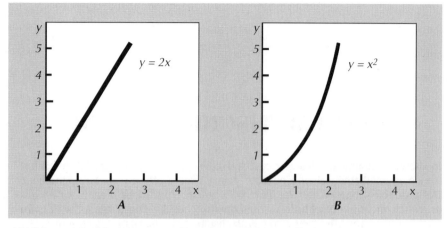

Abbildung A.1 Diagramme von Funktionen. Feld A stellt das Diagramm von $y = 2x$ und Feld B das Diagramm von $y = x^2$ dar.

In der Ökonomie ist es jedoch gebräuchlich, manche Funktionen mit der unabhängigen Variablen auf der vertikalen und der abhängigen Variablen auf der horizontalen Achse grafisch darzustellen. Nachfragefunktionen, zum Beispiel, werden üblicherweise mit dem Preis auf der vertikalen und der nachgefragten Menge auf der horizontalen Achse dargestellt.

A.3 Eigenschaften von Funktionen

Eine **kontinuierliche** Funktion ist eine Funktion, die gezeichnet werden kann, ohne den Bleistift vom Papier abzuheben: Es gibt bei einer kontinuierlichen Funktion keine Sprünge. Eine **differenzierbare** Funktion ist eine, die keine „Knicke" oder Ecken hat. Eine **monotone** Funktion ist immer steigend oder immer fallend, eine **positiv monotone** Funktion ist für steigendes x immer steigend, während eine **negativ monotone** Funktion für steigendes x immer fallend ist.

A.4 Inverse Funktionen

Erinnern wir uns, dass eine Funktion die Eigenschaft hat, dass es für jeden Wert von x einen damit assoziierten eindeutigen Wert von y gibt und dass eine monotone Funktion immer steigend oder immer fallend ist. Das impliziert, dass es bei einer monotonen Funktion einen eindeutigen Wert von x für jeden Wert von y gibt.

Wir nennen die Funktion, die x zu y in dieser Form in Beziehung setzt eine **inverse Funktion**. Wenn y als Funktion von x gegeben ist, kann man die inverse Funktion berechnen, indem man einfach nach x als eine Funktion von y löst. Wenn $y = 2x$, dann ist die inverse Funktion $x = y/2$. Wenn $y = x^2$, dann gibt es

keine inverse Funktion; für jedes gegebene y, haben sowohl
$$x = +\sqrt{x} \text{ als auch } x = -\sqrt{x}$$
die Eigenschaft, dass ihr Quadrat gleich y ist. Es gibt daher keinen *eindeutigen* Wert von x der mit jedem Wert von y assoziiert ist, wie es die Definition einer Funktion wird.

A.5 Gleichungen und Identitäten

Eine **Gleichung** fragt, wann eine Funktion einer spezifischen Zahl gleich ist. Beispiele für Gleichungen sind
$$2x = 8$$
$$x^2 = 9$$
$$f(x) = 0.$$

Die **Lösung** einer Gleichung ist ein Wert für x, welcher die Gleichung erfüllt. Die erste Gleichung hat eine Lösung von $x = 4$. Die zweite Gleichung hat zwei Lösungen, $x = 3$ und $x = -3$. Die dritte ist einfach eine allgemeine Gleichung. Wir kennen ihre Lösung nicht, bis wir nicht die tatsächliche Regel kennen, für die f steht, aber wir können ihre Lösung mit x^* bezeichnen. Das bedeutet einfach, dass x^* eine Zahl ist, sodass $f(x^*) = 0$. Wir sagen, x^* **erfüllt** die Gleichung $f(x) = 0$.

Eine **Identität** ist eine Beziehung zwischen Variablen, die für *alle* Werte der Variablen gilt. Hier sind einige Beispiele für Identitäten:
$$(x+y)^2 \equiv x^2 + 2xy + y^2$$
$$2(x+1) \equiv 2x + 2.$$

Das spezielle Symbol $\equiv$ bedeutet, dass die linke und die rechte Seite für *alle* Werte der Variablen gleich sind. Eine Gleichung gilt nur für einige Werte der Variablen, während eine Identität für alle Werte der Variablen wahr ist. Häufig gilt eine Identität durch die Definition der betroffenen Variablen.

A.6 Lineare Funktionen

Eine **lineare Funktion** ist eine Funktion der Form
$$y = ax + b,$$
wobei a und b Konstante sind. Beispiele linearer Funktionen sind
$$y = 2x + 3$$
$$y = x - 99.$$

Streng genommen sollte eine Funktion der Form $y = ax + b$ eine **affine Funktion** genannt werden, und nur Funktionen der Form $y = ax$ sollten lineare Funktionen genannt werden. Wir werden jedoch auf dieser Unterscheidung nicht beharren.

Lineare Funktionen können auch implizit in Formen wie $ax + by = c$ geschrieben werden. In so einem Fall lösen wir dann gerne nach y als einer Funktion von x, um das in die „Standardform" umzuwandeln:

$$y = \frac{c}{b} - \frac{a}{b}x.$$

A.7 Veränderungen und Änderungsraten

Die Notation Δx wird als „Veränderung von x" gelesen. Sie bedeutet *nicht* Δ mal x. Wenn sich x von x^* nach x^{**} ändert, dann ist die Veränderung von x einfach

$$\Delta x = x^{**} - x^*.$$

Wir können auch

$$x^{**} = x^* + \Delta x$$

schreiben, um darauf hinzuweisen, dass x^{**} gleich x^* plus einer Veränderung von x ist.

Typischerweise wird sich Δx auf eine kleine Veränderung von x beziehen. Manchmal drücken wir das dadurch aus, dass wir sagen, Δx stellt eine **marginale Veränderung** dar.

Eine **Änderungsrate** ist das Verhältnis zweier Veränderungen. Wenn y eine Funktion von x ist, gegeben durch $y = f(x)$, dann wird die Änderungsrate von y in Bezug auf x mit

$$\frac{\Delta y}{\Delta x} = \frac{f(x + \Delta x) - f(x)}{\Delta x}$$

bezeichnet. Die Änderungsrate misst, wie sich y ändert, wenn sich x ändert.

Eine lineare Funktion hat die Eigenschaft, dass die Änderungsrate von y in Bezug auf x konstant ist. Um das zu beweisen beachte, dass bei $y = a + bx$ gilt

$$\frac{\Delta y}{\Delta x} = \frac{a + b(x + \Delta x) - a - bx}{\Delta x} = \frac{b \Delta x}{\Delta x} = b.$$

Bei nichtlinearen Funktionen wird die Änderungsrate vom Wert von x abhängen. Nehmen wir zum Beispiel die Funktion $y = x^2$. Für diese Funktion

$$\frac{\Delta y}{\Delta x} = \frac{(x + \Delta x)^2 - x^2}{\Delta x} = \frac{x^2 + 2x \Delta x + (\Delta x)^2 - x^2}{\Delta x} = 2x + \Delta x.$$

Hier hängt die Änderungsrate von x nach $x + \Delta x$ vom Wert von x und dem Ausmaß der Veränderung, Δx, ab. Wenn wir es mit sehr kleinen Änderungen von x zu tun haben, dann wird Δx nahezu Null sein, sodass die Änderungsrate von y in Bezug auf x näherungsweise $2x$ sein wird.

A.8 Steigungen und Achsenabschnitte

Die Änderungsrate einer Funktion kann grafisch als die **Steigung** der Funktion interpretiert werden. In Abbildung A.2A haben wir eine lineare Funktion $y = -2x + 4$ dargestellt. Der **vertikale Achsenabschnitt** dieser Funktion ist der Wert von y, wenn $x = 0$, also $y = 4$. Der **horizontale Achsenabschnitt** ist der Wert von x, wenn $y = 0$, also $x = 2$. Die Steigung der Funktion ist die Änderungsrate von y, wenn sich x ändert. In diesem Fall ist die Steigung der Funktion -2.

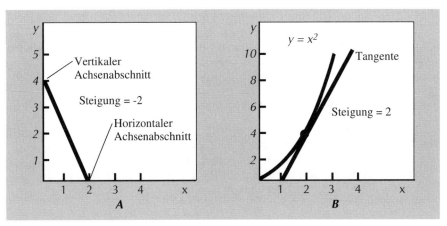

Abbildung A.2 Steigungen und Achsenabschnitte. Feld A stellt die Funktion $y = -2x + 4$, Feld B die Funktion $y = x^2$ dar.

Wenn im Allgemeinen eine lineare Funktion die Form $y = ax + b$ hat, dann wird der vertikale Achsenabschnitt $y^* = b$ sein und der horizontale Achsenabschnitt gleich $x^* = -b/a$. Wenn eine lineare Funktion in der Form

$$a_1 x_1 + a_2 x_2 = c$$

ausgedrückt wird, dann wird der horizontale Achsenabschnitt gleich dem Wert von x_1 sein, wenn $x_2 = 0$ ist, also $x_1^* = ca_1$, und der vertikale Achsenabschnitt wird sich bei $x_1 = 0$ ergeben, was heißt, dass $x_2^* = c/a_2$. Die Steigung dieser Funktion ist $-a_1/a_2$.

Eine nichtlineare Form hat die Eigenschaft, dass sich ihre Steigung mit x ändert. Eine **Tangente** an eine Funktion bei irgendeinem Punkt x ist eine lineare Funktion, welche dieselbe Steigung hat. In Abbildung A.2B haben wir die Funktion x^2 und die Tangente bei $x = 1$ dargestellt.

Wenn y jedes Mal steigt, wenn x steigt, dann wird Δy immer dasselbe Vorzeichen haben wie Δx, sodass die Steigung der Funktion positiv sein wird. Wenn andererseits y immer fällt, wenn x steigt, oder y steigt, wenn x fällt, dann werden Δy und Δx entgegengesetzte Vorzeichen haben, sodass die Steigung der Funktion negativ sein wird.

A.9 Absolutwerte und Logarithmen

Der **Absolutwert** oder der **Betrag** einer Zahl ist eine Funktion $f(x)$, die durch die folgende Regel definiert wird:

$$f(x) = \begin{cases} x & \text{if } x \geq 0 \\ -x & \text{if } x < 0. \end{cases}$$

Der Absolutwert einer Zahl kann daher durch Weglassen des Vorzeichens der Zahl gefunden werden. Der Absolutwert einer Funktion wird üblicherweise als $|x|$ geschrieben.

Der (natürliche) **Logarithmus** oder **log** von x beschreibt eine besondere Funktion von x, die wir als $y = \ln x$ oder $y = \ln(x)$ anschreiben. Die logarithmische Funktion ist die einzige Funktion, welche die Eigenschaften

$$\ln(xy) = \ln(x) + \ln(y)$$

für alle positiven Zahlen x und y und

$$\ln(e) = 1$$

hat. (In dieser letzten Gleichung ist e die Basis des natürlichen Logarithmus, die gleich 2,7183... ist). In Worten ausgedrückt ist der log eines Produkts zweier Zahlen gleich der Summe der einzelnen log's. Diese Eigenschaft impliziert eine andere wichtige Eigenschaft der Logarithmen:

$$\ln(x^y) = y\ln(x),$$

was besagt, dass der log von x zur Potenz von y gleich y mal dem log von x ist.

A.10 Ableitungen

Die **Ableitung** einer Funktion $y = f(x)$ ist definiert als

$$\frac{df(x)}{dx} = \lim_{\Delta x \to 0} \frac{f(x + \Delta x) - f(x)}{\Delta x}.$$

In Worten ausgedrückt ist die Ableitung der Grenzwert der Änderungsrate von y in Bezug auf x, wenn die Änderung von x gegen Null strebt. Die Ableitung gibt dem Ausdruck „die Änderungsrate von y in Bezug auf x für kleine Änderungen von x" genaue Bedeutung. Die Ableitung von $f(x)$ nach x wird auch mit $f'(x)$ bezeichnet.

Wir haben bereits gesehen, dass die Änderungsrate einer linearen Funktion $y = ax + b$ eine Konstante ist. Für diese lineare Funktion ist daher

$$\frac{df(x)}{dx} = a.$$

Bei einer nichtlinearen Funktion wird die Änderungsrate von y in Bezug auf x üblicherweise von x abhängen. Wir sahen, dass im Fall von $f(x) = x^2$, $\Delta y/\Delta x = 2x + \Delta x$. Anwendung der Definition der Ableitung ergibt:

$$\frac{df(x)}{dx} = \lim_{\Delta x \to 0} 2x + \Delta x = 2x.$$

Daher ist die Ableitung von x^2 nach x gleich $2x$.

Mit fortgeschritteneren Methoden kann gezeigt werden, dass für $y = \ln x$

$$\frac{df(x)}{dx} = \frac{1}{x}.$$

A.11 Zweite Ableitungen

Die **zweite Ableitung** einer Funktion ist die Ableitung der Ableitung dieser Funktion. Wenn $y = f(x)$, dann wird die zweite Ableitung von $f(x)$ nach x als $d^2 f(x)/dx^2$ oder $f''(x)$ geschrieben. Wir wissen, dass

$$\frac{d(2x)}{dx} = 2$$

$$\frac{d(x^2)}{dx} = 2x.$$

Daher ist

$$\frac{d^2(2x)}{dx^2} = \frac{d(2)}{dx} = 0$$

$$\frac{d^2(x^2)}{dx^2} = \frac{d(2x)}{dx} = 2.$$

Die zweite Ableitung misst die Krümmung einer Funktion. Eine Funktion mit einer negativen zweiten Ableitung bei einem Punkt, ist in der Umgebung dieses Punktes konkav; ihre Steigung wird kleiner. Eine Funktion mit einer positiven zweiten Ableitung bei einem bestimmten Punkt ist in der Umgebung dieses Punktes konvex; ihre Steigung wird größer. Eine Funktion mit einer zweiten Ableitung von Null bei einem bestimmten Punkt ist in der Umgebung dieses Punktes linear.

A.12 Die Produktregel und die Kettenregel

Angenommen sowohl $g(x)$ als auch $h(x)$ sind Funktionen von x. Wir können dann eine Funktion $f(x)$, die ihr Produkt darstellt, durch $f(x) = g(x)h(x)$ definieren. Dann ist die Ableitung von $f(x)$ gegeben durch

$$\frac{df(x)}{dx} = g(x)\frac{dh(x)}{dx} + h(x)\frac{dg(x)}{dx}.$$

Wenn wir zwei Funktionen $y = g(x)$ und $z = h(y)$ gegeben haben, dann ist die **zusammengesetzte Funktion**

$$f(x) = h(g(x)).$$

Wenn zum Beispiel $g(x) = x^2$ und $h(y) = 2y + 3$, dann ist die zusammengesetzte Funktion

$$f(x) = 2x^2 + 3.$$

Die **Kettenregel** besagt, dass die Ableitung einer zusammengesetzten Funktion, $f(x)$ nach x durch

$$\frac{df(x)}{dx} = \frac{dh(y)}{dy}\frac{dg(x)}{dx}$$

gegeben ist. In unserem Beispiel ist $dh(y)/dy = 2$ und $dg(x)/dx = 2x$, nach der Kettenregel ist daher $df(x)/dx = 2*2x = 4x$. Direkte Berechnung bestätigt, dass das die Ableitung der Funktion $f(x) = 2x^2 + 3$ ist.

A.13 Partielle Ableitungen

Angenommen y hängt sowohl von x_1 als auch x_2 ab, sodass $y = f(x_1, x_2)$. Dann ist die **partielle Ableitung** von $f(x_1, x_2)$ nach x_1 durch

$$\frac{\partial f(x_1, x_2)}{\partial x_1} = \lim_{\Delta x_1 \to 0} \frac{f(x_1 + \Delta x_1, x_2) - f(x_1, x_2)}{\Delta x_1}$$

definiert. Die partielle Ableitung von $f(x_1, x_2)$ nach x_1 ist einfach die Ableitung der Funktion nach x_1, *wobei x_2 konstant gehalten wird*. Ähnlich ist die partielle Ableitung nach x_2

$$\frac{\partial f(x_1, x_2)}{\partial x_2} = \lim_{\Delta x_2 \to 0} \frac{f(x_1, x_2 + \Delta x_2) - f(x_1, x_2)}{\Delta x_2}.$$

Partielle Ableitungen haben genau dieselben Eigenschaften wie gewöhnliche Ableitungen; nur der Name wurde zum Schutz der Unschuldigen geändert (das sind Menschen, die das δ-Symbol nicht kennen).

Insbesondere folgen partielle Ableitungen der Kettenregel, jedoch mit einem zusätzlichen Dreh. Angenommen sowohl x_1 als auch x_2 hängen von einer Variablen t ab, und wir definieren die Funktion $g(t)$ durch

$$g(t) = f(x_1(t), x_2(t)).$$

Dann ist die Ableitung von $g(t)$ nach t durch

$$\frac{dg(t)}{dt} = \frac{\partial f(x_1, x_2)}{\partial x_1}\frac{dx_1(t)}{dt} + \frac{\partial f(x_1, x_2)}{\partial x_2}\frac{dx_2(t)}{dt}$$

gegeben. Ändert sich t, so wirkt sich das sowohl auf $x_1(t)$ als auch $x_2(t)$ aus. Wir müssen daher die Ableitung von $f(x_1, x_2)$ nach jeder dieser Änderungen berechnen.

A.14 Optimierung

Wenn $y = f(x)$, dann erreicht $f(x)$ ein **Maximum** bei x^*, wenn $f(x^*) \geq f(x)$ für alle x. Es kann gezeigt werden, dass dann, wenn eine glatte Funktion $f(x)$ ihr Maximum bei x^* erreicht,

$$\frac{df(x^*)}{dx} = 0$$
$$\frac{d^2 f(x^*)}{dx^2} \leq 0$$

gelten müssen. Diese Ausdrücke werden als die **Bedingung erster Ordnung** und **Bedingung zweiter Ordnung** für ein Maximum bezeichnet. Die Bedingung erster Ordnung besagt, dass die Funktion bei x^* flach ist, während die Bedingung zweiter Ordnung besagt, dass sie in der Umgebung von x^* konkav ist. Offensichtlich müssen beide Eigenschaften gelten, damit x^* tatsächlich ein Maximum ist.

Wir sagen, dass $f(x)$ bei x^* sein **Minimum** erreicht, wenn $f(x^*) = f(x)$ für alle x. Wenn $f(x)$ eine differenzierbare Funktion ist, die ihr Minimum bei x^* erreicht, dann

$$\frac{df(x^*)}{dx} = 0$$
$$\frac{d^2 f(x^*)}{dx^2} \geq 0.$$

Die Bedingung erster Ordnung besagt wiederum, dass die Funktion bei x^* flach ist, während die Bedingung zweiter Ordnung jetzt aussagt, dass die Funktion in der Umgebung von x^* konvex ist.

Wenn $y = f(x_1, x_2)$ eine differenzierbare Funktion ist, die ihr Maximum oder Minimum bei einem Punkt (x_1^*, x_2^*) erreicht, dann müssen

$$\frac{\partial f(x_1^*, x_2^*)}{\partial x_1} = 0$$
$$\frac{\partial f(x_1^*, x_2^*)}{\partial x_2} = 0$$

erfüllt sein. Sie werden als **Bedingungen erster Ordnung** bezeichnet. Es gibt auch Bedingungen zweiter Ordnung, aber sie sind etwas schwieriger zu beschreiben.

A.15 Optimierung unter Nebenbedingungen

Häufig wollen wir das Maximum oder Minimum einer Funktion über eingeschränkte Werte von (x_1, x_2) untersuchen. Die Notation

$$\max_{x_1, x_2} f(x_1, x_2)$$

unter der Nebenbedingung $g(x_1, x_2) = c$

bedeutet: Suche x_1^* und x_2^*, sodass $f(x_1^*, x_2^*) = f(x_1, x_2)$ für alle Werte von (x_1, x_2), welche die Gleichung $g(x_1, x_2) = c$ erfüllen.

Die Funktion $f(x_1, x_2)$ wird die **Zielfunktion**, die Gleichung $g(x_1, x_2)$ die **Nebenbedingung** genannt. Methoden zur Lösung dieser Art von Maximierungsproblemen unter Nebenbedingungen werden im Anhang zum 5. Kapitel beschrieben.

ANTWORTEN

1 Der Markt

1. Sie verliefe für 25 Wohnungen konstant bei € 500 und würde dann auf € 200 fallen.

2. Im ersten Fall € 500, im zweiten € 200. Im dritten Fall läge der Gleichgewichtspreis irgendwo zwischen € 200 und € 500.

3. Deswegen, weil wir zur Vermietung einer zusätzlichen Wohnung einen niedrigeren Preis anbieten müssen. Die Zahl der Leute, die einen größeren Vorbehaltspreis als p hat, muss immer steigen, wenn p fällt.

4. Der Preis der Wohnungen im inneren Ring würde steigen, da die Nachfrage nach Wohnungen unverändert bliebe, das Angebot jedoch sinken würde.

5. Der Preis der Wohnungen im inneren Ring würde steigen.

6. Eine Steuer würde zweifellos die Zahl der langfristig angebotenen Wohnungen verringern.

7. Sie würde einen Preis von 25 festlegen und 50 Wohnungen vermieten. Im zweiten Fall würde sie alle 40 Wohnungen zum maximalen Preis vermieten, den der Markt zulässt. Das wäre durch die Lösung zu $D(p) = 100 - 2p = 40$ gegeben, also $p^* = 30$.

8. Jeder, der einen Vorbehaltspreis hat, der höher ist als der Gleichgewichtspreis des Konkurrenzmarkts, daher wäre das Endergebnis Pareto-effizient. (Langfristig würden wahrscheinlich weniger neue Wohnungen gebaut, was zu einer anderen Art der Ineffizienz führte.)

2 Die Budgetbeschränkung

2.1. Die neue Budgetgerade ist durch $2p_1 x_1 + 8p_2 x_2 = 4m$ gegeben.

2.2. Der vertikale Achsenabschnitt (x_2-Achse) wird kleiner, der horizontale (x_1-Achse) bleibt gleich. Die Budgetgerade wird daher flacher.

2.3. Flacher. Die Steigung ist $-2p_1/3p_2$.

2.4. Ein Gut, dessen Preis 1 gesetzt wurde; die Preise aller anderen Güter werden relativ zum Preis des Numéraire-Gutes gemessen.

2.5. Einer Steuer von 8 Cent je Gallone.

2.6. $(p_1 + t)x_1 + (p_2 - s)x_2 = m - u$.

2.7. Ja, da alle Bündel, die sich die Konsumentin vorher leisten konnte, zu neuen Preisen und Einkommen ebenfalls erschwinglich sind.

3 Präferenzen

3.1. Nein. Es könnte sein, dass die Konsumentin zwischen den zwei Bündeln indifferent war. Es ist gerechtfertigt, daraus zu schließen, dass $(x_1, x_2) \succeq (y_1, y_2)$.

3.2. Ja zu beiden.

3.3. Sie ist transitiv, aber nicht vollständig – zwei Personen könnten gleich groß sein. Sie ist nicht reflexiv, da es falsch ist, dass eine Person streng größer als sie selbst ist.

3.4. Sie ist transitiv, aber nicht vollständig. Welchen würde er bevorzugen, wenn A größer, jedoch langsamer als B wäre?

3.5. Ja. Eine Indifferenzkurve kann sich selbst schneiden, sie kann nur eine andere, von ihr verschiedene Indifferenzkurve nicht schneiden.

3.6. Nein, denn es gibt Bündel auf der Indifferenzkurve, die streng mehr von beiden Gütern enthalten als andere Bündel auf der (behaupteten) Indifferenzkurve.

3.7. Negativ geneigt. Wenn man der Konsumentin mehr Sardellen gibt, dann wird sie schlechter gestellt sein, daher muss man ihr etwas Wurst wegnehmen, damit sie auf ihre Indifferenzkurve zurückkommt. In diesem Fall steigt der Nutzen *in Richtung zum* Ursprung.

3.8. Weil der Konsument den gewogenen Durchschnitt beider Bündel schwach gegenüber jedem einzelnen Bündel bevorzugt.

3.9. Wie viele 10-Euro-Noten braucht man, wenn man auf eine 50-Euro-Note verzichtet? Fünf 10-Euro-Noten werden genau reichen. Die Antwort ist daher – 5 oder – 1/5, je nachdem welches Gut man auf der horizontalen Achse aufträgt.

3.10. Null - wenn man etwas von Gut 1 wegnimmt, braucht der Konsument Null Einheiten des Gutes 2, um ihn für seinen Verlust zu entschädigen.

3.11. Sardellen und Erdnussbutter, Whisky und Limonade, sowie andere ähnlich widerliche Kombinationen.

4 Nutzen

4.1. Die Funktion $f(u) = u^2$ ist eine monotone Transformation für positive, nicht jedoch für negative u.

4.2. (1) Ja. (2) Nein (würde nur für positive v gelten!). (3) Nein (für negative v). (4) Ja (ist nur für positive v definiert). (5) Ja. (6) Nein. (7) Ja. (8) Nein.

4.3. Angenommen die Diagonale schneidet eine gegebene Indifferenzkurve in zwei Punkten, sagen wir (x, x) und (y, y). Dann gilt entweder $x > y$ oder $y > x$, was bedeutet, dass eines der Bündel mehr von *beiden* Gütern hat. Wenn aber die Präferenzen monoton sind, dann würde eines der Bündel gegenüber dem anderen bevorzugt.

4.4. Beide stellen perfekte Substitute dar.

4.5. Quasilineare Präferenzen. Ja.

4.6. Die Nutzenfunktion stellt Cobb-Douglas Präferenzen dar. Nein. Ja.

4.7. Weil die MRS *entlang* einer Indifferenzkurve gemessen wird, und der Nutzen entlang einer Indifferenzkurve konstant bleibt.

5 Die Entscheidung

5.1. $x_2 = 0$, wenn $p_2 > p_1$, $x_2 = m/p_2$, wenn $p_2 < p_1$, und jede beliebige Menge zwischen 0 und m/p_2, wenn $p_2 = p_1$.

5.2. Die optimalen Entscheidungen werden $x_1 = m/p_1$ und $x_2 = 0$ sein, wenn $p_1/p_2 < b$ ist, $x_1 = 0$ und $x_2 = m/p_2$, wenn $p_1/p_2 > b$, und jede Mengenkombination auf der Budgetgeraden, wenn $p_1/p_2 = b$.

5.3. Bezeichnen wir die Anzahl der Tassen Kaffee, welche die Konsumentin kauft mit z. Dann wissen wir, dass sie $2z$ Löffel Zucker kauft. Die Budgetbeschränkung

$$2p_1 z + p_2 z = m$$

muss erfüllt sein. Auflösung nach z ergibt

$$z = \frac{m}{2p_1 + p_2}.$$

5.4. Wir wissen, dass entweder nur Eiscreme oder nur Oliven konsumiert werden. Die zwei optimalen Konsumbündel werden daher $x_1 = m/p_1$, $x_2 = 0$ oder $x_1 = 0$ und $x_2 = m/p_2$ sein.

5.5. Das ist eine Cobb-Douglas Nutzenfunktion, sie wird daher $4/(1+4) = 4/5$ ihres Einkommens für Gut 2 ausgeben.

5.6. Bei geknickten Präferenzen, wie zum Beispiel perfekte Komplemente, bei denen eine Preisänderung keine Nachfrageänderung hervorruft.

6 Nachfrage

6.1. Nein. Wenn ihr Einkommen steigt, und sie es zur Gänze ausgibt, dann muss sie zumindest von einem Gut mehr kaufen.

6.2. Die Nutzenfunktion perfekter Substitute ist $u(x_1, x_2) = x_1 + x_2$. Wenn daher $u(x_1, x_2) > u(y_1, y_2)$, dann haben wir $x_1 + x_2 > y_1 + y_2$. Daraus folgt, dass $tx_1 + tx_2 > ty_1 + ty_2$, sodass $u(tx_1, tx_2) > u(ty_1, ty_2)$.

6.3. Die Cobb-Douglas Nutzenfunktion hat die Eigenschaft, dass

$$u(tx_1, tx_2) = (tx_1)^a (tx_2)^{1-a} = t^a t^{1-a} x_1^a x_2^{1-a} = t x_1^a x_2^{1-a} = tu(x_1, x_2).$$

Wenn daher $u(x_1, x_2) > u(y_1, y_2)$, wissen wir, dass $u(tx_1, tx_2) > u(ty_1, ty_2)$, sodass Cobb-Douglas Präferenzen tatsächlich homothetisch sind.

6.4. Nachfragekurve.

6.5. Nein. Konkave Präferenzen können nur optimale Konsumbündel ergeben, bei denen eines der beiden Güter nicht konsumiert wird.

6.6. Wir wissen, dass $x_1 = m/(p_1 + p_2)$. Wenn wir nach p_1 als eine Funktion der anderen Variablen lösen, haben wir

$$p_1 = \frac{m}{x_1} - p_2.$$

7 Bekundete Präferenzen

7.1. Nein. Diese Konsumentin verletzt das schwache Axiom der bekundeten Präferenzen, denn als sie (x_1, x_2) kaufte, hätte sie (y_1, y_2) kaufen können, und umgekehrt. Formelhaft dargestellt:

$$p_1 x_1 + p_2 x_2 = 1 \times 1 + 2 \times 2 = 5 > 4 = 1 \times 2 + 2 \times 1 = p_1 y_1 + p_2 y_2$$

und

$$q_1 y_1 + q_2 y_2 = 2 \times 2 + 1 \times 1 = 5 > 4 = 2 \times 1 + 1 \times 2 = q_1 x_1 + q_2 x_2.$$

7.2. Ja. Es liegen keine Verletzungen des WARP vor, da das y-Bündel nicht erschwinglich war, als das x-Bündel gekauft wurde, und umgekehrt.

7.3. Da das y-Bündel teurer als das x-Bündel war, als das x-Bündel gekauft wurde, und umgekehrt, gibt es keine Möglichkeit zu sagen, welches Bündel bevorzugt wird.

7.4. Wenn sich beide Preise im gleichen Ausmaß ändern; dann wäre das Bündel des Basisjahres weiterhin optimal.

7.5. Perfekte Komplemente.

8 Die Slutsky-Gleichung

8.1. Ja. Um das zu erkennen, verwenden wir unser Lieblingsbeispiel, nämlich die roten und blauen Bleistifte. Angenommen rote Bleistifte kosten 10 Cent, blaue Bleistifte 5 Cent je Stück und die Konsumentin gibt für Bleistifte € 1 aus. In dieser Situation würde sie 20 blaue Bleistifte nachfragen. Wenn der Preis der blauen Bleistifte auf 4 Cent fällt, würde sie 25 blaue Bleistifte nachfragen, eine Änderung von 5, die zur Gänze dem Einkommenseffekt zuzuschreiben ist.

8.2. Ja.

8.3. Dann würde sich der Einkommenseffekt wegkürzen. Es würde nur mehr der reine Substitutionseffekt bleiben, der automatisch negativ wäre.

8.4. Sie erhalten tx' an Einnahmen und müssen tx auszahlen, sie verlieren also Geld.

8.5. Da ihr alter Konsum erschwinglich bleibt, müssten die Konsumentinnen zumindest gleich gut gestellt sein. Und zwar deswegen, weil ihnen der Staat *mehr* Geld zurückgibt, als sie wegen des höheren Benzinpreises verlieren.

9 Kaufen und Verkaufen

9.1. Ihre Brutto-Nachfragen sind (9, 1).

9.2. Zu laufenden Preisen kostet das Bündel (y_1, y_2) = (3, 5) mehr als das Bündel (4, 4). Der Konsument wird nicht notwendigerweise den Konsum dieses Bündels bevorzugen, aber er würde sicherlich seinen Besitz bevorzugen, da er es verkaufen und ein Bündel kaufen könnte, das er bevorzugte.

9.3. Sicher. Das hängt davon ab, ob sie eine Nettokäuferin oder eine Nettoverkäuferin des Gutes war, das teurer wurde.

9.4. Ja, aber nur, wenn die USA zu einem Nettoexporteur von Rohöl würden.

9.5. Die neue Budgetgerade würde sich parallel zur alten nach außen verschieben, da die Erhöhung der Stundenzahl eines Tages ein reiner Ausstattungseffekt ist.

9.6. Die Steigung wird positiv sein.

10 Intertemporäre Entscheidung

10.1. Nach Tabelle 10.1 ist bei einer Verzinsung von 15 Prozent ein Euro, den man in 20 Jahren erhält, heute 3 Cent wert. Daher hat eine Million Euro einen Wert von 0,03*1,000.000 = € 30.000 heute.

10.2. Die Steigung der intertemporären Budgetbeschränkung ist gleich $-(1 + r)$. Daher wird bei einem Anstieg von r die Steigung „negativer" (steiler).

10.3. Wenn Güter perfekte Substitute sind, dann werden die Konsumentinnen nur das billigere Gut kaufen. Im Falle intertemporärer Nahrungsmittelkäufe impliziert das, dass die Konsumentinnen Nahrungsmittel nur in einer Periode kaufen, was vielleicht nicht sehr realistisch ist.

10.4. Um nach der Änderung des Zinssatzes ein Gläubiger zu bleiben, muss sich der Konsument für einen Punkt entscheiden, den er beim alten Zinssatz hätte wählen können, es aber nicht tat. Daher muss der Konsument schlechter gestellt sein. Wenn der Konsument nach der Änderung ein Schuldner wird, dann wählt er einen bisher unerreichbaren Punkt, der nicht mit dem ursprünglichen verglichen werden kann (weil der ursprüngliche Punkt bei der neuen Budgetbeschränkung nicht mehr erreichbar ist), daher ist die Änderung der Wohlfahrt des Konsumenten unbekannt.

10.5. Der Gegenwartswert von € 100 ist bei einem Zinssatz von 10% € 90,91, bei einem Zinssatz von 5% € 95,24.

11 Märkte für Vermögenswerte

11.1. Aktivum A muss einen Preis von $11/(1 + 0,10) =$ € 10 haben.

11.2. Die Ertragsrate ist $(10.000 + 10.000)/100.000 = 20\%$.

11.3. Wir wissen, dass die Ertragsrate der steuerfreien Anleihen r so hoch sein muss, dass $(1 - t)r_t = r$, daher ist $(1 - 0,40) \cdot 0,10 = 0,06 = r$.

11.4. Der heutige Preis muss $40/(1 + 0,10)^{10} =$ € 15,42 sein.

12 Unsicherheit

12.1 Wir suchen eine Möglichkeit, den Konsum im schlechten Fall zu reduzieren und im günstigen Fall zu erhöhen. Dazu müsste man Versicherungen *verkaufen* und nicht kaufen.

12.2. Funktionen (a) und (c) haben die Eigenschaft des erwarteten Nutzens (sie sind affine Transformationen der in diesem Kapitel besprochenen Funktionen), während (b) diese Eigenschaft nicht hat.

12.3. Da sie risikoscheu ist, bevorzugt sie den Erwartungswert des Spiels, € 325, gegenüber dem Spiel, sie würde daher die (sichere) Zahlung nehmen.

12.4. Wenn die Zahlung € 320 ist, hängt die Entscheidung von der Form der Nutzenfunktion ab; wir können keine allgemeine Aussage treffen.

12.5. Das Bild sollte eine Funktion zeigen, welche zu Beginn konvex ist, später jedoch konkav wird.

12.6. Um sich wirkungsvoll selbst zu versichern, müssen die Risken voneinander unabhängig sein. Das gilt jedoch nicht im Fall des Hochwasserschadens. Wenn ein Haus in der Umgebung durch eine Überschwemmung beschädigt wird, ist es wahrscheinlich, dass alle Häuser beschädigt werden.

13 Riskante Vermögenswerte

13.1. Um eine Standardabweichung von 2% zu erzielen, wird man $x = \sigma_x/\sigma_m = 2/3$ seines Vermögens in das riskante Aktivum veranlagen müssen. Das wird zu einer Ertragsrate von $(2/3)0,09 + (1 - 2/3)0,06 = 8\%$ führen.

13.2. Der Preis des Risikos ist gleich $(r_m - r_f)/\sigma_m = (9 - 6)/3 = 1$. Das heißt, für jedes zusätzliche Prozent an Standardabweichung kann man 1% an Ertrag gewinnen.

13.3. Nach der CAPM-Preisgleichung sollte die Aktie eine erwartete Ertragsrate von $r_f + \beta(r_m - r_f) = 0{,}05 + 1{,}5(0{,}10 - 0{,}05) = 0{,}125$ oder 12,5% bieten. Die Aktie sollte zu ihrem erwarteten Gegenwartswert gehandelt werden, der gleich $100/1{,}125 = €\ 88{,}89$ ist.

14 Konsumentenrente

14.1. Wir wollen die Fläche unter der Nachfragekurve links von der Menge 6 berechnen. Unterteilen wir diese Gesamtfläche in die Fläche eines Dreiecks mit Basis 6 und Höhe 6 und eines Rechtecks mit den Seitenlängen 6 und 4. Anwendung der Formeln der Mittelschulgeometrie ergibt, dass das Dreieck die Fläche 18, das Rechteck die Fläche 24 hat. Die gesamte Konsumentinnenrente ist daher 42.

14.2. Wenn der Preis 4 ist, dann ist die Netto-Konsumentenrente durch die Fläche eines Dreiecks mit Basis 6 und Höhe 6 gegeben; d. h., die Netto-Konsumentenrente ist 18. Wenn der Preis 6 ist, dann hat das Dreieck eine Basis von 4 und eine Höhe von 4, was eine Fläche von 8 ergibt. Die Preisänderung hat daher die Konsumentenrente um € 10 verringert.

14.3. € 10. Da die Nachfrage nach dem unteilbaren Gut unverändert ist, muss die Konsumentin lediglich ihre Ausgaben für alle anderen Güter um zehn Euro reduzieren.

15 Marktnachfrage

15.1. Die inverse Nachfragekurve ist $P(q) = 200 - 2q$.

15.2. Die Entscheidung, ob man überhaupt Drogen nehmen soll, könnte sehr preisempfindlich sein, daher würde die Anpassung der Marktnachfrage an der extensiven Grenze zur Elastizität der Marktnachfrage beitragen.

15.3. Der Erlös ist $R(p) = 12p - 2p^2$, was bei $p = 3$ ein Maximum ist.

15.4. Der Erlös ist $pD(p) = 100$, unabhängig vom Preis, daher maximiert jeder Preis den Erlös.

15.5. Richtig. Der gewogene Durchschnitt der Einkommenselastizitäten muss 1 sein, wenn daher ein Gut eine *negative* Einkommenselastizität hat, muss das andere eine Einkommenselastizität *größer* als 1 haben, damit der Durchschnitt 1 wird.

16 Gleichgewicht

16.1. Wenn die Angebotskurve flach verläuft, geht die gesamte Subvention an die

Konsumentinnen, ist sie hingegen vertikal, erhalten die Produzentinnen die Subvention zur Gänze.

16.2. Der Konsument.

16.3. In diesem Fall wird die Nachfragekurve nach roten Bleistiften beim Preis p_b horizontal, da das der höchste Preis ist, den sie für einen roten Bleistift zu zahlen bereit wären. Wenn daher rote Bleistifte besteuert würden, würden die Konsumentinnen letztlich p_b für sie zahlen, daher wird der gesamte Steuerbetrag von den Produzentinnen getragen werden (wenn rote Bleistifte überhaupt verkauft würden – es könnte sein, dass die Steuer die Produzentinnen dazu veranlassen könnte, das Geschäft mit roten Bleistiften aufzugeben).

16.4. Hier verläuft die Angebotskurve ausländischen Öls bei $ 25 horizontal. Daher muss der Preis für die Konsumenten um den Steuerbetrag von $ 5 steigen, sodass der Nettopreis für die Konsumenten $ 30 wird. Da für die Konsumenten in- und ausländisches Öl perfekte Substitute sind, werden auch die inländischen Produzenten ihr Öl um $ 30 verkaufen, und daher einen „Zufalls-Gewinn" von $ 5 je Fass erzielen.

16.5. Null. Der Wohlfahrtsverlust misst den Wert des entgangenen Outputs. Da vor und nach Besteuerung dieselbe Menge angeboten wird, gibt es keinen Wohlfahrtsverlust. Anders ausgedrückt: Die Anbieterinnen zahlen den gesamten Steuerbetrag und alles, was sie zahlen, geht an den Staat. Der Betrag, den die Anbieterinnen zur Vermeidung der Steuer zahlen würden, entspricht einfach den Steuereinnahmen des Staates, es gibt daher keine Steuerlast.

16.6. Null Einnahmen.

16.7. Sie würde zu negativen „Einnahmen" führen, da wir in diesem Fall eine Nettosubvention der Verschuldung haben.

17 Auktionen

17.1. Da die Sammlerinnen vermutlich ihre eigenen Wertvorstellungen haben und sich nicht um diejenigen der anderen Bieter kümmern, handelt es sich um eine „private-value" Auktion.

17.2. In Übereinstimmung mit der Analyse im Text gibt es vier gleich wahrscheinliche Konfigurationen der Bieter: (8, 8), (8, 10), (10, 8) und (10, 10). Bei einem Vorbehaltspreis von Null sind die optimalen Gebote (8, 9, 9, 10), was einen erwarteten Gewinn von € 9 ergibt. Der einzige Kandidat für den Vorbehaltspreis ist € 10, der zu einem erwarteten Gewinn von 30/4 = € 7,50 führt. Daher ist bei dieser Auktion der gewinnmaximierende Vorbehaltspreis gleich Null.

17.3. Jede Person soll einen Betrag aufschreiben, dann gib die zwei Bücher den Studentinnen mit den zwei höchsten Beträgen, verrechne ihnen aber nur das Gebot der dritten Studentin.

17.4. Sie war effizient in dem Sinne, dass die Lizenz an die Höchstbieterin ging. Es dauerte dafür aber ein Jahr, was ineffizient ist. Eine Vickrey-Auktion oder eine Englische Auktion hätten das selbe Ergebnis rascher erzielt.

17.5. Hier handelt es sich um ein „common-value" Auktion, da der Preis für alle gleich ist. Normalerweise überschätzt der Gewinner die Anzahl der Pennies im Glas, was den Fluch des Gewinners illustriert.

18 Technologie

18.1. Steigende Skalenerträge.

18.2. Fallende Skalenerträge.

18.3. Wenn $a + b = 1$, haben wir konstante, wenn $a + b < 1$ fallende und wenn $a + b > 1$ steigende Skalenerträge.

18.4. $4*3 = 12$ Einheiten.

18.5. Richtig.

18.6. Ja.

19 Gewinnmaximierung

19.1. Der Gewinn wird fallen.

19.2. Der Gewinn würde steigen, da der Output stärker steigen würde als die Kosten der Inputs.

19.3. Wenn die Unternehmung tatsächlich fallende Skalenerträge hätte, würde sie nach Halbierung aller Inputs mehr als die Hälfte des Outputs erzeugen. Daher würde die geteilte Unternehmung mehr Gewinn erzielen als die große Unternehmung. Das ist ein Grund, warum es unplausibel ist, generell abnehmende Skalenerträge zu haben.

19.4. Der Gärtner hat die Opportunitätskosten vernachlässigt. Um die wahren Kosten genau zu berechnen, müsste er die Kosten seiner eigenen Zeit einbeziehen, die er zur Produktion der Ernte aufwendet, selbst wenn er keine explizite Entlohnung erhält.

19.5. Im Allgemeinen nicht. Ein Beispiel wäre der Fall der Unsicherheit.

19.6. Erhöhen.

19.7. Die Verwendung des Faktors 1 ändert sich nicht, die Gewinne werden steigen.

19.8. Kann keine.

20 Kostenminimierung

20.1. Da der Gewinn gleich dem Gesamterlös minus den Gesamtkosten ist, gibt es immer dann, wenn ein Unternehmen seine Kosten nicht minimiert, eine Möglichkeit zur Gewinnsteigerung; das widerspricht jedoch der Tatsache, dass das Unternehmen ein Gewinnmaximierer ist.

20.2 Erhöhe den Einsatz des Faktors 1 und vermindere den Einsatz des Faktors 2.

20.3. Da die Inputs identische Preise haben und perfekte Substitute sind, wird das Unternehmen indifferent sein, welchen Faktor es verwendet. Daher wird das Unternehmen jede beliebige Menge der zwei Inputs verwenden, sodass $x_1 + x_2 = y$.

20.4. Die Nachfrage nach Papier fällt oder bleibt gleich.

20.5. Sie impliziert, dass $\sum_{1}^{n} \Delta w_i \Delta x_i = 0$, wobei $\Delta w_i = w_i^t - w_i^s$ und $\Delta x_i = x_i^t - x_i^s$.

21 Kostenkurven

21.1. Richtig; richtig; falsch.

21.2. Durch Mehrerzeugung in der zweiten Fabrik bei gleichzeitiger Verringerung der Produktion in der ersten Fabrik kann das Unternehmen seine Kosten reduzieren.

21.3. Falsch.

22 Das Angebot der Unternehmung

22.1. Die inverse Angebotskurve ist $p = 20y$, die Angebotskurve ist daher $y = p/20$.

22.2. Setze $AC = MC$, um $10y + 1000/y = 20y$ zu erhalten. Die Lösung ist $y^* = 10$.

22.3. Lösung nach p ergibt $P_s(y) = (y - 100)/20$.

22.4. Bei einem Preis von 10 ist das Angebot, bei 20 ist das Angebot 80. Die Produzentenrente setzt sich aus einem Rechteck mit der Fläche 10*40 plus einem Dreieck mit der Fläche (1/2)*10*40, was eine Gesamtänderung der Produzentenrente von 600 ergibt. Das ist dasselbe wie die Gewinnänderung, da sich die Fixkosten nicht ändern.

22.5. Die Angebotskurve ist durch $y = p/2$ für alle $p > 2$, und $y = 0$ für alle $p < 2$. Bei $p = 2$ ist das Unternehmen indifferent zwischen dem Anbieten 1 Outputeinheit oder keinem Angebot.

22.6. Überwiegend technologisch (in fortgeschritteneren Modellen könnten sie als durch den Markt bedingt angesehen werden); Markt; könnte entweder Markt oder technologisch sein; technologisch.

22.7. Dass alle Unternehmen einer Branche den Marktpreis als gegeben annehmen.

22.8. Dem Marktpreis. Ein gewinnmaximierendes Unternehmen wird seinen Output so festlegen, dass die Grenzkosten der Produktion der letzten Outputeinheit gleich seinem Grenzumsatz sind, der im Fall vollkommener Konkurrenz gleich dem Marktpreis ist.

22.9. Das Unternehmen sollte Null Outputeinheiten erzeugen (mit oder ohne Fixkosten).

22.10. Wenn der Marktpreis größer ist als die durchschnittlichen variablen Kosten, sollte ein Unternehmen kurzfristig etwas produzieren, selbst wenn es Verluste erzielt. Das ist deswegen richtig, weil das Unternehmen mehr verlieren würde, wenn es nicht produzierte, da es trotzdem die Fixkosten zahlen muss. Langfristig gibt es jedoch keine Fixkosten, und jedes Unternehmen, das Verluste erzielt, kann Null Output erzeugen und ein Maximum von Null Euro verlieren.

22.11. Für alle Unternehmen der Branche muss der Marktpreis gleich den Grenzkosten sein.

23 Marktangebot einer Branche

23.1. Die inversen Angebotskurven sind $P_1(y_1) = 10 + y_1$ und $P_2(y_2) = 15 + y_2$. Wenn der Preis kleiner als 10 ist, bietet kein Unternehmen an. Wenn der Preis 15 ist, wird Unternehmen 2 auf den Markt kommen, und bei jedem Preis über 15 sind beide Unternehmen am Markt. Der Knick tritt daher bei einem Preis von 15 auf.

23.2. Kurzfristig zahlen die Konsumenten die gesamte Steuer. Langfristig wird sie von den Produzenten gezahlt.

23.3. Falsch. Eine bessere Aussage wäre: Diese Geschäfte können hohe Preise verlangen, weil sie in der Nähe der Universität sind. Wegen der hohen Preise, welche die Geschäfte erzielen, können die Vermieter ihrerseits aufgrund der Lage hohe Mieten verlangen.

23.4. Richtig.

23.5. Die Gewinne oder Verluste der Unternehmen, die derzeit in der Branche tätig sind.

23.6. Flacher.

23.7. Nein, es wird nicht verletzt. Bei der Ermittlung der Kosten vernachlässigten wir die Bewertung der Rente der Konzession.

24 Monopol

24.1. Nein. Eine gewinnmaximierende Monopolistin würde nie dort produzieren, wo die Nachfrage nach ihrem Produkt unelastisch ist.

24.2. Zuerst finden wir die inverse Nachfragekurve als $p(y) = 50 - y/2$. Der Grenzerlös ist daher durch $MR(y) = 50 - y$ gegeben. Wenn man das den Grenzkosten von 2 gleichsetzt und löst, erhält man $y = 48$. Um den Preis zu bestimmen, substituiert man in die inverse Nachfragefunktion, $p(48) = 50 - 48/2 = 26$.

24.3. Die Nachfragekurve hat eine konstante Elastizität von -3. Wenn wir in die Formel $p(1 + 1/\varepsilon) = MC$ einsetzen, erhalten wir $p(1 - 1/3) = 2$, was $p = 3$ ergibt. Rücksubstitution in die Nachfragekurve ergibt die produzierte Menge: $D(3) = 10*3^{-3}$.

24.4. Die Nachfragekurve hat eine konstante Elastizität von -1. Der Grenzerlös ist daher für alle Outputniveaus gleich Null. Daher kann er nie gleich den Grenzkosten sein.

24.5. Bei einer linearen Nachfragekurve steigt der Preis um die Hälfte der Kostenänderung. In diesem Fall ist die Antwort € 3.

24.6. In diesem Fall ist $p = kMC$, mit $k = 1/(1 - 1/3) = 3/2$. Der Preis steigt daher um € 9.

24.7. Der Preis wird zweimal die Grenzkosten sein.

24.8. Eine Subvention von 50 Prozent, sodass die Grenzkosten für den Monopolisten die Hälfte der tatsächlichen Grenzkosten sind. Damit ist gewährleistet, dass beim Output, für den sich der Monopolist entscheidet, der Preis gleich den Grenzkosten ist.

24.9. Eine Monopolistin arbeitet dort, wo $p(y) + y\Delta p/\Delta y = MC(y)$. Umformung ergibt $p(y) = MC(y) - y\Delta p/\Delta y$. Da Nachfragekurven eine negative Steigung haben, wissen wir, dass $\Delta p/\Delta y < 0$, was beweist, dass $p(y) > MC(y)$.

24.10. Falsch. Besteuerung eines Monopolisten kann bewirken, dass der Marktpreis um mehr als, gleich wie oder weniger als der Steuerbetrag steigt.

24.11. Es entsteht eine Reihe von Problemen einschließlich: Bestimmung der wahren Grenzkosten des Unternehmens; Sicherstellung, dass alle Kundinnen bedient werden; Garantie, dass die Monopolistin beim neuen Preis und Outputniveau keinen Verlust erzielt.

24.12. Einige relevante Bedingungen sind: Hohe Fixkosten und niedrige Grenzkosten; große minimale effiziente Größe relativ zum Markt; Leichtigkeit von Absprachen usw.

25 Monopolverhalten

25.1. Ja, wenn man ihr perfekte Preisdiskriminierung gestattet.

25.2. $p_i = \varepsilon_i c / (1 + \varepsilon_i)$ für $i = 1, 2$.

25.3. Wenn ihr perfekte Preisdiskriminierung möglich ist, dann kann sie die gesamte Konsumentenrente abschöpfen; wenn sie Eintritt verlangt, macht sie dasselbe. Die Monopolistin ist daher bei jeder Preispolitik gleich gut gestellt. (In der Praxis ist es aber viel einfacher, Eintrittsgeld zu verlangen als für jede Fahrt unterschiedliche Preise.)

24.4. Es handelt sich um Preisdiskriminierung dritten Grades. Offensichtlich sind die Betreiber von Disneyland der Auffassung, dass die Bewohner des südlichen Kaliforniens elastischere Nachfrage haben als andere Besucher.

26 Faktormärkte

26.1. Sicher; eine Monopsonistin kann bei jeder beliebigen Höhe der Angebotselastizität produzieren.

26.2. Da bei so einem Lohnsatz die Nachfrage nach Arbeit das Angebot übersteigen würde, würde die Arbeitslosigkeit steigen.

26.3. Wir ermitteln die Gleichgewichtspreise durch Einsetzen in die Nachfragefunktionen. Da $p = a - by$, können wir die Lösung für y verwenden und finden

$$p = \frac{3a + c}{4}.$$

Da $k = a - 2bx$, können wir die Lösung für x verwenden und finden

$$k = \frac{a + c}{2}.$$

27 Oligopol

27.1. Im Gleichgewicht wird jedes Unternehmen $(a - c)/3b$, der Branchenoutput ist daher $2(a - c)/3b$.

27.2. Nichts. Da alle Unternehmen die gleichen Grenzkosten haben, ist es unbedeutend, welches den Output erzeugt.

27.3. Nein, da eine für die Stackelberg-Führerin mögliche Entscheidung jenes Outputniveau ist, das sie im Cournot-Gleichgewicht hätte; daher muss sie immer mindestens so gut gestellt sein.

27.4. Wir wissen aus dem Text, dass wir $p(1 - 1/n|\varepsilon|) = MC$. Da $MC > 0$ und $p > 0$, müssen wir $1 - 1/n|\varepsilon| > 0$ haben. Umformung dieser Ungleichung führt zum Ergebnis.

27.5. Zeichne $f_2(y_1)$ steiler als $f_1(y_2)$.

27.6. Im Allgemeinen nicht. Nur bei der Bertrand-Lösung ist der Preis gleich den Grenzkosten.

28 Spieltheorie

28.1. Die zweite Spielerin wird als Antwort auf das (missverstandene) Abspringen der ersten Spielerin ebenfalls abspringen. In Antwort darauf wird jedoch die erste Spielerin abspringen und so wird jede Spielerin weiterhin als Reaktion auf das Abspringen der anderen immer wieder abspringen! Dieses Beispiel zeigt, dass „wie du mir, so ich dir" dann keine sehr gute Strategie sein könnte, wenn die Spielerinnen entweder bei ihren Handlungen oder bei der Wahrnehmung der Handlungen der anderen Spielerin Fehler machen können.

28.2. Ja und nein. Ein Spieler bevorzugt eine dominante Strategie zu spielen, unabhängig von der Strategie seines Gegenspielers (selbst wenn der Gegenspieler seine dominante Strategie spielt). Wenn daher alle Spieler dominante Strategien einsetzen, dann gilt, dass alle eine Strategie spielen, die bei gegebener Strategie ihrer Opponenten optimal ist, es besteht daher ein Nash-Gleichgewicht. Nicht alle Nash-Gleichgewichte sind jedoch Gleichgewichte bei dominanter Strategie; siehe zum Beispiel Tabelle 28.2.

28.3. Nicht notwendigerweise. Wir wissen, dass die Nash-Gleichgewichtsstrategie das beste ist, das man machen kann, solange die Gegnerin ihre Nash-Gleichgewichtsstrategie spielt; wenn sie das nicht tut, dann kann man vielleicht eine bessere Strategie verfolgen.

28.4. Wenn sich die Gefangenen rächen dürfen, dann ändern sich, formal betrachtet, die Auszahlungen des Spiels. Das könnte zu einem Pareto-effizienten Ergebnis führen (denken wir zum Beispiel an den Fall, wo die beiden Gefangenen übereinkommen, denjenigen zu töten, der gesteht, wobei unterstellt ist, dass Tod einen sehr geringen Nutzen hat).

28.5. Die dominante Nash-Gleichgewichtsstrategie ist, in jeder Runde abzuspringen. Die Strategie wird durch denselben rückwärts laufenden Prozess abgeleitet, der zur Ableitung des 10-Runden-Falls verwendet wurde. Die Hinweise aus experimenteller Evidenz unter Verwendung viel kleinerer Zeitperioden deuten darauf hin, dass Spielerinnen diese Strategie selten verwenden.

28.6. Im Gleichgewicht wählt Spieler B „links" und Spieler A „oben". Spieler B möchte zuerst ziehen, weil sich daraus eine Auszahlung von 9 gegenüber 1 ergibt. (Beachte jedoch, dass es bei einem sequenziellen Spiel nicht immer vorteilhaft ist, zuerst zu ziehen; Beispiel?)

29 Tausch

29.1. Ja. Nehmen wir zum Beispiel die Allokation, bei der eine Person alles besitzt. Dann ist die andere Person bei dieser Allokation schlechter gestellt, als sie es bei einer anderen Allokation wäre, bei der sie etwas hätte.

29.2. Nein. Denn das würde bedeuten, dass es bei der angeblich Pareto-effizienten Allokation eine Möglichkeit gäbe, jeden besser zu stellen, was der Annahme der Pareto-Effizienz widerspräche.

29.3. Wenn wir die Kontraktkurve kennen, dann sollte jeder Tausch irgendwo auf der Kontraktkurve landen; wir wissen jedoch nicht wo.

29.4. Ja, aber nicht ohne jemand anderen schlechter zu stellen.

29.5. Die Werte der Überschussnachfrage auf den zwei verbleibenden Märkten müssen sich zu Null addieren.

30 Produktion

30.1. Der Verzicht auf 1 Kokosnuss setzt Ressourcen im Wert von 6 Euro frei, die zur Erzeugung von 2 Pfund Fisch (ist gleich einem Wert von 6 Euro) verwendet werden könnten.

30.2. Ein höherer Lohnsatz würde zu einer steileren Isogewinnkurve führen, was bedeutete, dass das gewinnmaximierende Produktionsniveau der Unternehmung links vom derzeitigen Gleichgewicht liegen würde, womit ein niedrigeres Niveau der Nachfrage nach Arbeit einhergeht. Bei dieser neuen Budgetbeschränkung wird Robinson jedoch mehr als das erforderliche Ausmaß an Arbeit anbieten wollen (warum?), daher wird der Arbeitsmarkt nicht im Gleichgewicht sein.

30.3. Unter einigen Annahmen ist eine Wirtschaft, die sich im Konkurrenzgleichgewicht befindet, Pareto-effizient. Es ist generell akzeptiert, dass das für die Gesellschaft gut ist, da es dann keine Möglichkeiten gibt, irgend jemand in der Wirtschaft besser zu stellen, ohne jemand anderen zu benachteiligen. Es könnte jedoch der Fall sein, dass die Gesellschaft eine andere Verteilung der Wohlfahrt bevorzugte; das heißt, es könnte sein, dass die Gesellschaft lieber eine Gruppe zu Lasten einer anderen besser stellt.

30.4. Er sollte mehr Fisch erzeugen. Seine Grenzrate der Substitution zeigt an, dass er bereit ist, auf zwei Kokosnüsse für einen zusätzlichen Fisch zu verzichten. Die Grenzrate der Transformation impliziert, dass er nur eine Kokosnuss aufzugeben braucht, um einen zusätzlichen Fisch zu bekommen. Daher kann er durch Verzicht auf eine einzige Kokosnuss (obwohl er bereit gewesen wäre, zwei aufzugeben) einen zusätzlichen Fisch erhalten.

30.5. Beide müssten 9 Stunden pro Tag arbeiten. Wenn beide je 6 Stunden pro Tag arbeiten (Robinson sammelt Kokosnüsse, Freitag fängt Fisch), und jeder die Hälfte seiner Gesamterzeugung dem anderen überlässt, können sie dieselbe Outputmenge erzeugen und konsumieren. Die Verringerung der Arbeitsstunden von 9 auf 6 pro Tag ist auf die Umordnung der Produktion aufgrund des komparativen (und auch absoluten!) Vorteils jedes Individuums zurückzuführen.

31 Wohlfahrt

31.1. Der Hauptnachteil ist, dass es viele Allokationen gibt, die man nicht miteinander vergleichen kann – es gibt keine Möglichkeit, zwischen zwei beliebigen Pareto-effizienten Allokationen zu unterscheiden.

31.2. Sie würde die Form $W(u_1, ..., u_n) = \max\{u_1, ..., u_n\}$ haben.

31.3. Da bei der „Nietzsche"-Wohlfahrtsfunktion nur das am besten gestellte Individuum zählt, würde bei dieser Allokation im Wohlfahrtsmaximum typischerweise eine Person alles bekommen.

31.4. Angenommen das ist nicht der Fall. Dann beneidet jedes Individuum jemand anders. Stellen wir ein Liste auf, wer wen beneidet. Person A beneidet jemand – nennen wir sie Person B. Person B ihrerseits beneidet jemand – sagen wir

Person C und so weiter. Irgendwann werden wir jemand finden, der jemand beneidet, der schon früher in der Liste steht. Angenommen der Kreis läuft folgendermaßen: „C beneidet D beneidet E beneidet C". Überlegen wir folgenden Tausch: C erhält, was D hat, D erhält, was E hat, und E erhält, was C hat. Jede Person in diesem Kreis erhält ein Bündel, das sie bevorzugt, daher ist jede Person besser gestellt. Dann konnte jedoch die ursprüngliche Allokation nicht Pareto-effizient sein!

31.5. Zuerst stimmt man zwischen x und z, dann zwischen der Gewinnerin (z) und y ab. Zuerst stelle x und y gegenüber, und dann stimme zwischen der Gewinnerin (x) und z ab. Die Tatsache, dass die sozialen Präferenzen intransitiv sind, ist für diese Macht der Festlegung der Tagesordnung verantwortlich.

32 Externe Effekte

32.1. Richtig. Normalerweise können Effizienzprobleme durch die Abgrenzung der Eigentumsrechte beseitigt werden. Wenn wir jedoch Eigentumsrechte definieren, legen wir auch die Ausstattungen fest, was wichtige Verteilungsfolgen haben kann.

32.2. Falsch.

32.3. Nun wirklich, so schlimm sind die Mitbewohnerinnen doch gar nicht ...

32.4. Die Regierung könnte einfach die optimale Anzahl an Weiderechten vergeben. Eine andere Alternative wäre der Verkauf dieser Rechte. (Frage: Wie hoch wäre ihr Preis? Hinweis: Denke an Renten.) Die Regierung könnte auch eine Steuer von t pro Kuh einheben, sodass $f(c^*)/c^* + t = a$.

33 Recht und Ökonomie

33.1. Es könnte sinnvoll sein. Die Wahrscheinlichkeit, jemand bei einer Verunreinigung zu erwischen könnte sehr klein sein, sodass das Ausmaß der Bestrafung sehr hoch sein muss, um von einem derartigen Verhalten abzuschrecken.

33.2. Wenn die Geschädigte für die Kosten des Unfalls *voll* entschädigt wird, hat sie keinen Anreiz, Sorgfalt zur Vermeidung des Schadensfalls aufzuwenden.

33.3. Wenn wir in die im Text gegebene Formel einsetzen, erhalten wird $100 = p^* - 3*(1/6)p^*$. Lösung nach p^* ergibt $p^* = 200$.

34 Informationstechnologie

34.1. Die Zahlungsbereitschaft sollte bis zu € 50 betragen, da das der Gegenwartswert des Gewinnes ist, den sie langfristige von dieser Konsumentin erwarten könnten.

34. 2. Benutzer würden einen Hang zu Paketen mit den meisten Benutzern haben, da es dann für sie am praktischsten wäre, Daten und Informationen über die Verwendung des Programms auszutauschen.

34.3. In diesem Fall sind die Bedingungen für ein Gewinnmaximum gleich. Wenn sich zwei Personen ein Video teilten, würde die Produzentin einfach den Preis verdoppeln und genau denselben Gewinn erzielen.

35 Öffentliche Güter

35.1. Es wäre *nicht* der höchste Wert, sondern der *zweit*höchste Wert plus einen Euro. Die Person, die *bereit* ist, am höchsten zu bieten, erhält das Gut, aber sie muss nur den Preis des zweithöchsten Bieters plus einen kleinen Betrag zahlen.

35.2. Das Argument ist dem bei der Clarke-Steuer ähnlich. Angenommen man erhöht sein Anbot über den wahren Wert. Wenn man ohnehin der Meistbietende wäre, änderte man seine Chancen auf den Zuschlag des Gutes nicht. Wenn man nicht der Meistbieter wäre, würde man bei ausreichender Steigerung über den tatsächlichen Meistbieter hinaus das Gut zwar erhalten, aber man müsste den Preis des zweithöchsten Bieters zahlen – was mehr als der Wert des Gutes für einen selbst wäre. Ein ähnliches Argument kann man für das Unterbieten machen.

35.3. Wir wollen, dass die Summe der Grenzraten der Substitution gleich den Grenzkosten der Bereitstellung des öffentlichen Gutes ist. Die Summe der MRS ist 20 (= 10*2), die Grenzkosten sind $2x$. Wir haben daher die Gleichung $2x = 20$, also $x = 10$. Die Pareto-effiziente Anzahl an Straßenleuchten ist 10.

36 Asymmetrische Information

36.1. Da im Gleichgewicht nur Autos von geringer Qualität gehandelt werden und die Rente pro Transaktion € 200 ist, ist die gesamte Rente 50*200 = € 10.000.

36.2 Wenn die Autos nach einem Zufallsprinzip zugeteilt würden, wäre die durchschnittliche Rente je Transaktion gleich der durchschnittlichen Zahlungsbereitschaft, € 1.800, minus der durchschnittlichen Verkaufsbereitschaft, € 1.500. Das ergibt also eine durchschnittliche Rente von € 300 je Transaktion, somit eine Gesamtrente von € 30.000, was viel besser als die Marktlösung ist.

36.3. Wir wissen aus dem Text des Kapitels, dass das optimale Anreizschema $s(x) = wx + K$ ist. Der Lohnsatz w muss dem Grenzprodukt der Arbeiterin gleich sein, in diesem Fall also 1. Die Konstante K wird so gewählt, dass der Nutzen der Arbeiterin bei der optimalen Entscheidung $\bar{u} = 0$ ist. Das optimale x liegt dort, wo der Preis, 1, gleich den Grenzkosten x ist, also $x^* = 1$. In diesem Punkt erzielt die Arbeiterin einen Nutzen von $x^* + K - c(x^*) = 1 + K - 1/2 = 1/2 + K$. Da der Nutzen der Arbeiterin gleich Null sein muss, folgt daraus, dass $K = -1/2$.

36.4. Wir sahen in der letzten Antwort, dass die Gewinne beim optimalen Produktionsniveau gleich $1/2$ sind. Da $\bar{u} = 0$ ist, wäre der Arbeiter bereit, $1/2$ für die Pacht der Technologie zu zahlen.

36.5. Damit die Arbeiterin ein Nutzenniveau von 1 erzielte, müsste ihr die Unternehmung eine Pauschalzahlung von $1/2$ geben.

SACHREGISTER

Ableitung 65, A6
Abschreckung des Eintritts 485
Absolutwert A6
Absprachen 467
Abstimmung(s) 539, 618
  des Verhaltens 565
  durch Reihung 540
  mechanismus 540
  Mehrheits- 539, 619
  -system 618
  -verfahren 539
Achsenabschnitt A5
Ad-Valorem
  Steuer 25, 280
  Subvention 25
Adobe 597
Aktienmarkt 202, 217, 224, 317
Allokation(s)
  der Ressourcen 293, 388, 524, 533
  durchführbare 489, 543
  endgültige 489, 549
  faire 546
  gerechte 547
  gleichverteilte 547
  öffentlicher Güter 605
  Pareto-effiziente 491, 523, 554, 609
Änderungsrate 138, 308, A4
Anfangsausstattung 150, 184, 553
Angebot 6, 151, 194, 247, 262, 274, 322, 363, 424, 488, 518, 555, 624, 630
Angebotselastizität 445
Angebotsentscheidung 274, 365
Angebotsfunktion 289, 322, 373, 488
  inverse 248, 369
Angebotskurve 5, 158, 247, 274, 365, 459
  einer Branche 379
  eines Unternehmens bei Wettbewerb 327, 365
  horizontale 276
  individuelle 275
  inverse 276, 372, 444
  kurzfristige 6, 374
  langfristige 374, 383
  und Produzentenrente 372
  vertikale 277
  vollständig (un-)elastische 284
Angebotspreis 278, 364
Anleihen 186
Annuität 187
Anreizkompatibilitätsbedingung 642
Anreizsysteme 640
Antitrust 415, 482, 580
Arbeitsangebot(sentscheidung) 162, 270, 446, 511
  und Steuern 511
  und Überstunden 166
  -skurve, rückwärts geneigte 166
Arbeits-
  einkommen 163, 188, 270
  markt 270, 446, 518, 628
  nachfrage 270
  weg 63
Arbitrage 193
Arrow 541
Aufsichtsbehörden 392, 413
Auktion 295
  common-value 296, 300
  Englische 296, 297
  Holländische 296, 298
  Philatelisten- 297
  Private-value 296, 297
  Vickrey- 297, 299
Auktionator 494, 554
Ausstattung(s) 150, 176, 318, 499, 519, 547, 613
  -allokation 489

-bündel 151
-Einkommenseffekt 159
ursprüngliche 150, 184, 204, 491, 522, 553
Austritt 381
Auszahlungsmatrix 474, 610
Axiome 33

Bedingung
  erster Ordnung 86, A9
  hinreichende 71, 121, 367, 607
  notwendige 71, 127, 361, 531, 607
  zweiter Ordnung A9
Befehlsstruktur 617
Benzin-
  preis 142, 200, 395, 419
  steuer 81, 142, 280
Berechtigungsprogramm 398
Bertrand(-gleichgewicht) 466, 481
Beschränkungen 72, 100, 121, 402, 420,
  469, 516, 543, 567, 611, 641
  ökonomische 362
  rechtliche 381, 425
  technologische 304, 334, 362
Besteuerung 11, 27, 143, 248, 281, 386, 405, 511, 562, 623
  des Einkommens 82, 188
  von Finanzerträgen 196
  des Gewinns 581
Beta 228
Blisspunkt 41
Branchen-
  angebot 379
  gleichgewicht 379
Brutto-
  nachfrage 150, 494
  nutzen 238
Budget- 19
  beschränkung 19, 73, 90, 112, 143, 151, 172, 206, 250, 336, 498, 606
  gerade 20, 68, 91, 111, 126, 130, 151, 174, 206, 225, 244, 496, 520

CAPM (= capital asset pricing model) 230
Coase Theorem 555
Clarke-Steuer 623
Cobb-Douglas 59
  Indifferenzkurven 59, 307
  Isoquanten 307
  Nachfrage 87, 107, 251
  Nutzenfunktion 59, 79, 95, 208, 242, 500
  Präferenzen 59, 95
  Produktionsfunktion 305, 344
  Technologie 336
Cournot (-Modell) 461
  -Gleichgewicht 457, 462, 476
CS (= consumer surplus) 251

Diagramm A1
Diamantenkartell 415
Disneyland Dilemma 433
Diversifikation 215
Dividende 196, 318, 519
Duopol 452, 481
Durchschnittskosten (-funktion, -kurve) 249, 339, 347, 372, 411, 436, 523, 593
  fallende 343
  fixe 347
  konstante 343, 376
  kurzfristige 356
  langfristige 356, 384, 414
  minimale 352, 384, 414
  steigende 343
  variable 347

Edgeworth-Diagramm 489, 529, 548
Effizienz 16, 291, 502, 554, 612, 636
  -argument 437, 560
  -bedingung 515, 611, 643
  -preise 515
  -überlegungen 407, 511
  -verlust 409, 511, 562
  und Gleichgewicht 506
Eigentumsrechte 553, 604

Einheitskostenfunktion 338
Einkommen(s) 19, 72, 90, 112, 150, 172, 395, 488, 518, 638
-änderung 22, 72, 91, 131, 152, 178, 241, 267
-anteil 77
-effekt 96, 134, 158, 178, 240, 556
-elastizität 266
-Expansionspfad 92
implizites 164, 195
gemessenes 164
-Konsumkurve 92
-niveau 77, 91, 110, 133, 267
-recht 565
-steuer 81, 190, 288
-verteilung 16, 253, 291, 512, 556
Eintritt (Markt-) 382, 415, 485, 634
Eintrittsbarrieren (-beschränkung) 381
Eintrittspreis 432
Einzelfirma 316
Elastizität 257
und Erlös 259
und Grenzerlös 263
und Nachfrage 259
Emission(s) 561
-abgaben 570
-kosten 561
Engel-Kurve 92
Entscheidungen
gesellschaftliche 539, 622
gewinnmaximierende 320, 454
intertemporäre 172
kostenminimierende 337
marginale 511
optimale 29, 68, 90, 135, 153, 207, 255, 275, 320, 355, 456, 475, 504, 518, 642
strategische 435, 486
über Qualität 630
unter Unsicherheit 204, 222
wirtschaftspolitische 115, 512, 636
Erdöl 198, 294, 388
-preis 198, 390
Erlös 12

und Elastizität 259
Erschöpfbare Ressourcen 198
Ertragsrate 192, 230, 390
Erwarteter Ertrag 216, 221, 229
Erwartungswert 208, 228, 629
Existenz eines Konkurrenzgleichgewichts 501
Exportbeschränkung (VER) 471
Extensive Grenze 256
Externe Effekte 524, 551, 604, 630
im Konsum 509, 545
in der Produktion 545

Fabriksgröße 311, 355, 374
Faktor
fixer 319, 354, 388
quasi-fixer 319, 342, 354
variabler 319
Faktormärkte 441
Faktornachfrage (-funktion, -kurve) 323, 355, 441
Faktorpreis (= Inputpreis) 316, 334, 347, 444
Fälligkeitsdatum 186
Finanz-
anlagen 196
behörde 25, 196
ertrag 196
ierungsinstrumente 186
ierungskosten 186
institutionen 201
kapital 303
märkte 186, 230, 317
vermögen 192
Freie Verfügbarkeit 307
Freizeit 163, 516, 641
Funktion A1
FV (= future value) 193

Garantie(-angebot) 637
Geldausstattung 174
Gefangenendilemma 478, 609
Gegenwartswert (PV) 174, 194, 317
der Anleihe 187
der Geldausstattung 174
der Gewinne 318, 565, 591
der Investition 184
des Einkommens 182

des Konsums 182
des Unternehmens 318
Netto- (NPV) 185
Geistiges Eigentum 586, 599
Geldeinkommen 26, 91, 130, 151, 253, 500
Geschmack mit Knacks 70
Gewinn(-maximierung) 12, 80, 193, 274, 297, 311, 315, 362, 379, 401, 420, 443, 454, 476, 518, 557, 637
  bekundeter 325
  erwarteter 214, 318, 581
  kurzfristiger 318
  lanfristiger 323, 381
  negativer 325, 380, 411, 523
  ökonomischer 316, 388
  und Produzentenrente 370
  und Skalenerträge 324
  und Verlust 248
Giffen-Gut 98, 129, 367
Gläubiger 175, 413, 642
Gleichgewicht(s) 2, 192, 226, 270, 436, 562, 610
  allgemeines 488, 516
  am Arbeitsmarkt 270
  am Kreditmarkt 289
  -analyse 274, 488
  -bedingung 193, 229, 280, 488, 593
  bei Besteuerung 144, 286
  bei monopolistischer Konkurrenz 437
  kurzfristiges 379
  langfristiges 17, 381
  -lohn 446
  -menge 276
  partielles 488
  -preis 3, 226, 275, 379, 454, 498, 548, 591
  -prinzip 2, 274
  -qualität 630
  -rente 392
  stabiles 465, 590
  -strategie 475
  und Effizienz 592
  -zahlung 475
  -zinssatz 288
Gleichheit 215, 496, 547, 611, 642
Gleichung A3
Gleichverteilung 546
Grenzerlös (-funktion, -kurve) 263, 402, 427, 442
Grenzerlösprodukt 442
Grenzkosten (-funktion, -kurve) 266, 349, 365, 379, 402, 420, 441, 454, 481, 523, 557, 602, 611, 632
  kurzfristige 358
  langfristige 358
Grenznutzen (-funktion) 61, 104, 215, 250, 309, 564, 574, 613, 634
Grenzprodukt(s, -kurve)) 308, 441, 516, 567, 637
  Wert des 320, 442
Grenzrate der Substitution (MRS) 45, 62, 72, 107, 164, 207, 226, 255, 292, 496, 517, 530, 554, 611
  abnehmende 49
Grenzrate der Transformation (MRT) 527
Groves-Clarke-Steuer 623
Gut (Güter)
  Gewöhnliches 98, 545
  homogenes 452
  inferiores 90, 134, 153, 226, 267
  neutrales 40, 75
  normales 90, 108, 134, 153, 178, 226, 254, 267
  notwendiges 95
  öffentliches 604
  privates 603
  unteilbares 41, 75, 102, 236, 255, 249
  verderbliches 365
  zusammengesetztes 20, 172
Güterbündel 19, 32, 51, 116, 432, 533, 538

Haftpflicht 204, 572
Hicks- 144
  Nachfragefunktion 146

Substitutionseffekt 144
Identität 66, 136, A3
Indexfonds 233
Indexierung 126
Indexzahlen 123
Indifferenz 32
Indifferenzkurven 34, 69, 305, 489, 517, 544, 612
  Cobb-Douglas 59, 307
  im Normalfall 43, 60, 310
  konkave 44
  Konstruktion der 36, 115
  konvexe 44
  L-förmige 38
  steigende 39, 226
  vertikale 40
Inflation(srate) 29, 179, 197
Information(s) 100, 111, 189, 237, 274, 413, 431, 471, 510, 539, 561, 588, 620
  asymmetrische 628, 645
  -kosten 632
  -märkte 578
  -technologie (IT) 578
  versteckte 635
  vollkommene 636
  -wirtschaft 588
Inframarginal 409, 505
Inneres Optimum 69
Inputpreis: siehe Faktorpreis
Intensive Grenze 256
Internalisierung externer Effekte 558, 614
Internet Service Provider (ISP) 590
Investition(s) 184, 193, 411, 486, 570, 639
  -entscheidung 226, 317
Investmentfonds 224
IP (= intellectual property) 599
Isogewinnlinie (-kurve) (= Isoprofitlinie) 320, 455, 519
Isokostengerade 334
Isoquante 305, 334
Isowohlfahrtskurve 544
ISP (= internet service provider) 590

Kapazität(s) 348
  -entscheidung 461
  Produktions- 472
  Überschuss- 437, 486
Kapital
  -ausstattung 316, 381
  -gesellschaft 316
  -gewinne 196
  -güter 303
  physisches 303
  -steuer 197
  - verluste 393
  -vermögen 230
Kartell 415, 468, 479, 581
Kaufkraft 99, 126, 182, 197, 511
Kettenregel 66, 148, 271, 361, 450, A7
Kommunalanleihen 197
Komparative
  Statik 8, 90, 155, 175, 199, 286, 321
  Vorteile 527
Komplemente 105, 254, 431, 488, 589
  perfekte 37, 57, 73, 94, 102, 140, 175, 254, 305, 336
Konkurrenz
  -gleichgewicht 467, 481, 496, 524, 546, 582
  -markt 5, 11, 198, 275, 313, 362
  -markt und Pareto-Effizienz 16, 292, 490, 509, 533, 617
  -preis 13, 407, 502, 525, 555
  -verhalten 364, 459, 502
  vollkommene 363, 382, 403, 422, 442, 630
Konsum-
  ausstattung 163, 206
  bündel 31, 50, 72, 123, 151, 176, 204, 244, 305, 489, 528, 545
  erträge 195
  plan 182, 206
Konsumentenrente 239, 286, 370, 409, 420, 506, 630, 649
Kontraktkurve 492, 554
Konvexe Menge 44

Sachregister

Kosten (-funktion, -kurve) 22, 165, 186, 214, 249, 264, 304, 315, 333, 362, 557, 572
- -aufschlag 404
- durchschnittliche 339, 347, 372, 380, 523
- erwartete 573
- fixe 321, 342, 347, 368, 411
- kurzfristige 340, 355, 374
- langfristige 340, 354, 374, 381
- -minimierung, -minimum 330, 333, 344, 353
- private 559
- quasi-fixe 342
- soziale 286, 510, 558, 577, 614
- und Skalenerträge 338
- variable 347, 368, 381
- des Wechselns 589

Kosten-Nutzen (-analyse) 147, 249, 572

Kredit- 342
- aufnahme 173, 189
- karte 186
- markt 188
- risiko 647

Kupon 186
kurzfristig 6, 310

Laffer 269
Lagrange 86, 344, 514, 536, 550, 627
langfristig 17, 310
Laspeyres 123
Lebensmittelmarken 27
'Lemon' 6286
Liquidität 190
„Lock-in" 589
Logarithmus 60, 203, 263, A6
Lohnarbeit 642
Lotterie 165, 204
Luxusgut 95, 267

Marginal (-e, -er) 65
- Bewertung 81, 613
- Einheit 287
- Kaufbereitschaft 488
- Steuersatz 188

Veränderung 46, 80, A4
Zahlungsbereitschaft 46, 108, 255, 293, 593, 612, 635

Markt-
- angebot(-skurve) 248, 275, 459
- anpasser 453, 483
- beschränkung 362
- führer 453, 483
- gleichgewicht 7, 198, 229, 283, 488, 496, 633
- gerade 231
- nachfrage (-funktion, -kurve) 5, 248, 253, 274, 363, 379, 414, 428, 459
- preis 4, 245, 254, 274, 315, 364, 401
- signale 565
- verhältnisse 362
- zutritt 381, 436

Maximierung (-smodell, -sproblem) 85, 100, 116, 218, 243, 513, 520, 534, 641, A10

MC (= marginal cost) 349
Medianausgaben 620

Mengen-
- entscheidung 461
- rabatt 420
- steuer 25, 81, 280, 405
- subvention 25

MES (= minimum efficient scale) 414
Messung des Risikos 227
Miet (-en) 3, 249
- implizite 195
- -kontrolle 13
- -kontrolle und Pareto-Effizienz 16

Mindestlohn 443
Minimale effiziente Größe (MES) 414
Minimierung 331
Mittelwert-Varianz-Modell 222
Modell 1
Modell zur Bewertung von Kapitalvermögen (CAPM) 238

Monopol (s) 11, 325, 392, 403, 455, 481, 581
  am Gütermarkt 441
  im Edgeworth-Diagramm 504
  Ineffizienz des 407
  lokales 647
  natürliches 411
  -preis 409, 583
  -verhalten 419
  vor- und nachgelagertes 447
  Wohlfahrtsverlust des 409
Monopolist 12, 407
  diskriminierender 11, 419, 505
  und Pareto-Effizienz 408
Monopolistische Konkurrenz 434, 452
Monopson 443
Monotonie 43, 115
Moral Hazard 632
MP (= marginal product) 308
MR (= marginal revenue) 264
MRS (= marginal rate of substitution) 45
MRT (= marginal rate of transformation) 533
MS-DOS 369
MU (= marginal utility) 61

Nachfrage (-kurve) 3, 20, 42, 72, 100, 157, 198, 207, 232, 362, 383, 420, 436, 518, 593
  aggregierte 253, 466
  -änderung 90, 130, 154, 178, 248, 502
  -bündel 111, 130
  Cobb-Douglas 95
  elastische 259
  -elastizität 259, 405, 427
  Gesetz der 139
  Inverse 107, 250, 254, 276, 401, 426, 441
  kompensierte 133, 146
  kontinuierliche 240
  lineare 255, 282, 403, 428, 449, 457
  mit konstanter Elastizität 262, 405
  Offenlegung der 631
  -preis 278
  und Elastitzität 259
  und Nutzen 237
  unelastische 259, 403
  -verhalten 5, 77, 103, 158, 236, 401, 504
Nachfragefunktion 12, 72, 90, 133, 236, 249, 364, 449, 463, 488, 500, 554, 581, 601, A2
  Cobb-Douglas 87
  direkte 110
  indirekte 110
  Hicks- 148
  indirekte 110
  inverse 106, 456
  quasi-lineare 110
Nash-Gleichgewicht 475, 579, 615
Nebenbedingung 85, A10
Negative Auslese 632
Neid 547
Nennwert 187
Netto-
  anbieter 151, 274
  angebot 158
  käufer 151
  nachfrage 150, 494
  nutzen 238, 287, 409, 574, 610
  Verkäufer 151
Netscape 598
Netzwerkexternalität 592
Nicht-Arbeitseinkommen 163
Nicht-Konvexität 523
Nicht-lineare Preis(fest)setzung 422
Niedrigstpreisgarantie 471
Niveaumenge 55
NPV (= net present value) 185
Null-Gewinne 387, 436
Numéraire 25, 499, 518
Nutzen (-funktion) 50, 144, 236, 305, 424, 478, 533, 538, 572, 605, 638
  Arbeitsweg und 63
  Cobb-Douglas 59, 79, 95, 208, 242, 500
  erwarteter 209, 222, 318
  konkaver 213
  konvexer 213
  kardinaler 53

Sachregister

linearer 213
-möglichkeitengrenze (-menge) 543
ordinaler 51
quasi-linearer 59, 104, 237, 240, 582, 613
Schätzung von 63, 77, 116, 236
Standard- 146
und Nachfrage 237
von Neumann-Morgenstern 209

Ökonomische
Institutionen 13, 122
Rente 390
Oligopol 452, 474
OPEC (= Organisation of Petroleum Exporting Countries) 141, 395
Opportunitätskosten 22, 164, 190, 316, 381, 532
Optimalitätsbedingung 152, 402, 468, 609
Optimierungs-(prinzip) 2, 274, 344, A8
modell 78
verhalten, 121, 234
Outputentscheidung 363, 434, 454
gewinnmaximierende 427
optimale 332, 407, 418, 462

Paasche 122
Pacht 316, 389, 642
Pareto-effizient (-e, -es) 14, 291, 408, 492, 538
Allokation 491, 524, 538, 551
Ergebnis 301, 478
Konsumbündel 529
Menge 300
Verbesserung 14
Pareto-Effizienz 14, 291, 297, 422, 492, 528, 611
Konkurrenzmarkt und 15, 292, 509, 523, 533, 615
Monopol und 16, 408
und Gleichgewicht 482, 486
und öffentliche Güter 570
Pareto- 14
ineffizient 14, 408, 437, 479, 505, 606
Partizipationsbeschränkung 641
Patent 410
Pauschal-
steuer 26, 83, 511
subvention 26, 413, 512
Pergamenteffekt 637
Personengesellschaft 315
Pigou-Steuer 551, 623
'Plum' 629
Polonius-Punkt 173
Portfolio 224
Präferenzen 31, 50, 67, 431, 469, 516, 551
Aggregation von 538
bekundete 111, 145, 154, 178, 26, 236
Cobb-Douglas 59, 75, 95
der Konsumenten 32, 50, 174
direkt bekundete 114
eingipfelige 619
gesättigte 41
homothetische 95
im Normalfall 49, 313
indirekt bekundete 114
konkave 44, 75, 115, 147
konvexe 44, 75, 115, 175, 201, 502, 524
monotone 43, 55, 115
nicht konvexe 44, 75, 524
nicht transitive 54, 539
quasi-lineare 58, 97, 141, 236, 555, 611
reflexive 33
Schwaches Axiom der bekundeten (WARP) 117
soziale 538
Starkes Axiom der bekundeten (SARP) 120, 139
transitive 33, 121
und Nachfrageverhalten 77
und Nutzen 50
vollständige 33
Wiedergewinnung der 115
Preis(e) 3, 19, 48, 90, 112, 150, 172, 207, 237, 253, 274, 315, 362, 474, 488, 628

-absprache 580
-änderung 22, 72, 98, 129, 154, 179, 231, 257, 326, 502, 645
-anpasser 453
des Risikos 226
-elastizität 257
-entscheidung 363, 510
-festsetzung 264, 404, 466
-führer(schaft) 453
-garantie 470
gespaltene 395
-index 125
-kampf 481
-Konsumkurve 100, 157, 504
-kontrollen 397
-macher 444
-nehmer 363, 444
Output- 320, 375
relative 130, 499
-stützung 329, 394
zweigeteilte 432
Preisdiskriminierung 419
dritten Grades 426
ersten Grades 420
optimale 420
perfekte 416
zweiten Grades 422
Produktbündel 430
Produktdifferenzierung 435
Produktions-
aktivität 308
entscheidung 263, 395, 434, 521, 535, 581
faktor 303, 315, 333, 354, 385, 444, 530
funktion 304, 320, 333, 362, 441, 516, 637
kosten 265, 316, 333, 346, 365, 399, 408, 448, 559, 602, 614
mittel 382
pläne 304, 315, 519, 558
prozess 307, 317, 348
technik 307, 510
Produktionsmöglichkeitenmenge 304, 525
Produktregel A7
Produzentenrente 247, 286, 370, 392, 409, 420, 632

PV (= present value) 185

Rand-
lösung 74, 327, 493
optimum 69
Ratenkredit 188
Rationierung 25, 635
Reaktionsfunktion (-kurve) 454
Reallohn 164
Recht (und Ökonomie) 393, 435, 553, 572, 585, 599
Rente 390
des Konsumenten 238
des Monopolisten 409
des Produzenten 247
ewige 186
Rentenerwerb 394
Repräsentativer Konsument 249
Residual-
einkommen 643
gewinn 646
nachfrage 459
Ressourcenallokation 18, 293, 504, 531
Risiko- 205, 222, 631
aversion 212
bereinigung 230
frei (= los) 193, 224
freudig 80, 213
neutral 213
prämie 231
reich 190, 194, 220
scheu 213, 224, 647
streuung 216
Robinson-Crusoe-Wirtschaft 516

SARP (= strong axiom of revealed preference) 121
Sättigung 40
Schadensersatzrecht 576
Schattenpreise 515
"Schlecht" 39, 75, 226, 520, 552, 614
Schlüsselakteur (-person) 622
Schuldner 176
Schwaches Axiom der Gewinnmaximierung (WAPM) 326

Schwaches Axiom der Kostenminimierung (WACM) 337
„Sharecropping" 643
Signalisierungsgleichgewicht 639
Skalenerträge 312, 647
   abnehmende (=fallende) 313, 325, 522
   Gewinnmaximierung und 324
   konstante 312, 324, 376, 522
   steigende (= zunehmende) 312, 523
   und die Kostenfunktion 338
Slutsky- 136
   Gleichung 129, 159, 178
   Identität 136
   Nachfragefunktion 146
   Substitutionseffekt 144
   Zerlegung 140, 161
Smith, Adam 416
Sorgfalt 576, 634
Spiel(e) 205, 610
   in extensiver Form 483
   kooperatives 453
   sequentielles 453, 483
   simultanes 453
   -theorie 474
   wiederholte 479
Stackelberg 442
Standardabweichung 223
Steigung, 20, A5
Steuer(n) 10, 25, 188, 280, 581, 623
   auf Kapitalgewinne 197
   -einnahmen 81, 142, 249, 269
   Entscheidung über 81
   -last 185, 387
   -politik 79
   -reformen 248
   Rückvergütung einer 141
   -satz 197, 269, 280
   -stufe 189, 289
   -system 78, 512
   Überwälzung einer 142, 283, 386, 405
   verzerrende 511
   Wohlfahrtsverlust (= Zusatzlast) einer 286
Stilllegungsbedingung 368

Stipendien 189
Strategie 200, 233, 431, 452, 474, 610
(Strategische) Interaktion 140, 162, 228, 274, 452, 551, 576
Streik 261
Substitute 36, 105
   Brutto- 106
   perfekte 36, 56, 73, 93, 141, 191, 208, 259, 294, 305, 336
Substitutionseffekt 129, 159, 178
   Hicks- 144
   Slutsky- 136, 144
Subvention 25, 189, 221, 329, 394, 412, 620
Subventionierung von Nahrungsmitteln 290
Symmetrie 208, 546
Systemwettbewerb 589

Tangentiallösung 69
Tausch- 46, 201, 516, 546, 554, 639
   geschäft (= handel) 16, 492
   gewinn 18, 239, 293, 502, 529
   linie 47
   prozess 489, 510
   verhältnis 37, 47, 62, 72, 130
   vorteil 492
Technische Rate der Substitution (TRS) 309, 335
Technologie 198, 303, 325, 336, 354, 376, 411, 435, 517, 588, 605
   Cobb-Douglas 305, 332, 336
   konvexe 307, 524
   Schätzung der 319
Theorem der Wohlfahrtsökonomie
   Erstes 504, 524, 591
   Zweites 507
Tragödie der Allmende 566
Transaktionskosten 196, 434, 601
Transformation(s) A1
   affine 210
   -funktion 535, 550
   -kurve 525, 550
   monotone 51, 208
Transitivität 33, 54, 114, 538, 618

Trittbrettfahren 609
TRS (= technical rate of substitution) 309

Überschuss- 390
  angebot 276, 485
  gewinn 595
  kapazität 437, 485
  nachfrage 19, 393, 494
    aggregierte 497
Überstundenlohn 166
Überwachungskosten 643
Umsatzsteuer 25, 280
Umverteilung 512, 556, 614
Unabhängigkeitsannahme 211
Ungleichgewicht 495
Unmöglichkeitstheorem 541
Unsicherheit 192, 204, 222, 318
Untere Umhüllende 356
Unterscheidungsgleichgewicht 639

Vadium 296
Variable A1
  abhängige A1
  demographische 64
  endogene 2
  exogene 2
  kontinuierliche 42
  unabhängige A1
Varianz 222
Variation
  äquivalente 242
  kompensatorische 242
VER (= voluntary export restraints) 471
Verbrechen 478, 572
Vereinigungsgleichgewicht 639
Verlust 205, 241, 286, 369, 380, 409, 612
Vermögensausstattung 201
Vermögenswert 192, 217
  risikofreier (-loser) 224
  riskanter (risikoreicher) 194, 219, 224

Verschmutzung 551, 575, 604
Versicherung 204, 222, 632
  auf Gegenseitigkeit 217
  versteckte Handlung 635
  Information 635
Verteilung 16, 223, 249, 253, 292, 353, 504, 524, 538, 554, 608
Vorbehaltspreis 4, 102, 237, 256, 296, 592, 606

WACM (= weak axiom of cost minimization) 337
Wahlparadoxon 618
Wahrscheinlichkeitsverteilung 204, 222, 467, 573, 625
Wald 199
Walras 496, 533
WAPM (= weak axiom of profit maximization) 325
WARP (= weak axiom of revealed preference) 117

Wert-
  papiere 162, 186
  steigerung 195
  steuer 25, 280
Wettbewerb: siehe Konkurrenz
Wohlfahrtsfunktion 538
Wohlfahrtsmaximierung 543
Wohlfahrtsverlust
  des Monopols 409
  einer Steuer 286

Zeitausstattung 163, 512
Zielfunktion 86, 109, 318, 334, 573, 641, A10
Zinssatz 172, 196, 288, 317, 342, 647
  nomineller 180
  realer 180
Zukunftswert (= FV) 174
Zusatzlast 287
Zustände 72, 90, 206, 224
Zutritt: siehe Eintritt